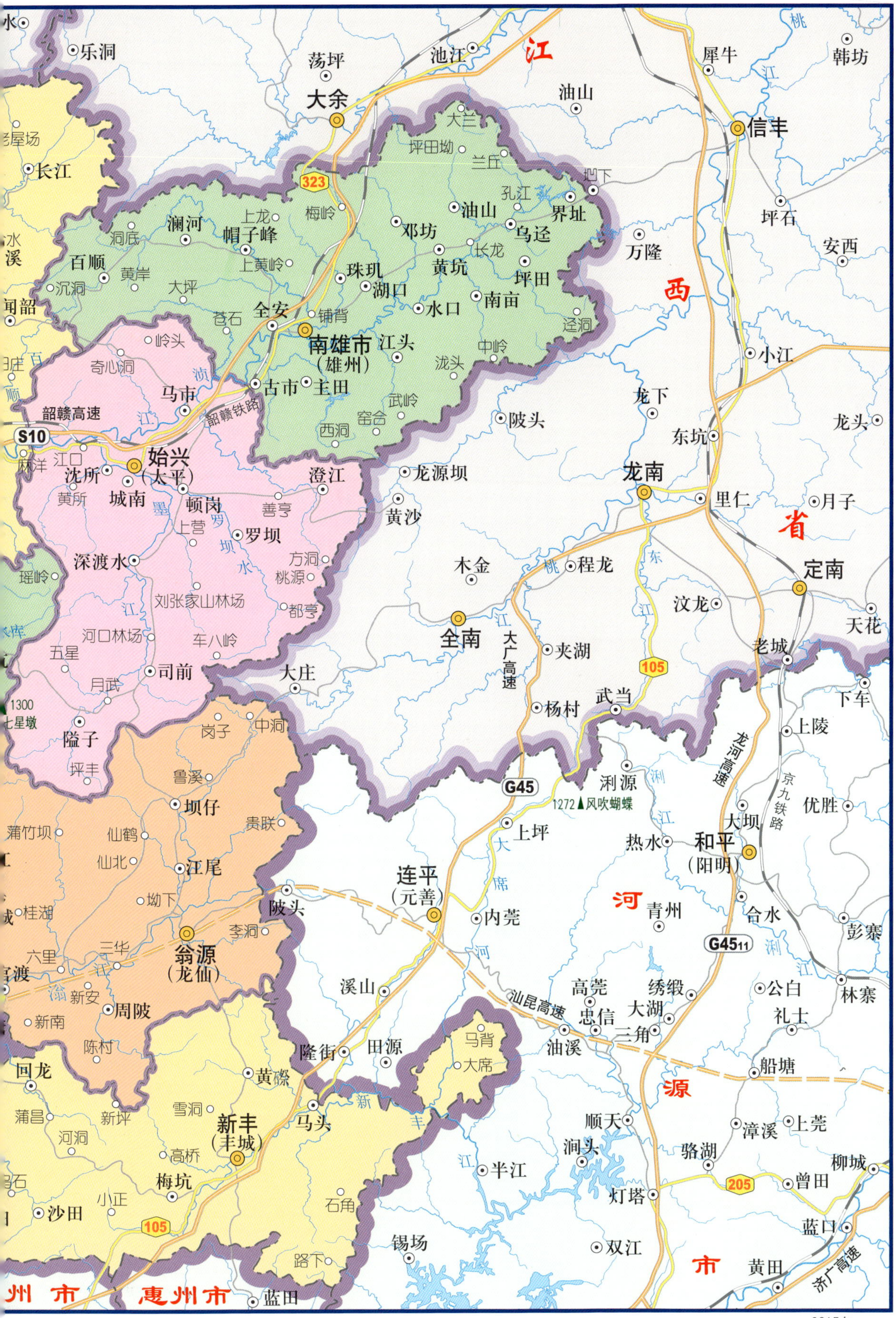
江
西
省
河
源
市
惠州市
州市
乐洞
荡坪
池江
大余
犀牛
韩坊
油山
信丰
长江
大兰
坪田坳
兰丘
323
梅岭
上龙
澜河
帽子峰
洞庭
百顺
黄岸
沉洞
上黄岭
大坪
苍石
全安
铺背
南雄市
(雄州)
珠玑
湖口
邓坊
油山
孔江
界址
乌迳
长龙
黄坑
坪田
南亩
水口
江头
泷头
中岭
迳洞
万隆
坪石
安西
小江
岭头
奇心洞
马市
古市
主田
武岭
窑合
西洞
韶赣高速
韶赣铁路
S10
始兴
(太平)
江口
沈所
城南
顿岗
黄所
澄江
善亭
上营
罗坝
深渡水
方洞
桃源
刘张家山林场
都亭
河口林场
五星
车八岭
司前
月武
1300
七星墩
隘子
坪丰
陂头
龙下
东坑
龙头
龙源坝
黄沙
龙南
里仁
月子
木金
程龙
定南
汶龙
全南
天花
大广高速
夹湖
老城
大庄
杨村
武当
105
下车
上陵
岗子
中洞
鲁溪
坝仔
贵联
蒲竹坝
仙鹤
仙北
江尾
坳下
桂湖
六里
三华
翁源
(龙仙)
李洞
新安
新南
周陂
陈村
回龙
蒲昌
河洞
新坪
雪洞
新丰
(丰城)
高桥
梅坑
小正
沙田
105
黄磜
马头
石角
路下
蓝田
利源
1272
风吹蝴蝶
G45
上坪
热水
和平
(阳明)
大坝
龙河高速
京九铁路
优胜
连平
(元善)
内莞
陂头
青州
合水
G4511
彭寨
溪山
高莞
绣缎
公白
林寨
礼士
汕昆高速
忠信
大湖
三角
油溪
隆街
田源
马背
大席
船塘
顺天
漳溪
上莞
涧头
骆湖
柳城
半江
灯塔
205
曾田
蓝口
锡场
双江
黄田
济广高速

2015年

韶关年鉴

SHAOGUANNIANJIAN

韶关年鉴编纂委员会 编

方志出版社
Publishing House of Loca Records

图书在版编目（CIP）数据

韶关年鉴．2018／韶关年鉴编纂委员会编．—北京：方志出版社，2018.9
ISBN 978-7-5144-3323-4

Ⅰ．①韶…　Ⅱ．①韶…　Ⅲ．①韶关—2018—年鉴　Ⅳ．①Z526.53

中国版本图书馆CIP数据核字（2018）第223832号

韶关年鉴（2018）

编　　者：韶关年鉴编纂委员会
责任编辑：刘方圆
出 版 人：冀祥德
出 版 者：方志出版社
地址　北京市朝阳区潘家园东里9号（国家方志馆4层）
邮编　100021
网址　http：//www.fzph.org
发　　行：方志出版社图书经销中心
电话（010）67110500
经　　销：各地新华书店
印　　刷：韶关市新华宏达印务有限公司
开　　本：889×1194　1/16
印　　张：36.25
字　　数：1320千字
版　　次：2018年9月第1版　2018年9月第1次印刷
印　　数：0001~1500册
ISBN 978-7-5144-3323-4　定价：260.00元

韶关年鉴编纂委员会

韶关年鉴编辑部

撰稿人员名单（以拼音字母顺序为序）

包振华　蔡浩双　曹志恒　曾善福　陈　芬　陈　枫　陈　恺　陈　璐　陈华栋　陈洁莹　陈立新
陈丽琼　陈丽阳　陈丽颖　陈韶明　陈文彬　陈文婷　陈晓丹　陈懿茜　陈于兵　成志军　戴甲文
戴善娟　邓　晗　邓礼军　邓敏玲　邓韶江　邓志行　丁　众　董彩兰　董素梅　杜　映　段　晖
奉　丰　付悦舟　高　驰　关韶光　官原金　管　慧　郭海武　郭健生　郭先杰　韩秀娟　何敏嘉
洪福明　侯志萍　胡　琰　胡健文　华永锋　黄　慧　黄继让　黄明凤　黄婷婷　黄文华　黄文武
黄远习　江输华　蒋春容　柯　敏　柯月华　邝　辉　邝剑明　赖春燕　赖秋云　蓝丽华　雷明平
黎兆艺　李　慧　李　强　李　睿　李　双　李　阎　李　莹　李凤玲　李红艳　李华明　李建联
李锦昌　李静文　李莉优　李倩倩　李荣臻　李胜选　李小娟　李永心　李宇峰　李志国　李治国
梁　导　梁志坚　廖　愉　廖韶薇　刘　炬　刘　蕊　刘　珊　刘　维　刘　蔚　刘国伟　刘洪亮
刘慧芳　刘姣妹　刘美玲　刘清东　刘锡禧　刘秀琼　龙　晖　陆　颖　罗　丹　罗　炅　罗　颖
罗春辉　罗德威　罗钦洪　罗玉香　马德才　麦　帆　麦毅莎　莫新生　欧彩秀　欧阳宛华　欧勇君
潘志威　彭继维　彭僖华　彭映彦　彭裕强　戚鹏宇　秦卫平　丘兰英　饶丽华　茹雪芹　孙　欣
谭桃华　谭均汉　谭雾雯　谭兴华　唐　维　唐秋林　陶花艳　田秋菊　王　丹　王　雷　王　婷
王彩丽　王德平　王凤军　王贵妹　王国和　王可菲　王晓辉　温　菁　温　舜　温劲翠　温祖娟
文华盛　吴　滔　吴丹丹　吴华旺　吴进波　吴柳亭　吴悦嘉　吴在明　伍雪龙　伍雪雁　肖光群
肖舒丹　谢　莹　谢财娣　谢嘉文　谢艳文　谢月红　熊　霞　徐诚林　徐文渊　徐湘田　徐湘田
徐孝东　徐永亮　杨　飞　杨　蕊　杨慧萍　杨慧颖　杨建明　杨文捷　杨文怡　杨文怡　杨小燕
杨志明　杨作旭　姚可华　姚彦姗　叶　蕾　叶隆住　叶庆强　易　杨　余丽芬　张　涵　张　弘
张　健　张　静　张大文　张烽艺　张昊天　张建明　张名城　张秋利　张唯娟　张雅琪　张育强
张钰廷　章　程　赵伯佬　赵天养　赵湘敏　钟　澜　钟　敏　钟福亮　钟骏逸　周晓飞　周欣凯
朱　超　朱　江　朱书亮　朱伟红　朱燕凤　邹　云

编辑说明

一、《韶关年鉴》以马克思列宁主义、毛泽东思想、邓小平理论、“三个代表”重要思想和科学发展观、习近平新时代中国特色社会主义思想为指导，坚持辩证唯物主义和历史唯物主义的立场、观点和方法，全面、准确地载录本行政区域年度内自然、政治、经济、文化、社会等方面基本情况，为读者了解和研究韶关提供基础资料。

二、《韶关年鉴》采用分类编辑法，主体内容设类目、分目、条目，以条目为表现内容的基本形式。全书条目的标题统一用黑体加【 】表示，少数包含多方面资料的条目则在文内用楷体标题标明各段资料的主题。

三、《韶关年鉴（2018）》着重反映2017年韶关市的基本情况。全书设韶关概况、2017年韶关大事记、年度关注、中国共产党韶关市委员会、韶关市人民代表大会、韶关市人民政府、政协韶关市委员会、中国共产党韶关市纪律检查委员会和监察委员会、民主党派、群众团体、军事、法治、经济监督管理、财政 · 税收 · 金融、工业、农业 · 林业 · 水利 · 气象、商贸服务 · 开放型经济 · 旅游、交通运输 · 邮政 · 信息、城乡建设 · 环保、教育 · 科技 · 文化、卫生 · 体育、社会生活、县（市、区）、人物、文献专载 · 法规、统计资料、附录，27个类目199个分目1757个条目，计1320千字。

四、《韶关年鉴（2018）》在保持基本框架相对稳定的基础上，对部分内容进行更新、调整、充实。其中：“年度关注”类目内容全部更新。将“韶关概览”改为“韶关概况”，将“韶关概况”移至正文最前面，将“年度关注”移至“2017年韶关大事记”之后；将“文献专载 · 法规”“调研报告”改为“文献专载 · 法规”类目。

五、本年鉴统计数据采用法定计量单位，主要统计数据均经撰稿单位与统计部门核对。某些对应指标数据在上年卷刊出后做了调整的，一般不予注明，而以本年卷刊出的韶关市统计局提供的《韶关统计摘要》为准。

六、本年鉴配备双重检索系统，书前刊有目录，书后配有索引。索引采用主题分析法，款目按汉语拼音字母顺序排列。

七、本年鉴配套出版电子版（光盘），全书内容在韶关市地情网（http://www.gd-info.gov.cn/shtml/sg/index.shtml）上推出。

目 录

图片专辑

韶关概况

2017年韶关大事记

年度关注

中国共产党韶关市委员会

韶关市人民代表大会

韶关市人民政府

政协韶关市委员会

中国共产党韶关市纪律检查委员会和监察委员会

民主党派

群众团体

军　事

法　治

经济监督管理

财政 · 税收 · 金融

工　业

农业 · 林业 · 水利 · 气象

商贸服务 · 开放型经济 · 旅游

交通运输 · 邮政 · 信息

城乡建设 · 环保

教育 · 科技 · 文化

卫生 · 体育

社会生活

县（市、区）

人　物

文献专载 · 法规

统计资料

附　录

索　引

数字韶关·2017

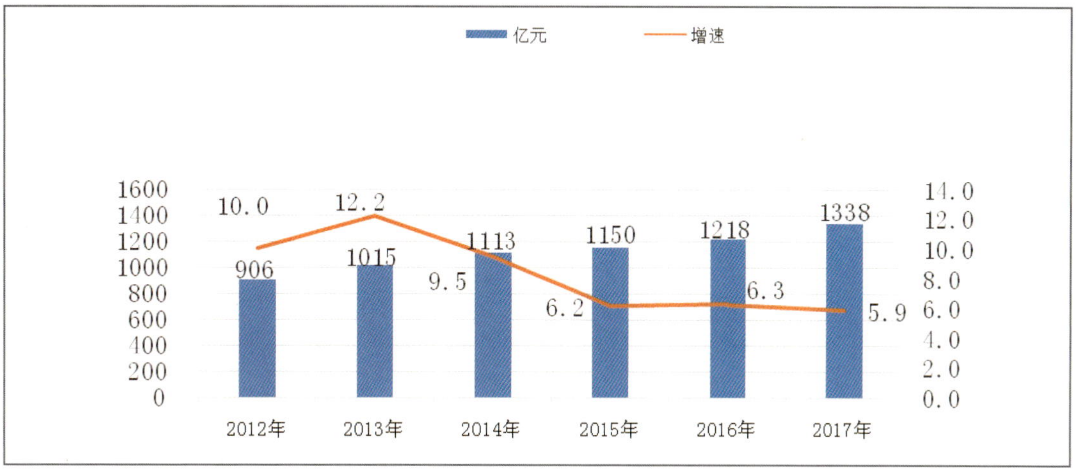

地区生产总值及增长率

经济由高速增长转向高质量发展

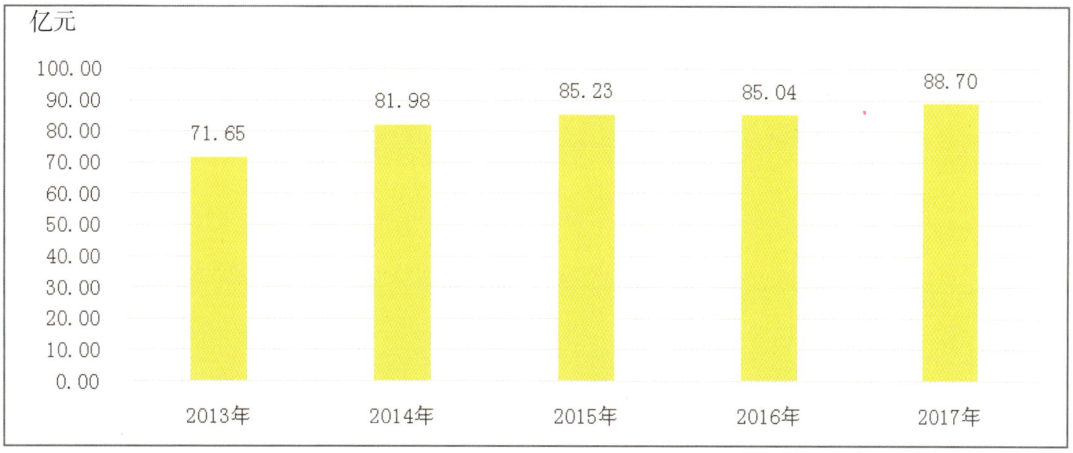

地方一般公共预算收入

地方财政不断改善

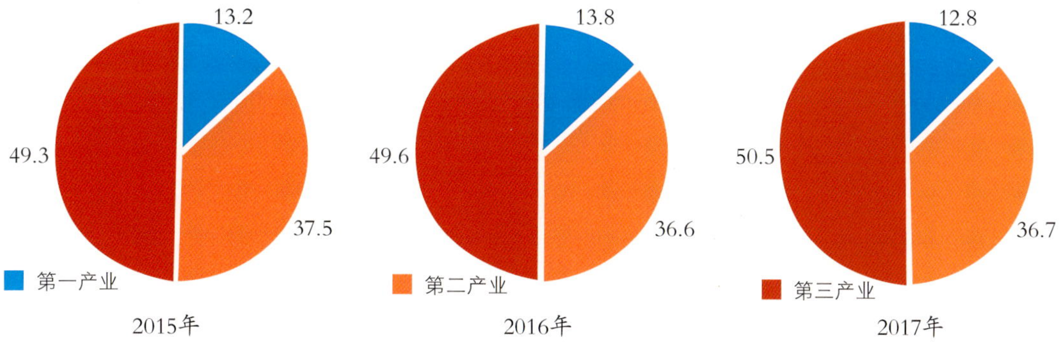

经济结构不断调整 第三产业占比逐步提高

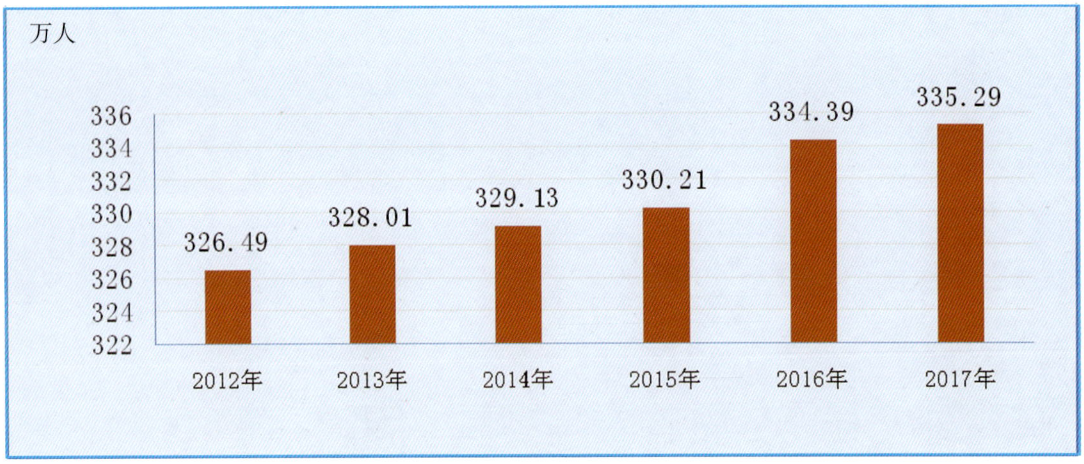

户籍人口

人口增长得到有效控制

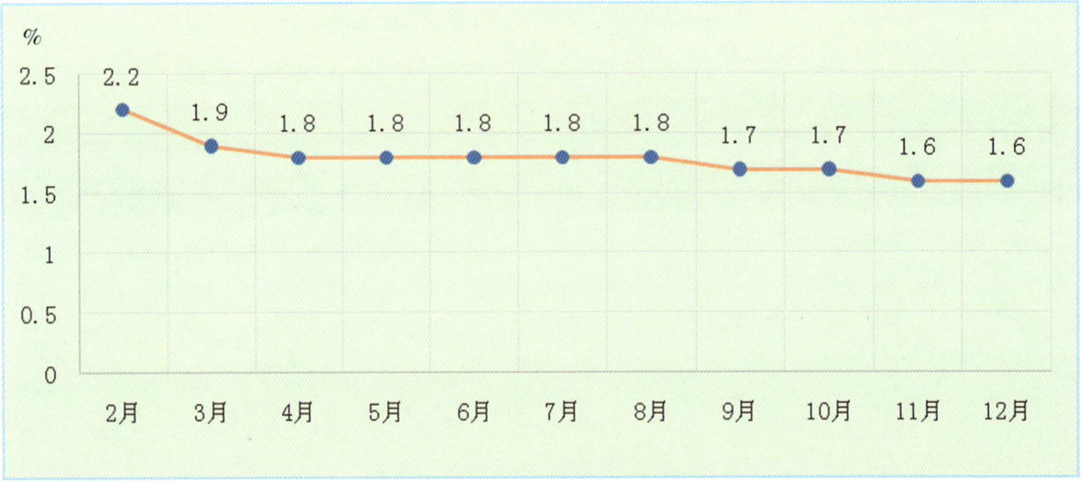

全年市区居民消费价格指数（CPI）

物价水平保持稳定

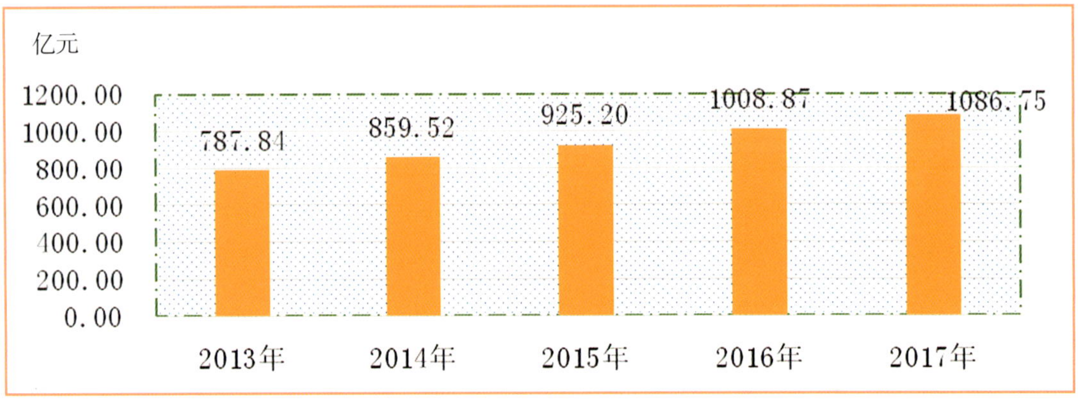

住户存款余额

住户存款余额不断增加

2017年11月28日下午，中共广东省委书记李希（前中）到新丰县视察基层党建、社区治理、精准扶贫等工作（韶关日报社 供）

2017年7月10－11日，中共广东省委副书记、省长马兴瑞（右二）到韶关市调研乐昌峡水利枢纽（韶关日报社 供）

2017年12月4日，中国共产党韶关市第十二届委员会第五次全体会议在市委会议中心召开（张伟 摄）

2017年5月16日，韶关市第十四届人民代表大会第二次会议在市委会议中心开幕（韶关日报社 供）

2017年1月8日，韶关市政协十二届一次会议在市委会议中心召开（杨纯 摄）

2017年2月14日，中国共产党韶关市第十二届纪律检查委员会第二次全体会议在市委会议中心召开（韶关日报社 供）

2017年11月13日，位于韶关市浈江区犁市镇的广东国粤韶关综合利用发电新建项目投产发电（浈江区档案局 供）

2017年5月10日，韶关市武江区百旺路改扩建工程主体工程完工（韶关日报社 供）

2017年，跨越韶关市浈江区和韶关市曲江区的莲花大道（二期）工程建设工地（张伟 杨纯 刘嘉健 摄）

2017年12月14日上午，韶关市在广州举办“广韶合作 产业共建2017韶关（广州）招商推介会”（杨纯 摄）

2017年6月5日，韶关市与首批产业园成功引进的13个投资意向项目签约（张伟 摄）

2017年8月8日上午，韶关市政府与广东省农业信贷担保有限责任公司签署《共建农业信贷担保体系合作框架协议》（张伟 摄）

2017年9月15日，韶关市召开风险投资助力韶关产业转型升级高层论坛，业界精英发言（韶关日报社 供）

2017年9月15-16日，为期两天的“2017韶关首届科技创新投资高峰会活动在韶关市区举行（张伟 摄）

2017年4月26日上午，广东省大宝山矿业有限公司7000吨铜硫选厂投料试产仪式在曲江区大宝山矿举行，市委书记莫高义（左一）、广东省广晟资产经营有限公司负责人共同启动该仪式（韶关日报社 供）

2017年11月30日，韶关市产业项目集中动工暨华南装备园基础设施建设奠基仪式举行

（张伟　杨纯　冯兆宇　摄）

2017年2月，濛浬枢纽二线船闸施工工地（韶关日报社 供）

2017年1月18日，芙蓉新城客运枢纽一期工程主体工程封顶（韶关日报社 供）

2017年4月29日，韶关市在鑫金汇财富中心广场举行2017首届“鑫金汇购物节”暨首届“韶关人游韶关”旅游文化节开幕式（韶关日报社 供）

2017年12月29日，全省在建的最大的高速公路枢纽——仁新高速公路仁化段丹霞枢纽互通（张伟 冯兆宇 刘嘉健 摄）

2017年，韶关市区解放路金康桥和新增的人行天桥毗邻相望，方便市民出行（赖金棠 摄）

2017年10月，改造提升后的解放路（韶关日报社 供）

2017年7月26日，红军长征粤北纪念馆奠基仪式在韶关市仁化县城口镇举行（韶关日报社 供）

2017年7月26日，广东省委常委、宣传部部长慎海雄（左七）及韶关市委书记、韶关市人大常委会主任莫高义（右五）等为红军长征粤北纪念馆奠基石培土（韶关日报社 供）

2017年7月30日晚，韶关市在市区中山公园举办2017年韶关市庆祝中国人民解放军建军90周年军民联欢晚会（张伟　冯兆宇　摄）

2017年5月12日，韶关市10家政务新媒体代表入驻“南方+”（韶关日报社　供）

2017年9月28日，无场次现代采茶戏《枫树湾近事》首演在韶关剧院演出（冯兆宇 摄）

2017年9月20日，2017年韶关“十大最美家庭”颁奖仪式在韶关市举行

（童铜韶 杨纯 冯兆宇 摄）

2017年7月29日，“‘驿路·丝路·复兴路’2017广东省集邮巡回展韶关站”在韶关图书馆举行（赖金棠 摄）

2017年11月12日上午8点，“‘善美之城’2017韶关半程马拉松赛”在市区中山公园开跑（刘嘉健 摄）

2017年9月26日，“韶关市2017年法治建设‘四级同创’活动推进现场会”在韶关市浈江区信德万汇广场召开（市委政法委 供）

2017年1月23日，武警韶关支队官兵在韶关火车东站春运巡逻（张荣 摄）

2017年4月14日，"韶关好警察"事迹巡演之走进翁源（吕静 摄）

2017年9月28日，韶关市交警支队深入瑶族聚集地乳源八一瑶族新村开展山区交通安全宣传（冯进富 摄）

2017年5月27日，韶关市检察院举办“防治校园欺凌，护航未成年人成长”主题检察开放日活动（李旭斌 摄）

2017年10月，升级改造完成后的韶关市行政服务中心办事大厅（张伟 摄）

2017年，韶关市区环园路夜景（韶关日报社 供）

2017年5月，车八岭发现植物新记录品种——吊钟花（韶关日报社 供）

位于韶关市浈江区东堤路的百年东街 （赖金棠 摄）

2017年，韶关市浈江区启明路“白改黑”工作完成（韶关日报社 供）

2017年，改造后的兴隆市场（冯兆宇 摄）

2017年，韶关市区旧河堤加固工程提升城市功能（韶关日报社 供）

2017年，韶乐广场亲水平台完工（韶关日报社 供）

浈江区

2017年10月31日，中共浈江区区委书记刘祥锋（右三）到浈江区产业园调研（浈江区档案局 供）

2017年11月6日，中共浈江区区委副书记、区长曾清兰（右三）到犁市镇调研（浈江区档案局 供）

2017年7月4日上午，浈江区行政服务中心新办事大厅揭牌（浈江区档案局 供）

2017年8月28日，浈江区东鹏幼儿园举行开园揭牌仪式（浈江区档案局 供）

2017年12月5日，韶关市铁路医院举行加挂“浈江区人民医院”仪式（浈江区档案局 供）

武江区

2017年9月26日，中共武江区委书记颜亮（左二）一行在宏大技术中心了解产品创新情况（武江区史志办 供）

2017年2月23日，武江区人民政府与正邦集团有限公司举行“华南总部经济10亿元项目”投资意向签约仪式 （武江区史志办 供）

2017年6月23日，武江区举行志愿服务进社区启动仪式（武江区史志办 供）

2017年，武江区企业免费提供猪苗、饲料及技术服务，帮助重阳镇万侯村贫困户增收。图为贫困户领取猪苗（武江区史志办 供）

2017年，风度书房武江区工业东路分馆（武江区文广新局 供）

曲江区

2017年4月10日，曲江区区委书记罗海俊（左三）到华南先进装备产业园调研园区基础设施建设等工作开展情况（曲江区委办 供）

2017年5月22日，曲江区区长伍文（前排右三）到北江航道扩能升级项目工地考察（曲江区政府办 供）

传承非物质文化活动——图为枫湾荷树村传授传统武术（阳艮生 摄）

2017广东·曲江第二届越野车赛活动在曲江区举行（阳艮生 摄）

中国非著名十大山峰之一——曲江罗坑船底顶（阳艮生 摄）

生态文明建设成果——罗坑大草原美景（阳艮生 摄）

乐昌市

2017年7月26日，乐昌市委书记陈宏宇（前左一）慰问环卫工人（何海松 摄）

2017年8月9日，全国首个“非现金支付试点镇”授牌仪式在乐昌市九峰镇举行（李昊 摄）

2017年1月2日，乐昌市委副书记、市长沈河民（左二）到三溪镇调研农业农村工作（龚云亮 摄）

2017年5月，京广高铁乐昌东站启用（杨纯 摄）

2017年3月3日，乐昌桃花节开幕式在九峰镇举行（乐昌市文广新局 供）

2017年7月28日，“2017年乐昌黄金奈李水果节开幕式暨广东省第二届‘十大名牌’系列农产品推介活动及乐昌市好方便卖货郎农村电商启动仪式”在乐昌市河堤广场举行（乐昌市旅游局 供）

南雄市

2017年11月30日，南雄市举办招商引资项目集中签约动工仪式，南雄市委书记王碧安（中）南雄市长林小龙（右一）等为动工项目奠基（李慧 摄）

2017年4月30日，南雄市举办首届“重走长征路•体验新南雄”活动（张卿雄 摄）

2017年10月29日，南雄市第四届姓氏文化旅游节现场（南雄市史志办 供）

仁化县

2017年9月21日，仁化县委书记林国华（左二）到董塘镇安岗村开展“一线双联”活动（龙全明 摄）

2017年9月26日，仁化县启动“戴党徽、亮身份、树形象”暨重温入党誓词活动，县长周小明（左一）为新党员戴党徽（龙全明 摄）

2017年11月5日，仁化县红色特色小镇启动暨丹霞丰源温泉奠基仪式在城口镇举行（马联合 摄）

2017年10月，通过扶贫，仁化县石塘镇京群村贫困户拥有自己的果园（杨纯 刘嘉健 摄）

2017年9月10日，2017年南粤古驿道“天翼高清杯”定向大赛暨中国南粤古驿道文化之旅（韶关仁化站）在仁化县石塘镇举办（龙全明 摄）

始兴县

2017年6月6日，始兴县人民政府与广东中信国际旅行社有限公司在东莞市塘厦镇举行签约仪式（赖金艳 供）

2017年6月2日，始兴2017年杨梅节暨旅游推介系列活动在始兴县开幕（赖金艳 供）

2017年12月3日，“九龄故里•围楼始兴”2017年始兴县第二届围楼文化旅游节暨南粤古驿道•2017年广东省定向联赛（韶关•始兴站）在始兴县东湖坪民俗文化村开幕（赖金艳 供）

翁源县

2017年11月6日，翁源县委书记黄令遥（右二）到龙仙镇青云村调研新农村建设工作（翁源县史志办 供）

2017年11月30日，“2017年翁源县产业项目集中奠基动工仪式”在翁源县举行（翁源县史志办 供）

2017年10月31日，“韶关市翁源至新丰高速公路建设现场推进会”在翁源县召开（翁源县史志办 供）

2017年12月9日，“2017广东翁源‘平步青云/最忆翁源’户外三人团体挑战赛”在翁源县举行（翁源县史志办 供）

2017年8月，翁源县江尾兰花小镇被列入广东首批特色小镇创建示范点名单（翁源县史志办 供）

2017年9月6日，“韶能集团翁源生物质发电工程项目”签约仪式在翁源县举行（翁源县史志办 供）

新丰县

2017年8月1日，韶关市委副书记、新丰县委书记陈波（后右四）参加马头循环经济产业园项目签约仪式（新丰县史志办 供）

2017年12月16日，新丰2017枫叶系列文化活动“醉美枫叶红”启动仪式在新丰县举行（新丰县史志办 供）

2017年7月19日，“2017年全国学生定向锦标赛暨‘中国四维杯’全国测绘地理信息职工定向越野赛开幕式”在新丰县举行（新丰县史志办 供）

乳源瑶族自治县

2017年11月18日上午，县委书记钟沛在“第十一届乳源瑶族‘十月朝’文化旅游节开幕式文艺汇演”上致词（李新华 摄）

2017年11月18日上午，县长邓志聪在“第十一届乳源瑶族‘十月朝’文化旅游节开幕式文艺汇演”上致词（李新华 摄）

2017年10月27-29日，“2017年全国瑶医药学术交流会”在乳源瑶族自治县举行（李新华 摄）

千年古刹——云门寺（钟华 摄）

乳源县风力发电站（钟华 摄）

南水湖风光（钟华 摄）

韶关概况

历史沿革

【明清以前】 韶关地处粤北。粤北的人类历史可以远溯到距今十万年前，他们就地穴居。远在七八千年以前，粤北的先民在这里狩猎、捕捞、采集。四五千年前，粤北的先民已经懂得人工栽培稻谷，制作各种石制工具和装饰品。粤北地区从周代起步入青铜时代，只是发展较中原地区缓慢，尚未形成奴隶制社会。随着社会生产力的不断发展，手工业从农业中分离出来，出现私有财产，剩余的劳动产品作为商品可以交换。早在春秋战国时期，南海的羽、毛、革等热带特产，曾经粤北传入长江流域和中原地区，而北方先进的铁制农具和牛羊畜种也经粤北流入岭南，粤北成为岭南岭北交换的通道，此后数千年的历史中，粤北和长江流域、中原地区在经济上一直有密切联系，在客观上促进粤北地区的较早开发。

公元前214年，秦始皇平定岭南，有组织地从黄河、长江流域迁移三郡。此后，这种迁移过程一直没有间断。两汉时期是粤北经济的起步阶段，晋末南朝是粤北经济的长足发展阶段。到唐宋时期，粤北的文明辉映岭南。

晋永嘉年间，唐安史之乱和南宋靖康年间，北方长期处于战乱之中，中原一带的汉人为避战乱而大规模南迁入粤，而入粤的流民又大都先在粤北驻足，然后才定去留。三世纪时已有阿拉伯商人从海道来到中国，广州成为中国对外贸易中心，而粤北则成为中国南北交通的要冲。历史上几条著名的南岭通道中，有三条分别是大庾岭通道、骑田岭通道和萌诸岭—九嶷山通道通往粤北。水路交通干线为浈水，逾大庾岭山隘过江西为小北江，逾骑田岭上湖南。到东汉时期，桂阳太守周昕整治第三条沟通岭南岭北经济交流的大动脉，南北交通运输业的发展，促进粤北地区的发展进程。因此，粤北地区的人口骤增。两晋南朝时期，粤北地区的人口密度远高于粤东地区和珠江三角洲地区，南北朝时的梁朝在曲江置有银场。北方劳动人民大批南迁，给粤北地区带来很多先进的生产工具和耕作技术，促进粤北山区的开发。

到唐代，韶州是通往内地的交通要道。为适应商业发展的形势，唐开元四年（716年），张九龄奉命开凿大庾岭道，变梅关天险为江广交通孔道，成为联系长江水系和珠江水系的交通纽带。内地的蚕丝、茶叶等货物多经这里运往广州出口。国外的香料、工艺品、沿海的盐等货物，经这里北运，使这里商业之发达仅次于广州。到宋代，由于国势较弱，西北对外的通道被西夏等部族截断，阻塞宋朝与西方的经济交往。因此，朝廷更加重视南方海道，扩大对外贸易。韶关、南雄作为粤北重镇因而越加繁荣。当年的雄州成为广东重镇，而处于南北交通要冲的韶州，也成宾客福凑，商业繁荣的州郡。

唐宋时期，粤北的农业、手工业都有相当的发展，矿冶业达到一定的水

▲珠玑古巷 （童铜韶 摄）

平。宋代的矿冶业就更加发达。各种冶炼厂遍布各县。粤北的矿藏得到开发和利用。宋代粤北的土布生产、印染、针绣也达到一定的水平。韶州和南雄是当时的织布和丝绸中心。瑶族的“瑶斑布”其制作方法，在当时是先进技术。

四五千年前新石器时代晚期，粤北先民能把实用性和美观性结合起来，纺织技术的掌握，使粤北先民在穿着方面有条件朝着美观化和多样化方向发展。夏商之际，粤北先民在用美的法则改造世界和创造世界方面更进一步，种类繁多的陶器用品既是生活用品也是美术创作的结晶。西周晚期和春秋时期，粤北进入青铜器时代，粤北先民在工具制造方面有质的飞越。陶器制品改素面为外施一层黄绿油彩，纹饰种类更加多样。青铜的出现，人们的审美意识趋向复杂和多样化，先民开始从蛮荒时代进入文明时代。

秦始皇吞并六国后，迁徙内地50万人戍五岭，与越人杂居，使粤北文化和中原文化开始融为一体。铁器制品有少量出现，粤北进入铁器时代。东汉时期，粤北文化有新的发展，此时的八鸟兽腾飞奔跑装的图案，表明粤北地区和中原地区的文化发展的距离缩小。

经济文化的发展，使粤北地区出现像辅助南陈皇帝陈霸先开国的大将军侯安都那样的著名人物。南北时期，粤北的封建教育达到相当的水平。

南朝时，佛教文化也在粤北及其盛隆。著名的南华寺、月华寺、灵隐寺等，均在此时建成。

唐代是中国经济文化的鼎盛时期，封建教育的发展，造就一批在中国历史上占有重要地位的人物。唐时韶州府共有张九龄等8名进士，5名乡项。这个时期，是粤北有名的“文化之乡”。与此同时，一批在粤北为官的著名政治家、文学家对唐代粤北文化做出贡献。突出的代表人物有韩愈、刘禹锡等。

粤北作为南派禅宗的发源地，曾是佛门弟子朝拜的圣地。禅宗南派的创始人六祖惠能，于唐仪凤元年（676年）来到南华寺，弘扬“直指人心，见性成佛”的顿悟法阕（即南宗），南华寺因此盛极一时，有“祖庭”之称。惠能时候，唐代名从王维、柳宗元、刘禹锡等先后为其撰写碑铭。他的弟子将其生前说教汇编成《六祖法宝坛经》，成为后来禅宗的“宗经”。

两宋时期，粤北的文化继唐代之后盛久不衰，宋代韶州有府学、湘江书院，各县有县学、社学。许多文才拔萃的政治家、外交家即在北宋时期产生。同时，一批杰出的诗人、散文家和画家如北宋文学家苏轼、画家米芾，南宋文学家杨万里，道学家朱熹、王阳明等在粤北的文化史上留下浓墨重彩的一笔。元代粤北文化一直处于低潮。

韶关在历史上一直是广东和北方的交通要道，在军事上有着极大的战略意义。在长沙马王堆三号墓中，发现2100年前的地形图和驻军图（世界最早的地图），标示有韶关市西北部的地形和居民点，也说明韶关地理位置在古代军事上的重要性，正由于韶关地处咽喉，所以，这里成为历代兵家必争之地。南越王赵佗割据江南为对抗中央王朝，便在南越国北境险隘处置关戍守，利用五岭易守难攻的地势，在今韶关市内大修关隘。汉武帝时，屯守在桂阳（今连州）的卫尉路搏德为伏波将军，指挥五路兵马计伐南越，在连州设立大本营，借助韶关大庾岭、阳山关的有利地形，分两路攻破南越军，会师直取广州，岭南悉平。东晋，卢循带领农民起义军派部将在始兴郡扎营数年之久，并借助骑田岭、大庾岭北伐，被打败后，翻越这两道岭逃亡广州。南北朝时期，南朝四代偏守江南半壁江山，粤北的战略地位更显其重要。占据粤北南可威胁广州，北可进取江西，虎视建康（今南京，时为南朝都城）。南梁始兴郡（郡治在今韶关市区）太守陈霸先从大庾岭出兵参加平定侯景之乱，尔后取代梁朝，建立陈朝，成为南陈的开国皇帝。

北宋开宝三年（970年），宋太祖封潘美为贺州道行营都部署，举兵征伐南汉，统一岭南，南汉因久无战事，“昏不能战”，被北宋打败。南汉的北方门户韶州失陷。宋军挥师南下，北宋开宝四年二月攻占英、雄两州后，直逼广州城。南汉王刘长被迫出城投降。宋兵占领广州，并把刘长押解回东京，南汉遂平。元末，韶州为陈友谅率领的农民起义军所据，元至正二十五年（1365年），明朝大将常遇春率部自赣州过大庾岭克韶州。明洪武元年（1368年），驻韶明军配合海道取广州的明军主力，南攻肇庆和德庆，断截元军退路，并迅速歼灭在粤元军。

韶关市是浈江、武江、北江三江交汇处，水上交通运输极其方便，所以自古以来就是粤北的经济、政治、文化、军事的中心重镇。远在两千多年前的汉武帝时代，韶州就是一个很兴旺发达的小城。当初的地址是在浈水东的莲花山脚一带，古城基址今无存。唐代武德初年（618年），由刺史邓文进将城府迁至武水西一带，后被洪水冲毁，至今也无迹可寻。于南汉白龙二年（926年）左右，才迁至半岛上，从此一直至今。

【明清时期沿革】 明清时期，粤北的经济进入缓慢发展阶段，渐渐落后于广州等沿海地区。但粤北的工农业仍有新的发展。采矿业在广东仍然占有举足轻重的地位。至明清时期，韶州的牙行业、行栈业、旅栈业、银楼业、中药行业、烟草行业、布匹行业、典当业、米行业、盐行业、京果行业、饮食行业、土纸行业、运输业等颇为兴旺，这一时期在韶州城内和城郊先后建立九大贸易市场（墟市），手工业的产品销向清远、三水、广州、佛山、肇庆、江门等。各地商人来韶经商频繁。尤其清嘉庆二十二年（1817年），清政府实行海禁后，广州成为唯一的通商口岸，南北货物和国外进口商品，大都运来韶州转运集散。湘赣、江浙、闽南和广州各地客商，纷纷来韶经商，先后在韶州设立一批商业会馆，其中主要的有广州会馆、四邑会馆、豫章会馆等。南北货物的云集，韶州关税银也随之日增，成为国库和地方财政的一大财源。

粤北的文化到明清时期得到进一

步发展。明代韶州境内有相江、昌山、会英书院和含光、会浈等书院，南雄州有大中、凌江等书院。到清代，除韶州有相江书院外，乐昌有昌山书院，乳源有城东书院、云门书院等，仁化有仁阳书院、董劝书院、扶凤书院、锦江书院等，翁源有八泉义学，南雄州有大中书院、正学书院等8间书院2间义学。从清顺治年间到同治年间韶州府学和各县学在读学生892人，其中乾隆年间府县学最盛，在读学生共227人。清末废除科举制，各书院、社学更名为学堂，文化得以进一步发展。佛教文化盛久不衰，明末清初的澹归和尚在历代中最为出名，丹霞山别传寺就是为其所辟。明、清时期，西方天主教、基督教在韶关传播，区境宗教走向多元化。

在清朝统一中国的战争中，曾两次攻粤，其中经韶关的是顺治七年（1650年）清军第二次攻粤。清军主力由江西信丰出南雄，克韶州后南下取广州。

清康熙十五年（1676年））3月初至5月，吴三桂叛军大肆掠夺韶州城数月，掠银达数千之巨，弄得州城民不聊生。5月，清军遂收复韶关。清康熙十六年（1677年）7月初，吴三桂部将们统领兵马再次围困韶州城，双方相持达三个月。9月，清军在莲花山下展开激烈战斗，马、胡、张部几乎全军覆灭，溃离韶州城，战争才告平息，全粤亦得安定。

清咸丰年间，农民义旗四起。咸丰二年（1852年）至九年（1859年），数万红巾军起义军攻陷英德、仁化、乳源县城，并三次围攻韶州府城，振动整个南韶连道。自咸丰九年（1859年）至同治四年（1865年），太平军曾先后三次在韶关境内活动，声势浩大。咸丰九年（1859年），石达开率领的太平军和当地的一万多名红巾起义军汇合后，共数十万大军，攻陷乐昌县城，并向北进发，向清王朝的统治发动猛烈的攻击。

清光绪年间重修《韶州府志》时，有韶州府城地图一幅，记载当时城池“城周围九里三十步，高二丈五尺，东南六百零一丈，东北百另四丈，正北二百一十六丈，西濒无壕”。那时韶州府城墙东有闻韶门，南有文明门，西有镇越门，北有望京门。

【民国时期沿革】 民国以后，韶关开始出现一些官僚资本家经营的工矿企业，采煤业、以木炭、柴油为燃料的小火电业萌芽。辛亥革命后的北江地区，农业经济依然占据主导地位，经济上非常贫穷，物价飞涨，投机猖獗，市场混乱。农村生产力低下，农田产量低，广大农民还得受地主、奸商的剥削压榨，过着“放下禾镰没米煮”的困苦生活。山区地主（山主）占有大部分山林，大多数农民受雇为地主耕作。手工业有铁具与山区的竹木手工等。商业有不少名优特产，如马坝油黏米、英德红绿茶、南雄黄烟、翁源三华李、阳山同冠梨、仁化白毛茶、乐昌马蹄等。粤汉铁路没开通前，北江地区大部分商业都是零售业，到粤汉铁路开通后，食盐、煤油、火柴、香烟等大宗商品都可以由火车运到韶关，批发业务相应发展起来，业务也延伸到湘南、赣南各县，有铁路、采矿业，船业、运输业及手工作坊等行业工人。由于当时没有公路通往各县，陆路只能靠肩挑运输，商品流量仍然不大，购买力低。

韶州府城一度有东南西北四个城门，1928年因城市建设及扩展街道而将城墙拆去。1922年和1924年，孙中山先生率领革命军曾在韶关两次设立大本营，作为北伐的前沿基地。1938年，日寇铁蹄蹂躏广东，广州沦陷，广东省府被迫北迁韶关，使韶关一度成为省城，直到1944年底。武江、浈江河畔十几里成为逃难民村，居住着不少来自南番顺的难民。

解放战争时期，国民党企图占据五岭的有利地形在岭南负隅顽抗，中国人民解放军兵分陆路和水路两路经由韶关进击南下，不久，就解放海岛以外的广东各地。

清末民初，区境开始有官办银行。至中华人民共和国成立前，在区境计有官办银行及地方银行十余家。在会馆内分别兴办小学，开办影剧院，创办报社，商业街商铺林立，人气旺盛，最为典型的是百年东街，两条古街道，为东堤北路、广富新街。

【中华人民共和国成立后沿革】 中华人民共和国成立后，国民经济逐渐恢复和发展，人民生活趋于安定。韶关作为华南重工业基地和广东战略后方，作为小三线建设的地区，曾被国家和广东省委以重任，先后部署一大批国家级、省级骨干工业企业，由此奠定韶关在广东省的工业“龙头”地位，并创造出多个“第一”。韶关因此成为全省第二大工业城市，韶关的一些明星企业分量很重。到1966年上半年，韶关全区的经济形势全面好转，城乡市场繁荣，人民收入增加，生活明显改善。但是十年“文化大革命”，严重影响韶关经济社会发展，粉碎“江青反革命集团”后，韶关各项事业在曲折中前进，直到1978年12月，随着中国共产党十一届三中全会的胜利召开，结束粉碎“江青反革命集团”之后的两年党的工作在徘徊中前进的局面，韶关的经济社会发展从此迈入全新的历史时期。改革开放后10多年间，由于区位优势的弱化，改革开放的力度不强和步伐偏慢等原因，韶关不仅与珠三角地区差距越拉越大，甚至连原来发展较慢的湖南郴州和江西赣州，也有赶超韶关之势，经济发展步伐明显滞后于广东，也稍慢于全国。1978年，韶关人均GDP 410元，高于同期全国的381元、广东的370元，经济总量在广东居第五位。1979—2007年经济年均增长率，广东13.8%、全国9.8%、韶关只有9.4%。2007年，韶关经济总量退居15位，人均GDP只有16049元，仅为广东33151元的48.4%、全国18934元的84.8%。随着2013年11月“一带一路”倡议的提出，韶关借助历来是内陆腹地通往珠三角走向海上丝绸之路的重要节点城市的有利地位，参与21世纪海上丝绸之路建设，认识到经济发展滞后的主要原因之一是交通基础建设不足，加快交通基础建设的脚步。“十二五”期间韶关的交通基础设施建设实现大提速，成功融入以广州为核心的珠三角“一小时”经济圈，形成以“四高三铁一航”为主骨架的综合交通网络，到“十三五”期间将升级为“八高四铁两航”［即京港澳（原京珠）高速、乐广高速、南韶（原赣韶）高速、大广高速、汕昆高速、武深高速、韶关经清远至肇庆四会高速、韶新高速；京广铁路、京广高铁、韶赣铁路（含增建二线）、韶柳铁路；北江航道、韶关丹霞山机场］。韶关贯彻落实省委指示精神，及时调整战略思路，明确“十三五”时期把主动融入珠三角实现加快发展、产业兴韶作为韶关经济社会发展的总战略，以全面建成小康社会为总目标。韶关经济发展水平要在2020年跟上广东率先基本实现现代化，要加大改革开放的力度和加快改革开放的速度，顺应和采取反周期对策，适应国家宏观经济政策调整，扩大固定资产投入，以推进产业结构调整、所有制结构调整以及加快工业化进程，争取全面建成小康社会。

自然地理

【位置和面积】 韶关市位于广东省北部，北界湖南省，东邻江西省，东南面、南面和西面分别与本省河源、惠州、广州及清远等市接壤。介于北纬23°53′－25°31′，东经112°53′－114°45′之间，东起南雄市界址镇界址村，西至乐昌市三溪镇丫告岭村，北自乐昌市白石镇三界圩村，南至新丰县马头镇路下村。全市土地面积1.84万平方千米，居广东省第二位，市区面积3468平方千米。

【地貌】 韶关地形以山地丘陵为主，河谷盆地分布其中，平原、台地面积约占20%。自北向南三列弧形山系排列成向南突出的弧形构成粤北地貌的基本格局：北列为蔚岭、大庾岭山地，长140千米；中列为大东山、瑶岭山地，长250千米；南列为起微山、青云山山地，长270千米。其间分布两行河谷盆地，包括南雄盆地、仁化董塘盆地、坪石盆地、乐昌盆地、韶关盆地和翁源盆地。地势北高南低，北部地势为全省最高，位于乳源、阳山、湖南省交界的石坑崆，海拔1902米，为广东第一高峰。南部地势较低，市区海拔最低35米。

（莫新生）

【气候】 2017年，韶关市气候特点：气温偏高，高温突出，开汛偏晚，局地内涝较重，秋冬干旱较明显，长夏晚冬。年内主要天气过程有强冷空气、强降水、干旱和雷电灾害。2017年，韶关市气象灾害属于轻度年景、极端天气气候事件较少，局地内涝仍较重，秋冬干旱较明显，年内无人员因雷击而死亡。

气温 全市年平均气温20.7℃，偏高0.6℃，仅次于1998年、1953年，并列有气象记录以来历史第三位。年内有10个月出现气温正距平，2个月为气温负距平。极端最高气温为38.0—39.4℃，极端最低气温为-1.9—3.0℃。全市平均高温天气（最高气温≥35℃）天数共40.5天，较常年偏多15天，位列第六。从空间分布来看，全市各县（市、区）年平均气温均较常年平均值偏高，最高乳源偏高0.8℃，乐昌、南雄、始兴、新丰偏高0.6—0.7℃，其余偏高0.2—0.4℃。

雨量 全市年平均降水量1521.0毫米，属正常年景。4月12日全省开汛，比历史常年晚6天。全年出现6次大范围强降水过程，分别是3月9日、3月31日、5月8日、6月4日、6月22日、7月2—3日。降水时间分布极不均匀，6月339.5毫米最多，最少12月16.2毫米；空间分布乳源最多1732毫米，南雄最少1271毫米。

日照 全市各地年平均总日照时数1600.8小时，与常年平均值持平。其中11月日照严重偏少，比常年平均少6成；2月、4月、5月偏多3—7成，3月、6月偏少2—3成，其余月份正常。

雷电 年内全市共收到15宗雷击灾害报告，同比减少43宗，其中，农村雷灾事故1宗，无雷击伤人事件发生。直接经济损失25.97万元，间接经济损失达16.90万元。

极端气候事件 1月，全市平均气温13.0℃，较常年偏高2.8℃。除南

▲大美韶关 （赖金棠 摄）

雄和曲江位列第二高外，其余6站均创有气象记录以来最高纪录。其中1月上旬16.8℃，较常年偏高6.1℃，均创有气象记录以来最高纪录。6月3日20时至4日8时，新丰县马头镇大席片区出现一小时雨量103毫米（21—22时），导致村庄连片水浸、多间房屋倒塌，7月2到3日，韶关市区出现暴雨到大暴雨，最大雨量出现在北江中学站187.3毫米，市气象局3日凌晨启动暴雨红色停课机制，及时发布暴雨红色预警信号。3日上午，市辖区的中小学校、幼儿园停课。2017年8到9月全市平均气温28.5℃，较常年偏高1.4℃，与2009年并列气象记录以来最高记录。其中8月高温天数18.9天，比常年同期偏多一倍，为有历史记录以来第三多，月内全市共发布高温预警73次。16号台风“玛娃”（强热带风暴）9月3日21时30分在广东汕尾陆丰市登陆，受其影响，4到5日，新丰出现暴雨局部大暴雨，最大雨量出现在新丰县云髻山站106.1毫米。11月全市降雨量83.4毫米，较常年偏多7成左右；日照时数60.0小时，较常年偏少近6成，仅次于1987年的第二少。11月17到18日，气象部门在仁化、曲江、南雄、始兴和翁源先后进行人工增雨作业，共发射增雨火箭弹32枚，市区、曲江、乳源、南雄、始兴出现小雨、局部中雨，其余地区出现小雨，增雨效果明显，缓解各地旱情）；12月18到21日，受北方冷空气南下影响，除乐昌和翁源外，全市最低气温-1.9—0.1℃，各县出现连日的不同程度的霜冻和结冰现象。除翁源外，各县全年最低气温均出现在12月。（吴在明）

资源物产

【土地资源】 韶关市总面积为18412.53平方千米。农用地面积16962.53平方千米，其中耕地面积为22.03万公顷、园地面积为2.67万公顷、林地面积为140.29万公顷、草地面积为2.43万公顷，其他农用地为47074.5公顷；建设用地面积为8.76万公顷，其中城镇及工矿用地面积为64150.4公顷、交通运输用地为12669公顷、水利设施用地为11720.9公顷（水库及水利设施）；未利用地面积为56459.3公顷（精确到0.1公顷）。（莫新生）

【水资源】 韶关市位于广东省北部、北江流域中上游，属亚热带季风气候区，国土面积18385平方千米。韶关市水资源分区划分为浈江、武江（中下游）、北江上游、滃江、连江（连江中游支流黄洞河、大潭河）、新丰江（上游）、桃江和章江（长江流域）等八个四级水资源分区。韶关市境内主要江河有浈江、武江、墨江、锦江、南花溪、南水、滃江、北江干流及新丰江，北江由北向南贯穿本市，两侧大小支流密布，各大小支流都源于高、中级山地，且切割很强，两岸壁立的峡谷甚多，水流湍急，河道比降陡，流量大，水力资源丰富。全市多年平均年降水量1682.3毫米，折合年降水总量309.29亿立方米；多年平均水资源量179.93亿立方米，多年平均地下水资源量44.05亿立方米。2017年全市年降水量为1636.5毫米，折合年降水总量为300.87亿立方米，比上年少29.5%，比多年均值少2.7%，属平水年。（刘　蔚）

【矿产资源】 截止至2017年底，主要矿产资源保有储量为：主要矿产资源保有储量为：煤（矿石量）1.3亿吨；铁（矿石量）0.26亿吨；铅（金属量）104万吨；锌（金属量）249.5万吨；钨（金属量）17.6万吨；锑（金属量）6.6万吨；钼（金属量）6.29万吨。至2017年12月31日，全市持有效采矿许可证的矿山共计120个，其中，放射性矿种1个；金属矿20个（钼矿1个、银矿1个、锑矿2个、铅矿3个、铜矿3个、铁矿5个、钨矿5个；两水15个（地热水12个、矿泉水3个）；其他非金属、采石取土类84个。（莫新生）

【植被和生物资源】 韶关典型的山地条件、复杂的自然环境，拥有从温带至热带的多种森林、湿地生态系统，孕育着丰富的野生动植物资源，是广东省野生动植物资源最丰富的地区之一。全市高等植物有271科，1031属，2686种，其中用材树种236种，淀粉植物54种，油脂植物187种，芳香油植物31种，药用植物498种，果类植物83种，观赏植物215种；全市陆生脊椎动物有31目、90科、289属、515种，占广东省陆生脊椎动物740种的69.5%，其中，兽类8目、25科、58属、86种；鸟类17目、47科、178属、322种；爬行类4目、16科、20属、74种，两栖类2目、7科、19属、33种。（邓　晗）

环境质量

【大气环境质量】 2017年，韶关市区城市空气中二氧化硫、二氧化氮、可吸入颗粒物、细颗粒物年均浓度、一氧化碳日均浓度第95百分位数、臭氧日最大8小时浓度第90百分位数分别为0.017毫克每立方米、0.029毫克每立方米、0.052毫克每立方米、0.038毫克每立方米、1.4毫克每立方米、0.152毫克每立方米，除细颗粒物外均优于国家二级标准，全年空气质量指数优、良天数为326天，优良率89.32%。市区降尘年均浓度为1.56吨/平方千米/月，与上年相比下降25.4%。全年降水pH年平均值为5.26，酸雨频率为40.0%，与上年相比上升3.2个百分点，降水质量整体与上年相比无显著变化。

【声环境质量】 2017年，市区道路交通噪声年均值为66.4分贝，其声环境质量处于好等级；市区区域环境噪声年均值为56.7分贝，其声环境质量处于一般等级；各功能区域噪声基本符合标准要求。（杨文怡）

▲过山瑶之乡（张育明）

【水环境质量】 2017年，韶关主要江河水系水质状况总体良好，水环境质量与上年相比无显著变化。除官渡、古市、马坝河出口断面为Ⅲ类水质外，其余断面均为Ⅱ类水质（水温、总氮、粪大肠菌群不参与评价），全市17个市控以上断面水质均达到所属功能类别水质标准，达标率为100%。市区饮用水源地水质达标率为100%，与上年持平，其中十里亭断面水质为Ⅱ类，达标水量7825.1万立方米、苍村水库断面水质为Ⅱ类，达标水量2021万立方米，苍村水库水呈贫营养状态，属于达标。

人口语言

【人口】 2017年末，韶关市户籍人口335.29万人，其中城镇人口151.35万人；常住人口297.92万人。人口自然增长率8.4‰。人口密度每平方千米161.91人。人口出生率16‰，死亡率7.6‰。居住在城镇人口数165.32万人，居住在乡村人口数132.6万人，人口城镇化率55.49%。

【语言】 韶关市区、乐昌、曲江、仁化、始兴、南雄、翁源以粤语即广东话（也通称白话）为主，乳源、新丰以客家话为主，其他的乡镇，很多讲客家话、韶关土话，也有少部分瑶族话。韶关的粤语是比较纯正的，因为这里唐宋时是有名的中原与南蛮区通商窗口，原来北部中原，南下只能经过韶关的梅关古道，一条很小的路，才能通过岭南十万大山。很多广府人在这里经商与定居聚集，后来留下来了。所以白话是当年的最普遍的语言相当于现在的普通话，也就是为什么广东话叫白话之原因。粤北土话古称韶州土话，属汉藏语系汉语族，当地人称之为“虱乸话”（粤语耶鲁拼音：Sat Na Wa）。与湘南土话，桂北平话有近缘关系，统称为土话。这种土话分布在广东北部的乐昌、仁化、乳源、曲江、南雄、浈江、武江等县（市、区）。使用人数约50万，而语系归属也不明。客家话，主要是以前在外地迁徙过来的韶关定居的客家人，还有其他外来人口组成。

民族宗教

【民族】 韶关市是广东省少数民族主要聚居区之一，世居少数民族为瑶族和畲族，总人口约5.5万人，占全市总人口的1.7%。其中瑶族3.2万人，畲族1.1万人，主要分布在乳源瑶族自治县和始兴县、南雄市、曲江区、翁源县、仁化县、乐昌市、武江区等8个县（市、区）的51个乡镇、130个行政村、376个自然村。辖有一个自治县即乳源瑶族自治县，一个民族乡即始兴县深渡水瑶族乡。居住在乳源瑶族自治县的少数民族人口2.4万人，占全市少数民族总人口的43.6%；散居在其他县（市、区）的少数民族3.1万人，占全市少数民族总人口的56.4%。

【宗教】 韶关是广东省宗教工作重点市之一，全市有佛教、道教、天主教、基督教、伊斯兰教等5个宗教，有全市性宗教团体4个，分别为韶关市佛教协会、韶关市道教协会、韶关市天主教爱国会和韶关市基督教三自爱国会；有宗教活动场所54个（其中佛教20个，道教4个，天主教7个，基督教23个），伊斯兰教临时聚会点1处；有宗教教职人员555人（其中佛教僧、尼504人，道教乾道、坤道22人，天主教神父、修女8人，基督教牧师、长老、传道21人），宗教教徒约4万人；有宗教院校2所，占全省50%，分别是广东佛学院曹溪学院和云门学院。

（龙 晖 邓敏玲）

建置区划

【秦至南朝时期建置】 先秦时期，粤北建置无考。秦统一六国，始皇帝三十三年（公元前214年）略定扬越，置南海、桂林、象郡。今粤北各地其时均未建县。高祖建汉后，本境开始建县。陆续建立曲江县（包括今曲江、乳源、仁化、乐昌4个县）、桂阳县（包括今连县、连南、连山3个县）、阳山县、含洭县（今英西）、浈阳县（今英东及翁源县）。西汉鼎六年（公元前111年）平南汉越后，以粤北5个县内属桂阳郡，郡治在郴（今湖南省郴州市），隶于荆州。东汉各朝，省阳山县，并入含洭县。两汉时期，今南雄、始兴一带尚未独立建县，地属扬州豫章郡南野县（古代野同婪，或写作壁）。

三国两晋及南北朝时期，开始在粤北设郡置州，加快开发的步伐。东吴甘露元年（265年），始立始兴郡。郡治在曲江（今韶关市区），属荆州。领曲江县、桂阳县、始兴县。东吴永安六年（263年），析豫章郡南野县及桂阳郡曲江县2个县地新置，辖境包括今始兴、南雄2个县、含洭县（含阳山）、浈阳县、中宿县（今清远县）。其所辖的区域范围，除今韶关市（3个区12个县）全境之外，还包括中宿县。这是本境第一个郡一级的地方政权。此后1700余年的行政建置，尽管名称和辖境大小不尽相同，而格局基本一样，历代承传，相沿至今。西晋泰始六年（280年），以始兴郡改属广州，治在曲江，领7个县，辖境与东吴的始兴郡无异：曲江、桂阳、始兴、含洭、浈阳、中宿、阳山（分含洭复置）。西晋永嘉元年（307年），分荆州之长沙、衡阳、湘东及广州之始安、临贺等9个郡，另立湘州，始兴郡属之。东晋相沿旧制，始兴郡建置与辖境不变。东晋义熙十三年（417年）省湘州，始兴郡还属荆州，郡治仍在曲江。南朝时期，朝代更替和州郡废置频繁，建置沿革较为复杂。南朝宋初年（420年），粤北建置相沿晋制。南朝宋泰始六年（470年），以桂阳析置冈溪县（治在今连县西北），割始兴郡之桂阳、阳山、含洭、冈溪4个县另立宋安郡（又名小桂郡），治在桂阳。泰豫元年（472年）复故，省冈溪县，改始兴郡为广兴郡，原宋安郡所辖4个县属之，治在曲江，领7个县：曲江、始兴、贞阳［南朝宋泰始三年（467年），浈阳改贞阳］、中宿、桂阳、阳山、含洭。辖区与东吴、两晋之始兴郡相同，仍属湘州。南齐复名始兴郡，辖境相同，亦属湘州。贞阳复名为浈阳，析曲江县地另置灵溪县和仁化县，又析始兴县另置令阶县（初名斜阶，后改令阶，不久再改为正阶），连同原有的7个县，共辖10个县。梁天监六年（507年），分湘、广二州置衡州，治在含洭，初领桂阳、阳山、始兴3个郡。南朝梁普通四年（523年），以梁乐（今阳山县西南）、涛安（今怀集县西北）2个县置梁乐郡（治在梁乐县），属合州（治在徐闻，后改为南合州）。南朝梁承圣二年（553年），以始兴郡立东衡州（治在曲江），粤北遂分为2个州。其中：衡州领阳山、桂阳2个郡：阳山郡下辖含洭、桂阳、广惠（析桂阳县置）、阳山4个县；桂阳郡下辖郴、临武、南平、晋宁、汝城（均在湖南省内）5个县；东衡州领始兴、安远2个郡：始兴郡下辖曲江、仁化（析曲江县置）、梁化（析曲江县置）、平石（析梁化县置）、浈阳、翁源（析浈阳县置）6个县；安远郡治在今南雄县东北，下辖始兴县。东吴以来一直归属始兴郡的中宿县，此时单独建置西衡州，治在今清远县境内，所领的清远郡，下辖中宿1个县。南朝陈天嘉元年（560年），改桂阳郡之汝城县为庐阳郡，并以始兴、安远2个郡共属东衡州，治在曲江。其中：始兴郡下辖曲江（含梁陈时期废人曲江之仁化）、梁化、平石、浈阳4个县；安远郡下辖始兴、须阳（析曲江县置）2个县；庐阳郡下辖庐阳县。陈天嘉年间，割西衡州之清远郡（以翁源县为郡治）入广州，并改衡州为西衡州，治在含洭，领3个郡。其中阳山郡下辖含洭、阳山、桂阳、广惠4个县；桂阳郡下辖郴、临武、南平、便县、晋宁5个县（均在湖南省内）。同时将南合州之梁乐郡移属西衡州，下辖梁乐县。

【隋唐五代十国时期建置】 隋唐时期，全国重新统一，粤北建置渐趋稳定。隋开皇九年（589年），平陈。废安远郡，置大庾县；废始兴郡，置广州总管府；不久改东衡州为韶州，曲江、始兴、大庾、梁化、平石、浈阳、须阳7个县属之。废阳山郡、梁乐郡，改西衡州置淮州，含洭县属之；并置连州，阳山、梁乐、广泽（以广惠县改）、希平（南齐以今连山县西北析置）、桂阳5个县属之。废清远郡，清远、翁源并入广州。隋开皇十年（590年），希平易名熙平，改浈阳属循州（循州在今龙川，此史实《隋书•地理志》失记）。隋开皇十一年（591），韶州废入广州。隋开皇十二年（592年），王仲宣乱平（上年，番禺豪帅王仲宣引兵反隋，围攻广州、韶州），广州自南海北迁原韶州治。省平石入梁化县。隋开皇十六年（596年），大庾县废入始兴县，须阳县废入曲江县。隋开皇十八年（598年），梁化县改乐昌县，梁乐县改宣乐县。隋开皇十九年（599年），浈阳县自循州改属广州。隋开皇二十年（600年），洭州废入广州。广州总管府自韶州还治南海。

仁寿元年（601年），改广州置番州。广泽县改名连山县。隋大业元年（605年），于连州治桂阳县置熙平郡，领9个县：桂阳、阳山、宣乐（大业十三年废入阳山县）、连山、熙平（唐废入连山县）、游安（今怀集县西北）、开建（今封开县南丰东）、武化（今广西象州县东北）、桂岭（今广西贺县东北）。隋大业三年（607年），改番州置南海郡，领15个县，粤北曲江、始兴、翁源、乐昌、含洭5个县属之。唐武德四年（621年），平岭南。改熙平郡置连州，治在桂阳，领3个县：桂阳、阳山、连山。析广州之曲江、始兴、乐昌、翁源4个县置番州，不久更名东衡州，领6个县：曲江、临泷（析曲江县置）、良化（析曲江县置）、始兴、乐昌、翁源。武德五年，在含洭置洭州，领含洭、浈阳、翁源3个县。唐贞观（627—633年）中，改东衡州为韶州，领曲江、临泷、良化、始兴、乐昌5个县，割洭州之翁源来属。废洭州，含洭、浈阳2个县入广州。唐贞观八年（634年），临泷、良化2个县省入曲江县。唐光宅元年（684年），析始兴县北境置浈昌县。唐垂拱四年（688年），复置仁化县。2个县均属韶州。

唐天宝元年（742年），改广州为南海郡，韶州为始兴郡，连州为连山郡，辖境不变。唐乾元元年（758年），3个郡均复原州名，即广州、韶州与连州，辖境亦不变。有唐一代，韶州属岭南道（唐贞观元年，627年），连州初属江南西道（唐开元二十一年，733年），后属岭南道。

五代时期，后梁乾化元年（911年），刘岩发兵破韶州。时韶州领6个县：曲江、仁化、乐昌、始兴、浈昌、翁源。

南汉乾亨元年（917年），改广州为兴王府，领13个县，其中有粤北之浛洭与浈阳。乾亨四年，析兴王府之浈阳县置英州，领浈阳县。析韶州之浈昌县置雄州，领浈昌县

连州自唐光化三年（900年）为马殷所陷，此后迄于五代，一直属湖南马楚。到南汉乾和九年（951年），南汉将吴怀恩略定宜、连、梧等8个州，连州才改属南汉。领3个县：桂阳、阳山、连山。

【宋元明清时期建置】 宋元以后，南（雄州）、韶（州）、连（州）三地的建置，或为州，为路，为府，辖区大体不变。北宋时期，粤北境内分置4个州，均属广南东路。韶州领3—5个县，但辖境相同。北宋初至开宝五年（972年）初，领曲江、仁化、乐昌、翁源4个县；开宝五年至咸平三年（1000年），因仁化废入乐昌而领3个县；咸平三年至宣和三年（1121年），因恢复仁化县建制，又领4个县；宣和三年始，因析曲江、翁源二县地置建福县（位于岑水场附近，在今翁源县西北），共领5个县。连州领桂阳、连山、阳山3个县，县数和辖境一直没有变化。开宝四年，因河北路另有雄州，粤北之雄州冠以“南”字，称南雄州。领浈昌（北宋天圣元年即1023年改称保昌）、始兴2个县。宣和二年赐郡名保昌。英州领浈阳（北宋乾兴元年即1022年改名真阳）、浛洭（北宋开宝四年自广州隶连州，五年改名浛光，六年自连州改隶英州）2个县。北宋宣和二年赐郡名真阳。南宋时期，粤北各州亦属广南东路。南雄州与连州的建置，与北宋完全相同。韶州虽仍辖5个县，辖境亦不变，但所辖县名稍有变化：南宋初，撤销建福县；乾道二年（1166年），析曲江与乐昌2个县地置乳源县。英州于南宋庆元元年（1195年）升为英德府，仍领真（浈）阳、浛光（即浛洭）2个县，辖区不变。元至元十三年（1276年），韶州归附于元，未几叛。十五年始定，置韶州路总管府，领曲江、乐昌、仁化、乳源4个县。至元十三年，英德府归附于元。十五年，立英德路总管府。元二十三年（1286年），降为散州。大德五年（1301年）复为路，至大元年（1308年）复降为州，领真阳、含洭、翁源3个县。至元十五年，又置南雄路总管府，领保昌、始兴2个县。以上2个路1个州，属广东道。至元十三年，于连山县置安抚司，领阳山县。元十七年，废安抚司，升为连州路总管府。元十九年降为散州，称连州，领连山1个县。至元十三年，桂阳县归附于元。元十九年，升桂阳县为散州，称桂阳州，割连州（治在连山）之阳山县属之。以上2个州，初隶湖南道，后改隶广东道。明洪武元年（1368年），置韶州、南雄二府，属广东布政司。韶州府领曲江、乳源、仁化、乐昌4个县；南雄府领保昌、始兴2个县。洪武二年，英德降州为县，与翁源2个县入韶州府。明洪武二年三月，桂阳州省入连州（今连山），领桂阳、阳山2个县。4月，废连州，地属连山县，划归韶州府。明洪武三年九月，连山县并入阳山县。明洪武十三年（1380年）十一月，复置连山县。明洪武十四年（1381年）四月，于桂阳旧治复置连州（今连州市），属广州府，领阳山、连山2个县。清沿明制，韶州府的建置一直不变，领曲江、乳源、仁化、乐昌、英德、翁源6个县。南雄于清初为府，清嘉庆十一年（1806年）降为直隶州，裁去保昌县；清嘉庆十六年复升为府，次年再降为直隶州（保昌附郭），领始兴县。连州初隶于广州府，清雍正五年（1727年）升为直隶州，领连山、阳山2个县。清嘉庆二十一年升连山县为绥瑶直隶厅，连州城附郭，只领阳山县。以上府、州、厅，均隶属于广东省。自明中叶至于清末，不断在今粤北境内，设置道一级的行政监察区，或是分守、分巡机构。其中有明弘治十八年（1505年）的南韶道，明嘉靖十四年（1535年）的南韶道，清康熙十三年（1674年）的南韶道，清康熙二十一年（1682年）的广南韶道，和清乾隆年间（1736—1796年）以后的南韶连兵备道等

【民国时期建置】 民国时期，粤北属广东省。地方政权建置的变化也甚频繁。民国元年（1912年），在粤北初置军事机关南韶连绥靖处，兼管地方行政，驻韶关。下辖11个县，即今韶关市全境。1913年1月，始置南韶连道（治在今韶关市区）。1918年，改称岭南道。1920年12月，改置南韶连行政委员会。1927年5月，改置南韶连政务委员会。以上行政机关，名称虽异，辖区均同。1928年3月，改立北区善后委员公署，并将原在连山县设置的瑶务处升格为连阳化瑶局（1937年4月改称连阳安化管理局），由原属省直辖转归北区管辖。1928年8月，在曲江县城（今市区）设韶州市政局，亦直属北区管理；1929年6月撤销，拨归曲江县。1932年，西区并入北区，改称西北区绥靖委员公署，治所仍驻在韶关。辖境除原北区的11个县1个局（连阳化瑶局）外，增辖西区的高要、四会、新兴、高明、广宁、鹤山、德庆、封川、开建、罗定、云浮、郁南、阳江、阳春14个县，共辖25个县1个局。1936年10月，广东省分设九个行政督察区，粤北为第二行政督察区，专署驻韶关，辖境又恢复到善后委员公署时期的11个县1个局。1939年2月，迫于紧张的抗日军事形势，国民党省府迁至韶关。将原属第一行政督察区的清远、佛冈、从化、花县4个县划入本区。此时，本区辖县增至15个县1个市1个局。1943年11月，析曲江县城置韶关市，并升格为省直辖市。1945年1月，韶关为日军占领，市的建制自行解体。1946年3月，连阳安化管理局改置为连南县。此后，粤北全境共有12个县，辖境与今韶关市同。1949年4月，粤北分置三个行政督察区，其中第三行政督察区专员公署设在英德，下辖5个县；第四行政督察区专员公署设在韶关，下辖6个县；第五行政督察区专员公署设在连县，下辖4个县。从1949年3月至当年冬，粤北各地相继解放。

【新中国成立后建置】 中华人民共和国成立后，为适应各时期的政治形势，加强经济与文化建设，粤北境内的行政机构设置及其隶属关系，也有过多次变革。建国前夕，1949年9月15日，接中原临时人民政府电令，决定设立北江临时人民行政委员会。18日，于南雄县正式成立，隶属中共华南分局领导。1949年10月7日，韶关市区解放后迁驻韶关。是日，同时成立韶关市人民政府。1950年1月27日，北江临时人民行政委员会易名为北江人民行政督察专员公署，驻韶关，隶属广东省人民政府领导。下辖16个县1个市。1950年5月5日，韶关撤市建镇，归曲江县管辖。1950年9月21日，改称北江区行政督察专员公署（简称北江专员公署），辖境与前同。1951年6月1日，恢复韶关市建制；同年12月，新丰县划入东江专区。此时，北江专员公署下辖15个县1个市。1952年11月9日，设立粤北行政公署，机构升格，辖区有所扩大。除原辖境15个县1个市之外，还增辖原属东江专区的连平、和平、新丰3个县，以及原属珠江专区的花县，合共19个县1个市。自此至1956年2月底，粤北行政区只是属下个别县的建制有些变动，而全区所辖范围不变。1953年1月，连南、连山2个县合并为县级的连南瑶族自治区。1954年2月，恢复连山县。1955年6月，连南瑶族自治区更名为连南瑶族自治县。1956年3月1日，改置韶关专员公署，辖境与建国初期原北江人民行政督察专员公署的辖区一样。因花县划归佛山专区，连平、和平2个县划归惠阳专区，该境缩减至16个县1个市。1957年6月，析曲江、乳源、乐昌3个县地置韶边瑶族自治县。此时，本区辖境不变，辖县增至17个县1个市。1958年12月，撤销惠阳专区，原属惠阳专区的连平、和平、龙川、河源4个县划入韶关专区；佛冈并入从化县。同时，在“公社化”高潮中，普遍实行撤小县，并大县：撤销曲江、仁化2个县，并入韶关市；撤销乳源、韶边2个县，并入乐昌县；撤销始兴县，并入南雄县；撤销新丰县，并入翁源县；撤销和平县，并入连平县；撤销连县、连南、连山、阳山4个县，合并为连阳各族自治县（驻连州镇）。加上没有撤并的英德、清远、龙川、河源4个县，全区共有9个县1个市。1960年起，粤北各县的建制和领属关系逐步恢复到1958年前的状况。当年，恢复新丰、始兴、阳山3个县，连平县更名和平县，连阳各族自治县更名连州各族自治县。1961年，撤销连州各族自治县，恢复连县、连南瑶族壮族自治县（含连山县）、曲江县、仁化县。1962年9月，复置连山僮族瑶族自治县（1965年改称壮族瑶族自治县）；同年，恢复连平县；10月，成立乳源瑶族自治县。1963年6月15日，广州市的佛冈县划归该区，河源、连平、和平、龙川4个县划归惠阳专区。至此，韶关专区的辖区再度变为15个县1个市。“文化大革命”期间，1968年2月，成立韶关专区革命委员会，取代中国共产党韶关地方委员会和韶关专员公署；1970年10月，更名为韶关地区革命委员会，辖区均不变。1975年，新丰县划入广州市；当年11月，曲江县划入韶关市管辖。1977年1月，韶关市升格为省直辖市，脱离地区建制。至此，韶关地区下辖13个县，韶关市下辖1个县。1979年3月，撤销韶关地区革命委员会，改置韶关地区行政公署；1981年7月，撤销韶关市革命委员会，改置韶关市人民政府，辖境均不变。1983年6月，韶关地区与韶关市合并，统一称为韶关市（地级市）。清远、佛冈2个县划入广州市。本市下辖市区和12个县。1984年9月，韶关市区分置3个县级的市辖区：北江区、浈江区、武江区。至此韶关市下辖3个区9个县3个自治县。1988年起辖3个区8个县。2004年5月起辖3个区5个县2个县级市，辖浈江区、武江区、曲江区、仁化县、始兴县、翁源县、新丰县和乳源瑶族自治县，代管乐昌市和南雄市。广东省从2010年10月1日开始试行省直管县财政改革，韶关市南雄市、仁化县、乳源瑶族自治县、翁源县分别于2010年、2013年、2014年、2015年成为广东省直管县财政改革试点地区。

【2017年行政区划】 2017年，全市辖浈江区、武江区、曲江区、仁化县、始兴县、翁源县、新丰县、乳源瑶族自治县，代管乐昌市、南雄市，有乡镇94个（其中93个镇，1个瑶族乡），10个街道办事处，4个办事处，1205个村委会，225个居委会。（详见韶关市行政区划简明表）

2017 年韶关市行政区划简明表

表 1　　（2017 年 12 月 31 日）

县（市、区）名	镇（乡、街道办）名	镇乡数（个）	街道办数（个）	村委会数（个）	居委会数（个）
武江区	西联镇、西河镇、重阳镇、龙归镇、江湾镇、惠民镇、新华镇	5	2	51	36
浈江区	新韶镇、乐园镇、花坪镇、犁市镇、十里亭镇、风采街道、车站街道、东河街道	5	3	48	46
曲江区	马坝镇、樟市镇、乌石镇、沙溪镇、大塘镇、枫湾镇、小坑镇、白土镇、罗坑镇、松山街道	9	1	85	22

续表1

县（市、区）名	镇（乡、街道办）名	镇乡数（个）	街道办数（个）	村委会数（个）	居委会数（个）
乐昌市	坪石镇、北乡镇、长来镇、廊田镇、九峰镇、三溪镇、黄圃镇、梅花镇、五山镇、大源镇、两江镇、白石镇、庆云镇、秀水镇、云岩镇、沙坪镇、乐城街道	16	1	195	20
南雄市	乌径镇、黄坑镇、水口镇、湖口镇、珠玑镇、界址镇、百顺镇、澜河镇、古市镇、坪田镇、邓坊镇、主田镇、油山镇、南亩镇、江头镇、全安镇、帽子峰镇、雄州街道	17	1	208	24
翁源县	龙仙、翁城、新江、周陂、坝子、江尾、官渡	7		153	18
始兴县	马市镇、顿岗镇、司前镇、隘子镇、罗坝镇、澄江镇、沈所镇、城南镇、太平镇、深渡水瑶族自治乡	10		113	14
仁化县	董塘镇、长江镇、扶溪镇、石塘镇、红山镇、城口镇、闻韶镇、周田镇、黄坑镇、大桥镇、丹霞街道	10	1	109	16
新丰县	回龙镇、梅坑镇、沙田镇、遥田镇、马头镇、黄磜镇、丰城街道	6	1	141	16
乳源瑶族自治县	乳城镇、桂头镇、大布镇、大桥镇、必背镇、一六镇、东坪镇、游溪镇、洛阳镇	9		102	13
合计		94	10	1205	225

（徐湘田　刘慧芳）

2017年各单位在职领导名单

△韶关市四套班子、纪委、军分区

中国共产党韶关市委员会

市委常委、市委书记：
江　凌（任至2月）
莫高义（3月任职）
市委常委、市委副书记：
骆蔚峰（任至5月）
殷焕明（5月任职）
市委副书记：陈　波
市委常委、纪委书记：郭健生
市委常委、政法委书记：
黄劲东（任至1月）
陈　波（1月任职，任至7月）
李安平（6月任常委，7月任政法委书记）
市委常委、市委秘书长：孔云龙（任至9月）
市委常委、宣传部部长：柳琛子
市委常委、组织部部长：华旭初
市委常委、副市长：朱余旺
市委常委、南雄市委书记：曾风保
（常委任至6月，南雄市委书记任至3月）
市委常委、统战部部长：黄劲东（1月任职）
市委常委、市政府党组副书记、
副市长：万卓培（3月任职）
秘书长：孔云龙（任至9月）
颜玉明（9月任职）
市委副秘书长：邓彩虹　谢祥腾
罗海俊（任至4月）
丘德周　胡浩举（挂职）
林映鹏（挂职）
蔡国威（挂职）
区毅明（6月任职）

韶关人民代表大会常务委员会

主　任：江　凌（1月任职，任至3月）
莫高义（5月任职）
代理主任：杨小明（3月任至5月）
副主任：杨小明　张　平　邓小杰
林　岚　梁韶灵（1月任职）
陈　曦（1月任职）
秘书长：高振忠
副秘书长：陈早霞　黄其振　陈忠旭

韶关市人民政府

市　长：骆蔚峰（任至5月）
殷焕明（5月任职）
副市长：陈　波（任至1月）
李安平（任至8月）
朱余旺　万卓培（3月挂职）
许志新　陈　磊
王伟阳（任至1月）
高冬瑞（1月任职）
李　欣　刘清生（9月任职）
副厅级干部：王伟阳（1月任职）
政府秘书长：朱裕华
政府副秘书长：
刘国昌（3月挂职）
梁丽芳　安向东（12月挂职）
黄勤昌（9月任职）　邱杨生

黄艺坤（任至12月） 凌福传
李新科（任至8月，挂职）
李志兵（8月任职）

韶关市政协委员会

主 席：王青西（1月任职）
李石保（任至1月）
副主席：兰 茵 刘大济 张文铭
周伟源（1月任职）
吴春腾（1月任职）
王德雄（1月任职）
党组成员：林 嘉
副主席：刘清生（1月任至9月）
贝抗胜（任至1月）
王乙未（任至1月）
党组成员：何伟青（任至11月）
秘书长：陶学权
副秘书长：黄颂华 何新文
汤满懿（9月任职）
黄勤昌（任至9月）

韶关市纪委、监察委

市委常委、市纪委书记：郭健生
市纪委副书记、市监察局（市预防腐败局）局长：颜玉明（市纪委副书记任至12月）
市纪委副书记：李熏杰 覃 峥
赵 峰（12月任职）
市纪委常委：陈天雄
市纪委常委：丘明祥
市纪委常委：谢志铎
市监察局（市预防腐败局）
副局长：谢志铎（3月任职）
市纪委常委：饶桦林
市纪委常委：潘美婷
市监察局副局长：潘美婷（3月任职）
市监察局副局长：黄光明（任至3月）
雷能福（4月任职）
办公室主任：贺建军（8月任职）
组织部部长：关林勇
宣传部（预防腐败室）部长：张 默
政策法规研究室主任：王长征
党风政风监督室（市政府纠正部门和行业不正之风办公室）主任：
潘美婷（任至8月）
张群羚（8月任职）
信访室（举报中心）主任：
饶桦林（任至8月）
彭奋生（8月任职）
案件监督管理室主任：贺建军（任至8月）
第一纪检监察室主任：李志光（8月任职）
第二纪检监察室主任：梁水平
第三纪检监察室主任：邓 钢
第四纪检监察室主任：罗 斌
第六纪检监察室主任：陈 冰（8月任职）
案件审理室主任：李健凯
纪检监察干部监督室主任：曹建龙

韶关市委办公室

主 任：邓彩虹
副主任：何运荣 郑 健（任至11月）
宋在军（12月任职） 余长勇
市委保密委专职副主任：
石云峰（11月任职）
市委督察室主任：周君明（任至7月）
沈步亮（7月任职）

韶关市国家保密局

局 长：石云峰（任至11月）
副局长：曾为荣 赖翠珍
总工程师：郑小侠

韶关市委机要局

局 长：邓福德
副局长：袁 睿 白雪峰

韶关市信访局

局 长：丘德周
副局长：何 怡 罗伟强

韶关市人大常委会办公室、研究室、各工作委员会办公室

办公室

主 任：高振忠
副主任：徐伟华（任至6月）
颜晓茹（任至6月）
谭 政（6月任职）
刘剑飞（6月任职）
王秀芳（12月任职）

研究室

主 任：李 铖
副主任：颜德宜 刘剑飞（任至6月）
徐伟华（6月任职）

法制工作委员会

主 任：周正祥
副主任：谢建忠 陈雄标

财政经济工作委员会

主 任：潘 穗
副主任：刘翠同
预算工委副主任：谢运洪

城乡建设环境与资源保护工作委员会

主 任：曾旭源
副主任：周伟文（任至8月）
谭 政（任至6月）
谭耀均（6月任职）
周国庆（12月任职）

农村农业民族宗教工作委员会

主 任：巫育明
副主任：谭耀均（任至6月）
李步林 颜晓茹（6月任职）

教育科学文化卫生华侨外事工作委员会

主 任：何正平（4月任职）
副主任：唐国驹 陈文英

选举联络人事任免工作委员会

主 任：余构华
副主任：贺金池 吴术东

内务司法工作委员会

主　任：杨日葵
副主任：卜小燕

韶关市政府办公室

政府办调研员：朱增志
政府办副主任：覃茂来（任至9月）

韶关市金融工作局

局　长：汤满懿（任至8月）
　　　　李功保（8月任职）
副局长：潘光敏　周金满
　　　　李华民（6月挂职）

韶关市法制局

局长、党组书记：罗国华
副局长、党组成员：刘剑军
副局长、党组成员：罗永忠（9月任职）

韶关市仲裁委员会

分管仲裁工作：李安平（韶关市副市长）
副主任：凌福传（兼）　宋良锋（兼）
　　　　罗国华（兼）
驻会副主任、办公室主任：赖勇平

韶关市应急管理办公室

主　任：聂郁烈
副主任：文志昌

韶关市政协办公室、专委会办公室

办公室

主　任：陶学权
副主任：彭长伟（任至3月）
　　　　罗江英（任至3月）
　　　　张国安（3月任至12月）
　　　　杨　溯（3月任至7月）
　　　　赵东灿（12月任职）
　　　　叶　明（12月任职）

提案委员会、社会法制委员会

主　任：张　衡
副主任：刘平云（任至3月）

经济委员会、人口资源环境委员会

主　任：刘德泉（7月任职）
副主任：张国安（任至3月）
　　　　刘平云（3月任职）

教科卫体委员会

主　任：张红娟
副主任：罗洪伟

文化和文史资料委员会、民族和宗教委员会

主　任：沈妙光
副主任：杨　溯（1月任至3月）
　　　　彭长伟（3月任职）

港澳台侨联络委员会

主　任：孙　斌

联络工作委员会

专职副主任：罗江英（3月任职）

韶关市委巡察机构市纪律派驻纪检组

市委巡察办主任：陈天雄（11月任职，由市纪委常委兼任）
市委巡察办副主任（副处级）：钟　鸣（11月任职）
市委第一巡察组组长：张朝盛
市委第二巡察组组长：黄光明
市委第三巡察组组长：谢志铎（11月任职，由市纪委常委兼任）
市委第一巡察组副组长：江仁瑞
市委第二巡察组副组长：叶　文
市委第三巡察组副组长：唐振朝（11月任职）
市纪委派驻第一纪检组组长：张联清
市纪委派驻第二纪检组组长：谢　斌
市纪委派驻第三纪检组组长：卢中强
市纪委派驻第四纪检组组长：张桂先
市纪委派驻第五纪检组组长：叶东生
市纪委派驻第六纪检组组长：朱观洪
市纪委派驻第七纪检组组长：谭春雨
市纪委派驻第八纪检组组长：廖卫华
市纪委派驻第九纪检组组长：徐进平
市纪委派驻第十纪检组组长：蒋林龙
市纪委派驻第十一纪检组组长：李国荣
市纪委派驻第十二纪检组组长：吴海岩
市纪委派驻市人力资源和社会保障局纪检组组长：张卫东

市纪委派驻市人民政府国有资产监督管理委员会纪检组组长：王淑军
市纪委派驻市教育局纪检组组长：温　强
市纪委派驻市卫生和计划生育局纪检组组长：尹恒春
市纪委派驻市公安局纪检组组长：林卫东
市纪委派驻市人民检察院纪检组组长：张旗胜
市纪委派驻市中级人民法院纪检组组长：吴梓章
市纪委派驻市司法局纪检组组长：杨晓红
市纪委派驻第一纪检组副组长：钟晓云
市纪委派驻第一纪检组副组长：孙纯杰
市纪委派驻第二纪检组副组长：李　军（任至12月）
市纪委派驻第二纪检组副组长：伍　诚
市纪委派驻第三纪检组副组长：翁文生
市纪委派驻第三纪检组副组长：高　照

韶关军分区

司令员：盖长利
政治委员：郭伟建
参谋长：刘迪安（任至6月）
政治部主任：吴楚峰（任至6月）
后勤部部长：何声岳（任至6月）
战备建设处处长：何声岳（7月任职）
政治工作处主任：闫振一（7月任职）
动员处处长：梁晓明（7月任职）
保障处处长：尹寿松（7月任职）

△韶关市委工作部门

韶关市委组织部

市委常委、组织部部长、
市委党校校长：华旭初
常务副部长：蓝振云
副部长、市直属机关工委书记：李志斌
副部长、市人社局党组书记、
党工委书记、局长：钟　曦
副部长：涂为群　骆新航（12月任职）
副部长、市委老干部局局长：
陈　熙（6月任职）

韶关市委宣传部

市委常委、宣传部长：柳琛子
常务副部长、市社科联主席：李晓林
副部长、市文明办主任：王明志
副部长：刘炎生（8月任职）
夏　娟（12 月任职）
林伟新（任至8 月）

韶关市委统战部

部　长：何伟青（任至1月）
黄劲东（1月任职）
副部长：孔庆红（任至12月）
常务副部长：孔庆红（12月任职）
副部长（兼任）：文清年（12月任职）
翁良方（12月任职）
副部长：廖雨婷
副部长（挂任）：邓良德（3月任职）

韶关市委政法委员会

市委副书记、政法委书记：
陈　波（任至7月）
市委常委、政法委书记：
李安平（7月任职）
常务副书记：刘祥锋（任至11月）
张广晖（11月任职）
专职副书记：曾　洪　吴文丽
专职委员：肖建鸿　邓南炜　李先德
叶安强　胡克标
政治处主任：李江南

韶关市委政策研究室

市委副秘书长、政研室主任：区毅明
副主任：杨应海　张桂胜
刘华益（改革办）

韶关市直属机关工委

书　记：李志斌
副书记：梁镜华　蒲莱湘（任至12月）
向志强（12月任职）

韶关市编办

主　任：刘晓佳
副主任：赵宏宇　黄志忠

韶关市委台办

主任（局长）：文火玉
副主任（副局长）：罗哲春

韶关市委老干部局

市委组织部副部长、局长：陈　熙
副局长：马小青（12月任职）
陈国营　涂海平

中共韶关市委农村工作领导小组办公室

主　任：范国文
副主任：刘世冬　骆少明

△韶关市政府工作部门

韶关市发改局

局长、党组书记：钟沛东（任至9月）
郭先桂（9月任职）
党组成员、副局长：刘剑城
党组成员、纪检组长：叶东生
党组成员、副局长：阳火成　肖荣忠
朱保良
党组成员、总经济师：巫锦国
市重点办主任（副处级）：廖寄萌
市能源局局长（副处级）：李剑虹

韶关市经济和信息化局

党组书记、局长：张才明
党组成员、副局长：黄　玉　黄丽霞
陈汉城
副局长：张南生　梁宏斌（6月挂职）

韶关市教育局

工委书记、局长：张立江
工委副书记、副局长：黄叶亭
工委委员、副局长：曾楚清　刘文胜
副局长：梁丽娟（12月任职）

韶关市科技局

党组书记、局长：欧阳全
党组副书记、副局长：刘光浩
党组成员、副局长：张　彬
翟成洪（任至12月）

韶关市民族宗教事务局

党组书记、局长：文清年
党组成员、副局长：向志强（任至12月）
江卫华

韶关市公安局

党委书记、局长：李安平（任至10月）
刘清生（9月任职）
党委委员、副局长：刘国强（任至9月）
黄海林　张韶梅
谢玉田　张伙养
党委委员、派驻纪检组组长、
第一副督察长：林卫东
党委委员、消防局局长：
袁奕之（任至 10月）
党委委员、政治处主任：游加慧

武警韶关市消防支队

支队长：袁奕之（任至10月）
政治委员：葛长荣（7月任职）

副支队长：李代友
副政治委员：邹勇群（9月任职）
副支队长：廖海容（9月任职）
司令部参谋长：温岸文（9月任职）
政治处主任：于卫平
后勤处处长：李顺昌（9月任职）
防火处处长：王楚斌

韶关市民政局

党组书记、局长：邢　丽
党组成员、副局长：张瑞兰
　　赖启新（任至3月）
　　张占斌　胡建文

韶关市司法局

党组书记、局长：赖佩养
党组成员、副局长：宋启龙
党组成员、纪检组长：杨晓红
副局长：包玉兰（12月任职）
党组成员、副局长：曾房兰　李丽冰
党组成员、政治处主任：刘卫红

韶关市财政局

党组书记、局长：凌振伟
党组成员、副局长：陈树川
党组成员、纪检组长：朱观洪
党组成员、副局长：胡列峰　肖少康
　　张文华（11月任职党组成员，12月任职副局长）
非税局局长：温建明
国库支付中心主任：程　艳

韶关市人力资源和社会保障局

局长、党组书记：黄庆忠（任至7月）
　　钟　曦（7月任党组书记，8月任局长）
副局长、党组副书记：
　　陈来安（任至4月）
党组副书记：吴岳朋（12月任职）
副局长：安森雨　郭兴华
　　吕小辉　张建国

韶关市国土局

局长、党组书记：黄宣剑
纪委派驻第十纪检组组长、党组成员：蒋林龙
副局长、党组成员：叶富明　文武宏
　　张东灵　杨锦华
执法监察支队支队长、党组成员：
　　杨淑华

韶关市环境保护局

局　长：谭启源
副局长：张　莉
　　方贵平（4月任职）
　　魏　宁（任至9月）
总工程师：招文锐（任至8月）
　　陈　卓（11月任党组成员，12月任总工程师）
党组成员：朱卫斌（12月任职）

韶关市住房和城乡建设管理局

局　长：谢天友（8月任职）
副局长：潘国忠　谭宝龙
　　邱代胜　范韶旭
　　张广礼　葛晓起
总工程师：陈志新
调研员：梁　敏
党工委专职副书记：
　　蒲来湘（12月任职）

韶关市交通运输局

党组书记、局长：唐明强
党组成员、副局长：梁韶春（4月任职）
　　谭建强　罗缵锦
党组成员：王　镒（任至4月）
党组成员、市纪委派驻第十一纪检组组长：李国荣
党组成员、总工程师：徐维通
党组成员、市交通战备办公室主任：张铁南
副局长（兼）：肖　军（任至11月）
　　王　伟（11月任职）
综合行政执法局局长：罗武杰

韶关市水务局

局　长：龙勇文（任至3月）
副局长：袁辅星 彭爱华　黄良勇
总工程师：雷祖培（12月任职）

韶关市农业局

党组书记、局长：刘文程（7月任党组书记，8月任局长）
党组副书记：刘志福
党组成员、副局长：彭德才（4月任职）
　　赵金刚
副局长：陈少梦
党组成员、副局长、市畜牧兽医局局长：肖盛华
党组成员、总畜牧兽医师：黄苑芳

韶关市林业局

党组书记：张德清（任至11月）
　　邹文军（11月任职）
局　长：张德清（任至12月）
　　邹文军（2018年1月任职）
党组成员、副局长：邹文军（任至11月）
　　赵克生
　　张国安（12月任职）
党组成员、市公安局森林分局局长：梁家禄
党组成员、总工程师：黄继丰（党组成员任至12月）

韶关市商务局

党组书记、局长：李　宏
党组成员、副局长：李季平　丁　冰
　　王卫军（4月任职）
　　李秋雯
党组成员：王卫军

韶关市文化广电新闻出版局

党组书记、局长：何正平（局长任至2月，党组书记任至4月）
　　王晓梅（4月任职）
党组成员、副局长：黎阳升　温军燕

王　镒（4月任职）
梁成斌
党组成员、市文化市场综合执法大队大队长：包其华

韶关市卫生和计划生育局

局　长：刘文程（任至8月）
胡德宁（8月任职）
副局长：石卫芳（任至12月）　李高龙
刘建军　李四根

韶关市审计局

党组书记、局长：陈大川
党组成员、副局长：李秋月　毛考清
钟定鸿
党组成员、总审计师：罗文选（11月任党组成员，12月任总审计师）

韶关市外事侨务局

局　长：周新秀
副局长：陈其华（任至12月）
华　明　黄　峰
党组成员：赖展东

韶关市国资委

党委书记、主任：刘德泉（任至4月）
段平波（4月任职）
党委专职副书记：李湘柱（12月任职）
党委委员、副主任：柳　刚　李春雷
谢雪波　李清泉

韶关市工商局

党组书记、局长：欧新全
党组成员、副局长：张福志（12月任职）
黄少洲　杨万林
党组成员、支队长：杨炳祥（任至12月）
党组成员、副局长：
杨炳祥（12月任职）
容　江（党组成员任至7月，副局长任至8月）
雷能福（任至4月）

党组成员：宋　欢（12月任职）

韶关市质监局

局长、党组书记：车万里
副局长、党组成员：王武生　黄善智
蔡美华　龚兴桥
何天池（任至7月）

韶关市体育局

党组书记：孙江平
党组成员、副局长：胡　强　林　静

韶关市安监局

局　长：王　刚
副局长：洪益林
纪检组长：徐进平
副局长：郭　葳　许立夫
顾　健
执法支队支队长：毛亦金
安全生产应急救援指挥中心办公室主任：周卫新

韶关市食品药品监督管理局

党组书记：胡德宁（任至7月）
黄庆忠（7月任职）
食品安全委员会办公室主任：
胡德宁（任至7月）
黄庆忠（8月任职）
局　长：胡德宁（任至7月）
黄庆忠（8月任职）
党组成员、副局长：叶新年
江金兰（任至11月）
陈海明　陆伟杰

韶关市统计局

党组书记、局长：杨水养
党组成员、副局长：张盛福　李春城

韶关市旅游局

局　长：林炜东（任至8月）
梁祖超（8月任职）
党组书记：彭　海（任至11月）
党组成员、副局长：朱伙新
陈　祎　陈　忠

韶关市城乡规划局

局　长：许险峰
副局长：何平良
徐建华（4月任职）
冯建国　吕　泱
韦松林（6月挂职）
总工程师：郑大彬（任至8月）
城建档案馆馆长：詹小关
市政设计研究院院长：曹宣东

△韶关市党政直属部分事业单位

韶关市委党校

常务副校（院）长：高　忠
副校（院）长：龚礼宁　杨　斌
胡韶斌
校（院）委委员：欧阳建国（任至11月）
校（院）委委员：赵倩倩

韶关市接待办

主　任：张　雯
副主任：朱熹华（12月任职）
冯宪青　韩丽华
纪检组长：张广生
副主任：冯广照

中共韶关市委党史研究室（韶关市人民政府地方志办公室）

主　任：丁伟志
副主任：杨维国　邓培雄

韶关市档案局

党组书记：肖润良
局　长：卢春燕
副局长：张福志（任至12月）

申爱平　黄　平

韶关市行政服务中心

主　任：潘　卫
副主任：林钟强
纪检组长：姚世昌
副主任：李寿全（任至7月）
　　　裴　斐（12月任职）
党组成员：裴　斐（11月任职）

韶关市人防办

党组书记：罗海俊（任至8月）
　　　张　蘋（8月任职）
主　任：罗海俊（任至9月）
　　　张　蘋（9月任职）
副主任：刘再辉（任至12月）
　　　李志雄　黄庆红

韶关市公路局

党组书记：梁祖超（任至8月）
　　　龚水石（8月任职）
局　长：梁祖超（任至9月）
　　　龚水石（9月任职）
党组成员、副局长：郭春元　胡道元
　　　温领鸣
副局长：杨志文
党组成员、总工程师：夏建广（党组成员任至7月，总工程师任至8月）

韶关日报社

社长、总编辑、党委书记：
　　　刘炎生（任至8月）
　　　林伟新（8月任职）
副社长：周国庆（任至12月）
　　　李宇强　张　波
副总编辑：赖玉平　曾明娟　李仲超

韶关广播电视台

党委书记、台长：段志坚
党委委员、副台长：胡韶贤　张维平
　　　庞小琥　李国荣
党委委员、市广播电视台广播中心主任：罗　翔

韶关市发展研究中心

主任（院长）：张文铭
专职副主任（副院长）：曾年红

韶关市供销合作联社

党组书记、理事会主任：龚水石（任至8月）
党组书记：庄　强（12月任职）
理事会主任：林炜东（8月任职）
党组副书记、理事会副主任：张元展（12月任职）
党组成员、理事会副主任：龚荣洲（任至12月）
党组成员、监事会主任、纪委书记：朱超前
党组成员、理事会副主任：张　剑
　　　林贵贱

莞韶园区管委会

党委书记、管委会主任：
　　　郭先桂（任至11月）
韶关市人民政府副秘书长，党委副书记、管委会副主任，主持全面工作：
　　　黄勤昌（11月任职）
党委副书记、管委会常务副主任：赖香全
党委委员、管委会副主任：
　　　朱熹华
　　　吴岳朋（任至12月）
党委委员、韶关市纪委派驻第八纪检组组长：廖卫华
党委委员、管委会副主任：
　　　李英明
　　　李　军（6月挂职）
　　　叶剑斌（12月任职）

韶关芙蓉新区管理委员会

党组书记：曾风保（任至6月）
　　　颜　亮（7月任职）
主　任：曾风保（3月任至6月）
党组副书记：秦叶培（12月任职）
党组副书记、副主任：罗永东
　　　（任至12月）
党组成员、副主任：宋卫红
　　　刘石秀（11月任党组成员，12月任副主任）
党政办公室主任：段世甲（12月任职）
规划建设局局长：黄端利
招商发展局局长：张小枫
社会工作局局长：何先觉

韶关市丹霞山管理委员会（广东韶关丹霞山国家级自然保护区管理局）

党委书记、主任（兼）：
　　　刘　锋（任至4月）
　　　林国华（4月任职）
党委副书记（兼）：王晓梅（任至4月）
　　　周小明（8月任职）
党委副书记、副主任，丹霞山国家级自然保护区管理局局长：谢庆伟
副主任：候荣丰
纪委书记：黄德贵（任至6月）
副主任、丹霞山国家级自然保护区管理局副局长：陈　昉
副主任（兼）、丹霞山国家级自然保护区管理局副局长（兼）：
　　　沈建图
　　　梁玉清
　　　彭荣华（任至9月）
　　　张爱军（9月任职）

韶关市代建局

党组书记、局长：黄　锋
党组成员、副局长：邓永坚
　　　秦叶培（任至12月）
党组成员：陈希茂（12月任职）
党组成员、总经济师：刘礼清
党组成员、总工程师：梁万红

韶关市信息中心

主　任：张　风
副主任：欧阳立新

总工程师：谢金保

△法院、检察部门

韶关市中级人民法院

党组书记、院长：叶向荣
党组副书记（分管常务工作）：
张海力（任至9月）
副院长：张海力（任至8月）
党组成员、副院长、调研员：黄秋雄
党组成员、副院长、调研员：冯应昌
（8月任职）
副院长：宋良锋
党组成员、副院长：刘　斌
市纪委派驻市中院纪检组组长、市中院
党组成员：吴梓章
党组成员、政治处主任：谢庆文
党组成员、执行局局长：谭伟才
审判委员会副处级
专职委员：周　宁（任至7月）
胡一兵　陈东阳（11月任职）

韶关市检察院

党组书记、检察长：曾伊山
党组副书记、常务副检察长
兼反贪局局长：温洁麟
党组副书记、副检察长：
赵　峰（任至12月）
党组成员、纪检组长：张旗胜
党组成员、副检察长：冯应昌
（任至8月）
副检察长：李再丰
党组成员、副检察长：傅泽熙
党组成员、政治处主任：沈明河

△群众团体

韶关市总工会

主　席：邓小杰（1月任职）
副主席：吴国强
肖伟旗（1月任职）
钟山红
傅　勇（任至12月）

共青团韶关市委员会

团市委书记：刘海旺
团市委副书记：刘喆焱
团市委党组成员、韶关市青少年宫
主任：谭祥红

韶关市妇联

主　席：汪　波
副主席：马小青（任至12月）
彭跃勤
伍海艳（12月任党组成员，2018年1月任副主席）

韶关市科协

主　席：成绍强
党组书记、副主席：罗金锋
党组成员、副主席：周　平
党组成员、副调研员：陈添辉

韶关市社科联

市委宣传部常务副部长、市社科联
主席：李晓林
副主席：黄明奇

韶关市文学艺术联合会

主　席：刘照丁
副主席：佟　虎（任至12月）

韶关市侨联

党组书记、主席：廖凤英
党组成员、副主席：曾　园

韶关市残联

理事长、党组书记：
冯伟星（任至6月）
党组书记：张朝养（12月任职）
副理事长：梁　燕（任至12月）
党组成员：梁　燕
副理事长：王心钢
党组成员：赖启富

韶关市贸促会

会　长：李敦华
副会长：李英明（任至12月）
陈汉城（12月任职）

韶关市红十字会

会　长：王青西（任至3月）
高冬瑞（3月任职）
常务副会长：赵远芳
秘书长：温福靠

韶关市关心下一代工作委员会

主　任：陈　波
第二主任：华旭初
执行主任：李石保
常务副主任：涂为群　陈　熙
肖志雄　冯伟星
常务副主任、秘书长：许永吉

韶关市老区建设促进会

会　长：胡灵光
第一副会长：梁　聪
副会长：甘义娣　李国华
甘　雷　夏忠礼
何新云　魏灼姐
张钰廷　何国荣
黄志才　张定均
梁　锋
秘书长：张钰廷（兼）

△民主党派

民革韶关市委员会

主任委员：张文铭
副主任委员：叶　纬　娄　平

钟树梅　成　容
秘书长：娄　平

民盟韶关市委员会

主任委员：林炜东
副主任委员：包玉兰　李敏瑶
龙仕华
秘书长：曾敏青

民建韶关市委员会

主任委员：陈　曦
副主任委员：王敏雯　胡湘泉
肖华茂　钟爱明

民进韶关市委员会

市政协副主席、民进韶关市委主委：刘大济
民进韶关市委副主委、中级人民法院副院长：宋良锋
民进韶关市委副主委、韶关学院档案馆馆长：李步德

农工党韶关市委员会

主任委员：卢春燕
副主任委员：熊奇斌
专职副主任委员：吴　蔚
副主任委员：黄得慧（4月任职）

九三学社韶关市委员会

主任委员：兰　茵
副主任委员：成绍强　姜向东
谢　勇（专职）
李再丰
秘书长：谢　勇（兼）

韶关市工商联

党组书记：翁良方
党组成员：莫志强　陈岳峰
祝雄辉　刘铁松
范光辉

主　席：张红伟
专职副主席：翁良方　莫志强
陈岳峰　祝雄辉
副主席：林年昌　张济民
孙妙青　唐慧群
陈　军　何育强
苏巧红　陈振兴
谢坤佑　李德洲
顾惠林　张全章
邵耀周　廖逸星
林明松　肖勇生
副会长：李灿东　揭英拔
胡旭建　谢健明
刘晓钟　陈辉强
周细妹　刘　东
张宏强　李根才
曾庆明
秘书长：刘铁松

△中省直属部分行政事业单位

韶关海关

党组书记、关长：冯庆坚
党组成员、缉私分局局长兼副关长：何国星（任至1月）
党组成员、缉私分局局长兼副关长：胡新强（1月任职）
党组成员、副关长：许思远（1月任职）
姜季白
周建华（任至1月）

韶关出入境检验检疫局

局　长：刘志成
副局长：谷卫国　李　波

韶关市国家税务局

党组书记、局长：陈佳发（任至11月）
林　晓（11月任职）
党组成员、副局长：郭俊明　朱戴伟
高　海　张锦标
党组成员、纪检组长：陈　雄
党组成员、总会计师：朱伟波
党组成员、总经济师：李建新
市国税局稽查局局长：黄　粤

韶关市地方税务局

党组书记、局长：李政科
党组成员、副局长：陈红光　欧阳坚
彭峰彪
党组成员、总经济师：黄　文
党组成员、纪检组长：
杨文涛（9月任职）

韶关市烟草专卖局（广东烟草韶关市有限公司）

党组书记、局长、总经理：
杨伟平（任至9月）
党组副书记、副局长、副总经理（主持工作）：罗福命（9月任职）
党组成员、副总经理：
李茂军（任至9月）
赵天顺
邱妙文（9月任职）
党组成员、粤北技术中心（南雄烟科所）主任（所长）：邱妙文（任至9月）
李茂军（9月任职）
党组成员、副局长、纪检组长、工会主席、机关党委书记：彭志忠
党组成员、副局长：肖少明　赵明夫

韶关市气象局

党组书记、局长：李国毅
党组成员、纪检组组长：饶纲伟
党组成员、副局长：谢力罗　曾运东

韶关海事局

党组书记、局长：胡小忠
党组成员、副局长：神小龙　李景陶

韶关航道局

党组书记：杨向东
局　长：胡森涛
副局长、纪检组长：魏学升
副局长：林庆齐（8月任职）

总工程师、工会主席：曾祥辉

国家统计局韶关调查队

党组书记、队长：杨应满
党组成员、副队长：刘巧玲　陈利红
党组成员、纪检组长：吕伟坚

韶关市邮政管理局

党组书记、局长：肖　军（任至12月）
王　伟（12月任职）

广东省韶关监狱

党委书记、监狱长：向华南
党委副书记、政委：刘东阳（7月任职）
党委委员、纪委书记：黄玉庭（3月任职）
党委委员、副监狱长：何海军（任至3月）
钟楚权（任至8月）
党委委员、企业总经理：陈粤湖（任至8月）
党委委员、副监狱长：叶长明
党委委员、企业总经理：陈业群
党委委员、副监狱长：陈文星
政治处主任：陈立环（8月任职）
副监狱长：夏海波（8月任职）

广东省北江监狱

党委书记、监狱长：钟裕广
党委副书记、政委：于啟林（7月任职）
党委副书记、纪委书记、调研员：唐爱民（7月任职）
党委委员、调研员，兼任北江工业总厂总经理：陈于东
党委委员、副监狱长：梁海斌
骆　斌
符雁飞
党委委员、政治处主任：陶军权

广东省武江监狱

党委书记、监狱长：杜文滔
党委副书记、政治委员：
苏劲松（任至10月）
纪委书记、调研员：刘瑞平（8月任职）
党委委员、调研员：梁俊德
党委委员、广东省旭鑫针织总厂总经理：夏云飞（任至8月）
刘功才（8月任职）
党委委员、副监狱长：陈中平
刘功才（任至8月）
党委委员、政治处主任：郭振明
党委委员、副监狱长：邓光俊
副监狱长：江伟龙（8月任职）

广东省水文局韶关水文分局

副局长：周　艄　赖仲淄

韶关市盐务局（广东省盐业集团韶关有限公司）

党总支书记、执行董事、副局长（负责全面）、工会主席：欧志辉
副总经理、副局长：潘志华

△驻韶部队

武警韶关市支队

支队长、大校：唐先智
政委、大校：徐　东（任至5月）
王家辉（5月任职）
副支队长、上校：张福来　王　非
副政治委员、上校：
方治国（任至5月）
旷成林（5月任职）
参谋长、上校：靳尚勋
政治部主任、上校：张志怀
后勤部长、中校：张文建（任至5月）
侯国柱（5月任职）

△金融管理部门

中国人民银行韶关市中心支行（国家外汇管理局韶关市中心支局）

党委书记、行长、国家外汇管理局韶关市中心支局局长：刘志嘉
党委副书记、副行长、国家外汇管理局韶关市中心支局副局长：关艳芬
党委委员、副行长：刘卫东（任至5月）
党委委员、工会主任：李　青
党委委员、纪委书记：王义平
党委委员、副行长：邱　琳　冯智圣

中国银行业监督管理委员会韶关银监分局

局　长：李建平
纪委书记：刘卫华
副局长：熊　欣

△卫生职能部门

韶关市卫生监督所

所　长：梁方武
副所长：陈晓平　朱逸明　袁海军

韶关市疾病预防控制中心（韶关市卫生检验中心）

主　任：刘国生
副主任：邓俊兴　倪秀锋
胡国超　林裕端

韶关市爱国卫生运动委员会办公室

主　任：彭有莲
副主任：蓝荣彪　谭国权

△各县（市、区）

浈江区

中共韶关市浈江区委员会

区委常委、区委书记：
刘清生（任至10月）
刘祥锋（10月任职）
区委常委、区委副书记：曾清兰
庄　强
区委常委、区纪委书记：曾光明
区委常委、区委办主任：谢林茂
区委常委、区委政法委书记：刘　锋

区委常委、常务副区长：黄祖平
区委常委、区委组织部部长：钟 真
区委常委、区委宣传部部长：宋宇林
区委常委、区委统战部部长：刘子龙
区委常委、副区长：
刘雄生（1月任职）

韶关市浈江区人大常委会

主 任：谭雪华
副主任：王剑兰 马瑞华
朱明远 张玉花
刘伟光 麦章彬

韶关市浈江区人民政府

区 长：曾清兰
副区长：黄祖平 肖 景
杨 雄 彭荣华
张爱军 何艳霞

政协韶关市浈江区委员会

主 席：黄德乔
副主席：麦桥悠 周耀成
林 瑜 卢界群
何绍福 曾永红

韶关市浈江区纪委监察局

书 记：曾光明
副书记：廖志莲 周可华

武江区

中共韶关市武江区委员会

区委常委、区委书记：王德雄（任至7月）
颜 亮（7月任职）
区委常委、区委副书记：
黄建华（任至11月）
周小明（任至8月）
区委副书记：郑伟平（11月任职）
区委常委、统战部部长：曹 锢
区委常委、政法委书记：
张广晖（任至11月）
区委常委、区委办主任：彭 波
区委常委、宣传部部长：卢建成
区委常委：郑伟平 叶富明 张伟俊
区委常委、人武部部长：李 刚
区委常委、纪委书记：肖建红
区委常委、组织部部长：沈中伟
区委常委：陈 雪（12月任职）

韶关市武江区人大常委会

主 任：孙理鸣
副主任：陈 雪（任至12月）
李学源 王韶林
潘歧亮 谭木初
聂平南

韶关市武江区人民政府

区 长：黄建华（任至11月）
副区长：郑伟平（任至12月）
黄向阳 刘拥军
王敏雯 黄燕斌
欧伟强

政协韶关市武江区委员会

主 席：陈坤明
副主席：谭浩托 何 岚
罗元月 曹华龙
林 健 钟爱明

韶关市武江区纪委监察委

书 记：肖建红
副书记：朱旭东 张耀雄

曲江区

中共韶关市曲江区委员会

区委常委、区委书记：
高冬瑞（任至4月）
罗海俊（4月任职）
区委常委、区委副书记：伍 文
刘小文
区委常委、组织部部长：林应良
区委常委、宣传部部长：唐继华
区委常委、政法委书记：文浩培
区委常委、纪委书记：王献军
区委常委、区委办主任：肖绍托
区委常委、区政府党组副书记、
常务副区长：陈夏广
区委常委、统战部部长：
伍海艳（任至12月）

韶关市曲江区人大常委会

主 任：黄健庭
副主任：赵玉民 叶伟胜
卜师带 刘文挺
张秀兰 张以荣

韶关市曲江区人民政府

区 长：伍 文
副区长：陈夏广 钟秋华
高瑞坤 蓝振球
曾烈省 殷河满（3月任职）
包玉兰（任至12月）
党组成员：张秀兰（12月任职）

政协韶关市曲江区委员会

主 席：杨绍凯
副主席：廖年娇 释传正
钟树梅 梁文华
王爵承 张祥林

中共韶关市曲江区纪律检查委员会

书 记：王献军
副书记：龙惠平 廖 琳
常 委：何国新 沈堂增
何玉兰 刘志金

乐昌市

中共乐昌市委员会

市委常委、市委书记：陈宏宇
市委常委、市委副书记、市长：沈河民
市委副书记、政法委书记：邬贤有

市委常委、宣传部部长、
统战部部长：夏　娟（任至12月）
市委常委、组织部部长：陈继平
市委常委、常务副市长：
宋在军（任至12月）
黄艺坤（12月任职）
市委常委、武装部部长：雷红江
市委常委、坪石镇党委书记：刘允曾
市委常委、乐城街道党工委书记：
万广平
市委常委、纪委书记：邹有胜
市委常委、市委办公室主任：林柏居
市委常委、大朗乐昌对口帮扶指挥部总
指挥：曾　悦

乐昌市人大常委会

主　任：许新华
副主任：杨剑云　孔少川
徐国秀　王昭良
邹志忠　陈　雄

乐昌市人民政府

市　长：沈河民
常务副市长：宋在军（任至12月）
黄艺坤（12月任职）
副市长：曾　悦（挂职，2月任职）
邱才郁　邓洪炜
彭桂珍　李桂平
谭桂明

政协乐昌市委员会

主　席：周素岚
副主席：黎跃飞　周越成
李锡洪　孙俊华
朱锋麟

中共乐昌市纪律检查委员会

纪委书记：邹有胜
纪委副书记：曾培伟　杨忠荣
纪委常委：邝德根（任至9月）
段定刚
黄继祥（任至9月）
何君梅
欧阳勋（10月任职）
杜利雷（10月任职）

南雄市

中共南雄市委员会

市委常委书记：曾风保（任至4月）
王碧安（4月任职）
市委常委、市委副书记：林小龙
市委常委、常务副市长：朱海兵
市委常委、市委办主任：曾文辉
市委常委、组织部部长：叶济熊
市委常委、武装部政委：
李霄山（任至8月）
市委常委、统战部部长：林　军
市委常委、政法委书记：张英宏
市委常委、宣传部部长：温春花
市委常委、市纪委书记：徐建坤
市委常委：霍永健（挂任，任至2月）
邵锦炯（挂任，2月任职）

南雄市人大常委会

主　任：陈玉英
副主任：黄德群　李　冰
刘发龙　陈仁麟
何文忠　叶凌峰

南雄市人民政府

市　长：王碧安（任至4月）
林小龙（4月任职）
常务副市长：朱海兵
副市长：邵锦炯（2月任职）
马细妹
沈步亮（任至8月）
曾东野
吴良彬　王友华

政协南雄市委员会

主　席：何人平
副主席：袁元桃　赖华焜
刘卫忠　罗战勇
陈尚妹　肖梅山

中共南雄市纪律检查委员会

纪委书记：徐建坤
纪委副书记：曾　光　黄文儒
纪委常委：王长连　李　进
江学文　刘福娣
监察局局长：曾　光（兼）
监察局副局长：刘福娣（任至7月）
吴　越
谢金城（7月任职）

仁化县

中共仁化县委员会

县委常委、县委书记：
刘　锋（任至3月）
林国华（3月任职）
县委常委、县委副书记：
王晓梅（任至4月）
区毅明（任至6 月）
周小明（8月任职）
县委常委、纪委书记：张　毅
县委常委、政法委书记：谭建华
县委常委：张元展（任至12月）
县委常委、统战部部长、
县委办主任：邱志坚
县委常委：谢庆伟
县委常委、宣传部部长：邓红红
县委常委、组织部部长：
李湘柱（任至12月）
县委常委（挂职）、虎门仁化对口帮扶
总指挥：梁晓辉（1月任职）

仁化县人大常委会

主　任：廖志常
副主任：黄付养　邓田庭
马小荣　廖兰英
夏德文　李建平

仁化县人民政府

县　长：王晓梅（任至4月）
　　　　周小明（10月任职）
副县长：张元展　邹永祥
　　　　沈建图　丘光强
　　　　包伟红　梁钰清
　　　　梁晓辉（挂职，3月任职）

政协仁化县委员会

主　席：李秀荣
副主席：马志忠　李志贞
　　　　张标兵　彭俊余
　　　　陈喜年　赖东北

中共仁化县纪律检查委员会

书　记：张　毅
副书记：黎　明　陈少忠
常　委：张　毅　黎　明
　　　　陈少忠　李润平
　　　　张建珍　谭德永
　　　　胡　伟

始兴县

中共始兴县委员会

县委常委、县委书记：
　　　　黄令遥（任至10月）
　　　　黄建华（10月任职）
县委常委、县委副书记：
　　　　叶洪番
　　　　陈　刚
县委常委、纪委书记：曹胜文
县委常委、政法委书记：卢保新
县委常委、副县长：李　勇
县委常委、宣传部部长：赖小红
县委常委、统战部部长、
县委办主任：温　鑫
县委常委、人武部部长：李玉清
县委常委、组织部部长：凌雪峰
县委常委、太平镇党委书记：胡长江
县委常委、副县长：李杰秋（挂职，1月任职）

始兴县人大常委会

主　任：赖　根
副主任：肖强运　刘胜春
　　　　何晓域　梁志君
　　　　朱光东　饶刚卫

始兴县人民政府

县　长：叶洪番
副县长：李　勇　汤爱亮
　　　　张智光　何武强
　　　　段　琪

政协始兴县委员会

主　席：雷雨明
副主席：邓炳光　邓海清
　　　　蔡　军　刘晓梅
　　　　曾秋荣　黄月文

中共始兴县纪律检查委员会

县委常委、纪委书记：曹胜文
纪委副书记、监察局局长：沈润声
纪委副书记：陈万化
纪委常委、监察局副局长：于俊明
　　　　张世军
纪委常委：卢海英（任至6月）
　　　　林祥仁
监察局副局长：赖玉娟

翁源县

中共翁源县委员会

县委常委、县委书记：
　　　　颜　亮（任至8月）
　　　　黄令遥（9月任职）
县委常委、县委副书记：
　　　　林国华（任至4月）
　　　　陈来安（4月任职）
　　　　张朝养
县委常委、纪委书记：杜奇立
县委常委、政法委书记：陈路生
县委常委、常务副县长：柯建忠
县委常委、县委办主任：阮炳溪
县委常委、宣传部部长、
统战部部长：丘雪媚
县委常委：翁源经济开发区
工委书记：叶有昌
县委常委、组织部部长：谭晓健
县委常委、厚街翁源对口帮扶指挥部总
指挥：陈向宗

翁源县人大常委会

主　任：温毅麟
副主任：余小英　陈志峰
　　　　雷展发　陈福环
　　　　甘志初　王迅东

翁源县人民政府

县　长：林国华（任至4月）
　　　　陈来安（4月任职）
常务副县长：柯建忠
副县长：连　卫　林有成
　　　　陈卫红　肖俊青
　　　　曾志华

政协翁源县委员会

主　席：陈建为
副主席：刘少青　李翠红
　　　　谢少龙　李金桓
　　　　张从真

中共翁源县纪律检查委员会

县委常委、纪委书记：杜奇立
县纪委副书记：江汉洪　朱振如
县纪委常委：张美秋　李敏华
　　　　郭伟洪　赖燕英
县监察局局长：江汉洪
监察局副局长：张美秋
　　　　郭伟洪（3月任职）
　　　　陈大双（5月任职）

新丰县

中共新丰县委员会

县委常委、县委书记：陈　波（3月任职）
陈景辉（任至3月）
县委常委、县委副书记、县长：马志明
副书记：马志明　曾　军
县委常委、政法委书记：曾　伟
县委常委、常务副县长：胡亮亮
县委常委、人武部部长：胡树军
县委常委、纪委书记：王展渊
县委常委、县委办主任：潘文辉
县委常委、组织部部长：刘国洪
县委常委、宣传部部长：李芳足
县委常委、统战部部长：廖功文
县委常委、副县长：祁晓峰（3月任职）

新丰县人大常委会

主　任：江大凡
副主任：廖少明　李国彬
郭世初
李翠琼（任至3月）
欧阳历　周　明

新丰县人民政府

县委副书记、县长：马志明
县委常委、常务副县长：胡亮亮
县委常委、副县长：祁晓峰（3月任职）
副县长：谭雪梅　胡志彬
刘　洪　陈小可
潘小定

政协新丰县委员会

主　席：潘允标
副主席：陈小同　罗志方
廖保青　郑　斌
嵇春明　江武佳

中共新丰县纪律检查委员会

纪委书记：王展渊
纪委副书记、监察局局长：罗哲行
纪委副书记：陈向群
纪委常委、监察局副局长：
夏霜剑
潘慧峰（任至9月）
纪委常委：曾小丽　黄绍福
监察局副局长：陈志辉

乳源瑶族自治县

中共乳源瑶族自治县委员会

县委常委、县委书记：
吴春腾（任至7月）
钟沛东（9月任职）
县委常委、县委副书记、县长：邓志聪
副书记：张　军
县委常委、常务副县长：许益云
县委常委、统战部部长：简连英
县委常委、县人武部部长：吴炬光
县委常委、纪委书记：刘　峰
县委常委、组织部部长：伍梅华
县委常委、政法委书记：陈耀宇
县委常委、县委办主任：秦正京
县委常委、宣传部部长：谢向军
县委常委：戴浩平（任至2月，挂职）
张健和（2月任职，挂职）

乳源瑶族自治县人大常委会

主　任：林昌卫
副主任：朱均玉　赵　雷
邱　波　邓国雄
许尔金　吴衍雄

乳源瑶族自治县人民政府

县委副书记、县长：邓志聪
县委常委、常务副县长：许益云
县委常委、副县长：张健和（3月任职，挂职）
副县长：梁丽娟　杨　云　李明华
唐保生　龚　民

政协乳源瑶族自治县委员会

主　席：赵志敏
副主席：陈松海　刘宏美
黄寿生　吴巧英
释明向　裰继文

中共乳源瑶族自治县纪律检查委员会

书　记：刘　锋
副书记：赵　鹏　杨志坚
常　委：李东生　付慧燕
付晓娟　陈　文

经济建设

【概况】　2017年，全市经济运行整体平稳，全市地区生产总值1338亿元、增长5.9%，地方一般公共预算收入88.7亿元、增长6.2%。经济结构继续优化，发展质量明显提高，规上工业利润总额增长53%，来源于韶关的财政总收入、税收收入分别增长17.2%和10.2%，分别高出上年17.5个和7个百分点。非税收入占比39%，比上年降低1.5个百分点。

【产业转型升级】　2017年，韶关市完成淘汰落后产能任务，淘汰落后钢铁产能112万吨，居全省前列；新增特钢产量20万吨，特钢产值增长29.3%。韶关市机械基础零部件集群被纳入国家第三批创新型产业集群试点。中车株洲智轨、亿航智能无人机等一批重大项目签约，“华南数谷”大数据产业园成功授牌。强化企业挂点帮扶，全市私营企业增长12.8%。高技术制造业增加值增长16.4%，新增高新技术企业36家。现代服务业增加值增长10.1%。

【园区提质增效】　2017年，韶关市深化莞韶对口帮扶，全市产业园区新开工项目174个、建成投产项目59个，完成固定资产投资125亿元，园区工业投资占全市比重62.2%，税收增长11.6%。加强产业服务配套建设，新增省市级工程技术研发中心63家，新增省级孵化器、省级众创空间居全省前列。实现国家级科技企业孵化器和国家产品质量监督检验中心零的突破。全市引进产业项目115个，总投资326.6亿元，其中亿元以上51个。

【改革创新】 2017年，韶关市突出抓好“三去一降一补”（去产能去库存，去杠杆，降成本补短板），拆除6家企业落后炼钢产能，实现8户国有特困企业脱困，净化解商品房65.8万平方米，全市金融机构杠杆率达到国家规定要求，减轻企业负担43亿元。深化“放管服”（简政放权，放管结合，优化服务）改革，取消、下放市级行政许可事项105项，清理规范中介服务事项30项。市级“一门式一网式”（“一门式”政务服务就是在基层把行政审批事项和公共服务事项整合到一个“门”来办理，实现一窗通办，一次办结；“一网式”政务服务就是将行政审批事项和公共服务事项整合到一张“网”来办理）政务服务平台建成投入使用，进驻服务事项979项、占比达95.5%。实施“多证合一、一照一码”［“多证”指工商营业执照，组织机构代码征、税务登记证、社会保险登记证、统计登记证和其他被整合的涉企证照。“一码”指统一社会信用代码。“多证合一、一照一码”改革，就是将上述被整合的证照和登记，备案事项整合为加载统一社会信用代码的营业执照，企业无需再另行办理被整合的证照和登记、备案事项，被整合证照不再发放（经企业、农民专业合作社、个体工商户申请下除外）］，新登记市场主体2.44万户，总数达15.61万户。

【城市提升】 2017年，韶关市中心城区实施城市提升项目63个，完成投资56亿元。开展芙蓉新区建设“百日攻坚行动”，实施项目33个，完成投资62亿元、增长24%。莲花大道一期建成通车，芙蓉隧道即将通车，江湾大桥动工建设，三江六岸实现亮化提升，城市绿化、美化、净化和畅通水平提高。推进全国文明城市创建，“善美之城”品牌深入人心，通过创文国检测评。入选全国老旧小区改造试点城市。

【县域发展统筹】 2017年，武深高速仁化段建成通车，汕昆高速韶关段进展顺利，韶关机场、韶新高速破土动工。新增和改造电网线路1318千米。完成中小河流治理605千米。推进农村人居环境综合整治，278个省定贫困村基本完成“三清三拆三整治”（清理村巷道生产工具，建筑材料乱堆乱放，清理房前屋后和村巷道杂草杂物，积存垃圾，清理沟渠池塘溪沙淤泥，瀑浮物等，拆除危旧房，库弃猪牛栏及露天厕所茅房；拆除乱搭乱建，违章建筑，拆除非法违规商业广告等，建设村庄栅栏圈围，整治生活垃圾，生活污水，水源污染），2424个自然村完成阶段性农村人居环境综合整治。县域实现地区生产总值748亿元、增长5.9%，其中农业增加值145亿元、增长4.5%。

【全域旅游发展】 2017年，韶关市实施国家全域旅游示范市创建三年行动计划。突出抓好“四大景区”（大丹霞、大南华、大南岭、大珠玑）建设，全市完成旅游项目投资13.6亿元，建成旅游集散中心5个、旅游公路50千米和旅游厕所207座，获“全国厕所革命先进市”称号。新增2家国家AAA级旅游景区。全市接待游客4240万人次、增长18.1%，旅游收入390.1亿元、增长20%，带动营利性服务业增加值增长15.8%。

【民生保障改善】 2017年，全市民生投入238.8亿元，增长19.1%，占财政总支出的76.8%。城乡居民人均可支配收入达2.18万元，增长9%。全市3.36万人实现脱贫，获得扶贫开发成效考核综合考评全省第一名。企业职工基本养老保险实现省级统筹，基本医疗保险参保率达98.1%。完成棚户区改造3202套，启动农村危房改造5600户、其中竣工3171户。推进市区教育资源整合，实现教育强镇全覆盖，被评为全国“县（区）管校聘”管理体制改革示范区。完成13家乡镇卫生院标准化和353间卫生站规范化建设。 （朱　江）

政治文明建设

【依法治市】 党对法治工作的领导加强　强化党政主要负责人履行法治建设第一责任人职责。研究制定《韶关市党政主要负责人履行推进法治建设第一责任人职责实施意见》，于2017年8月3日印发实施。将法治建设工作纳入《中共韶关市委常委会2017年工作要点》《2017年度市委常委会会议重要议题》《2017年韶关市机关绩效考核实施方案》《落实市委十二届四次全会重点工作责任分工》《关于2017年度市委市政府重大决策部署落实情况审计项目计划的意见》，与经济社会发展同部署、同推进、同督促、同考核、同奖惩。2017年，市委常委会听取法治建设专题汇报2次，研究部署法治建设重大事项5次。调整市委全面依法治市工作领导小组，市委书记莫高义担任领导小组组长。5月4日，市委书记莫高义主持召开市委全面依法治市工作领导小组第22次会议，审议通过《韶关市贯彻〈法治广东建设第二个五年规划（2016—2020年）〉实施意见》《韶关市2017年全面依法治市工作要点》。进一步健全党委依法决策机制，修订《中共韶关市委常委会议议事规则》，完善市委及其常委会议事决策规则，研究制定“三重一大”（重大事项决策、重要干部任免、重要项目安排、大额资金的使用）事项清单，实行科学决策、民主决策、依法决策。

地方立法工作加强　支持和保证立法机关行使立法权。2017年4月，市委审议批准《韶关市人大常委会2017—2021年立法规划》和《韶关市人大常委会2017年立法计划》。统筹安排全市22件立法规划项目。健全立法工作机制。

出台《韶关市人民代表大会常务委员会立法技术规范》等8个规范性文件和《韶关市制定地方性法规条例》，制定立法听证、立法论证、立法公开、立法评估等工作规定。第一部实体法《韶关市烟花爆竹燃放安全管理条例》于2017年1月1日实施。提升立法能力。设立市人民代表大会法制委员会，在市人大常委会法制工作委员会增设法规科和备案审查科，在韶关大学设立韶关市地方立法研究中心，建立法律人才信息库，聘请48名地方立法咨询专家和5名立法顾问参与立法工作。

党委政府法律顾问室建设推进 制定《韶关市关于推行法律顾问制度和公职律师公司律师制度的实施意见》，推行法律顾问制度和公职律师、公司律师制度。通过社会公开选聘的方式，聘任刘文静等7人为市政府兼职法律顾问，聘任王少敬等5人为市委兼职法律顾问。全市10个县（市、区）都已建立政府法律顾问室，配备79名法律顾问，其中以法制机构为主体的专职人员37名、向社会选聘的兼职法律顾问42名。在乡镇政府普遍设立法律顾问，全市102个乡镇（街道）中，有74个乡镇（街道）配备83名政府法律顾问，配备率为72.5%，中心镇政府全部设立法律顾问。

行政机关负责人出庭应诉工作加强 建立健全行政应诉工作制度，制定《韶关市行政应诉工作办法》，组织130多名行政机关负责人旁听市中院行政诉讼案件审理活动。加大对不出庭应诉的通报力度，推动全市行政应诉工作的深入开展。韶关市政府市长殷焕明、乐昌市政府市长沈河民以身作则，亲自出庭应诉，接受群众监督、舆论监督和司法监督。

法治建设“四级同创”开展 印发《韶关市关于全面推开法治建设“四级同创”活动的实施意见》，开展法治城市、法治社区、法治镇街、民主法治示范村四个层面的法治建设“四级同创”活动。制定法治创建年度主要任务清单；明确县、镇、村法治创建示范点名单，开展“一对一”联系挂示范点。加大对关系群众切身利益的城乡规划建设、食品安全、道路交通安全、环境保护、未成年人保护、政务公开、行政执法监督、农村集体资产管理等领域法律法规的宣传贯彻力度，定期组织执法检查，促进法律法规的正确实施。通过县级自评和市级审核，全市7个县（市、区）、81个乡镇（街道）和588个村（社区）达到省级法治创建标准，创建达标率分别为70%、79.41%、41%，超额完成省下达的创建目标。推进2017年度法治惠民实事工程项目和第三批法治文化建设示范点建设，选取“南雄市法治文化长廊”等3项法治惠民实事工程项目作为省级项目，韶关市国家税务局作为广东省第三批法治文化建设示范点。

基层法律服务体系健全 一村（社区）一法律顾问落实到位，韶关市195名律师和东莞对口支援韶关的148名律师，进驻全市1454个村（社区）。开展法律服务，公共法律服务体系进一步完善。建成市、县、镇（街）、村（社区）四级公共法律服务实体平台，其中市级公共法律服务中心1个，县级公共法律服务中心10个，镇（街）公共法律服务中心108个，村（社区）公共法律服务站1454个。2017年11月，制定《韶关市公共法律服务实体平台工作规范》，明确县、镇、村三级公共法律服务实体平台设置的基本要求、服务内容、人员配备及工作保障等，促进实体平台工作成效提升。2017年，共为村（社区）组织及群众提供法律咨询3.31万件次，办理法援案件3205宗。

法治宣传教育加强 深入开展“七五”普法宣传，颁布实施《市委宣传部、市司法局关于在全市公民中开展法治宣传教育的第七个五年规划（2016—2020年）》，开展“12·4”全国法制宣传日、“国家宪法日”“法治韶关宣传教育周”大型法治宣传活动等。建立市普法联席会议制度，出台《关于在全市各级国家机关中实行“谁执法谁普法”责任制的实施意见》，明确全市各级国家机关普法责任清单，建立法官、检察官、行政执法人员、律师以案释法制度，完善“大普法”工作格局。把宪法法律和党内法规列入党委（党组）中心组学习内容，促进党委（党组）学法经常化、制度化。深入推进领导干部学法用法和青少年法治宣传教育，开展“互联网+法治宣传教育”行动，“韶司在线”微信公众号发挥着积极作用，总阅读量达95万人次，在广东司法行政系统新媒体平台清博指数排名第一。深入开展“法律六进”（法律

▲2017年9月26日，韶关市委政法委、市委全面依法治市办、市司法局在浈江区信德万汇广场召开2017年法治建设“四级同创”活动推进现场会

（韶关市委政法委 供）

进机关、进单位、进乡村、进社区、进学校、进企业）活动，全市开展法律进机关228场次、进单位269场次、法律进乡村667场次、进社区995场次、进学校502场次、进企业163场次。

法学会建设加快　2月27日，市法学会召开第五次会员代表大会，选举产生市法学会第五届理事会及其领导机构。成立韶关市中立法律服务社，组织开展志愿服务人员选聘工作，从市直政法部门和市律师协会中筛选32名法律服务志愿者。举办4场“双百”（百名法学家百场报告会）报告会，得到省法学会的肯定。采取措施，加快推进县级法学会建设，各县（市、区）都挂牌成立法学会机构。（张名城）

【依法行政】　2017年3月，按照《韶关市法治政府建设指标体系（试行）》和《韶关市依法行政考评办法（试行）》标准和要求，组织开展全市2016年度依法行政考评，发挥考评的正向激励及反面警示作用，推动全市依法行政各项工作落到实处。6月，印发实施《韶关市2017年依法行政工作要点》，加大督促检查力度，做到年初有部署、年中有督查、年终有考核。根据《韶关市2017年市政府常务会议专题学法计划》，分别于11月十四届第二十四次市政府常务会议、12月十四届第二十七次市政府常务会议上组织开展《政府招标行为规则解读》《政府土地征收行为规则解读》两个专题法律知识学习。3月、12月，牵头做好2016年度及2017年度全省依法行政考评的迎评工作。

政府立法　编制韶关市地方性法规草案规划、年度计划和政府规章年度制定计划，制定韶关市首部政府规章《韶关市人民政府起草地方性法规草案和制定政府规章程序规定》，提请市政府常务会议审议《韶关市城市市容和环境卫生管理条例》《韶关市黄岗山芙蓉山莲花山保护条例》两部地方性法规草案。

规范性文件备案审查　制定市政府规范性文件10件，备案审查县（市、区）政府规范性文件20件，审查市政府部门规范性文件7件，规范性文件的报备率、报备及时率和规范率均达100%，没有发生因规范性文件存在违法事由被上级行政机关和本级人大常委会责令改正或者撤销的情形。

规范性文件清理　清理114件涉及“放管服”改革、生态文明建设等规范性文件，清理9963件中华人民共和国成立以来至2016年12月31日以市政府或市政府办名义制定的市政府文件，提请市政府审定并发布《韶关市人民政府关于公布市政府文件清理结果的通知》，公布废止类和宣布失效类市政府文件859件。

行政复议　全市行政复议机关立案330宗、办结300宗，其中市政府立案92宗、办结74宗，全部在法定期限内办结，按时办结率100%。

行政应诉　6月，开展全市行政机关负责人旁听市中院行政诉讼案件开庭审理活动。10月，召开全市行政机关负责人出庭应诉工作推进会。11月，举办一期行政复议应诉业务知识培训班，邀请省法制办行政应诉处吴迪讲授《广东省行政应诉工作办法》及有关行政复议应诉知识。12月，市长殷焕明带头出庭应诉，发挥主要领导出庭应诉的导向作用和引领示范效应。代理市政府出庭应诉一审案件42宗，二审及再审案件26宗。

行政执法监督　组织行政执法人员综合法律知识网上考试800余人次，审核发放行政执法证件101个。制定《韶关市2017年行政执法案卷评查工作方案》，组织开展对全市各执法单位2017年度行政执法案卷的评查工作，及时发现并纠正存在问题。

政府法律顾问　制定《韶关市重大行政决策目录管理办法》，编制《2017年度市政府重大行政决策事项和听证事项目录》，统筹抓好各级行政机关年度重大行政决策（听证）事项目录编制和向社会公布工作，规范行政机关重大行政决策行为，促进科学民主依法决策，提高决策质量和水平。制定《韶关市政府兼职法律顾问选聘程序规定》和《韶关市政府兼职法律顾问聘任合同（范本）》，推进全市各级政府法律顾问室建设，建立健全政府法律顾问工作机制，提高全市各级行政机关行政决策科学化、民主化、法治化水平。2017年，为市政府和市政府部门出具各类意见220件，审核重大合同29件，列席市政府常务会议29次，参加各类涉及法律事务的会议24次，选聘7名律师或法学专家为新一届市政府兼职法律顾问，指导督促各县（市、区）政府设立法律顾问室，配备79名政府法律顾问（专职37名、兼职42名）。（李静文）

【政务公开】　2017年，韶关市贯彻落实《中华人民共和国政府信息公开条例》，根据《关于全面推进政务公开工作的意见》《广东省人民政府办公厅关于印发广东省贯彻落实国务院办公厅2017年政务公开工作要点分工方案的通知》等文件要求，全面推进政务公开工作。

政务公开工作机制进一步理顺　印发《关于全面推进韶关市政务公开工作的实施方案》，明确今后5年政务公开工作目标任务，推进政务全过程公开。制发《韶关市贯彻落实省政府办公厅2017年政务公开工作要点分工方案》，明确工作要求。市政务公开主管部门调整为市政府办公室，强化政务公开和政府信息公开组织保障。加强督促考核，印发《2017年韶关市政务公开工作绩效考核工作方案》，将政务公开工作纳入政府部门绩效考核体系，所占权重（分值）4%。

做好政务公开主动公开工作　升级改造市政府门户网站，增强发布信息、解读政策、回应关切、引导舆论功能，开展全市政府网站日常监测和绩效考评，全市政府门户网站政府信息公开平台主动公开政府信息30114条。《韶关市人民政府公报》刊登文件68个、经济数据22份、人事任免信息9则。强化重点领域信息公开专栏建设，累计发布保障性住房、财政预决算和“三公”（公务出国出境、公务接待、公务用车）经费、环境保护等各类重点领域信息8388条，县（市、区）政府实现重点领域信息发布平台全覆盖。各级政府部门政务微博公开政府信息12996条，政务微信公开政府信息11019条，其他方式公开政府信息9448条。

做好政府信息依申请公开工作　全市各级行政机关共受理政府信息公开申请567件，其中当面申请488件、网上申请59件、信函申请20件，答复567件，属于已主动公开范围77件，同意公开439件，同意部分公开26件，不同意公开4件，不属于本行政机关公开16件，告知通过其他途径办理数5件。全市政府信息公开类行政复议数量共10件，其中维持具体行政行为数3件、被依法纠错数0件、其他情形数7件。全市政府信息公开类行政诉讼共14件，其中维持具体行政行为或者驳回原告诉讼请求数1件、被依法纠错数1件、其他情形数12件。

做好政务舆情回应工作　1月12日，市长骆蔚峰率新一届市政府班子成员出席媒体见面会，带头回答记者提问，回应政务舆情。6月30日，市长殷焕明上线省政府门户网站微视频访谈，解读韶关市融入珠三角的具体举措和工作进展等内容，回答网友关注的问题。8月，组织10个县（市、区）主要领导开展微视频访谈，加强政策解读，回应社会关切。打造“韶关发布”微博、微信、客户端的“两微一端”政务新媒体，举办线上线下活动，提升媒体影响力。　（韶关市政府办调研科）

精神文明建设

【概况】　2017年，韶关市精神文明建设工作坚持以习近平新时代中国特色社会主义思想和党的十九大精神为指导，以培育和践行社会主义核心价值观为主线，以创建全国文明城市工作为重点，开展精神文明创建活动，培育良好社会风尚，高扬主旋律、汇聚正能量、树立新风尚，为韶关主动融入珠三角，加快实现振兴发展营造社会环境和提供道德支撑。

【韶关市文明委全体成员（扩大）会议召开】　2017年4月24日，在韶关市委会议中心四楼会议室召开韶关市文明委2017年全体成员（扩大）会议暨创文攻坚行动动员部署会。市委书记、市文明委主任莫高义主持会议并作讲话，骆蔚峰、王青西、郭健生等市领导出席会议。会议的主要任务是贯彻落实中央文明委《关于深化群众性精神文明创建活动的指导意见》，全面动员部署迎接创文国检，以更大的工作力度加强和改进全市创建工作。会议传达学习全国创建文明城市工作经验交流会和广东省创建全国文明城市、县级文明城市工作座谈会精神。会上，骆蔚峰代表市政府与三区政府签订工作责任书，市辖三区、市委农办、市教育局和市提升办就开展创文攻坚行动作发言。会议明确2017年的文明创建目标和具体任务，原则通过2017年创文攻坚行动方案及任务分解表。

【韶关市精神文明建设工作会议召开】　2017年8月4日，韶关市在市委会议中心四楼会议室召开精神文明建设工作会议。市委书记、市文明委主任莫高义主持会议并作讲话，王青西、陈波、杨小明、孔云龙、柳琛子、朱余旺、李安平、高冬瑞、李欣等市领导出席会议，市文明委成员单位、市直及中省驻韶有关单位、各县（市、区）、市辖三区所属各镇（街道）等主要负责人参加会议。会议的主要任务是传达学习全省精神文明建设工作会议精神，部署全市精神文明建设工作和创文迎国检工作。会议指出，文明创建工作是最大的民生工程、民心工程，要把群众的关注点、生产生活难点和利益交汇点作为文明创建的出发点和落脚点，多办惠民利民之事，切实增强群众获得感。会议明确全市精神文明建设工作和创文迎国检工作目标任务，原则通过《韶关市精神文明建设工作方案（2017—2018年度）》。

【“创文不停步，劳动最光荣”主题实践活动开展】　2017年，“五一”国际劳动节期间，韶关市文明办牵头在市区开展“创文不停步，劳动最光荣”主题实践活动。活动中，市辖三区、市直及中省驻韶有关单位做好责任路段和辖区卫生保洁和文明引导工作，开展市容市貌、交通秩序和“六乱”整治提升行动，确保“五一”国际劳动节期间卫生不差、交通不堵、秩序不乱，以实际行动为创文做贡献。

▲2017年7月12日，韶关市举行2017广东省道德模范与身边好人（韶关）现场交流活动
（李陶猛　摄）

【“善美韶关·善待游客”文明旅游主题活动开展】 2017年10月1日—10月10日国庆中秋长假期间，韶关市文明办联合市旅游局在全市范围内开展“善美韶关·善待游客”文明旅游主题活动。活动期间，全市各景区景点深入开展文明旅游志愿服务活动、文明旅游宣传活动、旅游服务质量提升行动，以及开展文明旅游先进典型评选活动。活动评选出一批游客心目中最满意的“文明旅游示范景区”“文明旅游示范饭店”“文明旅游示范旅行社”和“文明引导优秀导游”。

【“奋战三个月，创文巩卫迎新春”专项整治提升行动开展】 2017年12月起至2018年春节前，韶关市文明办联合市国卫办，在市辖三区开展为期三个月的共17项“创文巩卫迎新春”专项整治提升行动。具体为：卫生保洁、占道行为整治、“牛皮癣”整治、渣土扬尘整治、户外广告整治、乱搭乱建整治、“三线”整治、交通秩序整治、废旧物品回收点整治、沙场整治、城市功能项目提升、农贸市场改造提升、公厕改造提升、关停并转企业及铁路沿线环境整治、路长督导巡查、“周五公共卫生日”、市民文明督导巡查专项行动。每个专项行动明确工作要求、责任单位、配合单位和完成时限。各专项行动有序推进，营造整洁、有序的城市环境。

【社会主义核心价值观建设推进】 2017年，韶关市把培育和践行社会主义核心价值观作为精神文明建设的灵魂工程和根本任务，通过宣传普及、文化熏陶、实践养成和制度保障，推动社会主义核心价值观落实。常态化设计发布“图说我们的价值观”“讲文明树新风”“我的中国梦”等公益广告作品，加强韶关地方特色公益广告作品的创作刊播，指导推动各地各单位加大刊播展示力度。以创建“善美之城”品牌作为践行社会主义核心价值观的载体和平台，加大宣传阐释力度，将“善美”理念融入市民公约、乡规民约、行业规章修订中，融入群众的生产生活、学习工作和行为习惯中。结合重要传统节日等，策划开展“画说价值观”千人绘画大赛、“诗说我们的价值观”“礼让斑马线”“文明行为十五条”等系列主题活动，引导干部群众和广大市民从日常小事做起，内化于心、外化于形。持续推进核心价值观“一行业一重点”“一公园一主题”建设，建成一批社会主义核心价值观小公园和小广场。注重典型示范引领，开展“感动韶关十佳道德模范”“韶关好人”“最美人物”选树宣传活动。“韶关好医生”“韶关好警察”“韶关工匠”等行业最美人物系列评选活动社会反响良好。共评选出第六届感动韶关道德模范10名、提名奖10名，最美人物50多名，韶关好人22名。6人被评为“广东好人”，3人入选“中国好人榜”。举办2017广东省道德模范与身边好人（韶关）现场交流活动和第15个“公民道德宣传日”系列活动之韶关市“文明行为十五条”宣传周活动。

链接：韶关市文明行为十五条

①不说粗口，脏话；②不乱扔垃圾；③不随地吐痰；④不剩菜、不剩饭；⑤不在公共场所大声喧哗、吸烟；⑥出入电梯先下后上，上下楼梯靠右走；⑦有秩序排队不插队；⑧不闯红灯，不乱穿马路；⑨不向车窗外抛物；⑩不乱停乱放车辆；⑪不乱拉乱挂，不乱涂乱画；⑫不损坏公物；⑬遛狗要牵绳，及时清理宠物粪便；⑭诚信经营，不短斤缺两，不乱摆乱卖；⑮文明上网，不信谣传谣。

【良好的社会风尚培植】 2017年，韶关市出台《关于在全市深入开展文明公厕创建活动的实施方案》，提出“净化、亮化、美化、文化、人性化、生态化”的创建目标，细化责任分工，明确实施步骤，对主城区、窗口单位公厕进行重点整治提升，把“厕所革命”不断推向深入。持续开展文明交通、文明旅游、文明餐桌、文明上网等文明引导行动，取得积极成效。志愿服务制度化推进，建立一批韶城V站和乡镇（街道）、社区志愿服务站，建立健全志愿服务激励机制，常态化开展学雷锋志愿服务活动。加强乡村学校少年宫建设，为农村青少年健康成长搭建良好平台。推进“移风易俗、告别陋习、树立新风”和倡导绿色生活反对铺张浪费行动。推进诚信建设制度化，推动各地各单位完善诚信红黑榜发布机制，开展文明诚信市场、诚信示范街区、诚信经营示范店等主题创建活动，把守信联合激励和失信联合惩戒的要求落实到精神文明建设评选全过程。

【群众性精神文明创建活动深化】 2017年，韶关市持续深入推进韶关市创建全国文明城市各项工作。韶关市被中央文明办确定为2018—2020年全国文明城市提名城市。坚持“以城带乡、四级联创”的思路，提高创建覆盖面，推进文明县城、文明村镇、文明单位、文明校园、文明家庭等创建工作。始兴县被评为广东省县级文明城市，乐昌市、南雄市、翁源县通过省文明城市复查。乳源县必背镇桂坑村、翁源县坝仔镇辉星村被评为第五届全国文明村镇。韶关市地方税务局等3个单位被评为第五届全国文明单位，北江中学、曲江区九龄小学获评首届“全国文明校园”称号。韶关市财政局等5个单位被评为2016—2017年度广东省文明单位。韶关市司法局等137个单位被命名为2016—2017年度韶关市精神文明建设先进集体。印发实施《关于在全市农村开展文明乡风建设活动的实施意见》，推进党风政风、乡风民风、优良家风、文化新风建设，培育文明乡风，助推文明村镇创建和社会主义新农村建设。（彭僖华）

社会建设

【民生保障】 2017年，投入扶贫资金7.38亿元，3.36万相对贫困人口顺利脱贫。持续加大民生支出，全省民生类支出238.8亿元，占全部支出的76.8%。城镇新增就业3.5万人，失业人员再就业2.85万人，就业困难人员实现就业2717万人。城镇登记失业率2.43%，比上年下降0.02个百分点。居民人均可支配收入突破21866万元，增长9.5%，其中城镇、农村分别增长9.5%、10.3%。完成棚户区改造3202套，竣工农村危房改造3171户。新创建推进教育现代化先进县（市、区）2个。义务教育规范化学校覆盖率达100%，教育强镇通过率达100%，高中阶段教育毛入学率分别达98.32%。争取省级体彩公益金补助全市41个体育系统大型公共体育场馆和12所学校体育场馆免费或低收费开放，实施市辖三区15分钟健身圈建设网。城镇职工基本医疗保险年度最高支付限额从6.8万元提高到10万元。贫困户100%纳入大病救助范围。村级综合性文化服务中心建设覆盖率60%，2017年完成181个村级综合文化服务中心示范建设。

【社会体制改革】 社会诚信体系建设得到加强，市安委办建立安全生产失信记录和“红黑名单”等诚信体系制度，加强各行业领域生产安全；市中级人民法院加大信用惩戒力度，在“全国法院失信被执行人名单库”发布失信被执行人名单2428人次，纳入公共信用信息平台管理，逐步构建“一处失信、处处受限”的信用监督、警示和惩戒体系。市公安局完成车驾管试点改革，在南雄市、始兴县进行试点下放机动车驾驶人考试权限。市民政局推进社会救助改革，制定《韶关市困难群众医疗救助暂行办法》，减轻困难群众医疗费用负担。市安监局全面规范韶关市安全生产标准化建设工作，专家队伍、应急救援队伍建设完成。市食品药品监督管理局完善食品药品安全社会共治机制，实行食品药品安全现场考评通报制。

【社会综合治理】 见143页。

（张名城）

生态文明建设

【环境状况】 见“环境保护”分目303页

【主要污染物减排】 见“环境保护”分目303页

【大气污染防治】 见“环境保护”分目303页

【水污染防治】 见“环境保护”分目303页

【土壤及重金属污染防治工作】 见“环境保护”分目304页

【推进节能降耗】 2017年，全市能源消费总量1130.06万吨标煤。全年共有72家企业完成清洁生产审核验收工作，超额完成目标。完成两批次节能减排财政政策综合示范申报项目审核验收工作，共有54个项目通过专家组的验收，认定1个减排示范项目投资额为1291.66万元；28个节能技改项目的总投资额为51.92亿元，总节能量为21.57万吨标煤；25个资源综合利用及清洁生产项目认定的总投资额为16.93亿元。能耗监控大数据管理平台通过专家组验收，有10家企业对接平台实现实时数据采集，113家企业在平台注册按月度报送能源利用状况。开展能效提升工作，全年完成电机进度总功率为11.18万千瓦，完成比例为111.78%；完成韶关市（第一批）配电变压器能效提升项目核查工作，累计核查项目70个，更换高效节能变压器271台，改造容量总数为20.62万千伏安。依法实施节能监察，全年对96家用能单位依法实施节能监察，超额完成省下达的任务。（谢艳文）

【义务植树】 2017年植树节期间，市绿委办组织和协调各县（市、区）做好义务植树活动现场和苗木的准备工作。3月1日，市委副书记、市长骆蔚峰，市政协主席王青西等市四套班子领导，以及驻韶部队官兵、市有关部门干部等300多人，在武江区老虎岩公园开展义务植树活动，共种下3000多棵树苗，树种有火力楠、枫树、银杏、山杜英等。2017年全市各地组织155.19万人次参加义务植树585.1万株。

【重点林业生态工程】 2017年，全市完成森林碳汇工程种植面积4141公顷，占计划任务的100%。其中，浈江17.33公顷、武江200公顷、曲江50公顷、南雄1036.67公顷、始兴196.67公顷、翁源966.67公顷、新丰578公顷、乳源304公顷、乐昌626.67公顷、市属场165公顷，完成种植和当年抚育任务。完成生态景观林带完善提升任务38千米、面积166.67公顷，全部集中在南雄市。全市完成乡村绿化美化工程建设点113个，占计划任务的113%；完成省级示范点建设32个，占计划任务的106.67%。其中，乐昌市和仁化县超额完成建设任务。完成森林抚育面积6.85万公顷，占计划任务的100%。其中省级碳汇林抚育1.75万公顷；中幼林抚育4.65万公顷（含2016年中央财政森林抚育任务1.40万公顷）。

【造林绿化】 2017年，全市完成造林面积2.68万公顷，占年度造林总任务2.57万公顷的104.40%，其中，人工造林8472.47公顷，退化林分修复8728.47公顷，更新改造1918公顷，新封山育林7711.33公顷。由于造林绿化工作整体推进快、亮点多，在省林业厅关于全省春季造林和重点生态工程建设进展情况的通报中，韶关市受到通报表扬；乐昌九峰镇、南雄帽子峰镇、始兴深渡水乡被省林业厅认定为首批“广东省森林小镇”。（邓晗）

县域经济发展

【概况】 2017年，韶关市县域包括乐昌、南雄、仁化、始兴、翁源、新丰、乳源等7县（市），国土面积1.55万平方千米、占全市的84%，户籍人口243.69万人、占全市的72.7%。加大统筹力度，提升县域的发展水平。市先后出台《韶关市加快县域发展三年行动计划（2016—2018年）》《2017年韶关市县（市、区）工作绩效评价实施方案》等政策文件，以县域发展为中心的工作格局基本形成，县域综合实力稳步提升。

【县经济实力稳步提升】 2017年，县域生产总值实现742.8亿元，增长5.1%，占全市53.5%。南雄、乐昌、仁化和翁源等4个县（市）GDP超百亿。县域人均生产总值达到3.86万元，增长4.3%。规上工业增加值完成160.1亿元，增长0.4%，占全市49.8%。县域地方一般公共预算收入完成34.6亿元，增长5.0%。县域国税国内税收收入和地税税收收入完成62.5亿元，增长15.5%，增速比全市平均水平高2.2个百分点。

【县城基础设施逐步改善】 2017年，武深高速公路仁化段建成通车，实现县县通高速、4个县（市）通铁路，县域整体纳入大珠三角两小时生活圈。加快国省道和县乡道升级改造。推进农村公路建设，完成农村公路路面硬化543千米，超额完成年度目标任务，实现90.01%行政村通客运班车。实施村村通光纤工程和4G网络入乡进村工程。完成新一轮农村电网改造升级年度任务，乡村地区户均配变容量达到1.96千伏安/户，农村地区用户电压合格率提高到98.62%。加强农田水利建设，推进中小河流治理、村村通自来水工程、灌区改造工程和高标准基本农田建设，农村生产生活条件和防灾抗灾能力提高。加快推进新一轮生活垃圾和污水处理基础设施建设，农村生活垃圾有效处理率达94.2%，城镇生活污水集中处理率达到80%以上。

【县域现代农业稳步发展】 2017年，韶关市以市场需求为导向，立足资源禀赋，精准定位区域农业功能，优化产业布局，推进农业“一镇一业、一村一品”产业发展初见成效，县域形成优质稻、优质蔬菜、特色水果、优质畜禽、特色水产、烟叶、竹类等农业七大主导产业以及铁皮石斛、油茶、高山茶、兰花等新兴特色农业产业，建设仁化县国家级现代农业示范区、粤台（翁源）农业合作试验区等一批现代农业园区。仁化县红山镇渔皇村（丹霞红红茶）创建为全国一村一品示范村镇，翁源县兰花小镇成功列入广东省首批特色小镇创建工作示范点。林下经济加快发展，初步形成林下种植、林下养殖、采集加工、森林旅游“四大类型”及林药、林菌、林茶、林果、林禽、林蜂、林畜、林笋、林脂、森林旅游“十大模式”。

【县域特色工业提速发展】 2017年，县域实现省级产业园区全覆盖，借助园区平台，各县（市）的主导产业逐步形成，形成铝箔、精细化工、有色金属、玩具、制笔、纺织服装等特色产业，东阳光、华电、五羊油漆等一批龙头企业在县域布局。县域产业园区完成规模以上工业增加值68.4亿元，占县域规模以上工业增加值的比重达42.8%。

【县域服务业加快发展】 2017年，县域旅游业、商贸物流业快速发展，县域内有世界自然遗产地丹霞山、南岭国家森林公园、广东大峡谷、云门寺、珠玑巷、梅关古道等著名景区。县域接待旅游者人数达3201.9万人次，增长14.6%，县域旅游总收入218.6亿元，增长16.7%。实施农村电商“十百千”建设，建立10个县级电商物流园、100个镇级电商物流运营中心、1260个邮政农村电商服务站。韶关农产品电商平台上线运行。乳源中农批粤北农特产品电商物流商贸城一期等项目基本建成。县域限额以上批发业销售额达312.2亿元，增长34.9%，增速比全市平均水平高8.9个百分点。

【推进县域体制机制改革】 2017年，韶关市推进行政审批制度改革，简政放权，县、镇的管理权限得到扩大。南雄市、仁化县、乳源县、翁源县围绕建立公共财政框架、实现基本公共服务均等化的要求，开展省直管县财政改革试点，增强基层财政保障能力，提高市、县公共服务水平。各县（市）推进投融资体制改革，探索政府购买服务模式融资，推广应用PPP模式，吸引社会投资。实行中小学教师“县管校聘”管理改革。深化医药卫生体制改革，实行药品零差率改革，所有公立医院取消挂号费。南雄市和仁化县实施分级诊疗试点，辖区内各定点医疗机构落实首诊负责制、转诊办理责任制和管理责任制。推进商事制度改革，实施“多证合一、一照一码”登记制度改革，激发市场活力。林业碳普惠制试点取得成功，省级贫困村翁源县沾坑村等三个碳普惠试点项目核证减排量在广州碳排放权交易所完成交易，在全省开创林业碳汇上市交易的先河。推进农业经营体制改革，推进农村土地承包经营权确权登记颁证工作，推进土地流转，开展解决承包地细碎化问题改革试点。

【民生保障不断改善】 2017年，各县（市）实施城市提升三年行动计划，推进中心城区扩容提质，规划建设县城新区，县域常住人口城镇化率达44.32%。县域教育、医疗、体育等基础设施水平不断提高。乐昌市梅花、沙坪和庆云等3镇通过省教育强镇督导验收，实现全市教育强镇全覆盖。推进中心卫生院升级县级医院，翁源县第二人民医院、乐昌市第二人民医院、南雄市第二人民医院全部开工。完成13所乡镇卫生院标准化和353间村卫生站规范化建设。新农村建设稳步推进，翁源县江尾镇南塘村创建为2017年中国美丽休闲村，省级新农村连片示范建设工程进展顺利。精准扶贫成效显著，获得全省脱贫攻坚综合评价地级市第一名，精准脱贫“六种帮扶模式”被国务院扶贫办推广，实现贫困户100%纳入大病救助范围，建档立卡贫困对象100%参加城乡居民基本医疗保险。（朱　江）

2017 年韶关大事记

1月

3日下午，市委书记、市委全面深化改革领导小组组长江凌主持召开市委全面深化改革领导小组第七次会议。市领导骆蔚峰、孔云龙、华旭初、曾凤保等参加会议。

4日上午，市委书记江凌到广州参加省委常委会，听取市委书记抓基层党建工作述职会议。

4日，市委副书记、市长骆蔚峰率队到芙蓉新区调研城市提升项目建设工作。市国土资源局、市规划局、市提升办等相关部门负责人参加调研。

5日下午，莞韶对口帮扶第八次联席会议在东莞召开。东莞市领导吕业升、梁维东、王检养、万卓培，韶关市领导江凌、骆蔚峰、朱余旺、高冬瑞出席会议。会议通报东莞韶关第一轮对口帮扶工作情况，就《关于深化东莞韶关对口帮扶的工作方案（2017—2019年）》作起草说明。

6日上午，市委书记江凌主持召开各县（市、区）和市直党（工）委书记抓基层党建工作述职评议会，对述职情况集中点评并作总结讲话。市领导骆蔚峰、李石保、陈波等出席会议。

6日上午，韶关市委副书记、市长骆蔚峰与到韶关考察交流的易活生物科技有限公司CEO廖玮博士、思科大中华区副总裁申平一行进行座谈，双方就基因诊断、云电脑等大数据产业开展合作进行交流。市领导陈磊参加座谈。

6日，市委书记江凌主持召开市委十二届第三次常委会会议，议题：①组织工作；②研究市委工作会议筹备工作。

8日上午，政协第十二届韶关市委员会第一次会议在市政府会议中心开幕。林嘉主持开幕大会。兰茵向大会作十一届市政协提案工作情况报告。市委书记、市人大常委会党组书记江凌，市委副书记、市长骆蔚峰，主席团常务主席李石保、王青西、刘清生、兰茵等，市领导陈波、郭健生、黄劲东等参加会议。

8日下午，市人大常委会代理主任林平杰主持召开市第十四届人民代表大会第一次会议预备会议。市委书记、市人大常委会党组书记江凌，市委副书记、市长骆蔚峰及市领导陈波、郭健生、黄劲东参加会议。

8日下午，市人大常委会副主任张平主持召开市十四届人大一次会议主席团第一次会议。议题：①推选江凌、华旭初、林平杰、杨小明、张平、邓小杰、林岚、高振忠为主席团常务主席；②决定大会日程；③通过大会执行主席分组名单；④决定大会副秘书长；⑤审议大会选举办法草案，提交大会通过。

8日下午，市政协召开港澳委员座谈会。市委书记、市人大常委会党组书记江凌，市委副书记、市长骆蔚峰，市领导黄劲东、孔云龙、朱余旺、陈磊，市政协十二届一次会议主席团常务主席李石保、王青西、林嘉等出席会议。

9日上午，市委书记、市人大常委会党组书记、大会主席团常务主席、执行主席江凌主持召开市第十四届人民代表大会第一次会议。市委副书记、市长骆蔚峰作政府工作报告。市领导李石保、陈波、郭健生等参加会议。

10日上午，省召开加快推进基础设施项目建设工作电视电话会议。市领导陈波、朱余旺等在市分会场参加会议。

11日，市委书记、市人大常委会党组书记江凌，市委副书记、市长骆蔚峰在韶州宾馆会见宝能集团董事长姚振华一行。市领导陈波、朱余旺、曾凤保参加会见。

12日下午，市十四届人大一次会议闭幕，市委书记江凌当选市十四届人大常委会主任。市委副书记骆蔚峰当选市人民政府市长。杨小明、张平、邓小杰、林岚、梁韶灵、陈曦当选市人大常委会副主任。朱余旺、李安平、许志新、陈磊、高冬瑞（女）、李欣当选市人民政府副市长。叶向荣当选市中级人民法院院长。曾伊山当选市人民检察院检察长。

13日上午，市委书记、市人大常委会主任江凌主持召开市委常委班子民主生活会并作总结讲话。市领导王青西、杨小明、郭健生等参加会议。

13日上午，市政府党组书记骆蔚峰主持召开市政府班子民主生活会。市领导李安平、许志新、高冬瑞、李欣参加会议，陈磊列席会议。

13日下午，市委书记、市人大常委会主任江凌到韶关冶炼厂、韶关火车东站、中石化莲花山油库开展安全生产大检查。市领导刘清生参加检查。

13日下午，市委副书记陈波带队到韶钢公司开展安全生产大检查。

13日下午，市委常委、秘书长孔云龙带队到仁化大桥镇水江汽车轮渡、丹霞山景区客运站、索道和游船码头、仁化新南康超市、鸿伟木业有限公司、丹霞冶炼厂开展安全生产大检查。

16日上午，省纪委十一届六次全会在广州召开，以视频会议形式开至各地级以上市。市领导江凌、骆蔚峰、王青西等在市分会场参加会议，市委常委、纪委书记郭健生在省主会场参加会议。

16日上午，市委书记、市人大常委会主任江凌主持召开市委十二届第4次常委会会议，议题：①莞韶对口帮扶指挥部领导工作交接；②传达学习中央组织部修订的《党委（党组）讨论决定干部任免事项守则》及胡春华批示精神；③人事议题；④研究市委常委分工。

16日下午，市委副书记、政法委书记陈波主持召开市委工作会议。市委书记、市人大常委会主任江凌出席并讲话。市委副书记、市长骆蔚峰总结和部署全市经济工作。市领导黄劲东、孔云龙、柳琛子等参加会议。

16日下午，中国共产党韶关市第十二届委员会第二次全体会议在市委会议中心召开。市委书记、市人大常委会主任江凌主持会议。市委常委、组织部长华旭初就市推荐提名省出席中共十九大代表候选人推荐人选情况作说明。与会人员等额选举产生79名市推荐提名省出席中共十九大代表候选人推荐人选。市领导骆蔚峰、陈 波、黄劲东等参加会议。

17日，副省长袁宝成率春运检查组到韶关检查督导春运工作。市领导骆蔚峰、万卓培参加检查。

18日，代省长马兴瑞到韶关市开展春节慰问活动。市领导江凌、骆蔚峰、邓小杰参加慰问。

18日，省十二届人大五次会议韶关代表团召开全体会议。市人大常委会副主任张平主持会议。市领导许志新、李欣、兰茵等参加会议。会议推选市委书记、市人大常委会主任江凌为韶关代表团团长，市委副书记、市长骆蔚峰为副团长。

18日上午，市委副书记、政法委书记陈波到新丰县开展春节慰问活动。

19日上午，省第十二届人民代表大会第五次会议在广州白云国际会议中心开幕。以市委书记、市人大常委会主任江凌为团长，市委副书记、市长骆蔚峰为副团长的韶关代表团参加会议。

19日下午，省十二届人大五次会议韶关市代表团分组审议省人民政府工作报告。市领导江凌、骆蔚峰、许志新、李欣、兰茵等参加分组会议，市人大常委会副主任张平等列席会议。

20日上午，省委常委、常务副省长徐少华、副省长蓝佛安参加韶关代表团分组审议。

20日上午，省十二届人大五次会议韶关代表团向媒体开放团组会议。省人大代表、市委书记、市人大常委会主任江凌，省人大代表、市委副书记、市长骆蔚峰参加会议并就有关问题回答记者提问。

20日上午，全市公安工作会议在市区召开。市领导陈波、李安平出席会议并讲话。

20日下午，“韶关好警察”先进事迹报告会在韶关剧院举行，市领导陈波、柳琛子、梁韶灵、李安平、周伟源参加报告会。

21日上午，省十二届人大五次会议第二次全体会议在广州白云国际会议中心举行。省人大代表、省委常委、常务副省长徐少华，省人大代表、市委书记、市人大常委会主任江凌，省人大代表、市委副书记、市长骆蔚峰，市领导许志新、李欣、兰茵等参加会议，市人大常委会副主任张平列席会议。

21日下午，省十二届人大五次会议韶关代表团继续举行分组会议。

22日上午，省十二届人大五次会议第三次全体会议在广州白云国际会议中心举行，以市委书记、市人大常委会主任江凌为团长，市委副书记、市长骆蔚峰为副团长的市代表团出席全体会议。

23日，省十二届人大五次会议胜利闭幕。韶关市代表团出席会议。

23日下午，市委副书记、政法委书记陈波到市信访局调研。

24日上午，市委书记、市人大常委会主任江凌主持召开市委十二届第5次常委会会议，议题是：①传达省“两会”精神和省领导讲话精神，研究和部署相关工作；②通报市四套班子分工和市领导重点工作、重点项目责任分工；③传达省纪委全会精神，研究市纪委全会筹备工作；④传达全国全省宣传部长会议精神，研究韶关市贯彻落实意见；⑤研究全市农村工作会议及建设卫生强市工作会议筹备工作；⑥审议《2017年度市委常委会会议重要议题安排（送审稿）》；⑦听取上级督办积案办结情况汇报。

24日下午，市委书记、市人大常委会主任江凌到浈江区开展春节慰问活动。市领导孔云龙、刘清生参加慰问。

25日下午，2017年韶关市迎春座谈会在荷花园酒店举行。市委书记、市人大常委会主任江凌出席会议并讲话，市委副书记、市长骆蔚峰通报2016年全市经济社会发展情况。市领导王青西、陈波、杨小明等参加座谈会。

26日上午，市委书记、市人大常委会主任江凌到乳源瑶族自治县调研西京古道保护开发和“五彩瑶乡”省级新农村示范片建设情况，并主持召开调研座谈会。市领导孔云龙、吴春腾、王伟阳参加调研。

2月

4日上午，市委书记、市人大常委会主任江凌到市人大常委会机关走访调研并召开座谈会。市人大常委会党组副书记、副主任杨小明主持座谈会。市人大常委会班子成员参加座谈会。市领导孔云龙参加调研。

4日上午，市委书记、市人大常委会主任江凌到市政协机关走访调研并召开座谈会。市政协主席王青西主持座谈会。市政协班子成员参加座谈会。市领导孔云龙参加调研。

4日下午，市委书记、市人大常委会主任江凌到市纪委走访调研并召开座谈会。市委常委、纪委书记郭健生主持座谈会。市领导孔云龙参加调研。

4日下午，市委书记、市人大常委会主任江凌到市委组织部走访调研并召开座谈会。市委常委、组织部长华旭初主持座谈会。市领导孔云龙参加调研。

6日上午，省委常委、纪委书记黄先耀一行到南雄市珠玑镇灵潭村开展对口帮扶调研活动。市领导江凌、郭健生、曾风保参加调研。

6日，市委书记、市人大常委会主任江凌在市委常委会会议室主持召开专题会议研究全市旅游工作。市领导骆蔚峰、孔云龙参加会议。

6日上午，市委副书记、市长骆蔚峰到韶关卷烟厂、利民制药厂调研。

6日上午，市委副书记、政法委书记陈波到市公安局、市中院、市检察院调研。下午到市妇联、团市委调研。

7日上午，省委常委、纪委书记黄先耀一行到仁化县开展调研活动。市领导郭健生参加调研。

7日，省委、省政府在广州珠岛宾馆八角楼一楼岭南厅召开广东省创新发展大会。市领导江凌、骆蔚峰、朱余旺、万卓培参加会议。

7日上午，市委副书记、政法委书记陈波到市关工委调研。下午，到广州参加省委政法委工作会议。

7日上午，市委常委、秘书长孔云龙在市委常委会会议室主持召开加大农村投入工作会议。市领导许志新参加会议。

7日上午，市委常委、秘书长孔云龙在市委常委会会议室主持召开市委改革办工作会议。专题研究改革工作要点。

8日上午，省委政法委工作会议在广州召开。市领导江凌、陈波、曾风保、李安平、高冬瑞参加会议。

8日，市委副书记、市长骆蔚峰在广州市拜访中国移动广东省分公司、中国联通广东省分公司和省机场集团公司。

9日上午，市委书记、市人大常委会主任江凌到市委宣传部、市委政法委调研走访。市领导孔云龙参加调研。

10日上午，市委书记、市人大常委会主任江凌在东莞参加党的十九大报告起草工作调研座谈会。

10日，市委副书记、政法委书记陈波到市提升办、总工会、司法局、国安局调研。

10日至12日，最高人民法院原院长肖扬到浈江区和平八一安置区、南华寺和珠玑巷调研，市委书记、市人大常委会主任江凌、市委副书记、市长骆蔚峰、市领导陈波、李安平、高冬瑞、叶向荣、曾伊山分段参加调研。

13日，市委书记、市人大常委会主任江凌主持召开市委十二届第6次常委会会议，议题：①部署近期重要工作；②审议《韶关市人大常委会2017—2021年立法规划和2017年立法计划（送审稿）》；③传达省创新发展大会精神，研究韶关市贯彻落实意见；④传达省委政法工作会议精神，研究韶关市贯彻落实意见；⑤审议市纪委全会相关会议材料；⑥研究巡察工作；⑦审议《中共韶关市委常委会2017年工作要点（送审稿）》；⑧传达省委常委会议决定事项通知精神（党内法规）；⑨研究人事议题。

13日下午，市委书记、市人大常委会主任江凌在市委常委会会议室主持召开书记专题会议。听取市委农办关于《韶关市整县推进农村人居环境综合整治总体方案》起草情况汇报，就推进农村人居环境综合整治、召开全市农村工作会议等相关问题进行研究。市领导黄劲东、孔云龙参加会议。

14日，在市委会议中心召开市纪委十二届二次全会。市委书记、市人大常委会主任江凌讲话。市委副书记、市长骆蔚峰主持会议。市委常委、纪委书记郭健生代表市纪委常委会做工作报告。市委常委，市人大常委会、市政府、市政协领导，市法院、市检察院主要负责人，副厅级以上干部参加会议。

15日，市委书记、市人大常委会主任江凌到广东韶配动力机械有限公司、科艺创意工业有限公司、韶关市贝瑞过滤科技有限公司、杭州娃哈哈集团韶关饮用水公司、韶关市恒华重工企业有限公司和韶钢走访调研。市领导孔云龙、万卓培参加调研。

15日，市委书记、市人大常委会主任江凌在韶关会见广州海关关长谢松一行。市领导骆蔚峰、孔云龙、陈磊参加会见。

16日，市委书记、市人大常委会主任江凌在市委常委会会议室主持召开书记专题会议。研究国有资产监管、国企改革和城市提升工作。市领导骆蔚峰、孔云龙参加会议。

17日下午，在市委会议中心四楼会议室召开市委政法工作暨第一季度信访维稳研判会议。市委书记、市人大常委会主任江凌讲话。市委副书记、市长骆蔚峰主持会议并传达中央、省委政法工作和全省信访工作会议精神。市委副书记、市政法委书记陈波作市委政法工作报告。市领导孔云龙、张 平、李安平等参加会议。

20日下午，市委书记、市人大常委会主任江凌在市委常委会会议室主持召开市委十二届第7次常委会会议，议题是：①研究市委《关于对省第十二次党代会的征求意见情况报告》；②人事议题［研究出席省第十二次党代会代表候选人初步人选名单（第二轮）］。

20日下午，市委书记、市人大常委会主任江凌在市委会议中心四楼主持召开市委十二届第八次常委会（扩大）会议，议题是：省委组织部副部长刘毅宣读省委关于韶关市委主要领导调整的决定：江凌任广东省委秘书长、办公厅主任、改革办主任，免去江凌中共韶关市委书记、常委、委员职务和韶关市人大常委会主任职务。市四套班子成员，军分区政委、法检“两长”，各县（市、区）党委书记和主持党委工作的县（市、区）长参加会议并作表态发言。

22日上午，市委副书记、市长骆蔚峰在市政府南楼3楼政府常务会议室主持召开书记专题会议。研究全市农村人居环境综合整治工作。市领导陈波、黄劲东、许志新、李欣、吴春腾参加会议。

22日上午，市委常委、常务副市长朱余旺带队到北京参加老工业城市产业转型升级示范区专家评审会议。

22日下午，市委常委、秘书长孔云龙在市委常委会会议室主持召开征求省第十二次党代会报告意见座谈会。

23日上午，市委副书记、市长骆蔚峰在市政府南楼3楼政府常务会议室主持召开书记专题会议。研究华南装备园区工作机制。市领导陈波、黄劲东、许志新、李欣、吴春腾参加会议。

23日下午，市委副书记、市长骆蔚峰在市委常委会会议室主持召开市委十二届第九次常委会会议，议题是：①人事议题［研究出席省第十二次党代会代表候选人预备人选建议名单（第三轮）］；②研究召开市委十二届三次全会有关事项；③人事议题。

24日下午，市委理论学习中心组（扩大）会议暨第一期韶关学习论坛在市委会议中心五楼召开。市委常委、宣传部长柳琛子主持会议。华南师范大学马克思主义学院院长、教授陈金龙就学习贯彻《关于新形势下党内政治生活的若干准则》和《中国共产党党内监督条例》作专题辅导。市委常委，市人大常委会、市政府、市政协领导出席会议。

27日上午，市法学会第四届理事会会长李石保在市政府常务会议室主持召开市法学会第五次会员代表大会。市领导陈波当选市法学会第五届理事会会长。省法学会副会长梁德标、市领导张平出席会议。

27日上午，2017年全市宣传思想工作会议在市委会议中心四楼会议室召开。市委常委、宣传部长柳琛子参加会议并作讲话。市领导高冬瑞参加会议。

27日下午，在市委会议中心四楼召开韶关市建设卫生强市工作会议。省卫计委主任段宇飞，市委副书记、市长骆蔚峰出席会议并讲话。市委常委、常务副市长朱余旺主持会议。市领导孔云龙、朱余旺、林岚等参加会议。

27日下午，市工商业联合会（总商会）第十四次会员代表大会在市区召开。审议并通过韶关市工商业联合会（总商会）第十三届执行委员会工作报告，选举产生韶关市工商业联合会（总商会）第十四届执行委员会。省工商联党组成员、专职副主席卢小周，市领导陈波、黄劲东，张平、陈曦、陈磊、周伟源出席会议。

28日上午，市委常委、常务副市长朱余旺在市政府南楼3楼大会议室主持召开2017年市中心城市整体提升工作动员大会。市委副书记、市长骆蔚峰出席会议并动员讲话。市领导王青西、陈波等参加会议。

3月

1日上午，市委副书记、市长骆蔚峰，市政协主席王青西等市四套班子领导在武江区老虎岩公园开展义务植树活动。

1日，全市安全生产暨第一季度防范安全事故工作会议在市区召开。市委常委、常务副市长朱余旺代表市委、市政府与各县（市、区）及市直有关单位负责人签订2017年安全生产责任书。

2日上午，省农村工作会议暨扶贫开发工作会议在广州召开，会议以视频会议形式开至各地级以上市。市领导骆蔚峰、黄劲东在广州参会，骆蔚峰在会议现场介绍韶关市脱贫攻坚各项工作情况。市领导邓小杰、许志新、王德雄在市分会场收听收看会议。

2日，省委决定：莫高义任韶关市委书记，江凌另有任用。

2日下午，新任市委书记党政班子见面会在市委常委会会议室召开。省委常委、组织部长邹铭，省委组织部副部长刘毅，新任市委书记莫高义，市领导骆蔚峰、王青西、杨小明等参加会议。

3日上午，市委副书记、政法委书记陈波在武江区政府七楼会议室主持召开芙蓉新区建设工作推进会。市领导骆蔚峰、曾风保、李欣、徐俊杰参加会议。

3日下午，市委书记莫高义在市委会议中心四楼会议室主持召开市委十二届三次全会。审议通过《关于召开中国共产党韶关市代表会议的决议（草案）》，圈选确定韶关出席省第十二次党代表大会代表候选人预备人选。市委委员、候补委员参加会议。

3日下午，市委书记莫高义在市委常委会会议室主持召开市委十二届第11次常委会会议，议题是：听取全会监票人报告韶关市出席省第十二次党代会代表候选人预备人选圈选计票结果，确定圈选结果。

6日上午，市委党校举行春季开学典礼。市委副书记、市长骆蔚峰出席开学典礼并授课。市委常委、组织部长华旭初主持典礼。

7日上午，韶关市建设“善美之城”启动仪式暨“三八”妇女维权周活动在市区中山公园举行。市领导柳琛子、林岚、兰茵出席活动。

8日上午，市十四届人民代表大会常务委员会第二次会议在市区举行。任命新一届国家机关有关工作人员。会议决定接受江凌辞去市十四届人民代表大会常务委员会主任职务，决定杨小明为市人民代表大会常务委员会代理主任，决定任命万卓培为市人民政府副市长、朱裕华为市人民政府秘书长、钟沛东等29人分别为市政府有关组成部门主要负责人。市委书记莫高义在会上讲话。市领导骆蔚峰、杨小明、万卓培、张平、邓小杰、林岚、梁韶灵、陈曦、李安平及市中院叶向荣、市检察院曾伊山等参加会议。

8日上午，市城市提升工作推进会在市区召开。市委副书记、政法委书记陈波参加会议并讲话。市领导周伟源、许俊杰参加会议。

8日下午，在市区召开2017年重点项目建设工作推进会。市委副书记、市长骆蔚峰出席会议并讲话。市委常委、常务副市长朱余旺主持会议。市领导曾风保、万卓培、张平等参加会议。

9日上午，市委副书记、市长骆蔚峰到翁源县、曲江区调研。市领导朱余旺参加调研。

9日上午，市2017年全市关工委工作会议在市区召开。市委副书记、政法委书记、市关工委主任陈波出席会议并部署工作。市领导华旭初参加会议。

10日上午，市委副书记、市长骆蔚峰到市区五里亭大桥、新兴路、朝阳路、惠民路、东堤路延长线、凤凰路、323线等重要交通节点调研城市提升项目。市领导许俊杰参加调研。

13日上午，中国共产党韶关市代表会议在市委会议中心举行。会议选举产生韶关市出席省第十二次党代会代表42名。市委书记莫高义参加会议并讲话。

13日上午，市委书记莫高义在市委会议中心四楼会议室主持召开市委十二届第十二次常委会会议，议题：听取各代表团酝酿候选人预备人选、选举办法（草案）和监票人情况报告，通过候选人预选名单和选举办法（草案）。

13日上午，市委书记莫高义在市委会议中心四楼会议室主持召开市委十二届第十三次常委会会议，议题是：听取总监票人报告预选计票结果，通过市出席省第十二次党代会代表候选人名单。

13日上午，市委书记莫高义在市委会议中心四楼会议室主持召开市委十二届第十四次常委会会议，议题是：听取总监票人关于大会选举计票结果的报告，确定代表当选人名单。

14日上午，市委书记莫高义到芙蓉新区、莞韶园调研。市领导孔云龙、曾风保、万卓培、刘清生等参加调研。

14日上午，市委副书记、市长骆蔚峰到宝武集团广东韶关钢铁有限公司调研物流项目。市领导陈磊参加调研。

14日上午，全市组织工作会议在市区召开。市委常委、组织部长华旭初出席会议并讲话。

15日上午，省政府副秘书长张爱军、省国资委主任李成一行率调研组到韶关调研考察并召开座谈会。市领导莫高义、骆蔚峰、孔云龙、朱余旺、李欣参加座谈会。

16日上午，市委书记莫高义主持召开市委十二届第十五次常委会会议，议题是：①传达胡春华在省新闻媒体调研讲话精神，研究韶关市贯彻落实意见；②传达全省组织部长会议精神，研究韶关市贯彻落实意见；③传达全省农村工作暨扶贫开发工作会议精神，研究韶关市贯彻落实意见；④研究莞韶对口帮扶工作；⑤听取审计工作情况汇报，审议《关于2017年度市委、市政府重大决策部署落实情况审计项目计划的意见（送审稿）》及《关于加强市委、市政府重大决策部署落实情况审计监督的意见（送审稿）》；⑥审议《韶关市人民政府2017年制定规章计划（送审稿）》；⑦审议《市委书记、副书记和组织部长挂钩联系部分软弱涣散村党组织安排表（送审稿）》；⑧人事议题。

17日上午，省委、省政府召开广东省传达贯彻2017年全国人大、政协“两会”精神电视电话会议。市委、市人大常委会、市政府、市政协领导，市中级人民法院、市检察院主要负责人，副厅级以上干部，在韶关的副厅级以上老干部在市分会场参加会议。

20日上午，市委副书记、市长骆蔚峰主持召开芙蓉新区建设专题会议。市委领导曾风保、许俊杰参加会议。

21日，市委书记莫高义主持召开市委十二届第十六次常委会会议，议题：研究新丰事件处置工作。

21日，市委书记莫高义主持召开市委十二届第十七次常委会会议，议题：讨论部分干部纪律处分问题。

22日，市委书记莫高义主持召开市委十二届第十八次常委会会议，议题：①研究新丰事件处置工作；②讨论部分干部纪律处分问题。

24日上午，市委副书记、市长骆蔚峰在始兴县主持召开县域振兴发展工作（北片）会议。市领导朱余旺、万卓培、李欣、王伟阳参加会议。

24日上午，市政协召开十二届第二次主席会议。市政协主席王青西主持会议。市政协副主席刘清生、兰茵、刘大济、周伟源、吴春腾、王德雄出席会议。

27日上午，省委召开广东省村（社区）“两委”换届选举工作电视电话会议。市领导骆蔚峰、杨小明、刘清生在市分会场收听收看会议。

27日，市委书记莫高义主持召开市委十二届第十九次常委会会议，议题是：讨论部分干部纪律处分问题。

27日，经省委批准：陈波任新丰县委书记；免去陈景辉新丰县委书记职务。

27日，《韶关市干部政绩档案管理意见（试行）》出台实施，从“三个精准”探索建立干部政绩档案。

27日下午，市委书记莫高义与广晟集团董事长许光一行在韶州宾馆进行座谈。市领导骆蔚峰、孔云龙、朱余旺参加座谈。

28日下午，全市老干部工作会议在市区召开。市委常委、组织部长华旭初出席会议并讲话。

29日下午，全市农村工作暨扶贫开发工作会议在市委会议中心四楼会议室召开。市委书记莫高义出席会议并讲话，市委副书记、市长骆蔚峰主持会议。市委常委、统战部长黄劲东部署全市农村工作和扶贫开发工作，市委常委、常务副市长朱余旺部署全市农业工作。会议以视频会议形式开至各县（市、区）。市领导孔云龙、邓小杰、李欣、刘清生、周伟源、吴春腾参加会议。

29日至30日，中央台办交流局局长黄文涛一行到韶关调研并召开座谈会，探讨南华寺创建国家海峡两岸交流基地有关事宜。市领导骆蔚峰、黄劲东、陈磊参加座谈会。

30日上午，市县域振兴发展工作（西片）会议在乳源瑶族自治县召开。市委副书记、市长骆蔚峰出席会议并讲话。市领导朱余旺、高冬瑞、李欣、刘清生、吴春腾参加会议。

30日下午，市委副书记、市长骆蔚峰会见佳都科技、广东民投和中铁二十五局集团组成的联合考察团，并主持召开座谈会。

31日下午，市委书记莫高义主持召开市委十二届第二十次常委会会议，议题：①通报有关重大事件处置情况；②传达学习全省村（社区）“两委”换届选举工作电视电话会议精神，研究韶关市贯彻落实意见；③人事议题。

4月

1日上午，全市村（社区）“两委”换届选举工作会议在市委会议中心四楼召开。副市长高冬瑞主持会议。市领导骆蔚峰、郭健生、黄劲东、孔云龙、华旭初、刘清生、吴春腾及市中院叶向荣、市检察院曾伊山参加会议。

6日上午，市委副书记、市长骆蔚峰到市社会福利机构和养老机构调研。副市长高冬瑞参加调研。

6日下午，市委书记莫高义在市委常委会会议室主持召开市委全面深化改革领导小组第八次会议，议题是：①传达中央全面深化改革领导小组第三十一次、三十二次、省委全面深化改革领导小组第二十四次会议精神；②审议《韶关市全面深化改革2017年工作要点》《韶关市关于加强城乡社区协商的实施意见》《关于在全市各级国家机关中实行“谁执法谁普法”责任制的实施意见》《中共韶关市委、韶关市人民政府贯彻落实〈中共广东省委、广东省人民政府关于推进价格机制改革的实施意见〉的实施方案》《全面推进一门式一网式改革和四级政务服务体系建设工作方案》《韶关市中学共青团改革实施方案》《关于引入教育第三方评价服务平台的工作方案》。

7日上午，市委书记莫高义在市委六楼小会议室主持召开华南数谷工作情况汇报会。市领导孔云龙、万卓培等参加会议。

7日下午，市委副书记、市长骆蔚峰在翁源县主持召开县域振兴发展工作（南片）会议。市领导曾风保、李安平、陈磊、高冬瑞、王伟阳等参加会议。

9日下午，香港新界社团首长联谊会高永文、童文浩一行40人到韶关市开展探访助学活动。市领导王青西、兰茵参加探访。

10日上午，市委副书记、市长骆蔚峰到市安监局和广东省矿山救援韶关基地调研全市安全生产工作。

10日下午，市直宣传文化单位党风廉政建设工作会议在市区召开。市委常委、宣传部长柳琛子出席会议并讲话。

11日下午，市委书记莫高义到宝武集团广东韶关钢铁有限公司、华南先进装备产业园调研，主持召开座谈会。市领导孔云龙、万卓培等参加调研。

11日下午，市委副书记、市长骆蔚峰在韶州宾馆会见中交投资有限公司考察团并座谈。市领导李欣参加会见。

12日上午，市脱贫攻坚现场推进会在南雄市召开。市委常委、统战部长黄劲东出席会议并讲话。

12日下午，省政府召开深入推进新一轮绿化广东大行动工作电视电话会议。市领导骆蔚峰、邓小杰、刘大济等在市分会场收听收看会议。

12日下午，市委书记莫高义在韶州宾馆会见广东省丝绸纺织集团柯惠琪一行。市领导孔云龙、李欣等参加会见。

13日上午，市委书记莫高义主持召开市委十二届第21次常委会会议，议题：①学习贯彻习近平总书记对广东工作作出的重要批示精神；②传达学习全省党内法规工作会议精神，研究韶关市贯彻落实意见；③传达学习全省保密工作会议精神，研究韶关市贯彻落实意见；④传达学习省领导关于维护政治安全和社会稳定批示及省相关会议精神，听取第一季度维稳工作情况汇报，研究加强2017年工作；⑤传达学习全国文明城市工作经验交流会精神，听取创文工作情况汇报，研究下一阶段工作；⑥研究特色小镇建设工作；⑦研究重大交通工程建设工作；⑧研究招商引资及营商环境工作；⑨人事议题。

13日下午，省委、省政府在广州召开中央第四环境保护督察组督察广东省情况反馈会，会议以视频会议形式开至各地级以上市。市领导莫高义、骆蔚峰、王青西、杨小明等在市分会场收听收看会议。

14日上午，市委书记莫高义主持召开市委十二届第二十二次常委会会议，省委常委、省人大常委会副主任徐少华作会议指导，议题：学习贯彻习近平总书记对广东工作做出的重要批示精神。

14日上午，市委副书记、市长骆蔚峰到韶关市实验中学、广东丹霞生物制药有限公司、市食品药品检验所和市食品小作坊集中加工园区调研食品药品监管工作。

15日至16日，全国人大环资委主任委员陆浩一行到韶关市华南虎繁育研究中心、金色江湾小区、仁化县丹霞山自然保护区及翁源县粤北危险废物处置中心调研。市领导莫高义、骆蔚峰、杨小明、孔云龙等分段参加调研。

17日上午，市委副书记、市长骆蔚峰在市政府主持召开市政府党组2017年第六次（扩大）会议。市政府党组成员参加会议，非中共党员副市长，市政府副厅级干部列席会议。

18日上午，省委举办全省市厅级主要领导干部学习贯彻习近平总书记重要批示精神专题研讨班。省委书记胡春华出席开班式并作讲话。市领导莫高义、骆蔚峰在省主会场参加开班式。市领导王青西、杨小明、郭健生、黄劲东、孔云龙、柳琛子、华旭初、曾风保等在市分会场收听收看开班式。

19日上午，市委书记莫高义主持召开市委十二届第二十三次常委会会议，议题是：审议《关于学习宣传贯彻习近平总书记重要批示精神的实施方案（送审稿）》。

19日下午，市委书记莫高义到仁化县城口镇铜鼓岭、红军长征粤北纪念馆、丹霞冶炼厂及凡口铅锌矿调研。市领导孔云龙、柳琛子分段参加调研。

19日下午，市委副书记、市长骆蔚峰到南雄市黄坑镇耶溪村调研。

20日上午，市委书记莫高义到始兴县马市镇红梨村、马市镇都塘村、万达工业（始兴）有限公司、盛怡实业（韶关）有限公司、始兴产业园东湖坪片区调研。市领导孔云龙参加调研。

20日上午，全市水利与三防工作电视电话会议在市区召开。市委副书记、市长骆蔚峰出席会议并讲话。市领导许志新参加会议。

22日上午，市委副书记、市长骆蔚峰市到市区道路升级改造现场实地调研，并召开座谈会。市领导李欣、周伟源参加调研。

24日下午，市委书记莫高义在市委会议中心四楼会议室主持召开市文明委2017年全体成员（扩大）会议暨创文攻坚行动动员部署会。市领导骆蔚峰、王青西、郭健生等参加会议。

24日下午，市委书记莫高义在市委常委会会议室主持召开专题会。听取市机场办对机场项目情况汇报和航站楼概念设计图汇报。市领导骆蔚峰、孔云龙、朱余旺等参加会议。

25日上午，省委办公厅、省政府办公厅联合大督查第五督察组在韶关市召开实地督查座谈会。市领导莫高义、骆蔚峰、孔云龙、朱余旺等参加会议。

25日上午，省人大常委会副主任黄业斌率队到韶关调研。市领导杨小明、邓小杰参加调研。

25日上午，市委书记莫高义在韶州宾馆会见恒大地产集团公司柯鹏一行并座谈。市领导孔云龙、李欣等参加会见。

25日下午，全市领导干部学习贯彻习近平总书记重要批示精神集中培训班在市委会议中心举办，会议以电视电话会议形式开至各县（市、区）。市委副书记、市委政法委书记、新丰县委书记陈波主持开班仪式。市领导骆蔚峰、王青西、杨小明参加会议。

26日上午，广东省大宝山矿业有限公司7000吨铜硫选厂投产仪式在大宝山矿举行。广东省广晟资产经营有限公司党委书记、董事长许光，市领导莫高义、孔云龙、李欣等参加仪式。该项目投产是实现由黑色向有色，由单一回收到综合利用资源的战略转型之作。该项目投资16亿元，设计生产能力为日处理原矿7000吨（最大日处理能力可达10000吨），每年可生产铜金属量1万吨，硫精矿、磁硫精矿共110万吨，同时回收副产矿和伴生资源，为华南地区最大最先进的铜硫选厂，预计可实现年销售总额10亿元、利润超亿元。

26日上午，全市领导干部学习贯彻习近平总书记重要批示精神集中培训班总结大会在市委会议中心召开。市委副书记、市长骆蔚峰作总结讲话。市委副书记陈波主持会议。市领导王青西、杨小明参加会议。

26日下午，2017年第一季度经济形势分析会在市政府召开。市委副书记、市长骆蔚峰出席会议并作讲话。市委常委、常务副市长朱余旺主持会议。市领导曾风保、张平、许志新、李欣等参加会议。

27日上午，市政府与深圳市中证城市发展投资基金管理有限公司、华为技术有限公司在深圳共同签订《智慧城市及大数据合作框架协议》。市委书记莫高义，市委副书记、市长骆蔚峰，中证公司董事、总经理严子翔，华为公司副总裁刘刚等三方有关领导出席签订仪式并见证签约。市领导孔云龙、万卓培、周伟源等参加仪式。

28日上午，全市禁毒工作暨全民禁毒工程动员部署会在市区召开。市委副书记、市长骆蔚峰出席会议并讲话。市领导张平、李安平、刘清生等参加会议。

28日上午，市委保密委员会全体会议暨全市保密工作会议在市政府召开。市委副书记、政法委书记、保密委主任陈波出席会议并讲话。市领导孔云龙、朱余旺等参加会议。

28日下午，市委书记莫高义主持召开市委十二届第二十四次常委会会议，议题：①研究扶贫工作，传达学习习近平在中央政治局第39次集体学习时的讲话精神，听取全市脱贫攻坚工作情况汇报，研究韶关市精准扶贫、精准脱贫工作；②传达学习省对台工作会议精神，研究韶关市贯彻落实意见；③研究宣传思想工作，传达省委常委会议决定事项通知精神（关于意识形态工作），传达学习全省宣传部长座谈会精神，听取韶关市意识形态及网络安全工作情况汇报，研究相关工作，审议《2017年全市宣传思想工作要点（送审稿）》；④听取一季度经济运行情况汇报，研究加强全年工作；⑤研究红军长征粤北纪念馆建设工作；⑥传达学习省纪委问责为官不为和落实容错机制工作座谈会精神，研究韶关市贯彻落实意见；⑦通报有关情况。

5月

2日上午，市委书记莫高义主持召开市委十二届第二十五次常委会会议，议题是：①听取省党代会报告稿征求意见座谈会分组讨论情况汇报；②人事议题。

3日上午，市委书记莫高义到浈江区站南路、韶关市水果批发市场、乐园镇鹤冲村、兴隆市场，武江区亨泰路、光明巷市场、惠民路、武江南社区开展创文督导检查。市领导孔云龙、柳琛子、刘清生等参加检查。

4日上午，市委书记莫高义主持召开市委全面依法治市工作领导小组第二十二次会议。市领导王青西参加会议。

4日上午，市委书记莫高义主持召开市委外事工作领导小组会议并作讲话。会议讨论审议《2017年韶关市对外工作要点》。市领导陈波、孔云龙、柳琛子、陈磊参加会议。

4日下午，市委书记莫高义与广东中烟工业有限责任公司党组书记、总经理唐健一行会面并到韶关卷烟厂调研。市领导孔云龙、朱余旺、刘清生等参加会面和调研活动。

4日下午，市委理论学习中心组学习（扩大）会议暨2017年第二期韶关学习论坛在市委会议中心举行。市委常委、宣传部长柳琛子主持会议。省委宣传部副巡视员、省委宣讲团成员李长青作“深入学习习近平总书记重要批示精神，进一步增强‘四个意识’，推动韶关振兴发展”专题辅导。市委常委，市人大常委会、市政府、市政协领导出席会议。

5日上午，市委书记莫高义到乐昌市调研农村基层党建工作，市领导孔云龙参加调研。

5日上午，市委副书记、市长骆蔚峰在市区调研城市建设工作。市领导柳琛子、曾风保参加调研。

8日上午，市委书记莫高义在韶州宾馆会见祥源控股集团董事长俞发祥一行。市领导孔云龙、王伟阳参加会见。

8日上午，市委书记莫高义在韶州宾馆会议室会见省机场集团董事长张克俭一行。市领导骆蔚峰、孔云龙、李安平参加会见。

8日下午，省委第六巡视组到韶关调研督导汇报会在韶州宾馆会议室召开。省委第六巡视组组长张健生、市委书记莫高义出席会议并讲话，市领导郭健生汇报韶关市巡察工作情况。省纪委副厅级纪检监察专员万延生主持会议。市领导孔云龙参加会议。

8日下午，市委副书记、市长骆蔚峰，广东省机场管理集团有限公司董事长、党委书记张克俭等有关领导出席广东省机场管理集团韶关丹霞机场有限公司揭牌仪式。

10日上午，市委书记莫高义主持召开市委十二届第二十六次常委会会议，议题是：省委组织部宣布有关决定。

10日上午，全市领导干部大会在市委会议中心四楼会议室召开，市委书记莫高义主持会议并讲话，省委组织部副部长郑庆顺宣读人事任免通知：殷焕明任中共韶关市委委员、常委、副书记，提名其为韶关市市长候选人；免去骆蔚峰的中共韶关市委副书记、常委、委员职务，提名其不再担任韶关市市长职务。骆蔚峰、殷焕明分别作表态发言。市委委员、候补委员，市人大、政府、政协领导班子成员，市“法检”两长，担任过市领导班子正职和近一届担任市领导班子副职的老同志等参加会议。

12日上午，市委书记莫高义主持召开市委十二届第二十七次常委会会议，议题：①研究深入学习贯彻落实习近平总书记重要批示精神市领导牵头调研工作方案；②研究召开市十四届人大二次会议有关事宜；③传达学习全省村（社区）“两委”换届选举工作推进会精神，研究韶关市贯彻落实意见；传达学习全省推进“两学一做”学习教育常态化制度化工作会议精神，研究韶关市贯彻落实意见；④通报省委第六巡视组到韶关调研督导市县党委巡察工作情况；⑤审议《广东省南雄市原中央苏区县域经济创新发展示范县建设方案（送审稿）》，研究创建相关工作；⑥听取2016年度综治工作（平安建设）检查考评情况汇报，研究2017年综治和创平工作。

12日下午，市委书记莫高义在市委会议中心4楼会议室出席“南方号·韶关矩阵”韶关政务新媒体入驻“南方+”仪式并讲话。南方报业传媒集团党委书记、管委会主任刘红兵，市领导孔云龙、柳琛子，南方报业传媒集团管委会委员、南方新闻网总编辑、“南方+”客户端总裁胡键等领导出席活动。

14日下午，韶关市第十四届人民代表大会常务委员会发布第二号公告：经代表资格审查委员会审查，韶关市第十四届人民代表大会常务委员会第五次会议决定：莫高义、陈来安、殷焕明、林小龙、万卓培、罗海俊、冯庆坚为韶关市第十四届人民代表大会代表。

14日下午，市十四届人大常委会召开第五次会议，审议并通过市十四届人大常委会代表资格审查委员会关于部分代表的代表资格报告、市十四届人大常委会关于召开市第十四届人民代表大会第二次会议有关事项及有关的人事事项。根据地方组织法的规定，会议决定接受骆蔚峰辞去韶关市市长职务，报市十四届人民代表大会第二次会议备案。

15日下午，市委书记莫高义在韶州宾馆会议室会见东阳光公司董事长张中能一行，市领导殷焕明、孔云龙、李欣、吴春腾等参加座谈。

15日下午，市委副书记、市政府党组书记殷焕明前往芙蓉隧道、城投商务大厦、城市国有工矿棚户区改造工程、曲江大道、市民文化活动中心、滨江广场、芙蓉新区城市地下综合管廊及同步建设工程等项目所在地调研。市领导曾风保等参加调研。

16日上午，全市党校工作会议在市委会议中心召开。市委书记莫高义出席会议并作讲话。市委副书记、市政府党组书记殷焕明主持会议。省委党校副校长林栋才，市领导王青西、杨小明、孔云龙、柳琛子、华旭初等参加会议。

16日上午，全市推进“两学一做”学习教育常态化制度化工作会议在市委会议中心召开。市委书记莫高义参加会议并讲话。市委常委、秘书长孔云龙主持会议。市领导柳琛子、华旭初参加会议。

16日下午，市委书记莫高义在韶州宾馆会议室会见到韶关调研的省发改委党组书记魏宏广一行。市领导殷焕明、黄劲东、孔云龙、朱余旺参加会见。

17日上午，韶关市十四届人民代表大会第二次会议在市委会议中心召开。大会主席团常务主席杨小明主持会议。经无记名投票，莫高义全票当选市人大常委会主任，殷焕明全票当选市人民政府市长。

17日上午，市十四届人大二次会议举行宪法宣誓仪式。新当选的市人大常委会主任莫高义，市长殷焕明，以及由省第十二届人大常委会第三十二次会议批准任命的市人民检察院检察长曾伊山向宪法宣誓。

17日下午至18日上午，市委书记、市人大常委会主任莫高义到南雄市灵潭村、珠玑镇南雄市电子商务公共服务中心、南雄产业转移工业园及中科院广州化学有限公司南雄基地调研，市领导黄劲东、孔云龙参加调研。

18日下午，市委书记、市人大常委会主任莫高义到翁源县粤台农业合作试验区翁源核心区、德芳兰园、县城碧桂园项目、兰花创新博览中心、龙湖广场及龙仙镇青云村调研。市领导黄劲东、孔云龙参加调研。

19日下午，市委书记、市人大常委会主任莫高义到乳源瑶族自治县新材料产业园、东阳光公司调研。市领导黄劲东、孔云龙参加调研。

21日上午，省第十二次党代会韶关代表团在广州白云国际会议中心四号楼三楼韶关厅召开代表团全体会议。市委书记、市人大常委会主任莫高义主持会议。出席省第十二次党代会的韶关代表团40名代表参加会议。会议推选莫高义为韶关代表团团长，殷焕明为副团长，华旭初为代表团秘书长。

27日下午，市委书记、市人大常委会主任莫高义主持召开市委十二届第二十八次常委会会议，议题：①传达学习省第十二次党代会精神，研究韶关市贯彻落实意见；②传达学习胡春华在省信访局有关报告上的批示精神，研究韶关市信访维稳工作。

31日上午，市委书记、市人大常委会主任莫高义率慰问组到韶关市特殊教育学校、武江区西联小学开展“六一”国际儿童节慰问活动。市领导孔云龙、高冬瑞参加慰问活动。

31日上午，市领导殷焕明、王青西、陈波、杨小明分别率慰问组到浈江区犁市镇中心小学、始兴县逸夫小学、南雄市实验小学、新丰县遥田小学、乐昌市长来中心小学、乳源瑶族自治县鲜明八一希望小学开展“六一”国际儿童节慰问活动。

6月

1日上午，市委书记、市人大常委会主任莫高义到市区调研解放路整治提升、解放路人行天桥、浈江区滨江景观带、市东郊客运枢纽中心站、莲花大道一期、二期等工程项目，在城市提升会展中心会议室召开座谈会，市领导殷焕明、孔云龙、朱余旺等参加调研和座谈。

1日下午，省妇联党组书记冯玲一行到韶关调研妇联工作，市领导王伟阳参加调研。

2日上午，市委书记、市人大常委会主任莫高义在市委常委会会议室主持召开全市旅游工作座谈会，听取市旅游局工作汇报，研究部署全市旅游业发展工作。市领导孔云龙、许志新、李欣等参加会议。

5日上午，韶关华南数谷大数据产业园揭牌仪式、首批入驻单位签约仪式、韶关华南数谷大数据中心项目奠基仪式在市区举行。市委书记、市人大常委会主任莫高义，市委副书记、市长殷焕明，省经信委党组副书记、巡视员邹生，市领导孔云龙、朱余旺、万卓培、周伟源等出席活动。

5日上午，省委村级换届风气专项巡视工作汇报会在韶州宾馆会议室召开。市委常委、组织部长华旭初主持会议。省委巡视组组长张培忠，市领导莫高义、郭健生、孔云龙、高冬瑞参加会议。

5日—8日，2017年广东省脱贫攻坚巡查组到韶关市开展巡查工作，市领导黄劲东、许志新参加巡查活动。

6日上午，省委村级换届风气专项巡视工作反馈会在韶州宾馆会议室召开。省委巡视组成员，市领导莫高义、郭健生、孔云龙、华旭初、高冬瑞参加会议。

6日上午，省委常委、统战部长严植婵到韶关市仁化县周田镇平甫村调研精准扶贫工作。市领导莫高义、黄劲东参加调研。

7日上午，市委副书记、市长殷焕明通过市考试视频指挥中心平台巡视全市高考考点考试情况。市领导高冬瑞等参加高考巡视。

7日上午，市委副书记、市长殷焕明率队到武江区、浈江区开展创文实地督导。

7日至8日，省委常委、宣传部长慎海雄到韶关市调研宣传思想文化工作。市领导莫高义、陈波、柳琛子、刘清生参加调研。

8日上午，2017年韶关市依法行政工作领导小组会议在市政府召开。市委副书记、市长殷焕明出席会议并讲话。副市长李安平主持会议。市依法行政工作领导小组办公室成员单位主要负责人参加会议。

9日上午，2017年韶关市电网建设推进会在南雄市召开。市委副书记、市长焕明出席会议并讲话。

9日，市政协委员到市区视察督导市辖三区创文工作。市领导王青西、周伟源、王德雄等参加视察督导。

14日下午，驻韶部队全面停止有偿服务工作军地协调领导小组会议在市委会议中心四楼大会议室召开。会议传达学习上级关于全面停止有偿服务工作有关精神，部署驻韶部队全面停止有偿服务工作任务。市领导莫高义、殷焕明、孔云龙、李安平及军分区司令员盖长利、政治委员郭伟建等出席会议。

14日下午，市委书记、市人大常委会主任莫高义在韶州宾馆会见省编办主任潘享清一行。市领导殷焕明、孔云龙参加会见。

15日上午，市委书记、市人大常委会主任莫高义主持召开市委十二届第二十九次常委会会议，议题是：①研究召开市委十二届四次全会有关事宜；②审议莫高义在市委十二届四次全会上的讲话提纲；③人事议题。

15日，省委宣传部巡视员、省文明办主任顾作义率省督导组到韶关市督导文明城市创建工作并召开座谈会。市领导莫高义、殷焕明、柳琛子、华旭初、李安平、高冬瑞、刘清生参加座谈会。

16日下午，东莞韶关全面对口帮扶第九次联席会议暨新时期精准扶贫工作会议在荷花园酒店会议室召开。东莞市委书记吕业升、东莞市委副书记、市长梁维东，韶关市委书记、市人大常委会主任莫高义、韶关市委副书记、市长殷焕明出席会议并讲话。东莞市领导白涛、黄庆辉、罗军文，韶关市领导黄劲东、孔云龙、朱余旺、万卓培等参加考察活动和会议。

16日晚上，“善美之城·匠心筑梦”2017韶关市首届“韶关工匠”颁布典礼在韶关剧院举行，10名首届“韶关工匠”及10名提名奖获得者受表彰。市领导柳琛子、华旭初、邓小杰等出席活动。

19日上午，市青年联合会第八届委员会第一次全体会议在市委会议中心召开，选举产生市青联新一届领导班子。团省委副书记、省青联主席张志华，市领导华旭初出席会议并讲话。

19日下午，韶关学院、王非体育俱乐部战略合作框架协议签署仪式暨王非体育俱乐部韶关学院篮球教学训练基地揭幕仪式在韶关学院举行，市领导陈波、陈磊出席仪式。

20日，市委书记、市人大常委会主任莫高义主持召开深入学习贯彻落实习近平总书记对广东工作作出的重要批示精神，市领导牵头调研课题成果交流会。市领导殷焕明、王青西等参加交流会并发言。

20日下午，市委书记、市人大常委会主任莫高义主持召开市委十二届第三十次常委会会议，议题：人事议题。

20日下午，市委书记、市人大常委会主任莫高义主持召开市委十二届第三十一次常委会会议，议题：①审议莫高义在市委十二届四次全会上的讲话提纲；②审议2016年度市机关绩效考核结果、《2017年韶关市机关绩效考核实施方案（送审稿）》及2016年度县（市、区）工作绩效评价结果和《2017年韶关市县（市、区）工作绩效评价实施方案（送审稿）》；③审议《中共韶关市委关于加强和改进保密工作的实施意见（送审稿）》。

20日下午，市委书记、市人大常委会主任莫高义在市委会议中心四楼会议室主持召开全市干部推荐大会。省委组织部干部考察组成员，市四套班子成员，“法检”两长，市委委员、市委候补委员参加会议。

21日上午，韶关市学习贯彻省第十二次党代会精神专题报告会在市委会议中心举行。市委常委、宣传部长柳琛子主持会议。广东省社会科学院副院长、省委宣讲团成员赵细康作《牢记重托，再创新局，走在前列》专题辅导报告。市委常委，市人大常委会、市政府、市政协领导出席会议。

21日，省环保厅厅长鲁修禄一行到韶关调研并召开座谈会。市领导莫高义、殷焕明、孔云龙、朱余旺、许志新分段陪同。

22日，全市农村人居环境综合整治工作现场会在仁化县、始兴县召开。市委副书记、市长殷焕明参加现场会并讲话。市领导黄劲东、许志新等出席现场会。

23日上午，韩国庆尚南道统营市市长金东镇一行到韶关考察旅游产业合作。市领导殷焕明王伟阳参加考察活动。

25日，十八届中纪委委员、中央纪委驻工信部纪检组原组长金书波到韶关考察黄沙坪创新园、丹霞山文化产业。市领导莫高义、孔云龙、万卓培参加调研。

26日至27日，省文化厅厅长方健宏率调研组到韶关市调研。市领导莫高义、柳琛子、高冬瑞、刘清生参加调研。

28日，中国共产党韶关市第十二届委员会第四次全体会议在市区召开。市委书记、市人大常委会主任莫高义代表市委常委会作题为《深入贯彻落实省党代会精神加快发展步伐确保如期全面建成小康社会》讲话，市委副书记、市长殷焕明作会议小结。全会表决通过《中国共产党韶关市第十二届委员会第四次全体会议决议》。

28日下午，市委书记莫高义主持召开市委十二届第三十二次常委会会议，议题：①传达学习《中共广东省委办公厅、广东省人民政府办公厅关于认真贯彻落实习近平总书记重要批示精神加强汛期灾害防范和安全生产工作的通知》精神；②听取市委十二届四次全会分组讨论情况汇报，审定拟提请全会表决通过的全会《决议（草案）》。

29日，市委书记、市人大常委会主任莫高义主持召开市十四届人大常委会第六次会议，议题：①听取和审议市人民政府关于《韶关市2016年市级决算草案的报告》《韶关市2016年市级预算执行及其他财政收支的审计工作报告》《关于基层医疗卫生服务能力建设情况的报告》《关于我市突出主导产业，推进精准扶贫，加快脱贫致富步伐工作情况的报告》；②人事任免事项。

29日上午，广东省安全生产委员会办公室、韶关市人民政府在大宝山矿业有限公司联合举办2017年广东省·韶关市非煤矿山生产安全事故应急演练。省安全监管局副局长邓卫民，市领导朱余旺出席活动。

30日上午，市委书记、市人大常委会主任莫高义率队开展“七一”中国共产党成立党员慰问活动。市领导孔云龙、刘清生等参加慰问活动。

30日上午，韶关市2017年“广东扶贫济困日”暨“慈善一日捐”捐款活动分别在市委、市人大、市政府、市政协开展。市委书记、市人大常委会主任莫高义等市四套班子领导参加慈善捐款活动。当天，市本级接收“广东扶贫济困日”活动捐款19.32万元。

30日上午，市委副书记、市长殷焕明做客省政府门户网站，就韶关市贯彻落实省第十二次党代会精神，全方位纳入全省一体化发展新格局的各项具体举措接受微视频访谈，回答网友关注的热点问题。

30日下午，市领导殷焕明、陈波、郭健生等分别到有关县（市、区）开展“七一”中国共产党成立党员慰问活动。

7月

1日上午，国家发改委城市和小城镇改革发展中心考察组一行到乐昌市考察新型城镇化建设情况，并召开“中国新型城镇化建设（乐昌）城市诊断”座谈会。市委副书记、市长殷焕明等参加调研和座谈会。

4日上午，“蔡志明楼”“蔡加赞楼”捐赠及奠基仪式在韶关学院举行。市领导殷焕明、高冬瑞出席仪式。

4日下午，全市防汛台风工作视频会议在市区召开，会议以视频形式开至各县（市区），市委副书记，市长殷焕明出席会议并讲话，市领导作志新等参加会议。

4日至5日，省委常委、纪委书记施克辉到韶关市调研扶贫领域监督执纪问责情况。市领导莫高义、郭健生等参加调研。

4日至5日，省政协提案委员会主任陈元胜一行到韶关市视察县级综合性医院建设工作情况。市领导王青西、高冬瑞、吴春腾参加视察。

5日下午，2017年“广东扶贫济困日”中省驻韶及市属国有企业座谈会在市委会议中心四楼会议室召开。市委书记、市人大常委会主任莫高义出席会议并讲话。市委常委、统战部长黄劲东主持会议。市领导孔云龙、朱余旺参加会议。

6日上午，韶关军分区党委第一书记任职大会在军分区一楼礼堂举行。省军区副司令员宋海巍宣读《中共广东省军区委员会关于增补莫高义为韶关军分区党委第一书记的决定》并作讲话。市委书记、韶关军分区党委第一书记莫高义发表任职讲话。韶关军分区政委郭伟建主持会议。市领导陈波、李安平，韶关军分区司令员盖长利出席会议。

6日下午，市委书记、市人大常委会主任莫高义主持召开市委十二届第三十三次常委会会议，议题：①传达学习上级有关通报及省领导批示精神（环保问题）；②传达学习省宗教工作协调领导小组第四次全体会议精神，研究韶关市民族宗教工作；③传达学习中央纪委扶贫领域监督执纪问责工作电视电话会议精神，研究韶关市贯彻落实意见；④传达学习全省村（社区）“两委”换届选举工作座谈会精神，研究韶关市贯彻落实意见；⑤研究《市委十二届四次全会重点工作责任分工（讨论稿）》；⑥审议《关于理顺城市建设管理体制机制的有关意见（送审稿）》；⑦听取提请奖惩创文攻坚行动表现优劣有关单位及个人的情况报告；⑧人事议题。

7日上午，市委书记、市人大常委会主任莫高义到韶关学院调研。韶关学院党委书记邹永松、校长廖益，市领导孔云龙、高冬瑞、刘清生等参加调研。

7日下午，城市提升工作推进大会在市区召开。市委副书记、市长殷焕明出席会议并讲话。市领导朱余旺、林岚、李欣、刘清生、王德雄参加会议。

10日至11日，省委副书记、省长马兴瑞，副省长邓海光到韶关市调研乐昌峡水利枢纽。市领导莫高义、殷焕明参加调研。

11日，市委书记、市人大常委会主任莫高义主持召开市委十二届第三十四次常委会会议，议题是：人事议题。

12日，由省文明办主办，市委宣传部、市文明办承办的“善心如炬德耀韶城”——2017广东省道德模范与身边好人现场交流活动在市区举办。省文明办副主任刘海斌，市领导柳琛子、林岚、王德雄等出席活动。

13日下午，第八届韶关市“广东扶贫济困日”活动行业座谈会在市区召开。市委副书记、市长殷焕明参加会议。市领导高冬瑞主持会议。

13日下午，市委副书记、市长殷焕明到曲江区、浈江区检查安全生产工作。

14日下午，市纪委召开专题学习会议，深入学习贯彻省第十二次党代会和市委十二届四次全会精神。市委常委、纪委书记郭健生出席会议并讲话。

19日下午，全市产业园区建设推进工作现场会在南雄市召开。市领导殷焕明、万卓培、陈磊等参加会议。

20日上午，市维护稳定工作会议在市委会议中心召开。市委书记、市人大常委会主任莫高义出席会议并讲话。市委副书记、市长殷焕明主持。市领导陈波、孔云龙、柳琛子等参加会议。

20日下午，全省土地管理工作电视电话会议在广州召开，会议以视频会议形式开至各地级以上市，市领导殷焕明、李欣在市分会场收听收看会议。

24日至25日，省政协副主席林雄率省政协第七考察团到韶关市调研产业共建情况。市领导莫高义、王青西、孔云龙、万卓培、吴春腾、王德雄分段参加调研。

25日，市委书记、市人大常委会主任莫高义主持召开市委十二届第三十五次常委会会议，议题：①人事议题；②讨论部分干部纪律处分问题；③传达省委常委会议决定事项通知精神；④传达全省防范处理邪教系统视频会议精神，研究韶关市贯彻落实意见；⑤传达省高校思想政治工作会议精神，研究韶关市贯彻落实意见；⑥传达省国有企业党的建设工作会议精神，研究韶关市贯彻落实意见；⑦传达省精神文明建设工作会议精神，研究韶关市贯彻落实意见；⑧传达十二届省委第一轮巡视工作动员部署会议精神，研究韶关市贯彻落实意见；⑨研究分析上半年经济情况，部署下一步工作；⑩审议《韶关市领导班子成员和市直部门挂点联系企业工作安排表（送审稿）》及《韶关市领导班子成员和市直部门挂点联系企业工作制度（送审稿）》；⑪审议《韶关市2017年纪律教育学习月活动实施方案（送审稿）》。

26日，广东省唯一一个以纪念红军长征为主题的爱国主义教育基地红军长征粤北纪念馆奠基仪式在仁化县城口镇举行。省委常委、宣传部长慎海雄，广东省军区副政委梁跃嘉，省老区建设促进会会长、中国扶贫基金会副会长陈开枝，省委宣传部巡视员、省文明办主任顾作义，市领导莫高义、殷焕明，韶关军分区司令员盖长利等参加奠基仪式。慎海雄、梁跃嘉、陈开枝、莫高义等为奠基石培土。顾作义、莫高义分别致辞。2017年4月，中央批复同意韶关市仁化县城口镇设立红军长征粤北纪念馆。

26日上午，铜鼓岭红军烈士纪念园落成仪式在仁化举行。慎海雄、梁跃嘉、陈开枝、莫高义等为纪念园落成揭幕，集体瞻仰烈士纪念碑并敬献花篮。

27日上午，省委常委、政法委书记何忠友到某部队开展“八一”中国人民解放军建军慰问活动。市领导莫高义、孔云龙、李安平，韶关军分区司令员盖长利参加活动。

27日下午，省委常委、政法委书记何忠友调研市平安建设工作并听取工作汇报。市领导李安平参加调研并汇报工作。

28日，市委书记、市人大常委会主任莫高义主持召开市委全面深化改革领导小组第九次会议。市委副书记、市长殷焕明参加会议。

28日下午，市委书记、市人大常委会主任莫高义率韶关慰问团到省军区开展“八一”中国人民解放军建军慰问活动。韶关慰问团与部队官兵举行座谈会。省军区领导出席座谈会。市领导王青西、孔云龙、梁韶灵，韶关军分区副司令员吴楚峰等参加慰问活动。

30日晚，“2017年韶关市庆祝建军90周年军民联欢晚会”在市区中山公园举行。市领导柳琛子、陈曦、高冬瑞、张文铭，韶关军分区政委郭伟建等观看晚会。

8月

2日上午，省委、省政府召开广东省贫困村创建社会主义新农村示范村工作会议，会议以视频会议形式开至各地级以上市。市领导莫高义、殷焕明、黄劲东在省主会场参加会议。市领导王青西、杨小明、郭健生、柳琛子、刘清生在市分会场收听收看会议。

3日下午，市委书记、市人大常委会主任莫高义主持召开市委十二届第三十六次常委会会议，议题：①传达省委常委会议决定事项通知精神；传达省贫困村创建社会主义新农村示范村工作会议精神，研究韶关市贯彻落实意见；②传达省宣传思想文化系统专题会议精神，研究韶关市贯彻落实意见；③审议《韶关市领导班子成员和市直部门挂点联系企业工作安排表（送审稿）》及《韶关市领导班子成员和市直部门挂点联系企业工作制度（送审稿）》；④听取丹霞机场、韶新高速、芙蓉新城建设等重点项目进展情况汇报；⑤通报市政协党组落实省纪委常委会有关决议事项的情况；⑥人事议题。

4日上午，市委书记、市人大常委会主任莫高义到市政协调研，主持召开市政协班子及机关干部座谈交流会，听取市政协对市委、市政府工作意见和建议。市政协王青西、刘大济、张文铭等参加座谈会。市领导孔云龙参加调研。

4日下午，全市精神文明建设工作会议在市委会议中心四楼大会议室召开。市领导王青西、陈波、杨小明等参加会议。

7日上午，市贫困村创建社会主义新农村示范村工作会议在市委会议中心四楼大会议召开。市委书记、市人大常委会主任莫高义出席会议并讲话。市四套班子有关领导参加会议。

8日上午，市人民政府与广东省农业信贷担保有限责任公司共建农业信贷担保体系合作框架协议暨担保项目服务合同签约仪式在市区举行。市委书记、市人大常委会主任莫高义，省财政厅副巡视员崔亚宗，省农业厅总农艺师陆国煌，市领导孔云龙、许志新等出席签约仪式。

8日，省国土资源厅厅长陈光荣到韶关南雄市、始兴县调研耕地提质改造试点项目和高标准基本农田建设项目。市领导李欣参加调研。

9日上午，市纪委、市检察院联合在翁源县召开村“两委”干部违纪违法案例剖析现场会。市委常委、纪委书记郭健生，市检察院检察长曾伊山出席会议并讲话。

10日上午，市委书记、市人大常委会主任莫高义主持召开市委十二届第三十七次常委会会议，议题：①传达全省县乡人大工作和建设座谈会精神，研究韶关市贯彻落实意见；②审议《韶关市278个省定贫困村创建社会主义新农村示范村实施方案（送审稿）》；③听取城市提升项目进展情况汇报；④研究安全生产及消防安全工作；⑤审议《韶关市“百名年轻干部成长计划”实施方案（送审稿）》；⑥审议《韶关市村级班子后备人选“青苗培养工程”实施方案（送审稿）》；⑦人事议题。

11日上午，市委常委，宣传部长柳琛子率队到浈江区开展创文督导检查。

12日上午，由市委宣传部、市文明办、市文广新局、市文联共同主办的“韶韵善美风·悦读嘉年华——在阅读中走向未来”南国书香节韶关分会场活动在鑫金汇财富中心举行活动开幕式。市领导柳琛子、高冬瑞出席开幕式。

14日下午，市委书记、市人大常委会主任莫高义到南国书香节市分会场检查指导工作。市领导柳琛子等参加检查。

15日上午，市委书记、市人大常委会主任莫高义到曲江区九龄小学、曲江区中心市场开展创文工作检查。市领导孔云龙、柳琛子等参加检查。

15日上午，全市拆违控违暨市容市貌提升工作动员会在市政府召开。市委副书记、市长殷焕明参加会议并讲话。市领导李欣、周伟源等参加会议。

16日上午，市委副书记、市长殷焕明到华南农产品交易中心、北江航道韶关段扩能升级工程、曲江大道、市妇幼保健计划生育服务中心和粤商高科特种材料创新园等项目现场调研。

16日下午，全市重点项目建设工作推进会在市政府召开。市委副书记、市长殷焕明参加会议并讲话。市委常委、常务副市长朱余旺部署下一阶段重点项目建设工作。市领导邓小杰、陈磊、高冬瑞等参加会议。

18日，市委书记、市人大常委会主任莫高义到挂点联系企业现场调研并主持召开挂点联系企业座谈会。市领导孔云龙等参加调研。

18日上午，全市村（社区）“两委”换届选举工作总结会在市委会议中心举行。市委常委、组织部长华旭初参加会议并讲话。

18日上午，市第十届“百万帮扶暖千家”暨“金秋助学”活动启动仪式在市区举办。市领导邓小杰、高冬瑞出席启动仪式，并为受助学生颁发助学金。

22日下午，全市改革试点工作推进会在市委会议中心召开。市领导孔云龙、周伟源等参加会议。

23日下午，市委书记、市人大常委会主任莫高义主持召开市委加快旅游业发展专题协商会议，听取市政协关于加快韶关旅游业发展专题调研报告。市委副书记、市长殷焕明，市政协主席王青西等市四套班子领导参加会议。

24日上午，市委书记莫高义主持召开市委十二届第三十八次常委会会议，议题：①传达省粤东西北地区振兴发展暨产业共建工作现场会精神；②传达全省全民禁毒工程动员部署大会精神，研究韶关市贯彻落实意见；③研究韶关市扶贫领域相关问题整改工作；④研究曲江大道项目建设相关问题；⑤听取教育现代化工作情况汇报；⑥审议《丹霞山风景名胜区保护条例（草案修改二稿）》；⑦审议《中共韶关市委关于加强党内法规制度建设的实施意见（送审稿）》；⑧人事议题。

24日下午，华南先进装备产业园入园企业资金扶持战略合作签约仪式在市区举行。市委常委、副市长、东莞韶关对口帮扶指挥部总指挥万卓培参加签约仪式。

28日至29日，省政协主席王荣率调研组到南雄市珠玑镇灵潭黄屋村、里仁田心村，仁化县瑶塘新村、石塘村、安岗山背村调研。省政协秘书长吴伟鹏和部分省政协委员参加调研，市领导莫高义、王青西、黄劲东、吴春腾等参加调研。

28日至30日，第三届珠江西岸先进装备制造业投资贸易洽谈会（以下简称“珠洽会”）在佛山市广东（潭州）国际会展中心举办。28日上午举行“珠洽会”开幕式，韶关作为“八市一区”代表之一参展。省委书记胡春华、省长马兴瑞，市领导莫高义、殷焕明参加开幕式并到韶关展区参观。市领导万卓培、周伟源参加活动。

29日，市委书记莫高义主持召开市委十二届第三十九次常委会会议，议题：人事议题。

29日，市十四届人大常委会第七次会议在市区召开，议题：①审议并表决批准市人民政府《关于加大农村人居环境综合整治力度建设美丽乡村议案的实施方案》；②听取和审议市人民政府关于韶关市2017年上半年国民经济和社会发展计划执行情况的报告；③听取和审议市人民政府关于韶关市2017年上半年预算执行情况的报告；④听取和审议市中级人民法院关于解决执行难问题工作情况的报告；⑤听取和审议市人大常委会执法检查组关于检查《中华人民共和国禁毒法》《广东省禁毒条例》贯彻实施情况的报告；⑥表决通过有关人事任免事项。

29日上午，市委理论学习中心组学习（扩大）会议暨第四期韶关学习论坛在市委会议中心5楼举办。市委常委、宣传部长柳琛子主持会议。省社会科学院产业经济研究所所长、研究员向晓梅作《供给侧结构性改革与广东发展》辅导报告。市委常委，市人大常委会、市政府、市政协领导出席会议。

9月

1日，韶关市旅游发展委员会第一次全体会议在市区召开。市委副书记、市长、市旅游发展委员会主任殷焕明主持会议并讲话。市领导王青西、柳琛子、李欣等参加会议。

5日下午，市委书记、市人大常委会主任莫高义到曲江区松山职业技术学院、南华寺调研。市领导孔云龙、高冬瑞等参加调研。

5日下午，市委常委、政法委书记、市公安局局长李安平率领检查组到武江区督导创文巩卫工作。

6日上午，全市系统推进商事制度改革工作会议在市政府召开，市委副书记、市长殷焕明出席会议并讲话。市领导王伟阳参加会议。

6日下午，市委常委、纪委书记郭健生率队到浈江区东堤南路、熏风路等创文巩卫责任路段督导检查。市领导刘清生参加督导检查。

7日下午，市委书记、市人大常委会主任莫高义主持召开市委十二届第四十次常委会会议，议题是：①传达学习《中共中央办公厅关于印发〈党委（党组）网络安全工作责任制实施办法〉的通知》精神；②传达习近平、李克强在全国金融工作会议上的讲话精神和全省金融工作会议精神，研究韶关市贯彻落实意见；③传达珠江西岸先进装备制造产业带建设暨全省工业技术改造投资工作会议精神，研究韶关市贯彻落实意见；④听取市委十二届四次全会部分重点工作进展情况汇报，一是加快重点产业园区建设工作，二是全面优化营商环境工作；⑤审议《韶关市产业园区工作绩效考核办法（试行）（送审稿）》；⑥听取全市环境保护工作及落实中央环保督察整改工作情况汇报；⑦听取全市钢铁去产能工作情况汇报。

8日上午，韶关市庆祝2017年教师节座谈会在市委会议中心四楼大会议室举行，市委书记、市人大常委会主任莫高义参加座谈会并讲话。市委副书记、市长殷焕明主持会议，市领导王青西、杨小明、孔云龙、高冬瑞等参加座谈会。

10日—11日，中共中央政治局委员、广东省委书记胡春华到仁化县瑶塘新村、南雄市乌迳镇新田村、乌迳镇中心卫生院调研。市委书记、市人大常委会主任莫高义，市委副书记、市长殷焕明等参加调研。

12日下午，市委书记、市人大常委会主任莫高义主持召开市委十二届第四十一次常委会会议，议题是：传达中共中央政治局委员、省委书记胡春华在韶关调研指示精神。

13日上午，市委书记、市人大常委会莫高义主持召开市委十二届第四十二次常委会会议，议题：人事议题。

14至15日上午，市委书记、市人大常委会主任莫高义到翁源县调研。

18日，市委书记、市人大常委会主任莫高义带队到广东省建设银行及国家开发银行拜访。市领导朱余旺等参加拜访。

19日，珠三角改革发展工作现场会在惠州市召开。省委、省政府主要领导出席会议并讲话。市委书记、市人大常委会主任莫高义参加会议。

21日下午，市委书记、市人大常委会主任莫高义主持召开市委十二届第四十三次常委会会议，议题：①人事议题；②传达学习珠三角改革发展工作现场会精神，研究韶关市贯彻落实意见；③传达学习全省城市基层党建工作经验座谈会精神，研究韶关市贯彻落实意见；④传达学习全省信访工作会议精神，研究韶关市信访维稳工作；⑤传达学习全省加快解决执行难工作推进会精神，研究韶关市贯彻落实意见；⑥传达学习《中国共产党巡视工作条例》精神，研究韶关市贯彻落实意见；⑦传达学习《广东省党政主要负责人履行推进法治建设第一责任人职责实施细则》精神，研究韶关市贯彻落实意见。

25日上午，2017年全市领导干部党纪政纪法纪教育培训班在市委会议中心举行。市委书记、市人大常委会主任莫高义出席会议并作辅导报告。市委常委、纪委书记郭健生通报韶关市党风廉政建设和反腐败工作情况。市委常委、秘书长孔云龙主持会议。市政协主席王青西等市四套班子领导，市中院、市检察院主要负责人等参加培训班，并集中观看警示教育电教片。

30日上午，韶关市2017年“9·30”烈士公祭活动暨向烈士纪念碑敬献花篮仪式在市烈士陵园举行。市委书记、市人大常委会主任莫高义、市委副书记、市长殷焕明、市政协主席王青西等市四套班子领导参加活动。仪式结束后，市领导郭伟建、高冬瑞分别率领慰问组前往浈江区、武江区慰问烈属。

30日上午，市十四届人大常委会召开第八次会议。会议决定免去李安平韶关市公安局局长职务，决定任命刘清生为韶关市副市长、市公安局局长。市委书记、市人大常委会主任莫高义，市领导杨小明、张平、邓小杰、林岚、梁韶灵、陈曦参加会议。市委副书记、市长殷焕明等列席会议。

30日下午，市委书记、市人大常委会主任莫高义主持召开市委十二届第四十四次常委会会议，议题是：①传达中央有关文件精神；②传达学习省新一届代表委员推荐提名工作座谈会精神；③研究韶关市省定贫困村创建基层党组织建设示范村工作；④人事议题。

10月

2日至3日，省委副书记、广州市委书记任学锋、省委常委、秘书长江凌到乳源县南岭国家森林公园、黄沙坪创新园、韶阳楼、省委旧址、韶关海关广场、南雄市梅关古驿道、珠玑镇灵潭村、珠玑古巷、仁化县丹霞山、丹霞街道黄屋村瑶塘新村调研。市委书记、市人大常委会主任莫高义等参加调研。

10日上午，市委网络安全和信息化领导小组会议在市委常委会会议室召开。市委书记、市人大常委会主任莫高义出席会议并作讲话。市委副书记、市长殷焕明主持会议。市委常委、宣传部长柳琛子传达省委网络安全和信息化领导小组第四次会议精神。

11日上午，市委书记、市人大常委会主任莫高义主持召开市委全面深化改革领导小组第十次会议。会议审议并原则通过《韶关市总工会改革实施方案》《韶关市科协系统深化改革实施方案》《韶关市关于综合解决家事纠纷的工作意见》等改革方案。市委全面深化改革领导小组成员出席会议，相关单位负责人列席会议。

11日上午，中国警察协会副主席、中国法学会常务理事、省法学会会长梁伟发率领调研组到韶关调研法治建设相关工作。市委常委、政法委书记李安平，市政协副主席周伟源，韶关学院党委书记孔云龙等参加调研。调研组还前往韶钢调研相关工作。

11日下午，“百名法学家百场报告会”韶关市委理论学习中心组专场暨南粤法治报告会第三十九讲在韶关市委会议中心举行。省法学会会长梁伟发主持会议。广东外语外贸大学教授陈小君作题为“《中华人民共和国民法总则》的制度特色和时代精神”的专题报告。市委书记、市人大常委会主任莫高义参加会议并作学习总结讲话。市委副书记、市长殷焕明，市政协主席王青西等市四套班子领导参加会议，会议以视频会议形式开至各县（市、区）。

12日上午，省人大常委会副主任徐少华到浈江区调研市、县、乡人大工作和建设情况，并举行调研座谈会。市委书记、市人大常委会主任莫高义，市领导杨小明等参加调研座谈会。

12日下午，市委书记、市人大常委会主任莫高义主持召开市委十二届第四十五次常委会会议，议题：①传达学习省委常委会议决定事项通知精神（〔2017〕110号、

〔2017〕139号）；②审议《关于落实省委主要领导在韶调研指示交办事项工作方案（送审稿）》③传达学习省委领导到韶关调研指示精神；④研究粤北生态特别保护区筹建工作；⑤传达学习省企业职工基本养老保险省级统筹工作领导小组第一次会议精神，研究韶关市贯彻落实意见；⑥审议《中共韶关市委、韶关市人民政府关于加强农村留守儿童关爱保护工作的实施意见（送审稿）》；⑦听取全市计划生育工作情况汇报，审议2016年度韶关市人口与计划生育目标管理责任制考核结果；⑧听取市委十二届四次全会确定的提升发展旅游文化产业重点工作进展情况汇报；⑨人事议题。

16日晚，市政府与广州亿航智能技术有限公司（简称亿航智能公司）在市区中山公园联合举办战略合作签约仪式暨发布会。市委副书记、市长殷焕明，市委常委、副市长万卓培出席发布会，现场签署战略合作备忘录。

20日，市政协组织召开促进装备制造业发展专题议政会。市委副书记、市长殷焕明，市委常委、副市长万卓培及市政府相关部门负责人应邀出席会议。市政协主席王青西主持会议。市政协副主席兰茵、刘大济、周伟源、吴春腾、王德雄等参加会议。

26日下午，市委书记、市人大常委会主任莫高义主持召开市委十二届第四十六次常委会会议，议题：①传达学习中共十九大精神；②传达学习《中共广东省委关于认真学习宣传贯彻党的十九大精神的通知》《中共广东省委办公厅关于印发〈学习宣传贯彻党的十九大精神总体工作方案〉的通知》精神；③研究韶关市学习宣传和贯彻落实中共十九大精神的意见；④审议《中共韶关市委关于认真学习宣传贯彻党的十九大精神的通知》《中共韶关市委办公室关于印发〈学习宣传贯彻党的十九大精神工作方案〉的通知》。

27日，市委常委统战部长黄劲东，主持召开全市脱贫攻坚暨新农村建设工作会议。

28日上午，省委召开全省传达贯彻中共十九大精神大会。省委副书记、省长马兴瑞主持会议。大会以电视电话会议形式开至各地级以上市、各县（市、区）。市委书记、市人大常委会主任莫高义，市委副书记、市长殷焕明，市政协主席王青西等市四套班子领导成员，市中院院长，市检察院检察长，副厅级干部，在韶副厅级以上老干部等在韶关分会场参加会议。

28日上午，市委召开全市传达贯彻中共十九大精神大会。市委书记、市人大常委会主任莫高义作讲话。市委副书记、市长殷焕明主持会议。市政协主席王青西等市四套班子领导成员参加会议。

29日，中共中央政治局原委员、北京市委原书记刘淇到韶关调研考察丹霞山、南华寺旅游建设工作，市委书记、市人大常委会主任莫高义等参加调研考察。

31日上午，市委书记、市人大常委会主任莫高义到乳源瑶族自治县调研粤北生态特别保护区规划建设工作。市领导黄劲东、许志新及市发改局、市林业局、乳源瑶族自治县主要负责人等参加调研。

31日下午，市委书记、市人大常委会主任莫高义到挂点联系企业东阳光公司调研，市经信局、乳源瑶族自治县主要负责人等参加调研。

11 月

1日上午，市政府召开全市"一门式一网式"政务服务工作推进会。市委副书记、市长殷焕明等参加会议。

2日下午，市委书记、市人大常委会主任莫高义主持召开市委十二届第四十七次常委会会议，议题：①传达学习省有关会议精神；②传达学习李希在省委政法委有关报告上的批示精神；③传达学习省委常委会议决定事项通知精神；④听取医药卫生体制改革工作情况汇报；⑤听取第三季度经济运行情况汇报，研究下一阶段经济工作；⑥审议《关于"构建大招商工作格局"措施方案（送审稿）》；⑦听取关于落实全面从严治党主体责任工作情况汇报；⑧听取关于加强党风廉政建设和反腐败工作情况汇报；⑨研究干部纪律处分问题；⑩人事议题。

3日上午，市委书记、市人大常委会主任莫高义到韶州公园调研。许俊杰及省规划院副总工程师、景观所所长杜玲陪等参加调研。

4日上午，中央宣讲团中共十九大精神宣讲报告会在广州举行。中央宣讲团成员、中央纪委驻国务院国资委纪检组组长江金权作宣讲报告。中共中央政治局委员、广东省委书记李希主持报告会并讲话。大会以视频会议形式开至各地级以上市。市委书记、市人大常委会主任莫高义，市委副书记、市长殷焕明在省委主会场参加报告会，市政协主席王青西等市四套班子领导成员在市分会场收看收听会议。

5日晚，庆祝韶关海外联谊会成立30周年大会暨第八届理事会就职典礼在香港举行。大会通过《韶关海外联谊会章程（修改稿）》和第八届理事会成员名单。中央政府驻港联络办新界工作部部长刘林，省委统战部副部长李焕春及市领导王青西、陈波、黄劲东分别向新当选的名誉会长、荣誉会长、正副会长、常务理事及理事们颁发任职牌匾。市委常委、统战部长黄劲东作为新任会长进行致辞。市委副书记陈波对进一步做好韶关海外联谊会相关工作提出要求。

6日至9日，广州市副市长级以上老领导高祀仁一行约130人到韶关参加学习贯彻十九大精神读书班，期间参观考察粤北省委旧址、北伐战争纪念馆、丹霞山、韶关市现代农业示范基地。市领导莫高义、殷焕明、王青西、杨小明、华旭初、朱余旺、张平、吴春腾分段陪同。

7日上午，全国小微企业金融服务电视电话会议召开。市委常委、常务副市长朱余旺在韶关分会场收听收看会议。

8日上午，省文明委召开广东省精神文明建设工作表彰电视电话会议。市领导柳琛子、邓小杰及市政府副厅级干部王伟阳在市分会场收听收看会议。

9日上午，市委召开2017年韶关市民主党派、工商联负责人和无党派人士代表座谈会。市委书记、市人大常委会主任莫高义出席会议并作讲话。市委常委、统战部部长黄劲东主持会议。市领导华旭初、朱余旺及市人大常委会副主任、民建市委会主委陈曦，市政协副主席、民进市委会主委刘大济，市政协副主席、九三学社市委会主委兰茵，各民主党派、工商联负责人和无党派人士代表等参加会议。

9日上午，全市推进招商引资暨产业项目开工建设督导工作现场会在乐昌举行。市领导殷焕明、万卓培、陈磊参加会议。

9日晚，由广东粤剧院排演的现代粤剧《还金记》重走长征路韶关巡演在韶关剧院上演。市委书记、市人大常委会主任莫高义，市领导王青西、柳琛子、梁韶灵及副厅级干部王伟阳观看演出。

10日上午，市委书记、市人大常委会主任莫高义率领市委常委班子成员到浈江区五里亭良村，集体瞻仰中共粤北省委旧址，重温入党誓词，在中共粤北省委旧址主持召开市委十二届第四十八次常委会会议，议题是：①传达学习习近平总书记在瞻仰上海中共一大会址和浙江嘉兴南湖红船时的重要讲话精神；②传达学习李希在集体瞻仰中共三大会址纪念馆后召开省委常委会会议上的讲话精神；③传达学习李希在全省市厅级主要领导干部学习贯彻中共十九大精神专题研讨班上的动员讲话精神；④传达学习李希在省委常委会（扩大）会议学习贯彻中共十九大精神的讲话精神。

13日，省委常委、纪委书记施克辉到韶关市调研督导学习贯彻中共十九大精神情况。施克辉上午到武江区惠民街道沙湖社区调研基层学习宣传贯彻中共十九大精神情况，市领导莫高义、郭健生参加调研，下午出席韶关市委常委会（扩大）会议，听取韶关市学习贯彻中共十九大精神工作情况汇报。

13日下午，市委书记、市人大常委会主任莫高义主持召开市委十二届第四十九次常委会（扩大）会议，议题：①听取韶关市学习宣传贯彻中共十九大精神工作情况汇报；②省委常委、纪委书记施克辉就学习宣传贯彻中共十九大精神作专题辅导报告。

13日，副省长邓海光率省府办公厅，省林业、旅游等部门负责人到南华寺、丹霞山、仁化县灵溪河调研督导旅游发展及林业建设工作并现场办公。市领导殷焕明、李欣参加调研。

15日，由韶关市政府主办，深圳市贸促会、企业联合会、众投邦股份有限公司承办的2017“湾区创新韶关加速”高峰会在深圳市举行。市领导殷焕明、万卓培、陈磊等出席高峰会。

16日，市委举办为期两天的全市领导干部学习贯彻中共十九大精神专题研讨班，开班动员会以视频会议形式开至各县（市、区）。市委书记、市人大常委会主任莫高义作动员讲话。市委副书记、市长殷焕明主持会议。市委理论学习中心组成员及其他副厅级以上领导参加会议。

16日，省委宣讲团中共十九大精神报告会在韶关市委会议中心举行，宣讲报告会以视频会议形式开至各县（市、区）。省委宣讲团成员、省社科院副院长赵细康作中共十九大精神宣讲报告。市委书记、市人大常委会主任莫高义主持会议。市委理论学习中心组成员及其他副厅级以上领导参加会议。

16日至17日，副省长袁宝成率省政府办公厅、省经信委、交通厅等部门负责人到韶关调研高速公路建设、产业发展和农村超高速无线局域网应用试点工作。市领导殷焕明、万卓培、李欣等分段参加调研。

17日，市委副书记陈波主持召开市委十二届第五十次常委会（扩大）会议，议题是：传达学习中央有关文件精神。

17日，为期两天的全市领导干部学习贯彻中共十九大精神专题研讨班结束。市委常委、组织部长华旭初作总结讲话。市委理论学习中心组成员及其它副厅级领导人等参加专题研讨班培训。

18日上午，乳源瑶族自治县举办第十一届乳源瑶族“十月朝”文化旅游节暨第三届粤北（乳源）农特产品博览会开幕典礼。省民宗委党组副书记、巡视员李秀英及市领导华旭初、李欣、吴春腾参加活动。

20日，市委书记、市人大常委会主任莫高义到新丰县调研新农村建设和全省乡镇人大示范点工作情况。市委副书记、新丰县委书记陈波参加调研。

21日，全市文明城市功能提升研究推进会在市委会议中心召开。市委常委、宣传部长、市文明委专职副主任柳琛子参加会议。

22日，省政府召开2016年度审计整改工作电视电话会议，通报2016年度审计查出问题及督改情况，研究部署下一阶段审计整改工作。市委副书记、市长殷焕明在分会场参加会议。

24日，市委书记、市人大常委会主任莫高义到乐昌市调研督导学习贯彻中共十九大精神工作。莫高义上午到乐昌市九峰镇茶料村调研督导基层学习宣传贯彻中共十九大精神和发展特色产业情况，下午参加乐昌市委常委（扩大）会议，听取乐昌市学习宣传贯彻落实中共十九大精神情况汇报，就学习贯彻中共十九大精神作专题辅导报告。

28日下午，省委书记李希到新丰县视察基层党建、社区治理、精准扶贫等工作，就学习宣传贯彻中共十九大精神进行指导。省领导江凌，市领导莫高义、殷焕明、陈波参加视察。

29日，市委副书记、市长殷焕明到南雄市督导学习贯彻中共十九大精神，调研督导南雄市雄州街道黎口村基层党建工作情况，随后参加南雄市委常委会（扩大）会议。

30日上午，2017年韶关市产业项目集中动工暨华南先进装备园基础设施建设奠基仪式在华南先进装备园主会场举行，在莞韶产业园和10个县（市、区）产业园设立分会场同步举行项目开工仪式。共有72个产业项目和华南装备园6项基础设施建设项目在当日集中动工。市委书记、市人大常委会主任莫高义参加开工仪式。市委副书记、市长殷焕明，东莞市委常委、副市长张冠梓分别致辞。市委常委、副市长、东莞韶关对口帮扶指挥部总指挥万卓培主持仪式。仪式前，韶关、东莞两市领导会见集中奠基动工企业代表。市领导王青西、杨小明、陈磊参加主会场活动。

30日下午，市委书记、市人大常委会主任莫高义主持召开市委十二届第五十一次常委会会议，议题：①传达学习省委十二届二次全会精神，研究召开市委十二届五次全会有关事宜；②传达学习省委主要领导在韶关调研指示精神；③传达学习《中共广东省委关于认真学习宣传贯彻〈习近平谈治国理政〉第二卷的通知》精神；④讨论召开市十四届人大三次会议有关事宜；⑤听取建设法治环境工作情况汇报；⑥听取全市社会组织工作情况汇报；⑦听取全市食品安全工作情况汇报；⑧听取全市政法工作情况汇报（含政法队伍建设、综治创平工作）；⑨人事议题。

12月

1日上午，韶关市卫生与健康大会在市委会议中心举行。市委书记、市人大常委会主任莫高义出席会议并讲话。市委副书记、市长殷焕明对全市卫生与健康工作作具体部署。副市长高冬瑞、副厅级干部王伟阳，市委有关部门、市直有关单位、市有关人民团体、中央和省驻韶有关单位主要负责人以及各县（市、区）有关人员参加会议。

3日，市委书记、市人大常委会主任莫高义主持召开市委十二届第五十二次常委会会议，议题：①传达学习全国推开监察体制改革试点工作动员部署电视电话会议和省有关会议精神，研究韶关市贯彻落实意见，审议《韶关市深化国家监察体制改革试点工作实施方案（送审稿）》；②审议《莫高义同志在市委十二届五次全会第一次全体会议上的讲话（稿）》《中共韶关市委关于坚持以习近平新时代中国特色社会主义思想为指引加快韶关改革发展的决定（讨论稿）》等有关文稿。

3日晚，韶关市深化监察体制改革试点工作小组第一次会议在市区召开。市委书记、市人大常委会主任、市深化监察体制改革试点工作小组组长莫高义主持会议并讲话。市委常委、市纪委书记郭健生、市深化监察体制改革试点工作小组成员参加会议。

4日，市委书记、市人大常委会主任莫高义主持召开市委十二届第五十三次常委会会议，议题：①听取全会分组会议讨论情况及对《决定（稿）》、全会《决议（草案）》修改建议的汇总意见，审定拟提请全会表决的《决定（稿）》和全会《决议（草案）》。

4日下午，中国共产党韶关市第十二届委员会第五次全体会议在市区召开。全会深入学习宣传贯彻中共十九大精神和省委十二届二次全会精神，以习近平新时代中国特色社会主义思想为指引，按照习近平总书记对广东工作的重要指示批示精神，分析韶关在新时代面临的形势和任务，谋划未来发展，动员全市党员干部群众更加紧密地团结在以习近平同志为核心的党中央周围，推进改革发展步伐，确保如期全面建成小康社会、开启全面建设社会主义现代化新征程。市委常委会主持会议。市委委员、市委候补委员出席。不是十二届市委委员、候补委员的市领导，副厅级干部，市委、市人大常委会、市政府、市政协正副秘书长，有关县（市、区）政府主要负责人，市纪委副书记、市纪委常委，市委政法委专职副书记，市委各部门、市人大常委会各工作委员会、市直各单位、市政协各专门委员会、市各人民团体、中央和省驻韶有关单位党员主要负责人，市各民主党派主委和专职副主委，市属有关企业党员主要负责人，部分基层党代表列席会议。

4日上午，市委常委、宣传部部长柳琛子到仁化县调研督导学习贯彻中共十九大精神工作，并出席仁化县委常委会（扩大）会议。

5日上午，市委书记、市人大常委会主任莫高义到市委宣传部调研市直宣传文化系统工作并召开座谈会。市委常委、宣传部长柳琛子，市直宣传文化系统有关负责人参加会议。

5日上午，以“合作共赢，助推韶关城市提升”为主题的韶关市城市提升第一批政府与社会资本合作模式（PPP）项目推介会在市区召开，第一批城市提升PPP项目总投资约124亿元，共20个子工程。市委副书记、市长殷焕明出席推介会，市委常委、常务副市长朱余旺主持会议。市政府秘书长朱裕华、市直有关部门负责人以及国家开发银行广东分行、太平洋建设粤商集团、新疆兵团建工集团、中国中铁等全国各地企业嘉宾共数百人参加推介会。

6日至7日，省委常委、宣传部长慎海雄到韶关市调研宣传思想文化工作，考察广东省红色旅游示范基地梅关古道、红军长征粤北纪念馆、珠玑古巷、韶关市广播电视台融创园陈星工作室韶关工作站。市领导莫高义、柳琛子参加调研。

7日下午，市人才工作领导小组在市委常委会会议室召开专题会议，听取“双百”人才工程实施情况汇报，审议人才工作有关政策文件，调整市人才工作领导小组成员及成员单位，研究部署下一阶段人才工作。市委书记、市人才工作领导小组组长莫高义主持会议并讲话。市委副书记、市长、市人才工作领导小组第一副组长殷焕明，市委常委、组织部长、市人才工作领导小组常务副组长华旭初，市人才工作领导小组成员单位主要负责人，市委组织部、市人社局、市科技局等相关部门负责人参加会议。

11日至12日，广东省食品药品监督管理局副局长王玲率省考核组到韶关市开展食品安全工作考评。11日下午举行考评汇报会。市委副书记、市长殷焕明，副市长陈磊出席汇报会。

11日下午，市侨联十一届三次全委（扩大）会议在市政府召开。市委常委、统战部长黄劲东出席会议并讲话。会议增补李子生为韶关市侨联第十一届委员会委员、常委，聘请李志刚、胡婕慧为韶关市侨联第十一届委员会名誉委员。

11日下午，市委常委、政法委书记李安平到武江区调研督导学习贯彻中共十九大精神工作，并出席武江区委常委会（扩大）会议。

13日上午，市委书记、市人大常委会主任莫高义主持召开市委十二届第五十四次常委会会议，议题：①刘清生传达省委书记李希在《汕尾要情专报》上的批示及全省消防安全工作紧急视频会议精神；②殷焕明分析全市安全生产和消防安全工作形势，部署相关工作；③莫高义讲话。

13日上午，市委书记、市人大常委会主任莫高义主持召开市委十二届第五十五次常委会会议，议题：①传达学习《中共中央办公厅印发习近平总书记关于进一步纠正“四风”加强作风建设重要批示的通知》及省委主要领导批示精神；②传达学习省委常委会会议决定事项通知精神；③听取广东省省定贫困村党建工作现场会筹备工作情况汇报；④研究召开市十四届人大四次会议、市政协十二届二次会议有关事宜；⑤研究市领导开展“深调研”工作方案；⑥审议《中共韶关市委关于加强党领导立法工作的实施意见（送审稿）》，研究市委法律顾问配备工作；⑦研究调整韶关市城市提升工作领导小组有关事宜；⑧审议《中共韶关市委、韶关市人民政府关于推进安全生产领域改革发展的实施意见（送审稿）》；⑨人事议题。

13日下午，韶关市脱贫攻坚和新农村建设冲刺工作座谈会在始兴县举行。市委常委、统战部长黄劲东、副市长许志新，以及市直有关单位负责人参加会议。

14日上午，韶关在广州举办“广韶合作、产业共建”韶关（广州）招商推介会。市委副书记、市长殷焕明，广州市副市长黎明在推介会上致辞。市领导万卓培、陈磊以及广州、深圳、佛山、韶关制造业、医药业、文化旅游业等行业的企业家代表近600人参加招商推介会。市商务局局长李宏主持推介会。

15日，市委副书记、市长殷焕明在市中级人民法院出庭应诉一起林业行政裁决案件，代表韶关市人民政府就原告提出的相关主张作答辩。

18日下午，韶关市第十四届人民代表大会第三次会议在市委会议中心开幕，来自全市各界316名市人大代表履行宪法和法律赋予的神圣职责，选举产生韶关市出席省第十三届人民代表大会代表。市委书记、市人大常委会主任莫高义作讲话。大会主席团常务主席杨小明主持开幕大会。省换届风气督导组列席大会。

18日，省农业厅副厅长黄斌民率领省安全生产责任制考核组到韶关检查韶关市党政班子2017年度安全生产工作情况。市委副书记、市长殷焕明代表韶关市委、市政府向省考核组汇报全市2017年安全生产责任制落实情况。市委常委、常务副市长朱余旺、副市长李欣，市安监局、农业局等市直单位负责人出席汇报会。

19日上午，市委书记、市人大常委会主任莫高义到老城区调研城市提升项目。副厅级干部许俊杰，市委秘书长颜玉明，浈江区委、市规划局主要负责人等参加调研。

20日上午，市委举行法律顾问聘任仪式，选聘暨南大学法学院教授刘文静，韶关学院法学院副院长、教授陈军，广东天行健律师事务所主任、律师王少敬，广东韶大律师事务所合伙人、律师罗运标以及广东金韶律师事务所主任、律师吴静江5人为市委法律顾问。市委副书记陈波参加聘任法律顾问座谈会，为5名法律顾问颁发聘书。

20日上午，市委书记、市人大常委会主任莫高义到市委党校调研并召开调研座谈会。市委常委、组织部长、市委党校校长华旭初，市委秘书长颜玉明参加调研，市委党校、市委党史研究室班子成员以及市有关部门负责人参加调研座谈会。

21日上午，市委副书记、市级副总河长陈波率相关职能部门负责人对武江、浈江水体水质、河道两岸河床现状等进行实地巡查。

21日上午，市委书记、市人大常委会主任莫高义主持召开市委十二届第五十六次常委会会议，议题：①传达学习《中共广东省委关于坚决维护以习近平同志为核心的党中央权威和集中统一领导的规定》精神；②传达学习《广东省贯彻落实中央八项规定精神实施办法》精神；③听取市人大常委会党组工作情况汇报；④听取市政协党组工作情况汇报；⑤听取市中院党组、检察院党组工作情况汇报；⑥传达学习人社部、省政府2018年春节前保障农民工工资支付工作视频会议精神，研究韶关市贯彻落实意见；⑦听取产业共建和园区建设工作情况汇报；⑧审议《韶关市关于上缴市委的补交党费使用管理方案（送审稿）》；⑨人事议题。

21日晚，由中国作家协会诗歌委员会、广东省作家协会和中共韶关市委宣传部联合主办的“2017广东风度九龄诗歌周”在始兴县拉开帷幕，来自省内外40多位享誉全国的诗歌名家与韶关、始兴当地的文艺作者欢聚一堂，共同追叙张九龄诗风，歌颂现代美好生活。中国作家协会诗歌委员会主任叶延滨，市委常委、宣传部长柳琛子，中国作家协会诗歌委员会副主任、《作品》杂志社社长杨克，省作家协会秘书长、广东文学院院长熊育群等专家学者出席活动。

22日上午，市委书记、市人大常委会莫高义在市委常委会会议室主持召开督办2017年市政协重点提案“特色小镇建设”座谈会。市领导朱余旺、兰茵，市有关部门负责人参加座谈会。

24日—26日，省法制办党组成员、副主任陈春生率领省考评组到韶关市考评2017年度“综治（平安建设）、法治广东建设”工作。25日上午听取韶关市2017年度“综治（平安建设）、法治广东建设”工作汇报。市委书记、市人大常委会主任莫高义参加汇报会并讲话。市领导李安平、张平、吴春腾参加汇报会。

25日至26日，省委副书记、省长马兴瑞到韶关市调研社会主义新农村建设工作，走村入户，深入基层干部和农村群众中了解新农村建设进展情况。市领导莫高义、殷焕明、黄劲东参加调研。

26日下午，韶关市举行2017年度“综治（平安建设）、法治广东建设”考评反馈会。市委常委、政法委书记李安平参加会议。

27日上午，市委书记、第一总河长莫高义到浈江河、北江河开展巡河工作。市领导许志新，市直有关单位、浈江区、武江区有关负责人参加巡河。

27日下午，市委副书记、市长、韶关市总河长、新丰江流域市级河长殷焕明率队到新丰县开展巡河工作，市直有关单位、新丰县有关负责人参加巡河。

29日上午，市委书记、市人大常委会主任莫高义以普通党员身份参加市委办公室第一党支部组织生活会，围绕深入学习宣传贯彻中共十九大精神这一主题为支部党员讲党课。市委办公室机关党委负责人及市委办公室第一党支部全体党员参加会议。

29日下午，省政府召开全省安全生产工作电视电话会议。市委常委、常务副市长朱余旺在韶关分会场收看收听会议。

（梁志坚）

年度关注

韶关市华南数谷大数据产业园揭牌

2017年6月5日，韶关市华南数谷大数据产业园正式揭牌，同时举行首批入驻单位签约仪式和韶关华南数谷大数据中心项目奠基仪式，华南数谷大数据产业园正式进入项目落地与招商阶段。市委书记、市人大常委会主任莫高义，市委副书记、市长殷焕明，省经信委党组副书记、巡视员邹生，以及孔云龙、朱余旺、万卓培、周伟源等市领导，华为、中证、中国联通广东分公司等相关企业负责人出席活动。当日上午，韶关市华南数谷大数据产业园揭牌与招商推介暨华为中国ICT生态之行韶关站巡回展活动在韶关市举行，东莞韶关两市部分互联网企业及有关金融企业、商会等约百家企业应邀参加活动，共同见证韶关大数据产业发展的重要时刻。当前，韶关正处于转型升级、绿色发展的关键时期，韶关在区位、安全、交通、气候、网络、电力等关键要素方面具有比较优势，是华南地区打造大数据产业集聚区的“首善之地”。2016年，市委、市政府做出“打造华南数谷”的决策部署，把发展大数据产业作为贯彻落实新发展理念、推进供给侧结构性改革的具体抓手，韶关市大数据产业发展取得实质性进展，引进华为、数据堂（北京）、中国联通韶关分公司等13个与“智慧城市及大数据”相关的品牌、技术、服务等投资意向项目。当天奠基的大数据中心项目由华为提供ICT基础设施平台，规划用地约16.8公顷，计划到2020年建成2万个以上标准机架，重点打造大数据备份中心、大数据企业后台支援与服务中心、大数据产业生产管理中心等。

韶关市获评中国十大品质休闲城市

在2017年11月12日杭州召开的中国（国际）休闲论坛上，韶关获“中国十大品质休闲城市”。该届休闲论坛以“全域旅游、田园城市与休闲发展”为主题，由杭州市人民政府、小康杂志社联合主办。副市长李欣出席此次颁奖仪式并参加论坛发言。“2017中国（国际）休闲发展论坛”评选出“中国十大品质休闲城市”大奖。“中国（国际）休闲发展论坛”是中国最早的以休闲为主题的国家大型论坛，现已举办九届。“中国十大品质休闲城市”的评选围绕“资源禀赋、发展创新、管理机制、生态绿色、文化底蕴、休闲风尚、配套服务、大众满意度”等多个方面，在行业大数据的支撑下，对各参评城市、景区、旅游企业、特色节庆等进行综合评定，经过专家评选、网络投票等程序，韶关市在众多的参选单位中脱颖而出，与杭州、成都、三亚、厦门等9市一起获得该称号。

韶关是广东省生态环境最好的城市之一，森林覆盖率75%，是广东大氧吧。自然生态优势明显，泉资源丰富，泉眼占全省的22%；旅游资源丰富，共有世界级和国家级景区17处、AAA以上景区23个、三级以上旅游资源近200个；这里是岭南文明的发祥地，禅宗文化源远流长，六祖惠能在韶关弘法37年，南华寺被称为禅宗祖庭。唐朝名相张九龄诞生在韶关，写下“海上生明月，天涯共此时”的千古名句。韶关是国家交通枢纽城市，形成“六高三铁两航”（即京港澳、广乐、赣韶、大广、汕昆、武深高速公路；京广铁路、武广高铁、赣韶铁路；北江航道、韶关机场）交通骨干网，高铁到广州50分钟，到深圳、长沙90分钟，韶关丹霞机场将于2019年建成通航。韶关践行绿色发展理念，借助得天独厚的优势，对旅游资源进行挖掘、整合、开发、利用和推广，使旅游业成为带动韶关转型发展的一项重要产业。围绕国家全域旅游示范区的创建目标，立足“丹霞山、南华禅寺、南岭国家森林公园、珠玑古巷”四大景区建设，不断完善旅游基础设施，修建旅游步道、提质旅游公路等休闲体验场所，着力打造粤港澳大湾区旅游休闲基地、广东户外运动天堂。

全市各地以建设休闲旅游目的地为目标，开展旅游工作。南雄市、翁源县成功创建全国休闲农业与乡村旅游示范县；曲江区小坑镇曹角湾村（现代新村）和乐昌市九峰镇茶料村（特色民居）成功创建中国最美休闲乡村；仁化县丹霞街道、仁化县大桥镇、南雄市珠玑镇、南雄市坪田镇、始兴县深渡水瑶族乡、翁源县江尾镇等8个镇成功创建广东省休闲农业与乡村旅游示范镇；新丰县大丰观光休闲农场、新丰县杰荣樱花峪、新丰县兆丰佛手瓜专业村、韶关市金果农业生态园、仁化县五马寨生态园、仁化县喜洋洋休闲农庄、仁化县城口蓝森农庄、仁化县福宝农家乐园、南雄帽子峰森林公园、南雄市云峰山生态旅游区、乳源一峰生态度假庄园、乳源县粤凰天井山凤凰生态谷、乐昌百臻生态农业园、始兴县顿岗镇广源休闲农庄、韶关市明弘生态园等19个单位成功创建为省休闲农业与乡村旅游示范点。（韶关市政府办调研科）

韶关市获得2017最美中国榜“生态、自然旅游城市”称号

2017年9月，韶关市在由新华网主办的2017旅游“新格局、新业态、新品质”暨第五届旅游业融合与创新论坛上获2017最美中国榜“生态、自然旅游城市”称号。“最美中国榜”每年发布一次，享有旅游业“奥斯卡”美誉。“2017最美中国榜”围绕“资源禀赋、发展创新、管理机制、生态绿色、文化底蕴、智慧旅游、特色品牌、休闲风尚、配套服务、大众满意度”等10个方面，在行业大数据的支撑下，对各参评城市、景区、旅游企业、特色节庆等进行综合评定，经过专家评选、网络投票等程序，韶关市在众多的参选单位中脱颖而出，荣登上榜。

韶关市践行绿色发展理念，对旅游资源进行挖掘、整合、开发、利用和推广，使旅游业成为带动韶关转型发展的一项重要产业抓手，通过资金和政策上的扶持，让旅游经济得到长足发展。2017年上半年，全市共接待游客1922.40万人次，同比增长18.79%；旅游收入167.71亿元，同比增长20.95%。韶关依托优越的自然和人文生态两大城市标记，彰显丰富的旅游资源这一特色优势资源，围绕国家全域旅游示范区创建目标，立足“丹霞山、南华禅寺、南岭国家森林公园、珠玑古巷”四大景区建设，不断完善旅游基础设施、修建旅游步道、提质旅游公路等休闲体验场所，着力打造海内外游客向往的旅游休闲目的地。

韶关市入选全国老旧小区改造试点城市

2017年12月，住房城乡建设部在福建省厦门市召开老旧小区改造试点工作座谈会，确立15个城市开展老旧小区改造试点，探索城市老旧小区改造的新模式，为推进全国老旧小区改造，提供可复制、可推广的经验。韶关成为这15个改造试点城市之一。此次老旧小区改造的目标范围是指2000年前建成并通过竣工验收的非商品房小区（项目）和非个人集资房小区（项目）。老旧小区改造资金由居民出资、管线经营单位投资、财政以奖代补等方式筹集。老旧小区的改造内容包括市政配套设施、小区环境及配套设施、建筑物本体、公共服务设施等内容，结合海绵城市、治安防控、无障碍设施的建设要求，重点改造老旧小区市政配套设施、小区环境、服务设施等公共部分。韶关大部分老旧住宅小区建造于二十世纪八、九十年代，其规划建设年代早，建设标准相对较低，房屋陈旧老化严重，配套设施不完善，供水、供电、供气基础设施薄弱，卫生环境较差等现实问题突出。大部分老旧小区普遍存在建筑墙体立面残旧破损，小区管线乱拉乱挂、不规范，路面敷设破烂，楼道无公共照明系统，消防设施和安防监控系统不完善，水电无一表一户，无管道燃气入户，无绿化、无物业管理，排水管网存在功能性缺失，下水道排污水管堵塞等问题。这些问题都给居民生活带来不便，无法较好满足市民居住环境和城市美观需求，也成为小区居民最关心、最直接、最现实的安居问题。老旧小区“老、破、旧、烂、差”的现状通过国家改造政策将得到改变。2017年，韶关确定10个改造试点候选小区，分别是广铁一线公司宿舍小区、韶关粤江发电有限责任公司明珠园小区、锦园矿冶居民区管理委员会锦园小区、坝厂新村小区（城中村）、织布厂西区宿舍、合成氨厂宿舍、市一建宿舍、工业西公房小区、中铁五局五公司马坝家属基地、马坝桃园西路邮局宿舍。

韶关市再次被确认为国家卫生城市

2017年7月，全国爱国卫生运动委员会下发《全国爱卫会关于2016年国家卫生城市（区）和国家卫生县城（乡镇）复审结果的通报》，韶关市通过国家卫生城市复审，再次被确认为国家卫生城市，为正在进行的创建全国文明城市打下基础。国家卫生城市不再是一评定终身，全国爱卫办将定期进行复审，复审不合格的将会被“摘牌”。复审是由全国爱卫办组织专家通过暗访的形式进行，以确保结果的公平、公正。韶关市在2009年被评为国家卫生城市，继2013年复审通过后，2016年韶关市再次通过国家卫生城市复审。国家暗访结果显示，韶关市在市容市貌、卫生保洁、生态保护、巩卫宣传和创建氛围等方面做得较好，如市区主要街道卫生整洁，河堤绿化、美化、亮化较好，江河水体清洁，环卫保洁制度落实，城市主要街道公厕符合标准等。暗访也查出韶关市的一些薄弱环节，如小街小巷、旧居民区、城中村、集贸市场和食品安全等方面

还需加强与改进。仁化县也在此次国家卫生县城（乡镇）复审通过的名单之列。

韶关市政府成立由市委副书记、市长任组长，常务副市长及4个副市长任副组长，分管副市长任执行副组长，由市辖三区、市直67个部门单位负责人为成员的韶关市国家卫生城市工作领导小组，统筹组织巩固国家卫生城市各项工作。制订《韶关市迎接国家卫生城市复审工作方案》《韶关市国家卫生城市工作考评实施方案》《韶关市提升国家卫生城市工作管理实施方案》《关于切实抓紧落实巩固国家卫生城市共性工作的通知》《韶关市国家卫生城市省级复查整改工作方案》《韶关市国家卫生城市整改方案》《关于加强巩卫环卫保洁机制的通知》《韶关市开展清洁家园、卫生保洁专项行动实施方案》等文件通知，明确细化各单位部门责任。印发巩固国家卫生城市知识手册、海报、宣传折页等资料一批，实施巩卫创文宣传“百千万工程”。在城区四大进出口路段、主要街道、步行街、公交站台及广场、公园、桥头、河堤高层建筑楼层等场所增设巩卫公益广告牌，营造巩卫氛围。在主次干道添置分类果皮箱、垃圾箱，增设密封式保洁手推车，对市区破损的垃圾中转站、公厕、人行道路面、“四防”装置及下水道等设施进行修复；对“六乱”现象进行整治。加强医疗单位传染病防治、健康教育以及“五小”行业管理；对市区公共场所单位实施全面的清理。加强学校健康教育、控烟工作。加强对餐饮业特别是中小餐饮业的监督检查，加强准入制度管理，加快小餐饮业量化分级管理和加强农贸市场蔬菜农药残留监测工作。加强建筑工地的综合治理。加大执法力度，集中查处酒驾、冲闯信号、行人横穿马路等突出交通违法行为，治理电动车、客运车辆扰乱交通秩序现象。加强农贸市场的监督管理，加强对经营户文明经营教育。加强病媒生物防制管理，组织专业队伍对城区主次干道、公园、广场、河堤等公共场所开展集中消杀，“四害”密度控制在国家标准范围之内。加大城区病媒生物防制基础设施建设，对芙蓉新区的高铁站广场、韶关大道等主要干道广场新安装“灭鼠屋”设施，对原有的市区公共场所绿化带“灭鼠屋”进行更新维护。开展“周五公共卫生活动日”，在每周的星期五，各区、各部门单位自行对承担责任区域进行卫生保洁。市政府先后召开4次巩卫整改电视电话会议。对照《国家卫生城市标准》要求，以辖区为单位，以项目内容为范畴，实行日常督导与专项督导的形式，组织人员对市辖三区及各单位巩卫工作进行暗访督查，并现场拍摄照片，自我查找存在问题和薄弱环节，先后组织召开集贸市场及周边环境整治、物业小区管理、铁路辖区卫生整治等工作协调会、整改会议。2016年1月下旬，韶关市巩卫工作通过省级暗访；4月6日至8日，通过省级复查。省爱卫会重新确认韶关市鼠类、蚊类、蝇类密度控制水平分别达到B级标准，蟑螂密度控制水平达到C级标准。2017年全国爱卫会再次确认韶关市为国家卫生城市。

网约车、共享单车在韶关兴起

2016年11月17日，市政府印发《韶关市网络预约出租汽车经营服务管理实施细则》（以下简称实施细则），按照实施细则规定，韶关市逐项落实网约车平台公司、网约车辆、网约驾驶员证件核发管理工作流程。2017年11月27日，市交通运输局发布《关于规范网络预约出租汽车驾驶员从业资格管理的通告》，启动网约车驾驶员证的申报工作，受理网络预约出租汽车驾驶员考试报名。考领此证应符合实施细则规定的条件，如取得相应准驾车型机动车驾驶证并具有3年以上驾驶经历等。考试内容包括相关政策、法律法规、服务规范、安全运营知识、职业道德、韶关市历史文化、风土人情等。全市已发放1164张网约车驾驶员从业资格证。

共享单车现身韶城街头 。2017年4月，韶关市区的共享单车开始出现在韶城街头，便以其绿色、快捷、方便的优势受到市民的青睐。共享单车有别于现在的公共自行车，通过手机下载软件后，就可以快速完成用车、还车、扣费等环节，免去办卡充值、定点停放的限制，共享单车在全国部分大城市已经成为市民主要出行工具之一。在市区西堤中路、解放路、复兴路、风采路等路段都能见到摆放整齐的共享单车。这批共享单车是在4月2日晚完成投放，于4月3日提供给市民使用，在浈江区投放800辆、武江区投放500辆供市民使用。市民租用共享单车前，用手机扫描二维码就可以直接下载APP，然后从APP上可以很方便地租车还车，1个小时收1元钱，另需交99元钱押金，押金在不使用单车后，可以快速退款。韶关的共享单车类型从开始的永安行到后来的OFO、快兔、哈罗单车等。（韶关市交通和运输局）

城市提升　效果显著

一、城市提升的基本思路

2016年2月召开的市委书记专题会议专门研究城市提升工作，明确新的工作思路，即由过去简单的优化提质升级为城市整体提升，要求从城市建设的整体和长远考虑出发，制定城市提升三年行动计划。市委、市政府制定《韶关市城市提升三年行动计划（2016—2018年）》，经十三届市政府第一百次常务会议讨论确定。2016年6月，韶关市城市提升三年行动计划领导小组成立，紧扣供给侧结

▲2017年12月，芙蓉新区新貌 （张 伟 摄）

构性改革和主动融入珠三角战略，全面统筹原老城区提质项目和城市提升三年行动计划的核心项目，谋划核心建设项目共118个。在市委十一届九次全会上，项目攻坚、城市提升、县域发展被确定为推动韶关振兴发展的三大主题工作，至此城市提升三年行动计划作为市委的重大决策予以部署和落实。2017年市委十二届四次、六次全会上，市委书记莫高义多次重申“城市提升作为市委市政府‘三大主题工作’之一，要加大力度、坚定不移地加快推进”。韶委办〔2017〕54号文把“韶关市城市提升三年行动计划领导小组”更名为“韶关市城市提升领导小组”，市长殷焕明担任领导小组组长，城市提升不再是阶段性工作，而是关系韶关长远发展、提升城市综合竞争力和人民生活水平的长期性工作。市十四届人大四次会议上《政府工作报告》将城市提升列为2018年度的主要工作重心之一。

二、截至2017年底的主要成效

截至2017年底，第一批谋划的118个项目完成48项，在建38项，主要成效如下：

基础设施建设方面，整治8个内涝点，基本消除城市内涝；在小岛片区两岸建设11.5千米的截污管道，铺设47千米的截污管网；对全长21千米的旧堤进行加固。

交通建设方面，莲花大道一期、移山路一期建成通车，二期正在建设中；芙蓉隧道全线贯通；韶关大道、百旺路、群康路改扩建和景观提升工程完成；市区全长34千米的6条主干道路“白改黑”完工；新白线、芙蓉新区2号6号8号21号道路、曲江大道、莞韶园园区道路、沐溪大道等新建和改扩建工程正在进行；市区6个重要交通节点整治完成；服务市民出行的16个港湾式公交站、2座人行天桥建设完成。

城市功能方面，韶师分院和党校一期工程完工；恒大小学、田家炳沙湖绿洲小学建成招生；合并后的市二中和曲仁中学、金色江湾小学、欧浦御龙湾小学、市儿童医院、妇幼保健计划生育服务中心、传染病大楼等开工建设；市体育馆和西河体育中心设施改造工程正在开展；马坝人——石峡遗址公园启动申报国家考古遗址公园工作；碧桂园太阳城“天玺湾”动工，奥园、摩尔城、新鸿达逐步落户；市辖三区24个农贸市场的升级改造完成；6个大型住宅小区建设共计4600多平方米的社区服务中心。

环境景观提升方面，亮化三江六岸；建成全长18.9千米的慢行系统；北江广场、韶乐广场、金色江湾3个亲水平台建成；市区建成26个小公园小绿地小广场；滨江路和百旺路约8千米的景观绿化带提升完成；百年东街西立面正在修缮，“斌庐”对外开放。 （韶关市提升办）

广东省唯一红军长征纪念馆——红军长征粤北纪念馆奠基动工

经中共中央批准设立的红军长征粤北纪念馆7月26日在广东省韶关市仁化县城口镇举行奠基仪式，这标志着广东唯一一个以纪念红军长征为主题的爱国主义教育基地正式动工建设，这也是广东庆祝中国人民解放军建军90周年的一项重要活动。中共广东省委常委、宣传部部长慎海雄，广东省军区副政委梁跃嘉，省老区建设促进会会长、中国扶贫基金会副会长陈开枝，省委宣传部巡视员、省文明办主任顾作义，省委党校、省文化厅、省党史办等有关部门，韶关市委书记、市人大常委会主任莫高义，市委副书记、市长殷焕明，韶关军分区司令员盖长利等领导和部队官兵、党员群众近200人一同参加奠基仪式。奠基仪式上，慎海雄、梁跃嘉、陈开枝、莫高义等为奠基石培土，顾作义、莫高义分别致辞。奠基仪式前，韶关市还举行铜鼓岭红军烈士纪念园落成仪式，慎海雄、梁跃嘉、陈开枝、莫高义等为纪念园落成揭幕，集体瞻仰烈士纪念碑并敬献花篮。

韶关是红军长征途经广东的主要地区，仁化县城口镇是红军长征突破国民党反动派第二道封锁线所在地。1934年10月25日至11月13日，中央红军一、九军团的大部，三、五、八军团的部分部队，先后经过韶关的南雄、仁化和乐昌3个县近20个乡镇。红军主力以相对较小的牺牲代价，突破三道封锁线，不仅通过粤北地区，而且得到及时休整和补充，为战略西进保存实力。红军从初创时期到发展壮大，从长征时期到三年游击战，在韶关留下大量重要的红色军事文化历史遗产。韶关境内现存的红军遗址、遗迹有131处，红军烈士纪念碑（园）8座，经认定命名的红军遗址（旧址）文物保护单位37个，红军历史文物1120余件，红军历史文献50多万字，是广东省红色资源最为丰富的地区之一。为进一步宣传红军长征过境广东的历史，保护利用红色军事文化遗产，推进广东省爱国主义教育和党史军史教育，2017年4月，中央批复同意在韶关市仁化县城口镇设立红军长征粤北纪念馆。纪念馆位于韶关市仁化县城口镇，是红军长征突破国民党反动派第二道封锁线所在地，也是广东省重要的红色历史文化遗产。2016年，城口镇入选全国20个“我心目中的长征纪念地”之一，具有较高史学价值和红色旅游开发利用价值。该馆建成后将重点展示红军长征过境粤北战斗历程，集中呈现红军1927年—1937年红军初创时期、中央苏区时期、长征时期、三年游击战时期四个时期的历史。

▲2017年7月26日，红军长征纪念馆奠基仪式在仁化县城口镇举行

（韶关日报社 供）

南华禅寺获批海峡两岸交流基地

2017年10月23日，中共中央台湾工作办公室、国务院台湾事务办公室批复同意在韶关市南华禅寺设立海峡两岸交流基地。海峡两岸交流基地是经中央台办、国台办批准设立的两岸民众交流、合作的平台，旨在为促进祖国的统一做出突出贡献。南华禅寺为广东省首家宗教类海峡两岸交流基地。此前，广东仅有4家海峡两岸交流基地，分别为广东梅州市海峡两岸交流基地、广州黄花岗七十二烈士陵园、南澳总兵府及中山市翠亨新区。韶关市立足文化、教育、农业等资源优势，突出利用粤台农业合作试验区、韶台青年学生夏令营、六祖文化研讨会等平台，推进韶台人员往来、经贸合作、文化交流等工作，为南华禅寺获批海峡两岸交流基地奠定基础。南华禅寺被誉为“禅宗祖庭”，台湾岛上的佛教同样以禅宗为主，其宗派都是承袭自大陆，因此南华禅寺同样也是台湾禅宗各派的祖庭。在南华禅寺设立海峡两岸交流基地，可以使台湾佛教传承自大陆佛教、台湾文化来源于祖国大陆文化的观念变得更为感性直观，吸引大量台湾信众来曹溪参访寻根。根据规划，南华禅寺将以全省首家宗教类海峡两岸交流基地为定位，以历史文化底蕴为基础，以打造旅游品牌项目为重点，围绕“推进民间交流，深化两岸发展，拉近同胞心灵，增强人文价值认同”这一主题，让台湾佛教界及信众认识到他们的“根”在祖国，增进韶关台湾两地合作交流，密切两岸民间的交往，促进两岸关系和平发展。

（市台办）

韶关开展创建“善美之城”系列活动

2017年以来，韶关市以打造“善美之城”创建品牌为目标，策划“善美”系列活动32场次，发动群众参与创文。

韶城是个粤北古城，历经千年，形成独特的粤北文化，深厚的文化底蕴为善美文化提供生存、发展的土壤。“善”表达韶关民风和善、关系友善、厚德至善的城市内涵；“美”彰显韶关环境秀美、文化韶美。善美的内涵与粤北文化、粤北风情有着相似、相通的地方，这让善美文化在韶城植根。

一、弘扬善美文化 塑造善美品格

2017年3月，韶关正式启动“善美之城”的建设，并将之作为创建文明城市的重要品牌和抓手，以此全面提升城市文明程度和群众幸福指数。通过广泛开展各项文明创建活动和发动广大市民群众参与，着力打造善美环境、弘扬善美文化、塑造善美品格、宣传善美形象，使城市的基础设施、文化品位、市民素质等各个方面都得到改善和提升。

2017年，韶关在培育善美新风方面，推进“一门式一网式”政务服务模式改革，以前“门难进、事难办、脸难看”被笑容代替，简化办事流程、提高办事效率、提高服务水平成窗口单位的标配。

寻找“最美家庭”、开展“家庭教育宣传月”、举行“善美孕妈”展示活动，韶关市妇联策划开展一系列活动，组织发动全市广大妇女投身“善美之城”建设；组织全市各级医疗卫生机构集中开展“善美之城·健康万人行”大型健康义诊活动，韶关市卫计系统响应、参与，把韶关好医生的后续影响持续扩大；第十五个全国“公民道德宣传日”系列活动之韶关市“文明行为十五条”宣传周，超过28万人次参与投票，600多人共同见证韶关市“文明行为十五条”的发布，“文明行为十五条”涵盖环境卫生、日常出行、生活方式、人际交往等生活的方方面面，让“十五条”成为韶关市民的行为准则和文明宣言；深入开展“礼让斑马线”文明交通活动，礼让斑马线在韶城蔚然成风；“文明旅游，每个人都是一道亮丽的风景线”，2017年国庆、中秋节，韶关市组织开展“善美韶关·善待游客”文明旅游主题活动，得到广大市民和游客的响应，纷纷报名参与；2017年9月韶关市“十大最美家庭”颁奖仪式在市区中山公园文化广场举行，学习最美家庭先进事迹，弘扬家庭文明新风成为韶关市民热议的焦点；“爱心送考”活动从2012年开展以来，有超过1000辆出租车和私家车参与爱心送考，超过1万名考生受惠；“小手牵大手，文明路上一起走”，家长与孩子共同参与文明创建行动，增加家长、孩子间的互动，让幼小的心灵在文明的阳光下成长。

2017年，韶关市先后策划开展诗诵价值观、墙绘价值观、话说价值观、图说价值观、传承“好家风好家训”等50多场主题活动，开展第六届“感动韶关十佳道德模范”及“韶关好人”“韶关工匠”“美德少年”评选等活动，成为有价值引领的城市、有文化活力的城市、有幸福温度的城市，韶关正朝着这个目标奋力前进。

主题公园、主题广场建设在全市四面开花。中山公园挖掘孙中山的革命传统精神，打造的中山文化主题公园成为韶关市一个户外爱国主义教育基地，丰富善美文化内涵。西桥公园打造的社会主义核心价值观主题公园也成丰富广大市民精神的一个乐园。风度楼、风采楼、风烈楼等历史古迹和古街古巷修复工作等正在有序推进。文化站、文化室、综合性文化活动中心等的数量不断增加，涌现经律伦小镇、黄金小镇等一批特色小镇。街边公园、景区景点、重要交通节点、主次干道，处处都闪现着核心价值观的光芒。

二、营造善美环境 树立善美形象

2017年，韶关市城市面貌发生巨大变化：中山市场升级改造完成，市场面貌焕然一新；浈江区“白改黑”项目完成，武江区“白改黑”接近完工，共20多公里。“三线”“六乱”整治，市区新增停车位约4000个，让市容市貌明显改善。规范防盗网，开展控违拆违，拆除违规户外广告，进行市容市貌整治提升样板路建设。浈江至北江东堤的旧堤改造加固及整治提升工程即将完成。2017年创文国检群众满意度提升，从上年的52.02%上升到2017年的84.75%，创建为民让韶城树起“善美”形象。

为营造优美的城市环境，韶关在硬件建设方面再下苦功。继上年完成10个农贸市场升级改造后，韶关2017年再次对10余个农贸市场进行升级改造。西联隧道打通后，连接该隧道的芙蓉大道南北两个方向的征拆工作，也在区、镇、村三级工作人员的努力下全面完成。解放路人行天桥建成通行，成为韶关的标志性建筑；解放路断面改造完成，路面宽敞、街道变美，从此告别路上的“肠梗阻”；莲花大道建成通车，为城市交通网再添新枝。

韶关专门成立市容市貌提升工作领导小组，下设市容市貌整治提升办公室（市整治办），统筹解决以市区为主的拆违控违和市容市貌整治提升等问题。市区环境大整治是创文的主要工作。各级单位、商铺按照“门前三包”政策的要求，做好卫生清理工作。各个区还建立“路长制”“楼长制”“河长制”，分片包干、责任到人，做到每一条路有人清理，每一栋楼有人打扫，每一条河流有人保护。社区居民参与，青年志愿者、机关干部职工、中小学生，以及社会各界人士都投入到行动中，清理庭园，消除“四害”，共建美丽家园。到公园清理垃圾，到广场清洁卫生，到河边放生野生鱼类，开展环保宣传，一系列活动将保护环境、保护自然、保护生态的行动推向高潮。定期开展巡河工作，采取各项措施落实保护河域。

▲2017年7月7日在市区西河全民健身广场举行“善美韶关·礼让斑马线“文明交通活动启动仪式（李陶猛 摄）

中国共产党韶关市委员会

重要会议

【市委十二届二次全会】 2017年1月16日，在市委会议中心召开。会议的主要内容是推荐提名省出席中共十九大代表候选人推荐人选。市委书记、市人大常委会主任江凌主持会议。市委委员、候补委员出席会议。与会人员等额选举产生79名市推荐提名省出席中共十九大代表候选人推荐人选。

【市委十二届三次全会】 2017年3月3日下午，在市委会议中心四楼会议室召开。会议主要任务是圈选确定韶关出席省第十二次党代表大会代表候选人预备人选。市委书记莫高义主持会议。市委委员、候补委员出席会议。会议审议通过《关于召开中国共产党韶关市代表会议的决议（草案）》。

【市委十二届四次全会】 2017年6月28日在韶关召开。全会由市委常委会主持。全会深入贯彻习近平总书记对广东工作的重要批示精神和省第十二次党代会精神，动员全市各级党组织和广大党员干部群众深入实施主动融入珠三角战略，加快发展步伐，全力补齐短板，如期全面建成小康社会。全会听取莫高义代表市委常委会所作的题为《深入贯彻落实省党代会精神 加快发展步伐 确保如期全面建成小康社会》的讲话。全市各级党组织和广大党员干部要切实增强工作责任感和使命感，把思想和行动统一到省第十二次党代会精神上来。全会指出，经过多年努力，韶关市全面建成小康社会已经具备良好的基础，但是全面建成小康社会任务艰巨，经济总量小、增速慢，产业结构调整乏力，营商环境亟待优化，重点工作推进缓慢，干部作风有待改进。这些问题必须引起高度重视，并采取坚决措施切实加以解决。全会强调，到2020年如期全面建成小康社会，是未来几年韶关的主要工作目标和重要政治任务。全市各级党组织和广大党员干部要深入贯彻习近平总书记系列重要讲话精神和治国理政新理念新思想新战略，以及对广东工作做出的重要批示精神，贯彻落实省第十二次党代会精神，把握稳中求进工作总基调，以供给侧结构性改革为主线，实施粤东西北振兴发展战略，主动融入珠三角，强化责任，勇于担当，抢抓机遇，攻坚克难，加快振兴发展，优化营商环境，补齐社会民生短板，加强全面从严治党，确保如期全面建成小康社会。全会提出，要深入实施主动融入珠三角战略，坚持抓好三大主题工作。抓好产业发展，改造提升传统优势产业，培育发展新兴支柱产业，优化产业结构，促进经济又好又快发展。抓好城市提升，实施三年行动计划，抓住城市提升重点，加快城区一体化进程，打造智慧城市，把韶关建设成环境优美、功能完善、宜居宜业的“北江明珠”。加快县域发展，改善县域发展基础条件，发展特色优势产业，加强县城和中心镇建设，加快特色小镇建设，增强县域综合实力。全会强调，要完善立体交通网络，加快产业园区建设，加大改革创新力度，提高行政效率，降低营商成本，建设法治环境，鼓励创新创业，强化生态优势，全面优化营商环境，切实树立更强的服务意识，形成更高的行政效率，保障更低的营商成本。要树立共享发展理念，打赢脱贫攻坚战，加快新农村建设，推进教育现代化，做好卫生创强工作，提高社会保障水平，深入推进文明创建工作，加快全面建成小康社会进程。全会要求，全市各级党组织要担负起管党治党政治责任，自觉增强“四个意识”，改进干部作风，提高执行力，抓基层打基础，推进正风肃纪，推动全面从严治党向纵深发展，为加快振兴发展提供坚强保障。市委委员出席会议。不是十二届市委委员、候补委员的市领导，副厅级干部，市人大常委会、市政府、市政协秘书长，市委、市人大常委会、市政府、市政协副秘书长，市纪委副书记、常委，市委政法委副书记，市委各部门、市人大常委会各工作委员会、市直各单位、市政协各专门委员会、市各人民团体、中央和省驻韶有关单位党员主要负责人，市各民主党派主委和专职副主委，市属有关企业党员主要负责人，部分基层党代表列席会议。

【市委十二届五次全会】 2017年12月4日，在市区召开。全会由市委常委会主持。全会深入学习宣传贯彻党的十九大精神和省委十二届二次全会精神，审议通过《中共韶关市委关于坚持以习近平新时代中国特色社会主义思想为指引加快韶关改革发展的决定》。莫高义就持续深入学习宣传贯彻党的十九大精神作专题讲话。全会指出，通过前一阶段的学习宣传贯彻，韶关市实现学习中共十九大精神第一轮全覆盖，全市各级党组织和广大党员干部群众对中共十九大精神的学习热情更加饱满高涨、理解领会不断走向深入、贯彻落实更加坚定有力。要按照省委统一部署要求，在全市开展“大学习、深调研、真落实”活动，作为深入学习贯彻中共十九大精神的重要抓手，为即将开始的“不忘初心、牢记使命”主题教育做好思想和工作准备。各级党组织和广大党员干部要把学习宣传贯彻中共十九大精神作为当前和今后一个时期的首要政治任务，把贯彻落实中共十九大精神与习近平总书记对广东工作的重要指示批示精神结合起来，把“大学习”和“深调研”结合起来，把当前和长远结合起来，把分类指导、督导落实与总结经验、及时推广结合起来，把雷厉风行与久久为功结合起来，切实在学懂弄通做实上下功夫，推动习近平新时代中国特色社会主义思想在韶关落实。全会指出，习近平新时代中国特色社会主义思想是马克思主义中国化的最新成果，是指引中国实现“两个一百年”奋斗目标、实现中华民族伟大复兴的光辉旗帜，为新时代党和国家事业发展提供强大思想武器和科学行动指南。持续深入学习宣传贯彻中共十九大精神，最核心最根本的是要深入学习宣传贯彻这一指导思想，全面准确把握“8个明确”和“14个坚持”的思想内涵，切实增强政治认同、思想认同、情感认同，以学促干、知行合一，奋力推动韶关加快改革发展步伐，确保如期全面建成小康社会、开启全面建设社会主义现代化新征程。全会强调，要坚决维护习近平总书记的核心地位和以习近平同志为核心的党中央集中统一领导。切实增强“四个意识”，坚决做到“四个服从”，把维护习近平总书记的核心地位作为第一位的政治要求，作为最重要的政治纪律和政治规矩。坚决听从习近平总书记和党中央指挥，坚决完成好习近平总书记和党中央交给的任务，自觉把韶关的事、韶关的发展放在党和国家大局中来思考、谋划和推动，用韶关的生动实践和发展成果彰显习近平新时代中国特色社会主义思想的科学性和真理性。全会强调，要以习近平新时代中国特色社会主义思想为指引，进一步深化对市情的认识，全面准确把握韶关面临的新形势新任务。用辩证的思维正确把握“变”与“不变”的关系，保持战略定力，与时俱进理清完善工作思路、方法和举措。用发展的眼光正确把握优势和短板，进一步巩固优势、补齐短板，释放发展潜力。用全面的观点正确把握整体和局部，放眼全局谋一隅，把握大势谋长远，坚持全市一盘棋，自觉服从服务全国全省大局，以更宽视野、更大格局在更大空间谋划和推动韶关发展。全会强调，要坚持以习近平新时代中国特色社会主义思想指导谋划韶关改革发展。深入研究解决发展不平衡不充分问题，增强人民群众的获得感和幸福感；深入研究主动融入珠三角问题，推动与珠三角一体化发展；深入研究推进全面深化改革问题，推动重点领域和关键环节改革取得更大突破；深入研究提高科技创新能力问题，推动科技创新水平迈上新台阶；深入研究法治韶关和平安韶关建设问题，为韶关市现代化建设提供法治和安全保障；深入研究生态文明建设问题，争当全省绿色发展的排头兵；深入研究文化建设问题，为韶关振兴发展提供文化支撑；深入研究构建激励和约束并重的干部管理机制问题，激发广大干部干事创业活力；深入研究基层党组织建设问题，夯实党的执政基础。全会强调，要贯彻落实新时代党的建设总要求，把各级党组织锻造得更加坚强有力。要把政治建设摆在首位，增强“四个意识”，坚定“四个自信”，自觉在思想上政治上行动上同以习近平同志为核心的党中央保持高度一致。严明党的政治纪律和政治规矩，推动形成良好政治生态；抓好干部队伍建设，坚持党管干部原则，坚持正确用人导向，加强领导班子建设和干部教育培训历练，增强执政本领；加强党对意识形态工作的领导，掌握意识形态工作的领导权；正风肃纪反腐，贯彻落实中央八项规定精神，整治“四风”问题，运用好监督执纪“四种形态”，坚持无禁区、全覆盖、零容忍，坚持重遏制、强高压、长震慑，推进国家监察体制改革试点工作，推进审计制度改革，为全面贯彻中共十九大精神提供政治保证。市委委员、市委候补委员出席。不是十二届市委委员、候补委员的市领导，副厅级干部，市委、市人大常委会、市政府、市政协正副秘书长，有关县（市、区）政府主要负责人，市纪委副书记、市纪委常委，市委政法委专职副书记，市委各部门、市人大常委会各工作委员会、市直各单位、市政协各专门委员会、市各人民团体、中央和省驻韶有关单位党员主要负责人，市各民主党派主委和专职副主委，市属有关企业党员主要负责人，部分基层党代表列席会议。

【市委工作会议】 2017年1月16日召开。会议的主要任务是全面贯彻落实中央和省委经济工作会议精神，落实市第十二次党代会和市十四届人大一次会议的工作部署，总结韶关市2016年工作，对2017年工作进行总体安排。市委书记江凌出席并作讲话，市委副书记、市长骆蔚峰总结和部署全市经济工作。市委副书记陈波主持会议。会议认为，2016年以来，面对经济持续下行的严峻形势，韶关市学习习近平总书记系列重要讲话精神、落实中央和省委省政府的决策部署，围绕主动融入珠三角总战略，以推进供给侧结构性改革为主线，狠抓“三大主题”（产业共建、城市提升、县域发展）工作和“三大重点”民生（精准扶贫、教育现代化、卫生创强），全力推进经济社会发展，实现“十三五”平稳开局。以保障和改善民生为重点的社会事业进一步发展，基本公共服务均等化水平进一步提高。一年来，主要抓以下重点工作：一是着力主动融珠，促进一体化发展；二是着力深化改革，激发发展活力；三是着力项目攻坚，增强发展后劲；四是着力城市提升，改善人居环境；五是着力特色发展，做大县域经济；六是着力民生保障，增强群众幸福感。会议指出，当前国内外经济形势仍然复杂严峻，韶关市面临经济下行压力仍然较大，困难和挑战仍然不少：经济增长慢，有效投资不足，财政收支矛盾突出，节能减排任务艰巨，改革攻坚任务艰巨，社会建设任务繁重。会议要求，2017年的工作必须深入贯彻习近平总书记系列重要讲话精神，贯彻中央和省委经济工作会议精神，按照统筹推进“五位一体”（经济建设、政治建设、文化建设、社会建设、生态文明建设）总体布局和协调推进“四个全面”（全面建成小康社会，全面深化改革全面依法治国，全面从严治党战略）布局的总体要求，注重把握好五个原则：一是增强适应和引领经济发展新常态的自觉性；二是深入贯彻新发展理念，要特别注重培育新的增长动能，注重老百姓的获得感；三是进一步强化改革意识，以供给侧结构性改革作为经济发展的主线，抓好基础性和关键性改革，真正用改革思维推动发展；四是更加重视发展实体经济，突出抓好先进制造业、高新技术产业、高品质农业、商贸物流业和旅游产业，扶持民营经济，不断增强经济多样性和抗风险能力；五是坚持稳中求进工作总基调，正确处理好改革发展稳定的关系，守住发展底线，严控社会稳定、金融和生态环保等方面的风险。会议指出，2017年各地各部门要按照市第十二次党代会和市十四届人大一次会议确定的主要目标和工作任务，进一步细化分解，狠抓工作落实，确保实现各项预期目标。重点要抓好以下工作：一是深化重点领域和关键环节改革；二是促进经济稳定增长；三是推动实体经济加快发展；四是加快产业共建进程；五是提升创新驱动能力；六是壮大城市规模；七是加强农业农村工作；八是推进生态环境建设；九是加强财税金融工作；十是保障和改善民生。会议强调，2017年工作中要注意和重视以下九个问题：一是加大投入。加大政府主导项目的投资力度，增强投融资能力，重视政府投资的债务风险防控。二是抓产业项目攻坚。加大园区建设和项目引进统筹力度，增强园区的承接能力，并重点抓好招商引资；降低企业营商成本，2017年内让韶关的综合营商成本明显低于珠三角地区，也低于环珠三角其他地区，成为环珠三角地区的投资洼地。三是一县一策发展县域经济。发展县域经济要把握好三个原则：必须以富民为核心，发展富民产业，增加县域老百姓的收入；必须守住生态环保底线，坚决把损害环境的项目拒之门外，切实改变过去粗放的增长方式；必须从实际出发，实行“一县一策”差异化发展。注重农业发展，注重抓好全域旅游和县域的城镇化。四是抓基础性和关键性改革。抓好农村两项关键性改革，深化行政审批制度改革，深化商事制度改革，抓好国资监管改革。五是做好新一轮对口帮扶。要突出产业帮扶，要实行全面对口帮扶，要加大工作统筹力度。六是集中力量抓好三项重点民生。持续推进精准扶贫，推进教育现代化，抓好卫生创强工作。七是把城乡文明创建活动抓起来。健全工作机制，创建全国文明城市；坚持以城带乡，四级联创；加强思想道德建设。八是主动治理社会矛盾纠纷。完善主动治理工作机制，开展社会矛盾的排查化解，改进重点群体的维稳工作，抓好基层治理。九是带头担当担责推动工作。要有使命感，主动担当担责；要有不服输的精神，努力争先进位；要把工作抓得更紧更实，确保工作成效。市委委员、候补委员；市四套班子领导，市“法检”两长，副厅级干部；各县（市、区）委书记、县（市、区）长；市人大常委会、市政府、市政协秘书长，市委、市人大常委会、市政府、市政协副秘书长；市委各部门、市人大常委会各工作委员会、市直各单位、市政协各专门委员会、市各人民团体主要负责人，市各民主党派主委，中央和省驻韶有关单位、市属有关企业主要负责人参加会议。

【中国共产党韶关市代表会议】 2017年3月13日，在市委会议中心举行。会议坚持民主集中制原则，发扬党内民主，酝酿讨论，以无记名投票方式，采取差额预选的办法产生候选人，然后实行大会等额选举产生韶关市出席省第十二次党代会代表42名。市委书记莫高义出席会议并讲话。（梁志坚）

【市委常委会】 2017年，市委召开常委会会议54次。主要内容有：省委组织部宣读莫高义任韶关市委书记、常委、委员，免去江凌的韶关市委书记、常委、委员职务。传达学习习近平总书记、胡春华、李希的讲话精神。听取市政府关于预算执行情况汇报、国民经济和社会发展计划执行情况。听取市人大常委会、政协、中级人民法院、检察院党组及纪委、组织、宣传、政法、统战等部门专题工作汇报。研究党的建设、产业共建、精准扶贫、城市提升、安全生产、莞韶对口帮扶和招商引资、钢铁去产能、生态发展和环境保护等工作。研究部分人事议题和干部处分问题。

【市委书记专题会议】 2017年，市委召开书记专题会议16次，主要内容有：研究农村人居环境综合整治工作、城市提升、国资监管和国企改革、华南装备园体制机制和基础设施、芙蓉新区建设、韶关机场建设、大南华整体提升、维稳、人事等工作。

【市委常委议事协调会议】 2017年，市委召开常委议事协调会6次，主要内容：陈波牵头研究党代表筹备、特色小镇建设工作；黄劲东牵头研究挂点联系企业、经律论小镇建设及南岭国际诗歌小镇建设工作；华旭初牵头研究市委党校建设工作。（王 松）

重要决策

【党的建设】 2017年1月9日，中共韶关市委办公室印发《中国共产党韶关市委员会工作制度》（以下简称“制度”）。制度根据《中国共产党章程》《中国共产党地方委员会工作条例》

《中国共产党广东省委员会工作规则》和党内有关规定，结合韶关市实际制定。制度分总体要求、组织和成员、职责、组织原则、全会、常委会会议、书记专题会议和常委会委员议事协调会议、监督检查和追责等八个方面内容。

【从严治党】 2017年1月11日，中共韶关市委办公室印发《中共韶关市委关于深入推进全面从严治党的实施意见》（以下简称“实施意见”）。实施意见从严加强思想政治建设、从严规范党内政治生活、从严选好用好管好干部、从严加强基层党建、从严深入推进作风建设、从严开展党内监督、从严推进反腐败斗争等“7个从严”33条措施进行强化落实，要求增强政治意识、大局意识、核心意识、看齐意识等“四个意识”，坚持思想从严、管党从严、执纪从严、治吏从严、作风从严、反腐从严，把严的要求落实到全面加强党的思想建设、组织建设、作风建设、反腐倡廉建设和制度全过程，保证党的领导干部忠诚干净担当，为全面建成小康社会提供政治保证。

【立法规划】 2017年4月25日，中共韶关市委办公室印发《中共韶关市委转发〈中共韶关市人大常委会党组关于《韶关市人大常委会2017—2021年立法规划》的请示〉的通知》（以下简称“通知”）。通知指出，获得立法权是韶关市推进民主法治建设和依法治市进程中的重要一步，加强地方立法工作，通过立法进一步提升城乡建设与管理、环境保护和历史文化保护水平，对于推动韶关市经济社会发展和全面深化改革具有重要意义。《韶关市人大常委会2017—2021年立法规划》提出明确的目标任务和保障措施，市人大常委会要发挥在立法工作的主导作用，推动有关方面按照立法规划抓紧法规起草工作。

【巡察工作】 2017年5月9日，中共韶关市委办公室印发《中共韶关市委关于全面开展巡察工作的实施意见》（以下简称“意见”）。意见提出，要按照中央和省委关于开展巡察工作的部署，突出政治巡察定位，围绕坚持党的领导、加强党的建设、全面从严治党、以党的“六项纪律”为尺子，着力发现并推动解决党组织和党员干部中存在的突出问题，发挥巡察的震慑、遏制和治本作用，营造风清气正的政治生态，推动党的先进性和纯洁性，为韶关市经济社会持续快速健康发展提供坚强政治保障。意见明确开展巡察工作的机构和人员、巡察对象、巡察内容、巡察安排、巡察方式和权限、巡察程序、责任与要求等内容。

【扶贫工作】 2017年9月29日，中共韶关市委办公室、韶关市人民政府办公室印发《韶关市278个省定贫困村社会主义新农村示范村实施方案》（以下简称“实施方案”）。实施方案提出，围绕“三年攻坚、两年巩固，到2020年如期完成脱贫攻坚”的总体目标，以行政村为基础，以20户以上自然村为基本单元，先整治、后提升，按照基础整治期、创建提升期两个阶段分步推进，3年见成效，5年大提升，把278个省定贫困村建设成为中等以上水平社会主义新农村示范村，实现贫困村由后队变前队。再用5年时间，进一步提升示范村创建水平，彻底解决贫困村发展滞后问题。

【留守儿童关爱】 2017年11月17日，中共韶关市委办公室印发《中共韶关市委、韶关市人民政府关于加强农村留守儿童关爱保护工作的实施意见》（以下简称“意见”）。意见指出，要建立完善家庭、政府、学校、社会齐抓共管的农村留守儿童关爱保护工作体系，建立健全监测预防、发现报告、应急处置、评估帮扶、监护干预等农村留守儿童救助保护工作机制，遏制侵害农村留守儿童权益行为。到2020年，未成年人保护制度体系更加健全，全社会关爱保护儿童的意识普遍增强，儿童成长环境更为改善、安全更有保障，儿童留守现象明显减少。

【安全生产领域改革】 2017年12月22日，中共韶关市委办公室印发《中共韶关市委、韶关市人民政府关于推进安全生产领域改革发展的实施意见》（以下简称“实施意见”）。实施意见围绕解决安全生产体制机制发展等深层次问题，提出加强和改进韶关市安全生产工作的一系列改革举措和任务要求。实施意见分为总体要求、健全完善安全生产责任体系、深化安全监管监察体制改革、推进依法治理、建立完善安全预防控制体系和加强安全基础保障能力建设等六部分，增附《推进安全生产领域改革发展重点任务分工方案》，规定12项重点改革任务的牵头部门以及完成时间。（冯方琴）

重要活动

【广东省大宝山矿业有限公司7000吨铜硫选厂投产仪式】 2017年4月26日上午，广东省大宝山矿业有限公司7000吨铜硫选厂投产仪式在大宝山矿举行。此次投产的7000吨铜硫选厂投资16亿元，于2015年11月11日开工建设。该厂可日处理原矿7000吨，每年可生产铜金属量1万吨，预计可实现年销售总额10亿元及利润超亿元。市委书记莫高义，广东省广晟资产经营有限公司党委书记、董事长许光，市领导孔云龙、李欣，市直有关部门、曲江区、翁源县及广东省广晟资产经营有限公司、广东省大宝山矿业有限公司相关负责人参加试产仪式。

【“南方号·韶关矩阵”韶关政务新媒体入驻“南方+”仪式】 2017年5月12日下午，“南方号·韶关矩阵”——韶关政务新媒体入驻“南方+”仪式在韶关举行，包括“韶关发布”在内的韶关65家政务“大V”集体入驻“南方号”平台。包括浈江发布、曲江发布、乐昌政务等10个县（市、区）的政府发布号，平安韶关、韶关检察、韶关共青团、韶关学院、广东松山学院等43个市直及中省驻韶单位的政务新媒体，以及曲江普法、南雄公安、文明仁化、始兴广电等县级平台12个县（市、区）单位。市委书记莫高义，南方报业传媒集团党委书记、管委会主任刘红兵，市委常委、市委秘书长孔云龙，市委常委、宣传部长柳琛子，南方报业传媒集团管委会委员、南方新闻网总编辑、南方+客户端总裁胡键出席活动。莫高义和刘红兵为此次入驻“南方号”的韶关政务新媒体的代表颁发牌匾。

【韶关华南数谷大数据产业园揭牌仪式】 2017年6月5日上午，韶关市华南数谷大数据产业园揭牌，同时举行首批入驻单位签约仪式和韶关华南数谷大数据中心项目奠基仪式。市委书记、市人大常委会主任莫高义，市委副书记、市长殷焕明，省经信委党组副书记、巡视员邹生，以及孔云龙、朱余旺、万卓培、周伟源等市领导，华为、中证、中国联通广东分公司等相关企业负责人出席活动。

【韶关市2017年“广东扶贫济困日”暨“慈善一日捐”捐款活动】 2017年6月30日上午，韶关市2017年“广东扶贫济困日”暨“慈善一日捐”捐款活动在市委大楼前广场举行。市委书记、市人大常委会主任莫高义等市四套班子领导参加慈善捐款活动。

【马兴瑞到韶关调研】 2017年7月10—11日，省委副书记、省长马兴瑞，副省长邓海光到韶关市调研乐昌峡水利枢纽。市委书记、市人大常委会主任莫高义，市委副书记、市长殷焕明参加调研。

【红军长征粤北纪念馆奠基仪式】 2017年7月26日，广东省唯一红军长征纪念馆——红军长征粤北纪念馆奠基仪式在仁化县城口镇举行。省委常委、宣传部长慎海雄，广东省军区副政委梁跃嘉，省老区建设促进会会长、中国扶贫基金会副会长陈开枝，省委宣传部巡视员、省文明办主任顾作义，市委书记、市人大常委会主任莫高义，市委副书记、市长殷焕明，韶关军分区司令员盖长利等参加奠基仪式。慎海雄、梁跃嘉、陈开枝、莫高义等为奠基石培土。顾作义、莫高义分别致辞。奠基仪式前，还举行铜鼓岭红军烈士纪念园落成仪式，慎海雄、梁跃嘉、陈开枝、莫高义等为纪念园落成揭幕，集体瞻仰烈士纪念碑并敬献花篮。纪念馆位于韶关市仁化县城口镇，是红军长征突破国民党反动派第二道封锁线所在地，也是广东省重要的红色历史文化遗产。2016年，城口镇入选全国20个“我心目中的长征纪念地”之一，具有较高史学价值和红色旅游开发利用价值。该馆建成后将重点展示红军长征过境粤北战斗历程，集中呈现红军1927—1937年红军初创时期、中央苏区时期、长征时期、三年游击战时期四个时期的历史。项目计划分两年建设完成，预计2019年4月建成并免费开放。

【莫高义率韶关慰问团到省军区开展“八一”中国人民解放军建军慰问活动】 2017年7月28日下午，市委书记、市人大常委会主任莫高义率韶关慰问团到省军区开展“八一”建军慰问活动。韶关慰问团与部队官兵举行座谈会。省军区领导出席座谈会。市领导王青西、孔云龙、梁韶灵，韶关军分区副司令员吴楚峰等参加慰问活动。

【第三届珠江西岸先进装备制造业投资贸易洽谈会】 2017年8月28—30日，第三届珠江西岸先进装备制造业投资贸易洽谈会（简称“珠洽会”）在佛山市广东（潭州）国际会展中心举行。该届珠洽会设5个展馆，主要包括展览交易、项目签约、专利项目创意对接、投资推介、交流对话五个部分。韶关市拟签约项目6个，计划投资额15.1亿元。28日上午举行“珠洽会”开幕式，韶关作为“八市一区”代表之一参展。省委书记胡春华，省长马兴瑞及市委书记、市人大常委会主任莫高义，市委副书记、市长殷焕明参加开幕式并到韶关展区参观。市领导万卓培、周伟源参加活动。

【胡春华到韶关调研】 2017年9月10—11日，中央政治局委员、省委书记胡春华到仁化县瑶塘新村、南雄市乌迳镇新田村、乌迳镇中心卫生院调研，市委书记、市人大常委会主任莫高义，市委副书记、市长殷焕明等参加调研。

【庆祝韶关海外联谊会成立30周年大会暨第八届理事会就职典礼】 2017年11月5日晚，庆祝韶关海外联谊会成立30周年大会暨第八届理事会就职典礼在香港举行。大会通过《韶关海外联谊会章程（修改稿）》和第八届理事会成员名单。中央政府驻港联络办新界工作部部长刘林，省委统战部副部长李焕春及市领导王青西、陈波、黄劲东分别向新当选的名誉会长、荣誉会长、正副会长、常务理事及理事们颁发任职牌匾。市委常委、统战部长黄劲东作为新任会长进行致辞。市委副书记陈波对进一步做好韶关海外联谊会相关工作提出要求。

【韶关市2017年“9·30”烈士公祭活动暨向烈士纪念碑敬献花篮仪式】 2017年9月30日上午，韶关市2017年“9·30”烈士公祭活动暨向烈士纪念碑敬献花篮仪式在市烈士陵园举行。市委书记、市人大常委会主任莫高义，市委副书记、市长殷焕明，市政协主席王青西等市四套班子领导参加活动。仪式结束后，市领导郭伟建、高冬瑞分别率领慰问组前往浈江区、武江区慰问烈属。

【市委常委班子成员集体瞻仰中共粤北省委旧址】 2017年11月10日上午，市委书记、市人大常委会主任莫高义率领市委常委班子成员到浈江区五里亭良村，集体瞻仰中共粤北省委旧址，重温入党誓词，并在此主持召开市委十二届第四十八次常委会会议。议题：①传达学习习近平总书记在瞻仰上海中共一大会址和浙江嘉兴南湖红船时的重要讲话精神；②传达学习李希在集体瞻仰中共三大会址纪念馆后召开省委常委会会议上的讲话精神；③传达学习李希在全省市厅级主要领导干部学习贯彻中共十九大精神专题研讨班上的动员讲话精神；④传达学习李希在省委常委会（扩大）会议学习贯彻中共十九大精神的讲话精神。

【2017年韶关市产业项目集中动工暨华南先进装备园基础设施建设奠基仪式】 2017年11月30日上午，2017年韶关市产业项目集中动工暨华南先进装备园基础设施建设奠基仪式在华南先进装备园主会场举行，在莞韶产业园和10个县（市、区）产业园设立分会场同步举行项目开工仪式。共有72个产业项目和华南装备园6项基础设施建设项目在当日集中动工。市委书记、市人大常委会主任莫高义参加开工仪式。市委副书记、市长殷焕明，东莞市委常委、副市长张冠梓分别致辞。市委常委、副市长、东莞韶关对口帮扶指挥部总指挥万卓培主持仪式。仪式前，韶关、东莞两市领导会见集中奠基动工企业代表。市领导王青西、杨小明、陈磊参加主会场活动。

【“广韶合作、产业共建”韶关（广州）招商推介会】 2017年12月14日上午，韶关在广州举办“广韶合作、产业共建”韶关（广州）招商推介会。此次招商推介会签约重点项目22个，投资额和贸易额合计达111.6亿元。市委副书记、市长殷焕明，广州市副市长黎明在推介会上致辞。市领导万卓培、陈磊及广州、深圳、佛山、韶关制造业、医药业、文化旅游业等行业的企业家代表近600人参加招商推介会。市商务局局长李宏主持推介会。（梁志坚）

组织工作

【概况】 中共韶关市委组织部是市委负责领导班子、干部队伍、人才队伍和党的基层组织建设的职能部门。2017年，市委组织部内设机构13个。截至2017年12月底，在职干部43名，领导设部长1名、副部长6名（其中兼职2名）。全市共有基层党组织7679个，其中基层党委312个，党总支507个，党支部6860个。截至2017年底，全市有党员总数194029人，其中女党员50708人，少数民族党员3076人，35岁以下党员34856人，大专以上学历党员83589人。

【中共十九大精神学习】 2017年中共十九大召开后，韶关市把学习宣传贯彻中共十九大精神和习近平新时代中国特色社会主义思想作为首要政治任务，利用报纸、广播、电视等主要媒体和“一台一网一公众号”等平台，深入解读中共十九大报告；广泛开展宣讲，针对不同类别党员群众开展宣讲500多场次；依托市县党校、行政学院，在各主体班次设置十九大精神专门教学单元，举办专题研讨班和培训班160多场，分批对全市1200多名县处级干部和208名乡镇党政正职进行集中轮训；组织开展大学习大培训活动，在全市7500多个党组织、19万多名党员中掀起学习热潮。组织开展“学省党代会精神迎接党的十九大召开”党员考学活动，深入开展“学报告、学党章”考学活动，全市超过18万名党员参加考学，推动全市各级党组织和广大党员取得良好的学习教育成效。挖掘和制作拍摄专题片、微视频等，党员电教专题片《生命加油站的追梦人》被省委组织部作为全省15部优秀作品之一，参加第十四届全国党员教育电视片观摩交流活动。坚持先学一步、深学一层、多学一些，及时召开中心组（扩大）会议专题学习，成立十九大精神宣传小组，在《韶关日报》专版刊登市委组织部部务会成员及各县（市、区）委组织部长的学习体会文章；部机关党员干部深入挂点帮扶贫困村，为基层党员和贫困户送上十九大辅导读物，现场宣讲中共十九大精神。

【“两学一做”学习教育常态化制度化】 2017年，韶关市委组织部采取“1+5”的形式，分领域推动“两学一做”学习教育常态化制度化开展。“1”即制定《中共韶关市委“两学一做”学习教育常态化制度化实施方案》，全面部署学习教育；“5”即开展5个主题实践活动：在农村基层党组织开展“三强三促”（强堡垒促发展、强队伍促服务、强基层促和谐）主题实践活动，围绕“三强三促”目标，着力提升党组织服务水平、基层党员干部队伍能力素质；在机关和事业单位党组织开展“双争双促”（争做推动发展战斗堡垒，争当干事敬业落实先锋，促进执行力提高，促进机关效能整体提升）主题实践活动，加强机关党建机构和经费保障，为115个党组织划拨390万元活动经费，选树5个“党建示范点”，以点带面，全面提升机关党建水平；在国有企业党组织开展“四强四优”（党组织要争创政治引领力强、推动发展力强、改革创新力强、凝聚保障力强，党员队伍要争创政治素质优、岗位技能优、工作业绩优、群众评价优）主题实践活动，切实抓好党建30项重点任务和80条重点任务措施清单落实；在高校党组织开展“四比四表率”（比理想道德、争做立志立德的表率，比知识技能、争做成长成才的表率，比敬业奉献、争做担当担责的表率，比产学研用，争做创新创业的表率）主题实践活动，引导高校党员提升素质和能力，评选最受欢迎的“四有”好老师、“学生标兵”“服务标兵”200多人，建立“党员示范岗”230多个；在“两新”组织党组织开展“两服务三推动”（党组织服务党员群众、服务“两新”组织，推动党组织和党的工作覆盖、推动党组织生活创新、推动单位健康发展）主题实践活动，两个覆盖率明显提升，党的工作覆盖率达100%。9月21—22日，在南雄召开全市“两学一做”学习教育常态化制度化推进会暨城市基层党建工作会议，编印《“两学一做”学习教育常态化制度化在韶关》画册。

【干部选拔任用】 2017年，韶关市委组织部围绕让优秀干部“有用武之地、有成才之望、无后顾之忧”的目标，坚持把政治标准摆在首位，突出服务发展、工作实绩、基层一线和优化结构导向，建立健全激励、约束、保障相结合的选人用人体系，激发干部队伍干事创业精气神。全年共完成249人次的干部调整任免事项，其中提拔任职129人、平级交流调整64人、干部挂职22人、团职军转干部安置13人。加强各级班子和领导干部分析研判，开展换届工作“回头看”和“集中谈话月”活动，了解干部思想动态，收集干部工作建议400余条。以“百名年轻干部成长计划”为抓手，建立百名年轻干部成长计划名册，统筹加强年轻干部、女干部、党外干部、少数民族干部等“四类”干部队伍建设，改善干部队伍结构。全市招录党群系统公务员（含参照管理人员）22人、法检系统95人。组织韶关市首次公开遴选，共从基层遴选38名公务员到20个市直机关工作。

【干部实绩档案】 2017年1月10日，韶关市委组织部制定出台《干部实绩档案管理意见（试行）》，明确干部落实上级决策部署、完成市委市政府中心工作、开展本地本单位特色亮点工作等七个方面取得的突出业绩和表彰奖励情况作为实绩档案内容，并作为干部选拔任用的重要参考。实施过程中，甄别和记录市管干部工作实绩，实行实绩档案一人一档，及时在干部选拔任用和考核奖励中加以使用，真正使干部选任有绩可凭、有据可依。全年收到13个市直单位，10个县（市、区）127名市管干部实绩档案。经过甄别筛选，已将19名市直单位干部及18名县（市、区）干部列入韶关市实绩档案后备人选库；其中，市直单位干部中有8名得到提拔使用，县（市、区）中有7人得到提拔使用、1人交流使用。

【考验性管理】 2017年1月10日，韶关市制定出台《市管领导干部考验性管理意见（试行）》，明确把“在贯彻执行上级党委、政府决策部署中有令不行、有禁不止，搞选择性执行”等17种具体情况，列为需进行考验性管理的情形，通过负向约束的方式，解决为官不为的问题。《意见》实施以来，围绕全市经济社会发展主要任务，结合17种情形，探索对部分领导干部实施考验性管理，在全市营造干事创业的良好氛围。全市有24名领导干部被纳入考验性管理。其中，市管干部4名，县管干部20名。

【干部教育培训】 2017年，韶关市委组织部创新实施“百期干部培训工程”，制定《2017—2019年韶关市干部精准培训规划》，明确培训对象、培训要求和六大重点培训内容。结合换届后工作需要，举办县（市、区）党政班子领导干部和乡镇（街道）党政正职进修班，开展各类专题培训班130多期，选派31名干部到东莞挂职，促进干部知识结构转型升级，提升干部能力素质。加强培训管理，出台《干部教育培训学分考核管理制度》，将培训学分考核结果作为评价干部学习培训成效的依据，调动干部学习培训的主动性。全市培训各级各类干部13.98万人次。组织2.42万名在职干部参加广东省干部培训网络学院在线学习。会同市纪委组织8批次共63名拟提拔县处级领导干部参加廉政法规考试。

【干部监督】 2017年，韶关市委组织部围绕“治未病”的原则，修订下发《关于实施市管干部预警监督“三示三书”制度的意见》，加强日常预防和事前监督，立足抓早抓小抓苗头，及时提醒整改干部中的轻微问题，促进干部健康成长。全年分别对112名市管干部及其所在单位发出《任职提示》《勤廉提示》或《温馨提示》，对37名市管干部及其所在单位发出《函询通知书》《提醒通知书》或《诫勉通知书》。制定出台《韶关市市管干部监督信息档案管理意见》，了解掌握和发现领导干部思想、工作、生活和廉洁自律等方面的负面信息，防止干部“带病提拔”。坚持实行干部选拔任用“双征”制度，在开展考察和市委常委会讨论决定前，两次向市纪委等干部监督联席会议成员单位征集干部人选信息。坚持实行“双公示”制度，在考察前发布干部考察预告，在干部任职前发布干部任前公示，扩大群众对选拔任用工作的知情权和监督权。坚持开展“4+6”核查工作，在干部选任过程中，查核干部档案、个人有关事项报告、廉政情况问题线索、计生情况和条例规定的不得列为考察对象的“六种情形”，确保及时发现疑点和隐性问题。全年共征集干部监督信息及廉政核查590人次，5名干部因个人有关事项漏报瞒报问题被取消提拔资格。

【书记抓基层党建工作】 2017年，韶关市委组织部强化基层党建考核评价工作，坚持和完善县、镇党委书记抓基层党建工作述职评议考核制度，扩大机关、国企、学校党委（党组）书记抓基层党建工作述职考核范围，把省、市抓党建工作任务纳入全市党建工作指标体系。出台《韶关市2017年党建工作责任制考核工作方案》，制定各项考核指标评分标准，采取“日常考核和年终考核相结合”“资料报送和实地查看相结合”等多种形式，开展督导考核和大督查大调研，强化党建工作考核结果的运用，明确考核排名末两位的县（市、区）委书记和市直机关单位党组织书记，在市委全会或市委常委会（扩大）会议上作说明。

【基层组织建设】 2017年，韶关市委组织部以办公服务阵地标准化、党务工作者队伍专业化、党员管理服务智慧化建设为抓手，探索构建市县街和社区四级责任联动机制，联动推进机关、国企、“两新”等领域基层党的建设，把城市基层党组织建设成为坚强的战斗堡垒。加强“三型”农村基层党组织建设，针对村级换届“带头人”人难选、后备人选不足的问题，实施村级班子“青苗”培养工程，建立以乡镇党委为主体的定向分类、导师帮带、实践锻炼制度，按照1：3的比例，选出3666名村级后备人选。通过“镇选村培”模式，遴选近4300名党员培养对象，发展党员

857名，解决“唯亲、唯族、唯友”问题。推进乡镇（街道）领导干部驻点普遍直接联系群众工作，制定出台农村基层党组织运转经费保障制度，持续抓好88个软弱涣散基层党组织整顿。完成1427个村级公共服务平台建设，解决历史留用地欠账438公顷。结合党组织和党员信息采集工作，开展党员组织关系集中排查，做好失联党员的管理和处置，查找失联党员2277名并纳入党组织有效管理中。

【村“两委”班子换届工作】 2017年4月1日，韶关市召开全市村（社区）“两委”换届选举工作会议，举办全市村（社区）“两委”换届选举骨干培训班。4月10日，印发《关于做好2017年全市村（社区）“两委”换届选举工作的通知》。5月15日，召开全市村（社区）“两委”换届选举工作推进会。6月14日，组织新一届村（社区）“两委”干部开展就职宣誓活动。6月，全市村（社区）“两委”换届选举工作完成，共选出新一届村（社区）“两委”班子成员6432人，书记、主任“一肩挑”比例达到91.2%，“两委”成员交叉任职比例达到90.7%，分别比省的要求高出11.2个百分点和10.7个百分点。全市选出1312名女性村委会成员，平均每村超过1名；选出53名女性村委会主任，占4.4%，比上届增加18名。南雄市雄州街道民主社区和浈江区新韶镇韶东社区作为非户籍常住居民及党员参加社区“两委”选举的试点，都选出年轻优秀的非户籍委员。

【“两新”组织党建工作】 2017年，韶关市委组织部以深入推进“两服务三推动”实践活动为载体，着力抓好“两新”组织党建工作，统筹做好“三强两抓”工作，提升全市“两新”组织党建工作科学化水平。抓好“两个覆盖”巩固提升工程，深入开展调查摸底专项活动，全市非公企业党组织覆盖率94.35%，社会组织党组织覆盖率89.01%，在全省排名前列。选定50个党建示范点培育对象，下拨19万元的培育经费，集中力量、分类指导，打造10个市级党建工作示范点，全市4个非公企业党组织被评为“广东省非公经济组织‘先进党组织’”。对全市1000名多“两新”党组织书记（骨干党员）进行“两新”组织党建专题培训。全市8名党员被评为“广东省非公经济组织‘党员标兵’”和“党务工作标兵”。

【人才工作】 2017年，韶关市委组织部坚持党管人才原则，出台《关于进一步加强党委联系服务高层次人才工作的实施意见》《韶关市扶持产业科技人才实施意见（试行）》等系列文件，将市人才资源开发专项资金提高到每年1亿元以上，推动形成党委统一领导、组织部门牵头抓总、有关部门密切配合、用人单位发挥主体作用、社会各方参与的人才工作格局。深化实施“双百”人才工程，在津贴待遇上，津贴标准提高到3万元；在选拔条件上，更加注重近5年的科技成果和工作业绩；在选拔程序上，引入第三方专业机构进行异地评审。引进一批紧缺适用人才，组织16个牵头单位开展人才需求调研，编制《韶关市2017—2018年紧缺适用人才导向目录》，聚焦公共服务领域和产业发展领域的人才需求，破除学历、职称、户籍、地域壁垒，引进各类紧缺适用人才94名。适时选拔一批本土优秀人才，从自然科学、社会科学、农业生产和科技推广、医疗卫生、教育教学教练执训、宣传文化、企业科技创新、企业技能、其他等九大领域，选拔在一线专业技术和技能工作岗位上取得突出业绩、做出重要贡献，为同行和社会认可的专业人才，给予享受市政府特殊津贴人才荣誉称号。全年选拔享受市政府特殊津贴人才111名，表彰优秀科技工作者10名。组织申报省“扬帆计划”，获得省“扬帆计划”继续扶持市县重点人才工程项目3个，数量和资金总额居全省第一。组织“广东青年科学家韶关行”活动，签署37份科技服务框架协议。

【组工调研信息宣传】 2017年，韶关市委组织部共编发《韶关组工通讯》12期。全市组工系统在中央级媒体宣传报道22篇，全省排名第三；在省级媒体宣传报道34篇，全省排名第七。韶关市委组织部课题组完成2017年度全省组织工作重点调研课题1篇，获得全省调研成果二等奖；《基层党建“书记项目”亟需“减负”》一文被评为全省组织系统问题建议类优秀信息稿件一等奖；2017年度《党建研究》宣传工作被中组部党建研究杂志社授予二等奖。市委组织部先后被评为全省组织系统信息工作先进单位、全市党委系统信息工作先进单位；2人被评为全市党委系统信息工作先进个人。 （廖　愉　刘　泉）

宣传工作

【概况】 中共韶关市委宣传部是市委主管全市意识形态方面工作的综合职能部门，直接指导和协调全市新闻、文化文艺和社会科学研究等工作。中共韶关市委宣传部组织结构：设部长1名，常务副部长1名，副部长3名；内设办公室、理论科、网络科（市委网络安全和信息化领导小组办公室）、新闻科（市委对外宣传工作领导小组办公室、市人民政府新闻办公室）、宣教科（市国防教育领导小组办公室）、文化发展科、干部科等7个科室；下设韶关市精神文明建设委员会办公室，设文明创建科和未成年人教育科；直属参公事业单位讲师团，设综合室、学习室、教研室；下属公益一类事业单位网络舆情信息中心。有在职干部33名（行政编制29名，参公事业编制8名），100%本科以上学历。

2017年，全市宣传队伍紧扣迎接学习宣传贯彻中共十九大这一主线，坚持稳中求进工作总基调，着力在统一思想、引导舆论、鼓舞干劲、增强实效上下功夫，为推动韶关振兴发展、全面建成小康社会提供思想保证、精神力量、道德滋养和文化条件。

【中共十九大精神宣传贯彻】 2017年，韶关市委宣传部门把迎接宣传贯彻中共十九大精神作为首要政治任务，深入开展习近平总书记对广东工作的重要批示精神、习近平总书记“7.26”重要讲话精神和省第十二次党代会、市委十二届四次、五次全会精神学习宣传。开展中共十九大精神和习近平新时代中国特色社会主义思想学习宣传活动。贯彻落实《中国共产党党委（党组）理论学习中心组学习规则》，推动各级党委（党组）理论学习中心组学习制度化规范化。全年市委理论学习中心组开展集体学习20多场次，全市各级党委（党组）理论学习中心组开展集体学习1000多场次。

开展理论宣传，中共十九大闭幕至2017年底，市直媒体传统平台共开设10多个理论宣传专栏，推出各县（市、区）、市直单位主要领导和理论专家系列访谈，中省和市直主要媒体推出韶关市学习宣传贯彻中共十九大精神报道900多条次；新媒体平台推送中共十九大稿件800多条，转载播发中省主要媒体重点稿件300多条。开展中共十九大精神知识竞赛、微征文、微访谈和微评论等网上宣传活动，部分评论跟帖样本入选中央网信办阳光跟帖。开展社会宣传，在新闻媒体和户外广告平台刊播中共十九大主题公益广告8000多条次，在全市上下营造学习宣传贯彻中共十九大精神的浓厚氛围。

【理论宣讲研究】 2017年，韶关市建立市基层理论宣讲人才库，开展党的创新理论和形势政策宣讲，全年面向基层一线开展巡回宣讲近5000场次。市委宣传部讲师团被省评为“基层理论宣讲先进集体”，2名基层理论宣讲员被评为“全省基层理论宣讲先进个人”。

开展理论研究，在重要节点、重要领域组织召开系列专家学者座谈会和研讨会。市社科联组织研究确立47个社科规划课题，评出45项哲学社会科学优秀成果奖；曲江区、南雄市社科联被评为“全国社科组织先进单位”。

【新闻宣传和舆论引导】 2017年，韶关市开展学习贯彻中共十九大精神、学习贯彻习近平总书记对广东工作的重要批示精神、砥砺奋进的五年、学习贯彻省第十二次党代会精神、学习贯彻市委十二届四次全会精神等重大主题宣传。策划“三大主题工作”“三大重点民生”“善美韶关”和优化营商环境、提升发展旅游产业等20多个主题宣传。组织属地网评员，策划新浪微博话题“善美韶关”总阅读量达400多万次，在全国政务榜排第37位。

围绕重大主题活动，邀请中省主流媒体到韶关开展大型宣传活动14次，推出韶关市宣传专题38个，相关报道2800多条。其中，在南方日报推出14个专版宣传；在网易开展6场“我是家乡代言人”网络直播，场均收看人次超过5.5万；在广东卫视、深圳卫视播出韶关形象宣传片；红军长征粤北纪念馆奠基前后，在《人民日报》等中省主要媒体推出300多条“红色文化”报道，组织协调中国著名作家采风团开展“长征·粤北记忆”采风活动；国庆前后，在新华社、南方+、腾讯等平台上集中投放20多个旅游宣传专题，总曝光量达3.3亿次；在“华南数谷”专题宣传中，协调新华社在亚太、欧美地区以5种语言同时发布相关报道，访问量达1.03亿次。

注重新媒体平台建设，在广东广播电视台“触电新闻”客户端上线韶关《新闻联播》等栏目，在网易客户端开设韶关页面，全市65家政务微信入驻南方号。其中“韶关发布”政务南方号获“广东最具影响力政务新媒体奖”。创新形式，对全市“两会”等重大会议活动进行移动直播，运用H5、图表、动漫等新技术开展主题宣传。

【精神文明创建】 2017年，韶关市以培育和践行社会主义核心价值观为主线，以创建全国文明城市工作为重点，培育良好社会风尚，高扬主旋律、汇聚正能量、树立新风尚，推进群众性精神文明创建活动。

着力打造“善美之城”。策划开展230多场（项）社会主义核心价值观宣传教育活动和“礼让斑马线”“文明行为十五条”等50多场“善美”主题活动，创作相关视频、动漫、平面等公益广告作品240多幅。建成13个核心价值观主题公园（广场），南雄市雄州公园、始兴县九龄广场被命名为第三批广东省社会主义核心价值观主题公园，仁化县铜鼓岭红军烈士纪念园被命名为广东省国防教育基地。

推进创文攻坚。针对基础设施建设和城市管理短板，市财政新增投入1.5亿元，市辖三区投入近4亿元，先后完成1400多项短板弱项的提升及8个内涝点、6个交通节点、21个农贸市场、4000个停车位、41个“五小”民生工程的修建。开展占道经营、渣土扬尘、交通拥堵等城市管理顽疾整治活动。在2017年国检测评中，韶关市创文总分从2016年的73.12分提升到87.39分，群众满意度从2016年的52.02%跃升到84.75%，为确保提名资格和2020年冲刺目标打下基础。

深化“四级”联创。乐昌市建立“条块结合”文明创建工作机制，翁源县推行“三级联创”机制，始兴县推出创文“包联包创”模式。全市共有2个村获全国文明村、3个单位获全国文明单位、5个单位获省文明单位、46个单位获市文明单位称号，始兴县进入广东省县级文明城市行列。

【文化事业和文化产业发展】 2017年，韶关市推进韶州文化广场场馆、基层综合性文化服务中心、公共图书馆联盟、风度书房建设，公共文化财政年人均支出提高到214.66元，人均公共文化支出比上年增长31.48%。

做实做优政府购买公共文化服务项目，全年购买服务66项，举办“南国书香节”“国庆戏剧曲艺花会”“庆祝建军90周年文艺晚会”“百姓艺术健康舞展演”“我们的节日”“韶城音乐节”，以及各类书画美术摄影展等系列文化活动。市文联开展“深入生活、扎根人民”“送欢乐下基层”“到人民中

▲2017年8月12日，南国书香节韶关分会场现场　（市委宣传部 供）

去”等主题实践活动；新丰县投入36.1万元完成全县农家书屋的图书更新。

策划制作《海路法雨——六祖禅宗海外传播》《从犁铺头到井冈山》《三万难童——抗战时期的广东儿童教养院》等多部纪录片，扶持出版《锋面雨》等多部文学作品，推出《铜铃悠歌》（歌曲，获省“五个一工程”奖）《瑶山飞来一群金鸪鸪》（音乐，获省第七届群众音乐舞蹈花会金奖）等一批精品力作。

推进粤北采茶戏保护传承中心场馆修缮工作，集中力量打造大型现代粤北采茶戏《枫树湾近事》，参加“第十三届广东艺术节”演出。推进南雄珠玑家风家训馆建设。举办南雄姓氏文化节、乳源瑶族“十月朝”、始兴围楼文化节、广东·风度九龄诗歌周和翁源、乐昌桃花节、新丰枫叶节、曲江罗坑茶文化节等大型活动。

加强历史文化资源的保护传承和活化利用，推动红军长征粤北纪念馆建设，系统挖掘、收集、梳理红色文化、工矿文化、丹霞文化、姓氏迁徙文化、禅宗文化、瑶族文化等基础资料，韶乐创作工作取得进展。推进广富新街、“斌庐”“南昌起义”部队活动旧址（犁市当铺）等具有“韶城记忆”的历史文化遗址遗迹的修缮保护，对全市287个红色文化遗址进行普查登记。

【文化体制改革】 2017年，韶关市推进韶关日报社、市广播电视台体制机制改革；建立健全互联网管理工作机制、公益广告宣传管理机制；完成乳源图书馆、乐昌文化馆总分馆试点工作，推进仁化、曲江图书馆总分馆试点工作。

（韶关市委宣传部）

爱国统一战线

【概况】 1952年9月，中共粤北区党委设立粤北区党委统战部。1956年2月，中共粤北区党委撤销，中共韶关地委建立，粤北区党委统战部改称韶关地委统战部。1956年9月，成立中共韶关市委（县级市）统战部。1977年1月，随着韶关市升格为地区一级市，中共韶关市委统战部也升格为处级建制。1983年6月，韶关地区与韶关市（县级市）合并，韶关地委统战部与韶关市委统战部合并为韶关市委统战部。2001年8月，设置中共韶关市委统一战线工作部。市委统战部设6个职能科（室）：办公室，党派工作科，港澳、海外联络科，经济工作科，港澳社团联络工作办公室，以及2017年增设的新的社会阶层人士工作科。2017年，市委统战部核定行政编制16名，后勤服务人员4名。市委统战部长由市委常委兼任，实现10个县（市、区）委统战部长由党委常委兼任全覆盖。

【多党合作】 2017年，韶关市委统战部协助市委举办市民主党派、工商联负责人和无党派代表人士座谈会，组织各民主党派班子成员前往湖南衡阳、郴州调研建言献策和自身建设工作。推进“市委出题，党派调研”。出台统战部长与民主党派负责人、党外知识分子联谊会（以下简称“知联会”）会长座谈会制度。执行民主党派市委会秘书长例会制度，掌握和了解各民主党派相关情况。规范市知联会会长会议和秘书处会

▲2017年12月21日，“2017广东风度九龄诗歌周”在广东省始兴县——唐代名相张九龄的故里开幕　（市委宣传部 供）

议。支持各民主党派加强自身建设，推进“民革党员之家”“民盟盟员之家”“九三之家”建设，市民进、农工党、九三学社分获各党派中央“坚持和发展中国特色社会主义学习实践活动先进集体”。民进韶关市委员会获民进6大项工作全国最高荣誉，非省会城市市委会全国仅3个地市，广东仅此一例。指导始兴县成立知联会，韶关市一半以上县成立知联会。组织筹办“知联会讲学堂”，第一期讲学堂在韶关学院举行。

【非公有制经济领域统战工作】 2017年，韶关市委统战部做好省工商联换届人选推荐，完成市县两级工商联换届。推进“五好”工商联建设和星级商会建设，始兴县工商联获评全国五好工商联。扩大商（协）会党的组织覆盖面，武江实现乡镇基层商会党组织全覆盖。韶商及韶籍乡亲共话韶关发展。组织“合作共赢·携手共进”银企对接交流会，11家银行及200余家企业进行对接。邀请深圳、中山、江门韶关商会回乡共商发展、参观考察。组织韶关市商会及企业参加粤商大会、世界客商大会及韶关市在深圳举办的“湾区创新、韶关加速”高峰会和“广韶合作、产业共建”韶关（广州）招商会，拓宽视野、招智引才。推进“百企帮百村”行动，帮扶企业、帮扶项目实现“双百”目标，累计投入逾7000万元。8月31日，开展韶关光彩事业“乳源行”，筹集12万元资助乳源瑶族自治县40名贫困大学生。调查摸底韶关市新的社会阶层人士分布情况，推荐30名代表人士成为广东省新的社会阶层人士联合会首届理事。组织新生代非公有制经济人士和非公有制经济代表人士参加中央及省举办参加“理想信念报告会”、广东星级商（协）会长研修班、全省优秀民营企业家培训班等，做好非公有制经济人士理想信念教育工作。

【民族工作】 2017年，韶关市委统战部召开全市推进民族地区加快发展督办会，推动省扶持民族地区加快发展政策项目落地。组织乳源、始兴分管县领导、民宗局局长及乡镇长赴贵州考察学习民族地区脱贫攻坚和特色村寨建设。加强与新疆、青海两省对接，建立流动少数民族输出地、流入地协作机制。开展民族团结进步宣传月活动，推进市县全面排查调处民族领域矛盾纠纷，常态化推进民族领域风险排查。韶关学院获评省首批民族团结进步创建活动示范单位。

【宗教工作】 2017年，韶关市委统战部举办宗教政策法规培训班，部署宗教院校开展“形势与政策”教育培训。加强与宗教代表人士沟通联系，做好宗教教职人员审核认定，推进宗教界人才队伍建设。加强宗教场所安全检查与和谐寺观创建工作，南华禅寺获批“国家级海峡两岸交流基地”称号，云门寺获评第三届全国创建和谐寺观教堂先进集体。基本解决天主教红星综合厂房历史遗留问题。推进宗教领域风险排查工作常态化。完成天主教基础情况、清真食品经营管理情况等专项调研。协助中国藏学研究中心到韶关调研。组织调研韶关市四大宗教团体各活动场所，指导宗教场所建设，推荐四名天主教人士参加省天主教第九次代表会议。

【港澳台联络工作】 2017年，韶关市举行庆祝香港回归祖国20周年联欢晚会。组织韶关海外联谊会海联会理事赴上海、江苏学习考察宏观经济形势和新型城镇化建设情况。拜访中联办、港澳重要社团、港澳政协委员和有关代表人士，参加港澳大型社团活动15余次，接待港澳友好社团来访10余批600余人。9月24日，香港武江各界联谊会在港举行成立就职典礼，12月17日，香港浈江各界联谊会成立大会在港举行。实现同乡社团在10个县（市、区）全覆盖。协助香港韶关同乡联谊总会义工团开展“启航计划”，到翁源、始兴、南雄等地展开扶贫和助学活动。联系全国政协委员、香港人士龙子明，美国珠海联谊总会会长胡润明，市政协委员、海联会荣誉会长吴镇明等捐助精准扶贫项目和贫困学子。10月23日，中央台办、国务院台办批复“同意在韶关市南华禅寺设立海峡两岸交流基地”。

【党外代表人士队伍建设】 2017年，韶关市委统战部推进韶关市省政协委员推荐提名工作，协助做好省人大代表考察评价。市委统战部、组织部联合印发《中共韶关市委统战部、组织部联席会议制度》，召开两部联席会议研究部署党外人士队伍建设等问题。与组织部联合选派第五批党外干部共13人到基层和经

▲2017年11月5日，韶关海外联谊会成立30周年大会暨第八届理事会就职典礼在香港举行
（张 弘 摄）

济、创文、扶贫等部门挂职锻炼。调整市委常委及党员副市长与党外代表人士结对交友制度。举办民主党派新成员培训班和民主党派基层组织骨干培训班，协助完成农工党市委会兼职副主委补选和民盟翁源县委会领导班子届中调整。做好全市党外干部分布及任职情况摸底。

【统战信息调研宣传】 2017年，韶关市委统战部发挥《韶关统战信息》平台作用，采纳党外人士建言献策信息直送市四套班子主要领导。全年编发统战信息147篇，被省部采用23篇。获全省统战信息工作二等奖、全市党委系统信息工作先进单位，连续七年获省部表彰；编发海联会会讯2期。组织统战理论研究会专家就统战工作重难点问题进行研究，形成统战理论调研成果20余项。《当前农村宗教信仰问题研究》获全省统战理论政策研究创新成果二等奖，《新形势下高校党外知识分子服务地方经济社会发展研究》《新形势下的城市民族工作研究》获省优秀奖。组织统战成员参加省部“喜迎十九大、画好同心圆”征文活动，《画好同心圆，助力中国梦》获三等奖，《凝聚民族情，共画同心圆》获省优秀奖。报送的《吴蔚建议加强零售药店中药代煎行为安全性监管》被市长殷焕明批办，促进市食药监局组织对全市药店代煎中药行为调查摸底；报送的《邓华关于修正小学语文课〈海上阴魂〉历史错误的建议》被教育部教材局批转语文出版社组织进行教材修订。

【韶关海外联谊会成立30周年大会暨第八届理事会就职典礼】 2017年11月5日，庆祝韶关海外联谊会成立30周年大会暨第八届理事会就职典礼在香港举行，来自中国港澳台地区及海外嘉宾300余人出席会议。大会通过《韶关海外联谊会章程（修改稿）》和第八届理事会成员名单，调整理事会任期至5年；通过第八届理事会成员名单，理事会成员295人，黄劲东当选新任会长。中央政府驻港联络办新界工作部部长刘林、省委统战部副部长李焕春、王青西和市领导陈波、黄劲东分别向新当选的名誉会长、荣誉会长、正副会长、常务理事及理事们颁发任职牌匾。

【韶关市光彩事业促进会第二次会员大会】 2017年11月29日，韶关市光彩事业促进会召开第二次会员大会，选举产生新一届理事会，并对15名践行光彩精神、参与扶贫济困工作成绩突出的非公有制经济人士授予“韶关市光彩事业奖”。市各行业100余名非公有制经济人士代表及市县统战部、工商联、各异地商会负责人参加会议。大会授予广东东阳光科技控股股份有限公司总经理张红伟等15名民营企业家“韶关市第一届光彩事业奖”；产生新一届理事会，成员102人，任期5年，孔庆红当选新任会长。

（张　弘）

政策研究

【概况】 2017年，韶关市委政策研究室（改革办）有行政编制19个，工勤人员1个；在编人员18人。其中，主任1名，副主任2名，改革办专职副主任1名，内设综合研究科、经济研究科、社会政治研究科、规划科和协调科五个科，主要职责是对有关全市经济、政治、社会等方面的方针、政策问题进行调查研究，向市委提出意见和建议，供市委决策参考；负责起草或修改市委有关重要文件、文稿等。改革办的主要职责是组织研究开展全市全面深化改革重大问题的政策研究，提出总体方案、目标规划、重要政策和重大措施等建议；提出全面深化改革的推进办法等。室（办）完成事关全市经济社会发展的重要文稿起草、重大调研和重点改革任务，发挥党委参谋助手和智囊团作用。

【文稿起草】 2017年，韶关市委政研室做好市委和市委主要领导各类文稿服务工作。提前介入。在年初就对全年常规性专题会议、全会等会议进行梳理，做好工作计划，收集上级有关方面会议和文件精神，了解掌握中央和省工作的动向，学习该项工作先进地区的经验做法。深入调研。围绕会议主题，深入各地各有关单位开展调查研究，了解工作进展情况，确保起草的文稿更加接地气。牢固树立精品意识，对每一篇文稿，都做到反复提炼推敲，力求文稿符合上级精神、符合本地实际、符合领导意图。一年来，组织撰写各类文稿161篇，约70万字，其中讲话稿60余篇，汇报报告20余篇，审核、撰写新闻通稿近20篇，整理讲话录音稿20余篇，特别是完成市委四次全会、市委五次全会、向省有关工作汇报、胡春华、李希、马兴瑞等省领导到韶关调研工作汇报等重要文稿，得到各级一致好评，向省报送的《关于召开市委十二届四次全会有关情况的报告》经省委常委、秘书长江凌批示转发各市学习。

【调查研究】 2017年，韶关市委政研室重视调研工作，把调研工作作为各项工作的重要基础工作来抓。组织重大调研活动。根据市第十二次党代会关于全面建成小康社会实现振兴发展的部署和市委十二届四次全会关于“快、优、补、强”的工作要求，确定2017年重点调研课题20个；根据十九大决策部署和习近平总书记对广东工作的重要指示批示精神，结合韶关实际，选定8个重大课题，由市委领导牵头开展专题调研。围绕全面建成小康社会、市与市辖区权责关系改革、优化营商环境、地税征管改革等重大课题深入调查研究，形成《韶关市全面建成小康社会基本情况调研报告》等一批调研报告，将调研成果融入各类文稿起草。随市委主要领导深入各县（市、区）、有关单位和企业调研近30次，确保及时、准确掌握第一手资料。协助上级和韶关市有关部门开展调研工作。协助省委政策研究室完成粤湘开放合作试验区建设等课题调研4个，协助省委办公厅开展农村面源污染防治专题调研；协助市委统战部拟订民主党派调研参考课题10个，凝聚参政议政的智慧和力量，在大数据产业发展、民营经济发展、打造特色小镇、打造户外运动全国知名品牌等方面形成一批调研成果。抓好调研成果汇总推广。编辑出版《韶关调研》12期，登载全市各类调研文章100多篇、照片100多幅；编发《调研内参》10期，编印《政策动态与决策参考》24期，其中《调研内参》《政策动态与决策参考》分别获市委、市政府主要领导签批1期、2期。

【改革统筹协调】 2017年，韶关市委政研室加强推动各项改革举措落地见效。 市委改革办主动谋划和统筹推进韶关市全面深化改革工作，不断破解制约各方面制约发展的体制机制障碍。全年召开4次市委全面深化改革领导小组会议，审议通过《韶关市全面深化改革2017年工作要点》《韶关市深化医药卫生体制综合改革实施方案》等22份重要改革文件。2017年确定经济体制、社会体制、生态文明体制、党的建设制度改革和纪律检查体制等12个重点领域共56项改革要点任务，部署实施116项具体改革事项，其中114项基本完成，重点领域和关键环节改革实现新突破，取得新成效。建立健全市委深改组年度议题预告制度、重要改革推进实施情况汇报制度，健全领导小组、专项小组工作制度，提高领导小组和专项小组的决策水平和工作效率。总结推广改革先进经验做法，印发《改革简报》11期，共3期被《广东改革简报》刊用，其中乳源县推进村民小组“五有”规范化建设的经验做法在全省复制推广。深化与珠三角地区的对接融合，复制推广东莞市“全程电子化+审批中心”登记等6项改革创新的新理念新举措。采取一季一台账、半年一分析、年终一量化考核的方式，对年度改革要点等全面性改革计划进行定期督查，对国资国企改革、农业供给侧结构性改革等重点改革任务和改革文件进行专项督察，形成2本改革工作要点台账和6份督察报告。将全面深化改革工作纳入市直机关绩效考核和县（市、区）科学发展观考核，各地各单位抓改革的责任意识强化，各项改革部署得到有效落实。 （杨作旭）

机关党建

【概况】 2017年，韶关市直属机关工委行政编制15个（原有编制12名，2017年根据韶机编办发［2017］23号文件市委办绩效考核职能划给市直属机关工委，同时增加行政编制3名），工勤编2个，在编人员14名，工勤人员2名。其中书记1名，副书记2名，正科长（主任）4名，主任科员2名，副科长2名，副主任科员1名，科员2名。管理的党组织87个，其中党委（机关党委）45个、直属党总支10个、直属党支部32个，基层党支部总数549个，党员10724名。韶关市直属机关工委以推进“两学一做”常态化制度化为主线，加强和规范党内政治生活、严格党内监督，聚焦主责主业，持续转作风提效能，提升党建工作融入中心服务大局工作水平。在全市抓基层党建工作述职考核中，市直属机关工委测评成绩在全市各党（工）委中名列前茅。

【“两学一做”常态化制度化推进】 2017年，韶关市直属机关工委按照市委的安排部署，推进“两学一做”常态化制度化，推动全面从严治党突出“关键少数”并向基层延伸。在市直机关基层党组织中开展领会习近平总书记对广东重要批示精神系列培训班。各单位党组织也同步跟进，及时做好本单位学习培训计划，采取集中学习与个人自学相结合，通过开展专题组织生活，举办培训班、学习班、读书会、报告会以及讲坛讲座等形式，集中1天以上的时间组织机关党员干部学习研讨，每位机关党员撰写一篇以上的学习体会文章。各级党组织采取送学上门、结对帮学、远程微课堂等方式抓好离退休党员的学习，做到学习培训全员覆盖。开展机关党员学习需求调研及机关党员干部队伍思想状况调研分析。5月22—25日，市直属机关工委在市委党校一楼报告厅分四期对2000多名市直机关科级及以下党员进行集中培训；11月中旬至12月下旬，联合市委组织部、市人社局联合对市直机关公务员、参公管理事业单位的近5000名在职党员，分10期，每期2天进行公务员学习贯彻十九大精神及新时期公务员职业道德建设专题集中轮训。11月16日，单独对非参公管理的事业单位、党组织关

▲2017年6月10日，广东韶关市直机关党组织负责人第一期培训班在井冈山开班
（市直机关工委 供）

系在工委管辖的中省驻韶各有关单位的500多名党员代表开展学习贯彻十九大精神专题培训班，实现在职党员集中轮训全覆盖。组织市直机关1万多名党员，从11月至2018年1月，在广东党员教育网上参加“学报告、学党章”考学活动，鼓励和支持广大党员反复多次考学，坚持和完善年老体弱党员上门送学、流动党员网络送学等结对帮学制度，让市直机关全体党员在学中考、在考中学。市直属机关工委管理的10724名党员均参加考学，参与率100%。市直机关工委于6月初和8月底在井冈山江西干部学院举办两期市直机关党组织负责人培训班；9月底，在北京师范大学珠海分校举办一期县（市、区）机关工委书记培训班。共培训150多名市直机关党组织书记、县（市、区）机关工委干部。

【“双争双促”主题教育活动深化】 2017年，韶关市直机关工委联合市委组织部印发《在全市机关深入开展“双争双促”主题实践活动的实施意见》。全市779个单位参与活动，各单位党组织查找突出问题2542个，单位整改落实措施2500多条，个人查找突出问题13425个，个人整改落实措施13506条。开展“回头看”支部数1370个，开展学习讨论2058次；张贴微信公众号二维码的窗口386个；评选党员示范岗374个；全市上级党委指导下属党支部开展活动810个，检查活动开展情况508次。对活动进行总结拓展，表彰10个先进党支部，20名先进个人。

【党建特色品牌创建】 2017年，韶关市直机关工委采取基层申报、逐级遴选、重点培育的方式，组织开展2017年度“韶关市直机关党建工作示范点”创建活动，市直和中省驻韶共有21个单位提出创建申报，通过走访调研，选择8个比较成熟的单位党组织进行重点培育。11月29—30日，评审确定市国税局、市地税局、市财政局、市公安局高速交警一大队、中国移动韶关分公司等5个特色鲜明、硬件完善、软件规范的基层党组织作为全市机关党建工作示范点。通过树立标杆、以点带面、示范带动，提升韶关市机关党的建设整体水平。通过组织开展“党支部品牌工作法”征集评选活动，总结、宣传和推广中共十八大以来市直各单位基层党支部加强党建工作的好经验、好做法，引导机关党组织探索、勇于创新，找准党建工作和业务工作的结合点、切入点，着力解决好党建工作和业务工作“两张皮”的问题。征集活动共收到59个基层党支部申报材料，最终通过初审和复审选出15个党支部品牌工作法汇编成册，供市直机关各基层党支部学习借鉴。在全市范围内开展工作创新创优竞赛。4月下发通知和方案，细化比赛项目的内容、要求和标准，明确报送材料的格式、流程和截止时间，动员市直各单位、各县（市、区）机关工委推荐参赛。各单位共报送127个项目参赛。遴选出43个项目的参赛团队通过一天半的视频、演讲、小品、相声、说唱等多种现场形式展示竞赛项目内容。各类别分别评选出一等奖2名，二等奖3名，三等奖5名。会同市广播电视台及韶关日报社对部分获奖的参赛队伍进行专题采访，在韶关新闻综合频道、《韶关日报》、韶关新闻网等媒体平台进行一系列宣传报道。比赛结束后，组织韶关市优秀创新创优项目参加广东省直单位第五届工作技能大赛暨市县机关工作技能邀请赛，通过复赛、半决赛、决赛，在11月的省直工委技能大赛决赛中，市直属机关工委与市公安局、市国税局以及韶关学院分获优秀组织奖，为历年来成绩最佳的一次。

【党建基础工作强化】 2017年，韶关市直机关工委落实市委全面从严治党的实施意见，从支部层面规范换届改选、党内生活、阵地建设、台账建设、党费收缴等基础工作，规范健全“三会一课”（“三会”指定期召开支部党员大会、党支部委员会和党小组会，“一课”指按时上好党课）等制度。市直机关各级党组织新发展党员68名，其中，35岁以下的青年党员45名，大学专科以上学历党员68名。市直机关参与捐赠党员互助金活动的党员人数6560名，捐赠金额77.85万元，其中有6名党员自愿捐赠1000元。向老党员、困难党员、因公牺牲党员家属以及离退休老干部党支部等78个党支部、350名党员发放85万余元的慰问金和党建工作经费。推动出台《关于加强市直机关党建工作保障的实施方案》，联合市委组织部、市编办，以制度文件的形式对机关党组织办事机构、专职党务干部配备等问题进行明确规定。7月26日，市编办下发《关于市直有关单位党（工）委和机关党委办事机构设置等问题的通知》，落实机关党委专职副书记编制和职级，选配标准、程序和方法，选好配强专职党务干部，避免班子内部分工不清，抓党建精力难以集中的情况。按照“5321”的标准，市直机关工委多次与市委组织部、市编办以及市财政局等部门沟通协调，先后于4月7日，中共韶关市委办公室印发《关于加强市直机关党建工作保障的实施方案》的通知；4月18日，市直属机关工委与市委组织部、市财政局联合下发的《关于拨付2017年市直单位党建活动经费的通知》，把基层党建活动经费列入各级财政预算和本单位的年度部门预算，专款专用，形成经费支撑体系。

【党建载体提升】 2017年初，韶关市直机关工委起草并下发《2017年机关民主评议政风行风工作方案》，对市直各窗口部门民主评议政风行风工作进行具体部署。组织10个重点评议单位，对照评议内容，在本单位本系统内部开展评议，列出若干个群众反映强烈的突出问题，制定整改落实方案。印发500余份政风行风测评公众号二维码，通过在服务窗口张贴宣传页、在韶关机关党建网、韶关新闻网发布二维码等方式，向办事群众广泛宣传政风行风评议公众号。通过日常对服务窗口的抽查，确保各服务窗口均张贴二维码，严禁弄虚作假。根据2016年的测评情况和各单位反馈意见，对民主评议政风行风微信公众号的测评系统进行修改完善。微信公众号于5月15日开始试运行，6月1日启用，对全市30个单位的服务群众满意度进行数据采集。截止到10月31日，微信政风行风公众号共收到评议数100953条，其中满意数99972条，占99.03%，不满意数981条，占0.97%，整体测评情况良好。对收到办事群众提出的意见与建议，将测评总体情况反映给全市30个单位，以及通过整理各“不满意”票数的原因与意见，分别反馈给被测评单位，通过抽查的形式，督促其回访与整改。通过领导上线、县（市、区）上线、重点上线、户外上线等方式，推进韶关市“民声热线”工作深入开展。创新内容和形式，在户外开展“民声热线”现场为民服务活动，对节目进行手机同步直播。6月29日、12月7日、12月10日分别在乐昌市北乡镇黄坌村石角村小组、乳源县城文昌公园，以及市区百年东街婚庆广场举行 “民声热线”户外大型直播活动。

【精神文明建设加强】 2017年，韶关市直机关工委开展2016—2017年全国、省、市三级精神文明创建申报工作。共推荐命名2016—2017年度韶关市精神文明建设先进集体7个，其中市级文明单位3个、市级文明示范窗口2个、精神文明建设创新奖1个、市未成年人思想道德建设工作先进活动基地1个。对这些单位的申报材料进行审核，报市文明办备案。向市文明办报送7名“韶关好人”候选人。组织道德模范和“身边好人”推荐工作和学习宣传活动，形成“争当典型、学习典型”的良好社会效应。

【科学考评体系建立】 2017年，韶关市直机关工委制定《韶关市机关2017年党建工作目标管理责任制考核实施方案》，重点对市直各单位党组织在党组（党委）重视党建工作情况、年度党建重点工作完成情况、基层党建工作落实情况、党组织工作满意度测评情况、党建工作创新奖励情况等方面，通过目标考核、常态化考核和满意度测评等3个项目对被考核对象进行综合考核，进行4次常态化考核；根据常态化考核的情况来看，全市机关党组织“两学一做”学习教育常态化制度化工作能够落实到位。主动承接2017年市级单位年度绩效考核工作，结合各被考核单位提出的年度工作任务，通过反复召开座谈会议、发送文函形式，征求市四套班子领导、市机关绩效考核工作领导小组成员及90多个被考核单位意见建议，不断进行修改完善。6月30日以市委办和市政府办名义联合印发《关于印发〈2017年韶关市机关绩效考核实施方案〉的通知》。专门建立工作台账，对各单位完成工作任务情况进行纪实记录，由各单位工作人员确认签字后分类造册，实行纪实制度管理。7月中下旬，在市委组织部的带领下，先后赴肇庆、佛山、中山、广州四市开展调研学习，借鉴学习先进地市开展绩效考核工作的经验法宝，初步与信息系统开发公司座谈，商议绩效考核信息化管理系统建设问题。7月开始部署各被考核单位申报2017年目标考核具体工作指标并组织开展集中评审工作，主要从市机关绩效考核专家人才库抽选17名专家成员开展为期一周的集中审核，年底完成对93个被考核单位申报目标指标的逐一审核和赋分工作，确保当年度市委、市政府重点工作任务无遗漏，跨单位指标责任明晰。（吴　滔）

老干部工作

【概况】 截至2017年12月，韶关市有离退休干部42097人，其中离休干部835人，党员22218人，占离退休干部总人数的52.77%，设有离退休干部党支部396个。调整韶关市离退休干部工作领导小组组成人员，推动落实中央关于“全面实行地方各级党委老干部局局长兼任同级党委组织部副部长”要求，市本级和南雄市、仁化县、乳源瑶族自治县、浈江区老干部局局长兼任同级党委组织部副部长。2016年12月，韶关市委老干部局首次获“全国老干部工作先进集体”称号。

【正能量活动】 2017年，韶关市老干局以“六讲好六畅谈六展望”“建言十九大，共谋新发展”和“三个100句+”为主要内容，以“学研”“讲谈”“抒怀”“建言”“共享”为抓手，以建设善美韶关、创建全国文明城市为着力点，重点开展“畅谈十八大以来变化、展望十九大胜利召开”和“建言十九大”活动，调动离退休干部参与的

▲全市老干部工作会议 （市老干部局 供）

积极性。全市组织“畅谈”座谈会349场次，参加老干部9683人次。市老干局先后两次组织市四套班子老领导外出参观学习并建言献策，其中9月组织赴赣州和南雄开展的以“展望十九大胜利召开 助力韶关振兴发展”为主题的参观学习活动，收集老领导意见建议，形成书面报告，供市委决策参考，获市委书记莫高义批示。2017年年底，市班子主要成员和老干部召开座谈会，其中的重要建言被采纳。组织市（县）级老领导及老游击战士联谊会、老促会、关工委等群团组织中老革命、老党员进行专题访谈，其中乐昌、仁化、乳源还将访谈内容制作成宣传片展播。全市各地各单位共召开建言座谈会162次，与会老干部2047人次，接受访谈老干部261人，征求意见建议1081条，为各级党委政府和各地各单位集智聚力、献计支招。全市举办老干部书画诗词摄影展75次，组织老干部文艺演出292场次。在《韶关日报》要闻头版刊出系列专题报道《党心所系 民心所向》和《不忘初心 砥砺前行》长篇通讯稿；在《韶城一周》周报开辟专栏，集中展示老同志关爱青少年、传递正能量的风采；在“韶关党员教育”公众号设立“关注老干风采”专栏，推送正能量活动报道和老干部“畅谈”“建言”感言。

【离退休干部党建工作】 2017年，韶关市老干局强化离退休干部思想政治引领，印发《2017年韶关市老干部政治理论学习意见》。完善和落实阅读文件、听报告、参加重要会议活动、通报情况、参观学习等政治待遇制度。印发《2017年韶关市老干部政治理论学习意见》。组织市级老领导参加主题电视电话会议6次，举办专题读书班活动2次；举办老干部党支书书记培训班1期。全市共为离退休干部及党支部订阅报纸杂志3万余份。借助市老干部（老年）大学的公共平台，举办形势辅导报告会、国情分析讲坛等5场。各地各单位通过组织离退休干部学习习近平总书记系列重要讲话和中共十九大精神，自觉做全面从严治党的坚定支持者和模范践行者。全市举办老干部学习贯彻中共十九大精神辅导报告会（学习会、培训班）145次，参加老干部8000人次。在乳源举办“不忘初心 牢记使命”市级老领导学习中共十九大精神读书班。派员参加广东省老干部学习贯彻中共十九大精神辅导报告会。探索“一方隶属、多方管理”党建工作机制，针对市老干局接管的企业离休干部居住情况，分片成立5个老干部党支部，通过开展“服务日志”活动，将各支部老党员学习、生活、身体情况及反映的问题逐一登记在册，跟进处理。在市老干部（老年）大学教学班和活动团队建立临时党支部，仁化县老年社团、市关工委艺术团也先后成立老干部临时党支部，带动各地各单位创造离退休干部党组织建设新经验。首次将离退休干部党建工作纳入韶关市2017年党建工作责任制考核工作方案和韶关市机关2017年党建工作目标管理责任制考核实施方案，做到同部署、同考核、同检查。与省内其他地市一并受邀参加广东省离退休干部党工委成立后首次组织的省直和中省驻穗单位离退休干部党支部书记培训班。参照省委和省内其他地市做法，研究推动韶关市建立市委离退休干部党工委有关工作。

【老干部生活待遇落实】 2017年，韶关市老干局有落实老干部各项生活待遇，协调落实市直参保离休干部和市直企业、部分事业单位建国初期参加革命工作部分退休干部有关慰问金。落实粤组通〔2016〕28号文件精神，补报符合条件的建国初期参加革命工作退休干部24名。为建国初期参加革命工作的部分退休干部和4名省属企业离休干部、7名市属企业离休干部增发护理费。为42名无生活来源的市直企业离休干部遗属办理生活困难补助。协助34名去世离休干部家属处理丧事并申报、发放丧葬费及抚恤金。市委老干部局离休干部医疗费管理中心通过与各定点医院续签《韶关市市直企业和部分市直单位已参加医疗统筹的离休干部定点医疗机构医疗服务协议书》，对统管核报医疗费的375名市直企业和部分市直单位参加医疗统筹的离休干部2017年度核报医疗费1330人次2245.66万元。通过对异地住院金额比重大、费用高的离休干部进行监督巡查，对离休干部医疗费核报工作严格把关，减少重复检查、小病大治、费用虚高等不合理现象，节约医疗资源，减少财政负担。

【老干部服务管理完善】 自2016年韶关成为全省唯一由市委老干部局负责市四套班子副厅以上老干部管理服务工作的地级市以来，归口直管43名市四套班子老领导。引导“省级老字号”和“厅级老字号”助力韶关发展。坚持重大节日走访慰问老干部。组织市级老领导开展活动。首次组织拜访曾在韶关战斗或工作过的省级老领导以及在韶关担任过市四套班子正职的厅级老领导。派员参加省委老干部局首次组织的登门慰问广东省易地安置在14个省（区、市）的35名离休干部。对接收的易地安置离休干部和接管的企业离休干部，打造升级版的“五星级”工作站，完成“上访→下访→巡访”改革，解决管理服务“最后一公里”问题。继续探索退休干部社会化管理服务。

【文化养老推进】 2017年，韶关市老干局指导有关县（市、区）用好省下拨的老干部学习活动场所建设专项资金，加强专项资金的使用、管理和监督，做好绩效评价工作，争取到2018年省专项资金700万元。2017年，韶关市老干部大学获全国“敬老文明号”称号。市老干部（老年）大学共开设24个专业52个班，在校学员2354人次。市老干部（老年）大学、市老干部活动中心共举办专场演出8场，主题书画展6次，乒乓球、门球、桌球、桥牌等文体比赛40场次。市老干部活动中心选送的节目在第六届中国（洛阳）老年合唱艺术节暨全国中老年优秀合唱队省际交流活动中获“紫牡丹奖”，获2017年粤港澳中老年国际艺术大赛合唱类金奖，获2017年市排舞展示大赛一等奖。市老干部大学代表队在市老年人运动会中获团体二等奖和优秀组织奖。推进老年教育文化资源共建共享，组织引导各级老干部（老年）大学学员和文体骨干走进社区、服务社会，调研探索省、市、县（市、区）、乡镇（街道）、村（社区）五级老干部（老年）教育网络建设。市、县两级老干部工作部门（包括老干部活动中心、老干部大学）所管理的36个老干部文体活动团队2889人，开展活动400多场次。38支老干部志愿者队伍的572名老干部，开展或参与活动153场次。“努力提高老干部（老年）大学教育的参与率和满意度”等内容写入韶关市发展社区教育促进学习型城市建设实施方案。

（温　舜）

台湾事务

【机构概况】　中共韶关市委台湾工作办公室，2005年4月从市委统战部独立为市委工作部门，并挂韶关市人民政府台湾事务局牌子，是市委主管对台工作的职能机构。设置综合科、经济联络科两个职能科。核定编制6人。

【南华禅寺获批为国家级海峡两岸交流基地】　申报南华禅寺为国家级海峡两岸交流基地是2017年全省对台重点工作之一。5月，经市委同意，韶关市正式向省台办提出申报南华禅寺为国家级海峡两岸交流基地，上报《韶关市南华禅寺设为海峡两岸交流基地可行性报告及发展规划》。10月23日，中共中央台办、国务院台办发文批复“同意在韶关市南华禅寺设立海峡两岸交流基地”。南华禅寺为广东省首家宗教类海峡两岸交流基地。此前，广东仅有4家海峡两岸交流基地，分别为广东梅州市海峡两岸交流基地、广州黄花岗七十二烈士陵园、南澳总兵府以及中山市翠亨新区。南华禅寺与台湾岛上的佛教都以禅宗为主，其宗派都是承袭自大陆，因此南华禅寺同样也是台湾禅宗各派的祖庭。在南华禅寺设立海峡两岸交流基地，可以使台湾佛教传承自大陆佛教、台湾文化来源于大陆文化的观念变得更为感性直观，可以通过吸引大量台湾信众来曹溪参访寻根，培养其更自觉的中华文化意识，强化其作为中国人的身份认同感。

【韶台交流】　2017年，韶关市委台办以青少年交流、基层交流为重点，巩固深化韶台交流。6月至7月，分别以“感受岭南情、两岸一家亲”“认识美丽祖国，感受岭南魅力”为主题，邀请台湾不同年龄段的青少年学生到韶关参加“韶台青少年学生夏令营”系列活动。

【韶台经贸合作】　2017年，韶关市委台办将提升韶台经贸交流合作的层次和水平作为两地经济合作的重点，在巩固现有台资企业的基础上，主动引进台湾优势产业。3月，台泥集团董事长张安平一行到韶关拜会市政府主要领导，双方就生活垃圾处理业务合作进行深入洽谈，确定合作方向。4月，副市长陈磊率经贸考察团拜会台湾5家企业，就两地汽车动力电池产业合作达成初步共识。

【涉台宣教】　2017年，韶关市委台办以多种形式拓宽宣教渠道，开展各项涉台宣传教育工作。11月，邀请省台办副主任陈林佐到韶关市，在台商台胞中宣讲中共十九大精神。

【涉台服务】　2017年，韶关市委台办坚持服务台胞台商。9月，举办迎中秋台商台胞台属座谈会，与在韶关的台胞欢度佳节。定期走访慰问困难台胞和重点台属，为20名困难台胞提供困难补助金。2017年，处置13件涉台信访案件。

（李　睿）

党校工作

【概况】　2017年，韶关市委党校坚持“党校姓党”的根本原则，把正确的政治方向作为办学第一要求。全年举办各类班次154个，培训人数合计30306人次；其中，计划内班次55个14704人次，计划外班次99个15602人次。参与各类重大理论学习宣讲活动200多场次。

【干部教育培训】　2017年，韶关市委

▲2017年3月，国台办交流局局长黄文涛（左四）到韶关调研南华禅寺申报创建海峡两岸交流基地情况

（市委台办　供）

党校突出党的理论教育和党性教育主课地位，严格执行中央关于党的理论和党性教育课程在教学安排中不低于总课时70%的规定。教学内容紧贴中央最新精神和市委重大决策部署，突出理论教育和党性锻炼，形成以增强党性修养和公仆意识为主干的教学新体系。探索创新教学方式方法，在主体班教学中把启发式讲授、案例式分析、专题式研讨、辩论式交流、情景模拟、现场教学等结合起来，推进研究式教学和现场教学。党建教研室创新教学方式，在中青一班开设“党性修养大家谈”主题研讨会；政治教研室开设电影教学：《刮痧》背后的文化冲突与司法差异等，提高培训的实效，受到学员的广泛好评。加强作风建设，推进“两学一做”，把理论素养和政治素质的教育培训摆在首位，强化规矩意识。利用韶关市党性教育现场教学基地开展教学活动，加强党性锻炼，组织学员到五里亭省委旧址、南雄梅关、仁化双峰寨、油山重走长征路、市检察院反腐倡廉基地开展现场教学，取得较好的效果；安排中青一班、中青二班、第二期处级班分别前往贵州贵阳与遵义、江西瑞金与福建龙岩、赣州与郴州开展异地教学，增强学员讲党性、守规矩的自觉性。落实《关于开展领导干部上讲台工作的通知》要求，全年领导干部到校授课33人次。发挥资源优势，扩大社会影响。承办和协办各类对外培训合计99个班次，培训总人数15602人。其中外地来党校办班合计35个班次，分别有省委党校主体班8个班次，省委办公厅1个班次，广州、深圳、佛山、茂名、阳江、恩平等地党校系统和各部门来党校开展党性教育异地现场教学，合计26个班次，培训人数1743人。

【教学科研成果】 2017年，韶关市委党校科研主要成果有：获科研成果奖6项，其中韶关市哲学社会科学优秀科研成果奖二等奖1项、三等奖3项；公开发表论文39篇，其中公开刊物六类期刊7篇；参加各类学术活动13人次，入选理论研讨会论文13篇；课题结项6项（韶关市哲学社会科学规划2017年度课题1项、2015年度课题4项、2013年度课题1项），课题立项4项（广东省委党校系统哲学社会科学规划2017年度课题1项，韶关市哲学社会科学规划2017年度课题3项）。其间，欧阳建国获得国务院特殊津贴，并被评为二级教授。搞好咨政研究，发挥好党校智库作用。围绕韶关市第十二次党代会精神和“三大主题工作”等开展系列专题调研，形成专题调研报告5份；欧晓万教授、欧阳建国教授主持撰写的调研报告《韶关市与郴州市发展比较研究》被韶关市政府采用。6位教师被聘为市委宣讲团成员，宣讲习近平新时代中国特色社会主义思想，中共十九大会议精神，习近平总书记关于广东重要批示精神等，为韶关市各单位送课上门200多场。1位教师被广东省委宣传部评为“广东省基层宣讲先进个人”；教研人员对中央、省委和市委重要会议精神解读的文章在《韶关日报》上刊发17篇；接受媒体采访23多人次。

【师资队伍建设】 2017年，韶关市委党校继续抓实队伍建设。加强师资培训力度，鼓励本校教师“走出去”，到省内外党校、高校参加培训学习，拓宽眼界、实践提升。在“请进来”中，先后邀请多名专家学者授课，高层次领导、专家传经送宝，招聘4位硕士以上学历学位的专技人员，在引进人才的同时，搭建全市党校系统人才引进工作平台，为县级党校引进3位硕士以上学历学位的专技人才。

【校园建设】 2017年，韶关市委市政府加大党委办校力度，将市委党校校园改扩建工程纳入韶关市城市提升三年行动规划，分两期建设。第一期（校门、校道建设工作）于9月建成并投入使用，受到普遍好评。第二期（停车场、学员楼、学员食堂、校园绿化、校道等改扩建项目）相关前期工作正在推进中。（罗　颖）

▲2017年7月19日—21日，2017年韶关市党校系统中青年教师教学技能竞赛在始兴县委党校举办（市委党校　供）

信访工作

【概况】 韶关市信访局是市委、市政府负责群众来信、来电、来访和综合、督查工作的正处级办事机构，挂靠市委办公室。2017年，韶关市信访局有行政编制11名，后勤人员编制2名，内设综合科、办信接访科（网上信访办理科）和督查科3个科室。1人被国家信访局评为从事信访工作25年以上信访工作者。韶关市群众到中央、省、市、县（市、区）四级信访总量11257件（人次）（其中：来访2479批8750人次，来信973件，网上信访1534件），同比下降1.6%。

【信访工作机制健全】 2017年，韶关市信访局牵头制定《韶关市各级领导干部定期接待群众和包案化解信访积案制度》《韶关市信访矛盾纠纷排查化解制度》《韶关市推进诉访分离有效善后衔接工作制度》等制度，明确市委、市政府副秘书长分片归口协调负责制，以解决部门间推诿扯皮问题。引入律师到市人民来访接待大厅参与接待群众来访工作，由律师参与访前甄别疏导教育、访中调处化解、访后跟踪评估。制定会商联处疑难信访积案工作办法，推动信访积案的化解。

【信访渠道畅通】 2017年，韶关市信访局推进网上信访平台建设，促进信访渠道畅通。年内开发建设韶关市手机信访APP和信访微信公众号，加上原有的网上信访信息系统，形成“一网一端一微”网上信访平台。推广网上信访应用，加强网上信访业务培训，提高办理质量和效率，吸引更多的群众变信访、走访为网访。着力加强信访基础业务建设，举办信访业务培训28场，提高基层信访工作水平，解决信访事项受理、办理、答复、送达、系统录入环节中存在的问题。理清信访与诉讼、仲裁、行政复议、行政裁决等其他法定途径的边界，使各类群众信访诉求依法定渠道和各部门法定职责合理分流，依法处理。

【信访突出问题化解】 2017年，韶关市信访局以开展信访突出问题治理专项行动为抓手，组织对103宗信访矛盾纠纷进行调处化解，组织召开信访矛盾调处会议64场，推动化解信访矛盾纠纷72宗。推动各级领导带头包案化解社会矛盾纠纷及信访积案，协同市委政法委制订2017年韶关市党政领导包案化解社会矛盾纠纷办法，每位党政领导包案化解2宗社会矛盾纠纷或信访积案，各县（市、区）均出台领导包案化解社会矛盾纠纷及信访积案化解办法。省交办的2宗信访积案全部化解，市级自行排查并上报省的5宗信访积案及县（市、区）排查上报省的14宗信访积案均全部化解。县（市、区）自行排查信访问题492宗，化解457宗，化解率达92%。

【信访秩序好转】 2017年，韶关市信访局推动乐昌、南雄、乳源、翁源、新丰、浈江、武江、曲江等8个县（市、区）由当地法院、检察院、公安、司法联合出台《关于依法处置非正常上访行为的通告》，明确对违法上访行为的处置办法，信访秩序明显好转。

（杨慧颖）

机构编制

【概况】 2017年，韶关市编办创新推进改革，加强机构编制管理，为全市经济社会发展提供体制机制保障。推荐提拔副处级干部2名，选拔任用科级干部4名，接收军转干部1名，选调年轻干部1名，优化干部队伍结构。

【行政审批制度改革深化】 2017年，韶关市编办印发《市级行政许可调整事项目录（2017年版）》和《市级行政许可事项目录（2017年版）》，调整行政许可事项105项（取消53项、下放52项），保留行政许可事项272项（子项621项）。分两批清理行政审批中介服务事项78项，降低市场准入门槛和制度性交易成本。围绕打造政务服务“高地”和投资成本“洼地”，通过减事项、简流程、优服务等措施，降低市场准入门槛和企业制度性交易成本。减事项，降成本。在前期取消调整606项审批事项的基础上，2017年再取消下放105项，分两批清理行政审批中介服务事项78项，降低市场准入门槛和制度性交易成本。结合权责清单动态调整，取消调整日常管理事项154项，减少政府对微观事务的管理。简流程，提效率。开展行政许可标准化，累计压减办理时限2286个工作日，简化环节468个，规范减少申请材料616件，明确裁量标准1548项，细化量化模糊条款和兜底条款2231条。推动向功能区和基层放权，在原下放189项的基础上再向各县（市、区）下放审批事项17项，向华南装备园赋权54项，提高办事效率。开展“三证合一、一照一码”登记改革，简化办事流程，完成市直266个事业单位加载统

▲2017年6月30日，韶关市编办组织党员干部赴仁化双峰寨开展党性教育活动
（韶关市编办 供）

一社会信用代码的法人证书核发。助力“一门式一网式”政务服务模式改革，编写规范行政许可事项标准1300多份。开展“减证便民”行动，清理并取消涉及群众办事的各类奇葩证明，便利群众。出台许可清单、中介服务事项清单和权责清单，厘清政府部门职权“家底”和责任边界，规范政府权力运行。

【城市执法体制改革推进】 2017年，韶关市编办围绕城市品质提升，提高群众获得感。参与“数字政府”改革和“智慧城市”建设，促进行政效能和治理水平提高。提请印发《韶关市关于深入推进城市执法体制改革改进城市管理工作的实施方案》，从理顺管理体制、强化队伍建设、提高执法水平等8个方面，提出34项改革措施。按照属地管理，重心下移，权责一致原则，合理划分市、区、部门在城市管理和执法方面的职责权限，推进城市管理领域大部门制改革，明确住建管理局为城市管理和执法主管部门。理顺城市建设管理体制机制，拟订市住房和城乡建设管理局的“三定”规定。同步推进城市管理相关事业单位改革。按照“建管分离”原则，将市级市政工程建设项目纳入代建管理，维护管养工作由住建管理局下属事业单位承担，为全面提升城市管理水平，推动城市管理走向城市治理提供体制机制保障。

【开发区管理体制改革推进】 2017年，韶关市编办配合推进芙蓉新区行政体制改革。会同芙蓉新区管委会深入肇庆新区调研，通过召开座谈会等形式，听取市直各单位意见，专题研究改革相关事宜。配合完善华南先进装备产业园工作机制。印发《关于韶关华南先进装备产业园管理委员会启用系列“3号章”的通知》及相关配套文件，优化工业园区管委会职能，推进韶关芙蓉新区行政体制改革，完善华南先进装备产业园管委会功能，推动发改、经信、环保等8个市直部门向华南先进装备产业园管委会下放33项行政许可、21项行政备案和日常管理职能，实现“办事不出园”的一站式服务体系。调研开发区管理体制机制情况。对全市14个开发区管理机构进行调研分析，为国家和省下一步推进开发区管理体制改革提供决策参考。

【医疗教育等民生领域改革深化】 2017年，韶关市编办推进市区医疗卫生资源整合，提升医疗服务水平。推动市职业病防治院与市第三人民医院整合为韶关市第二人民医院，加挂粤北工伤康复中心牌子；将市铁路医院调整由韶关学院医学院管理，加挂韶关学院医学院附属医院牌子，提高基层医疗供给水平。深化教育领域综合改革，按照义务教育、学前教育以区为主，高中教育以市为主原则，调整部分学校的管理体制；探索推进“县管校聘”管理改革，建立与现代教育相适应体制机制。配合教育局探索推进“局管校聘”管理改革，将市第二中学、市浈江区曲仁中学、市第五中学收回市直属管理，将市机关第一幼儿园、市机关第二幼儿园下放浈江区管理，市机关第三幼儿园下放武江区管理，建立与现代教育相适应体制机制。提供公益服务。优化民政领域资源配置，不断规范完善救助体系。推进食盐监管体制改革，保障食盐行业安全。

【机构编制资源科学配置】 2017年，韶关市编办严把编制总量关口。制定年度用编计划，落实“撤一建一”“增减平衡”管理原则，开展控编减编专项督查，推进机构编制问题整改，不断优化实名制系统管理，实现总量控制。通过机构改革、行政审批制度改革、综合执法体制改革、事业单位分类改革、推行政府购买服务等“三向”（向改革要编制、向管理要编制、向信息化要编制）方式，盘活现有编制存量，为经济发展和民生事业保障做好储备。注重向民政、教育、医疗等民生领域以及重点发展领域倾斜执政资源。加强旅游部门力量，强化全域旅游工作保障；健全巡察机构，推进巡察全覆盖；健全市直部门党组织办事机构，夯实全面从严建党基础；下沉县（市、区）各类编制2000余名，助推县域经济发展。

【事业单位登记管理工作完成】 2017年，韶关市编办按照“双随机一公开”要求，抽取市县两级60家事业单位，进行交叉实地核查。推进事业单位法人登记和机关群团统一社会信用代码赋码全事项、全流程网上办理。做好党政机关事业单位网站名称管理工作，确保机关事业单位门户网站运行安全。全年，办理事业单位设立登记6件，变更登记66件，机关群团统一社会信用代码赋码22件，变更37件，全部实现即时办结。

（文华盛）

保密工作

【保密会议】 2017年4月13日，中共韶关市委（以下简称市委）召开市委第21次常委会会议，传达学习中共广东省委保密委员会（以下简称省委保密委）全体会议暨全省保密工作会议精神，听取中共韶关市委保密委员会办公室（韶关市国家保密局）（以下简称市保密局）关于全市保密工作和保密形势报告，研究讨论保密工作议题，同意市保密局提出的贯彻落实意见和建议。市委书记莫高义在会上对保密工作作出指示。4月28日，韶关市召开市委保密委员会全体会议暨全市保密工作会议，传达贯彻省委保密委全体会议暨全省保密会议和市委常委会会议以及市委书记莫高义在市委常委会会议对保密工作的指示精神，通报全国、全省、全市保密形势，总结部署全市保密工作，市委副书记、市委保密委主任陈波出席会议并讲话。

【机构队伍建设】 2017年，经市委保密委批准，市委秘书长颜玉明任市委保密委副主任；韶关市编委批准设置市委保密委正处级专职副主任；经市委同意，石云峰任市委保密委专职副主任

（正处级）；市保密局招录全日制本科法律专业毕业人才1人。

【保密制度建设】 2017年，韶关市委保密委、韶关市纪委、韶关市委组织部联合制定《韶关市领导干部保密工作责任制》，创新性地将责任制履行情况纳入干部考察、干部任前谈话和任前考试内容，经验做法得到上级保密行政管理部门主要领导的批示肯定，并通过《广东保密》刊物向全省推广。中共韶关市委办公室、韶关市人民政府办公室印发“十三五”时期保密事业发展规划，市委保密委制发“七五”保密法制宣传教育规划和韶关市保护国家秘密应急处置预案。

【保密监督检查】 2017年，韶关市开展大规模保密检查3场次，检察机关、单位141个、县处级以上领导干部155人；完成2个县新建高考试卷保密室检查验收及颁发合格证任务，对司法考试试卷保密室合格证到期及时进行换证；对高考、自学考试、成人考试、研究生入学考试、大学英语四六级考试等国家教育统一考试和公务员考试、人事职称考试、司法考试、教师资格考试、医师资格考试等国家统一考试以及中考的保密管理进行巡查巡考；开展机关单位互联网门户网站保密检查；依法查处泄密案件1起，追究行政记过责任1人，约谈负有责任的领导人员1人，督导县级保密行政管理部门追究保密严重违规行为责任人党纪政纪责任3人。

【涉密人员管理】 2017年，韶关市保密局指导、督促各单位完成在涉密岗位的县处级领导干部的保密审查任务。全市替换、新增涉密人员全部通过保密审查，涉密人员上岗、在岗、离岗和脱密期管理符合有关要求。

【定密管理】 2017年，韶关市保密局指导有关部门完成市委、市政府定密责任人指定和10个县（市、区）党委、政府的定密授权工作。编印《韶关市机关单位定密工作手册（2017年版）》，举办全市定密责任人培训班，对市直、中省驻韶单位的指定定密责任人、定密审核人、定密承办人和各县（市、区）保密局全体工作人员进行培训，并组织考试和颁发培训证书。

【保密行政审批】 2017年，韶关市保密局对外公布49项保密权责清单。全年开展行政审批56宗，办理备案管理手续28宗。

【保密宣传教育】 2017年，韶关市保密局开通并组织动员全市各级领导干部和机关、单位工作人员关注南方号“保密观”新媒体；在全市领导干部“三纪”教育培训班上，主持人强调领导干部保密工作责任制；市纪委、市委组织部在干部任前谈话中进行保密提醒、在干部任前考试中考保密知识；全市普法考试、全市12•4全国法制宣传日有奖问答考保密；韶关发布微信平台、韶关电视台、韶关日报、韶关人民广播电台等主流媒体分别宣传报道市委常委会会议学保密、议保密和召开市委保密委全体会议暨全市保密工作会议、举办全市定密责任人培训班等情况；市保密局主要负责人应邀到20多个机关单位、市委党校处级及中青班、南雄及仁化领导干部“三纪”教育培训班主讲领导干部保密工作责任制讲座，受教育面达3000多人次；在市委党校初任公务员培训班开设保密法基本知识课；全市机关单位征订张贴保密宣传教育挂图1000多套、征订各类保密宣传教育书籍及视频光盘资料7200多套（册、张）、订阅《保密工作》《保密科学技术》1200多份。

【保密技术管理】 2017年，韶关市保密局指导有关单位开展涉密网络日常运维和使用保密管理，推进保密管理责任制、自监管和自评估工作的落实；督导各地、保密重点单位配备新型移动信号屏蔽器、手机存放柜（屏蔽柜）等保密产品；市涉密载体临时销毁中心为各县（市、区）、市直及中省驻韶党政军机关提供各类涉密载体销毁服务100多批次。 （石云峰）

▲2017年8月11日，市委办公室开展保密专题辅导讲座 （市委办 供）

韶关市人民代表大会

综　述

【概况】　2017年，韶关市有各级人民代表大会105个，其中市级人民代表大会1个，县（市、区）人民代表大会10个，乡镇人民代表大会94个。全市所辖12个街道均设立人大工委，基层设有代表联络室 117个。各级人大代表共7457名，其中全国人大代表5名，省人大代表32名，市人大代表362名，县（市、区）人大代表1820名，乡镇人大代表5238名。

韶关市人大常委会是韶关市人民代表大会的常设机关。常委会机关设办公室、研究室和7个工作委员会，下设13个职能科室。办公室下设秘书科、议案信访科和人事科；在市人大办人事科加挂机关党委办公室牌子，增加专职副书记领导职数1名。研究室下设综合科和理论宣传科。7个工作委员会分别是法制工作委员会、财政经济工作委员会、城乡建设环境与资源保护工作委员会、农村农业民族宗教工作委员会、教育科学文化卫生华侨外事工作委员会、选举联络人事任免工作委员会和内务司法工作委员会。除内司工委外其余6个工委均下设办公室，法制工委下设法规科和备案审查科。2017年市人大常委会机关的行政编制为51名、后勤服务人员32名。

2017年是市十四届人大常委会履职的第一年。韶关市人民代表大会及其常务委员会审议法规草案2个，终止1个立法项目，启动2个项目的立法工作；审查决算报告草案、预算调整方案报告，审议计划、预算及其执行情况报告、审计工作报告8项；听取和审议专项工作报告13项，做出决议决定16项，组织人大代表视察8次，开展执法检查2项，安排有关县（市、区）选举单位依法补选市人大代表11名，任免国家机关工作人员162名，备案审查规范性文件48件，完成市十四届人大一次会议确定的各项工作任务。

【立法工作有序推进】　2017年，韶关市发挥人大在立法工作中的主导作用，围绕科学立法、民主立法，坚持管用实用原则，统筹推进立法工作。年初市委批转印发市人大常委会提出的《韶关市人大常委会2017—2021年立法规划》和《2017年立法工作计划》。5月，召开全市立法工作会议，对立法工作进行全面部署，明确推进立法项目进度的时间表。在2016年对《丹霞山保护和管理条例（草案）》初审的基础上，市十四届人大常委会第四次会议对《丹霞山风景名胜区保护条例（草案）》法规草案进行二审。对《韶关市城市市容和环境卫生管理条例（草案）》初次审查后，根据立法顾问和立法专家的意见，决定终止《韶关市城市市容和环境卫生管理条例》立法项目，将该立法项目变更为《韶关市建筑垃圾管理条例》。启动《韶关市皇岗山芙蓉山莲花山生态保护条例》和《韶关市建筑垃圾管理条例》等两个法规草案的起草工作。注重加强立法队伍的能力建设，从国内各大院校和知名专家学者中聘请5名立法顾问，从韶关市各界人才中聘请48名立法咨询专家；组织单位骨干参加全国人大、省人大举办的立法培训班；邀请省人大立法专家为市人大常委会组成人员、人大机关干部和市政府及有关部门负责人进行立法知识讲座。加强地方立法理论研究，发挥韶关学院地方立法研究中心的作用，推动立法理论研究与立法工作实践有机结合。市十四届人大常委会第十六次主任会议确定韶关市住房和城乡建设管理局、乳源县人大常委会、浈江区人大常委会、广东天行健律师事务所和广东众同信律师事务所等五个单位为2018年韶关市人大常委会立法联系点。

【国家机关工作人员依法任免】　2017年，韶关市加强对“两院”提请任命人员的作任前调查工作和法律知识考试，落实任命人员任前与常委会组成人员见面和任后宪法宣誓制度。全年共任免国家机关工作人员162名，其中决定任命42名，任命90名；决定免职8名，免职19名；推选任职1名，接受辞职2名。

【县乡人大工作】　2017年，韶关市人大常委会贯彻落实中央18号、省委4号和粤常办47号文件精神，注重加强对县乡人大工作和建设的指导，及时召开全市县乡人大工作和建设座谈会，统一认识，明确要求。加强与市编办的协调，推动各县（市、区）人大抓好落实工作，解决长期困扰县乡两级人大工机构和组织建设的关键性问题。截止至12月底，全市10个县级人大机构设置达到“1+5”（办公室、财经工委、法制工委、选联工委、教科文卫工委、城建工委）格局；每个工委（室）配备2名以上工作人员，消除“一人委”现象；10个县级人大机关工作人员达到16名以上的标准；10个县级人大常委会专职组成人员达到或即将在2018年初人代会上增补后达到60%以上。全市94个乡镇单独设立人大办公室并配备专职工作人员。94个乡镇人大召开年中人代会，保证乡镇人大一年至少召开2次人代会。全市12个街道设立人大工委并配备专职人大工委主任。全市94个乡镇人大工作和代表活动经费列入预算。

【规范性文件备案审查】 2017年，韶关市推进规范性文件备案审查工作规范化制度化建设，制定《韶关市人大常委会规范性文件备案审查工作规定》，对2009—2015年韶关市人大及其常委会现行有效决议决定梳理出10件规范性文件，完成10份文件36份材料的WPS及PDF两种格式电子文档累计72份电子文档的录入制作工作，该10件决议决定于8月24日通过省人大常委会规范性文件备案审查信息平台报出。2017年，市人大常委会接受报送备案的规范性文件48件，其中收到市政府报送备案的规范性文件11件（包括政府规章1件）；各县（市、区）人大常委会报送备案的决议决定37件；通过省人大常委会规范性文件备案审查信息平台报送的决议决定4件。

【多层次人大宣传体系构建】 2017年，韶关市加强对人民代表大会制度、人民代表大会会议、常委会会议、主任会议、换届选举和日常人大工作的宣传报道，组织市直新闻媒体和全市人大宣传工作人员在各类新闻平台发表稿件2600多篇，其中市直媒体发布新闻稿400多篇。把刊物《韶关人大》作为宣传人大工作的重要阵地来抓，对《韶关人大》进行改版扩容，专门开设《基层人大》栏目，及时反映基层人大工作信息；组建全市人大通讯员队伍，建立包括“一府两院”在内的全市人大通讯员队伍。举办韶关市第26届人大新闻奖评选活动，有42件作品参加评奖，共评出获奖作品21件。适应互联网+人大工作新形势，韶关人大网站全新改版上线运行。5月20日，《韶关市人民代表大会常务委员会公报》创刊发行，该刊物是韶关市人大及其常委会颁布地方性法规标准文体的重要平台，也是本市宣传民主与法治建设、宣传人民代表大会制度的重要刊物。12月17日，创办韶关人大微信公众号。

【市十四届人大一次会议】 2017年1月9—12日，韶关市第十四届人民代表大会第一次会议在韶关市区举行。出席该次会议应有代表为349名，出席该次会议的代表340名。市十三届人大常委会组成人员，市人民政府组成人员，在韶工作的十二届全国人大代表、省十二届人大代表，市中级人民法院副院长，市人民检察院副检察长，县（市、区）委书记、县（市、区）长，在韶关的原市人大常委会主代理主任、常务副主任，市十三届人大常委会原副主任，出席政协十二届一次会议的委员和列席人员，市人民政府派出机构、市直正处级事业单位，市人民政府办公室挂牌机构主要负责人，中省在韶单位主要负责人，市十四届人大一次会议副秘书长，市人大常委会机关副处级以上领导干部，副处以上的金融单位和市属企业单位的主要负责人列席、应邀列席该次会议。会议听取和审议代市长骆蔚峰代表市人民政府所作的《政府工作报告》，书面审查市发展和改革局局长钟沛东提交的《韶关市2016年国民经济和社会发展计划执行情况及2017年计划草案的报告》、市财政局局长凌振伟提交的《韶关市2016年预算执行情况和2017年预算草案的报告》；听取和审议市人大常委会代理主任林平杰所作的《韶关市人民代表大会常务委员会工作报告》、市中级人民法院长院院长叶向荣所作的《韶关市中级人民法院工作报告》、市人民检察院检察长曾伊山所作的《韶关市人民检察院工作报告》。会议表决通过关于政府工作报告的决议、关于韶关市2016年国民经济和社会发展计划执行情况与2017年计划的决议、关于韶关市2016年预算执行情况和2017年预算的决议、关于韶关市人民代表大会常务委员会工作报告的决议、关于韶关市中级人民法院工作报告的决议、关于韶关市人民检察院工作报告的决议、关于设立市第十四届人民代表大会法制委员会、财政经济委员会的决定、关于加大农村人居环境综合整治力度建设美丽乡村议案的决议等8项决议、决定。会议依法通过韶关市第十四届人民代表大会法制委员会、财政经济委员会组成人员名单；依法选举江凌为韶关第十四届人民代表大会常务委员会主任，杨小明、张平、邓小杰等6人为副主任，高振忠为秘书长，卢春燕、刘志嘉、刘海旺等31人为委员；依法选举骆蔚峰为韶关市市长，朱余旺、李安平、许志新等6人为副市长；依法选举叶向荣为韶关市中级人民法院院长，曾伊山为韶关市人民检察院检察长（按法律规定，须报广东省人民代表大会常务委员会批准）。30多名社会各界人士应邀旁听本次大会，大会秘书处于1月11日召开旁听人员座谈会，听取旁听人员对韶关经济和社会发展的意见与建议。会议共收到代表提出的建议、批评与意见97件（包括代表提出12件议案转作建议处理）。

【市十四届人大二次会议】 2017年5月16—17日，韶关市第十四届人民代表大会第二次会议于在韶关市区举行。出席本次会议应有代表为352名，实际到会330名，符合法定人数。会议根据《中华人民共和国各级人民代表大会和地方各级人民政府组织法》和《广东省各级人民代表大会选举实施细则》的规定，实行等额选举，依法补选莫高义为韶关市第十四届人民代表大会常务委员会主任，殷焕明为韶关市市长。

【市十四届人大三次会议】 2017年12月18—20日，韶关市第十四届人民代表大会第三次会议于在韶关市区举行。出席本次会议应有代表为352名，实际到会332名，超过全体代表的2/3。会议依法选出广东省第十三届人民代表大会代表32名（根据法律规定，其代表资格须报广东省人民代表大会常务委员会确认），名单如下（按姓氏笔画排序）：（一）省提名8名：刘　磊、江　凌、池志雄、李茂停、杨小明、陈星、莫高义 、殷焕明。（二）该市提名24名：王　君、邓志聪、石中心、朱庭通、刘　炳、李小娟、李建宏、李　娇、李海军、吴秀兰、何锦章、陈小雄、陈宏宇、陈智文、罗兆祥、郑桂林、郑锦源、胡少芳、顾惠林、释传正、曾国胜、廖　益、潘丽梅、潘静雯。

【韶关市2017年立法工作会议】 2017年5月4日，市人大常委会和市政府在市政府南楼大会议室召开韶关市2017年立法工作会议。会议传达广东省2017年立法工作会议精神，总结韶关市立法工作，提出未来5年立法规划，部署2017年立法任务。按规划，2017—2021年立法项目安排22件，安排制定《丹霞山风景名胜区保护条例》《韶关市市容和环境卫生管理条例》《韶关市皇岗山芙蓉山莲花山生态保护条例》3件法规和《韶关市人民政府起草地方性法规草案和制定政府规章程序》《韶关市城市供水用水管理办法》《韶关市历史文化名城保护办法》3个政府规章正式项目。会议要求，要坚持市委对立法工作的领导，始终围绕市委市政府的中心工作，通过立法推动落实市委的重大决策部署；抓好立法工作调研，坚持立法公开，保障人民通过多种途径参与立法活动；按照实际实用实效的目标，坚持“党委领导、人大主导、政府依托、各方参与”的原则，加强立法队伍建设，提高科学立法水平。市人大常委会代理主任杨小明，市人大常委会副主任陈曦，副市长李安平，市人大常委会秘书长高振忠；省人大法制委员会副主任委员刘牧；市人大常委会分管副秘书长，各工委（室）主任、办公室主任，市人大常委会地方立法咨询专家；各县（市、区）人大常委会分管领导、规范性文件备案审查工作负责人，市政府分管副秘书长，市法制局领导班子成员和各科室负责人，市直机关单位分管领导、相关业务科室负责人，市立法研究中心负责人及有关专家等150多人出席会议。省人大法制委员会副主任委员刘牧就法规立项应当把握的原则、立项的基本步骤以及地方性法规与地方政府规章的关系等问题对参会人员进行培训。

【常委会会议】 2017年，市十四届人大常委会共召开11次会议。会议听取和审议市政府关于提请审议《韶关市城市总体规划（2015—2030）》、关于提请作出第七个五年法治宣传教育决议的议案、关于购买服务融资项目第二批、第三批计划的报告、关于韶关市2016年市级决算草案的报告、关于2017年预算调整方案的报告、关于韶关市2016年市级预算执行及其他财政收支的审计工作报告、关于基层医疗卫生服务能力建设情况的报告、关于我市突出主导产业推进精准扶贫加快脱贫致富步伐工作情况的报告、关于加大农村人居环境综合整治建设美丽乡村实施方案的报告、关于韶关市2017年上半年国民经济和社会发展计划执行情况的报告、关于韶关市2017年上半年预算执行情况的报告、关于提请刘清生等职务任免的议案、关于我市食品安全工作情况的报告、关于市人社局主要工作开展情况的报告、关于产业共建进展情况的报告、关于南水供水工程工作情况的报告、关于市十四届人大一次会议代表议案建议办理情况的报告、关于提请审议2017年第二次预算调整方案的报告、关于提请授予霍震寰等10人为韶关市荣誉市民称号的议案；听取和审议市中级人民法院关于解决执行难问题工作情况的报告、市人民检察院关于依法打击和预防农村“村霸”和宗族恶势力犯罪工作情况的报告；听取和审议关于接受江凌辞去市人大常委会主任职务请求的议案、关于推选杨小明为市人大常委会代理主任的议案、《韶关市第十四届人民代表大会常务委员会资格审查委员会组成人员名单（草案）》的议案、关于任命市政府组成人员的议案、关于任免市中级人民法院有关工作人员的议案、关于任命市人民检察院有关工作人员的议案、关于免去龙勇文的韶关市水务局局长职务事项、市人大法工委关于聘请立法咨询专家和立法顾问的报告、代表资格审查委员会关于部分代表的代表资格报告（草案）、关于代表资格的审查报告、市人大常委会执法检查组关于检查《韶关市烟花爆竹燃放安全管理条例》贯彻实施情况的报告；会议审议《丹霞山保护管理条例（草案修改稿）》《韶关市皇岗山芙蓉山莲花山生态保护条例（草案）》、市人大常委会关于召开韶关市第十四届人民代表大会第二次会议第三会议第四次会议有关事项和韶关市人大常委会工作报告（草案 ）。会议作出关于批准《韶关市城市总体规划（2015—2030）》的决议、关于开展第七个五年法治宣传教育的决议、关于接受江凌辞职请求的决定、关于推选杨小明为代理主任的决定、关于批准韶关市政府购买服务模式建设项目计划（第二批、第三批）的决议、关于聘请丁钢全、王少敬等48人为韶关市人大常委会地方立法咨询专家的决定、关于聘请石佑启、朱最新等5人为韶关市人大常委会立法顾问的决定、关于召开韶关市第十四届人民代表大会第二次会议的决定、关于接受骆蔚峰辞职请求的决定、关于批准韶关市2016年市级财政决算的决议、关于批准2017年预算调整方案报告的决议、关于批准《加大农村人居环境综合整治力度建设美丽乡村议案实施方案》的决议、关于批准2017年第二次预算调整方案报告的决议、关于召开韶关市第十四届人民代表大会第三次会议的决定、关于召开韶关市第十四届人民代表大会第四次会议的决定、关于列席和邀请列席市第十四届人大四次会议人员的决定等16项决议决定。

重要决策

【关于加大农村人居环境综合整治力度建设美丽乡村议案的决议】 2017年1月12日，韶关市第十四届人民代表大会第一次会议通过。决议指出，韶关市第十四届人民代表大会第一次会议期间，南雄、仁化、始兴代表团陈志光、陈景标、李根才等42名代表提出关于加大农村人居环境整治力度、建设美丽乡村的议案。会议决定，交由市人民政府实施。会议认为，加大农村人居环境综合整治力度，建设美丽乡村，是改善农村人居环境、统筹城乡发展、建设美丽韶关的重要抓手，也是助推韶关市精准扶贫、补齐农村建设短板、与全国同步建设小康社会的重要举措。会议要求，市人民政府要加强领导，精心组织，落实责任，用五年左右的时间推动实施，建设环境优美、特色鲜明、宜居宜业的美丽乡村。

【关于批准《韶关市城市总体规划（2015—2030年）》决议】 2017年2月21日，韶关市十四届人大常委会第一次会议通过。韶关市第十四届人民代表大会常务委员会第一次会议听取和审议《韶关市城市总体规划（2015—2030年）》，决定批准《韶关市城市总体规划（2015—2030年）》。决议指出，实施《韶关市城市总体规划（2015—2030年）》要深入贯彻党的十八大和中央城市工作会议的精神，落实创新、协调、绿色、开放、共享的发展理念，认识、尊重和顺应城市发展规律，坚持经济、社会、人口、环境和资源相协调的可持续发展战略，提高新型城市化质量和水平。统筹做好韶关市城乡规划、建设和管理各项工作，把韶关市建设成为经济繁荣、和谐宜居、生态良好、富有活力、特色鲜明的现代化城市。

【关于开展第七个五年法治宣传教育的决议】 2017年2月21日，韶关市十四届人大常委会第一次会议通过。决议指出，2011—2015年，韶关市法治宣传教育"六五"普法规划实施完成，取得明显成效，社会治理法治化水平提高，法治宣传教育在服务经济社会发展、维护社会和谐稳定、建设法治韶关中发挥重要作用。为深入学习宣传习近平总书记关于全面依法治国的重要讲话精神，确保全国人大常委会、省人大常委会关于开展第七个五年法治宣传教育决议的贯彻执行，推动全体公民自觉尊法学法守法用法，推进国家治理体系和治理能力现代化建设，推进依法治市和实施"十三五"规划，2016—2020年在全市公民中开展第七个五年法治宣传教育。通过开展第七个五年法治宣传教育，使全社会法治观念明显增强，法治思维和依法办事能力明显提高，形成崇尚法治的社会氛围。决议主要内容包括六个方面：（一）突出宪法教育，深入宣传中国特色社会主义法律体系。（二）突出重点对象，引领带动全社会法治素养普遍提升。（三）倡导德法同行，深入推进社会主义法治文化建设。（四）落实普法责任，不断提升法治宣传教育工作实效。（五）坚持普治并举，深入推进多层次多领域依法治理。（六）强化监督检查，推进"七五"普法规划和决议顺利实施。

监督工作

【韶关市烟花爆竹燃放安全管理条例执法检查】 韶关市获得地方立法权后通过的首部具有实体性内容的地方性法规《韶关市烟花爆竹燃放安全管理条例》（以下称"条例"）自2017年1月1日实施以来，常委会针对条例在该辖区内贯彻落实不够到位的现状，于5月中旬组成执法检查组开展贯彻实施条例情况的执法检查，重点检查条例的宣传普及、贯彻实施、执行效果和发挥作用等方面情况，于市十四届人大常委会第六次会议听取和审议执法检查组关于检查条例贯彻实施情况报告。常委会会议肯定市政府及有关部门贯彻条例所做的工作和取得的成绩同时，指出执法检查过程中发现的存在问题，主要有：宣传力度不够，宣传范围不够广泛，群众对条例的知晓率较低；监管工作不到位，部分零售经营者不从有资质的企业采购进货，一些经营零售点存在超量储放、店外存货及超地域经营等行为，个别经营者把烟花爆竹和其他易燃物品混合存放；禁燃效果不理想，公安部门没有针对燃放高峰期在禁燃区内调配充足警力执法和采取有效的禁燃措施，导致违法燃放爆竹行为得不到遏制，对违法燃放行为没有形成震慑力和打击力；公安部门执法不到位，对一些证据确凿的燃放户（人）没有进行执法；没有落实制定奖励举报人实施办法作为执法抓手。会议要求各级政府要从维护公共安全、为民谋祉的高度来提高认识，根据实际情况依法划定本行政区域内禁燃区，加大执法力度。主要意见和建议：加强执法工作的组织领导，整合各单位的执法力量，团结一致，齐抓共管，推动条例落实到位。采取群众喜闻乐见的多种宣传形式，扩大宣传覆盖面，做到家喻户晓，加强宣传工作的时效性和针对性，着力抓好临近春节、元宵节等重要时间节点和禁放区内及周边居民等重点人群的宣传工作；要加强对烟花爆竹从业人员的培训，推动烟花爆竹从业人员依规守法经营；对公安、安监等部门执法人员进行执法培训，提高执法人员的规范执法意识和执法能力。制定规范烟花爆竹经营销售实施方案，对全市近700家烟花爆竹经营销售点要加大整改力度，每个县（市、区）都要建立一批专柜销售点并以点带面把烟花爆竹逐步分批转移到专柜销售。加大经费投入，确保推动条例贯彻落实提供财政保障。强化执法能力建设，加强执法硬件设施建设，于禁燃区边界线内设立醒目警示标识，明确标示禁燃范围，抓紧安装更多的治安摄像头，便于执法取证；由政府指定公安部门牵头，建立联合执法工作机制，加大执法力度；动员社会各方参与执法工作，聘请行业协会有关人员任安全巡察员或安全信息员配合执法，发动禁燃区内及周边居民参与和监督执法。

【财政预算执行监督】 2017年，韶关市人大常委会分别听取和审议市政府关于2017年上半年预算执行情况报告、2017年预算调整方案的报告和2017年第二次预算调整方案的报告和关于《韶关市政府购买服务模式建设项目计划（第二批、第三批）》的报告，督促政府及财税部门建立收入征管部门联席会议制度，定期召开分析会议分解任务，确保收入及时入库以及全年目标任务实现和财政稳定增长。采取措施，加快支出力度，全面梳理存量较大的市级中省资金和市级预算部位银行账户，对预算单位未能及时足额用款且情节严重的要实行问责。应对融资工作新形势，构建规范的地方政府融资机制，创新丰富融资形式和渠道，为韶关的发展提供资金保障。继续深化中期财政规划管理、零基预算、全口径预算、非税收入管理等领域改革；支持供给侧结构性改革，抓好政策性资金、社保基金相关政策的落实，支持养老保险、生态环境保护等其他关键性和基础性改革；在预算安排上，重点安排产业共建、城市提升、县域发展“三大主题”所需资金，发展社会民生事业，为加快全面建成小康社会进程提供财力保障。决定批准2017年预算调整方案的报告，支出预算应做出相应调整。决定批准2017年第二次预算调整方案的报告，同意政府性基金收入4.8亿元调入一般公共预算，用于安排调整增加城乡社区支出4亿元，调整增加农村人居环境整治项目支出0.8亿元。决定批准韶关市政府购买服务模式建设项目计划（第二批、第三批），同意将项目建设资金分年度纳入市级公共财政预算。强化预算执行绩效管理，在市级扶持中小企业专项资金中，选择三个项目资金，委托第三方专业评价机构，进行绩效评价，评价结果作为今后安排预算的依据。把加强预算联网监督系统建设作为推进人大预算审查监督工作一项重要工作来抓，拓展人大预算审查监督的广度和深度，推进预算更加公开透明，实现对预算支出执行、政府投资重大建设项目、部门预算支出等方面进度和资金拨付进行实时在线监督。把人大监督与审计监督有机结合，发挥审计监督职能作用，对审计查出的问题，提出关于改进审计查出问题整改情况向市人大常委会报告的意见，要求审计部门每年向市人大常委会报告整改情况，推进审计整改工作制度化、规范化。

【国民经济和社会发展计划执行监督】 2017年，围绕韶关市十四届人大一次会议通过的国民经济和社会发展计划目标，依照监督法的规定和程序，加强计划执行的监督，推动政府及部门改进工作，压实工作责任，确保全年经济计划目标任务完成。常委会听取和审议市政府关于2017年上半年国民经济和社会发展计划执行情况的报告，推动市政府把思想和行动统一到市委全会的决策部署上来，提振发展信心；帮助有条件的企业发展壮大、重新上规，创造条件，跟踪和抓好签约工业项目投产达效，要重视规上工业企业的培育和发展，加快培育工业新的增长点；以交通设施、城市提升、新农村建设等带动有效投资增长，加强项目储备，争取更多项目列入中央和省的重大项目计划，推进精准招商，完善招商网络，提高招商质量，引导社会资本参与建设，释放民间投资活力；加快产业园区建设步伐，探索区域合作共建模式，引入项目投资、项目产值和税收等方面的利益共享分配机制；提高行政效能，加快项目投资审批改革，整合优化审批流程，降低企业营商成本，尤其是降低制度性成本，深入推进收费清理改革，用好用活少数民族地区所得税地方减免政策，整合政府设立的各类风险（担保）基金，降低企业融资成本；加快发展县域经济，培植县域发展后劲。围绕市委决策部署，在深入调研的基础上，常委会听取和审议市政府关于产业共建进展情况的报告，提出审议意见，要求各级政府、各部门把加强产业园区建设作为实现振兴发展的重大战略来抓，加强对产业发展方向的谋划和布局，明确产业园区定位，压实产业园区的主体责任，理顺园区管理体制和落实考核激励机制，创新产业招商体制机制，推动项目加快落地。支持政府购买服务模式建设项目计划的实施，确保三年城市提升计划加快推进。

【推进社会事业和民生事业发展监督】 2017年，韶关市人大常委会围绕推动市委重大决策部署的贯彻落实、发展过程中的重大问题、人民群众关注的热点难点，坚持问题导向，回应社会关切，注重各种监督形式有机结合和综合运用，包括运用刚性监督形式的运用，推动和支持政府工作。围绕推动教育体制改革议题，组织调研组分赴各县（市区）中小学校，了解教育综合改革进展情况，督促政府在顶层设计、资金投入和管理体制等方面加大工作力度，推动解决改革过程中难题。围绕基层医疗卫生服务能力建设议题，听取和审议基层医疗卫生服务能力建设情况的报告，针对基层医疗卫生服务机构基础设施总体落后、综合改革相对落后等问题，提出推进医疗卫生体制改革、加强队伍建设、提高保障水平等建议。将代表和社会关注的社会保障、食品安全等热点问题提上监督的重要议程，分别开展对市人力资源和社会保障局、市食品药品监督管理局进行工作评议。针对市民反映强烈的城区空气质量差、扬尘污染严重等问题和市民渴望早日喝上南水水库水的期盼，常委会分别于8月30日和11月1日开展主城区扬尘防治工作专题询问和南水水库引水工程工作专题询问。组织代表对芙蓉新区及城市提升项目建设情况开展考察、围绕2017年市政府承诺为民办实事情况开展考察、围绕突出主导产业推进精准扶贫工作情况开展考察、围绕发展林下经济促进林下经济稳步发展开展考察、围绕县域园区建设情况开展考察。围绕城市供水管网改革进展情况、围绕城乡垃圾收集储运处理情况、围绕城建环资口事权下放情况、围绕中小学校防雷设施建设情况、围绕村村通自来水工作情况、围绕中小河流整治工作情况、围绕推行“河长制”工作情况、围绕旭日公司二期用地历史遗留问题、围绕韶钢生产用熔剂矿供应问题等开展调研。

【对法律法规贯彻实施和公正司法监督】 2017年，韶关市人大常委会把听取两院工作报告列入年度监督工作计划，分别听取和审议市中级人民法院关于执行工作情况的报告、市检察院关于打击和预防“村霸”和宗族恶势力工作情况的报告，督促审判机关要依靠党的领导，推进执行公开，形成执行合力，解决执行难问题；要求检察机关针对群众反映强烈的涉农扶贫领域职务犯罪等高发领域，加大惩治力度，彻底清除“村霸”和宗族势力及“村霸”和宗族势力的“保护伞”，维护广大农村社会和谐稳定。组织省、市人大代表成立执法检查组，开展贯彻实施《中华人民共和国禁毒法》及《广东省禁毒条例》的执法检查，检查内容涉及各级党政部门、社会有关方面贯彻禁毒法及禁毒条例的基本情况、贯彻实施过程中存在的困难和问题，形成执法检查报告，报告提出解决问题的意见和建议，转市政府及有关部门办理。受省人大常委会的委托，组织开展《广东省城乡生活垃圾处理条例》实施情况的执法检查，将执法检查情况报告及时上报省人大常委会办公厅。

代表工作

【代表议案及建议的办理】 2017年，韶关市十四届人大一次会议期间，代表联名提出议案14件，其中三个代表团的代表分别提出题目相同、内容相近的关于加大农村人居环境综合整治力度建设美丽乡村的议案，经大会审议决定，三件合为一件，做出议案决议，交由市政府组织实施，其余11件转作建议处理。8月29日举行的市十四届人大常委会第7次会议审议通过市政府提出《关于加大农村人居环境综合整治力度建设美丽乡村的议案实施方案》，做出相关决议，推动政府加强组织领导，健全工作机制，压实工作责任，保障资金投入，确保议案办理工作目标实现。在议案办理期间，市政府定期向市人大常委会报告议案办理进展情况，市人大常委会及时跟进监督。截至2017年12月底，全市启动整治的自然村7150个，占9747个20户以上自然村的73.4%，完成村庄规划的4842个，占49.6%。代表提出的85件建议（包括11件议案转作建议）经相关部门办理后，年内全部答复完毕，代表所提问题已经解决或基本解决及部分解决或列入计划逐步解决的76件，占总数的90%；代表所提问题因条件所限或者其他原因无法解决留作参考的9件，占总数的10%。代表对办理答复综合评价表示满意的76件，满意率89.5%；基本满意的9件，基本满意率10.5%。

【闭会期间的代表活动】 2017年，韶关市人大印发《2017年韶关市人大常委会代表工作计划》和制定上报2017年省人大代表小组活动计划安排，增强闭会期间代表活动的计划性、针对性和实效性。坚持常委会组成人员联系市人大代表制度，密切常委会组成人员与所在选举单位基层代表的联系，坚持邀请代表列席常委会会议和参与视察、执法检查和调研等活动，提高代表对常委会工作的参与度。组织市代表参加“一府两院”各类座谈会、听证会、法院旁听庭审等相关活动，保障代表知情、知政权利，拓宽代表知情、知政渠道。围绕韶关市经济发展、民生问题、县镇（乡）人大工作及代表自身创业和履职等，组织驻韶省人大代表小组开展“进社区”活动。就如何做好乡村人居环境整治、建设美丽乡村主题，组织驻韶省人大代表前往贵州省安顺市和六盘水市等地进行为期4天的专题调研。经常性走访、接访全国、省、市人大代表，掌握代表工作生活情况，帮助代表及时排忧解难，鼓励和支持代表大胆创业、勇于创新，为韶关经济社会发展多做贡献。

【代表培训】 2017年，韶关市人大制定《韶关市十四届人大代表履职培训计划方案》，提出两年内对本届市人大代表进行集中轮训，每位代表履职培训时间不少于5天的要求。按照省人大常委会的要求，组织一批共5名驻韶省人大代表到省委党校参加进行履职培训；组织一批共66名市人大代表赴浙江大学进行素质提升学习；协助10个县（市、区）人大常委会组织驻辖区内的各级人大代表参加省代表培训班远程同步学习。

（黄远习）

韶关市人民政府

重要会议

【市政府常务会议】 2017年，韶关市政府召开市政府常务会议27次（十四届一次至二十七次）。

十四届市政府第一次常务会议于2017年1月13日召开，听取全市安全生产工作专题汇报，审议《调整韶关市城镇职工基本医疗保险有关缴费标准和待遇标准（送审稿）》《韶关市政府购买服务模式建设项目计划（第二批）》《关于引进有实力施工企业的工作意见（送审稿）》《韶关国家森林公园总体规划调整实施方案（送审稿）》《丹霞山景区内人工桉树林更新改造工作方案（送审稿）》。

十四届市政府第二次常务会议于2017年2月6日上午召开，审议《韶关市市级政府投资项目管理办法（草案）》《韶关市人民政府2017年制定规章计划（建议稿）》《韶关市农村公路建设实施方案（送审稿）》《韶关市发展社区教育促进学习型城市建设实施方案（送审稿）》《韶关市水生态文明城市建设规划（送审稿）》《韶关市水生态文明城市建设实施方案（送审稿）》。

十四届市政府第三次常务会议于2017年2月13日下午召开，审议《韶关市小额建设工程交易管理办法（送审稿）》《韶关机场航空油料供应及资产移交协议（送审稿）》《韶关市人民政府2016年度法治政府建设情况报告（送审稿）》《韶关市"十三五"环境保护与生态建设规划（送审稿）》《韶关市关于推动新型农业经营主体与精准扶贫有效衔接的奖励办法（送审稿）》。

十四届市政府第四次常务会议于2017年2月28日下午召开，审议《韶关市科技信贷风险准备金管理办法（送审稿）》，听取韶关市消防工作汇报，审议《韶关市精神卫生工作规划（2016—2020年）（送审稿）》，专题研究户外运动发展工作。

十四届市政府第五次常务会议于2017年3月13日下午召开，审议《韶关市政府投融资工作汇报（送审稿）》《关于明确预算资金审批范围和程序的通知（送审稿）》《韶关市区全面实施家禽"集中屠宰、冷链配送、生鲜上市"工作方案（送审稿）》《韶关市封山育林实施办法（草案）》。

十四届市政府第六次常务会议于2017年3月27日下午召开，审议《关于实施浈江区、武江区土地储备征收财政激励政策的通知（送审稿）》《韶关市能耗监控大数据管理平台企业数据采集资金补助方案（送审稿）》《韶关市企业能源管理中心建设补助方案（送审稿）》《韶关市区建筑垃圾（渣土）专项整治工作方案（送审稿）》《韶关市横石水流域水体达标整治方案（送审稿）》《韶关市武江流域水污染防治方案（送审稿）》《韶关市浈江流域水污染防治方案（送审稿）》。

十四届市政府第七次常务会议于2017年4月7日下午召开，审议《关于推进韶关市基础教育学校公办教师"县管校聘"管理改革的工作意见（试行）（送审稿）》《关于加快推进城市提升项目建设的工作意见》《韶关市农贸市场管理暂行办法（草案）》《韶关市区防御特大洪水预案（修订稿）》《韶关市涉及行政审批中介服务事业单位改革工作方案（送审稿）》。

十四届市政府第八次常务会议于2017年4月10日下午召开，分析研判一季度经济形势，审议《韶关市大数据产业发展规划（送审稿）》《韶关市区市政道路路面改善实施方案》《韶关市土壤污染综合防治先行区建设项目管理办法（暂行）》。

十四届市政府第九次常务会议于2017年4月24日上午召开，审议《智慧韶关总体规划（2016—2020）（送审稿）》《韶关市区农贸市场周边社会化管理试点方案》《华南先进装备园产业发展规划》《鼓励优质企业落户华南先进装备园暂行办法》《进城务工人员随迁子女接受义务教育后在韶参加初中升学考试工作方案（修订）》。

十四届市政府第十次常务会议于2017年5月3日下午召开，审议《2017年韶关市创建全国文明城市攻坚短板项目经费安排（送审稿）》《韶关市工程建设项目招标投标管理规定（草案）》《韶关市国省道公路与城市道路有效衔接的实施方案》《韶关市2017年度地质灾害防治方案》《浈江区东堤南停车场项目国有土地上房屋征收补偿方案》，研究韶关市电子政务云服务项目建设进度严重滞后问题有关事项、韶州师范分院搬迁有关资金问题。

十四届市政府第十一次常务会议于2017年5月19日上午召开，研究部署市政府近期工作、深化供给侧结构性改革加快经济振兴发展调研工作，听取浈江区关于解决国粤韶关综合利用发电项目地块三通一平工程余款问题的汇报、全市安全生产工作专题汇报，讨论《韶关市循环经济环保园及其一期工程有关工作的报告》《2017年韶关市资源枯竭城市转型发展行动计划（送审稿）》《韶关市区单位建筑面积参考造价（送审稿）》《韶关市人民政府2017年度重大行政决策事项和听证事项目录（送审稿）》。

十四届市政府第十二次常务会议于2017年6月12日下午召开，审议《红军长征粤北纪念馆建设项目建议书（送审稿）》《韶关市浈江区土地利用总体规划（2010—2020年）调整完善方案》《韶关市武江区土地利用总体规划（2010—2020年）调整完善方案》《韶关市土壤污染防治工作方案（送审稿）》《韶关市环境保护局关于申请使用2017年非税资金的请示》《韶关市计划生育目标管理责任制考核实施意见（送审稿）》《韶关市关于深化国有企业和国有资本审计监督的若干意见》《东莞韶关统筹推进全面帮扶十大行动计划2017年度工作方案（送审稿）》。

十四届市政府第十三次常务会议于2017年6月27日下午召开，审议《关于2016年市级决算草案的报告》《关于2017年第一次预算调整方案的报告（草案）（送审稿）》《关于安排省下达2017年新增政府债券资金的请示》《韶关市城市市容和环境卫生管理条例（草案）》。

十四届市政府第十四次常务会议于2017年6月29日下午召开，审议《韶关市困难群众医疗救助暂行办法（送审稿）》《韶关市区道路停车收费系统项目二期方案（送审稿）》《韶关市全面推行河长制工作方案（送审稿）》《调整曲江大道工程建设规模的请示》《关于批准曲江大道工程PPP项目特许经营协议的请示》《关于宏大齿轮厂项目及国润烟草薄片公司项目“三旧”改造有关事宜的请示》《韶关市土地储备中心关于韶铸集团公司生活区土地收储问题的请示》《关于做好政府性债务风险防范工作的报告》。

十四届市政府第十五次常务会议于2017年7月14日下午召开，开展专题学法，审议《韶关市全面提升三防能力建设实施方案》《韶关市关于进一步加强产业园区招商引资工作的意见》《韶关市培育高新技术企业扶持办法》，研究第三污水处理厂选址问题、东堤南停车场项目地块有关问题，听取全市安全生产工作专题汇报。

十四届市政府第十六次常务会议于2017年7月26日下午召开，审议《韶关市振兴发展2017年重点工作任务》《中共韶关市委韶关市人民政府关于加强农村留守儿童关爱保护工作的实施意见》《韶关市人民政府起草地方性法规草案和制定政府规章程序规定（草案）》《韶关市2016年市本级预算执行和其他财政收支的审计结果报告》《韶关市行政服务中心及周边环境提升工程招标实施方案》《韶关市建设广东绿色生态第一市行动方案》《韶关市农村公路养护管理办法》。

十四届市政府第十七次常务会议于2017年8月9日下午召开，审议《关于提高韶关市2018年度城乡居民医保个人缴费标准的请示》《关于无偿划拨韶关市芙蓉新区妇幼保健院计划生育服务中心项目土地使用权的请示》《韶关市278个省定贫困村创建社会主义新农村示范村实施方案》《关于促进韶关市建筑业企业发展的实施意见》《韶关市区市容市貌整治提升工作方案》《韶关市区查控违法建筑工作方案》《韶关市关于进一步加快县（市、区）共建产业园区发展的意见》《韶关市产业园区工作绩效考核办法（试行）》《韶关市关于进一步加强产业园区招商引资工作的意见》《韶关市培育高新技术企业扶持办法》《韶关市推动企业建立研发机构扶持办法》《韶关市重大科技专项设立方案》，听取关于落实东莞韶关产业共建工作的报告、关于韶关市电子政务云服务采购项目灾备机房选址变更有关情况的报告。

十四届市政府第十八次常务会议于2017年8月18日下午召开，审议《韶关华南先进装备产业园总体规划（2016—2030）》《韶关市华南先进装备产业园首期控制性详细规划》《广东省韶关市芙蓉新城控制性详细规划整合》《关于建立华南先进装备产业园开发建设工作机制的实施方案》《市智能轨道电车项目的有关事项》《韶关市市级行政许可事项目录》《韶关市市级行政许可调整事项目录》《工业东路“楼上楼”项目“三旧”改造方案》《关于小阳山原932地质队项目二期用地及万紫千红项目出让有关事宜的请示》《关于原韶关新宇建设机械有限公司土地过户有关问题的请示》。

十四届市政府第十九次常务会议于2017年9月4日下午召开，研究贯彻落实中央第四环境保护督察组督察反馈意见专项整改工作，审议《韶关市复退军人服务体系实施方案》《韶关市推动非户籍人口在城市落户实施办法》《韶关学院利用韩家山校区举办附属实验学校的请示》《划拨土地上房屋办理不动产登记涉及补缴土地出让价款问题处理意见》《关于进一步加快我市大物流产业发展的实施意见（试行）》《关于进一步规范和加强我市工程招标投标工作的实施方案》《韶关市房屋建筑和市政基础设施工程施工招标文件示范文本》，听取市审计局关于报送全市2017年第二季度国家和省市重大政策措施落实跟踪审计情况的报告、市人社局关于贯彻落实企业养老保险省级统筹工作领导小组会议精神进一步加强我市企业养老保险工作的情况报告。

十四届市政府第二十次常务会议于2017年9月14日下午召开，研究贯彻落实省委主要领导到韶关调研指示精神，对《落实省委主要领导来韶调研指示精神重点任务责任分工表》进行专题研究和部署。审议《韶关市土地储备中心关于收回韶赣铁路东侧出让用地（商业、加油站用地）有关问题的请示》《韶关市行政服务中心及周边环境提升（二期）工程设计方案》《韶关市国家新型城镇化综合试点工作实施方案》《韶关市人民政府贯彻落实“省十条”降低实体经济成本实施意见一（试行）》《2017年韶关市国家生态文明先行示范区建设工作要点》《韶关市推进新农村人居环境整治2017年度市级财政资金筹措分配方案》《韶关市工程建设项目串通投标和弄虚作假行为认定处理办法（试行）》《涉铁工程委托建设合同》《韶关市2018年市级预算编制工作方案》《韶关市区域卫生规划（2016—2020）》。

十四届市政府第二十一次常务会议于2017年10月9日下午召开，审议《韶关市皇岗山芙蓉山莲花山生态保护条例》《关于韶关市建立健全“十三五”规划纲要实施机制的意见》《关于做好异地交流干部往返交通保障工作的通知》《关于进一步规范公务用车使用的通知》《韶关市推进普惠金融发展实施方案（2017—2020年）》《韶关市建档立卡贫困户自有资金投资试点暂行办法》《关于优化韶关市扶贫开发项目审批和资金管理的指导意见》《韶关市改革社会组织管理制度促进社会组织健康有序发展的实施办法》《韶关市区施工工地及相关行业场地扬尘源头整治工作方案》《关于希尔顿酒店项目地块办理土地置换手续有关问题的请示》《关于落实省委主要领导来韶调研指示交办事项工作方案》，部署《韶关市委关于请求支持韶关市有关工作事项的情况报告》有关后续对接工作。

十四届市政府第二十二次常务会议于2017年10月20日下午召开，审议《韶关市市区城市整体提升第一批政府和社会资本合作项目》《2017年度韶关市辖区土地储备计划》《浈江区人民政府关于请求出具乐园镇卫生院建设用地土地划拨批文的请示》《韶冶职工医院人员接收工作实施方案》《关于加快我市农信社改制组建农商行的实施方案》《关于解决韶关学院韶州师范分院迁项目有关问题的请示》《关于解决高层建筑灭火救援专业队装备经费的请示》，听取市委市政府督查室关于对2017年市政府承诺为民办理的10件民生实事进行跟踪督办的情况报告、市财政局关于韶关市政府承担支出责任的债务情况报告。

十四届市政府第二十三次常务会议于2017年10月31日上午召开，传达学习省“数字政府”改革建设工作专题会议精神、《统计违纪违法责任人处分处理建议办法》，研究部署韶关市贯彻落实工作；审议《韶关市指挥调度中心项目方案》《韶关市众投邦创新创业投资基金合伙协议》《关于韶关市第二建筑公司整体转让方案等事宜的请示》《粤商建设集团总部搬迁至韶关暨在韶投资建设基础设施的战略合作框架协议》《关于韶关市芙蓉新城XL0504—03、XL0505—01号地块等2宗国有土地使用权出让相关事宜的请示》《韶关市人民政府关于加快推进特色小镇规划建设的指导意见》《中共韶关市委韶关市人民政府关于推进安全生产领域改革发展的实施意见》《韶关市江河湖库重要水功能区纳污能力核定及限制排污总量控制方案》。

十四届市政府第二十四次常务会议于2017年11月14日上午召开，开展2017年市政府常务会议第一次专题学法活动，审议《韶关市降低制造业企业成本支持实体经济发展若干政策措施》《莞韶城三期（龙归片区）依法依规征地拆迁一线工作人员绩效考核奖励办法》《韶关市关于促进异地务工人员返乡创业就业的实施意见（试行）》《韶关市制造业小微企业贷款贴息管理办法》《关于办理原利民厂小学地块补办出让有关事项的请示》《关于霍震寰等十人为韶关市荣誉市民候选人的请示》《丹霞山人工林赎买流转经费列入2018年财政预算的请示》《关于将部分旅游交通公路建设引导基金转化为项目建设资金的请示》《韶关市重大行政决策目录管理办法》。

十四届市政府第二十五次常务会议于2017年12月1日上午召开，听取关于全省工业投资和工业技术改造投资工作座谈会会议精神和下一步工作意见建议的报告，审议《韶关“数字政府”改革建设方案》《韶阳楼修缮工程设计方案》《韶关市翁源至新丰高速公路特许经营协议》《关于将市委党校教工宿舍拆迁用地划拨给广东北江中学使用的请示》《韶关市消防安全责任制规定》《韶关市公共资源交易信用管理暂行办法》《韶关市区公共租赁住房管理办法》《韶关市地质灾害防治“十三五”规划》。

十四届市政府第二十六次常务会议于2017年12月4日上午召开，审议《韶关市丹霞天使母基金设立方案》《韶关市丹霞天使母基金（有限合伙）合伙协议》《韶关市中小企业贷款风险补偿基金有关事项》《韶关市节能“十三五”规划》《贯彻落实袁宝成副省长签报意见工作分工表》《韶关学院医学院划归教育部门管理实施方案》《韶关市基层医疗卫生机构人事薪酬管理工作实施意见》《韶关市推进基层综合性文化服务中心建设实施方案》《韶关市关于深入开展文明校园创建活动的实施方案》《深化供给侧结构性改革加快经济振兴发展三年行动计划及五个行动计划》《金叶公司增持粤运汽车运输有限公司股份问题》《韶关市政府部门职能调整事项目录（2017年版）》《韶关市政府部门权责清单（2017年版）》《关于收购市金财公司百年东街地块相关事宜的请示》《韶关市食品安全事故应急预案》《韶关市矿产资源总体规划（2016—2020年）》《关于韶关市原钛白粉厂及周边地块“三旧”改造项目改造方案审批的请示》《关于家具厂地块“三旧”改造项目改造方案审批的请示》《关于请求同意调剂资金落实广乐高速公路项目剩余留用地落实方案的请示》《韶关市人民政府与广州铁路集团公司战略合作补充协议》，听取关于省珠三角国家自主创新示范区科技金融工作推进会会议精神的报告。

十四届市政府第二十七次常务会议于2017年12月15日下午召开，开展2017年市政府常务会议第二次专题学法活动，学习《惠州牢牢把握“五个坚持”扎实推进治水工程构建“城在水中、水在城中”优美水韵城市》的经验做法，审议《划拨土地上商业性房屋办理不动产登记涉及补缴土地出让价款问题处理的请示》《关于收回韶赣铁路东侧出让用地（商业、加油站用地）有关问题的请示》《关于赣韶铁路（韶关段）征地拆迁资金审计的情况报告》《关于进一步加强审计整改工作的意见》《关于2018年度市委市政府重大决策部署落实情况审计项目计划的意见》《韶关市众投邦创新创业投资基金合伙协议》《关于韶关市人民政府与前海人寿保险股份有限公司战略合作框架协议约定事项进展情况及拟后续推进计划的报告》《关于韶关市国资委向韶关市金叶发展公司等监管企业增资的请示》《韶关市区实施居民生活用气阶梯气价暨门站价格与销售价格动态联动机制方案》《韶关市消防安全风险调研评估报告》《关于批准省财政新一轮村镇生活污水处理设施建设补助资金（4474.5万元）分配方案的请示》《关于调整2017年市直单位项目资金支出的请示》。

【市政府工作会议】 2017年，韶关市政府召开市政府工作会议267次。具体按月份排列如下：

1月，市天主教红星综合厂落实宗教房产政策遗留问题，H7N9禽流感防控工作，市委党校改扩建项目，加快推进市区教育资源整合，芙蓉新城项目建设有关问题，教育西路及周边地块收储，市区智能交通管理系统建设，韶关中烟物流基地红线外市政排水管网工程和武江北路截污管二期工程项目有关问题，加强丹霞山管理和发展有关问题，原市直行政性总公司退休人员退休待遇有关问题，专题研究黄金小镇项目前期工作有关问题，加快推进司法体制改革有关问题，龙洲岛南部建设项目规划设计方案、“申名”有关规划，广东鸿源众力发电设备项目建设有关问题，原一棉厂地块生活区自来水一户一表供水改造工作有关问题，凯旋华府项目征地遗留问题补偿费用有关问题，浈江区钜朗园小区C栋房屋产权办证有关问题，韶关高铁站前片区商业综合体（B地块）项目有关问题，“华南数谷”规划及大数据中心首期建设选址有关问题，落实H7N9禽流感疫情防控工作等有关问题。

2月，粤北国际物流中心项目建设有关问题，华南先进装备产业园土地利用规划，华南先进装备产业园建设有关问题，城区农贸市场升级改造工作有关问题，推进韶关“华南数谷”建设合作有关事宜，市经信局、市科技局、市质监局、市信息中心等四部门主要领导进行专题交流，市法院、市检察院司法体制改革津贴补贴发放，芙蓉新区开发建设工作等有关问题。

3月，站南小学教师宿舍楼拆迁户要求办理房产证信访事项，原韶关新宇建设机械有限公司土地过户，大数据产业发展以及规划建设“华南数谷”的相关事宜，农信社改制，市区国土资源体制改革涉及合同制人员，筹备“华南数谷”招商建设推介会，物流重点项目工作，市区交通提升工程项目，曲江大道项目建设，南水水库供水工程项目进展，重点林业工作，百旺大桥至韶冶段、省道S248线韶关冶炼厂至转溪段改扩建工程，2017年重点工作任务及有关项目，韶关市翁源至新丰高速公路建设推进工作，棚户区改造工作，“数字城管”建设工作，芙蓉新区开发建设工作，鑫金汇黄金小镇和南岭国际诗歌小镇建设，市区旧堤改造加固及环境改造二期工程污水提升泵站建设（〔2017〕46号），市区旧堤改造加固工程污水管网建设工作等有关问题。

4月，大数据产业发展规划，加快“一港三码头”项目建设工作，进一步做好我市社会福利和社会救助工作，市区交通提升工程项目，有轨电车首期示范线项目推进工作，招商引资工作，广铁集团需我市协调解决事项，城建有关工作，市区河道放水期间统一施工建设项目，关于理顺莞韶产业园土地储备职能，全域推进农村人居环境综合整治工作，武江区西联镇阳山村委会小阳山经济发展用地平整复，芙蓉新城土地前期开发项目，东堤南停车场项目历史遗留问题，城建有关工作及项目，国粤韶关综合利用发电项目厂外输煤系统建设用地，韶关“三江口”地区城市设计方案、韶关大道与芙蓉北路、工业西路交叉口规划方案和东堤路项目规划建设有关问题，中小微企业融资及基金运用有关问题，南粤古驿道建设和棚改，市保安服务公司脱钩改制工作，促进“华南数谷”大数据产业园发展建设等有关问题。

5月，创建全国文明城市攻坚短板项目经费，浈江区、武江区全面实施家禽“集中屠宰、冷链配送、生鲜上市”工作，城建环保有关工作及项目，城建有关工作及项目问题，市红星综合厂天主教房产遗留有关问题，电子政务云服务项目建设进度，华南数谷规划建设，中金岭南公司有关问题，白云电气集团在韶项目及与招商证券合作，浈江区、武江区全面实施家禽“集中屠宰、冷链配送、生鲜上市”维稳工作，韶新高速公路建设前期工作和曲江大道工程建设，仁化县原新丰江水库移民和平八一安置区居民帮扶有关问题，莞韶产业园沐溪——阳山片道路改扩建，火车东站、高铁韶关站站前广场环境和秩序整治工作等有关问题。

6月，广东国粤韶关综合利用发电新建项目推进工作，有轨电车首期示范线项目推进工作，南水水库供水工程项目推进工作及乳源少数民族税收优惠政策，城建有关工作及项目，推进韶关学院韶州师范分院迁建项目建设有关问题，进一步推进浈江区、武江区全面实施家禽“集中屠宰、冷链配送、生鲜上市”工作，韶州宾馆木栈道改造建设工程项目预算和市公安局智能交通系统前期工作经费，浈江区黄金小镇建设，推进韶新高速公路建设工作，“加快产业共建，提升创新能力”调研报告，华南装备园前期开发建设工作，韶关机场改扩建和市区轨道交通建设，规范政府融资行为防范政府性债务风险，韶州师范分院迁建项目，城建有关工作及项目，都市丽人项目有关问题，组团赴德国、瑞士和瑞典开展经贸交流活动筹备工作，筹备参加第三届珠江西岸先进装备制造业投资贸易洽谈会，“智慧城市”建设和大数据产业发展项目落地，广东富刚包装机械有限公司项目投产，关于韶能集团生产经营和发展建设，智慧城市建设有关问题，加快推进粤北国际物流中心项目，加快推进“一门式一网式”政务服务改革，武深、汕昆、韶新高速公路韶关段涉及土地与房屋征收及资金拨付，土地储备与出让工作，都市丽人项目，加快推进“一门式一网式”政务服务改革等有关问题。

7月，研究城市提升工作，莞韶园园区环境提升，全市消防工作，强制隔离戒毒所暴发季节性流感疫情处置，装备制造和汽车零部件企业发展工作，华南先进装备产业园道路和基础设施建设，推进韶关ART项目及产业合作，汛期灾害防范和安全生产隐患排查有关工作，南水水库供水工程项目管线迁移，市行政服务中心大厅及周边环境提升工程，芙蓉新城滨江路建设工程整改，规范政府举债融资，市人大机关整体修缮定点采购项目资金，装备制造和汽车零部件企业有关问题，电子政务云服务项目建设，市区“三旧”改造，智慧城市建设和大数据产业发展，液压件生产企业，翁源至新丰高速公路项目穿越新丰县梅坑河、小正河一级备用饮用水源保护区调整工作，城市提升工作，莞韶城三期（龙归片区）征地拆迁，芙蓉新城开发建设，工业企业安全生产工作，浈江区黄竹片区控规及环丹霞山南部片区规划等有关问题。

8月，研究市区医疗卫生资源整合，与众投邦公司开展合作，芙蓉新城开发建设，市重点建设项目推进过程中遇到的重点难点问题，市区棚户区改造工作，与亿航公司开展无人机项目合作，中金岭南在韶企业发展有关问题，韶关市国家综合档案馆和省档案异地异质联合备份平台项目建设，城市提升项目中存在的问题，农信社诉讼贷款案件，南水水库供水工程项目征租地和管线迁移，韶关市开发区总体发展规划编制工作，营造良好税务营商环境，浈江区站南小学12户搬迁户办理不动产权证，丹霞山旅游规划，林桥坑公园、芙蓉山公园、老虎岩公园建设工作，浈江片区重点商贸物流项目推进工作，全市重点建设项目工作，农信社改制组建农商行等有关问题。

9月，研究加快推进产业共建工作，第二批城区农贸市场升级改造，与广东省水电集团有限公司开展芙蓉新城投资合作有关事宜，企业技术改造项目扶持资金，丹霞山、南岭自然保护区规划调整，韶关市旧堤改造加固及环境改造工程，芙蓉新区开发建设，旭日玩具厂至莞韶园路段创文工作中反映的突出问题，加快推进市卫生、教育重点建设项目，黄金小镇城市客厅建设，部分市重点建设项目，部分市重点建设项目推进过程中遇到的重点难点问题，甘棠工业园区企业生产经营中遇到的问题，曲江大道项目建设推进，北江航道扩能升级上延工程，与亿航公司开展无人机项目合作，城市提升项目开展政府和社会资本合作，市政府驻深圳办事处撤销后人员安置和资产处置，市区及曲江联社改制有关问题，粤江发电公司年度基数电量指标，进一步推动供电项目建设，城市提升项目建设，传达学习省委主要领导来韶调研指示精神，与保利华南实业有限公司开展芙蓉新城战略合作开发建设，，加强电力行政执法工作，部分市重点建设项目推进过程中遇到的困难和问题等有关问题。

10月，推进中车株洲所产业落户韶关及市智轨电车项目，市领导开展接访活动，韶钢公司请求市政府协调支持事项，韶关机场进场道路项目，城市提升工作，推广应用比亚迪纯电动公交客车，集中推进全市招商引资和产业发展工作，赴深圳举办韶关市招商推介会，市区联社、曲江联改制农商行，推进韶关供电资产产权证明补办，制定韶关市支持实体经济发展政策措施，与省水电集团投资合作，韶关卷烟厂需要政府协调解决的有关问题，韶州公园建设，华南装备园建设，莲花大道（东环线）二期工程，芙蓉新城开发建设，广州天适集团有限公司来韶关市投资有关事宜，赴深圳招商引资推介会筹备，加快推进莞韶产业园一年提升计划，部分全市重点建设项目工作，丹霞山建设及项目推进工作，北江航道扩能升级上延工程重点难点问题。

11月，研究赴深圳招商引资推介会筹备工作，小岛片区文物古迹维修保护和活化利用，莞韶园园区管理及建设，粤北生态特别保护区建设工作和中央预算内投资项目推进工作，南水水库供水工程项目征租地和管线迁移，回购韶关市区农村信用合作社联合社捐赠资产，中小企业贷款风险补偿基金，加快推进粤北国际物流中心，加快启动韶关卷烟厂周边市政排水系统改造工程，南水水库供水工程扩建西河二水厂，开展市党政领导接访活动，黄金（商创）小镇项目，韶关旭日国际有限公司项目二期用地历史遗留问题，城市提升三年行动计划执行情况，“百日攻坚”实施方案及城市提升，部分省重点项目动工投产，工业和技改投资有关问题，部分市重点建设项目推进过程中的问题及有关工作，2017“广韶合作产业共建”韶关（广州）招商推介会筹备工作，组建农商行，机械装备整机生产企业，战略性新兴产业发展，产业共建和产业发展，韶关机场项目相关问题，加快推进全市招商引资和产业项目开工建设，芙蓉新城开发建设，曲江林场与马坝镇山子背村小组林地，全市产业项目建设，落实城市提升第一批政府和社会资本合作（PPP）项目实施有关问题，广东中烟韶关物流基地项目和鸭仔墩水库，市区批而未供土地，解决丹霞山旅游景区移动通讯，市救助管理站设立警务室（点）等有关问题。

12月，推进南水水库供水工程项目建设，矿山机械产业发展，市智能轨道电车项目，白云电气集团有限公司在韶项目建设有关问题，南岭国际诗歌小镇项目建设有关问题，华南先进装备产业园等市重点项目建设，城区农贸市场升级改造和快件清关监管场所项目建设，莞韶产业园建设发展，化解政府债务风险，2017年财政收支和重点项目完成工作，丹霞山开发建设，全市消防安全暨安全生产工作，贯彻落实工业提质增效工作，莞韶城三期（龙归片区）征地拆迁工作，金融部门扶持实体经济，芙蓉新城滨江商务中心，广晟集团需市支持协调有关问题，解决拖欠农民工工资有关问题，韶关机场配套项目建设，供电项目建设，韶关学院韶州师范分院迁建项目，东莞韶关旅游文化推介对接洽谈会，全市消防工作，粤北国际物流中心项目建设，“大南华”项目建设工作等有关问题。

重要政事和决策

【发展实体经济】 2017年，韶关市人民政府印发关于韶关市降低制造业企业成本支持实体经济发展若干政策措施的通知，要求通过降低企业税费成本、降低企业用地成本、降低企业社会保险成本、降低企业生产用能成本、降低企业融资成本、降低企业制度性交易成本、支持培育制造业新兴支柱产业、扶持企业转型升级提质增效等若干措施，降低韶关市制造业企业成本，支持实体经济发展。韶关市人民政府办公室关于促进韶关市建筑业经济增长的实施意见（试行），要求全市资质建筑企业完成省内总产值逐年增长15%以上，保持全市建筑工程施工安全生产形势平稳，工程质量受控，进一步规范建筑市场和工程建设各方责任主体行为。韶关市人民政府办公室关于印发韶关市政府投资项目建设成本控制办法的通知，从建立成本控制责任机制、项目可行性研究报告、执行项目预结算审查制度、加强政府投资项目招投标工作等方面控制政府投资项目建设成本。韶关市市级政府投资项目管理办法，明确政府投资项目管理工作的职责分工，规范市级政府投资项目管理，提高政府投资效益。韶关市人民政府办公室关于印发韶关市小额建设工程交易管理办法的通知，规范韶关市小额建设工程交易管理，适用于韶关市行政区域内使用财政性资金投资、国有资金投资或者国有资金占控股、主导地位的小额建设工程项目交易及其管理活动。韶关市工程建设项目招标投标管理规定，规范韶关市行政区域内工程建设项目招标投标活动，明确工程建设项目招标实行招标人负责制，明确各地各单位的权责和行政监督。韶关市人民政府关于印发韶关市振兴发展2017年重点工作任务的通知，明确2017年在推进基础设施建设、调整优化产业结构、深入推进改革开放、加快新型城镇化建设、实施创新驱动发展战略、扩大对口帮扶成效、加强生态文明建设、推进基本公共服务均等化等方面的重点工作任务。韶关市人民政府关于下达韶关市2017年国民经济和社会发展计划主要指标等相关目标任务的通知，按照任务时间节点分配年度重要工作计划和目标，实现全市经济社会平稳较快发展。韶关市人民政府办公室关于下达韶关市2017年重点建设项目计划的通知，安排2017年市重点项目80个，总投资1527.23亿元，年度计划投资308.65亿元。韶关市人民政府关于印发政府购买服务模式建设项目计划（第二批、第三批）的通知，明确购买主体、实施单位和项目前期责任单位，规范政府购买服务模式建设项目的管理。韶关市人民政府办公室关于进一步加快县（市、区）共建产业园区发展的意见，力争到2020年，全市园区规上工业增加值达260亿元以上，各县（市、区）园区规上工业增加值占所在县（市、区）规上工业增加值比重60%以上，税收收入达到35亿元以上，华南先进装备产业园依托宝武特钢韶关公司实现工业总产值超100亿元，到2022年，全部园区实现工业总产值超100亿元。韶关市人民政府办公室关于印发韶关市产业园区工作绩效考核办法（试行）的通知，通过考核园区绩效、工业增长、招商引资、创新能力、园区配套建设、土地集约利用、园区环境保护和省考核结果运用，促进韶关市产业园区扩能增效。韶关市人民政府办公室关于印发制造业小微企业贷款贴息管理办法的通知，规范制造业小微企业贷款贴息专项资金的管理，促进制造业小微企业转型升级。韶关市人民政府办公室关于印发我市推进普惠金融发展实施方案（2017—2020年）的通知，要求到2020年，建立起与全面建成小康社会相适应的普惠金融服务和保障体系。

【推进全面深化改革】 2017年，韶关市人民政府印发关于韶关市盐业体制改革实施方案的通知，要求通过改革，保持合格碘盐覆盖率90%以上，供应价格基本稳定，确保食盐质量安全和供应安全；2017年底前实现政企分离，2018年年前全面完成党中央、国务院和省部署的各项任务。韶关市人民政府办公室关于印发韶关市推进供给侧结构性改革2017年度工作方案的通知，要求2017年底国有特困企业完成关闭破产退出或通过重组转型基本实现脱困，“僵尸企业”市场出清推进；完成省下达的淘汰落后产能任务，国家明确的产能严重过剩行业产量控制在国家规定范围内；承接珠三角地区产业转移项目50个，省产业园完成工业增加值达到160亿元。韶关市人民政府关于印发韶关市深化医药卫生体制综合改革实施方案的通知，要求到2018年，全市基层医疗卫生服务基础设施条件改善，服务能力提升，市区医疗资源整合工作开展，解决城乡、区域资源配置不均衡和基层人才缺乏等突出问题，2020年完成基层医疗卫生服务能力提升工程，分级诊疗制度建立，个人卫生支出占卫生总费用比例逐步下降至25%。韶关市人民政府办公室关于印发建立华南先进装备产业园开发建设工作机制实施方案的通知，要求力争用两个月时间，创新园区管理机制，完善装备园管理构架的设置，明晰园区开发建设期间市直各相关职能部门和曲江区政府的职责。韶关市人民政府办公室关于推进全市基础教育学校公办教师“县管校聘”管理改革工作的意见（试行），指出要从加强师资配置管理、完善岗位设置管理、完善岗位聘用管理、强化交流轮岗力度、改进补充方式、建立教师退出机制和完善教职工合法权益保障机制等方面，推进“县管校聘”管理改革。

【建设高效法治政府】 2017年，韶关市行政机关规范性文件管理规定，明确规定规范性文件的计划、起草、审查、决定、发布、备案、修改、废止、监督等要求，加强本市行政机关规范性文件管理，推进依法行政。韶关市人民政府关于印发2017年制定规章计划的通知，确定市政府2017年制定规章计划的项目，要求责任单位加强组织领导、提高立法质量，保障公众广泛参与，保障正式项目立法进度和预备项目起草工作。韶关市人民政府办公室关于印发韶关市地方志事业发展规划（2017—2020年）的通知，要求到2020年，完成全市自然村落历史人文普查，做好第三轮修志工作准备，志、鉴、史编修全面协调发展，存史功能更加完备。韶关市人民政府起草地方性法规草案和制定政府规章程序规定，明确市政府组织起草由市政府负责的地方性法规草案和制定政府规章，规范市政府法制部门等相关部门的职权，明细起草地方性法规草案和制定政府规章的流程。韶关市人民政府办公室关于聘任市政府兼职法律顾问的通知，决定聘任刘文静等7人为市政府兼职法律顾问，推行政府法律顾问制度，提高市政府依法决策和依法行政能力。韶关市人民政府办公室关于印发韶关市重大行政决策目录管理办法的通知，明确市政府、县（市、区）政府及其部门重大行政决策事项和重大行政决策听证事项实行目录管理制度，规范韶关市各级行政机关的重大行政决策行为，促进依法行政和法治政府建设。韶关市人民政府办公室关于印发韶关市人民政府2017年度重大行政决策事项和听证事项目录的通知，规范重大行政决策行为。韶关市质监局关于印发《韶关市质量技术监督局行政处罚自由裁量权标准》《韶关市质量技术监督局关于行政处罚自由裁量权的适用规则》的通告，规范行政处罚自由裁量权标准和适用规则。韶关市人民政府关于公布市人民政府部门权责清单（2017年版）的决定，公布市发改局等45个市直部门各类职权事项共7150项，主动接受公民、法人和其他组织的监督，严格按权责清单履职尽责。韶关市人民政府办公室关于印发韶关市涉及行政审批中介服务事业单位改革工作方案的通知，通过剥离涉批中介服务事业单位中介职能，促进中介服务市场健康发展，规范事业单位管理，推动事业单位回归基本公益服务的本质属性。韶关市2017年依法行政工作要点的通知，明确从依法全面履行政府职能、完善依法行政制度体系、推进行政决策科学化民主化法治化、规范公正文明执法、强化行政权力的制约和监督、依法有效化解社会矛盾、提高法治思维和依法行政能力。

【推动科技创新发展】 2017年，韶关市人民政府办公室印发关于韶关市实施创新驱动发展战略2017年工作要点的通知，明确从着力提升区域创新驱动发展能力、抓好高新技术企业培育、扶持新型研发机构等创新平台建设、加快产业创新发展、抓好孵化器加速器建设、推进本地高校和重点学科建设、着力加强自主核心技术攻关、加速创新人才培养和集聚、加速促进科技金融深度融合、推进大众创业万众创新和推进创新服务体系建设等方面推进创新体制机制改革，激发全市创新活力，推动产业结构调整。韶关市人民政府办公室关于印发韶关市关于创新管理优化服务培育壮大经济发展新动能加快新旧动能接续转换的实施意见的通知，力争到2020年，基本形成较为完备、竞争力强的新经济产业体系，新经济成为支持全市发展的新增长引擎，新旧动能实现平稳接续、协同发力，成为粤北地区新经济发展重要集聚地。韶关市人民政府关于颁发2016年度韶关市科学技术进步奖的通报，表彰鼓励企业和个人加快科技成果向现实生产力转化，推动韶关市创新驱动发展。韶关市人民政府关于颁发韶关市第三届哲学社会科学优秀成果奖的通报，鼓励全社会立足本土文化创新发展，研究探索，形成优秀研究成果。韶关市人民政府关于公布韶关市与韶关学院共建重点学科的通知，决定将“食品科学、行政管理、机械工程、禅宗研究”4个学科作为韶关市与韶关学院共建重点学科，“动物遗传育种与繁殖、通信与信息系统”2个学科作为韶关市与韶关学院共建重点培育学科，构建省、市、校三级学科建设体系，不断推进产学研合作协同创新，提升科研服务地方的能力。韶关市人民政府关于授予邱妙文等111名同志“韶关市首期享受市政府特殊津贴人才”称号的决定，激发全市广大人才创新精神和奉献热情。

【打造优质营商环境】 2017年，韶关市人民政府办公室印发关于韶关市加快推进“互联网+政务服务”工作实施方案的通知，要求2017年底前，融合升级网上办事大厅，实现与政府门户网站前端整合，建成一体化网上政务服务平台；公开政务服务事项，推进电子证照库建设和应用，初步实现政务服务事项全流程、全天候、全地域办理；2020年底前，搭建全市统一的电子政务数据中心和政务服务大数据库，建成覆盖全市的整体联动、部门协同、一网办理的“互联网+政务服务”体系。韶关市人民政府关于第二批清理规范30项市政府部门行政审批中介服务事项的决定，深化行政审批制度改革，推进政府职能转变。韶关市人民政府办公室关于印发韶关市保留的市政府部门行政审批中介服务事项清单的通知，规范行政审批中介服务事项，降低制度性交易成本、提高行政审批效率的事项，应减轻企业负担。韶关市人民政府关于印发韶关市市级行政许可调整事项目录（2017年版）的通知，决定取消和下放一批行政许可事项，共涉及行政许可事项105项，其中取消53项，下放52项，深化行政审批制度改革、加快推进政府职能转变。韶关市人民政府关于印发韶关市市级行政许可事项目录（2017年版）的通知，规范明确272市级行政许可事项的行政许可职权，夯实行政审批标准化和网上办事基础。韶关市人民政府关于明确韶关华南先进装备产业园管理委员会启用系列“3号章”的通知，明确韶关华南先进装备产业园管委会相应行使市发展和改革局等8个市直部门的33项行政许可、21项行政备案和日常管理职能，保障产业园行政经济管理权限的实施，建立“充分授权、封闭运作”的管理模式，实现“办事不出园”的一站式服务体系。韶关市人民政府办公室关于印发市级公共服务事项目录（2017年版）的通知，明确404市级公共服务事项目录，简化优化公共服务流程，方便基层群众办事创业。韶关市人民政府办公室关于印发韶关市政府部门职能调整事项目录（2017年版）的通知，决定对市发改局等26个市直部门的有关职权事项做出调整，共涉及各类职权事项154项，其中取消127项，下放10项，转移17项。韶关市人民政府办公室印发关于进一步加强全市产业园区招商引资工作意见的通知，要求力争三年内全市园区合计实现新签约项目总投资350亿元以上，新签约动工率50%以上，新签超亿元产业项目70个以上；到“十三五”时期末，建成一个国家级高新区，大多数产业园区年产值突破100亿元，打造一批超100亿元的现代产业群；全市各园区重点形成1—2个特色支柱产业，形成“一县一特色、一园一集群”的错位发展格局。韶关市人民政府办公室关于印发韶关市加快促进创业投资持续健康发展实施方案的通知，明确从培育多元创业投资主体、多渠道拓宽创业投资资金来源、加强政府引导和政策扶持、完善创业投资退出机制、优化创业投资市场环境、完善创业投资行业自律和服务体系等方面，促进韶关市创业投资持续健康发展。

【推进农业农村发展】 2017年，韶关市农业局发布关于《韶关市新型职业农民（生产经营型）认定管理办法》的通告，规范生产经营型职业农民的申报、认定管理、教育培训和政策扶持，推进现代农业发展。韶关市封山育林实施办法，规范从事封山育林及其在封山育林范围内生活的居民或者从事自然资源开发，以及生产、建设、旅游等活动的单位和个人的行为，明确封山育林工作实行各级政府行政首长负责制，培育森林资源，提高森林质量。韶关市人民政府办公室关于印发韶关市土壤污染防治工作方案的通知，要求到2018年底，全市土壤环境监管体系基本建立，土壤环境质量监测网络投入运行，农用地土壤环境分类管理试点和土壤修复治理试点推行顺利。韶关市扶贫办出台2017年度韶关市扶贫开发工作成效考核方案，要求以实施乡村振兴总战略为抓手，打赢脱贫攻坚战。6月22日，召开农村人居环境综合整治工作现场会，要求所有行政村年底前基本完成“三清理”“三拆除”“三整治”环境整治任务。

【推进城市整体提升】 2017年，韶关市人民政府办公室印发关于加强城市提升项目建设管理工作的通知，从实施招投标综合评分法，整顿和规范招标代理混乱行为，筛选综合实力强的建筑企业，查处建筑工程施工转包、违法分包等行为，强化施工管理，加强全过程监管，严厉追责违约行为等方面加快推进城市提升项目建设。韶关市人民政府办公室关于公开公共建筑与设施免费开放支持信息基础设施建设目录（第一批）的通知，提升韶关市信息化发展水平，加快推进韶关市宽带网络基础设施建设。韶关市农贸市场管理暂行办法，加强韶关市行政区域内农贸市场规划建设、开办经营和监督管理活动，对农贸市场建设管理工作实行统一领导、属地管理、分级负责、分工合作原则。

【文化和旅游建设】 2017年，《韶关市历史文化名城保护办法》实行，规范本市行政区域内的历史文化名城、历史文化街区、历史建筑的规划、保护、利用和管理，明确各级政府及相关部门的责任。韶关市人民政府关于公布第六批韶关市文物保护单位保护范围和建设控制地带的通知，明确部门责任，加强韶关市重点文物保护。韶关市人民政府办公室关于进一步加强旅游市场综合监管的通知，成立韶关市旅游市场综合监管工作领导小组，健全韶关市旅游市场综合监管机制，引导旅游企业诚信经营、规范执业，保障游客合法权益，解决扰乱旅游市场秩序、侵害游客权益等突出问题。韶关市人民政府办公室关于印发韶关市旅游交通公路项目建设实施方案的通知，要求由市筛选后分批下达年度建设计划，各县市区政府、市公路局负责实施建设，力争到2018年底，旅游交通公路通达能力得到较大提升，沿线旅游服务要素基本完善，构建旅游交通公路网络和大旅游交通格局。韶关市人民政府办公室关于印发韶关市推进基层综合性文化服务中心建设实施方案的通知。要求从2017年起，在全市全面推进行政村（社区）综合性文化服务中心建设，按照《广东省行政村（社区）综合性文化服务中心建设标准（2017—2018年）》建设，到2017年底完成总体建设任务的60%，2018年底基本实现全覆盖。2019—2020年按照《韶关市基层综合性文化服务中心建设标准（2016—2020年）》进行完善升级。

【增进民生福祉】 2017年，韶关市人民政府下发关于在浈江区、武江区主城区实施家禽“集中屠宰、冷链配送、生鲜上市”的通告，加强韶关市家禽经营管理，预防和控制传染病的发生和传播。韶关市人民政府办公室修订印发关于进城务工人员随迁子女接受义务教育后在韶参加初中升学考试工作方案的通知，做好进城务工人员随迁子女及其他非本市户籍就业人员子女接受义务教育后在韶关市参加升学考试工作。韶关市困难群众医疗救助暂行办法，完善韶关市城乡困难群众医疗救助制度，明确医疗救助工作应当遵循的原则和各职能部门的权责。韶关市人民政府关于在主城区暂设活禽零售市场的通告，加强韶关市家禽经营管理，预防和控制高致病性禽流感病毒传播。韶关市人民政府办公室关于印发韶关市推动非户籍人口在城市落户实施办法（试行）的通知，推进非户籍人口在韶关市落户，要求在“十三五”期间，全市实现6万左右非户籍人口在城市落户。到2020年，全市户籍人口城镇化率提高到45%以上，户籍人口城镇化率与常住人口城镇化率差距较2013年缩小2个百分点以上。韶关市区公共租赁住房管理办法，明确本市公共租赁住房区分不同对象实行分类保障，优先保障低收入困难家庭，涵盖市区（浈江区、武江区）公共租赁住房房源筹集、申请、分配、退出和管理等流程工作，完善本市住房保障体系，规范公共租赁住房管理工作。韶关市人民政府办公室关于促进异地创业务工人员返乡创业就业的实施意见，确保返乡人员创业就业有政策、有平台、有门路、有保障，持续扩大韶关市返乡人员创业就业规模，实现更高质量和更充分创业就业。要求至2020年，全市扶持返乡人员创业1000人以上，带动就业4500人以上，培训返乡创业就业人员6000人以上。韶关市人民政府关于进一步做好当前和今后一段时期就业创业工作的实施意见，明确实施就业优先战略、拓宽就业创业新空间、推进“双创”、抓好重点群体就业创业、强化职业教育培训和落实就业工作目标责任制等方面做好韶关市就业创业工作。

【推进社会治理共建共享】 2017年，韶关市人民政府办公室印发关于韶关市危险化学品安全综合治理实施方案的通知，要求全面摸排危险化学品风险点危险源，防范遏制危险化学品重特大事故，健全危险化学品安全监管体制机制，加强规划布局和准入条件等源头管控，加强危险化学品安全监管信息化建设，加强危险化学品应急救援工作。韶关市人民政府办公室关于印发2017年韶关市食品安全重点工作安排的通知，要求从净化食用农产品生产环境、加强食用农产品种植养殖环节治理、加强食品生产经营过程治理、严密防控食品安全风险、促进食品产业转型升级、打击食品安全违法犯罪、加强食品安全基础和能力建设、落实食品安全责任制、推动食品安全社会共治方面抓好食品安全重点工作。韶关市人民政府关于公布2017年度韶关市消防安全重点单位名录的通告，调整确定2017年度韶关市消防安全重点单位共580家，加强全市消防安全管理工作，促进各重点单位严格遵守消防法律法规，落实消防安全责任制。韶关市消防安全责任制规定，从消防安全职责、责任追究等方面规范消防安全管理，要求实行基层消防安全“网格化”管理，预防火灾和减少火灾危害。韶关市人民政府办公室关于印发韶关市自然灾害救助应急预案的通知，明确从组织体系、运行机制、应急保障和监督管理等方面建立健全应对突发自然灾害救助应急体系和运行机制，规范应急救助行为，提高应急救助能力。韶关市人民政府办公室关于印发韶关市食品安全事故应急预案的通知，明确从组织体系、运行机制、应急保障和监督管理等方面建立健全食品安全事故应对机制，预防和科学处置食品安全事故，最大限度减少食品安全事故危害。韶关市人民政府办公室关于修订印发韶关市生产安全事故总体应急预案的通知，完善应急预案体系，修订部分与实际和相关安全生产法律法规不符合的内容，调整应急指挥部的组成人员名单，规范生产安全事故预防预警措施和应急响应程序。韶关市人民政府办公室关于印发韶关市区域卫生规划（2016—2020年）的通知。优化医疗卫生资源配置，构建整合型医疗卫生服务体系，要求2020年基本建立覆盖城乡居民的基本医疗卫生制度和人民健康水平，持续提升奠定医疗卫生资源基础。

【促进绿色低碳循环发展】 2017年，《韶关市创建国家森林城市工作方案》出台，发挥森林资源和绿水青山优势，促进经济社会全面协调可持续发展，提高“森林之市、生态韶关”的城市生态品位。韶关市矿产资源开发管理规定，以矿产资源勘查、开发遵循要统一规划、合理布局、综合勘查、合理开采和综合利用为方针，规范在本市行政区域内从事矿产资源勘查、开采的单位和个人的行为，建立政府统一领导，相关职能部门各司其职、齐抓共管的监管机制。韶关市人民政府关于印发韶关市“十三五”控制温室气体排放工作实施方案的通知，要求从加快建设低碳能源体系、着力打造低碳产业体系、推动城镇化低碳发展、加快区域低碳发展、参与碳排放权交易、开展低碳试点示范、加强低碳科技创新和加强基础能力支撑等方面推进绿色低碳发展，确保完成省下达的控制温室气体排放约束性指标，实现到2020年单位GDP二氧化碳排放比2015年下降19.5%，碳排放总量得到有效控制的目标。韶关市人民政府办公室关于印发韶关市珠江流域北江源头新建改扩建城镇污水处理厂减排机制管理办法的通知，对在节能减排财政政策综合示范期在韶关市辖区内完工并通过城镇污水处理厂竣工环境保护验收的新建、改扩建城镇污水处理厂等符合条件的进行奖励，加强节能减排财政综合示范城市典型项目建设工作。韶关市人民政府办公室关于印发2017年韶关市资源枯竭城市转型发展行动计划的通知，指出韶关市2017年资源枯竭城市转型发展的经济发展目标、民生改善指标、环境整治指标，推进韶关市资源枯竭城市转型发展。

重要活动

【韶关市第十四届人民代表大会第一次会议】 2017年1月9—12日，市第十四届人民代表大会第一次会议在市委会议中心召开。大会主席团常务主席、执行主席江凌主持开幕大会。市长骆蔚峰作政府工作报告。会议表决通过《关于韶关市人民政府工作报告的决议》《关于韶关市2016年国民经济和社会发展计划执行情况与2017年计划的决议》《关于韶关市2016年预算执行情况与2017年预算的决议》《关于韶关市第十三届人民代表大会常务委员会工作报告的决议》《关于韶关市中级人民法院工作报告的决议》《关于韶关市人民检察院工作报告的决议》《关于加大农村人居环境综合整治力度建设美丽乡村的议案决议》等七项决议。骆蔚峰在政府工作报告中对本届政府过去五年的工作进行回顾，提出新一届政府任期的发展目标和2017年工作任务。

【华南数谷大数据产业园揭牌与招商推介暨华为中国ICT生态之行韶关站巡回展活动】 韶关市华南数谷大数据产业园揭牌与招商推介暨华为中国ICT生态之行韶关站巡回展活动于2017年6月5日上午举行，标志着华南数谷大数据产业园正式进入项目落地与招商阶段。华南数谷大数据产业园以“一区一园一城”为主要规划方向，打造以数据中心为核心、大数据相关产业齐发展的“1+N”产业格局。

【推进教师“县管校聘”工作动员和培训会议】 2017年6月27日上午，市政府召开推进教师“县管校聘”工作动员和培训会议，以创新用人机制，提高教师资源使用效益。“县管校聘”管理改革是以促进县域内基础教育科学发展为目标，以提高教师资源使用效益为核心，坚持义务教育“以县为主”的管理体制，贯彻落实中央、省和市关于深化教育领域综合改革精神，创新用人机制，加快推进县域内教师无校籍管理，教师队伍县域内统管统用，合理配置，激发教师队伍活力，实现教师由“学校人”向“系统人”转变，为推进韶关市教育现代化建设提供师资保障。

【特色小镇建设工作推进会】 2017年7月13—14日，韶关市召开特色小镇建设工作推进会，会议提出要以“产业、文化、旅游、社区”相结合，“生产、生活、生态”相融合的理念，加快推进全市特色小镇建设，集聚各方要素资源，打造新的经济增长点。争取到2018年，规划建设20个以上市级特色小镇，其中力争创建3至5个省级特色小镇；到2020年建成30个左右市级特色小镇，产业发展、创新发展、吸纳就业和辐射带动能力显著提高，成为韶关市新的经济增长点。

【2017年上半年经济形势分析会议】 2017年7月28日下午，韶关市召开2017年上半年经济形势分析会议，传达全省有关会议精神，分析研判全市经济形势，部署下半年工作。面对错综复杂的国内外经济形势，韶关市贯彻落实国家和省的各项决策部署，狠抓经济建设，全市经济在环保督察、去产能、历史积累问题化解等多重因素叠加影响下，保持平稳增长态势，上半年全市地区生产总值完成555.3亿元，增长6%。市长殷焕明要求全市上下要迎难而上，全力以赴推进经济建设。抓重点，推进工业增速。抓园区，推进园区扩能增效。抓招商，加强招商引资统筹协调，把好项目引进关。市领导朱余旺、李安平、张平、许志新、李欣、周伟源等参加会议。

【2017粤港经济技术贸易合作交流会】 2017年7月27日，市委常委、副市长、东莞韶关对口帮扶指挥部总指挥万卓培率市经贸代表团参加2017粤港经济技术贸易合作交流会。交流会上，韶关市通过开展各种形式的招商及洽谈活动，取得丰硕成果。此次交流会，加强与香港商协会、在韶港商的联系，推动在谈的3个港商投资项目的进展，达成共计1.45亿美元的贸易意向。

【共建农业信贷担保体系合作框架协议暨担保项目服务合同签约仪式】 2017年8月8日上午，韶关市人民政府与广东省农业信贷担保有限责任公司在韶关市联合举办共建农业信贷担保体系合作框架协议暨担保项目服务合同签约仪式，加快引导推动金融资源投入“三农”领域，促进韶关市农业适度规模经营和农业发展方式转变，推进农业现代化发展。签约仪式上，省农业信贷担保有限责任公司与韶关市人民政府签订《共建农业信贷担保体系合作框架协议》，与种养大户代表、家庭农场代表和农业龙头企业代表分别签署担保项目服务合同，为农业银行韶关分行和邮储银行韶关市分行等22个业务代办处授牌。

【全市土地管理工作会议】 2017年8月15日上午，韶关市政府召开全市土地管理工作会议，贯彻落实全省有关会议精神，总结部署全市工作。会议指出，当前韶关市土地管理工作存在用地报批难度大、用地供需矛盾尖锐与低效闲置土地偏多并存、土地违法违规现象容易反弹等问题和薄弱环节。会议要求，各地各部门要认清土地管理工作的严峻形势，把土地管理列为“头号工程”，重点突破，精准发力，推动土地管理工作向纵深推进。要加强土地管理能力建设，推动土地高效利用，实施土地连片收储，推动土地管理改革创新。会议强调，各地各部门要加强领导，完善土委会及下设专委会工作机制，落实主体责任，强化督查问责，确保完成土地管理各项任务。

【第三届珠江西岸先进装备制造业投资贸易洽谈会】 2017年8月28—30日，韶关市委书记、市人大常委会主任莫高义，市委副书记、市长殷焕明率队参加第三届珠江西岸先进装备制造业投资贸易洽谈会。该届珠洽会韶关展区按照特钢材料—紧固件与模具—铸锻件—齿轮、轴承等汽车零部件—液压油缸—新能源电池等产业—矿山工程机械、冶金机械、起重机械、发电成套设备等整机的思路，展示韶关市完整的装备制造业产业链，突出展示韶关作为广东唯一“特钢材料生产基地”和依托特钢打造的“华南先进装备产业园”。韶关市28家企业参展，包括宝钢特钢韶关有限公司、东阳光集团、加法机电、中机重工、比亚迪实业、韶关起重机厂和白云电气等先进装备制造企业，基本涵盖韶关整个装备制造产业体系。韶关市装备制造业增加值连续三年增长超过11%，比同期全省工业增加值增速高出约5个百分点。

【全市新农村建设和农村人居生态环境综合整治领导小组暨扶贫开发领导小组全体成员（扩大）会议】 2017年9月29日，韶关市召开全市新农村建设和农村人居生态环境综合整治领导小组暨扶贫开发领导小组全体成员（扩大）会议。提出下一步工作将重点推进全域农村人居生态环境综合整治、省定贫困村创建新农村示范村等四项重点任务。全省和全市贫困村创建社会主义新农村示范村工作会议以来，各地各部门发动群众，以典型示范带动，在全市掀起以“三清三拆三整治”为主要内容的农村人居环境整治高潮。涌现始兴红梨村、周所村，南雄灵潭村、角湾村，乐昌廊田村，仁化安岗村，翁源县连溪村、沾坑村，新丰营盘村，曲江龙岗村等一批村庄整治先进典型。

【战略合作签约仪式暨发布会】 2017年9月16日晚，韶关市人民政府与广州亿航智能技术有限公司（简称亿航智能公司）在市区中山公园联合举办战略合作签约仪式暨发布会，双方宣布建立战略合作伙伴关系，共建韶关城市无人机智能监控和指挥调度中心，开展智能无人机创新旅游项目，将韶关打造和建设成智能无人机系统应用的先进典范城市。市委副书记、市长殷焕明，市委常委、副市长万卓培，亿航智能公司创始人胡华智、联合创始人熊逸放等领导和嘉宾出席发布会，现场签署战略合作备忘录。根据协议，亿航智能公司将为韶关市设计建设一座城市无人机智能监控和指挥调度中心，以应急指挥为中枢，汇集网络中心、信息中心、信息发布中心、通讯中心、调度中心、监控中心等功能，接入现有应急指挥应用系统、视频监控系统、有线无线通信系统、主机系统、公安GPS、GIS系统、政府视频会议等，实现中心与“110”“120”、区呼叫中心及政府其他职能部门在语言、图像、数据和应用等方面互联互通，使应急指挥的决策指挥层面有一个先进的媒体工作平台，对发生在辖区范围内的所有事件能够“看得见、听得清、呼得出、信息准、反应快”，确保“指令下得去，情报上得来”。

【广东省第四届体育大会】 2017年10月17日下午，广东省第四届体育大会在惠州闭幕。韶关代表团138名运动员参加8个大项10个小项的比赛，夺得9个第一名、7个第二名、5个第三名，以405的总分名列全省第八，获得“优秀组织奖”和“体育道德风尚奖”，实现运动成绩和精神文明双丰收。

（韶关市政府办调研科）

接待工作

【概况】 2017年，韶关市接待办公室是参照公务员管理的事业单位，编制55名，内设人秘科、接待一科、接待二科、财务科、行政一科、行政二科、保卫科、资产管理科、交通车管科和节能管理科10个科室。机构改革后，市接待办主要负责到韶关的党委、人大、政府、政协系统副厅（局）级以上领导，到韶关投资财团、知名人士以及市属各县（市、区）到韶关公务的主要领导的具体接待工作，参与市四套领导班子赴外学习考察团活动的沟通协调工作；承担市委、市人大、市政府、市政协大型活动和会议的接待、会场管理工作，行政办公用房及机关保障性住房、周转房的管理；承担辖区内办公区和生活区的管理工作；负责市委、市政府食堂的管理工作；负责市委、市人大、市政府、市政协领导公务用车；市本级公共机构节能工作；承办市委、市人大、市政府、市政协交办的其他事项。市接待办提拔任用1名科长和1名副科长，接收机构改革划转人员33名（其中参公编制人员19名，后勤服务人员数14名），接收交流干部1名，接收军转干部1名，选调基层干部9名。

【接待总量】 2017年，韶关市接待办完成接待任务1074批次，28830人次。其中，一类客人（副国级以上首长）6批次，1843人次；二类客人（省、部级领导）34批次，2511人次；三类客人（厅〈司〉级及以下领导）1034批次，24476人次。

【重要接待】 2017年，韶关市接待办接待的重要领导：最高人民法院原院长肖扬，全国政协副主席何厚铧，中共中央政治局委员、广东省委原书记胡春华，十七届中共中央政治局委员、北京市委原书记刘淇，中共中央政治局委员、中央军委副主席许其亮，中央政治局委员、广东省委书记李希等领导，工信部、国家发改委、全国人大等国家部门和省委省政府等单位部门的领导，以及保利文化集团、白云电气集团、龙浩集团、浙江祥源集团、恒大地产集团、华为集团、中铁磁浮公司、中金岭南公司等客商团体。服务做好韶关市首届科技创新投资高峰会、“红三角”经济发展促进会、东莞韶关对口帮扶第九次联席会议、韶关军民两用机场恢复重建工作、“湾区创新 韶关加速”招商推介会、“广韶共建”招商推介会、粤东西北对口帮扶交流会、广东青年科学家助力韶关创新驱动发展论坛以及全市迎春茶话会等大型会议活动的接待服务工作。

【后勤服务体制改革推进】 2016年11月，韶关市编办下发《关于调整市四套班子机关后勤服务管理体制的通知》，明确规定将市四套班子机关的公共设施管理、安全保卫、车辆管理、固定资产管理、基础设施建设以及市本级公共机构节能管理等工作职责划转至市接待办承担，相应增设6个职能科室和32名人员编制。2017年，市接待办落实市委决定，协调市四大办、市编办、市财政局、市经信局等单位做好“事、人、财、物”等事项清查、移交和对接等工作。市委办、市政府办、市政协办机关后勤工作以及市本级公共机构节能管理工作全部移交至市接待办管理，市人大办机关后勤工作移交事项正在协调推进中。市编办重新核定市接待办机构编制方案，办属各职能科室能履行科室职责，确保机构改革期间各项后勤服务工作的平稳延续及开展。

【宾馆经营管理水平提升】 2017年，韶关市接待办加强员工队伍管理，定期对员工进行培训和考核，先后组织宾馆2016年度优秀管理人员及优秀员工外出学习交流。结合庆祝宾馆成立九周年之际，组织各部门开展技能考核和年终业务知识考核，推进轮岗交流制度，促进部门员工之间交流学习。提升宾馆硬件水平，争取财政资金600余万元对宾馆硬件设施进行维修维护，先后实施接待室改造、园林绿化提升、外围路灯更换、木栈道改造、供水系统改造和闭路监控系统升级等工程，更新添置部分地毯、窗帘等设备用品。改进菜式菜品，推动粤北特色菜谱《地道韶关味》在接待中的应用，多次组织厨房员工前往省委接待基地和各县、市（区）接待基地及其他知名酒店学习特色菜式，采取物质奖励的形式鼓励宾馆中厨及点心师每月创新菜式和点心，通过组织试菜考核，确保宾馆每月均能以粗菜精做推出几款创新特色菜及点心。注重培育企业文化，每月确定一个企业文化宣传主题，由各部门轮流制作企业宣传栏，宣传党建和企业文化。发挥宾馆工会作用，定期组织员工文体活动，先后组织开展趣味运动会、员工技能大赛等活动，营造企业文化氛围。宾馆营业收入557万元，比上年增长15%，成本370万元，增长15%，营业费用260万元，增长6%，亏损63.1万元。

【机关大院、住宅区物业管理】 2017年，韶关市接待办定期做好机关大院、住宅区楼房楼面，以及水电、门窗、照明、排水、电梯等公共设施设备检修和维护管理工作，做好以上区域环境卫生工作及绿化养护工作，营造机关办公和生活环境。做好机关大院、住宅区水电费统计收缴工作，协调市供电局对市委大院及住宅区电路进行升级改造，实现安全集约管理。实施市政府院内停车场遮阳改造工程，改善机关大院停车设施环境和停车难问题。协同有关部门做好机关办公区重大节日庆典及重大活动的气氛营造工作。

【会务服务管理】 2017年，韶关市接待办合理做好市委、市政府会议室的登记管理和调配使用，配合做好各类会议的会场布置工作和会议期间各项会场服务工作，保障办会质量。加强对会议室的日常保洁以及设备设施的维修维护，投入20余万元为市委常委会议室、市委会议中心加装音响设备、投影系统，并购买手机存放柜，提高会场服务保障水平。自2017年承接市委、市政府会议室服务管理工作以来，市接待办共承办做好500余场各类会议的后勤服务工作，没有出现因安排不妥而导致会议延期延误现象。

【机关食堂管理】 2017年，韶关市接待办加强对机关第一、二食堂工作人员的培训管理，先后2次派出厨师到广州、佛山学习粤菜、鄂菜菜式，加强两个食堂之间的厨师交流。注重对新菜式的收集和创新。通过试菜考核，不断推陈出新，丰富食堂菜式种类。执行食品安全卫生标准，节约管理，严格把关食堂采购环节。针对就餐人数规律，配置菜式和菜量，降低运行成本。加大对食堂经费的补助投入，实现食堂膳食水平的改善，机关干部就餐人数增多、满意度提升。配合市金财公司对第二食堂进行装修扩建，筹备扩建开张工作，提前完成人员招聘工作，配合完成物资采购工作。

【机关安全保卫工作】 2017年，韶关市接待办建立健全安保工作例会制度、重大事项报告制度、消防应急预案制度、群体性上访事件一般处理程序和安全保卫工作管理规定等制度。建立安全保卫工作联防队，实行24小时全天候值守巡查。加强保安人员应急演练，每周定期组织保安人员进行防暴器械、消防器械的使用演练。更换市委、市政府区域视频监控系统，强化机关大院治安防控。加强对市委、市政府、市政协机关大院区域的消防安全排查和整改，更换市委、市政府机关大院消防设备，在市政府、市政协机关大院分别新建微型消防站，强化机关大院消防安全。处置信访事件，维护机关大院信访秩序。全年共处理群众上访突发事件230批次、3000多人次。规范大院车辆管理，做好车辆出入证核发工作。重新核定市委、市政府停车场收费标准，做好车辆收费管理，维护机关大院交通安全秩序。全年实现无重大治安案件、无重大灾害事故、无群体性冲突恶性事件的“三无”目标。

【公务车辆管理】 2017年，韶关市接待办统管原市委、市政府、市政协3个车队，共有大小车辆37台。市接待办坚持规范派车、安全行车。制定《韶关市接待办公室公务用车管理制度》和《韶关市接待办公室公务用车派车单》，规范公务用车流程和审批手续，落实公务车辆定点保险、定点加油、定点维修，做到按需规范审批派车，降低车辆运行成本。加强司勤人员安全教育培训。全年共组织教育学习12次306人次，如先后邀请市交警支队和市警卫支队的工作人员，为全体司勤人员分别做主题为“遵守交通法规，争做文明行车、安全行车标兵”和“执行警卫任务车队行驶的方法和注意事项”安全教育课，提高司勤人员遵章守纪安全行车的意识。全年行车里程达80余万千米，未出现任何安全事故。

【资产管理】 2017年，韶关市接待办做好市四套班子机关行政办公用房、机关住宅房、保障性住房、周转房的调配和管理。加强对资产实物的盘查与监督，通过采取数据化、表格化、卡片化进行管理，规范资产增加、使用和处置

▲2017年10月31日，市接待办机关党委在办二楼会议室召开党员大会学习贯彻党的十九大精神 （市接待办 供）

手续，做好管辖范围内固定资产的登记管理工作。市接待办完成同市委办、市政府办资产清点交接工作。推行政府机关办公用房调配和使用集中统一管理，加强办公用房、办公设施设备的集中整合和集约使用，提高利用效率。加强办公资产采购管理工作，执行政府采购制度，制订韶关市接待办公室物资（物品）申购单，严格程序、区分类别，做好办公资产采购工作，实现办公资产台账管理、合理配置，厉行节约。

【公共机构节能】 2017年，韶关市接待办落实市节能“十三五”规划，推进公共机构节能管理工作。组织开展节能宣传周活动，推广应用新能源汽车及充电设施建设工作，引导和带动全社会参与节能减排行动。开展节约型公共机构示范单位创建和能效领跑者遴选工作。其中，粤北人民医院、南雄中学、始兴县中等职业学校3家公共机构入围广东省2017—2018年创建国家节约型公共机构示范单位名单。组织开展节能监察工作，会同市节能监察中心以抽查方式对全市9家公共机构进行节能现场监察。落实公共机构能源审计工作任务，委托能源审计服务机构，完成对市公安局、市公安局交警支队、市中医院、市铁路医院等4个单位的能源审计工作。落实国务院最严格水资源管理制度，会同市水务局组织开展节水型示范单位创建工作，推进节水改造和节水技术、节水器具的推广使用，引导提高节水意识。组织市公共机构节能管理人员和能源资源消费统计人员、通讯员开展节能业务培训，组织参与第四期全国公共机构节能管理远程培训，韶关市1名学员被评为全国优秀学员。 （姚可华）

行政服务

【概况】 韶关市行政服务中心是政府直属的正处级公益一类事业单位，机构人员参照公务员法管理。2017年，韶关市行政服务中心内设办公室、协调科、督查科、热线管理科4个科室。行政服务办事大厅面积5700平方米，设座席76个，进驻行政部门38个，企业3个窗口，行政工作人员约180名。全年受理各类办件304868件，其中许可审批事项32604件、证照及年审176376件、咨询95888件、即办件为95698件，占总办件数（不含咨询）的45.8%，按时办结率为100%。12345政府服务热线话务总量60191件，其中话务在线接听53284件，语音留言5747件，多媒体渠道工单991件（网站924件，微信57件）及全国12315互联网平台对接工单169件，转派部门工单7955件。

【职责调整】 2017年3月，韶关市行政服务中心政务科撤销，原属市行政服务中心承担的“承办市政府信息、政务公开工作领导小组办公室日常事务工作；指导各县（市、区）政府信息、政务公开工作”职责划转市政府办公室承担。7月，市行政服务中心设立热线管理科，主要职责是：负责政府服务热线的统筹协调和日常综合管理等。

【“一门式一网式”政务服务平台建成启用】 2017年9月，韶关市行政服务中心会同市编办、市信息中心、市城投集团、市发改局等单位，建成启用“一门式一网式”政务服务平台。

规范办事标准 梳理确认全市40个单位1089个事项的事项标准，规范梳理事项名称、审批材料清单、进驻行政服务大厅和综合服务窗口事项等事项标准，更新事项目录管理系统，同步更新“一门式一网式”系统。全市行政许可和公共服务事项1025项中确认进驻市“一门式一网式”系统的事项为979项（许可617项，公共服务362项），进驻服务大厅为37个单位的788项（许可561项，公共服务227项），进驻大厅综合服务窗口的为28个单位的478项（许可374项，公共服务104项），规范公开事项样本和范例约空白样表2025年，示范文本4757份。

办事环境提升 升级改造市级办事大厅，总改造面积3980平方米。提供办事服务窗口统一屏显、统一叫号、免费Wi-Fi、免费复印打印、免费茶水、24小时自助服务等服务，内设风度书房市行政服务中心分厅、母婴室、市民心声墙、导办服务区、青年之家等服务区域。

办事流程再造 与信息中心、编

办、发改等单位合作，完善单个事项标准化运行模式，制定印发《综合服务窗口实施细则》，规范明确窗口授权内容，前台与后台联动机制，规范事项咨询、受理、审批、出件各个环节和操作细则。推进事项同办联办运行机制，实现综合窗口的478个事项随意组合，一次申请，同时办理，统一出件；探索建立涉及跨部门、跨层级的联办事项机制，梳理出6类联办事项。探索建立投资项目审批新机制，建立一机制三流程运行模式，推行一个项目一次综合告知，审批材料一表清单，相关部门协同并联审批，共同压缩时限，优化项目审批流程。

设立综合服务窗口 设立“受审分离”一窗通办的综合服务窗口，共设24个座席，承接市财政局、市民政局等28个单位478项事项。设有同办窗口，可一次性对进驻综合服务窗口的所有事项任意组合申办，统一出件。设有联办窗口，可提供6类联办事项的一表清单、一次受理、统一出件。设有投资项目咨询服务窗口，实现投资项目一次性综合咨询功能。

设置专业服务区 办事大厅按照服务主题分类设置“企业设立”区、“国土服务”区、“工程报建”区、“法援服务”区等为专项服务区，由职能部门提供专项业务办理。

【“12345”政府服务热线工作】 2017年，韶关市“12345”政府服务热线以“12345，有事找政府”为服务宗旨，共设16个座席配备15名专职话务人员。制定并印发《市政府领导接听“12345”政府服务热线工作方案》，建立市领导与普通群众交流沟通的工作机制，“3·15”消费者权益保护日当天，韶关市副市长陈磊上线接听“12345”热线电话，听取并及时处理群众诉求。参与“3·15”消费者权益保护日宣传活动，活动现场共派发宣传单张近600张。通过电视、报纸等媒介对热线服务进行宣传。10月，“12345”热线话务平台完成搬迁改造，从韶关电信分公司搬至行政服务中心办事大厅三楼办公。12月18日，开通政府服务热线7×24小时全天候人工接听模式。

【三级政务服务体系建设指导推进】 2017年，韶关市行政服务中心推进“一门式一网式”政务服务改革向县（市、区）、镇（街道）、村（居）延伸。2017年，不定期到全市10个县（市、区）行政服务中心开展检查，联合市直有关部门对各地推进推广全市“一门式一网式”政务服务平台情况和网上政务服务工作情况进行督查督办，倒逼各地加大力度推进政务服务工作。11月，联合信息中心对各县（市、区）网上政务服务工作情况进行检查评估并提出整改意见。11月下旬，就全市各县（市、区）迎接网上政务服务评估迎检工作下发督办函，加大力度推进各县（市、区）网上政务服务工作。11月底，分管负责人带队到全市10个县（市、区）进行现场工作调研、指导听取各地行政服务中心在推进窗口管理、企业服务、信息公开和热线管理等方面的意见建议，了解全市“一门式一网式”政务服务模式改革推进情况。 （肖舒丹）

外事侨务·港澳事务

【概况】 1983年6月，“韶关市人民政府外事办公室”成立，与“韶关市人民政府侨务办公室”合署办公，称“韶关市人民政府外事侨务办公室”；2001年8月，韶关市人民政府外事侨务办公室改名为韶关市外事侨务局，同时挂韶关市人民对外友好协会牌子；2002年5月，韶关市人民政府港澳事务办公室成立，挂靠韶关市外事侨务局。韶关市外事侨务局是韶关市人民政府工作部门，正处级单位，2017年，韶关市外事侨务局行政编制16名，后勤服务人员2名，内设办公室、签证科、侨务科、宣传联络科和港澳事务科等5个科室，办公地址为韶关市风度北路125号12楼。实有在编干部职工15名。韶关市外事侨务局主要负责全市的因公出国（境）签证管理、对外友好协会和华侨、归侨、港澳同胞等管理工作，是韶关市的重点涉外涉侨涉港澳工作部门。接待来自德国、日本、韩国

▲2017年9月14日，韶关市委副书记、市长殷焕明会见格鲁吉亚格民党政治委员会会员、格鲁吉亚伙伴基金会主席大卫·萨加涅利泽一行

（韶关市外事侨务局 供）

等多个国家的外宾团组6批43人次，港澳相关团体和人员8批60多人次，坚持将礼宾接待与宣传推介韶关、扩大对外影响有机地结合起来，推动经贸、文化、旅游、科技和教育等领域对外交流合作，扩大韶关知名度。办理因公出国40批90人次，办理赴港澳450批1129人次，指导申办APEC商务旅行卡2批次，办理8批13人外国人邀请确认函。利用《今日韶关》侨刊、韶关市外事侨务网、广东侨网、广东外事网、广东港澳网等多种渠道开展对外宣传工作。

【外事接待与服务】 2017年，韶关市外事侨务局做好外宾团组到韶关访问的接待和服务工作。3月21日，日本驻广州总领事馆猪口奈津子领事等到乳源瑶族自治县桂头镇红岭村，考察2013年实施的利民工程无偿援助项目“韶关市乳源瑶族自治县桂头镇红岭村乡村公路硬底化建设项目”。6月23日，韩国庆尚南道统营市市长金东镇一行到韶关考察旅游产业合作，市委副书记、市长殷焕明会见金东镇一行并与其深入交流。9月13—14日，“格鲁吉亚梦想—民主格鲁吉亚”党干部考察团一行到韶关访问，双方就促进多领域合作实现共同发展交换意见。11月7—8日，美国驻广州总领事馆对外联络部主任白佳丽（Jennifer Bah）领事访问韶关市。副市长陈磊会见白佳丽领事一行，双方就教育、文化、商贸等方面充分交换意见。注重涉外安全，做好韶关市在境外人员和机构安全保护工作和外国媒体对韶关市突发敏感事件的涉敏维稳工作。

【友城间高层联系与交流深化】 2017年5月，韶关市市长殷焕明致澳洲宝活市、美国旧金山市和韩国荣州市的三位友城市长书信，感谢他们一直以来对两市友好发展给予的支持，并邀请他们率团访问韶关。10月，应宝活市政府邀请，韶关市政府常务副市长朱余旺率政府代表团访问宝活市，与宝活市市长和市议会议员就加强两市多领域交流合作进行探讨，并就两市在2018年建立友好关系十周年之际实现两市高层互访交换意见。

【友城间互派活动】 2017年8月20—25日，由韶关市政府副秘书长梁丽芳带领市直有关单位和20名中学生赴韩国荣州市等地开展夏令营活动。12月20—24日，在荣州市国际交流协会会长金晋荣带领荣州市青少年交流团一行24人到韶关开展第六届冬令营活动。继续做好与韩国荣州市互派公务员研修工作。5月—10月，韶关市科协李崇文赴韩国荣州市研修。12月13日，韩国荣州市政府税务科权泰天作为交流的第五位公务员到韶关开展为期半年的公务员研修工作。按照互派公务员协议，结合韶关实际，初步完成韩国荣州市公务员到韶关研修的工作方案，拟定韩国荣州市公务员到韶关研修服务管理规定（试行），确保加强互派公务员研修的服务保障工作。

【国际间交流合作】 2017年，韶关市在开展国际交流工作中，坚持将外宾接待、领导出访与宣传推介韶关、讲好韶关故事，扩大对外影响力有机结合起来，推动经贸、文化、旅游、科技和教育等领域对外交流合作，提高韶关国际化水平。5月10—12日，分管外事侨务工作的副市长陈磊率团出访格鲁吉亚，市外事侨务局局长周新秀随行出访。其间，与格鲁吉亚第四大城市鲁斯塔维市签署加强两市交流合作备忘录。双方政府承诺在经贸、科技、体育、旅游等领域交流合作提供方便和协助，拓展“一带一路”倡议下的产能合作领域。并与几卡亚签署加强友好城市交流备忘录。6月17—18日，德国弗莱堡市副市长贝恩特·达勒曼博士一行到韶关考察，副市长高冬瑞会见贝恩特·达勒曼并与其座谈交流，两市签订旅游战略合作协议。根据协议内容，双方将在平等互利的基础上，加强两地旅游合作，促进两地产业优化升级，形成资源共享、客源互动、共同发展的新格局。重新联系德国安贝格市，力争在两市合作交流上再续前缘。

【因公出国（境）管理】 2017年，韶关市严把因公出国（境）审批关，简化申办程序，建立健全外事纪律教育和见面制度，加强办证队伍建设，提高因公出国（境）管理水平。出访国分别有德国、韩国、澳大利亚、日本、瑞士、新西兰等；全市审批、办证和签证签注工作无出现违法违纪现象，确保市领导出访任务的完成，确保全市因公出国（境）工作的进行。

【为侨服务体系建设】 2017年3月，韶关市外事侨务局服务窗口增设为侨服务职能，制定涉侨办理事项、流程和制度，对窗口服务人员进行培训，确保侨务服务窗口建设有固定场地、专门服务人员、完善的工作制度，开展华侨回国定居、归侨身份确认、三侨生等涉侨事务的相关咨询、办理等服务工作。2017年来服务窗口共接待三侨生政策咨询6人次，受理1人次；接待华侨回国定居咨询6人次，受理2人次；接待涉侨政策咨询36人次，接待和受理侨务信访件6件次。7月市外事侨务局开设为侨服务网上平台，在网上平台发布华侨回国定居、三侨生、归侨身份确认网上办事指南和工作手册。9月全市侨务干部申请加入国侨办创建的“侨宝”客户端，与省侨办的微信群对接，建立韶关侨务微信工作群。推进“侨之家”“医疗服务站”和“法律服务工作站”建设，2016年规划和启动在消雪岭华侨茶场新建“侨之家和医疗服务站”项目于2017年12月13日投入使用。2017年4月，市外事侨务局与广东宜方律师事务所建立合作关系，共同成立“为侨法律服务工作站”。“工作站”的主要任务是为韶关籍侨界群众提供法律咨询，接受侨界群众委托代理诉讼业务，为侨界群众中的困难人员提供法律援助服务，协助市外事侨务局做好侨法宣传、侨益维护、办信接访等工作。该工作站安排服务团队，完善工作制度。上半年，市外事侨务局加大对韶关市企业APEC商务卡的推广力度，主动向各重点企业推介APEC商务卡。

【侨情普查】 2017年4月至5月，韶关市在全市范围内开展贫困侨情普查。通过调查统计，全市现有归侨1182人，其中贫困归侨有126人（特困归侨12人，贫困归侨114人），为更好地开展侨务精准扶贫工作打好基础。

【华侨优惠政策权益落实保障】 2017年，韶关市外事侨务局做好2016年贫困归侨扶贫救助补助资金绩效自评工作。2016年省级下拨韶关市贫困归侨扶贫救助补助资金18.33万元，共扶持救济贫困归侨78人。通过各单位自查及市局抽查，2016年省级贫困归侨扶贫救助补助资金100%发放。做好2017年扶持贫困归侨专项资金使用和管理工作，省级下拨韶关市扶持贫困归侨专项资金31.85万元，共扶持救济贫困归侨126人。通过电话查询和深入村户了解资金到位情况，2017年省级专项资金全部发放完毕。做好“三侨生”工作。接待“三侨生”或其家长的来电来人咨询，注重加强与市教育局、市公安局、市招生办的联系协调，让所有符合条件的三侨生确实能享受到国家的优惠政策。全市有4名三侨生享受到国家优惠政策。接待华侨6人次的来电来人咨询，受理和成功办理2名华侨回国定居工作。接待受理海外华人华侨、归侨侨眷来人来信信访6件次。其中美籍华侨胡振鸿其父在韶关遗留房产被原韶关粤北有色金属公司占用未归还，市外事侨务局会同市国资委多次与省广晟公司接洽，多次与胡振鸿协商最终达成一致于5月21日结案。曲江区薛美华关于请求重新审理先父薛汉光在韶关市区侨房落实情况的诉求，经调查核实相关情况，会同广东宜方律师事务所就相关诉求进行解答，最终取得薛美华女士理解和认同。对省侨办转来李争一向国侨办反映其在仁化县的侨房被人霸占一事要求返还的信访材料和省侨办转来关于张秀灵反映其父去世后工资补偿有关问题的信访件，都及时处理并将结果回复信访人。7月与省侨办共同解决新丰县黄冲天向省侨办反映其在新丰县的侨房被政府没收的信访案件。8月参与市委书记莫高义接访华侨回国定居的信访。

【海外侨务工作】 2017年，韶关市外事侨务局采取“走出去”与“请进来”相结合加强对外交流，拓展海外侨务平台及资源。5月，通过联系格鲁吉亚华人中格友好协会秘书长杨雯静牵线搭桥，组团出访格鲁吉亚，与格中友好协会签署一揽子合作框架协议。注重加强与世界余氏宗亲会联系和沟通。6月，市领导接见世界余氏宗亲会、美国余氏宗亲会会长余永源一行。10月25日，随市经贸代表团访问澳大利亚宝活市，与澳大利亚广府人（珠玑）联谊总会会长和40多位乡贤、侨领进行座谈，探讨如何推动韶关经济发展和文化旅游交流工作。11月6日，接待旅美（旧金山市）华侨招思虹到韶关捐赠历史文献。

【香港青年服务团在韶关义教】 2017年，韶关市外事侨务局协调团市委、香港志愿者协会、香港特区民政事务局及广州、深圳、珠海港澳办，组织香港青年服务团参观广州南沙新区、深圳前海梦工厂、深港创新创业基地和珠海横琴新区澳门青年创业谷，先后12次组织团员参观韶关历史文化遗产，拓展香港青年服务团团员的视野。开展第七期下学期和第八期上学期香港青年服务团团员岗前教学培训，协助香港特区民政事务局安排第八期（上学期）8名香港青年服务团团员到韶关市浈江区浈江中学等4所学校支教，并做好团员回韶回访接待服务工作。

【粤港澳贸易自由化推进】 2017年，韶关市推进粤港澳服务贸易自由化，参加2017年粤港经济技术贸易合作交流会、粤港投资环境推介与投资项目对接交流会等。在市政府的统筹下，协助有关部门做好粤北国际物流中心项目推进工作。协调供港深东供水工程韶关新丰水源区域水质监测和供水质量保障工作，协助市商务局继续做好粤港澳服务贸易自由化韶关铁海联运基础建设工作。

【韶港澳联谊交流】 2017年，韶关市开展韶港澳青少年交流工作。协调推进港澳青少年国防教育韶关基地建设项目，组织34名澳门青少年到韶关参加“乳源文化”交流活动，增进澳门青少年对内地的认同感。加强港澳团体、人员访韶接待和联谊工作。应邀参加2017澳门韶关联谊会，促进两地交流。

（李　莹）

发展研究

【决策咨询服务】 2017年，韶关市发展研究中心指导市府办公室调研科起草《政府工作报告》等重要文稿。开展决策咨询服务，从市重大行政决策咨询论证专家库中为市十四届人大四次会议《政府工作报告》提供专家咨询组建议人选；并为市委督查室信息化平台建设、市经信局中小企业服务平台建设项目验收、市商务局促进电子商务发展扶持项目评审及市文广新局文物项目论证等提供咨询论证专家服务工作。完成市政府交办的有关工作任务。牵头向省政府发展研究中心报送2017《广东》画册韶关市资料、报送《关于韶关市共建产业园发展情况的报告》、报送《关于设立精准扶贫农业产业专项发展基金的建议》等5个2017年广东省重大决策咨询研究课题建议选题。协助市委宣传部邀请市重大行政决策咨询论证专家、省社会科学院产业经济研究所所长向晓梅为市委理论学习中心组学习（扩大）会议作《供给侧结构性改革与广东发展》辅导报告。中心承接的2016年广东省重大决策咨询研究课题《关于我市产业创新发展的环境、平台和支撑》研究成果呈报到省的层面，供其决策。

【调查研究】 2017年，韶关市发展研究中心完成2个省级课题的研究。分别

▲市长殷焕明（右三）与国务院发展研究中心副主任卢中原（右四）就韶关融入粤港澳大湾区建设进行交谈　（市发展研究中心 供）

为省社会科学院立项的《关于完善韶关市企业创新发展政策体系的建议》、省政府发展研究中心委托的2016年广东省重大决策咨询研究课题《建设产业创新发展的环境、平台和支撑研究——以韶关为例》，前一课题获省社会科学院分院应用决策成果表彰奖，后一课题研究成果呈报到省的层面，供省领导决策参考。协助上级开展调研。协助国务院发展研究中心领导带队在广东开展《粤港澳大湾区城市群建设》调研期间专程到韶关开展大湾区“圈层结构”的调研，争取韶关参与大湾区城市群建设。协助省政府发展研究中心领导赴始兴沈所镇沈南村扶贫调研等。办理提案。牵头会同市财政局、市人力资源和社会保障局完成韶关市政协十二届一次会议第三号提案《关于加快韶关市智库建设的建议》的办理，获提案单位民进韶关市委的“满意”答复。

【实施市企业创新创业发展能力提升计划】　2017年，韶关市发展研究中心利用中心组建的以市政府名义聘请的市创新创业发展专家组成团队对韶关市近百户企业开展入户调研，指导帮助企业解决技术创新、知识产权管理、节能环保、管理创新、资本运作等方面的问题。加强新产业新技术引进培育。加强与企业、协会等沟通对接，协助引进高科技项目。通过与广东博士俱乐部集团共建韶关博士服务总站，引进珠三角等发达地区高端智力资源服务产业发展。通过专家引荐，邀请国内知名专家、中科院院士为韶关市振兴发展建言献策。如经市政府同意，中心与中国工程院冶金、材料科学专家王国栋院士达成协议到韶关考察指导，为韶关市冶金、装备、高等教育发展指点迷津。　（杨志明）

应急管理

【概况】　2017年，韶关市应急办接报较大以上突发事件17例，其中突发医疗事件5例，突发的交通事故5例，突发的经济案件1例，突发的自然灾害1例，其他突发案件5例。省“两会”重要防护期间（1月16—23日），共上报重要防护期突发事件信息综报1期；全国“两会”重要防护期间（3月3—15日），共上报重要防护期突发事件信息综报3期；中共十九大重要防护期间（10月18—24日），共上报重要防护期突发事件信息综报1期。参与应急演练3次，参加突发事件应急管理方面的培训4次。

【突发事件处理】　2017年，韶关市应急办接报较大以上突发事件后，第一时间上报市领导并组织材料报省。如领导有批示第一时间传达至有关单位要求落实；接报一般以下较为敏感的社会性、关注度较高的突发事件通过短信形式报市领导。如领导有批示第一时间传达至有关单位要求落实。

【重要防护期突发信息报送】　2017年，全国、省“两会”及中共十九大等敏感时期期间，韶关市应急办扩大突发事件信息报送范围（报送范围向下降一级），每日收集全市各类突发事件，组织材料报省。如当日无突发事件，也电话向省府总值报平安。

【应急演练、培训】　2017年，韶关市应急委各有关成员单位、各县（市、区）重视预案的演练工作，按照“平战结合、城乡结合、干群结合”的思路，先后组织开展反恐处突应急、社会安全、消防安全、食品安全、校园安全、防汛抢险、交通（高速公路）铁路安全事故、地震应急疏散、水上安全救生演练、危险化学品事故、地质灾害应急救援、农机作业事故应急处置安全演练等专项预案、部门预案演练和联合演练科目200多场次。其中，韶关市应急办参与各类应急演练10次，通过演练，检验预案的可操作性及相关部门协同配合的能力。市应急委成员单位、各县（市、区）组织开展多层次的应急培训。如：12月6—8日，市应急办邀请暨南大学应急管理学院院长及高层次师资力量在仁化县举办全市应急管理干部培训班，市应急委成员单位、各县（市、区）应急办主任共70人参加。参加省里组织领导干部应急管理培训班。　（何锦龙）

政协韶关市委员会

重要会议

【机构概况】 2017年，政协韶关市委员会下设办公室及9个专门委员会。其中办公室内设3个工作科，即秘书科、人事科、调研科；专门委员会中，提案委员会与社会法制委员会、经济委员会与人口资源环境委员会、文化和文史资料委员会与民族和宗教委员会合署办公，另有教科卫体委员会、港澳台侨联络委员会、联络工作委员会；合署办公的专门委员会、教科卫体委员会单独各设1个工作科，港澳台侨联络委员会和联络工作委员会共设1个工作科。根据市编委核定，市政协机关行政编制29人，后勤服务人员编制3人。实有行政人员28人，后勤服务人员3人。

【政协第十二届韶关市委员会第一次会议】 2017年1月7—11日，政协第十二届韶关市委员会第一次会议在市区召开，江凌、骆蔚峰等市委、市人大常委会、市政府、韶关军分区、市中级人民法院、市人民检察院领导和市政协历届主席应邀出席开幕、闭幕大会等会议，市政协领导和全体委员参加会议。会议听取和审议政协第十一届韶关市委员会常务委员会工作报告和提案工作情况的报告，听取和讨论市政府工作报告及有关报告，组织安排委员大会发言和即席发言分组讨论等，审议通过会议决议。会议选举王青西为政协第十二届韶关市委员会主席，选举刘清生、兰茵、刘大济、张文铭、周伟源、吴春腾、王德雄为政协第十二届韶关市委员会副主席，选举陶学权为政协第十二届韶关市委员会秘书长，选举覃峥等58人为政协第十二届韶关市委员会常务委员。

【市政协常务委员会会议】 2017年，政协第十二届韶关市委员会常务委员会召开会议3次。

十二届一次常委会议 3月30日在市区召开，市政协主席、副主席、秘书长及常委54人参加会议，各县（市、区）政协负责人、市政协机关非委员处级干部列席会议。会议审议通过政协第十二届韶关市委员会各专门委员会机构设置。会议同意增补黄勤昌、彭长伟、罗江英为政协第十二届韶关市委员会委员；任命黄颂华、何新文、黄勤昌为政协第十二届韶关市委员会副秘书长；任命张衡为政协第十二届韶关市委员会提案委员会、社会法制委员会主任；任命刘平云为政协第十二届韶关市委员会经济委员会、人口资源环境委员会副主任；任命张红娟为政协第十二届韶关市委员会教科卫体委员会主任，罗洪伟为副主任；任命沈妙光为政协第十二届韶关市委员会文化和文史资料委员会、民族和宗教委员会主任，彭长伟为副主任；任命孙斌为政协第十二届韶关市委员会港澳台侨联络委员会主任；任命罗江英为政协第十二届韶关市委员会联络工作委员会副主任；同意各专门委员会兼职副主任提名人选。

十二届二次常委会议 7月7日在市区召开，市政协主席、副主席、秘书长及常委54人参加会议，各县（市、区）政协负责人、市政协机关非委员处级干

▲2017年1月11日，新当选的政协委员合影 （潘志立 供）

部列席会议。会议审议通过市政协文史委、港澳委2017年专题调研报告（送审稿），邀请市商务局、市文广新局、莞韶园管委会负责人列席会议并听取市政协常委围绕上述两个报告对政府部门工作的意见建议，一致同意将上述两项报告以建议案形式报市委、市政府。会议同意免去李石保政协第十二届韶关市委员会委员职务，免去刘卫东政协第十二届韶关市委员会委员和经济委员会兼职副主任职务，任命刘德泉为政协第十二届韶关市委员会经济委员会、人口资源环境委员会主任。

十二届三次常委会议 9月26日在市区召开，市政协主席、副主席、秘书长及常委共50人参加会议，各县（市、区）政协负责人、市政协机关非委员处级干部、市纪委派驻纪检二组负责人列席会议。会议审议通过市政协提案委、经济委、教科卫体委2017年专题调研报告（送审稿），邀请市编办、市发改局、市经信局、市教育局、市人社局、市农业局、市商务局、市工商局、市旅游局、莞韶园管委会负责人列席会议并听取市政协常委围绕上述三个报告对政府部门工作的意见建议，一致同意将上述三项报告以建议案形式报市委、市政府。会议同意任命汤满懿为政协第十二届韶关市委员会委员、副秘书长，同意刘清生不再担任政协第十二届韶关市委员会副主席、委员职务，同意黄勤昌不再担任政协第十二届韶关市委员会副秘书长职务，同意杨溯不再担任政协第十二届韶关市委员会委员职务。

政治协商

【专题协商会】 2017年8月23日，韶关市委召开“加快旅游业发展”专题协商会，市委领导与政协委员、各民主党派、工商联及各界别代表共商国是。协商会议议题由市委提出，市政协组织政协委员、各民主党派市委会、市工商联、各县（市、区）政协深入开展调查研究，市政协副主席王德雄作“关于加快我市旅游业发展的调查与建议”专题发言，其他界别代表围绕韶关市旅游发展思路与定位、加快“大丹霞、大南华、大珠玑、大南岭”建设步伐、引入外来资本、打造户外运动天堂、提升文化旅游竞争力等主题提出建议和意见，为市委推动旅游业加快发展科学决策提供参考，市委主要领导对会议成效表示满意和赞赏。

【市政协对口协商座谈会】 2017年4月27日，韶关市政协召开“如何开展我市公共外交活动”对口协商座谈会；5月18日，召开“我市推进卫生分级诊疗制度建设情况”对口协商座谈会；9月27日，召开“我市少数民族特色村镇建设情况”对口协商座谈会；11月23日，召开“我市交通枢纽规划建设情况”对口协商座谈会；11月27日，召开“推动我市商会、协会更好发展”对口协商座谈会；会议由相关专门委员会组织召开，邀请与协商议题相关的市政府分管领导和对口部门负责人与政协委员座谈协商。

【市政协界别协商座谈会】 2017年8月11日，由韶关市政协教科卫体委员会组织召开“城市公立医院改革”界别协商座谈会，邀请市政府分管领导和对口部门负责人与医卫界别政协委员座谈协商。

民主监督

【专题视察】 2017年，韶关市政协组织委员围绕韶关市“快递业发展情况”“禁毒工作情况”“制造业企业经营状况”“城市公园建设情况”“推进卫生分级诊疗制度建设情况”“科技企业孵化器建设情况”“少数民族特色村镇建设情况”“重点民生工程建设情况”“归侨政策落实情况”“城市提升工作推进情况”10个专题开展视察，形成视察报告并送市政府及有关部门参考。

【提案工作】 2017年，韶关市政协收到提案214件，比上年增长30.49%；立案174件，增长42.62%；其余40件转作委员来信处理。立案提案中，经济建设类36件，城建交通环保类64件，教科文卫体类32件，政法、社会保障类42件。提案办复率100%，其中已解决或采纳的78件，占44.83%；拟解决或拟采纳的91件，占52.3%；暂不具备条件解决作参考的5件，占2.87%。遴选确定重点提案9件，分别由市委书记、市长、市政协主席、市委副书记、常务副市长和市政协驻会副主席领衔督办。市政协副主席、民进市委会主委、市政协机关干部刘大济提交的提案获得政协广东省

▲2017年10月20日，韶关市政协促进装备制造业发展专题议政会在市政协会议室召开
（韶关市政协 供）

委员会2017年优秀提案，政协副主席、民进市委会主委、市政协机关干部叶明提交的论文获得省政协提案工作学术研讨优秀论文一等奖。

【社情民意反映】 2017年，韶关市政协编报《韶关市政协反映社情民意信息专报》22期，其中，关于尽快解决旭日公司二期用地问题、关于加快华南农产品交易中心项目建设、加强韶关市工业固体废物管理等10多条信息，得到市委、市政府的重视和采纳，推动一些历史遗留和群众普遍关注问题得到解决。出版《韶关政协》会刊6期，继续发挥其在理论探讨、经验交流、信息传播的作用。编撰出版韶关文史资料《粤北抗战史略》、《张清水抗战诗文辑录》，发挥人民政协文史资料“存史、资政、团结、育人”的功能作用。

参政议政

【市政协专题议政会】 2017年10月20日，韶关市政协组织召开“促进装备制造业发展”专题议政会，邀请市政府主要领导和有关部门负责人与政协委员座谈议政。市政协副主席周伟源作“关于促进我市先进装备制造业发展的调查与建议”专题发言，其他委员代表围绕韶关市机械（装备）制造产业分析及发展、推进华南先进装备产业园建设、打造粤北区域汽车零部件核心产业园、建设珠江西岸装备制造业基础产业基地、做大做强韶关有色金属行业等方面提出意见建议，为政府决策提供参考。会议成效得到市政府主要领导的肯定。

【市政协无主题议政会】 2017年11月14日，韶关市政协组织召开无主题议政会，邀请市政府常务副市长和有关部门负责人与政协委员代表座谈议政。会上，委员们就韶关市交通设施规划建设管理工作、打造粤北生态特别保护区、缓解企业用工难问题、推进韶关卫生强市建设等方面提出意见、建议，市政府领导和政府职能部门负责人逐一回应、共同探讨。

【专题调研】 2017年，韶关市政协组织委员围绕韶关市“旅游业发展”“物流业发展”“农业‘一镇一业、一村一品’工作开展情况”“促进装备制造业发展”“推行中小学校校长职级制改革和中小学教师‘县管校聘’管理改革工作”“古村落的保护与开发利用情况”“港澳侨资企业发展情况”“激发我市干部干事到创业积极性”等8个专题开展调研，撰写调研报告并形成建议案报送市委、市政府。

【团结联谊】 2017年，韶关市政协由市政协领导带队，前往香港参加香港韶关同乡联谊总会庆祝香港回归20周年联欢晚会暨市政协港澳委员座谈会、香港广东省各级委员联谊会庆祝回归20周年晚会、韶关海外联谊会成立30周年暨第八届理事会就职典礼等活动，会见来韶访问的广府人联谊会、澳门广府人（珠玑）联谊会、东莞外商投资企业协会、香港韶关同乡会等考察团，加强与海外侨胞、港澳台同胞及海外、港澳爱国社团的联络联谊，发挥人民政协在聚人心、促发展方面的独特优势和作用，汇聚更多力量推动韶关振兴发展。协助配合市政协港澳委员和港澳地区爱国社团来韶开展捐资助学、扶贫济困等社会公益活动20多批次。 （钟骏逸）

▲2017年11月14日，韶关市政协无主题议政会在市政协会议室召开

（韶关市政协 供）

中国共产党韶关市纪律检查委员会和监察委员会

纪　检

【机构概况】　中共韶关市纪律检查委员会、韶关市监察局（韶关市预防腐败局）机关行政编制69名，后勤服务人员数7名，内设15个室（部）。委（局）领导职数10名：市纪委常委9名，市监察局局长（市预防腐败局局长）1名（由市纪委副书记兼任）、副局长3名（2名由市纪委常委兼任。其中1名市纪委常委、监察局副局长兼任市预防腐败局副局长）。室（部）主任（部长）职数15名，室（部）副主任（副部长）职数22名。根据2017年8月23日《韶关市机构编制委员会办公室关于调整市委巡察机构相关机构编制事项的批复》，经市编委会议研究，同意市委巡察工作领导办公室由原市纪委内设机构调整为市委巡察工作领导小组日常办事机构，设在市纪委，配主任1名（按正处职领导干部配备，由市纪委领导班子成员兼任）、副主任1名（按副处职领导干部配备）。其他干部所需编制，由市纪委内部调剂解决。

根据2017年8月24日《关于调整市委巡察机构的通知》，经市编委会议研究，同意增设市委第三巡察组，其干部配备、人员经费管理仍按《关于印发〈关于加强市纪委派驻机构建设和建立市委巡察机制的实施意见〉的通知》有关规定执行，同意增加市纪委机关行政编制3名，用于加强市委巡察工作力量。增设后，共有市委巡察组3个，分别是市委第一巡察组、市委第二巡察组、市委第三巡察组。共有市纪委派驻纪检组20个，包括12个综合派驻纪检组和8个单独派驻纪检组。市委巡察组和市纪委派驻纪检组共核定行政编制103名，其中政法专项编制14名。

韶关市和畅楼管理办公室为市纪委监察局管理的公益一类事业单位，正科级。核定事业编制5名，其中：主任1名、副主任1名。经费按财政补助一类拨付。岗位设置总量5个，其中：管理岗位5个，分别为七级1个、八级1个、九级3个。

▲2017年2月14日，中国共产党韶关市第十二届纪律检查委员会第二次全体会议在市委会议中心召开　（韶关日报社　供）

【市纪委十二届二次全会】　2017年2月14日，中国共产党韶关市第十二届纪律检查委员会第二次全体会议在市委会议中心召开。全会传达学习十八届中央纪委七次全会精神和省委十一届八次全会、省纪委十一届六次全会精神，听取市委书记江凌的重要讲话，市委常委、市纪委书记郭健生代表市纪委常委会作题为《坚持全面从严治党，强化监督执纪问责，持续深入推进党风廉政建设和反腐败工作》的工作报告。新丰县、市发改局、市公路局、市代建局、市第一人民医院、市金财投资集团公司等地方和单位党委（党组）主要负责人在会上作述责述廉述德报告。大会通过市纪委常委会工作报告和全会决议。

【实践运用"四种形态"】　2017年，韶关市纪委始终把纪律挺在前面，坚持抓早抓小，运用第一种形态，发现错误苗头及时谈话提醒、函询诫勉，让“咬耳扯袖、红脸出汗”成为常态。注重发挥后三种形态的惩戒震慑作用。2017年全市纪检监察机关共运用“四种形态”处理1965人次，其中第一种形态1029人次、占52.4%；第二种形态530人次、占26.9%；第三种形态273人次、占13.9%；第四种形态133人次、占6.8%。

【纪律教育学习月】 2017年7—9月，韶关市在全市开展以“讲政治、强党性、严纪律、守规矩”为主题的纪律教育学习月活动，教育内容主要包括党性宗旨教育、党规党纪教育、警示和示范教育、党内政治文化教育。以10项教育活动为载体，强化党员干部的纪律观念和廉洁意识。举办领导干部党纪政纪法纪教育培训班、党规党纪知识竞赛、廉洁读书月等常规教育活动和省纪委统一部署的重大教育活动，创新开展重点岗位正科职干部廉洁从政教育培训班、村“两委”干部违纪违法案例剖析现场会、廉政书画作品展、廉政戏剧创作评比、廉洁文化进校园等特色教育活动。组织全市党员干部学习中央纪委编印的《中国家规》《身边腐败警示录——党员干部和群众身边80个典型案例剖析》《从政提醒——党员干部不能做的150件事》和拍摄的警示片《警钟》；省纪委编印的《正风反腐教育读本（2017）》和拍摄的教育片《蜕变的初心——潮州市委原副书记、原市长卢淳杰案警示录》《走上牢狱的“规划”——中山市城乡规划局原党委书记、局长张珂案件警示录》《“村蝇”之害》《永不懈怠的斗争》《派出所所长谭耀华》。

【领导干部党纪政纪法纪教育培训】 2017年9月25日，韶关市举办领导干部党纪政纪法纪教育培训班。市四套班子成员，市中院、市检察院主要负责人，副厅级干部；各县（市、区）党委书记、县（市、区）长、纪委书记；市委各部门、市直各单位、市各人民团体副处级以上领导干部；中央、省驻韶有关单位主要负责人、纪委书记（纪检组长）参加培训。培训班上，市委书记莫高义做题为《推动全面从严治党向纵深发展 为韶关加快振兴发展提供坚强保障》的辅导报告，市委常委、市纪委书记郭健生通报全市党风廉政建设和反腐败工作情况，现场播放党风廉政警示教育片。

▲2017年9月25日，全市领导干部党纪政纪法纪教育培训班开班 （张 为 摄）

【作风建设】 2017年，韶关市纪委纠正“四风”，推动中央八项规定精神落地生根。紧盯“关键少数”、重点领域、重要节点，坚持暗访、查处、追责、曝光“四管齐下”，查处顶风违纪行为和“四风”问题。全市纪检监察机关开展明察暗访367次，查处违反中央“八项规定”精神问题49个，给予党纪政纪处分53人，通报曝光典型问题57个81人次。整治“为官不为”，查处“为官不为”问题98个，给予党纪政纪处分85人。

【基层党员、干部违纪违法线索排查和扶贫领域监督执纪问责工作】 2017年，韶关市纪委坚决整治群众身边不正之风和腐败问题，发挥部门协作机制作用，开展扶贫领域问题线索排查、入户核查、督办直查，加强对扶贫资金使用管理的专项检查，严厉查处扶贫领域的违纪违法行为。全市排查扶贫领域问题线索378条，立案108件，给予党纪政纪处分74人，移送司法机关处理13人，重点查处乳源县扶贫办违规挪用扶贫专项资金问题。持续开展农村基层党员干部违纪违法问题线索排查，落实市县镇村四级线索排查工作机制和领导包片包案督导督办制度。全市共排查农村基层党员干部违纪违法问题线索2827条，立案842件，给予党纪政纪处分785人，移送司法机关处理17人。

【派驻巡察工作】 2017年，韶关市纪委加强对派驻机构的规范管理，制定《韶关市纪委派驻纪检组绩效评价办法》《韶关市纪委派驻纪检组工作指引》等六项制度。巩固和深化“三转”，聚焦主责主业，强化监督执纪问责，派驻监督作用发挥。市纪委20个派驻纪检组共初核问题线索106条，立案22件。加强对县级纪委派驻机构改革工作的指导，全市10个县（市、区）纪委均实现派驻全覆盖。开展市县巡察工作，完善巡察工作机制，制定《中共韶关市委关于全面开展巡察工作的实施意见》《中共韶关市委巡察工作五年规划（2017—2021年）》等制度，建立巡察工作人才库，将市委巡察办升格为正处级，列入市委工作机构序列，同时增设1个巡察组，巡察机构人员编制达到14个。推进巡察工作，完成第一轮常规巡察，共巡察4个单位党组织，发现问题线索33条；开展村级换届风气专项巡察，发现问题线索61条。各县（市、区）开展常规巡察共发现问题线索273条。市县两级开展扶贫领域专项巡察，共发现问题线索135条。加大巡察整改力度，落实整改责任，推动被巡察党组织整改。

【纪律审查工作】 2017年，韶关市纪检监察机关受理信访举报2364件次，比上年增长16.7%；处置问题线索2005件，增长58.2%；立案1049件，增长21.8%；结案940件，增长7.4%；处分931人，增长7.8%。其中，查处县处级干部62人、乡科级干部189人。移送司法机关处理28人。市纪委自办案件126件，比上年增长57.5%。坚持追逃追赃不放松，成功追回2名外逃人员。坚持实事求是原则，严格把握政策界限，落实容错免责制度，共为406名受到诬告、错告的党员干部澄清事实，保护干事创业积极性。

【廉政教育】 2017年，韶关市纪委加强反腐倡廉理论学习，组织全市各级各单位订阅中央纪委和省纪委编印、拍摄的教材、电教片42656本（盒）。完善和发挥市廉政教育基地作用，全年有103个单位8066人次到市廉政教育基地接受教育。强化对领导干部的廉洁教育，继续坚持领导干部任前廉政法规考试制度，对县处级领导干部实行逢提必考，全年组织考试6次63人。办好“韶关廉信”微信公众号，关注数达到18183人。选拔优秀选手参加“我的梦”第四届广东省演讲大赛暨2017广东省修身齐家演讲大赛，获得1个银奖、2个铜奖和1个优秀组织奖。

▲2017年10月31日，全市纪检监察机关学习贯彻党的十九大精神会议

（张 为 摄）

监 察

【监察体制改革】 2017年12月3日，韶关市召开深化监察体制改革试点工作小组第一次会议。会议的主要任务是贯彻落实党的十九大精神和党中央、省委关于深化国家监察体制改革的决策部署，统一思想，明确要求，落实责任，推进全市深化监察体制改革试点工作，确保改革试点在韶关落地见效、做实做好。市委书记、市人大常委会主任、市深化监察体制改革试点工作小组组长莫高义主持会议并讲话。12月5日，市深化监察体制改革试点工作小组举办全市各县（市、区）实施方案会审会，对各县（市、区）的改革试点工作实施方案进行会审，对全市改革试点工作进行再动员再部署。市委常委、市纪委书记、市深化监察体制改革试点工作小组副组长郭健生出席会议并讲话。12月5日，市委常委、市纪委书记、市深化监察体制改革试点工作小组副组长郭健生主持召开市深化监察体制改革试点工作小组办公室第一次会议。

【预防腐败工作】 2017年，韶关市监察部门结合城市提升三年行动计划，将主要审批部门、行业主管部门、建设部门等17个单位纳入工程领域廉洁风险同步防控体系，相关单位分别制定实施廉洁风险同步防控工作指引。抓好政府投资工程廉情预警评估系统建设，制定印发《韶关市政府投资工程廉情预警评估工作制度（试行）》，系统共监管84个项目，涉及资金280.69亿元。在芙蓉新区试点探索廉洁示范区建设，制定《关于创建芙蓉新区廉洁示范区的工作意见》，召开芙蓉新区廉洁示范区建设推进会。 （王德平）

民主党派

民革韶关市委员会

【概况】 民革韶关市委员会（以下简称“韶关民革”）成立于1959年9月。现为第十一届委员会，有委员14名。主要成员和所联系的对象是同原中国国民党有关系的人士、同民革有历史和社会联系的人士、同台湾各界有联系的人士、社会和法制专业人员以及其他人士，着重吸收其中有代表性的中上层人士和中高级知识分子。至2017年底，全市有基层组织26个，其中总支2个，基层委员会2个，支部22个，党员411名，女党员139名，大学以上学历233名，占56.7%；中级以上职称202名，占49%。在职党员316名，主要分布在文化教育、医疗卫生、公有制经济和新的社会阶层，其中教育界124名，占30%，新的社会阶层74名，占18%，医疗卫生48名，占12%。

思想建设 2017年，韶关民革召开主委会议、全委会议，组织全市民革党员深入学习贯彻中共十九大精神，市委委员和机关专干谈体会、写心得，各支部广泛开展学习活动。发动党员参加中共广东省委统战部举办的“共画同心圆，喜迎十九大”征文活动，1人撰写的《画好同心圆，助力中国梦》获三等奖。加强思想宣传，向民革省委会、市委统战部、市政协发表工作动态、社情民意信息等50余篇，其中被民革省委会采用18篇、市委统战部采用6篇、市政协采用12篇。

组织建设 鼓励基层组织和党员干部创先争优。浈江区第二支部、武江区第一支部、武江区第四支部、武江区第五支部、粤北人民医院支部、南雄市总支部第一支部被民革广东省委会评为2016年度组织工作先进支部。稳步发展党员，全年新增党员17人，其中女党员4名。35岁以下党员10名，占59%；大学以上学历15人，占88%；硕士研究生1名，高级职称1名。加强教育培训，推荐党员干部参加省、市各类培训67人次，推荐机关干部到市委办会务科跟班学习，提高办文办会能力和水平。建立参政议政人才库。重视各级人大代表、政协委员的推荐工作，推荐党员担任各级人大代表、政协委员。韶关市民革党员中，担任省政协委员1人，市政协委员14人（其中副主席1人，常委5人），县（市、区）政协委员38人（其中副主席3人，常委5人）；市人大代表2人，县人大代表1人。

参政议政 2017年，韶关民革参与政治协商，民革韶关市委会领导成员参加中共韶关市委、市政府及相关部门召开的有关重大决策的民主协商会、情况通报会、座谈会和征求意见会，建言献策。8月，在中共韶关市委加快旅游业发展专题协商会上，1人作题为《摒弃各自为政观念，实现全市旅游业“一盘棋”》的发言；在2017年全市民主党派负责人暑期座谈会上，1人作发言。11月，在市政协无主题议政会上，1人作关于加快旅游交通建设的发言。各级“两会”期间，向各级人大、政协提交议案、提案、建议64件，其中向省政协提交提案1件，市政协提交集体提案9件，市政协委员提交个人提案19件，向县（市、区）政协提交提案共34件。获得民革广东省委2016—2017年参政议政工作先进集体三等奖。民革韶关市委在市政协大会上的发言《关于增强市场经济观念促进韶关加快融入珠三角的建议》及2位委员的即席发言《关于加强村（社区）法律顾问工作的建议》《彻底解决碧桂园凤凰城上下班交通拥堵问题的建议》受到与会领导和社会各界的高度重视。集体提案《关于加强对学校周边少儿托管中心管理的提案》被评为韶关市政协2017年优秀提案和重点督办提案，由市政协副主席王德雄督办，得到殷焕明市长指示；《关于解决碧桂园凤凰城上下班高峰期交通拥堵问题的建议》提案由副市长刘清生领衔督办。开展专题调研，完成“市委出题，党派调研”工作，提交《改善城市大气质量，提升城市新形象》调研报告。协助省委会专题调研组，到韶关开展关于以特色小镇带动粤东西北地区精准扶贫工作和广东省山区发展休闲农业和乡村旅游，政府出台指导、奖励措施等方面的调研，民革韶关市委会两次牵头组织市发改局、财政局、交通局、旅游局、农业局、规划局等政府有关部门参加座谈会，陪同省委会领导到始兴县、翁源县开展实地调研，协助做好专题调研工作。

社会服务 2017年，韶关民革开展“伸出博爱之手——民革基层组织牵手困难群众”系列活动。参与市政协机关、民主党派和市电视台在翁源县桂竹村的结对精准扶贫工作，协助为贫困户办理社保，购买医疗、养老保险、扶持种养项目。开展送医送药下乡活

▲2017年10月25日，民革广东省委会常委、理论研究与学习委员会主任王明星（前左三）率调研组在始兴县开心农庄了解发展规划情况

（田秋菊 摄）

动。4月，民革韶关市委会组织武江区基层委员会前往武江区重阳镇万侯村开展“精准扶贫•送医送药下乡”活动，接受健康检查、咨询120人次，发放价值3000多元的家庭常用药、医疗科普宣传册500余册。11月，组织粤北人民医院支部及武江四支部部分党员和医务工作者前往乳源瑶族自治县开展“送医送药下乡”义诊活动，接诊群众150余人次，发放价值3500元的家庭常用药。组织武江区基层委员会前往乐昌市坪石镇三星坪村开展“送药下乡”活动，接诊群众105人次，慰问村里的部分五保、低保、贫困家庭，发放价值1.2万元的药品和慰问物资。2名党员分别到乳源、始兴开展法律讲座等活动。开展关爱老人，送温暖活动。民革韶关市委会携手中共广东永兴雄业食品有限公司党支部到老来乐智慧养老公寓开展关爱老人活动，为老人送上暖手宝、米、面、水果等物资。民革乳源支部慰问大桥敬老院的孤寡老人，助学捐资500元。曲江支部慰问敬老院孤寡老人，捐赠价值2500元物资，捐资助学1000元。开展扶贫济困捐款活动。全市民革党员为四川省阿坝州九寨沟县发生7.0地震捐款近1.9万元，在广东“6・30”扶贫济困日活动中捐款3万元。民革党员中的民营企业家热心公益慈善事业，为社会献爱心。杨泳为广东狮子会韶州服务队捐赠10万元复明助困专项资金，获2017年第三季度“韶关好人”称号；刘国奇为连平县帮扶救助协会捐款10万元；刘翠岩为乐昌高考加油赞助4万元，邀请衡水专家讲师团到乐昌演讲，为乐昌三溪镇渔鼓非物质文化遗产项目扶贫济困捐款1万元；陈祖均捐赠扶贫助困款3万元。民革党员中的法治工作者参与一村（社区）一法律顾问工作，为农村和社区提供法律咨询、法制宣传、人民调解、法律援助、案件代理等全面法律服务。

【民革e家平台建设工作在全市全覆盖】 将民革e家平台打造成为打破民革地域和时空限制的“聚宝盆”，增强党员思想认同和情感联络的“心灵驿站”，健全完善民革工作机制的“百宝箱”。11月底民革市委组织调研组赴浙江、江西等地开展专题调研，学习“民革党员之家”建设先进经验，推动南雄、乐昌、乳源、浈江、武江、曲江六个“民革党员之家”的筹备工作。

【纪念民革成立70周年】 2018年是民革成立70周年，也是中共“五一”口号发布70周年。开展系列纪念活动。向民革党员中的书法爱好者征集书法作品，选送浈江区第二支部的1名党员的3幅书法作品参加民革广东省委会纪念民革成立70周年书画展。发动党员参加民革广东省委会举办的“孙中山思想与民革自身建设”征文活动，2名党员撰写的2篇稿件被选入孙中山思想与民革自身建设研讨会文集中，民革韶关市委会在此次征文活动中获优秀奖。在全市开展学习中共十九大精神与纪念民革成立70周年征文等活动。 （田秋菊）

民盟韶关市委员会

【概况】 中国民主同盟韶关市委员会（以下简称“盟市委”）成立于1981年8月。历经九届市委会，市委会规模19人，正副主委1正4副。历任主委梁庆邦（一、二、三届）、彭洁开（四届）、林平杰（五、六、七、八届），现任主委林炜东（九届）。截至2017年底，盟市委直辖1个县委（下辖8个支部）、2个基层委员会（下辖16个支部）、3个总支、2个直属支部。全市共有盟员602人，平均年龄53.5岁，其中，中上层人士533人，占88.5%；具有中、高级职称的盟员507人，占84.2%；主体界别（教育、文化艺术、科技医卫界）盟员440人，占73.1%。

思想建设　2017年，盟市委将全国“两会”及省市“两会”精神、习近平总书记广东重要批示精神、中共十九大、民盟中央十二大、民盟省委十五大等重要会议精神的学习作为思想政治学习的重要内容。采取梯次学习的方法：主委会议学、市委会议学，下发通知要求各基层组织盟员学习并汇报学习成果；组织召开“学习贯彻中共十九大精神会议”，市委委员、各基层组织负责人共50人参加学习；组织各基层迅速掀起中共十九大会议精神学习高潮，形式多样，效果明显，盟员提交学习中共十九大精神心得体会。盟市委获民盟广东省委“坚持和发展中国特色社会主义学习实践活动优秀单位”称号，民盟翁源县委、曲江支部和乳源支部被授予民盟广东省委“坚持和发展中国特色社会主义学习实践活动先进集体”。创建翁源、乐昌、曲江和乳源4个“盟员之家”。编辑、出版内部刊物《韶关民盟》3期，每期发行量600册，办刊质量稳步提升；9月底推出“民盟韶关市委员会”微信公众号，到12月底，共推送36篇文章，内容涉及盟章盟史、基层活动、中共十九大精神学习专题报道、重要盟务活动等。盟员撰写的理论研究文章自2011年以来连续第六年获2016年民盟广东省委参政党理论研究优秀论文三等奖。

参政议政　2017年，市委会领导班子及盟内优秀专家参与中共市委、市政府组织召开的座谈会、协商会，提出民盟的意见和建议。在各民主党派负责人2017年暑期座谈会上，林炜东主委总结自上年换届以来，民盟履行参政党职能取得的主要成绩并提出韶关加快发展的相关建议。在市委协商会上，民盟代表发言题为《禅宗文化资源与禅宗文化旅游开发的设想》，得到市委书记的重视和采纳。与对口联系单位——市发改局开展联合调研，效果明显。《打造韶关特色小镇的政策建议》和《韶关禅宗文化资源与禅宗文化产业开发的对策与建议》两个课题的专题调研组于7月、8月到市内各县（市、区）、江门、肇庆、贵州安顺、湖北黄冈等地调研，撰写调研报告，为市委、市政府的决策提供参考意见。2017年，盟员撰写、提交的信息稿件30件，其中，3件被市政协采用、7件被市委统战部采用、4件被市委办采用、2件被盟省委采用。4月，盟市委获民盟广东省委2016年社情民意信息工作先进集体三等奖，盟市委原副主委朱必凤获先进个人二等奖。朱必凤教授撰写的2017年省政协提案《关注进城农民工子弟学前教育，推动我省城乡教育公平》得到省长批示。在2017年韶关市“两会”上，盟市委及盟员市政协委员共提交提案20件，大会发言1篇，有1名盟员政协委员在即席发言中作发言。盟市委提交的提案《加快我市“互联网+”农村电子商务发展的对策与建议》和市委委员陈胜鸿提交的提案《关于加快农村淘宝项目建设助力精准扶贫的建议》被市政协列为2017年重点提案，由市政协主席亲自督办。朱必凤执笔撰写的提案《关于重视和支持中国农业科学院哈尔滨兽医研究所的哈尔滨维科生物技术开发公司产业战略转移落户韶关的建议》得到市长的重视。韶关市各民主党派与政府职能部门对口联系制度自1991年建立以来，对口联系的深度和广度不断拓展。盟市委与市发改局到南雄邓坊镇参观考察犁牛坪风电场，助推韶关市绿色能源发展；与市教育局召开对口联系座谈会，围绕“县管校聘”等涉及广大教师的教育改革进行探讨。盟市委向民盟中央民生论坛“经济发展与民生保障政策”主题征文活动投稿2篇，向法治论坛“司法改革与社会治理”主题征文活动投稿5篇。

组织建设　2017年下半年，盟市委完成浈江区基层委员会和武江区基层委员会的成立工作，优化民盟的基层组织架构。12月，完成翁源县委届中调整工作。2017年，盟市委贯彻落实“人才强盟”战略，共批准28名青年加入民盟。平均年龄33.4岁，大学学历23人、研究生学历2人。5月底，组织召开社情民意信息工作会议，对各基层组织负责人及信息工作骨干进行培训；8月底，组织各基层负责人前往从化、佛山开展盟史教育及社情民意信息工作交流活动。选派8名盟员分别参加盟省委举办的“2017年民盟广东省委中央社会主义学院省委委员及盟务骨干培训班”“干部履职能力提升培训班”“互联网媒体宣传”培训以及在省社会主义学院举办的盟务骨干培训班。选派8名新盟员参加市委组织部、统战部组织的“韶关市民主党派新成员培训班”、9名骨干盟员“第四期民主党派基层骨干培训班”。盟市委分别对机关工作制度和市委会制度进行完善，形成《民盟韶关市委员会机关制度汇编》和《民盟韶关市委员会制度汇编》。全市盟员在各自的本职工作中取得优异成绩。盟员吴斌、温盛远参与的电视纪录片作品《烽火弦歌——抗战中的坪石中大》，作为系列片《血铸河山》的其中一集，获得中国广播影视大奖。这是韶关首次获此大奖；盟员许宁主持的220千伏库湾站至月亮湾站线络工程设计，获中国电力规划设计协会2016年度优秀工程设计二等奖；胡洪波、曹春梅、周丽萍3名盟员专家被评为韶关市享受市政府特殊津贴人才。全市盟员2017年获国家级奖励4项、省级奖励12项、市级奖励38项。

社会服务　2017年，明市委组织盟员参与2017年“6·30”广东扶贫济困日捐款活动，各级盟组织和广大盟员共捐款5万余元。国庆中秋节前，盟市委、民盟曲江支部到曲江区启智学校送校服、送月饼，并为学校改善教学设施，捐助总额3万余元。4月下旬，组织民盟北江中学支部在职一线骨干教师与南雄市黄坑中学开展教学和盟务对口交流活动。12月，组织5名盟员律师在五里亭皇景新村组织开展“建设和谐社会法律宣传”活动，派发200份宣传资料、法律咨询70余人，提高居民对法律的关注度。

【“盟员之家”揭牌仪式举行】　2017年12月3日上午，盟市委举行民盟乐昌总支“盟员之家”、民盟乳源支部“盟员之家”揭牌仪式，盟省委秘书长朱虹、盟省委宣传处副处长郑江林、盟市委主委林炜东、市委统战部副部长廖雨婷以及当地统战部门的领导应邀出席揭牌仪式。乐昌、乳源两个基层组织的全体在职盟员参加揭牌仪式。民盟乐昌支部、民盟乳源支部主委分别汇报各自支部分基本工作情况及筹建“盟员之家”的主要过程。朱虹对乐昌总支、乳源支部所取得的成绩表示肯定。

【学习中共贯彻十九大精神会议暨表彰2017年参政议政工作会议举行】 2017年11月3日，民盟韶关市委2017年参政议政工作会议在湖心宾馆召开，盟市委主委林炜东、副主委李敏瑶、龙仕华出席会议，市委委员、各基层负责人共50人参加会议，会议由副主委龙仕华主持，市委统战部党派科科长熊亮应邀参加会议。盟市委主委林炜东出席会议并做学习辅导。林炜东主委要求各基层组织要把十九大精神落实到提高思想认识上、落实得到盟务工作中和体现在立足本职工作上。副主委李敏瑶代表盟市委对2017年的参政议政工作作总结。对下一阶段的参政议政工作，盟市委根据各基层组织的实际情况，提出完成“一基层一议、一人一议”的量化要求。会上，副主委龙仕华宣读盟市委的表彰决定，对表现突出的韶关学院总支、北江中学支部、文体机关支部和一中支部等4个集体，王焰安、刘主、罗炅、陈伟、张广全、左之滨等6名先进个人进行表彰。

【民盟韶关市委助推绿色能源发展】 2017年12月19日，民盟韶关市委与韶关市发展和改革局举行对口联系活动，关注风电企业，助推绿色能源发展。民盟韶关市委主委林炜东、副主委李敏瑶、部分市委委员及盟员，市发改局副局长肖荣忠、相关科室负责人等参加活动。参加活动的20余人一同前往南雄市邓坊镇，参观考察梨牛坪风电场。座谈时，韶关学院总支主委戴经国、韶关学院学报编辑部主任王焰安、盟员曹佳良、许宁等纷纷就风电项目对环境保护、鸟类迁徙、噪音、磁场所造成的影响、植树复绿、风机平台复绿等问题与在座的发改局、中国能建公司进行交流。市发改局副局长肖荣忠详细回应盟员所关注的问题，他认为绿色能源符合韶关的发展定位，建议民盟将促进韶关市绿色能源的发展作为一个重点关注的课题。盟市委主委林炜东认为民盟与政府职能部门的对口联系是民盟知情明政、提升参政议政水平与能力的有效途径，希望双方对口联系的深度和广度不断强化，取得更大的成果。

▲2017年11月3日，民盟韶关市委召开学习贯彻十九大精神会议　（陈于兵　摄）

【义务法律咨询活动进社区】 2017年12月10日上午，民盟韶关市委组织盟内的专家律师，走进浈江区五里亭居委会皇景新村开展“建设和谐社会法律宣传 ”活动。民盟秘书长曾敏青及机关干部参加活动。民盟专家律师裴文锋、张治龙、蔡元奎、马洪义参加该次义务法律咨询活动。该次活动通过发放宣传资料、解答法律咨询、开展普法知识有奖问答等形式，吸引小区附近居民驻足。现场有关继承、房屋产权、债务、婚姻家庭纠纷等群众日常生活问题成热点问题。每一位律师都对这些提问做出真诚解答。该次活动一共派发宣传资料近200份，礼品50件，法律咨询70余人次，现场反应强烈，取得良好的宣传效果。

（陈于兵）

民建韶关市委员会

【概况】 中国民主建国会（简称民建）是主要由经济界人士组成的、具有政治联盟特点的、致力于建设中国特色社会主义的参政党。民建韶关市委员会（以下简称“韶关民建”）成立于1957年3月6日。2017年，民建在韶关市有基层组织23个，其中基层委员会3个，总支部1个，支部19个；会员388人，平均年龄49.4岁；大专以上学历324人，占84%；中级以上职称169人，占44%；经济界人士307人，占80%；中上层人士237人，占61%，各级人大代表、政协委员共63人，占17%。思想宣传全面加强，组织工作健康发展，参政议政成果丰硕，社会服务有序推进，各项工作富有成效。

思想建设　2017年，韶关民建坚持把学习中共十九大精神与开展“不忘合作初心，继续携手前进”专题教育活动结合起来，与“两学一做”学习教育活动结合起来，专门制定学习方案，多次召开全体委员会议、基层组织会议进行集中深入学习。组织16名会员参加2017年民主党派新成员培训班学习；组织7名会员参加韶关市第四期民主党派基层组织骨干培训班；组织19名会员到汕头、潮州等地爱国主义教育基地开展实践活动。参与理论研究及主题征文活动，共提交7篇研究论文，9篇主题征文。多篇文章获得表彰，1篇获民建中央“不忘合作初心，继续携手前进”主题征文活动优秀作品奖；2篇分别获得民建省委2016年度理论研究优秀成果一等奖和二等奖，1篇获得2016年度全市统战理论政策研究创新优秀成果优秀奖。民建市委获得民建省委理论研究优秀组织奖表彰。

组织建设　2017年，韶关民建领导班子建设进一步加强。在市“两会”期间，主委陈曦当选为市十四届人大常委会副主任，副主委王敏雯、胡湘泉、钟爱明当选为政协第十二届韶关市委员会常务委员。6月，陈曦当选为民建广东省委常委，王敏雯当选为民建广东省委委员。委派1人参加省社会主义学院2017年广东省党外中青年干部培训班学习，1人参加中共市委党校2017年第二期县处级领导进修班学习。注重会员的培养，推荐2名会员分别挂任市扶贫办资金组副科长和仁化县董塘镇副镇长。完善基层组织建设。将原民建韶关学院支部拆分成韶关学院一、二支部，在此基础上成立民建韶关学院总支部，选举产生民建韶关学院总支部、一支部和二支部第一届委员会。将原民建韶钢支部更名为民建曲江三支部，纳入民建曲江基层委员会统一管理。浈江一支部、浈江五支部、武江四支部等3个支部分别进行部分班子成员补选，加强基层组织领导班子队伍建设。11月，民建省委专职副主委陈海莅临韶关开展基层组织建设调研，分别走访曲江基层委员会和韶关学院总支部，肯定他们在基层组织建设、制度建设和参政议政方面取得的成就，对今后的发展提出建议。韶关学院总支部、浈江五支部、乳源支部开展专题调研活动取得丰硕成果。退休支部每月固定时间开展活动，组织生活更加规范。民建韶关市委成立文体工作委员会，组织成员参加民建省委和市政协举办的体育竞赛活动。调整民建韶关市委参政议政工作委员会和企业工作委员会成员。支持各基层组织、专委会开展户外文体、交流联谊及调研活动。企业工作委员会邀请市工商局和对口联系单位市财政局业务骨干分别讲解企业登记和财政资金扶持等方面的政策，参政议政工作委员会多次召开讨论会，与市经信局、市旅游局开展有关旅游大数据和智慧旅游城市建设的调研座谈，组织调研组到中山、东莞、广州及呼和浩特、包头、银川等地进行调研，了解省内外旅游大数据发展情况，完成《建立大数据平台推进韶关智慧旅游发展》调研课题。将韶关民建网站纳入全市政府网站集约化建设，完成网站的改版升级工作。做好宣传工作，主动向民建中央网站、民建省委网站及《韶关政协》《韶关调研》等杂志投稿，有多篇文章被各大媒体采用。出版《韶关民建》会刊1期，《会务简讯》12期，被民建中央、民建省委网站及各大媒体采用活动宣传报道信息累计93篇。民建市委被授予“民建广东省委先进集体”称号，获得民建省委2016年度组织管理信息系统工作先进集体一等奖；民建浈江三支部和民建武江四支部获得“民建广东省委先进基层组织”称号；7人获得“民建广东省委优秀会员”称号。肖志平获“全国农村青年致富带头人”称号；1人获广东省医师学会第一届“优秀基层医师奖”；1人获2016年度广东省优秀音乐家和韶关市第三届哲学社会科学优秀成果奖三等奖；1人获2016年度韶关市科学技术进步奖二等奖，2人获三等奖；1人获韶关市十佳“最美金融青年”，等等。

▲2017年8月13—18日，民建韶关市委员会调研组一行赴呼和浩特、包头、银川进行调研
（吴丹丹　摄）

参政议政　2017年，韶关民建向各级人大、政协提交建议案、提案共75件，政协大会发言4件，其中省人大建议案5件，省政协提案3件；市人大建议案1件，市政协提案36件；县（市）区政协提案30件。多件建言献策材料获得重视，1篇《关于推进产业共建的建议》被选为省人大重点督办提案，由副省长袁宝成督办；1篇《创新扶贫开发机制　协调区域发展》被民建省委采用为省政协集体提案，作为省政协大会书面发言提交；2篇被选为市政协重点提案，分别由市委书记莫高义、市政协副主席兰茵和市政协副主席王德雄督办；1篇被选为市政协即席发言。韶关民建有4件提案被评为市政协2017年优秀提案，占全部优秀提案五分之一。参与政治协商，民建市委领导多次参加市委、市政府、市政协等部门召开的各类协商会、座谈会、征求意见会及视察活动，会前深入考察调研，会上建言献策，会后注意总结思考。在2017年市各民主党派、工商联负责人和无党派人士代表座

谈会上，1人在会上作发言，就如何优化营商环境、推进产业共建、加强党外代表人士队伍建设等方面提出建议。在中共韶关市委加快旅游业发展专题协商会上，1篇为会议发言材料并发言；在市政协促进装备制造业发展专题议政会议上，1篇为书面发言材料。社情民意信息成果丰硕。组织8名会员参加2017年民建广东省委会反映社情民意信息工作培训班（中西片）学习。民建市委收集整理会员提交的建言材料40多篇，其中被采用为民建中央（《关于将城镇登记失业率调整更改为被调查失业率的建议》）、民建省委和市政协反映社情民意信息15篇，采用为统战信息21篇，经省委会推荐给会中央春、秋季成果选送材料2篇。编辑出版《参政议政成果选编》（2011—2016）。全年共收到会员提交的一人一议材料30多件，其中被采用为市人大建议案和市政协提案23件。民建韶关市委获得民建省委参政议政工作先进集体二等奖和全市统战信息工作先进单位；6人获得民建省委参政议政工作优秀个人表彰。

社会服务　2017年，韶关民建参与市政协机关（民主党派机关）、市广播电视台共同挂点帮扶翁源县桂竹村活动，开展精准扶贫各项工作。在2017年“广东扶贫济困日”活动，广大会员及民建会员企业捐款近20万元。支持和帮助农村地区教育事业，通过与省委统战部在韶关的对口帮扶村联系，筹集资金为当地学校捐赠4000多册新的图书，价值11万元。1人长期资助3名贫困老年人，每人每月300元；1人长期资助4名贫困老兵，每人每月500元。公益活动成效显著。2017年，民建市委组织各基层组织和广大会员开展社会公益活动，为社会公益事业捐款捐物近25万元。民建市委联合广东省一心公益基金会、爱尔眼科医院等有关单位开展“善美韶城光明行动”慈善活动，为上千名韶关市贫困白内障患者免费接受治疗。不断推动“爱心结对”助学活动，2人资助多名学生从高中到大学的学费共计3万多元，有3名受资助学生考上大学。曲江基层委员会到曲江启智学校开展慰问活动；浈江五支部关心支持重阳中心幼儿园建设，帮助解决园外道路硬底化资金缺口问题；武江四支部慰问江湾孤寡老人、贫困学生，开展江河增殖放流活动；韶关学院二支部多次深入企业和有关单位进行社会咨询和技术咨询活动；乳源支部到大桥镇中冲村村委开展关爱留守儿童活动；1人捐款3万元支持南雄安全镇下水村委会居家养老服务中心建设；1人捐赠价值2.2万元的个人收藏品给广东狮子会香山服务队，用于支持公益慈善事业的发展等等。服务会员受到好评。2017年以来，开展走访、慰问会员活动近20人次，为他们送去组织的关怀。重阳节前，组织近30名退休老会员开展户外活动，受到会员的一致好评。2017年，民建市委获得民建省委社会服务工作先进集体三等奖；9人获得民建省委社会服务优秀个人表彰。

【对外联络】　与对口联系单位市财政局、经信局开展业务交流，落实工作动态互相通报制度。与统战部门和其他地区民建组织开展交流联系活动。2017年，陈曦主委带队走访中共曲江区委统战部、中共乳源县委统战部、中共韶关学院统战部及中共乐昌市委统战部，就党派建设问题进行座谈交流。组织部分基层组织负责人聆听民建省委副秘书长聂周强和民建鼎湖支部主委李德明一行到韶关开展的社会服务工作经验介绍。组织学习组到汕头、潮州、中山、东莞、广州、呼和浩特、包头、银川等地进行会务工作交流。与到韶关调研的民建安阳市委、民建阳江市委、民建肇庆市委分别开展会务工作交流。

（吴丹丹）

民进韶关市委员会

【概况】　中国民主促进会（简称民进）是以从事教育文化出版工作的高级知识分子为主要成员和联系对象的参政党。民进韶关市委员会（以下简称“韶关民进”）于1983年1月8日成立，历任主任委员有饶纪寰、邱坤松、张中林、刘大济。至2017年，有会员416人。2017年，韶关民进获民进全国机关工作先进集体，副秘书长雷检获民进广东省委机关工作先进个人称号。

思想建设　2017年，浈江联合支部获民进中央颁发的“民进坚持和发展中国特色社会主义学习实践活动先进集体”奖。韶关民进重视宣传平台建设，新增《韶关民进》会讯、《参政议政成果汇编》等纸质宣传媒介。全会深入开展中国特色社会主义学习实践活动，浈江联合支部被民进中央评为“民进坚持和发展中国特色社会主义学习实践活动先进集体”。韶关民进派员参加全市9.30烈士公祭活动。开展相关学术研究，《强化四种能力，撰写优质提案》获评“省政协提案工作学术研讨优秀征文一等奖”。参与统战理论研究，《城镇化进程中的民族交流交融问题研究》和《新社会阶层统战工作策略思考》分别获得全省统战理论政策研究创新成果评比三等奖和优秀奖。韶关学院支部赴湖南宜章参观湘南起义纪念馆。曲江支部开展“我身边的先进”宣讲活动，树立杨福娇、杨辉煌等优秀典型。潘志沐在曲江区图书馆举办“喜迎十九大”书法作品展。副主委宋良锋参加市政协与市委组织部在北京大学联合举办的政协系统干部能力提升培训班。

组织建设　2017年，韶关民进于6月10至13日，派9名代表赴广州参加中国民主促进会广东省第八次代表大会并履职。主委刘大济连任省委委员，并当选为监督委员会副主任和民进十二大代表，4名会员被省民进评选为“优秀会员”。12月1—6日，主委刘大济以代表身份，赴北京参加民进全国第十二次代表。市委会领导亲赴各县（市、区）指导基层组织建设，先后与始兴县委书记黄建华、曲江区委书记罗海俊等座谈交流，主动争取中共对民进韶关市委员会基层组织建设的支持。编印最新的会员通讯录，分发到每个会员手中。韶关民进成立摄影、书画、体育、棋牌、文艺等5个协会，开展和参与相关活动和比赛。体育特长会员等代表韶关民进参加市政协举办的全市羽毛球比赛，获“韶关市液压杯羽毛球混合团体比赛冠军”；文艺特长会员罗成创作排演的大型现代采茶戏《枫树湾近事》代表韶关市参加广东省第十三届艺术节获专家赞誉。4月，7名新会员参加市各民主党派新成员培训班的学习；7月，10名会员参加韶关市民主党派基层组织骨干培训班的学习；11月，2名会员赴上海复旦大学参加民进新阶层会员培训班的学习。推荐会员挂职锻炼，在全市第五批党外挂职干部的推荐工作中，民进韶关市委员会推荐3名会员，分别挂任市提升办主任助理、市委农办新农村科副科长、市创文办副科长。民进韶关市委发展17名新会员，其中大学本科学历12名，大学专科学历5名。

▲2017年，民进韶关市主委刘大济撰写的提案获全省政协提案工作学术征文一等奖 （民进韶关市委 供）

参政议政　2017年，韶关民进获民进广东省委2012—2017年参政议政工作先进单位、民进广东省委2012—2017年信息工作先进单位等称号，蝉联全市统战信息工作优秀单位。2016年提交并立案省政协提案6件，其中《关于重点推进我省农业供给侧结构性改革，尽快补足农业现代化短板的建议》获省长马兴瑞领衔督办，获评2017省政协优秀提案。2015年省政协提案《关于我省房地产去库存的提案》和《关于我省地下综合管廊建设的提案》获评省民进提案一等奖，全省仅8件提案获得一等奖。省政协提案《关于大力推进粤东西北地区绿色城镇化发展的提案》获省民进提案二等奖，全省仅9件；省政协提案《关于丰富农村妇女精神文明文化生活的提案》获得省民进提案三等奖，全省仅13件。提交市政协集体提案4件，个人提案8件，人大议案1件。《加快特色小镇建设，助推韶关经济发展》提案获得市委书记莫高义领衔督办。提交县（市、区）政协集体提案5件，个人提案39件，县（市、区）人大议案1件。其中仁化支部提交的《关于加快我县电子商务发展的建议》被仁化县政协列为重点督办提案。1人被评为乐昌市优秀政协委员。市委会先后组织赴贵州省、河南省的调研活动。各基层支部也踊跃开展调研。各基层组织和会员一年向市委会提交200多项课题，内容涵盖经济、社会、文化、法制等方面。市委会遴选有价值的课题形成调研报告向党委、政府提供决策参考，其中：《关于大力推进我省医联体建设，尽快补齐我省基层医疗服务短板的建议》课题获得民进广东省委重点立项，并作为省委会的集体提案提交2018年省政协大会。在市委专题协商会上，民进韶关市委员会提交《关于引进优质社会资本发展我市旅游产业的建议》向大会作报告，该建议材料在《韶关日报》全文登载；在市长殷焕明组织召开的专题议政会上，企业家会员协助市委会完成并提交调研报告《关于引进和培养装备制造业优秀人才的建议》；在市政协无主题议政会上，市委委员作《关于用好三江六岸促进旧城提升的建议》发言；在“市委出题，党派调研”工作中，《推进韶关与珠三角产业共建的路径和对策研究》提交中共韶关市委。民进韶关市委员会报送统战信息60余篇，被采用27篇，总积分610分，再度排名全市统战系统首位，其中，关于杜绝燃油助力车和超标电动车上路、老年公交卡购买意外险、南岭与莽山一体化开发等方面的建议获得市委办采纳并提交市领导；规范共享单车、严防二维码骗局、健全耳聋预防体系等信息获得省委统战部采用。民进韶关市委员会投报市政协社情民意信息26篇，被采用6篇，投稿量和采稿量均居市政协各参加单位之首，其中《关于提高城市大件垃圾处理能力的建议》获得《韶关信息》转载。民进韶关市委员会通过省民进报送社情民意信息，其中《关于修正小学语文课〈海上英魂〉历史错误的建议》被民进中央采用并提交全国政协，语文出版社落实修改建议，韶关电视台《民生关注》栏目对此进行专题报道，该信息被评为“民进中央2017年度参政议政成果三等奖”。

社会服务　2017年，韶关民进参与“6·30”广东扶贫济困日捐款，市政协副主席、主委刘大济对口帮扶乐昌市大源镇永济桥村，多方为该村筹集扶贫款，还从自己的工作经费中捐出15万元支持该村基础设施建设；市委会机关与兄弟党派对口帮扶翁源县龙仙镇桂竹村，机关干部多次深入基层开展扶贫工作。民进韶关市委员会继续做强“三下乡”“幼儿图书角”“爱心基金”等社会服务品牌，树立民进良好的社会形象。“三下乡”活动中，4月，武江大专支部赴南雄市夹河口村小学开展爱心助学，捐赠价值一万多元的教学设备、活动器材、学习用品等；6月，浈江联合支部联合市科技馆到南雄市南亩镇开展科普卫生服务进乡镇活动，进行科普公益宣传，为当地群众义诊。7月，曲江区支部联合曲江政协教科卫体委到乌石镇展如村委会开展送医送药下乡活动，为村民提供免费诊疗、咨询服务200多人次，发放1000多份健康宣传资料和价值3500元的药品。12月，浈江联合支部到南雄帽子峰敬老院开展慰问活动，为老人送去棉被等生活用品一批。“幼儿图书角”品牌建设中，始兴总支2017年为始兴城南衍屏中心幼儿园、马市三村陈达幼儿园、黄田幼儿园等捐赠价值1万多元的幼儿图书，至此已支持11所公立幼儿园，市委会也参与“幼儿图书角”建设，捐赠5000余元的优秀少儿读物。五中支部继续做强“爱心基金”品牌，引进香港李汉荣博士教育基金会等爱心机构和爱心人士资助家庭困难学生70余人，总计11.4万元。曲江支部联合启德医院、立德会等，开展救助当地尿毒症患者活动，在马坝中学举办“树立守法意识、学会自我保护”为主题的送法进校园活动。

【退休会员活动】 2017年，韶关民进采取多种措施关心关爱老会员。定期组织退休会员开展集体活动，重阳节，韶关民进组织会员在小岛饭店举行茶话座谈会。继续推行退休会员“逢五逢十”生日慰问制度、重大节日慰问制度、生病住院探访制度，注重从精神文化层面关爱老同志。市委会着重宣传浈江联合支部彭岷胜创办“迈克尔英语培训中心”、韶关学院支部王明灿组织体操竞技、浈江小教支部廖义香和唐冰心参加统战部“同心艺术团”巡回献艺等典型事例，其中彭岷胜与王明灿的事迹被民进广东省委《余热之光二》收录。

（民进韶关市委员会）

农工党韶关市委员会

【概况】 截至2017年12月，农工党韶关市委有基层委员会2个，总支2个，支部19个，小组1个，党员411人，其中医药卫生、人口资源和环境保护界占63.3%，中高级职称以上党员占79.6%。有各级人大代表13人，政协委员51人。一年来，农工党韶关市委团结带领全市各级组织和广大党员，学习中共十八届六中全会和中共十九大及农工党十六大精神，以习近平新时代中国特色社会主义思想为指引，围绕市委、市政府中心工作，开展坚持和发展中国特色社会主义学习实践活动，加强自身建设，履行参政党职能，开展社会服务，为韶关改革发展献计出力，各项工作取得新进展。农工党党员、粤北人民医院泌尿外科主任曹正国博士被评为韶关市优秀科技工作者。9名党员获2016年度韶关市科学进步奖，其中一等奖2项，二等奖2项，三等奖6项。40多位党员在不同领域获得各种奖励和荣誉。20多名党员在国家级、省级专业刊物发表论文30多篇。

思想建设 2017年，农工党韶关市委组织学习中共十八届六中全会、中共十九大和习近平总书记对广东工作的重要批示精神，学习农工党中央、农工党广东省委以及中共韶关市委有关会议和文件精神，推进坚持和发展中国特色社会主义学习实践活动。在中共十九大开幕的当天下午，市委会迅速召开会议，传达学习中共十九大报告主要精神，把它当作重要政治任务来抓。之后，又召开市委会扩大会议，组织市委委员、各基层组织负责人、机关干部深入学习中共十九大精神。通过多种形式，分主题进行专题学习。邀请市委宣讲团专家组成员、市委党校领导做“学习十九大，共画同心圆”的学习报告会。市委会领导参加全省传达贯彻中共十九大精神大会和全市传达贯彻十九大精神电视电话会议、省委宣讲团中共十九大精神宣讲报告会、韶关市领导干部学习贯彻中共十九大精神专题培训班和全市统战系统学习贯彻中共十九大精神报告会。开展“不忘合作初心，继续携手前进”专题教育，将其作为开展坚持和发展中国特色社会主义学习实践活动的重要内容和主要载体，巩固团结奋斗的共同思想政治基础。加强党史教育及统战理论知识的学习。加强民主党派基本知识的教育，了解民主党派发展的特点，准确把握民主党派的性质、地位和作用。尤其是学习农工党党章党史，与中共肝胆相照、荣辱与共的光辉历史，弘扬光荣传统，增强荣誉感、使命感、责任感。主委卢春燕在市社会主义学院为17名新党员作“不忘合作初心，重温光荣历史”主题宣讲。先后组织市委委员、各基层组织领导班子赴革命圣地延安、全国农工党党史教育基地惠州市邓演达纪念园、全国爱国主义教育基地叶挺将军纪念园和葛洪博物馆开展“不忘合作初心，重走先辈道路”主题教育活动。加强与兄弟市民主党派的学习交流，市委会领导随市委统战部考察调研组到郴州、衡阳等地学习。市委会专门与贵阳市委会、清远市委会及到韶关的东莞市委会座谈交流党务、党建等工作经验。主委卢春燕参加在北京召开的中国农工民主党第十六次全国代表大会，出席中国农工民主党开展坚持和发展中国特色社会主义学习实践活动总结表彰大会，参观“同心共筑中国梦”中国农工民主党五年来工作回顾图片展。市委会获中国农工民主党开展坚持和发展中国特色社会主义学习实践活动先进集体，综合支部获参政议政工作先进集体，卢春燕主委获先进个人表彰。加强市委会网站、微信群、QQ群信息安全管理，利用《韶关农工》，宣传中国共产党的路线、方针、政策和农工党中央、省委会及市委会工作部署，及时报道基层组织和党员的先进事迹。

参政议政 2017年，农工党韶关

市委市委会领导参与韶关市重大问题和重大决策的政治协商，出席市委、市政府、市政协及有关部门召开的专题协商会、征求意见会、情况通报会等，参加韶关市重要活动以及围绕韶关市中心工作的各种专题调研视察，就政府工作、经济工作、加快韶关改革发展等关系全局的重大问题，建言献策。如主委卢春燕参加中共韶关市委加快旅游业发展专题协商会议，作题为《韶关旅游发展的思路与定位》的发言，提出针对性的意见和建议；副主委黄得慧、委员邱韶东参加市政协组织召开的促进装备制造业发展专题议政会，分别提交题为《我市装备制造业如何抢抓机遇融入珠江西岸先进装备产业带》《融入珠西承接先进装备制造业的建议》的书面发言材料。市委会举办2017年骨干培训暨参政议政工作会议，邀请省委会主委马光瑜教授、副主委秦鉴教授作专题辅导，市委委员，各支部正副主委、委员，担任各级人大代表、政协委员和特约“四员”的党员，以及信息员及部分骨干党员共100多人参加培训。在2017年各级“两会”期间，共提出提案和建议42件，其中市委会集体提案2件。主委卢春燕向省政协十一届五次会议、市十四届人大一次会议提交《关于用好“一带一路”政策，发挥粤北山区独特资源优势，打造广东体旅特色国际品牌的提案》等3件提案和建议，其中《关于进一步推进湘粤开放合作试验区建设的提案》省政协提案得到牵头落实单位省发改委的重视，专门到韶关召开市政府相关部门及乐昌市政府领导参加的座谈会，研究如何落实办理相关事宜。在市政协十一届四次会议上，市委会作《关于进一步推进粤湘开放合作区建设，加快“融珠”步伐的建议》的大会发言。市委会集体提案《打造山地户外运动天堂，助力韶关全域旅游创新发展》被评为市政协重点提案，由市政协副主席吴春腾领衔督办。在市政协十一届四次会议即席发言环节上，第一位获得“发言权”的是农工党界别委员江鸿，他对韶关“户外运动”提出意见和建议，获得市委书记江凌的肯定，引起现场各位及新闻媒体的共鸣。曲江区支部集体提案《关于加快解决我区公办幼儿园师资紧缺问题的建议》、王萌《关于进一步重视青少年心理健康的建议》被评为区政协重点督办提案。围绕“市委出题、党派调研”课题任务，联合中共韶关市委政研室及政府相关部门、体育企业协会等组成调研组就“大数据在体育、旅游、档案中的应用”赴贵州等地开展专题调研，向中共韶关市委报送调研报告。按照农工党中央的部署和要求，协助省委会开展健康扶贫跟踪调研，对曲江区樟市镇5个贫困村因病致贫返贫的53户贫困户进行实地走访，听取当地村委会有关情况介绍，和东莞市驻村干部座谈交流，了解当地健康扶贫工作情况，为新时期精准扶贫攻坚战提出对策与建议。开展“一人一议”“一支部一建议”活动。吴蔚《关于加强零售药店中药代煎行为安全性监管的建议》被韶关统战信息采用，得到市长殷焕明的重要批示。黄文忠《关于为环卫职工投保团体人身意外险的建议》被市政协反映社情民意信息专报采用。唐蒙轩《关于解决公立医院为应对“药品零加成”而采取“药房托管”的建议》、廖祥彦《建议把握临床路径管理原则，不断提升医疗服务质量、安全和效率》被市统战信息采用。

组织建设　2017年，农工党韶关市委切实加强领导班子建设。落实市委委员联系基层组织工作制度、市委委员对口联系党员企业制度，调动班子工作积极性，发挥班子作用。严肃政治纪律和政治规矩，加强班子团结。注重提高领导班子的政治把握能力、参政议政能力、组织领导能力、合作共事能力和解决自身问题能力。班子成员参加党内外的各种学习和培训，巩固履职尽责的思想基础，如市委会主委卢春燕参加农工党中央在海南海口举办的新任市级组织主委培训班。根据工作需要，届中补选1名副主委，2名委员。领导班子结构得到充实完善。不断推进后备干部队伍建设。做好发现、选拔、培养工作，为优秀骨干提供学习、锻炼的机会。选送骨干党员和后备干部参加省、市有关部门举办的各类培训班，3人分别参加省委会在哈尔滨工业大学、南开大学、浙江大学举办的2017年全省骨干党员培训班和参政议政专题培训班，6名党员参加市委组织部、市委统战部在市社会主义学院举办的韶关市第四期民主党派基层组织骨干培训班，7名党员参加2017年韶关市民主党派新成员培训班。推荐科技支部党员、市环境监测中心站质量技术管理室副主任、高级工程师占志军到基层挂职锻炼，挂任曲江区环保局副局长，为期一年。加强组织发展。坚持严格程序、注重质量、保持特色，发展一批中青年党员，提高党员队伍的质量。2017年发展新党员14人。推进基层组织建设。对综合支部、乐昌市总支、乐昌二支部、医卫支部班子进行补选。为更好地促进基层组织正常开展活动，市委会继续从有限的经费里划拨部分资金，按每个党员补助100元的标准给各支部发放活动费，保障支部正常开展组织生活。探索星级支部考核机制，以指标量化的形式对基层工作进行考核，利于激发基层组织的活力。各基层组织围绕开展坚持和发展中国特色社会主义学习实践活动和学习中共十九大精神，组织党员开展组织活动。

社会服务　2017年，农工党韶关市委创新社会服务方式。在保持原有的送医送药、远程医疗培训、乡医培训等方式的基础上，在服务方式、内容、范围等有新探索、新突破。如联合慈善组织广东狮子会韶州服务队，开展无偿献血“血液银行”行动、为贫困农村送医送药、送法送文化、扶贫助困、助学奖教等活动。主动牵线搭桥，多名农工党党员参与。在广东狮子会多支服务队的帮助下，开展“狮爱灯光、点亮乡村”活动，为曲江区枫湾镇新村6个村小组捐赠安装30盏太阳能路灯及为该村贫困户送上每户约500元的慰问物资一批，得到市委统战部的肯定及当地村民的欢迎。开展送医下乡、送法进村和扶贫助学等活动。结合“中国环境与健康宣传周”“国际科学与和平周”、精准扶贫等主题，市委会先后组织粤北人民医院、韶关市第一人民医院、韶关市铁路医院、粤北第二人民医院、韶关市职防院、乐昌市人民医院、乐昌市中医院的农工党医疗专家以及浈江二支部及区局的法律专家前往乐昌市坪石镇灵石坝村、翁源县龙仙镇桂竹村开展送医下乡、送法进村活动，乐昌市总支、曲江区支部、市铁路医院支部、粤北第二人民医院支部也先后组织4批医疗队前往乐昌市梅花镇坪溪村、曲江区乌石镇展如村、南雄市乌迳镇、武江区西联镇西联村等地送医送药，共发放健康、法律等宣传资料1700多份，接受群众义诊咨询1200多人次，免费发放药品价值5.8万多元。协助省委会到南雄市坪田镇开展义诊助学精准扶贫活动。与市政协机关和市各民主党派机关一起，做好对口帮扶翁源县龙仙镇桂竹村的精准扶贫工作。发动党员为广东扶贫济困日、广东“同心圆”工程捐款。浈江区一支部先后组织党员到乐昌市九峰镇敬老院、浈江区社会福利院开展“送温暖，献爱心”活动，为敬老院的老人们带去慰问品及文艺表演。市中医院支部、韶关医学院支部的党员参加所在单位组织的送医送药活动。韶关市同心艺术团的农工党党员发挥艺术专长，协助和配合市委统战部完成赴香港庆祝韶关海外联会成立30周年大会暨第八届理事会就职典礼文艺晚会演出任务。离退休党员发挥余热，参加社会服务活动，关心支持单位、社会的各项工作。

【韶关农工同心助力行动】 2017年，农工党韶关市委在服务开展好“同心圆”工程的前提下，创立“韶关农工同心助力行动”，目的从旅游、体育、农业、科技、文化等方面举办的活动助力市委市政府产业共建、城市提升、县域发展“三大主题”工作。韶关打造广东户外运动天堂省级名片及体育品牌促进全民健身活动、推进韶关体旅产业的融合发展。在农工党党员企业打造省级体育品牌“徒步穿越丹霞山”活动的基础上，再支持打造一个体旅结合徒步定向运动的品牌，支持举办韶关首届“城市夜光定向”等活动。

【远程医疗培训开展】 2017年，农工党韶关市委发挥农工党医药卫生界别特色优势，联合农工党广东省委、中山大学基层委员会，继续开展对乐昌市廊田卫生院、乐城社区卫生服务中心和仁化县人民医院的远程医疗培训，定期安排专题讲课对基层医务人员进行远程医疗培训，走出一条独具特色的城乡医疗卫生帮扶之路。至2017年底，举办培训47期，累计培训学员5600多人次，成效显著，深受欢迎，成为广东省农工党社会服务的一大特色，得到省委会的表扬与肯定。（陈勇胜）

▲2017年11月，九三学社韶关市委赴西柏坡学习 （九三学社韶关市委 供）

九三学社韶关市委员会

【概况】 九三学社韶关市委员（简称“九三学社市委”）会成立于1988年9月3日。2017年，全市共有5个基层委员会、25个支社，有社员279人，平均年龄43.5岁。其中，高中级职称239人，占社员总人数的85.7%，女社员99人、占35.5%。2017年，社韶关市委获“九三学社坚持和发展中国特色社会主义学习实践活动全国先进集体”；获“2016年度社省委参政议政工作先进集体奖”；被市委统战部表彰为2016年度全市统战信息工作进步单位。兰茵获社中央“2013—2017年度参政议政工作先进个人”称号；成绍强获社中央“先进组工干部”称号；刘德波获“2016年度广东省优秀音乐家奖”；罗向军入选广东省2016年度扬帆计划培养高层次人才项目人员；潘丽梅当选广东省人大代表；罗元月聘任为第一届广东省机械工业专家委员会专家；何旗明聘任为中国老年学和老年医学学会骨质疏松分会中西医结合专家委员会常委委员；王世玉聘任为广东省工程质量安全应急救援专家等。1人获“韶关市优秀科技工作者”称号；4人获“韶关市首期享受市政府特殊津贴人才”称号；4人获2016年度韶关市科学技术进步奖。

思想建设 2017年，九三学社市委坚持把政治思想建设作为自身建设的首要任务，通过领导班子和骨干社员的示范带动作用，把“坚持和发展中国特色社会主义学习实践活动”主题教育活动推向深入，不断巩固多党合作的共同思想基础。10月，主委兰茵代表社韶关市委在全省九三学社学习实践活动总结会上作典型发言。11月，主委兰茵，副主委成绍强、谢勇参加韶关市民主党派、工商联负责人和无党派人士代表座谈会。兰茵主委作《推进机关建设，积极发挥枢纽作用》发言。社韶关市委先后召开8次学习会，分别以主委会议、市委委员会议、市委委员扩大会议的形式学习习近平总书记对广东工作作出的重要批示精神、中共十九大会议精神和九三学社十一大会议精神。11月，主委兰茵参加中央宣讲团中共十九大精神报告会。及时下发通知，要求各基层组织专题学习2017年全国“两会”精神、九三学社广东省第八次代表大会精神，推动思想建设活动常态化。社市委将培训与研讨相结合，促进学习活动走向深入。组织23名社员分别参加市民主党派新成员培训班、市第四期民主党派基层组织骨干培训班、社省委举办的“九三学社章程专题学习班”、社省委2017年参政议政培训暨工作研讨会、九三学社中央第三期九三学社省级以下机关专职干部培训班。11月，组织49名骨干社员赴西柏坡举办党性教育干部培训班，重温西柏坡的光辉历史，不忘合作初心，学习“西柏坡精神”。与社省委省直在穗的各基层主委开展“不忘合作初心，继续携手前进”主题学习实践活动。5月，社韶关市委举办“韶关九三讲学堂——2017年宣传信息专题讲座”，采取专家授课和社员工作体会相结合的方式，共同学习和分享撰写信息的经验与体会。

有关宣传社市委工作内容的50篇报道或文章在社中央网站、广东九三网站、《韶关日报》《韶关政协》《广东九三》等登载。做好韶关九三网站、微信公众号的维护和更新，出版《韶关九三》两期，每月编发工作动态。建立“两干两学”（“两干两学”是指老社员干给新社员看、老社员带着新社员干；新社员学习九三学社优良传统，新社员学习先进社员事迹）。有17名参政议政和宣传信息骨干社员主动报名担任辅导老师，有71名年轻社员报名参加“两干两学”活动。2017年以来，共收到“两干两学”成员撰写社情民意和宣传信息135篇。其中，1件信息被中共广东省委办公厅采用，2件信息被中共广东省委统战部采用，3件信息被市政协采用，11件信息被中共韶关市委统战部采用。成志军撰写的《加快华南农产品交易中心项目建设，推进我市农业供给侧结构性改革的建议》得到中共韶关市委书记莫高义的批示，市政府市长殷焕明亲自率领有关部门现场办公，使得华南农产品交易中心建设项目快速推进。

参政议政　2017年，九三学社市委领导参加中共韶关市委、市人大、市政府和市政协组织召开的专题协商会、专题议政会、无主题议政会、情况通报会、征求意见会等共计20多次，针对韶关市重大决策、经济建设和社会发展提出意见建议。社韶关市委各级人大代表、政协委员等参加各级人大、政协组织的视察和督查活动15次，建言献策。参加中国共产党领导的政治协商。8月，在中共韶关市委加快旅游业发展专题协商会议上，兰茵主委作《补短板，扩要素，打造“广东户外运动天堂”》专题发言，市委委员陈昉提交《转变传统发展理念，加快韶关旅游业发展》书面发言材料；10月，在市政协组织召开的促进装备制造业发展专题议政会上，市委委员王双陆作《以创新驱动推进韶关装备制造业的新发展》专题发言。在韶关市民主党派、工商联负责人和无党派人士代表座谈会上，兰茵主委作《推进机关建设，积极发挥枢纽作用》的发言，就优化营商环境、推进产业共建、加强民主党派建设等方面提出建议。九三学社市委召开参政议政工作会议7次，开展调查研究，撰写提案建议。先后组织3次专题调研活动，一是专题调研户外运动产业建设；二是专题调研装备制造业发展；三是专题调研林业碳汇经济发展。在各级人大、政协会议上，社员们提交议案、提案、意见和建议34件，其中市、县级集体提案9件，市、县级重点提案2件。1月，在市政协十二届一次会议上，社市委副主委姜向东代表社市委作《建立分级诊疗制度，全面深化基层医疗卫生机构改革》的大会发言转化成集体提案被列为韶关市人民政府市长殷焕明领衔督办重点提案。社市委提交《创新城市管理体制机制，构建城市综合管理新模式》集体提案。在政协即席发言环节上，成志军作《精准扶贫还需精准监督》，罗燕作《把真正的便利给予地贫家庭》的即席发言，受到与会领导、委员的好评及媒体的关注。在乳源政协十届二次会议上，市委委员王双陆代表九三学社乳源一、二支社作《加快我县品牌提档升级，助推经济健康持续发展》大会发言。会上，乳源一、二支社提交4个集体提案。在南雄市政协十届二次会议上，南雄市支社提交3个集体提案。其中，《关于提升市区浈江河两岸景观风貌的建议》列为南雄市政协十届二次会议重点提案，由中共南雄市委书记王碧安督办。武江区政协委员梁利球提交的《关于提供民主党派基层组织活动场所的建议》，被列为武江区政协重点提案。浈江三支社的《关于促进社区教育发展提升城市生活品质的建议》入选社中央2017年参政议政征集课题。社韶关市委承担《韶关市绿色经济发展现状与对策研究》和《利用韶关地域特色，积极培育体育旅游业》两项“市委出题，党派调研”课题。李少鸿、陈三政、成志军共提交3篇调研建议参与2017年社省委参政议政征集课题评审会。社员中有市人大代表4人，市政协委员14人（副主席1人、常委5人）；县级人大代表4人（常委4人）；县级政协委员26人（副主席1人、常委4人）。

组织建设　2017年，九三学社市委加强领导集体建设，坚持每月召开一次主委会议，坚持和健全民主集中制议事规程，强化领导班子作风建设，注重发挥领导集体的作用。社韶关市委重视各基层组织建设，对基层班子实行动态管理。对各基层组织实施支社年度社务工作目标管理考评。下发《九三学社韶关市委基层组织工作手册》，年底进行自评和考评工作。发展社员。重点发展具有代表性和影响力的人物及相对具有发展潜力和空间、年轻优秀的成员。完善社市委入社考察程序，到入社申请人所在单位访问其单位相关领导，要求入社申请人除提交入社申请书等必须资料外，还需提交一份社情民意建议，考察其参政议政水平。2017年发展14 名新社员。6月，成立曲江区支社；10月，届中调整武江五支社班子成员。加强市委、市政府与市各民主党派和无党派代表人士的联系。11月，主委兰茵率领社市委领导班子，赴新丰县开展韶关市党政班子领导成员与党外人士联系交友座谈会，拜访中共韶关市委副书记、中共新丰县委书记陈波，并与中共新丰县党委进行座谈，就发挥九三学社优势、助力当地发展进行交流。2017年各支社研究确定支社调研课题，开展调研活动。其中：浈江三支社的《关于促进社区教育发展提升城市生活品质的建议》入选社中央2017年参政议政征集课题。韶大三支社和开发区支社主动承担2017年“市委出题、党派调研”课题任务，分别完成《依托韶关地域特色，积极培育体育旅游业》和《韶关市绿色发展现状与对策研究》调研课题。丹霞山支社等7个基层组织的6个课题入选2017年社市委参政议政课题。建立和完善社内监督机制。5月，九三学社韶关市委一行赴河南洛阳、开封、郑州等地考察，学习当地九三开展社内监督的情况；10月，社韶关市委成立监督委员会，11名社员当选为九三学社韶关市第七届委员会监督委员会委员；谢勇当选监督委员会主任。10月—11月，社韶关市委监督委员会，开展对各基层组织的巡查督导工作，对基层组织和社员反映出的问题进行工作指导，提出意见建议。建立后备干部人才库，向中共市委统战部推荐年轻优秀社员挂职锻炼，2名社员被推荐到市扶贫办分别挂职主任助理，业务组副科长。2017年，社市委加强与社省委、市级社组织间的横向联系。2月，社韶关市委主委兰茵，副主委、市委委员等拜访社省委，与社省委人员座谈。社韶关市委分赴湖南张家界、福建南平、石家庄、广州等地交流学习。与社省委省直在穗的各基层主委联合开展“不忘合作初心，继续携手前进”主题学习实践活动。社揭阳市委、九三学社广东开放大学支社分别到韶关市就社务工作进行交流。

为建设好“九三之家”，社市委开展“五有”硬件建设项目，全面完成6 项工作：建章立制，编撰社韶关市委《制度汇编》。对主委会议、市委委员会议、机关办公会议、干部选拔任用、干部培训等10个机关运转项目进行规范。完善专委会设置。专委会设置由2014年的2个，增至2017年的4个。完善信息化办公设备。添置办公和信息化设备一批，完善社员组织信息系统、参政议政和社会服务工作平台系统，建设社韶关市委微信公众号，改版网站。建设九三学社组织文化。设立“九三文化”墙（室），设立图书阅览室。搭建交流沟通服务平台。开通各级微信交流群、QQ群；建立社市委领导、机关干部联系基层组织制度，组建社内“行业专家库”。经社省委推荐，社韶关市委被九三学社中央定为第一批“全国九三机关能力建设试点单位”。9月，九三学社中央办公厅副主任张魁林率领社中央检查组莅临韶关，对社韶关市委机关能力建设工作进行检查，检查组对韶关市的工作给予肯定。10月，九三学社中央在贵州省安顺市召开全国地市级组织机关建设试点暨机关建设交叉检查工作总结交流会，社韶关市委副主委姜向东代表广东省在会上作机关能力建设试点工作交流发言。社韶关市委机关能力建设验收成绩进入全国前十名。

社韶关市委及各基层组织走访慰问社内老领导、患病社员、生活艰苦的社员共21人次。组织女社员参加市妇联举办的插花专题讲座。社韶关市委领导每个季度参加退休社员联谊会活动，向退休社员通报社中央会议精神、韶关市经济社会发展情况和社韶关市委工作。九九重阳节组织老社员开展登山活动；组织羽毛球队参加2017年市政协羽毛球混合团体比赛，分获第四、六名。

社会服务　2017年，九三学社市委开展社会服务活动7次。在帽峰公园建立“九三生态林”。社韶关市委、广东省青年联合会、韶关市卫计系统在新丰县回龙镇联合开展“情暖新丰健康行”活动，由粤北医院基层委员会的医疗专家以及韶关市卫计系统组成的医疗组为回龙镇群众开展义诊活动。南雄市支社联合中共南雄市委统战部，在南雄市主田镇主田村开展“情系主田贫困户、爱心义诊暖人心”送医送药活动。6月，社韶关市委组织社员参与“扶贫济困一日捐”活动，共捐款近5万元。在精准扶贫工作中，社韶关市委在翁源县桂竹村结对帮扶一户贫困。社韶关市委与市科协、丹霞山管委会联合开展丹霞山科普志愿者招募工作和“韶关市科普自由行”活动。韶关九三志愿者服务队为“韶关创建文明城市”开展美城工作，为“九三生态林”开展养护工作。启动“九地合作”项目。社韶关市委联合有关县（市）、职能部门召开六场“征集技能技术需求”座谈会，调研卫生系统、教育系统、农业系统、实体企业的一线工作人员需求情况，开展“九地合作技能技术需求”大调研活动，为下一步实施具体培训帮扶项目打下基础。社韶关市委坚持与市科技、市商务局开展对口联系工作，经常性与两个对口联系单位开展工作交流和沟通。10月、11月，社韶关市委与市商务局分别联合开展对口联系工作座谈会和企业座谈会，了解韶关市《中华人民共和国残疾人就业保障法》实施情况。

【九三生态林建设】　九三学社市委自2008年在芙蓉山举行“百亩九三生态林”建林暨社员义务植树活动以来，连续10年开展“九三生态林”创林和抚育工作。2017年，在芙蓉山、矿山公园、杜鹃公园、韶州公园、国家森林公园、帽子峰等6处公园建立“韶关九三生态林”，由最初的一片百亩生态林，发展到6片生态林，建林面积约26.67公顷。“九三生态林”在社市委社会服务中取得社会效益，并成社会服务工作的新品牌。（成志军）

群众团体

工商业联合

【概况】 韶关市工商业联合会（以下简称“市工商联”）成立于1954年，至2017年，市工商联经历14届执委会，全市工商联有会员6210人，69个镇街商会。深入开展理想信念教育，引导非公有制经济人士健康成长；服务企业，招商引资，推动民营经济加快发展；会员组织建设不断加强；深入调查研究，推动参政议政工作取得实效。

【第十四次会员代表大会】 2017年2月27日，韶关市工商联第十四次会员代表大会召开。246名会员代表出席会议并参加选举，大会选举产生韶关市工商联第十四届执行委员会领导班子，广东东阳光科技控股股份有限公司董事总经理张红伟当选为韶关市工商联第十四届执行委员会主席。

【非公企业和非公经济人士“两个健康”】 2017年，市工商联组织会员企业收听中共十九大报告，学习宣传贯彻中共十九大精神，按照全国工商联“推动中共十九大精神进机关、进企业、进商会”的号召，开展送党课、送精神到民营企业活动；组织开展以“增强对中国特色社会主义的信念、增强对党和政府的信任、增强企业发展的信心”为主要内容的非公有制经济人士理想信念教育实践活动；组织全市部分新生代企业家收听收看中央统战部全国工商联“全国年轻一代民营企业家理想信念报告会”。学习习近平总书记系列重要讲话精神。韶关市商会组织学习讨论习总书记对广东工作作出的重要批示和“7·26”重要讲话精神。引导韶关广大非公有制经济人围绕习近平总书记对广东提出的“四个坚持、三个支撑、两个走在前列”要求，增进思想政治共识，坚定“四个自信”。学习《中共中央国务院关于营造企业家健康成长环境弘扬优秀企业家精神更好发挥企业家作用的意见》（以下简称“意见”）。10月11日召开十四届二次主席会长会议，市工商联领导集体学习讨论意见精神；邀请宝武集团广东韶关钢铁有限公司党委书记兼董事长李世平作专题讲座，与全市近200名民营企业家交流学习意见心得体会。传达学习全国“两会”精神。3月，召开第十四届第一次主席会长会议，传达学习全国两会精神，研究部署第十四届执委会主要工作。全国人大代表、工商联主席张红伟解读并指出，国家在重视实体经济、税费改革、降低社保费率等方面将释放更多的利好政策，全市的非公企业要坚定发展信心，把握发展机遇，主动创新发展，做好做大企业，为建成小康社会贡献力量。慰问子弟兵。8月分别到武警韶关市支队开展“八一”中国人民解放军拥军慰问活动；到解放军某部赴英德市驻训部队进行爱军及国防教育，支持部队建设。

【会员组织建设】 2017年，市工商联继续保障“五好”创建工作有序推进。召开“五好”县级工商联创建经验交流会，调研掌握基层建设情况，协助各县（市、区）工商联解决存在的问题。指导

▲2017年2月27日，韶关市工商业联合会（总商会）在召开第十四次会员代表大会
（市工商联 供）

推动仁化、乳源、武江、浈江工商联申报省“五好”县级工商联，指导推动乐昌、翁源、新丰工商联申报全国“五好”县级工商联，推动始兴县工商联被评定为全国“五好”县级工商联。推荐会员，组织参加省政府举行的2017年粤商大会和省联第十二次代表大会。开展“优秀商会示范点”暨“四好”商会推荐工作，推荐韶关市江西商会、翁源县青年商会申报广东省2017年“优秀商会示范点”。配合参加省政府举行的2017年粤商大会和省联第十二次代表大会，传递粤商精神，引领会员投身广东转型升级和粤港澳大湾区建设。开展商会间联络。组织会员参加韶关市与东莞、揭阳三地之间的交流参观学习，开阔视野，取长补短；帮助世界客商大会收集韶关市客商素材，支持世界客商大会11月召开；拜访韶关市环保产业协会、装饰建材协会、韶关河北商会、韶关四川商会、韶关江西商会、韶关湖南商会、韶关潮汕商会等商协会和部分乡镇基层商会；推荐会员企业参加广东省工商联直属国际合作商会和首届粤港韶商经贸交流论坛，支持会员企业参加经贸活动。

【服务企业】 2017年，韶关市成立韶民投，引导壮大韶关民间投资规模。促进金凤回巢、乡贤回归。为帮助企业解决融资难问题，和市银行业公会共同主办“合作共赢•携手共进”大型银企对接交流会，有11家银行和200家企业参加。开展法律帮企工作。市工商联组织开展“守法诚信、共促和谐”法律宣传活动；开展企业维权和帮助企业协调解决困难4项；组织企业家会员参观市检察院廉政教育基地，引导民营企业诚信经营、按章纳税。帮助企业了解政策、熟悉法律，诚信经营，健康发展；组织开展民间交流、商会交流及学习考察活动，组织会员参加与东莞、揭阳三地之间的交流参观学习，推荐会员企业参加广东省工商联直属国际合作商会和首届粤港韶商经贸交流论坛，支持会员企业参加经贸活动，为会员企业提供多种发展渠道；落实市委2017年11月召开的市民主党派、工商联负责人和无党派人士座谈会精神，组织在全市会员企业中开展历史遗留问题排查活动，收集9家企业问题上报市政府，所反映的企业相关问题得到重视。

【招商引资】 2017年，市工商联加强与珠三角韶关商会的沟通联系。拜访广东省韶关商会，接待深圳、中山、江门三地韶关商会回韶商务考察，向各商会推介韶关华南先进装备产业园投资环境和优惠政策，介绍韶关产业共建基本情况，为乡贤回乡反哺建设提供服务。支持创办《世界韶商》杂志，促进各地韶商信息沟通和交往联谊，搭建韶关和韶商的海内外宣传平台。帮助到韶关投资的客商跑部门、跑项目，落实投资项目6个，落地资金超亿元。

【“百企帮百村”精准扶贫工作开展】 2017年“630”期间，韶关市商会动员和组织民营企业参加 “广东扶贫济困日”活动民营企业家代表座谈会，乳源东阳光带头捐款100万元。推进“百企帮百村”精准扶贫行动。一批龙头企业发挥企业自身活力与相对贫困村结对帮扶开展精准扶贫行动，起到社会示范效应，如广东康绿宝科技实业有限公司，广东友丰油茶科技有限公司和广东信达茧丝绸股份有限公司等依托企业优势带领周边农村致富，达到农企双赢的效果。截至9月底，全市参与精准扶贫的民营企业110家，帮扶项目139个，企业投入资金总额5741万元，帮扶82条村，帮扶相对贫困5232人口。韶关市商会指导大塘镇分散贫困户脱贫攻坚工作。派专人驻镇开展精准扶贫，争取东莞工商联支持5万元修缮被洪水冲垮的水利工程，慰问困难户，为五保户维修危房。

【参政议政】 2017年，市工商联深入基层企业，了解情况，收集建议意见；开展“全国第七次民营企业军民两用高新技术产品研发生产情况”“上规模民营企业排序”“广东民营企业社会责任”“民营企业成本与负担”“降低实体经济企业综合成本”“韶关民营经济制造业结构转型升级”等调研活动，适时反映韶关市民营经济现状，为党委政府正确决策提供依据。市工商联组织推荐工商联界别政协委员参加市委专题协商会和市政协专题议政会，关于装备制造业发展的座谈会上，市工商联有5名委员发言，发言建议均受重视。

【非公党建工作】 2017年8月，市工商联分别带领韶关市部分非公企业党组织负责人和所在企业出资人赴被誉为“全国第一将军县”红安县和鄂豫皖苏区首府所在地河南新县开展以“踏寻先辈足迹，学习传承我党我军优良传统”为主题的红色基因现场教学；带领韶关市部分“两新”组织党组织书记和骨干党员赴清远英德学习培训，参观清远华侨工业园区和企业党建典型。提升全市非公党组织党务工作者党性修养，丰富党建工作经验，以红色革命传统的震撼力强化“四个意识”（指政治意识、大局意识，核心意识、看齐意识）。扩大党在非公有制经济组织中的组织和工作双覆盖，确保全市非公领域的党建工作按照省委和市委的要求正常开展。邀请广东省委党校法学系副教授刘丽为韶关最大民营企业乳源东阳光公司党委党员进行中共十九大精神专题讲座；到韶关市北江纺织有限公司党支部具体指导学习中共十九大精神，党组书记为基层企业支部党员上党课；主办2期韶关市非公经济领域深入学习贯彻中共十九大精神专题培训班，邀请市委党校教授、韶关市政府重大行政决策咨询专家欧阳建国主讲《十九大报告解读——建设现代化经济体系》，组织非公企业的企业家、企业党组织代表、商协会党务工作者和骨干党员约150人分期参加培训，系统学习中共十九大报告中关于经济领域的新理念和新论述。协调非公企业与属地组织部门联系成立党组织，对非公企业和基层商会的党建工作做到成熟一个成立一个，建立非公人士“党员驿站”，让非公人士党员过上正常的党组织生活。

（赵伯佬）

工 会

【概况】 韶关市总工会（以下简称“市总工会”）是中共韶关市委领导下负责全市工会工作的群众团体。市总工会成立于1950年9月9日，时称曲江县总工会。1951年底，韶关市和曲江县分家，原曲江县总工会更名为韶关市总工会。1983年韶关地区和韶关市合并后，原广东省总工会韶关地区办事处与原韶关市总工会合并为现今的韶关市总工会。内设置办公室、组织部、宣传教育部、保障工作部、生产保护部、女职工部、财务部、审计室等8个部室、下辖市工人文化宫、市职工服务中心等2个直管事业单位。截至9月底，全市基层工会7100家、涵盖单位31075家，会员681765人，其中农民工会员225733人。

【建功立业工程取得新业绩】 2017年，市总工会把推动发展作为第一要务，动员广大职工投身经济建设主战场。谋划、实施各类劳动竞赛活动。以推动经济增长方式转变，提高自主创新能力和建设节约型社会为主题，发挥工人阶级主力军作用。2017年，全市有600家企业组织各类劳动竞赛，参赛职工约20万人次。创建各级劳模（职工）创新工作室。3月在韶钢召开全市职工技术创新工作交流会，推动工作的开展。全市创建各级劳模（职工）创新工作室80个，促进企业技术创新。开展岗位练兵和技能竞赛。市总分别与韶关供电、人民银行、中国电信、卫计局、教育局等部门联合举办10大项全市性职工技能竞赛，授予23人“韶关市职工技术创新能手”称号。各基层工会开展岗位练兵和技能竞赛活动。全市有400家企业组织各类技能竞赛，参赛职工约11万人次。

【职工精神文化生活呈现新气象】 2017年，市总工会推进职工素质提升工程，实现“建设”与“育人”并举的目的。围绕韶关市创建文明工作，联合宣传部、文明办、人社局等部门开展首届2017年韶关工匠评选表彰活动，6月在韶关剧院举行颁布典礼，评出2017年首届“韶关工匠”获得者名单10名，2017年首届“韶关工匠”提名奖获得者名单10名，受到社会各界广泛好评。开通“韶关工会”微信公众号，单篇文章点击量最多的达10多万人次，打造工会服务职工新平台。创新职工书屋建设模式，市、县两级总工会分别与市、县两级图书馆签订合作共建流动职工书屋协议，提供更加精准的文化服务。全市共建有各级职工书屋220家，其中全国示范点22家。创新开展职工文化驿站活动。通过与翁山诗书画院共同主办《风雅翁山》文艺刊物、作品展览、文化沙龙等，搭建沟通交流与展示的平台，打造韶关特色的职工文化品牌。开展送戏进企业活动。邀请省工人艺术团到南雄、乳源等地送文艺慰问演出。2017年，市总筹集40万元，通过购买社会文艺服务方式，在各县（市、区）开展10场次送戏进企业活动。举办各类文体比赛活动。市总举办职工全健排舞、乒乓球、象棋等多项全市性赛事。

链接：首届“韶关工匠”名单：

①薛自力：宝钢集团韶关公司工程技术公司设备检修车间高级技师；②陈锦洪：乐昌市迎宾大酒店高级技师；③罗劲松：广东电网韶关供电局变电管理所工程师；④石生旺：韶关发电石设备部高级技师；⑤林兴韶：中金岭南韶关冶炼厂动力车间高级技师；⑥钟国建：广东省大宝山矿业有限公司选矿部高级工程师；⑦许卫军：韶关市磊信机械制造有限公司高级工程师；⑧张福华：广东中烟韶关卷烟厂卷接包车间烟机高备修理工；⑨温惠萍：韶关市第二技师学院电动自动化高级工程师；⑩陈桂香：韶关顺昌布厂有限公司生产技术总监。

【维权维稳工作展现新作为】 2017年，市总工会坚持主动依法维权，发展和谐劳动关系，促进职工队伍稳定和社会和谐。开展工会法律顾问进企业活动。投入50万元签约10家律师事务所服务各县（市、区）企业和职工。加大工资集体协商工作力度。规范建制流程和合同文本。全市培育示范点20个，覆盖企业1.2万家，覆盖职工43万人。维护职工安全生产权益。通过多年来广泛持久的宣传，树立“安康杯”竞赛品牌。全年，有10万人次参赛，促进企业安全生产。做好职工来信来访受理处置工作。接待受理职工各类来信来访63件262人次，均作妥善处置和反馈答复。推进厂务公开民主管理工作，落实职代会制度和职工的民主权利。全市公有制及其控股企业和公办学校、医院等事业单位建制率稳定在98%以上，非公企业建制率不断提高。

【帮扶服务工作迈上新台阶】 2017年，市总工会按照“为困难职工解难，为党委政府分忧”的要求，帮助解决职工问题。发挥职工服务中心阵地作用。健全完善各项工作制度和程序。市县两级共接待职工群众2万多人次。开展“春送岗位、夏送清凉、秋送助学、冬送温暖”系列活动，实现全时段、无缝隙帮扶。市县两级共筹措资金1000多万元，对200多家困难企业、1万多名困难职工进行各类慰问。推动“职工医疗、女职工安康、职工住院医疗、职工住院津贴”四大互助保障计划，为职工筑起一道抵御风险的屏障。四大保障项目累计参保40.5万人次，赔付1006人，226万元。创新文体活动服务方式。市总投入32万元购买15家场所的文体服务，共为会员免费发放8万多张文体活动票。协调人社、教育、卫生、住建、交通、公安等部门，帮助解决职工反映的一批关于读书难、看病难、住房难、医疗卫生和交通治安管理等问题。

【基层组织建设取得新成果】 2017年，市总工会适应企业组织形式和职工队伍的深刻变化，着力夯实工会基层基础。以民主建会、民主换届工作为抓手，以农民工入会为重点，不断提高建会率和入会率。建立工会。在全市9个县（市、区）工业园（产业转移园）、1个乡镇，共建成10家“三个一批”示范点，夯实服务职工综合平台，受到园区和职工群众的好评。建立健全基层工会和工会干部保障激励机制。通过经费返拨、转移支付、项目化管理等方式，加大工会经费向基层倾斜的力度。为全市119个乡镇（街道）、园区工会各下拨1万元工作经费，落实200人以上非公企业工会主席每月工作津贴制度，增强基层工会干部的工作积极性和职业荣誉感。突出抓好工会干部培训，提高工会干部的能力和素质。市县两级总工会通过会议、办班、外出学习等多种形式和渠道开展培训工作。

【工会组织改革打开新局面】 2017年，市总工会以工会改革和作风建设两大主题工作为抓手，推进全市工会“强三性、抓三转、去四化”。深入调研，找准问题，分析原因，提出改革举措，市县两级工会的改革工作推进。《韶关市总工会改革实施方案》《韶关市总工会“三定”方案》正式出台，共有6个县级总工会的改革方案提交市总征求意见。（吴柳亭）

共青团

【概况】 中国共产主义青年团韶关市委员会（以下简称“团韶关市委”）前身为中国共产主义青年团韶关地方委员会，1983年6月，地、市团委合并后改为现名。团韶关市委是全市共青团组织的领导机关，2017年，内设办公室、组宣部、城乡部、学校部、联络部，以及韶关市青年联合会、韶关市杰出青年协会、韶关青年商会秘书处，下辖韶关市青少年宫。历任主要负责人有覃卫东、李萍、陈茂辉、张中坚、陈波、王晓梅、陈俊林、彭裕殿、梁丽芳、刘海旺。

【学习宣传贯彻中共十九大精神】 2017年，团韶关市委组织全市各界青年代表及青联、学联、团韶关市委青商、青科协等青年社会组织学习宣传贯彻中共十九大精神，组建由青年专家、优秀青年代表、优秀志愿者等22人组成的青年宣讲团，深入基层一线开展宣讲。全市共开展6000余场次学习宣传贯彻活动，实现对团员青年全覆盖。

【青少年政治思想引领】 2017年，团韶关市委开展“韶关青年论坛”“韶关青年读书会”，引导青少年树立和践行社会主义核心价值观；开展系列主题团（队）日活动，利用节庆日开展“学雷锋”“重温入党誓词”“红领巾相约中国梦”“永远跟党走”“与信仰对话”等活动，覆盖学生100多万人次。

【从严治团工作】 2017年，团韶关市委出台从严治团的实施意见，对全市5736个团支部开展自查自纠，督导89个问题突出的团支部对标整改。严格规范团员发展程序，统一使用印制有团员编号的入团志愿书，实施“一人一号”精准调控团青比例。开展以“学习近平总书记系列讲话，做合格团员”为主题的教育实践活动，严肃组织生活，规范团员入团、戴团徽、举团旗、唱团歌等经常性教育，从严管好团员队伍。

【基层团的改革】 2017年，团韶关市委出台《深化党建带团建，进一步夯实镇（街）、村（社区）基层团组织建设的意见》，把党建带团建工作纳入地方党建考核，推动形成党建带团建、党团同发展的氛围。2017年，全市共有5个县（市、区）团委落实5名以上专职团干配备，全市村团支部换届完成。

【学校共青团改革】 2017年，团韶关市委出台《韶关市中学共青团改革实施方案》，加强团教协作，建立团教工作联席会议制度。创新制度设计，将学校共青团工作纳入教育部门考核范畴。建立中等职业教育学校学生学分制管理制度，将团学活动纳入中等职业教育学校学生创新学分范畴。

【助力乡村振兴】 2017年，团韶关市委参与扶贫攻坚，依托市青联、青商会、粤港青年交流促进会等平台，组织爱心企业家筹集18万元支持6个贫困村项目建设。动员爱心青年与43名贫困户进行“一对一”结对帮扶，助力精准脱贫。组建美丽乡村“规划师、设计师、美术师、社工师、建筑师”志愿服务队，开展美丽乡村志愿服务活动。实施“领头雁计划”，建立165人的“领头雁”人才数据库，培养农村致富带头人300余人。举办农村电商培训班3期，培训400多人，推动农村电商发展。开展关爱留守儿童活动，组织志愿者开展课外兴趣培训辅导和心理辅导，覆盖留守儿童2万人次，结对帮扶留守儿童1万名；募集30万元援建10家“农村留守儿童希望家园”和“爱心少先队活动室”；组织100多名支教志愿者，长期为山区中小学开展教学服务。

【社会治理创新】 2017年，团韶关市委开展“伙伴同行”青少年社区矫正工作，组建748名社工人才队伍，对全市25周岁以下青少年社区矫正个案实行逐一建档帮扶；开通韶关“12355”维护青少年权益服务热线，服务各类青年800余人。开展青少年禁毒宣传活动70余场，覆盖青少年20万人次。组建“善美社区百人志愿宣讲团”，深入社区围绕劳动就业、法律援助、权益保障等领域进行宣讲，服务社区建设管理。孵化青年社会组织，2017年新培训成立社会组织11家。

【志愿服务行动】 2017年，团韶关市委建立健全志愿服务管理体系，出台《关于进一步规范社区志愿服务工作流程和活动项目的意见》等23项制度文件，加强志愿服务组织的登记管理、奖励和指导等。打造志愿服务品牌，开展“社区志愿者工作站”“韶城V站”“交通文明引导”“善美火炬传递”等志愿活动1万多场次，开展“最美志愿”“美德少年”等评选活动，塑造志愿者典型。韶关市注册志愿者参加志愿服务活动的人数占比87.17%，人均服务活动时长31.64小时，志愿服务时长累计增长419万小时，综合指标在全省排名第三。

【青年人才服务】 2017年，团韶关市委开展“圆梦计划”，帮扶500余名新生代产业工人上大学；深化“展翅计划”，为大学生提供1040实习见习岗位。促进创新创业，培训创业青年1000余人，推荐5个项目上青创版挂牌，扶持创业青年600余人，推报40个创业项目参加第四届“创青春”广东青年创新创业大赛。牵头成立韶关市青年科技人才协会，建立韶关服务站，筹建北京、上海韶关籍大学生发展促进会，动员优秀人才回乡就业创业。 （李韶华）

▲2017年12月28日，韶关市“告别陋习，拥抱善美”文明劝导志愿服务活动在市区中山公园举行启动仪式 （共青团韶关市委 供）

妇女联合管理

【概况】 韶关市妇女联合会（简称“市妇联”）是负责妇女儿童工作的群众团体，是党和政府联系妇女群众的桥梁和纽带。2017年，市妇联组织结构：设主席1名，副主席2名；内设办公室、儿童部、宣传部、权益部，市妇女儿童工作委员会办公室设在市妇联会。有在职干部15名，100%本科以上学历。

市妇联把握时代主题，履行基本职能，推进改革创新，在统筹城乡妇女发展、推进妇女儿童事业进步、优化妇女儿童发展环境、探索参与社会管理创新等方面不断深化拓展，在服务大局、服务妇女、服务基层、自身建设等方面都取得良好成绩，为建设“善美韶关”做出应有贡献。

【组织学习宣传贯彻中共十九大精神】 2017年，市妇联在中共十九大召开后，迅速转发省妇联《关于认真学习宣传贯彻中共十九大精神的通知》，并成立韶关市学习宣传贯彻中共十九大精神巾帼宣讲团，启动“善美韶城巾帼大宣讲”活动，以“巾帼心向党•建功新时代”为主题，深入企业、农村、机关、校园、社区等基层一线，与妇女群众零距离互动、面对面宣讲。截至12月15日，实现全市各县（市、区）镇街、村（社区）学习宣传活动全覆盖，各级妇联开展宣讲1139场，吸引现场群众5万人。组织全市各行各业妇女开展 “巾帼心向党•好歌颂党恩”歌曲评选会，选送20个单位作品参加全省的展播、评选，曲江区教育局女子合唱团获得二等奖，市商务局合唱队、市代建局合唱团获得优秀奖。通过网站及新媒体平台、姐妹微信群进行宣传，把中共十九大精神及习近平中国特色社会主义思想精髓传达到千万妇女中，传达到千家万户里。 市妇联通过为50名市“三八红旗手”、15个市“三八红旗集体”，49个市“巾帼文明岗”、7个市“巾帼创业示范基地”授牌，以榜样的力量激发广大妇女向善向美，激励妇女立足岗位、建功立业。

【推动妇联改革工作稳步向前】 2017年，市妇联推动制订《韶关市妇联改革方案》，出台《〈韶关市妇联改革方案〉组织实施方案》，排出改革时间表、路线图。全市各级妇联举办各级妇联主席培训班，增强广大妇联干部的自我革新意识，提高改革创新能力。市妇联加强对基层妇联改革工作的督查问效，领导班子分别带队，到基层一线召开各类各层面调研座谈会，与地方党委交换意见，同基层干部群众交流，指导推动各地妇联改革稳健发展，整个妇联系统改革成效日益彰显。

【村（社区）妇代会改建妇联和乡镇（街道）妇联组织区域化改革工作指导】 2017年，市妇联联合市委组织部印发《关于推进全市乡镇（街道）妇联组织区域化建设改革工作的实施方案》，推进基层妇联组织建设，全市10个县（市、区）1208个村、222个社区如期完成会改联工作，10个县（市、区）109个乡镇（街道、办事处、林场）妇联组织如期完成区域化改革任务，镇级妇联新增兼职副主席40名，执委1952名；村级妇联新增兼职副主席1504名，执委 13382名。壮大基层妇联工作力量和工作阵地，形成“上面千条线、下面一个网、身边一个家”的基层妇联组织建设新格局。加大妇女之家和儿童之家平台建设。创建第三期省级妇女之家28个，省级区域化妇女之家10个，市级妇女之家20个。落实省妇联和省财厅《关于加强基层妇联经费保障的意见》，把镇街妇联工作经费列入2018年财政预算，重点解决基层妇联组织经费短缺的问题。

【妇女干部培训】 2017年，市妇联选派1名优秀干部到省妇联机关挂职，在全市选拔6名年轻女干部到市妇联挂任中层干部。与市委组织部联合举办女村委主任能力建设培训班和韶关市女干部综合能力提升研修班，培训女干部130人。承办广东省村（社区）妇联主席示范培训班（粤北片）、省妇联港澳执委回娘家活动，受到省妇联主要领导的高度肯定。

【农村女性创业就业能力提升】 2017年，市妇联与市商务局、市人力资源和社会保障局、市农业局等相关单位联合举办 “2017年广东众创杯创业创新大赛之农村电商赛（韶关赛区）、巾帼家政服务职业比赛等，为妇女创新创业就业提供平台。与市扶贫办、市商务局等单位联合举办电子商务、种养技能、家政服务、农产品销售等各类培训和服务活动40场次。组织省级巾帼创业示范基地5名负责人参加省妇联举办的女致富带头人培训班，组织2名现代女性青年林场主参加省林业厅举办的现代青年林场主培训班，引领农村妇女树立新发展理念，拓展发展新空间，增长创业创新技能。

【实施妇女小额贷款工作】 2017年，市妇联联合市财政局、市金融局、市农信联社开展“妇女创业小额贴息贷款”项目，完善城乡妇女创业融资平台。2017年共发放妇女小额担保贷款306笔，金额3093万元。争取到省妇联向韶关市女性创业大户和女致富带头人实施贷款项目共150万元。两项工作直接惠及数百名妇女，带动数千名群众创业致富。

【做好精准扶贫精准脱贫工作】 2017年，市妇联实施“十百帮扶贫困妇女精准脱贫项目”。以“合作社（基地）+贫困妇女”的模式，创建一批种养示范基地，带动上百名贫困妇女脱贫致富。韶关市始兴县古塘秋月山庄餐饮服务有限公司被列入省级帮扶贫困妇女精准脱贫项目试点。市妇联主动参与精准脱贫工作的做法得到省妇联领导的肯定，被推选在全省妇联发展工作会议上作经验介绍。

【创建巾帼种养示范基地】 2017年，市妇联继续开展巾帼种养示范基地创建工作。通过强引导、多指导、搭平台等举措帮助女性创业就业基地加快发展。2017年创建8个市级示范基地，始兴县创发生态农业开发有限公司成功创建“第八批广东省巾帼创业示范基地”。

▲2017年3月7日，“善美之城从我做起”启动仪式 （韶关市妇联 供）

【妇女先进典型树立】 2017年“三八”国际劳动妇女节107周年纪念活动期间，市妇联为50名市“三八红旗手”、15个市“三八红旗集体”、49个市“巾帼文明岗”、7个市“巾帼创业示范基地”、14户市“优秀书香之家”、160户市“文明家庭”；4名省“三八红旗手”、2个省“三八红旗集体”、2个省“巾帼创业示范基地”、15个省“巾帼文明岗”进行授牌。市妇联向省妇联推荐的潘国平、李群珍家庭获评第十二届广东省“十大优秀书香之家”，向省妇联推荐的乐昌市北乡镇前村等4个村被命名为第三批“广东省家庭文明建设示范点”。

链接：

广东省“三八红旗手”

2016年度（4名）

江奕琼　广东北江中学教师

杨雪花　韶关市仁化县新农人生态农业发展有限公司总经理

张文艳　韶关市国家税务局人事科科长

黄　慧　韶关市公安局刑警支队四大队法医

广东省“三八红旗集体”

2016年度（2个）

韶关市拘留所女仓中队

韶钢炼钢厂运行车间运行作业区水处理班

广东省“巾帼创业示范基地”

2016年（第七批2个）

韶关市新丰县广鸿联民种植农民专业合作社

韶关市粤凰生态科技有限公司乳源生态农业科技园

广东省“巾帼文明岗”

2016年度（15个）

韶关市特殊教育学校教学组

韶关市人民检察院侦查监督科

粤北人民医院老年病科

韶关市妇幼保健计划生育服务中心生殖医学中心

韶钢能源环保部发电分厂二电站运行作业区化水班

宝特韶关公司精整分厂统计班

韶关市地方税务局韶钢税务分局征收股

韶关武江区地方税务局西联分局办税服务厅

韶关市文化馆活动策划部

韶关新丰县银视数字电视营业大厅

韶关市住房公积金管理中心仁化办事处服务大厅

韶关翁源国税纳税服务股

韶关乐昌市公安局110报警服务中心

韶关市曲江职业技术学校语文教研组

韶关始兴育苗幼儿园大班级组

广东省百户“最美家庭”

2016年（4户）

杨雪花家庭

许玉英家庭

刘义明家庭

赵佩娥家庭

广东省“家庭文明建设示范点”（5个村）

2017年（第三批4个村）

韶关市乐昌市北乡镇前村村

韶关市南雄市雄州街道黎口村

韶关市乳源瑶族自治县大桥镇大桥村

韶关市翁源县周陂镇阳西村

2017年（第二批1个村）

韶关市始兴县顿岗镇围下村

广东省“留守儿童之家示范点”项目点（2017年8个）

韶关市武江区龙归镇马渡村、

韶关市浈江区犁市镇黄沙村、

韶关市曲江区罗坑镇中心坝村、

韶关市乐昌梅花镇梅花村、

韶关市始兴县沈所镇沈南村、

韶关市始兴县城南镇胆源村、

韶关市翁源县官渡镇东三村、

韶关市翁源县铁龙林场铁龙居委会

“广东省级妇女之家示范点”（2017年28个）

浈江区风采街道环园路社区

浈江区田螺冲办事处大学路社区

武江区惠民街道沙湖社区

武江区西河镇向阳村

曲江区松山街道

曲江区马坝镇龙岗村

曲江区白土镇孟洲坝村

曲江区大塘镇大塘村

乐昌市廊田镇平富村

乐昌市北乡镇黄垒村

南雄市雄州街道迳口村

南雄市界址镇界址社区

南雄市水口镇沙头村

仁化县丹霞街道夏富村

仁化县长江镇陈欧村

始兴县顿岗镇

始兴县顿岗镇贤丰村

始兴县澄江镇暖田村

始兴县城南镇胆源村

翁源县江尾镇江尾村

翁源县坝仔镇礼岭村

翁源县江尾镇东鹊村

新丰县梅坑镇

新丰县梅坑镇梅南村

新丰县丰城街道横坑村

乳源县一六镇

乳源县一六镇团结村

乳源县乳城镇康乐社区

2017年新建成“广东省级儿童友好社区”（3个）

新丰县丰城街道横坑村

始兴县顿岗镇贤丰村

武江区西河镇向阳村

【家庭文明建设工作】 2017年，市妇联开展制订《韶关市妇联深化家庭文明建设实施方案》等相关文件，创建4个省级、10个市级家庭文明建设示范点，以点带面，推动家庭文明建设。与市文明办、广东妇女维权与信息服务站（韶关站）联合举办韶关市建设“善美之城”启动仪式暨“三八”节妇女维权周活动，围绕“善美之城从我做起”主题，组织开展家庭文明建设启动仪式、女性政务商务礼仪知识讲座等一系列活动，投身到韶关市创文工作中。开展“好家风家训进社区”、寻找“最美家庭”等活动，共组织上百场讲座，吸引近8万名群众参加，传播优良家风，传承良好家训。与民声网联合开展2017年韶关寻找“最美家庭”系列活动。评选出市级“最美家庭”10户，推荐1户家庭侯寿娣家庭获全国“最美家庭”称号、2户家庭入选“广东省百户最美家庭”、1户家庭获得省级“书香之家”称号。结合评选活动，通过多家媒体网络广为宣传获奖家庭，传递好家风，唱响主旋律。

【家庭教育工作】 2017年，市妇联联合市直九部门转发《关于印发〈关于指导推进家庭教育的五年规划（2016—2020年）〉的通知》，联合市教育局下发《关于印发〈2017年韶关市依托社区家长学校、家庭教育指导服务站点开展家庭教育实施方案〉的通知》等一系列文件，打造“三个一”工作品牌，加强未成年人思想道德建设，推动韶关市家庭教育工作。通过采取与市教育局、市文明办、市关工委等单位联合打造家庭社会学校“三结合”未成年人思想道德教育机制、在社区构建家庭教育工作服务站点平台和在广播电视台开办全媒体家庭教育栏目《成长的天空》等举措，推进未成年人思想道德建设。在市辖浈江、武江、曲江三区共101个社区建立家庭教育指导服务站点，实现100%全覆盖社区的目标，构建韶关市家庭教育指导服务体系，为家庭打造家庭教育、心理支持等一体化服务的社区服务平台。在创文冲刺的3个月里，全市开展家庭教育讲座288场，受益孩子和家长数万人次。组织专家志愿者，深入村（社区）为家庭、孩子特别是留守儿童开展亲子活动和安全教育上百场，受到孩子们的热烈欢迎，促进儿童健康成长。韶关市妇女联合会被市文明办推选参加全国创文先进单位的评选。

【“儿童友好社区”“儿童之家”创建】 2017年度，市妇联成功推荐8个村（社区）为“广东省留守儿童之家示范点”，新建儿童友好社区31个，新建“妇女儿童之家”230个。截止2017年底，市妇联历年累计创建儿童之家688个，省级儿童友好示范社区14个。

【“妇女之家”推进示范点建设】 2017年，市妇联指导全市各级妇联做好对“妇女之家”建设工作，着力抓好28个省级“妇女之家”示范点、40个市级示范点、10个省级区域化“妇女之家”示范点和机关、团体会员、社会组织“妇女之家”的创建工作，凝聚妇女的智慧和力量，为韶关市经济社会发展做贡献。在4个市直机关事业单位、1个社会组织成立“妇女之家”。

【普法维权宣传服务工作开展】 2017年，市妇联利用妇女节、母亲节、国际禁毒日等节点，普及法律、禁毒、反邪、防拐卖、防艾滋病等知识。开展“不让毒品进我家”“建设法治韶关•巾帼在行动”“巾帼普法乡村行”等普法宣传教育活动和“化解矛盾纠纷 创建平安家庭”主题宣传咨询活动达2406场，受益群众达40多万人，营造人人“尊法、学法、知法、懂法、用法”的氛围。坚持开展“三八”国际劳动妇女节维权周妇联主席接听热线活动，建立妇联主席接访日、人大代表政协委员接访日制度和志愿者轮值制度，规范、完善妇联信访工作，全年共接待妇女信访、电话及网络投诉706宗。维权服务网站发布各类维权信息181条，网站点击访问量达11万人次。帮助困难妇女解决打官司难的问题，支持妇女法律援助服务30宗，为妇女儿童争取经济利益83.86万元。

【“平安家庭”创建】 2017年，市妇联在5月召开市平安家庭创建工作推进会，培训200多名基层妇联干部，选出市级“平安家庭”示范村（社区）30个，“平安家庭”示范户100户，推选出2个村获省级“平安家庭”先进示范村，全市平安家庭覆盖率达99.81%，帮助更多家庭做到“六防”（防拐卖、防盗窃、防抢劫、防隐患、防欺诈、防艾滋），实现“六无”（无毒品、无赌博、无纠纷、无邪教、无暴力、无犯罪）。建立10个县级、10个镇（街）级婚姻调解委员会示范点，做好基层婚姻调解服务，化解矛盾纠纷。

▲2017年4月25日，韶关市妇联在广东省妇女维权与信息服务站（韶关站）进行“一委四站”揭牌仪式 （市妇联 供）

【韶关市妇联举办“一委四站”揭牌仪式】 2017年4月25日上午，韶关市妇联在广东省妇女维权与信息服务站（韶关站）进行“一委四站”揭牌仪式。市妇联利用韶关市维权与信息服务站三楼、四楼，设立“一委四站”，即韶关市婚姻家庭纠纷人民调解委员会、韶关市婚姻家庭咨询服务站、韶关市家庭教育指导服务站、韶关市妇女儿童社会工作服务站、韶关市妇女儿童心理咨询服务站。形成市妇联统一管理的专业服务平台，通过购买社会服务和志愿者提供志愿服务等方式，引进专业社会服务机构驻点，为有需求的妇女儿童提供服务。市委常委曾风保、市直相关部门代表及妇联全体人员、服务站志愿者代表等80人参加此次揭牌仪式。通过成立一支由相关部门业务骨干和律师、心理咨询师、家庭教育专家组成的专业化志愿服务队伍为妇女儿童家庭提供服务，指导各县（市，区）相关站点开展服务，为妇女民生项目提供支撑。

【妇女维权服务】 2017年，市妇联开辟“同心齐踏暴 有爱家就圆”网上专题宣传栏目，专门开展《反家暴法》相关知识宣传。开展反家暴主题征文活动，优秀征文连续9期在《韶城一周》刊登。在市妇女维权与信息服务站网站、韶关妇联微信上，开展反家暴法知识竞赛活动，提高群众反家暴意识。活动中通过网络发布信息近百条，参加网站、微信反家暴知识竞赛3000人，征文近百篇，营造宣传贯彻《中华人民共和国反对家庭暴力法》的社会氛围，提高反家暴法知晓率，增强市民反家暴意识。

【组织开展送温暖慰问和关爱留守儿童活动】 2017年，市妇联筹集资源开展2017年春节慰问活动，协助市领导向单亲特困母亲、贫困妇女、留守困境儿童等559人（户）送上慰问金近33万元及慰问品一批，承接省妇联项目，开展

“公益集市、守望幸福”关爱农村留守儿童项目，为孩子们送去党和政府及社会各界的关心关爱。与有关部门联合在鑫金汇开展大型庆“六一”国际儿童节系列活动，组织400名留守儿童参加，与他们共度过节日。

【继续开展“四援助”扶持项目】 2017年，市妇联下拨28万元资金为14户单亲特困母亲援建安居房。落实市委市政府民生实事和省妇联的任务，根据《广东省农村妇女“两癌”免费检查项目实施方案（2017—2019年）》，组织17372名贫困妇女进行“两癌”（宫颈癌和乳腺癌）免费检查，推动妇女自愿购买“两癌”保险，募集资金救助20名贫困患病妇女，避免她们因病致贫、因病返贫。发动爱心人士和机构帮扶弱势群体，通过香港励贤会、广东厚德慈善促进会、省妇女儿童基金会、立德会等筹集善款达178万元及价值50万元的物资，为5503名妇女儿童提供帮助。

【加大协调和督查力度促进两个《规划》的贯彻落实】 2017年，市妇联在“三八”国际劳动妇女节期间举办《韶关市妇女儿童发展规划（2011—2020年）》实施成果展。召开第六次全市妇女儿童工作会议，对全市妇女儿童发展规划工作进行总结和部署，推动重难点指标的落实。结合大型活动，派发《实现男女平等 推动社会进步》《助推女性进“两委”》《妇女权益保障法》解读、广东省实施《女职工劳动保护特别规定》办法等有关宣传资料上万份，把“两个规划”政策及“男女平等、儿童优先”理念宣传到最基层。做好2017年规划统计监测工作，督促各责任单位抓好指标的落实。推动做好2017年村“两委”换届工作中女村委会主任配备工作。全市女村委主任人数由上届的34人提高到本届53人，比例由2.83%提升到4.4%，数量、质量都有大幅提升，工作成效在全省排名靠前，被推选在全省妇女参与基层治理工作推进会（粤西北片）上作经验介绍。（李红艳）

科学技术协作

【概况】 韶关市科学技术协会（简称市科协）是韶关市科学技术工作者的群众组织，是市委领导下的人民团体，是市委、市政府联系科学技术工作者的桥梁和纽带。成立于1958年12月。共召开过八次全市代表大会。历任主席为第铭、王式培、许士培、蔡仕庆、杨筠、杨宁德、郑适、成绍强（2015至今）。全市代表大会和它选举产生的全市委员会是市科协全市领导机构，第八次全市代表大会选举委员共57名、常务委员共24名、正副主席5名。市科协机关人员编制12名，辖正科级事业单位韶关市科技馆1个，人员编制25名；市科协组成单位有市级学会（协会、研究会）35个，县（市、区）科协10个，驻韶中省、市属企业科协18个，高校科协1个。2017年12月4日，中共韶关市委办公室，韶关市人民政府办公室颁布《韶关市科协系统改革方案》，市科协按计划推动科协机关、科技馆、学会、基层科协等科协相关单位的改革。2017年3月28日，韶关市颁布《2017年韶关市全民科学素质工作要点和职责分解》，明确28个成员单位的职责任务，完善组织机构建设。韶关市十个县（市、区）都建立“全民科学素质工作领导小组”，办公室设于科协，参照市纲要办成员单位的设置，组成领导小组并制订联络员制度。

【韶关市首个“全国科技工作者日”大型纪念及科普活动】 5月26日，韶关市科协联合市科技局、市委宣传部在市区西河全民健身广场举行以“精忠报国、敢为人先、拼搏奉献”为主题的2017年韶关市“全国科技工作者日”暨科技集市宣传活动。活动中，与会领导为2017年首届韶关市机器人大赛暨广东省创意机器人大赛获奖选手、指导教师一一颁奖。活动内容有航模表演、机器人表演、科技咨询活动、创意作品展示、科技成果展示、医疗专家义诊等。主办方发放3000份的科普宣传资料。“全国科技工作者日”是国务院于2016年11月批准将每年的5月30日定为此纪念日。市委常委、统战部部长黄劲东出席活动并致辞。

【中国科学院老科学家科普演讲团到韶关巡讲】 2017年3月13—15日，中国科学院老科学家科普演讲团（研究员、博士生导师）4人，在全市各地开设讲座达24场，期间分别组织有关专家学者

▲2017年12月21日，广东青年科学家助力韶关创新驱动发展论坛上，市企业代表和省青年科学家代表为韶关建言（韶关市科协 供）

▲2017年4月28日，广东省文化科技卫生“三下乡”科普进校园活动在韶关市乳源瑶族自治县第一小学举办（韶关市科协 供）

与市委、市政府领导及有关单位负责人进行座谈，他们为韶关经济社会发展提出许多有益的意见或建议。“中国科学院老科学家科普巡讲”活动在韶关市已经连续开展2年。

【广东省青年科学家韶关行活动组织】2017年12月18日至22日，由省委组织部、省科协、广东青年科学家联络中心联合组织来自21家高校、科研院所的42名广东青年科学家学习考察团，在考察团团长、省科协党组成员、专职副主席冯日光，省科协组织联络部部长朱海龙等带领下，赴韶关市学习考察，深入当地企事业单位、田间地头、山野林场调研，开展人才对接与科技服务活动，为韶关市50多家企业和相关单位解决实用操作、技术创新等方面难题，听众人数达7200人。韶关市委副书记、市长殷焕明，市委常委、统战部长黄劲东，副市长高东瑞，副厅级干部王伟阳等领导出席相关活动。韶关市委组织部副部长涂为群，市科协主席成绍强，市科协党组书记、副主席罗金锋等陪同考察。韶关市政府副厅级领导王伟阳致辞。12月21日下午，广东青年科学家助力韶关创新驱动发展论坛在韶关市华美达酒店召开，考察团全体成员、韶关市委、市政府及市直单位，各区县相关部门负责人出席会议。会上，广东省科学技术协会与韶关市人民政府签署《助力韶关创新驱动发展 广东省科协院士专家合作框架协议》，举行广东青年科学家考察团代表与相应企业代表签约仪式。韶关市政府聘请考察团28名青年科学家为韶关智库专家，现场颁发证书。

【全民科普】 2017年，市科协组织各成员单位、县（市、区）科协开展全国科普日、科技进步月、食品安全宣传周、文化卫生科技三下乡、防震减灾日等主题活动日，开展科技、文化、卫生、安全、健康、环保进社区、校园等活动。其中，“韶关市〈科普自由行〉活动”“科普大篷车进校园活动”“科技馆进百校”“韶关科普大讲堂”成为市科协科普活动品牌，与市旅游局、市丹霞山管理委员会联合举办2017年“脚踏丹霞，仰望星空——丹霞山天文科普活动”。组织开展各类科普活动达100余场次，受益公众达5余万人。开展实施基层科普行动计划项目，韶关市浈江区现代农业种植技术协会、乐昌市乐城街道大昌社区居民委员会等多个单位和个人共获得各类补助100万元。南雄元升农业科技有限公司、仁化县南岭生态气象中心、曲江区方园生态农业有限公司被评为广东省科普教育基地。3月27日，基层科普行动计划韶关市共获70万元补助。12月13日，市科协被中国科协评为2017年全国科普日“优秀组织单位”；韶关爱尔眼科医院被评为全国科普日“特色活动”。

【青少年系列科技竞赛活动】 2017年，举办和组织信息学（市、省、全国）竞赛、生物学（全国、省）联赛、虚拟机器人总决赛、全国高校营等各项赛事活动。300多人次取得各类、各级奖项，其中获一等奖的74人次。举办两期科技辅导员培训班，共有139名辅导员受训，促进韶关市青少年各项大赛的健康发展。

【“韶关市优秀科技工作者”评选】2017年12月26日，市科协组织“韶关市优秀科技工作者”评选工作，在各界推荐的37名候选人中，评选出10名“韶关优秀科技工作者”，并给予表彰。

【“互联网+科普”工程实施】 2017年市科协与市委宣传部、市广播电视台合作，在广播电台开设“科普一分钟”栏目，将科普知识送进千家万户，让科普宣传走进百姓生活；为推进“科普中国”和“科普广东”落地应用，加快推进科普工作信息化，韶关市科技馆等9个单位，被列为“2017—2018年科普信息化项目”，共获奖补资金90万元。

【学会服务管理】 2017年推进科学、民主办会，新成立韶关市康复学会，全市各类学会、协会35家。根据韶关市所属学会、协会、研究会的现状，指导、鼓励各学会做好换届工作。推动韶关市学会改革。学会开展学术交流活动和举办培训班近100场，创办或编印学术期刊、内部交流资料达数十份。

【韶关市科技馆新增展厅】 2017年，韶关市科技馆争取中央、省、市对科技馆各类补助资金350万元。建成交通信息展厅、高科技VR展厅、《虚拟流水墙》展厅；儿童科技展厅建设、外墙修缮工作进行。市科技馆与澳门科学馆建立长期的科普服务战略合作关系，每年双方都共同开展面向全市青少年的科普活动。

【创新驱动发展】 2017年，市科协围绕韶关市发展装备制造业的中心工作，结合国家的产业发展规划要求，由广东省科普中心指导，市科协、市纲要办、九三学社韶关市委会、市机械行业协会等单位于1月14日共同举办“智能制造的发展现状与实现路径”讲座，市各类企业及相关单位近300人参加。搭建平台，助力创新驱动发展。强化韶关市院士工作站和科技服务站建设，参与市相关单位组织的人才服务工作，优化创业创新环境、助力人才引进培养和科技成果转换。

【科普志愿者队伍组建】 2017年，市科协制定《科普志愿者组织管理制度》《考核制度》，面向社会公开招募科普志愿者，组建60多人的科普志愿者队伍，定期组织开展科普志愿者交流、培训、经验推广等活动。市科协志愿者的服务总时长达4514小时，人均196.29小时。

（刘国伟）

文学艺术联合

【概况】 韶关文学艺术联合会（以下简称“韶关市文联”）是党和政府联系文艺界的桥梁和纽带。2017年，韶关市文联在职干部职工7人，内设办公室和组联部，联系17个市属文学艺术团体，分别是作家协会、美术家协会、书法家协会、摄影家协会、民间文艺家协会、文艺评论家协会、戏剧家协会、曲艺家协会、音乐家协会、舞蹈家协会、电视艺术家协会、诗社、赏石协会、兰花协会、盆景协会、九龄书画院、文联艺术团，加上10个县（市、区）级的文联组织及文艺团体，市、县两级协会共有会员超5000名，其中国家级会员110人、省级会员700人。

【组织建设】 2017年，韶关市文联组织文联系统开展学习活动，学习贯彻习近平总书记在文艺工作座谈会上的讲话和中国文联十大、中国作协九大开幕式上的讲话精神，学习宣传贯彻中共十九大精神，学习党章党纪。制定文联改革方案。以“两室一站”为载体，延伸工作手臂，扩大服务范围，加强对“两新”文艺组织的引导服务。其中，“风度艺家园工作室”实现延伸工作手臂、扩展工作对象覆盖面的职能要求，“市文艺工作者维权工作室”依托社会司法服务机构力量办艺术家提供维权服务，“艺术家党员活动站”加强协会党的建设。

【文艺活动】 2017年，韶关市文联与市纪委、市检察院联合举办廉政书画展；组织文艺骨干到阳江、茂名、湛江开展交流活动；与南雄市委宣传部联合主办王心刚、廖春艳《锋面雨》作品研讨会；在暨南大学举办韶关中国书协会员作品展及研讨会。各文艺协会发挥艺术门类的专业优势，举办系列文化文艺活动。市作协在“4·23”世界读书日活动中，与市新华书店合作举办“阅读韶关·知道韶关”活动，向读者介绍一批本土题材作品；配合组织开展“长征·粤北记忆”中国著名作家韶关采风活动。市美协举办“大气·风范”展和韶关风物画展。市民协举办韶关市第五届民间工艺作（藏）品展。市摄协举办陈韶辉记忆摄影作品展。九龄书画院举办“八一颂”书画作品展。市书协、市美协和市作协承办韶关市书香节活动“美术书法摄影展”和“本土作家作品展”。市书协举行黄晓平书法作品展。市曲协举办“善美韶城·和谐粤韵”曲艺演出。其他协会如兰花协会、盆景协

▲2017年1月，广东“万名书法家送万‘福’进万家”——走进韶关首场活动在曲江区马坝镇江畔广场举行 （韶关市文联 供）

会、赏石协会等举办多种展览活动。

【艺术成果】 2017年，韶关市文联主编出版本土第一本文艺评论集《岭南艺品》（花城出版社出版），选编本土文艺评论作品80多篇。市作协王心刚、廖春艳创作的《锋面雨》由花城出版社出版。市舞协粤北民间采茶群舞《春根》参加广东省第四届少儿舞蹈大赛暨全国小荷风采广东省选拔赛获银奖，舞蹈《映山红》参加广东省第四届少儿舞蹈大赛暨全国小荷风采广东省选拔赛获铜奖。市美协作品参加省艺术节优秀作品展获金、银、铜奖。书协陈景峰作品入选全国第四届隶书展。刘照丁撰写的多篇文艺评论作品在国家级媒体发表后引起热烈反响，被《人民文学》杂志社评为优秀作者；网络文学评论《警惕表象背后的文化密码——评网络长篇小说欢乐颂》入选中国首届网络文艺评论大赛优秀作品集。

【惠民服务】 2017年，韶关市文联开展“结对子、种文化”活动。市曲协组织曲艺骨干深入到仁化、曲江等地开展曲艺辅导活动。市民协到始兴、仁化县开展古村落调研等活动。韶关诗社继续开展诗教进校园活动。和县（市、区）文联共同与基层单位结对子，支持指导县（市、区）文联“结对子、种文化”。组织开展“我们的节日”为主题的节庆活动，丰富繁荣群众文艺生活，其中“写春联，送福字”成韶关市各县（市、区）文联和市书协春节期间固定的文化惠民活动。组织书法名家开设市区机关干部书法培训班。组织60名艺术家深入南雄、乳源、仁化等地开展“迎接十九大，决胜小康，深入生活，扎根人民，建设善美韶关”主题活动，文联艺术团为基层群众献上文艺节目。市文联志愿者到仁化县城口中学开展志愿服务和扶贫活动。在全省文联志愿者表彰活动中，金融分会被评为优秀单位，杨常衡被评为优秀志愿者，3人受到通报表扬。

【人才培养】 2017年，韶关市文联发挥阵地优势，设立“风度艺苑”大讲堂，面向省内外邀请知名专家学者20余人，举办各类文艺讲座20场，受众学员1000人次。与《中国艺术报》合作，开设《风度艺苑》专栏，推介韶关市优秀文艺家作品，促进韶关市青年文艺人才成长。与韶关学院文学院签约，开设文艺班，合作培养文艺人才。开设美术青年骨干班，30多名青年美术骨干将参加为期三年的学习培训。选派优秀文艺人才外出培训学习，作协会员荣笑雨、王心钢受邀参加由中国作协主办的第四次中澳文学高级论坛，南雄市文联会员沈青松参加中国文联主办的全国地县级文联负责人履职能力研修班，并以唯一的县级文联在广东省文联七届五次全会上作经验发言。韶关市4名优秀文艺工作者被吸收为国家级会员。 （黄文华）

▲2017年9月26日，韶关市第三届社会科学优秀成果奖颁奖大会举行，表彰奖励45项社会科学优秀成果 （张建明 摄）

社会科学界联合

【概况】 韶关市社会科学联合会（简称“市社科联”），是韶关市社科类学会（协会、研究会、促进会）和各县（市、区）社科联组成的群众性社会科学学术团体，是市委、市政府联系广大社科工作者的桥梁和纽带。市社科联成立于1986年5月，历任主席分别是赖泽南、王镝非、肖汉谋、梁健、巫育明、李晓林。2017年，市社科联在编人员4名。市哲学社会科学规划领导小组办公室是市哲学社会科学规划领导小组的办事机构，与市社科联合署办公。以韶关市社科联为业务主管单位的市级社科学会有35个。乐昌、南雄、曲江、仁化、始兴、乳源、翁源、新丰8个县（市、区）设有社科机构。

【社科研究】 2017年，市哲学社会科学规划领导小组办公室收集2017年度申报课题128项。其中申报资助课题93项，申报青年课题35项。经专家组的评审和市社科规划领导小组的审核，批准2项委托课题、20项一般资助课题、7项青年课题和20项共建课题为2017年度立项课题。市社科规划领导小组邀请省社科专家组成评审组对2016年度结项课题进行集中评审。2017年收到参评课题59项，评审出结项课题等级：优秀5项、合格50项和及格19项，对评审结果作出通报。开展社科重点委托课题研究。围绕市委、市政府重点工作部署，开展“韶关市与郴州市发展比较研究”“解析城市建设短板和管理症结，助推韶关文明创建”等课题的组织实施工作。委托相关专家学者开展课题攻关，力求为韶关市社会发展提供智力支持。组织社科专家解读热点问题。组织市社科界参加习总书记关于广东工作重要批示精神的研讨学习，在《韶关日报》推出10名社科专家的理论文章，为全市深入学习贯彻习总批示精神，推动全市工作开展，营造良好的政治氛围。

【市第三届社科优秀成果评奖】 2017年2月21日，市社科联启动市第三届哲学社会科学优秀成果奖的评选工作，截至4月10日，共收到参评成果79项。6月，邀请5名省社科专家组成评审组，开展综合评审，最终评定26项论文、13项著作和6项调研咨询报告为本届哲学社会科学优秀成果奖。9月26日，在市委会议中心4楼举行市第三届社会科学优秀成果奖颁奖大会，表彰奖励45项社会科学优秀成果。市委常委、宣传部长、市社科联规划领导小组组长柳琛子、副市长高冬瑞出席大会，柳琛子作会议总结讲话。

【社会科学普及】 2017年，市社科联结合重要节日、纪念日，加强社科普及活动的组织策划，调动市级社科学会参与社科普及活动。先后主办或以联合主办的方式举办“五四新文化运动”98周年有奖征联及书法展览活动、“善美韶关从我做起全市演讲比赛”“庆祝香港回归20周年纪念全市朗诵比赛”和“走新丝路 喜迎十九大暨韶关市集邮竞赛展览”等主题活动，弘扬社会主义核心价值观，传递真善美，激发市民爱国爱家乡的热情。与中国邮政韶关市分公司联合主办2017年“尚善尚美”社科知识校园行活动，组织相关学会深入全市11所中小学开展巡展活动。活动以社科知识展示、知识讲座、现场咨询等形式，面向中小学生普及演讲、朗诵、心理学知识以及地方特色文化，受益师生近4000人。配合省科普周活动，与韶关日报联合开展以“中国梦·家乡情”为主题的故事征集比赛，征集百姓故事，弘扬社会正能量。出版《百年粤北纪事》《韶关主动融入珠三角战略探索》等书籍，扩大社科影响力。注重乡土文化的普及宣传。深入市区、浈江及仁化等地开展新修订的《善美和谐的家乡——韶关》（七、八年级）乡土文化教材使用情况专题调研，跟踪落实乡土文化影视教材视频制作。11月14日至18日，与市教育局联合主办的2017韶关乡土文化教材教学培训班，先后分两期在韶关学院省级中小学教师发展中心成功举办。市社科联、市教育局相关负责人，以及180多名来自全市七八年级历史教学一线的教师参加培训。推进社科普及基地建设。加强对现有3个省级社科普及基地的工作联系、指导，扶持基地面向基层群众开展社科普及活动。启动市级社科普及基地的申报评选工作，经实地调研，综合考量，认定南雄市非物质文化遗产展演中心等6家单位为首批“韶关市社会科学普及基地”，对其进行资助扶持，开展社科普及活动，扩大韶关市社科普及的受众面。完善社科普及平台，改版韶关社科网，版面更加简洁，突出社科重点工作。建立社科成果库和社科专家库，推动社科成果的转化力度。

【社科研究基地建设】 2017年，市社科联重视加强对广东省人与自然和谐研究基地和韶文化研究基地两个社科研究基地的工作指导。依托2个基地先后完成《新丰产业发展六大课题研究》《浈江区古村落调查》等课题研究，举办“生态文明建设”专题座谈会和韶关地方特色文化研讨会等系列活动。

【提升韶关市社科组织活力】 2017年，市社科联建立学会联系制度，加强对现有35个市级社科学会的联系和沟通，按照《韶关市社科学会活动赞助管理办法》，强化对各学会特别是纯民间学会组织的业务指导。建立学会档案，对各学会举办各类大中型活动（会议），编辑出版内部刊物或者利用学会网站、微信公众号发布信息等，要求事前、事中和事后报告情况。市芙蓉书院、市文史研究会、市悦读学会等3个学会经市民政局批复新成立，与市心灵成长学会、市青少年素质教育促进会、市大唐源流研究会一同加入社科学会队伍。组织2017年度社科普及活动资助项目申报和评审，对市心理学会、市图书情报学会等5个学会开展社科普及公益活动给予经费扶持。加强业务学习与交流。组织被评为“全国大中城市先进社科组织”和“全国大中城市社科工作先进个人”的县区社科联代表3人参加2017年3月在广西柳州召开的全国大中城市社科联第28次工作会议，向社科界同行学习。（张建明）

残疾人联合

【概况】 韶关市残疾人联合会（以下简称“市残联”）。2017年，全市持证残疾人65656人，其中视力残疾6579人，听力残疾3591人，言语残疾1223人，肢体残疾35817人，智力残疾6812人，精神残疾7944人，多重残疾3692人；重度残疾人（一、二级）29970人。2017年，市残联着力抓好调研和“十三五”残疾人规划的制定实施，完善全市服务体系建设，做好残疾人康复工作，开展残疾人教育、就业、扶贫和社会保障，开展组织建设和信访维权，推进宣传文化和体育工作。

【残疾人小康进程】 2017年11月，经市政府同意，韶关市印发《韶关市残疾人事业“十三五”规划纲要》。由市委政策研究室、市残联组成联合调研组到江门、东莞、河源、重庆、湖北宜昌等地开展专题调研，撰写《补齐短板，精准助残，加快推进韶关市残疾人小康进程的调研报告》刊登在2017第4期的《韶关调研》，供领导决策参考。

【精准扶贫工作】 2017年，市残联与市扶贫办联合转发《关于补充完善贫困残疾人建档立卡相关信息的通知》，再次对已建档立卡的贫困疑似残疾人逐一核实，组织开展针对性的评残办证工作。完成残疾人精准扶贫对象11915户、14299人的建档立卡。368名精准扶贫对象列为重点培训帮扶人员，下达任务到各县（市、区）。市本级专门为35名精准扶贫对象举办一期养鸡培训班。在全省残疾人教育就业扶贫会上，韶关市就残疾人精准扶贫工作作专题发言。

【残疾人康复】 2017年，市残联召开专题会议，推进居家康复和居家无障碍改造工作，为有需要的残疾人提供居家康复服务，进行居家无障碍环境改造。利用“爱耳日”“爱眼日”“精神卫生日”开展活动，加大对康复工作、康复知识、残疾预防的宣传、推广，拓宽康复工作层面。抓好0—7岁各类残疾儿童的康复救助。全市共有康复机构15间，共免费收训各类残疾儿童497名，其中，聋儿56名，肢体残疾儿童231名，智障儿童124名，孤独症儿童86名，超额完成省的任务。市残疾人康复中心不断提高业务能力和业务水平，举办活动。全年共收训各类残疾儿童178人次，其中，智障儿童28名，听障儿童56名，脑瘫（肢残）儿童56名，孤独症儿童38名。有33名残疾儿童当年9月毕业，进入普通学校随班就读。开展全市白内障患者筛查，参加筛选的人员达5000人次，共筛选2200名白内障患者，为有手术适应症的患者进行手术治疗。开展低视力康复工作，为50名低视力残疾人进行助视器验配，进行系统康复训练，效果显著。开展辅具适配需求筛查，统一为有需求的残疾人安排上门作评估、取模免费服务，共完成假肢矫形器制作273件（套）［其中，矫形器（鞋）171具，小腿假肢50具，大腿假肢14具，上肢假肢18具，快速成型小腿假肢20具］，发放辅助器具687件（套），为盲人配发辅具266人/件。

【残疾人教育】 2017年，市残联加强教育工作。完成2017年残疾人自学考试、单考单招和普通高考工作，全市参加普通高考并被录取的残疾考生40人（有3人未就读）。做好省培英中专招生，录取12人。开展扶残助学和“南粤扶残助学工程”，分别有196名残疾学生、36名残疾大学生获得资助。省残疾人粤北就业培训中心进行人员配备和制度建设，完善基础设施建设，制订年度培训计划。通过采取购买服务的方式，引入符合资质的培训机构来运营，以解决该中心人员和师资不足的问题。经过一年试运行，该中心承担盲人定向培训、全省盲人医疗按摩考前培训、全市镇级残疾人专职委员培训、残疾等级评定培训和残疾人居家无障碍建设业务培训等各类培训班10期，培训300人次。其中猴头菇种植户张锡桶和农村淘宝邹婷婷的创业事迹，广受社会关注。9月28日晚，2017年广东“众创杯”残疾人公益赛总决赛暨颁奖典礼在广州举行，韶关市组织31名残疾人参加的本次大赛实现零的突破。其中黄锦文的《田园牧歌圆梦场景》获得残疾人团队组自强类银奖；刘明的《母子伞》获得残疾人企业组自强类铜奖。

▲2017年7月6日，市残联党支部深入乳源开展特奥日志愿服务活动（黄　巍　摄）

【残疾人就业】 2017年，市残联做好残疾人就业年审和残疾人就业保障金征收，建立和完善韶关市残疾人求职求学资料库，组织实施城镇残疾人万名就业工程。通过组织专场招聘会、网站发布就业信息和向用人单位推荐失业登记残疾人员等方式，帮助残疾人就业。全市就业残疾人15744人，新增就业人数390人。

【残疾人保障】 2017年，韶关市制定下发《韶关市2017年省十件民生实事社区康园中心项目实施方案》，全市建成运作的社区康园中心27家。2017年完成省下达的新建任务的8家，为社区内700名成年精神病康复者、智力和重度肢体残疾人提供日间照料等各项服务。市残联主动与民政部门沟通，做好残疾人“两个补贴”发放的交接工作。截止到2017年第三季度，全市发放困难残疾人生活补贴16090人，发放重度残疾人护理补贴27102人。2017年全市共有764名下肢残疾人申请机动轮椅车燃油补贴。

【残疾维权和组织建设】 2017年，全市通过公开选聘的109名镇级残疾人专职委员正式上岗，市残联对镇级专职委员组织两次集中培训。各地残联也对村级残疾人专职委员进行轮训。完成2017年全国残疾人基本服务状况和需求信息数据动态更新以及中国残联布置的残疾人家庭收入抽样调查工作（抽中县为翁源县）。对全市64373名残疾人全部进行调查，共填写残疾人调查表60755份，入户调查率95.94%。指导完成县、镇两级残联换届工作，为2018年省市残联换届做准备。各残疾人专门协会自主开展活动。7月6日，省、市智协在乳源举办“牵着蜗牛去散步”特奥活动。开展贫困残疾人家庭居家无障碍改造的筛查评估、入户改造及建档立册工作，为60户贫困残疾人家庭进行改造。依托市残疾人信访维权室（加挂残疾人法律救助站），向残疾人提供法律维权服务。开通12385电话热线和信访维权系统。共受理信访转办函、残疾人来信、网络问政20件次，来访250人次和大量的残疾人来电，办结率为100%。

【残疾人宣传文化和体育】 2017年，全市康复中心、翁源、曲江、始兴、南雄、乳源等残联报送信息稿件，上报省残联、韶关市日报等新闻稿件120多篇。其中，韶关日报记者薛柏华的通讯获2016年度广东省残疾人事业好新闻三等奖。9月28日，开展残疾人文化进家庭“五个一活动”，组织200多名残疾人观看电影，采购一批文学作品送给残疾人家庭。12月7日，开展第26个国际残疾人日活动，组织300名残疾人游览乳源云门山景区。选送作品参加全省各类宣传文化比赛。8月，参加省第七届盲人诗歌散文朗诵暨第三届盲人散文创作大赛，潘力朗诵原创诗歌《我之幸》获得三等奖，谢经营、潘力的散文同获三等奖。参加第六届残疾人美术作品大赛，陈熙婷、张阳娇、朱梅兰（听障）作品获绘画类三等奖，宁晓梅（肢残）作品《中国梦幸福生活》获手工类二等奖；张作添（肢残）作品《日落》获摄影类三等奖，韶关市残联获优秀组织奖。5月20日，韶关首次承办特殊龙舟邀请赛，韶关市特奥队再次夺冠。市肢协选派的代表在全省残疾人围棋比赛中获第一名、第三名；坐式排球队在全省坐式排球赛中获季军。协助编辑全省残疾人作家优秀作品《向阳花丛书》，年底由北京团结出版社出版，向中共十九大献礼。 （黄婷婷）

归国华侨联合会

【概况】 韶关市归国华侨联合会（简称“市侨联”）是党和政府联系归侨侨眷和海外侨胞的桥梁和纽带，担负维护侨益、参政议政、群众工作、海外联谊的四大职能。韶关市侨联成立于1958年11月，是广东省最早成立的地级市侨联之一，历经十一届。2003年4月，市侨联成立党组，从市外事侨务局分离出来，为正处级参照公务员管理群团单位，配备事业编制5个。2013年8月，市侨联归党委口分管。2017年，韶关市侨联主管的侨界组织社团有5个，分别是南方大学归侨韶关校友会、暨南大学韶关校友会、韶关市潮人海外联谊会、韶关市侨界青年联合会与韶关市侨联法律顾问委员会。

【归侨侨眷节日慰问】 2017年，市侨联开展春节慰问活动。1月11日，市侨联班子成员陪同省侨联慰问组一行到消雪岭华侨农场、浈江区慰问困难归侨侨眷。1月19—23日，班子成员到乐昌、乳源、南雄、始兴、新丰、翁源、仁化、曲江等地走访慰问，韶关市发放慰问金5.75万元。开展重阳节慰问活动。10月25—30日，班子成员上门看望市区部分老归侨。通过浈江区、武江区、曲江区侨联，为市区235位70岁以上老归侨发放慰问金3.36万元。

【侨联“爱心助老”项目】 2017年，市侨联“爱心助老”项目由市侨联于2010年引进资金开展，旨在为韶关市特困老归侨提供长期稳定的基本生活保障（每人每月发放200元）。经市侨联牵线，中山市林东慈善基金会自2015年起连续3年每年为该项目捐赠5万元。项目开展至2017年，有14人受益，发放助老金14.78万元。仅2017年为消雪岭华侨农场、乐昌市、浈江区等地10位特困老归侨发放助老金2.4万元。

【交流联谊】 2017年，市侨联出席第七届（广州）华人文化艺术节和在江门召开的第三届世界广府人恳亲大会，同部分参会的海内外嘉宾进行友好交流。开展海外联谊工作。9月19—28日，市侨联主席廖凤英随省侨联团组出访“一带一路”沿线国家斯里兰卡、马来西亚、柬埔寨，拜访海外重点侨团和知名侨领，了解海外侨团、侨胞在“一带一路”倡议推进中的地位和作用，了解当地侨胞企业经营情况。接待来访侨社团和兄弟市侨联。先后接待到韶关考察投

▲2017年9月28日，市侨联举办韶关市侨界群众迎国庆贺中秋文艺会演

（市侨联 供）

资、调研走访、交流联谊的深圳市侨援协会、广东省河源商会和中山市林东慈善基金会一行。密切与兄弟市侨联学习交流。惠州市侨联就“党建带侨建”、侨联基层组织建设和为侨服务工作到韶关考察学习。湖南郴州市侨联到韶关调研并座谈，交流工作。

【参政建言】 2017年，市侨联制订《韶关市侨联关于进一步做好参与协商推荐提名侨界人大代表政协委员人选工作的意见》，明确韶关市侨界人大代表、政协委员人选推荐提名的主体、条件及要求、程序等。侨界政协委员提交的《让失智老人安享人生》《加快推进城市居家养老服务》等提案、建议均得到相关部门的重视和答复。协助市政协组织开展《广东省华侨权益保护条例》施行情况专题视察活动并作情况介绍，侨联界政协委员参与并撰写视察报告。

【侨界群众活动】 2017年9月28日，市侨联在市区湖心宾馆举办韶关市侨界群众“迎国庆·贺中秋”文艺会演，市辖三区归侨侨眷300人活动，共同庆贺节日。6月17—19日，市侨联联合市委宣传部、市文联、美国书画艺术研究院在韶关市图书馆举办“故乡的云”——旅美书法篆刻家甘富忠作品巡回展，开幕式当天，来自韶关市有关单位、社团、协会代表以及新闻媒体、书画爱好者和归侨侨眷代表共计200人出席，参观书法篆刻展，品评交流。

【侨联改革】 2017年7月27日，市侨联召开第十一届四次常委会议，传达贯彻广东省侨联改革动员大会精神，集中学习《广东省侨联改革方案》，各县（市、区）侨联负责人围绕侨联改革并结合各地实际开展交流讨论，凝聚改革共识。结合韶关实际和上级侨联改革精神，起草《韶关市侨联改革实施方案（征求意见稿）》，向省侨联、各县（市、区）党委、各县（市、区）侨联、市直有关单位征求意见和建议，不断进行修改完善。

【关爱维权】 2017年，通过省侨界仁爱基金会牵线，澳大利亚魏基成“慈善列车”驶进韶关，为韶关市困难群众捐赠御寒冬衣600件、老花眼镜400副。魏基成慈善基金会中国区项目负责人黄兆邦等4位旅居澳大利亚侨胞专程回国出席并指导“天籁列车”助听器捐赠活动，为韶关市特殊教育学校、南雄市残疾人康复中心和仁化县侨联捐赠助听器270台。协助举办钢丝善行团全国万里行韶关站慈善晚会活动。依法维护侨益。解决侨界群众诉求，做好解释疏导。协调解决加拿大华侨张正矾夫妇回国定居问题；为一位远嫁外地遭受家庭暴力的侨眷提供离婚案件法律援助并帮助其回迁户籍。 （管 慧）

国际贸易促进

【概况】 中国国际贸易促进委员会韶关市委员会（简称“市贸促会”），成立于1986年8月，是中国国际贸易促进委员会的地方常设机构，是韶关市对外贸易投资促进机构，是由韶关市经济贸易界有代表性的人士、企业、协会和团体组成的国际性、综合性的群团机关。2017年，市贸促会组织结构：设会长1名，副会长1名，秘书长兼办公室主任1名；内设办公室，全面负责日常事务和业务工作。有在职干部6名，工勤人员1名。市贸促会是参照公务员管理的群众团体，无县级基层单位和下属单位。2017年，韶关市贸促会履行对外联络、贸易和投资促进、组织出访、出证认证和会员服务等职能。

【韶关国际商会抱团发展】 韶关国际商会成立于2015年12月，是市贸促会发起成立的社会团体，是中国国际商会的地方常设机构。2017年，韶关国际商会会员单位共有63家，吸纳工商、农林、金融、信息等行业作为商会会员，帮助会员企业解决融资难问题。结合国家贸促会加强为中小企业服务要求，与国家贸易与投资服务中心合作，帮助企业拿订单、搞融资，拓宽服务领域，围绕对外投资贸易流程，引进展会服务、贸易融资、出口信用、信息等服务。4月21—23日，应中国林业产业联合会的邀请，组织10家会员企业，到贵州参加“森林生态药业与饮品酒业产业发展研讨会”，推动韶关生态产品品牌体系建设和创新生态产品产业发展。5月21—26日，组织部分会员赴湖北随州、襄阳等地洽谈并实地考察合作项目。定期组织会员企业开展交流与合作。5月27日，在韶关金喆园生态农业有限公司组织开展“相约端午，乐游柚子园”和以“粽子文化”为主题的端午节活动；11月12日，邀请酣客酒业（酣客）广州有限公司董事长王为，为会员企业主讲“认识新常态、抓住新机遇”讲座。开展走基层活动，引导会员企业与扶贫点对接，帮助南雄坪田专业户推广“五黑鸡”的销售，实现共赢互利。

【组团赴境外开展经贸交流合作】 2017年，市贸促会先后3次赴国（境）外开展经济交流活动。8月16—25日，组织市发改局、市旅游局、市工商局等相关部门负责人，出访哈萨克斯坦、俄罗斯和土耳其。随省代表团参加在哈萨克斯坦阿斯塔纳世博会中国馆举办的“广东活动周”活动，顺访俄罗斯、土耳其两国，开展招商引资、旅游推介合作、投资贸易交流等活动。9月18—21日，协同市商务局、市经信局组团，由韶关市人民政府市长殷焕明任团长，赴德国、瑞士和瑞典开展经贸交流活动。通过拜会出访国家商协会、科研院校和企业，推介韶关投资环境、开展企业对口洽谈，推动韶关机械装备制造业与欧洲国家的经贸交流与投资合作。10月24—11月2日，由市贸促会组团，市委常委、市政府常务副市长朱余旺任团长，率领市商务局、市外事侨务局等市直单位领导，以及韶关金喆园生态农业有限公司、韶关市中海投资有限公司、广东新元农产品有限公司、韶关市鑫金汇商业开发集团公司、韶关市环宇美澳教育科技有限公司、韶关市亿讯电子商务有限公司、韶关市中国旅行社责任有限公司等企业负责人，出访澳大利亚、斐济、新西兰，开展友城对接和经贸交流活动。在澳大利亚，代表团与韶关第一个友好城市宝活市开展友城经贸交流活动，邀请市长费克在2018年两市建立友好城市关系10周年之际访问韶关。参观澳大利亚国民银行总部，与澳大利亚广府人（珠玑）联谊会开展交流座谈，共同探讨推动韶关与澳洲之间的经济和旅游文化交往。访问澳大利亚墨尔本市，前往墨尔本市亚拉河谷地区的罗福酒庄和Rayners农场进行访问，学习当地企业在农业产业+电子商务的成功经验。在斐济，代表团与斐济中国商会举行经贸交流合作座谈会，深入了解包括斐济在内的南太平洋岛国经济发展情况，寻求合作商机。在新西兰，代表团走访奥克兰的新西兰广东总商会，在基督城举行签约仪式，韶关电商协会与新西兰广东总商会签订跨境电商合作协议，韶关中旅公司与新西兰旅游公司签订旅游合作协议，中国驻新西兰基督城总领事汪志坚、韶关市常务副市长朱余旺、基督城议员陈金龙、市长代表麦克切尼、新西兰广东总商会会长田国安等见证签约。

【韶关驻德国（佛莱堡）经贸代表处设立】 2017年，借助在英国设立的韶关贸促会驻英国（伦敦）经贸代表处，在北京设立的韶关国际商会驻北京经贸代表处所取得经验，市贸促会在发挥好人服务政府、服务企业上起到作用。3月，经市政府批准，在德国佛莱堡市设立韶关驻德国（佛莱堡）经贸代表处。代表处围绕韶关的经济和产业发展需求，宣传韶关的投资环境政策，推介韶关合作项目和产品，促进两地开展经贸交流与合作。每周定期提供德国经贸信息简报，同时不定期提供政策动态、合作项目（投资、贸易项目信息）。6月17—19日，弗莱堡市副市长、经济旅游会展促进署署长达勒曼博士访问韶关，参观考察韶关学院和丹霞山景区，召开两市经贸、旅游交流座谈会。会上签定韶关、弗莱堡两市旅游战略合作协议。7月24日，在弗莱堡，组织协调韶关学院院长廖益与德国HWTK经济文化大学格律德乐代表双方学校签订开展学生、学术、教师交流和联合办学合作备忘录。9月20—21日,市长殷焕明任团长的韶关经贸代表团访问弗莱堡，开展拜访交流活动。推动项目跟踪合作，驻德国经贸代表处给乐昌介绍德国拉尔的技术落户单位常州维尔利公司、以焚烧技术见长的深圳能源公司和一家落户在青岛、使用隧道窑技术进行垃圾处理的德国公司，乐昌市到杭州考察维尔利公司的技术并开展前期工作。10月16日，德国弗莱堡市经济旅游会展促进署中国事务部主任（韶关市驻德国经贸代表处首席代表）陈炼回访韶关。在韶关期间，与有关部门探讨有关韶关产业集群、健康、体育、旅游、亿航无人机合作等合作事宜，提出深化合作领域的建议。

▲2017年9月20—21日，韶关市人民政府赴德国开展经贸交流活动，签订成立德国驻弗莱堡经贸代表处协议 （韶关市贸促会 供）

【接待台湾亚健康协会回访韶关】 2017年4月17日，市贸促会组织部分市直单位和有关企业，接待台湾中华全球亚健康国际发展协会会长金荣生一行到韶关考察，召开座谈会，就宗教特色旅游事宜进行讨论与对接。双方一致认为，广东自古以来就是中外宗教文化汇聚、交流的重地，挖掘这些宗教文化中的追求和平、崇尚和谐的价值理念与思想内容，为构建和谐社会提供有益的思想资源是建设文化强省的重要举措。台湾亚健康协会与韶关贸促会计划定期组织台湾宗教文化旅行团前往韶关市南华寺，对“一花五叶”等禅宗相关寺庙进行拜祭。6月21—23日，台湾中华全球亚健康国际发展协会会长金荣生一行3人再次回访，与广东韶能集团股份有限公司就氢能源燃料电池、锂铁电池和充电桩等项目的合作进行沟通，前往广东翁源经济开发区，就铅酸电池厂投资事宜进行洽谈，参访广东金悦诚蓄电池有限公司。

【加强与中国香港的经贸交流与合作】 2017年11月1—3日，市贸促会协同市外事侨务局，组织乳源瑶山王茶业有限公司等韶关部分茶叶生产企业负责人，赴中国香港拜访香港贸易发展局、港九茶业行商会有限公司，开展茶叶贸易和招商合作洽谈，推动韶关与香港的经贸交流与合作。

【召开开拓中东欧市场推介会】 2017年3月10日，韶关市在莞韶园大楼8楼会议室举办“开拓中东欧市场推介会”，邀请德勤欧洲、非洲及中东地区中国服务部领导合伙人、德勤匈牙利首席执行官Mr.Gion Gabor和德勤中东欧业务发展总监、前匈牙利驻华经济参赞Mr.Csaba

Wolf进行宣讲，推介韶关企业如何进入匈牙利及东欧市场以及相关投资环境，市直机关、在韶企业负责人共80人参加此次活动。

【做好出证认证等传统业务工作】 2017年，市贸促会以签订自贸协定的国家和地区为重点，促进贸易服务便利化，提供原产地证、国际商业文件证明书等服务，落实自贸协定相关条款，在会员单位中全面推广企业端“CA数字证书”。利用EDI系统平台为企业服务，方便企业通过系统进行网上签证，帮助出口企业减免关税，提高出口商品的竞争力。截至2017年12月31日，市贸促会会员单位106家，签发原产地证958份，出口货物总值4251.56万美元，出口51个国家和地区。办理国际商业文件证明书57份、代办领事认证24份，认证国别涉及阿根廷、俄罗斯和墨西哥等国家。

【协同开展招商引资工作】 2017年，市贸促会继续开展以商招商，推动产业招商。4月14—15日，在中国林业产业联合会引荐下，副市长陈磊、市贸促会会长李敦华赴京，与茅台集团白金酒公司华南区总经理肖松志会面，就茅台集团石斛酒项目的推进工作进行洽谈。双方就茅台石斛酒的发展达成共识，尽快推动茅台石斛酒项目落地。韶关市政府重视茅台集团石斛酒项目，将由北京中林森融科技发展有限公司投资，通过提供品牌与渠道，在韶关生产茅台石斛酒。构建同传视频招商平台，为网上招商提供跨界服务。市贸促会逐步完善信息平台建设，建立同传视频招商系统，帮助企业开展跨境商务活动，实现网上招商，为企业拓展海外市场提供帮助。 （李荣臻）

老区建设促进

【调查研究工作】 2017年5月初，韶关市老区建设促进会（简称“市老促会”）组织6个调研组，由对口联系县的副会长带队，下县进村对韶关市发展特色产业，促进老区群众脱贫奔康情况展开调研，提出解决对策。调研报告获市委、市政府好评。

【烈士后裔助学工作】 2017年，为提高韶关市烈士后裔大中专以上学生的助学补助标准，市老促会主动作为，向市政府上呈书面请示。第一副会长梁聪和副会长何新云到市财政局汇报工作。补助标准提高到大专以上3000元/年/人，中专2000元/年/人，比2016年翻一番。加上各县按1∶1配套，大专生可拿到6000元/年/人，中专生4000元/年/人，助学标准进入省先进行列。全市共筹集助学金77.31万元，其中省拨8万元，市拨38.7万元，各县配套30.61万元，受助学生161人，其中大专以上学生145人，中专生16人。市本级资金列入财政预算。

【老区县发展史编纂工作】 2017年，市老促会编纂《全国革命老区县发展史》丛书成立市编史指导小组。于8月18日及8月23日，5天内下发南雄市、始兴县两个通报。表彰两地党委、政府落实有力。市老促会派出副会长兼编史指导小组副组长李国华带领的各县编史人员一行共17人于11月8日赴北京参观”光荣与梦想——中国革命老区历史贡献与建设成就展。韶关市的编史工作受到中省两级老促会的肯定和表彰。《中国老区建设促进会通讯》第401期专门配发南雄市编史的经验，广东省老促会以简报的形式（第281期）转发市老促会向市委的请示，供全省参考。

【保护抢救革命遗址】 2017年，韶关市南雄、新丰、乐昌、翁源、乳源、浈江等县（市、区）党委、政府重视革命遗址保护、修复工作，所立项目进展顺利。浈江区第六届全国党代表（苏联召开）旧居维修完成，乳源农民暴动旧址在施工。市老促会分别拨付给新丰县、翁源县、乐昌市、浈江区各10万元。上述4个县（市、区）1∶1配套资金，以保证修复项目的完成。

【老区精神宣传】 2017年，市老促会建队伍辟阵地。各县（市、区）老促会都组建宣传报道队伍。市本级在闹市区设立3块不锈钢大型宣传栏，专事老区宣传。辐射到始兴、南雄、曲江、新丰、翁源等城市广场。凡按标准建设者，市老促会奖补制作工本费1万元。增订刊扩受众。2018年市本级《中国老区建设》《源流》两刊各订600份，创历史新高。赠阅对象扩大到部分新农村示范村、老区中小学及各县（市、区）新闻秘书。创模式多类型。南雄市于4月30日举办“重走长征路·体验新南雄”千人行活动。来自全国各地的1500人参加。7月26日，经中央批准设立的红军长征粤北纪念馆奠基仪式在仁化县城口镇举行。广东省委常委、宣传部部长慎海雄、省军区副政委梁跃嘉、省老促会会长陈开枝等省、市、县军民各界人士200余人参加奠基仪式，市老促会第一副会长梁聪等市、县老促会领导参加上述活动。《曲江老区在前进》画册出版，这是韶关市老区问世的首部画册。市老促会被中国老促会评为年度宣传工作一等奖，被广东省老促会评为宣传工作先进集体特别贡献奖；南雄市、始兴县、翁源县老促会获三等奖。 （张钰廷）

红十字

【概况】 2017年，韶关市红十字会韶关市红十字会有理事单位42个，冠名红十字卫生院（站）14个；有2个独立建制县级红十字会（始兴县红十字会、仁化县红十字会），4个村级红十字会（乳源县乌石岭村红十字会、新丰县横坑村红十字会、始兴县东一村红十字会、翁源县富陂村红十字会）；红十字志愿服务队3支，注册志愿者360人；学校红十字会5个，分别是韶关学院红十字会、韶关学院医学院红十字会、北江中学红十字会、韶关市第一中学红十字会、韶关市田家炳中学红十字会。

【组织建设】 2017年，韶关市红十字会加强理事联系制度，健全决策机制，捐赠款物收支情况向理事会报告。5月，接受市政协主席王青西辞去市红十字会会长，选举副市长高冬瑞为新一任会长；11月，接受市政协副主席兰茵辞去名誉副会长。开展“两公开两透明”工作，公开困难群众关心的热点、难点问题和涉及切身利益的事项，为社会各界、爱心人士和特殊困难群众搭建起捐赠救助平台，公布款物接受和使用情况、工作制度和流程。深化与先进地区间的交流与合作，加强备灾救灾、社会救助等方面的联系支持。

【筹资救助】 2017年，韶关市红十字会接收捐赠款物43.72万元，使用捐赠款物67.31万元。开展“博爱送万家”活动，救助困难群众580多户、受益人数达2350人次；争取“小天使”基金67万元，救助白血病儿童22人；向仁化县红山镇新白村贫困学生发放助学金4.2万元。

【扶贫救心】 2017年，韶关市红十字会项目以弘扬人道主义精神为主线，以服务和救助贫困家庭先天性心脏病患者为目标，通过持久长期的运作，让更多的贫困先心病患儿能够接受专业的治疗，早日恢复健康，实现“奉献一份爱心、救助一个患儿、帮助一个家庭”的目的。通过“扶贫救心”活动，韶关市红十字会资助韶关市贫困先天性心脏病儿童实施手术24例；7月，广东省、韶关市红十字会赴始兴县、武江区探望和回访6户获得治疗的儿童。

【博爱家园】 2017年，韶关市红十字会在始兴县东一村、翁源县富陂村开展以“防灾减灾、健康促进、人道传播、生计发展”为主要内容的红十字博爱家园项目。累计投入资金380多万元，设立红十字知识等展牌6处、人道文化传播点2处，项目模式与精准扶贫、生产发展、生活改善等有机结合，提升社区综合发展能力。

▲2017年9月9日，韶关市红十字会在韶关东站欢迎捐献造血干细胞归来的陈佳聪
（韶关市红十字会 供）

【应急救援】 2017年，韶关市红十字会开展韶关市红十字水上救援队培训演练和志愿服务，开展“生命之舟 伴你远航”——广东省青少年水上安全教育十百千万行动（韶关）22场次、受训人数1.2万人次，派出水上救援队担任横渡珠江、广州国际龙舟赛等重大活动水上安全保障工作，队员邵国强、邹秋生获得省红十字会表彰。

【应急救护】 2017年，韶关市红十字会在全市范围内开展应急救护宣传教育与培训活动，培训8500人次，应急救护员873人。坚持把创新应急管理作为长效机制，探索开展院前急救知识推广和普及工作，构建融组织、教学和实践为一体的院前急救知识推广模式。

【无偿献血成人礼】 2017年9月18日，韶关市红十字会联合市中心血站在市区中山公园举办韶关市第八届无偿献血志愿者18岁成人礼活动。对李慧文等22名累计无偿献血超百次的献血者进行通报表彰，授予其“100次献血纪念牌”。表彰韶关第六例造血干细胞捐献者——韶关学院医学院临床系大三学生陈佳聪。活动结束后，许多青年朋友以无偿献血的方式纪念自己成长为“大人”，用行动践行对生活、对社会、对国家的责任与承担。组织志愿者们高举旗帜，手持彩色宣传标语，从广场出发，走上街头，深入社区宣传志愿捐献，以实际行动支持韶关创建全国文明城市。市政府副厅级干部王伟阳出席活动并讲话。

【造血干细胞捐献】 2017年，韶关市红十字会动员293人加入造血干细胞捐献志愿者队伍，实现捐献1人（陈佳聪）。造血干细胞韶关工作站连续六年被广东分库评为“达标工作站”。组织开展全市造血干细胞捐献者座谈交流会，为壮大中华骨髓库、挽救更多生命而集思广益。

【器官捐献】 2017年，全市有8人报名登记成为器官（遗体）捐献志愿者。9月，韶关市红十字会见证遗体捐献1例，与韶关学院医学院举办韶关市首次遗体器官捐献者追思会，营造良好捐献的氛围。12月，组织市红十字会及韶关学院医学院人体器官捐献协调员共3人，赴广州学习人体器官捐献工作先进经验，提升协调和服务能力。

（华永锋）

军　事

韶关军分区

【概况】　中国人民解放军韶关军分区是韶关的军事领导指挥机关，是中国共产党韶关市委员会的军事工作部门和韶关市人民政府的兵役工作机构，是中共韶关市人民武装委员会的组成单位和办事机构，受中国人民解放军广东省军区和中共韶关市委、市人民政府的双重领导。主要负责辖区内的民兵、兵役、动员工作、预备役部队建设和城市警备等工作。韶关军分区前身为中国人民解放军广东省北江军分区，1949年11月17日成立，隶属中国人民解放军第15兵团和广东军区。1952年10月，以北江军分区为基础和西江军分区一部，在韶关成立粤北军区（副军级），隶属中南军区广东武装工作部。1954年8月，粤北军区整编后改属中南军区公安部队兼广东军区领导。1956年3月，粤北军区撤销，改编为广东省韶关军分区，隶属广东省军区（广东军区）至今。2017年，韶关军分区编制体制调整改革，正师级建制，下辖10个县（市、区）人民武装部（正团级）和惠民路离职干部休养所（正团级）、新华路离职干部休养所（正营级），代管广东省民兵装备仓库韶关库（正营级）。

【军分区党委十一届六次全体（扩大）会议】　2017年3月17日，韶关军分区在军分区礼堂召开十一届六次全体（扩大）会议，会议传达学习上级党委全会精神；对纪检政法计生工作有关问题作部署；对军分区调整改革有关问题作部署说明；军分区政委郭伟建代表军分区党委常委做工作报告；军分区司令员盖长利就新年度工作指导作讲话。会议全面分析总结2016年度工作，研究部署2017年度任务，通报表彰年度先进单位和先进个人。会后，组织与会人员参观新建设的韶关军分区军史馆。

▲2017年3月17日，韶关军分区党委十一届六次全体（扩大）会议在韶关召开
（韶关军分区　供）

【编制体制调整改革】　2017年，韶关军分区成立军分区调整改革领导小组，按上级明确的时间节点，召开宣布军分区调整整编命令大会，明确人员定位分工，贯彻中央军委关于省军区系统7月1日按新编制体制运行的决心。军分区机关由原来设司令部、政治部、后勤部，调整为战备建设处、动员处、政治工作处、后勤保障处。人员调整配备中，确保每个人武部都有1名主官是省军区系统人员，每个人武部班子成员都有50%以上是熟悉本单位情况的人员。主动加强上下、友邻、军地之间沟通对接，调整完善国防动员、军事设施保护、停止有偿服务等领导管理机构人员，确保改革有调整、工作不断线。

【军分区党委第一书记任职】　2017年7月6日上午，韶关军分区党委第一书记任职大会在军分区一楼礼堂举行。广东省军区副司令员宋海巍宣读《中共广东省军区委员会关于增补莫高义同志为韶关军分区党委第一书记的决定》，并作讲话。市委书记、军分区党委第一书记莫高义发表任职讲话。韶关军分区政委郭伟建主持会议，韶关军分区司令员盖长利，市委副书记、市委联系武装工作领导陈波，副市长、市政府联系武装工作领导李安平，韶关军分区副司令员吴楚峰，韶关军分区党委委员，各县（市、区）委书记、人武部党委第一书记，以及市国防动员委员会成员单位主要领导等出席大会。

▲2017年6月30日，广东省韶关军分区调整整编命令大会上，官兵合影
（韶关军分区　供）

【中共创新理论学习】　2017年，韶关军分区以习近平主席关于“强军兴军篇”“国防动员篇”讲话精神为重点，采取课题牵引、专题调研、集中培训等形式，开展团以上党委中心组带机关专题理论学习；开展“两学一做”教育活动，组织党员承诺践诺和领导干部讲党课等10项配合活动，军分区先后30余名师团职领导干部分别进行授课辅导，5次专题组织政策法规解读，3次组织开展党日讨论活动，不断用党的创新理论武装官兵头脑。

【坚定维护核心专题教育】　2017年，韶关市在军分区部队开展“维护核心听指挥、强军兴军做贡献”教育实践活动；在团以上党委机关开展以“坚决维护核心、严守纪律规矩”为主要内容的集中教育；突出抓好随机教育，分区常委先后15次利用大交班会等时机，开展维护核心教育；筹划开展庆祝中国人民解放军建军90周年系列文化活动、微电影微视频创作比赛等10项群众性文化活动，不断增强部队官兵维护核心、投身改革的意识。

▲2017年7月6日，韶关军分区党委第一书记任职大会在韶关军分区一楼礼堂召开
（韶关军分区　供）

【肃清郭徐流毒影响】　2017年，韶关军分区领会习近平主席、中央军委关于全面彻底肃清郭徐流毒系列决策指示，抓好信息、思想和组织清理，特别是在肃清工作“回头看”中，军分区机关和各单位都翻箱倒柜、见底清零，在省军区组织的交叉检查中受到好评。

【战备训练】　2017年，韶关军分区修订完善战备方案预案，突出抓首长机关动员业务训练，专武干部履职、应急分队专业、保障分队对接等训练。先后组织轻舟队员、国防动员潜力调查队伍等6批430余名人员培训，各单位也分别对专武干部、民兵营（连）长进行业务集训，提高部队和民兵预备役人员完成多样化军事任务能力。军分区机关参加省军区年度军事训练考核，机关4个处有2个处业务考评全省第一名、1个处居全省第二名，取得总评第一名。

【征兵工作】　2017年，韶关军分区根据韶关地区经济欠发达，大学生征兵难的实际，及早筹划征兵工作，提前展开征兵宣传，广泛开展宣传进电台、进高校、进中学、进影院等活动；突出体检政考，严格标准要求，层层把好入伍基准关；突出廉洁征兵，建立市县两级廉洁征兵监督员队伍，开展阳光征兵、公开定兵等活动，全年征集新兵，大学生的比率达到59%，完成年度征兵工作任务。

【有偿服务停止】 2017年，韶关军分区坚决落实中央军委和习近平主席关于军队全面停止有偿服务的决策指示，协调成立驻韶部队停偿工作军地协调领导小组。驻韶部队203宗对外有偿服务项目、军分区99宗对外有偿服务项目中，可控托底项目全部停止，全面停偿工作推进。

【依法治军从严治军】 2017年，韶关军分区坚持常委包干抓基层，重要时节机关组织专项巡查、定期安全形势分析等做法，形成群防群治抓安全的网络；持续深入推进法治军营创建活动，经常性地开展条令条例和法纪教育，先后26次集中传达违规违纪问题通报，官兵正规化意识和法纪观念得到不断强化；坚持把住人车枪弹密等防范重点，以迎接全军安全大检查为牵引，先后4次组织安全大检查，梳理整改8个方面46个具体问题。在接受国防动员部和省军区安全大检查中，均受到较好评价。

（韶关军分区）

▲2017年5月12日，韶关市征兵宣传工作会议在韶关召开

（韶关军分区 供）

武警韶关市支队

【概况】 中国人民武装警察部队广东省总队韶关市支队（以下简称“韶关市支队”）于2005年6月17日重新组建，由原广东省总队第三支队和原韶关市支队2个团级支队合编而成旅级支队。部队主要担负看押、看守、守卫、守护、警卫、城市武装巡逻和处置突发事件等任务。支队机关驻韶关市武江区西联镇百旺路1号。2017年，面对部队上下掀起学习贯彻中共十九大精神热潮和军队改革向纵深推进的大形势，各级能始终坚持以近平习主席强军兴军战略思想为统领，落实武警党委和总队党委决策部署，突出铸魂补钙、强基固本、厚实底蕴，确保各项任务完成，部队建设呈稳步发展态势。

【执勤战备训练】 2017年，韶关市支队中心任务在真练实备、规范统一中取得新成效。突出实战化要求，狠抓军事训练（落实军事训练人员、内容、时间、质量、弹药、摩托/飞行小时、教练员、场地），军事考核、比武竞赛等活动成效明显。参谋部被总队表彰为“先进参谋部”，执勤四中队处置一起在押犯企图脱逃事件，参加总队特战比武获团体第六名，1名个人获得第九名，2名教练员被评为总队优秀教练员。正规化执勤水平提高显著，支队被总队表彰为“正规化执勤优秀单位”，执勤五中队、乳源中队被总队评为“正规化执勤标兵中队”，6个中队被评为“正规化执勤优秀中队”。注重临时勤务组勤，全年共出动兵力11000人次，完成首长住地警卫、武装押解、联勤巡逻、春运执勤等各类临时勤务759起，赢得各级广泛赞誉。

【部队安全管理】 2017年，韶关市支队安全基础在强化管理、重点治理中取得新巩固。坚持以推进安全工作（安全教育深入，安全训练到位，安全组织健全，安全制度落实，安全环境良好，安全设施齐备，安全活动经常）落实为牵引，开展“条令法规学习月”、“百日安全竞赛”、安全工作“三查”、手机专项清理和军容风纪专项整治等群众性创安活动，狠抓条令法规学习运用，部队创安氛围更加浓厚。坚持以防范重大安全问题为重点，突出重大任务、重点部位、重要时期的安全管理和倾向性问题治理，纠治不假外出、喝酒宵夜、乱交往、出入不健康场所、打牌赌博等沉疴积弊，部队安全发展的风气更加纯正。坚持建立使用“安全员之家”微信平台，利用经常性督查检查、隐患排查治理、安全形势分析、风险预测评估等有效载体，及时发现问题、消除隐患、正规秩序，部队安全发展基础夯实。

【抓基层打基础】 2017年，韶关市支队基层建设在固强补弱、争先创优中取得新发展。着眼提升抓建效益，加大精准帮建力度，推进基层设施建设，使2个大队部、6个中队面貌焕然一新。制定“一队一策”精准帮建方案，先后组织7批148余人次蹲点帮建，通过党委机关向下用力，促进基层建设向上发展。着眼提升抓建能力，利用“三个之家”，加大培训力度，基层落实制度的能力提升。着眼稳住干部心神，突出真心关爱，解决干部顾家难、家属工作难、子女入学难、家庭困难等问题，促进干部安心工作。

【后勤服务保障】 2017年，韶关市支队保障能力在提高效益、规范管理中取得新提高。修订完善各类保障方案，学习《后勤战备建设要点》，集中采购后勤应急保障装备器材，增购列编自行式炊事车，“一组五队”编携配装进一步规范，参加总队网上后勤训练抽考成绩突出，得到总队首长肯定，支队物资采购遵循统一计划、集中采购、集中支付、公开透明、安全保密的原则，完成官兵的体格复查和心理测查，远程会诊系统诊治发挥效果明显；新建改建营房7处，空余房地产项目专项整治深入推进，机关车场规范化改造、消防设施完善，车辆日常维护、车场日组织实施和安全警示教育组织严密，拓展地方供应保障网点，保障能力在台风天鸽等自然灾害的抢险救援、香港回归庆典和财富论坛安保备勤等重大行动中经受检验。

【春运执勤】 2017年，韶关市支队共派出60名兵力，累计用兵2600人次，动用车辆110台次，完成韶关东、坪石和南雄火车站春运执勤任务。协助春运部门发送旅客83万余人次，救助乘客8人次，制止打架斗殴2起，协助公安机关抓获偷窃、抢劫、诈骗、炒票等犯罪嫌疑人2名，收缴违禁物品70余件，拾获旅客财物20余件，为车站、旅客做好事100余件。任务完成出色，受到用兵单位及地方党委政府的赞扬。

【社会面联勤武装巡逻防控】 2017年，韶关市支队累计用兵3190人次，担负韶关火车东站和武广高铁韶关站公安武警联勤武装巡逻勤务，任务完成。

【检查站设卡警戒】 2017年6月27日至7月3日、10月16—26日，韶关市支队累计用兵612人次，担负坝仔、粤北、城口和珠玑检查站设卡警戒勤务，共检查车辆20900台、人员23030名，查获冒充大校假军人1名，非法运输汽油中小型货车1台，携毒男子2名，涉嫌吸毒人员5名，运送假药1人、网上通辑的在逃人员3人，任务完成圆满。

【重大活动安保】 2017年6月27日18时00分至7月3日8时00分，韶关市支队每天派出280名兵力，完成庆祝香港回归20周年期间固定目标执勤、高铁站和火车站武装巡逻、环粤检查站警戒设卡及反恐处突、抢险救援机动备勤任务；10月16日8时00分至26日16时00分，支队每天派出1000名官兵，先后出动兵力9558人次，完成十九大期间固定目标执勤、高铁站和火车站武装巡逻、环粤检查站警戒设卡及反恐处突、抢险救援机动备勤任务；12月3日8时00分至9日18时00分，根据上级部署，抽组200名兵力担负2017年《财富》全球论坛机动备勤任务。

【短途武装调犯】 2017年，韶关市支队共派出兵力324人次，共配合目标单位担负98起省内短途武装押解勤务，行程9657千米，成功押解、转移罪犯1100名。

【比武竞赛】 2017年9月18—22日，韶关市支队派出8名特战队员参加总队反恐特战比武取得特勤排团体第六名，十三中队士官张文壮取得突击专业比武第九名。

【执勤处突】 2017年6月6日10时32分，韶关市支队担负北江监狱看押任务的四大队十一中队成功处置一起在押犯企图脱逃事件。

【“条令法规学习月”活动】 从2017年1月6—26日，韶关市支队开展“条令法规学习月”活动。活动围绕学习条令法规、组织隐患排查、开展教育整顿，集中纠治解决执行条令法规随意性大、（安全教育深入，安全训练到位，安全组织健全，安全制度落实，安全环境良好，安全设施齐备，安全活动经常）落实不精准、内部关系不够和谐、日常管理不严格、军容着装不严整等问题，统一各级思想认识，强化安全意识，反思存在问题，完善制度机制，抓实安全防范，不断夯实部队安全发展基础。

【“百日安全竞赛”活动】 2017年7月1日至10月10日，根据总队统一部署，韶关市支队组织开展“百日安全竞赛”活动。活动围绕落实8个方面的安全基本工作规范展开，在全员参与、全域展开、全面防范、全程控制的基础上，突出安全责任落实、安全工作重难点问题治理、安全制度执行、安全素质能力、安全设施建设、安全工作成效等6个方面内容的评比竞赛。落实《武警部队8个方面安全基本工作规范》，通过学习安全法规、组织安全训练、排查整治安全隐患、开展安全评比等举措，查找和解决影响部队安全稳定的不利因素和薄弱环节，夯实部队安全发展基础，实现“两个确保”目标。年底，支队被武警部队和总队分别评为“百日安全竞赛”活动优胜单位和安全工作先进单位。

【安全工作检查】 2017年5月下旬至9月底，韶关市支队在全部队组织开展安全大检查活动。实现杜绝发生影响和干扰全局的重大安全问题，防止发生一般事故案件和自杀问题，部队安全稳定更加托底的目标。12月，支队组织开展一次以思想大清查、隐患大排查、心理大筛查为主要内容的安全工作专项整治活动。通过活动，全面查找部队中的不安全因素，切实摸清思想底数，完善防范措施，消除事故隐患，堵塞安全漏洞。

【车辆管理秩序整顿】 2017年7月至9月，韶关市支队开展以驾驶员队伍为重点的车辆管理秩序整顿活动。活动采取动员教育、自查自纠、检查纠治、集中整训等方法，着力解决安全意识淡薄、驾驶作风恶劣、带车不尽责、执行制度不严格、管理教育不到位、安全措施不严密等问题，严格驾驶员管理教育，正规车辆运行秩序，消除车辆事故隐患苗头。

【后勤应急力量演练】 2017年6月2日，韶关市支队接到总队电话通知组织粤北片区网上抽考后勤“一组五队”训练、演练。支队立即响应应急保障启动命令，各组按照预案，筹集装备物资，迅速完成抽考相关准备。抽考按照逐个专业、逐个科目、逐个讲评地顺利进行，经过长达4小时的竞争，支队获得团体第一。七个考核科目中，驾驶员技能操作、车辆快速抢修、战地救护、帐篷搭设、军械员技能操作等5个科目分别取得第一名，炊事员技能操作和炊事装备操作2个科目分别取得第二名，卫生专业取得粤北片区第一名。

【后勤队伍培训】 2017年7月12日至7月26日，韶关市支队组织炊事员暨营养配餐员培训复训共50人。通过理论学习、实际操作两个阶段训练后，严格进行考核和成绩评定，50人全部通过考核，5月31日至6月2日，支队组织全体基层卫生员进行专业技能培训，共25人参加。培训共安排无菌操作、清创缝合、心肺复苏、战地救护等科目，结业考核成绩均为合格。8月14日至9月14日，支队组织10名新卫生员进行实习培训，培训以《卫生员教材》和《武警部队卫生专业岗位练兵指南》为主要内容，实习结束时考核成绩均为合格。9月23日至9月30日，支队组织32名士官进行预任司务长复训、培训。经过业务学习和实习操作两个阶段培训，提高司务长队伍业务技能。陈威因军械业务成绩突出获得个人三等功，支队军械库被上级评为红旗军械库。 （郭海武）

人民防空

【概况】 韶关市人民防空办公室（以下简称“市人防办”）位于浈江区帽峰路2号，是1984年从韶关市城乡建设委员会划出单独建制、市机构编制委员会批准成立的正处级行政机关，为市人民政府人民防空主管部门。内设综合科、工程科（行政审批科）、指挥通信科、法规宣传科，正科级。下设韶关市人防指挥信息保障中心，为正科级公益一类事业单位，2017年，市人防办围绕军事斗争人防准备和深化改革、促进融合发展总要求，做好人防队伍训练、人防信息化建设、人防依法行政、人防知识宣传教育，建设“应战能力强、服务能力强、支援能力强”的现代人民防空。在全省人防建设目标管理考核中被评为“达标单位”。

【人防训练】 2017年3月14—17日，市人防办组织各县（市、区）人防办共45人前往连平、从化、英德开展跨区域人防机动指挥所野外拉练，行程接近1000千米，完成人防机动指挥所的开设与撤收、短波通信、超短波图传、卫星通信等多个科目训练，检验市、县两级人防机动指挥所的互联互通性能。6月21—23日，市人防办组织指挥通信人员11人前往广州市增城区参加由广州市民防办牵头组织的广东省第一组人防机动指挥所区域协同训练，行程共500多千米，与广州市人防基本指挥所及应急、三防指挥平台实现音视频信号联通。12月12—15日，市人防办组织各县（市、区）人防办共45人前往湖南、广西两地开展跨区域人防机动指挥所野外拉练，行程达到1200千米，完成多个科目训练。

【人防信息化】 2017年，市人防办开展人防卫星通信系统升级改造项目招投标，9月27日与中标单位签订合同，该项目预计2018年上半年可完成建设。完成人防北斗导航定位系统建设，6月15日通过专家组验收。

【防空警报】 2017年，市人防办按照国家警报控制新标准，开展人防警报控制系统升级改造。定期开展市、县两级防空警报器检测维修工作。9月18日，经市政府和市国防动员委员会批准，市人防办完成市区防空警报试鸣。

【城市地下空间开发利用】 2017年，市人防办推进韶关市西河全民健身广场地下商业综合体（兼顾人防）项目重启建设，该项目引进社会资本投资5.16亿元。12月29日，市人防办召开项目重启建设征求意见座谈会，同时书面征求市发改局等15个部门的意见。根据各部门意见和职能，拟制项目推进计划方案上报市政府。

【人防疏散地域（基地）建设】 2017年，市人防办在韶州公园开展韶关市人防疏散地域（基地）建设，完成相关报批手续，12月完成功能引导牌、宣传栏、景观石的制作安装和储备物资采购工作。

【人防联合执法检查】 2017年10月31日至11月15日，市人防办联合市财政局、市住建局、市规划局等部门组成联合执法检查组，对全市人防工程建设“三纳入”、防空地下室报建、易地建设费收缴及相关文件贯彻执行情况进行检查。

【人防宣传】 2017年，市人防办投资120万元，在位于曲江区的韶关市示范性综合实践基地建成一个集知识性、教育性、趣味性为一体的多媒体人防教育展厅，该展厅于8月投入使用。在实践基地组织举办30期培训班，共有2.1万名机关干部、中小学生接受人防知识教育。9月18日与教育部门联合下发通知，在市区、各县（市、区）城区中学普及人防教育。全市共有44所中学、388个班、17483名学生接受人防知识教育，受教育率100%。 （陈晓丹）

法 治

政法委及综治

【概况】 韶关市委政法委员会（简称“市委政法委”）于1983年6月成立。机关现有10个内设科室，分别是：办公室、政治处、研究室、信息舆情科（信息化科）、维稳工作科、综治工作科、防范工作科、社会工作科、法治监督科、依法治市科，现有行政编制40名，后勤服务人员4名。市法学会由市委政法委代管，事业编制3名。2017年，全市政法战线围绕中共十九大维稳安保主线，推进平安韶关、法治韶关和政法队伍建设，为全市加快振兴发展、决胜全面建成小康社会创造良好的社会环境和法治环境。1人被评为中共十九大安保维稳重大专项活动先进个人，1人被评为2016—2017年度全省社会治安综合治理先进工作者。

【中共十九大维稳安保】 2017年，市委政法委统筹协调，牵头抓总，建立工作运行机制，完善市委研究分析信访工作的“四项研判”机制，制发包含各项专项方案、台账管理办法、工作预案等一系列配套文件。组建全市信访维稳突出问题处置化解工作专班，开展“强基健制”、矛盾纠纷大排查大化解、领导带头包案等源头维稳工作，创新行为社会矛盾化解提供法律指引和案例指导等举措，为今后做好重要节点维稳安保工作提供机制指引和制度保障。开展专项治理行动，消除一批政治安全隐患，化解大量基层矛盾纠纷。强化安全隐患排查和稳控应急处置，建立跨部门协调处置机制，加强隐患排查、线索搜集、研判预警、稳控处突等工作。压紧压实各县（市、区）主体责任，市相关职能单位通力配合，形成全方位立体防控体系，完成中共十九大、省党代会等重要节点维稳任务，实现“四个不发生”（不发生危害国家安全和社会稳定的重大政治事件、不发生严重暴力恐怖和个人极端事件、不发生重大群体性事件、不发生重大公共安全事件）的工作目标，市信访维稳工作专班绩效考评排名全省第7名，得到中央督导组、省委的肯定和市委的通报表扬。

【国家政治安全维护】 2017年，韶关市成立以市委主要领导为组长的政治安全工作领导小组，维护国家政治安全。加强专项治理，组织开展维护政治安全8个专项行动，加强境外非政府组织管理和意识形态领域安全，消除政治安全隐患。抓好防范和处理邪教工作，开展反邪教网上斗争，及时处理违规开展宗教外事活动问题；抓好教育转化和解脱工作，推进无邪教创建活动，筑牢群防群控基础，提升社会面防控水平。开展严打严防暴恐活动，加强重点目标安全防范，部署开展涉恐隐患排查整治，筑牢“检查站查缉，社会面防控”两道防线，全年未发生暴恐极端活动。

【社会综合治理】 2017年，韶关市“中心+网格化+信息化”工作加快推进。综治中心建设步伐加快，镇（街）一级建立联勤指挥室并实现实体化运作，“政法委（综治办）+综治信息中心+N”（N为若干相关部门）模式运行，工作职能定位明确，基层综治信息化水平提升；网格化管理优化，全市共划分为11358个网格、配备网格员11961名，网格化服务管理实现全覆盖；信息化建设推进，市、县、镇三级开通综治视联网系统，基本完成数据信息的采集录入并与综治中心实现互联互通；全市综治信息化系统建设项目被评为韶关市精神文明创建活动创新奖。基层社会治理创新亮点纷呈。各县（市、区）因地制宜，动员和组织群众和社会力量参与社会事务管理，初步形成镇（街）有亮点，县（市、区）有强项，部门有特色的基层社会治理新局面。翁源县健全创平奖惩机制，把创平工作考核纳入党政主要领导干部政绩内容，县财政拨出专款110多万元用于表彰奖励先进单位和个人；始兴县发挥民间文艺宣传队作用，持续开展法治宣传活动；仁化县建立律师参与化解和代理涉法涉诉信访案件工作机制，依法处理涉法涉诉信访问题；新丰县157个村（居）铺开“和谐志愿者促进会”，推进幸福村（居）建设；武江区组建全市首个“参战老兵志愿服务队”，参与创平工作；浈江区车站街道办事处成立“党群连心社”，密切党群关系；乐昌市秀水镇建立“一长三员”（村小组长、治安联防员、法律政策宣传员、矛盾纠纷调解员）治理模式，化解村民矛盾纠纷；市安委办建立安全生产失信记录和“红黑名单”等诚信体系制度，加强各行业领域生产安全；市食药监局完善社会共治机制，实行食品药品安全现场考评通报制。2017年12月25日，中央政法委机关报《法制日报》头版头条刊登介绍韶关市加强和创新社会治理的纪实报道。

【平安韶关建设】 2017年，韶关市立体化防控体系更加严密。运用人防、物防、技防等手段，加快社会治安防控体系建设。深化重点群体、重点人员、重点物品、重点行业场所等重点要素管控，实施大数据采集整合应用，累计完成人口类、出租房屋类、旅业类等40类社会数据采集，新增“门禁+视频”系统5186间（套），完成率达103.7%。加强社会面巡防，建立“屯警街面，动中备勤”巡防模式，提高街面见警率、管事率。推进视频监控和治安卡口建设，各地社会治安视频（一类点）联网率达到95%以上，一类点高清摄像头比例达到70%以上。平安细胞创建全面铺开。持续开展平安校园、平安家庭、平安医院、平安交通、平安铁路、平安镇村等“平安细胞”创建活动，创建覆盖率达100%。加强各行业领域安全管理和专项整治，整改校内安全隐患627处，二级以上医院系统建设100%达标、涉医事件纠纷95%处理完结，全市交通事故数、死亡人数、受伤人数分别同比下降7%、6.5%、15.3%，全市安全生产形势保持总体平稳。

【社会矛盾纠纷化解】 2017年，韶关市开展“千案大排查百日行动”，重点对涉农、涉土、涉劳资纠纷、涉环境问题、涉众型金融问题、涉房地产等12大领域进行滚动排查，实行领导包案化解，推动信访问题依法及时就地解决，全市排查并列入省台账的社会矛盾纠纷化解率为97.1%，高于全省平均水平。加强预防化解社会矛盾法律政策指引，编发《预防化解社会矛盾法律法规政策指引》，对矛盾多发重点突出领域涉及的239条相关法律法规、16宗典型案件进行整理汇编，为基层提供法律指引和案例指导。省交办韶关市涉法涉诉信访案件化解率为96.12%，中央和省交办韶关市清理党政机关执行积案清理率为100%。夯实基层维稳基础，全市基层司法所通过新招公务员、政府购买等方式，增加57名工作人员，全市大部分镇（街）司法所人员均达到2人或2人以上。开展基层综治干部维稳业务培训，将综治信访维稳纳入市、县两级党校培训课程，提高基层干部解决矛盾纠纷和处理群体性事件的能力。

【公正执法司法】 2017年，韶关市公安机关严格执法推进。加强执法培训，组织全市2400名公安民警参加执法资格考试，提升执法水平。规范执法行为，落实现场执法视频音频记录工作，把现场执法资料管理使用纳入执法巡查和执法质量考评内容。落实防止领导干部干预司法、司法人员过问司法活动等“三个规定”，确保人民法院和检察院依法独立公正行使审判权和检察权。依法确保市人民法院审判执行公正权威。深化司法公开，建成审判流程公开、裁判文书公开、执行信息公开和庭审直播四大平台，网上发布生效裁判文书21760份，互联网平台直播230场。推进诚信体系建设，发布失信被执行人名单2428人次，纳入公共信用信息平台管理，逐步构建“一处失信、处处受限”的信用监督、警示和惩戒体系。依法加强市检察院履行法律监督。发挥检察职能作用，打击犯罪和惩治预防职务犯罪。强化刑罚执行检察监督，审查减刑、假释、暂予监外执行。提升特殊人群服务管理水平。市社区矫正指挥中心建成投入使用，成为全国首批接入司法部社区矫正远程督察系统单位之一；编制《韶关市社区矫正工作手册》，完善司法执法管理流程；加大经费保障力度，开展精神障碍患者救治救助工作；改革强制隔离戒毒管理模式，引入社会力量参与戒毒矫治；市强戒所连续15年实现场所安全目标。

【司法体制改革】 2017年，韶关市司法人员分类管理改革、诉讼制度改革、审判运行机制改革等25项任务基本完成。落实人财物统管改革，健全员额动态调整、退出机制和绩效考核办法，推进人民监督员选任方式管理改革工作。市中级人民法院制定完善司法责任制改革试点工作规范，明确审判委员会、合议庭和院庭领导职责权限，建立专业法官会议制度，细化违法审判责任追究，不断完善审判管理监督制约机制。市人民检察院制定完善14个司法责任制文件、规定及意见，各基层检察院也分别制定相应的规章制度。完成法官、检察官员额制改革，全市法院、检察院首批入额法官246人、检察官208名。以员额法官检察官为核心组建新型办案团队，全市法院按照“法官+法官助理+书记员”模式组建新型审判团队，全市两级检察院以“N名检察官+N名检察官助理+N名书记员”的模式组建办案组织。落实干部职工保障政策。落实优警惠警措施，完善人民警察工资待遇政策，调整警衔津贴标准，落实值勤岗位津贴和法定工作日之外加班补贴政策。落实入额法官、检察官工资套改标准，提高劳动合同制司法辅助人员福利待遇，按同级别公务员70%的标准纳入同级财政统筹保障，政法干警的尊荣感增强。

（张名城）

【立法工作有序推进】 2017年，韶关市人大发挥在立法工作中的主导作用，围绕科学立法、民主立法，坚持管用实用原则，统筹推进立法工作。年初市委批转印发市人大常委会提出的《韶关市人大常委会2017—2021年立法规划》和《2017年立法工作计划》。5月，召开全市立法工作会议，对立法工作进行全面部署，明确推进立法项目进度的时间表。在2016年对《丹霞山保护和管理条例（草案）》初审的基础上，市十四届人大常委会第四次会议对《丹霞山风景名胜区保护条例（草案）》法规草案进行二审。对《韶关市城市市容和环境卫生管理条例（草案）》初次审查后，根据立法顾问和立法专家的意见，决定终止《韶关市城市市容和环境卫生管理条例》立法项目，将该立法项目变更为《韶关市建筑垃圾管理条例》。启动

《韶关市皇岗山芙蓉山莲花山生态保护条例》和《韶关市建筑垃圾管理条例》等两个法规草案的起草工作。注重加强立法队伍的能力建设，从国内各大院校和知名专家学者中聘请5名立法顾问，从韶关市各界人才中聘请48名立法咨询专家；组织单位骨干参加全国人大、省人大举办的立法培训班；邀请省人大立法专家为市人大常委会组成人员、人大机关干部和市政府及有关部门负责人进行立法知识讲座。加强地方立法理论研究，发挥韶关学院地立立法研究中心的作用，推动立法理论研究与立法工作实践有机结合。市十四届人大常委会第十六次主任会议确定韶关市住房和城乡建设管理局、乳源县人大常委会、浈江区人大常委会、广东天行健律师事务所和广东众同信律师事务所5个单位为2018年韶关市人大常委会立法联系点。

（黄远习）

【地方立法工作加强】　见第24页，“韶关概况”类目“政治文明建设“分目下”依法治市”条目。

法治政府建设

【概况】　2017年8月，根据《韶关市人民政府办公室关于印发韶关市法制局主要职责内设机构和人员编制规定的通知》，韶关市法制局调整为市人民政府工作部门，强化在法治政府建设中统筹规划、部署落实、督促检查、协调指导、综合研究职责，内设5个科室：办公室、法规科、行政复议应诉科（市人民政府行政复议办公室）、行政执法监督科（市人民政府行政执法督察办公室）、法律事务科（市人民政府法律顾问办公室）。机关行政编制18名，后勤服务人员2名。

【依法行政】　2017年，韶关市严格落实党政主要负责人履行法治建设第一责任人职责，及时调整市依法行政工作领导小组成员，形成主要领导亲自抓负总责，分管领导具体抓，一级抓一级，层层抓落实的工作格局，为推进法治政府建设提供组织保障。3月，按照《韶关市法治政府建设指标体系（试行）》和《韶关市依法行政考评办法（试行）》标准和要求，组织开展全市2016年度依法行政考评。6月，召开依法行政工作领导小组会议，听取全市2016年度法治政府建设情况报告，审议《2016年度全市依法行政考评结果的通报》《韶关市2017年依法行政工作要点》《韶关市2017年市政府常务会议专题学法计划》。6月，印发实施《韶关市2017年依法行政工作要点》，加大督促检查力度，做到年初有部署、年中有督查、年终有考核。分别于11月十四届第二十四次市政府常务会议、12月十四届第二十七次市政府常务会议上组织开展《政府招标行为规则解读》《政府土地征收行为规则解读》两个专题法律知识学习。

【政府立法】　2017年，韶关市坚持“市委领导、人大主导、政府依托、社会参与”立法工作格局，建立健全政府立法工作机制，夯实政府立法工作基础，提升政府立法质量，政府立法工作起步顺利。编制韶关市地方性法规草案规划、年度计划和政府规章年度制定计划，制定韶关市首部政府规章《韶关市人民政府起草地方性法规草案和制定政府规章程序规定》，提请市政府常务会议审议《韶关市城市市容和环境卫生管理条例》《韶关市皇岗山芙蓉山莲花山保护条例》两部地方性法规草案。

【规范性文件管理】　2017年，韶关市落实《韶关市行政机关规范性文件管理制度》，执行规范性文件听取公众意见、合法性审查、集体讨论决定、有效期制度等制度，实行规范性文件统一登记、统一编号、统一公布“三统一”制度，推行规范性文件政策解读制度，加强规范性文件的监督管理。2017年，制定市政府规范性文件10件，备案审查县（市、区）政府规范性文件20件，审查市政府部门规范性文件7件，规范性文件的报备率、报备及时率和规范率均达100%，没有发生因规范性文件存在违法事由被上级行政机关和本级人大常委会责令改正或者撤销的情形。开展涉及“放管服”改革、不符合生态文明和环境保护要求的规范性文件和建国以来至2016年12月31日以市政府或市政府办名义制定的市政府文件的清理工作。清理114件涉及“放管服”改革、生态文明建设等规范性文件，清理9963件中华人民共和国成立以来至2016年12月31日以市政府或市政府办名义制定的市政府文件，提请市政府审定并发布《韶关市人民政府关于公布市政府文件清理结果的通知》，公布废止类和宣布失效类市政府文件859件。

【行政复议】　2017年，韶关市坚持依法受理、公平公正公开办理行政复议案件，发挥行政复议“层级监督”和“过滤网”“稳压器”作用，化解行政争议和社会矛盾纠纷，纠正违法或不当行政行为。全市行政复议机关立案330宗、办结300宗，其中市政府立案92宗、办结74宗，全部在法定期限内办结，按时办结率100%。

【行政应诉】　2017年，韶关市推进行政机关负责人出庭应诉工作，定期通报全市行政机关负责人出庭应诉情况及行政机关在行政诉讼中不答辩、不应诉、不履行人民法院生效裁判情况。6月12日，组织全市行政机关130多人旁听市中院行政诉讼案件审理活动。10月12日，召开全市行政机关负责人出庭应诉工作推进会，通报1—9月全市行政机关负责人出庭应诉及在行政诉讼中不答辩不应诉不履行法院生效裁判的情况。11月，举办一期行政复议应诉业务知识培训班，邀请省法制办行政应诉处吴迪讲授《广东省行政应诉工作办法》及有关行政复议应诉知识，12月，市长殷焕明带头出庭应诉，发挥主要领导出庭应诉的导向作用和引领示范效应。代理市政府出庭应诉一审案件42宗，一审维持22

▲2017年10月12日，韶关市法制局召开全市行政机关负责人出庭应诉工作推进会
（李静文　摄）

宗，撤销7宗（均为共同被告），13宗未判决，二审及再审案件26宗。

【行政执法监督】　2017年，韶关市规范行政执法行为，合理界定行政执法权限，理顺行政执法关系，推动行政执法重心下移，提高基层执法能力。加强行政执法主体和执法人员管理，坚持“上岗必持证、持证必培训、培训必考试”要求，定期组织行政执法人员参加行政执法资格培训及考核，组织行政执法人员综合法律知识网上考试800余人次。履行行政执法证件审核发放职责，加强行政执法人员资格认证和管理，2017年审核发放行政执法证件101个。制定《韶关市2017年行政执法案卷评查工作方案》，组织开展对全市各执法单位2017年度行政处执法案卷的评查工作，及时发现存在问题，提高行政执法水平，规范公正文明执法。

【政府法律顾问】　2017年，韶关市落实《韶关市重大行政决策程序规定》，制订《韶关市重大行政决策目录管理办法》，编制2017年度市政府重大行政决策事项和听证事项目录。统筹抓好各级行政机关年度重大行政决策（听证）事项目录编制和向社会公布工作，规范行政机关重大行政决策行为。制订《韶关市政府兼职法律顾问选聘程序规定》和《韶关市政府兼职法律顾问聘任合同（范本）》，推进全市各级政府法律顾问室建设，建立健全政府法律顾问工作机制，提高全市各级行政机关行政决策科学化、民主化、法治化水平。2017年，为市政府和市政府部门出具各类意见220件，审核重大合同29件，其中韶关市“101工程”项目施工合同涉及金额4330万元；列席市政府常务会议29次，参与韶关旭日国际二期用地历史遗留问题、市政府与广铁集团合作补充协议问题等专题研究会议24次。开展新一届市政府法律顾问选聘工作，选聘刘文静等7名律师或法学专家为市政府兼职法律顾问。指导督促各县（市、区）政府设立法律顾问室。配备79名政府法律顾问（专职37名、兼职42名）。

（李静文）

公　安

【概况】　韶关市公安局位于武江区西联百旺大道1号，是市政府主管全市公安工作的职能机构。2017年，全市共有10个县级公安机关，1个行业分局（森林分局），市公安局下设二级部门30个。全市公安机关开展打击突出刑事犯罪“飓风2017”专项行动，扭住“四个不发生”创建、社会治安防控体系建设、公安改革“三大抓手”，全面提升队伍战斗力，为韶关振兴发展创造平安稳定的社会环境。全市群众安全感和公安工作满意度分别排名全省第九名和第七名。1人获全国公安系统二级英雄模范，2人获全国优秀人民警察，1人获“中国好人”、广东省“五一劳动奖章”活动者，1人获全省

▲2017年9月7日　“中国好人”雷洪参加广东省道德规范（梅州）现场交流活动
（张　荣　摄）

优秀人民警察，1人获全国百佳刑警，1人获广东省优秀共产党员，1人获个人一等功。6月16日，“市看守所法律援助工作站”在市看守所挂牌成立。9月29日，市公安局新信访接待场所启用，11月30日市编办同意市公安局法制科加挂韶关市公安局法制支队牌子。

【参加全国公安系统英雄模范立功集体表彰大会】　2017年5月19日　公安部在北京人民大会堂召开全国公安系统英雄模范立功集体表彰大会，中共中央总书记、国家主席、中央军委主席习近平会见全国公安系统英雄模范立功集体表彰大会代表并发表重要讲话。韶关市受大会表彰的有浈江区公安分局经侦大队获评为“全国优秀公安基层单位”，武江区公安分局新华派出所民警汪洋被授予“二级英雄模范”的称号，南雄市局特警大队大队长吴卫东、新丰县局小正派出所副所长马月华被公安部授予“全国优秀人民警察”称号。受奖单位代表及先进个人参加此次大会。

【安保维稳】　2017年，市公安局结合中国人民解放军建军90周年、厦门金砖国家峰会、中共十九大等安保维稳任务，在安保防护期启动三级治安防控等级，组织市公安局机关民警开展街面巡逻执勤，加强重点部位、人群密集场所安保力量，提高街面见警率、管事率。执行中央“八项规定”和公安部“七个绝不允许”（决不允许公务接待饮用任何酒类，包括私人自带酒类；决不允许部门和单位之间相互宴请饮酒；决不允许公款购买消费任何酒类；决不允许接受管理服务对象宴请；决不允许出入“私人会所”，参与“一桌餐”等形式的吃请活动；决不允许公款旅游、健身等；决不允许公款送月饼等节礼）。全市民警没有发生涉车、涉枪、涉酒等违法违纪行为，全市没有发生影响重大的群体性事件。

【“飓风2017”专项行动】　2017年，韶关市公安部门结合公安“三打击一整治”专项行动，围绕电信网络诈骗、网络金融犯罪、“两抢一盗”、黑恶势力犯罪四类突出刑事犯罪，集中开展专项打击行动，全市“飓风2017”专项行动整体成效排名全省第十五名。全年刑事案件立案数同比下降16.1%；破案绝对数同比下降6.4%。依托市联席会议制度和市反诈中心，健全境外诈骗电话警企处置机制，成效排名并列全省第一名，成功侦破“飓风49号”专案。打击网络传销、假币、虚开骗税、非法集资等突出经济犯罪，侦破韶关自中华人民共和国成立以来最大的假币案和首宗地下钱庄案。严打跨区域系列团伙犯罪、地域性职业犯罪群体、街面犯罪和惯犯累犯等五类犯罪，加强对翁源籍地域性犯罪的打击和追逃力度，成效排名并列全省第一名。开展“骄阳3”打黑除恶专项行动，快速破获武江区怡华路“潮盛大排档”涉枪伤害案，侦破数，逮捕数，分别同比上升10.5%、39.3%，成效排名并列全省第一名。

【严厉打击各类突出违法犯罪】　2017年，韶关市公安部门开展扫黄禁赌专项行动，加大重点娱乐服务场所的暗访巡查力度，打击涉黄赌违法犯罪，逮捕涉黄赌违法犯罪人员328名，成功侦破仁化县黄坑镇龙皇坪赌博案等一批案件。开展联合打击制毒犯罪“4·14”专项行动，挤压种、吸、贩、制毒生存空间，侦破毒品案件283宗，逮捕390人，缴获毒品42.32千克。开展打假“利剑”、打击食品安全犯罪专项行动，南雄市公安局捣毁2个特大制售假药窝点，查获假冒药品515万粒、假冒保健食品成品3.4万瓶。不断强化严重暴力案件侦破工作，快速侦破翁源“4·4”双尸命案、武江“4·7”故意伤害致死案和乐昌“8·27”三溪劫持人质案等严重暴力案件，全年立命案35宗，破获命案33宗。

【“安网2017”专项行动】　2017年，韶关公安部门加强网络政治谣言和有害信息清理整治，打击涉中共十九大网络政治谣言和有害信息。打击网络侵犯公民个人信息、黑客攻击破坏、网络诈骗等突出网络犯罪，曲江分局成功侦破韶关市首宗制作、入侵计算机系统工具案。打掉2个“滴滴出行”作弊外挂犯罪集团。强化关键信息基础设施安全防护，推进网络安全罩实施工作，建成集91个政府网站为一体的全市政府门户网站集约化平台。强化重点网站漏洞隐患整改，及时发现全市86个重点网站隐患，整改网站64个，关停网站22个。

【实现“四个不发生”工作目标】　2017年，韶关市公安部门制订《全市公安机关迎接党的十九大安保维稳工作方案》《全市公安机关开展“四个不发生”创建活动工作方案》及考评办法，全体民警投入安保维稳工作。十九大安保期内启动一级勤务，全体民警取消休假，全部警力在岗在位。强化社会面巡逻防控，针对重点单位、车站和人员密集场所开展武装巡逻，落实“1、3、5”防控圈应急响应机制，提升见警率、管事率。落实省际公安检查站一级查控勤务，过滤危安因素，筑牢进市入省防线。严打各类突出违法犯罪，新丰、乐昌、乳源快速侦破一批故意伤害案件，消除社会负面影响。启动战时思想政治工作机制，对在中共十九大安保工作中成绩突出的先进集体和个人，第一时间予以表彰奖励，为5个集体和77名个人送奖上门。强化战时慰问，市公安局领导分别到挂点地区开展“解警困·暖警心”慰问活动，不断激发民警士气。强化惠警暖警，提高战时伙食标准，做好战时保障工作。执行中央八项规定和公安部“七个绝不允许”，发布执行在岗令、禁酒令、守纪令、督察令战时“四令”，全市民警没有发生涉车、涉枪、涉酒等违法违纪行为。

【社会面治安防控】　2017年，韶关市公安部门加强企事业单位、医院、校园、金融机构内部安全保卫工作。开展“护校安园”专项行动和医疗机构安保工作，强化校园周边巡逻防控、校园及周边治安整治，加大对殴打医务人员、严重扰乱医疗秩序行为的打击力度。排查化解涉校纠纷77起，排查整改校园内部安全隐患627处，协助化解医患纠纷64起。开展缉枪治爆专项行动，查处各类涉枪案件87起，抓获犯罪嫌疑人83名，收缴枪支191支、子弹2.6万发、炸药450千克。加强重点行业场所管理，开展娱乐服务场所等级评定工作，推动歌舞娱乐场所视频监控系统联网建设。加强旅馆业治安管理，全市旅业系统安装率为100%，上传旅业信息451万余条。推进“门禁+视频”系统建设，全市新增门禁视频系统5186间（套）。加强寄递物流业及从业人员信息录入，采集录入寄递物流企业、站点信息873家，推进22家市级寄递企业总部设置治安保卫机构。

【推进禁毒工程】 2017年，韶关市公安部门建立健全全民禁毒组织机构，成立全民禁毒工程领导小组，6月10日，市第一人民医院驻市看守所分院、驻市公安局强制隔离戒毒所分院分别举行挂牌仪式，6月13日 市禁毒办在市禁毒基金会会址举行韶关市禁毒基金会、禁毒协会挂牌成立仪式。8月30日，市禁毒办在位于曲江的市综合实践基地举行市禁毒宣传教育基地揭牌仪式。统筹推进全民禁毒工程深入开展。完善吸毒人员动态管控机制建设，推进吸毒人员动态管控系统拓展应用，落实“逢嫌必检”工作机制，查处管控吸毒人员2631人，强戒吸毒人员646人。全市接受社区戒毒康复1468人、强戒641人、收治病残吸毒人员104人，收治率100%。实施社区戒毒社区康复“8·31”工程，全市建成11个实体化社区戒毒康复中心站，逐步配备专职或兼职禁毒社工。持续加强易制毒化学品管理，对相关经营单位实施分级分类管理，对易制毒化学品使用单位和相关企业进行不定期检查，全年排查出经营隐患企业12家。落实禁种铲毒措施，组织季节性巡查专项行动，查处非法种植毒品原植物案件13宗，抓获嫌疑人13名，发现非法种植罂粟原植物13处，铲除原植物6577株。

【交通管理】 2017年，韶关市公安部门开展市区交通节点整治，整治各类交通违法行为，推进农村“两站两员”建设，实现十九大防护期内交通管理“三个不发生”目标，道路交通安全综合考核成绩排名全省第7名。全年发生立案交通事故425宗，死亡186人，受伤472人，分别同比下降7%、6.5%、15.3%。继续做好“黄标车”淘汰工作，连续四年超额完成省下达任务，全年淘汰黄标车3478辆。 3月17日，全市启动机动车号牌邮递便民服务工作。6月26日，市机动车选号新系统在市公安局车管所正式启动。1月13日，同意韶关市公安局交通警察支队高速五大队设立，正科级建制，12月6日举行揭牌仪式。3月1日，市公安局交警支队专门在西联考场新设置满分学习教育点。3月17日 全市启动机动车号牌邮递便民服务工作。

▲2017年6月10日，市一医院入驻戒毒所、看守所。（张 荣 摄）

【公共安全管理】 2017年，韶关市公安部门推进安全事故预防专项行动，开展消防安全隐患排查治理专项行动和重点地区挂牌督办整治，建立完善镇街一级消防安全组织，落实网格化实体化运作，结合地理信息系统研发高层建筑消防安全管理系统。全年发生火灾事故982起，全市消防安全隐患排查治理专项行动成效排名全省第2名，连续7年未发生较大以上亡人火灾事故。强化大型活动安保，完成2017年龙舟赛、穿越丹霞等大型活动安全保卫工作，全市没有发生群众性活动安全事故。推进强制隔离戒毒所“两基础四深化”建设，开展拘留所执法专项检查，推进监所医疗专业化建设，韶关市第一人民医院驻市看守所、戒毒所分院正式投入使用，实现病残吸毒违法人员应收尽收。

【出入境管理】 2017年，韶关市公安部门推行网上申请、电话申请、短信申请、邮政速递申请、双向速递、微信申请、自助机申请、警民通—出入境连线等电子政务申请方式，规范出入境证件的受理审批，受理各类出入国（境）证件办理、签注29.2万余人次。开展清理整治“三非”外国人专项行动，联合各相关警种、派出所共组织开展专项清理整治行动19次，行动中共查验外国人护照、就业证等证件94人次，查获非法入境、非法居留23人，维护全市正常的出入境管理秩序。

【公安改革】 2017年，韶关市公安部门探索刑事案件法制部门“统一审核、统一出口”工作，推进法制部门队建制，市局法制科加挂法制支队牌子，南雄、仁化、始兴、乳源、翁源县（市）公安局法制科加挂法制大队牌子。推进乳源县局“两统一”试点，提升案件质量和打击效能。不断完善权力运行，完成县级公安机关62个内设办案大队案管中心建设，实现在侦案件案卷和执法视频统一保管。推进原有办案区改建升级，全市建成办案中心15个，办案区61个，案管中心194个，强化监督执法办案全过程。开展县级公安机关执法巡查，先后对乐昌市局、始兴县局进行执法抽查，核查各类警情576条，抽查刑事案件8宗，行政案件16宗。开展执法质量日常考评工作，对各类案件进行抽检，及时整改执法中的问题，发现问题221处，提出整改意见80条。推进事权下放。梳理出入境、户政、交警、治安、禁毒、网警、消防等业务，确定8项下放事项，由市政府印发《关于印发韶关市市级行政许可调整事项目录（2017年版）的通知》。推进车驾管改革，始兴、南雄社会化考场建成运行，新丰、仁化、翁源提交建设社会化考场的申请。

【户籍管理】 2017年，韶关市公安部门推进户籍制度改革，放宽韶关市落户的限制条件。出台《韶关市户籍管理规定实施细则》，按规定办理户口审批业务，全年受理、审批市外迁入7757份、出生入户66424份。

【基础信息化建设】 2017年，市公安局联合中国电信韶关分公司在全省率先推出114移车便民服务。推进24小时自助服务区建设，建成涵盖出入境、户政、交警业务的市行政服务中心24小时服务区，实现公安自助业务全天候便捷化办理。开展信息系统建设，完成公安信息网违规行为监测分析系统、公安检查站信息导检平台、固话程控交换机等系统建设工作。推进视频监控建设，建成市、县两级视频监控综合平台，100%接入省级视频联网平台。全市建成一类高清视频点4316个，联网高清治安卡口141个，基本覆盖社会治安复杂区域、主要路段和重点单位。

【从优待警】 2017年，市公安局落实民警体检、休假、保险、救助措施，发放因公牺牲民警特别救助金、全省公安民警医疗救助金38万元、慰问金6.75万元。组织青年民警参加进社区服务、无偿献血等活动，强制隔离戒毒所女子监管中队获2017年“全国巾帼文明岗”称号、2017年“广东省三八红旗集体”称号。

【教育宣传】 2017年，市公安局结合《公安机关人民公安警察训练条令》，以“轮训轮值、战训合一”的模式开展民警实战轮训培训班，举办6期实战轮训班，培训民警500余人。强化执法培训，组织开展普法培训考试、新警、警衔晋升民警法律知识培训等各类培训，全市2400名民警参加2017年度执法资格考试。组织开展“迎接十九大忠诚保平安”、“韶关好警察”、寻找韶关“最美警察”等主题宣传活动，打造“韶关好警察”品牌，深入10个县（市、区）开展“韶关好警察”事迹巡演活动。

（王晓辉）

【公安消防概况】 武警韶关市消防支队，又称韶关市公安消防支队（简称“市消防支队”），成立于1987年1月1日，位于韶关市武江区工业东路23号，1992年9月加称韶关市公安消防局，下设司令部、政治处、后勤处、防火处4个部门，辖1个培训基地、10个大队、14个中队。承担着韶关市防火、灭火和应急救援任务。2017年，成功处置“1·27”新丰28吨汽油槽罐车泄漏、“6·10”南雄科大科技公司冲釜事故等急难险重任务。全市连续6年未发生较大以上火灾，全市消防工作连续三年被省政府考核评为“优秀”，市消防支队法制科被评为全国消防法制部门，中共十九大消防安保被评为全国先进支队，2个中队获得集体三等功，21名官兵获得个人三等功，1人被评为中共十九大消防安保工作先进个人，先后有1名干部被提拔为副师职、1名干部被提拔为正团职，市委书记莫高义专题批示表扬全市消防工作。

【消防安全形势稳定向好】 2017年，市委建立常委会、政府常务会常态化研究消防工作机制，提请市政府出台《韶关市市政消火栓管理办法》《韶关市消防安全责任制规定》。支队在上半年全省执法质量考评中获得第一名，开展夏季消防检查、电气火灾防范、高层建筑

▲2017年8月11日，韶关市公安消防支队在南雄市五金大厦灭火扑救

（市公安消防支队 供）

等专项整治，推进重点地区和重大火灾隐患单位整治，冬春火灾防控被评为全省“优秀”，在省厅消防专项行动考评中排名全省第三名，在全省群众安全感和公安工作满意度调查中名列消防系统第三名。开展消防安全风险评估，完成消防专项规划编制工作，推动“一站两队”（消防微型消防站、技术处置队、灭火救援专业队）推广至全市所有高层公共建筑及消防安全重点单位。建立消防“宣传、培训、教育、共享、阵地”五大机制，将消防宣传纳入市委宣传部日常宣传工作，将消防安全纳入市委党校开班授课内容。市政府投入120万元建设60个消防驿站，市委组织部与市公安局联合开展2017年消防安全专题培训班，营造“全民消防”的氛围。

【部队消防能力增强】 2017年，市消防支队定期开展全市季度比武竞赛，建立高层建筑灭火救援专业队1支、专业组12个，组建5类专业救援队伍，参加全省队列会操名列第5。全市消防部队共接警出动2383次，抢救和疏散被困人员2526人，抢救保护财产价值9.47亿元。以“法治警营”建设为统领，修订完善《按纲建队实用手册》，推行机关“四个一”制度（支队军政主官、班子成员每月至少上一次训练场、授一次课、下一次基层、检查一次社会重点单位）、大队干部“六个一”活动（大队军政主官每月至少上一次训练场、授一次课、督察一次所属中队、组织一次警营文化活动、到20家社会单位检查一次消防工作、履职月问卷调查一次），支队在全省队伍安全稳定工作部署会上作经验介绍。市政府专题召开乡镇专职队建设现场会，全市建有23支政府专职消防队，招收专职消防队员253名、消防文员110名。将消防通信纳入公安数字集群网（PDT）建设，实现部队营区视频监控无盲区覆盖，提升信息服务中心水平。

【队伍内生动力增强】 2017年，市消防支队开展“改革强警”“两学一做”等学习教育活动，召开政工例会4次、开展党委议教4次、专题辅导授课4次、党性锻炼培训班2期，做好重大活动安保遂行政治工作，市委宣传部专门印发《杨鑫同志先进典型宣传报道方案》，树立韶关消防良好形象。12月23日凌晨，支队两名警官加班归途遇轿车起火，冒着生命危险冲进火场成功救出被困人员，《广州日报》等各级媒体争相报道，传递消防正能量。修订完善《干部素质提升计划》，注重“唯德唯绩”，调整任用副团职干部10名、营职以下干部56名、技术干部12名，形成“凭能力立身、靠实绩进步”的良好风气。制定官兵“关爱清单”，将高危执勤补助和生活补贴纳入地方财政预算，协调解决6名官兵家属随军就业、12名官兵子女入学入托，7名转业干部安置报到，慰问、优抚官兵28人次，资助12名家庭困难士兵，激发队伍干事创业活力。

【后勤保障水平大幅提高】 2017年，全市新购置车辆11台、无人机2架、消防机器人1台，购置器材装备7229件（套），完成年度目标责任书中装备购置任务，13个消防站车辆配备均达到“3+2”标准。全市初步落实消防用地61.33公顷，其中支队本级训练基地6.67公顷批复落实，市政府投资1亿元建设新消防指挥中心，建成曲江白土消防站、启动南雄工业园消防站建设，拓宽部队长远发展空间。强化党委理财，规范预算执行，建强后勤人才队伍，支队在全省财务会审中被评为“优秀”。

（李宇峰）

检　察

【概况】 韶关市人民检察院（简称“市检察院”）于1954年建院，1978年重建。下辖县（市）、区检察院10个和驻监狱派出检察院2个（韶关黄岗地区检察院与乐昌中山地区检察院），共12个基层院。全市检察机关共有编制639名，有干警581人。市检察院设置政治处、反贪污贿赂局和16个内设机构，1个直属行政单位（司法警察支队），3个派出机构（韶关黄岗地区检察院、乐昌中山地区检察院和驻市看守所检察室），编制161名，现有干警人数151人。市检察院领导班子成员共8人，2017年，韶关市检察机关围绕全市改革发展稳定大局，履行法律监督职责，推进司法改革，从严加强队伍建设，为韶关主动融入珠三角、实现振兴发展提供司法保障，职务犯罪侦查、公益诉讼、对公安派出所刑事侦查活动监督、内设机构改革等多项工作走在全省检察机关前列。2017年度市检察院获得“全省检察机关2017年度国家司法救助工作先进单位”的称号，韶关市检察院民行科、韶关市检察院反贪局均被广东省人民检察院获批集体二等功，韶关市检察院公诉科获得全国维护妇女儿童权益先进集体，韶关市检察院团支部获得广东省红旗团支部（总支）标兵，市院侦监科获“广东省巾帼文明岗”称号。4人被广东省检察院评为个人二等功，2人被广东省检察院评为个人三等功，1人获得广东省刑事申诉检察业务标兵称号，3人获得全国检察机关优秀侦查员称号，1人获得全国检察机关优秀预防员称号，9人获得全国检察机关千名侦防骨干人才称号，1人被广东省人民检察院评为个人嘉奖称号，2人获得第二批广东省检察专门型人才称号。

【服务改革发展大局】 2017年，市检察院落实市委《党员干部干事创业容错免责机制》，依法不起诉在改革过程中发生的轻微违法犯罪案件28宗38人，营造干事创业良好氛围。主动服务供给侧结构性改革，依法起诉破坏市场经济秩序犯罪案件86宗134人，依法办理庄某发等65人特大非法传销案。突出加强创新发展司法保护，依法起诉侵犯知识产权罪案件2件2人，健全检察环节对科技创新活动的容错机制，区分智力收益与权力寻租等界限。对企业负责人、技术骨干慎重使用拘留逮捕等强制措施，不因办案而致使企业经营遭受不必要的损失。服务精准扶贫和乡村振兴战略，依法查办涉农领域职务犯罪案件51件68人，起诉“村霸”和宗族恶势力犯罪案件3件76人，依法查办原新丰县来石村委主任陈某乐霸占土地、欺凌村民等案件。以“两法衔接”信息共享平台为抓手，联合公安、环保、工商、食药监、质监等部门开展打击食盐违法犯罪等专项行动，持续开展破坏环境资源犯罪和危害食品药品安全犯罪专项立案监督，督促监管部门移送涉嫌犯罪案件37件，监督公安机关立案20件。办理环境资源领域公益诉讼诉前程序案件38件，恢复被损毁林地、被污染土壤15.33公顷，市检察院在市环保局、市林业局设立检察官联络室，形成生态环境保护合力。保障民生守护青山绿水。

【平安韶关建设】 2017年，市检察部门依法打击严重刑事犯罪，批准（决定）逮捕各类刑事犯罪案件1599件2363人、提起公诉2168件3183人。依法办理新丰“2·15”专案等重大案件。强化检警协作，突出打击黑恶势力、严重暴力以及严重危害公共安全犯罪，建立对偷拐骗抢、黄赌毒等犯罪的常态化打击机制。参与社会综合治理，做好检察环节的平安韶关建设工作，落实涉法涉诉信访事项依法导入、终结等制度，完善执法办案风险评估预警机制，加强释法说理工作，做好十九大特别防护期安保维稳工作，把社会矛盾化解在萌芽状态。受理控告申诉案件688件，办理司法救助案件52件124人，发放救助金103万余元。印发《农村农民犯罪预防宣传手册》1万册，减少农村违法犯罪行为的发生。加强未成年人司法保护，打造合适成年人、未成年人法律援助、心理援助3个专业队伍，建设青少年法治教育案例库，并立相关工作制度，贯彻落实“少捕慎诉少监禁”原则，深化未成年人教育、感化和挽救工作，开展帮教观护，协调相关部门帮助就学就业。不批捕涉罪未成年人70人，不起诉35人，开展亲情会见114次，心理救助10人，对5名未成年被害人实施司法救助11.2万元。

【腐败预防职务犯罪惩治】 2017年，市检察部门持续保持反腐高压态势，立案查办贪污贿赂犯罪97件119人，查办人数同比上升48.8%、上升比率居全省第二位。办结原清远市副市长刘某洪涉嫌受贿、原兴宁市委书记陈某宇涉嫌受贿等一批大案要案。突出惩治为官不为、为官乱为现象，立案查办渎职侵权犯罪25件28人。开展职务犯罪预防，结合办案深入开展个案预防、系统预防和专项预防，对换届选举、涉农惠民、扶贫开发、工程建设等领域开展同步预防，开展预防调查47次、警示教育295场、案例剖析37件，召开案例剖析会24次，提出检察建议47件。开展村“两委”换届职务犯罪预防活动和“预防职务犯罪邮路”活动，联合市纪委等单位开展全市廉政书画展和警惕村干部变村霸现场会。发放预防宣传手册5万余册，组织接待206批次10653名党员干部到市廉政教育基地接受教育，增强反腐倡廉的影响力、辐射力和渗透力。

【维护司法公平公正】 2017年，市检察院强化刑事诉讼法律监督。监督公安机关立案58件，追加逮捕236人，追加起诉256人，对公安侦查活动中的违法情形提出纠正意见425件次，向法院提出抗诉6件，法院审结案件改判率达到100%。加强内部监督机制，发出《建议立案侦查意见书》4份、《犯罪线索移送函》9份。对办案中违法情形发出《侦查活动监督通知书》35份。强化民事行政诉讼监督。综合运用抗诉、检察建议、违法调查等监督方式和手段，加强对生效裁判和调解的监督，受理民事行政检察案件145件，提请、提出抗诉11件，开展执行监督专项活动，对违法执行行为发出检察建议41件，被采纳39件。强化对行政机关的履职监督，向有关单位发出督促履职检察建议136件，被采纳126件。强化刑罚执行检察监督。严格规范刑罚变更执行案件审查与出庭，审查减刑、假释、暂予监外执行提请6155件。依法对不符合暂予监外执行条件的韶关钢铁集团有限公司原党委书记、董事长曾某监督收监。开展财产刑执行专项检察“回头看”活动，对原韶关市国土局局长聂某祥有能力履行财产刑而不履行的情况，要求法院对其继续执行，坚决维护刑事诉讼“最后一公里”的公平正义。

【推进各项检察改革】 2017年，市检察院落实司法体制改革四项任务，实行检察官、检察辅助人员、司法行政人员分类管理，全市两级检察院完成

▲2017年7月31日，韶关市检察机关司法体制改革推进会暨检察长研讨班在乳源县召开
（曾敬东 摄）

遴选员额检察官208名，落实“谁办案谁负责、谁决定谁负责”的司法责任制改革，组建178个独任检察官、54个检察官办案组等新型办案组织，招录合同制书记员181名；制订完善14项规范性文件，检察官在授权范围内独立办案，对案件质量终身负责，推动领导办案常态化。8月，在全省率先启动基层检察院内设机构改革试点工作，内设机构压缩为5—8个。推动以审判为中心的诉讼制度改革，发挥诉前主导和审前过滤功能，构建以证据为核心的刑事指控体系，强化亲历性办案，提前介入案件63件。严防冤错案，强化对侦查取证的合法性审查，启动非法证据排除程序1件。严把案件事实证据程序关，对公安机关移送审查的案件证据不足的，决定不批捕324人、不起诉152人。完成公益诉讼试点工作，把握“公益”这个核心，以人民群众关心的生态环境、国有资产和食品药品安全等领域为重点，做好社会公共利益代言人。排查评估公益诉讼案件线索78件，开展公益诉讼诉前程序122件，提起公益诉讼20件。加强对公安派出所刑事侦查活动监督，在检察室驻公安派出所刑事监督试点工作基础上，探索开展检察官驻派出所办公室模式，选取20个基层派出所作为检察官驻所试点所。驻点派出所办案执法日趋规范，批捕率由71.91%上升至89.07%。落实人民监督员制度改革。健全检察权运行外部制约机制，规范人民监督员选任管理工作，配合司法行政部门选任新一届人民监督员32名，接受监督案件18件次。运行案件信息公开系统，依法发布案件程序性信息4575条，公开法律文书2029份，发布重要案件信息163条，为单位（个人）提供行贿犯罪档案查询服务14512次。查询结果由“3个工作日可取”改为“当日可取”，为企业提供高效服务。注重依托新媒体传递法治正能量，通过“两微一端”及时发布检察工作动态和重要信息3385条。主动接受人大法律监督、政协民主监督和社会各界监督，邀请人大代表、政协委员、人民监督员等参加检察活动、观摩庭审、座谈会419人次。定期举办“检察开放日”活动，主动邀请市民走进检察机关，倾听群众呼声，回应群众期待。（李华明）

审　判

【概况】　韶关市中级人民法院（以下简称“市中级人民法院”）成立于1950年，是国家审判机关，依法独立行使审判权。2017年，市中院共有干警192人，其中政法编干警121人，非政法编干警71人。设副处级内设机构1个，即政治处；直属机构1个，即司法警察支队；派出机构1个，即市纪委派驻中院纪检组；设正科级内设机构15个，即监察室、法官培训科、执行局、办公室、立案庭、刑事审判第一庭、刑事审判第二庭、民事审判第一庭、民事审判第二庭、民事审判第三庭、行政审判庭、审判监督庭、研究室、信访科、司法行政科。辖10个基层法院，即浈江区法院、武江区人民法院、曲江区人民法院、乐昌市人民法院、南雄市人民法院、仁化县人民法院、始兴县人民法院、翁源县人民法院、新丰县人民法院、乳源瑶族自治县人民法院。基层人民法院共有派出法庭22个，干警936人，其中政法编干警618人，非政法编干警318人。全市法院共受理各类案件44369件，同比上升7.08%，审结39387件，上升12.56%。其中，市中级人民法院共受理各类案件4563件，审结3984件，同比分别上升9.79%和10.97%，市中级人民法院另办结减刑、假释案件5841件。市中级人民法院刑事审判第一庭“获全国法院先进集体”称号，乐昌市人民法院获“全国优秀法院”称号，市中级人民法院行政审判庭、武江区人民法院民事审判第一庭、曲江区人民法院刑事审判庭被广东省高级人民法院评为集体二等功，市中级人民法院立案庭被广东省高级人民法院评为集体三等功。市中级人民法院姜胜获得“全国法院司法技术工作先进个人”。全市法院共有4人被广东省高级人民法院评为“个人二等功”。

【刑事审判】　2017年，全市法院受理各类一审刑事案件2379件，审结2166件。严厉打击危害国家安全和公共安全犯罪，参与立体化治安防控体系建设，审结此类一审案件417件432人。严惩故意杀人、故意伤害等暴力性犯罪，审结此类一审案件227件317人。严惩各类腐败犯罪，审结浈江区产业园管委会原主任叶某滥用职权、贪污案等职务犯罪一审案件83件106人。配合“飓风2017”专项行动，审结两抢一盗、诈骗等犯罪一审案件463件707人，审结李某等电信网络诈骗案，维护群众财产安全。坚决打击涉黑、涉毒犯罪，审结张某等重大贩毒等一审案件425件547人。打击破坏经济秩序犯罪，审结“天津天狮”传销案、李某等非法吸收公众存款案等一审案件78件269人。坚持宽严相济刑事政策，对559人依法适用缓刑。

【民商事审判】　2017年，全市法院受理各类一审民商事案件19065件，审结一审民商事案件16603件，结案标的额66.67亿元。助力供给侧结构性改革，推进农信社改制农商行，处置“僵尸企业”。审结韶关市供销社工贸总公司等企业破产、清算、股权转让等一审商事案件230件，帮助出清落后产能。服务创新驱动发展，加大知识产权保护力度，审结此类一审案件92件。坚持平等保护，尊重契约自由，依法审结买卖、租赁等合同一审案件9462件，及时化解交易风险。加强涉民生权益司法保护，审结婚姻家庭、医疗、教育、交通等民生领域一审民事案件6514件。依法规范金融市场秩序，审结瑞华国银投资管理有限公司不良债权追偿案等金融类一审案件1320件。妥善处理交通、产业园区等领域征地和施工建设过程中引发的土地使用权、征收补偿、拆迁安置等一审案件478件。强化“三农”服务，审结土地山林权属、承包经营权确认、流转、宅基地使用权纠纷等一审涉农案件253件，服务农村集体产权制度改革。加强劳资纠纷化解，审结一审劳动争议案件892件，促进构建和谐劳动关系。在重点景区设立旅游巡回法庭，服务韶关市创建国家全域旅游示范市。依法规范房地产市场发展，审结房地产开发、房屋买卖等一审案件432件，处理“天泓居”系列房屋买卖纠纷案。加强环境生态司法保护，审结乱垦滥伐、非法采矿等环境资源类一审案件89件。乐昌法院审结检察机关提起的环境公益行政诉讼案，推动职能部门落实重点区域环境保护职责。

【行政审判】 2017年，全市法院受理各类一审行政案件644件，审结584件。处理行政争议，依法审结南华温泉大酒店诉曲江区政府土地征收案等影响较大的行政案件。分别组织40名和129名行政机关负责人到庭旁听韶关市政府、乐昌市政府主要负责人出庭应诉的行政纠纷案，推动落实行政机关负责人出庭应诉工作。开展法官进党校授课活动，与行政机关建立常态化交流机制，增强行政执法人员法治意识和依法行政水平。指导武江法院深化一审行政诉讼案件集中管辖改革，取得初步成效。武江法院共受理各类一审行政诉讼案件488件，审结431件，结案率88.32%。发挥行政诉讼监督作用，纠正行政不作为、慢作为等行政违法行为，助力韶关深化“放管服”改革和行政审批制度改革。

【执行案件】 2017年，全市法院共受理执行案件12787件，执结10894件，同比分别上升23.37%和24.67%。其中，市中级人民法院受理执行案件574件，执结451件。成立韶关市基本解决执行难工作领导小组，出台《关于加快推进我市基本解决执行难工作的实施意见》，基本形成综合治理执行难的工作新格局。建立执行指挥中心，与银行、不动产登记中心、林业、工商等部门实现信息共享，多类财产和身份信息实现网络执行查控。开展“攻坚2017”专项执行活动，对251人采取罚款、拘留、限制出境等强制措施，18人因涉嫌拒不执行生效判决、裁定罪、妨碍公务罪被移送立案审查。加大信用惩戒力度，在“全国法院失信被执行人名单库”发布失信被执行人名单5134人次，向2549名被执行人发出限制消费令。推行网络司法拍卖，共发布拍品920件次，成交金额5.41亿元，溢价率达34.99%，提高财产变现效率，为当事人节省佣金2500余万元。市中级人民法院通过网络司法拍卖平台拍卖被执行人韶关市恒熙置业有限公司土地使用权，成交金额3.06亿元，溢价0.92亿元。

【司法改革】 2017年，市中院围绕“让审理者裁判、由裁判者负责”的目标，推动以司法责任制改革为核心的各项基础性改革落地见效。严格员额法官选任标准，完成全市246名员额法官选任工作，占中央政法专项编制29.28%。落实院庭领导办案制度，出台院庭长办案规定，全市法院院庭长带头办理重大、疑难、复杂案件，共办结各类案件14041件，占总结案数41.86%。出台完善司法责任制改革试点实施方案、工作规程、院庭领导审判管理和监督职责规定等系列改革文件，建立随机分案制度，明确院庭领导监督管理案件的权力清单和程序要求，建立科学的权力运行监督机制。改革审判委员会工作机制，分别建立刑事、民事和行政专业法官会议制度，统一案件裁判尺度。优化案件质量评估体系，实行案件质量倒查和责任追究，建立权责明晰的司法责任体系。

【其他重大改革】 2017年，全市法院推开家事审判方式和工作机制改革，推动韶关市出台关于综合解决家事纠纷的工作意见，建立家事纠纷综合解决机制，完善家事案件审判规则，促进家事审判专业化发展。探索以审判为中心的刑事诉讼制度改革，指导乐昌法院开展刑事速裁试点改革工作，对71件轻微刑事案件依法快立快审。推进民事案件繁简分流机制改革，审结民事速裁案件1360件，实现简案快审、繁案精审。深化多元化纠纷解决机制，与妇联、工会和行业协会等建立合作机制，形成多层次的纠纷化解体系。启用减刑假释信息化办案平台3.0版，加快推进减刑假释案件远程审理，确保案件审理全程留痕、公开透明。

【司法为民】 2017年，全市法院深化立案登记制改革，开展跨域立案诉讼服务试点工作，当事人可在韶关辖区内任

▲2017年1月4日，韶关市基层法院行政案件集中管辖揭牌仪式在武江法院龙归法庭举行

（市中级人民法院 供）

▲2017年4月11日，韶关中院与韶关市教育局在浈江法院举行共建法治校园启动仪式　　（市中级人民法院 供）

何一家法院或法庭当场跨域登记立案。加快推进诉讼服务中心建设，升级诉讼服务大厅，开通12368诉讼服务热线，打造线上线下于一体的诉讼服务平台。到基层一线化解群众纠纷，减轻群众诉累，共开展巡回审判146场次。加大司法救助力度，为经济确有困难的当事人缓减免交诉讼费154.71万元，为权利受到非法侵害无法获得有效赔偿的212名当事人发放救助金218.38万元。回应信访合法诉求，处理人民群众来信来访1989件（人）次。

【司法公开公正】　2017年，韶关市继续深化司法公开，建成审判流程、执行信息、裁判文书和庭审互联网直播四大公开平台，在裁判文书网公开裁判文书21760份。自2017年10月启动互联网庭审直播工作以来，共直播庭审216次，方便群众开展诉讼监督、查询诉讼信息。参与创新社会治理，落实“谁执法谁普法”责任制，开展法官进企业、进社区、进校园等活动，共举办法律知识讲座及法律咨询活动125场次；与教育部门共建法治校园，深化青少年违法犯罪预防和帮教工作。开展司法宣传活动，共在各级媒体刊发新闻稿件1704篇次，及时回应群众关切。2017年，全市法院落实市第十四届人大一次会议决议，主动接受人大法律监督、政协民主监督、检察机关诉讼监督和社会各界监督，向市人大常委会专题汇报执行工作等情况。听取代表、委员的意见和建议，办结代表建议7件，办理委员提案8件。拓宽代表、委员监督渠道，邀请人大代表、政协委员到两级法院参加会议、旁听案件审理、参与调解527人次。邀请市律协委员、律师代表参与调研座谈会，公开向律师征求立案窗口服务、立案登记制实施及跨域立案诉讼服务的意见和建议，依法保障律师执业权利。支持、配合检察机关履行监督职责，依法审结检察机关提起的抗诉案件12件，共同维护司法公正。

【智慧法院建设】　2017年，全市法院按照《韶关法院信息化建设三年发展规划》，建立全市两级法院共同参与、共建共享的工作机制，破解信息化建设地区发展不平衡不充分问题，解决“人才少”和“资金缺”两大难题。推进审判执行工作与信息技术深度融合，与中国电信、移动、联通韶关分公司建立战略合作伙伴关系，由三大运营商联合向法院提供技术支持，完成执行查控系统、信息发布系统、移动办公平台、庭审直播等信息系统开发运用，助推审判执行工作规范化，促进审判执行工作质效提升。坚持以信息化推进诉讼服务标准化，搭建当事人远程立案登记和律师服务等平台，为人民群众提供司法服务。

【队伍建设】　2017年，全市法院制定《干部选拔任用工作规程》，严把干部选拔任用标准。通过轮岗交流上调下派等方式，逐步优化队伍结构。全市法院组织干警参加各类培训52期3920人次。夯实基层基础，市中院选派4名优秀年轻干部到基层“蹲苗”，解决南雄法院十年未能招录公务员问题。推进法庭标准化建设，改变人民法庭物质装备落后和人员配备不足等问题，提高基层矛盾纠纷化解能力。出台干警外出报备制度和廉政家访工作意见，加强对干警的监督管理。制定《韶关市中级人民法院工作指南》，用制度管权管事管人管案。建立监察部门和审判管理部门联合监督机制，针对窗口服务、庭审作风等发出督查建议。落实领导干部干预、过问、插手案件处理记录通报制度，严惩以权谋案、以案谋私等违法违纪行为，以零容忍态度惩治司法腐败。市中院对4名干警进行诫勉谈话，3名基层法院违纪干警受到党纪政纪处分。　（温　菁）

司法行政

【概况】　2017年，韶关市司法局有行政编制41个（2个单列），实际在编公务员39人（含市纪委派驻市司法局纪检组2人）。内设机构有政治处、办公室、计财装备科、宣传教育科、基层工作管理科、公证律师管理科、司法鉴定管理科、戒毒工作管理科和社区矫正科等9个。直属单位有3个：韶关市强制隔离戒毒所，有干警和工作人员79人，辅警47人；韶关市法律援助处有工作人员14人（其中2名工勤人员）；韶州公证处有工作人员17人（其中在编事业编公证员4人，在编事业编工作人员1人，聘用工作人员12人）。2017年，全市各级司法行政机关以健全公共法律服务体系、增强人民群众法治获得感为着力点，推进全市司法行政工作改革发展，为打造“善美之城”，建设幸福美好韶关提供法律服务和法治保障。中共广东天行健律师所党支部被确定为广东省律师行业党建工作省级示范点，中共广东众同信律师事务所党支部被确定为全省律师行业党建工作市级示范点。

【“七五”普法深入推进】 2017年，韶关市建立韶关市普法联席会议制度，颁布实施《关于在全市各级国家机关中实行“谁执法谁普法”责任制的实施意见》，健全社会普法教育机制，构建“大普法”格局。建立法官、检察官、行政执法人员和律师以案说法制度和媒体公益法治宣传制度，重点健全完善韶关日报、韶关电台、韶关发布、韶关新闻网、韶关民声网等媒体公益法治宣传教育栏（节）目。实施“善美韶关 与法同行——青少年法治护航行动”，举办“晨读宪法”“法治文艺比赛”“中小学生法律知识测试”等校园法治宣传教育活动。适应新时代新要求，拓展韶关市司法局信息网、韶关民声网、“韶司在线”（微信公众号、腾讯微博、今日头条矩阵、南方+、企鹅号）等新媒体平台的法治宣传教育功能，组织开展年度学法考试工作。应用国家公职人员网上学法考试系统，集普法宣传、学法考试、法律咨询等功能于一体的微信公众号“韶司在线”拥有关注用户28万人，总阅读量在广东司法行政系统新媒体平台中排名第一，成为全省知名的普法新媒体。

【公共法律服务优化】 2017年，韶关市司法部门组织引导全市村（社区）法律顾问根据村（居）民实际需求制定法律服务清单，实施“精准服务”，通过建立微信、QQ服务群等拓展服务方式手段，全市村（社区）法律顾问为基层组织和人民群众提供各种法律服务共26269件次。通过实行领导分片包干督导制度、表彰优秀法律顾问、举办专题培训班等举措，促进村（社区）法律顾问优化法律服务。鼓励符合条件的机关工作人员申领公职律师执业证，壮大执业律师队伍。年内全市执业律师增长20.63%，每万人口拥有律师达到1.28人。实施“法援助你”法治惠民工程，实行法律援助案件受理登记制度，推进法援律师进驻人民法院、看守所、戒毒所值班工作。落实“互联网+法律援助”工作，拓展并优化法律援助服务。全年办理法律援助案件3096宗，比上年增加28%。强化公证便民利民服务措施，实施公证工作信息化建设计划，启动韶州公证处新办证窗口建设。全市共办理各类公证16710件。加强司法鉴定执业监管，推荐并指导10家司法鉴定机构参加11个项目35项次的能力认证活动。指导筹备成立韶关市司法鉴定协会。

【司法行政基层基础夯实】 2017年，各县（市、区）通过公务员招录、选调和聘用等途径充实司法所工作人员，工作人员由2016年底的196人增加到2017年的253人，消除长期存在的“无人所”现象，2人所从2016年的60个增加到93个。先后组织360人次司法所工作人员参加省、市、县各部门组织的各种业务培训学习。以村居“两委”换届为契机，调整充实村居人民调解委员会工作人员。持续开展矛盾纠纷排查化解专项活动，全市各级人民调解组织调解矛盾纠纷12444件，调解成功率达到98.4%。

【司法行政执法管理水平提升】 2017年，韶关市司法部门整理编写《韶关市社区矫正工作手册》，为全市社区矫正工作业务实施提供操作指南。推进社区矫正中心建设，年内完成市社区矫正指挥中心和县（市、区）社区矫正中心建设任务，成为全国首批接入司法部社区矫正远程督察系统的地市之一。在始兴和仁化两县开展社区服刑人员佩戴电子手环试点工作，推进社区矫正执法信息化、规范化。落实刑满释放人员回归社会衔接工作，整合各方资源、聚集各方力量开展刑满释放人员安置帮教工作。市强戒所着力对强制隔离戒毒管理模式进行改革，创新“三三六”戒毒管理模式运用，引入社会力量参与戒毒矫治工作，在所内建立面向所内戒毒人员的职业技能培训站、法律援助工作站、禁毒教育宣传基地和高校实践教学基地等“三站两基地”，该所连续15年实现场所安全无事故目标，获省司法厅集体二等功，是全省司法系统中第一批完成“远程帮教探视会见室”项目建设的单位。其中，韶关市法援处驻市强戒所法律援

▲2017年3月24日，省司法厅党委书记、厅长曾祥陆（居中）到韶关调研指导司法行政工作时考察市公共法律服务中心。 （彭继维 摄）

助工作站是全省戒毒系统中率先设立法律援助工作站的单位。

【完成国家司法考试工作】 2017年是实施国家统一法律职业资格考试制度前举办国家司法考试的收官之年，韶关市报考人数为历年来最多，共有1074人报名参加考试，考生年龄最小的20岁，最大的59岁。考试首次采用脸部识别系统对考试进行身份信息辨别，考试组织工作实现“零差错”。

【人民监督员选任管理体制改革】 2017年，韶关市司法部门完成建立由司法行政机关主导检察院人民监督员选任管理的工作机制，遵照选任程序，选任32名韶关市人民检察院人民监督员。经过初任培训，32名人民监督员从7月开始正式上岗履职。 （彭继维）

监 狱

【广东省韶关监狱】 2017年，韶关监狱提升监狱执法公信力，总体工作呈稳步上升良好趋势。时隔17年，监狱再次获得省监狱管理局表扬单位称号，实现连续23年监管安全和连续17年生产安全。

队伍管理 2017年，韶关监狱从严抓好治党和治警两层队伍，凝聚队伍合力。用制度管人。在全省监狱系统内率先对中层领导班子实行“考验性”管理，狠抓中层领导班子建设。用文化管心。深挖韶关监狱67年历史，提炼出“骤步致远”的监狱精神和徽章，用精神引领队伍。提出“一年新改变、两年新突破，三年新崛起”的发展目标，让队伍与党委一起追求监狱发展愿景和目标。

狱政管理 韶关监狱打赢中共十九大维稳安保攻坚战，守牢“七个严控”安全底线，实现“四个不发生”的目标。严把监门管理和离监就医两个关键环节压力测试，消除不安全因素。开展“安全稳定年”“监规纪律整顿月”等活动，夯实管理基础和改造秩序。开展安全隐患排查活动，收集有效狱情630条，依托指挥中心，处置各类隐患1119宗。提升应急处突能力，开展应急演练10次，与省局联动演练2次，实现突发事件3分钟快速响应，5分钟到达现场，15分钟内召集150名以上应急警力参与处置。

教育改造 韶关监狱在全省首创节假日办理会见。首创全省狱内高等教育基地，实现罪犯在狱内中专、大专连读，中专免费目标。开启服刑人员心理矫治坐诊、巡诊、会诊三模式，将罪犯心理问题解决在一线。降低再犯罪率，坚持“走出去、请进来”与地方社区矫正和司法部门携手共建，把监狱工作社会化。提升办案水平，罪犯假释提请率全省领先，达到3.30%。12月1日，省监狱管理局劳动改造处副处长黎文球带领“安标”创建专家评审团到韶城工业总厂开展安全生产二级标准化评审验收工作，韶城工业总厂以93.8分通过安全生产国家二级标准验收。

行政后勤 韶关监狱信息政务大提升，被评为省宣传报道先进单位，省优秀新媒体单位，斩获全省先进理论调研单位，全年论文获地区级一等奖1篇，二等奖2篇，全国级二等奖1篇。全年推送微信粉丝新增1717人，社会关注度提高120%，进入全省司法行政系统微信排名前18强。完成家属区、行政区大围墙建设，提高安全性。完成指挥中心“大安防”及厂房视频监控全覆盖项目建设，信息化建设水平提升。改造监门停车场、运动场，修缮铁路桥等，民生工程建设促进监狱整体面貌改观。总投资2.18亿，建筑面积5.78万平方米的“十二五”建设项目推进，计划于2018年第四季度开始收押新犯。 （吴华旺）

▲韶关监狱召开“迎接十九大、忠诚保平安”安保维稳誓师动员大会
（韶关监狱 供）

【广东省北江监狱】 北江监狱始建于1952年，地处韶关市北郊黄岗，特大型省级现代化文明监狱。2017年，北江监狱坚持以治本安全观为引领，以补齐短板、实现软硬件同步提档升级为基调，以严抓班子和队伍建设为抓手，以问题、创新和效能为导向，推进监狱各项工作。

主动防控创安全 北江监狱围绕安全稳定年活动，开展为期3个月的监规纪律教育整顿专项活动，清查双违品、危险品，整肃监规纪律；围绕十九大维稳安保工作，组建10个专项工作小组，排查出32项安全隐患进行整治，将安保工作延伸至年底。启用监狱指挥中心，以“办事一体化、处置快捷化、服务高效化”为工作目标，着力发挥指挥中心“中枢”作用，初步实现调度指挥、警务督察、信息处理、应急处置等功能。推进狱政管理精细化，进行项目考评，汇编28项制度，配套制定工作办理流程图、操作细则和执行标准，重新修订8项制度和指引，制作罪犯一日行为规范视频，增强制度的适应性和可操作性。与驻监武警开展3次应急演练，投入20余万元对武警部队设施进行建设和修缮，协同武警加强监狱上空禁飞区域管理，主动申请北江监狱列入韶关市反恐重要目标单位。

教育改造求创新　开展“学政策、明身份、守规矩”身份意识专题教育与监规纪律教育整顿专题活动，内容涵盖法律教育、励志教育、中华传统文化、各类政策宣讲和疾病防控宣讲等内容。推行电化教育、体验式教育，《每周一讲》开讲45期。以聘请社会专业教师和警察教育相结合的方式对服刑人员开设文化教育和技术教育。坚持诉求管理执法与普法并重原则，建立“首办责任制”，选派监区、业务骨干及时处置并进行法律法规宣讲。建立监区心理辅导站，规范个别教育流程，实行无痕化操作，开展心理咨询330人次，受到省局的肯定。推行部室挂钩、监区督导、分监区主导的模式加大顽危犯攻坚转化力度。邪教类罪犯出监转化率100%，受到上级领导的高度评价。推进“阳光狱务”，设立79面显示屏实时公布狱务信息，宣传减刑假释新规，开展监区长、监狱长接访活动，接访服刑人员家属及服刑人员，树立监狱公正执法形象。启用新平台办案，提升警察办案业务能力和水平，做到零错案和零投诉。

安全生产出效能　北江监狱推进监区安全标准创建，排查整治突出问题、资料归档，汇编26项制度，完善项目操作规程，制作警言警句和宣传标语；制定生产安全工作考核规定，将生产安全指标纳入到监区的考核，职责细化到岗，加强生产安全管理，通过省安监局和省安协的验收。出台《北江监狱生产现场管理细则（试行）》，推广“绿色车间”理念，推进产业的提档升级，加强市场调研和客户的引进及储备，补充、更新设备，扩展市场空间。

▲北江监狱指挥中心　（北江监狱 供）

队伍管理抓规范　2017年以来，北江监狱着力强化队伍执行力。对机关作风开展专项督察和机关办公室定置管理；采取多部门联合检查、大安防监控录像抽查、24小时不间断式巡查等多种方式对履职情况进行检查考核，日公示落实责任追究。出台《警察职工“八小外”管理制度》，明确17种禁止性行为，向警察职工及家属发出“抵制不良风气，共建和谐北江”的倡议，建立单位与家庭联动监督机制。开展学习贯彻十九大精神活动，到省委旧址参观、重温入党誓言；邀请省文化厅到监狱举办十九大图片展和群文精品会演等活动，被人民论坛和韶关电视台等新闻媒体宣传报道。制订党建工作目标管理考核办法，列出党建责任清单，发挥党委中心组理论学习和“南粤监狱学习讲坛”平台的作用。以“卫士风采、多彩警营、和谐家风、书香留韵、佳片有约、飞扬青春”6大主题活动推进监狱文化建设，先后组织开展征文比赛、狱徽征集、书画摄影展、原创诗文朗诵等活动，协助省局举办“蓝盾.翰墨”书画展，激发警察职工动力和活力。

务见成效　北江监狱紧抓“十二五”规划的机遇，狠抓基础设施建设项目的推进，提前完成大安防项目全部摄像头安装、服务器安装以及调试工作，通过省局终验。设计安装值班管理系统，实时反映监管区各监区警察警力配备情况，自动对警察执勤时长、排班模式进行统计分析，提升信息化水平。监狱推行决策透明化，公开公示监狱长办公会会议纪要、党委会会议纪要；加强政务督办，推行网络问政，通过监狱长信箱答复解决警察诉求；启用新OA办公平台，实现平台平稳过渡，使办文流程可视化、公开化，提升办文效率。严控行政经费支出，会议费及“三公”经费同比下降17.85%，降低行政成本。

（易　杨）

【广东省武江监狱】　广东省武江监狱于1986年2月恢复建制，位于浈江区十里亭镇黄岗。2017年，武江监狱以中共十九大安保维稳工作为主线，以“固强补弱、创新创先”为战略部署，践行治本安全观，完成全年工作任务，实现监管安全连续19周年和生产安全连续23周年。

狱政管理　推进维稳安保工作，定期检查落实情况，以项目化、目标化、责任化形式推进特别安全防护期安全工作的贯彻落实。加强对监门、外诊、车辆、重点罪犯等重点管控。吸取辽宁、云南监狱罪犯脱逃案件教训，加强安全隐患排查，先后共查出51处安全隐患，结合省局4次督导、中共十九大安保专项检查、监管安全专项检查等，共发现38项问题，一一落实整改。《计分考核罪犯实施细则》实施，理顺奖罚关系。与乐昌、韶关、北江等韶关片区监狱建立“联检共建协议”机制，定期联合开展监管安全工作检查。指挥中心作用凸显。依托监狱指挥中心加强日常工作的指挥调度，狱情排查、流转和处置，以及对警察执勤执法工作考核。以指挥中心的实时督察，倒逼监区基础制度的落实。从指挥中心规范运行以来，共流转考核26起，监区执勤得到规范，罪犯违纪率同比下降34%。该项工作在季度综合督导中，获得省局领导的肯定。强化流感疫情管控，7月初，监狱多名罪犯感染甲型流感，监狱制定19项防控甲型流感措施，共隔离、治疗甲流病例（含疑似病例）142例，10天内控制狱内甲型流感疫情，所有病例症状较轻，无重症和死亡病例。相关防控经验得到省局领导肯定，向其他兄弟单位推广。监狱继2016年11月捕回1名逃犯之后，2017年7月，监狱再次成功捕回一名脱逃26年的在逃罪犯。11月韶关市浈江区人民法院开庭审理孙犯脱逃一案，对其加刑两年，震慑狱内罪犯，维护狱内安全稳定。

监狱建设　监狱“十一五”建设项目土建工程基本完成，进入竣工验收和竣工结算阶段。“十二五”建设的13栋单体项目中，完成11栋建筑主体封顶，项目进入装修及水电安装阶段，进行部分室外市政工程，完成厅安防工程建设。10月底省属监狱单位部门预算支出情况中，监狱“十二五”基础设施建设项目支付进度在省属监狱中排名前3名，得到省局的认可。信息化建设取得新成效。完成“厅安防”工程建设，于2017年7月11日通过省监狱局终验，分2批对全监干警进行安防平台的使用操作培训。谋划新点信息化建设，完成新点安防项目的设计。监狱将2018年搬迁作为头等大事，通过到兄弟单位进行调研学习、制定工作方案，提前谋划。“安标化”创建通过验收。11月30日，省安标化评审组织机构对监狱安标化二级企业创建工作进行评审，监狱最终以92.1分通过评审验收。做好水电保障工作。完成监狱F25高压供电线路改造，改变停电频发的状态。完成监狱家属区、办公区市政自来水一表一户的改造，实现日常用水由地下水到市政自来水的改变。

教育改造　2017年，武江监狱深化特色教育模式，推行双循环交流授课，以法律知识、传统文化以及社会主义核心价值观为教学重点。开展职业技能培训，全年共完成中式面点师、茶艺师两期3个班共151人的全脱产职业技能培训，共有132人通过国家职业鉴定考试，获证率90%。处置5例“重点帮教对象”衔接管理工作，刑释衔接工作零事故。深化监区文化建设，组建服刑人员漫画创作、音乐、书法绘画等监区兴趣小组。丰富心矫教育手段，运用团体沙盘技术调适新投犯心理。尝试开展表达性心理治疗活动，帮助罪犯认知、情绪情感等重新复苏。

▲2017年2月，武江监狱党委书记、监狱长杜文滔介绍指挥中心的应急指挥情况（武江监狱 供）

依法治理推进　将依法执法贯穿于罪犯收监、考核、管理、奖惩、呈报减刑假释等全过程，让每一名服刑人员在服刑过程中感受到公平与正义，以公正的个案提升监狱执法公信力。共办理4批减假案件，无错案漏案。对522名临出监罪犯开展的“释前谈话暨无记名问卷调查”情况中，罪犯对“监狱的减刑、假释、暂予监外执行等工作是否公平、公正、公开”一项的满意度达到100%。

创新创先工作推进　在落实“一固一补两创”工作部署中，监狱将“依法扩大假释适用”作为监狱创先项目。2017年监狱提请减刑972件，裁定减刑851件；提请假释136件，裁定114件，假释提请率达到5.44%，假释率4.56%。

队伍建设　2017年，武江监狱党委通过推进从严治警、开展岗位培训等，强化警察队伍建设。完成换届选举工作。完成各党支部的换届选举工作，在此基础上，组织全监27个党支部（含离退休）共139名党员代表召开中共广东省武江监狱第一次代表大会。选举产生新一届党委、纪委。强化业务技能培训。开展狱政、教育、刑罚、安全生产等各类岗位练兵活动，不断提升队伍的专业素质和技术水平。在省局组织的狱政业务管理技能大赛中，监狱夺得粤北片第二名。加强队伍作风建设。落实抓早抓小谈话提醒机制，开展专题廉政教育活动6次，出台加强警察职工谈话提醒工作的暂行规定，约谈有苗头倾向性问题人员10人次，发出《函询通知书》10份、监察建议书3份，诫勉谈话1人。坚持从严管党治警。制定《党支部工作规范》和《党支部党建考核办法》，落实各项禁令，特别在“禁赌、禁酒”工作中，警务督察大队不定时到监管区、办公区、家属区、监狱周边餐馆，督察警察职工是否存在赌博和饮酒行为，累计开展“禁赌、禁酒”专项督察64次。全年未发现警察职工有违反“禁酒”“禁赌”规定的人和事。（徐孝东）

仲 裁

【概况】 2017年，韶关仲裁委员会（简称“市仲裁委”）全年共计受理各类经济纠纷案件316宗，其中通过调解化解纠纷164件，调解率达52%。案件主要包括房屋装饰、租赁、商品房买卖、保险、建设工程施工、承揽、商标、交通事故损害赔偿等10多种类型。受理案件的范围逐步宽广，新类型案件不断增多，案件办理质量得到逐步提高，需要对仲裁争议的解决方式能有更大的灵活性、快捷性、兼容性与和谐性。人民群众对仲裁的认识和信任度不断提高。仲裁案件被人民法院撤销2件、不予执行的案件是1件。

【与重点单位的沟通交流】 2017年，市仲裁委继续走访大中型企业、金融、房地产企业等领域学习和宣传仲裁法律制度。与市中级人民法院开展交流研讨活动，达成共识，减少认识分歧；组织重点联系企业、房地产、建筑协会等单位的负责人座谈会，继续让他们当好推行仲裁法律制度的带头人、示范人。在韶关市韶能集团进行仲裁法律知识讲座，集团及其下属分公司在合同中签订仲裁条款，赢得集团领导及广大职工的信赖。

【交通事故损害赔偿仲裁工作】 2017年，韶关仲裁委员会交通事故损害赔偿仲裁中心成立以来，工作稳定发展，全部案件均在当天以调解方式结案，赢得当事人的一致好评。尽管司法调解进入共同工作场所，仲裁中心工作没有受太大影响，仍然平稳发展，说明用仲裁方式解决交通事故损害赔偿制度得到社会的普遍认可和自动选择。

【金融仲裁工作宣传】 2017年，做好在韶关市各媒体的仲裁宣传工作。向报纸杂志投稿宣传仲裁制度，把仲裁动态、仲裁信息、仲裁知识通过网络形式向社会传播。与重点行业保持密切联系，拓宽服务领域。加强与保险、金融、建筑房地产业等行业协会的沟通联系，主动上门服务，举办各类仲裁座谈会、宣传仲裁知识讲座，对全市20余家保险公司、30余家房地产企业进行逐一走访，提高仲裁条款在这些行业的约定率，为保障仲裁案源的增长提供保障。与韶关市银行业工会举行座谈会。在韶关市农村信用合作联社组织讲座，通过这个讲座，部分银行的借贷合同中加入仲裁条款，并且有部分借贷合同通过仲裁方式得到解决，赢得双方当事人的好评。借助各类大型活动，组织对外宣传。“3·15”国际消费者权益日宣传纪念活动现场，设立咨询台、发放宣传资料以及现场咨询等形式宣传仲裁法律制度。通过入户宣传，帮助企业规范合同。

【仲裁队伍建设】 2017年，市仲裁委管理和监督好仲裁员在办案时做到公正、公平、客观地依法裁案。组织二次对骨干仲裁员的重点业务培训和疑难案件研讨会。加强业务交流和学习。开展仲裁员就办案技巧、办案经验及应当注意的问题进行交流。针对韶关市出现的保险合同纠纷、承包合同纠纷等与以往不同的纠纷情况，对一些关系复杂，难度较大，问题较棘手的案件，组织案件研讨会，邀请资深律师、行业专家和大学教授进行研讨，减少对案件的误判误裁，提高办案水平。加强办案监督，对办案文书和庭审笔录经常进行抽查，实行奖优罚劣，规范文书制作，提高仲裁文书的质量，保证仲裁文书能够反映案件审理的真实情况。仲裁委办公室由领导带头，组织围绕法律知识的讲座学习培训，开展务实练兵。

【仲裁案件审理质量提高】 2017年，市仲裁委规范办案流程，在坚持法律和仲裁规则规定的前提下，简化案件办理环节，提高工作效率，优化仲裁服务。坚持“程序到位、裁决有据、质量为上”的原则，突出当事人意思自治原则，把仲裁前、仲裁中和仲裁后服务结合起来，将仲裁为民、便民、利民理念贯穿到仲裁工作的受理、立案、送达、组庭、审理、裁决等诸环节中，以仲裁案件的办理质量和工作效率取信于当事人、取信于社会各界，打造韶关仲裁品牌。自觉把仲裁调解融入社会大调解体系。发挥仲裁调解的专业优势，加大仲裁调解力度，力促当事人变对抗为磋商，变争赢为互让，实现仲裁法律效果与社会效果的有机统一。完善仲裁内部管理机制，提高仲裁机构的规范化管理水平。完善一整套管理规范、制度完善、运转灵活的工作机制，包括案件办理流程跟踪机制、办案质量保障和监督奖惩机制、党风廉政建设责任制等，以制度规范和约束人，重点抓好案件办理各个环节管理措施的贯彻落实，不断提高韶关仲裁工作制度化、规范化、科学化的管理水平。

【亲和仲裁】 2017年，市仲裁委坚持亲和仲裁理念，发挥仲裁独特的和解、调解优势。推动建立和完善各方面参与的调解工作格局，运用调解方式处理矛盾纠纷。将仲裁亲和的理念贯穿于咨询、立案、审理、调解、和解、结案等各个环节。对于在立案当时就发现当事人之间争议不大、权利义务关系清楚的案件，立案后及时进行调解。能够达成调解协议的，迅速结案，及时制作调解书送达给当事人。在审理过程中发现有调解可能的，动员各方力量，做好说服工作，在审限上予以适当处理，促使矛盾纠纷解决。对于调解不成或案情不适合调解、当事人不同意调解的案件，作出裁决，防止久调不成、久拖不决。通过践行仲裁的亲和理念，韶关市仲裁案件的调解结案高于全国仲裁机构调解结案率的平均水平，得到社会和同行的赞许。（李 阎）

经济监督管理

发展与改革

【概况】 韶关市发展和改革局（以下简称“市发改局”）是负责研究提出全市国民经济和社会发展战略、发展规划和政策，进行总量平衡、结构调整，指导总体经济体制改革、宏观经济管理，负责相关价格管理和监督检查的市人民政府工作部门。原为韶关市计划委员会，2001年更名为韶关市发展计划局，2004年再度更名为韶关市发展和改革局，办公地点位于韶关市武江区西联镇芙蓉新区芙蓉园五栋。2017年，市发展和改革局内设办公室、综合规划科、经济体制改革与法规科、区域合作与协调发展科、投资科（行政审批科）、产业发展科、经贸财金科、社会发展科、交通建设和国民经济动员办公室、价格与收费管理科、价格检查局、资源节约与环境气候科、人事科、市重点建设项目办公室、市能源局、市公共资源交易工作委员会办公室16个内设科室，管理市粮食局、市价格认证中心。核定机关行政编制70名，其中，处级领导职数：局长1名、副局长4名（其中1名兼任市粮食局局长），总经济师1名，市重点建设项目办公室主任1名，市能源局局长1名；正科级领导职数19名（含市重点建设项目办公室副主任2名、市能源局副局长2名）、副科级领导职数16名；后勤服务人员数10名。韶关市粮食局（副处级单位）核定参公事业编制23名，其中，局长1名（由市发展改革局副局长兼任），副局长4名（副处级），正科级领导职数5名，副科级领导职数5名，后勤服务人员数2名。

【重大问题研究】 2017年，市发改局围绕创新驱动发展、加快融入珠三角、新型城镇化、特色小镇、县域发展等领域，深入开展调查研究和政策制定。重点开展韶关融入珠三角的体制机制障碍及对策研究、投融资模式创新研究、生产性服务业发展研究、特色小镇规划建设研究等课题，促进研究成果转化运用。制定《韶关市实施创新驱动发展战略三年行动计划及2017年工作要点》《2017年韶关市资源枯竭城市转型行动计划》《广佛肇清云韶经济圈建设2017年度重点工作计划》《提升能源、烟草和有色冶金传统优势产业工作方案》《加快县域发展工作方案》《强化生态优势工作方案》《韶关市国家新型城镇化综合试点工作实施方案》《韶关市市级政府投资项目管理办法》《韶关市小额建设工程交易管理办法》《韶关市大力发展新兴支柱产业培育经济发展新动能三年行动计划（2017—2019）》《2017年韶关市国家生态文明先行示范区建设工作要点》等指导性文件。

【经济运行分析】 2017年，市发改局围绕国家和省的宏观政策，结合韶关实际，做好国民经济和社会发展年度计划目标拟定和分解下达工作，跟踪和协调计划的实施。研究分析经济运行中的热点、难点问题和薄弱环节，做到月分析、季报告，提出对策和建议，为市委、市政府科学决策提供依据。

【发展规划编制加强】 2017年，市发改局起草《关于韶关市建立健全“十三五”规划纲要实施机制的意见》，编制《航空产业园概念性规划》《广东韶关市产业转型升级示范区建设方案》等专项规划。修订韶关市电动汽车充电基础设施专项规划。配合省发展改革委编制全省红色旅游发展规划。

【重点项目建设】 2017年，市重点建设项目完成投资273.6亿元，完成年度计划的89%；列入省重点的20个项目完成投资135.4亿元，完成年度计划的103%。实施城市提升项目63个，完成投资56亿元。芙蓉新城实施项目33个，完成投资62亿元。武深高速公路仁化段、广东国粤韶关综合利用发电项目、比亚迪手机金属外观件项目等10个项目建成，韶关机场、韶新高速公路、南水水库供水工程等17个项目开工建设。市区智能轨道电车项目开展线路规划和生产基地选址等工作，启动广东省废钢回收综合利用基地前期工作。争取9个风电场项目列入省2017年风电开发方案，总装机51.9万千瓦，装机规模全省第一。争取省发改委将仁化华粤煤矸石电厂煤矸石与生物质耦合发电项目列为全省耦合生物质发电示范项目。

【特色小镇建设加快】 2017年，韶关市首批市级特色小镇开工项目54个，总投资141.2亿元，完成投资13.5亿元。制定《关于加快推进特色小镇规划建设的指导意见》，建立市特色小镇库，开展浈江区黄金（商创）小镇、黄沙坪互联网+小镇、翁源县兰花小镇等首批13个，组织浈江区黄金小镇，翁源县江尾镇兰花小镇等6个特色小镇申报省级特色小镇、市级特色示范建设工作，创建工作示范点、其中“兰花小镇”被列入省特色小镇创建工作示范点。

【争取上级资源】 2017年，韶关市修改完善国家老工业城市和资源型城市产业转型升级示范区。争取省废钢冶炼基地落户韶关市，回收韶关市及周边区域的废弃钢材，填补韶关市退出的产能，争取省支持在韶关建设一个废钢冶炼基地。利用好现有的资源枯竭城市转型、原中央苏区县、节能减排示范市、生态文明先行示范区等优惠政策平台，争取中央、省资金13.2亿元，其中生态保护补偿资金6.45亿元，资源枯竭城市转移支付资金4亿元，保障性安居工程配套设施建设共1.02亿元，中央财政工业企业机构调整专项奖补金0.84亿元，教育建设中央预算内资金共0.37亿元，新增千亿斤粮食生产能力规划田间工程中央基建投资预算共0.25亿元。

【“放管服”改革】 2017年，市发改局深化行政审批制度改革，调整行政许可事项105项，其中取消53项、下放52项，承接落实好省取消、下放、委托管理的行政审批事项。开展行政审批中介服务事项清理规范工作，清理规范16个部门30项中介服务事项，启动网上中介超市建设。推进开发区管理体制改革，向华南先进装备产业园管委会下放33项行政许可、21项行政备案和日常管理职能，实现“办事不出园”的一站式服务。

【供给侧结构性改革】 2017年，市发改局制定《韶关市供给侧结构性改革2017年度工作方案》和补短板三年行动计划（2017—2019），重点推进钢铁去产能和补短板工作。全年完成6家落后炼钢产能企业的拆除工作，淘汰钢铁落后产能122万吨，两年累计淘汰钢铁落后产能325万吨。实现8户国有特困企业脱困，全市商品房库存面积同比下降37.7%，为企业减负43亿元。

【投融资体制改革】 2017年，市发改局推进投融资体制改革，制定《韶关市投融资体制改革试点方案》，出台《韶关市市级政府投资项目管理办法》。起草《韶关市优化投资项目审批流程实施方案》，将投资项目审批时限控制在84天以内，将不涉及新增建设用地的投资项目审批时限控制在28天以内。开发韶关市企业投资审批综合管理平台，启动网上中介超市建设工作。推进市区城市整体提升项目政府和社会资本合作，策划3个项目包22个工程项目，总投资131亿元。

【社会领域改革】 2017年，市发改局加快社会信用体系建设，印发《韶关市公共信用信息资源核理目录规范》《韶关市信用信息管理办法（试行）》《韶关市公共信用资源目录》等文件。深化医药卫生体制改革，实行药品零差率改革，所有公立医院取消挂号费。南雄市和仁化县实施分级诊疗试点，辖区内各定点医疗机构落实首诊负责制、转诊办理责任制和管理责任制。

【生态文明体制改革】 2017年，韶关市林业碳普惠制试点取得成功，韶关市开发的《广东省森林保护碳普惠方法学》和《广东省森林经营碳普惠方法学》在广东省发改委备案，成为首批省级碳普惠方法学；省级贫困村翁源县沾坑村等三个碳普惠试点项目核证减排量在广州碳排放权交易所完成交易，在全省开创林业碳汇上市交易的先河。开展控排企业碳排放权交易工作，完成全市13家控排企业2016年度碳排放核查及配额清缴履约工作。

【价格机制改革】 2017年，市发改局出台《韶关市推进价格机制改革方案》，推进价格体制改革，调整韶关市区污水处理收费标准，从4月1日起对家庭式产房等47个医疗服务项目实行市场调节价。推动价格改革向纵深发展，加快完善主要由市场决定价格机制。

【公务用车制度改革】 2017年，市发改局着力推进公务用车制度改革工作。完成全市国有企事业单位公车改革工作。起草《关于做好异地交流干部往返交通保障工作的通知》和《关于进一步规范公务用车使用的通知》，经市政府常务会议审议，并印发实施。

【粤北生态特别保护区前期工作启动】 2017年，韶关市市发改局起草《韶关市建设粤北生态特别保护区工作方案》，初步提出粤北生态特别保护区建设思路。乐昌市、南雄市、乳源瑶族自治县、始兴县、仁化县5个县（市）编制完成国家重点生态功能区产业准入负面清单。

【实施创新驱动发展战略】 2017年，市发改局制定《韶关市实施创新驱动发展战略三年行动计划及2017年工作要点》《韶关市加快促进创业投资持续健康发展的实施方案》，编制《韶关市智汇小镇双创示范基地建设工作方案》，举办2017年韶关市大众创业万众创新活动周活动。

【产业发展推动】 2017年，市发改局编制《韶关市大力发展新兴支柱产业培育经济发展新动能三年行动计划（2017—2019）》《提升能源、烟草和有色冶金传统优势产业工作方案》，组织申报国家农村产业融合发展示范园工作，争取国家2017年技改项目资金和省重大科技产业化资金。培育发展先进装备制造、旅游文化、大数据、商贸物流、医药健康等新兴支柱产业。装备制造业增加值增速高于全市规上工业增加值2.7个百分点，韶关市机械基础零部件集群纳入国家第三批创新型产业集群试点。中车株洲智轨生产基地、亿航智能无人机等一批重大项目签约。“华南数谷”大数据产业园成功授牌，引进华为参与智慧城市建设。发展民营经济，全市私营企业数量比上年增长12.8%。现代服务业增加值增长8.5%，服务业占GDP比重达49.7%。提升企业科技创新能力，高技术制造业增加值20.5亿元、增长15.2%。新增高新技术企业36家，主营业务收入5亿元以上工业企业研发机构实现全覆盖，规上工业企业设立研发机构比例提高到20%。

【中心城市提升加快】 2017年，韶关市实施城市提升项目63个，完成投资56亿元。芙蓉新城实施项目33个，完成投资62亿元、增长24%。莲花大道一期通车，芙蓉隧道贯通，江湾大桥动工建设，“三江六岸”实现亮化提升，城市绿化、美化、净化和畅通水平不断提高。

【县域发展加快】 2017年，韶关市推进国家新型城镇化综合试点工作。改善县域基础条件，武深高速仁化段建成通车，汕昆高速韶关段进展顺利，韶新高速动工建设。新增和改造电网线路1318千米。实现村村通光纤，建成南雄原中央苏区农村超高速无线局域网。完成中小河流治理605千米。超额完成省下达的水田垦造任务，高标准基本农田建设走在全省前列。加快推动县域经济发展，支持打造特色优势产业，实现县域生产总值748亿元、增长5.9%，其中农业增加值145亿元、增长4.5%。省级现代农业“五位一体”示范基地实现县域全覆盖。农村土地承包经营权确权登记颁证完成96.4%，排名全省前列。开展13个市级示范特色小镇建设，江尾兰花小镇被列入省特色小镇创建工作示范点。新农村建设推进，实施6995个自然村人居环境综合整治工作。

【补齐民生事业短板】 2017年，韶关市全市民生投入238.8亿元、增长19.1%，占财政总支出76.8%。城乡居民人均可支配收入达2.18万元，增长9%。企业职工基本养老保险实现省级统筹，城乡居民基础养老金最低标准和低保人均标准提高。完成棚户区改造3202套。启动农村危房改造5600户，竣工3171户。

【主体功能区建设推进】 2017年，韶关市贯彻落实《广东省主体功能区规划》，优化国土空间布局，编制实施《韶关市主体功能区规划实施纲要》，开展生态红线划定工作，编制国家重点生态功能区产业准入负面清单，推进多规合一，落实主体功能区配套政策。

【推进能源项目建设加快】 2017年，韶关市争取省发改委支持，推进能源项目建设。风电项目，争取韶关市9个风电场项目列入省2017年风电开发方案，总装机51.9万千瓦，装机规模全省第一，总投资约233亿元。煤电改造项目，开展韶钢煤气高效综合循环利用之一电站、二电站改建工程项目开展前期研究工作。太阳能项目，南雄工业园18.45兆瓦光伏站于5月中旬全额并网发电，仁化县董塘镇土壤修复与150兆瓦光伏发电综合利用示范项目于6月底并网发电。

【节能减排取得明显成效】 2017年，韶关市推进国家财政政策节能减排综合示范市建设，完成国家、省下达的节能减排任务。2017年城镇生活污水集中处理率83%，市区生活垃圾无害化处理率100%，农村生活垃圾有效处理率94.2%。林业碳普惠制试点取得成功，韶关市开发的《广东省森林保护碳普惠方法学》和《广东省森林经营碳普惠方法学》在广东省发改委备案，成为首批省级碳普惠方法学；省级贫困村翁源县沾坑村等三个碳普惠试点项目核证减排量在广州碳排放权交易所完成交易，在全省开创林业碳汇上市交易的先河。从2011年开始，在粤东西北地区率先推广新能源汽车示范应用，公共交通领域节能成效显著，累计推广应用新能源汽车近千辆。

【开展价格调控监管】 2017年，韶关市着力推进价格改革，落实清费减负政策，规范收费行为，为经济社会发展营造良好的体系环境。居民消费价格指数累计涨幅1.6%，市场价格平稳。经市政府同意，先后出台推进价格机制改革的实施方案、市城市公立医院医疗服务价格调整方案、市区居民生活阶梯气价暨门站价格与销售价格动态联动机制方案；编制公布韶关市2017年涉企行政事业性收费目录清单和市本级实行政府定价的经营服务性收费目录清单；制定市区小阳山建筑垃圾消纳场收费标准和市区机动车安全检测收费标准；完善韶关市机动车停放服务收费政策和规范公共资源交易服务收费行为；先停征后取消韶关市区供水价格城市公用事业附加；降低销售电价和市区管道燃气工商业用户销售价格；做好农本调查和成本监审工作，为制定价格提供依据。

【保障粮食安全】 2017年，韶关市推进落实粮食安全政府责任制，细化指标，明确责任，根据各项目标任务落到实处，在全省2016年度粮食安全政府责任制考核中被评为优秀等次，总分全省排名第二位。着力抓好基础设施建设，全市五个利用中央投资的仓储物流建设项目完成总投资的99%，且全部配备粮情检测等保粮设施。推进粮库智能化改造，韶关市共有10家国有粮食收储企业和1家承担地方储备粮承储任务的民营企业纳入粮库智能化升级建设范围，共计13座粮库，149个仓（廒），总仓容43万吨。加强粮食流通监管，开展全市粮食库存检查、粮食收购检查、安全生产检查、粮食质量安全抽检等工作，确保储粮安全和安全生产零事故。推进粮油储备规范化管理，粮油宜存率达100%。加强粮油市场价格监测，完善粮食应急体系建设，做好全市粮油市场宏观调控工作。发展粮食流通产业，加强与粮油企业合作，用好政策，扶持企业发展，打造一批国家、省、市级品牌产品。强化军粮供应规范化管理，在全省率先建立《韶关市军粮供应军民融合发展联席工作机制》，保障军需民食。 （朱　江）

国有资产管理

【概况】 韶关市人民政府国有资产监督管理委员会（以下简称“市国资委”）于2006年6月13日经市编委批准设立，早期与韶关市经贸局合署办公。2007年3月19日，韶关市委批准设立韶关市国资委党委和纪律检查委员会，履行市委和市纪委规定的职责。2007年5月18日，韶关市国资委单独设置为市政府特设机构，列入市政府工作部门序列。2007年8月31日，韶关市机构编制委员会下文确定韶关市国资委的职能配置、内设机构和人员编制规定（“三定方案”）。根据三定方案，市政府授权市国资委代表市政府履行出资人职责，实行管资产与管人、管事（不包括公共管理职能所涉及的事）相结合。

2017年，市国资委机关行政编制18名，后勤服务人员3名，设党委办、办公室、改革发展科、产权管理科、考核统评科（审计与监事会办公室）5个内设机构。国资监管企业资产总额合计349.6亿元，同比增长10.4%；净资产合计163.4亿元，增长9.2%；实现营业收入73.9亿元，增长13.2%；实现利润总额8.3亿元，增长9.2%。国资监管企业共上交税费6.7亿元，上缴国资收益1.16亿元，同比增长38.5%。超出全年目标任务数131.6%。

【国有资产监管】 2017年3月，市国资委对各行政事业单位及其下属单位管理或出资的国有全资、控股、参股企业开展摸底调查并进行归类整合。5月，完成市保安公司及其控股子公司振北押运公司移交接收工作。8月，完成市交通投资建设有限公司、市自来水公司移交对接，对新纳入国资监管的企业开展清产核资及审计，推进国资国企改革进行。国资监管体系逐步完善。加强企业经营业绩考核工作，根据各企业的功能性质，按照一企一策的方法对监管企业分别制定考核目标，科学定位企业的功能性质，客观全面评价企业的经营业绩情况。加强对企业的财务监督检查力度，加强对监管企业的财务收支情况、重大资金支出情况、内控制度、重大决策事项等的检查力度，形成财务监督检查常态化，完善监督机制建设，防范重大财务风险发生。推动监管方式转变，出台监管企业财务总监管理办法、监事会工作规则等监管制度，逐步完善监管体系建设，掌握监管企业的生产经营和财务运行情况，促进企业科学健康发展。监管企业内控制度不断加强。指导监管企业结合工作实际，不断强化内控体系建设，增强财务风险防控意识，确保国有资产安全。

【推进全民所有制企业公司制改制】 2017年，市国资委向市政府首次上报国资国企改革总体方案及市属国企政企脱钩改制、资源整合与改革重组等配套方案，按照市政府的有关指示精神进行修改完善。市国资委推进全民所有制企业公司制改制工作。市国资委监管范围内的全民所有制企业共有58户，经梳理、分类，58户企业中属于正常生产经营且需要进行公司制改制的有12户企业。市国资委多次召开工作会议，指导各有关企业所属的集团（公司）加快推进下属全民所有制公司制改革。完成韶关市东南工贸公司、韶关市中侨实业总公司、韶关市武江粮所、韶关市旧机动车交易中心、韶关市金属材料公司等5家企业的公司制改制。

【市属国企兼并重组】 2017年，市国资委指定韶铸集团股东市工业资产经营有限公司（持股占比69.59%）作为主体回购中国东方资产管理公司、中国华融资产管理股份有限公司所持韶铸30.41%股权，按照约定以回购价相同的价格将回购的股权全部转让给广州万宝集团。5月，万宝集团收购中国东方资产管理公司、中国华融资产管理股份有限公司所持韶铸股权完成，工商登记变更相关手续于5月办理完成。万宝集团与韶铸集团合作成立的精锻公司申报的“扩大汽车（轮毂轴承套圈）精锻件产品系列技术改造项目”获批技改资金700万元到位；万宝集团竞得的原新宇公司土地过户工作办理完成。市属国企兼并重组工作推进。经市政府批准，韶关汽车修理厂有限公司对韶关市汽运集团东兴汽车配件有限公司（市属特困企业）等三家企业实施兼并。

【国有“僵尸企业”出清重组】 2017年，市国资委加快国有“僵尸企业”出清工作，2017年任务中的12户国有特困企业全部实现出清，按时完成改革工作任务。

【推进农贸市场改造升级】 2017年，市国资委督促、指导监管企业市工贸公司按时完成启明、风采、武江、中山、芙蓉等第二批公办农贸市场的升级改造工程，参与改造后的竣工验收。

【国资产权管理】 2017年，市国资委履行国有出资人监管职责，反映企业产权状况，督促企业完善国家出资企业产权登记，完成新设立国家出资企业产权占有登记26户，产权变动登记34户，注销登记10户。加强对国有资产的监督管理，维护国有资产出资人合法权益，落实国有资产保值增值责任，完成监管企业重大事项及重大投资项目审核备案8项，资产评估核准备案10项。

【企业社会职能分离移交】 2017年，市国资委加快推进中央、省、市国有企业职工家属区“三供一业”分离移交工作，协调解决分离移交推进过程中存在的问题。韶关市各级国有企业“三供一业”分离移交工作任务总数13.28万户，12月完成（框架）协议签订，分离移交工作推进，该项工作多次得到省国资委表扬和充分肯定。牵头推进广晟公司驻韶企业社会职能分离移交。韶关市分别指定浈江区、曲江区、仁化县作为广晟公司驻韶企业分离办社会职能的接收主体。基本完成移交工作。

（王可菲）

政府投资非经营性项目代建管理

【概况】 韶关市政府投资建设项目代建管理局（以下简称“市代建局”）为市政府直属公益一类正处级事业单位，办公地址位于韶关市武江区西联镇百旺路芙蓉园15、16栋，主要职责是项目建设期间受市政府委托行使业主职能，负责政府投资建设的非经营性工程项目的组织实施和管理工作。2017年，市代建局内设办公室，计划财务科，规划技术科，合同预算科，房建工程管理一、二科，市政工程管理一至四科等10个科室，核定事业编制36名，其中，局长1名、副局长4名、总工程师1名；正科级领导职数10名、副科级领导职数10名，下辖1个下属事业单位韶关市市政建设工程管理中心。工程管理人员招聘5人，干部遴选调用8人。为配合韶关市省属及市属棚户区建设的需要，代管韶关市金建房地产开发有限公司，注资成立韶关市金禧城市建设投资有限公司。承担代建项目68个，续建、新开工项目45项，立项总投资额约115.3亿元，前期项目23项，全年完成投资额约11.2亿元。2017年工程质量和安全生产“零事故”。

【五类项目初见成效】 2017年，市代建局重点建设项目取得新进展。承担的重点建设项目有13个，其中完工5个、在建4个、拟开工4个。莲花大道（东环线）一期主体工程基本完成，并开放交通；解放路人行天桥项目完工，于6月29日进入试运行；解放路断面改造提升工程完工，于9月20日开放交通；韶南大道人行天桥项目完工，于9月30日进入试运行；韶关大道断面改造一期工程于5月底开工建设，12月完工。莲花大道（东环线）二期工程，完成交地约5.5千米路段的路基施工。上饶桥、教育西延线、新兴路、乐村坪支线等项目，仍处于前期工作阶段。原曲仁矿棚户区改造二期工程，建成9770多户并办理签约入住；田螺冲 C地块12栋1272户完成主体工程；田螺冲G片区2期开工建设。原曲仁矿棚户区改造项目三期工程：市政道路一期基本完成道路主体并通车；供水管网、供水加压、幼儿园、物管中心、中心卫生院、健身广场、社区服务中心竣工。市国有工矿棚户区改造项目（一期）（田螺冲7、8号地块），20栋2040户安置房主体工程完工，在开展装饰装修和安装工程施工。2017年承担的城市提升项目有21个，其中完工8个，完工项目分别为市区内主次干道8个内涝点整治、新华北道路三角花池交通改造、2座人行天桥、韶关大道景观提升一期、韶关大道断面改造一期、韶关市委党校改扩建项目一期工程等8个项目，解决城市内涝，缓解城市拥堵。开工建设的莲花大道二期、大学路断面改造、浈江区滨江景观带工程等项目有序推进。负责的为民办实事项目有鑫金汇亲水平台、韶关市旧堤改造加固及环境改造工程、林桥坑公园一期工程等3个工程，完工1个，在建2个。鑫金汇亲水平台项目主体工程基本完成；市旧堤改造加固基本完工，韶乐广场段、北江园段两个亲水平台建设春节前完成主体工程建设；林桥坑公园一期，8月移交市代建局以来，完成项目规划方案设计、初步设计和初步设计评审等工作，在开展勘察、设计、施工EPC总承包及监理单位招标工作。城市提升PPP项目分为两个项目包18个项目，其中，武江片区项目7个，投资估算约56.89亿元；浈江片区项目11个，投资估算约34.87亿元。与潜在社会资本合作单位进行对接洽谈，加快推进PPP项目招标工作，市代建局组织工作人员赴深圳学习PPP项目管理经验，提高管理人员的业务能力。

（欧勇君）

▲韶关大道断面改造及景观提升首期工程鸟瞰图 （市代建局 供）

工商行政管理

【概况】 2017年，韶关市工商局内设办公室、人事科（机关党委办公室）、政策法规科、登记注册科（外商投资企业注册科）、市场监管体系建设协调科、个体私营经济监管科、企业监管科、市场规范管理科、网络交易监管科、商标广告监管科、消费者权益保护科11个科室，下设经济检查支队、工业园区分局2个直属行政单位，管理韶关市消费者委会、市工商局12315投诉举报中心等2个公益一类事业单位。编制151名（核定的编制：140名，后勤服务人数：11名）；在职人数127人，平均年龄41.8岁，本科以上学历81.1%；离退休78人。全局党员181名，在职党员102名。市工商局获全国工商和市场监管系统政务信息工作先进单位、全省工商（市场监管）系统政务信息工作先进单位，市工商局企业监管科获全国清理整顿人力资源市场秩序专项行动突出成绩单位，市消委会获2016—2017年度全国消协组织先进集体称号；1人获得全国工商和市场监管系统政务信息工作先进个人，1人获得2016—2017年度全国消协组织先进个人，1人获全省工商（市场监管）系统政务信息工作先进个人。至12月底，韶关市市场主体达157229户，其中内资（非私营）企业5921户，私营企业20369户，外商投资企业824户，农民专业合作社3229户，城乡个体工商户126886户；年度新登记市场主体26564户，同比增长25.73%，其中新登记企业4975户，增长30.65%。

【“马上办”工作模式】 2017年8月25日，韶关市工商局窗口在省内率先实行“马上办”提速措施，申请人在网上提交登记材料通过后，只需“跑一次”登记窗口，即可办理并领取营业执照。通过全程电子化手段和政银合作等措施，可以“零见面”办好营业执照。9月15日，“马上办”在市、县（区）两级工商登记窗口和58个基层工商（市场监管）所同步实施，实现工商登记业务全覆盖、登记窗口全覆盖和网络全覆盖。配套试行“一审一核”、容缺登记、业务引导员、预约服务、快速纠错机制5项制度，降低廉政风险，减轻窗口人员的工作压力和思想顾虑，将审批权限直接下放到一线窗口人员，将审批权力转化为主动服务，提升工作效能。实行“马上办”后，商事登记业务从受理到出照，平均耗时不到10分钟，实现以制度规范流程、以制度倒逼时间、以制度制约权力的工作目标。市委书记莫高义、市长殷焕明、省工商局局长凌锋对“马上办”给予充分肯定。新华网、南方网、《南方日报》等主流媒体均对韶关市的改革成效进行连续报道，社会反响热烈。

【开办企业时限代减为5个工作日】 2017年，韶关市开办企业时限从15个工作日压缩至5个工作日，压减幅度达2/3。2016、韶关在广东各市开办企业便利度评估中，连续两年位居全省第9名。2017年9月1日起，企业登记实行工商营业执照、组织机构代码证、税务登记证、社会保险登记证、统计登记证、住房公积金缴存登记、外商投资企业设立备案、对外贸易经营者备案登记、国际货运代理企业备案、检验检疫报检企业备案、原产地证申领企业备案登记等11个事项的证照整合办理改革，使用统一社会信用代码，由工商和市场监管部门核发加载法人和其他组织统一社会信用代码的营业执照，开办企业全流程时限压缩至5个工作日。

【多证合一电子营业执照】 2017年，个体工商户登记实行营业执照、税务登记证、住房公积金缴存登记、对外贸易经营者备案登记整合改革。9月1日核发第一份“多证合一”营业执照。至12月底，全市共发出“多证合一、一照一码”营业执照15791份。推行“网上申请、网上审批、网上发照、电子档案”的全流程无纸化的全程电子化商事登记模式。延伸商事登记窗口服务，推行银政通服务，委托商业银行网点免费代为办理商事登记各项业务，分别与市建行、市工行、市中行、市农行、市广发行签订《代办企业登记注册业务合作协议》。申请人可借助银证直通车服务，到各大商业银行代办专窗提交材料，银行完成“全程电子化商事登记”申请全过程并联合工商登记机关颁发金融功能电子营业执照。9月6日，韶关颁发首张金融功能“多证合一、一照一码”电子营业执照。至12月底，全市共发放电子营业执照297张，具备金融功能的电子营业执照4张。2017年1月1日实行《韶关市企业集群注册登记管理试行办法》，全年共登记7户“集群登记”托管企业。

【继续下放权限】 2017年，韶关市工商局将莞韶众创（装备）中心及其入驻企业注册权统一下放至工业园区分局登记和管理，加快莞韶众创（装备）中心建设运营，提高园区投入资金的使用效率，减少政府债务风险。对浈江区、武江区工商局和曲江区市场监督管理局的企业登记管辖权限进行调整，10月1日起，除股份有限公司、特殊的普通合伙企业、有限合伙企业、外商投资企业按法律法规规定应由市工商局登记，以及市政府指定需市工商局登记的企业外，市区其余各种类型企业的设立登记一律下放至企业住所所在地的区工商局、市场监管局登记管理。

【实行企业简易注销登记改革】 2017年3月1日起韶关实行企业简易注销登记改革。未开展经营活动、未发生债权债务或将债权债务清算完结的有限责任公司、非公司企业法人、个人独资企业、合伙企业等4类企业（不含分支机构）可自主选择一般注销程序或简易注销登记，人民法院裁定强制清算或裁定宣告破产的特殊情形也可申请办理简易注销登记。至12月底，全市共办理简易注销243户。

【工商部门扶持企业】 2017年，全市办理个体工商户转型升级为企业103户，注册资本金达1.38亿元。推行商事登记银政直通车服务，分别与五大商业银行签订《代办企业登记注册业务合作协议》，免费为群众代办营业执照，组织58个银行网点代办人员进行工商登记业务培训和跟班学习。落实《韶关市工商局关于做好家庭农场登记工作意见》，全市登记家庭农场1312户。着力拓宽融资渠道，促进小微企业做大做强，全市开展股权出质登记297宗，帮

▲2017年9月6日，市委副书记、市长殷焕明（右一）和建行广东分行副行长邓竞（左一）为企业颁发韶关首张金融功能“多证合一、一照一码”电子营业执照

（韶关市工商局 供）

助企业担保融资72.44亿元；办理动产抵押登记314宗，登记抵押担保主债权金额32.46亿元。2月，新丰县工商局运用“一局多点”政策办理首份外商企业登记业务；4月，武江区工商局办理首单“直通乳源”业务，经营地址在乳源的企业直接办理和领取营业执照。

【开展市场主体信息公示工作】 2017年，全市应向国家企业信用信息公示系统（广东）报送公示2016年度报告市场主体数136053户，已年报数101968户，年报率为74.95%。其中，企业应年报数23255户，已年报数20892户，年报率89.84%；农民专业合作社应年报数2612户，已年报数2307户，年报率88.32%；个体工商户应年报数110186户，已年报数78769户，年报率71.49%。其中始兴县工商局、翁源县工商局、南雄市工商局、新丰县工商局、武江区工商局、浈江区工商局6个单位企业年报公示率超过91%以上。基本建立起以信息公示为基础、以信用监管为核心的新型市场监管机制，初步形成企业自治、行业自律、政府监管、社会监督的社会共治格局。至2017年底，全市立案531户，结案300户，起到挤清年报“水分”的作用。至6月30日，2016年度企业年度报告应公示企业23255户，已公示20892户，公示率为89.84%，完成工商总局、省工商局要求的“企业年报公示率必须稳定在85%以上”的工作任务。10个县（市、区）和市局、工业园区分局的企业年报率均超过85%，其中始兴、翁源、南雄、新丰、武江、浈江等6个单位企业年报公示率超过91%以上。

【坚持开展“双告知”】 2017年，韶关市工商局继续实行一认领二通知的信息传送方式，每天在门户网站对涉及两个目录的市场主体进行信息公示，通过政府OA平台发送相关市场主体信息。配合推进“双告知”有关信息共享平台的建设，以争取尽快实现工商和市场监管部门与后置审批部门的信息共享、互联互通。落实经营异常名录制度，对被列入经营异常名录的企业在办理变更登记业务等方面予以限制。至2017年底，全市改正违法行为后申请移出（取消）经营异常名录（标志）企业1787户次，个体户15110户次，农民专业合作社187户次。

【推开“双随机、一公开”监管机制】 2017年，韶关市工商局组织开展两次工商全系统“双随机”抽查，抽查事项12项达到市场监管执法事项的全覆盖目标，共抽查834户企业，其中抽查发现经营正常691户，失联、公示信息隐瞒真实情况、弄虚作假135户，不予配合8户，检查结果及时通过国家企业信用信息公示系统对外公示。牵头推进全市跨部门“双随机一公开”，制定印发《韶关市“双随机、一公开”联合检查实施办法》《韶关市“双随机、一公开”抽查工作实施暂行办法》。全市共有14个单位制定双随机抽查工作方案，逐步建立起“执法人员名录库”“检查对象名录库”“随机抽查清单”，且均有开展“双随机”抽查工作。

【推广应用全国企业信用信息公示系统】 2015年10月1日，全国企业信用信息公示系统上线，全市登记注册的商事主体相关信息均可在公示系统实时查询。截至2017年底，韶关市工商局共为全市各级各部门开通公示系统账号870个，基本覆盖全市主要涉企监管执法部门。有16个部门通过企业信息归集和协同监管平台向工商系统报送数据，归集工商部门以外的各政府部门涉企信息12765条（其中行政许可信息11732条，行政处罚信息609条，抽查检查信息352条，小微企业享受扶持政策信息72条）。

【工商执法】 2017年，韶关市工商和市场监管部门共立案979宗，结案717宗，罚没入库220.61万元。全年牵头组织开展打击过境走私、“国门利剑2017”等专项打私联合行动12次，共查处打私有关案件213宗，总案值2319.18万元，查处走私卷烟、食品等一大批，销毁走私冻品4批，共145.58吨。以“清源”“固边”“净网”“护苗”“秋风”五大专项行动为主线开展“扫黄打非”清理行动，查处“小牛直播”涉嫌淫秽色情信息案并切断该直播平台，犯罪嫌疑人骆某等10人被抓获归案。

【规范农贸市场管理】 2017年，韶关市工商局代拟《韶关市农贸市场管理暂行办法》经4月7日韶关市人民政府第十四届七次常务会议通过，于4月13日印发，自6月1日起施行，有效期3年。推进商品交易市场信用分类监管。全市共有各类市场141个，其中A类市场20个，B类市场91个，C类市场19个，D类市场11个。

【开展“广东省文明诚信市场”创建活动】 2017年，韶关市经过申报、测评、复查等3个程序，将符合条件的红星美凯龙韶关商场、仁化县丹霞新城肉菜市场、益华百货韶关店等3个市场上报推荐省创建办审核。于1月启动2016年度广东省“守合同重信用企业”公示活动，全年公示广东省“守合同重信用”企业292户。

【加强网络市场监管】 2017年，建立由市工商局牵头，韶关市发改局、韶关市经信局、韶关市科技局、韶关市公安局、韶关市商务局、韶关海关、韶关市质监局、韶关市食药监局、韶关市网信办、韶关市邮政管理局等10个部门组成的市网络市场监管联席会议制度，于9月6日，在市工商局召开第一次全体会议。完善网络经济户口，全市纳入数据库主体1192户，入库网站数1434个，移除网站2061个，剔除无效网站432个。向网络经营主体网站发放“红盾电子标识”228个。

【开展网络市场整治】 2017年，韶关市工商局建立网络主体搜索任务3个、标识监管任务1个和行为监管任务24个，巡查网站、网店23604个次，网络行为监管4156个次，基层人员实地检查网站、网店经营者243个次，开出行政指导警示书3份，发现5起违法网络案件线索并予查办。

【强化广告市场监管】 2017年，全市依托国家广告数据中心监测各类广告128180条次，涉嫌广告条次22条次，线索查看及处理率均为100%。开展以房地产、保健食品、食品、医疗服务、投资理财、互联网金融等民生行业为重点的虚假违法广告整治。系统共查处各类违法广告案件14件，罚没7.03万元，其中涉嫌发布虚假广告案件10件。突出抓好互联网广告监管和市属媒体行业自律，指导媒体单位落实广告审查制度，对市属主要媒体违法发布广告情况进行行政约谈，提出行政建议。在2017年广东省虚假违法广告整治工作综治考评中韶关排名全省第一名。

【商标管理】 2017年，韶关市加强地理标志商标的申请注册力度，开展地理标志商标培育工作，对韶关特色地理标志产品进行摸底，整理出《韶关市地理标志商标培育备选参考名录》供全市工商和市场监管部门参考。指导仁化石塘堆花米酒申请地理标志商标。推进落实韶关市提升纺织服装和玩具传统优势产业品牌行动计划，韶关市工商局、韶关市经信局、韶关市科技局、韶关市商务局、韶关市文广新局、韶关市质监局、韶关市旅游局7个市直部门联合印发《关于推进落实韶关市提升纺织服装和玩具传统优势产业品牌三年行动计划的实施意见》，多次实地调研和引导纺织服装和玩具企业申请商标注册。至2017年底，全市商标有效注册量10239件，同比增加2288件，增长率28.78%。

【消费维权】 2017年，韶关市工商局继续推进对服装、儿童用品、家用电子电器、装饰装修材料、汽车配件、燃气具六类重点商品的整治工作，检查重点商品经营主体1971户（次），确定定点监管对象1842户，召开经营者约谈培训会议11次，行政约谈销售企业1842户，引导重点商品经营者签订《商品质量安全承诺书》1213份，及时向定点监管对象提供抽检不合格服装商品名单，指导经营单位建立落实商品进货检查验收制度和不合格商品下架退市机制。组织食品安全宣传周活动，开展“关爱老人、消费无忧”老年消费宣传教育活动。扩大消费维权网络覆盖，在消费集中区域、重点行业组织建立健全“消费维权服务站”82个。2017年，各级消委会、12315中心累计受理消费者投诉举报1381件，挽回经济损失269.04万元。组织开展“3·15”国际消费者权益日系列活动。3月15日，市工商局联合市消委会在市区百年东街举办大型现场宣传咨询活动，分管副市长陈磊参加活动并到市12345平台接听消费者热线。活动现场为2016年度“消费维权之星”“诚信共建先进单位”“正版正货承诺”单位和“诚信单位”代表、首批成功申领“工商红盾电子标识”网络经营主体代表颁匾授证。“3·15”国际消费者权益日期间，浈江区活动现场授予红星美凯龙商场“诚信敏行，保障消费”牌匾，标志着韶关市“先行赔付示范实施单位”成立。配合开展流通领域抽检工作。抽检流通领域商品质量120批次，抽检春季、秋季流通领域农资商品质量定向监测样品90个，全部及时向社会公布抽检结果。

【打传规直】 2017年，韶关市工商局抓好市辖三区无传销城市创建工作。加强直销企业的管理工作。组织全市工商、市场监管部门对“善心汇”“云联惠”“全返通”等组织进行摸排。

【两建工作】 2017年，韶关市“两建”工作领导小组办公室仍设市工商局，市工商局继续履行全市“两建”（社会信用体系建设和市场监管体系建设）工作统筹协调职责，制定印发《韶关市贯彻国务院〈“十三五”市场监管规划〉和〈广东省市场监管现代化“十三五”规划〉实施方案》。牵头推进韶关市市场监管体系建设工作，仍设市市场监管体系建设统筹协调小组办公室，制定印发《2017年韶关市市场监管体系建设重点工作》，统筹推进市场准入体系、质量监管体系、市场竞争秩序监管体系、行政执法体系、行业自律体系、消费维权和社会监督体系、市场监管法制体系、市场监管信息平台体系、食品安全监管体系、金融市场监管体系等10个子体系建设。重点推进全市市场监管信息平台建设、指导12345投诉举报平台建设管理工作、组织开展《广东省市场监管条例》的学习宣传。

（韶关市工商局）

国土资源管理

【土地规划】　2017年，韶关市国土局完成土地利用总体规划调整完善方案的编制上报工作，方案取得省人民政府的批复，各地均已上报省国土资源厅备案。全市城乡建设用地剩余可使用规模共1.02万公顷，可以满足至本轮规划期末（2020年）项目建设的需要。按照土地利用总体规划审查各地上报的建设项目，提前介入招商引资、城市建设等项目的选址并提供规划审查意见，引导企业依法依规用地。做好重点项目涉及的土地利用总体规划修改工作。完成武江区西河镇塘湾新农村建设项目等的规划修改，完成韶关机场改扩建工程建设项目、仁化古洋水乡南门等项目占用多划基本农田的方案；办理韶关新丰遥田风电场项目、乳源大布夹水风电场、南雄犁牛坪风电场等项目的用地预审。

【土地利用】　2017年，韶关市国土局加强批次用地组卷工作指导，加强部门沟通，协调各地抓紧办理社保审核意见书及林地许可，建立每月通报制度，为各地用地报批件实行容缺审批，缩短会审时间。上报省国土资源厅或市政府44宗批次用地，涉及新增建设用地667.70公顷，取得用地批复25宗（其中市级审批4宗），涉及新增建设用地181.8公顷；重点项目报批上报省厅12宗，涉及新增建设用地383.65公顷。完成市辖两区集体土地征地数据库建设工作，基本摸清历年来征收农村集体土地底数。出台国有土地上房屋征收区位价格标准成果，通过验收，为市政府房屋征收决策提供参考依据。推进“三旧”改造工作，出台规范项目处理的地价评估和地价确定程序、完善供地方式。做好政策变化与韶关市原有政策的衔接，在完成改造方案审批的33个项目中，19个项目全部供地，14个项目未完成供地手续。预缴土地出让金的项目22个，确定急需处置项目19个。开展城乡建设用地增减挂钩，优化城乡建设用地布局，全市城乡建设增减挂钩试点项目获省厅验收确认131.73公顷。完成2016年度土地利用现状变更调查。

▲省国土厅厅长陈光荣（右三）视察韶关市南雄古田村垦造水田试点项目

（市国土局　供）

【土地供应】　2017年，全市完成出让土地569.67公顷，涉及出让金38.33亿元，完成土地划拨231宗，涉及面积472.6公顷；其中市区（浈江、武江）完成土地招标、拍卖、挂牌土地39宗，面积涉及166.6公顷，挂牌金额141553万元，出让和划拨土地201宗，合计供应土地426公顷，收取出让金19.05亿元。经过组织协调，全市2012—2016年平均供地率为70.15%，达到省政府不低于60%的要求。出台《市区闲置土地处置工作流程》，明确调查、认定、处置各个环节的分工与实施要求；制订《韶关市人民政府关于进一步做好市区国有建设用地出让合规性审查要求的通知》，从源头上遏制闲置土地发生。以莞韶产业园区为首批对象，开展低效工业用地调查清理，促进园区工业用地盘活、提质、增效。经过逐宗摸底2013年之前供应的工业开发现状、投资强度、产出值、税收、用电、招工等数据，对首批51宗涉及面积176.07公顷的疑似低效工业用地进行处置，取得阶段性成果。

【耕地保护】　2017年，韶关市国土局组织各县（市、区）完成城市周边永久基本农田划定、城市周边永久基本农田局部微调和全域永久基本农田划定论证审核、验收等工作，通过省国土资源厅审查。永久基本农田划定后，韶关市全域永久基本农田面积17.52万公顷，比省下达的基本农田保护任务17.41万公顷多划1086.67公顷，总体质量略有提高，基本农田布局得到优化。10个县（市、区）完成永久基本农田整备区划定县级初验，有关数据库成果上报省国土资源厅审查。在全省率先开展垦造水田工作。在南雄召开全市垦造水田现场会。全市垦造水田潜力入库地块面积约9666.67公顷。完成垦造水田潜力调查摸底和潜力数据库建设。将2017年度垦造水田建设任务493.33公顷（含省统筹实施）下达给各县（市、区）。各地完成40个项目前期选址，完成可研报告编制项目37个，完成立项项目35个，立项面积816.41公顷。完成勘测项目22个，完成项目工程招标项目3个，其中南雄市古田村试点项目施工进度达70%以上。2017年度韶关市南雄市珠玑镇古田村垦造水田建设项目作为全省试点和市级示范建设项目，工程完成95%以上。继续推进高标准基本农田建设。2015年度以前的工程建设任务全面竣工，全市累计经批准立项建设项目219个，建设总规模7.23万公顷，建设规模占建设任务的100.48%，超额完成省下达的建设任务。完成2016年度建设项目的招投标工作，大部分县（市、区）进场施工。根据下达的2017、2018年度建设任务，各地抓紧制订年度实施方案、选址、立项、测量、规划设计和预算编制等工作，利用2017年秋冬时节加快工程进度，确保按期完成年度建设任务。

【矿产资源管理】 2017年，韶关市国土局完成《韶关市矿产资源开发管理规定》的修订并颁布实施，印发修订后的《韶关市探矿权采矿权设置及出让的规则与程序》。根据国土资源部对勘查开采年检制度的改革要求，从2017年起不再实施探矿权、采矿权年检，由探矿权、采矿权人在网上实行信息公示。继续推进大宝山矿区资源整合工作，完成大宝山矿对铁龙铁矿、佳兴铜硫矿2家矿山收购整合。指导浈江区、武江区做好矿产资源审批权限下放后的工作衔接，武江发放第一本采矿许可证。做好中央环保督察反馈问题涉矿整改，反馈问题整改全部落实到位，注销采矿许可证9宗，勘查许可证1宗，对保护区等区域矿业权进行排查。完成第三轮市级矿产资源总体规划编制和报审。督促各地对依法2016年7月1日前的矿补费的交缴。指导仁化县政府编制“绿色矿山示范县规划”，指导南雄、曲江申报2017年绿色矿山。

【地质灾害防治】 2017年，韶关市国土局争取省级地质灾害防治专项资金1632万元，土地治理资金570万元，抓好汛期地质灾害防治工作，完成《韶关市地质灾害防治“十三五”规划》的编制和印发，创建武江区、仁化县、始兴县为地质灾害防治高标准“十有县”。2017年，全市共接报地质灾害灾情险情45起，开展地质灾害应急调查45次，经调查认定属地质灾害隐患29起；发布二级预警1次，三级预警30次，四级预警99次。经排查，全市在册地质灾害隐患点447处（其中威胁100人以上隐患点28处）。印发《地质灾害防治基本知识宣传手册》40万份，覆盖全市中小学生、村（居）委会和矿山企业。与2016年相比，2017年度全市地质灾害发生数量、直接经济损失和潜在威胁人数分别减少29.3%、97.1%和72.2%，是韶关市近三年来发生地质灾害最少的年份。

【土地矿产卫片执法】 2017年，经过落实整改，2016年度卫片取得良好成效，仁化县获省考核三等奖，奖励用地指标13.33公顷；曲江区被通报表扬，奖励用地指标6.67公顷。2017年，全市违法占用耕地面积占新增建设用地占用耕地面积比例为7.38%。督促各县（市、区）加大违法用地查处整改力度。提请市政府对违法用地查处整改落实不到位的县（市）政府分管领导、国土资源局长、执法大队长，以及乡镇和国土所责任人进行集体约谈。开展2017年各季度卫片执法检查工作，以局长的名义给各县（市、区）主要领导致信，督促各地加大查处整改力度，加快用地报批，完善用地手续。开展打击非法勘查开采矿产资源违法违规行为专项行动，在翁源召开全市打击非法开采专项行动工作现场会，全市累计开展行动约170余次，立案查处54宗，另有53宗按照“三不留一毁闭”等方式予以打击取缔。持续抓好违法违规用地用矿案件的查处整改工作，保持执法监管高压态势。

【地籍管理】 2017年，韶关市国土局组织各县（市、区）按时完成2017年度土地变更调查，并上报省国土资源厅审核，确保韶关市土地利用现状数据库的现势性。完成全市农村地籍调查，做好调查成果资料的动态更新，韶关市农村地籍调查采取解析法和图解法相结合的方式。在全省率先完成外业调查市级验收。在完成农村地籍调查任务的基础上，做好调查成果资料的动态更新，确保全市地籍管理信息的现势性和准确性。做好第三次全国土地调查筹备，成立韶关市“三调”筹备领导小组和办公室，启动“三调”。继续做好日常不动产统一登记发证。加快推进不动产数据整合和信息平台建设，通过完善管理制度，优化业务流程，各类不动产登记办结时间由原法定30个工作日缩短为3—5个工作日，工作成效在全省排在前列。截至10月9日，完成各类不动产登记126753宗。

【国土资源信息化建设】 2017年，韶关市国土局市级数字韶关地理空间框架平台部署完成，市级专题数据完成升级改造，有18家单位成为数字城市应用示范单位，无偿为政府部门提供基础地理信息服务。完成仁化、浈江、武江、乐昌、乳源、曲江、南雄、翁源8个县（市、区）的“一村一镇一地图”工程建设工作。加快数字县（区）建设工作，仁化、曲江、南雄、翁源、乳源的数字城市地理空间框架建设完成。开展无人机土地矿产监测工作，完成20平方千米矿山监测。

【农村土地突出问题专项治理】 2017年，韶关市国土局开展落实征地历史留用地实地督查，全市共完成438.00公顷，省下达的任务数全面完成。拖欠被征地农民征地补偿费兑现按期完成，继续开展农村土地三乱治理工作，排查未发现“乱租”“乱卖”行为，共摸排2016年度发生农村“乱占”行为553宗，涉及土地面积49.23公顷（耕地10.29公顷）。非立案处理25宗，应立案528宗，立案528宗，结案528宗。

（莫新生）

审 计

【概况】 2017年，韶关市审计局配备领导职数5名（其中局长1名、副局长3名、总审计师1名），共有编制45人，实有人数55人（其中行政编制40人，工勤编制5人，辅助审计人员8人，行政辅助人员2人），内设10个科（室），分别是办公室（计算机审计室）、人事科、计划和整改监督科、法规审理科、经济责任审计办公室、财税金融审计科、行政事业审计科、农业与资源环保审计科、经贸外资审计科、固定资产投资审计科等。韶关市审计局完成的审计（调查）项目69个，共计查出主要问题涉及金额74.3亿元，其中违规资金993万元，管理不规范资金74.2亿元，通过审计推进省政府解决韶关市财政缺口资金、促进市本级财政增加财政收入、促进闲置财政资金统筹使用等合计增加韶关市财政资金48亿元。审计处理处罚金额4.11亿元，审计发现侵害人民群众利益4418万元，移交司法机关、纪检监察机关和有关部门事项61件，提出审计建议214条，被采纳214条，采纳率达100%。开创在全省各地市中审计工作上市委常委会议的先河。存在问题：人员编制少，审计业务人员严重不足，实现审计全覆盖缺乏人力保障。县级审计机关普遍存在内设机构和内部运行机制不健全，实现审计全覆盖缺乏组织保障。韶关市当前没有专职担任市经济责任审计工作领导小组办公室主任的副处级领导干部。

【重大决策部署落实情况跟踪审计】 2017年，韶关市审计局围绕项目攻坚、城市提升、县域发展“三大主题”部署开展审计工作。重点审计韶关芙蓉新区管委会、市城投公司、武江区政府等相关单位完成《韶关市芙蓉新城“三年基本成城”行动方案（2015—2018年）》的具体情况，审计发现工程项目未按计划完成、项目监管单位履职不到位等方面的问题。市政府常务会议专题听取关于芙蓉新城“三年基本成城”的审计情况汇报，组织开展城市提升三年行动计划交通节点情况跟踪审计，重点开展对市城管局、市代建局、市公安局、市国土局、韶关市武江区政府等相关单位落实韶关市城市提升交通节点整治工程的情况进行专项审计调查，强化对相关职能部门履职情况的监管，加强相关工程项目的资金管理，强化对工程款支付的监管，避免资金风险，促进完善相关交通节点建设。组织开展“重大政策措施落实情况跟踪审计”，围绕推动韶关振兴发展战略，着重对供给侧结构性改革、重大基础设施建设、创新驱动、对口帮扶等方面进行审计，提出建议，保障省委、省政府以及市委、市政府重大决策部署的落实。

【财政资金审计】 2017年，韶关市审计局加强对财政资金的审计监督，为全市经济社会发展提供保障。继续用好大数据的手段助推财政预算执行审计。利用大数据分析技术手段对财政预算进行总体分析、评价，揭示普遍性、规律性问题，达到深化财政预算管理和加强部门预算改革，提高预算执行审计的整体质量和效果。突出重点，不断加强对财政资金使用绩效的审计监督，重点关注政府预算体系建设、财政资金的存量和增量等情况，揭露出部分项目财政支出进度缓慢、预算执行率低等问题，提出符合实际的建议，促进财政资金合理配置和发挥效益，防范财政风险。

【经济责任审计】 2017年，全市完成经济责任审计项目136个，审计经济责任人151人。通过审计，共查出管理不规范金额24.59亿元，查出违规金额2508.77万元。向纪检监察机关移送违纪违规事项21项，移交其他部门数量31项，针对财经制度执行不到位以及管理不规范等问题，提出审计建议429条，被采纳422条。组织开展2017年度乡镇（街道）党政主要领导干部经济责任异地同步审计工作，创新利用大数据审计技术等手段，通过“统一计划、统一委托、统一组织、统一数据采集、统一方案、统一管理、统一报告”的七统一方式，配合和做好省审计厅开展的2017年度县长书记经济责任异地同步审计沟通协调工作。对12个乡镇（街道）24名党政主要领导干部经济责任的异地同步审计得到市委、市政府重视，市委副书记、市长殷焕明亲自作出重要批示，要求各地履行管理责任，落实管理和整改责任，举一反三，加强对基层的管理。

【底线民生审计】 2017年，韶关市审计局完成对底线民生的审计。坚持问题导向，通过上审下、同级审、异地交叉审计等方式，重点开展好民政系统财务收支审计工作，查处重大违纪违法问题，揭露重大政策落实不到位，民政专项资金使用效益不高、资金沉淀和损失浪费、部门履职不到位等问题，提出审计意见和建议，确保民生资金的规范使用，市委书记莫高义和市政府市长殷焕明对《韶关市民政系统2016年财务收支审计情况的综合报告》做出重要批示，得到审计署社保司和省审计厅的肯定。组织开展教育现代化专项审计调查。重点审计韶关市教育局、各县（市、区）人民政府等相关单位完成《韶关市创建广东省推进教育现代化先进市实施方案（2016—2020）》的具体情况，从体制机制和执行力等方面揭示存在的问题，提出审计建议，推动“创建广东省推进教育现代化先进市”目标的实现；组织开展卫生强市落实专项审计调查。对全市卫生强市首批项目资金来源和使用情况、项目建设进展情况等方面进行审计，提出相关审计调查建议，为推进全市医疗卫生体制改革提供保障，加快全市医疗资源均衡布局和建设进度，提升医疗卫生机构全覆盖率；组织开展“精准扶贫、精准脱贫”跟踪审计。重点审计仁化县、翁源县和相关精准扶贫责任单位。查出建档立卡的贫困户是否落实相关政策、扶贫资金使用进度等方面存在的问题，提出符合韶关“精准扶贫、精准脱贫”工作实际的审计建议，推动扶贫政策的落实和规范扶贫资金管理。

【国有企业审计】 2017年，韶关市审计局开展对新鸿达城投公司资产负债损益情况及东南控股有限责任公司下属公司有关债权情况的审计监督，依法对国有企业和国有资本实现审计全覆盖，审计揭露出财务不规范等问题，并提出建议，推动国有企业深化改革，促进增强国有经济活力、控制力、影响力、抗风险能力，维护国有资本安全。

【资源环境审计】 2017年，韶关市审计局开展对翁源县森林及矿产资源开发利用和节约管理情况调查，重点关注国有资源开发利用和生态环境保护等情况，促进资源节约集约循环利用，推动经济绿色发展。

【专项审计调查】 2017年，韶关市审计局完成韶关党委、政府交办各项工作任务，强化审计的监督和保障职能。组织开展韶关市简政放权政策落实及“放管服”改革推进情况的审计调查。重点审计市编办、市发改局和市工商局落实简政放权政策及“放管服”改革推进情况。发现韶关市商事改革信息平台建设之后制约商事制度改革的深入推进，负面清单改革试点工作推进困难，信息共享工作难以到位，信用体系建设工作尚需进一步加强等问题，并提出相关审计建议，推动韶关市简政放权政策落实和“放管服”改革工作，不断优化全市的营商环境。组织开展城管系统事权财权匹配专项审计调查。开展对韶关市城市综合管理系统共8个独立核算单位的审计，实现城管系统审计全覆盖。重点关注市城管局及其下属单位预算编制、执行、调整情况，紧扣预算管理、资金使用、单位职责及政策执行情况，披露市城管局及其下属单位在预算执行过程中的违法违规问题，促进城管系统工作职责履行到位，完善相关工作机制制度的建立。组织开展投融资改革落实情况审计调查。重点从融资手段的合法合规性、项目建设的合规性、发展主式的可持续等方面分析当前韶关市开展的各项政府购买服务项目、PPP项目以及政府投资基金的开展和建设情况，推动全市投融资改革相关政策措施的落地生效。完成华南先进装备产业园前期征拆等情况开展审计调查。重点对华南先进装备产业园前期征拆、基础设施建设等情况开展审计调查，提出意见和建议，得到市政府主要领导的肯定。新丰江治理工程建设项目审计按时完成。对新丰江治理工程建设项目的进展情况进行审计。揭露出工程进度、工程质量、工程量计算以及工程监督管理等方面问题，从体制机制和执行力等方面分析问题存在的原因，提出审计建议若干，推动工程按质按量建设，确保工程质量和进度。赣韶铁路征收拆迁资金审计推进。重点审查赣韶铁路征收拆迁资金的情况，揭露赣韶铁路征收拆迁工作程序、财务管理及内部控制的合法性与完整性、征收拆迁资金财务收支情况的真实性与合法性等问题，保障赣韶铁路征收拆迁工作的推进。

【审计制度改革】 2017年，审计制度改革工作继续推进，取得明显的成效，得到上级审计机关和市委、市政府的重视信任和高度评价。韶关市印发《关于印发〈我市审计体制改革试点县（市、区）审计局领导班子成员选拔任用工作的意见〉的通知》，对全市审计体制改革试点县（市、区）审计局领导班子成员选拔任用工作提出具体的指导意见。韶关市审计局完成总审计师转任副局长工作，以及总审计师的选拔任用工作，浈江区、南雄市、乐昌市、始兴县等4个县（市、区）审计局完成局长的选拔任用工作，翁源县、新丰县、始兴县等3个县（市、区）审计局完成局领导班子副职的选拔任用工作，韶关市审计局增设人事科、计划和整改监督科2个科室，仁化、南雄、翁源、新丰等县级审计机关均在机构设置和人员编制增加方面取得实效，尤其是仁化县审计局增设总审计师和财务股、法规审理股、计划和整改监督股3个股室。通过组织各单位内审人员到市审计局跟班学习参与审计工作、招录8名辅助审计人员（协审员）、完善向社会购买审计服务、完善特约审计员制度等方式，促进审计资源整合，不断适应审计全覆盖的要求。全市各级审计机关进行资产清查和资产划转工作的准备工作；韶关市审计局开展省以下审计机关经费划转基数的确认、2017年市县审计部门预算的代编等工作。 （朱 超）

统 计

【概况】 韶关市统计局（简称“市统计局”）是市人民政府工作部门，是负责全市统计工作规划，组织实施统计调查，提供统计资料，实行统计监督的职能机构。2017年，市统计局内设办公室、政策法规科、综合核算科、工业统计科、能源统计科、农村和社会统计科、服务业统计科、投资统计科8个职能科室。有局长1名，副局长2名，科长5名，副科长4名。管理正科级参照公务员管理事业单位——市统计普查中心（加挂韶关市社情民意调查中心、韶关市统计数据管理中心牌子）。市统计局行政编制29人，后勤服务人员数2名，实有22人；统计普查中心事业编制9人，实有7人。2017年，全市统计工作全面提升统计服务经济发展能力，完成农业普查主要工作，推进依法治统，提高统计数据质量。

【经济运行监测预警】 2017年，市统计局建立健全工作机制。建立GDP核算联席会议制度，强化全市统计工作的统一性和一盘棋；牵头召开联席会议，分析经济运行中存在的突出问题并提出建议。制定《2017年经济发展目标责任台账》供市领导参考；建立全市分行业重点企业、下降企业监测制度，建立分县（市、区）、分园区、分行业主要指标监测制度，将最新情况向县（市、区）和行业主管部门通报。加强分析汇报。每月定期向市党政领导报告经济运行情况，重点加强经济指标低增长排位后的原因分析和汇报。编发统计分析32篇，统计信息37篇，经济运行简报12期，其中6篇统计信息报告得到市委市政府主要领导批示。及时通报情况。定期召开县（市、区）、部门经济运行情况通报会，提出抓落实的措施建议。加强调研。局领导和专业人员围绕经济运行突出问题、投资项目、企业经营状况等开展调研。不定期约请县（市、区）统计局到市局汇报经济形势与统计工作。

【县（市、区）领导抓经济发展综合排名测算】 2017年8月，市统计局开展县（市、区）分管经济领导排名测算，测算结果报市县主要领导，推动县（市、区）分管主要经济指标领导在抓经济发展方面比、学、赶、超。此举措得到市主要领导的肯定和县（市、区）主要领导的关注。印发排名测算报告4期，其中，市长殷焕明对其中1月至8月和1月至10月的测算排名做出批示。

【与部门联动统计】 2017年，市统计局配合市委市政府开展经济工作督办。针对经济运行存在的主要问题，及时提议市委市政府开展督办，得到市委书记莫高义重视并批示进行督办，市统计局协助市委市政府督办室发文督办。与市住建局研究促进建筑业发展措施；与市发改局商讨全市战略性新兴产业发展规划、重点项目统计入库；与市经信局商讨工业企业降成本措施、鼓励工业企业上规与加快发展的实施意见和低增长企业核查方案，联合举办技改投资统计业务培训；与市文广新局探讨文化及相关产业发展问题；与市交通局协商公路运输企业入库工作，联合开展公路能源消费调查；与市旅游局对接旅游服务业统计；与市科技局联合部署科技年报、企业自主创新统计工作；与市商务局调研重点商贸企业情况，联合召开规上服务业部门联席会议；与市人社局研究应参保人数基数统计与核实工作。加强名录库维护更新和“四上”企业（指规模以上工业企业、资质等级建筑业企业、限额以上批零住餐企业、国家重点服务业企业四类规模以上企业的统称）入库工作。加强与质监、编办、民政、工商、税务等部门的联系和信息共享，更新统计单位名录库；到企业和投资项目现场，督导达标企业和投资项目入库工作；召开部门联席会议，部署投资项目入库工作；配合行业主管部门策划新增企业，推动大个体户转企业并培育成“四上”企业。2017年，全市新增“四上”企业入库288家，关停及不达标退库企业117家。

【小康社会监测】 2017年，市统计局与市委政研室联合召开全面建成小康社会统计监测工作会议，通报全市全面建成小康社会进展情况、存在问题及短板指标，开展业务培训，制订《补短板实施方案》；起草《2016年韶关全面小康短板与措施》报市委，参与市委调研课题《韶关市全面建成小康社会调研报告》的调研工作。

【全域旅游统计】 2017年，市统计局根据《韶关市国家全域旅游示范市创建工作实施方案》，成立全域旅游统计改革领导小组，学习先行地区全域旅游统计制度改革试点实施方案和旅游业增加值测算方案，研讨全域旅游统计监测体系创建，起草《韶关市全域旅游统计测算实施方案》。

【农业普查】 2017年，市统计局组织近万名普查工作人员进村入户，对全市102个乡镇、1297个村（居）、47万农户、7206户规模户、5256个农业生产经营单位进行全面调查，完成普查现场登记、数据审核验收、对10个县（市、区）农普数据质量抽查，通过省农普数据质量检查，完成农业普查公报的起草。

【依法治统】 2017年，市统计局加强统计业务培训。与国家统计局成都培训基地联合举办全市统计专题培训班，对县（市、区）统计局、行业主管部门、企业统计人员开展培训达20场次，举办第三届政府统计系统岗位技能竞赛。开展5000万元以下投资项目核查、新增企业实地核查、钢铁产能数据核实等工作，对统计基础建设薄弱的县级统计局进行约谈。组织市、县（市、区）统计局干部学习中央深改组《关于深化统计管理体制改革提高统计数据真实性的意见》，组织市县统计局、市部分行业主管部门学习中央两办印发的《统计违纪违法责任人处理建议办法》，并在市政府常务会议上进行专题学习。按照“双随机”（通过随机抽取一定比例的统计调查对象，选派随机产生的检查人员，依照法定职责对被抽查的对象进行日常监督管理的工作机制）抽查办法，对66个单位（其中企业及投资项目60个，镇、街6个）进行统计执法检查，对存在统计违法行为的企业下发《责令整改通知书》，违法单位对查出的问题进行整改。（罗德威　郑海华）

海　关

【概况】 韶关海关于1987年9月经国务院批准成立，依照《中华人民共和国海关法》和其他有关法律、行政法规，监管进出境运输工具、货物和其他物品，征收关税和其他税、费，查缉走私，编制海关统计和办理其他海关业务。2017年，韶关海关为正处级单位，人员编制39名，有在编干部39名、职工3人，内设办公室、人事政工科、综合业务科、车场监管科、加工贸易监管科、稽查科6个科室。韶关海关缉私分局（正处级）于1999年6月成立，局内设办公室、侦查科、法制科3个科室，人员编制为25名，有干警8人。

韶关海关关区面积1.85万平方千米，管辖范围包括韶关市3区7县，辖下备案企业554家，设有南郊港澳进出境货运车辆检查场、韶关跨境电商清关服务中心等监管现场。2017年，该关配合地方政府落实重塑营商环境新优势、加快外贸转型升级及精准扶贫，年内基础业务继续巩固、改革项目不断创新，重点任务取得突破，税收入库、监管货运量、跨境电商监管业务、认证企业（AEO）培育完成率、申报无纸化报关单率和全口径无纸化报关单率6项业务指标在广州关区山区5关（韶关、肇庆、清远、河源、云浮）排名第一。年内通过“全国文明单位”第3次复核考评；1人获评年度“广东省优秀共青团干部”。

【税收征管】 2017年，韶关海关结合税率调整、重点税源商品价格变化等情况，加强税政税收分析研究：以服务大宗商品进口为抓手，安排专人专岗做好铁矿砂和炼焦煤公式定价备案和尾款结算补税工作，确保税收应收尽收；推进企业自主申报、自行缴税改革试点，扩大汇总征税的企业范围；推进全国通关一体化和税收征管方式改革，鼓励企业采用“自报自缴”方式申报和缴税，主动吸引优质税源商品和属地企业向本关区回流和聚集，全年税收入库13.27亿元，同比上升80.79%，创建关30年新高。

【通关监管】 2017年，韶关海关根据广州海关落实和深化“双随机”的工作要求，不断落实查验和常规稽查双随机，落实查验和常规稽查工作对象随机抽查机制、实施查验和稽查工作人员随机派单机制。办结稽查作业6家，稽查作业完成率100%；稽查补税1家，移交缉私2家，稽查有效率66.6%，稽查部门补税入库84.41万元；办结常规稽查双随机作业数1家。不断完善监管模式和操作规范，全年监管进出口货物1062.5万吨，同比增长4.7%，在全省山区城市居首位。

【加工贸易】 2017年，韶关海关落实“去繁就简”，为韶关海关度身打造的“支持韶关加工贸易企业创新发展8项措施”，关区实有运作加贸企业37家，手册报核、结案87本，及时报核率、结案率均为100%；内销征税4127万元，94.25%，创历史新高；“公共保税仓”“出口监管仓”进出仓货值7525万美元，同比上升26.38%。从扶优扶强关区支柱产业入手，壮大玩具产业集群的规模，着力推广实施加工贸易单耗自核模式、加工贸易边角料网上拍卖改革、“双随机、一公开”监管模式，为企业减环节、减成本、增实效。关区加工贸易实际进出口7.45亿美元，同比上升4.66%，稳定就业人口5万人以上，推动山区优化产业结构，加快实现精准扶贫、精准脱贫。以“韶关措施”为起点的支持山区经济发展措施，在肇庆、清远、河源、云浮关区推广复制。

【打击走私】 2017年，韶关海关深入开展“国门利剑2017”联合专项行动，继续抓好农产品、重点敏感涉税商品、成品油等重点领域的打私工作，打击粤西北过境走私行动。行政立案5宗，案值1216.3万元，涉税23万元；调查终结3宗，罚没1.3万元，涉税2.3万元，查获仿真枪一支；协助兄弟单位办案17起，协助抓获犯罪嫌疑人1人。年内，联合工商、食药监局等部门查获无合法来源冻品400多吨，遏制粤北地区过境走私的势头；监销无合法来源冻品80余吨，维护国家和地区社会、经济安全，营造出韶关纯净公平的外贸环境和口岸通关秩序。

【促外贸稳增长】 2017年，韶关海关关注外贸发展态势，动态调整支持措施和工作思路，在稳定传统税源、服务好重点税源企业的基础上，发掘和鼓励新的税源商品在韶关口岸进出口，培育新的税源企业和商品，建议并指导韶钢改进钢材产品出口模式，促进属地企业外贸数字回归，在韶关继续发挥重要增长引擎作用。韶关市外贸进出口总值166.2亿元，同比增长5.6%，完成省政府下达的外贸进出口目标任务。

【业务改革深化】 2017年，韶关海关围绕供给侧结构性改革这一主线，该关在降成本、补短板上持续发力，继续推进“互联网+海关”建设，逐步将更多的“线下”有纸业务搬移到“线上”，全年关申报无纸化报关单占比实现100%，全口径无纸化报关单占比达99.97%，两项指标均在广州海关各隶属海关中排名第一名。7月1日，全国海关通关一体化改革启动，采用该模式在韶关本地办理通关手续、在口岸进出口的货运量约占关区总货运量的98.4%，在为韶关外贸及税收做贡献的同时帮助企业节省物流资金。

【支持新业态】 2017年，韶关海关不断完善业务发展的监管模式和操作规范，推动韶关成为跨境电商直购进口常态化运行城市。首创“物流复核法”，形成“入仓抽查、提单核销、物流复

▲2017年4月26日，韶关海关关员下场监管 （韶关海关 供）

▲2017年，韶关海关关员在清关中心对跨境直购商品实施查验 （韶关海关 供）

核”的监管回路，实现电商商品的“一键直达”和“当天办结清关”，跨境电商进口商品日处理量从3500件提升到6000件。韶关市跨境电商清关服务中心监管跨境电商进口转关车辆1409台，验放跨境直购进口商品103.96万件，货值4.54亿元，征收税款4301.6万元，成为韶关地区外贸发展和税收的新增长点。该关协调广州海关、市商务局和广东邮政速递物流有限公司，经过多次沟通和实地调研，促成韶关市快件监管场所于9月5日获批。

【认证企业培育】 2017年，韶关海关落实对海关认证（AEO）企业的培育、认证和管理工作，扩大对AEO认证制度的宣传，促进企业参与海关认证，将信用度较高、在地方影响力较大的大型骨干企业、新型业态企业纳入海关AEO企业培育名单。年内完成认证作业17宗，新增加认证企业10家，其中高级认证企业2家，一般认证企业8家，提前并超额200%完成认证任务，使海关认证企业增加到33家，韶关市AEO认证企业进出口值占全市外贸进出口总值的九成以上，使企业可在国内任何口岸享有海关最优通关便利，享受与中国签署AEO互认国家和地区海关的通关便利。

（陈 恺）

出入境检验检疫

【概况】 韶关出入境检验检疫局组建于1999年11月，为中央驻韶单位，隶属于广东出入境检验检疫局，2017年，该局内设10个科室和1个事业单位，在编干部职工41人，负责韶关辖区的进出口商品检验、鉴定、认证和检验监管，进出境动植物检疫，进出境卫生检疫和进出口食品安全监督等职能。拥有通过国家计量认证和认可委员会认可的综合检测实验室，内设玩具检测中心、化学检测实验室、食品检验实验室、临床检验实验室、动植物检疫实验室6个专业实验室。1—12月，该局共完成辖区出入境货物检验检疫4211批，货值9737万美元；检出出入境不合格货物14批，71.35万美元。受理非法检货物1509批，货值1.04亿万美元。查验出入境集装箱3958标箱，入境木质包装284批、2971件，检出不合格入境木质包装7批。查验跨境电商B2C入境直邮包裹109万件，货值4.4亿，截获禁止入境类动植物产品2批次。签发各类检验检疫证单4405份（包含出口大猪819份），通关单2762份。签发原产证书4895份，1.8亿美元，企业可享受关税减免3853万。查验出入境人员59人次，食品从业人员健康体检1127人次。韶关检验检疫局青年突击队、韶关检验检疫局食品安全与动植物检疫监管科被评为广东省青年文明号，韶关出入境检验检疫局“广东省文明单位”称号通过复评保留。

【质量安全监管】 2017年，韶关出入境检验检疫局创新质量监管机制，深化与市有关部门的质量合作共治，联合开展质量宣传和质量安全示范区建设，助力韶关市质量强市工作。实施质量标杆正面引领，推进出口质量安全示范区（企业）建设。帮助辖区2家企业分别获得“中国出口质量安全示范企业”和“广东出口活猪质量安全示范企业”称号。推进乐昌“出口蔬菜质量安全示范区”通过省级考核。宣传推进“同线同标同质”工程，帮助始兴盛丰生态农业科技有限公司登录上线“三同”公共服务平台，实现零的突破。开展假冒伪劣虚假惩戒，开展“清风行动”，打击假冒伪劣商品，开展进出口重点敏感商品抽查，查出不合格商品2批次并录入风险系统。实行失信惩戒，对未达到进出口诚信企业标准要求的1家企业上报取消AA级诚信企业资格。加大3C认证执法和监督抽查力度，维护国家强制性认证产品权威。

【质量提升行动】 2017年，韶关出入境检验检疫局开展质量提升宣传，开展消费品质量安全“进社区、进校园、进乡镇”消费者教育活动、“中国品牌日”活动和“质量月”活动，增强社会质量意识。组织大型质量宣讲3场、进社区2次，组织企业座谈会、检测平台开放日活动，与市质监局、农业局等政府职能部门开展质量共治等活动，在各类媒体宣传。在“质量月”政策宣贯大会上，向出席会议的10个县（市、区）外经主管部门以及外贸企业代表130余人宣传贯彻“中共中央国务院关于开展质量提升行动的指导意见”。加强质量基础建设，主动向市政府申请加挂“韶关农产品和玩具公共检测服务平台”获得市政府批准，于8月17日挂牌，将为韶关辖区政府职能部门及企业提供更加便捷的标准信息、质量评价、技术培训、检测认证等公共技术服务。实验室通过CNAS、CMA“二合一”复评审，新增检测项目52项。向市口岸部门申请130余万元经费添置核辐射检测和防护设施设备，强化口岸查验设施建设。开展检学研合作，全年接受韶关学院实习学生超过100人次。加大地方出口食品、农产品企业帮扶力度，鼓励特色食品、农产品扩大出口。检验检疫出口加工食品5439吨，比上年增长49.1%。出口食用菌2883吨，增长60.9%。供港活猪3.27万头，增长34%。供屠宰活鸡45.8万只，增长7.1。供港蔬菜0.32万吨，下降24.2%。11月，香港食环署专家抽查辖区种植基地，均以零缺陷通过，并对该局高质量监管保障供港农产品质量安全表示感谢。

【检验检疫执法把关】 2017年，韶关出入境检验检疫局严守国门安全底线成绩突出。加强执法稽查，打击违反检验检疫法规行为，行政处罚1宗。开展打击走私“国门利剑2017”联合整治及打击走私“洋垃圾”工作专项行动。会同市相关职能部门开展打击走私、假冒伪劣产品联合督查专项行动。协助韶关市食药监局对其查扣的9批涉嫌走私冻品进行外包装信息的初步判定，现场执法5次，案件联合审查会议6次。协助市打私办监销4批100多吨，货值1000多万元的无主冻肉。

【严守国门安全底线】 2017年，韶关出入境检验从入境木质包装中查获4批活体线虫，检出有害生物3种类11种次并进行检疫处理。在韶关地区布点监测调查，5月新发现“德斯阿坎洞实蝇”“端腊实蝇”2种，“德斯阿坎洞实蝇”为广东口岸首次监测到。加强对登革热、鼠疫、霍乱、黄热病等传染病的监控，做好重点传染病的防控工作，加强医学媒介生物监测工作，开展医学媒介监测和鉴定的基本技巧培训，筑牢疫情防线。在进出境车检场、新港码头等重点区域监测捕捉到小家鼠、蜚蠊、蚊、蝇等多种媒介生物10种300余只。加强危险品检验监管，为供港生活物资提供“绿色通道”服务，确保供港生活物资安全，受到香港水务署感谢和广东检验检疫局表扬。加强进出口产品安全风险监控，营造质量安全环境。加强食品安全风险监测，监测1711个项目次，查出1份样品超标并责令处理。加强进出口商品质量安全监测，检测150余个项目，发现2批不合格商品整改完成。加强跨境电子商务等新型业态监管。开展“绿蕾3”行动，打击非法携带、邮寄禁止进境物品入境等行为，加强对来自日本进口食品的监测。首次在一批以跨境直购（B2C）方式申报的婴幼儿奶粉中查获夹带的属于国家禁止邮寄进境的肉类罐头。从跨境电商入境邮寄物的2批木质包装中检出大量活体线虫，这是韶关市检验检疫局首次在跨境电商业务中检出不合格木质包装。

【主动服务韶关发展大局】 2017年初，韶关出入境检验检疫局制定十二条措施服务韶关“三大主题”工作，得到市委市政府领导批示称赞。服务韶关绿色发展，服务韶关口岸开放，支持韶关港、丹霞机场、国际物流园区规划建设，支持韶关港水运口岸纳入《国家十三五口岸发展规划》。促进跨境电商新业态发展，加强与海关“三互”合作，主动与口岸部门、邮件营运单位沟通协调，出谋划策，引导企业利用跨境电商平台开展业务。支持韶关快件业务发展，受到中国邮政速递广东公司赠送锦旗表示感谢。服务优进优出，利用自由贸易规则，帮扶韶关重点装备制造企业引进国外先进成套设备，减免180多万元关税，受到企业和政府好评。服务优进案例在系统内属于首例，并在国门时报等媒体报道；向市政府呈报情况专报。发挥检验检疫技术优势，开展技术贸易壁垒应对、认证认可知识、检测技术宣贯、培训。邀请专家到韶关开展出口水果、茶叶调研，帮助开拓出口渠道。帮扶本地“名、优、特”产品生产企业申请出口食品备案和基地备案，助推本地优质的特色农产品走出国门。韶关新增注册出境水果果园、包装厂2家，出口食品生产原料备案基地2家。

【检验检疫业务改革】 2017年，韶关出入境检验检疫局落实“互联网+质检”，推进中国检验检疫网上申报系统及国家版“无纸化”申报，利用该系统率先实现全省首批原产地证书申报，实现报检企业全覆盖，6月起启用移动查验系统现场查验进口货物，报检批次覆盖率保持99.8%以上，该局1—8月出口放行时长全省排名居首位。通过分析查找瓶颈，优化业务流程，压缩检验检疫流程时长；通过推广应用“单一窗口”、无纸化申报系统和创新监管流程等方式，缩短检验检疫放行时长。加快口岸“单一窗口”建设，自8月17日试点国际贸易“单一窗口”以来，截至9月底，韶关辖区通过“单一窗口”报检覆盖率超80%，取得良好成效。深化关检“三互”协作机制，推进跨部门一次性联合检查，实现在韶关市跨境电商清关物流中心实施“单一窗口”“一机双屏双控”，深化关检协作共管。创新工作方式方法，把风险管理引入产地证签证领域，将“先签后查”“备案签证一步到位”“开放代理申报”等业务范围扩大，促进韶关企业产品优进优出。1—9月签发原产证书3600余份，可享受关税减免3100多万元。

【支持乐昌市外向型绿色农业发展】 2017年7月13日，广东检验检疫局副局长孟传金和韶关市政府副市长许志新，参加该局与乐昌市政府签署共同推进乐昌市外向型绿色生态农业发展备忘录，见证启动乐昌市出口食品农产品安全示范区和生态原产地产品保护示范区创建工作。该局利用中直单位在政策、信息、技术等方面的优势，主动对接乐昌外向型绿色生态农业发展需求，服务好“两个示范区”建设，为乐昌外经贸振兴发展出人出力。2017年底，“乐昌出口蔬菜质量安全示范区”通过省级考核。“乐昌市生态原产地产品保护示范区”及8个保护产品通过省级初评。推进乐昌“生态原产地产品保护示范区”和“出口农产品质量安全示范区”建设。7月13日，该局与乐昌市政府签署共同推进乐昌市外向型绿色生态农业发展和推进乐昌生态原产地产品保护示范区、出口食品农产品质量安全示范区建设备忘录，2017年底“两个示范区”通过省级考核和初评，“两个示范区”同创在广东省尚属首例。

【韶关农产品和玩具公共检测服务平台挂牌运行】 2017年8月17日，广东检验检疫局副局长杨国海与韶关市副市长陈磊，共同为“韶关农产品和玩具公共检测服务平台”揭牌。该局利用检验检测资源主动向市政府申请加挂“韶关农产品和玩具公共检测服务平台”获得市政府批准，于8月17日挂牌运行，为韶关辖区政府职能部门及企业提供更加便捷的标准信息、质量评价、技术培训、检测认证等公共技术服务。平台主动承接政府职能转移，参与市食药监局、市打私办、市安监局等部门检验鉴定工作。服务外贸企业和农产品种植基地近50家，减免检测费用25万元以上，为韶关经济发展和质量提升提供技术保障。（陈丽阳）

质量技术监督

【概况】 2017年，韶关市质量技术监督管理局（以下简称“市质监局”）机关设11个内设机构，分别是办公室、人事监察科、政策法规科、行政审批科、质量发展科、产品质量监管科、标准化科、计量科、锅炉压力容器安全监察科、特种机电设备安全监察科、稽查分局（市打击制售假冒伪劣商品违法行为办公室）。

【开展挂点联系企业工作】 2017年，市质监局紧扣质监职能，回应企业诉求，推动企业破除发展难题。9月以来，市人大常委会副主任邓小杰在市质监局主要领导的陪同下两度带队赴南雄市，到挂点企业开展调研座谈。在获悉企业“质量管理培训进园区”的迫切需求后，市质监局当月即举办1期“质量提升、认证认可和品牌培育专题讲座”进园区活动，邀请国家级专家进行专题授课并现场答疑解惑，获得企业的肯定。压实责任，一企一策。针对南雄市三本化学科技有限公司提出的“希望质监部门能够指导帮扶其企业标准制定事宜”，市质监局责成标准化科与南雄市三本化学科技有限公司建立企业标准制修订的“绿色通道”，做好与省质监局的沟通，服务相关企业标准早日公布。针对南雄市明威胶粘涂料化工有限公司提出的“希望能就近提供特种设备安全知识培训”的诉求，市质监局于10月24日组织市特种设备协会深入南雄精细化工园区举办一期“特种设备作业人员技能培训班进园区”活动，开设锅炉压力容器压力管道安全管理（A3）、电梯安全管理（A4）、起重机械安全管理（A5）、叉车司机（N2）、固定式压力容器操作（R1）、液化石油气瓶充装（P4）、电梯电气维修（T2）共计7个培训项目。此次活动为企业减负，降低企业培训成本，受到企业的好评和肯定。

【质量强市战略】 2017年1月19日，省政府印发《广东省人民政府关于2015—2016年度地级以上市政府质量工作考核结果的通报》，韶关市前述考核年度的质量工作被评定为B级。市质监局提请市委办、市府办于3月3日联合印发韶关市贯彻落实《中共广东省委 广东省人民政府关于实施质量强省战略的决定》的实施方案。3月7日，以市质量强市办（设在市质监局）的名义印发《韶关市实施质量强市战略2016—2017年行动计划》等文件。于3月23日组织召开全市推进质量强市战略暨深化标准化改革工作会议，对全市的质量强市工作进行部署。推动《韶关市政府质量奖评审管理办法》增列入年度政府规范性文件制定计划，以完善质量强市相关工作机制。推动对县（市、区）政府质量工作考核。组织质量强市领导小组有关成员单位对市辖10个县（市、区）政府质量工作进行考核，将考核结果报请市政府进行通报。将《关于报送2015—2016年度地级以上市政府质量工作考核扣分整改情况的通知》发送至市直各成员单位，要求对照扣分情况查漏补缺，抓好完善工作。

【质量品牌建设】 2017年，市质监局于9月6日举办2017年广东省名牌产品（工业类及服务业类）申报培训班，邀请省专家到韶关讲授2017年广东省名牌产品（工业类及服务业类）申报工作的相关流程、申报要求和注意事项。逐一致函地税、国税、环保等部门就拟推荐企业的合规性情况进行意见征集，跟进复函情况并反馈相关企业。共推荐省名牌产品评价目录的重点企业12家16个产品，其中工业类企业产品15个（新增11个，复审4个）、服务类产品1个。3月16日，向市名牌带动战略领导小组办公室（设在市经信局）报送《关于2016年我市广东省名牌产品（工业类）评定结果的报告》，提请市名牌带动战略领导小组对韶关市10家新增省名牌产品（工业类）生产企业进行奖励。

【技术标准战略】 2017年，市质监局代拟《韶关市装备制造业标准化三年发展规划（2017—2020年）》，并于8月23日行文至市经信局，由其上报市政府。强化对韶关市装备制造业标准化发展的调研帮扶。走访韶铸、轴承厂等企业，鼓励支持企业参与团体标准的制定及各项标准化活动，帮扶企业依托标准制修订。向广东省标准化协会申报采用5个国际标准或国外先进标准；帮助1家企业制（修）订5个企业标准，指导和推动80余家企业完成200余项执行标准的自我声明公开。拓展现代服务业标准化工作。推动经律论文化旅游小镇现代服务业先进标准体系试点项目通过省级专家组的评估验收，促成韶关市现代服务业先进标准体系建设实现零的突破。南岭国家森林公园基本建立完善服务标准体系，准备申请省级验收。联合市商务局研究推进韶关市农产品冷链流通标准化示范工作，发挥广东雪印商贸实业有限公司等龙头企业的示范带动作用，促进农产品冷链流通行业的规范化发展。

【特种设备安全监察】 2017年7月24日，市委常委、副市长万卓培带领质监部门先后对青岛啤酒（韶关）有限公司、武广高铁韶关站等单位的特种设备使用和管理情况进行现场检查和督查。他强调针对暑期和暑运等实际情况，要采取应对措施，加强防范，确保特种设备使用安全。市质监局以人群密集场所、旅游景区、游乐场所使用的特种设备为重点，开展安全风险隐患排查治理，推动企业落实安全主体责任。全市共出动特种设备安全监察人员4047人次，检查特种设备相关单位1450家，抽查特种设备3763台（套），发出《特种设备安全监察指令书》335份，排查安全隐患1361项，整改1258台，整改率92.4%，查处案件19宗，对发现的严重事故隐患建立台账，重点跟进落实整改，形成闭环处理。全市特种设备安全状况平稳，未发生特种设备安全责任事故。

【质量安全多元共治】 2017年，市质监局成立以党组书记、局长为组长的韶关市质监局产品质量安全隐患排查和整治工作领导小组，开展彻底排查和整治质量安全隐患，把各类风险隐患消除在萌芽阶段，坚守产品质量安全底线。完成市级监督抽查168家企业262批次（含食品相关产品15家38批次），17批次不合格（含食品相关产品2批次），不合格发现率6.5%。对市级监督抽查发现的17家不合格企业全数下发整改通知。针对产品抽查中发现的普遍性问题召开专题会议，组织市质计所专家帮助企业进行不合格原因分析并提出整改建议，要求企业所在地质监部门强化后续的跟踪整改监督，推动企业落实主体责任。创新工作载体开办“质监小剧场”，将特种设备安全常识、突发状况应急避险自救指引、质量维权策略、民生计量知识等与老百姓切身利益、权利关切息息相关的内容制作成“趣味广播剧”形式，每天在高峰时段滚动播放，提升消费者的维权意识和识假辨劣能力。

【执法打假】 2017年，全市各级各职能部门共出动执法人员54669人（次），检查生产、经营单位218057家（次），立案590宗，查处大要案6宗，刑事拘留犯罪嫌疑人11人，逮捕10人，判刑10人，查处涉案货值790万元。辖区内未出现区域性、规模性和危及群众生命财产安全的违法案件，没有被国家和省有关部门通报或组织联合查处的重大制售假案件，市场营商环境和经济秩序持续保持良好态势。

【“计量小分队”服务企业】 2017年8月，由市局分管领导带领计量科、市质计所技术专家组成的“计量小分队”深入本地液压件行业生产一线开展计量需求调研和技术帮扶活动，现场调研企业的计量管理控制状况，分析解答企业技术管理人员在交流中提出的有关生产运营中原料供应中涉及的计量检测、计量器具的管理和使用维护、生产流程上计量仪器的选配以及在线动态监控、数据采集中遇到的技术障碍，推动解决韶关市液压件产业在高精度计量检测方面存在的问题，服务行业转型升级。

【“国家铅锌及建筑钢材产品质量监督检验中心（广东）”落户韶关】 2017年，落户韶关的“国家铅锌及建筑钢材产品质量监督检验中心（广东）”（简称国检中心）于5月2日获国家认证认可监督管理委员会授权投入运行、开展检验活动，所出具的检验结论具备法律效力。12月2日，国检中心通过国家质检总局组织的能力建设现场验收，标志着建设工作完成。该中心检测大楼实验室总面积1.2万平方米，配备先进检测/校准设备近1000台（套），检测仪器设备资产价值达3000多万元。取得实验室认可/授权的铅锌及钢铁冶金类产品109个、项目（参数）397项，其中按照国际先进标准进行检验的关键项目（参数）有54项，与4家本专业领域国际知名技术机构实现检测结果互认，能力建设现状达到国内先进水平，部分技术装备达到国际先进水平。该国检中心是粤湘赣三省乃至华南地区金属和矿产品检测机构。

【省级产业计量测试中心申报筹建】 2017年，市质监局结合落实韶关市对接珠江西岸先进装备制造产业带打造高端装备制造产业行动计划，申报省级产业计量测试中心。7月4日，市委常委、副市长万卓培带领质监等部门调研韶关液压行业，听取省级液压件产业计量测试公共服务平台申报进度汇报，就下阶段工作重点进行部署。7月26日，市委常委、副市长万卓培对市局《关于申报省级产业计量测试中心服务韶关液压件行业发展的工作报告》作出批示，指出这是韶关市发展装备制造业，打造行业公共服务平台的有益探索和重点工作，建议市级层面给予支持。7月27日，市长殷焕明批示要求争取申报，市政府支持。12月12日，该中心通过省质监局组织的专家现场技术论证。12月21日，省质监局发布拟同意筹建公示，标志着该项目进入实质性建设阶段。

【优化政务服务】 2017年，市质监局配合市“一门式一网式”政府服务改革模式工作，按市行政服务中心、市信息中心要求完成行政审批项目及公共服务事项办事流程录入工作。对市局行政审批项目的办事指南和工作手册进行调整优化，在结合工作实际研究推演后于10月起实施，提升行政审批效率，缩短群众办事等待时间。落实轻微质量违法行为免罚措施。在强化质量安全风险管理的前提下，将“质量义诊”融入行政执法监管当中，推动企业提高产品质量水平。 （柯　敏）

▲2017年7月4日，市委常委、副市长万卓培（前排左二）带领质监部门深入企业生产一线开展调研（市质监局 供）

食品药品监管

【概况】 2017年，韶关市食品药品监督管理局（以下简称“市食药监局”）为市人民政府工作部门，设12个内设机构：办公室、政策法规科（行政审批科）、综合协调科（应急管理办公室）、食品生产安全监管科、食品流通安全监管科、食品餐饮安全监管科、药品安全监管科、药品流通监管科、医疗器械安全监管科、保健食品化妆品监管科、人事科、稽查局，下辖市食品药品检验所（参公管理事业单位）。市食品药品监督管理局机关行政编制28名，行政专项执法编制22名，后勤服务人员数6名。落实“四个最严”和“四有两责”要求，坚持源头严防、过程严管、风险严控，开展各项监管工作，全市未发生较大及以上食品药品安全事件，食品药品安全态势总体平稳向好，促进医药健康产业的发展。

【食品药品市场整治】 2017年，市食药监局持续围绕重点领域和突出问题开展各项专项整治，组织开展食品生产加工小作坊、桶装水、水产品、婴幼儿配方乳粉标签标识规范、春秋季学校校园及周边食品安全、养老机构食堂、网络订餐食品安全、药品生产源头规范、食品及保健食品欺诈和虚假宣传、食品药品违法犯罪“清网行动”和打击过境走私等专项行动，确保重要节庆和中共十九大期间全市无重大的食品安全事故。检查生产经营单位3.6万家次，发出责令整改意见书4000份，查处无证经营户32户。开展重要节日活动食品安全保障工作，实现重要节庆、“两会”和中共十九大期间全市食品安全事故零报告。签署桂湘粤十一市食品药品稽查打假区域协作协议，强化食品药品省级边界稽查打假工作，完善跨区域打假协作机制。全市共立案608宗，结案584宗，移送司法机关案件35宗，查获走私冷冻食品329.4吨。

【食品药品安全风险管控】 2017年，市食药监局实行食品药品安全风险分级分类管理，明确114家市级直接监管企业的风险等级。组织开展对全市生产、流通、消费等领域的风险隐患排查整治情况及各自责任领域内存在或潜在的安全风险进行分析和评估，共梳理出重点风险点13项，就防控隐患和风险提出14项防控措施。持续强化日常监管，按照“两不一直”原则开展食品药品生产经营环节飞行检查，共对346家“四品一械”生产经营企业实施飞行检查，撤销7家药店GSP证书，移交稽查违法线索50条。开展食品中化学污染物及有害因素、食源性致病菌监测，对10类700份重点食品进行监测。开展不良反应监测工作，收到药品不良反应报告1788例、医疗器械不良事件647例、化妆品不良反应报告79例。印发《韶关市食品安全事故应急预案》，提升食品药品突发事件的应急能力。

【食品药品监督抽检】 2017年，市食药监局抽检食品5409批次、药品980批次、保健食品70 批次、化妆品103批次、医疗器械32批次，总体合格率稳定在95%以上。食品检验量达到2.42批次/千人，超额完成1.5批次以上/千人任务。发布15期抽检结果及安全消费提示。开展50家农贸市场食用农产品快检，快检农贸市场经营户1700家，快检蔬菜水产品畜禽肉蛋类13.8万批次，合格率99.73%，销毁处理快检不合格产品2079公斤。

【行政审批】 2017年，市食药监局推进“一门式一网式”政府服务模式改革工作，优化审批流程，推进“互联网+公共服务”“网上全程办理率”“上网办理率”“网上办结率”三项指标均实现100%。开通网上预登记办理业务，提供行政审批便民服务，市局共受理行政审批事项370件，当场办结39件，咨询5138件。

【示范创建】 2017年，市食药监局实施餐饮业质量安全提升三年行动计划，提出2017—2019年餐饮服务五大提升工程。推进食品安全示范街、“明厨亮灶”建设和餐饮服务量化分级评定，曲江小坑镇被评为省级食品安全示范街。全市共有2646家餐饮单位实施“明厨亮灶”工程，完成6946家餐饮单位的量化分级评定工作。联合教育部门开展全市中小学校食堂灭C提级工作，100所中小学校食堂的餐饮服务食品安全量化分级等级从C级提升到B级以上。开展“放心肉菜示范超市”创建，南雄大润发超市被评为省级“放心肉菜示范超市”。开展化妆品市场安全治理示范区建设，新建乐昌、南雄2个省级和武江、始兴、乳源3个市级化妆品市场安全治理示范区，实现示范区建设覆盖全市10个县（市、区）的目标。规范食品生产加工小作坊、生产经营行为，核发小作坊登记证526份，6月1日起在浈江区、武江区主城区实施家禽“集中屠宰、冷链配送、生鲜上市”，提升农贸市场的环境卫生，为预防H7N9病毒等人感染禽流感的传播漫延提供保障。

【社会共治】 2017年，市食药监局开展食品安全宣传周、药品安全用药月、食品药品安全宣传“进社区、进学校、进企业、进农村”“民生热线户外上线暨科普宣传活动”活动，营造全社会共同维护的良好氛围。推进重点领域信息公开，发布222期行政许可信息，166期行政处罚信息，7期“红黑名单”。开展“12331，守护食品药品安全”主题宣传活动，受理投诉举报1072宗，办结率100%。利用微信、微博、科普宣传基地等平台，向公众传播信息，被国家、省、市媒体刊物采用信息700余条。市局微信公众号实现365天持续推送科普信息，累计发布微信文章近500篇，总阅读人数累计达20万人次。按照“工业游+科普行”的思路，打造“食品药品安全一日行”“食品科普展”“食品安全微视频”等新宣传模式，拉近与公众的距离。深化“文明餐桌”行动，发放食品安全信息公示栏1000份、海报3万多份、文明用餐小贴纸20万份。

【医药健康产业】 2017年，市食药监局扶持发展医药健康产业，组织制定《韶关市医药健康产业规划》，明确医药健康产业的发展定位。推进药品生产企业扩产项目，乳源东阳光药业原料药二期扩建项目及靶向抗肿瘤固体制剂车间、丽珠集团利民制药厂袋装参芪扶正注射液项目和岭南制药有限公司口服固体制剂项目等相继完成，为增加产业经济总量奠定基础。开展产业招商引资。走访南方医药经济研究所、广东省医药企业管理协会、广东省医疗器械行业协会和东莞东阳光药业集团等多个医药总部和协会。医药制造业总产值16.15亿元，增加值7.84亿元，增速5.2%；医药商业销售收入19.15亿元，同比增长6.9%。推动医药行业公共支撑平台建设，新建食品检验实验室通过竣工验收。（蓝丽华）

安全生产监督管理

【概况】 2017年，韶关市安全生产监督管理局（以下简称“市安监局”）为市政府主管全市安全生产的职能部门。内设10个职能科（室），分别是：办公室、人事科、协调监督科、法规与事故风险防控监察科、安全监管一科（行政审批科）、安全监管二科、安全监管三科、安全监管四科（职业安全健康监督管理科）、执法监察支队、安全生产应急救援指挥中心办公室。机关行政编制20名，行政执法专项编制19名。全市安全生产形势持续稳定好转，保持总体平稳态势。截至2017年底，韶关市共发生各类生产安全事故259起，死亡151人，受伤272人，其中经营性较大交通事故1起。与上年同期相比，事故起数上升2.95%、死亡人数上升7.09%、受伤人数下降24.23%；发生一次死亡3人以上较大事故1起、死亡3人，死亡人数下降50%，同期各项指标均控制在省下达的控制指标之内。

【安全生产责任体系完善】 2017年，市安监局下发《韶关市安全生产委员会关于调整市安全生产委员会组成人员的通知》，明确由市长殷焕明任安委会主任，常务副市长朱余旺及其他市领导和市安监局长等为副主任，50个市直部门及有关单位的领导为成员；按照《中共韶关市委办公室、韶关市人民政府办公室关于完善安全生产责任体系的通知》，明确各级党委、政府和相关职能部门的安全生产责任。市政府与各县（市、区）政府、市直有关部门签订《安全生产责任书》，明确监管责任，层层分解安全生产控制指标。坚持把安全指数列入韶关市经济社会科学发展观考核内容，将亿元GDP生产安全事故死亡率、工矿商贸就业人员10万人生产安

▲2017年12月10日晚，市食药监局主要负责人带队上线2017韶关《民声热线》（陈玉升 摄）

全事故死亡率、道路交通万车死亡率、特种设备万台死亡率等指标，纳入国民经济和社会发展统计指标，完善安全生产控制考核指标体系。市、县两级安监部门发挥指导协调工作职能。市安委会先后5次组织全市性安全生产综合检查、57次专项督查和安全生产专项治理工作，指导安委会成员单位做好相关行业、领域安全生产工作，形成“党委领导、政府监管、行业管理、企业负责、社会监督”的安全生产工作格局。每月在《韶关日报》上通报全市安全生产形势和安全生产指标控制情况，对个别指标超进度的地区进行预警，在全市安全生产季度会和生产安全事故隐患评析会上通报各地、各部门的安全生产事故指标完成情况。成立安全生产责任制考核工作组，于12月4—8日对19个市直部门和10个县（市、区）党政领导班子及领导干部安全生产责任制履职情况进行考核，坚持把考核结果作为评价各级领导班子和领导干部的重要指标及选拔任用、培养教育、奖励惩戒的重要依据。实行党政领导干部安全生产通报、挂牌督办、“一票否决”制度、诫勉约谈制度和责任追究制度，为实现全市安全生产形势持续稳定好转奠定坚实基础。

【安全生产预防】 2017年，市安监局严把企业安全生产准入关。依法对非煤矿山、危险化学品和烟花爆竹、民爆物品生产经营及建筑施工，实施安全生产许可制度和建设项目安全设施“三同时”（建设项目安全设施必须与主体工程同时设计、同时施工、同时投入生产和使用）制度，推进安全生产“关口前移，重心下移”。严把非煤矿山、危化品新建项目安全许可审批关，做好生产经营单位换证审查、危化品储存安全备案和易制毒企业备案发证等。截至11月30日，全市共完成非煤矿山、危险化学品、民爆物品等企业安全条件审查22家、企业安全设施设计审查49家，办理安全生产许可证104家；完成74座加油站、20家剧毒化学品、易制爆危险化学品经营单位换证以及3家非药品类易制毒备案证明，安全生产准入关口固实。组织安全隐患排查整改。按照“属地管理、行业管理、综合管理、分级管理”的原则，建立市、县两级隐患排查治理管理制度，绘制全市风险点、危险源电子图，完善各类事故隐患台账和数据库，实行隐患登记、整改、销号的全过程动态管理。对存在重大安全隐患的生产经营单位实行挂牌督办、重点监控，督促企业及时整改到位。截至11月30日，全市累计排查生产经营单位共47199家次，排查一般事故隐患28739处、整改28406处、整改率98.84%；排查重大隐患18处、完成整改17处、整改率94.44%（乐昌站南跨线桥重大安全隐患计划2020年完成整改）。抓好风险点、危险源排查建档，对排查出的32处红色、77处橙色、475处黄色和790处蓝色风险点危险源，实施分级管控和排查治理双重预防管理。先后组织1120余人次对“红色”“橙色”风险点危险源进行重点监控、定期巡查。

【道路交通专项整治】 2017年，市安监局摸清车辆底数和风险隐患现状，建立健全基础信息台账，组织开展“韶关市交通运输行业安全生产风险点危险源排查管控”“全市客运企业安全隐患排查专项整治”等专项行动，特别是对“三超一疲劳”（货车超高、超长、超重，疲劳驾驶）、酒驾毒驾、涉牌涉证、农村交通安全等重点交通违法行为保持高压态势。全市共排查、整治道路安全隐患193处，更换或新竖交通标志牌97块、修复或重划路口标线2万余平方米，检查车辆11492辆次，查处违章452宗；推动生命安全防范工程，抓好39处路面隐患项目整治，8个开工，其余正在进行招投标或方案设计评审工作；及时整治武深高速仁博段九连山隧道进口K381+600附近弃渣场重大隐患，清运石渣约20万立方米，基本消除事故风险。

【危险化学品专项整治】 2017年，市安监局建立健全危险化学品综合治理联席会议制度，开展危险化学品和烟花爆竹安全大检查专项整治，其间累计对100家生产企业、11家存储经营企业、9家烟花爆竹专营公司、702烟花爆竹零售点及236家加油站检查、排查1895次，整改隐患1401处，责令停产停业整顿企业4家，注销生产、经营许可证7个，实施行政处罚4.5万元；关闭烟花爆竹零售点163个、没收非法私炮8996箱、行政处罚8万余元，综合治理工作稳步推进。

【电气火灾专项整治及消防安全】 2017年，市安监局市委市政府多次对电气火灾专项整治做出重要批示，分管副市长带领相关部门深入商场、仓库、老旧小区和学校等公众聚集场所开展电气火灾隐患综合督查，对重大火灾隐患挂牌单位和重点地区实施重点督导。专项整治中，共检查相关单位184家（处），发现重大火灾隐患27处，全部挂牌督办整改完毕；其他隐患221处、整改196处，其余正在整改之中；提请电改城中村、棚户区、老旧小区和传统村落14个。推进特别防护期消防安全攻坚战，提升城市抵御火灾综合能力。9月以来市、县两级明确责任清单，加强部门联动，彻查全市2600多栋高层建筑，整改火灾隐患4065处，所有高层建筑均建立“一楼一册”档案；检查单位20307家，督促整改火灾隐患14563处、临时查封场所192处、三停单位181家、罚款441.6万元、拘留76人，督促有关单位落实各类防火措施，提升群众火灾自防自救能力。

【非煤矿山专项整治】 2017年，市安监局狠抓“头顶库”专项整治和采空区事故隐患综合治理工作，对凡口铅锌矿尾矿库等3处“头顶库”，韶关市要求所在地政府和相关企业按照国家和省要求，立即制定、落实“头顶库”重特大事故预防方案及治理方案，确保“头顶库”安全。推进非煤矿山采空区综合治理，完成50%以上的治理总量，推动非煤矿山淘汰落后设备和工艺，韶关市持证的75家非煤矿山共淘汰非阻燃电缆、风筒12万2490米、非矿用通风机78台、老式提升机（绞车）11台（套）、敞开式直流架线机车35辆、油断路器30台、主要井巷木支护1000米，及所有集中铲装人工装卸矿岩。46家采石场全部淘汰“一面墙”开采、扩壶爆破、无稳压装置深孔凿岩以及干式凿岩作业等落后工艺，确保矿工作业安全。

【职业健康监管整治】 2017年，市安监局开展严重类别用人单位职业病危害专项检查，重点进行陶瓷生产和耐火材料制造、手传震动、有机溶剂等重点领域职业病危害专项治理。排查企业967家，整改问题隐患1564处，立案处罚7宗、警告75宗、责令停产停业整顿3家，罚款5.75万元。通过整治，全市各类企业劳动防护用品配备率、职业卫生培训率、职业危害定期检测率、职业病危害现状评价率、职业健康检查率和监护档案建档率，以及职业病危害警示标识与作业岗位告知卡设置率均达到100%。重点行业噪声危害排查企业71家、接噪人员2556人，暂未发现职业性噪声聋，保障企业员工身心健康。

【水上交通专项整治】 2017年，市安监局开展特别防护期水上安全隐患大排查、“防范船碰桥”“砂石船专项整治”、水上交通“打非治违”等专项治理活动，强化重点水域、重点船舶、重点时段安全生产监管水平和保障能力。开展水上安全巡航1178次，出动执法车636车次、执法艇594 艘次、执法人员4941人次，巡航4329小时63335千米，组织签证船舶1332艘次、检查船舶5240艘次，开展客渡运安全检查583次，检查渡口2138道次、货运码头4座、水工工程5处，纠正船舶违章119起、消除隐患87处，发布预警信息39起。韶关市通航水域尚未发生水上交通安全监管责任事故。

【冶金工贸行业专项整治】 2017年，市安监局抓好涉氨制冷企业液氨使用专项治理验收，全市2家涉氨制冷企业于8月通过省级验收。组织冶金等行业粉尘防爆专项整治，对48家粉尘涉爆企业开展94次全覆盖检查，发现隐患156处、整改152处，限期整治完成4处。严格有限空间作业条件确认，韶关市涉及有限空间作业企业共129家，排查、整改问题隐患187处，消除个别企业存在的未开展有限空间作业审批、外委作业未签署安全协议等问题。

【其他专项整治活动】 2017年，市安监局开展重点行业领域气象灾害（雷电）防御专项整治，主动为重点工程、工业园区、政府招商引资项目提供防雷专项普查服务。全市共检查易燃易爆和危化企业86家、在建项目75个、旅游景区19处、人员密集场所23处，整改隐患72处；排查中小河流洪涝及山洪灾害危险区72处、城市地质灾害隐患点12处，发布灾害预警32次，确保汛期人民群众生命财产安全。强化油气输送管道安全隐患排查整治，共排查出40项油气输送管道安全隐患和风险点，隐患整改完毕，对23处易引发事故的风险点逐个制定防控措施，确保汛期油气输送管道安全平稳运行。深入排查旅游安全隐患，“五一”国际劳动节、国庆节前，排查旅游景区、星级饭店、旅行社216家次，整改隐患11处，“五一”国际劳动节、国庆假期韶关市未发生任何旅游安全事故。加强农机安全隐患排查治理，针对易发生农机事故的区域、地段、停放和转移场所及渔业船舶等进行排查，共排查农业机械生产经营单位50家，发现隐患66处；排查渔业船舶生产经营单位191家，发现隐患10处，整改完毕。抓好变型拖拉机专项整治，共检查拖拉机492台，查处变型拖拉机94台、手扶拖拉机63台，查扣无牌无证拖拉机41台、批评教育168人。开展特种设备安全大检查，重点检查人员聚集场所使用类特种设备、承压类特种设备和容易引起群死群伤、产生重大社会影响的其他类特种设备，共检查相关单位104家、特种设备3763台（套），整治问题隐患62处，印发《特种设备安全监察指令书》335份。严格民爆物品安全大检查，先后检查全市民爆物品生产经营企业27家次、覆盖率100%，排查事故隐患39处，其中完成整改38处，1处正在落实整改，整改完成率97.4%。组织建筑施工安全隐患整治，全市在监工程491项，受监率100%。专项整治中，抽查市区在建工程72项、检查施工企业17家、监理企业14家，检查建筑施工起重机械91台、高边坡4处、高层外脚手架37处，发出安全隐患整改通知书36份、扣分通知书33份，确保建筑施工安全。

【安全生产攻坚治理推进】 2017年，市安监局在危险化学品、非煤矿山、校车安全、建筑施工、交通运输、农业机械等6个重点行业领域开展11个项目攻坚治理行动。危险化学品、建筑施工、非煤矿山和校车安全攻坚治理项目完成。农机和交通运输攻坚治理推进，乐昌市完成农机攻坚治理任务，曲江区农机攻坚面临收尾；仁化南庄桥、曲江中村桥危桥改造基本完成，G240线灾毁重建工程开工。

【安全生产法治建设】 2017年，市安监局依法处理生产事故和违法行为。遵循“四个不放过”（事故原因未查清不放过、事故责任人未受到处理不放过、事故责任人和周围群众没有受到教育不放过、事故指定的切实可行的整改措施未落实不放过）原则，依法查处1起交通营运较大车辆事故，追究相关单位和个人责任；督导有关地区调查27起工贸行业一般事故，完成调查21起、结案14起，对36名责任人实施行政处罚、移送司法部门1人，累计处罚罚金316万元。抓好投诉举报受理工作，依托12350热线和网络问政平台，建立全市安全生产信息联动系统，实行24小时值班制度。2017年以来，共受理群众举报投诉27宗，查处率100%，均能及时向实名举报人反馈情况，群众满意度高。截至11月30日，全市共发出各类安全监管执法文书7082份（其中限期责令整改指令书2316份、现场检查记录2457份、整改复查意见书2309份），累计关闭取缔企业13家、停产整顿企业35家、打击严重违法违规行为32起、曝光典型案例2宗、列入失信企业1宗；打击非法开采矿产资源63处，立案查处31宗、注销采矿许可2宗、依法取缔27宗，实施安全生产行政处罚266次，累计处罚金额1508.90万元。

【安全生产保障体系强化】 2017年，市安监局开展安全生产宣传培训。坚持将安全生产工作纳入领导干部和公务员培训内容，开展送安全生产法律法规和技能知识进企业、机关、学校、社区、农村“五送”活动和“安康杯”竞赛活动。结合“安全生产月”和“职业病防治法宣传周”，市、县两级安监部门协调住建、海事、消防、农业、林业、旅游和国土等30多部门联合开展安全生产执法警示教育、事故应急预案演练、安全生产设备展示、安全生产知识手册发放和案例分析、现场举报投诉等活动，群众反映良好。6月，举行“安全生产宣传服务咨询日”活动，其间，全市共悬挂横幅标语500多条、张贴安全整治公告8000份、发放各类安全生产资料7万余册。创新培训方式，在有条件的企业采取进基层办班教学和集中培训相结合的办法，解决企业培训与生产之间的矛盾，为企业节约培训开支20余万元。共举办各类安全生产业务培训班72期，培训主要负责人和安全管理人员2727人次，特种作业人员5336人次，累计办理特种作业操作证4971个，危险化学品行业主要负责人、安全生产管理人员合格证1326个，提高企业安全生产管理水平。着力提升应急处置能力。韶关市在南雄、乳源、翁源等地建设3支危险化学品应急救援队，依托宝钢集团广东韶关钢铁有限公司的人员、设备及技术，整合全市金属冶炼行业抢险救援力量，建成全省第一支挂牌的省级金属冶炼应急救援骨干队伍。韶关市构建矿山、危险化学品、金属冶炼行业、森林防火、水上交通应急救援体系网络，辐射全市各地，形成资源共享应急救援框架。相继组织开展非煤矿山、金属冶炼、火灾、危险化学品生产与运输及水上交通事故等专项应急演练，应急处置能力不断提升。6月29日，省安委办与韶关市在大宝山矿业有限公司联合组织“模拟露天非煤矿山发生高陡边坡滑坡重大生产安全事故应急演练”，提高市、县政府应对重特大生产安全事故应急救援的快速反应能力和抢险救援能力。不断加大安全生产投入。设立安全生产专项资金并纳入财政预算，资金投入力度不断加大。全市安全生产财政投入资金达2104万元（其中省级资金1128万元、市级资金976万元），主要用于完善安监机构基础设施，以及非煤矿山、危险化学品及烟花爆竹储存（批发）、冶金等行业工业园区外规模以上企业等行业领域事故风险防控、隐患排查治理项目和职业危害防控等。市、县两级安全监管部门的执法车辆、现场监督检测设备、应急救援指挥装备、现场执法装备、信息化装备、办公设备实现数量增加和质量提升的双重变化。

▲2017年6月16日上午，在西河全民健身广场，韶关市开展安全生产宣传咨询日活动 （钟才乐 摄）

【安全监管体制改革推进】 2017年，市安监局不断完善安全监管救援体制。韶关市各县（市、区）、财政独立园区均建立专职安全员队伍。全市现有基层专职安全员409人，专业、半专业森林消防员2923人，社区微型消防站826个，安全生产末梢监管、救援体系不断健全。强化监管队伍能力建设。先后多次邀请省安监局领导、市委党校教授、各类专家为各县（市、区）、市安委会成员单位领导和县（市、区）安全监管人员授课，各县（市、区）也加强对各镇、村和园区专职安全员队伍培训，提升监管队伍职业道德和业务能力。推进安全生产领域改革发展。加速推进《中共韶关市委 韶关市人民政府关于推进安全生产领域改革发展的实施意见》的出台。完成《中共韶关市委 韶关市人民政府关于推进安全生产领域改革发展的实施意见（送审稿）》报送市委审核。 （谢财娣）

财政 · 税收 · 金融

财　政

【概况】 韶关市财政局为主管财政工作的人民政府工作部门，2017年共有机关行政编制91名，实有在编干部83人，其中含局领导编制6名（局长1名，副局长4名，总会计师1名），实有5名，另市纪委派驻第六纪检组长任韶关市财政局党组成员。韶关市财政局机关内设19个职能科室（人事科加挂机关党委办公室牌子），7个下属单位。2017年，韶关市财政局获“广东省文明单位”“全省地方财政总决算编审工作一等奖”“全省部门会计决算报表工作优秀单位”，全省企业（含金融）类决算报表评为表扬单位，韶关市国家农业综合开发高标项目绩效评价结果被财政部广东专员办评为“优”等次。1人获得2017年广东省修身齐家演讲大赛银奖。2017年发挥财政职能，加强预算执行管理，谋划财源，加快支出进度，推动各项改革，着力保障和改善民生，破解发展资金短缺的难题，完成全年各项目标任务，为韶关市经济社会持续健康发展提供财力保障。韶关财政存在的问题是新增税源少、收支矛盾大、社会资本利用不足。

【地方财政收入实现近三年最高增幅】 2017年，面对“营改增”（营业税改增值税）、供给侧改革及一系列减税降费政策等挑战，市财政局转变观念，创新践行“大财政”理念，建立健全协税护税工作机制，实施“一企一策”，加强政企合作，实施精准帮扶，帮助企业做强做大，培植税源，夯实税基。及时监测分析财政收支运行情况，强化收入组织工作，促进依法征收、应征不漏。推动财政收入与经济增长速度相适应。规范非税收入组织管理，优化非税收入缴库流程，加强非税收入监督检查，引导非税收入合规真实增长，提高收入质量。2017年，全市地方一般公共预算收入完成88.7亿元，增长6.22%，是2015年以来的最高增幅，是上年增幅（2.28%）的2.7倍。同时也是近三年来首次财政收入增长水平高于经济增长水平（2017年全市生产总值增长6%）。来源于韶关的财政收入完成256.96亿元，增长17.20%。全市上划中央收入、省市共享“四税”收入分别完成81.58亿元、26.74亿元，增长20.97%、20.61%，均完成上级考核任务。在财政收入增长的同时，收入质量也有所提高，非税收入增长0.51%，占比39.02%，比2016年降低1.47个百分点。县级财政收入实现新的突破，南雄财政收入突破6亿元，翁源、始兴财政收入突破4亿元。

【财政支出进度加快】 2017年，韶关市财政局完善抓支出工作机制，定期召开专项会议，从年初就将支出工作任务布置到各县（市、区），并在人大通过预算后5个工作日内将预算下达到各预算单位，缩短资金拨付时限。每月制定支出计划，按计划督促市直各预算单位抓好预算执行。及时掌握预算执行动态，做好督促检查工作，加大对重点部门、重点项目的监控力度，将预算单位支出进度情况列入年度绩效考核，将县级财政支出考核与转移支付挂钩，定期进行通报，督促其提高预算执行率。梳理支出情况，对未支出的项目资金逐项进行排查，及时收回统筹使用。采取措施加快支出进度，能支尽支。清理市级预算单位存量资金，统筹用于社会发展急需支持的领域。2017年，全市一般公共预算支出完成310.91亿元，执行率（不含省直管县）达99.68%，比上年提高12.98个百分点。其中，市本级一般公共预算支出完成86.53亿元，执行率达到100%

【财政支出结构优化】 2017年，韶关市财政局突出“压一般”，从严控制一般行政性经费和“三公”经费增长，落实各项节支措施，全市一般公共服务支出比上年下降5.42%，“三公”经费财政拨款下降3.21%。突出“保重点”，确保民生和重点领域支出需要。做好产业共建、城市提升、县域发展“三大主题”工作的财力保障。全年财政共统筹安排资金284.7亿元支持稳增长。包括8亿元支持华南先进装备制造产业园建设项目、7.36亿元支持棚户区改造项目、6亿元支持东环线等市政府重点交通路网建设项目、5亿元支持芙蓉新区基础设施项目、4.2亿元支持市区污水处理厂及配套管网建设项目、3.6亿元支持武深和汕昆高速公路项目等，委托市城投公司出资1亿元，用于组建韶关先进装备制造产业发展基金。重点做好民生财力保障。全市用于保障和改善民生事业资金达238.82亿元，增长19.09%，占财政总支出的76.81%，比上年提高

1.99个百分点，其中文化体育与传媒、医疗卫生与计划生育、节能环保、城乡社区、农林水等支出增幅均超过一般公共预算支出增幅，实现较快增长。落实底线民生保障。加大投入力度，保障城乡低保补助、五保供养、医疗救助、基础养老金、残疾人保障、孤儿保障等六类底线民生项目，全年全市投入底线民生保障资金1.92亿元，增长7.26%。全年全市共投入省十件民生实事资金26.78亿元，增长7%。完成年初预算的105.23%。投入市十件民生实事资金约16亿元，让人民群众更有获得感。做好全市实施精准扶贫精准脱贫资金保障工作。2017年，市级财政筹措推进农村人居环境整治资金2亿元，拨付精准扶贫精准脱贫市级资金5337.74万元。全市非营利性服务业增加值财政核算科目支出完成227.7亿元，同比增长20%。其中，文化体育与传媒、医疗卫生与计划生育、节能环保、城乡社区、农林水等支出增幅均超过一般公共预算支出增幅，实现较快增长。促进基本公共服务水平差距缩小。全市城乡、县区和群体间的基本公共服务水平约80个服务项目缩小差距，落实乡村地区教师岗位津贴、将不同人群纳入健康管理、优抚对象抚恤补助标准城乡一体化等。扩大基本公共服务覆盖范围。新增残疾人两项补贴、民办养老服务机构扶持资助等34个服务项目。提高基本公共服务覆盖水平。调整中等职业教育免学费政策，第三学年学生覆盖100%。建立居民健康档案，实施后电子建档率达75%等。基本公共服务保障标准提高。提高39项基本公共服务标准水平。城乡居民基本医疗保险配套标准从420元/人/年提高到450元/人/年；中职教育国家助学金标准由每生每年1500元提高到2000元等。基本公共服务体系逐步健全。调动县（区）先行先试的积极性，各县（市、区）根据实际推进共有73个基本公共服务项目。乐昌市建设镇街社会保险所服务平台、南雄市建设农村无害化卫生厕所等，推动人民群众共享改革发展成果。推进基层公共服务平台建设。全市1427个村（社区）公共服务中心（站）均通过省考核验收。

【财政支持创新驱动发展战略实施】2017年，韶关市财政筹集资金8.9亿元用于创新驱动战略实施。围绕重点环节，支持科技创新。设立中小企业贷款风险补偿基金1亿元、科技信贷风险补偿基金2880万元、“政银保”风险补偿基金1000万元，解决韶关市企业“融资难”“贷款难”“担保难”等问题，开展5批共51家企业科技信贷风险准备金入池工作，支持科技型中小微企业的发展。出台一系列落实创新驱动发展战略的政策文件，提高财政对科技企业的支持和奖补力度。围绕创新主体，激发创新驱动内生动力。安排4.16亿元重点支持科学技术、资源勘探信息、商业服务业、金融监管等方面项目的创新驱动发展，促进发展动力切换，重点包括科技发展、工业和信息化、中小企业发展和技术改造、旅游发展、金融发展、产业孵化器等方面。

【财力保障“三大主题”建设】2017年，韶关市财政局重点做好产业共建、城市提升、县域发展“三大主题”工作的财力保障，全年财政共统筹安排资金284.7亿元支持稳增长。筹集资金7.36亿元支持棚户区改造项目、6亿元支持东环线等市政府重点交通路网建设项目、4.2亿元支持市区污水处理厂及配套管网建设项目、5亿元支持芙蓉新区基础设施项目、3.6亿元支持武深和汕昆高速公路项目、8亿元支持华南先进装备制造产业园建设项目，委托市城投公司出资1亿元，用于组建韶关先进装备制造产业发展基金。全市纳入GDP核算财政八项支出227.7亿元，增长20%，拉动全市GDP增长1个百分点以上。

【财政推动区域协调发展】2017年，韶关市财政局改善农业生产条件。继续推进高标准基本农田建设，开展南水供水工程、中小河流治理工程建设。制定巨灾保险承保机构政府采购工作实施细则，支付巨灾保险保费1270万元。完成政策性涉农稻水、禽畜、农房和森林等保险工作，共拨付保费3576.6万元。支持改善农民生活环境。安排9153万元，用于泥砖房、茅草房等农村危房改造。制定推进新农村人居环境整治2017年度市级财政资金筹措分配方案，市本级安排2亿元推进农村人居环境整治。组织完成农村集体“三资”管理服务平台建设验收工作。农业综合开发工作迈上新台阶，2016年度国家农业综合开发高标准农田建设项目完成，是全省唯一全面竣工并完成市级验收的地级市。2017年度建设项目进度全省最快，其中翁源县国家农业综合开发模式创新试点竞争立项成功并组织实施，实现项目融合、三产融合、资金融合、科技融合、生态融合等“五个融合”。

【土地储备运营工作】2017年，韶关市土储中心划归韶关市财政管理后，发挥土储中心职能，制定落实好市对区土地储备征收财政激励政策，加快土地收储进度，实现成片整体收储，确保完成收储计划。加强土地经营，适时出让或开发成熟后出让，争取土地出让效益最大化。利用中央财政的政策支持，加快韶关市转变经济发展方式，走生态文明发展道路，2014—2016年共争取中央节能减排资金8亿元，超额完成目标任务。通过三年期的国家节能减排考核，获得4亿节能减排奖励资金，使韶关成为建设资源节约型、环境友好型社会的山区欠发达城市示范。

【财政政策有效落实】2017年，韶关市财政局开展供给侧结构性改革。履行好降成本行动计划牵头部门职责，牵头组织研究帮助企业降成本的政策措施，贯彻落实降低制度性交易成本、人工成本、税负成本、社会保险费成本、财务成本、电力等生产要素成本、物流成本等7个方面成本的35项政策。全年全市共为企业减负42.99亿元，完成年度计划的143.3%。配合上级部门开展重点企业税源快报等税源调查、“营改增”

扩围试点和资源税等税制改革工作，贯彻落实中央、省关于减税降费、减轻企业负担的各项政策，清理规范行政事业性收费项目。全年共停征、减免收费项目34项，减收资金约1.6亿元，减轻企业负担。推进节能减排财政政策综合示范市工作。2017年通过三年期（2014年—2016年）的国家节能减排财政政策综合示范市考核，累计获得中央补助12亿元的节能减排奖励资金，使韶关成为建设资源节约型、环境友好型社会的山区欠发达城市示范。

【财政机制体制改革稳步推进】 2017年，韶关市财政局深化零基预算改革，2017年预算编制已实现市级预算单位全覆盖，预算安排由“基数+增长”向“动态+标准”转变，预算管理模式实现由“以资金分配为主线”转变为“以项目管理为主线”，由“先定预算，再定项目”转变为“先定项目，再定预算”，提高预算资金使用效益。继续推进财政资金项目库管理，落实跨年度预算平衡机制，编制实施新一轮中期财政规划，增强预算科学性和前瞻性。开展权责发生制政府综合财务报告制度改革。制定工作实施方案，组织预算单位进行培训和业务指导，明确工作目标、主要任务、编制原则、分工职责及编报流程，建立财务报告编制工作机制，强化政府资产管理、降低行政成本、提升运行效率、防范财政风险。韶关市2016年度权责发生制政府综合财务报告编制工作完成上报省厅并通过财政部集中会审。推进财政投资评审工作改革。出台政府投资项目建设成本控制办法、市级财政性资金基本建设投资评审管理办法（试行）等政府投资项目管理办法以及政府工程投资成本控制管理办法、评审管理办法等文件，使评审工作规范化有制度保障，提高评审效率，降低评审风险。全年评审完成项目252个，送审金额47.39亿元，净核减3.82亿元，比2016年增加2.13亿元。继续深化乡镇国库集中支付改革。对乡镇国库集中支付改革情况进行全面自查，重点检查改革资金范围情况、国库集中支付直达情况、乡镇财政账户设置及使用情况等。韶关市所辖有97个乡镇均实施国库集中支付改革。推行政府采购监管工作改革。强化政府采购监管职能，制定加强市直部门及其下属单位政府采购内控管理工作方案，启动全市政府采购代理机构监督检查工作，探索建立引入社会中介机构工作机制，以委托服务与业务指导相结合方式，推动韶关市政府采购监管实现常态化、精细化。继续深化“放管服”改革。组织“一门式一网式”政府服务信息系统录入、局权责清单和行政许可事项目录的更新和承接、行政审批中介服务事项的清理、“减证便民”行动，推动简政放权的政府职能改革进程，提高市财政局的行政工作效率。参与和支持其他领域改革。配合市环保局做好县以下环保机构监测监察执法垂直管理制度改革、配合市发改局加强社会信用体系建设、配合市住建局研究制定工程领域信用信息建设办法、配合市卫计局推进改革基层医疗机构运行机制等。

【财政管理效能稳步提升】 2017年，韶关市财政局推进依法行政依法理财。2016年度全市依法行政考评等次为良好。全年处理行政复议和行政诉讼案件11宗，其中行政复议3宗，行政诉讼8宗，案件维持率均达到100%。处理信访局转来信访办件1件和人大、政协议案提案50件，答复率100%。规范财政专项资金管理。开展中央财政扶贫资金、2016年省文化设施建设和文化遗产保护专项资金等5项省级专项资金（包括）、2016年食品安全专项资金等2项市级专项资金、2017年省级财政专项资金、一般性转移支付资金及债券资金自查及重点检查工作，查摆违规申报、擅自改变资金使用方向、项目管理不规范及专项资金闲置未用等问题，维护财政资金的安全。盘活政府性资金、资产及资源。对市本级115个预算单位的银行账户进行清理，清理范围除本级预算单位外，涵括各预算单位的内设机构及挂靠的各类学会、协会和市级议事协调机构（临时机构）等在各银行金融机构设立的所有账户（含定期存款，零余额账户除外）。第一批清理出93个预算单位共上划国库存量资金1.84亿元，第二批预计可收回存量资金5.23亿元。配合市国资委统筹盘活政府行政事业性国有资产、市属四大国有企业及工贸公司接管的企业资产。规范财政专户管理。对存量账户中不属于7类常规类和12类专项支出类的专户进行彻底清理，共清理撤销财政专户43个，保留财政专户105个，其中市级财政专户8个。加强对库款的统计分析和动态监测，建立库款通报制度，将库款资金存量与增量调度挂钩，督促各县（市、区）增强库款管理水平，将库款维持在合理水平。全市库款保障水平为1.15，比上年同期水平下降0.18。加强财政绩效管理。规范第三方绩效评价和预算绩效目标管理，完善预算绩效管理链条。做好财政支出项目自评审核工作，选取5个部门共19个项目委托第三方开展自评审核，涉及财政专项资金1.87亿元。做好韶关市年度资源枯竭城市转移支付资金绩效自评工作。做好2017年市级财政支出绩效评价工作，选取4个项目委托第三方机构开展重点评价，涉及财政专项资金1.18亿元。做好财政决算编审工作。韶关市2016年度财政决算编审工作完成，获得省财政厅通报表扬。加强财政内部控制工作。加强财政内部控制制度建设，完善“1+8+x”模式的内部控制制度体系，完善内部稽核规程，强化审计、督查反馈问题整改落实，加强内部控制执行管理，防范资金运行风险，保障财政资金安全运行。推进财政信息化建设。做好财政系统局域网络防病毒工作，推进财政一体化信息系统建设，建立完善全省财政资金实时在线联网监督系统、内网身份认证与授权管理系统建设，实现通过纵向网传递报送财政预算、支付数据，为财政改革发展各项工作提供技术支撑。加强行政事业资产管理、公务用车管理、财政票据监管、会计管理及财政科研、离退休人员服务、全市公共安全（安全生产、信访维稳、禁毒等）

▲2017年2月10日，韶关市召开2017年全市财税和审计工作会议（陈一鸣 摄）

资金保障等工作，注重统筹推进、资源整合，财政管理效能提升。

【财政运行风险防范】 2017年，韶关市财政局规范投融资工作。将政府融资项目等同于财政投资项目进行管理，严控融资项目建设成本。适应新形势，守住不发生区域性系统性风险的底线，规范地方政府举债融资行为，组织开展政府融资担保清理整顿工作。通过编制中期财政规划、落实年度预算资金等措施，不断提高财政保障能力，调动社会资本投资积极性，引导和带动社会资本、金融资本参与韶关市经济建设。市本级有3个项目纳入省PPP项目库，总投资140.12亿元，还有5个PPP项目正在加紧推进前期入库工作，总投资约128.44亿元。加强政府债务管理工作。化解政府债务风险，2017年财政部对2015年韶关市政府债务的通报中，2015年市本级与翁源县被列为风险预警地区。通过消化存量、控制规模、开拓财源等一系列的降风险措施，2017年市本级和各县（市、区）债务率均控制在风险警戒线以内，完成从风险预警地区摘名任务。

【财政信息公开全面推进】 2017年，韶关市财政局建立预算公开透明制度，促进预决算信息公开常态化、规范化和法制化。抓好财政预决算公开专项检查反馈问题整改。针对预决算公开检查中发现问题抓紧落实整改，梳理存在问题，深入剖析原因，逐项明确整改责任和措施，督促各市直单位对照整改。存在问题的市直部门全部整改完毕。组织做好年度预决算公开工作。总结整改工作情况，明确预决算公开要求，分类抓好市直部门财政预决算公开工作。非涉密市直部门公开2017年部门预算、“三公”经费预算。加强政务公开平台建设。将局门户网站并入市政府网站集约化平台，同步完成网站的升级改造，新增决策公开、执行公开、结果公开和政策解读等栏目，根据栏目要求更新相关内容信息。做好牵头负责的重点领域信息公开工作。制定牵头负责的重点领域信息公开工作方案，细化明确工作任务和要求，落实各项工作责任，做好预决算、专项资金、“三公”经费信息公开基础上，将财政信息公开拓展到减税、降费降低要素成本、政府和社会资本合作（PPP）项目、“放管服”和财税体制改革、化解过剩产能工作、防范金融风险等信息领域，全面推进财政信息公开。建立完善财政信息公开长效机制。完善推进市级预决算信息公开工作的实施意见。健全责任机制，建立分工明确、责任清晰的工作机制。健全工作指引沟通机制，明确公开要求和流程；健全督查机制，加大监督检查力度。

（邓韶江 胡莹莹）

国家税务

【概况】 韶关市国家税务局（简称“韶关市国税局”）成立于1994年9月28日，是韶关市主管国家税收工作的职能部门，主要职能是贯彻执行国家各项税收法律法规，结合本地实际拟定具体的实施办法，组织各项国家税收收入，对税收政策执行情况进行监督检查。2017年，全系统现有干部职工995人，其中全系统大专以上学历在职人员达到99.2%，研究生以上学历28人。全市国税系统精神文明建设继续走在全省国税系统、韶关市各单位前列，韶关市局、乐昌市局通过“全国文明单位”复审，武江区国税局获得“全国文明单位”，乳源县国税局获得“广东省文明单位”，乐昌市国税局通过“广东省文明单位”复审，乐昌市局纳税服务股获得“全国青年文明号”，浈江区局、曲江区局、南雄市局、新丰县局获得“韶关市文明单位”称号。市国税局机关被评为“市直机关党建示范点”“韶关市‘双争双促’主题实践活动先进党组织”；参加省、市直工委举办的工作创新创优技能大赛，获全市党建类“一等奖”以及省、市工作技能大赛“优秀组织奖”。全市国税系统税收收入迈上新台阶。聚力改革取得新发展，优化服务实现新跨越，依法治税凸显新思维。

【国税收入增加】 2017年，全市国税系统完成税收收入134.48亿元，增长28.8%，增收30.1亿元；剔除海关代征进口税收，国内税收收入突破100亿元，达到121.53亿元，增长25.0%，增收24.34亿元。完成省局下达年度国内税收收入预期目标的110.5%，税收增幅高于全省平均水平2.6个百分点。组织市本级财政口径收入7.81亿元，同比增长30.4%，增收1.82亿元，完成市政府年度收入预期目标7.8亿元的100.1%。武江区局、乳源县局财政收入突破十亿元，全市国税系统坚持组织收入原则，关注经济税源变化趋势，加强税收征管，把握工作主动权，超额完成税收收入预期目标。分配税收预期目标，开展税源调查、税源分析，撰写调研分析报告供地方政府和上级领导决策参考。按季召开组织收入分析会，研究地区税收问题和潜力，部署堵漏增收措施。推进风险管理提效能，入库税款合计3.52亿元，风险命中率99.57%。加强所得税管理，累计组织企业所得税收入13.16亿元，同比增长43%；加强国际税收管理，实现国际税收累计入库2591.4万元。完善第三方涉税信息分析利用机制，全年共接收处理信息6万多条，增加税收收入1.23亿元。加强税务稽查，完成查补收入1.82亿元，同比增长27.18%，以查促收成效显著。

【国税优惠政策落实】 2017年，韶关市国税局做好各项政策宣传辅导，针对纳税人关注的焦点和难点问题，对减税政策进行深度解读，查实情、问实效，做好纳税服务工作。全年办理出口退（免）税8.18亿元，累计减免税收16.51亿元，特别是乳源少数民族地区所得税优惠政策实现减免1.81亿元，乳源国税企业所得税收入从2014年底（政策实施前）的0.9亿元攀升至2017年底的2.87亿元，增长196%，突破历史峰值。实现“减一增二”的良好效应。

【国税营商办税环境优化】 2017年，韶关市国税局持续精简纳税人涉税资料报送，纳税人办理业务时间平均缩短18%，纳税人资料报送减少33%，办税环节压缩50%以上。生产企业的出口退（免）税审批权限全部下放，96.5%的退税业务在本地即可办理。加强风险管理，防范发票虚开风险，推行“实名办税制”，推进纳税人分类分级管理，对不同风险等级，分别采取风险提示、约谈评估、税务稽查等差别化应对，营造公平公正的营商环境。

【国地税合作力度加大】 2017年，韶关市国税局推行国税、地税“一窗式”综合业务，全市提供“一窗式”的联合办税大厅共20个，设置“一窗式”联办窗口98个，联合为纳税人办理8大类135项国地税业务。深化银税互动，全年支持154户小微企业获得贷款8.34亿元。联合为7895户纳税人开展纳税信用等级评定，举办联合宣传活动257次，联合培训辅导纳税人29413人次，扩大联合宣传影响力和覆盖面。

【国税纳税人满意度提升】 2017年，韶关市国税局持续深化“便民春风行动”，组织开展纳税人满意度及“我为纳税服务献一策”纳税人需求调查，做好大企业和“走出去”企业个性化服务，逐步完善办税服务大厅建设，落实采用二维码便捷纳税人开具增值税发票应用工作，实现代开专票的全程自助，实现税企双向减负增效。推广使用电子税务局，为纳税人带来全新的“互联网+”办税体验，纳税人满意度不断提升。在省国税局、地税局联合委托第三方组织实施的纳税人满意度调查中，韶关市综合得分排名全省第5，较2016年上升11位；其中，新丰县在全省140个区县中名列第一。

【国税依法治税新思维】 2017年，韶关市国税局系统继续保持连续24年行政复议和行政诉讼案件零发生。推进行政审批制度改革，贯彻落实《税务行政处罚裁量权行使规则》，规范税务行政处罚裁量权。推进“三项制度”试点落实工作，依法开展重大税务案件审理工作，推进法治文化建设，做好广东省第三批法治文化建设示范点的创建工作，翁源县国税局创建“广东省国税系统法治基地”。创新第三方监督制约机制，发挥法律顾问、第三方专家团队和法律工作小组的作用，提升法治化水平。推进内控机制建设。开展执法督察、督察审计工作，开展2017年度内部控制自我评估，完成RED新风险点配置工作，防范税收执法和行政管理风险。办理地方党政部门涉税文件审核，共审核来自地方党政部门发来的涉税文件153份，向各部门提出修改意见或提供数据等相关材料67份。

【国税便民办税春风行动继续推进】 2017年，韶关市国税局围绕税务总局推出的10类31项便民措施，细化推出101项具体行动措施。实现办税事项省内通办工作，共设置20个省内通办的服务窗

▲2017年11月8日，乐昌市国地税联合开展“政策进万家”活动，图为税务人员上门为企业开展政策辅导 （熊 亮 摄）

口，为纳税人提供5大类31个办税事项省内通办业务。继续加强纳税服务规范的实施，基本规范实现率100%，升级规范实现率超过90%。在各县级国地税联合成立“纳税人维权中心”，维护纳税人权益。

【全国首个国地税联合举办的大学生税收夏令营活动在韶关市开营】 2017年8月8日，全国首个国地税联合举办的大学生税收夏令营活动在韶关市开营。此次活动由韶关市国税局、韶关市地税局、韶关学院三方联合主办，吸引来自全国各地高校的30名优秀大学生参与其中。该次韶关国地税联办的以“中国梦税务情”为主题大学生税收夏令营，选取三个具有地方文化特色的县局承办，采用深入基层一线，零距离和纳税人沟通与展示的方式，通过一系列税务知识培训、税务宣传活动、税收工作实践、走访企业、参观工业园区税收公益广告的策划等多种模式体验活动，让大学生们与税收亲密接触，亲身参与和体验税收工作，了解国地税合作进程，增进大学生对税法和税收相关政策的认知和理解。（戴善娟）

地方税务

【概况】 韶关市地方税务局（以下简称“市地税局”）机关内设11个部门，分别是办公室、法规科、税政科、规费管理科、纳税服务科、征收管理科、计划财务科、信息管理科、人事教育科、机关党委办公室（加挂基层工作科牌子）、监察室（与纪检组合署办公）；下设直属行政单位2个，分别是稽查局（副处级）、韶钢税务分局，其中稽查局内设科室6个；事业单位1个，即机关后勤服务中心；下辖浈江区、武江区、曲江区3个区局，乐昌市、南雄市、仁化县、始兴县、翁源县、新丰县、乳源县7个县（市）局。2017年全系统在编人员共有1039人。全年税费收入实现平稳增长。全年累计组织税费收入109.76亿元，剔除“营改增”影响可比增长8.2%。税收收入50.24亿元，可比增长11.4%，其中：中央级收入10.77亿元，可比增长19.9%；省级收入6.06亿元，可比增长16.1%；市县级税收收入33.41亿元，可比增长8.1%；组织社保费收入53.04亿元，增长5.42%，其他规费收入6.47亿元，增长7.8%。“三个服务”成效显著，得到各级领导的多次肯定性批示，受到广大纳税人的好评，纳税人满意度调查工作全省排名第四名。工作质效明显提升。以制度建设和信息化建设为抓手，推进组织体系优化，推进各项工作规范开展，绩效管理成绩较2016年提升8位。精神文明建设与党建工作硕果累累。韶关市地税局创建“全国文明单位”和市直机关党建工作示范点；翁源县局、乳源县局通过 “全国文明单位”复核；仁化县局被授予“广东省模范职工之家”称号；韶钢分局和武江区西联分局均获“广东省巾帼文明岗”称号；浈江区局、武江区局分别获评“韶关市文明单位”。韶关市地方税务局被授予第五届“全国文明单位”称号；乐昌市地方税务局复查保留“广东省文明单位”称号。交流轮岗达28人，占比58.34%。对6名新提拔的科级领导干部实施异地交流任职，机关干部交流轮岗达66人，干部队伍活力不断增强。

【地税税费征管】 2017年，市地税局推进“放管服”改革，落实取消税务行政审批事项和非行政许可审批事项，推行行政审批标准化；简化审批手续，压缩办事时间；简化资料报送，推行无纸化，提高办事效率。推行纳税人分类分级管理，提升征管质效。完善征管业务流程，推行业务事项清单化管理，减少办税环节。强化社保费风险防控，推进社保费扩面征缴工作，超额完成社保扩面人数任务和养老基金收入任务，扩面人数任务完成率达101.16%。

【地税依法行政】 2017年，市地税局推行行政执法公示、执法全过程记录、重大执法决定法制审核等三项制度，打造阳光税务、规范税务、法治税务。持续推进法治税务示范基地创建，曲江区局获批“全省第二批法治税务示范基地”。推行基层法制员制度，在全市各县（市、区）局建立起税收法治员队伍。开展税收执法督察，不断提升执法水平。推进诚信体系建设，做好国地税纳税信用评价管理，深化纳税信用评价结果增值运用。2017年获评A级纳税人数量增幅195.14%，B级纳税人增幅37.78%，C级纳税人降幅62.85%，“银税互动”“银保合作”助力诚信纳税企业获得贷款支持6.08亿元。始兴县局将银税互动引入到扶持农业产业发展，得到当地党政的肯定和广大农户的欢迎。强化“两法衔接”，推广说理式执法文书应用，推进“双随机、一公开”运作机制，加强执法监管，提高稽查执法效率。2017年，全市稽查系统查补收入21010.89万元，立案查补收入3271万元。

【地税分级分类管理改革】 2017年，市地税局提出人与事相结合的分级分类管理理念，推动全系统组织体系、业务流程、管理系统、人力资源等各方面整体改革。市级层面，以稽查改革与信息化建设为手段，推进管理专业化；在县级层面，乐昌市局、南雄市局、乳源县局等单位试行，仁化县局、曲江区局主动吸取各地做法，形成管理扁平化、机构实体化的基本架构，为全系统优化组织体系提供样板。市局层面：形成《韶关市地方税务局分类分级管事制征管改革方案》，明确各层级征管业务事项。出台并落实《韶关市地方税务局稽查管理体制改革实施方案》，将县级稽查局的立案调查权统一到市局稽查局，以便集中人才办理案件，县级稽查局则负责日常检查及风险分析与防控，调动各级稽查资源。加大数据应用分析平台建设。打造覆盖全系统的数据应用平台，将业务类与行政类事务管理内容全部纳入该平台，为任务流转、业务信息共享提供信息保障。加快人力资源整合，打造新型管理团队。出台全系统干部交流办法与青年干部培养计划，推动人才流动。组建法律专业团队，建立以税务机关法制机构人员为主体，吸收专家和律师参加的法律队伍，统筹全系统依法治税工作。组建数据管理机构，负责对全市经济税源分析、风险推送等，统筹全系统数据管理与应用工作。县级局层面：整合县级局机关内设机构。将县级局原有机关机构整合，分别设行政办公室、业务办公室和纪检监察办公室，把纳服股、稽查局从机关序列下放到基层序列，纳服股职能整合到纳税服务分局，稽查局或独立运行或与数据管控分局合署办公，推动行政管理与税收执法的同步变革。整合基层机构。在不改变原有税务分局机构编制前提下，重组优化基层分局的征管职能，组建纳税服务、税费管理、数据管控三个基层分局，重新界定分局职责。其中：纳税服务分局负责税费征收及前台服务，税源管理分局负责税费管理及服务，数据管控分局负责税费的数据管理、风险管理，稽查局负责除立案检查以外的稽查职能。取消税收管理员固定管户制度，实行团队管理，按征管流程管事。推行涉税事项分类管理，分解税收管理员工作职责，应由纳税人自主承担的事项，还责于纳税人；属于宣传咨询等纳税服务事项，主要由纳税服务部门承担；属于户籍管理、税源调查等基础管理的事项，主要由基层税源管理部门承担；属于风险分析识别、风险应对等风险管理的事项，由数据管理部门承担。调整县级局班子分工。局领导由管机构转变为管事，具体对接市下达的种类事项任务，直接对下级工作团队进行指挥。灵活运用机构人员编制。按“三大办”岗责需求灵活调配人选，用好青年干部，解决以往存在的人员配置不均的问题。因事设岗，避免人浮于事。

【地税纳税服务】　2017年，市地税局提出“机关服务基层，全员服务纳税人”理念，全系统深入开展大走访问需问效活动，仁化、新丰县地税局结合大走访现场解决纳税人涉税需求，深受好评，全市机构纳税人走访率达100%。以问题为导向主动服务企业发展，不断推进办税便利化改革，拓展电子办税渠道，乐昌市地税局在全市首次引入税务机器人“乐乐”导税，受到纳税人点赞。11月24日，房地产交易智能办税系统成功上线，房地产交易业务可通过网上受理、后台审核、预约上门办理，办税效率提升4.5倍。全市企业电子税务局开户率达95.47%。推进无纸化办税，对实名制纳税人通过电子税务局可实现无纸化办理9类92项涉税（费）业务。推行网上资料审核，创新网上预约办税和预受理、预审理服务。深化涉税数据共享，能够通过政府其他部门共享平台获取的无须纳税人再重复报送资料。全市办税服务厅纳税人平均等候时间从24.4分钟缩短至11.5分钟，办税效率提升112%。落实税收优惠政策和减负降费政策，全年累计实际减免各项税费18.97亿元。

在全省纳税人满意度调查中，全市排序从全省地税系统第19名跃居第4名，进步幅度全省第一。其中，曲江在全省县域级排名中位列第一，仁化位列第三。12月14日，仁化县地税局承办全省地税系统部门预决算信息公开经验交流会（粤东西北片区）。深化“放管服”改革，助力产业园建设，狠抓税务总局优化税收环境的30条措施及省地税局关于优化广东省税收营商环境15项措施的落实。建立税收政策帮扶机制，分类研究产业园建设中的涉税问题，依托“双创”主题税法宣传示范基地、高新技术企业税收优服务互动平台和税企惠农助农平台，帮助企业解决问题。推进税务行政审批制度改革和商事制度改革，仅保留市一级行政许可1项，县一级行政许可3项，53890户纳税人享受到“一照一码”改革便利。各级地税机关开展税收调研分析，对资源税“三下”范围进行深入调研，促使企业补缴税款3158万元。各级主动为政府招商引资提供意见或建议，定期进行经济形势分析、提出服务韶关先进装备制造业发展的意见，得到各级党委政府主要领导多次肯定性批示。

【国地税合作】　2017年，市地税局落实国地合作规范3.0版为抓手，51项合作事项与33项改革任务落地，联合办税全市覆盖，8大类135项基本业务实现“一窗受理”。联合推进房地产业“一体化”管理模式，创新房地产和建筑业协同管理模式。8月1日，南雄市地税局率先在全省实现“两业”税收“一体化”协同管理。联合签订《国际税收合作备忘录》，拓宽国地税国际税收工作新思路。创新税宣形式，打造国地税联合、市县联动的宣传模式，推出“中国

▲2017年7月12日，韶关市地税局举办全省首个“双创”主题税宣示范基地启动仪式
（韶关市地税局　供）

▲2017年8月8日，全市金融系统学习全国金融工作会议精神 贯彻落实市委十二届四次全会部署会议（市金融局 供）

梦·税务情”大学生夏令营、全省首个“双创”主题税收宣传示范基地、高新技术税收“优服务平台”“税信惠农助农服务平台”等税宣精品，先后被韶关日报、南方日报、中国税务报、广东卫视新闻联播等媒体刊载报道50余次。

【地税数据信息管理】 2017年，市地税局开发应用“以地控税”税源信息管理系统，实施“以地为基、全程跟踪、一体管理”的管理新模式，核补清欠入库税款1750万元。建设适合韶关地税的数据应用平台。全年推送风险任务超8000户，风险应对率100%。以数据分析应用提升征管质效，通过个税和社保申报数据分析，精准定位和找寻社保扩面空间，分解任务，促使社保扩面征缴任务完成。开展征管数据质量清理工作、所得税汇算工作、个人所得税全员全额电子明细申报工作、抓牢抓实各项税收征管基础工作。以规费监控分析管理平台为依托，围绕“社保费缴费登记率、缴费核定率、有用工单位登记率、催缴率、征缴率”开展工作，提高社保费征管质量的整体水平。开展积案清理，积案清理比例达到98.08%。全局绩效管理全省排名提升8位。利用纳入“韶关市大数据产业发展工作领导小组”成员的契机，畅通涉税信息交换渠道。与国土、住建、房管等部门的信息交换与共享取得新突破，堵塞征管漏洞，提升办事效率。与韶关市中级人民法院、人民银行韶关市分行达成合作协议，涉税调查的效率显著提高，税收共治格局初步建成。

（段 晖 唐 勇 邓粤雄）

金融工作

【概况】 韶关市人民政府金融工作局（前身为韶关市人民政府金融服务办公室，简称“市金融局”）成立于2005年，为韶关市人民政府协调服务金融业的工作部门。行政编制14名，设局党组，局长1名、副局长2名。内设办公室、银行市场保险科（地方金融市场科）、资本市场科3个科室。主要职责是起草有关规范性文件，拟订金融产业发展政策与发展规划并组织实施；指导金融改革创新工作，培育和发展农村金融服务体系；培育和监管产权交易、柜台交易市场等区域金融市场；协助和支持驻韶金融监管机构对各银行、证券、期货、保险、信托等金融机构及行业自律组织的管理；开展金融对外交流与合作；统筹协调落实市人民政府与金融机构的战略合作。2017年，全市共有银行业金融机构22家，证券业机构10家；保险业机构34家；融资性担保公司7家；小额贷款公司17家。全市各项存款余额1754.98亿元、同比增长5.1%，各项贷款余额876.77亿元、增长13.5%，存贷比49.95%、同比提升3.68个百分点。全市证券交易额3159.41亿元，增长0.35%。全市保险业金融机构保费总收入47.13亿元，增长12.48%。全市小额贷款公司贷款余额7.6亿元，增长11.76%；融资担保公司在保余额5.6亿元，下降6.67%。金融业增加值占GDP比重为4.33%，占第三产业增加值的比重为8.00%。3月8日，中山证券韶关站南路营业部、联储证券韶关碧桂园凤凰城证券营业部举行开业仪式。

【金融服务实体经济】 2017年，市金融局金融服务实体经济力度不断提升，全市银行业金融机构对接韶关市重点建设项目，年末贷款余额57.37亿元。各金融机构加大支持中小微企业的力度，截至年末，韶关市小微企业贷款余额242.94亿元，增长3.77%，增速高于大、中型企业，其中大、中型企业贷款余额同比增长1.06%；全市涉农贷款余额314.85亿元，增加34.75亿元，增长12.40%，比全省高1.02%，增速排名全省第十一位。发挥韶关市政府财政资金引导作用，“政银保”合作贷款累计发放1480万元，贷款余额1020万元；“农业政银保”合作贷款累计发放3380万元，贷款余额3380万元；通过科技信贷风险准备金发放贷款累计16653万元，贷款余额5595万元；通过中小企业风险补偿金（“助保贷”）发放贷款累计14.93亿元，贷款余额5595万元。中小微企业信用信息和融资对接平台自2017年9月实现试运行，累计促成融资业务94笔，融资金额4.53亿元。促进直接融资发展。落实《关于印发韶关市促进企业上市挂牌若干措施的通知》，提高企业改制上市积极性。不断完善建立上市后备资源库，做好培育引导服务，加快推进企业上市挂牌步伐。坚持信贷主动服务“三大主题”工作。推动政策性银行与韶关市政府性重点建设项目进行对接。金融业加快创新，各银行推出特色信贷产品满足实体经济金融服务需求。与各商业银行签订多项合作协议，助力韶关主动融入珠三角。

【金融合作不断深入】 2017年，农业发展银行和国家开发银行合计向韶关市城市提升项目授信136.28亿元。建设银行、中国银行分别与韶关市人民政府签署战略合作框架协议，承诺在韶关市基础设施建设、现代产业、创新驱动、社会民生、公共服务等领域为韶关市人民政府提供300亿元和230亿元的授信支持。6月2日，召开韶关市金融宣传工作会议暨金融系统与韶关日报社战略合作签约仪式。7月28日，韶关市金融系统与韶关市广播电视台战略合作协议签约。

【发展多层资本市场】 2017年，全市启动IPO企业3家，上市企业3家，新三板挂牌企业7家，在区域股权交易中心注册挂牌企业70家，有两家企业发行24亿元企业债。韶关市主动承接珠三角金融资本外溢转移，与深圳众投邦、广州达安创谷分别合作打造创新创业投资基金（2.5亿元）、丹霞天使母基金（5亿元）、医疗健康股权投资基金（6亿元），总规模达到13.5亿元。其中丹霞天使母基金作为市委市政府提出建设“天使小镇”构想的配套金融政策，通过母基金投放子基金，吸引外来创投企业入驻韶关，撬动金融招商。

【民生金融】 2017年，韶关市完成浈江、武江、曲江、翁源、新丰五个县（区）的普惠金融“村村通”试点建设工作，实现试点建设全覆盖。全市10个县（市、区）全部建成县级综合征信中心，创建信用村1208个、乡村金融服务站1032个、乡村助农取款点1245个，实现行政村全覆盖。发放农村产权抵押担保贷款310笔，合计发放42601万元。发放妇女小额担保财政贴息贷款863笔，合计发放4459万元，受惠群众1023人次。推进金融扶贫，成立韶关市金融支持脱贫攻坚工作领导小组，制定印发《关于构建农村信用体系 助力金融精准脱贫三年行动计划（2016—2018年）》和《韶关市扶贫小额信贷工作实施细则（2016—2018年）》，协调农业银行韶关分行、邮储银行韶关分行、韶关市农信联社与韶关市扶贫办签订合作协议，推进扶贫小额贷款工作开展，信贷支持贫困户脱贫。组织人保财险韶关分公司、中国人寿韶关分公司与韶关市扶贫办签订合作协议，以开展大病保险、政策性农业保险、特色农业保险、扶贫小额贷款保证保险等保险产品，建设保险公益扶贫机制，为驻村扶贫干部赠送人身意外保险等为主要内容，为贫困地区及贫困户提供保险保障。全市累计设立扶贫小额信贷风险担保金4858.96万元，扶贫小额贷款累计发放455笔、1736.1万元。

【金融改革推进】 2017年，市金融局推进市政府投融资工作。利用国家实施宽松货币政策机遇，创新投融资机制，以项目为主导，开展融资，共筹集各类建设资金505.07亿元。推进农信社改革。开展农商行组建工作。启动并完成韶关市区农信社、曲江农信社合并组建韶关市农商行，改制工作在推进。推进地方金融生态环境建设。地方金融的发展对银行信贷市场形成补充，在缓解中小微企业融资方面发挥作用。发挥财政资金引导作用，共享企业纳税信息，出台《韶关市小微企业贷款贴息管理办法》，支持企业融资。试运行韶关市中小微企业信用信息和融资对接平台建设。

【金融风险防范】 2017年，市金融局防范地方政府债务风险。全市债务率、偿债率、负债率低于国际警戒线，全市政府性债务风险总体可控。防范地方法人金融机构风险。压降不良贷款，督促部分农信社落实去杠杆工作，提升农合机构抗风险能力。监控房地产领域风险。房地产贷款增长较快，占各项贷款比重高。房地产开发贷款不良贷款持续增长，隐性房地产开发贷款风险较高。具体表现为贷款行业分类失真，房企以个贷形式融资及重组贷款掩盖风险。防范和处置非法集资。建立健全处非工作制度，加强对非法集资活动的监测和处置，联合市公安局加大对非法集资的侦办，维护韶关市金融秩序和谐稳定。

（陈　枫　李　凯）

中国人民银行韶关市中心支行

【概况】 2017年，中国人民银行韶关市中心支行围绕“服务实体经济、防控金融风险、深化金融改革”三项任务，贯彻落实稳健中性的货币政策，金融服务实体经济取得新实效；强化金融风险防控，金融环境改善；加大金融精准扶贫攻坚力度，普惠金融发展；提高外汇管理服务水平，支持涉外经济发展；做好各项金融服务，金融服务效能提升。中心支行获得省部级以上集体和个人荣誉7项，厅级以上集体和个人荣誉17项。

【银行支持实体经济发展推动】 2017年，中国人民银行韶关市中心支行发挥支农再贷款、扶贫再贷款和支小再贷款等货币政策工具的撬动作用，依托地方政府风险补偿基金，借助财政贴息扶持政策，创新推出“央扶贷”业务，引导涉农金融机构加大扶贫项目和民生领域的信贷投入。累计发放“央扶贷”1972笔、金额2.7亿元。引导金融机构扩大“三农”、小微企业信贷投放，综合运用支农、扶贫再贷款等政策工具降低“三农”、小微企业融资成本。全市支农、扶贫再贷款余额1.27亿元，加权平均利率为7.12%，比其他资金低0.92个百分点。强化货币政策的导向作用，优化信贷资源配置，支持供应链金融、新消费、环保绿色产业等领域的发展，加大对科技、文化创新发展的金融合作，加大对重大项目和重要领域的支持力度，加强金融对地方经济转型升级的助推作用。全市

▲2017年8月30日，韶关市“央扶贷”工作推进会暨始兴县试点启动仪式在始兴举行 （中国人民银行韶关市支行 供）

年末各项存款余额1755亿元，增长5%；各项贷款余额877亿元，增长14%。

【金融风险防控强化】 2017年，中国人民银行韶关市中心支行创新金融监管联系机制，实现金融系统和谐。与韶关市金融局、韶关银监分局构建“三驾马车”金融监管机制，联合召开“金融管理工作会议”，出台系列金融支持地方经济发展措施。加强与韶关市金融局、韶关市商务局、韶关银监分局等部门的沟通联系，推动完善监管信息共享机制，共同推进金融风险监管工作。健全毗邻地区金融稳定交流协作机制，组织召开粤湘赣“红三角”金融稳定协作联席会议，提高区域金融风险防范能力。加强与公安部门协调合作，完善反恐融资工作机制，推进打击利用地下钱庄、离岸公司转移赃款专项行动，加大打击涉恐涉毒诈骗等违法犯罪行为力度，协助破获案件6宗。其中，“8·16”地下钱庄案涉案金额高达200亿元。加大处置与防范非法集资、互联网金融等非法金融活动力度，联合韶关市公安局等8部门筹划“打击防范电信网络新型违法犯罪，构建平安和谐韶关”微视频拍摄大赛，提高社会公众防范风险的意识和水平。

【金融精准扶贫攻坚力度加大】 2017年，中国人民银行韶关市中心支行与韶关市金融局、韶关银监分局牵头成立韶关市普惠金融“村村通”工作领导小组和金融支持脱贫攻坚工作领导小组，定期开展工作督查，协同推进普惠金融和金融精准扶贫工作。继续协助广州分行在翁源县龙仙镇中心村金融精准扶贫工作，创新实施“互联网+信用三农”农业众筹模式，通过互联网解决农户融资和产品销售难题，扶贫产业得到发展。组织青年员工到中心村开展除草、修建操场义务活动，捐赠资金搭建龙门桥，向贫困户大学生捐助学费，向中心村小学捐赠书籍、桌椅，支持分行金融精准扶贫工作。加快推进县级征信中心建设、农户信用档案建设和信用户、信用村评定为重点内容的普惠金融工作。韶关7个县（市）征信中心建成并投入使用，浈江区、武江区、曲江区征信中心建设基本完成。探索“互联网金融+信用三农”助农融资模式，综合解决农业产业化发展难、融资难、农产品销售难问题。融资的农业项目6个，资金48万元，带动农产品销售50万元。

【支持涉外经济发展】 2017年，中国人民银行韶关市中心支行强化各项外汇管理政策的执行，推动全口径跨境融资业务发展，满足企业经营周转资金需求。全口径跨境融资业务累计签约10笔，金额6512.42万美元，提款3992万美元，拓宽企业融资渠道，降低企业融资成本。加强政策宣传和业务指导，拓展跨境人民币结算业务。辖区跨境人民币结算总额为37.98亿元，跨境人民币业务量实现净流入12.7亿元，扭转2016年同期净流出态势。

【金融违法违规行为打击】 2017年，中国人民银行韶关市中心支行加强与公安等部门的合作，坚决打击各类外汇违法违规行为。开发“地下钱庄”信息数据库，遏制外汇违法违规行为。开展打击“逃骗汇、非法套汇”等违法违规行为专项检查，加大对跨境资金异常流动的非现场核查和现场核查力度。探索非现场检查新指标、新方法，深挖异常、可疑、违规资金交易线索。上报非现场检查异常与可疑交易线索3条，2个非现场分析指标得到省分局推广。打击支付结算违法违规行为，银行部门柜台阻截电信诈骗51起，协助公安冻结、止付涉案资金232万元，破获电信网络新型违法犯罪案件126宗，避免损失逾千万。协助公安机关破获“7·22”假币案件，加大反洗钱工作力度，联合地方政府部门签订涉税、涉贪腐、涉毒、涉赌反洗钱合作备忘录，扩大跨部门反洗钱合作空间。

【金融服务效能提升】 2017年，中国人民银行韶关市中心支行推进支付服务环境建设，联合韶关市金融局出台《韶关市全面推进深化农村支付服务环境建设的实施方案（2017—2020年）》，推动韶关市“智慧公交”移动支付ODA项目成功试运行。推进“韶关市中小微企业信用信息和融资对接平台”建设，向韶关市财政局争取平台建设资金120万元。宣传和推广应用中征应收账款融资服务平台进行融资，解决中小微企业因抵押物不足融资难问题。全市该平台共开通用户71个，通过平台融资66笔，金额为25.71亿元。加快推进国库信息化工作，完成财关库银横向联网系统上线工作，与韶关市财政局、韶关市银行电子结算中心、建设银行韶关分行共同研发非税移动支付产品，国库服务效能提升。开展货币金银工作，落实库房管理制度，开展假币专项治理工作，完成各普通纪念币的发行工作。完善金融消费权益保护工作机制，推进金融教育进校园、进社区等活动，深化与韶关日报社、韶关市电视台等媒体的合作，联合市委党校出版《金融助力韶关振兴发展》书籍，加强公众金融知识宣传教育。　（邝　辉）

银行监管

【概况】　中国银行业监督管理委员会韶关监管分局（以下简称“韶关银监分局”）成立于2004年2月，有8个内设部门。截至2017年末，在职干部员工61人。2017年，辖内银行业机构累计新发放贷款504.6亿元，比上年增加140.93亿元、增长38.75%，贷款余额增幅比韶关市GDP增幅高7.6个百分点、比全市银行业各项存款增幅高8.39个百分点。全市银行业机构资产总额1849.62亿元，比上年末增加128.91亿元，增长7.49%；负债总额1799.40亿元，比上年末增加128.39亿元，增长7.68%；各项存款余额（不含财政性存款）1702.04亿元，比上年末增加92.77亿元、增长5.76%；各项贷款余额876.77亿元，比上年末增加104.25亿元、增长13.5%，增速比上年高7.94个百分点。2人分别获得银监会2016年信访工作先进个人、2017年度银监会系统青年论坛优秀奖。

【主动对接支持重点项目建设】　2017年，韶关银监分局加强外部单位联动，推送地方重点项目信息共享至辖内银行业机构，督导辖内银行业机构主动精准对接，为相关重点建设项目量身定做信贷支持或其他金融服务方案，通过加大政策宣讲、业务营销和推介力度，做好融资对接和相关配套金融服务。2017年辖内银行业共为市内25个重点项目提供贷款支持，截至2017年末投放在市重点建设项目贷款余额为66.28亿元，比上年末增长88.03%。

【实体经济企业融资成本降低】　2017年5月18日，韶关银监分局印发《韶关银行业降低实体经济企业成本助推供给侧结构性改革实施方案》，从切实增加信贷资金供给等八个方面督促引导辖内银行业机构开展降低实体经济企业成本和助推供给侧结构性改革活动。2017年全市银行业机构共计为客户减少融资成本5.7亿元。

【农村金融服务水平提升】　2017年，韶关银监分局印发《关于推进落实普惠金融“村村通”全覆盖工作的通知》，督导辖内银行业机构不断加强县域营业网点和服务渠道建设，延伸金融服务触角，提升农村金融服务水平，改善偏远农村地区的金融服务环境。韶关全辖共有行政村（不含居委会、社区）1208个，农村基础金融服务实现“村村通”100%全覆盖。其中机构覆盖行政村156个，各类电子机具覆盖行政村1029个，以其他金融服务方式覆盖的行政村811个。

【支持小微企业发展】　2017年，韶关银监分局通过收集汇总辖内银行业机构101种小微企业信贷产品并推送给市经信局进行营销宣传、会同市金融局联合印发《关于全面推进“政银保”合作贷款业务的通知》、依托银企对接交流会组织开展对87家参会小微企业进行问卷调查等形式，加强调研督导，督促辖内银行业机构不断拓展小微企业金融服务。辖内银行业机构小型和微型企业贷款户数合计比上年末净增300户，授信和贷款余额分别比上年末净增135.82亿元和9.99亿元。

【扶贫小额信贷工作推进】　2017年4月27日，韶关银监分局印发《关于以乡镇为单位落实责任银行推进扶贫小额信贷精准对接到户工作的通知》文件，督促辖内相关银行业机构以乡镇为单位落实包干责任，开展扶贫小额信贷工作。辖内各相关银行业机构共对2.96万户建档立卡贫困户进行信用评级，对其中1.02万户贫困户进行授信。全年累计发放扶贫小额贷款455笔、贷款余额1734万元，累计发放扶贫产业项目贷款2笔、贷款余额800万元。

【金融风险防控加强】　2017年，韶关银监分局在信用风险防控方面，在日常监管督导的基础上，通过开展信用风险专项排查督导辖内银行业机构做实信贷资产质量、暴露风险，通过督促辖内各银行业机构通过贷款重组、资产打包转让、呆账核销等方式拓展不良资产处置渠道。在降低信用风险的同时盘活信贷资产、释放贷款额度，为支持其他企业贷款挪出空间。全市银行业不良贷款余额、不良贷款率同比上年末“双降”。在案件和风险防控方面，按银监会统一部署，先后组织辖内银行业机构开展多项检查督查，督导辖内银行业机构加强

▲2017年11月2日，韶关银监分局召开辖内拟改制农信联社高管班子集体监管谈话会议　（韶关银监分局　供）

员工异常行为排查和监控管理，以此促进辖内银行业机构增强合规意识、规范业务经营、强化内控管理。辖内银行业未发生重大案件风险事件，守住不发生区域性系统性风险的底线，整体经营保持稳定。主动协调银政“助保贷”违约纠纷，共同维护良好金融生态环境。组织辖内银行业机构开展“金融知识进万家”宣传服务月活动并暗访督导，提高公众防范金融诈骗、保护金融消费者自身合法权益的意识和能力。督促辖内银行业机构做好案件风险防控、十九大期间的安全保卫、信访维稳、舆情监测、声誉风险防范等工作。

【债权银行委员会组建】 2017年，韶关银监分局推进困难企业债权银行委员会（以下简称“债委会”）组建工作，促使辖内有关银行业机构合力加强对重点客户的信贷风险防控，帮助企业渡过难关。2017年以来，通过加强日常监测、召开债委会工作推进会议、组织辖内有关银行业机构签订《韶关银行业推进债权人委员会合作宣言》等方式，落实广东银监局有关工作要求，推动辖内5家大额贷款余额困难企业债权银行机构成立债委会，形成化解行业风险、帮扶困难企业合力，防控地方信用风险。

【农信社改制工作正式启动】 2017年，韶关银监分局专门草拟《韶关市农信社改制组建农商行工作专项方案（2017—2020年）》并协助市金融局研究制订辖内农信社改制总体计划和思路。争取得到广东银监局支持，分别采取窗口指导、市场准入激励等方式提请珠海、南海、广州等珠三角经济发达地区的农商行前来投资入股帮助辖内农信社化解风险和加快改制工作。2017年第四季度省政府决定加快推进农信社改制组建农商行并确定由广州农商行对口帮扶韶关农信社改制工作后，韶关银监分局协助市金融局和市联社做好与广州农商行的联系和沟通，向部分县（市）党委和政府主要负责人宣讲有关政策、取得各有关方面的支持。市政府常务会审阅通过全市农信社改制组建农商行总体方案，确定由广州农商行作为战略投资者控股参与南雄农信社的改制及市区、曲江农信社的合并改制工作，上述农信社改制工作正按要求开展，其他各县（市）农信社也分别对改制组建农商行进行自评估并提交改制组建农商行申请，全市农信社改制组建农商行工作取得突破性进展。市区和曲江联社合并改制农商行、始兴联社改制农商行获省联社批准。

【金融消费者权益保护】 2017年，韶关银监分局成立银行业金融机构消费者权益保护考核评价工作委员会，组织辖内银行业机构开展打击非法集资宣传活动，开展非法集资风险专项整治工作。6月2日，韶关银监分局协同韶关市金融局、人民银行韶关市中心支行举办全市金融宣传工作会议并与韶关日报社签订金融宣传战略合作协议。9月1—30日，韶关银监分局组织辖内银行业机构开展2017年“金融知识进万家”宣传服务月活动及消保考评整改督导，活动期间辖内银行业机构共出动宣传人员3600人次，开展集中宣教579次，网点参与率达98.9%，发放宣传材料约16.53万份，受众客户量约32.72万人，发送宣传短信54278条，微博宣传发送1039条，微信宣传发送数量42076条，得到韶关电视、民生热线、《韶关日报》等地方主流宣传媒体报道。（茹雪芹）

银行业

【概况】 2017年末，韶关市银行业机构共有从业人员6237人，机构网点420个，其中：政策性银行机构网点3个，国有商业银行机构网点142个，股份制商业银行机构网点3个，邮政储蓄银行机构网点94个，外资银行机构网点3个，农村合作金融机构（含农村商业银行、农村信用社，以下简称“农合机构”）机构网点171个，村镇银行机构网点4个。2017年末。韶关市银行业机构资产总额1849.62亿元，比年初增加128.91亿元，增长7.49%；负债总额1799.40亿元，比年初增加128.39亿元，增长7.68%。韶关市银行业机构经营利润上升，但由于资产减值损失计提大幅增长，税后利润同比呈现下降。全年辖内银行业机构累计实现拨备前利润30.14亿元，增长16.07%；成本收入比39.28%，下降2.47个百分点；由于计提的资产减值损失增加，全年累计计提资产减值损失12.68亿元，增长60.23%，累计实现净利润13.49亿元，下降7.23%。其中国有大型商业银行全年实现净利润11.78亿元，与2016年基本持平。辖内银行业机构拨备覆盖率114.08%，比上年末增加2.54个百分点。其中：大型国有商业银行拨备覆盖率145.75%；股份制商业银行拨备覆盖率236.37%；城市商业银行5727.79%；法人银行业金融机构拨备覆盖率86.22%。

【金融服务水平提升】 2017年，增加信贷资金投放力度 2017年辖内银行业机构在处置大量不良贷款，以及外部经营环境不理想、地方经济增长和存款增长乏力等不利因素影响下，仍保持信贷投放高增速。截至2017年末各项贷款余额876.77亿元，比上年增加104.25亿元，增长13.5%。增速比上年高7.94个百分点，贷款余额增幅比全市GDP增幅高7.6个百分点，比全市银行业各项存款增幅高8.39个百分点。其中支持市内重点项目建设，全市银行业共为市内25个重点项目提供贷款支持，截至2017年末投放在市重点建设项目贷款余额为66.28亿元，比上年末增长88.03%，如2017年辖内银行业机构为韶钢新增授信5亿元，助推韶关市国有重点企业转型升级。辖内银行业机构落实降低实体经济企业成本工作，共计为客户减少融资成本5.7亿元。

支持三农事业发展 2017年，辖内银行业机构不断加强县域营业网点和服务渠道建设，延伸金融服务触角，提升农村金融服务水平，改善偏远农村地区的金融服务环境。截至2017年末，韶关全辖共有行政村（不含居委会、社区）1208个，农村基础金融服务实现“村村通”100%全覆盖。其中机构覆盖行政村156个，各类电子机具覆盖行政村1029个，以其他金融服务方式覆盖的行政村811个。支持小微企业发展。金融监管部门督促辖内银行业机构不断拓展小微企业金融服务，辖内银行业机构小型和微型企业贷款户数合计比上年末净增300户，授信和贷款余额分别比上年末净增135.82亿元和9.99亿元。

推进金融精准扶贫工作　2017年，韶关市扶贫办及金融监管部门先后印发《关于加快推进扶贫小额信贷发放工作的通知》《关于以乡镇为单位落实责任银行推进扶贫小额信贷精准对接到户工作的通知》等督导文件，督促辖内有关银行业机构开展扶贫小额信贷工作。辖内各相关银行业机构共对2.96万户建档立卡贫困户进行信用评级，对其中1.02万户贫困户进行授信，全年累计发放扶贫小额贷款455笔，贷款余额1734万元，发放扶贫产业项目贷款2笔，贷款余额800万元。

【金融风险防控成效显著】　不良贷款实现双降　2017年，辖内农村合作金融机构（包括农信社和农商行，以下简称“农合机构”）在反映真实信贷资产质量的基础上，通过贷款重组、资产打包转让、呆账核销等方式拓展不良资产处置渠道，截至2017年末，辖内银行业不良贷款余额比上年末减少5.21%，不良贷款比上年末下降0.48个百分点，不良贷款实现“双降”。

守住案件风险底线　2017年，韶关市金融监管部门通过开展辖内银行业信用风险、“三三四十”（“三违反”“三套利”“四不留”“十乱象”）、市场乱象、员工行为、“双录”（即设立销售专区并在销售专区内装配电子系统，对自有理财产品及代销产品销售过程同步录音录像）实施情况、企业互联互保贷款、票据业务、同业业务、股权管理、消费者权益保护、“卡贷宝”业务、库房及尾箱现金管理、案件防控等现场检查或督查，从制度、业务、人员、场所等多方面排查风险隐患，以此督促辖内银行业机构增强合规意识、规范业务经营、强化内控管理，促使辖内银行业未发生重大案件风险事件，守住不发生区域性系统行风险的底线，辖内银行业整体经营保持稳定，案件和风险防控工作取得一定成效。

加大打击金融犯罪力度　2017年，韶关市各金融监管部门加强与公安部门协调合作，完善反恐融资工作机制，推进打击利用地下钱庄、离岸公司转移赃款专项行动，加大力度打击涉恐涉毒等违法犯罪行为，全年协助公安机关破获案件6宗，其中“8.16”地下钱庄案涉案金融高达200亿元。加大处置与防范非法集资、互联网金融、电信诈骗等非法金融活动力度，联合韶关市公安局等八部门组织举办“打击防范电信网络新型违法犯罪，构建平安和谐韶关”微视频拍摄大赛，提高社会公众防范风险的意识和水平。银行部门柜台阻截电信诈骗51起，协助公安冻结、止付涉案资金232万元，破获电信网络新型违法犯罪案件126宗，避免损失逾千万元。加强金融系统社会治安综合治理，督促银行机构落实重大事项报告制度，加强内控管理和队伍建设，防范业务和道德风险，全年银行系统安全无事故。

严格落实存款保险制度　2017年，人民银行韶关市中心支行对全市地方法人银行机构开展存款保险风险现场评级工作，完成辖区10家地方法人银行机构投保机构风险评级，根据评级结果实施风险差别费率，督促地方法人银行机构及时缴纳保费，做好自身风险防范工作，保障存款人的合法权益。

【中国工商银行股份有限公司韶关分行】　2017年末，中国工商银行股份有限公司韶关分行（简称“工行韶关分行”）在职干部员工770人，下辖16个内设部门、13个一级支行、38个营业网点（覆盖三区七县）。党委书记、行长：邓湧。本外币各项存款时点余额250.81亿元；本外币各项贷款时点余额147.36亿元，较年初新增20.3亿元；其中本外币公司贷款余额79.59亿元，个人贷款余额66.5亿元。全年实现安全运营无事故、无案件的“双零”目标。

助力经济建设　2017年，工行韶关分行贷款累计发放53.9亿元，其中一般流动贷款投放39.78亿元，小企业贷款28.56亿元，累计发放小企业贷款19.59亿元，为韶关市企业减少融资成

▲2017年4月26日，中国银行韶关分行启动“中银科创企业投贷联动直通车”—韶关站活动
（中国银行韶关分行 供）

本9402万元。主要支持南粤交通仁博高速公路、南粤交通龙怀高速公路、碧桂园房地产、韶钢松山、中金岭南等重点客户的融资需求。对中小企业提供贷款支持，支持区域内实体经济企业经营及转型发展，发挥金融职能作用，推进降低实体经济企业成本的重要任务。

支持小微企业发展 2017年，工行韶关分行创新运用多种方式拓宽企业融资渠道，发挥政府补偿基金对企业信用风险补偿的作用，提出银政通、银政保、科技信贷等政府风险补充基金方式项下的中小微信贷业务创新方案。推广成本节约型信贷产品，通过线下审核、线上提款的方式满足企业融资需求，实现在线随借随还。落实贷款利率优惠政策，加快税务贷推广力度，提升对诚信纳税的中小企业的服务水平。推动内部管理机制创新，构建多层次的服务渠道，提升贷款授信审批效率。

提升网点智能化水平 2017年，工行韶关分行建设客户满意度最高、客户最信赖推崇、客户首选的金融企业，开展“服务口碑新变化，喜迎党的十九大”主题活动，提升服务品质。工行韶关分行践行韶关市普惠金融发展，不断优化物理网点、完善自助渠道建设，实现全部网点免费Wi-Fi覆盖，不断推进ATM进厂区、进社区、进学校、进军营、进医院，全市离行式自助银行达到34家。

提高柜面服务能力 2017年，工行韶关分行加强对柜员的考核和举办各种业务知识培训，提高柜员的服务能力。举办业务知识培训36期，培训人数达到826人次。普通客户柜面服务满意度达98.89%，中高端客户柜面服务满意率达98.95%。

履行社会责任 2017年，工行韶关分行践行精准扶贫，支持扶贫村脱贫致富。开展金融知识宣传活动。通过户外、网点宣讲，宣传反假币、反洗钱、网络安全、银行基础产品等方面知识。深入韶关学院、松山学院举办大型讲座，传播金融安全知识。累计宣传活动次数百余次，发放宣传资料上万份，发送公益宣传短信、微信3631条。履行社会责任，开展学雷锋、志愿者等活动。

金融安全管理 2017年，工行韶关分行加强电话诈骗阻截，通过培训识别电话诈骗特征，要求前台人员在为客户办理汇款时保持高度敏感，柜员机巡视人员注意客户可疑操作等。识别并成功阻截24起电信诈骗，为客户挽回损失51.08万元。（侯志萍）

【中国银行股份有限公司韶关分行】 以下简称中国银行韶关分行，是中国银行股份有限公司在广东省境内设立的二级分行。2017年末，全行在职员工473人，设立营业网点24家，拥有ATM、存取款机等自助设备177台。党委书记、行长：张海文。化业务转型，发展能力持续提升；拓宽获客渠道，客户规模不断扩大；主动管控风险，经营管理安全稳健。本外币各项存款时点余额131亿元，日均余额138亿元；本外币各项贷款时点余额93亿元，其中本外币公司贷款余额47亿元、较上年增幅30.75%，零售贷款余额46亿元、较上年增幅17.46%。落实“零案件、零重大违规、零重大违纪、零重大风险事件、零监管处罚”内控管理“五零”目标。

资产业务领跑同业 2017年，与市农业局、市旅投、市城投、乐昌市人民政府、南雄市税局、仁化县税局、曲江区税局等分别签署战略合作框架协议。以战略合作为契机，支持韶关市“三大抓手”建设和支柱行业发展，加大营销和投放，上报并获批PPP项目两笔，包括：红龙污水2亿元、韶新高速10亿元。截至12月末，人民币公司贷款新增投放超过10亿元，新增额稳居同业第一。通过创新产品和服务模式，支持中小企业和实体经济发展，“三个不低于”监管目标完成。2017年累计为160家小微企业提供近26亿元的贷款支持。截至12月末，中小企业新模式全口径授信余额8.5亿元，较年初新增1.5亿元，增幅21.43%，新增额四行第一。以房贷、车贷和卡分期为重点，加快消费金融发展，着力扩大个贷业务规模，个人贷款份额占全量贷款比重接近50%。落实对乐昌市乐昌工业园区产业转移企业项目“立业贷”定制业务的开展。11月，首笔“样品”项目1200万元贷款获上级行批复。在科技金融领域，与市科技局、市科学金融服务中心合作，首家设立科技金融服务专业分支机构，业务份额达100%。通过举办粤北地区首次“中银科创企业投贷联动直通车”活动，为9家科技企业提供授信支持1.3亿元，强化平台合作效果。

中间业务再创新高 坚持传统业务和新兴业务并重、优势产品和创新产品并重，发展中间业务。公司条线发挥传统授信的拉动作用，在规范经营的前提下，通过授信业务收取银团贷款费、风险承担费、银承敞口承诺费等，获取中间业务收入；发展投行等创新业务，拓宽收入来源；以贸易融资、保函和信用证等传统国结产品为依托，支持企业“走出去，引进来”；拓展福费廷、转贴现、风险参与等业务，扩大中收渠道。个人条线通过持续拓宽借记卡传统年费、短信通、个人结售汇等传统业务规模，开展消费金融、贵金属竞赛活动等，助力中收发展。截至12月末，全行累计实现非利息净收入1.26亿元，同比增幅3.53%，贸易金融条线非利息收入3692万元，同比增加729万元，增幅24.60%。个金条线非息收入占全行非息收入的53.22%，该项指标达到个人业务“三个50%”目标要求。

贸金业务优势领先 发挥贸易金融全球化、多元化优势，通过特色跨境结算产品，不断巩固传统竞争优势，国际结算市场份额51.6%，跨境人民币市场份额45.53%，超额完成省行下达任务目标，特色业务持续发力，2017年累计叙做人民币融资业务42.27亿元，其中，融易达3.67亿元，国内证一级市场福费廷业务24.61亿元，国内证二级市场福费廷业务10.74亿元，实现风险参与业务首笔突破，业务量达2940万元。融资业务不断创新，实现多项业务本地首发，包括全年累计办理创新型组合产品“双掉期搭配贷款/贸易融资”

827万美元，为韶能集团叙做全口径跨境担保项下跨境直贷业务2200万美元，为韶钢松山办理中征应收账款融资服务平台项下在线供应链融资业务累计达1.3亿元；实现广东省全辖售电公司履约保函业务首发。省行、当地人行多次发出信件对分行支持本地企业"走出去"给于肯定与表扬，外管局对分行外汇管理工作连续两年评为A级。

拓宽获客渠道　到12月末，公司有效客户数为950户,较上年增幅1.93%;现金管理平台客户75户，较上年增幅57.33%，中小企业新模式授信客户数量128户，较上年增幅14.29%；新增有效对公理财客户188户，完成省行下达全年目标的113.93%，期次类表外理财覆盖率达100%，完成省行下达全年任务目标。利用电子证照单位结算卡唯一性特点在全辖推广电子证照卡，累计发卡191张。新开账户结算卡及短信通的捆绑率是40.86%及62.42%，存量账户结算卡及短信通捆绑率分别为34.97%、59.73%，拓宽个人获客渠道。通过做大社保卡、三方存管客户、代发薪客户等,快速扩大个人客户规模。到12月末，全行借记卡发卡量85506张，其中保障卡新增11837张；三方存管新增15447户；新增代发薪客户11.5万户，同比增幅8.7%；办理托付宝业务135笔，日均存款沉淀871万元。个人全量金融资产规模达110.7亿元，较上年增幅3.16%，同比增幅3.16%。重点发展中高端客户，通过提升客户厅堂体验，开展"中银私享荟"系列活动等，围绕中高端客户清单实施精准营销。到12月末，全行中高端客户达11488户，同比增幅5.61%。拓宽网络获客渠道。利用互联网、征信系统等行内外各类信息平台，提高数据对比分析能力，开展微信扩粉活动，拓展电子网银客户。到12月末，企业网银交易客户2534户，同比增幅3.09%；新增手机银行交易客户29294户，同比增幅56.2%；累计拓粉41630户。

支持普惠金融　作为本地独家发行"广东注册志愿者证"的机构，该行累计发行"广东注册志愿者证"8000余张，为本地志愿者提供服务和保障。携手本市工商行政管理局联合推广"商事登记电子化"，依托金融科技创新实现对公客户预约开户、免填单的便捷服务，累计办理电子证照卡191张。

服务"三农"发展　该行不断加强金融对"三农"发展的支持，与市农业局签署战略合作协议，从农业龙头企业、本地特色产品、区域风险情况、公司治理情况等多维度，筛选并形成该行农业"政银保"合作贷款项目目标清单，重点支持本地优质农业龙头企业发展。2017年末，该行"中银惠农通宝"等农业特色授信产品业务规模达7户，余额0.6亿元。

服务体验提升　优化市区网点和自助渠道布局，提高业务辐射能力和效能，更新ATM设备17台，铺设智能柜台19台。通过智能化设备"一站式"满足客户需求，减少客户的等待时间和办理时间。加速柜台业务向电子渠道迁移。拓展电子网银客户，新增手机银行交易客户同比增幅达56%；在中国银行智能柜台、网上银行、手机银行推出中银全球智汇业务，全新升级的国际汇出汇款业务最快可实现3分钟到账通知服务。

金融风险防控　加大不良资产清收力度。分行一把手挂钩管理高风险客户，亲自过问，参与制订授信策略，提前介入、主动退出。全年主动退出风险隐患客户10户，累计金额近3840万元。推进不良化解清收工作成效。明确不良资产化解工作的方向是节约财务资源，强化自主清收，提高不良资产化解的效益。全胜林场（287万元）实现核销清户退出，冠和贸易（497万元）打包转让，正星车轮（219万元）、新宇建设机械（170万元）化解工作推进。个贷、银行卡落实清单式化解，明确目标客户，层层压实清收责任。截至12月末，不良余额4855万元，不良率0.63%。与四大行相比，分行不良余额保持最少，不良率次低。累计化解不良贷款8909万元。加强内控案防工作管理。细化落实"双十禁"和基层网点风险管控50条措施，落实"五零"内控管理要求，防范操作风险。加强后台运营集约化。持续开展合规教育，加大各类内控检查。完成"重塑合规2017"扫雷行动及银行业"市场乱象"等系列专项治理。年度内控考核综合排名全省第四，较上年提升十一位，非重行排名第一位；获2017年度韶关市金融消费权益保护工作考核评估为最优等级A级。强化反洗钱业务的可疑甄别能力，协助破获韶关地区首宗特大地下钱庄案件和1宗利用微信赌博案件，得到上级行和当地公安、人行的肯定，连续三年在本地银行业反洗钱考核排名第一位，年度反洗钱考核非重行排名第一位。注重舆情管理和疏导，化解负面舆情，管控声誉风险，获"韶关市银行业信息工作先进集体"称号。（陈　璐）

【中国农业银行股份有限公司韶关分行】　是农业银行的二级分行，本部位于韶关市惠民北路2号农行大厦。2017年，全辖共12个一级支行（含分行营业部）、44个营业网点、47个离行自助银行、318台ATM，568个"惠农通"金融服务点，营业网点县区覆盖率达100%，在职员工953人，是全市四大国有商业银行中网点最多、自助银行最多、自助设备最多的国有大型商业银行。党委书记、行长：钟杰，党委委员、纪委书记：蔡志兴。该行各项存款稳健增长，各项存款时点余额272.78亿元，比年初增5.77亿元，各项存款日均余额271.8亿元，市场份额较年初提升0.32个百分点。各项贷款有效投放，各项贷款余额159.44亿元，增量24.07亿元，存量排名同业第一位，增量排名同业第二位。全年实现安全运营无事故、无案件的"双零"目标，内控评价持续保持"一类行"。

助力经济建设　该行主动作为，做好市重点领域、重点项目的金融服务。3年累计发放信贷资金229亿元，履行社会责任，发挥好金融主力军作用。配合推进韶钢供给侧结构性改革，围绕企业在改革进程中提出的融资配套要求，运用该行金融产品在企业去产能、去杠杆、降成本等方面做多方有益尝试。对接市重点建设项目。响应市委市政府要求，主动融入市“三年提升”计划，寻找项目切入点，在市城市综合基础设施建设、城市管网、城市扩容、交通道路等方面给予融资支持，审批韶新高速、莞韶园三期等项目59.88亿元，实现投放4.66亿元，介入南水水库、韶关机场等重点建设项目。

致力普惠金融　该行一直着力改善农村支付环境，搭建服务城乡的金融服务体系，解决好农村金融服务“最后一公里”的问题。该行县域网点20个；自助银行30个，占全行自助银行总数的56.6%；ATM机128台，占全行柜员机总数的52.24%；转账电话和POS机共2097台；全行惠农通服务点共有568个，全市惠农卡发卡总量达13.87万张，构建起强大的“网点＋自助银行+网络”金融服务体系。

创新转型发展　全行共投产现金超级柜台103台、超级柜台143台，初步实现以设备代替柜台的目标。全年共实施智能化改造网点12个，开业无高柜网点2个，完成智能化“微改造”网点7个，完成整体装修改造网点2个，改造后，营业网点实现客户体验和社会形象“双提升”。

支持服务三农　服务三农持续深入，截至2017年末，全行三农县域本外币各项存款97.18亿元、各项贷款81.19亿元；新增涉农贷款9.74亿元，其中发放农户贷款881笔、金额2.2亿元，新增家庭农场327户，贷款比年初增1.24亿元，在“兰花贷”“贡柑贷”“农家乐”贷款等三农特色产品上取得一定突破。

履行社会责任　该行开展扶贫捐款、公益献血、学雷锋以及3.15消费者保护日宣传活动等。做好代理社保业务常态化、长期化服务。自业务开展以来，共计投入7210万元用于代理社保业务的启动与开展。2017年全行共发放全市职工五险、城乡居民医疗保险共80.4亿元，其中职工养老45.7亿元、医疗17.9亿元、工伤、失业、生育合计3.5亿元、城乡居民医疗13.2亿元，承担庞大的金融结算服务工作。配合推进普惠金融及房地产去库存的工作。响应市委市政府加大县域发展战略，提出“城乡联动协调发展”思路。针对农民进城购房的需求，推出“农民安家贷”产品进行对接。2017年以来，共为2088户农民精准提供配套的金融扶贫服务，发放贷款金额合计7.2亿元，当前“农民安家贷”余额达12.56亿元。

（农行韶关分行）

▲2017年9月6日上午，韶关市工商行政管理局和韶关市分行联合举办韶关市全程电子化商事登记启动暨首张金融功能“多证合一”电子营业执照颁发仪式

（建行韶关市分行 供）

【中国建设银行股份有限公司韶关市分行】　2017年，末在职员工645人。内设10个部门，辖属32个营业网点、自助银行32个、自助设备191台。行长、党委书记：石中心。一般性存款余额246.05亿元，其中，企业存款117.21亿元，个人存款128.84亿元；各项贷款余额142亿元，其中，对公贷款66亿元，个人贷款76亿元。被授予“2016年韶关市诚信单位”称号，金融服务连续两年获得市政府考评第一，分行主要负责人当选为广东省第十三届人大代表，1名员工获得省五一劳动奖章、2016年度韶关市“三八红旗手”称号。协助破获200多亿元的“8.16地下钱庄案”，获人民银行书面表扬。全年零案件，堵截各类外部案件12件19.8万元。

支持地方经济建设　支持韶关市2017年重点建设项目建设，累计向交通、电力、城市建设、旅游等行业新增授信近100亿元。其中，12.2亿用于支持韶关芙蓉新城的城区建设，50亿支持韶新高速建设，10亿支持电力建设。围绕韶关“十三五”战略规划，不断加大对重点项目、先进装备制造、国有企业、小微企业的融资“输血”力度。发展县域金融，县域各项贷款余额近40亿元。

发展普惠金融　使发展成果更多惠及市民。普惠金融余额新增1.23亿元。截至12月31日，个人住房贷款、个人消费贷款分别新增15.52亿元、1.45亿元，信用卡分期交易额8.94亿元。科技金融实现高新技术企业资产余额7.51亿元。跨境金融实现网点全覆盖。助力“互联网+”网上银行、手机银行、微信银行和短信金融客户达125万户。相继推出购车分期、装修分期、车位分期、“快贷”、“房押快贷”等多种便民消费金融产品。2017年为市民提供个人住房贷款近17亿元，提供信用卡分期、快贷等产品超过10亿元。在四大行率先推出支持微信、支付宝、银联钱包、建行“龙支付”的聚合支付新模式，近7000个商户布设使用。支持小微企业发展，建行“小微快贷”是在国内率先推出针对小微企业等实体经济领域的网上全程自助贷款，6月9日“小微快贷”在韶关成功上线。截至12月31日，“小微快贷”投放3.56亿元。通过“税融通”信贷支持74户纳税企业1亿元；发放“云税贷”1.1亿元，惠及137家企业。办理2.06亿元的小微企业再融资业务，缓解31家企业的资金困难问题。推出“裕农通”业务，践行普惠金融发展思路，解决农村地区金融服务痛点。累计在韶关市各区县拓展29个“裕农通”服务点，为广大农户提供优质高效的金融服务。

创新引领　为南华寺创新设计线上线下一体化捐赠服务，推出“电子功德箱”“扫码功德箱”“电子缘生金请存计划”，通过龙支付、微信、支付宝实现线上捐赠。创新引入品牌企业参与“南雄油山镇下惠村百万斤爱心大米”项目，利用建行电子商务平台把金融扶贫和当地产业发展紧密结合，为下惠村建立起一套集合生产、加工、销售于一体的完整产业链，带来百万元脱贫资金，树立可持续发展的精准扶贫工作样板。募集定向捐赠资金用于南雄市锦陂村安装路灯、翁源县阳河小学篮球场、新丰县咸水村断桥、仁化县古竹村大坪自然村公路水泥硬化等。加大产品、服务、管理工具及商业模式创新力度，为业务转型发展提供强保障。

服务社会　创新投融资机制，发挥财政资金的引导作用，撬动更多社会资金支持地方经济社会发展。配合商事制度改革，与市工商局联合颁发全国首张全流程电子化金融功能“多证合一”电子营业执照，实现客户开企业账户不跑路、马上办。配合机关事业单位养老保险制度改革，开立省、市、区（县）级机关事业单位养老保险账户。率先推出建行手机移动端“非税缴费”平台，为公众缴费提供更加便捷、更加有效的服务平台。搭建住房租赁综合服务平台，为培育和发展韶关市住房租赁市场打开新局面。

渠道建设　打造以智慧柜员机为主的智能服务区，加快智慧柜员机的推广应用，分流柜台办理业务客流，提升服务效率。2017年实现智慧柜员机交易总量154万笔，已上线产品服务迁移率达93%。

风险防控　对中小企业贷款、个人贷款和信用卡业务的风险控制进行研究，每月召开风险预警和诊断会议，对辖内大中型信贷客户和预警客户按季进行全覆盖会诊，分析并制定化解措施。

（何敏嘉）

【广发银行股份有限公司】　2017年，广发银行韶关分行内设部室8个，分别为公司银行部、零售银行部、授信管理部、财务会计部、运营科技部、监察部、保卫部、办公室。在职干部员工74人。下辖3个支行（含分行营业部）、7个自助银行和15台自助银行设备。党委书记、行长：梁志辉

广发银行韶关分行以支持实体经济发展，防控金融风险为主线，调整优化信贷结构，提升服务水平，各项存款余额18.58亿元，比年初增加5.49亿元，增长41.94%；各项贷款余额8.82亿元，比上年减少2.66亿元，下降23.17%。连续17年保持零案件。

服务实体经济　借助广东省工商局加快推行电子营业执照和全程电子化登记工作之机，与韶关市工商局合作推出“工商e线通”服务，为企业提供智能、便捷的商事注册及银行金融服务。与中国人寿合作推出“国寿—广发捷算通联名卡”，为各类企业和个体工商户提供包括账户安全保险、银行业务办理、智能财资管理等功能在内的创新金融服务；主动降低小微企业融资成本。为34户小微信贷客户下调贷款利率，贷款金额1.7亿元，为企业节省财务费用94余万元。

发展普惠金融　贯彻落实韶关市委市政府、中国人民银行韶关市中心支行关于移动支付便民示范工程的各项决策部署，制定工作方案，加大资金投入，加快推进商户移动支付改造，常态化开展“广发分享日”、扫码支付移动收单、刷卡消费让利等多种优惠活动，手机银行、网上银行、扫描支付交易笔数达356万笔57.5亿元。在武江芙蓉新区增设离行式自助银行1个，普惠金融快速发展。把学习宣传贯彻中共十九大精神与“送金融知识下乡”“金融知识进万

▲2017年7月1日，广发银行韶关分行营业部举办“小小银行家”活动，邀请部分小学生体验银行日常工作

（广发银行韶关分行　供）

家”“送金融知识进课堂”活动有机结合，走村串户向村民宣讲党和国家的扶贫政策，普及金融基础知识，实现定点扶贫村“送金融知识下乡”全覆盖。

（张昊天）

【中国农业发展银行韶关市分行】 党委书记、行长：曾健东。2017年，农发行韶关市分行宣讲信贷政策，对接市县两级重点项目，重点营销农村路网、水利、农村基础设施建设等项目，为韶关经济社会发展提供政策性融资支撑。年末，各项存款余额31.02亿元，比年初增加15.87万元、增幅108%；日均存款余额达21.25亿元，比上年翻番、增幅超过110%。

经营效益　信贷支农上新台阶。年末，各项贷款余额达42.25亿元，比年初增长20.84亿元，增幅97.34%；全年贷款投放累计26亿元，同比增加12.37亿元，增幅90.76%；其中项目贷款投放金额23.01亿元（含续贷项目），增长13.05亿元，增幅131.02%。落实“存款增效”理念，存款余额实现翻番。信贷资产持续良好。韶关市分行年末利润实现盈利5203万元，同比增盈3159万元、增幅达154.55%，盈利首次突破5000万元，经营效益提升。全年应收本息全部按期收回，各项信贷资产持续保持良好状态。

确保粮安工程　2017年是新增储备后首次轮换，级储备粮轮换任务重，粮食库存数量变化较大。韶关市分行与市财政局、市粮食局就粮食储备粮增储计划进行沟通，召开专门银企座谈会，“一企一策”制定资金供应和管理方案，主动跟进夏粮收购进度和各级储备轮换动态，确保对粮食库存、销售货款回笼监管到位，前后台统筹做好贷款报、审、批和资金调拨工作，确保“钱等粮”。全年累计发放各级储备粮油贷款2.52亿元，支持轮换储备粮油8.71万吨，支持市县两级粮食企业完成2017年各级地方储备粮油轮换任务。在择优审慎支持仁化县粮食企业扩大经营的探索和实践经验上，2017年新增支持翁源县粮食企业开展自主收购，累计发放粮食收购贷款2080万元，支持收购商品粮7500吨。

对接项目营销　韶关市分行支持农业农村基础设施建设，围绕政府主导型项目建设规划，加强与各级地方政府相关部门沟通联系。即使在外部形势严峻、有关部委政策不明朗的情况下，仍然统筹调配客户营销骨干力量精准对接项目，做好项目营销工作。全年共获得上级行批复中长期项目贷款24个，授信金额43.17亿元。

▲2017年8月4日，农发行韶关分行“两优一先”“五一”业务岗位能手暨优秀青年表彰大会举行　（邹丽娜　摄）

推动地方经济项目建设　年中受宏观政策调整影响，韶关市分行在贷款投放方面遇到困难。通过解读政策，梳理政策脉络要点，多次与市县区党政班子、企业客户沟通，尤其是年末两个月加大投放力度，帮助地方党政班子优先解决最迫切的项目，取得成效。全年中长期项目贷款累计支持项目32个、投放金额超过23亿元。投放项目数、金额均创历年之最。

金融风险防范　推进信贷队伍建设年活动，组织开展学习农发行监管办法。按照全流程标准化办贷，规范信贷业务操作，夯实信贷基础管理。结合银监部门“三违反”（违法、违规、违章）“四不当”（不当创新、不当交易、不当激励、不当收费）和市场乱象系列专项整治工作，开展各类风险隐患排查、业务排查，做好检查、整改工作。对工作缺陷类问题，责成现场立即整改；对关注提示类问题，及时进行提示督促；对合规风险类问题，建立台账，限期整改；规范贷后操作要求，提高贷后管理水平。通过政策支持、营销带动、专题汇报等途径，维护债权权益，收回历年政策性挂账贷款本息308万元。着力防控信贷风险，呆账清收成效显著。韶关市分行在资产质量和收息情况持续良好的前提下，创新思路，通过与地方政府协商，持续解决粮食企业历史遗留的呆账问题，全年现金清收表外账务308万元。分别收回始兴县粮食购销有限公司不良挂账欠息100万元、乳源瑶族自治县粮食购销有限公司挂账欠息75万元、韶关市军粮供应中心贷款本金133万元。

问责追责　依靠制度的执行力保障全面从严治行。全年对照上级行出台的制度、办法和外部监管文件精神，结合自身业务实际，细化检查方案和实施细则15个（项），其中《贷后管理例会汇报指引》得到省分行的肯定；全年实施各类检查27次，发现问题124个、整改问题124个，年度内全辖共认定员工违规积分涉及的范围涵盖全行各条线的业务，释放有责必问、问责必严的信号，唤醒全行责任意识。注重加强与外部监管部门的沟通，通过行领导不定期带队拜访银监高层、到监管科室沟通协调，将分行的具体做法、遇到的困难向监管部门反映，联络员及时将完成的内部业务检查存在问题、整改措施，抄送银监，争取到监管部门的理解与支持。（李　双）

▲2017年8月14日，韶关市农信联社参加广东农信“智慧校园”发布会暨“丰江学子卡”发卡仪式（韶关市农信联社　供）

【韶关市农村合作社联社】 2017年，韶关市农村合作金融机构共有10家，其中地市级联社1家。农村商业银行1家，县级联社8家，辖营业网点171个，在岗员工2000多人，是全市营业网点最多，服务地区范围最广的综合性农村合作金融机构。党委书记、理事长：邱爱昌（任至6月），张敬川（6月任职）。

存、贷款规模继续稳居全市首位　截至2017年末，全市农合机构各项存款余额452.77亿元，比年初增加40.52亿元，增幅9.82%，占全市金融机构市场份额的25.83%，比年初上升1.12个百分点；各项贷款余额208亿元，占全市金融机构市场份额24.08%，比年初下降6.03个百分点。各项贷款中，涉农贷款、小微企业贷款余额分别为143亿元和139亿元，约占各项贷款余额的68%。经营利润平稳增长，全年缴纳各项税赋1.03亿元。全市农合机构各项存、贷款总量稳居全市银行业首位，成为支持地方经济发展，特别是支持农村经济发展的金融主力军。

农商行改制推进　2017年，韶关市成立筹建韶关农村商业银行工作小组，设立改革办公室，制订农商行改制方案。开展改制摸底工作，掌握资金缺口的准确数据，为下一阶段改制工作打下基础。督促8家农信社召开全面加快组建农村商业银行工作会议，就当前改制进展情况进行通报，分析改制工作的重点、难点，商讨解决措施。加强沟通协调，请求政府相关部门在做实捐赠资产、协助化解不良、资产确权、增资扩股等方面给予支持，弥补资金缺口，推动改制工作进行。开展改制宣传活动，加强正面引导，营造社会各界理解和支持农信社改制组建农商行工作的良好氛围。12月27日，韶关市政府召开农合机构深化改革工作领导小组第一次全体会议，会上，市委常委、常务副市长朱余旺代表市政府与南雄、新丰政府现场签署责任书，其余县（市、区）会后签署。各级地方政府相关部门在做实捐赠资产、协助化解不良、资产确权、增资扩股等方面给予支持，为全市8家县级联社农商行改制工作进行奠定基础。

快速发展电子金融业务　2017年来，韶关分中心发挥科技引领、创新发展的服务职能，引领全市农合机构电子金融业务快速发展。截至2017年末，全市农合机构以“鲜特汇平台”为推广基础，组织辖内农合机构开展“鲜特汇”收银台营销及拓展工作，通过线上线下结合的方式，在移动缴费、特色产品上架等渠道应用中不断提升品牌效应、市场份额及影响力，拓展商户10946户，全市共上线包括党（学）费、伙食费、烟草旅游线路、健身卡、商务酒店等370个产品，注册用户数约45672户。推进二代社保卡开办和激活等各项工作，指引农合机构获取涉政业务基本通道。累计发行二代社保卡150万张，占全市发卡量的55%，发卡量稳居全市第一，累计激活119万张，激活率79%，居全省农合机构第一，得到当地政府的肯定和表扬。通过芯片存折、自助发卡机、扫码支付、HCE云闪付等多种技术和创新型支付产品的推广应用，提升网上银行、手机银行、鲜特汇扫码支付等电子渠道的客户活跃度，改善和优化农村支付服务环境。

中间业务多元发展　全市农合机构中间业务手续费收入为3265万元，占营业收入的1.35%，其中：银行卡类1430万元，支付结算类378万元，代理类463万元，担保类0.11万元，其他中间业务收入994万元，累计发卡量为262万张，手机银行存量19.20万，手机银行客户端存量增加5.9万户。

金融风险防范　2017年，全市农合机构召开4次全辖性案防工作会议，分析当前案防工作形势。制定和修订近900项规章制度，签订《社会管理综合治理暨平安金融创建目标管理责任书》，建立风险预警系统，层层签订《案件防控责任书》《廉洁从业建设责任书》《廉洁从业建设监督责任书》，明确案防责任人，落实案防工作职责。通过突发事件应急演练、网点升级改造、异地值守、枪弹管理、安保人员管理、安保制度建设等措施，确保全年安全无事故。

做好审计检查及整改工作　对全市农合机构2016年度反洗钱工作进行非现场评价，将评价结果报省联社。指导全市农合机构做好2016年度案件防控工作自评估，将情况报省联社和韶关银监分局。配合省联社审计组做好对市联社原理事长、主任、副主任的离任审计工作；配合省联社巡察办做好有关核查工作。对乳源、乐昌、仁化联社开展为期5天的自助设备和自助银行安全管理风险排查；对乳源、乐昌、仁化、南雄、始兴联社开展为期10天的枪支弹药安全排查；对乳源和乐昌联社开展安全评估抽查；对仁化联社开展为期5天的反洗钱检查；督促各机构加强内控管理，防范风险。受省联社委托，共组织6个审计小组，用时57天对辖内5家机构的6名高管人员开展离任审计。对开展违规公款购买消费高档白酒问题自查、近年来新员工招录情况核查。以下发整改通知书、风险提示的形式督促做好存在问题的整改。

普惠金融践行　全市农合机构继续做好普惠金融工作和三大工程。指导、跟进普惠金融试点。重点抓好韶关市金融局与农业局的政银保贷款，配合政府相关部门做好制度起草、担保基金账户开立以及业务备案等前期相关工作。全市农合机构推进普惠金融工作，有6家机构开办县级征信中心建设工作；建立信用村143个，发放贷款户数771户，余额3212万元；建成村级金融服务站168家；建成助农取款点394个，累计交易37374笔，累计交易3089万元；累计发放扶贫小额贴息贷款275户，贷款余额853万元；累计发放林权抵押贷款312笔，余额10.00亿元；政银保贷款余额298万元；累计农村妇女创业贷款453户，贷款余额2376万元。对农村经济发展做出重要贡献，解决农村金融市场“融资难”的问题，改善农村和偏远地区金融服务环境，增加普惠金融发展的可持续性。

支持“三农”和中小微企业的力度　2017年，韶关市联社指导全市农合机构紧抓供给侧结构性改革新机遇，明确信贷市场定位，加大对“三农”和中小企业的信贷投入，主动做好政银企对接工作，解决中小微企业融资难题。截至2017年12月末，全市农合机构小微企业贷款余额139.40亿元，新增小微企业贷款对制造业、批发和零售业、房地产业、建筑业、小水电业、农林牧渔业等实体经济支柱产业和民生领域的支持作用明显。全市农合机构涉农贷款余额143.14亿元。根据始兴县金融扶贫贷款政策，帮助符合条件的贫困户申请扶贫贷款，1户申请危房改造贷款并放款4万元；5户申请扶贫小额贷款，共放款22万元，落实金融贷款等帮扶措施。

新业务和产品精准营销　2017年，韶关分中心发挥科技与业务相结合的优势，贴近农合机构和客户需求，促进新业务和产品精准营销及落地。自主研发财政统发工资管理系统，提高始兴联社财政工资代发工作效率。全年共完成韶关市区联社县级非税代缴业务、信鑫卡二期系统、新丰、始兴政务平台、新丰智慧校园、公共资源交易系统、韶关市住房公积金对接住建部系统、南雄、乐昌联社三资平台等10多项特色业务的投产上线，为全市农合机构提升市场竞争力打下基础。　（潘志威）

▲2017年2月16日，中国邮政储蓄银行韶关市分行与韶关市城市投资发展集团有限公司签订战略合作协议　（邮储银行韶关分行 供）

【中国邮政储蓄银行股份有限公司韶关市分行】　以下简称“邮储银行韶关市分行”，定位于服务社区、服务中小企业、服务“三农”，2017年，在职干部员工462人（含省行交流干部3人），内设11个部门，下辖9个一级支行，全市共有93个全国联网营业网点，220台自助设备，659个助农取款点，是韶关地区网点数量最多、网络分布最广的商业银行。党委书记、行长欧阳敬钧。各项存款余额为249.55亿元，市场占比14.30%；各项贷款规模为28.66亿元，全年投放贷款13.08亿元，新增贷款余额5.43亿元。各项经营管理服务工作稳步提升，获得“2016-2017年度韶关市文明单位”“2017年度诚信单位”“第一届广东省金融知识普及教育工作先进集体”“韶关市金融系统社会治安综合治理工作优秀单位”等称号。

主动融入地方经济建设　邮储银行韶关市分行主动对接韶关“三大主题”工作，为韶关重大项目和重大基础设施建设提供金融支持，有效增加信贷资金投放。围绕“三去一降一补”政策，控制对“两高一剩”“僵尸企业”的信贷投放，逐步优化信贷资源配置，提升服务实体经济能力。2017年对接韶关重点项目14个，成功为韶新高速、乳源东阳光等项目（公司）授信26.31亿元。

全力服务实体经济发展　不断深化小微企业普适类、民生类、政银类、双创类等产品体系，相继推出医院贷、政银保、助保贷、科技贷等新型产品，累计放款金额1.58亿元。创新推出税贷通信用担保贷款，共发放5098万元，惠及28家小微企业贷款客户，2017年全面完成“三个不低于”要求，有效缓解小微企业融资难、融资贵、融资慢难题。

助力“双创”服务，建设大众创业创富工程，2017年发放创业带动就业小额担保贷款6095万元，带动创业就业超过5000人。连续7年成功举办创富大赛，为创业者搭建提供产品展示、商业模式交流、融资支持和品牌推广“四位一体”的综合平台。

普惠金融服务　在全市共布放220台自助设备，覆盖韶关市三区七县（市）近6成的乡镇在边远山区布放659个助农取款点，其中2017年助农取款点新增182个，全市新增第一，年取现32.88万笔，取现金额1.55亿元，使农民“足不出村”就能享受到便捷的金融服务，解决金融服务最后一公里难题。打造涵盖消费金融及财富管理的社区金融服务生态圈，开展“进乡镇、进村社、进农户；进园区、进企业、进项目；进商区、进社区、进楼宇；进政府、进机关、进校园”等“12进”工程，为社区居民提供投资理财、消费信贷、代缴代付等综合金融服务。2017年共开展各类金融知识普及教育活动101次，发放宣传资料11.8万份，受众客户达到25.5万人。

持续推进民生事业发展　助力新农保业务有效推进，截至2017年12月底，全市参保人数达到93.41万人。其中2017年待遇发放568万人次，金额4.6亿元；缴费笔数44.05万笔，缴费金额1.39亿元。年代发省市县属社保养老金175.2万人次，43.8亿元。2014年4月起，率先成为全省离退休人员养老金领取资格认证业务（以下简称“生存认证”）协办网点，减少异地领取养老金人员奔波，年认证客户14494户。

防范化解重大金融风险　抓好风险源头管控，强化风险提示与管控，维护区域金融稳定，筑牢金融风险“防火墙”，开展案防考核管理活动、“内控优化年”活动和系列风险排查活动，全年未发生案件及风险事件。

推进金融精准扶贫　主动对接各县（区）扶贫部门，与市扶贫办、各县（区）扶贫办签订金融扶贫业务合作协议，完成负责包干的15个乡镇4112户建档立卡贫困户信用评级和授信工作，推出“惠农易贷”扶贫贷款，全年共发放扶贫小额贷款179笔876万元，占全市扶贫小额贷款总额的51%。

绿色金融助推污染防治　重点围绕绿色交通运输、可再生能源及清洁能源、工业节能节水环保项目、绿色装备制造等十大重点领域，加大信贷支持力度，不断做大做强绿色金融。持续提升绿色金融和“两高一剩”业务的审查审批技术，坚持“环保一票否决制”，把好风险过滤关。

（邮储银行韶关市分行）

【交通银行股份有限公司韶关分行】

2017年，交通银行股份有限公司韶关分行（以下简称交通银行韶关分行）共有在职干部员工53人，下辖6个内设部门、1个支行（韶关曲江支行），党委书记、行长：高延。分行在编人员53人，男女比例3：2，平均工龄9.4年。经考核，分行营业部获省行“厅堂一体化先进单位”称号。2017年，分行资产经营良好，资产质量优良，严控风险，稳中求进，建设质量优秀行。

经营概况　2017年末，交通银行韶关分行总资产28.1亿元，较年初新增12.42亿元，增幅79.21%；各项存款时点余额20.65亿元，较年初新增5.95亿元，增幅40.5%；各项贷款时点余额21.31亿元，较年初新增8.2亿元，增幅62.56%；其中，对公贷款年化日均余额12.42亿元，新增5.97亿元，增幅为92.56%；个人贷款年化日均余额6.42亿元，新增2.81亿元，增幅77.84%。存贷款比例为103%，较年初新增14%。2017年，交通银行韶关分行实现安全运营无事故、无案件、无有效投诉的“三零”目标。分行开业4年，总体规模、创利能力在韶关逐年提升，跑赢大市。2017年，分行人民币各项存款、贷款市场占比分别为1.24%、2.61%，较年初提升32个基点、73个基点，增幅较全市平均水平高出35.64个百分点、38.36个百分点，超过全市平均水平。网均存款、人均存款、人均利润分别是当地平均水平的2.55倍、1.44倍、1.32倍，人均存款位居5大行之首，人均利润增幅比例排名全市第一名。

对公板块客户基础逐步夯实　2017年末，分行对公账户共有684户，新开立对公账户144户。对公有效户净增20户，国际动户新增4户，机构有效户新增3户，代发工资新增1159户；优质新开户86户，产业链新增21户，同业业绩再创新高。2017年，交通银行韶关分行同业业务发展态势良好，与6家农信社保持紧密合作关系。同业存款年内新增43笔，存款日均余额4.7亿元，市场占比55.78%，提升47.12%。个金板块客户群体不断壮大，2017年末，分行借记卡68790张，新增18798张，增幅37%；贷记卡70736张，新增37494张，增幅112%。私人银行客户新增4户；财富管理客户净增数1202户，有效客户净增数1969户；代发有效客户净增342户。渠道进件信用卡新增3802张，活户新增2877.5户；手机银行新增11055户，手机银行动户新增8722户；缴费通个人客户新增1382户；有交易POS商户新增215户；家易通交易型客户新增181户；家易通交易型客户活跃户新增15户。总行启航计划连续三年达到考核门槛。三年累计争抢总行、省行费用资源172.48万元（其中当年28.52万元），利用费用配置做好分行综合外拓团队和房贷外拓团队建设，促进储蓄日均、客户指标等指标的提升，助力零售业务转型发展。

支持供给侧结构性改革　2017年，交通银行韶关分行坚持服务实体经济原则，储备和拓展项目资源，如保障性住房与棚户改造建设、产业转移园区扩建项目等，从芙蓉新城提升建设、能源、装备制造、居民个人消费多行业、多方面为产业发展、城市提升提供信贷资金支持。2017年共投向工业园区贷款1.7亿元，用于片区土地整治、征地拆迁、基础设施建设、园区道路建设；持续推进绿色信贷工程，支持市政污水处理项目、供水项目，审批2.4亿元额度。全年累计为实体经济企业投放信贷资金7.43亿元，同比增长64%；投放个人住房商业贷款净增2.66亿元，同比增长22%。

小微企业实现三个不低于目标　2017年，交通银行韶关分行银监口径小微企业贷款余额为8.96亿元，比年初增加6.87亿元，增幅为329.01%；小微企业贷款户数44户，比年初增加24户，小微企业申贷获批率100%，完成银监会关于小微贷款“三个不低于”（在有效提高贷款增量的基础上，努力实现小微企业贷款增速不低于各项贷款平均增速，小微企业贷款户数不低于上年同期户数，小微企业申贷获得率不低于上年同期水平）指标要求。2017年，在省行15家辖行中，分行小企业指标考核排名从一季度的第九名上升到第五名。

用卡环境优化　2017年，交通银行韶关分行开展最红星期五信用卡优惠活动，以餐饮、电影、美容美发、休闲娱乐、洗车美容、烘焙为主题，通过与中石油、大润发超市、中影世纪影城、阳光造型等商家签约合作，共建立合作商户50余家，合作门店70余家，开展30场专属客户活动，覆盖韶关市民的衣、食、住、行和娱乐等各个方面，深受韶关市民好评。

获五星级网点称号　2017年，交通银行韶关分行营业部针对环境管理、服务功能、信息管理、大堂管理、柜面服务与效率、员工管理、服务基础管理、经营业绩、消费者权益保护与社会责任履行、服务文化十个大模块，按照相关标准进行建设。2017年12月28日，交通银行韶关分行营业部被评为2017年中国银行业文明规范服务五星级营业网点，成为韶关市首家五星级网点。2017年，零售板块全年综合评价考核135.90分，在省辖行排名第五位；在省行消保服务考核得分中排名第三位，实现连续3年“零有效投诉”目标。

内控案防工作成效显著　2017年，分行连续四年获“韶关市金融系统社会治安综合治理优秀单位”称号。2017年，交通银行韶关分行共开展14项总、分行下发的授信客户、零贷客户和行业风险排查，做好交行“长剑2017”案防特别行动及“新五大领域”（以贷谋私、大额集中采购、基建装修、虚列支出套取费用和员工违规经商办企业）治理相关工作，建立案防工作情况逐级谈话监督，强化员工行为管控，完成银监会“三违反”（违反金融法律、违反监管规则、违反内部规章）、“三套利”（监管套利、空转套利、关联套利）、“四不当”（不当创新、不当交易、不当激励、不当收费）和“治乱象”（整治银行业市场乱象）等4个专项治理工作。分行协助中国人民银行韶关市中心支行、市公安部门破获8·16地下钱庄案。2017年11月22日，中国人民银行韶关市中心支行为交通银行韶关分行颁发关于协助韶关人行和公安机关破获“8·16”地下钱庄案的表扬信。2017年，除总行线上产品沃易贷产生38万不良外，公司类、个人类贷款逾期和不良贷款余额均为零，不良率为0.018%，在交行系统和韶关当地同业排名前列。2017年，分行在省行风险板块综合考核排名全辖第一。坚持优质资产立行，择优开展信贷业务，执行贷款“三查”制度，做好压降逾期和非不良工作。做好预警风险早处置工作，通过下发风险提示，规范业务操作流程，其中下发的《关于沃易贷贷款业务的风险提示》获得省分行2017年度审计条线劳动竞赛审计成果一等奖。

社会责任履行　交通银行韶关分行开展“送金融知识下乡”“金融知识进万家”、防范电信网络诈骗、防范和处置非法集资、“3·15”金融消费者权益日、“财富四进”等公益宣传活动共35场次，受教群众2.5万人次，帮助广大群众提高金融素养和防范金融风险的意识，履行社会责任。　（杜　映）

【东亚银行（中国）有限公司韶关支行】　是东亚银行（中国）有限公司广州分行下设的异地支行，位于韶关市浈江区站南路63号信德·万汇广场A幢1层1—8、10、12号铺，于2013年10月16日对外营业。支行行长：邱彬。总行东亚银行有限公司（以下简称“东亚银行”）于1918年在香港成立，是香港最大的独立本地银行，于香港联合交易所上市，为恒生指数成分股之一。东亚银行（中国）有限公司（简称“东亚中国”）是东亚银行的全资子公司，于2007年4月2日在上海对外营业。

经营范围　包括吸收公众存款；发放短期、中期和长期贷款；办理票据承兑与贴现；买卖政府债券、金融债券，买卖股票以外的其他外币有价证券；提供信用证服务及担保；办理国内外结算；买卖、代理买卖外汇；代理保险；从事同业拆借；从事银行卡业务；提供保管箱业务；提供资信调查和咨询服务。个人银行服务产品包括私人银行、显卓理财、优惠理财、个人贷款、两地通。其中，个人贷款根据贷款用途分为住房按揭、装修贷、个人汽车消费贷、投资经营贷、个人日常消费贷。两地通服务包括商旅通、留学通、投资通，为港澳个人客户提供跨地域的金融服务及增值服务。企业银行服务产品包括公司贷款、贸易融资、供应链金融、中小企业服务。

践行社会责任　2017年，支行开展金融知识、消费者权益保护、反假货币、反洗钱、个人征信等知识宣传。宣传形式包括LED屏滚动播放活动口号、液晶显示器播放、柜台业务宣传、在商业广场设点宣传、利用官方网站宣传、微信宣传。向公众普及金融知识。

获奖情况　2017年，东亚银行（中国）有限公司韶关支行获“金融系统社会治安综合治理优秀单位”称号。

（刘　蕊）

【东莞银行股份有限公司韶关分行】
2017年，东莞银行韶关分行在职员工63人，内设综合管理部、风险管理部、财会部、业务管理部、营业部5个部门和5个业务团队，分行班子成员3人，分行党支部书记、行长：汪朝华。获总行2017年开门红个人业务“储蓄先锋奖”，获总行2017年国际业务“开门红”二等奖。秉承“做政府的银行、做市民的银行、做中小企业的主办银行”经营理念，坚持以市场为导向，围绕实体经济企业发展、园区建设、产业发展、企业技改创新、增资扩产等方面，不断创新优化金融产品，致力于为客户提供金融业务，支持韶关市经济发展建设。2017年期末各项存款余额30.81亿元，广义信贷余额19亿元。

服务当地实体经济　紧抓韶关市城市提升项目计划、产业发展和民生事业等重点建设项目契机，立足本土化产业发展，把新增信贷资金重点投向实体经济发展。2017年，新增对莞韶园区基础设施建设项目、政府平台公司、本地房地产项目、华南装备园入园累计授信金额33亿元。在不断夯实区域发展基础的同时加大对小微企业的倾斜力度，致力于提供便民、惠民的金融服务。2017年末，该行投放公司贷款4.44亿元，个人贷款业务1.78亿元。

降低企业融资成本　持续关注芙蓉新城、莞韶工园（含华南特钢园）、韶关市基础设施建设等省市重点建设项目进展情况，为园区基础设施建设项目核定授信金额6.8亿元，提高债务融资比重；签订华南装备园入园企业资金扶持战略合作协议，为优质落户企业提供项目融资支持，共同帮助入园企业解决资金不足的问题；通过借新还旧和三年期流动资金贷款，通过减少企业“倒贷”频率，降低企业资金周转成本，减轻小微企业还款压力。

助推小微企业发展　2017年，该行小微贷款余额为5.09亿元。在信贷资源紧张的情况下，加大小微企业信贷倾斜力度，优先满足小微企业的投放需求，引导营销人员开展小微企业业务，形成对小微业务正向激励和压力传导并施的管理模式，激发团队拓展小微业务潜能。跟进入驻华南装备园企业，为入园企业提供配套金融服务，提高小微企业金融服务质效。连续4年达成“三个不低于”考核指标。

支持科技企业发展　该行建立“专服对象、专属产品、专业团队、专门流程、专项考核”的科技金融经营模式，移植东莞银行与东莞市政府科技金融合作模式，推进科技、产业与金融“三融合”，对接韶关市科技信贷风险准备金，合伙成立科技产业扶持基金，搭建韶关市机械行业技改金融综合服务平台，支持企业进行技术改造和产能升级，助力科技企业的发展。

内控合规管理　强化内控合规运营，由一把手负内控合规管理首要责任，副行长、行长助理对分管条线的守法合规经营及内控管理负责，履行合规管理职责。加强信贷资产质量，实施授信业务全流程管理。健全合规管理组织体系，推动合规文化建设。配合外部监管机构和内部检查，不断化解风险和提升监管满意度。完善内部管理机制，开展安全防范知识培训、营业场所盗窃、停电应急预案等演练，提高员工突发事件的应对能力。加强营业网点规范服务，夯实行业服务管理基础。2017年，获中国银行业文明规范服务三星级营业网点，韶关市金融系统社会治安综合治理工作先进单位称号。

履行社会职责　连续4年启动东莞银行（韶关）教育基金，累计资助160名韶关市家庭经济困难、道德品质优良的大学新生；推进精准扶贫工作，深入贫困户开展帮扶送温暖慰问工作；走进乐昌沙坪镇回访援建山坪小学图书室，对“扶志助飞”活动的贫困学生发放资助款；走进校园、社区、农民工群体开展支付结算宣传、金融消费者权益日、金融知识进万家、金融知识普及月等普惠金融活动，不断提高消费者的金融防范意识。　（饶丽华）

证券业

【广发证券韶关营业部】　广发证券成立于1991年，是国内首批综合类证券公司。公司先后于2010年和2015年分别在深圳证券交易所及香港联合交易所主板上市（股票代码：000776.SZ，1776.HK）。截至2017年12月31日，公司有证券营业部264个，实现全国31个省市自治区全覆盖。韶关营业部自1996年开业发展至今，韶关地区共有4家证券营业部，分别位于浈江区解放路、武江区怡华路、曲江区府前中路及南雄市新城区。其中，浈江区的韶关解放路营业部作为一级营业部，统一管理协调韶关地区证券业务发展。领导班子：钟国文。韶关营业部报表资产总额7.04亿元。

交易品种　沪深A股、B股；沪港通、深港通；代办股份转让市场业务、新三板业务、股票期权、期货IB业务；证券投资基金（包括场内场外、ETF、LOF等）；债券（国债、企业债）、回购业务等；其他业务品种（OTC业务、资产管理业务等）。

▲2017年，签订华南装备园入园企业资金扶持战略合作协议

（东莞银行韶关分行　供）

证券金融业务　融资融券：2012年成为第一批试点券商以来，韶关营业部融资融券规模日益扩大。约定购回式证券交易业务及股权质押融资业务；转融通业务及简约通业务；股权激励融资业务。

创新金融业务　股票期权业务是当地投资者逐渐认识和操作的新型投资者工具，也是证券市场逐渐成熟的标志。期货中间介绍业务（IB），包括商品期货、金融期货等；资产管理类业务：集合资产管理、定向资产管理业务及集合信托计划等；OTC柜台业务；现金管理类业务："现金增利"集合计划，"多添利""多添富"集合资产管理计划、金快线现金管理。

金管家财富管理服务　通道服务：优先体验公司最先进的行情交易客户端；信息资讯服务：优先体验新上线资讯产品，E对壹短彩信，营业部专业投资顾问提供量身定制的投资建议或理财规划；增值服务：团队服务由营业部客户经理，理财顾问组成团队为其提供服务，可优先通过柜台快速通道办理业务，理财顾问专门定期回访。上市公司走访、调研：优先享有公司或者营业部组织上市公司调研活动的参与权。优先享受公司或者营业部组织专项产品推介会的参与权。综合理财服务："金股棒"与"睿组合"投顾服务：专业投资顾问根据客户投资需求及风险承受能力，结合证券市场热点和资金流向，为客户精选潜力个股。贝塔牛理财服务系统：借助后台大数据，结合客户投资风险偏好和投资期限，构建股票投资组合和基金投资组合，为客户综合化理财提供一站式解决方案。

互联网金融平台　公司是行业率先推出包括平台、账户、支付、产品、交易和全天候响应服务的完整网上理财业务链的券商。建立五大互联网金融终端，令交易更为便利，为客户提供实时咨询服务。这五大互联网金融终端包括：手机证券，网上交易金融终端和页面交易平台，官方微信，易淘金。所有终端都连接7×24小时实时"必答系统"，为客户在线解决投资及业务咨询问题。（广发证券韶关解放路营业部）

【联讯证券韶关新华北路证券营业部】

联讯证券韶关营业部成立于2011年，营业部地址位于韶关市武江区新华北路28号香槟小城一幢商铺二层，2017年，营业部设有营销中心、财务部、运营支持部3个部门，有在职员工27人，支持证券经纪、证券投资咨询、与证券交易、证券投资活动有关的财务顾问、证券投资基金代销、证券资产管理、证券自营、代销金融产品、证券承销与保荐、融资融券、股票质押式回购交易业务、全国中小企业股份转让系统主办券商业务。总经理：谭世杰。

▲2017年，联讯证券韶关营业部开展"点滴行动，助力反洗钱"宣传活动

（联讯证券韶关营业部 供）

营业部各部门设置权责分明、互相牵制；前台业务运作与后台管理支持适当分离；树立合法合规经营理念和风险控制优先的意识，健全营销部门行为准则和员工道德规范，营造合规经营的制度文化环境。采取措施杜绝挪用客户交易结算资金、客户委托管理的资产及客户托管的证券等行为，确保客户资产的安全完整。不断完善业务、财务、人力资源等综合信息管理系统，根据自身实际加强业务运作的后台管理，完善集中清算、集中核算、客户资料集中管理等制度；提高实时预警、监控、防范风险的能力。建立业务风险识别、评估和控制的完整体系，运用包括敏感性分析在内的多种手段，对信用风险、市场风险、流动性风险、操作风险、技术风险、政策法规风险和道德风险等进行持续监控，明确风险管理流程和风险化解方法。建立健全包括授权管理、岗位职责、监督检查、考核奖惩等在内的各项内部管理制度；对经纪、自营、投资银行、受托投资管理、研究咨询以及创新业务等制订统一的业务流程和操作规范，针对业务的主要风险点和风险性质，制定明确的控制措施。（陈文婷）

【海通证券韶关文化街营业部】　海通证券股份有限公司成立于1988年，业务范围涵盖经纪、投行、并购、资产管理、融资融券、基金、期货和PE投资等金融服务。海通证券于2007年在上海证券交易所挂牌上市（600837）并完成定向增发，总资产和净资产位居行业第二位。公司于2012年4月27日在香港联合交易所上市。营业部于2011年11月入驻韶关，位于浈江区文化街大哥大楼。营业部面积300平方米，2017年，设有柜台业务办理处、咨询投诉接待处、投

资者教育专区，有证券市场教育视频滚动播放区，为客户提供快捷的资讯信息与优质的专业服务。

产品业绩　2017年的私募产品业绩完成情况良好，落地1个主动管理型产品崇楷价值1号，后续还有1个主动管理型产品待开产品户，储备1个股权产品，1个主动管理型产品。

营销管理　针对过往经纪人散漫、无管理状态，营业部形成2个营销团队平稳运行，对经纪人管理做分类，组织晨会制度，建立经纪人劳动竞赛等激励制度，取得显著的成效。

反洗钱检查　2017年韶关营业部被当地人行抽查为反洗钱现场检查单位，经过多方面的努力，反洗钱检查工作得到肯定，完成检查工作。

业务协助合作　银行渠道建设比2016年取得明显的成效，合作银行渠道有中行、建行、工行、农行、广发行，推行的银行渠道合作方案得到认可。协助分公司处理托管在营业部的股权质押业务，与企业保持沟通，完成客户维护以及贷后报告等工作。

金融知识宣传　5月20日，营业部参加由市金融工作局主办的活动主题为“打击非法集资，防范金融风险”为主题的广场宣传活动。营业部部派出4名工作人员向前来咨询群众讲解非法集资相关知识，倡导群众远离非法集资，选择正规途径进行金融投资。（杨慧萍）

▲2017年5月20日，海通证券营业部参加由市金融工作局主办的活动主题为“打击非法集资，防范金融风险”为主题的广场宣传活动　（海通证券韶关营业部 供）

保险业

【概况】　2017年，韶关市保险行业持续健康稳健发展。韶关市的保险主体有34家，其中寿险19家，财险15家。县（市）级支公司（营业部）机构51个，其中，财产险27个，人寿险24个。营销服务部机构118个，其中，财产险51个，人寿险67个。全市保险从业人员15681人，其中，财产险从业人员共2948人，寿险从业人员12733人。韶关市保险市场保费收入47.13亿元，同比增长12.48%。其中，财险公司保费总量13.57亿元，增长10.83%；寿险公司保费33.56亿元，增长13.17%。全市累计赔款（给付）18.09亿元，下降5.8%。其中，财险公司赔款6.64亿元，上升6.62%；寿险公司综合给付支出11.45亿元，下降11.77%。

【保险行业自律】　2017年，市保协组织驻韶15家财险公司开展车险市场经营行为自查自纠工作，建立以专业委员会为主导的车险自律约束机制，成立自律工作检查小组，不定期对保险公司进行车险业务的检查，保证车险市场的健康有序发展。加强对大项目和招标业务竞争的规范，及时协调大项目和招标业务承保问题，遏止以违规降费、高费用返还等的不当竞争，提高盈利能力。做好保险从业人员流动规范工作，加强规范和约束，维护寿险销售队伍的稳定，保证人员的正常流动。共协调处理人员流动投诉32宗。加强保险中介自律建设工作。协会成立韶关市保险行业协会中介专业委员会，对韶关保险中介市场进行全方位的摸底、排查，邀请驻韶保险中介机构自愿入会成为会员开展自律工作。加强保险中介公司风险防范和控制，规范市场经营行为。

【保险纠纷调解处置工作】　2017年，韶关市保险协会保险纠纷调解委员会推进保险纠纷调处工作的开展和落实。共受理客户投诉调解案件6宗，其中，财险4宗，寿险2宗，调解5宗，涉案金额达22万元。7月，市保协与韶关市浈江区法院共同签订《交通事故损害赔偿纠纷案件诉调对接工作方案》，11月下旬，成立诉调对接工作室，派遣专职调解人员进驻诉调对接工作室。实现快受理、快调解、快结案，降低消费者的维权成本，化解保险合同纠纷，维护保险双方的合法权益。12月，市保协与广东省韶关市中级人民法院共同签署《关于建立保险纠纷联动化解机制的合作备忘录》，拟于2018年设立保险纠纷调解工作室，建立和完善保险纠纷多元化解决机制。

【保险消费者法律援助】　2017年9月，韶关市法律援助处与韶关市保险行业协会共同设立“韶关市法律援助处保险消费者法律援助工作站”，向保险消费

▲2017年12月14日，韶关市安全生产责任险签约仪式举行　（王　珍　摄）

者中的弱势群体提供保险纠纷处理过程中因自身经济条件、法律知识所限而亟须得到的司法援助。

【道路交通事故快处快赔服务推进】2017年，保险业加强与交警部门联动推进道路交通事故快处快赔。截至2017年底，韶关已设立4个轻微道路交通事故快处快赔服务中心（武江、浈江、曲江、南雄）。全年各快处快赔服务中心共处理案件6173宗。为保证春节前、国庆等节假日期间高速公路的畅通，节假日期间韶关保险行业配合交警部门在高速公路收费站、服务区设立保险理赔服务点，派出由保险公司理赔人员组成的工作小组驻点，为在高速公路发生意外事故的车辆提供保险理赔指引和相关的咨询服务。推进道路交通事故互联网在线快速处理工作。2017年市保协多次与交警部门、保险公司召开联席会议，探讨“事故e处理”在线服务平台的推广上线，深化便民利民的举措。

【保险宣传开展】　建立行业宣传工作机制　2017年，市保协开展行业宣传，建立与宣传媒体、会员单位的信息联动机制。5月，市保协与会员公司、宣传媒体召开联席会议，并在7·8全国保险公众宣传日期间，与韶关日报社、韶关民声网、韶关电视台等媒体开展合作，通过投放公益广告、公益宣传视频持续开展宣传，普及保险理念和宣传保险知识。完善协会自身的宣传工作。2017年市保协对自身官方网站进行完善、扩充功能与链接，建立开通“韶关保险”微信公众平台，利用互联网微信平台宣传韶关保险。抓住各种活动的时机点，开展保险消费知识宣传。市保协结合“3·15”国际消费者权益日“防范打击非法集资”“善美之城，信用韶关”“善美之城2017韶关半程马拉松赛欢乐跑”“徒步大南华”“7.8”公里保险扶贫公益跑等大型宣传活动及文体活动，通过多种方式开展社会性宣传和保险服务，加强保险消费知识宣传、引导群众理性投保。开展保险“五进入”活动。市保协在市内多个社区开设“保险宣传栏”，向社区赠送保险知识折页、宣传单张和书籍。到仁化周田中学开展保险知识讲座，捐赠保险知识书籍。组织开展公益活动。市保协开展“冬日送温暖”“携手助困”“7·8”保险扶贫公益跑、“公共文明引导志愿服务行动”、无偿献血等一系列公益活动，传递保险的温暖和爱心。

经营服务　2017年，市保协开展车险理赔服务测试。按中国保险监督管理委员会广东监管局理赔服务测评工作要求，进行6次车险理赔服务质量现场测试。测试结果向广东保监局汇报，在全市行业中通报。开展反保险欺诈专项工作。针对韶关保险市场存在以虚假资料骗取高额人身伤亡赔偿的不良现象，为加强保险反欺诈工作，市保协加强与市公安局经侦、交警等部门的联系，明确反欺诈的具体工作事项和相关要求。与会员单位共同制作《反保险欺诈告知书》和《告交通事故伤者书》，维护交通事故伤者和会员单位的合法权益。协会配合交警等相关部门的工作，破获多宗骗保案件，保险反欺诈工作取得明显成效。发挥“会员管家”作用，做好内部协调。针对各会员公司在竞争发展中存在的问题、矛盾和冲突，主动做好协调、沟通工作。做好外联工作。主动与相关部门联系、为会员公司与有关部门牵桥搭线。举办各类培训，加强会员服务。

创新保险服务　2017年，市保协推进税优健康险政策试点工作。试点税优健康险，把握税优政策契机，推动健康险创新发展。推进巨灾保险，探索建立政府、市场与社会组织共同参与的灾害救助体系，提高抗灾救灾的能力，发挥巨灾保险补偿和保障作用。推进安全责任保险，发挥保险在服务社会治理上的职能作用。推动韶关市安全生产责任保险工作的实施。12月14日，韶关市安全生产监督管理局、韶关市人民政府金融工作局、韶关市保险行业协会与共保体的5家保险公司、3家保险经纪公司举行韶关市安全生产责任险项目签约仪式。重点做好食品安全责任保险、医疗责任保险的推广，提高对高危企业、特种设备生产和使用的安全责任保险覆盖面，做好环境污染责任险的服务工作。

（市保险行业协会）

【中国人民财产保险股份有限公司韶关市分公司】　以下简称“中国人保财险”成立于2003年7月，是中国内地最大的非寿险公司。其前身是1949年10月20日成立的中国人民保险公司。中国人保财险韶关市分公司建立覆盖全市各县（市、区）、乡镇的服务网络，在7个县（市）3个区设有12个经营单位和27个营销服务部，员工400多人。党委书记、总经理：李劲松。中国人保财险韶关市分公司坚持以创新农业保险体制机制为支撑，以服务农业现代化为核心，以提高广大农户抗风险能力为目标，打造农业保险，为广大农户提供服务。公司每年为全市一大批支柱骨干企业、50%以上的机动车辆和44万多户农户提供保险保障。2017年，分公司保费规模突破7亿元，占据市场主导地位。

保险扶贫　2016年12月28日，人保财险韶关市分公司分别与市农业局、市扶贫办签订《韶关市农业“政银保”项目合作协议》和《韶关市保险助推精准扶贫战略合作协议》，以韶关市重点扶贫区域、建档立卡贫困户、产业化扶贫项目、地方特色产业为支持重点，从产业扶贫特惠保险、医疗救助保险、投融资创新合作等方面，创新保险扶贫机制，加大保险扶贫力度，探索保险精准扶贫脱贫新路径，增强贫困人口的脱贫能力。2017年，人保财险韶关市分公司对接市扶贫办等相关职能部门，推进保险扶贫项目。6月9日上午，韶关市分公司与乐昌市扶贫办签署政策性种植业降雨指数保险合同精准扶贫项目，为乐昌全市5261户建档立卡的贫困户（14459人）因降雨所致农作物损失提供保障，保险金额1845万，开创乐昌市保险扶贫的新模式。7月1—3日，乐昌市局部强降雨，触发赔付指数，人保财险韶关市分公司快速赔付35万元，用实际行动参与和帮助受灾贫困户开展灾难救助、复产和重建。对接扶贫工作需求，发挥保险功能作用。7月7日，人保财险韶关市分公司举办主题为“远离贫困，从一份保障开始”的《政府扶贫救助保险》捐赠仪式，专门为全市8.99万名建档立卡贫困人员购买政府扶贫救助保险，为广大精准扶贫人口提供意外伤害风险保障；采取与乡镇政府有关部门合署办公的方式共建网点，推进农网建设工作。在全市96个乡镇中的69个乡镇建立三农保险服务站。配合市金融局在全市各行政村建立农村金融（保险）服务站，每个行政村安排1名协保员开展保险宣传，推动三农保险各项工作的开展。向市财政局、市气象局、乐昌市农业局、始兴县农业局和翁源县农业局捐赠防灾防损费共300万元，用于增加农业气象监测设备和完善韶关农业减灾防损气象灾害预警系统的建设，以及兴建一批农田水利设施，共同推进农险防灾防损工作。10月，人保财险韶关市分公司与韶关市农业局签订战略合作协议。提供政策性农业保险和支农融资，提供多样化的综合保险产品和服务，为韶关市农业农村经济发展提供保险保障和资金支持。人保财险韶关市分公司开办韶关市农业“政融保”、支农融资等业务，为“三农”和中小微企业提供无抵押、纯信用的融资担保服务。建立贫困群众增收长效机制，帮助贫困地区逐步培育支柱产业。10月20日，联合市农业局举行首批支农融资项目资金发放签约仪式，为当地两家农业企业分别发放1000万元和500万元支农融资资金。

民生保险　2017年，中国人保财险韶关分公司承办各类涉农保险，转移贫困人口农业风险。人保财险韶关市分公司承办韶关市政策性水稻保险、政策性玉米保险、政策性森林保险、政策性能繁母猪保险、政策性生猪保险以及政策性家禽保险，为全市建档立卡贫困人员提供各类农业保险保障。三年来，上述保险项目累计赔付约6100万元，帮助贫困人口转移农业生产风险。承办各类民生保险，提升贫困人口应对风险能力。承办全市自然灾害公众责任险、政策性农房保险和全市校园方责任险。其中自然灾害公众责任险，承保全市户籍人口（含建档立卡贫困人员）因自然灾害导致的人身伤亡，每人保险金额10万元；政策性农房保险承保农户（含建档立卡贫困户）住房因自然灾害和意外事故导致的损失，每户保额2万元；校园方责任险承保全市中小学生在校风险，每位学生保险金额18万元，增加全市单亲贫困家庭学生及残疾人家庭学生在校园内发生非校园方意外事故风险保障，每位学生保险金额5万元。上述险种三年来赔付约1000万元，提升贫困人口应对风险的能力。

农业保险基层服务　2017年，中国人保财险韶关市分公司依托原有的乡镇营业部，推进农业保险基层服务体系建设。从2017年起，人保财险韶关市分公司争取建设资金，先后投入100余万元进行中心乡镇机构改造。公司农村自有服务网点18家，通过资源整合，强化各平台及技术的支撑作用，延展保险承保、理赔功能，零距离对接乡镇市场，提高服务“三农”的质量与效率。采取

▲2017年，中国人保财险韶关分公司与韶关市农业局签署战略合作协议
（中国人保财险韶关分公司 供）

与政府农口部门共建的方式，充实协保员、协赔员队伍，壮大农村保险服务队伍。运用先进技术，将无人机应用到农险验标和查勘中，对保险标的情况做到心中有数，农险承保理赔质量和工作效率提升。　（杨建明）

【中国人寿保险股份有限公司韶关分公司】　是国内寿险行业的龙头企业，总部位于北京，注册资本282.65亿元。2017年，中国人寿保险股份有限公司韶关分公司（以下简称“人寿保险韶关分公司”）向个人及团体提供人寿、年金、健康和意外伤害保险产品，涵盖生存、养老、疾病、医疗、身故、残疾等多种保障范围，满足客户在人身保险领域的保险保障和投资理财需求。公司本部位于韶关市浈江区北江北路17号，下设10个县区综合性支公司、5个营业部及40个营销网点，全市系统员工及从业人员规模近5000人。党委副书记、副总经理（主持工作）：张延国。

业务发展　2017年，人寿保险韶关分公司总保费收入12.76亿元，市场份额占比37.75%；个人代理人3753人，市场份额占比35.43%，继续位居韶关寿险市场首位。公司业务结构持续优化，长期险期交新单占比稳步提升。

客户服务　2017年，人寿保险韶关分公司推广微信自助查询、e宝账自助保单、无纸化投保、微回访及电子化红利通知书等创新科技优化服务，举办“少儿绘画大赛”“6·16”客户节系列活动、“知心姐姐国寿大讲堂活动”等大型客户服务活动，提升客户满意度，致力为社会大众提供优质的保险服务及产品。

合规经营　2017年，人寿保险韶关分公司给付满期、年金、伤残给付及赔款支出等综合给付保险金总额5.66亿元，其中满期给付达到4.03亿元。公司持续完善全面风险管理体系，强化依法合规经营意识，开展防范打击非法集资宣传教育活动，治理销售误导行为，保障保险客户权益，获得韶关市消费者委员会授予“2017年度韶关市诚信单位”称号。

综合金融　2017年，人寿保险韶关分公司深化协同、整合资源，与广发银行、国寿财险及国寿养老险公司的综合金融协同工作取得新突破，实现四方互动、共享、共赢，不断提升中国人寿品牌的市场影响力，更好地为韶关经济社会快速发展提供支持。

服务民生　中国人寿不断创新丰富产品服务供给，让成果更多惠及人民。2014—2017年，公司连续四年成功中标承办韶关市社保大病保险项目；大病患者报销比例2017年在基本医保基础上进行二次报销，报销比例高达65%—80%；凭借公司资源与专业运作，促进韶关大病保险项目及城镇职工住院附加医疗保险项目运作更稳健；2017年大病保险赔付人次2.32万元，理赔金额同比增长31%。公司联合韶关市民政局持续推进“银龄安康”工程，2017年全市共计17.12万老年人参与“银龄安康”行动，覆盖率达39%。公司联合韶关市卫生和计划生育局、韶关市计划生育协会共同推进计划生育保险事业发展，2017年全市超过12万人参与计划生育家庭意外伤害保障计划，约6.5万人参与此项工作。计生家庭普惠面稳步扩大，其中理赔金额超500万元，理赔人数超2000人。落实政府为民办实事、为民添保障的要求。人寿保险韶关分公司推出妇女两癌保险，共承保近2万名适龄女性，赔付超100万元。

社会责任　2017年，配合各级政府落实精准扶贫工作，向始兴县太平镇上台村、南雄市百顺镇邓洞村等地捐赠扶贫基金，用于基础设施的修建。通过共建方式将“风度书房”项目落户中国人寿，成为韶关市首批10个“风度书房”中唯一保险行业参与共建的图书馆，共同营造“文明韶关、书香国寿”的文化氛围。（人寿保险韶关分公司）

▲人寿保险韶关分公司被韶关市消费者委员会评为韶关市“2017年度诚信单位”
（人寿保险韶关分公司　供）

【中国人寿财产保险股份有限公司韶关中心支公司】　中国人寿财产保险股份有限公司，是中国人寿保险（集团）公司及旗下中国人寿保险股份有限公司共同发起设立的全国性专业财产保险公司，总部位于北京，注册资本金150亿元。中国人寿财产保险股份有限公司韶关中心支公司（以下简称“人寿财险韶关支公司”）为韶关市个人及企业提供财产损失保险、责任保险、信用保险和保证保险、短期健康保险和意外伤害保险、机动车辆保险及经中国保监会批准的其他保险服务。2017年，公司本部位于韶关市浈江区解放路40号金友大厦七楼，下设2个县区支公司、12个出单网点，全市系统员工及从业人员近80人。公司党委副书记、副总经理（主持工作）：陈朝晖。

业务发展　2017年，人寿财险韶关支公司超额完成年度任务，确保承保利润，实现双丰收的目标。全年保费收入6964.37万元，同比增长27.99%。

客户服务　2017年，人寿财险韶关支公司车险报案数量为7873件，同比上升29.43%，案件结案率达92.67%。推广微信报案、自助查勘等便捷服务。举办“星光守护”进校园以及“6·16”客户节等客户服务活动，提升客户满意度及公司美誉度。

合规经营　2017年，人寿财险韶关支公司持续依法合规经营，建立健全各项风险管控制度，主动接受市金融局、人民银行的领导，建立工作联系机制，及时报告有关情况。开展非法集资宣传与排查工作，履行反洗钱义务，严厉打击保险欺诈行为，引导诚信销售，保障客户权益。　（高木星）

【中国太平洋财产保险股份有限公司韶关中心支公司】　以下简称“太平洋产险韶关中支”，是太平洋产险广东分公司下属中心支公司，实行分公司领导下的总经理负责制。太平洋产险韶关中支成立于2002年6月，现址韶关市浈江区北江中路68号三江紫园F幢首、二层。太平洋产险韶关中支设有综合管理部、财务部、销售管理部、理赔部和业务部等部门，在全市各县区都设有分支机构。公司经营业绩在韶关产险市场稳居前三位。

太平洋产险韶关中支推行“全年无休、365天营业、24小时理赔”的服务举措，依托全国统一客户服务电话“95500”和“数字太保”新技术应用，接受客户的各类保险咨询、承保与理赔业务。通过建立以客户为中心的管理理念和经营模式，建设专业、规范、高效的客户服务体系，提升客户体验，树立公司的优质服务品牌。

（太平洋产险韶关中支）

【太平人寿韶关中心支公司】　是中国太平保险集团有限责任公司（以下简称“中国太平”）旗下专业寿险子公司，为中国中大型寿险公司之一。中国太平拥有89年品牌历史，是管理总部设在香港的中管金融保险集团。太平人寿韶关中心支公司2007年6月13日获保监批复开业，2007年6月25日正式营业。设置人事行政部、财务部、运营服务部、保费部、个人业务部、银行保险部等6个职能部门，下辖曲江和南雄营销服务部2个四级机构。截至2017年底，韶关中心支公司有内勤员工32人，个险代理人502人，银险外勤11人，续收外勤3人。

2017年，太平人寿韶关中心支公司达成规模保费1.4亿元，其中个险期缴新单保费2233万元，银保期缴新单保费174万元。

（太平人寿韶关中心支公司）

【中国平安财产保险股份有限公司韶关中心支公司】　以下简称平安产险韶关中支，成立于1998年4月，员工106人，其中总经理室成员3人，平安产险韶关中支共有本部，曲江、南雄、翁源、乐昌、仁化、始兴、乳源、新丰8个分支机构。平安产险是中国第二大财产保险公司。

2017年，平安产险韶关中支完成保费收入2.23亿元，在韶关市的财产保险公司市场占有率约17.7%，市场份额第二名。其中车险保费约占19%，2015至2017年三年期间完成纳税金额3299余万元。其中，10月平安产险韶关中支成功中标承保2017—2020年韶关市政府巨灾指数保险业务。每年为韶关市政府提供26260万元巨灾保险保障；聚焦“三农”，为农户提供5296万元森林火灾保险保障。公司承保的个人客户数达7.27万，团体客户1.81万元，处理理赔案件达1.5万件，完成赔款约8550万元。

提升服务水平　截至2017年12月，平安产险韶关中支共有员工106人，平均年龄32岁，其中硕士研究生1人、本科学历53人、大专学历44人。为保障客户服务质量，提升公司品牌，公司配置15名车险查勘员，5名人伤医疗查勘员，12名柜面服务人员，配备理赔查勘车辆20辆，每个机构网点均都配置查勘车辆和车险查勘人员。

快速理赔服务获赞扬　2017年7月初，韶关地区遭到暴雨袭击。暴雨持续近10个小时，导致韶关市多处地段水淹严重，韶关平安产险迅速启动应急预案，开通大灾绿色通道，成立暴雨灾害应急小组，在受灾严重的区域驻点及时提供救援理赔服务，机构所有查勘员7×24小时奋战在前线，为客户解决问题。每逢重大节假日，韶关平安产险均开展护航系列活动。如国庆、春节、清明节，持续开展“一路平安，让爱回家”护航系列活动，期间广东产险在韶关境内派出约20人的护航人员，驻点在韶关境内各高速出入口、大型高速服务

▲2017年6月22日，太平洋产险新丰营销服务部挂牌成立，标志着太平洋产险韶关地区营业网点全覆盖　（太平洋产险韶关中支　供）

▲2017—2018年度韶关市巨灾指数保险签约仪式　（平安产险韶关中支　供）

站，快速处理简易交通事故理赔、提供紧急救援服务、免费为客人送水等关爱活动。活动获得省交通厅关注，广受交警部门和客户的好评。

服务不断创新　2017年，平安产险韶关中支推广电子投保单、电子发票，韶关平安产险作为行业智能电子化的先行者，2017年推出公司的重点项目“电子投保单、电子发票”。平安财产保险推出的电子投保单改变保险行业纸质投保单签署的单一模式、并且优化投保流程，只需发送电子投保单链接到投保客户的手机上，客户即能随时随地完成投保单的签署；电子投保单上实行人脸识别功能，承保成功后，电子发票直接发至客户手机和邮箱，无须打印。该公司从2017年初开始试点推广，到2017年底实现85%以上的电子投保单使用率，个人客户电子发票开票率100%。韶关平安产险牵手粤运拯救，国内首创高速救援一站式专属服务：投保平安商业险的客户，凡在粤运拯救高速救援覆盖区域内发生交通事故并需救援服务，只需第一时间拨打“95511”报案，经平安产险服务专员核实确认后，由粤运拯救提供一站式救援服务，客户无需二次拖车和垫付施救费，让高速救援化繁为简。极速查勘，根据出险热力图安排查勘人力站位，客户报案后发送定位链接，准确定位出险地点，保证查勘员10分钟内到达现场，如10分钟无法到达，可指引客户通过H5链接上传出险照片，减少客户等待时长。平安不断推出特色服务，包括“新高铁快赔”“电话直赔”“远程定损”“人伤快处快赔”“微信收单服务”“口袋理赔”“快易暖”等。

履行企业社会责任　2017年9月8日，由广东平安产险主办、韶关平安产险协办的“平安支教，爱不孤读”支教行动，在韶关市乐昌三溪中学启动。22位支教志愿者支教三个星期。中国平安希望小学支教行动自2007年开展以来，共招募超过2000名志愿者参加，帮助近三万名贫困地区孩子。为响应韶关市政府创文工作，组织创文工作志愿者，2017年派出30人次参加创文工作之交通疏通工作，其中2人获得“创文工作先进工作者”称号。

（平安产险韶关中支）

【阳光保险集团股份有限公司】　阳光财产保险成立于2005年7月，是主要经营财产保险业务的全国性保险公司。有36家二级机构开业运营，三四级分支机构1500余家，服务网络实现全国覆盖。总经理：庞强旭。

阳光财产保险股份有限公司韶关中心支公司是阳光财产保险股份有限公司下设的地市中心支公司，经中国保监会正式批准后于2008年8月19日在韶关开业。2017年，阳光财产保险股份有限公司韶关中心支公司共实现保费收入2350.42万元，其中机动车辆险保费收入2068.04万元，企业财产险保费收入130.11万元，意健险保费收入152.27万元。保费占比在韶关地区15家财产保险主体排行第7位。

阳光财险先后推出“快赔”、“闪赔”服务标准，不断刷新理赔周期。“快赔”指对凡单车损事故在5000元以下（非人伤）的案件，均可享受免单证，报案后24小时内赔付的服务。第一次将理赔主动权由保险公司转交至客户手中。“闪赔”服务是“阳光e车险”客户专享，5000元以下（非人伤）案件免单证，报案24小时内赔付，如有延时，执行实际赔款金额的100倍罚息。车主可以先拿到赔款，后由阳光产险理赔人员协助车主补办相应理赔资料。提升现有车险理赔服务标准，推动车险从拼销售走向拼服务的良性轨道。为兑现“闪赔”服务承诺，阳光产险在中国消费者协会专门设立100万元的阳光“闪赔”专项服务承诺保证金，作为“阳光闪赔专项服务”的罚息保证金，邀请中国消费者协会作为“闪赔”服务监督单位。　（陈丽琼）

【中信保诚人寿保险韶关中心支公司】　中信保诚人寿保险有限公司（原信诚人寿保险有限公司），2000年成立于广州，由中国中信集团和英国保诚集团联合发起创建，中信保诚人寿总部设在北京，公司的注册资金为23.6亿元。韶关中心支公司在2011年12月进驻韶关市场。公司服务产品涉及保障、储蓄、投资、养老及医疗等领域，秉承的“聆听所至，信诚所在”的服务理念为消费者提供全方位保障的服务。中信保诚由中信集团和保诚集团各持股50%合资组成，公司在2017年实行更名，由原“信诚人寿保险有限公司”更名为“中信保诚人寿保险有限公司”。公司通过官方微信、官方网站及业务人员服务终端系统，提供全业务环节“微化服务”，让客户体验全天候、足不出户的便利保险“微服务”。

（中信保诚人寿保险有限公司）

【珠江人寿保险股份有限公司韶关分公司】 是由广东珠江投资控股集团有限公司、广州金融控股集团有限公司、广东珠光集团有限公司、广东韩建投资有限公司、广东新南方集团有限公司、衡阳合创房地产开发有限公司和广东粤财信托有限公司等7家股东共同投资的综合性寿险公司，注册资本金67亿元。珠江人寿总部位于广东省广州市，是目前唯一的一家总部设在广州的寿险公司，于2012年12月26日开业。珠江人寿保险股份有限公司韶关分公司于2014年11月10日开业，公司位于韶关市武江区新华南路23号红星大厦二层。2017年，韶关分公司保费规模为4.9亿元。珠江人寿产品保障内容涵盖养老、健康、意外、理财等各个方面，服务对象包括个人、家庭、中小企业、大型公司、机关团体和政府机构。

（珠江人寿保险韶关分公司）

【前海人寿保险股份有限公司韶关分公司】 于2014年2月获得中国保险监督管理委员会广东监管局批准开业，是隶属于前海人寿保险股份有限公司广东分公司的三级机构，办公地址为韶关市浈江区北江北路1号财富广场4楼C401、C402、C403单元，面向个人及团体提供人寿、年金、健康及意外伤害等保险产品，涵盖生存、疾病、医疗、身故等多种保障范围，满足客户在人身保险领域的保险保障需求。

业绩持续增长　公司银保渠道业务与当地中国工商银行、中国农业银行、中国银行、中国建设银行及中国邮政储蓄银行建立合作关系，在市场上搭建起内、外勤队伍架构。截至2017年底，前海人寿韶关分公司实现全年保费收入3.36亿元，同比增长17.89%；其中银保渠道全年保费收入3.27亿元，增长16.37%，韶关市场银保业务份额占比33.74%，增长24.32%，继续稳居韶关市场排名第一位。

VIP客户服务升级　2017年8月，前海人寿保险股份有限公司（以下简称“前海人寿”）不断优化客户体验，对公司VIP客户增值服务项目实施升级。本次服务升级，从原有的单项机场/高铁贵宾室服务扩充为贵宾室服务、饭票（代金券）、快速安检通道及代泊代取服务。参照VIP客户实际服务使用场景的分析，拓宽服务项目所涉及的触点，提升客户服务体验及满意度。

人脸识别技术上线　2017年12月，人脸识别技术在“前海人寿”“个险E行销”等前海人寿APP中开始应用。在客户进行契约投保、保全操作时，通过人脸识别和“光学字符识别”，实现投保远程签名、客户身份双重校验，管控业务风险。

关心教师　2017年9月8日，在第33个教师节来临之际，由广东省扶贫基金会、广东省保险行业协会、韶关市教育局、前海人寿共同主办的“韶关市人民教师意外和重大疾病综合保险保障计划”发布会暨前海人寿保险捐赠仪式，在广东省韶关市北江中学举行。前海人寿通过广东省扶贫基金会的公益平台，向韶关市4万多名教职员工捐赠总保费500万元的教师险，每位教师保额超过200万元。

热心公益　2017年，前海人寿韶关分公司开展各项公益活动，履行企业社会责任，陆续组织开展春节社区困难群众慰问、元宵节老人慰问、母亲节慰问、“7.8”扶贫探望及无偿献血等多项公益活动，传递保险业的大爱精神，公司在2017年12月的韶关首届慈善公益晚会中获“爱心企业”称号。

（麦　帆）

【友邦保险有限公司广东分公司韶关中心支公司】 以下简称“友邦韶关”，2017年，友邦韶关继续保持稳中向好的发展态势，为韶关地区的广大客户提供优质产品和完善的保险保障服务。公司负责人：黄响。与2016年相比，友邦韶关实现业务规模、人力规模进步，共有9名内勤员工和326名保险营销员。11月，友邦韶关参加韶关市保险行业第二届“保险杯”三人篮球赛获得冠军奖杯。友邦韶关获“2017年度韶关保险行业宣传工作先进单位”称号。获“2017年度韶关保险行业学历教育招生工作最具潜力奖”称号。

热心公益　2017年4—6月，友邦韶关响应人民银行韶关中心支行的号召，协同韶关市多家银行、证券、保险等金融兄弟单位共同参与由韶关市志愿者联合会牵头开展的公共文明引导志愿服务行动。向韶关市惠民南路西河汽车站路口红绿灯服务点，先后派遣出5批次共10名公司的员工作为志愿者，累计服务志愿时20多个小时。值“善美之城2017半程马拉松赛”在韶举办，友邦韶关近百余名员工及客户报名参与到11月12日举办的5公里乐跑竞赛项目当中。

（陈文彬）

【永诚财产保险股份有限公司广东分公司韶关中心支公司】 以下简称“永诚保险韶关中支”，2017年6月1日获批中国保险监督管理委员会广东保监局签发的“经营保险业务许可证”，宣告永诚保险韶关中支成立。6月15日韶关中支取得由韶关工商管理局签发的“营业执照”，韶关中支进入最后的筹备阶段。业务总体增长发展，发展企稳向好。计划完成保费430万，截至11月30日，实现年度累计保费175万元，其中：车险保费收入165万元，占比为94.3%。非车险保费收入10万元，占比为5.7%。

赔付率赔付　截至2017年11月30日全险种历年制赔付率为31.1%，其中车险2017年度满期赔付率31.9%、非车险2017年度满期赔付率25.9%。累计支付赔款7.5131万元，未决金额3万元，未决案件1宗，其中人伤案件占0笔。

业务发展推动　中支班子成员1周不少于3次下县城拜访车行及客户，疏通关系，共同推动业务发展。参加分公司开展的一系列竞赛，增添团队活力，促进业务发展。在分公司开展的“9—

▲2017年7月23日永诚财产保险股份有限公司广东分公司韶关中心支公司举行开业仪式　　（永诚保险韶关中支 供）

10月谁与争锋”业务擂台竞赛中，与同组的清远机构进行PK，以累计保费达成100万元，优胜清远。微营销“迎司庆.献大礼”激励活动中按要求达成保费目标8万元，获得分公司奖励。

推进销售系体建设　车商渠道方面：韶关中支以汽贸为突破口，带动送返修资源。银保渠道方面，推进与韶关农村信用联社代理协议的签约，启动船舶险业务，实现保费5万元，合作银行网点逐步扩大，落实以渠道为主的经营理念。利用好基本法，提高销售团队的管理能力。中支共有2名销售人员给予警视谈话，其中一人保留原职级，一人给予降职。做好团队的日常管理。中支每日以手机报送业务信息，召开周例会、月度会议、季度会议等进行业务督导，对保费贡献大的个人进行表扬，对未赶上时间进度的个人进行分析，找出业绩差的原因，有重点的进行指导和帮助，中支总经理一起陪同展业、公关，提升销售人员的展业信心，提高士气。

强化理赔管控　严格核损，核赔，开展打假工作，核减金额0万元，报立案及时率达成100%，估损偏差率为10%。强化对重大疑难案件的管控，减损近10万元，持续开展打假降赔活动，查获骗赔案件、减损案件1宗，挽回经济损失近10万元。狠抓理赔服务，提高时效。加强对查勘理赔人员日常的考核、监督，要求单方事故（除客户因素无拆解）1天结案。公司服务品牌形象不断提升。在各县级市搭建服务网点，授权现场查勘，指导客户办理理赔手续，节省事故处理时间，提升结案时效性。

形成反洗钱合力　中支将反洗钱工作纳入中支合规发展的重中之重，确保反洗钱工作有人抓、有人管。主动接受当地人民银行的领导和指导，建立工作联系机制，报送有关信息资料，主动做好与当地人民银行等监管部门的工作沟通和汇报，自觉接受监督检查。

（李　强）

【新华人寿保险股份有限公司韶关中心支公司】　新华人寿保险股份有限公司韶关中心支公司（以下简称“新华保险韶关”）是隶属于新华保险总公司的三级机构，2003年7月在韶关成立。2017年度新华保险韶关中心支公司的总保费达到1.75亿元，市场份额5.2%，达成全年期交保险5234万元，韶关市场份额占有率为7.2%，市场排名稳居第三位。新华保险第十七届客服节主题为“爱在新华、从新出发”，借助“新华保险”官方微信平台，开展各类线上线下活

▲新华保险韶关—客服节户外合照摆拍　　（新华保险韶关 供）

动。8月18日至8月21日期间，新华保险的客户可以通过微信扫码关注和参与客服节活动。（官原金）

【幸福人寿保险股份有限公司韶关中心支公司】 简称幸福人寿韶关中支，是幸福人寿保险股份有限公司下辖的三级机构，由中国信达资产管理股份有限公司控股，成立于2011年12月22日。幸福人寿韶关中支致力于为社会各个年龄、群体的不同客户提供包括人寿保险、健康保险、意外保险和养老保险在内的全方位风险保障解决方案和投资理财计划，参与国家的健康养老产业、基础建设以及各类民生工程。

保险宣传　幸福人寿韶关中支参与保险宣传活动，2017年7月保险公众宣传日期间，开展保险宣传进校园活动。通过讲保险故事、涂色墙等形式对学生进行保险知识宣传，让学生从小了解保险的意义和建立保险意识。2017年10月，开展"幸福家庭日"客服节系列活动。活动通过书画比赛、亲子游戏、团建活动等形色开展，并通过活动，让客户认识到每一份保单承载的是一份家庭责任，"远离贫困，从一份保障开始"。

创新服务　在行业首推幸福"房来宝"老年人住房反向抵押养老保险，是国内住房反向抵押养老保险的先行者，为促进中国养老保障服务体系的健全与发展承担更多的社会责任。（朱燕凤）

【天安财产保险股份有限公司韶关中心支公司】 经中国保险监督管理委员会批准于2002年10月31日对外营业，公司设有总经理室、综合管理部、销售推动部、车商业务部、理赔部、业务部6个部门，辖区经营网点有曲江、乐昌、南雄、始兴。开拓翁源、新丰、仁化营销网点。2017年12月，天安财产保险股份有限公司韶关中心支公司本部从韶南大道三公里梨苑花2园一号迁址于站道路24号粤通大厦综合大楼1号楼第2层206房。在历次特大洪水、冰灾的事件中，公司发挥"化险为夷、补天爱人"的企业精神，在理赔过程特事特办，应市政府和监管部门理赔工作精神，快速定损、理赔，将赔付金送到受灾客户的手上，得到客户一致好评。天安财产保险韶关中心支公司先后获得"广东省守合同重信用企业""理赔管理先进单位"称号。

（天安财险韶关支公司）

▲2017年10月29日，幸福人寿韶关中心支公司在仁化青唐湖自然教育基地举行客服节团建活动（朱燕凤 摄）

【建信人寿即建信人寿保险股份有限公司】 是中国建设银行股份有限公司控股的人寿保险公司，是国务院批准的国内首批银行控股的保险公司之一。公司成立于1998年，因股权变更，2011年更名为建信人寿保险有限公司，2017年更名为建信人寿保险股份有限公司，本次更名代表建信人寿正式由有责任公司转变为股份制公司，总部位于上海。是一家全国性中型寿险公司，经营的产品体系涵盖人寿保险、健康保险、意外伤害保险等各类人身保险业务。建信人寿韶关中心支公司2017年在韶关地区保险行业协会年度支持单位评选中获"2017年度最佳支持单位"，巩固韶关建信在韶关地区保险行业的市场地位。（王　婷）

【富德财产保险股份有限公司韶关中心支公司】 是经中国保险监督管理委员会批准设立的全国性财产保险公司，由富德生命人寿保险股份有限公司与深圳市富德金融投资控股有限公司共同发起，2012年5月7日成立，该公司总部设在深圳，注册资本金35亿元。富德产险广州分公司成立于2014年1月3日，2015年10月28日经中国保险监督管理委员会批准广州分公司改建为广东分公司。在总公司的领导下，秉持"务实、创新、责任、执行"经营理念，探索产品创新、销售创新、管理创新和服务创新，富德财险韶关中心支公司截至2017年12月31日保费收入607万元。

（富德财险韶关支公司）

工　业

综　述

【概况】 2017年，全市以提高发展质量和效益为中心，以供给侧结构性改革为主线，推进产业转型升级，促进工业经济和信息化平稳发展。全市规模以上工业完成增加值322.53亿元、增长2%，全年新增规上企业37户，超额完成培育目标。

【工业质量效益显著提升】 2017年，规上工业综合经济效益指数为251.29%，同比增长22.2%，较上年同期上涨5个百分点，连续两年保持较高增长速度。规上工业实现利润104.17亿元，同比增长53%，连续两年增速超过50%，是2015年同期利润总额（38.24亿元）的2.7倍。其中，盈利企业盈利总额111.52亿元、增长47.3%；亏损企业亏损额7.35亿元、下降3.6%。

【重点企业强势回暖】 2017年，50户重点工业企业实现增加值219.97亿元，增长7.3%，高于全市规上工业增速5.3个百分点，比2016年度增速提升7.4个百分点。其中，龙头骨干企业表现尤为抢眼，韶钢实现工业增加值25.91亿元，增长23.2%；东阳光实现工业增加值16.22亿元，增长41.6%。

【产业园区建设持续发力】 2017年，韶关市组织召开全市产业园区工作现场会，全市产业园新签约工业项目120个（超亿元项目53个），总投资额306.97亿元；全市产业园实现工业增加值110.47亿元。华南装备园建设提速，园区道路及基础设施建设启动，签约超亿元项目12个。翁源、乳源产业园工业增加值分别增长86.7%和30.5%，被省政府评为优秀园区。乐昌产业转移园2017年新签项目49个，合同投资38.71亿元，同比增长4.6倍，其中亿元以上项目12个，同比增长6倍。

【先进制造业搭上珠西产业带发展快车】 2017年，按照珠西配套区建设要求，将先进装备制造业作为韶关市优先发展的重点支柱产业，韶关市开展招商引资工作。2017年，争取省珠西办的支持，为韶关增设“基础零部件和原材料研发制造及应用等先进装备制造产业项目”；获得珠西扶持资金1.81亿元，其中1亿元支持华南装备园基础设施建设，其他支持技术研发和重点装备制造产业项目建设。实现先进制造业增加值90.04亿元，增长6.9%，比全市规上工业增速高4.9个百分点。

【股权投资技改项目成效显著】 2017年，韶关市实施21个股权投资技改项目，落实股权投资资金4.46亿元，资金总量及资金使用率均居全省第1名。其中，大宝山铜回收率从2015年的64.36%提高到81.96%以上，年新增产值4亿元，新增税收6000万元；珠玑纸业本色纸年新增产值9300万元。建立技改项目贷款风险补偿基金工作机制，设立市工业企业技改项目风险补偿基金，投入财政资金1400万元作为铺底资金并与邮储银行韶关分行签订合作协议，推动两批次共16户企业与邮储银行韶关分行对接。

【节能减排示范市创建工作顺利推进】 2017年，韶关市通过国家节能减排示范城市创建工作验收，争取4亿元第三批国家扶持资金，建成示范市能耗监控大数据管理平台，10家企业对接平台实现实时数据采集，108家企业在平台注册按月度报送能源利用状况。落实化解钢铁过剩产能任务，清查4家涉钢企业，全市未出现生产“地条钢”现象，共淘汰10家钢铁企业203万吨落后产能。

【降本减负成效明显】 2017年，韶关市把降低企业成本作为扶持实体经济的重中之重，制定《韶关市降低制造业企业成本支持实体经济发展若干政策措施》，开展3场省“实体经济十条”和市降低制造业企业成本政策宣讲。推进电力体制改革，339家用电企业取得电力用户资质，4家企业取得售电公司资质，全年完成直购电量42亿多度，为企业减负2.29亿元。汇总整理银行融资产品，为企业融资编制指引，制定市中小微企业担保股权投资资金实施方案，在全省率先启动应收账款融资服务。

【华南数谷建设稳步推进】 编制完成《韶关市大数据产业发展规划（2016—2020年）》，“华南数谷”大数据产业园被认定为第二批省级大数据产业园，举办华南数谷大数据产业园揭牌与招商推介暨华为中国ICT生态之行韶关站巡回展，首批13个项目签约入驻，为韶关争取创建成为国家级大数据产业基地打下基础。 （谭桄华）

钢铁工业

【概况】 全市的钢铁行业主要以宝武集团韶关钢铁有限公司为骨干，基本形成从“采选矿—高炉炼铁—转炉炼钢—轧钢”长流程生产工艺。全市有钢铁产能700万吨左右、特钢130万吨。2017年，全市钢铁行业企业29家，完成工业产值327.55亿元（占全市工业产值的25.5%），工业增加值35.62亿元（占全市规上工业增加值的11%），其中采掘业2家，完成工业产值8.06亿元（占全市工业产值的0.6%），工业增加值4.94亿元。钢铁行业主要产品产量：铁矿石：原矿135.56万吨、铁精矿粉0万吨；钢铁产品：生铁629.68万吨、粗钢730.46万吨、成品钢材705.03万吨，其中特钢52.9万吨、螺纹钢万吨、线材126.66万吨、中厚板1万吨、热轧窄钢带53.84万吨，其他 万吨。辅助产量：石灰石1119.24万吨，硫铁矿石131.08万吨。

【韶钢生产】 韶钢是韶关市钢铁行业的代表性企业，占地面积8.32平方千米。2011年8月22日，宝钢集团与韶钢签订重组协议。2012年4月18日，挂牌成立，中国宝武集团持股51%，广东恒健投资持股49%。韶钢贯彻国家供给侧结构性改革各项政策要求，坚持“三去一降一补”，优化存量资源配置，扩大优质增量供给，推动企业提质增效。2015年以来，韶钢率先淘汰炼铁产能75万吨、炼钢产能90万吨，通过中央企业化解钢铁过剩产能验收，被国家钢铁行业化解过剩产能验收抽查组称赞为国企典范。具备年产钢能力660万吨，在岗员工7129人。通过机构整合、人力资源优化等改革举措，劳动效率提升50%，主业人均年产钢将超过1000吨。韶钢围绕“成为宝武集团高端棒线材制造基地”的发展定位，不断推进产品转型、制造转型和产业转型，主打冷镦钢、轴承钢及汽车用钢为核心的中高端棒线产品，其产品质量、制造能力达到国内一流水平，与广汽、上汽等25家汽车主机厂建立材料供应关系。韶钢以广东省打造珠江西岸先进装备制造产业带韶关配套区为契机，主动参与华南先进装备产业园的规划建设。 （陈 芬）

有色金属工业

【概况】 韶关有丰富的有色金属矿床，铅锌矿区以凡口铅锌矿为主体，韶关及所属各县、区均有数量不等的中小矿区，年产铅锌矿数十万吨。拥有一批技术水平高的选矿厂，其中凡口矿选矿厂的技术、设备达到国际先进水平，产量居全国第二位，为发展韶关有色产业提供资源保障；冶炼以韶关冶炼厂、丹霞冶炼厂为主体，具有年产铅、锌锭40万吨的能力；以韶钢烟道灰或次氧化锌废渣为原料，生产氧化锌或电解锌，为韶关发展有色产业提供基础。为利用伴生在铅锌矿中的稀贵金属，从冶锌废渣中提取镓、铟、锗、银等产品，为韶关发展有色产业提供发展平台，年产镓、铟、锗、银数万吨；韶关凯迪、锦源公司、仁化电池材料公司等企业以有色深加工为主，提取精铟、制造ITO粉、生产电池材料等高新技术产品，为深化韶关有色产业链开拓新的途径。韶关的有色产业初步形成从勘查勘探——采矿——选矿——冶炼——精深加工——资源再生利用较为完整的有色产业链，其生产规模、生产设备与技术水平，在国内外有一定的影响。2017年有色金属工业产值117.45亿元，增长0.82%；工业增加值30.67亿元，增长2.0%，占全市规上工业企业的9.5%，是韶关第三支柱产业。有色金属工业主要有仁化产业转移聚地和东阳光集团铝加工基地两个工业园区（基地）。

【仁化产业转移集聚地】 仁化产业转移集聚地规划总面积约500公顷，规划分为有色金属深加工产业（Ⅰ）区、（Ⅱ）区、稀贵金属深加工产业区和金属回收加工产业区，主导产业为有色金属深加工、稀贵金属深加工、新能源、新材料产业。园区发挥仁化县铅锌矿及稀贵金属资源优势，致力于打造完整的有色金属循环经济体系。主要产品有氧化锌、氧化铅、铅合金、铝合金、钨钼制品、镍制品、高纯铜等有色金属制品，铅酸蓄电池极板、不间断电源等产品。

【东阳光集团铝加工基地】 其占地面积266.67公顷，是全国最大的化成箔生产基地和出口基地、全国最大的亲水箔生产基地、全国规模最大的铝箔生产基地之一，产品出口日本、欧美等国家并销往中国台湾、香港地区，成为格力、美的、松下、三星等国内外著名厂家的重要供应商。其中，化成箔占据国内市场的50%以上，亲水箔占据国内市场的25%。 （陈 芬）

重点监测工业

【重点监测企业名单】 2017年，韶关市50户重点监测工业企业（集团）：东阳光集团（乳源）、韶钢（曲江）、粤江发电（曲江）、韶关卷烟厂（武江）、大宝山矿业（曲江）、比亚迪

（浈江）、韶关供电局（武江）、利民制药厂（武江）、建滔集团（始兴）、韶能集团（武江）、日本电产（始兴）、顺昌布厂（曲江）、卡西欧电子（翁源）、鸿丰水泥（新丰）、丹霞冶炼厂（仁化）、凡口铅锌矿（仁化）、韶铸集团（浈江）、韶钢普莱克斯（曲江）、金悦诚蓄电池（翁源）、五联木业（曲江）、杰力电工（新丰）、至卓飞高线路板（曲江）、永强五金（新丰）、红岭矿业（翁源）、嘉盛化工（南雄）、建滔集团（始兴）、佳山科技（始兴）、佳星科技（始兴）、华粤煤矸电力（仁化）、五矿萤石（乐昌）、宏德热轧带钢（曲江）、宏大韶化民爆（浈江）、万达工业（始兴）、万成塑胶制品（翁源）、金悦通电子（翁源）、建田矿业（新丰）、丰城文生矿业（新丰）、佳明化工（南雄）、金源合成材料（南雄）、马来宾环保油墨（南雄）、柏斯特化工（南雄）、星辉化工新材料（南雄）、韶关旭日（工业园）、韶冶（浈江）、坪石发电厂B厂（乐昌）、合盈金属制罐（南雄）、张滩水电站（乐昌）、明威胶粘涂料化工（南雄）、圣邦精细化工（南雄）、铁帽顶伟帆矿业（新丰）。

【重点监测企业运行情况】 2017年，50户重点监测工业企业累计完成工业增加值219.97亿元，同比增长7.3%，高于全市规上企业平均水平5.3个百分点，拉动规上工业4.6个百分点。50户重点企业占全市规上工业比重的68.2%，对全市工业增长有着举足轻重的影响。全市产值超10亿元的工业企业共有14户，累计完成产值718亿元，工业增加值174亿元，占全市规上工业比重达53.9%。在全市产值超10亿元的企业中，有产值超100亿元工业企业1户，产值50亿—100亿元的企业4户，产值10亿—50亿元企业10户。在产值超10亿元的企业中，国有企业共有8户，占57.1%，其中中省企业有7户，产值较高的民营、外资大型骨干企业明显偏少。

【挂点联系企业情况】 2017年，市挂点办选取全市118家企业（其中工业企业86户）作为挂点联系帮扶对象，由市四套班子领导成员和市直部门挂点联系，并于8月以市委办、市府办的名义印发《韶关市领导班子成员和市直部门挂点联系企业工作制度》和《韶关市领导班子成员和市直部门挂点联系企业工作安排表》，对市四套班子领导、市挂点领导小组、市挂点办、行业主管部门、挂点市直部门的工作职责进行明确细化，将挂点帮扶责任压实压牢。贯彻落实挂点联系企业工作制度，深入挂点联系企业了解企业诉求，帮助解决问题。市领导挂点的80家规上企业共完成工业增加值225.28亿元，同比增长11%，远超全市工业平均增速（2%）。

【挂点服务取得实效】 2017年，韶关市共收集整理98家企业280个诉求事项，截至年底办结诉求68个，集中解决一批困扰企业发展的突出问题：开通运营首条免费园区接驳公交线，解决甘棠工业园内2000多名员工及附近村民的出行难题；将全市企业职工基本养老保险单位缴费比例从15%调整为14%，仅旭日国际一家企业每月就减少缴费110万元。

（陈　芬）

电力供应和生产

【概况】 韶关供电局是广东电网有限责任公司直属大型企业，担负着韶关三区七县（市）的电网规划建设和电力供应任务，供电面积1.84万平方千米，供电人口334万多人，供电客户124万户。2017年，韶关供电局设有职能部门13个，二级机构8个，管理城区供电局1个区局，以及乳源、南雄、新丰、翁源、曲江、乐昌、始兴、仁化供电局8个县局。有在职员工4358人（其中市局1593人、县局2765人），局长：吴亦竹；党委书记：韩招文。11月17日，韶关曲江供电局被评为全国文明单位，是广东省内唯一获奖的县级供电企业。在中国电力建设企业协会5月30日公布的2017年中国电力优质工程评审结果中，韶关220千伏坦界变电站获“2017年度中国电力优质工程”称号。16个单位获得国家、网、省公司“模范职工之家”称号。1人当选首届“韶关工匠”。

【韶关电网建设】 2017年，韶关电网位于广东电网北部，通过3条500千伏线路、4条220千伏线路与广东主网架联网，联络点为500千伏曲江站和220千伏韶关A厂。湖南桥口、鲤鱼江电厂通过2条500千伏线路接入500千伏曲江站。韶关电网共有35千伏以上变电站177座，总容量1252.8万千伏安；共有10千伏及以上输电线路1372回，总长度27796千米。韶关主网形成以500千伏曲江站为核心，220千伏电网为骨架，“一核四环两链”的主网架结构。县域电网形成以220千伏变电站为枢纽，110千伏变电站向县城中心等重要负荷直接供电，35千伏变电站作为补充，结构相对合理、分区运行的供电网络。

【全社会用电量】 2017年1至12月，韶关市全社会用电量119.48亿千瓦时（全省排名第14位），同比增长6.87%（全省排名第10位）。按行业用电分，第一产业用电量1.93亿千瓦时，同比增长24.45%；第二产业用电量81.85亿千瓦时，同比增长6.41%，其中工业用电量80.5亿千瓦时（全省排名第15位），同比增长6.32%（全省排名第11位）；第三产业用电量17.48亿千瓦时，同比增长13.11%；城乡居民生活用电量18.22亿千瓦时，同比增长1.9%。

2017年1至12月韶关市全社会用电量情况表

表2　（单位：亿千瓦时）

行业类别	1—12月累计	
	年累计报表数据	报表数据同比增幅（%）
全社会用电量总计	119.48	6.87
A、各行业用电量总计	101.26	7.81
第一产业	1.93	24.45
一、农、林、牧、渔业	1.93	24.45
第二产业	81.85	6.41
二、工业	80.05	6.32
三、建筑业	1.81	10.62
第三产业	17.48	13.11
四、交通运输、仓储和邮政业	5.88	7.66
五、信息传输、计算机服务和软件业	1.38	16.84
六、商业住宿和餐饮业	4.84	14.21
七、金融、房地产、商务及居民服务业	1.96	23.29
八、公共事业及管理组织	3.42	14.63
B、城乡居民生活用电量合计	18.22	1.90

2017年，韶关供电局完成安全生产考核目标，韶关电网连续安全运行6723天。全年投资12.3亿元，新增4座变电站，主变容量35.6千伏安，新增高压线路3421千米。首次实现当年和陈欠电费回收率100%。客户平均停电时间（低压）17.27小时，下降41%。第三方客户满意度82分，连续9年获地方政府公共服务评价满意度第一名。完成购电量108.7亿千瓦时，增长6.94%；售电量104.66亿千瓦时，增长5.31%。固定资产投资18亿元，增长45%。综合线损率3.73%。

【电力安全生产局面总体稳定】 2017年，韶关供电局安风体系网公司外审得分89分，获得“四钻四星”评级。完成主网专业化工作，实现顺利过渡。推进调控一体化建设，35千伏及以上变电站实现集中监控。解决配网盲调问题，实现配调集约化试运行。馈线、配网自动化覆盖率分别达到58%、75%，分别提高47个百分点、33个百分点。落实防范电网运行4大风险19项重点工作，做好滇西北工程停电风险管控，化解墨珠甲乙线同跳风险。推广合环转电和带电作业等手段，处理树障隐患2437处，中压线路故障率同比降低33%。组建37支1591人的应急队伍，做好防风防汛防山火工作，完成“十九大”等30项保供电任务。

【电网线路推广无人机应用】 2017年，广东韶关供电局推广无人机应用。新配置无人机203架，增加179架，培养飞手76人，增加60人。实现110千伏及以上电压等级线路无人机巡视和验收全覆盖。截至12月底，累计机巡线路19272千米，增长271.2%。完成首次无人机带电线路清障工作。

【电力供应服务能力提升】 2017年，韶关供电局统筹安排运行方式，实现清洁能源100%消纳，全省唯一零错峰。组建服务调度班，实现服务调度和配网调度合署办公。推行投诉提级管理、网格化服务、专业联动分类限时解决问题等举措，12398、95598投诉量得到初步控制。局计量中心获得省质监局专项计量授权证书。实行业扩项目主人制，中压业扩报装平均用时、业扩配套建设用时分别压缩至84天、71天，下降12%、55%。承接修编韶关市“十三五”充电设施发展规划，完成2个城市公共充电站、60个分散充电桩，以及1座分布式光伏发电站建设。电能替代电量1.9亿千瓦时，计划完成率160%。探索新型商业模式，与本地能源企业合作开展综合能源服务。

【韶关电网统调负荷屡创新高】 2017年，韶关电网统调负荷5次创历史新高，最高负荷达到181.6万千瓦（8月22日），比2016年最高负荷增长4.67%。全年没有实施强制性错峰用电，是全省唯一没有错峰的城市。

【低电压治理】 2013年到2017年，广东电网韶关供电局累计投入4.4亿元加快低电压台区升级改造，立项解决1863低电压台区、24.36万用户的低电压问题。该局2017年年初编制治理低电压专项方案，将低压台区三相不平衡整治作为专项工作，以此降低低电压问题。

【完成智能电表和低压集抄建设任务】 2017年，广东韶关供电局完成智能电表和低压集抄建设任务，该局研发并推广应用“智能电表批量轮换管控APP”和“最小台区单元移动式低压集抄实训装置”。全年轮换智能电表70万只，建设低压集抄94万户，智能电表和低压集抄覆盖率均达到100%，自动抄表及电子化结算率99.57%，同比分别提升70、76个百分点，全省第三。

【全国首个污染土壤修复与光伏利用项目并网发电】 2017年6月29日下午，经过16小时的启动工作，全国首个污染土壤修复与光伏利用项目，同时也是广东规模最大的光伏电站——韶关仁化金泽光伏电站并网发电。该电站本期装机容量15万千瓦，最终装机规模20万千瓦，位于广东省重金属污染典型区域仁化县董塘镇凡口铅锌矿周边，通过1回220千伏线路接入220千伏董塘站。该项目是广东省和韶关市重点项目，利用并修复重金属重度污染土地约213.33公顷，每年可提供超过1.4亿千瓦时的绿色电力。

【电网规划发展科学】 2017年，韶关供电局构建政企共建长效机制，促请市长连续两年出席全市电网建设工作推进会议并作部署。常务副市长挂点市供电局，多次协调解决电网建设难题。构建“以我为主”规划体系，提级由市、县（区）局局长负责，提升电网规划质量。完成乳源智能电网示范区专项规划，先行先试推进山区智能电网建设。完成配网技术导则本地化修编和速查小册子编制，推动技术标准执行落地。完成电网投资12.8亿元，史上最多。220千伏坦界变电站获中国电力优质工程奖，3个项目获省公司“安优文”样板工程。

【乳源110千伏浩天输变电工程整体投产】 2017年1月18日浩天输变电工程整体竣工投产。作为乳源电网的重要组成部分，110千伏浩天输变电工程始自2015年3月三通一平开工进场，建设规模为2×50兆光伏安，3回110千伏出线，并联络220千伏通济变电站、110千伏龙归变电站。该工程主要为乳源东阳光电化厂提高供电可靠性，为乳源化工产业经济发展注入支撑。

▲2017年3月16日，韶关城区供电局挂牌成立　　（于芳芳　摄）

【农网改造】 新一轮农网改造升级工作开展以来，截至2017年12月底，广东韶关供电局投资9亿元，完成817个项目，完成全市241个“中心村”的农网改造升级任务。6月9日，市政府召开韶关市2017年度电网建设工作推进会，会议部署2017年电网建设工作和新一轮农村电网改造升级工作，韶关供电局与各县（市、区）政府签订《2017年度加快推进电网建设工作协议书》。

【电力企业管理水平提高】 2017年，韶关供电局落实各项税收优惠政策，节税1663万元。推进精益管理取得成效，完成精益项目64个，收集现场改善成果5442项、合理化建议超过1万项，获得网、省公司7S劳动竞赛奖项共16个。计量自动化班、电费核算对账班获得“准五星班站所”、19个班站所获得“准四星”，22个班站所评为“三星班站”。超额完成资产产权补办年度任务，完成率45%，全省第二。案件胜诉率100%，挽回、避免经济损失229万元，首例高杆树木妨害电力线路运行案件终审胜诉。涉电案件和涉案金额同比下降80%、69%。《韶关市电力供应设施保护条例》初步列入韶关市人大2018年立法计划。

【电力企业改革创新工作有序推进】 2017年，韶关供电局超额完成年度科技投资，6个项目获得省公司科技、职创奖项。新增专利授权8件，累计有效专利数达到31件。仁化、始兴局两个劳模创新工作室获省公司认定。参与增量配网试点，开展重点园区规划建设，掌握主动权。市场交易电量53亿千瓦时，占全市售电量的50%，占工业用电量的68%，比例全省最高，为客户节约电费2.9亿元。完成29个独立供电区域接收。接收1.6亿元客户资产。完成8个“三供一业”供电点接收，其余29个完成框架协议签订。

【韶关城区供电局成立】 2017年3月16日，韶关城区供电局挂牌成立。城区供电局整合原武江、浈江、坪石供电局的区域资源，按副处级规格管理，管辖14个供电所，保留原属地营业厅、应急抢修功能，其配电运维管理、营销管理、规划建设、前期属地化管理、安全监督管理、党政工团管理业务集中到城区供电局。此次优化整合，融合原来3个区局的人才力量和资源优势，标志着开启韶关供电局精益化管理的新征程。

【县级子公司改制分公司】 2017年5月19日，韶关曲江、始兴、翁源、新丰供电局完成相关改制任务，由子公司改制分公司。"子改分"后，县域电网建设资金由广东电网有限责任公司统一安排，满足县域发展的电力需求。10月26日，韶关乐昌、仁化供电局先后完成有限责任公司工商注册登记，在全省同批中率先完成公司制改制任务，标志着年内韶关供电局"子改分"任务全面完成。

【做好新能源消纳】 2017年以来，广东韶关供电局推动节能减排，做好新能源消纳。全年消纳生物质、风电、光伏等新能源10.23亿度，同比增长202.53%。该局做好新能源发电厂和居民家庭光伏项目接入系统工作。加快电源接入系统工程建设。开展节能调度，在新能源发电高峰时段协调火电机组减少出力，让出电力输送通道，协调变电站、线路和新能源电厂合理安排检修计划，确保新能源电量足额安全送出。

（赵湘敏）

东莞（韶关）产业转移工业园

【概况】 东莞（韶关）产业转移工业园是东莞、韶关两市政府于2008年联手共建的省级产业园区，2011年入选广东省十大重点产业园区，2015年被认定为第三批广东省循环经济工业园园区，2016年获批为"珠江西岸先进装备制造产业带重点配套园区"。园区总规划面积53.89平方千米，辖韶关工业园区、浈江片区、武江甘棠工业园和武江科技园、龙归片区及曲江白土片区、华南先进装备产业园，2015年，仁化、新丰作为产业集聚区纳入园区统一管理。园区依托韶关装备制造传统产业优势，抢抓省扶持粤东西北振兴发展和东莞对口帮扶机遇，招商引资，培育和扶持重点产业及企业，逐步形成"4（装备制造、玩具制造、纺织制造、食品制造四大传统产业）+3（生产性服务业，大数据、生物医药三大新兴产业）"的产业发展格局，园区有工业企业386家（含仁化、新丰），其中落户园区并投产的装备机械项目共122个，规上工业企业119家，其中装备制造规模以上企业47家，高新技术企业33家，工业总产值1—10亿元40家，10亿元以上3家。

【园区经济】 2017年，园区贯彻落实主动融入珠三角战略，加大产业对接和共建力度，强化服务企业和项目，推动科技创新，着力优化园区发展环境，应对经济和市场不景气、重大项目缺乏、供给侧结构性改革等对园区发展带来的不利影响，园区经济稳步增长，全年园区工业总产值完成224.72亿元，同比增长6.8%，占全市工业总产值的17.5%；工业增加值完成48.88亿元，同比增长2.8%，占全市工业增加值的15.2%；工业设备投资完成21.97亿元，完成省下达目标的112.7%；税收（可比口径）可完成10.2亿元，与上年基本持平。

【基础建设】 2017年，园区争取政府新增债、贴息资金等政府类资金支持，筹集资金13.4亿元，对沐溪——阳山片区道路、绿化、亮化等基础设施实施改造，提升园区发展环境。2017年底，沐溪一路完成部分沥青路面铺设及人行道、非机动车道铺设；沐溪八路基本完成建设；阳山七路基本完成现有路面人行道和非机动车道路面铺设；百旺西路人行道和非机动车道道路铺设，混凝土路面铺设完成；沐溪大道（沐溪段）中央分隔带砌砖完成，主车道扩宽及人行道基本完成。

【招商引资】 2017年，园区探索创新招商引资方式，拓宽招商引资渠道，组织开展全员招商、产业链招商、委托招商和精准招商，形成一把手负总责、班子成员各司其职、各部门共同参与的招商引资联动机制和项目洽谈、对接、行政审批、土地招拍挂、后勤保障等"一条龙"运作的服务体系，招商引资工作取得成效。一年来，园区共签订招商项目15个，其中亿元以上项目10个，合同引进资金32.15亿元。黄沙坪创新园签约的74家企业陆续进驻，入驻率达60%以上。完成韶关市冠旺电子科技有限公司从项目洽谈到第一条生产线投产，历时仅一个月。

【韶关投资环境推介会助推3家企业现场签约】 4月21日上午，主题为"投资韶关共赢未来"的韶关投资环境推介会在东莞市厚街镇举办，吸引超过150家东莞企业参会，3家企业现场签约。市委常委、副市长，东莞对口帮扶韶关指挥部总指挥万卓培在会上对韶关投资环境作推介。韶关实施主动融入珠三角战略，从2013年开始，东莞和韶关以产业共建为重点开展全面对口帮扶，韶关逐渐成为珠三角产业转移重要阵地，是广东省环珠三角地区综合投资营商环境最好的地区之一。市商务局和东莞（韶关）产业转移工业园管委会相关负责人在会上介绍韶关基本情况和投资环境。落户韶关的东阳光公司和东都公司代表"现身说法"，与东莞企业家们交流到韶关投资的经历和感受。广东现代会展管理有限公司、东莞名家具俱乐部、深圳全林汽车零部件有限公司现场签订与韶关合作框架协议。

【项目推进】 2017年，白云电器韶关电气产业基地项目8月底签订投资合同书，完成在韶关公司的工商登记手续，11月底启动奠基仪式。9月，军民融合产业园签订合作协议，完成工商登记，在韶关总部公司正在进行装修。广汽集团汽车零部件项目，宏大齿轮公司承接广汽研究院新能源动力A39项目试制，为广汽乘用车试制成功发动机平衡齿轮，组建广汽乘用车配件生产区事项及株洲锻造项目的收购事宜正在推进。年产10.5万吨实型精密铸造项目签订投资合同书，项目一期用地8.4公顷，报批5.73公顷，11月启动项目奠基仪式。亿航无人机项目于11月独资注册韶关市城市智能指挥调度中心项目公司，已开工建设。

【韶关市产业项目集中动工】 2017年11月30日，2017年韶关市产业项目集中动工暨华南先进装备园基础设施建设奠基仪式在华南先进装备产业园主会场举行，莞韶产业园和10个县（市、区）产业园设立分会场同步举行项目开工仪式，共有72个产业项目和华南装备园6项基础设施建设项目在当日集中破土动工，其中产业项目投资总额达到151.67亿元。韶关工业园区共有13个项目同步举行开工仪式。动工的72个项目涵盖装备制造、新材料、新能源、旅游文化等多个领域。

【国家高新区申报】 2017年6月25日，省政府将申报材料上报国务院审批。8月8日，园区递交申报补充资料。10月11日，园区管委会主要领导陪同市长殷焕明、省科技厅副厅长杨军等一行，专程拜访科技部高新司和火炬中心的相关领导，汇报韶关创建情况及科技创新有关工作。12月13日，园区管委会负责人专程赴京，争取科技部高新区和火炬中心的支持。

【韶关高新区机械基础零部件创新型产业集群入选创新型产业集群试点】 2017年12月1日，科技部公布《科技部关于开展第三批创新型产业集群试点的通知》，韶关高新区机械基础零部件创新型产业集群入选其中。国家创新型产业集群试点获批后，科技部火炬中心将在政策扶持、资金投入和工作引导等方面给予支持，对产业集群项目统筹相关科技计划给予重点支持。省政府也将在政策、平台、项目等创新要素方面，加大对创新型产业集群的支持。

【韶关高新区创业服务中心成为韶关首个国家级科技企业孵化器】 2017年12月25日，韶关高新区创业服务中心被科技部火炬中心确定为国家级科技企业孵化器名单，成为韶关第一个国家级科技企业孵化器。韶关高新区创业服务中心成立于2012年3月，是一个以机械装备及系统集成服务为主的专业孵化器，致力于打造集技术研发、成果转化、企业孵化、人才培养与引进一体的专业化创新创业平台，2012年9月被认定为广东省第一批国家级科技企业孵化器培育单位。五年来，创业服务中心先后与华工高新技术产业研究院、粤北中小企业服务中心、中广测协同创新技术有限公司形成战略合作关系，毕业企业17家，在孵企业52家，累计孵化资金扶持企业达600万元。韶关高新区持续加强对科技创新的政策扶持力度，在完善《韶关高新区科技企业孵化器孵化企业（项目）入驻管理办法》的基础上，2017年相继出台《韶关高新区关于促进科技创新奖励实施办法》《韶关高新区检验检测服务平台建设扶持办法（试行）》及《促进汽车零部件制造企业发展扶持办法（试行）》等一系列扶持政策，推动园区创新创业加快发展。

【扶持企业】 2017年，根据《韶关工业园区产业发展扶持资金管理办法》文件精神，园区财政预算安排3000万元扶持资金，分别在厂房建设补贴、租金补贴、贷款贴息补贴、技术改造、突出贡献等方面对企业进行扶持。通过组织第三方专家评审、申报企业现场答辩、扶持资金评审领导小组讨论、公示等相关程序，共有16家企业符合扶持条件，获得产业扶持资金1000多万元。

【金融融资服务】 2017年，针对大部分中小企业在资金融通上存在“小、频、急”和贷款要求“短、平、快”的特点，园区依托直属企业韶关市鼎盛融资担保有限公司和韶关市圆融小额贷款有限公司，完善金融服务，为创业企业提供资金融资渠道，全年累计为企业提供担保2.8亿元，提供小额贷款2.89亿元。（王凤军）

始兴产业转移工业园

【概况】 广东始兴工业园区管理委员会前身为始兴县林产工业开发试验区管理委员会，为始兴县人民政府的派出机构，是负责全县工业园区建设、管理和招商引资工作的正科级行政单位，核定行政编制5名，后勤服务人员3名。主 任：罗祥山。机构内设4个股室：办公室、建设综合办公室、招商综合办公室、安全生产监督管理办公室。始兴县企业服务中心前身为始兴县招商引资办公室，为广东始兴工业园区管理委员会下属正股级公益一类事业单位，核定事业编制10名。2017年，实有在编行政人员5名、事业编制人员8名。

始兴产业转移工业园原名东莞石龙（始兴）产业转移工业园，成立于2005年，是全省首批产业转移工业园，该园区位于始兴县太平镇与顿岗镇交界处，东西两侧分别与省道244线、国道323线相接。2015年12月，经省经信委批复，变更为现名，由此前的东莞石龙镇和始兴县合作共建调整为始兴县自建。2016年7月，始兴县太平镇东湖坪工业片区纳入产业园集聚区范围，依托始兴产业转移工业园集聚发展办公文具产业，享受省产业转移政策。2017年10月，始兴产业转移工业园（沙水园区）、东湖坪工业片区完成控制性详细规划修编工作并通过始兴县城市规划委员会审核，始兴产业转移工业园（沙水园区）规划面积960公顷，东湖坪工业片区规划面积92公顷。

广东始兴工业园区原名始兴县林产工业开发试验区，于1993年6月经广东省人民政府批准建立，园区规划总面积443.56公顷，其中东区（黄花园工业片区）规划面积220.24公顷，属始兴县最早开发的工业园区，纳入县城市总体规划范围；西区（江口工业片区）规划面积223.32公顷。始兴产业转移工业园和广东始兴工业园区实行“两块牌子、一套人马”管理模式。截至2017年底，全县园区共有工业企业96家，其中规模以上工业企业33家，完成工业总产值51.24亿元，实现工业增加值14.98亿元，同比增长8.9%，实现税收1.2亿元，同比增长62.89%。坚持以办公文具、电子机械、食品加工、定制家具等产业为主导产业的发展方向，重点发展办公文具和电子机械两大产业，着力打造广东始兴办公文具制笔产业园，依托始兴县东湖坪工业片区“中国制笔研发制造基地”的办公文具制笔产业集聚区为基础，拓展至沙水产业转移工业园，逐步以沙水产业转移工业园为中心承接办公文具制笔产业的专业园。

【园区规划】 2017年，始兴产业转移工业园组织实施沙水、东湖坪、马市等工业区的控制性详细规划修编工作，主要包括土地利用规划、产业布局规划、功能布局规划等三个专项规划，总规划面积达12.37平方千米，新修编的规划与园区产业布局规划、城镇建设规划结合，突出沙水园区产业功能布局、配套服务设施及平台建设等方面内容，把沙水园区建设成环境优美、设施完善、功能齐全的新型功能体。

【平台建设】 2017年，始兴产业转移工业园实施工业项目三年攻坚行动计划（2016—2018年），推进园区提质增效项目建设。共完成园区道路硬化4800米，污水管网铺设6100米，雨水管网铺设7700米，平整土地20公顷，挖填土方15万立方米；累计种植行道树里程8500米，园区污水处理厂二期工程完成主体工程，设备采购全部完成。其他建设项目也按轻重缓急、资金到位情况依序推进。沙水、东湖坪、马市等三个工业片区的征地工作也在推进。

【招商引资】 2017年，始兴产业转移工业园实施精准招商，利用“三会”（同乡会、行业协会、商会）开展针对性强的招商活动，促成企业抱团入驻。组织开展招商引资推介会9场（广州4场，深圳2场，北京、上海、汕头各1场），先后拜访企业360余家，邀请280余家企业到始兴进行投资考察，共完成8宗工业项目签约（其中亿元以上项目4个），签约金额达106.2亿元。其中，引进投资100亿元的忠信覆铜面板及产业链生产项目，针对办公文具产业企业开展招商，引进投资2.4亿元的三华文具集团品牌企业，投资2000万元的台北琨丰制笔企业，以及投资5000万元的顺意兴五金配件文具产业链条企业。

【服务企业】 2017年，始兴产业转移工业园建立综合政务服务中心。先后为园区28家企业做好代办证照、报批报建、协调解决问题等服务项目56项，推动服务8家企业开工建设；为22家园区企业做好始兴县优惠政策申报资料核查工作，累计申报扶持奖励资金712.88万元。建立人力资源服务中心。与广东省南方技师学院、韶关市技师学院、始兴县中等职业学校等院校达成政校企合作。组织园区企业开展招聘活动11场，共为企业招聘专业技术人员421人次，暑假工136人次。建立金融财务服务中心。帮助5家企业解决流动资金短缺、融资难、发展受限等问题。加强政策扶持。先后起草《始兴县工业企业发展基金管理办法（试行）》《始兴县加快工业投资项目审批效率实施办法》《始兴县工业园区工业及生产性服务业招商奖励实施办法（试行）》等3个扶持政策。引导企业创新发展。鼓励和指导符合条件的市场主体“个转企、小升规”，促进民营经济发展方式转变和产业结构优化升级，共完成“个转企”8户，“小升规”3户。鼓励企业技术创新，协助2家企业申报省级高新技术企业。

【产业共建】 2017年，始兴产业转移工业园推动与亚太文具协会联盟、广州文具行业协会合作，谋划将始兴打造成为集文具研发、展示、商贸、旅游、休闲为一体的亚太书笔文具城，该项目方案通过初审，拟选址在始兴县城西地块，规划面积133.33公顷，按照“五心一器，三区一馆”（行业产品研发中心、行业产品展览中心、检测中心、质量追溯中心、品牌拓展中心，一个孵化器；生产加工区、物流配送区、生活商务配套服务区、书法文化博物馆）的规划思路推进广东始兴办公文具制笔产业园建设。（曹志恒）

乐昌产业转移工业园

【概况】 乐昌产业转移工业园，于2006年9月被认定为省级产业转移工业园。产业园原由东莞市东坑镇与乐昌市联手共建，2013年省委省政府实施促进粤东西北地区振兴发展战略，安排东莞市大朗镇对口帮扶，2015年12月由合作共建园调整为自建园。开发区党工委书记、管委会主任兼产业园管委会主任：谭桂明。

园区规划总面积897.5公顷，其中乐昌市区东郊6千米城东地块700.9公顷，主要发展壮大机械制造、新材料等产业；规划启动建设的乐广高速引线附近城南片区地块196.6公顷，计划重点培养发展新兴产业和商贸物流业，打造高速高铁空港经济带。至2017年底，园区开发建设面积249.8公顷，建成污水处理厂、生活服务区、供水加压站、管道天然气、自助办税服务厅等配套设施，实现“通路、通水、通电、通气、通讯、通纳污管网”等“六通”；

2017年，园区共引进工业项目82

个，投产企业36家。2017年新签入园项目49个，投资总额38.71亿元，其中亿元以上项目有13个，机械装备制造22个，新型材料项目18个，新三板企业、高新技术企业投资项目4个，初步形成机械装备制造产业集群和新型材料产业集群。完成固定资产投资14.03亿元，完成规上工业增加值2.2亿元，完成税收6182.6万元，吸纳就业2858人。研究省、韶政策，明确以新材料、机械制造和食品健康为主导产业方向，将南方阳光周边66.67公顷区域定位为新型材料园，将处置收回的原利生纺织和韶瑞铸钢周边40公顷地块定位为机械装备园，将环境优良的北部区域定位为食品加工园，城南产业园则按照省级高新技术园区的定位标准，计划着重引进高税收的高新技术企业。

【园区管理机制不断完善】 2017年，乐昌市委市政府主要领导多次通过调研、召开专题会议等方式，研究解决园区建设发展问题。成立以乐昌市分管领导曾悦、谭桂明为正、副组长的园区基础设施建设工程专项领导小组，协调加快推进园区基础设施建设步伐。创新管理机制。借鉴先进地区经验，起草《乐昌经济开发区（产业园）管委会体制机制改革实施方案（初稿）》，逐步建立符合园区发展需要的人事管理体制和园区运行机制。完善项目入园机制。提高入园门槛，明确入园企业每亩税收产出不低于7万元，将签约合同履约金由5000元/亩提到2万元/亩，保障土地产生效益，发展税源经济。

【园区配套承载能力提升】 2017年，乐昌产业转移工业园推进基础设施建设。联通园区到高铁站道路，建成标准厂房一期2.54万平方米，启动2017—2019年园区基础设施提升工程，其中，总投资2.7亿元的11.5千米路网建设工程和总投资1500万元的乐廊路和乐园路“一横一纵”主干道景观绿化提升工程分别于9月、10月动工建设，自助办税服务厅装修完毕即将投入使用，银行网点和医疗站点预计春节前后建成，完成道路牌设置、道路交通标示，优化公交候车亭环境。强化用地保障。启动2017—2019年园区土地综合整治工程，回收盘活原利生纺织土地29.33公顷，平整周塘岭西面土地3.6公顷，对112.27公顷土地收储工作进行航拍和公告。园区中期土地调规获通过，优化调整出333.33公顷土地建设规模，为园区发展提供持续力。

【园区招商促活力】 2017年，乐昌产业转移工业园狠抓资源整合，对园区内闲置土地、闲置厂房及可供招商的项目等招商资源进行全面摸排，建立招商项目资源库。坚持“走出去、引进来”战略，瞄准机械铸造、金属制造、新材料等产业，市主要领导多次带队走访珠三角企业、商会。结合乐昌桃花节、水果节、乐昌东站启用仪式、大朗乐昌产业共建经贸合作交流会、入园项目集中奠基仪式、乐昌老黄圃商会成立庆典、乐昌市韶商经贸合作交流会等重大节会活动，开展招商推介和集中签约活动，形成“每月都有新活动、新亮点，每月都有新项目集体签约”的宣传氛围，莅临乐昌考察客商明显增多。（吴进波）

南雄产业转移工业园

【概况】 南雄产业转移工业园于2010年3月被认定为省级产业转移工业园，规划总面积733.33公顷。其中，园区一期规划面积402.67公顷，位于南雄市区西南郊，以精细化工为主导产业，产品涉及涂料、树脂和包装、制罐等上下游配套产业，于2012年完成招商任务。园区二期位于南雄市区北郊，与园区一期相距4千米。规划面积3360.6公顷，以新材料和电气机械及器材制造为主导产业，推进招商引资工作。园区与韶赣高速公路南雄站、韶赣铁路南雄火车站相邻，50分钟车程可达赣州机场，有着对接“长三角”，承接珠三角产业转移的区位优势。南雄产业转移工业园管理委员会作为南雄市政府的直属事业单位，不定级别，核实编制人员31人，有在编人员24人，内设机构为党政办公室、基建室、企业发展室、融资服务室、统计信息室等5个科室。截至2017年12月底，入园企业106家，试投产企业85家，规模以上企业67家。完成固定资产投资13.6亿，其中设备投资5.21亿，技改投资1.0769亿；完成工业总产值100.19亿；实现工业增加值24亿。新增规上企业2家，分别是泓宇混凝土公司、美妥维志公司。

【园区招商强化】 2017年，南雄市加大与东莞南城间的产业共建力度，成立以市长为组长的招商团队，调动乡贤联谊会、商会等社会力量，创新方法，在珠三角地区拓展招商渠道。总投资22.5亿元，以竹纤维为原材料生产环保餐具的广东绿洲生态科技发展有限公司；总投资3.5亿元的广东美瑞克微金属磁电科技有限公司；南雄市富亚电器有限公司落户园区二期。3家企业2017年底开始动工建设。通过与深圳乡贤的对接，从事新型碳纤维材料的研发、生产和销售的港资企业——碳谷（中国）有限公司签订投资合同，落户园区。园区二期总规控规完成修编，主导产业变更为新材料、电气机械及器材制造，为精准招商项目入驻提供准入条件。

【基础配套完善】 2017年，南雄园区利用从省市各级竞得的各类扶持奖励资金和国家专项扶持资金、贷款，加大投入到基础设施建设项目中，升级基础配套设施，提升园容园貌。2017年，园区基础设施重点建设项目推进。投资2865万元的园区污水管网升级改造工程完成企业污水收集池的建设，污水管网的铺设基本完成。园容园貌美化、绿化项目，园区道路“黑底化”工程、绿化升级改造工程推进。园区职工之家项目于年底完成基础部分建设。专职消防队基础设施建设工程完成主体建设，进行道路和内外装饰施工，其二期工程项目进场施工。总投资2.23亿元的园区二期工程建设加速推进，剩余土石方工程进场大面积施工，道路、雨污管网工程开始勘察设计和施工的前期工作。2017年7月，园区大气有机污染物自动在线监测站投入使用，监测项目有总VOC、苯、甲苯，二甲苯，监测范围覆盖整个园区。污水处理厂废气治理专项工程完工并投入运行。

【扩能增效抓实】 2017年，南雄园区加强与东莞南城的精准对接，规划并整理出园区一期近60公顷的低效用地和“僵尸”类企业信息，展开精细化工产业再招商，取得明显成效。随着投资3500万美元的南宝树脂（韶关）有限公司以置换的形式落户一期。2017年，园区共完成宏洋化工、保洁星化工等5家企业的置换，完成市委、市政府年初下达的全年任务目标。

【科技创新助推】 2017年，南雄园区鼓励和扶持企业转型升级。新增科鼎、九盾、翔远、长祺4家高新技术企业，园区共有18家高新技术企业，为园区正在申报省级高新技术开发区夯实基础；新增省级技术研究开发中心5家，省市工程技术研究开发中心10家。自由能在全国中小企业股份转让系统挂牌，园区上市企业增至4家。计划投资1.5亿元的中科院南雄新型特种精细化学品专业孵化器项目加速推进，完成主体工程建设。该项目建成使用后，可覆盖韶关以至整个粤北地区的精细化工产业的产业化支持和科技孵化服务。

【服务水平提升】 2017年上半年，南雄市创新工作方法，成立市长担任组长的产业攻坚领导小组，制定产业攻坚工作实施方案，明确24项重点工作和48项重点项目的具体工作目标、措施和保障机制，专门出台《南雄市扶持工业企业发展暂行办法》，设立1000万元的扶持企业发展专项资金，对企业从投资、技改、融资、创新、上市、物流、人才等进行专项精准扶持。对绿洲等重点龙头企业，实行“一周一报”“一企一策”的工作制度，跟进项目投资、建设等进展情况，解决落实企业发展中所遇的难题。 （李 慧）

▲2017年7月19，韶关市产业园区建设推进工作现场会在南雄市召开 （李 慧 摄）

乳源瑶族自治县经济开发区

【概况】 广东乳源瑶族自治县经济开发区管理委员会（以下简称“开发区”）成立于1992年，2006年5月经省政府批准为省级经济开发区，2015年5月经省政府同意依托开发区建立产业转移工业园。园区认定范围位于乳源县城东南郊，规划总面积561.56公顷，开发面积300.4公顷，入驻企业70家（规上企业35家），以铝箔加工、电子元器件制造业为主。新材料产业园是依托产业园发展的延伸聚集区，规划面积164公顷，开发80公顷，入驻企业8家（规上企业6家），主要是以东阳光电化厂、氟化工为核心的产业聚集区，主要生产制冷剂、过氧化氢、氯化石蜡等化工产品。

开发区作为县政府的派出机构，实行两块牌子（广东乳源经济开发区管理委员会、乳源产业转移工业园管理委员会），一套人马的管理体制。内设：主任1名，副主任2名。下辖办公室、经济发展股、规划建设股3个股室，在职人员20名，其中行政编制人员12名，专职安全员6名，后勤服务人员2名。主任：邬宝华。

【经济增长】 2017年，开发区纳入省产业转移工业园统计考核，41家企业完成规上工业产值99.89亿元，同比增长13.63%；实现工业增加值19.77亿元，同比增速30.51%；当年新增固定资产投资项目16个，年度完成固定资产投资159261万元，设备投资84552万元；当年新增固定资产投资项目24个，其中新建项目5个，续建项目4个，技改项目15个。园区全口径税收29037万元，其中国税征收21801万元，增收7528万元，增幅52.74%；地税征收7236万元，减收328万元，下降0.43%；2017年度工业入库税收28670元，其中国税21639万元，增收7507万元，增长52.29%；地税7031万元，减收17.54万元，下降0.25%。

【招商引资】 2017年，开发区新引进并签约的项目8个，其中亿元以上项目3个；新建开工项目7个，动工率87.5%，履约率87.5%。

【企业建设】 2017年，开发区新增高新技术企业8个；新增专利数量69个，新增企业研发机构21个；新增省著名商标1个、名牌产品5个和经省认定的新技术产品28个；园区获省、市科技计划、技改等财政扶持资金5028万元。

【土地利用和储备】 2017年，开发区共有厂房建筑面积90万平方米，闲置厂房约16.7万平方米，闲置率为18.55%。2017年清理、盘活、转租闲置厂房约5.16万平方米，清理后闲置率为12.8%，降低5.78%。2017年，园区共收储土地35.15公顷。

【设施建设】 2017年，开发区运用省扶持产业园基础设施专项资金、农发行贷款资金、国债资金、市县财政专项资金，推进园区基础设施建设，优化园区的发展环境。其中工业污水处理厂项目位于三协电子厂东南侧，占地面积2公顷，分两期建设，首期污水处理能力2500吨/日，远期5000吨/日，总投资约2830万元，土建工程全部完工。新材料产业园河堤一期项目治理河段450米，总投资约420万元，完成竣工验收，二期治理河段950米，投资1260万元，正在施工；新材料产业园新建桥梁工程项目位于凌一化工公司到东阳光氟有限公司南水河段，总投资500万元，正在施工，横三路西段位于开发区富源工业园内，大唐南侧，道路全长700米，宽18米，总投资703万元，主体路面完成；乳城镇污水管网完善工程一期在新材料产业园内埋设污水管网1.8千米，总投资447万元，竣工验收，二期埋设污水管网在迎宾北路、东阳光高科技园内、化工基地内地段，总投资1031万元，基本施工完毕；G323线泽桥至墩子公路项目位于三协电子厂西侧，道路全长0.563千米，宽7.5米，车行道6.5米，总投资303万元，该项目施工完成。新材料产业园盈田硕成地段边坡治理工程总投资621.84万元，开始施工。乳源县开发区墩子村段八仙河堤防工程总投资344万元，完工。西罗坑招商储备用地基地基础设施建设工程准备招投标。园区完成新材料产业园的绿化、路灯安装，鑫中胜、宝华冠华、万森科技园道路硬底化，纵四路、鑫中胜道路、百草园入厂道路、仙湖工业园区道路的路灯安装，方便附近企业的日常生产生活需要。开发区建立基础设施建设综合监理项目，负责跟进园区招投标项目监理工作。

【重点项目】 2017年，开发区在建项目31个（续建9个，新建3个，技改20个），其中重点建设项目100吨天然冰片投资2000万元完成53.33公顷龙樟脑种植和2个育苗基地以及一个临时厂房；东阳光的8条低压腐蚀生产线建设项目整个安装基本完成；电化厂电解槽扩建项目新增14号电解槽物于11月在上海报关，各项准备工作就绪，土建进入收尾，主要安装管线、设备；1.5万吨镍钴锰酸电池材料项目于10月完成三元、前驱体设备进场，11月开展衬管及公用管道安装工作，罐区设备和辅助车间设备跟进建设；硕成二期完成厂房建设并正在安装生产设备；永恒二期土建工程全部完成，正安装设备；鸿翰电子新材料完成基础建设；恒扬二期再增加2套腐蚀生产线正在购买设备，2套化成生产线项目正在安装调试。（罗 丹）

翁源产业转移工业园

【概况】 翁源县产业转移工业园创建于1991年，2016年4月省政府同意在翁源经济开发区范围内规划建设的工业园，纳入省产业转移管理范畴，可以享受省产业转移有关园区招商引资、产业集聚、基础设施建设、企业创新等扶持政策。现有翁源产业转移工业园内有华彩新材料工业园、电源基地、广业食品科技产业园等几个专业园区。未来开发区将重点培育新材料产业、电源电子、食品科技等主导产业。2017年，翁源产业转移园在全省6个起步园中，考核指标排前列。县委常委、工委书记：叶有昌，工委副书记、管委会主任：张洪。

【两个年产值超亿元项目签约落户】 2017年6月27日上午，翁源经济开发区举行翰唐环保（广东）装备有限公司和韶关鹏瑞环保科技有限公司二期项目签约仪式，县委常委、翁源经济开发区工委书记叶有昌见证签约，开发区管委会主任张洪代表开发区与两企业负责人签约。签约的两个项目位于翁源经济开发区官渡片区106国道五四地段。翰唐环保（广东）装备有限公司投资9000万元，主要经营范围包括废水回收分离膜和环保设备、设施的生产、经销、安装、调试，预计年产值约2.2亿元、年税收1600万元，2017年动工。韶关鹏瑞环保科技有限公司二期项目投资1.2亿元，占地3.13公顷，主要经营范围包括环保技术的开发、研究、咨询服务，环保设备、设施的经销、安装、调试，预计年产值约2.1亿元、年税收2000万元。

【韶能集团生物质发电项目签约落户】 2017年9月6日上午，韶能集团翁源生物质发电工程项目举行签约仪式，落户开发区。韶能集团董事长陈来泉、总经理肖南贵，韶关市国土资源局局长黄宣剑和翁源县领导，以及翁源经济开发区、翁源县发改、经信等相关部门负责人参加签约仪式。县委常委、开发区工委书记叶有昌代表县人民政府与韶能集团总经理肖南贵签约。翁源生物质发电项目，建设规模为12万千瓦，总投资人民币10亿元，项目分两期建设，首期规划建设2台3万千瓦生物质发电机组，投资约6亿元。项目全部建成投产后，产值约8亿元，年创税收6000万元以上。翁源县位于国家环保部确定的首批生态文明建设试点地区，是国家重点生态功能区，该项目不仅是市委、市政府的重点发展项目，同时也符合翁源县坚持主体功能区布局、构建三大高速公路经济增长极的发展方向。

【韶关日立化成能源科技有限公司举行动工仪式】 2017年9月15日下午，韶关日立化成能源科技有限公司举行开工仪式，县委常委叶有昌以及翁源经济开发区、县住建、环保、国土局等有关部门负责人参加开工仪式。韶关日立化成能源科技有限公司位于翁城镇京珠高速公路出口附近，于2015年10月签约落户翁源经济开发区电源基地，该项目占地10公顷，总投资4亿元，主要生产、销售高容量全密封免维护铅酸蓄电池、起动用铅酸蓄电池、牵引用铅酸蓄电池等产品。韶关日立化成能源科技有限公司计划于2018年建成投产，投产后年产值可达20亿元，年税收7000万元以上。

【9家企业集中奠基动工】 2017年11月30日上午，韶关市政府在全市举办2017年韶关市产业项目集中动工仪式，并在韶关各县市设立分会场，同时举行动工仪式。翁源县产业项目集中奠基动工仪式在翁源产业转移工业园华彩园区举行。县领导黄令遥、陈来安等相关部门负责人、动工企业代表等参加活动。翁源分会场的集中动工项目共有9个，均为工业项目，主要涉及化工新材料、环保设备、蓄电池等领域。这9个项目是翁源县2017年在产业共建方面的重点项目。

【韶关友邦化工有限公司落成典礼举行】 2017年12月11日上午，佛山市顺德区龙江友邦涂料制造有限公司二十周年庆典暨韶关友邦化工有限公司落成典礼在翁源产业转移工业园华彩新材料产业园举行。县委常委叶有昌、企业负责人、园区开发商等相关领导和嘉宾共同为韶关友邦化工有限公司落成剪彩。华彩是国家工信部产业集群区域品牌建设试点单位、广东省中小企业创业基地、广东省涂料行业创新示范园、广东省产业转移园。　（谭雾雯　罗丽香）

中央和省驻韶主要工矿企业事业

【宝武集团广东韶关钢铁有限公司】 简称韶钢，前身是广东省韶关钢铁集团有限公司，始建于1966年8月22日。2011年8月22日，宝钢集团和广东省国资委签订股权划转协议，韶钢在分离社会的基础上由宝钢集团直接持股51%。2012年4月18日，宝钢集团广东韶关钢铁有限公司挂牌成立。2016年底宝钢、武钢联合重组，韶钢成为宝武集团子公司。至2017年底，韶钢在册员工11118人，在岗员工8917人，其中少数民族员工85人。韶钢党委书记、董事长：李世平，韶钢副总经理（主持工作）：刘建荣。韶钢年产钢能力660万吨，立足钢铁业，工、科、贸并举，多元化经营，是广东省重要的钢铁生产基地、国家高新技术企业。钢铁主业产品涵盖板材、棒材、品种线材以及特钢长材等，应用于汽车、石油化工、机械制造、能源交通、航天航空、核电等行业。产品主要在珠江三角洲、华东地区及广东邻近省销售，部分出口。2015—2017年，公司全口径人事效率提升52%，钢铁主业人均年产钢从544吨提升到1007吨，提前两年完成五年规划目标。

生产经营创造历史最好水平　全年铁产量629.7万吨，同比上年增加44.4万吨。钢产量687.3万吨，增加109万吨。商品钢材产量664.5万吨（含轧制坯商品量31.1万吨），增加106万吨。烧结矿产量888.7万吨，增加39.5万吨。自产焦炭280.3万吨，增加14.4万吨。自发电19.1亿千瓦时，增加1.05亿千瓦时。全年销售钢材662万吨，上升19.75%；实现营业收入261亿元，上升71.97%；实现利润25.6亿元，增利25.3亿元，上缴税金8.95亿元，增长67.69%。

安全环保首次同获集团年度优秀评价　2017年，公司持续开展企业安全生产标准化建设，安全生产管理体系持续完善。强化基层基础管理，安全风险分级管控和隐患排查治理双重预防机制运行有效。安全生产继续保持稳定可控，连续三年被评为宝武集团“安全管理优秀单位”。以企业环境信用评价21条标准为指南，以加强环保体系建设为手段，推进环保设施分级、分类精细化管理。推进厂区环境整治，建设美丽韶钢，公司绿化覆盖率达38.8%。推进“固废不出厂”，实施工业垃圾源头分选试点，探索固废“减量化、资源化、无害化”。系统梳理公司环保风险源，建立四级监管体系，制定重要风险源点预警规定，规范处置危险废物。获评宝武集团“能源、环保管理优秀单位”。

资金管控水平稳步提升　通过拓展筹融资渠道、优化营运资金管理、适时调整结算策略、强化外汇和信用风险管理等举措，资金管控水平提升。全年公司实现经营现金净流入34.5亿元，有

▲2017年11月29日，宝特韶关钢坯精整技术改造项目进行热负荷试车
（韶钢　供）

息负债同比下降30亿元，恢复和新增银行授信20.5亿元，年末资产负债率降至61%。通过内外部的协同，防范资金风险，提升资金运营效益，财务综合成本同比降低5.8亿元。

特钢制造能力大幅提升　2017年，特钢迅速突破产能瓶颈，通过VD精炼炉、2号加热炉、12万吨钢坯精整、10万吨圆钢精整项目的陆续投运，产能显著提升。其中：炼钢产量提升38%，达到87.9万吨；轧钢产量提升44.2%，突破92万吨；精整产量提升57.8%，突破21万吨。开展以“轴承钢全氧含量控制”为代表的29项技术攻关，以轴承钢为代表的过程质量控制达国内先进水平，轴承钢全氧含量破四见三，达到3.8ppm，快速接近同行最先进水平。

工序降本成效显著　2017年，炼铁、炼钢、轧材等工序通过对各项生产、技术、质量、消耗、费用等指标进行多维度对标，多措并举。全流程钢铁加工成本同比降低74元/吨，工序加工费同比降低4.5亿元，降幅达5.9%；铁水成本改善，其中8月、9月铁水成本连续两个月位居周边第一，全年铁水成本比行业平均低7元/吨。

产品结构升级步伐加快　2017年，产销研团队聚焦汽车用钢、轴承钢、冷镦钢、易切削钢和弹簧钢等重点品种，加大研发投入，不断改善产品质量，推进产品转型升级，产品结构优化。构建特钢中高端产品战略合作供应链，与25家汽车主机厂建立材料供应关系。二方认证突破110项，特钢产品逐步迈入汽车零部件、中高端轴承等领域。加快高等级工业线材和新品的推广试用，工业线材品种结构优化明显。

采购体系能力明显增强　采购系统踏准市场节奏，进口资源多次踩准高低位，减少跌价损失2.13亿元。强化供应渠道建设，加强与国际国内大矿山的战略合作，提高资源保障和议价能力，全年实现采购降本11.5亿元，完成年度目标638%。坚持低库存运作，实施少批量、多批次精细化采购。推进废钢放量采购，创新实施废钢日挂牌定价模式，推动纯净废钢直卸钢厂模式，直送比稳定在70%以上，建立低库存运作模式。

创新营销管理体制　建立供销联动机制，实现两头市场增利。完善定价会、供需会等供销联动机制，整合两端市场信息，多渠道协同共享。建立日成本跟踪机制，指导销售接单，提升公司经营业绩。优化营销渠道，区域品牌影响力提升。加大终端开拓力度，普材自营渠道占比60%，工业线材实现100%自营。探索钢铁电商营销新模式，建立5家专营服务商、45家专营店，实现销售钢材24.8万吨，韶钢品牌知名度提升明显。优化客户服务机制，客户服务水平显著提升。优化内外部物流配送，逐步构建“四位一体”的日发运能力2.5万吨的运力结构平台。

推进智能制造　2017年，公司围绕机械化换人、自动化减人，按照“投资小、见效快”的原则，梳理一批智能制造项目，促进劳动效率和安全本质化水平提升。通过滚动评审立项、月度例会推进、动态跟踪，实施自动化立体仓库改造等30项智能制造项目。全年项目累计投资额达1.52亿元，累计优化460人。公司信息化建设红利正稳步释放，打造智能工厂开局良好。

多元板块盈利创新高　2017年，韶钢完成法人压减9户，超目标1户，从2015年以来韶钢法人由29家压减到12家，净压减17家，瘦身健体工作成效显著。与此同时，多元子公司通过加快内部资源整合，完善法人治理结构，推进以EVA为导向的商业计划书管理，运营效率加快，经营改善明显。2017年，多元子公司实现经营性利润16716万元，盈利创新高。

剥离企业办社会职能取得实质进展　2017年，韶钢贯彻深化国有企业改革要求，剥离企业办社会职能工作有序推进。“三供一业”（供水、供电、供热和物业管理）和市政设施分离移交协议全部签订，供电改造、供水改造分别完成总体工程量的55%、45%，居民燃气改造工程即将启动，物业、市政设施和幼儿园等也将在近期正式移交。

持续深化“三岗”活动　2017年，公司持续深入推进“三岗”（岗位找茬、岗位对标、岗位提升）活动，以深度找茬、对标争先、标准岗建设、班组建设及星级作业区创建等为抓手，实现“三岗”活动全覆盖。持续抓好对标争先工作，325个对标指标对比周边，排名前三名有77个，对比行业，排名前三名有11个。开展岗位提升活动，加强培训策划与组织，开展职业技能竞赛和网络练兵等活动，选送业务骨干赴集团轮岗锻炼和外出培训。通过设置标准岗，发放职业资格岗位津贴和能力提升奖等牵引举措，员工能力得到提升。

（陈立新）

【韶关冶炼厂】　隶属于深圳市中金岭南有色金属股份有限公司，始建于1966年，是中国首家采用ISP工艺的大型铅锌冶炼企业。工厂主产品有电铅、精锌、电银、精镉、精铟、锗锭、铅锌系列合金近30种，注册商标为“南华”牌。2017年，工厂完成铅锌总产量13.27万吨（其中：铅锭50166吨，锌及锌品82568吨），完成年计划的102.1%。工业总产值25.77亿元，为年计划的117%。粗炼系统实现稳产高产，精炼系统平稳有序。工厂全年按预算控亏1.68亿元计算，实现减亏8500万元。在9月召开工厂第八次党代会，选举产生新一届党委委员和纪委委员，明确今后五年党建工作思路和指导思想。加强工会职能，精准帮扶，全年厂工会累计帮扶职工651人次，发放各类帮扶慰问金90多万元。厂长：杨立新，党委书记：饶东辉，纪委书记兼工会主席：曾令成。

过渡性生产　发挥ISP工艺优势，加大库存杂料和小矿山矿的配入量，加强对进厂精矿质量监控。烧结车间的“制酸系统污酸F、Cl综合处理”科研项目是2017年工厂重大科研项目之一；锌精馏车间自主制作的电动粗锌加料机投入使用；铅电解车间采取措施，使得电铅生产水平和粗铜产量屡创新高，其中年累产粗铜842吨；动力车间锅炉改造项目完成，化解发生炉煤气与低压蒸汽供应紧张的矛盾，蒸汽供应能力提升到15吨/小时的产汽水平。工厂启动天然气替代发生炉煤气项目，烧结干燥窑、动力电站锅炉、2台精馏炉、6台熔铅炉先后改造并投入使用，烧结点火炉、鼓风热风炉、三槽、焦炭预热器的改造正在进行，炉窑改造最终将实现取消煤气发生炉岗位，将解放出来的人手补充到其他岗位。在此基础上，聚焦关键环节，着力解决生产瓶颈。强化现场监管，鼓励各生产单位做好炉窑、设备的维护，提高设备作业率。

安全环保　做好年末大修工作。工厂从12月6日开始实施大修，计划用时48天。共安排实施外委维修项目近20个大项，50多个小项，计划费用超过5000万。是自2008年以来工厂最大规模的一次检修。从责任落实、安全环保、检修质量、内部保卫等四个方面提出详细要求。部分项目启动。强化现场安全环保监管，做好高温季节平稳生产工作，针对高温季节，工厂开展“战高温、稳生产、保安环、降成本”为主题的劳动竞赛，要求各一线生产岗位特别是高温岗位员工，实现高温季节人机两不误，工厂做好、做实安全环保确认制，消除安全环保责任落实不到位情况，加强隐患排查和员工培训力度，构建安全环保管理新模式，提升安全环保管理水平。工厂全年坚持“安全第一，预防为主，综合治理，环境友好”方针，落实“党政同责、一岗双责、齐抓共管、失职追责”要求，贯彻实施安全环保工作部署，贯彻上级部门安全环保工作指示和精神，加强安全环保法律法规的宣贯，提高全员的底线意识、责任意识、法治意识。开展安全生产基层管理年活动，制定《韶关冶炼厂安全生产基层管理年实施方案》，加强汛期安全环保管理工作，物资保障到位，设施运行到位，应急演练到位，安环值守到位。关注员工健康状态，合理降低劳动强度。开展专题教育；开展“安康杯”“安全生产月”“6·5”世界环境日活动；运行“三合一”（质量管理体系、环境管理体系、职业健康管理体系“三个体系合为一个体系）体系，完成换版认证工作。坚持开展安全事故演练，提升安全环保应急能力。做好工业废水管理，削减北江环境风险，继续保持工业废水零排放，配合韶关市实施北江河堤加固工程，完成环境风险防控任务。强化废气治理设施管理，减少废气污染物的排放，提高自行监测频。用监测数据提高管理水平，全年韶关市环境监测站组织开展完成4次预警监测，全部达标。轻伤以上事故为零，未发生环保事故，职业健康体检达标率好于预期，新增职业病为零。工业废水零排放，废气稳定达标排放，固废妥善处置，工农关系融洽，环境信用等级被评为环保良好企业。完成中共十九大特护期的安全环保风险管控任务，通过为期一个月的广东省环保督查。

降本增效　该部会同相关部门共同参与对进厂小矿山精矿的质量监督。每月定期组织相关单位对进厂小矿山精矿取样效果进行评价。工厂出台《韶关冶炼厂2017年7S管理工作实施方案》，加强现场管理，优化岗位条件，改进作业环境，提升现场管理水平。加强生产工艺监控，加强炉窑、设备管理及岗位人员培训，合理组织生产，实现稳产高产。精准管控，降本增效。在公司下达指标的基础上，制订工厂2017年成本削减计划，并将成本指标完成情况与年薪人员挂钩考核，层层分解计划指标，从原材料配比、有价物料回收、主要技经指标、备品备件及辅材费用、修理费用、可控管理费用、材料采购及存货等多方面着手，严控各项非生产性支出，年累比计划节约1810万元。强化设备管理，降低工程及维修费用。做好生产设备日常维护管理，提高设备作业率，其中烧结车间设备作业率达到96.74%。运用预知管理提高管理水平，把握重点设备的运行情况，加强备品备件计划管理，降低库存。做好修旧利废工作，降低车间维修费用。强化工程项目的管理工作，堵塞工程管理漏洞。加大综合回收力度。铅、锌总回收率分别为96.11%、93.57%，总硫利用率为96%，混合矿配入比例达44.99%。通过改进氧化物料的处理方式，处理氧化物料的能力明显提高。全年在处理完系统内氧化物料的同时，共处理外购氧化物料5288.2吨，直接经济效益达970多万元。粗炼系统加强“制粒”“压团”工

▲2017年8月，韶关市委副书记、市长殷焕明（左三）一行到韶关冶炼厂调研当前生产经营情况和亟须解决的事项
（韶关冶炼厂　供）

艺。1—11月，共计“制粒”2023吨，处理团块2884吨。组织技术攻关，确保科学合理配入，稳定产量；精炼系统加强工艺调控，关注炉窑运行情况，强化安环监管和职业卫生防护，合理加大外来粗锌处理量，加大生产热镀锌、低铁锌等附加值较高的产品产量。1至11月共产热镀锌33018吨、低铁锌锭18085吨。回收银、铜、锑、铋等有价金属。强化有价金属的回收处理能力，提高综合回收水平。重点抓好粗铜、黄金和高锑粗铅的生产。1—11月完成粗铜产量842吨，银锭44.6吨。开展“两个计划”，编制并组织实施《运营改善方案》和《成本削减计划》，开展降本增效活动，减亏控亏。结合“关键绩效指标（KPI）”考核和“专项合同”的激励引导，全年降本增利3500多万元，成本控制效果明显。做好成本管理，为工厂生产经营决策提供依据。对可控成本、项目费用实行定额管理。建立KPI考核台账，每月编制KPI考核工作表，提高工厂整体绩效管控水平。从年初开始，按预算要求，强化技经指标管理，按进度严控辅材及备品备件、修理费发生额，每月核算产品成本，进行分析、对比。主要技经指标持续好转。参与2017年广东省电力集中竞争交易，全年降低用电成本约911万元。

创新创效 开展创新提效活动，挖掘产能潜力。发明专利《一种铅锌冶炼废水反渗透浓液同步除氟除钙处理工艺》获得国家知识产权局授权；《粗氢氧化镍化学分析方法》获全国有色标委会技术标准一等奖；中国有色金属工业协会授予韶关冶炼厂“南华牌”系列中6个产品有色金属产品实物质量“金杯奖”认定证书；《班组安全培训》作品获广东省企业班组安全知识培训大赛优胜奖；《铅锌冶炼废水回用与零排放处理关键技术研究及应用》成果获市科学技术进步奖二等奖；厂工会获“2016年度韶关市工会工作优秀单位”称号；创建5个劳模（职工）创新工作室，其中有1个为韶关市级工作室，带领职工开展创新创效活动；职工林兴韶获韶关市首届十大“韶关工匠”称号；“江铜杯”全国有色金属行业班组长综合管理技能竞赛中，韶关冶炼厂职工分获个人一、二等奖；工厂职工书屋被评为“全国职工书屋”等等。（丁　众）

【深圳市中金岭南有色金属股份有限公司凡口铅锌矿】 简称“凡口铅锌矿”，1958年建矿，1968年正式投产，年生产能力18万吨铅锌金属量。2017年，凡口铅锌矿矿长、党委副书记：蔡文，党委书记：骆建辉，生产和销售铅锌金属量15万吨，销售收入为年度预算的110.78%，利润为年度预算的116.80%，在岗职工人数2534人。2017年，采矿车间提升工区老副井卷扬机被授予“全国五一巾帼标兵岗”、选矿厂磨浮工段被授予“全国工人先锋号”称号。凡口铅锌矿采矿车间提升工区老副井卷扬机班获得“广东省五一劳动奖状”、凡口铅锌矿获得广东省“十大书香企业”称号。

生产经营 2017年，是凡口铅锌矿生产经营工作最为艰难的一年，来自外部和内部的双重压力威胁着矿山的生存。外部影响是国家对矿山的各种监管措施接连不断，形成有史以来安全环保监管最为严格的大环境。内部因素是矿山经过60年的开采，资源储量、品位、生产条件都发生重大变化，顶底柱、间柱采场多，安全难度巨大，使矿山的生产组织困难重重。经过凡口铅锌矿干部员工攻坚克难，2017年生产和销售铅锌金属量15万吨，销售收入为年度预算的110.78%，利润为年度预算的116.80%。

安全管理强化 2017年2月9日，凡口铅锌矿井下发生一起“冒顶”事故，导致驻矿施工单位广东十六冶建设有限公司矿建凡口分公司在井下狮岭—550米二分段S10—14号采场作业死亡1人。凡口铅锌矿及时调整生产组织安排，对重难点采场进行分级管理，强化现场管理人员履职尽责，建立和完善各作业环节交接中的安全确认及验收制度，在采矿车间、选矿厂等单位重要岗位员工中开展培训学习。通过一系列措施的实施，逐步扭转安全的被动局面，从而在之后的10个月实现安全生产。

应对尾矿库问题 凡口铅锌矿尾矿库由于历史、所在位置等原因，成为社会的一个敏感问题，引起各级政府领导的重视，成为安全、环保部门的严密监管对象。2017年3月10日，国家审计署广州特派办指出“韶关凡口铅锌矿尾矿库项目存在安全隐患”，矿山面临严峻的生存压力。紧急情况下，凡口铅锌矿邀请专家对尾矿库安全风险进行评估和论证评审，经各方艰苦努力，如期完成尾矿库安全生产许可证的换证工作。4月8日，《凡口铅锌矿尾矿库专项安全论证报告》通过专家组评审。8月4日，按照政府的要求与北京矿冶研究院联合制订的《中金岭南公司凡口铅锌矿尾

▲2017年6月15日，凡口铅锌矿选矿厂磨浮工段举行“全国工人先锋号”挂牌仪式（张秋利　摄）

矿库逐步退出方案》，按照“通过管理、技术措施分阶段逐步退出”的思路，完成方案编制并上报，根据方案铺开尾矿库环境综合整治工作。11月20日，完成整改工作并提交《凡口矿尾矿库专项治理落实情况总结》，得到审计署广州特派办和广东省安监局的认可。

安环工作强根基、重责任　矿山完善井下通风防尘系统、进行井下通风系统检测、反风试验，做好爆破作业现场末端管控，继续实施安全举报奖励制度，加强矿区环境治理、环境监测，处置矿区危险废物。2017年，先后接受上级公司和政府安全环保督查、检查10余次，矿山以此为契机不断加强安全环保隐患的排查治理，提升管理，确保安全环保态势的整体稳定。

安全生产演练　2017年11月17日，凡口铅锌矿在尾矿库举行应急预案综合演练。演练用时27分钟，参加演练人员达116人，出动抢险车、消防车和救护车等各种车辆20多辆。演练过程取得成功，受到在现场观摩的中国尾矿库首席专家田文旗教授等和市、县安监部门、上级公司领导的一致好评。

成本管控稳中有降　矿山通过逐级分解细化，落实成本责任、定期分析通报成本计划执行情况、强化关键环节管控、开展技术经济指标攻关、加大废石回填等措施，保障财务预算目标的实现。2017年生产总成本比预算成本节约2600万元。

生产管理数据共享　2017年启动采矿劳动组织改革，提升工作效率，提升安全的可控度。1月，采矿生产组织协调信息指挥系统的全面上线，实现井下生产数据共享、网络传输等现代化管理，提升生产计划的执行效率，精准管理的效果初步体现。

劳动整合相得益彰　通过推进机械化作业，整合劳动组织，以及建立井下压风、通风、排水、配电系统集控中心，实现“机械化换人、自动化减人”的目标。经过一年又四个月的试运行，采矿车间通风、压风、排水、提升、配电集中控制中心(以下简称“集控中心”)于2017年8月15日投入使用，同年10月18日挂牌运行。该中心担负井下排水、通风和地表通风机和压风机的远程监控任务。它的投入使用，把原有的井下排水人员全部集中到控制室，既减少人力投入，又便于管理。

▲2017年11月17日，凡口铅锌矿成功举行尾矿库应急预案演练　（张秋利　摄）

内部管理　3月22日，在全矿高级主管以上干部中公开竞聘党委工作部部长。9月13日，公开竞聘离退休管理中心主任岗位。11月17日，根据中金岭南公司的要求，对重要岗位管理人员的进行轮岗。从2017年4月1日起，对职工工龄津贴标准进行调整，将原来的10年以下工龄每人每月补贴2元、11—20年4元、21—24年8元、25年以上10元四个档次缩小为两个，调整后的标准分为20年以下每人每月10元和20年以上15元两种，同时强化激励机制的灵活运用，调动员工的积极性、保证任务的完成。从2017年5月15日起，工作时间实行大调整，机关工作时间调整为上午8：00—12：00时，下午14：30—17：30时，改变从1958年建矿以后近60年的工作时间。

资源开发实现新突破　2017年，凡口铅锌矿继续进行矿山边部、深部、外围找矿勘查工作，以增强矿山发展后劲，矿山外围、深边部探矿成绩突出，共探获新增金属量超过40万吨。

逐步退出社会化企业模式　2017年6月27日，开办50年的凡口矿职工子弟学校移交仁化县管理，矿山“三供一业”移交工作正按上级公司和政府的要求逐步进行。　（张秋利）

【广东韶关瑶岭矿业有限公司】　位于韶关市曲江区境内，由原瑶岭钨矿改制组建的股份制企业。原瑶岭钨矿于1919年开始开采，解放后1951年3月收归国有，属中央直属企业。2000年下放广东省管理，2003年经上级主管公司批准改制为股份制企业，2003年3月经广东省韶关市工商行政管理局批准注册成立，属上市公司广晟有色金属股份有限公司旗下的国有企业。2017年，公司按照现代企业制度设置董事会、监事会、经营班子和党委、纪委、工会，下设5个部和3个分公司，分别为综合部、生产技术部、安全环保部、贸易经营部、财务审计部和采矿、选矿、电力分公司。年末从业人数292人，全年平均从业人数298人。公司是一个采选联合企业。董事长、总经理：刘广云，党委书记：郑揭东（任至8月）。

主要产品　主要从事钨矿采选业和电力生产，有完整的矿山生产工艺设备和成熟的采选技术，完善的钨矿采选生产线和水电生产线。矿山开采方式为地下开采，平窿——盲斜井联合开拓，采矿方法为浅孔留矿法。选矿工艺为手选与重选、磁选和浮选，回收黑钨矿精矿及少量白钨精矿、锡精矿。小水电装机容量为2940千瓦，具有600万—1000万千瓦时的年发电能力。主要产品有黑钨精矿、白钨精矿、铋钼矿，水电上网销售曲江供电公司。

生产经营　重点抓好生产工艺技术和设备管理，加强企业内控管理。受市场价格和国际经济形势等各种因素影响，钨精矿价格持续低迷，营业收入大幅减少。2017年，公司工业总产值1711.09万元，销售产值1303.71万元，工业增加值1265.01万元，主营业务收入1621.16万元，利税总额-706.55万元，利润总额-925.14万元，资产总额9564.5万元，固定资产净值平均余额2036万元，流动资产平均余额1501万元，负债总额8111.94万元。2017年生产钨精矿160.007吨（其中：黑钨精矿141.35吨，白钨精矿18.657吨）。

环保安全　本着“安全第一、预防为主、综合治理”的指导方针，公司压实企业安全生产主体责任，加强值班值守，开展自查自纠，整治采空区、严管尾矿库，重点防范六类事故隐患和防控火灾事故，从抓早、抓小、抓细、抓严、抓实来强化预防措施。2017年，“三废”（废水、废渣和废气）排放达标，尾矿库生产运转正常，安全生产情况总体平稳，公司无生产安全事故和环境污染事件，矿区生产生活秩序稳定。制定和完善《瑶岭公司安全隐患治理工作方案》等相关制度8项。公司与韶关市矿山救护队签订救护协议，公司成立抢险小队，按应急预案规定配备应急物资。5月27日炸药库消防、防盗抢应急演练，6月28日，组织尾矿库洪水漫顶应急演练，完成演练计划任务。公司设立环保委员会并制定《环保管理措施》，环保设施定期检查，发现问题及时整改，按规定建立环保设施设备运行台账。公司委托韶关290核工业研究所定期、曲江区环保局不定期对坑涌水、选矿废水、废石淋溶水进行取样监测。全年取样8次，污染物排放总量控制指标，达标排放。相关监测数据上报到上级主管部门，按时、足额缴纳排污费。采矿证到期续证工作顺利。

成功购买梅子斜水电站　公司聘请广晟公司认可的中介机构对梅子斜水电站进行法律尽职调查以及资产评估，与当地镇政府和农工商公司签订收购梅子斜水电站合同，购买梅子斜水电站。

设备更新工作　手选智能化。1月和6月，分别添置一台抓石机和一台智能选矿机，减轻工人劳动强度，提高选矿回收率，实现减员目标。更换节能设备。淘汰细选三盘干式磁选机一台，换成新式节能的5辊水选钨矿磁选机。12月，对电机进行改造，淘汰JQ、Y系列电机170台，换成节能型YE系列电机，降低能耗。购置一台多功能货车取代原先的拖拉机，解决电力分公司坪山电站检修时人员和物资运输过程中的安全隐患。

完成坪山尾矿库地质环境治理项目建设　完成116斜井安全改造工程，完善433中段通风系统。完成爆破器材存储库技防设施升级改造，通过安全评价，取得安全评价验收报告。践行绿色发展理念，绿色矿山建设通过专家现场核查。

水力发电任务超额完成　全年计划发电600万千瓦时，实际发电743.12万千瓦时，完成年计划的123.85%。除部分自用外，全年销售水电673.83万千瓦时，原计划销售510万千瓦时，多销售163.83万千瓦时，多实现收入71.8万元。　（张　静）

▲4.5万吨污水处理厂营运图，开展矿区及周边地区环境污染治理　（大宝矿　供）

【广东省大宝山矿业有限公司】　下称大宝山矿，位于韶关市曲江区沙溪镇，1958年5月建矿，1966年10月建成投产，下设有全资子公司广东省南方特种铜材有限公司和韶关市大宝山资源综合利用有限公司，以及控股子公司韶关市广宝化工有限公司，是一家从事矿产资源勘探、采选、综合利用、加工以及矿产品销售的国有独资矿山企业，主营产品及规模为年产铜精矿金属量超1万吨、硫精矿超100万吨、硫酸10万吨、磷铜1万吨，以及综合回收利用钨精矿、铁矿石、副产矿等产品，年均工业总产值超10亿元。截至2017年底，大宝山矿保有的各类矿产资源潜在经济价值高达1000亿元（按现行价算）以上。党委书记、董事长：吴泽林，党委副书记、总经理：刘　聪。大宝山矿获得“全国五一劳动奖”“广东省五一劳动奖状”“首届韶关工匠”“南粤工匠”“全国有色金属行业和黄金行业劳动模范”“纳税信用A级企业”等称号。

企业赢利再创历史新高　2017年，大宝山矿实现主体生产稳产高产，市场化合作经营的资源综合利用效益明显，基本形成“一体两翼”的发展新格局。全年累计生产铜精矿（金属量）8407.84吨，硫精矿（含磁硫）

59.99万吨，成品铁矿石50.34万吨，分别为2016年同期的231%、172.35%、105.66%；累计销售铜精矿（金属量）8251.53吨，硫精矿（含磁硫）59.66万吨，成品铁矿石44.1万吨，分别为2016年同期的209.28%、172.22%、82.19%；全年营业收入9.88亿元，实现利润总额7656万元，实交税费总额8764万元，创造大宝山矿建矿51年以来的历史最高赢利记录。

企业转型取得决定性胜利　2017年4月26日，华南地区最大最先进的大宝山矿7000吨铜硫选厂建成并实现投料试产，韶关市委书记莫高义、广晟公司党委书记、董事长许光出席项目投产仪式。该项目总投资约16亿元，大宝山矿7000吨铜硫选厂2015年11月11日破土动工，7月实现“达产达标”，标志着大宝山矿主业成功由黑色铁矿石转型为有色铜硫钨。建设用时和达产达标速度创下同行业中的最好纪录，主体及配套工程整个工程化总投资7亿元左右，投资是最省的，建设全程实现轻伤事故为零。选厂设计生产能力为日处理原矿7000吨/天，每年可生产铜金属量1万吨左右，硫精矿、磁硫精矿110万吨左右，回收副产矿和尾矿伴生资源，实现工业总产值7亿元左右，工业附加值（GDP）2亿元左右，年销售总额10亿元左右，利润1亿元左右，税收1亿元左右，综合经济效益明显。大宝山矿7000吨铜硫选厂采用的“粗破+半自磨+球磨”的破磨流程、“浮选机+浮选柱”的机柱浮选流程、“磁—浮—磁”工艺流程和选矿全流程自动化控制系统等流程（系统）均达到国内领先水平，降低原矿的入选品位，提升选矿经济技术指标。选厂具有高效节能、绿色的特点，厂区通过结合地形的立体化的布局，做到少用泵、少耗电，节能效果显著，达到国家《有色金属矿山节能设计规范》中的一级标准，为国内先进水平。整个选厂工艺流程生产废水不外排，进行回用，实现废水“零排放”。大宝山矿创建绿色矿山。特别是在7月，大宝山矿申领到期限达22年的长期采矿权证。11月17日，大宝山矿铜硫选厂尾矿钨资源综合回收技术改造工程可行性研究报告通过专家评审。改造工程设计处理规模为8000吨/天，服务年限20年，主要产品为钨、硫、铁三种精矿；工艺采用“重—浮—重”联合选矿工艺；投资4800多万元。该工程是新铜硫选厂的配套项目，设计目标在于回收选矿过程的尾矿，工程的建设有利于提高矿山资源综合利用率，减轻地区重金属污染负荷。9月12日，大宝山矿绿色矿山试点单位建设通过省国土厅实地核查，由试点单位将直接列为绿色矿山单位。

▲2017年，大宝山矿7000吨铜硫选厂全景　（大宝山矿 供）

安全环保总体可防可控　2017年大宝山矿实现“6011”安全环保管理目标，无出现一例安全环保责任事故。企业通过实施《安全风险分级管控措施》，对安全风险进行四类分级，做到精准监管、分类施策。引进IMS微震监测、边坡采用边坡雷达监测、尾矿库采用安全在线监测等先进的技防手段，做到安全生产。企业通过构建隐患排查治理双重预防机制，借助“平安宝山微信群”“生产安全隐患排查系统的应用”和各类安全检查，对日常安全生产管理进行监控，一发现问题就立即进行整改，把各类潜在安全隐患消除在萌芽状态。6月29日，企业举行省市区企业四级联合边坡塌方应急演练。申请到中央安全生产预防及应急专项资金160万元。通过营运好两个外排水处理厂和强化环保应急措施等，确保重大环保责任事故为零，保住下游区域。实施李屋拦泥库清污分流防渗工程、清污分流延伸工程、清污分流三期工程等环保工程，截留入库的雨水、清水，从源头上阻断污水的新增。推进新山片区历史遗留矿山生态恢复治理工程，依托该项目申请到中央财政土壤污染防治专项资金2770万元。大宝山矿获市级优秀清洁生产企业称号，连续三年被评为广东省环保厅“环保良好企业”（环保信用蓝牌企业），大宝山矿被省环保厅列入重点宣传企业。大宝山矿的环保工作重心，由原来的治标阶段向着治本阶段实现转变。

机构和人事改革持续发力　2017年部门按“大部制、专业化”原则进行整合，部门数减幅达27.27%；通过实施人员分流、员工内部退养制度，在岗员工减幅达38%；清理计划外用工，节约用工成本。加强全面预算管理，加大成本核算考核力度，全员成本意识得到强化，仅通过电力大用户交易全年节约电费600万元。

企业办社会职能移交工作推进　供电分离与相关单位签订移交框架协议和具体实施协议；供水和物业移交阶段性工作完成；大宝山学校移交，幼儿园剥离，大宝山医院移交与当地政府达成初步意向。

数字化矿山建设卓有成效　迪迈数字化矿山系统、矿体地质模型系统使

用效果明显，无人值守称量系统初步建成，物资管理系统和人力资源系统开发完成。（蔡浩双）

【广东省粤江发电有限责任公司】 粤江发电公司是广东省粤电集团有限公司下属大型骨干发电企业之一，至2017年底公司在岗职工1071人，有4台在运机组，2台330兆瓦机组，2台600兆瓦机组，装机总容量1860兆瓦。2017年是公司完成600兆瓦机组超洁排改造，连续8年获得环境保护信用评级"绿牌"等级，党建和精神文明建设考核获集团"优秀"评级。厂长、党委书记：何健康

生产经营管理 2017年，公司共完成上网电量60.43亿千瓦时，同比增加7.74亿千瓦时；完成结算电量73.39亿千瓦时，超额完成年度结算电量目标；公司机组利用小时数3470小时，同比增加445小时；实现年度供电标煤耗327.3克/千瓦时，综合厂用电率7.04%。先后完成1、2号机组A修、11号机组B级检修。开展设备专项治理，在十九大特别防护期发现并处理10号炉B引风机一级轮毂叶柄断裂故障等重大设备隐患。开展2号炉AB空预器漏风、疏水系统阀门内漏整治等，治理330兆瓦机组凝结水、给水溶解氧超标，解决水质超标问题。完成1、2号机组汽轮机高中压缸提效改造；完成韶关A厂AVC后台建设及远动RTU电源改造等项目。公司共争取电量指标合计77.95亿千瓦时，其中基数电46.31亿千瓦时，在粤电同等级机组均列第二；年底调增基数电量1.71亿千瓦时，在粤电内排名第一、省内排名第四；签订双边协商电量25.2亿千瓦时，让利低于全省平均价差；月度电量集中竞价成功6次，成交电量4.73亿千瓦时。参与省内发电权转让交易，转让电量7.97亿千瓦时。

节能环保 2017年，公司实施1、2号机组超低排放改造，烟尘浓度、二氧化硫、氮氧化物均满足超低排放预期要求；实施工业废水排放改造，完成脱硫废水零排放治理可行性研究，按要求获得新版排污许可证。公司环保绩效持续向好，连续8年获得环境保护信用评级"绿牌"等级。公司持续开展燃料生产经营一体化管理，推进高低硫煤种相互搭配，经济煤种掺烧。采购经济煤种160.45万吨，占全年煤炭采购总量57.6%，降低燃料成本5628万元。提高水路运输量，降低铁路中转费用，全年水路运输煤炭达48.4万吨，占总来煤量17.40%，节约运输成本1452万元。

出清重组与"三供一业" 韶关九号机公司于2017年9月29日提前完成清算注销。至12月31日完成韶关发电厂出清重组厂区内生产用地划拨转出让、固定资产处置、往来款处理及内退人员劳动关系变更。"三供一业"（企业的供水、供电、供热和物业管理）分离移交与政府指定接收单位签订框架协议。

科技创新 2017年，借助"何健康劳模创新工作室"引领效应，公司开展科技创新和管理创新，申报9项实用新型专利和1项广东省科技进步奖。承包商安健环管理创新项目全面启动实施并有序推进中。

新机组验收 2017年4月，公司完成取水设施验收后取得取水许可证。2017年7月，编制职业病防护设施验收问题整改相关材料，确保验收手续按法规要求办理完结。11月底完成铁路立交疏解线特大桥上跨京广线桥梁架设；推进60万机组建设工程规划许可证补办手续，消除违建风险。（陶花艳）

【广东省第五建筑工程有限公司】 始建于1951年8月，具有独立核算的经济实体，国家房屋建筑工程施工总承包一级、市政公用工程施工总承包一级、钢结构工程专业承包一级、建筑装饰装修工程专业承包一级的企业，通过中建协认证中心的ISO 9001质量管理体系、ISO 14001环境管理体系和GB/T 28001职业健康安全管理体系等三大管理体系再认证注册。2017年，公司实现造价总额近20亿元，完成年度计划的110.67%，增长10.67%，履约率99%；产值15亿元，完成年度计划的103.3%，增长28.2%；竣工验收项目7个，竣工面积22.49万平方米，验收合格率达100%，顾客满意度92.86%；全员劳动生产率21.1万元/人/年，增长2.84%；主营业务性收入12.07亿元；上缴税收8381.56万元。全年未发生重大质量和安全责任事故，轻伤频率未超过年度目标；没有重大的环境污染事故。董事长、党委书记：林松。

企业基础夯实 公司落实项目经理责任，项目安全员到位，加大对各项目监管力度，建立预警体系，各项目均制定应急预案，实施应急演练，及时有效处置各类事故，制定系统审核、审批程序，严把安全生产关。工程合格率100%，优良率80%以上，以"事先预控、过程把关、事后检查"的质量管理原则，针对人的不安全行为、物的不安全状态和环境的不安全因素等3个方面的现场管理坚持优良样板引路思维，举办韶关市2017年建筑施工"安全生产月"和"安全生产万里行"现场观摩交流会，起到带头示范作用；陵南路改造工程获韶关市安全生产文明施工示范工地称号;鸿裕花园A区项目通过"省示范工地、省AA级标准化工地"评审复查。

推进信息化管理 公司推进信息化平台建设，不断提高运用信息化工具的能力。结合特级资质信息化建设的要求，推行公司内部信息化建设，推进财务、预结算、设备材料、经营、招投标、合同、档案电子化、工程管理等多平台的融合，实现管理电子化，提高管理效率。新中大软件在公司实施推行，完成企业信息化管理系统的编码、蓝图设计及调试工作,各部门、单位、项目的基础数据的录入正按部有序进行，办公OA平台的融合顺利运行中。

企业诚信品牌铸造 公司承建的所有工程项目，在签订合同的同时，必须明确创优目标，落实企业"三负责"（对历史负责、对社会负责、对用户负责）方针，力争每一个工程都树立一面旗帜，实现安全、优质、文明、高效，做到"先造人品，后造精品"的基本原则，对内对外都要讲诚信。承接业务首先讲诚信，在质量、安全、工期、服务等都说到做

到。工艺方面践行鲁班精神，铸造建筑精品。完善施工工艺，提高公司的装配化水平和建筑科技含量，打响百年“五建”品牌。连续三十年获得广东省“守合同重信用”企业称号，获得2017年全国优秀施工企业、全国诚信企业和中国中小企业3A级信用企业（国家商务3A级信用评价）称号。　（钟　丽）

【广东省地质局第三地质大队】　加挂广东省韶关地质灾害应急抢险技术中心牌子，隶属广东省地质局，为正处级事业单位。2013年，地质三队由20世纪50年代成立的705、706地质大队整合组建而成。2017年，有在职职工293人，各类专业技术人员168人，其中中高级专业技术职称98人。下设7个综合管理部门，8个业务部门，2个经营单位。在韶关、惠州、东莞、清远等地设有基地和分支机构。大队长、党委副书记：尤永春。广东省地质局第三地质大队调查所获“全国工人先锋号”称号；队团委被评为“广东省五四红旗团委”；锦绣御水豪庭岩土工程勘察项目获韶关市优秀工程勘察设计一等奖和2017年度广东省地质科学技术奖二等奖；东城万达广场拟建场地项目获广东省优秀工程勘察设计三等奖。上缴国家利税1351.23万元，全队实现总收入45224.22万元，增长14.61%。主要开展地质找矿、地质灾害评估与治理、工程勘察、施工、测量等多方位服务工作。

地质找矿　加强地质立项工作。开展省地勘基金项目4项，其中，广东省翁源县丘屋XX矿预查项目，野外工作质量达“优秀”等级。广东省乐昌市XX矿预查，野外工作质量达“良好”等级；广东省仁化县XX矿普查，通过成果报告评审，获“良好”等级；开展地方财政类矿产勘查项目3个，完成南雄、新丰、曲江三个县市第三轮矿产资源总体规划（2016—2020）的编制及韶关市矿产资源利用规划数据库建设。围绕国家级、省级重点成矿带和整装勘查区，进行资料二次开发工作，开展粤北地区早期金矿地质资料的收集分析研究工作，收集公益性、基础性地质工作计划信息。开展压覆矿产资源储量评估、资源储量核实、矿产勘查、矿山储量年报编制、新立采矿权的矿产资源勘查等商业性地质勘查项目16个。

民生地质　大队已分别与仁化县政府、乐昌市政府、韶关市、乳源县、南雄市国土资源局、武江区和浈江区国土分局等7个政府部门签署地灾防治技术支撑单位合作协议。开展南粤古驿道（西京古道）重点线路地质勘测和调查工作，获副省长许瑞生批示肯定。承担武江区、仁化县等2项地质灾害防治高标准“十有县”建设项目，通过省国土资源厅验收。承担韶关市、南雄市地质灾害防治“十三五”规划编制工作。汛期每逢暴雨或连日降雨期间，安排技术人员协助国土部门进行24小时地质灾害应急值守，主动承担仁化县公安局后山崩塌点、南雄市珠玑镇梅关村垇上山体边坡崩塌、南雄市沿江西路69号路审计局综合办公楼停车坪南面挡土墙、南雄市珠玑镇泰源村委迳心村后山滑坡点、乳城镇叼子塘地灾点等应急调查项目17项。承担仁化县和武江区的在册地质灾害隐患点排查工作，提交排查报告和防灾预案5份。协助韶关市武江区、乳源县、南雄市、仁化县国土资源局，教育局、公路局等部门开展13场地灾应急演练、地质灾害科普宣讲活动。完成15项地质灾害危险性评估项目，2项地灾勘查设计，8项地灾治理施工，1项地灾治理工程监理，为韶关智能轨道交通项目、芙蓉新城建设等民生工程提供技术支撑。组织实施清远市阳山县、连山县两个地质灾害调查，两个项目合计开展共20个镇的地灾详细调查，5月底完成全部野外调查工作，8月进行野外验收，12月进行报告评审，野外验收和报告均获评“优秀”。这是省地质局同类型项目中唯一优秀报告，下半年中标广东省惠州市惠阳区地质灾害详细调查和惠州市惠东县地质灾害详细调查两个项目。利用地方政府开展矿山地质环境监测及恢复治理等契机，参与政府相关工作。加强地热资源勘查等基础性水工环地质工作，申报广东省环境污染治理污染修复工程资格，探索开展土壤详查、城市地质调查、农业地质调查等项目，延伸环境地质工作服务链。开展梅州至潮汕铁路丰顺隧道地热影响及隧道对周边地热田影响评估等7个矿山地质环境保护与土地复垦、开发利用方案，承接湖南郴州苏仙区金属矿区矿山地质环境治理示范工程（第三期）第一批项目原玛瑙山矿废弃工矿场生态恢复工程。开展科研项目，参与南京大学牵头承担的国家重点研发计划专项“农田地质高背景重金属污染机理研究”项目中的课题“运积型农田重金属污染识别与形成机制”，完成前期资料收集、分析整理和工作方案编制。受省地调院委托，开展韶关市土壤环境背景值调查（南部）项目。　（刘　珊）

【广东省有色金属地质局九三二队】　创建于1960年4月，隶属广东省有色金属地质局，正处级公益二类事业单位。2017年，在职职工147人，其中高级职称22人，中级职称35人，初级职称（助理+员级）39人。九三二队设机关管理科室8个，队属二级单位12个。在韶关市新华北路、西联小阳山、工业西路、广州、中山、东莞、佛山、珠海等地设有基地和办事处，队机关设在韶关市新华北路38号。

九三二队在公益性、商业性矿产资源勘察、工程地质勘察、地质灾害评估（治理）、水工环地质调查等方面开展多方位地方经济社会服务工作。九三二队取得地质灾害治理工程施工丙级资质和地质灾害防治勘查甲级证书，延续乙级测绘资质证书。凡口项目部被评为“广东省五一劳动奖状”称号。

公益性地质找矿　加强公益性地质工作，地质找矿取得新成果。全年承担各类地质找矿项目13项。完成凡口铅锌矿接替资源勘查项目钻探进尺42212.32米，钻孔35个，共有31个孔揭露到厚度大小不等的黄铁矿、黄铁铅锌矿体及黄铁铅锌矿矿化。该项目2500米级钻探孔获2016年度广东省地质学会地

▲2017年6月25日，工人们在凡口2500米钻探施工现场　（九三二队 供）

质科学技术奖一等奖。完成的“广东省仁化县凡口铅锌矿区外围铅锌矿详查项目”获第五届中国有色金属地质找矿成果奖二等奖。承担的翁源县红岭钨矿接替资源勘查项目通过中国地质调查局组织的专家终审，取得新增大型钨矿的找矿成果，是广东省获中国地质调查局立项批准的五个项目中唯一一个取得大型成果突破的项目。完成工作量约占设计工作量的89%，钻探施工完成46个孔。1月，该项目获得广东省国土资源厅关于红岭普查工作报告的备案证明，确认区内矿床三氧化钨（WO3）达大型矿床规模。广东省翁源县红岭钨矿接替资源勘查项目获得2017年度广东省地质科学技术一等奖。

服务地方发展　优化地质勘查格局，紧扣服务民生地质主题。2017年九三二队共完成地质灾害勘查、评估、设计及治理项目27个。广东省大宝山新山片区历史遗留矿山生态恢复治理工程（一期）及矿山地质环境恢复治理（石门坳范围一期）工程。完成矿山地质环境恢复治理1个，广东省韶关瑶岭钨矿矿山地质环境治理工程（坪山尾矿库）项目。响应韶关市国土资源局号召，筹备地灾应急抢险分队，服务地方地质灾害应急抢险。九三二队数名地质、岩土高级工程师入韶关市国土资源局地灾预测、应急评估专家库。九三二队持续多年为梅子窝钨矿、棉土窝钨矿、瑶岭钨矿、红岭钨矿、石人嶂钨矿、锯板坑钨矿等矿山企业编制矿山储量年报，目的是及时准确反映矿山资源储量变化情况，为矿山生产和管理部门监管提供依据。

商业性地质勘查项目　广东省乐昌市九峰铜多金属矿普查。该项目为九三二队自主探矿权项目。2016年5月27日广东省国土资源厅下达项目任务书。完成1/25000土壤地球化学测量（不规则测网）2平方千米，1/10000土壤剖面测量8千米，1/10000地质测量3平方千米，探槽2028立方米等工作，钻探35米；查明矿区岩性、构造及岩浆岩之间的关系，对区内元素异常的分布特征进行分析，对可能的工作靶区进行界定。广东省韶关市芹村铅锌多金属矿预查项目：2016年4月22日获得探矿权。完成1：10000地质测量1.85平方千米，1：10000土壤地球化学测量4千米，激电中梯1.85k平方千米，可控源音频大地电磁测深测量共75个点（点距20米），钻探600.8米，化探样品分析测试266件，基本分析29件。项目报告通过评审，顺利结题。广东省阳山县浦沟铅多金属矿普查项目：2015年12月29日获得探矿权，完成1：10000地质测量17.03平方千米，1：10000土壤地球化学测量6.0平方千米，1：10000高精度磁法测量6.0平方千米，探槽2008.5立方米，钻探502.98米，化探样品分析测试1607件，基本分析189件。项目报告通过评审，顺利结题。广东省始兴县顿岗镇铜多金属矿预查：野外工作完成，大致查明矿区岩性及构造关系，对区内元素异常的分布特征进行分析，对可能的工作靶区进行界定，圈定三处综合异常地段，项目报告通过评审，顺利结题。广东省韶关市曲江区农业地球化学调查：2015年九三二队向省财政申报的韶关市曲江区农业地球化学调查项目获批准并得到财政拨款。项目野外实施时间为2016年，主要完成土壤样品采集数量2100个，土壤样品测试680件，主要完成室内资料整理及报告的编写及评审工作，报告于10月17日经局组织专家评审通过，成果报告可为政府部门农业规划与特色农产品开发、土地资源可持续综合利用及环境治理和预警等方面提供基础资料。广东省韶关市武江区梅子冲铅锌多金属矿勘探：探矿权人为广东省有色金属地质局九三二队。该项目是九三二队与汕头广之航矿业有限公司合作勘查的项目。该项目完成勘查报告编制工作。

“三旧”及棚户区改造　2017年，九三二队“三旧”及棚户区改造工作实现阶段性的目标。利嘉皇庭一期项目办好建设用地规划许可证、国用土地使用权、建筑工程规划许可证、建筑工程施工许可证四证，在办理4栋、5栋的预售证。阳山基地二期用地出让金核实并交纳，在办理转商手续。“三旧”改造二期及新华大院“三旧”改造项目在办理土地转商。2016年12月，棚改一期220套住宅交付使用，在为住户办理产权证。棚改二期办好四证和消防备案，在进行土建施工。

提高工程地质产业质量效益　为适应深化改革新形势，坚持以项目为导向，逐步推进工程地质产业供给侧结构性改革，包括资质建设（新获地质灾害治理工程施工丙级资质）、添置设备（购置两台套XY-44岩心钻机）、对外经营机构清理整顿等举措，加快补齐工程地质产业发展短板，做大做强工程地质产业和提高发展质量效益。1月—12月共签订合同项目82个（其中：工程勘察、施工、设计、测量合同78个，桩基检测合同2个，动测、沉降观测合同1个）。主要完成韶冶拟建厂址水文地质勘查、韶冶热振烟气重金属及硫资源综合回收勘察、乐昌市1号公馆C2栋边坡支护、大宝山矿车库地基加固、乐昌康桥苑10栋高压旋喷桩地基处理、乐昌康桥苑10栋钢管桩补强加固、深圳市灵星雨科技大厦基坑支护工程等项目。

安全生产　2017年，九三二队完善安全组织机构和安全管理人员的配备，对所有的施工项目尤其是野外大面积地质普查项目、车间和基地的用电、消防、卫生、防雷、防盗、交通安全、汛期灾害、重点部位、两个大院及矿区岩芯钻探工地等开展安全检查32次，发出整改通知意见65条，将各类安全事故降为零。利用安全生产月和专项整治契机，九三二队采取多种形式，加大对安全生产法律法规的宣传。10月，九三二队在凡口项目部野外钻探施工现场组织一场野外钻探现场应急实操演练，有关人员共 27人参与历时2小时的演练。组织职工参与安监部门的培训，共20人考取由国家安监总局颁发的安全员证。

（九三二队）

【中国中铁五局集团第四工程有限责任公司】　公司（原铁道部第五工程局第四工程处）是世界企业500强“中国中铁”旗下的国有综合性一级大型施工企业，成立于1964 年10月，2000年6月实现公司制改造。公司以公路、铁路、桥梁、市政工程施工为主的施工企业，具有公路、铁路、市政公用工程施工总承包一级，桥梁、隧道、公路路基工程专业承包一级等资质，注册资本5.1亿元。是国家级计量合格企业和广东省AAA级信用等级企业。有员工2366人，其中高、中、初级专业技术人员1030名，一级建造师36人。2017年，公司完成建安产值40亿元，完成新签路外合同额62.53亿元（含投资项目），较上年路外新签合同额增长95.5%，首次突破50亿，创历史新高。公司在手任务103亿元。党委书记、董事长：张习亭，总经理、党委副书记：钟勇奇（任至10月），主持行政工作：彭宇峰（10月任职）。公司各部门先后获得省以上的奖励达20项，公司个人获得省级以上的奖励达14项。

施工生产　京张项目面对北京地区的复杂环境，扫除征地拆迁障碍，攻克复杂地质条件，实现16个工作面同时推进，施工全面铺开；成贵项目高瓦斯、高风险的玉京山隧道为中国铁路总公司一级高风险隧道，在施工中揭示出复合型暗河溶洞，被称为“中国高铁施工第一溶洞”；银西项目渭城制梁场一次性通过认证许可，四季度以来征地拆迁等问题迅速突破，施工局面逐步形成；怀邵衡项目拱桥铺隧道在业主要求的时间内贯通；郑州地铁4号线项目在业主组织的劳动竞赛中，取得第一个完成项目部驻地建设、第一个开挖土方、第一个开始施工主体结构“三个第一”。深圳地铁6#线项目部主体工程按期完成；西安地铁项目疗养院站进度全线领先；G308项目在全线一直保持领先；云湛13标、云湛18标项目完成交工验收。

标准化建设　公司在局内铁路项目上半年内部信用评价取得第二名。11月获得由中国施工企业公路协会颁发的“企业信用评价AAA级信用企业”称号。大岳项目洞庭湖大桥获得中国中铁杯，这是公司多年来第一次获得的省部级优质工程奖。京张项目迎接各级领导的观摩指导、国内国际顶级媒体的实地拍摄采访记录，获中国中铁“安全生产百日竞赛”先进集体、红旗项目部，上下半年均获得信用评价加分。成贵项目管段内综合示范标段通过验收，全年获得5张业主绿牌奖励，局指在业主历次信用评价中均名列前三，项目在局指内部信用评价均名列第一。京沈项目一直在全线发挥示范领先作用，多次成为观摩点。增援突击的宝兰客专塔稍村隧道提前完工，为局争取到信誉评价加分。深圳地铁10号线获得中铁建投三季度、四季度评比第一名，地铁公司四季度安全质量评比第一名，综合评比第三名。深圳地铁6号线获得中铁建投四季度评比第二名，在数百家参与的深圳市住建局“百日亮剑”活动中获第六名。郑州地铁4号线在业主目标考核评比中，连续获得第一、第二季度第一名和第三季度第二名的成绩，多次成为业主组织的观摩点。广州地铁项目在全线树立良好信誉，11月迎接15家单位的观摩。合肥地铁3号线铜陵北路站班组被评选为2017年“全国质量信得过班组”。西安地铁的标准化暨防尘治霾观摩会是业主组织的首次全线现场观摩活动。云湛13标在业主评比活动中获得综合优胜奖三等奖。长临项目被业主选树为全线“标准化工地示范点”。

安全质量　出台《专职安全管理人员岗位津贴管理制度》，提高专职安全管理人员积极性，新增《生产安全事故总体应急预案》，弥补管理中的漏洞和不足；推进安全质量隐患排查系统上线运行。公司上线项目数量共有27个。

经营开发　公司区域经营取得实质性突破，在河南、深圳、甘肃等区域建立起经营阵地， 与上级单位互动，培育社会资源。整合优质资源，成立郑州项目工程指挥部、深圳项目工程指挥部，集中力量提高区域经营能力。出台多项管理制度，梳理明确具体流程和要求，强化基础管理工作。

管理成果　公司管理成果《施工企业以提升项目管控能力为目标的模块化管理》获得第二十四届“国家级企业管理现代化创新成果”荣誉。在全局项目管理推进会上，《专业化分公司经济运行机制建设》和《工程项目施工组织模块化管理》获得局优秀项目管理成果一等奖，另获得二、三等奖各一项。公司各部门结合管理中普遍存在的问题，开展13类共37项课题调研，深入调查存在的短板，思考解决的措施和办法，逐步提升管理水平。

人才科技　2017年，取得3项实用新型专利，1项发明专利。科研课题《高速铁路特长隧道多洞室控制网互联测量技术研究》获得中铁股份公司科学技术成果评审证书。《超大断面变截面铁路隧道施工技术研究》获中施企协科技创新成果二等奖。钢结构分公司采取一系列创新设计，为京张项目八达岭隧道长城站的超大断面提供能满足双侧连续5个断面同时加宽的过渡段衬砌台车；混凝土分公司采用磅管理系统的手机终端，罐车GPS定位系统等信息技术手段，加强物资材料管控效率和力度。成立京张项目“倪派劳模创新工作室”，蒙华15标钢结构加工站“帅培军金牌职工创新工作室”，带领职工创新技术。全年引进土木工程、安全工程、工程造价等7类高校毕业生107人。完成一级建造师9人转注册，2人增项注册，12人初始注册。（刘　维）

【广东中烟工业有限责任公司韶关卷烟厂】 始建于1950年6月1日，至今有67年历史。随着行业改革形势的不断发展，韶关卷烟厂也随之经历多次改革。2002年，在行业“1144”战略的指引下，兼并南雄卷烟厂，产量规模由18万箱提升到26万箱。2005年，广东卷烟工业企业重组，成为广东中烟公司属下的一个生产点。主要生产“双喜”系列品牌卷烟；企业拥有1条4800公斤/小时的制叶丝线、1条1500公斤/小时梗丝生产线、1条2000公斤/小时的气流烟丝线和 1条570公斤/小时的二氧化碳膨胀烟丝生产线，卷接包机组17台套；企业占地面积约10.3万平方米，总固定资产14.57亿元，在岗员工751人。新增2名可编程序控制系统技师和2名特有工种高级技师。选拔3名选手参加“2017年广东省可编程序控制系统设计师职业技能竞赛”，均获得三等奖。2017年，韶关卷烟厂完成卷烟产量41.2万箱，减少0.5万箱，下降1.2%；实现产值62.19亿元，增加1.81亿元，增长3%；税金实现34.71亿元，增加0.75亿元，增长2.22%；税金入库数34.89亿元，增加1.45亿元，增长4.32%。获得“烟草行业离退休干部工作先进集体”“韶关市模范纳税户”“广东省扶贫济困红棉杯铜杯”“广东中烟组稿工作第一名”等荣誉。

生产节约增效 烟叶：定额6.77千克/万支、实际6.66千克/万支，累计节约烟叶219吨，烟叶消耗全过程保持受控状态。卷烟耗用卷烟纸：定额594.46米/万支、实际592.61米/万支；卷烟耗用小盒商标纸：定额503.87张/万支、实际501.91张/万支；卷烟耗用滤棒：定额2512.45支/万支、实际2509.12支/万支；万支卷烟全部综合耗能：定额预案1.90千克标煤/万支、实际1.73千克标煤/万支；全员货币劳动生产率：实际816.13万元/人，相比2016年796.53万元/人，增长2.46%。全员实物劳动生产率：实际2703.41万支/人（541箱/人），相比2016年2750.66万支/人（550箱/人），下降1.72%。卷烟工人实物劳动生产率：实际4858.49万支/人（972箱/人），相比2016年4871.5万支/人（974箱/人），同比下降0.27%。

▲2017年4月15日，广东中烟党组书记、总经理唐健（右二）到韶关卷烟厂新制丝线技改现场调研（徐叶巧　摄）

生产资源科学统筹 2017年，应对市场化订单生产的前提下，梳理卷烟生产的各环节，排产、调度和定期跟踪反馈，克服生产计划频繁调整、仓库库容严重不足等不利因素，保证生产进行。共应对生产调整17次，为品牌转移、联合生产提供膨化烟丝60吨，品牌烟丝8.186吨，1906HDT叶丝43.85吨，滤棒1850万支，提供加香增塑剂99.2吨。

产品质量保障 建立质量防差错演练工作机制，重点理顺质量管理工作架构和重点工序，组建专业攻关小组，形成快速反应机制，引导员工从源头上对质量进行控制。严格闭环管理，将过程质量指标完成情况、工艺纪律执行情况、防差错措施执行情况等纳入绩效考核，产品质量整体受控。2017年，韶关卷烟厂各级产品质量抽检合格率100%，年度市场投诉率为亿万分之五，市场抽检的包装和卷制质量加权平均得分99.4分；焦油量偏差0.8毫克/支。在公司的统检中，包装和卷制质量加权平均得分98.8分。各项指标均达到公司产品质量目标及卷烟厂内控目标。在保障质量的前提下，原辅材料准时到货率和成品准时出货率均达100%，原料储存损耗率仅为十万分之一，达到行业先进水平，实现转版材料零报废。

设备基础管理优化 以烟机设备“扩大项修”工作为基础，形成自主维修良性循环。持续完善设备“一机一档”，不断强化和规范设备基础点检保养、维保维修工作，促进设备日常检维修工作向精细化过渡。加大力度提高设备设施的预防维修水平，严防重大设备事故发生，确保设备有效运行。2017年，韶关厂卷接设备运行效率101.4%，下降2.04%；硬盒包装设备运行效率90.13%，下降0.18%；软盒包

装设备运行效率89.74%，下降1.35%；制丝设备故障停机率0.19%，下降0.03%。设备类固定资产投资及维修改造项目共11个，投入达612.65万元。

技术改造推进 2017年6月5日，完成建厂以来最大的技术改造项目，投资4.95亿元的制丝线及配套工程技术改造项目并线切换并投产。该项目的建成，提升韶关卷烟厂生产高结构卷烟的硬件基础，有助于实现“双喜品牌”生产均质化，提升生产高品质卷烟的能力，使工厂向双喜第三代工艺技术平台成功过渡。

组建广东中烟韶关片烟仓储库区项目专项筹备机构 组织编制韶关物流园项目各专业小组工作进度表，根据韶关气候特点以及韶关厂仓库使用的经验，在人力、信息、设备设施等方面做具体的安排，提出58条设计修改建议，为日后广东中烟韶关片烟仓储库区项目运营更顺畅打好基础。

综合管理水平提升 2017年，制订《韶关卷烟厂目标管理办法》，做好目标的编制、分解、执行及跟踪，与生产经营工作相互联动，坚持每月现场检查，通过推进系统性的全员改善，企业整体运行效率得到提升。韶关厂现场6S现场管理检查自评得分958分，达到最优水平；降本增效节约184.27万元，超额完成全年目标（目标为165.16万元）。全年共梳理、提炼出降本增效、精益管理和管理创新课题9个，QC成果16个；收集、反馈合理化建议共501件，采纳470件，一点课件数262件，全员改善项目数285件，改善成效明显。

全员协同营销 2017年，深化全员协同营销工作。厂领导班子每月定期到韶关各县区拜访当地烟草公司及走访零售店，加强与商业公司、零售客户的沟通，了解当地双喜产品的销售情况，建立“工商零政”四方的友好关系，为双喜品牌的推广奠定基础。通过加强与政府的交流、合作，带动政府各部门配合宣传双喜品牌，加强韶关三区七县的驻点工作，为双喜品牌在韶关市场的成长提供支持。韶关市场累计商业销售双喜品牌67623箱，增长0.5%；其中双喜一类烟销售4335箱，增长26.1%；双喜二类烟销售12770箱，下降9.2%。自上而下齐发力，助力双喜品牌的推广。组织50多名员工分别组成全员营销专项推广团队、元旦期间深化全员营销专项工作小组、三期全员专项推广小组，助力宣传推广双喜品牌。技改停产期间，以韶关三区七县为协同营销范围，开展厂领导班子协同营销、部门协同营销活动和青年团员驻点助销等活动，参与活动人数达80多人次，共走访零售户544户，深化《韶关卷烟厂全员营销奖励方案》，鼓励员工响应全员营销工作积极性。员工累计助销双喜一类烟3192条，其中硬紫红玫王2440条，奖励金额36051元。

社会责任担当 2017年，抓好对点扶贫村（南雄市水口镇群星村）扶贫工作，捐赠230万元支持地方扶贫工作，共收个人善款3.98万元。22户贫困户均达到脱贫水平。针对贫困村集体项目，主要推进村公共服务中心和村民活动中心的建设。通过帮扶，群星村取得所在镇“三个第一”的扶贫成效（农户危房改造完成率全镇第一、公共服务中心办公服务条件全镇第一、“三清三拆”推进进度全镇第一）。 （韶关卷烟厂）

【深圳中金岭南有色金属股份有限公司丹霞冶炼厂】 丹霞冶炼厂成立于2007年。厂长、党委副书记：刘野平，党委书记：江晓武（任至5月），刘野平（5月主持党委工作）。2017年，丹霞冶炼厂全年生产锌及锌制品12.8万吨，为年预算的（12万吨）的107%，提高7%。其中4N7锌锭5.05万吨，占比39%，提高39%；硫黄3.45万吨，为年预算（3.2万吨）的107%，提高1.1%；硫酸4.99万吨，为年预算（4.5万吨）的111%，提高22%；锗精矿含锗（金属量）5.6吨；阴极铜205吨；高银渣含银（金属量）22吨。实现首次年度盈利，入选国家首批绿色制造体系（绿色工厂）示范名单，工厂“南华”牌锌锭在上海期货交易所注册。

生产管控实现新跨越 针对生产过程中因氟、氯、钴、镉、油等杂质导致的剥锌困难、质量波动大等难题，通过创建全流程净化体系、创建除镉除钴流程，利用移动互联网平台，对生产、工艺、设备进行动态全时全域管控，破解高产与低质、高产与高耗、有机系统与无机系统融合的三大矛盾，实现高产高质、高产低耗以及两个系统的有效融合，使效率和效益最大化，开创行业先河，拓展氧压浸出工艺原料的适应性，为工厂的健康发展探索积累宝贵的生产经验。

生产技术指标再创新高 高压釜浸出率99.04%，比上年高0.6个百分点。硫精矿含锌5.83%，比上年低1.1个百分点。铅银渣含铅15.16%，比上年高2.22个百分点。置换渣含锌13.74%，比上年低2.96个百分点。0号锌品级率为99.33%，实现连续10个月为100%，锌锭含铅稳定在28百万分比浓度以下，推动产品认证工作的如期完成。10月10日，工厂“南华”牌锌锭成为上海期货交易所的交割品牌，提升产品的市场竞争力和溢价能力。

成本管控取得重大突破 持续推进成本管理进班组，严格成本预算、计划、控制、核算、考核、分析六大环节管理，每周统计成本消耗情况，每月开展成本分析考核，提升成本管控水平。加强生产管控，着力提高生产能力，锌锭产量同比提高7%，摊薄固定成本2560万元。深入开展技术攻关，提升金属直收率，锌直收率比上年高1.08%，降低原料成本1390万元。参与电力集中竞价交易，推进洗涤塔余热利用，水的分级处置、分质使用、梯级利用，电力成本比预算降低2500万元，煤炭成本比预算降低813万元。推行设备点检标准化和设备预防性维护，加大设备自主维修力度，维修成本比预算降低414万元。压缩非生产性支出，管理费用比预算节约2168万元。

安全管理水平大幅提升 以“安全生产基层管理年”活动为契机，加强班组安全管理，开展“每周一题、每月一考”工作，先后组织安全学习7000余人次，提高全员的安全意识和防范技能。

实施安全绩效看板制度，将安全培训教育、风险辨识管控、应急预案演练等与职工利益挂钩。开展安全生产检查和隐患排查治理活动，查处并整改各类隐患239项，降低安全生产风险。加大安全生产投入力度，共支出1249万元用于安全设施完善、安全隐患整改等项目。开展职业病预防，定期进行岗位职业卫生检测。组织一线职工750人进行职业健康体检，确保职工健康从业。加强危险源的辨识和管控，尤其是对富氧焙烧、液氧充装、氯气库等危险源，制定专项管理方案，组织开展氯气泄漏等应急预案演练35项700余人次，提高应对突发事件的快速反应能力。做好新建项目的验收工作，综合回收项目的安评、职评、环保验收都通过专家评审并备案，焙烧富氧冶炼项目的相关手续正有序办理。

科技创效水平提升　围绕制约工厂生存发展的瓶颈开展全员创新，先后开展优化工艺提高锌一次直收率等78项技术创新项目，实现科技创效约1.2亿元。共申报国家专利14项，取得国家授权发明专利1项，获韶关市及公司科技进步奖7项，有60多项群众性技术创新成果在生产现场得到应用。

营销管理水平提升　全年共采购氧化锌1.26万吨（金属量），锌焙砂2690吨（金属量，不含加工焙砂），锌粉1.13万吨（实物量）。共销售锌锭12.76万吨、硫黄3.53万吨、硫酸4.87万吨、阴极铜125吨等，实现销售收入约31亿元，增长47%。创新应用锌氧压浸出新工艺，推进渣料资源化，使经济效益延续自2016年4月以来的连续盈利势头，实现建厂以来的首次年度盈利。共实现利润总额3189万元，比预算减亏约2.1亿元，比上年增效约7246万元。上缴税收3851万元，其中首次实现上缴增值税1068万元。（江输华）

【广东省储备粮管理总公司韶关直属库】　成立于2004年9月1日，隶属广东省储备粮管理总公司，非独立核算单位，主要职能为承储省级储备粮。库区总占地面积10.12万平方米，一期总仓容4.5万吨，二期总仓容4万吨（以稻谷为标准）。有员工26人，其中大学本科以上学历17人，硕士1名，工程师3名，粮油检验技师1名，粮油检验员3名，高级粮油保管员4名，中级粮油保管员6名。2017年，省粮库围绕总公司“规范储粮保安全，创新管理增效益”的发展理念，以“春防、度夏、防台、建库、信息化与智能化、监管、考核、移库、资金”九大关键词为工作重心，创新管理方法，主动对接粮食行业标准化规范化的大趋势，规范储粮，安全储粮和安全生产的主体责任，确保粮食安全，经济效益再创历史新高。

经济效益　2017年，省粮库年度经营总收入1310万元，比上年增加452万元，同比增长53%；年度费用总支出865万元，比总公司核定的年度费用节约128万元，费用节约15%，实现净利润共445万元。

绿色仓储　2017年，利用科技的手段主动探索绿色储粮新方法，随着磷化铝熏蒸的常年使用，各种害虫对磷化氢的抗性都在逐年增强，尤其是扁谷盗类害虫，抗药性明显，常规熏蒸很难彻底杀除。粮库率先开展华南地区的首例食品级惰性粉防护杀虫实验，利用惰性粉颗粒小、比重低的物理特性，在竖向通风的粮堆上方采用喷粉机喷施，与空气形成气固两相的气溶胶，密封一段时间杀虫后，利用自然沉降和风机驱动的方式使惰性粉进入到粮食颗粒的缝隙中，在粮堆表面形成一层保护层，发挥防虫杀虫的作用。并且惰性粉有很强的吸水性，能够降低表层粮堆湿度，抑制霉变和预防结块。

奖惩机制　2017年，粮库实行考核评比，对照春秋普考核细则和每位员工的职责分工制定出每个人的任务清单和评分标准，每个月由库主任亲自牵头对照个人清单进行考核评分，计算每月评分的平均值作为个人年度考核得分。针对春秋普等检查结果，粮库按照责任分工将扣分项明确到每位员工，与年终奖金挂钩，强化奖惩机制的作用，提高员工的干事创业热情。

流程再造管理　2017年，粮库响应总公司流程再造的文件精神，对照“一规定两守则”，梳理粮库日常管理工作，把“两个安全”细化到人，重新绘制编撰工作流程。熏蒸、通风、进出粮作业等都按照操作规程开展，签名确认，实施留痕化管理，明确权限和职责分工，挂钩绩效追责到人。流程再造汇编出图后，粮库又多次召开业务骨干会议反复敲定实施细节，一条线一个框地逐个分析研究。经过多次讨论和反复修改，2017年年底粮库完成流程再造24项，其中办公室9项，储备科3项，财务科12项，所有流程图都做到职责清晰、分工明确、程序规范。

租仓点退租移库　2017年7月，广东省储备粮管理总公司租仓点广东金友集团有限公司存储的4万吨省级储备粮退租移库，分别移至粮库和广东江茂源粮油有限公司等4个租仓点。粮库多次与退租企业协商，拟定终止合同协议，商讨移库工作细节，寻找可租仓源。成立移库工作领导小组，建立移库工作微信群，提前做好设备保养维护和调配工作。在移库过程中，协调搬运工人和车辆，不断优化车辆配送方式，提高工作效率。粮库派驻员工历时两个月完成移库任务。（麦毅莎）

【中国石化销售有限公司广东韶关石油分公司】　系中国石化下属销售分公司，于2000年8月16日注册成立，公司性质为股份有限公司（国有控股），覆盖韶关辖区七县（市）三区，有9个职能管理部门，下设8个市、区、县公司，2017年，公司在职员工889人，其中大学及以上学历职工338人、占38.02%；拥有各类专业技术职称人才84人、占9.45%。经理：苏　茂，党委书记：潘康想。

主营业务　公司主营汽油、柴油、润滑油、天然气等，兼营加油站便利店、餐饮、汽服、电子商务等非油品业务，拥有90座在营加油站，加气站3座，2座在营油库、库容5.85万立方米。

企业荣誉　2017年，公司获省公

▲2017年10月27日，“中国石化公众开放日”活动走进韶关市
（中石化韶关分公司 供）

司2017年度“安全环保先进单位”，广东省“守合同重信用企业”称号，韶关市“2017年度韶关市工会工作先进单位”等多项荣誉。公司经理苏茂获集团公司“2017年度安全生产先进管理者”及省公司2017年“特殊贡献奖”称号，张云获集团公司“2017年度安全生产先进职工”和“广东省五一劳动奖章”称号，冯杏怡在集团公司法律事务技术比武决赛中获铜奖。

珠玑巷服务区蝉联“全国百佳示范服务区”殊荣 2017年，珠玑巷服务区借力创建“百佳示范服务区”的活动契机，设置户外休闲小区、“青蜻蜓”休息站点，完善母婴室、残疾人专用卫生间功能，配备触摸屏信息服务查询系统，为客户提供免费热水、WIFI、应急药品、针线包、简易维修工具、线路路况查询等便民服务，满足客户的多元化需求。12月，珠玑巷服务区被交通运输部评为“全国百佳示范服务区”，这是继2016年度获评“全国百佳示范服务区”后，再次获得该称号。

举办中国石化公众开放日活动 2017年，以“探秘智慧能源”为主题的中国石化公众开放日活动首次走进韶关，与党委政府领导、用油客户、普通车主、行业代表等不同层面的70余名代表，一同走进中国石化广东韶关石油分公司西郊加油站进行面对面“交流对话”，通过现场观摩油品储存、检验和销售环节，参与“智慧能源小课堂”，传递石化知识，共同探秘智慧绿色能源。该活动是迄今为止中国工业企业中规模最大的公众开放日活动，也是央企中首个品牌化公众开放日活动。

开展形式多样的志愿服务 2017年，先后组织1300多人次开展慰问地贫儿童、帮助困难员工插秧、服务南国书香节、联合香港义工义务植树、联合大客户韶钢穿越“工农渠”“创文引路”“暖冬行动”“情暖驿站”等38次大型志愿活动，体现央企社会责任和担当。

推进扶贫工作 2017年，公司与市环保局加强合作，投入帮扶资金460.14万元，推进翁源县坝仔镇中洞村的精准扶贫精准脱贫。通过开展太阳能路灯安装、农村饮水工程、村容村貌环境综合整治等基础设施建设，改善贫困村的生产生活条件；通过农技和产业培训、落实“以奖代补”产业扶持政策和转移就业、节日慰问、危房改造等措施，加快贫困人口的脱贫步伐。到年底有23户59人达到预脱贫标准，占贫困人口总数的75.64%，实现贫困户脱贫目标。

深化家文化建设 2017年，按照高速站、城区站、国省道站、乡镇站四类分别打造家文化，规划24座，完成16座；开展5轮“送清凉”，为656名员工过集体生日，投入100多万元配备家具、家电等后勤物资，开展“最美厨房、最美宿舍”评选活动。（唐秋林）

市属重点企业

【广东韶能集团股份有限公司】 是以能源（清洁能源、可再生能源、常规能源）、生态植物纤维制品（安全健康纸

▲2017年11月13日，广东韶能集团股份有限公司获“2017年度广东省诚信企业”称号
（韶能集团 供）

品）、精密（智能）制造投资开发与经营为主营业务的上市公司。该公司于1996年8月30日在深圳证券交易所挂牌上市，股票简称韶能股份，股票代码000601。截至2017年12月31日，公司总股本为10.81亿元，资产总额100亿元，净资产45亿元；电力总装机103万千瓦，其中水电装机67万千瓦，综合利用发电装机24万千瓦，生物质能发电装机12万千瓦。公司获“2017年度广东省诚信企业”称号。董事长：陈来泉。

经营效益　完成收入36亿元，与2016年同比（下同）增长12.5%；权益净利润4.46亿元，同比增长1.13%。

非电制造企业发展势头良好　2017年，公司下属的非电制造企业全年完成营业收入9.13亿元，较2016年增长43.12%；利润总额5990万元，增加6555万元；净利润5690万元，增加6426万元。

签约新丰县两项目总投资30亿　2017年8月7日，新丰县循环经济产业园项目级韶能集团绿洲生态植物纤维项目、韶能集团新丰生物质发电扩建项目签约仪式在韶关市新丰县政府会议中心举行，两项目总投资额达30亿元，达产后总年产值约31亿元，将为新丰增加税收1.3亿元。

项目的建设工作推进　2017年，公司不断优化建设和安装工作。公司投资建设的新丰旭能生物质发电项目一期工程在历时10个月零3天后，首台机组于1月18日并网发电。绿洲生态科技公司扩产三期项目按既定目标要求于9月15日首批设备投入试运营，剩余设备也基本在年底前安装调试完毕。并在总结经验教训的基础上，启动第四期扩产项目工作。韶能本色分公司第二条纸机生产线也在年度内完成设备的安装和调试工作，投入生产运营。11月，公司生产的韶能本色纸产能达到5万吨。

宏大公司与广汽集团对接业务取得阶段性成果　公司下属企业宏大公司加大与广汽集团业务的对接力度，取得重大阶段性成果。宏大公司投资建设6条乘用车零部件生产线，以满足适应广汽集团乘用车的验厂标准和要求。9月28日，广汽集团乘用车公司批准宏大公司平衡齿轮零件B点供应商资格。

（陆　颖）

【广东省韶铸集团有限公司（韶关铸锻总厂）】　始建于1969年，市属国有企业，中国最大的铸锻件专业生产企业之一。主要生产铸钢件、铸铁件、锻钢件、精锻件（轴承毛坯）、破碎机等，拥有广东省著名商标“韶铸”、广东省名牌产品“双拳牌破碎机”以及在行业中享有较高声誉的“宇航”牌吊钩，截至2017年12月，共有从业人员1513人。公司获得中国出入境检验检疫协会颁发的“中国质量诚信企业”称号。连续28年被广东省工商局评为“重合同守信用”企业，1个班组被评选为全国工人先锋号，1人被评为第四届中国优秀巾帼铸造工作者。董事长、党委书记：杨国华。2017年，主营收入5.3亿元，工业总产值5.23亿元，出口交货值738.4万美元；上缴税金2229万元。

股权变更　根据2016年市国资委、广州万宝集团及韶铸集团达成的战略合作框架协议，2017年4月7日，韶铸集团股东东方、华融退出韶铸股权，5月5日，广州万宝集团入股韶铸，韶铸集团股东变更为韶关市工业资产经营有限公司（股比69.59%）、广州万宝集团有限公司（股比30.41%）。9月6日，韶铸集团收购旗下韶关金宝铸造有限公司其他股权，将其由中外合资企业变更为韶铸集团独资。

机构改革　推进机构整合和职能优化，总部部门由17个减为11个，职能调整为战略规划、人员招聘、审计监察、资源整合、异地搬迁、资本运营。财务、人事、薪酬、物资采购、外协维修、运输等职能全部下放生产模块。铸钢分厂和铸钢二分厂进行整合，六个生产模块推进公司化独立自主经营，自负盈亏。其中锻造分厂于2017年9月28日，由分支机构变更为公司制法人单位，成立锻造公司。

技术改造　技改立项19项，开工16项，合同签订金额8965万元，完成投入8300万元，主要项目有引进AMP50-9高速精锻机及配套项目、铸铁件生产线升级改造项目。

安全环保　安全环保形势总体稳定，排查治理隐患310项，实现无重伤以上人员伤害事故、无职业病病例、无严重环境污染事故目标。工伤事故月频率为0.33‰，轻伤事故6人次，比上年减少7人次，工伤事件4人次，比上年增加3人次。

入园建设　9月12日，与韶关市华南先进装备产业园举行入园签约仪式，启动韶铸集团技术升级改造项目。广州市国资委主任陈浩钿，韶关市委副书记、市长殷焕明，韶关市委常委、副市长万卓培见证签约。该项目为韶铸集团在韶关市华南装备园投资精密铸铁件和精锻件生产项目，计划用地18.67公顷，项目估算总投资7.7亿元，计划建设工期2年，分两期实施。11月1日，在园区成立广东韶铸精密机械有限公司，11月30日，举行项目奠基仪式。

社会责任　配合政府开展南雄全安镇杨沥村精准扶贫工作，落实帮扶资金47.125万元，帮助贫困户预脱贫20户，预脱贫户达到70%；组织参加“广东省扶贫济困”一日捐活动，员工共捐款5.33万元；开展送温暖活动，关心困难员工生活，全年共慰问困难员工和劳模148人次，发放慰问金、补助13.4万元；组织员工无偿献血，81人无偿献血2.9万毫升。

（韶　铸）

【韶关市工贸资产经营有限公司】　以下简称工贸公司，成立于2008年4月，是经韶关市人民政府批准，由市国资委履行出资人职责的国有控股公司（其中：工业占68.5%，商贸占31.5%），公司主营房地产投资开发、矿业投资开发、物业服务、物业租赁、汽车维修、汽车检测、驾驶员培训、交通拯救、建筑机械制造及销售，承担着韶关市国有资产管理平台和资本运作平台的使命、职责和功能。公司担负一些社会性的服务工作，主要处理市属企业实施退出后遗留的各种问题，配合有关部门做好原企业职工计划生育奖励金审核工作，管理市直行政性总公司退休、内退人员并做好服务工作，管理退出企业档案和未房改公房等有关社会性的工作。截至2017年12月底，该公司注册资本为1亿元，全年实现营业收入 1亿元，上缴税费1300万元，实现净利润1400万元，拥有10家全资子公司，6家投资参股公司，在岗职工人数约330人。党委副书记、副董事长、副总经理：林东军。

项目投资开发　2017年，工贸公司多个重点投资项目推进。如期完成启明北、风采、启明、武江等4个市场的升级改造工作，将启明北市场打造成为韶关市农贸市场升级改造的示范项目，芙蓉、中山和惠民北3个市场的升级改造工作进行中。新津小区地块项目完成可研报告、招标代理等工作，在推进项目设计施工总承包招标工作总目标。投资新建韶关市道通机动车驾驶员训练有限公司乐园训练场，规划总用地面积约4.24万平方米，项目计划新建一栋总面积约2000平方米的办公和教学服务设施用楼，汽车驾驶员训练场地约2.32万平方米，场地绿化占地约1.50万平方米。

三供一业　根据市政府、市国资委部署，与属地接收单位签订供水管理移交框架协议、物业管理移交框架协议各99份，涉及107家国企约1.5万户职工住户，签订供电管理移交框架协议9份，涉及9家国企934户职工住户，完成移交框架协议的签订工作，下一步进行宿舍区移交改造工作。

股权优化　该公司采取多项措施，优化股权结构，推进企业改革，完善法人治理。完成韶挖公司100%股权、市电线厂公司30%股权转让及市开关设备厂整体转让。完成金属材料公司、武江粮所及旧车交易中心公司化改革。汽修厂公司兼并东兴公司等三家企业、市二建公司整体转让、建设开发总公司改革等工作现正实施中。（黎兆艺）

【韶关市东南控股有限责任公司】 是韶关市国资委监管的有限责任公司，成立于2009年2月，经营范围主要是对市国资委授权或委托管理范围内的企业国有资产进行经营管理，公司下设4个部门。2017年，该公司在册职工105人，负责管理东南冶金矿产（香港）有限公司、韶关市盈通物流有限公司、韶关市东南盈丰加油站有限公司、菲儿教育（韶关）有限公司等13家公司（境内公司7家，境外公司6家），业务涉及进出口贸易、物流运输、委托加工、成品油销售、物业租赁、教育培训等行业。实现营业收入18730万元，增长21%；上缴税费453万元，增长55%；净利润 422万元，企业效益同比提高78%。

（谭兴华）

【韶关市金财投资集团有限公司】 简称“金财集团”，成立于2015年12月18日，注册资金7.5亿元。2017年，金财集团营业额22.3亿元，利润总额1.13亿元，净利润6547万元，上缴利税2.7亿元（含金叶0.8亿元）；总资产62亿元，净资产22亿元。公司共10个部（室），拥有全资、控股及参股子公司15家，在岗职工共205人。党委书记：钟裕荣，董事长、总经理：吴武超。主要业务为探索创新国有资本运作方式，发展资产运营及投融资、建设、能源开发，涉足新兴售电市场；立足国储油库，开发成品油市场。韶关市第一建筑工程公司获评广东省建设工程优质结构奖，韶关市第一建筑工程公司1人获评广东省建设工程优质结构奖。

项目授信情况　政府投资类：与各银行对接推进的政府购买服务项目有10个，取得批复金额合计106.1亿元。其中：国开行批复金额共60亿元，包括市卫生强市项目批复27亿元、莲花大道（东环线）批复24亿元、市区市政道路工程批复9亿元。农发行批复金额共12.3亿元，包括韶关学院韶州师范分院搬迁项目2.7亿元、土地整治项目（东环线片区）5.3亿元、市区旧堤改造加固及环境改造工程4.3亿元。各商业银行批复金额共33.8亿元。自营项目：与各金融机构对接公司自营项目的融资工作，集团公司取得授信额度合计14.5亿元（银行额度11.5亿元、融资租赁额度3亿元）。另工商银行给予金财资产公司、金涛公司的授信额度、汇丰银行给予金财集团的授信额度、建行给予金涛的授信额度正在审查审批流程中。

推进项目建设　加快推进续建工程项目的建设进度。云峰诗意一、二期项目。该项目一期正进行装饰工程、园林景观工程及设备设施安装等，完成总产值约2.4亿元；二期棚改建设项目，框架结构施工完成，由于征拆工作尚未

▲2017年6月16日上午，在市金财集团四楼会议室举行新丰县政府、市金财集团、市旅投集团合作项目框架协议签约仪式　　（金财集团 供）

完成，影响整体验收工作。金港湾商贸城项目。该项目在办理竣工备案手续；B1幢公寓精装修项目在实施，完成进度约30%。韶关学院韶州师范分院迁建项目。完成施工图内容并整体移交给韶关学院，后续教学设施设备采购工作由韶关学院组织实施，立项调整完成，在办理施工许可证。加快推进新开工项目的组织实施。加快推进芙蓉新区市妇幼保健计划生育服务中心等三个项目的建设。妇幼及东郊项目同时被列为市区三年提升计划重点项目，妇幼项目还是省、市重点项目重点督办。妇幼项目完成施工许可及土地平整，进行基础开挖；东郊项目进行土方开挖，办理不动产权证（国土证），设计方案通过，在进行修规的报批和办理建设工程规划许可证。粤北二院项目完成初步设计评审，在开展施工图设计。配合莲花大道等项目实施，为项目建设提供资金保障。莲花大道、市区市政道路、市区旧堤改造等三个项目由金财集团作为承接主体负责融资建设，由市代建局等政府指定部门进行建设管理，集团公司做好融资和相关费用的支付审核工作，确保资金及时到位和项目推进。参与协调县级基础设施及公共服务设施建设。加快南雄旅游公路建设项目建设，完成产值约800万元；协调推进始兴旅游公路建设项目，完成产值约2200万元；协调推进新丰县南区路网建设，完成产值约500万元；牵头组成联合体参与项目建设。中标始兴县城小学建设项目（中标价1.39亿元）与始兴县人民医院新建项目（中标价2.92亿元）；协助市一建公司开展投标工作，中标新丰县坳头村至龙江村人居环境连片整治（一期）工程项目（中标价3.17亿元）。抓紧完善前期工作，促进项目及早动工。城市花园乳韶路小区项目完成三通一平和现场围蔽，完成设计方案及修建性详细规划审查及施工图审查，在开展建筑工程施工许可证申报。广东北江中学新运动场项目完成施工招标，进场施工。城市驿站泵站公园项目拟按设计施工总承包方式公开招标，确定招标代理公司及完成招标文件，在开展招标挂网前期工作，在完善泵站公园的规划报建手续，与住房保障中心签订保障性住房配建协议。广富楼项目招标文件编制完成，拟进行勘察设计及监理招标，待招标工作完成后，将尽快办理施工许可证，现场开工建设，进行主体施工。

开拓经营市场　通过输送信用，增加流动资金贷款，对外拓展，加强风控管理等措施，提高一建公司的经营绩效。2017年，一建公司实现营业收入18.96亿元。抓住电改机遇，涉足新兴售电市场。集团公司以国家实施新一轮电力体制改革为契机，联合韶关市鸿正投资有限公司和东莞市翔阳实业投资有限公司合作成立韶关绿能售电有限公司。实现交易电量10.11亿千瓦时，合同签订客户113家，年用电量约13.8亿千瓦时，销售收入1140万元。立足国储油库，进军成品油市场。韶关国储石化有限公司是由金财集团、广东国储物流有限公司和上海华信国际集团成立的合资公司。累计销售收入6.72亿元，净利润735万元。

强化资产管理　建立资产台账，不断完善资产经营管理制度，制定《物业资产运营管理办法》和《物业资产信息登记管理办法》。严格资产处置程序，确保国有资产不流失。主要通过项目开发、物业出租、更新出售闲置住宅房屋等措施盘活资产。按照韶关市旧城提质规划，结合解决市区停车难、公共绿地少等问题，推进旧厂房和住宅小区改造，为提升韶关城市发展做出贡献。依托合作公司——广州海印集团专业的商业及文化运营能力，对西河体育中心、韶关剧院等资产进行改造，注入商业、文体、旅游元素，打造西河片区特色商圈。（谢　莹）

【韶关市荷花园酒店有限责任公司】 以下简称“荷花园酒店”，前身为沙湖宾馆，成立于2009年10月26日，2009年12月8日开业。党支部书记、董事长、总经理：曾玉梅。酒店位于武江区沙湖公园内，绿化面积达99%。荷花园是集客房、餐饮、会议、商务中心为一体、按照四星级标准建立的旅游商务酒店，拥有各类客房103间（床位175个）、餐位500多个。酒店配套设施完善，客房中电视、酒吧、家具、大景观低开窗户等一应俱全，满足客户会议、商务、休闲度假的需要。

酒店成立工会　2017年11月17日，韶关市荷花园酒店有限责任公司工会委员会成立，依法按章地开展工作。围绕各项生产经营，荷花园酒店工会履行维护职工合法权益的基本职责。密切联系职工群众，关心职工群众生产生活，协调企业劳动关系，推动建设和谐企业，促进企业健康发展。

企业文化建设　2017年，荷花园酒店“以顾客满意为中心，品牌经营服务取胜”为经营管理理念，倡导“创造友爱的人文环境、让学习成为一种生活方式；把工作当成乐趣、把敬业当成习惯；为荷花园奉献今天、为自己储存明天”的企业价值观，为创造荷花园独特企业文化而努力，打造“亲情荷花园”服务品牌。结合实际，酒店把服务、技能培训作为主要工作来抓，开展文化建设活动，丰富员工业余文化生活。

酒店翻新改造转型升级　自2009年成立至今，荷花园酒店各项硬件设施设备均已老化。酒店各项工作不断走向规范化、制度化、现代化。2017年11月27日，酒店召开第三届董事会第二次会议。会议一致通过酒店2017年翻新工程项目计划。（谢月红）

【韶关市粤运汽车运输有限公司】（以下简称“粤运汽车公司”）公司是由原广东省韶关市汽运集团有限公司通过股权转让、资源整合组建的粤北最大的国有控股专业汽车运输骨干企业，是韶关市唯一的“二级道路旅客运输企业”。该公司注册资本14278万元，在岗职工1392人，下设19个客货运分公司，8个控股子公司，在韶关三区六县（市）设有汽车客运站，主要经营客运站场、班车客运、包车客运、出租客运、公交客运、汽车租赁、货运物流、驾驶员培训、汽车维修、充电设施建设运营等。公司于2017年通过ISO9001质量等理体系认证。公司党委书记、董事长、总经理：袁立新。公司拥有客运站场16个，各类班线247条，营运车辆1220辆，占韶关区域（新丰除外）客运市场份额的70%，公路客运网络覆盖全省，向湖南、江西、广西、福建等省延伸。在发展道路客运业务的同时，公司探索旅运结合、便利店、小件快运等新兴业务。

经营业绩　2017年，粤运汽车公司建制车累计完成客运量2172.02万人次，客运周转量95083.20万人千米；实现营业收入21365万元，利润总额3427万元，归属母公司净利润2574万元；资产总额4.6亿元，净资产2.8亿元。

被推选为广东省道路运输协会理事单位、韶关市道路运输行业协会会长单位。2017年，该公司获“中国道路运输百强诚信企业”称号，所属的韶关汽车客运东站运输管理处服务组被中华全国妇女联合会授予“巾帼文明岗”称号，该公司工会委员会获“2015—2016年度广东省交通运输系统先进职工之家”“2016年度韶关市工会工作先进单位”称号，该公司团委获“韶关市五四红旗团委标兵”称号，所属的共青团韶关汽车客运西站支部获“广东省国资委系统五四红旗团支部”称号，韶关汽车客运南站获评为韶关市“2016年度诚信单位”。　（张育强）

【韶关市公共汽车有限公司】　韶关市公共汽车有限公司（以下简称“公汽公司”）是韶关市国有资产监督委员会监管企业，属国有独资有限公司，韶关市金叶发展公司持有100%股权。公司董事会由3人组成，监事会由5人组成。公司下设8个部门，5个分公司，2家控股子公司和4家参股子公司。2017年，该公司在岗员工748人，其中营运驾驶员498人。党委书记、董事长、总经理：李维全。

公共交通业务　2017年，公汽公司经营市内公交线路52条（含11条定制快线），营运车辆536辆（其中柴油车121辆、天然气175辆、纯电动公交车240辆），公交站场面积6.2万平方米。完成客运量4489.3万人次，减少3.83%；行驶里程2133.1万千米，增加2%。主营业务收入5179.03万元，减少7%。老年人免费乘车1560.8万人次，增长3.95%；刷卡金额3144.3万元，增长3.42%。百万公里责任事故率2.67，责任伤人率1.91，事故死亡率0.09。安全考核指标低于考核标准。

公共交通服务　2017年，公汽公司优化调整线路3条，新增线路6条：3月10日开通K111公交线（鑫金汇至市高级技校）；4月1日开行比亚迪公交专线（小岛北门至比亚迪）；5月1日开通42路公交线（南郊八公里至鑫金汇公交总站）；8月1日开通莞韶产业园公交专线；8月25日开通市内首条免费公交接驳线［甘棠村至甘棠工业园（偏石村）］，9月18日开通K110公交专线（花坪居至市第十三中学）。投资6万元建立微信实时公交查询平台。

荣誉称号　2017年4月，获广东省总工会授予“广东省五一劳动奖状”；6月7日，获全国老龄委员会授予“全国敬老文明号”；9月，获广东省城市公共交通协会授予“2017年广东省新能源客车应用进步企业”。

韶关市喜童校车服务公司投入运营　韶关市喜童校车服务有限公司成立于2016年11月17日，是韶关市首家注册成立的校车公司。2017年9月1日投入营运，有校车6辆。　（廖韶薇）

【韶关市城市投资发展集团有限公司】　以下简称“韶关城投集团”，前身为韶关市新鸿达城市投资经营有限公司，成立于2003年9月，是经市政府批准成立的国有独资公司，主要承担芙蓉新城投融资建设工作。2016年6月，韶关城投公司完成市属国企脱钩并纳入市国资委监管体系。2016年10月，经市政府批准，韶关城投公司组建集团公司。集团董事长、总经理：李功保（任至9月）。2017年，在新城项目建设、增强国企直接融资能力、混合所有制经济探索、产城融合、支持县域发展、优化营商环境等方面取得显著成绩，为集团市场化转型发展、提质增效营造良好氛围。

主要经济指标　2017年，韶关城投集团完成固定资产投资242485万元，完成任务率达105%。截至2017年12月31日，公司合并营业总收入达14114万元，利润总额2588万元，净利润1544万元，净利润较2016年增长32%。其中，经市国资委、芙蓉新区管委会考评，集

▲2017年12月9日，韶关首座钢结构大楼——韶关城投商务中心封顶
（洪福明　摄）

团实现2016年度考核工作双百分。

融资工作稳中有进　2017年，韶关城投集团紧跟政策导向，提前预判做好企业直接融资能力建设工作，完成企业债券跟踪评级及对外披露工作，等级维持为AA，通过资本公积转注册资本方式增加企业注册资本金至10亿元，企业资信程度提升。凭借企业市场化融资能力，将政府购买服务模式贷款授信12.2亿元转变为固定资产贷款，成为全省成功实现模式转换的第一单。财政到位资金39554万元，向金融机构提款64460万元，为新城项目筹备建设资金；通过招标程序对暂不使用的资金进行理财，累计收益约为5478万元，从而提高资金收益率，平衡项目资金闲置与提前储备间的矛盾。

项目建设提质增速　2017年，韶关城投集团拥有芙蓉新区在建工程（含政府项目及自有项目）共27项，总投资额达182.18亿元。10月，集团以目标为导向，制定“十大项目年终攻坚”行动方案，通过形成目标清晰、分工明确、进度可控的责任落实体系，推进南华路附属工程、滨江路、百旺路、32号路附属工程等道路建设，累计完成通车里程数15.8千米，实现多条道路绿化覆盖及全线亮灯，新城路网框架拉开，整体形象得到提升。西联、芙蓉、车头三个安置房项目累计完成总建筑面积61万平方米，实现990户安置村民成功分房。芙蓉新城综合客运枢纽项目（一期）工程完工，全市首座钢结构大楼主体结构封顶。历时40天完成市行政服务中心提升工程（一期）建设，得到市委市政府在全市范围内的表彰，滨江花园279套简装房装修工程短时间内完成，为新城临时安置工作提供重要保障，以“城投品质与速度”获得社会认可。提前谋划芙蓉新城综合客运枢纽工程（二期）、芙蓉新城水系项目、滨江景观带、滨江商务中心、韶州文化广场、新白线、5号路管廊等一系列项目前期工作均开展，奠定2018年重点项目建设的良好开局。

协助新城项目征拆　2017年，韶关城投集团与新区管委会建立合作关系，委派5名工作人员加入西联镇驻新城征拆工作组。全年实现项目用地交地82.53公顷，协调推进新城各路网的清表交地21.242千米；主动配合并解决新城新开工项目临时项目部用地、C8—02涉嫌闲置土地处理，芙蓉隧道南北隧道口征拆、高压线迁改、南华路高压线迁改、通讯管线迁移、断面改造道路红线重叠、恒大捆建道路等难题。

自营性项目筹划落地　韶关城投集团天玺湾项目实现开盘销售，预计整个项目可实现收入超7亿元；自持物业运营思路确定，城投集团商务中心项目、韶关综合客运枢纽站项目（一期）前期招商情况良好，分别签订意向协议面积达8000平方米及7800平方米。不断完善下属公司管理机制和运营程序，提高经营收入。其中，下属健富公司通过物业服务、广告业务、停车场、公租房、商铺等资产资源中的经营实现现金流收入1047.27万元，物业公司营业收入920.08万元；下属南华园公司通过墓园销售实现收入893.39万元。

土地经营管理成绩卓越　完成约28.33公顷土地置换协议的签订；牵头完善自营合作项目的用地手续，办理碧桂园天玺湾项目不动产权证约9.33公顷，追回土地竞拍履约保证金共771.34万元、开工履约保证金共796.92万元；推进市政和公建配套项目的用地划拨手续，完成8条路网包A、B标等125期路面道路（含江湾片区）的用地划拨手续约74.53公顷；完成韶州文化广场项目用地划拨申请；理顺新城安置房、经济发展用地划拨手续，涉及面积约65公顷；为规范新城土地管理工作，集团完成碧桂园天玺湾、妇幼保健院等项目的土地围蔽工作约73.8公顷；协调完成商务组团3公顷、棚改二期及城投商务中心5公顷规划调整；根据城投及下属企业土地资产总体情况，建立土地资产管理台账、土地征拆台账。

经营投资再创佳绩　2017年，集团以投资经营为核心，通过不断强化经营管理能力，提升股权项目投资、房地产开发、城市资产资源运营、公墓经营等板块效益，发挥企业优势，拓展新业务提升经营层次。集团累计对外投资资金达7.5亿元。实现南水水库供水工程、丹霞机场项目按计划开工；粤东西北股权基金运行稳健，实现收益总额达6957万元；“韶关市丹霞天使母基金”及“韶关市众投邦创新创业投资基金”签约，首期规模达7.5亿元，促进韶关市创业投资市场发展；韶关市智能交通管理系统项目落地实施；城市智能调度指挥中心项目启动装修工程，系统设备公开招标完成挂网；与韶关粤运汽车运输公司签订合作协议，将成立项目公司共同运营芙蓉新城客运站，实现市委市政府关于重大项目的决策部署。集团发挥投资主体与资产优势，对接滨江商务中心项目，完成建筑规模、投资建设模式确定、合作伙伴比选等工作；通过市场调查、实地考察，对接韶关市环保产业园一期项目，经营角色实现大转变，迈出芙蓉新城，立足全市重点项目、产业。（洪福明）

重点民营企业

【乳源东阳光】　乳源东阳光拥有电子材料、新材料、新能源、药业、南岭养生五大产业群。东阳光科（股票代码600673）是以电子材料产业群为主体的A股上市公司，核心竞争优势产品电子铝箔、腐蚀化成箔技术国内领先、国际先进，产销全球最大，公司有员工6400余人。2017年，乳源东阳光以产业升级、产品提质、客户调整为抓手，推动产业稳步发展，全年实现工业含税产值100亿元，工贸销售126亿元，工业增加值16.22亿元，第三产业增加值8000万元，上缴税收3亿元，出口总额5459万美元。

该公司化成箔厂产销两旺，巩固世界最大的中高压化成箔基地，精箔厂产品转型初见成效，成为中国唯一生产高、中、低压及阴极全系列电子箔、钎焊箔企业；化工基地产能释放，实现爆发式增长，产业链更加完善；磷酸铁锂项目进展顺利，产品性能达国内领先水平，成为公司新的经济增长点；制药厂通过韩国、澳大利亚GMP检查，扩建项目如期完成；南岭养生保持稳定增长。

该公司精箔厂通过CNAS国家实验室认证，入选中国2017年第一批“绿色工厂”名单；电化厂获“2017年度中国双氧水行业十大诚信供应商”称号，磁性厂磷酸铁锂项目申报2017年技术改造专项中央预算内投资项目；精箔厂、化成箔厂被国家知识产权局认定为国家级知识产权优势企业；亲水箔厂、氟化工被认定为高新技术企业；高强度高性能化成箔等13项产品被认定为广东省高新技术产品，公司成为广东省唯一获得“第五批全国民族团结进步创建示范单位”称号的企业，东阳光获“2017年广东省自主创新标杆企业”称号，连续五年被评为“广东省最佳雇主”。

该公司持续高投入技术研发，工厂研发及技改项目170项，增长30%，受理专利86件，增长168%，8项科技创新成果达到国内领先水平。累计授权专利110项，其中发明专利56项。

【韶关比亚迪工业园】 韶关比亚迪工业园主要包括韶关比亚迪实业有限公司和韶关比亚电子有限公司两家企业，2017年累计实现工业总产值12.55亿元。

韶关比亚迪实业有限公司成立于2009年11月，注册资金3000万元，位于韶关市浈江区工业园，主要经营电动叉车产业。其电动叉车产品主要包括：电动平衡重式叉车（1.5T、2.0T、2.5T、3.5T）、电动前移式叉车、电动堆高式叉车、电动托盘式叉车、电动牵引车（5T、25T）等五大类，根据客户需求可量身特制，销售网覆盖国内、新加坡、日本、欧洲、美洲等。比亚迪电动叉车于2013年8月下线，生产占地面积约6.5万平方米（包括两栋厂房），4条总装线，投产产能可达3万台/年，员工人数约1000人。比亚迪实业有限公司实现工业总产值5.25亿元。该公司成立韶关比亚迪电动叉车技术开发中心，将加大研发投入力度，打造韶关比亚迪电动叉车全球研发、生产和销售一体化的基地。

韶关比亚电子有限公司成立于2016年11月，注册资金3000万元，位于韶关市浈江区工业园，是比亚迪股份有限公司全球战略性新兴产业基地之一，有员工1200余人。公司主要经营手机零配件产品的设计、制造、测试、装配及售后等全方位服务的消费类电子行业，主要客户包括苹果、三星、微软、戴尔、东芝、惠普、华为、联想、中兴等国内外行业巨头。比亚电子有限公司实现工业总产值7.3亿元。该公司属于劳动密集型与技术创新型兼备的高新技术企业。

【广东五联木业集团有限公司】 该公司成立于2002年5月15日，注册资本1亿元，是一个民营股份制有限责任公司。公司坐落于广东省韶关市曲江区白土工业园，占地面积26.67公顷，是以三剩物和次小薪材为原料生产高质量环保刨花板的资源综合利用生产企业，公司有员工300多人。2017年，公司销售收入3.84亿元，利润6186万元，增值税缴纳2215万元。

该公司拥有国际上最先进的德国Dieffenbacher 9英尺年产30万立方米的刨花板全套生产线和技术，生产的刨花板为绿色环保（E1、super E0）产品。产品规格为：幅面（4×8）—（8×9）英尺，厚度为8—38毫米。该刨花板用途广泛，可适用于高档家具、房屋建材、出口产品、大型包装等。可根据客户的要求，提供各种特殊规格的订制服务。此产品上市之后，深受用户欢迎，产品销往珠江三角洲市场及华东、华北、东北、西南市场。国内外多家上市公司如欧派、索菲亚、皮阿诺、尚品宅配、曲美等和一线品牌宜家家居、红苹果等均与公司签订长期合作协议。

【韶关东南轴承有限公司】 韶关东南轴承有限公司成立于1966年，2011年5月转为民营企业。公司为高新技术企业，建有省部级的研发机构“广东省轿车轮毂轴承工程技术研究开发中心”，参与起草JB/T 10238-2001《汽车轮毂轴承单元》机械行业标准。该公司有员工580人，经过50年的发展，年生产汽车轴承达800万套，年产值近2亿元，利税近1000万元；拥有主要先进生产设备、检测仪器近千台，拥有完善的计算机内部网络以及ERP管理辅助系统。

主导产品主要有轿车轮毂轴承单元、汽车空调压缩机电磁离合器轴承、汽车涨紧轮轴承、汽车离合器分离轴承、高精度单列角接触球轴承等。公司生产带座外球面轴承、深沟球轴承等。

公司生产的产品70%以上出口到德国、意大利、法国、美国、英国、加拿大、波兰、日本、巴西、阿根廷、阿联酋、新加坡，并销往中国香港等40多个国家以及地区，公司的产品成功进入德国、意大利、法国等国家以及国内主机配套市场。公司如今已经成为欧洲最大的几家汽车（拖车）企业的主要轮毂轴承供应商。配套的汽车整车包括上汽通用五菱、哈飞汽车、奇瑞汽车、吉利汽车、北汽M50、华晨X30、华晨X30L、华晨T30、陕汽通家面包车等，是中国主要微型汽车、乘用车轮毂轴承主要制造商之一。公司商标“IB”是广东省名牌产品、广东省著名商标，加入“商标国际注册马德里协定”并在马德里注册，在美洲巴西进行注册。

【丹霞生物制药有限公司】 丹霞生物制药有限公司创建于2008年，是一家专门研发、生产和销售血液制品的生产企业，占地面积30万平方米，建筑面积10万平方米。公司注册资金3000万元，总投资达2亿元，主要生产设备均为进口产品，一期年处理血浆能力可达400吨，二期车间正在建设中。2009年获得药品生产许可证，建成符合新版GMP标准的生产厂房，经国家食品药品监督管理局GMP认证和现场检查，2013年初获药品GMP证书，于2013年3月31日投产，生产的人血白蛋白产品投放国内市场。

【广东鸿源众力发电设备有限公司】 广东鸿源众力发电设备有限公司是一家电气机械装备制造企业，具有近60年生产水轮发电机组成套设备历史。公司注册资本1.1亿元，年工业总产值和年销售收入超2亿元、纳税超千万元；是广东鸿源机电股份有限公司属下一家独立法人、独立核算、自主生产经营骨干子公司。该公司现有员工600多人，占地面积23.6万平方米，拥有11座占地面积6000—12000平方米厂房。拥有设备700多台套，有高、精、尖设备一批。公司产品技术与生产能力处于国内先进水平。产品获广东省著名商标，自主研发的两项新产品被认定为广东省高新技术产品。公司拥有自主研发的知识产权22项，科技成果获广东省科技进步二等奖和韶关市科技进步一等奖和二等奖。公司投资8亿元，在莞韶产业园浈江片区建设华南地区最大的水轮发电机组研发、生产基地。项目内老厂区整体搬迁，将增加16米立车和250T吊车等一批大型重型设备，年产能将超100万千瓦，单机容量达10万千瓦，产值超10亿元。鸿源众力产品被中国电器工业协会连续6年推选为“质量可信产品”，获得欧盟产品质量许可证和中国出口产品质量许可证。公司先后向国内、外用户提供大、中型机组3000多台套，销往全国近30个省、市、自治区，遍布1000多个水电站。在中国长江、黄河、珠江、黑龙江都安装有鸿源众力产品。产品出口土耳其、缅甸、越南、泰国、老挝、尼泊尔、几内亚等多个国家。

【广东韶配动力机械有限公司】 广东韶配动力机械有限公司是2006年2月由韶关市配件厂有限公司与广东省风险投资集团共同组建成立的，韶关市配件厂有限公司前身是国营韶关市配件厂，韶关配件厂建于1958年，2004年2月通过挂牌交易，转为民营企业。韶配动力公司是一家集研发生产发动机配件的高新技术企业，是广东省滑动轴承工程研发中心，为国内多家知名发动机厂配套，公司是中国内燃机工业协会轴瓦分会副理事长单位。

广东韶配动力机械有限公司于2006年在韶南大道六公里粤北开发区购地6.67公顷建设新厂，新厂区建筑面积2.2万多平方米，当年引进仿奥地利美巴公司第三代全自动轴瓦生产线。公司拥有进口及国产先进设备200多台。公司现有职工180多人，其中工程技术人员41人。该公司主要为东风二汽、广西玉柴机器股份有限公司、江西五十铃、杭州汽车发动机厂等主机厂配套汽车轴瓦，配套中船重工四〇七厂、四〇八厂、广州柴油机厂、宁波中策柴油机股份有限公司、无锡开普机械有限公司、无锡动力有限公司的船舶轴瓦及活塞环，配套四〇七厂、四〇八厂军用发动机。公司与上海交通大学、华南理工大学、广东工业大学、武汉理工大学、北京机械研究总院进行产学研合作。与中船重工上海七一一研究所合作，研发大功率低速柴油机大型轴瓦及活塞环配套，填补国内空白。世界三大船舶轴瓦主要企业之一德国BHW公司全资收购或控股本公司股权，德国BHW公司第一批出口产品如期生产。

（伍雪雁　陈　芬）

重点港澳台·外资企业

【日本电产（韶关）有限公司】 成立于2010年9月，属中外合资企业，公司总投资1250万美元，注册资本500万美元，有员工1500人。公司主要生产开发大容量光磁盘驱动器及其部件（超精密马达）、新型电子元器件（新型机电元件、小型超精密无刷马达）、高性能风机马达及其零部件。2017年，公司不断进行技术升级改造，继续实施“机器代人”工程，实现生产设备的自动化、智能化，提高企业的生产效益。生产总值为10.1亿元，纳税总额5496万元，为始兴地区生产总值、工业增加值和财税收入等做出贡献。

【韶关旭日国际有限公司】 是香港旭日国际集团在韶关投资兴办的一家大型外商独资企业，位于韶关市西郊六公里，计划总投资20亿元，占地面积260公顷。公司主要生产电子玩具、手提袋、旅行袋、旅行箱、制衣等产品，产品全部出口远销欧美等国家和地区。公司的客户主要是世界知名的玩具入口商。公司管理制度完善，做到经营国际化、设备先进化、生产规模化、管理科学化。旭日集团还建立公用保税仓和出口监管仓，均已开仓投入运营。至2017年底，公司每年约解决5万人次就业，2017年，平均用工人数为23551人，实现出口收入26亿元，较2016年增长3.3亿元，增长近15%；全年缴纳税费约1亿元，较2016年翻一番。

【至卓飞高线路板（曲江）有限公司】 是亚太地区最大的线路板制造商之一，是至卓飞高线路板（香港）有限公司投资兴建的大型高新技术企业，位于曲江经济开发区，专业生产印制线路板PCB，注册资本1.09亿美元。公司占地面积13.33公顷，厂房占地面积达13万平方米，总体规划5000人，有员工1700多人。该公司是一家以高技术生产PCB的印制线路板厂商，主要生产4—10层线路板，着力于生产4层及8—16层线路板，月产能将达到150万平方英尺，是韶关市电子信息产业的龙头企业。产品大部分外销至欧美、日本、新加坡、马来西亚、泰国等国家，并销往中国香港地区。2017年，公司营业收入4.75亿元，纳税总额达2600万元。

【丽珠集团利民制药厂】 成立于1966年，1997年转制加入丽珠集团，是珠海丽珠医药集团股份有限公司下属的集医药生产、科研、开发为一体的中外合资企业。有员工581人，注册资金6156.1万元，生产经营各种医药制剂、医药原料，各种食品添加剂、饲料添加剂、营养保健品、各类新药产品的研制和开发，产品内外销售。

丽珠集团利民制药厂为国家高新技术企业、国家中药工业百强企业、广东省创新型企业、广东省知识产权优势企业、广东省战略性新兴产业培育企业、广东省清洁生产企业。拥有大容量注射剂、小容量注射剂、片剂、胶囊剂、颗粒剂等10条生产线，150个品种规格。主导产品有参芪扶正注射液、血栓通注射液、低分子右旋糖酐氨基酸注射液、二维三七桂利嗪胶囊等，产品销往全国30多个省市。核心产品“参芪扶正注射液”为国家二类中药新药，国家中药保护品种，国家食品药品监督管理总局批准的首个也是目前唯一的纯中药澄明大输液品种。2017年公司的产值9.8亿元，税收2.1亿元。

【建滔积层板（韶关）有限公司】 是香港建滔化工集团于2002年在始兴县设立的独资企业。总投资为5.5亿元，主要生产电子行业所需的基础材料——纸基覆铜面板。公司拥有4条覆铜面板生产线，主要设备全部从日本、美国引进，自动化程度高。年产量可达1300万张，年产值可达7亿元，有员工200人，是现今全球最大的覆铜面板生产基地之一。公司终端客户包括索尼、三星、高信、荣信、康佳、飞利浦、长虹、夏普、LG、TCL、HP等。2017年，公司实施设备技术改造项目，总投资3600万元，公司主营业务收入7.08亿元，纳税3353万元。

【乳源东阳光优艾希杰精箔有限公司】 是广东东阳光铝业股份有限公司与日本株式会社UACJ合资设立的中日合资企业，为国家高新技术企业。主要产品有电子光箔、汽车钎焊箔等铝加工当中最尖端的产品。公司年产设计能力为15万吨铝板、带、箔；通过和日本株式会社UACJ等世界名企的合作，依托公司完善的产业链优势，中日携手倾力打造世界一流的铝加工企业。2017年，公司完成产量15.1万吨，实现产值27.76亿元，创造利润5932万元，上缴税收2462万元。

【万达工业（始兴）有限公司】 成立于2001年，隶属于香港美昌集团，投资总额3500万美元，注册资本1700万美元。公司有在职员工3300多人，用地面积25万多平方米。公司主要按照真车的内外观设计和体积大小，缩小比例生产合金模型车，拥有Maisto（美驰图）、Bburago（比美高）、Muscle Machines及Polistil等知名品牌，获得中国第一辆月球车“玉兔号”模型独家制造商。2017年，公司主营业务收入3.94亿元，纳税3592万元。

【鸿伟木业（仁化）有限公司】 是鸿伟（亚洲）控股有限公司在广东韶关投资的外商独资刨花板专业生产企业，创建于2003年5月，注册资金为3.02亿港币，专业于生产刨花板和配套贴面深加工，坚持走“高质量、环保健康型刨花板”道路。2017年，公司年生产总值4.3亿元，税收2131.4万元。

【金悦通电子（翁源）有限公司】 是香港金悦通国际投资的一家大型港资企业，位于韶关市翁源县翁城工业园内，注册资本2280.08万美元，占地面积26.67公顷，有员工800余人。公司主要生产和销售高密度互联线路板（HDI）、盲埋孔线路板及树脂塞孔线路板，产品广泛用于计算机、通讯、电子、汽车和医疗等行业。2017年，公司营业总额为2.52亿元，纳税总额为2018.13万元。

【韶关丸仁电子有限公司】 由日本丸仁株式会社在韶关的独资企业。公司成立于1999年10月，投资总额393万美元，注册资本358万美元，公司有厂房面积7634平方米，职工宿舍面积9081平方米，容纳职工2500人，拥有员工近900人。公司下设接插件部、细线同轴部和一般接插件部，主要生产索尼、东芝、佳能、理光、NEC、夏普、富士通、柯尼卡美能达等客户的USB线及各种连接线。2017年，公司出口总额2695万美元，纳税总额959万元。

【韶关科艺创意工业有限公司】 是香港上市企业——星光集团有限公司的下属企业，是一家以设计、生产高端创意多功能儿童图书、纸艺精品和包装彩盒的大型港资企业，产品以出口为主。公司占地面积13.33公顷，拥有员工1500人。2017年，公司销售收入2.798亿元，纳税1288万元。

【韶关市韶瑞重工有限公司】 是由世界最大的矿山机械——破碎机设备供应商芬兰美卓集团公司与2013年股权并购韶关市韶瑞重工公司而成立的中外合资企业，是一家集研发、加工、制造、销售及售后服务为一体的专业矿山机械设备制造商。美卓集团的加入，为韶瑞重工投入数亿资金，提升技术和管理水平，依托美卓集团全球销售网络推广韶瑞重工的产品和品牌。公司在全球20多个国家级地区设立分公司，在全国各主要城市设有销售公司及服务网点。2017年，公司主营业务收入1.37亿元，纳税922.28万元。（伍雪龙）

农业·林业·水利·气象

农业综述

【概况】　管理机构为韶关市农业局（加挂中共韶关市委农村工作办公室牌子）。市农业局主要负责农业产业和农村经济发展等工作，市委农办主要负责全市农村工作的组织领导和统筹协调、决策服务等工作，承担市扶贫开发领导小组日常工作。韶关市农业局核定机关编制60名，其中行政编制43名，行政执法专项编制17名，设13个内设机构，下设9个直属事业（含行政、参公）单位；市委农办设4个内设机构，核定行政编制18名。2017年，全市农业农村经济持续稳步发展，第一产业增加值173.64亿元，比上年增长4.5%；农村居民人均可支配收入14108元，增长10.3%。

【强农惠农政策】　2017年，韶关市全面推行农业“三项补贴”改革。全市农业支持保护补贴（耕地地力保护补贴）面积11.574万公顷，发放补贴资金16291.11万元。全年政策性水稻保险承保面积12.29万公顷，玉米保险承保面积4980公顷，百分百完成全年承保任务。“一事一议”项目争取省级以上财政奖补资金3944万元，建设项目282个，完成投资1.21亿元。开展高标准基本农田建设，完成2016年15560公顷建设任务，竣工率100%。

【农产品品牌创建】　2017年，韶关市开展省级名牌产品申报推荐工作和广东省第二届名特优新系列农产品评选推介活动。是年，韶关市的广东省名牌产品（农业类）增长到75个，其中新增33个，占全省的15.6%，名列全省第一名，包括新丰凤鸣山佛手瓜、仁化黄坑贡柑、始兴自然之星小白菜等农产品。经广东省名特优新农产品评选委员会最终评审确定，韶关市有28个区域公共品牌、96个企业经营专用品牌、2家区域公共品牌核心企业获得表彰，在全省名列前茅。仁化白毛茶、翁源三华李、长坝沙田柚、乐昌香芋、新丰佛手瓜等5个产品以及6家核心生产企业被表彰并入选2017年度全国名特优新农产品目录。受理和审核38家企业65个品种的无公害农产品认证材料，全市通过“三品”认证的企业（单位）304家，认证产品624个。

【“互联网+农业”】　2017年，韶关市开展韶关市互联网农业小镇试点建设和打造建设韶关农产品电商平台。韶关市第一批3个互联网农业试点小镇（乐昌市九峰镇、南雄市珠玑镇、仁化县黄坑镇）于7月建设完成并通过验收，韶关农产品电商平台于6月上线运行。

（肖光群）

【农产品质量安全】　2017年，韶关市农检机构开展蔬菜农药残留定性检测样品19916份，合格率99.7%；种植业产品农药残留定量检测样品1142份，合格率99.6%；生猪尿样“瘦肉精”残留定性检测样品52187份、定量检测样品461份，合格率均为100%；禽产品药物残留检测样品146份，合格率100%；水产品药物残留检测样品80份，合格率100%；生鲜乳药物残留检测样品10份，合格率100%；饲料药物残留检测样品12份，合格率100%。开展市级监督抽查2次，重大节日（元旦春节、中秋国庆）专项监督抽查2次，共抽查蔬菜产品62份，畜禽产品70份，水产品10份，合格率100%。开展省级蔬菜产品质量安全监督抽查2次，畜禽产品质量安全应急监督抽查1次，共抽查蔬菜产品20份，畜禽产品15份，合格率100%。广东省对韶关市农产品质量安全例行抽查，抽检蔬菜样品120个，合格率100%，抽检猪尿、猪肝、鸡肉、禽蛋样品共90份，合格率98.89%。农业部对韶关市开展水产品例行监测，抽检水产品样品60份，合格率96.67%。乳源瑶族自治县创建第二批国家农产品质量安全县，通过省督导检查组的初步审核。市农检中心完成中央投资建设项目并通过竣工验收。全市完成农产品产地土壤重金属防治第二批农产品监测和第二批省控点布设工作。开展农用地污染状况详查，全年全市采集农产品（水稻）样品735个，完成任务量（998个）的73.3%，土壤无机样品2146个，完成任务量（2614个）的82.1%，土壤有机样品331个，完成任务量（387个）的85.5%。

（钟福亮）

【农业综合执法】　2017年，韶关市推进农业综合行政执法常态化，加强对农业投入品生产经营市场和农产品生产环节的日常执法巡查。在2017年农资专项治理行动中，全市农业部门出动行政执法人员8299人次，检查生产经营企业2484个次，整顿市场52个次，查处违法违规行为113起，立案调查案件92件，办结84件，查获无证违法生产设备4台件，半成品一批，货值金额29万元，印发宣传资料1.07万份。（黄继让）

【农业龙头企业】 2017年，韶关市人民政府认定的市级农业龙头企业128家（新增14家），其中，国家级重点农业龙头企业1家、省级重点农业龙头企业39家（新增10家）；覆盖包括粮食、蚕桑、糖业、养殖业、茶叶、兰花等领域，其中以种养业为主的有69家，以农产品加工为主的企业47家，以农产品流通为主的企业6家，以休闲农业乡村旅游为主的5家，销售化肥的1家。

【农民专业合作社和家庭农场】 2017年，韶关市依法在工商部门登记注册的农民专业合作社有3229家（新增264家），出资总额36.8亿元，成员81251人。年末全市拥有市级示范社166家，省级示范社105家，国家级示范社24家。在工商部门登记注册的家庭农场有1312家（新增549家），创建市级示范家庭农场188家。

【休闲农业】 2017年，韶关市创建一批休闲农业示范单位。其中，翁源县江尾镇南塘村创建为中国最美休闲乡村，乳源瑶族自治县大桥镇、乳源瑶族自治县乳城镇、南雄市乌迳镇3个镇创建为广东省休闲农业与乡村旅游示范镇，广东友丰油茶科技有限公司、韶关市曲江慧源果场有限公司、广东开心农业科技有限公司、韶关金喆园生态农业有限公司等5个单位创建为广东省休闲农业与乡村旅游示范点。（陈韶明）

【农业科技推广应用】 2017年，韶关市农业系统9个单位获得2016年度韶关市科学技术进步奖，其中授予“光倒刺鲃良种培育关键技术研究与应用”科学技术成果一等奖；授予“韶关市油茶标准化体系构建及示范区建设”等4项科学技术成果二等奖；授予“韶关市H7N9流感监测预警及综合防控措施研究”等4项科学技术成果三等奖。争取省级现代农业科技创新联盟建设项目资金55万元，用于宣传示范推广农业新品种、新技术。科技成果转化利用加快，全年全市培育、引进、示范、推广农作物新品种、新技术200多个（项）。

【中央基层农技推广体系改革与建设补助项目】 2017年，中央基层农技推广体系改革与建设补助项目覆盖韶关市10个县（市、区），落实中央资金970万元。通过“专家+示范基地+农业技术指导员+农业科技示范户”的技术推广服务模式，推进农业科技进村入户。全市遴选农技推广指导员427人，建立农业科技示范基地32个，培育农业科技示范户4194户，辐射带动4万多户；分期分批举办全市农技推广指导员培训班，共培训580人。

【新型职业农民培训】 2017年，新型职业农民培训项目覆盖韶关市10个县（市、区），落实中央资金240万元。为规范新型职业农民（生产经营）认定管理，1月6日印发《韶关市新型职业农民（生产经营型）认定管理办法》，各项目县根据自身实际采取针对性措施，提高培育效果，完成培训任务，全市完成新型职业农民培训3434名。（李永心）

【农业机械化建设】 2017年，韶关市农机总动力增长3.9万千瓦，比上年增长2.49%。主要农作物综合机械化率46.69%，其中主要粮食作物（水稻）全程（耕、种、收）机械化率69.18%。

【农机推广】 2017年，韶关市农业局与省农业机械化技术推广总站在始兴县联合举办“水稻机械化插秧推广现场会”，各县（市、区）因地制宜开展适度规模的水稻机插秧推广现场会，借助韶关市加快构建新型经营体系扶持政策，稻谷烘干设备和场地预冷设备得到推广应用。（高　驰）

种植业

【粮食生产】 2017年，韶关市粮食播种面积15.995万公顷，总产量91.09万吨，面积比上年增加2761.07公顷，总产量增加1.82万吨。韶关市大宗粮食作物主要包括水稻、薯类、玉米和大豆。2017年，水稻种植面积12.58万公顷，产量77.8万吨，面积比上年增加2739.87公顷，产量增加1.32万吨；玉米面积1.12万公顷，产量4.69万吨，面积比上年增加187.87公顷，产量增加0.26万吨；薯类 1.25万公顷，产量5.49万吨，面积比上年减少249.6公顷，产量增加0.34万吨；大豆面积0.83万公顷，产量2.61万吨，面积比上年减少594.67公顷，产量减少 0.13万吨。

【经济作物生产】 2017年，韶关市大宗经济作物主要有蔬菜、烟叶、花生、油菜籽、果用瓜、甘蔗等。是年，韶关市蔬菜种植面积10.26万公顷，总产量245.06万吨，产值953021.58万元，分别比上年增加3811.4公顷、11.85万吨和3343.81万元，增幅为3.86%、5.08%和0.35%。全市种植黄烟的有南雄、始兴、乐昌、乳源等4个县（市）约30个乡镇，种植面积1.3万公顷、总产量3.2万吨，产值78123.73万元，分别比上年减少96.73公顷和0.02万吨和899.83万元。花生、油菜籽和芝麻等油料作物在面积和产量上实现“十连增”，全市油料种植面积4.81万公顷，总产量15.27万吨，比上年面积增加137.33公顷，产量增加0.27万吨。其中花生种植面积4.17万公顷，产量14.46万吨，面积比上年增加 67.6公顷，产量增加0.24万吨。甘蔗主要包括果蔗和糖蔗，其中翁源县是甘蔗主产区。2017年全市甘蔗种植面积5608.53公顷，产量58.96万吨，面积较上年减少31.4公顷，产量增加0.34万吨。其中糖蔗2887.8公顷，产量23.27万吨；果蔗2720.73公顷，产量35.69万吨。

果用瓜种植品种主要有西瓜、甜瓜、草莓和小西红柿等，发展较快，种植面积和产量连年增加。2017年果用瓜种植面积7227.93公顷，总产量22.29万吨，产值33550.89万元，分别比上年增加305.13公顷、1.06万吨和2989.35万元。

【园艺作物生产】 2017年，韶关市主要园艺作物包括蔬菜、水果、茶叶和花卉。水果栽培品种资源丰富，除柑、橘、橙、梨、柿子等常规品种外，还有沙田柚、三华李、黄金柰李、九仙桃、油桃、大果枇杷、杨梅、白果等大批名优特色水果。全市水果种植面积4.08万公顷，总产量58.56万吨，面积比上年增加1685.13公顷，产量增加4.77万吨。其中柑、李子、橘、柚子种植面积较大，分别为1.33万公顷、0.98万公顷、0.48万公顷和0.32万公顷，产量分别为19.98万吨、13.39万吨、7.71万吨和4.05万吨。花卉生产以盆栽植物、鲜切花、观赏苗木为主，品种主要有兰花、茶花、桂花、樱花、菊花等。全市花卉种植面积1292.33公顷，面积比上年增加340.67公顷。全年生产盆栽植物1885.76万盆，鲜切花24236万枝，观赏苗木12430株，合计产值56965.83万元。全市茶叶种植面积3931.33公顷，总产量0.48万吨，分别比上年增加146.67公顷和0.02万吨。主产区有仁化县、乐昌市、曲江区和乳源瑶族自治县，具有代表性的茶叶品种是仁化、乐昌白毛尖，曲江高山茶和乳源单枞茶。茶叶生产以绿茶为主，有少量红茶和青茶。全市绿茶产量0.31万吨，占茶叶总产量的64.6%；红茶产量0.07万吨，占茶叶总产量的14.6%；青茶产量0.06万吨，占茶叶总产量的12.5%。 （丘兰英）

畜牧业

【概况】 2017年，韶关市畜牧业生产整体运行良好。全市生猪饲养量264.46万头，其中：出栏159.96万头，存栏104.5万头，分别比上年同期增长0.57%、下降0.23%和增长1.82%；家禽饲养量2570.45万只，其中：出栏1878.5万只，存栏691.95万只，分别增长4.43%、4.62%和3.94%；山羊饲养量5.92万只，其中：出栏3.1万只，存栏2.81万只，分别增长6.47%、16.78%和下降2.97%；禽蛋产量1.08万吨，增长5.43%；肉类总产量14.88万吨，增长0.8%。

【畜禽规模化养殖】 2017年，乐昌市南宝猪场有限公司被农业部授予“国家级畜禽养殖标准化示范场”称号，韶关市国家级示范场累计13个（其中：生猪养殖场12个、肉鸡场1个），“省级重点养猪场”16个，“省级重点家禽养殖场”4个。

【饲料工业发展情况】 2017年，韶关市饲料工业得到发展，全市饲料工业产量65万吨，比上年增长14%，总产值17亿元，增长9%。建成投产3家饲料和饲料添加剂企业，分别为翁源广业清怡食品科技有限公司、南雄市凯达生物科技有限公司、韶关佳锐思生物科技有限公司，全市有13家饲料和饲料添加剂企业。

【农业源养殖污染减排】 2017年，韶关市各县（市、区）政府均按照环保部、农业部《畜禽养殖禁养区划定指南》的要求，科学划定（或调整）畜禽禁养区。9月，韶关市政府出台《2017年韶关市畜禽养殖禁养区清理工作攻坚行动方案》。全市禁养区内确需关闭或搬迁的畜禽养殖场（或专业户）264个，均按时关闭或搬迁，减少存栏量8.5万头（猪当量），地方财政投入补偿资金2600万元。2012年至2017年全市规模畜禽养殖场配套建设废弃物处理利用设施数量1277家，其中2017年完成规模化畜禽养殖场污染治理项目61个，规模养殖场处理利用设施配套率92%。

【政策性养殖保险】 2017年，韶关市继续实施政策性能繁母猪保险，全市参保量132995头。在全市范围内开展生猪家禽养殖保险试点工作，生猪养殖保险参保量599584头，家禽（肉鸡）参保量167000羽（其中价格附加险60000羽），政策性养殖保险总保费2002.346万元，财政补贴资金1607.8951万元，为养殖户提供16亿元（保险金额）的风险保障。

【促进金融支持畜牧业发展试点】 2017年5月，韶关市组织实施2016年度促进金融支持畜牧业发展试点项目，经县级农业、财政部门审核、银行核实及专家评审，仁化县和而友生态农业有限公司等7家申报单位符合项目申报条件，按银行同期贷款基准利率50%给予贴息，总贴息额66.62万元。（叶庆强）

【动物疫病防控】 2017年，韶关市的动物防疫采取春、秋季集中强制免疫和平时补针相结合，并做好标识佩戴、档案记录。免疫生猪口蹄疫337.542万头，禽流感2245.87万羽，牛口蹄疫18.95万头，羊口蹄疫11.68万头，羊小反刍兽疫10.52万头；血清学检测H5N1和H7N9禽流感、鸡新城疫14323份，牲畜口蹄疫、猪瘟、布鲁氏杆菌病、羊小反刍兽疫等24405份；病原学检测H5N1禽流感、口蹄疫、小反刍兽疫等10860份。扑杀新丰县黄磜镇口蹄疫病猪及同群猪73头，扑杀同场羊73只。养殖环节病死猪无害化处理76829头，屠宰环节病害猪无害化处理1006头。南雄市被省政府列为病死畜禽无害化处理体系建设第二批示范县，省财政安排建设资金300万元。

【兽药药政】 2017年，韶关市举办兽药GSP检查员培训，增补24名兽药GSP检查员。全市15家兽用生物制品经营企业列为兽药二维码追溯系统管理试点企业。检查兽药生产企业1家，兽药经营企业151家，养殖场（户）2143个。送检兽药样品52个。

【全国执业兽医资格考试】 2017年，韶关市有84名考生报名参加全国执业兽医资格考试，8名考生成绩达到执业兽医师合格分数线，4名考生成绩达到执业助理兽医师合格分数线。

水产业

【概况】 2017年，韶关市水产品总产量87433吨，比上年增长3.01%；渔业总产值96363.61万元，增长6.66%；水产养殖面积20116.06公顷；渔业人口86483人，其中专业从业人员22408人。

【渔业生产】 2017年，韶关市繁殖鱼苗14.05亿尾，其中罗非鱼苗9550万尾，各类鱼种 8176吨。成鱼池塘养殖以草鱼、鳙鱼、鲢鱼、罗非鱼、鲫鱼为主，养殖面积9291.6公顷，产量64734吨；成鱼水库养殖10773.5公顷，产量19043吨。全年全市有捕捞机动渔船741艘，主机总功率8777千瓦；江河捕捞产量3011吨，占全市水产品总产量的3.45%。

【名特优水产养殖】 2017年，韶关市实施生态养殖的大水面有9宗，面积近400公顷。全市新增2个全国休闲渔业示范基地，分别为浈江区冯氏生态庄园、曲江区狂人路亚垂钓基地，6000多人次参与禾花鱼旅游休闲活动。全市有稻田养鱼面积1560公顷，年产量645吨，主要分布在乐昌市和乳源瑶族自治县，平均产量413.5千克每公顷，高产的有850千克每公顷，市场价格90元每千克。

（奉 丰）

【渔船行政管理】 2017年，韶关市通过各县（市、区）渔政大队，对辖区内所有登记在册的渔船办理渔船年审、签证工作，当场审验、当场办结。签证数据录入省渔政总队系统。全市对登记在册的783艘渔船进行渔船年审检验，检验率100%，检验合格率100%。

【渔业安全生产】 2017年，韶关市成立渔业安全生产工作领导小组，制定《广东省渔政总队韶关支队渔船渔港安全应急救援预案》。通过各县（市、区）渔政大队，与渔民签订《安全生产责任书》，全市签订《安全生产责任书》783份，按照《中华人民共和国渔业船舶检验条例》检验渔船，受检率100%。强制为船主配备消防救生设备及航行信号灯，强化渔业船舶船员船舶基础知识、内河船舶避碰规则、消防救生知识、渔业法律法规和实际操作技能培训，举办新增渔船培训班，举行渔业船舶安全事故应急救援演练，落实渔业安全生产检查制度，支队定期每季度对全市渔船安全生产进行监督检查，检查各大队渔船安全生产落实情况及检查工作台账，全年渔业安全生产实现“零伤亡”。

【2017年暨2016年渔业成品油价格改革水产养殖方向专项资金项目】 2017年，韶关市用好油价补贴调整资金，推进渔业供给侧结构性改革。根据《韶关市国内渔业捕捞和养殖业油价补贴政策调整实施方案（2016—2017年）》及有关专项资金管理的规定，制定《韶关市2017年暨2016年渔业成品油价格改革水产养殖方向专项资金申报指南》，组织各县（市、区）符合条件的单位开展申报工作，通过专家评审确定韶关市水产行业协会、韶关市华工高新技术产业研究院、韶关市渔业技术推广站为该专项承建单位，分别承担韶关市岭南水产“互联网+”渔业信息化项目、韶关淡水鱼深加工技术与新产品研发项目、广东鲂全人工繁育技术研究项目，补助金额为70万元、40万元和20万元。

【珠江禁渔执法工作完成】 自珠江禁渔期实施以来，韶关市渔政部门通过水上巡航和陆上巡查相结合，日间常规巡航和夜晚伏击检查相结合，大队各自巡查和联合统一巡查相结合的方式，确保禁渔期制度顺利实施。2017年禁渔期间，韶关市出动渔政执法船艇107艘次，执法车辆217车次，执法人员数786人次，达到“网封存、证集中、船靠岸”的目标。

【“电、毒、炸”等非法捕捞行为得到遏制】 2017年，韶关市渔政部门采用地毯式的方法，加强对电鱼违法作业高发水域进行全方位的监控，日夜伏击，采取开船检查和岸上巡视相结合，船车并用，创造“打回头枪”、突然袭击等方式，打击破坏渔业资源的电毒炸鱼等行为。全年全市查获违法电鱼案件3件，共罚款0.6万元。 （李治国）

扶贫开发

【概况】 2017年，韶关市有1.06万户3.44万人实现预脱贫，所有贫困村居民人均可支配收入14695元，年末预脱贫有劳力贫困户人均可支配收入11322元，完成广东省下达该市当年度预脱贫目标任务。

【精准扶贫成效明显】 2017年，韶关市发动3801家新型农业经营主体，通过选准产业、龙头带动、利益联结、信贷扶持、科技服务，新增集装箱和稻田养鱼1666.67公顷、雪毛鸡五黑鸡230万羽、中药材73.33公顷、太空莲1466.67公顷、贫困村光伏扶贫40741千瓦等产业帮扶项目。实施就业帮扶，通过就业帮扶实现就业和公益性岗位安置20241人。全市贫困户子女义务教育阶段入学率99.18%，符合发放条件的贫困户子女领取教育生活费补助落实率98.1%；贫困人口全部由政府资助购买基本医保，纳入大病救助范围，救助比例80%以上；全市纳入年度危房改造计划的5600户全面竣工；符合低保条件贫困户43318人纳入最低生活保障；解决661名贫困人口未上户难题。韶关市市、县、镇三级领导班子均实行包片挂点帮扶责任制，其中韶关市“四套班子”实行“联县挂镇包村”集团作战制，统筹整县整镇整村帮扶力量资源，实现包一个村、带一个镇、助一个县域大扶贫大发展效果。年内，获新华社《半月谈》“2017年中国扶贫榜样、政府创新奖”——“十佳精准扶贫创新城市”称号。

【六个一批】 2017年，韶关市通过“六个一批”，推进贫困村户产业精准扶贫，实现增收致富。谋划一批产业。以县（市、区）为单位，实施“一县一园区、一镇一业、一村一品”区域联动发展，以水果、优质稻、蔬菜、竹子、畜禽、优质鱼等6大产品为主导产业，茶叶、油茶、中药材、花卉、蚕桑、黄烟等6大产品为特色产业，培育和发展一大批镇村代表性名牌农产品，使之形成“6+6”的产业发展格局。培育一批主体。推广“龙头企业（合作社、家庭农场、种养基地）+贫困户”模式，采取土地、林地贷款资金等要素入股，以及反租倒包、安排就业等方式，建立保底分红、劳务增收、订单生产等联结机制，带动贫困村户增加收益。筹措一批资金。动员发改、农林、商务、旅游等行业部门，制定相应的资金筹措方案，实行项目倾斜、产业奖补等5条具体的扶持政策；通过整合涉农资金、加大财政支持、开发信贷产品、吸纳社会投入等方式，解决贫困村户发展产业的资金投入难题。全市筹集、下达精准扶贫资金8.33亿元，安排扶贫小额贷款风险担保金和贴息资金6540万元，启动到户产业项目3.73万个，使用资金6.25亿元，支持1.7万户贫困户发展扶贫特色产业。提供一批服务。从改进服务内容和形式入手，由县（市、区）选派技术人员，“一对一”结对贫困村，推广“技术人员+科技示范户+贫困户”服务模式；利用“12316”惠农短信和电商扶贫平台，精准推送农时农事、生产技术、天气信息和农产品市场价格行情，引导贫困村户根据市场需求发展适销对路、优质高效的农业产业。全市培育各类社会化服务组织761个，先后组织1202名农林专家及农技人员，组建278支队伍开展送科技下乡活动，现场接受农户咨询2万余次。打造一批品牌。加大“互联网+”扶贫力度，对接“京东、淘宝、南方优品、腾讯”等电商平台，在做强金友米、马坝米、乐昌香芋马蹄黄金奈李、供港蔬菜、优质鱼、优质水果、优质茶叶的基础上，打造红梨柚、角湾蜂蜜、灵潭腐竹、竹筒酒等110种扶贫产品电商微商品牌。探索一批机制。该市三次组织有关领导和业务负责人等分赴外地学习考察，新出台《韶关市建档立卡贫困户自有资金投资试点暂行办法》《关于优化韶关市扶贫开发项目审批和资金管理的指导意见》《关于进一步健全产业精准扶贫长效机制的实施意见》等政策文件，改革创新扶贫开发的政策支撑体系。

（韶关市委农办）

林　业

【概况】 韶关市林业局是韶关市人民政府组成部门，正处级行政单位。内设9个科（室）。直属行政单位有韶关市公安局森林分局（下设曹溪、河口、锦江、九曲水、华溪5个副科级基层派出所）；直属3个副处级公益一类事业单位：韶关国家森林公园管理处、韶关市国有林场管理处、广东粤北华南虎省级自然保护区管理处（经费为省财政拨付，省市共管，以市为主）；下属正科级事业单位有9个：韶关市野生动植物和自然保护区管理办公室（参照公务员管理单位）、韶关市林业科学研究所、韶关市国有曲江林场、韶关市国有仁化林场、韶关市国有河口林场、韶关市国有九曲水林场、韶关市国有华溪林场、韶关市国有韶关林场、韶关市林业勘察设计室。

【营林绿化】 2017年，韶关市完成造林面积26830公顷，占年度造林总任务2.57万公顷的104.4%，其中，人工造林8472.5公顷，退化林分修复8728.5公顷，更新改造1918公顷，新封山育林7711.3公顷。全市完成森林碳汇工程种植面积4141公顷，100%完成下达的计划任务；完成种植和抚育生态景观林带完善提升任务38千米、面积166.7公顷。完成乡村绿化美化工程建设点113个，占计划任务的113%；完成省级示范点建设32个，占计划任务的106.67%。完成森林抚育面积68478.8公顷，占计划任务的100%。其中省级碳汇林抚育17492.1公顷；中幼林抚育46493.3公顷（含2016年中央财政森林抚育任务是13953.3公顷）。全市完成6468万公顷省级以上生态公益林的调查落界工作，重新区划调整落界国家级生态林面积29.9万公顷；指导完成28305.79万元生态公益林效益补偿金的发放。全市各地组织155.19万人次参加义务植树585.1万株。9月30日，乐昌市九峰镇、南雄市帽子峰镇、始兴县深渡水瑶族乡被广东省林业厅认定为首批“广东省森林小镇”。

【森林防火】 2017年，韶关市发生森林火灾24宗，受害面积110.26公顷，受害率0.078‰。没有发生重大以上森林火灾，没有发生人员伤亡。新建林火远程视频监控前端108个，全市视频监控前端达到396个，基本覆盖人为活动频繁林区；新建市级监控中心1个，可控制所有视频监控；新建县级监控中心15个，可控制辖区内所有视频监控。2017年1月起，韶关森林航空消防基地投入运行，在森林特别防护期内保障1架K-32型直升机安全和机组人员生活。

【林政资源管理】 2017年，韶关市林业系统执行采伐限额制度，加强林木采伐监管，核查每个伐区设计工作文书，落实好伐区设计、监督和责任追究制度，对铁路、高速公路、国道、省道以及水库周边等重点区域加强监管力度，严格采伐强度，将采伐指标层层分解落实到乡镇、村委、林农。全年全市办理林木采伐许可证3917份，面积10886公顷，蓄积94.4万立方米、出材66.5万立方米。广东省下达韶关市占用征收林地定额303公顷，全市取得使用林地同意书的项目有103宗，占用林地面积627.7公顷。4月，韶关市林业局下发《关于整顿全市木材经营加工企业工作方案》（以下简称方案）。各县（市、区）根据方案要求全面开展木材经营加工企业整顿工作，木材经营加工行业进一步规范。

【森林公安执法】 2017年，韶关市各级森林公安开展打击涉林违法犯罪行动。在“护林2017”专项行动中，各类森林刑事案件立案374件，侦破143件，受理各类林业行政案件953件，查处887件。打击处理各类违法犯罪嫌疑人1054人，其中刑事拘留111人，提请逮捕50人，监视居住4人，取保候审77人，移送起诉84人。行动集中清查整治占用林地项目102个，经营野生动物场所336个，木材交易市场和收购站107个，木材经营加工厂167个。收缴木材5300立方米，责令恢复林地面积13.11公顷，处以行政罚款500多万元。

【山林权属争议调处】 2017年，韶关市开展山林权属争议调处工作，推进跨区域山林纠纷联调机制建设，开展全省山林矛盾纠纷化解专项行动，化解一批涉林权属纠纷突出矛盾。全年全市调处解决林权争议案件113件，涉及面积7220公顷，处理涉林纠纷信访案件98件、525人次，挽回经济损失442万元。

【政策性森林保险】 2017年，韶关市森林承保面积83.45万公顷，承保保费2554.06万元。出具497笔保险单。其中，公益林承保方面：全市10个县（市、区）公益林和6个市林业局直属林场，承保面积64.38公顷，承保保费1931.44万元，承保率100%。商品林承保方面：承保面积19.07万公顷，承保保费622.62万元，承保率25.03%，占商品林40%投保任务的62.57%。承保的政策性森林保险生效保费中，其中有效报案279宗，已决赔款支出1050.65万元。

【林业产业发展】 2017年，韶关市南岭茶叶产业带建设项目完成茶叶种植166.67公顷，改造40公顷，全市成规模茶园面积达到4000公顷；油茶产业带完成新种植面积666.67公顷，改造53.33公顷。争取到省级林下经济示范基地建设资金6个项目补助360万元，争取省级林下经济扶贫示范县资金100万元。10月，新争取林下经济示范基地4个，继乐昌之后，翁源、始兴、南雄成为省级林下经济扶贫示范县。至2017年，韶关市有10家企业获得“广东省林下经济示范基地”称号，4个县市成为林下经济扶贫示范县；争取特色经济林省级项目5个，获取补助资金250万元。面向全市农户（重点是贫困户）免费发放茶苗40万株，油茶苗10万株。

【国有林场改革】 2017年，韶关市国有林场改革工作基本完成。全市参加改革的38个国有林场整合为29个较大林场。27个国有林场定性为公益一类事业单位，经费按财政补助一类拨付，实行“收支两条线”管理，2个国有林场定性为公益二类事业单位。全市核定公益事业编制847个，清产核资工作完成。

（邓　晗）

水　利

【概况】 韶关市境内主要江河有浈江、武江、南水、滃江、北江干流及新丰江。全市有大型水库6座，中型水库33座，小型水库501座，山塘2332宗，总蓄水库容36.53亿立方米。江堤18条总长382.4千米，保护耕地2.56万公顷，保护人口152万人。水利工程年供水量21.54亿立方米。全市总灌溉面积13.02万公顷，耕地有效灌溉面积12.54万公顷。全市有各类水电站2099处、总装机容量173.46万千瓦，年度发电量47.85亿度。

2017年，全市有地表水资源量175.28亿立方米（折合年径流深为953.4毫米，比上年下降30.4%，比多年均值下降2.6%），地下水资源量42.93亿立方米（不含中深层地下水，比上年下降24.3%，比多年均值下降2.5%），供用水量21.54亿立方米（其中地表水源占93.1%，地下水源占3.9%，其他水源占3%），总用水量21.54亿立方米（生产用水占91.3%，居民生活用水占7.5%，生态环境用水占1.1%，比上年略有增加），用水消耗量10.14亿立方米，全市水资源利用率12.3%（比上年略有增加）。全市人均综合用水量723立方米，万元国内生产总值用水量161立方米，万元工业增加值用水量92立方米（含火电），农田实灌亩均用水量740立方米，城镇居民生活人均生活日用水量174升，农村居民生活人均日用水量118升。

2017年，全市完成水利投资16.9亿元，其中中央投资2.4亿元，省级投资8.6亿元，市县镇自筹5.9亿元。完成投资比2013—2016年平均投资（13.2亿元）高出28%。

【雨水情况】 2017年，韶关市平均降雨量1516毫米，比多年平均年降雨量1666.3毫米偏少近1成。降雨主要集中在3月、6月和7月，3个月降雨782.8毫米，占全年总降雨量的53.9%。西太平洋和南海共生成27个台风（热带气旋），对韶关市未有直接或严重影响。2017年韶关市没有出现大洪水。7月3日，浈江区出现全年最大流量1930立方米每秒，北江韶关水位站全年最大流量2770立方米每秒，属于一般性洪水。

【河流水库水质达标评价】 2017年，韶关市境内河流水质总体情况良好，水库水质总体状况良好。根据《广东省水功能区划》和《韶关市水功能区划》，2017年度对59个（对有二级区的一级区只计二级区个数）河流水功能区进行评价，其中水质达标的功能区有53个，达标率84.1%；对34个水库水功能区进行评价，22个水库达标，12个水库不达标，达标率64.7%。

【三防工作】 2017年，韶关市有7个县（市、区）43个乡镇受灾，受灾人口1.75万人，倒塌房屋118间，转移人口284人，直接经济损失2763万元（其中水利损失302.9万元），是五年来直接经济损失最少的一年，为2016年（直接经济损失为2.6亿元）的10%、2013年（直接经济损失为24.5亿元）的1%；是人员伤亡最少的一年（2013年死亡23人、失踪3人）。全市投入抗洪抢险资金5.4万元、抢险救灾人数1543人次，出动抢险舟（船）4舟次、运输设备7班次、机械设备2台班，消耗编织袋、木材等防汛物资3.05万元；减灾经济效益25万元，耕地减淹26.1万公顷、避免粮食减收280万吨、解救洪水围困群众237人、避免人员伤亡1次1人。6月3日20时至4日8时，新丰县大席镇突现大暴雨，最大雨量及最大一小时雨量均出现在大席，分别为213.5和103毫米（21—22时）。县镇村及时转移危险区域人员39人，无人员伤亡。

【山区中小河流治理】 韶关市有2017年度山区五市中小河流治理项目38个，规划治理河长564.2千米，估算投资9.83亿元，其中：一期项目27个，批复治理河长422.78千米，批复投资6.5亿元；二期项目11个，批复治理河长182.96千米，批复投资2.77亿元。至2017年12月底，两期项目完成治理河长605千米，完成投资8.7亿元。2018年度规划项目11个，计划治理河长204.8千米，估算投资3.54亿元，2017年3月启动前期工作，至2017年底基本完成前期工作，项目进入施工招标阶段。

【村村通自来水工程】 韶关市村村通自来水工程规划总受益人口97.84万人，计划分三年实施，到2018年农村自来水普及率由2015年的83%提高到90%；项目规划总投资10.2亿元，其中省级补助2.71亿元，地方自筹7.49亿元。2017年度村村通自来水工程建设完成投资3.76亿元，投资完成率125%，超额完成年度任务，建成296个饮水工程，34.44万农村居民饮用水条件得到改善。

【市区旧堤改造加固及环境改造】 韶关市区旧堤改造加固及环境改造工程分两期实施，工程总长度为16.86千米，其中：一期工程长度为7.49千米，从韶关市第一污水处理厂出水口下游武江左岸起至浈江右岸东河桥；二期工程长度为10.91千米，分别为浈江左岸铁路桥至北江左岸百旺大桥下游8.72千米和北江碧水花城段0.65千米，在浈江和北江左岸堤脚铺设排污管网10.91千米。项目为融资项目，总投资6.17亿元，建设期2年。一期工程于2016年4月完工；二期工程于2017年5月18日完工。

▲2017年1月7日，广东省副省长邓海光（右一）到韶督导检查中小河流治理工程情况
（韶关市水务局 供）

【南水水库泄洪河道整治】 2017年5月，广东省水利厅下发《关于乳源县南水水库泄洪河道整治工程实施方案审查意见的通知》，同意工程总投资1.82亿元。11月2日，广东省水利厅组织省交通运输厅、省交通集团有限公司、省高速公路有限公司、省粤电集团有限公司和韶关市政府召开南水水库泄洪河道整治资金分摊方案协调会，各部门初步达成意见：整治工程所需资金18162.6万元由韶关市政府和广东省交通运输厅、水利厅、粤电集团有限公司平摊负责，即各承担25%（约4500万元）；经批准的整治资金方案，由韶关市政府协调有关部门和单位落实资金，并负责组织实施；做好南水水库泄洪河道风险防控措施，整治工程完成后开展水库运行调度评估工作。

【病险山塘除险加固】 韶关市山塘大多建于20世纪50年代，60年代，建设标准低，长期无专人管理，未进行过全面除险加固，多年运行后普遍老化失修。全市有万方以上山塘2730宗，其中存在严重安全隐患的山塘 998宗，所需除险加固资金5.69亿元。截至2017年12月底，全市筹集资金6962.26万元，完成初步设计909宗，初步设计通过审批670宗，招标施工158宗，进场开工114宗，完工56宗，完成投资910万元。

【小农水重点县项目】 韶关市10个县（市、区）均列入中央或省小农水重点县项目，乳源瑶族自治县列为中央第二批重点县，南雄市列为中央第三批重点县，乐昌市列为中央第四批重点县，曲江区、浈江区、翁源县和仁化县列为中央第五批重点县，新丰县、武江区列为中央第六批重点县，始兴县列为省级第一批重点县。建设内容包括渠道整治、五小水利工程建设以及河塘清淤等项目。2017年，乳源瑶族自治县和南雄市分别于9月8日、10月20日完成小农水重点县总体验收工作。

【中小型灌区改造】 韶关市列入省中型灌区改造计划的7宗中型灌区改造工程包括2011年计划的乐昌市廊北灌区、南雄市横江灌区，2012年计划的翁源岩庄水库灌区、曲江区小坑灌区、南雄市瀑布灌区、始兴县凉口灌区，2015年计划的乳源县引杨灌区等，建设内容包括渠道修复、三面光，以及信息化建设等。工程计划总投资4.21亿元，到位省级以上投资2.72亿元。截至2017年底，基本完成7个中型灌区改造工程主体工程建设，完成投资3.02亿元。

▲2017年12月25日，韶关市河长制工作领导小组办公室举行揭牌仪式（何光宇 摄）

【水系连通试点县项目】 2015年，南雄市6个乡镇6条河和仁化县5个乡镇6条河列入全省中小河流治理重点县综合整治及水系连通试点县建设计划。11个项目区建设累计整治河道长度126.07千米，规划总投资2.69亿元。截至2017年底，11个项目区均开工建设，10个项目区主体建设任务基本完成，共完成投资1.93亿元。

【农村水电增效扩容改造】 韶关市纳入“十三五”农村水电增效扩容改造项目共48宗，总投资3.79亿元，改造后总装机容量可达20.2万千瓦（其中新增发电装机2.7万千瓦），改造后年发电量7亿度，新增年发电量0.9亿度。截至2017年底，共下达中央资金8384万元，其中2016年下达资金7214万元，2017年下达资金1170万元，支付金额超过总数的90%。44个改造项目完成招投标工作，30个开工建设，投资完成率30%。

【河长制全面推行】 2017年，韶关市全市境内河湖全面建立河长制。市县镇三级均出台河长制工作方案，成立领导小组及其办公室。韶关市水务局设立河湖管理科作为河长制常设机构，落实行政编制3名，社会购买服务人员2名。建立市县镇村四级河长组织体系，设立区域总河长、河湖分级分段河长，公布市县镇村四级河长名单，确立2521条河流和649座湖库共计2763名河长，实现市县镇村四级河长全覆盖。完成河长公示牌设置和河湖名录及电子标绘工作，市级出台五大河流“一河一策”实施方案及河长会议等七项制度，县级和镇级分别出台七项制度和三项制度。各级河长落实巡查河道责任，全年开展巡查83962人次。市级成立河长制专项督查组，全年开展督查工作180人次，印发督办工作通报25余次。12月27日，广东省河长制工作验收督查组对韶关市河长制工作进行验收督查，韶关市通过省级验收。

【水库移民工作】 2017年，韶关市水库移民后期扶持人数78278人。其中：大中型水库移民后期扶持人数68892人（其中纳入中央后扶资金指标人数68884人），主要来自全市30个大中型水库，其中核定到人14612户60465人（含漏登漏报8人），未核定到人8427人（含湾头水电站生产安置人口699人，乐昌峡水利枢纽生产安置人口2264人，跨省投亲投亲靠友113人），分布在全市五县三区二市65个镇228个村691个村小组。小型水库后期扶持的人口9386人（含未核定到人869人），来自全市30个小型水库，主要涉及曲江区、仁化县、始兴县、翁源县、新丰县、南雄市、乐昌市7个县市区26个镇46村86个自然村共1979户8517（核定到人）。南雄市、仁化县、乳源瑶族自治县、翁源县四个为省直管县财政改革试点县，其中大中型水库人口有9559户41163人，小型水库人口有541户2363人。经过十多年后期扶持政策实施，全市水库移民基本完成建房，民生工程相对完善，生活条件改善，农村移民人均收入6737.96元。

【水资源考核与管理】 2017年，韶关市落实最严格水资源管理制度，印发实施《韶关市水生态文明城市建设规划》和《韶关市水生态文明城市建设实施方案（2016—2020）》。做好水资源信息编发工作，编制全市2017年度水资源管理年报和水资源公报，印发4期《韶关水务信息（季报）》。以《韶关水质月报》通报形式，对全市主要河流和水库水功能区水质进行监督管理。抓好取水许可和水资源论证工作。12月15日，《韶关市江河湖库重要水功能区纳污能力核定及限制排污总量控制方案》经市政府常务会议批准印发；3月16—17日，《韶关南水乳源饮用农业水源区水功能区划调整论证报告书》在广东省水利厅主持召开的专家评审会上获得通过；10月20日，《韶关市基于生态流量保障的水量调度方案》获专家评审会原则同意。在省对市2016年度最严格水资源管理制度考核中，韶关市在全省排名第七名，为良好等次。

【水行政执法】 2017年，韶关市依法打击非法采砂行为，全市立案查处违法采砂案件25件，罚款36.5万元。4月25日，韶关市水务局、韶关海事局和曲江水政大队联合对北江干流韶关段进行执法检查，出动执法人员17人，水政执法船和海事执法船2艘，检查采砂、运砂船舶9艘。开展河湖执法检查，全市出动执法人员10852人次、执法车辆1880辆次、执法船只54船次，查处水事违法案件8件（其中市本级1件、武江区1件、浈江区1件、乐昌市1件、仁化县2件、翁源县2件）。处理群众信访、投诉、网络问政问题69个。全市依法征收水规费6615万元，征收水土保持补偿费107万元。

【小型水利工程管理体制改革】 2017年，韶关市6个县（市、区）完成小型水利工程管理体制改革任务。此次改革范围为县级以下（含县级）管理的小型水利工程，主要涉及小型水库、中小河流及其堤防、小型水闸、小型农田水利工程及设备、小型农村供水工程、小型水电站工程等6类工程。改革目标任务为2017年底前完成6个县（市、区）改革工作，2018年6月底前完成3个县（区）改革工作。2月，韶关市启动改革工作。6月底，各县（市、区）制定出台小型水利体制改革工作实施方案。12月底，仁化县、南雄市、始兴县、乐昌市、翁源县、曲江区完成改革任务并通过绩效评价。（刘　蔚）

2017 年韶关市行政分区地表水资源量统计一览表

表 3

名　称	计算面积（平方千米）	地表水资源量（亿立方米）	占全市比例（%）	多年平均地表水资源量（亿立方米）	与多年平均值比较（%）	单位面积地表水资源量（万立方米/平方千米）
曲江区	1618	15.03	8.6	15.37	–2.2	92.89
武江区	689	6.40	3.7	6.61	–3.2	92.89
浈江区	567	5.04	2.9	5.22	–3.4	88.89
乐昌	2421	21.58	12.3	22.10	–2.4	89.14
南雄	2361	18.39	10.5	18.73	–1.8	77.89
始兴	2152	18.30	10.4	19.14	–4.4	85.04
仁化	2205	21.25	12.1	21.80	–2.5	96.37
乳源	2227	26.73	15.2	27.29	–2.1	120.03
翁源	2158	21.33	12.2	22.60	–5.6	98.84
新丰	1987	21.23	12.1	21.08	0.7	106.84
全市	18385	175.28	100.0	179.94	–2.6	95.34

2017 年韶关市行政分区地下水资源量表

表 4

名　称	计算面积（平方千米）	地下水资源量（亿立方米）	占全市比例（%）	多年平均地下水资源量（亿立方米）	与多年平均比较（%）	单位面积地下水资源量（万立方米/平方千米）
曲江区	1618	3.51	8.2	3.65	–3.8	21.69
武江区	689	1.51	3.5	1.56	–3.2	21.92
浈江区	567	1.25	2.9	1.30	–3.8	22.05
乐昌	2421	5.25	12.2	5.43	–3.3	21.69
南雄	2361	4.41	10.3	4.52	–2.4	18.68

续表 4

名　称	计算面积（平方千米）	地下水资源量（亿立方米）	占全市比例（%）	多年平均地下水资源量（亿立方米）	与多年平均比较（%）	单位面积地下水资源量（万立方米 / 平方千米）
始兴	2152	4.09	9.5	4.29	-4.7	19.01
仁化	2205	6.65	15.5	6.88	-3.3	30.16
乳源	2227	5.12	11.9	5.14	-0.4	22.99
翁源	2158	4.75	11.1	4.90	-3.1	22.01
新丰	1987	6.39	14.9	6.38	0.2	32.16
全市	18385	42.93	100.0	44.05	-2.5	23.35

2017 年韶关市行政分区水库蓄水动态表

表 5　　单位：万立方米

行政分区	水库宗数		大型水库蓄水量		大型水库年蓄水变量	中型水库蓄水量		中型水库年蓄水变量	合　计	
	大型	中型	上年末	当年末		上年末	当年末		年末蓄水量	年蓄水变量
曲江区	2	2	11330	10300	730	8700	8700	0	20030	730
武江区	1	1	0	5106	-900	400	250	-150	250	-1050
浈江区	—	3	—	—	—	7500	6800	-700	6800	-700
乐昌	1	2	15460	8867		3000	2060	-940	17520	-940
南雄	—	6	—	—	—	9200	9590	390	9590	390
始兴	—	3	—	—	—	3900	3730	-170	3730	-170
仁化	1	3	12810	11722	-2490	7800	8030	230	20840	-2260
乳源	1	4	64800	50637	-12400	15100	15240	140	80040	-12260
翁源	—	5	—	—	—	3800	3800	0	3800	0
新丰	—	1	—	—	—	600	790	190	790	190
全市	6	30	104400	10300	-15900	60000	58990	-1010	163390	-16910

2017 年韶关市行政分区供水量表

表 6

行政分区	总供水量（万立方米）	占全市比例(%)	地表水量				地下水量（万立方米）	占总供水量比例（%）	其它供水量（万立方米）	占总供水量比例（%）
			蓄水量（万立方米）	引水量（万立方米）	提水量（万立方米）	占总供水量比例（%）				
曲江区	22580	10.5	13560	1330	5175	88.9	1600	7.1	915	4.1
武江区	14770	6.9	3275	1425	8891	92.0	660	4.5	519	3.5
浈江区	14371	6.7	12030	1509	262	96.0	490	3.4	80	0.6
乐昌	29372	13.6	19790	6917	535	92.7	920	3.1	1210	4.1
南雄	33820	15.7	20770	11120	1660	99.2	170	0.5	100	0.3

续表 6

行政分区	总供水量（万立方米）	占全市比例(%)	地表水量				地下水量（万立方米）	占总供水量比例（%）	其它供水量（万立方米）	占总供水量比例（%）
			蓄水量（万立方米）	引水量（万立方米）	提水量（万立方米）	占总供水量比例（%）				
始兴	21100	9.8	6146	11414	1420	90.0	1620	7.7	500	2.4
仁化	25031	11.6	18451	1320	4110	95.4	570	2.3	580	2.3
乳源	15835	7.4	10690	1890	1335	87.9	310	2.0	1610	10.2
翁源	22490	10.4	13741	5329	2080	94.0	1340	6.0	0	0.0
新丰	16055	7.5	3800	890	9745	89.9	620	3.9	1000	6.2
全市	215424	100.0	122253	43144	35213	93.1	8300	3.9	6514	3.0

2017 年韶关市行政分区用水量表

表 7

行政分区	生产用水量					居民生活（万立方米）	占总用水量比例（%）	生态环境（万立方米）	占总用水量比例（%）	总用水量（万立方米）	占全市比例（%）
	农田灌溉（万立方米）	林牧渔畜（万立方米）	工业（万立方米）	城镇公用（万立方米）	占总用水量比例（%）						
曲江区	11160	950	7450	900	90.6	1760	7.8	360	1.6	22580	10.5
武江区	4040	970	6860	710	85.2	1910	12.9	280	1.9	14770	6.9
浈江区	6680	1760	2161	920	80.2	2490	17.3	360	2.5	14371	6.7
乐昌	22530	1650	2342	400	91.7	2240	7.6	210	0.7	29372	13.6
南雄	24220	3040	3780	650	93.7	1880	5.6	250	0.7	33820	15.7
始兴	15810	810	2730	450	93.8	1130	5.4	170	0.8	21100	9.8
仁化	15310	1850	5441	980	94.2	1090	4.4	360	1.4	25031	11.6
乳源	11290	640	2150	615	92.8	950	6.0	190	1.2	15835	7.4
翁源	15920	2090	2280	470	92.3	1590	7.1	140	0.6	22490	10.4
新丰	8430	1360	4525	420	91.8	1190	7.4	130	0.8	16055	7.5
全市	135390	15120	39719	6515	91.3	16230	7.5	2450	1.1	215424	100.0

2017年韶关市各行政分区主要用水指标表

表 8

行政分区	人均 GDP（元）	人均综合用水量（立方米）	万元 GDP 用水量（立方米）	万元工业增加值用水量（立方米）		农田实灌亩均用水量（立方米）	居民生活人均用水量（升／日）	
				含火电	不含火电		城镇	农村
曲江区	52468	706	135	93	86	803	170	124
武江区	78722	467	59	72	72	765	175	120
浈江区	55971	351	63	81	82	885	175	119
乐昌	29293	704	240	117	111	650	173	120

续表 8

行政分区	人均 GDP（元）	人均综合用水量（立方米）	万元 GDP 用水量（立方米）	万元工业增加值用水量（立方米）		农田实灌亩均用水量（立方米）	居民生活人均用水量（升／日）	
				含火电	不含火电		城镇	农村
南雄	42812	1009	236	87	87	774	181	129
始兴	39833	976	245	98	98	778	177	121
仁化	53370	1188	223	144	145	879	175	119
乳源	45115	845	187	60	60	720	167	116
翁源	30037	644	214	90	90	609	173	100
新丰	40943	739	180	123	127	790	176	123
全市	44911	723	161	92	91	740	174	118

水文监测

【概况】　广东省水文局韶关水文分局是广东省水文局的派出机构，正处级行政类事业单位。内设5个职能科室，2017年有在职干部职工57人。管辖韶关市行政区内的水文站网，负责辖区内的水量水质监测、水情预报等方面业务。管辖站点包括：15个水文站（含6个巡测站），其中3个国家级重要水文站，4个省级重要水文站；32个中小河流水文监测站点，其中22个水文站，10个水位站；274个雨量站，其中基本站158个；4个蒸发站；33个大中型水库水雨情监测站；11个冰冻灾害站；8个土壤墒情站；70个常规水质监测断面（其中16个国考、30个省考），9个市界断面，47个韶关市重要水功能区。除水质监测断面外，其他监测站点与2016年一致。其中雨量、水位、冰冻灾害、土壤墒情观测站点基本实现自动测报。犁市（二）站、乐昌（二）站、西河桥站、百年东街站及新丰站安装H-ADCP，实现在线自动测流，并配备雷达测速枪、水文测船、冲锋舟、GPS RTD（RTK）、全站仪、数字水准仪、水深测量仪等辅助测量设备。站网建设覆盖辖区大江大河、城乡防洪重点区域和主要供水水源地的监测网络，满足地方政府以及各涉水部门解决“洪、涝、旱、污”等水问题对水文技术服务支撑能力的需求。

【水文测报】　2017年，韶关水文分局完成辖区内水文位站的测验任务，主持完成《中华人民共和国水文年鉴2016年第8卷珠江流域水文资料第4册（北江区）》的整理编纂；推进新仪器应用，完成犁市水文站H-ADCP率定工作并投入使用，开展在百年东街站H-ADCP的比测率定；完成11个基本水文位站、32个中小河流水文位站报汛水位流量关系曲线的率定，完成中小河流站点预警水位的制订及审查；优化水文测验方式，完成赤溪水文站的中高水流量间测分析。做好水情预报，全年为韶关市各级三防部门发布水雨情预警及简报209期，向乐昌峡发布水文预报574期。

【水环境监测】　2017年，广东省水文水资源监测中心韶关分中心完成北江流域连江口以上区域和东江上游部分区域70个常规监测站点水质采样、分析与评价工作，监测站与2016年比，新增加17个。站点能代表的功能区有47个，比2016年增加4个，覆盖率73.8%。完成2017年水功能区考核站点（30个）评价分析工作，其中省考断面30个，国考16个（有16个与省考重合），较2016年增加2个。完成9个市界断面的监测评价工作。

【水资源管理服务】　2017年，韶关水文分局组织实施2016年《韶关市水资源公报》《韶关市水资源管理年报》、2017年《韶关市水资源质量月报》《韶关市水务信息季报》的编制工作；完成《2016年北江流域水资源状况报告》编制工作；承担广东省水文水资源监测中心下达的珠江流域规模以上排污口核查及监测，11月完成排查任务；完成5个韶关市重要饮用水源地在线水质监测站的建设与安装调试。

【创新项目获韶关市科技进步奖】　2017年，韶关水文分局站网管理科应用多年实测数据，开展声学多普勒技术在粤北地区水文监测的研究与应用。该项目通过提出走航式声学多普勒仪器在流量监测中的适用范围、在线声学多普勒仪器受含沙量影响情况下的实时流量改正方法，应用声学多普勒技术的相关仪器设备，构建可视化在线水文水资源监测平台，实现粤北山区各重要水文站点的实时水文要素监测。项目成果于6月13日获韶关市科学技术进步三等奖。

【韶关市区三江六岸精细化预报模型建设】　2017年5月，韶关市区三江六岸精细化预报模型建设项目完成。该项目从2015年启动，以韶关城区河段作为试点区域，进行精细化洪水预报服务。项目由韶关水文分局享受韶关市首期市政府特殊津贴、教授级高级工程师刘敏主持，分局水情科、站网管理科共同参与，共完成412个河道横断面测量，采用美国河道水力模型HEC-RAS软件建模，构建韶关市区类“Y”型河道精细化洪水预报模型，使传统的单点洪水预报延伸至河段无缝隙线预报，预报成果与搜狗地图E都市三维立体场景融为一体，实现预报洪水位漫过河堤时站点就会出现红黄文字交替闪烁预警，鼠标滑过站点或桥梁时，即指即现感应展示三维可视化表达，鼠标单击呈现河道横断面图或桥梁剖面图，并借助街景虚拟现实技术模拟三维动态视景，让用户身历其境一般查看灾害现场，可以360°视角全方位了解现场的周围环境信息，对韶关城区防洪形势进行辅助分析，为市区防汛指挥决策提供技术支撑和科学依据。

【山区性河流预警能力提升】 2017年11月，由韶关水文分局与北京七兆公司合作开发的“韶关市山区性河流实时预警预报系统”通过验收。该系统是为适应韶关市本地水土而开发的，实现模块化预报方案建模、分辨率达2米的高精度地图的集成、自动预报启动条件判断算法的功能，韶关市山区性河流洪水预报分析能力和洪水响应时效得到提高。

【南水水库水生态健康评价】 2017年1月，由韶关水文分局水资源科主持开展南水水库浮游生物监测及水生态健康评价，全面摸清水库水生生物群落结构和动态，对其水生态系统健康状况进行全面检查和评估，项目投入10万余元购置高级生物显微镜成像系统，至年底完成1年的监测、数据收集及初步成果分析。

【服务领域拓展】 2017年，受广东省渔政总队韶关支队委托，韶关水文分局开展韶关市北江渔港建设工程防洪评价工作，项目评价北江渔港建设工程对防洪的影响，于5月完成报告编制并通过专家评审；1月，广东省水资源监控能力建设项目开展对省内80宗中型灌区进行取水量监测，其中韶关市境内三个，分局对韶关市灌区渠首取水量监测进行技术指导；受广东粤电南水发电有限责任公司委托，分局站网管理科采用便携式外夹液体超声波流量计测量该公司发电厂房水轮机大直径输水管道过水流量，率定流量系数，完善和补充发电尾水水位流量关系曲线率定分析成果，于3月将成果提交南水发电公司；与广州地理所合作开展《变化环境下华南中小流域设计暴雨洪水同频率假定检验与作用机制》课题申报，由分局水情科收集基础资料协助申报，课题于8月得到国家科技部的批准；全年多次为武深高速公路建设、建设电影主题小镇、韶关市智能轨道电车建设项目、河长制的全面推行等地方建设提供水文资料，向丹霞山管理区提供每两月一次的《丹霞山风景区水文综合情况汇报》材料。

【韶关片区国家地下水监测井建设】 2015 年6月10日，水利部、国土资源部批复《国家地下水监测工程（水利部分）初步设计报告》。广东省监测井建设工程是项目建设内容之一，全省建设96个地下水水位监测站，其中韶关片区规划11个井位。2017年5月22日，广东省的国家地下水监测工程（水利部分）首个监测井建设工程在韶关市仁化县开工。10月11—13日，由省水文局和长江工程监理咨询有限公司等组成的国家地下水监测工程（水利部分）广东省监测井建设单井验收小组对韶关市施工完成的测井进行现场验收。韶关、犁市、仁化、石塘、长来、赤溪、双口、滃江等8个站基本达到设计要求；坪石站出现干井，验收小组现场重新选址；大桥、樟市等2站在建。10月31日，水利部水情教育中心到韶关市拍摄国家地下水监测工程（水利部分）项目宣传片，摄制组对韶关站和大桥站地下水井施工进钻、洗井、设备安装、抽水试验、水质取样、水准测量、安全检查等环节进行录制。 （王贵妹）

▲2017年7月，技术人员在仁化县水南村进行地下水监测井测试

（韶关水文分局 供）

2017 年韶关水环境监测分中心增加水质监测站点一览表

表 9

	监测站点	分布地址	监测频次（次）	监测项目
河流水质监测断面	下修仁大桥	广东省始兴县	4	pH 值、六价铬、总氮、铜、铅、镉、硫化物、砷、硒、汞、粪大肠菌群、氨氮、高锰酸盐指数、阴离子表面活性剂、挥发酚、总磷、氰化物、五日生化需氧量、溶解氧、叶绿素 α、硫酸盐、氟化物、硝酸盐氮、氯化物、锌、铁、锰、透明度、水温、化学需氧量、石油类
	渔珠潭大桥	广东省始兴县	4	
	横水入墨江口	广东省始兴县	4	
	黄浪水桥	广东省韶关市浈江区黄浪金村	4	
	必背	广东省乳源县必背村	4	
	龙仙镇水厂	韶关市翁源县龙仙镇	4	
	洋弯电站	英德市东华镇洋湾电站	4	
	源溪	连州市星子镇源溪村	4	
水库湖泊水质监测断面	中坪水库	广东省南雄市中坪水库	2	
	宝江水库	广东省南雄市宝江水库	2	
	横江水库	广东省南雄市珠玑镇横江水库	2	
	龙山水库	广东省乐昌市龙山水库	2	
	泉水水库	广东省乳源县东坪镇泉水水库	2	
	罗坑水库	广东省韶关市曲江区罗坑水库	2	
	空子水库	英德市东华镇空子水库	4	
	鲁古河水库	广东省新丰县鲁古河水库	2	
	高坪水库	广东省仁化县红山镇高坪水库	2	

气　象

【概况】 韶关气象部门包括广东省韶关市气象局（台），正处级，内设7个科室；直属韶关市生态气象中心（韶关市环境气象中心）、韶关市气象公共服务中心、韶关市气象局机关服务中心、韶关市气象公共安全技术支持中心等5个正科级事业单位；广东省气象局独立设置的韶关天气雷达站，韶关市防雷减灾管理中心（韶关市人工影响天气中心、韶关市专业气象预报服务中心合署）、韶关市突发事件预警信息发布中心等2个地方气象事业机构；下辖8个县（市、区）气象局（台），其中韶关市新丰县气象局（台）为省直管县试点。2017年，全市在职气象职工230人，其中研究生10人，本科生200人，高级工程师11人，工程师84人。

2017年，韶关气象部门加强公共气象服务和预警信息发布工作，抗御暴雨、强对流等灾害性天气的袭击。全年全市各级气象部门启动或变更应急响应4次，发布各类预警信号1315次，其中暴雨预警信号339次（暴雨红色预警7次），发送应急短信约1000万条，完成新丰“6·4”暴雨和市区“7·2”暴雨等重大灾害性天气过程的气象服务保障工作。全年开展人工影响天气作业15次，发射火箭弹104枚，帮助农业抗旱、改善空气质量、烟草防雹。2017年韶关市气象灾害属于轻度年景、极端天气气候事件较少，局地内涝较重，秋冬干旱较明显，年内无人员因雷击而死亡。

2017年，韶关市气象局保留“省文明单位”称号，全市有7个县（市、区）气象局创建为韶关市精神文明单位。翁源、乳源气象局被评为省气象现代化新型台站，有省气象现代化新型台站4个。南岭生态气象中心获“广东省科普教育基地”称号。韶关市气象局获2017年度广东省气象局综合考评特别优秀单位。新丰气象局欧万华被授予“全国气象工作先进工作者”称号。韶关市气象局李丽当选为十二届省党代表并被中国气象局评为2017年度重大气象服务先进个人。新丰县气象局被广东省气象局评为2017年度重大气象服务先进集体。仁化县气象局付炳秀被广东省气象局评为2017年度重大气象服务先进个人。

【气象现代化建设推进】 2017年，韶关市印发《韶关市全面推进气象现代化建设工作方案》《韶关市全面实现气象现代化考核办法（2016—2020）》《2016年度全市气象现代化考核评价情况》等多个政策文件。全市推进预警信息发布中心建设，市气象局、新丰县、翁源县、曲江区、乳源瑶族自治县完成建设并通过验收，仁化、始兴、南雄、乐昌基本完成平台建设。打造省内一流的综合生态气象业务基地——南岭生态气象中心，布设16千米风廓线雷达、气溶胶质量浓度监测仪等30多种环境气象观测设备，发布仁化县《生态气象监测公报》《植被覆盖监测专题》等系列生态服务产品。翁源建成集监测预测、科普宣传、信息发布、多部门信息共享等于一体的综合气象探测基地；翁源县、仁化县建成县级气象影视制作中心；韶关机场临时气象观测站的气象资料分析报告通过专家评审。

【气象供给侧结构性改革】 2017年，韶关市气象部门完成旅游气象服务系统一期、农业气象服务系统一期和乐昌峡流域面雨量精细化预报预警系统项目建设。开展农业龙头企业直通式气象服务示范点建设，在仁化国家现代农业示范区建设8套田间自动气象观测站和作物生长自动观测系统。与环保部门合作推进韶关市区空气质量预报预警系统的升级改造，探索建立暴雨导致土壤污染、水体污染预警预报服务机制。

【气象管理体制改革】 2017年，韶关市气象部门落实“放管服”防雷体制改革，解决房屋建筑与市政建设工程防雷监管职能移交后遇到的新问题。与住管、安监部门联合印发《进一步做好房屋建筑和市政基础设施工程防雷安全相关工作的通知》，与质监站联合发文通报建设工程防雷安全监管情况，明确和落实建设工程防雷安全主体责任，强化部门联动和事中事后监管。联合住管、安监、旅游等部门开展防雷安全生产执法检查、督查6次，完成市直481所中小学校（含教学点）共3144栋建（构）筑物防雷装置的检测和防雷安全隐患排查工作。

▲2017年6月，南岭生态气象中心工作人员在科普自由行活动中演示装卸人工影响天气作业炮弹（付炳秀 摄）

【气象科技创新和人才体系建设】 2017年，韶关市有3人入选广东省气象局科技创新团队，1人获聘广东省气象局“头羊”，3人通过高级职称评审，13人通过中级职称评审。《地方公共财政保障机制改革的探索与思考》软科学项目通过省气象局验收，市气象局结题验收课题8项，韶关旅游景区专业气象服务平台等3个课题获省气象局立项，市气象局立项课题11项。仁化县气象局参与的《自然物候历的建设在农业生产及气象防灾减灾中的应用》项目获2016年广东省农业技术推广奖二等奖；与气科院、热带所共推新丰云和降水科学试验基地建设。与成都信息工程大学共同完成华南强降水协同观测试验。与佛山市气象局联合制定对口帮扶工作方案，派出第一批13人前往佛山局交流学习。初步建立省市县三级联动交流学习制度，2017年派出5人到省生态中心、省气候中心等部门学习，组织县（市、区）气象局16人到市气象局交流学习。预报科高翠翠参加2017年广东省天气预报职业技能竞赛，取得理论知识和业务规范单项第二名。（吴在明）

商贸服务 · 开放型经济 · 旅游

商贸服务

【概况】 2017年，韶关市商贸服务产业发展总体良好，各项经济指标保持平稳增长态势，商贸物流产业项目、新业态培育有序推进，发展环境优化，商贸服务体系逐步完善。全市社会消费品零售总额687.39亿元，比上年增长7.7%。批发零售业增加值134.35亿元，同比增长7.3%，住宿餐饮业增加值35.58亿元，同比增长4.4%，仓储运输邮政业增加值91.03亿元，同比增长2.12%。全市商贸服务领域批零贸易、住宿餐饮业、仓储运输邮政等增加值占第三产业增加值的38.67%，商贸服务业在第三产业中的比重和贡献率稳步提高，对经济增长和社会就业有较强的支撑和促进作用。（伍雪龙）

【生猪屠宰】 2017年，韶关市有10家县级生猪定点屠宰场，16家乡镇生猪屠宰点［2009年广东省政府设置规划确定全市生猪定点屠宰场（点）32家］。自2014年生猪屠宰职能划入农业局后，韶关市持续开展生猪定点屠宰资格审核清理工作，经审核并准予发证13家，新建1家，关闭1家，2017年限期整改、重建13家。翁源县及武江区的县级生猪定点屠宰场设有菜牛屠宰车间。韶关市7家县级生猪屠宰场安装摄像机进行24小时实时监控，屠宰检疫溯源系统建成并通过验收。5月初，浈江区沙梨园三鸟批发市场代宰点启动原址拆旧新建工作，按规范标准进行升级改造，新代宰点采用半机械化15条家禽屠宰生产线，日屠宰家禽约8000只；5月23日上午韶关市政府召开新闻发布会，从6月1日起，浈江区、武江区主城区全面实施家禽“集中屠宰、冷链配送、生鲜上市”。（邓志行）

【批发零售业】 2017年，韶关市批发零售业实现销售额1115.3亿元，较上年增长13.16%，批发零售业总量首次突破千亿元大关。其中，批发业实现销售额558.26亿元，零售业实现销售额557.06亿元。全市批发零售业增加值134.35亿元，同比增长7.3%。全市有限额以上批发企业189家，限额以上零售企业244家，其中当年新增限额以上批发零售企业125家，限额以上批发零售企业户数增长31.7%。限额以上批发和零售业零售额中：饮料类比上年增长34.8%，中西药品类增长28.3%，家具类增长28.2%，石油及制品类增长15.8%，粮油、食品类增长10.7%，日用品类增长17.9%，汽车类增长4.5%。

消费市场平稳增长 全年全市社会消费品零售总额687.39亿元，比上年增长7.7%。其中，城镇消费品零售额597.92亿元，增长7.7%；乡村消费品零售额89.47亿元，增长7.9%。批发和零售业零售额623.73亿元，增长7.9%；住宿和餐饮业零售额63.66亿元，增长5.4%。

肉菜流通追溯体系建设推进 2017年，韶关市商务局开通肉类蔬菜流通追溯平台，开展超市、批发配送、种植基地等3个行业的追溯流通节点建设。3月，2017年广东省肉菜追溯体系建设工作现场交流会在韶关召开。韶关作为广东省第一批肉类蔬菜流通追溯试点城市，在会上对韶关市肉类蔬菜流通追溯

▲2017年5月23日，韶关市人民政府新闻办公室召开浈江、武江主城区全面实施家禽“集中屠宰、冷链配送、生鲜上市”新闻发布会 （韶关市食品药品监督管理局 供）

平台和节点建设模式进行推介。6月29日，韶关市举行肉类蔬菜流通追溯体系平台上线启动仪式，自2016年3月启动建设的肉类蔬菜流通追溯体系开始运行。

农贸市场升级改造 2017年4月25日至27日，韶关市商务局牵头组织对2016年度第一批完成升级改造并投入运营的9个农贸市场进行验收评级。经评审，兴隆市场、启明北市场、长乐市场、十里亭市场、嘉晖市场、荣华市场及工业西市场被评为AA级农贸市场；曲江中心市场和江畔市场被评为A级农贸市场。实施韶关市第二批农贸市场升级改造，武江市场、中山市场等12个农贸市场升级改造工程于2017年底前完成。在韶关市人大常委会召开的对2017年韶关市政府承诺为民办理的十件实事进行满意度评价的会议上，韶关市第二批农贸市场升级改造被评为十件实事中满意度最高的“大实事”。

【商贸物流业】 2017年，韶关市商贸物流业发展总体良好，各项经济指标平稳增长。全市有10个县级电商物流园，100个镇级电商物流运营中心，1260个邮政农村电商服务站，1165个村邮站，实现邮政服务全覆盖。全市交通运输、仓储和邮政业增加值为91.03亿元，累计同比增长2.12%；全市公路货运量1.48万吨，同比增长7.2%，公路货物周转量361.3亿吨千米，同比增长52.5%；全市口岸通关运量累计1007.5万吨，同比增长5.35%，进出口集装箱6806个标箱，同比增长20.04%；快递业务量实现1512.57万件，同比增长27.83%，快递业务收入累计完成2.44亿元，同比增长21.45%。跨境电商清关中心2017年到车1402台次，到货量102.98万件，货值4.5亿元，税额4479万元，外贸进出口总值3.06亿元。

产业研究与谋划 2017年，韶关市商务局开展调查研究，形成《韶关市商贸物流产业发展调研报告》，制定印发《韶关市现代物流业“十三五”发展规划》，明确未来几年韶关商贸物流产业发展的目标任务、主要措施及重点招商企业，相关内容纳入《韶关市促进新兴支柱产业发展若干措施》。

物流项目申报 2017年，韶关市商务局申报省商务厅2018年商贸流通标准化建设试点，获得875万元项目资金；组织广东雪印集团申报项目，得到208.8万中央财政资金扶持。

商贸物流项目建设加快 2017年，韶关市鑫金汇商创综合体项目一期建成营业；规划黄金（商创）小镇完成初步设计；华南农产品交易中心项目粮油饲料交易区完成建设，于12月底开业运营，二期水果蔬菜交易区于9月开工建设；乳源中农批粤北农特产品电商物流商贸城项目一期于年底建成开业。

【连锁经营行业】 2017年，沃尔玛、大润发、肯德基、麦当劳、国美、苏宁、益华、新南康、屈臣氏、必胜客、味千、德州汉堡等国内外知名连锁商业企业在韶关发展良好，广客隆（东明）、爱心药房、惠福超市、诺庭酒店等本土连锁企业加快城乡网点布局。全市连锁经营业态逐渐从零售领域向批发领域、服务行业发展。服务行业的连锁经营从旅游、餐饮、洗染、照相彩扩，向服务、速递、运输、租赁、法律、中介服务、社会化家政等领域发展；农村农副产品的销售连锁组织得到一定程度的发展；在零售业中，连锁经营逐渐从超级市场向便利店、大卖场、购物中心和家居中心等业态发展。

【二手车市场管理】 2017年，韶关市商务局通过优化二手车自由流通环境、落实二手车交易税收政策、加大金融服务支持力度、鼓励建设二手车交易市场、引导二手车经营主体入驻二手车交易市场等手段支持产业聚集发展，强化二手车交易管理服务，建立“一车一档”，规范二手车交易行为。全年全市二手车交易量39886辆，经广东省商务厅备案的二手车交易市场有19家，可提供鉴定评估、转移登记、保险、纳税等一站式服务。

【拍卖业】 2017年，韶关市有拍卖业11家，从业人员69人，其中拍卖师24人。全年举办拍卖会130场次，交易额3.12亿元。全市拍卖行业保持平稳发展，但拍卖企业总体规模偏小，综合竞争力不强。拍卖委托部门主要以法院、政府部门及金融资产机构为主，拍卖额为2.18亿元，占拍卖总额的70.04%；拍卖标的物以土地使用权、房地产为主，拍卖额分别为0.88亿元及0.75亿元，占拍卖总额的28%及24%；企业经营结构日趋多元，业务范围拓展到债权、股权拍卖，成交额为0.85%。（伍雪龙）

【成品油经营】 2017年，韶关市的城区加油站和高速公路加油站发展迅速，国（省、县、乡）道加油站数量减少。全市有成品油零售企业225家，均为陆上加油站。其中，中石化经营的加油站82座，中石油经营的加油站28座，中油碧辟经营的加油站8座，中海油经营的加油站5座，其余102座为民营油站。按地理位置分类，高速公路加油站23座、中心城区加油站107座、国（省、县、乡）道加油站95座。全市有6家成品油批发企业，其中2017年新增1家；有3座成品油油库，分别位于韶关市浈江区莲花山和乐昌市梅花镇，库容分别为4.9万立方米、1万立方米和0.55万立方米。新增批发企业为韶关国储石化有限公司，拥有位于乐昌市梅花镇的1万立方米油库。其他成品油批发企业及所依托油库均隶属中石化广东韶关石油分公司。中石化、中石油、中海油三大央企石油公司在韶关成品油零售经营量占80%以上，韶关市成品油零售来源主要是中石化、中石油两大石油公司。

【煤炭经营】 2017年，韶关市煤炭行业继续实施供给侧改革，煤炭生产企业的去产能工作使煤炭市场持续出现供不应求局面，煤炭价格不断上涨。该市主要用煤单位为广东省韶关粤江发电有限责任公司、坪石发电厂有限公司B厂、仁化县华粤煤矸石电力有限公司、宝钢集团广东韶关钢铁有限公司等几家大型工业企业，煤炭消耗量占全市总消耗量80%以上。自2005年广东省实施煤矿关闭以后，韶关市煤炭供需矛盾一直比较紧张，所需煤炭全部依靠外省调入或进口，煤炭来源不稳定因素较大。全市各用煤大企业主要通过自营渠道调运煤炭，煤炭价格的上涨使以煤炭为主要燃料的火力发电企业利润大幅下降。2017年，韶关市粤华电力有限公司新建成并投产，韶关市煤炭消耗量大幅上涨。　（王彩丽）

【产业转移】 2017年，韶关市推进园区载体建设。至2017年，全市的省产业转移工业园累计入园建设项目666个，累计建成项目547个，其中规上企业303家，园区就业人数9.04万人。全年全市产业转移工业园完成固定资产投资125.56亿元，同比下降22.3%，实现规上工业增加值110.47亿元，同比增长3.1%，占全市规上工业增加值比重34.3%；实现税收15.38亿元，同比11.7%。全市承接产业转移项目54个，投资额59.71亿元。全市产业转移园区新签约工业项目120个（其中，超亿元项目53个），总投资额306.97亿元。华南装备园签约超亿元项目12个。翁源、乳源产业园工业增加值分别增长86.7%和30.5%，被广东省政府评为优秀园区。乐昌市2017年招商引资新签项目49个，合同投资38.71亿元，同比增长4.6倍，其中亿元以上项目12个，同比增长6倍。　（李小娟）

【粮食流通】 管理机构为韶关市粮食局，韶关市发展和改革局管理的副处级参公管理公益一类事业单位，编制23名，内设5个科室，下辖韶关市军粮供应中心、韶关市直属粮食储备库等2个具有独立法人资格的企事业单位。2017年，韶关市粮食市场供需平衡、价格稳定、质量安全、应急有效，韶关市粮食工作在全省2016年度粮食安全政府责任制考核中排名第二名。

粮食仓储建设　2015年韶关市粮食仓储物流建设项目总仓容20.74万吨，总投资估算2.285亿元。2017年，5个利用中央投资的项目中，始兴江茂源、翁源、乳源和乐昌项目通过验收并交付使用，始兴县仓储项目因土地调规和设计更改原因需延期。至2017年底累计完成投资2.27亿元，完成总投资的99%。新建仓容占总仓容的80%，全部配备粮情检测、机械通风、环流熏蒸系统等保粮设施。

粮库智能化改造　2017年，韶关市有10家国有粮食收储企业和1家承担地方储备粮承储任务的民营企业纳入粮库智能化升级建设范围，共13座粮库，149个仓（廒），总仓容43万吨，核定投资1818万元，争取中央资金891万元。

粮食质检机构建设　2017年，韶关市初步建成以韶关市粮油质量检验检测中心为中心，各县（市、区）直属粮食储备库化验室为骨干的全市粮食质量检测体系，并建立起危险化学试剂、有毒有害物质安全管理制度。

粮食储备　2017年，韶关市完成储备粮轮换71091吨，其中，市本级完成 36930吨（常规轮换15500吨、动态轮换21430吨）。

粮食监管　2017年，全市各承储单位对所有出入库的粮食一批一检；粮食系统做好粮油储备日常监管巡查，全年出动检查人员1000人次，粮食宜存率100%；开展安全储粮和安全生产培训全覆盖，6月1—9日分期分批举办全市“一规定两守则”粮食行业人员安全知识和技能培训；开展粮库危险化学品治理，配置适用于亚洲人脸型的空气呼吸器，为部分粮油仓储单位配备磷化氢浓度报警仪、氧气浓度报警仪，全年无发生粮食安全事故。

粮油安全应急保障　2017年，韶关市有36家企业纳入粮油价格监测范围。全市设立107个粮油供应网点，覆盖全市各县（市、区），并延伸至主要乡镇，成品大米日平均库存2820吨，食用植物油日平均库存392吨；应急配送中心3个，日配送能力1000吨；应急加工企业24家，应急加工能力2740吨/日；应急储运企业15家，货运汽车94辆，日应急运输能力3069吨。韶关市粮食局制定《韶关市粮食应急预案》和《粮食质量安全事故应急处置预案》，定时发布双周粮油市场价格监测报告，对各大超市、粮油交易市场、粮食加工企业进行巡查，全年全市粮油市场特别是节日期间供应不断档、不脱销和价格保持平稳。

粮食流通产业发展　2017年，全市有粮油加工生产（有QS认证的）企业［含粮食转化（饲料）企业］50家，其中，省级农业龙头企业8家，省级粮食产业化龙头企业 2家，市级农业龙头企业18 家，打造出“白马牌”马坝油黏米、“金友”牌贡米、“国粤天香牌”美香粘、“慧园”牌福米、“宝华”牌有机茶籽油、“富然”牌丹霞山茶油和“双胞胎”“龙凤胎”饲料等国

▲2017年11月30日，韶关市、东莞市领导和企业代表参加韶关市产业项目集中动工暨华南先进装备园基础设施建设奠基仪式　（张　伟　杨　纯　冯兆宇　摄）

▲2017年5月19日，韶关市召开全市深化供销合作社综合改革推进会
（韶关市供销合作联社 供）

家、省、市级品牌产品。全市纳入工业统计范围的粮油加工企业45家［含粮食转化（饲料）企业］，其中，13家为规上企业，工业总产值为20亿元，利润总额为2720万元。从工业总产值来看，亿元以上的企业有4家，全部是粮食转化（饲料）企业。（张雅琪）

【供销合作经济】 2017年，韶关市有地级社——韶关市供销合作联社，有8个县级社——曲江区、仁化县、始兴县、南雄市、乳源瑶族自治县、乐昌市、翁源县、新丰县供销合作社。全市系统实现销售总额15.2亿元，同比增长8.64%。其中：农资销售6.94亿元，同比增长9.26%；日用消费品销售4.39亿元，同比增长6.64%；农副产品加工与销售2.73亿元，同比增长9.46%；再生资源回收与利用6322万元，同比增长8.88%。社会贡献总额2631.8万元，同比增长13%。

供销社综合改革 2017年，南雄市、曲江区、乐昌市和新丰县4个省级综合改革试点县经过3年的探索发展，完成各项任务指标，通过广东省的评估验收，其中，曲江区和南雄市被评为优秀等级，新丰和乐昌被评为良好等级。5月，韶关市召开全市供销社综合改革推进会，总结4个改革试点县经验做法，出台《韶关市供销合作社改革实施方案》，在全市供销系统启动实施综合改革。

农业社会化服务 2017年，韶关供销系统发挥农资商品供应主渠道作用，全年全市系统供应农资商品33.54万吨，同比增长10.5%，农资商品市场保持稳定。实施“农业社会化服务惠农工程”，全年全市供销系统开展农业社会化服务活动112场，参与人数6500多人次。

电子商务平台转型升级 2017年，“网上供销社”建设加快发展。9月，韶关市富农电子商务有限公司开业运营，尝试将电子商务与旅游文化相融合，以“互联网+农业+旅游”发展模式，打造供销社电子商务平台升级版。“韶关富农云商”打造的“供销e家”韶关名优特农产品展销中心——各县（市、区）农产品电子商务体验馆全部开业经营，体验馆集中展示韶关市各地生产的160多种优质农产品。

“新网工程”建设 2017年，韶关市供销系统实施“新网工程”，改造升级供销社系统新农村现代流通服务网络，推动农业生产资料、农产品生产购销、日用消费品、再生资源回收利用“四大传统”服务网络发展。全年全市系统发展日用品超市、农资直营店、农产品经营店等各类经营服务网点20个。

农民专业合作组织 2017年，全市供销系统引导当地农户联合发展，新建农民专业合作社14家，对26家原有农民专业合作社进行规范管理，完善经营。牵头发起成立专业合作社联合社，筹建成立供销社系统首家农民专业合作社联合社——红山镇茶叶农民专业合作社联合社，实现农民专业合作社之间的联合与发展。

社有资产保值增值 韶关市供销合作联社加强社有资产经营管理，2017年，社有资产经营收入增长3%。筹资购置金城小区800平方米首层商铺，社有资产存量增加。

社有资产管理委员会成立 2017年，韶关市供销合作联社建设联合社治理体系，成立韶关市供销合作联社社有资产管理委员会，形成理事会、监事会、社有资产管理委员会的“三会”管理机制。

安全生产管理 2017年，韶关市供销部门加强元旦、春节、五一、国庆及春耕前夕烟花爆竹和农资商品经营网点的监督检查，协助配合安监、公安、工商等部门查处各类无证、违法、违规经营烟花爆竹和农资商品行为。全年集中销毁收缴罚没的非法烟花爆竹6172箱，价值41万元。（朱书亮）

【烟草专卖】 韶关市烟草专卖局与广东烟草韶关市有限公司合署办公，实行两块牌子、一套人马的管理体制，是韶关市对全市烟草市场实行专卖专营集中统一管理和烟叶生产经营、卷烟经营的机构。下辖曲江区、乐昌市、始兴县、乳源瑶族自治县、仁化县、翁源县、新丰县、南雄市等8个县（市、区）烟草专卖局（分公司），南雄烟科所行政关系隶属韶关市局（公司）。全市系统有员工1349人。2017年，全市烟草商业系统销售卷烟11.77万箱，销售烟叶31.72万担，完成销售收入39.39亿元，实现税利总额10.89亿元，上缴税金8.59亿元、利润3.72亿元。

烟叶生产经营 2017年，韶关市收购烟叶34.82万担，完成计划的97.27%，上中等烟占比98.23%，国家局烟叶收购等级质量检查合格率82.25%，工商交接检查等级合格率

71.43%，连续多年排名全国前列。推广地膜清除回收、水肥一体化、专业化烘烤3项生产实用技术，布局优质烟叶生产示范点13个，面积193.67公顷。推进现代烟草农业建设，9个合作社共有入社烟农2633户，入社率40.58%；开展1449项烟叶生产基础设施建设及4个烟站（点）建设。做好促农增收，始兴马市和南雄湖口行业示范社开展烟草农业机械服务大农业、育苗棚种植瓜果蔬菜、烤房拓展利用等多元化经营。

卷烟经营　2017年，韶关市落实稳销量、提结构、降库存、增税利，密切专销结合，销售卷烟11.77万箱，同比增长0.29%，实现卷烟销售收入31.92亿元，同比增长3.59%；单箱结构31750元，同比提高1011元，销售毛利率29.42%，同比提高0.18%。深化卷烟品牌培育，重点品牌销量10.85万箱，增幅1.31%；销售双喜香烟6.76万箱，增幅0.53%，硬紫红玫王香烟销量占双喜一类烟的16.08%，成为双喜结构提升新的增长点。提升终端运营质量，建成现代终端1948户和形象店145户，成立零售客户自律互助小组88个。物流配送中心安装高速裹膜包装机，实现分拣包装设备升级改造。

烟草专卖管理　2017年，韶关市深化联合打假打私机制，加强卷烟非法原辅材料的清查和运输枢纽的检查力度，查处涉烟案件1218宗，其中5万元以上大要案64宗；破获国际网络案件2宗，省际网络案件1宗；查获各类涉案卷烟4644.83万支，涉案烟叶烟丝86.29吨，总案值2193.95万元；协助司法机关逮捕并判刑10人。规范经营及非烟治理，取缔8户卖烟大户，与工商、公安等部门联合，突出22个重点市场、区域整治，市场净化率96.5%以上。强化行政许可，落实“放管服”举措，全市有效持证零售户10011户。

企业管理　2017年，做好成本源头管控，实现降本增效值303.93万元。首次开展精益改善项目，创建“悦精益”微信公众号，2个QC课题成果获全省系统三等奖、优秀奖。完善企业标准体系，启动质量管理体系文件转版，全面应用办公自动化系统，推进法治烟草建设，实现安全生产“四个为零”目标。　（张　涵）

【盐业专营】　广东省盐业集团韶关有限公司（广东省韶关市盐务局）隶属于广东省盐业集团有限公司（广东省盐务局），是广东省国资委监管的有限责任公司（国有独资），负责全市的食用盐、生产用盐、农牧盐供应任务和国家储备盐管理。公司下设4个职能部门，2017年有在岗员工46人；直属单位设4个经营部门：市区经营部（市区分公司、马坝分公司）、南片区经营部（翁源分公司、新丰分公司）、北片区经营部（乐昌分公司、坪石分公司、乳源分公司）、东片区经营部（南雄分公司、始兴分公司、仁化分公司）。盐务局下辖曲江区、翁源县、新丰县、乳源瑶族自治县、南雄市、始兴县、仁化县分局和乐昌市盐务局。2017年，韶关盐业通过丰富盐产品种类、提升盐产品质量，根据市场情况进行结构优化调整，全年实现净利润595万元，较上年同期增加58万元；营业收入4598万元，其中主营业务收入4494万元，其他业务收入104万元；其他收益（财政补贴）305万元。该年度，公司获得广东省盐业集团有限公司2017年度“碘盐覆盖率达标奖”，获得中国盐业协会“企业信用评价AAA级信用企业（市级食盐批发企业）”。

盐产品销售　2017年，韶关市盐产品销售量11278吨。其中：小包装销量8273吨，与2016年持平；食品加工盐1722吨，同比增加121 吨；小工业盐销售1258吨，同比增长-18.4%；畜牧盐销售25吨，同比增长-24.2%。

非盐产品销售　2017年，韶关市非盐产品实现销售326万元。其中：酒类销售177万元，米油133万元，其他商品16万元。

食盐专营管理　2017年，韶关市盐务局会同市政府有关职能部门，开展区域联防、片区联防和省外接壤地协防，打击各类涉盐违法、违规行为，保障食盐的安全供应。全年出动执法人员5367人次；检查市场1272个，商铺19444间，饭店7073间，单位、学校饭堂298间，派发宣传资料58307份；案件办理40宗；查获违法盐产品118.58吨。

食盐打假　2017年，韶关市盐务局、直属各分局参与政府相关部门的专项打击制假售假各项行动，重点加大对乡镇食盐市场、市县城酒楼、大专院校、厂矿机关食堂等的稽查力度，加大对食品加工、工业用盐企业（户）用盐情况的跟踪稽查。配合市打假办开展综合整治工作，将韶关市浈江区站南路批发市场列为食盐打假警示市场。市公安局、食品药品监督局、质量监督局、工商局、盐务局等相关职能部门联合开展打击食盐违法犯罪专项行动，在9月和11月打假检查行动期间，查获2宗违规销售盐产品共49.075吨。

盐务行政执法听证会首次召开　2017年9月21日，韶关市盐务局与市公安局、食品药品监督管理局、工商局、质监局执法人员联合开展打击食盐违法专项行动，在浈江区某副食品购销部仓库内查获一批违法经营的食盐产品，依法对该副食品购销部立案调查。该购销部负责人向韶关市盐务局提出听证申请。11月2日上午，市盐务局在该局会议室依法召开听证会。市盐务局认为对当事人的违法行为事实清楚、证据确凿，处理定性准确、处罚适当、程序合法。

“粤盐”品牌推广　2017年，韶关盐业通过“粤盐专营店”开放小包装食盐的批发和提货服务，推广招牌上门和货架进店，推出海盐新产品“加碘低钠海盐”，推进生态海盐及中高端食盐、泛盐产品营销上市工作；利用节假日常态化开展“粤盐公益行”“盐业改革社会调查问卷活动”等主题地推活动，宣传广东盐业“粤盐”品牌形象。与邮政集团韶关市分公司签订战略合作，启动邮乐网“粤盐韶关旗舰店”，拓展“粤盐”品牌辐射面和营销渠道。

盐业体制改革　2017年是韶关市食盐监管体制改革过渡期。3月9日，韶关市人民政府印发《韶关市盐业体制改革实施方案》，明确改革的主要目标为通过改革，完善食盐专营制度、专业化监管体制和食盐储备制度，保持合格碘盐覆盖率90%以上，供应价格基本稳定，确保食盐质量安全和供应安全；到2018年12月31日前，形成盐业市场监管到位、竞争有序、供应安全、储备充足、符合国情省情市情的盐业管理体制。6月29日，韶关市机构编制委员会办公室印发《韶关市食盐监管体制改革实施方案》，明确在过渡期内，原有食盐监管体制和职责分管维持不变。

食盐储备管理 2017年，韶关市食盐企业储备库存充足，市场供应稳定。承储单位为广东省盐业集团韶关有限公司。公司以正常情况下的上一年度月均销售量，作为企业食盐储备数量任务，按相关要求完成年度省、市级食盐储备任务。食盐储备量为2100吨，其中：省级食盐储备1100吨，市级食盐储备1000吨。（欧阳宛华）

【住宿餐饮业】 2017年，韶关市住宿餐饮业实现增加值35.58亿元，同比增长4.4%；限额以上住宿餐饮企业194家，其中，住宿83家，餐饮111家。住宿实现收入13.59亿元，同比增长7%；餐饮实现收入63.34亿元，同比增长6.4%。

餐饮行业交流加强 2017年，韶关餐旅烹饪协会组织参加广州烹饪协会成立26周年庆典活动、中山市饮食业商会成立25周年庆典活动、东莞餐饮协会十周年庆典活动、赣州市南康首届美食节、2017第四届中国国际水产品博览会、2017“广东盛宴”食在广东品牌企业颁奖典礼、珠海餐饮协会第四届理事会就职典礼、2017深圳饮食服务业协会年会暨深圳厨艺星辉颁奖典礼、2017广州第三届“江村黄鸡”百鸡宴颁奖、（惠州）畅游氧生罗浮山，永记腊味盆菜宴及其它相关活动。赣州餐饮饭店行业协会常务副会长、皇厨酒店管理集团董事长黄荣华，广东省烹饪协会秘书长李朝辉、广州地区餐饮协会秘书长符波，江西石城餐饮协会，湖南浏阳餐饮协会，江西瑞金餐饮烹饪行业协会等到韶关交流学习。在2017“广东盛宴”食在广东品牌企业颁奖典礼，韶关市的近水楼台食府获“品牌餐饮企业”，南雄食为先大酒楼、南雄慧君大酒楼获“金牌喜宴餐饮企业”。

参加第四届全国海峡客家烹饪大赛 2017年4月25—27日，由中国烹饪协会主办，中烹协名厨委员会、连城县客家美食协会承办的第四届全国海峡客家烹饪大赛在福建连城县举办，来自广东、福建、台湾等海峡两岸15个省份39支代表队的208位名厨参与比赛。该届大赛设热菜、凉菜、面点3个比赛项目,韶关代表队获3个金奖和1个“十大烹饪高手”称号。

参加2017“五丰杯”米粉烹调大赛 2017年7月29日，由江西省烹饪饭店行业协会、会昌县烹饪饭店行业协会、江西五丰食品有限公司共同举办的“五丰杯”米粉及米粉菜品烹调大赛在江西会昌县城贡江花苑举办。该大赛分为“以米粉为主、配以适当辅料的米粉烹调”和“以菜为主、米粉为辅的米粉菜品烹调”两个赛事。韶关餐协南雄金缘阁酒楼、乳源方大群酒楼和老蒋鱼头粉参加比赛，获得一金一银。

2017年“韶关味道十大名菜”争霸赛 2017年9月25日，2017年“韶关味道十大名菜”争霸赛在韶关市莱斯大酒店举行。该比赛以“挖掘韶关特色美食，打造本土厨师团队”为主题，全市有33个餐饮企业参加大赛。每个企业选派1名厨师在45分钟内烹饪一道菜品，通过专家评分（占70%）、网络投票（占30%）两种方式相结合，评选出韶关十大名菜。大赛设立十大名菜10名，银奖20名，中华餐饮名店3个，中国名菜3个，广东省餐饮名店1个、广东省餐饮特色名店2个。猪头皮、意境金沙球、眉开眼笑（新型梅菜扣肉）、霸王功夫鱼、御品鸭、银杏自磨豆腐、黄焖大头鱼头、金牌扣肉、客家禾香肉和金凤归韶获得“韶关味道十大名菜”称号。11人获得国际粤菜评委资格证书。（李　勇）

【家政服务业】 2017年，韶关市有家政服务业企业210家，从业人员8866人（其中持证人数3995人），开展职业培训3430人次。全市累计完成劳动力技能晋升培训7428人，其中涉及服务业类的技能培训4096人。（伍雪龙）

开放型经济

【对外贸易】 2017年，韶关市对外贸易保持平稳增长，全年实现外贸进出口总额184.24亿元。其中，货物进出口总额166.19亿元，增长5.6%，货物进口89.87亿元，增长32.01%，货物出口76.32亿元，下降14.49%；服务进出口总额18.05亿元，增长144.94%，服务进口6.26亿元，增长33.3%，服务出口11.79亿元，增长340.85%。

进出口贸易方式结构 一般贸易出口32.78亿元，下降21.66%，占全市出口总值的42.96%；加工贸易出口42.7亿元，增长10.55%，占全市出口总值的55.95%。一般贸易进口79.27亿元，增长36%，占全市进口总值的88.21%；加工贸易进口7.87亿元，下降0.5%，占全市进口总值的8.76%。

进出口主体结构 出口以“三资”企业为主，“三资”企业、集体企业呈两位数增长，国有企业、私营企业不同程度下降。全市“三资”企业出口49.92亿元，增长11.37 %，占全市出口总值的65.41%；私营企业出口17.86亿元，下降51.24%，占全市出口总值的23.4%；国有企业出口4.53亿元，下降10.07%，占全市出口总值的5.94%；集体企业出口4.01亿元，增长44.93%，占全市出口总值的5.25%。进口以国有企业为主，各类企业均呈不同程度增长。全市国有企业进口66.1亿元，增长28.11%，占全市进口总值的73.55%；“三资”企业进口11.59亿元，增长9.1%，占全市进口总值的12.9 %；私营企业进口8.52亿元，增长60.09%，占全市进口总值的9.48%；集体企业进口0.6亿元，增长12.81%，占全市进口总值的0.67%。

进出口商品结构 出口产品以机电产品为主，机电产品、玩具出口呈不同程度增长，纺织服装大幅下降。全市机电产品出口34.75亿元，增长1.66%，占全市出口总值的45.53%；玩具出口22.86亿元，增长9.26%，占全市出口总值的29.95%；纺织服装出口8.12亿元，下降47.7%，占全市出口总值的10.64%。进口商品以铁矿砂为主，铁矿砂、煤进口增长幅度较大。全市铁矿砂及其精矿进口42.01亿元，增长27.33%，占全市进口总值的46.75%；煤进口22.26亿元，增长21.44%，占全市进口总值的24.77%；机电产品进口7.28亿元，增长14.79%，占全市进口总值的8.1%；纺织品进口3.95亿元，增长47.12%，占全市场进口总值的4.4%。

进出口市场结构 出口市场以亚洲、北美洲为主，对美国、欧盟出口呈不同程度下降。2017年，全市对中国香港出口25.52亿元，下降9.34%，占全市出口总值的33.44%；对美国出口21.6亿元，下降3.39%，占全市出口总值的28.3%；对欧盟（28国）出口10.77亿元，下降36.05%，占全市出口总值的14.11%；对东盟（10国）出口4.01亿元，下降3.38%，占全市出口总值的5.25%；对孟加拉国出口2.72亿元，增长111.49%，占全市出口总值的3.56%。进口以大洋洲、南美洲地区为主，对主要国家进口均有不同程度的增长。2017年，全市对澳大利亚进口46.73亿元，增长36.89%，占全市进口总值的52%；对巴西进口10.85亿元，增长2.86%，占全市进口总值的12.07%；对东盟（10国）进口5.88亿元，增长24.05%，占全市进出口总值的6.54%；对俄罗斯联邦进口3.98亿元，下降8.29%，占全市进出口总值的4.43%；对欧盟（28国）进口3.4亿元，增长180.72%，占全市进口总值的3.78%。

韶关市企业参加第121届、122届广交会 第121届、122届中国进出口商品交易会分别于2017年4月15日、10月15日在广州琶洲会馆召开。韶关市有29家外贸企业分别在大型机械及设备、汽车配件、轻工纺织、建筑及装饰材料等行业展馆参加展览。两届广交会达成成交意向总值合计1.85亿美元。

技术出口实现零突破 2017年，全市技术进出口合计345.76万美元（折合人民币2282万元），其中仁化县华粤煤矸石电力有限公司向新加坡出口“60兆瓦CFB锅炉风帽优化改造”专有技术42.82万美元，为韶关市首次技术出口。

2017年韶关市外贸进出口情况表

表 10

指　标	累计（亿元）	同比增长（%）
进出口总额	166.19	5.63
一、出口总额	76.32	-14.49
按主要贸易方式分		
一般贸易	32.78	-21.66
加工贸易	42.70	10.55
其他贸易	0.84	-90.27
按主要经济类型分		
国有企业	4.53	-10.07
“三资”企业	49.92	11.37
集体企业	4.01	44.93
私营企业	17.86	-51.24
按主要国家（地区）分		
中国香港	25.52	9.34
美国	21.60	-3.39
欧盟（28 国）	10.77	-36.05
东盟（10 国）	4.01	-3.38
孟加拉国	2.72	111.49

续表 10

指　标	累计（亿元）	同比增长（%）
按主要商品分		
机电产品	34.75	1.66
玩具	22.86	9.26
纺织服装	8.12	-47.70
二、进口总额	89.87	32.01
按主要贸易方式分		
一般贸易	79.27	36.00
加工贸易	7.87	-0.50
其他贸易	2.73	45.30
按主要经济类型分		
国有企业	66.10	28.11
“三资”企业	11.59	9.10
集体企业	0.60	12.81
私营企业	8.52	60.09
按主要国家（地区）分		
澳大利亚	46.73	36.89
巴西	10.85	2.86
东盟（10 国）	5.88	24.05
俄罗斯联邦	3.98	-8.29
欧盟（28 国）	3.40	180.72
按主要商品分		
铁矿砂及其精矿	42.01	27.33
炼焦煤	22.26	21.44
机电产品	7.28	14.79
纺织纱线、织物及制品	3.95	47.12

【吸收外来投资】 2017年，韶关市新批准外商直接投资项目60个，同比增长328.57%；合同外资金额6739万美元，同比下降65.68%；实际利用外资金额5283万美元，同比增长4.35%。

外资产业结构　2017年，韶关市第三产业吸收外资占比较大，规模首次居三次产业之首。第一产业实际利用外资325万美元，同比下降32.43%，占总量的6.15%；第二产业实际利用外资2221万美元，同比下降31.75%，占总量的42.04%；第三产业实际利用外资2737万美元，同比增长106.1%，占总量的51.81%。

投资来源地　来自中国香港、日本、中国台湾、中国澳门的投资分别为3442万美元、1205万美元、138万美元、117万美元，分别占总量的65.15%、22.8%、2.61%、2.21%。

区域结构　韶关市曲江区、翁源县、新丰县吸收外资金额分别为1515万美元、1016万美元、545万美元，分别占全市总量的28.58%、19.23%、10.32%，占全市实际利用外资总额的50%以上。

2017年韶关市吸收外商直接投资情况表

表 11

指标 划分	新批项目个数		合同吸收外资		实际吸收外资	
	该年数（个）	同比增长（%）	该年数（万美元）	同比增长（%）	该年数（万美元）	同比增长（%）
全市	60	328.57	6739	-65.68	5283	4.25
一、按行业结构分						
农、林、牧、渔业	16	1500	2295	62.88	325	-32.43
制造业	9	200	2977	457.38	2221	-31.75
服务业	35	250	1467	-92.30	2737	106.10
二、按投资源地分						
中国香港	49	600	4941	-48.43	3442	17.11
日本	0	-100	0	-100	1205	2.99
中国台湾	1	0	183	-95.51	138	-34.29
中国澳门	0		1061	786.67	117	
三、按区域结构分						
浈江区	3	50	21	-99.67	0	-100
武江区	2	100	484	24100	215	40.52
曲江区	2		1242	-74.78	1515	51.5
乐昌市	12		634	-50.47	143	22.22
南雄市	6	200	211	-82.75	488	-15.57
仁化县	3	0	939	384.02	485	491.46
始兴县	19	1800	1350	676.92	239	-53.32
翁源县	6	200	241	-95.02	1016	15.98
新丰县	1		148		545	3.42
乳源瑶族自治县	4	100	136	-79.46	486	-39.33
广东韶关工业园	2		1333	2150.77	151	-32.29

【对外及港澳台经济合作】 2017年，韶关市商务局与香港贸发局、香港汽车零部件工业协会、香港韶关同乡联谊总会以及澳门贸易投资促进局等机构保持密切合作，开展常态化互访交流，推动全市在谈的3个港澳商投资项目进展，达成1.45亿美元的贸易意向；组团出访德国、格鲁吉亚，加强两地交流合作。

乐昌市艾尔康电子元器件招商引资项目在德国纽伦堡签约　2017年9月18日上午，韶关市委副书记、市长殷焕明应邀率韶关代表团出访德国，对艾尔康位于德国纽伦堡的公司总部进行实地考察。殷焕明与菲尼克斯美卡诺集团CEO总裁克普勒博士和总经理施彼得进行友好会见，洽谈合作事宜。并举行艾尔康电子元器件项目投资合作意向书签约仪式，该公司拟投资1.5亿元，在乐昌市产业转移园兴建艾尔康电子元器件项目，主要生产探针、微电子开关及元器件等产品。

韶关投资环境推介会在德国慕尼黑举办　为推动韶关机械装备制造业与欧美主要发达国家的经贸交流合作，进一步拓宽招商引资渠道，韶关市委副书记、市长殷焕明应邀率团出访德国。9月19日上午，韶关投资环境推介会在德国慕尼

▲2017年11月15日，韶关市人民政府在“湾区创新 韶关加速（2017）高峰会”上举行招商引资项目签约仪式（韶关市商务局 供）

黑举办，巴伐利亚州中德经济协会负责人及慕尼黑当地广东及中山大学校友会和知名华人华侨60多人出席推介会。

在格鲁吉亚“一带一路”论坛上推介韶关投资环境 2017年5月10日至12日，韶关市副市长陈磊率团出访格鲁吉亚，开展水电产业合作和友城拓展等工作。5月12日，韶关市商务局在格鲁吉亚第比利斯市“一带一路”论坛上，对韶关投资环境作专题推荐。陈磊代表韶关市人民政府与鲁斯塔维市市长戴伟特·几卡亚签署加强两市交流合作备忘录。广东水电产业科技创新与国际合作联盟和格中友好交流协会签署一揽子合作框架协议。

【对外招商】 2017年，韶关市委、市政府采取成立产业发展联席会议、部署六大新兴产业发展研究、构建大招商工作格局、成立市领导率队的产业招商分队等系列措施，开展精准招商、举办韶关首届科技创新投资高峰会、在东莞举办韶关投资环境推介会、在深圳举办“湾区创新 韶关加速”高峰会、在广州举办“广韶合作 产业共建”韶关（广州）招商推介会等活动，华为、众投邦、白云电器、天适集团、美的置业、华侨城集团、亿航智能无人机等一批大型项目及战略投资者陆续来韶考察，部分项目签约落地。全市注册资本1000万元以上新签约招商引资项目277个，签约投资金额630.82亿元。其中，新登记注册234个，注册资本金额122.84亿元；开工172个，注册资本金额43.28亿元，新登记开工项目实际到位资金37.65亿元。新签约项目数、投资额及开工数，均同比大幅增长，为五年来新高。

“华南数谷”大数据产业园揭牌与签约 2017年6月5日，韶关市人民政府和华为技术有限公司联合主办的韶关市“华南数谷大数据产业园揭牌与招商推介暨华为中国ICT生态之行韶关站”巡回展活动在韶关举行。广东省及韶关市各大通信运营商及关联客户，阿里巴巴、京东、唯品会等国内知名互联网企业，华为、联通公司等入驻或拟入驻“华南数谷”企业，莞韶两市部分互联网企业及有关金融企业、商会等约百家企业参加此次活动。在“华南数谷”大数据产业园揭牌与签约仪式上，韶关市委书记莫高义和广东省经信委党组副书记邹生为“华南数谷”大数据产业园揭牌，韶关市人民政府与华为、中证、联通、东方国信等一批企业签订大数据产业合作框架意向书。

韶关首届科技创新投资高峰会 2017年9月15日，“首届科技创新投资高峰会”在韶关开幕。高峰会的主题为“产业、科技、金融深度融合，振兴韶关绿色转型发展”，国内外投资机构、科技、金融企业800多人参会。韶关市委副书记、市长殷焕明，市委常委、副市长万卓培和广东省科技厅副厅长郑海涛、深圳众投邦股份有限公司董事长朱鹏炜出席峰会。高峰会上，众投邦双创加速器举行揭牌仪式，该公司主要为韶关市中小企业提供资金、人才和科技手段支持。

“湾区创新 韶关加速”高峰会 2017年11月15日，韶关市人民政府在深圳举行“湾区创新 韶关加速（2017）高峰会”。韶关市委副书记、市长殷焕明，市委常委、副市长万卓培，副市长陈磊，深圳市政府副秘书长马伯寅，深圳市创业投资同业公会秘书长王守仁以及众投邦董事长朱鹏炜，东阳光集团董事长张中能等企业家近500人出席高峰会。高峰会上，分别举行韶关天使小镇暨天使母基金和韶关市招商引资项目的签约仪式，签约项目22个，投资总额127.45亿元。

“广韶合作 产业共建”韶关（广州）招商推介会 2017年12月14日，韶关市人民政府在广州举办“广韶合作 产业共建”2017韶关（广州）招商推介会。韶关市委副书记、市长殷焕明，广州市副市长黎明，韶关市委常委、副市长万卓培和副市长陈磊，以及来自广州、深圳、佛山、韶关等地的制造业、医药业、文化旅游业等行业的企业家代表约600人参加招商推介会。此次招商推介会签约重点项目22个，投资额和贸易额共111.6亿元。

驻外招商工作机构组建 2017年，根据韶关市委、市政府构建大招商工作的部署，韶关市人民政府试行在广州设立招商联络处，设在市政府驻广州办事处。韶关市委组织部从各县（市、区）选派10名优秀年轻干部，作为首批驻外招商干部，并将驻外招商干部全部纳入市委组织部备案和管理。

产业招商分队 2017年，对应韶关市重点发展的6大新兴支柱产业（先进装备制造、旅游文化、大数据、商贸物流、医药健康、现代特色农业），韶关市人民政府组建6支市级产业招商分队，各分队由1名副市长任队长，1名市委常委任顾问。产业招商分队组建后，各市领导率队拜访重要客商共约40家。

中介招商　2017年，韶关市商务局先后委托东莞旅投公司、深圳企业联合会开展中介招商，签署委托招商协议。是年，中介机构组织大约50家各类商协会、企业到韶关考察，达成投资意向项目10个。

【口岸】　2017年，韶关市有对外开放口岸5个，吞吐能力300万吨每年。5个对外开放的口岸分别为：铁路口岸2个（韶关陆路（铁路）口岸、乐昌陆路（铁路）口岸），公路口岸2个（韶关陆路（公路）口岸、乐昌陆路（公路）口岸）；内河口岸1个（韶关新港水运（河港）口岸（二类口岸））。全年全市口岸物流通关总量1007.5万吨，同比增长5.35%；交通工具为17.4万辆，同比增长3.88%；进出口集装箱6808标箱，其中“铁海联运”班列进出口标箱3986标箱。

国际贸易“单一窗口”国家标准版改革试点　2017年8月16日，“国际贸易‘单一窗口’标准版韶关试点工作动员暨培训会”在韶关召开，启动“单一窗口”试点工作。广东省口岸办、广东省电子口岸公司、韶关海关、韶关出入境检验检疫局、韶关海事局的相关领导和一线查验人员，以及韶关市5家进出口企业报关、报检人员参加会议。全年全市通过“单一窗口”平台完成报关报检4428票，其中报关3195票，日均报关覆盖率43.7%；报检1233票，日均报检覆盖率63.8%。韶关市所有符合条件的口岸实现“单一窗口”全覆盖，完成国家和广东省制定的报关报检覆盖率30%的年度目标。

海关快件监管场所建设获批准　2017年9月，韶关海关快件监管场所建设获得广州海关批准。以往韶关地区进出境快件均需在广州市、深圳市、东莞市等地完成清关后，再配送至本地的问题将得到解决，进出境快件通关效率将大幅提高。

集装箱进出口环节合规成本通关时间专项治理　2017年，韶关市开展集装箱进出口环节合规成本通关时间专项治理行动，压缩集装箱进出口环节通关时间。2017年，韶关市实际进出境报关单进口平均通关时间为6.02小时，快于全广州海关12.69小时和全国15.87小时的平均水平；出口平均通关时间0.33小时，快于广州海关的0.67小时和全国1.11小时的平均水平。全市出入境货物检验检疫出境时长在广东检验检疫系统内排名第一名，入境时长在广东检验检疫系统内排名第二名。

韶关检验检疫放行进入“秒通关”时代　2017年11月1日上午，一批出口到泰国货值12.27万港币的排米粉用时11秒完成从报检审单到放行的全过程，是广东检验检疫局辖区第一批审单放行货物完成申报和放行。（伍雪龙）

2017年韶关市对外开放口岸情况一览表

表 12

口岸名称		情况简介
铁路口岸	韶关陆路（铁路）口岸	位于韶关市区南郊三公里处，占地 25640 平方米，内设有 1 座 500 平方米封闭式仓库、1 座 3000 平方米的低温仓库、300 平方米的停车场，铁路专用线、站台 465 米，可同时停靠 8 个火车皮，地面仓库及附属建筑 4153 平方米，年吞吐能力 150 万吨，主要开展铁海联运业务
	乐昌陆路（铁路）口岸	位于乐昌市环城中路，距离韶关车检场 65 千米，占地 21700 平方米，有专线 500 米，年吞吐能力 20 万吨
公路口岸	韶关陆路（公路）口岸	位于韶关市区南郊六公里的广韶公路旁，占地 9500 平方米，设有建筑面积 2400 平方米的三层报关大楼，800 平方米 19 个停靠候检车位的查验平台和 5000 平方米的停车场并配套设有 500 平方米的监管仓，年吞吐能力 90 万吨
	乐昌陆路（公路）口岸	位于乐昌市乐城镇环城中路，距离韶关车检场 65 千米，占地 1600 平方米，设有 3 条人工查验通道，年吞吐能力 10 万吨
内河口岸	韶关新港水运（河港）口岸	位于市区南郊 9 公里处，占地 65000 平方米，300 吨船泊位 3 个，岸线 180 米，监管仓库 500 平方米，堆场 30000 平方米，办公大楼 2800 平方米，配备设备 40T 吊机 1 台，叉车 1 台，120 吨地磅 1 台，年吞吐能力 30 万吨

旅游综述

【旅游业概况】　2017年，韶关市旅游资源涵盖8个主类，31个亚类和155个基本类型，903个旅游资源单体。有4个国家级森林公园，7个省级森林公园，1个国家级风景名胜区，2个省级风景名胜区，4个国家级自然保护区，12个省级自然保护区，1个世界地质公园，1个国家地质公园，4个国家湿地公园，1个省级湿地公园，1个国家级水利风景区，2个国家矿山公园，1个AAAAA级景区，10个AAAA级景区，13个AAA级景区，10个广东省林业生态县，7个全国重点文物保护单位，36个省级重点文物保护单位，2个汉族地区佛教全国重点寺院，乡村旅游点500多个。是年，韶关市获得“2016年度全国厕所革命先进市”和2017最美中国榜“生态、自然旅游城市”称号。

【旅游产业规模】 2017年，韶关市旅游产业总体发展平稳。至2017年底，韶关市有各类旅游住宿设施799家，房间33994间，床位56865个，其中星级旅游饭店56家（五星级1家、四星级4家、三星级45家）；有旅行社49家，分社14家，其中国际社3家，国际社分社7家，持证导游2319人。全年全市接待游客4237万人次，同比增长18%；旅游收入389.9亿元，同比增长20%；来韶过夜游客1618.7万人次，同比增长13%；旅游业增加值175.7亿元，占全市GDP13%、占第三产业增加值26%；住宿业增加值同比增长6%，营利性服务业增加值同比增长16%。

【全域旅游示范创建】 在《广东省全域旅游示范创建重点工作指引（2017—2020）》中，韶关市被列入“国家全域旅游示范区第二批创建单位”，仁化县、始兴县、乳源瑶族自治县被列入“省级全域旅游示范区第一批创建单位”，南雄市被列入“省级全域旅游示范区第二批创建单位”。2017年，韶关市旅游局完善《韶关市旅游产业发展总体规划》，6个县（市、区）完成旅游发展总体规划编制，完成6个镇、13个村、2条生态旅游线路的规划编制。启动编制全域旅游发展创建规划工作，对接省旅游发展研究中心等规划编制单位，完成规划库选定工作；仁化县全域旅游发展规划通过专家评审。委托韶关学院新兴产业研究院开展韶关市旅游资源数据库建设，2017年初步建成数据库，进入调试阶段。2017年，韶关市启动全域旅游示范市创建工作，成立韶关市创建全域旅游示范市工作领导小组，印发《韶关市国家全域旅游示范市创建三年行动计划》。

【旅游建言献策】 2017年，韶关市组建旅游专家智库，起草《韶关市旅游发展委员会专家委员会工作联络办法》和韶关旅游发展论坛工作方案，拟定韶关县（市、区）创建全域旅游考核办法，争取纳入2018年度绩效考核。

【旅游投融资机制完善】 2017年，韶关市依托市旅游发展投资集团，建立旅游投融资平台。通过建行韶关分行设立韶关市旅游文化产业基金，与硅谷天堂合作设立韶关文旅发展产业基金。协调推动县（市、区）找项目促融资，与人民银行韶关市中心支行联合促成24家涉旅融资需求企业与金融机构融资对接。为争取获得国家旅游发展基金贷款贴息资金支持，云门山旅游度假区、云门阳光湖生态养生旅游度假村两个项目入选2017全国优选旅游项目名录。

【旅游人才队伍建设】 2017年，韶关市举办景区讲解员、酒店民宿服务员、旅游安全、全域旅游、志愿者等17期培训班，参训人员1628人次。

旅游市场开拓

【“旅游+产业”融合发展】 2017年，韶关市加快推进产业融合，丰富旅游产品，增加有效供给。推进“旅游+城镇化”，推进三江六岸亮化美化工作，抓好芙蓉山、老虎岩、林桥坑三大公园和一批公共小花园、小绿地、小广场建设。推进“旅游+农业”，加快发展休闲农业和特色乡村旅游发展，举办星级乡村旅游民宿和旅游驿站创建工作培训班，对61个民宿和驿站进行创建工作指导，2017年度评定星级乡村旅游民宿13个、旅游驿站4个。至年底，韶关市有全国休闲农业和乡村旅游示范县2个，中国最美休闲乡村2个，全国一村一品示范村镇6个，广东省休闲农业与乡村旅游示范镇6个，广东省休闲农业与乡村旅游示范点15个。推进“旅游+林业”，2017年完成新增森林公园23个。推进“旅游+水利”，4月印发实施《韶关市水生态文明城市建设规划》，以水生态建设为核心，计划实施南水水库供水工程、锦江河流域环境综合整治工程、大宝山矿区及周边地区环境综合整治工程、芙蓉新城滨江景观带建设项目、滃江源国家湿地公园建设项目、老虎岩城市公园建设项目、乳源文化生态保护试验区建设项目等8项重点示范项目。推进“旅游+科技”，3月6日丹霞山进入中国科协办公厅公布的2016年度优秀全国科普教育基地名单。推进“旅游+体育”，发展体育休闲旅游，落实《韶关市加快户外运动发展总体规划》，组织举办第三届奔向广东第一峰（韶关乳源）铁人三项挑战赛、第五届广东省（韶关乳源）环南水湖自行车赛、善美之城2017韶关半程马拉松、韶关市第十届徒步穿越丹霞山等系列旅游体育赛事，打造广东户外运动天堂品牌。推进“旅游+卫生”，发展养生健康旅游，在10月23日的中国森林氧吧论坛上，南雄帽子峰是广东唯一一个入选第二批“中国森林氧吧”榜单的单位。

【特色旅游商品研发】 2017年1月18日，韶关市旅游商品研发中心和广东雪印集团揭牌仪式在广东雪印集团举行。韶关市旅游商品研发中心落户广东雪印集团，依托该集团经营涉及商贸，运输，冷链物流，仓储配送，农产品种养、加工及电子商务，旅游等对旅游商品的研发优势，推动产业结构的调整和优化，拓展农业与工业、农业与服务业、农业与旅游等关联产业的融合发展。是年，韶关市举办首届十佳旅游商品评选活动，评选出“十佳旅游商品”和20件优秀旅游商品，并在市区各主要旅游饭店开设旅游商品展销专柜；打造特色精品旅游线路，编制曲江西线、仁化北线和新丰——翁源乡村旅游三条乡村生态旅游线路规划，策划春赏花、夏摘果、秋观叶、冬泡泉的特色旅游线路。

【旅游招商】 2017年，韶关市成立招商与项目建设工作组，健全旅游招商机制，落实招商引资主体责任；对接港中旅、华侨城、省旅控、中青旅、香港冠忠巴士、中信银行、硅谷天堂集团和祥源控股集团等多家战略投资者，建立对接企业名录和对接情况台账，部分企业形成合作开发初步方案；梳理全国有实力的旅游集团名单，建立旅游招商企业名录，开展招商对接工作。

【旅游宣传营销】 2017年，韶关市加强区域联合营销，举办2017年“花开韶州，香飘莞邑”韶关旅游推介会、“灵秀山水 善美韶关”为主题的2017韶关（东莞）旅游推介会等活动，韶关（东莞）旅游营销中心两次组织38家东莞旅行社和12家知名媒体、自媒体到韶关进行路线考察；举行《从东莞出发》之“韶关印象”赏片暨“韶关金秋行”策划活动；加强广清韶和广佛肇云清韶旅游联盟，广州、清远、韶关三地旅游部门继续联合参加广东省旅游产业博览会、广州旅游展和港澳地区旅游推介活动；在珠三角九市进行分时段分区域的门票优惠促销活动。开展多种形式宣传，在广东卫视黄金时段投放旅游形象片广告，在南方都市报、大粤网、南方+等平台对韶关旅游的秋冬季旅游产品进行专门宣传，与南方+共同举办“善美韶关，祈福圣地”旅游摄影大赛，在今日头条等平台投放韶关“四季旅游线路”主题宣传等，在珠三角主要城市宣传韶关市旅游资源和线路产品。

旅游开发建设

【旅游景区建设与开发】 2017年，韶关市打造以山水观光、温泉休闲、民俗风情、宗教文化、红色旅游为特色的旅游发展格局。全市有国家A级景区24个，其中AAAAA级1个（丹霞山），AAAA级10个（曹溪温泉度假村、广东大峡谷、丽宫国际旅游度假区、古佛洞天景区、云门寺佛教文化生态保护区、南岭国家森林公园、珠玑巷—梅关古道景区、韶关市银山户外运动养生景区、新丰云天海温泉原始森林度假村景区、经律论文化旅游小镇景区），AAA级13个，不收费景点和农家乐、乡村游等特色景点50多个。

奥园·韶关印象　项目总投资56亿元，建设大型购物中心、商业街、酒店、演艺中心、高端住宅等为一体的商业、旅游综合体，总建筑面积近85万平方米，坐拥2.8千米黄金江岸线，作为复合“文化+旅游+商业+居住”地产项目，联合山水盛典打造华南地区第一个禅宗故事大型实景演出项目“六祖坛经”，填补韶关大旅游配套空白。项目年度计划投资10亿元，实际完成投资额8.2亿元，占年度投资计划的82%。

曲江大森林温泉世界度假村三期工程　项目三期规划建设占地31.67公顷，总投资5.6亿元，主要建设内容为建设天禅谷、生活岛、国际路亚基地（和国家体育总局合作建设）、企业家文化专区及养老地产项目。建成广东狂人国际路亚基地，正开展天禅花园、路亚运动培训基地及路亚基地相关配套设施的建设。项目年度计划投资2亿元，实际完成投资额25799万元，占年度投资计划的129%。

仁化灵溪河森林旅游度假景区　项目总投资4.5亿元，项目以灵溪河森林公园天然优质的自然景观为资源基础，计划用三年时间实现国家AAAA级旅游景区（度假区）的建设目标。建成项目有1520米索道、3500米漂流项目、灵溪别院客房、马术中心、红叶谷餐厅、垂钓区、空中无边泳池、射箭场。具备试营业条件，正推进大型生态停车场、游客转乘接待服务中心、景区主入口、水上小火车、羽毛球场体育健身设施、生态农业基地、多类别民宿项目。项目年度计划投资1.2亿元，实际完成投资额15507万元，占年度投资计划的129%。

乳源银山南岭温泉度假村综合开发　项目总投资21.7亿元，总建筑面积23万平方米，建设温泉康疗中心、养老公寓、瑶乡文化园、温泉养生园、湿地会所、会议中心。建筑风格以巴厘岛风情为主，提炼瑶族文化元素，融合地方文化特色与现代休闲养生理念，利用山地自然生态环境，延展水域景观空间，融合多种业态元素，打造主题化精致型生态温泉小镇。供电、消防、规划、防雷等基础建设工程完成验收，会议中心装修完成，整体项目进入收尾阶段。项目年度计划投资2亿元，实际完成投资额2.11亿元，占年度投资计划的106%。

乳源云门山旅游度假区　项目总投资11.3亿元，规划建设云门山自然风

▲2017年5月18日，以“灵秀山水·善美韶关”为主题的2017韶关（东莞）旅游推介会在东莞举行

（韶关市旅游局 供）

景区、过山瑶民俗文化旅游区、云门山户外游乐区、印象洲街服务区、云门山旅游度假酒店区、观光农业休闲体验旅游区六大功能板块，包括建设酒店、会所、商业街、服务中心、疗养中心、活动中心、养老住宅等配套设施。该项目的景区客运索道建设工程，玻璃桥项目、动物园项目完成并运营。项目年度计划投资2亿元，实际完成投资额2.43亿元，占年度投资计划的122%。

翁源兰博会展馆及兰花主题公园 项目总投资16亿元，规划建设用地面积26.67公顷，建设展馆、主体公园、会场及相关辅助设施。主展馆、附属楼完成结构封顶，主场馆钢结构搭建完成，附属楼完成砌筑工程，室内装修工程基本完成；广场地面铺装、园林绿化等配套建设推进。项目年度计划投资1.3亿元，实际完成投资额1.48亿元，占年度投资计划的113%。

【旅游服务配套设施建设】 2017年，韶关市优化旅游公共服务，推进旅游集散中心建设，建成市区的韶关东站、韶关南站、奥园和乳源县的南岭、云门山等5个旅游集散中心；完善旅游标识系统，编制韶关旅游标识标牌设计方案，新增树立14块主要景区的交通指示牌；推进旅游厕所革命，完成新建改扩建旅游厕所295座，推进旅游厕所第三卫生间建设。推进旅游交通建设，年度计划新建改扩建旅游公路32条、完成总里程50千米，完成工可路线23条，8条公路开工；完成《韶关市云轨交通线网规划方案》《韶关市有轨电车规划方案》初稿；完成锦江（元阳桥至锦江口）旅游航道开发初步方案。抓好智慧旅游建设，策划韶关市智慧旅游公共服务信息平台建设方案，策划韶关市智慧旅游大数据中心与气象应急管理平台中心对接方案，完成《韶关市旅游气象服务信息平台建设》一期建设，其中11个景区完成设备安装，7个景区完成基础建设。

【四大景区提升建设】 2017年，韶关市从体制机制、规划建设、文化挖掘、招商引资、基础设施等各方面，推进大丹霞、大南华、大南岭、大珠玑四大重点景区建设。

大丹霞项目建设 丹霞山景区旅游产品提升和空间拓展加快。2017年，印发《关于推进大丹霞旅游项目建设工作方案》，成立大丹霞旅游项目招商工作领导小组。开展丹霞山整治整改提升，完善游客服务功能，更新更换景区部分标识标牌，启动景区主入口市政道路改造、北门片区道路路面和停车场改造、景区沿江步道一期项目建设，增加安全警示标识及监控设施，景区整体旅游形象提升。组织策划科普及“旅游＋文化＋体育”等系列活动。完成景区资源和项目基本情况的摸底调查以及南门片区开发方案梳理，启动丹霞山资产经营公司与丹霞山资产运营公司整合重组工作。引进战略投资者，韶关市委、市政府主要领导带队与旅游行业龙头企业洽谈，启动“夜丹霞”项目策划，打造丹霞山旅游新亮点。组建18个工作小组对韶关特色文化资源进行挖掘、收集、整理和归纳。以恢复韶乐创作为牵引，对大丹霞景区周边民俗传说、宗教文化、地质文化和韶乐文化进行重点挖掘。

大南华项目建设 2017年，大南华项目主要推进大南华规划设计和整治提升。成立韶关市大南华整体提升工作领导小组，按照“文化凸显、布局合理、环境优美、交通顺畅”目标，调整优化大南华总体规划。博物院的规划设计加快，制定博物院设计方案招标文件。初步完成博物院和禅修院体验修行区选址工作。启动景区周边环境整治工作，开展大南华景区拆违控违暨市容市貌整治提升行动，推进景区外部“三路”建设，完善京港澳高速沙溪出口和韶关南出口至南华寺的交通指示标识。

大南岭项目建设 2017年，大南岭旅游项目完成年度投资7.57亿元，完成计划任务的108%。环瑶山公路建设推进加快。旅游公共服务系统进一步完善，在乳源瑶族自治县各高速出口及重要分叉路口处新设立和更新景区指示牌。以丹霞机场建设为契机，启动谋划建设航空特色小镇。

大珠玑项目建设 2017年，大珠玑项目重新修编景区控规，编制景区重点地块修建详规。制定景区房屋土地流转方案，明确流转程序，部分村民签订流转协议。景区基础设施建设加快，完成珠玑古巷百姓堂一层建设，完成珠玑古巷家风家训展示馆布展招投标，加强梅关古道雄公嵊村环境整治，在梅关古道种植一批红梅，完成珠玑古巷外围柏油路面铺设工程。文化挖掘力度加大，举办第四届姓氏文化旅游节，启动对10家姓氏宗祠（纪念馆）姓氏文化展示布展的规划设计，设置各姓氏“家训家风”，完成在梅关古道两旁恢复一批有重要记载的书法碑刻规划设计。成立南雄市珠玑（梅岭）景区管理中心，负责珠玑古巷、梅关古道景区日常管理和规划建设工作。

旅游行业管理

【现代旅游治理体系构建】 2017年，韶关市创新体制机制，构建现代旅游治理体系。启动旅游行政管理体制改革，对韶关市旅游发展委员会（以下简称市旅发委）成员进行调整并完善工作制度，4个县（市、区）参照市的做法成立旅游发展委员会，召开2次市旅发委会议和多次旅游专题会议，研究布置旅游文化提升重点工作。推动公安、工商、司法等部门构建管理内容覆盖旅游领域新机制，2017年乳源瑶族自治县在南岭国家森林公园、云门山旅游度假区、广东大峡谷景区、天井山国家森林公园新设立旅游巡回法庭。

【旅游监管】 2017年，韶关市开展系列旅游市场整治专项行动，联合相关部门开展旅游包车安全整治、高风险旅游项目安全规范、景区流量控制治理、出境游安全提升四大专项整治行动和国庆中秋节前全市旅游安全生产及市场秩序大检查行动。全年全市开展旅游市场检查39次，出动检查202人次。做好旅游投诉处理，全年受理投诉29宗，结案29宗，结案率100%。开展旅游政务工作，做好旅行社的设立审批、门市部备案登记，完成旅行社审批、事项变更和注销业务42宗，完成1308名电子导游注册审核工作。提升旅游服务水平，推进旅游志愿服务工作。黄金周期间，在全市38个重点高速公路出口、主要景区设立志愿者服务台，安排旅游志愿者为游客提供咨询、引导、茶水等贴心服务，发挥旅游志愿者在文明旅游倡导方面的作用。加强对国家A级旅游景区创建工作的指导。韶关市枫日泉生态温泉度假村景区和韶关市幽兰谷风景区创建为国家AAA旅游景区。（邓礼军）

丹霞山

【概况】 管理机构为韶关市丹霞山管理委员会（以下简称丹霞山管委会），与广东韶关丹霞山国家级自然保护区管理局合署办公，挂丹霞山国家级风景名胜区、国家级自然保护区、国家AAAAA级旅游景区、国家地质公园、世界地质公园、世界自然遗产几块牌子，为韶关市政府直属参照公务员管理公益一类事业单位，正处级。设4个科（室），机构人员编制15人。2017年，丹霞山接待游客259.8万人次，旅游总收入6.27亿元。

【规划设计】 2017年，丹霞山管委会协助市规划局和规划编制单位开展丹霞山风景名胜区控制性详细规划编制工作。9月完成丹霞景区、韶石景区、巴寨景区、飞花水景区、仙人迹景区、锦江风光带、浈江风光带7个片区详细规划中期成果。开展环丹霞山游憩景观道项目规划工作。2月15日，完成对测绘、可行性研究报告编制、规划编制及环境影响评价项目的招标工作；3月22日，完成项目的测绘成果；5月8日，通过环丹霞山游憩景观大道规划评审；5月18日，通过环丹霞山游憩景观大道工程可研究性报告评审；项目环境影响评价成果提交讨论。开展丹霞山国家级自然保护区范围和功能区调整申报工作。聘请中国地质大学团队对丹霞山自然保护区原有规划存在的问题开展前期调查、评价。按照《国务院关于印发国家级自然保护区调整管理规定的通知》的规定，管委会向市政府提请启动丹霞山国家级自然保护区范围和功能区调整申报工作，先后向广东省国土厅、省环保厅提请下发丹霞山自然保护区边界数据矢量。

【基础设施建设】 2017年，丹霞山基础设施建设总投入659万元。完成阳元石步道、翔龙湖旅游步道和长老峰别传寺区域旅游步道3条步道改建，索道上站至舵石旅游步道和长老峰票站至于翔龙湖码头道路2条旅游步道在建项目；完成丹霞山翔龙湖码头、索道上站、阴元石3座旅游厕所改建；完成别传寺、菜籽坝2座旅游厕所新建；完成游客服务中心和长老峰2座第三卫生间建设。增设13个景区视频监控点，完成丹霞山景区标识牌更新，安装游客中心Wi-Fi无线覆盖和景区语音广播系统建设。

【丹霞山户外活动品牌】 2017年，丹霞山继续打造户外运动活动品牌。11月25日上午，由广东省体育局、广东省旅游局支持、韶关市旅游局、韶关市体育局、韶关市丹霞山管理委员会主办的第十届“徒步穿越丹霞山”活动在韶关丹霞山举行，该届徒步穿越丹霞山活动线路全程49.5千米，有徒步爱好者6708人参加（其中，韶关市内2024人，市外4684人）。12月30日，由省体育局社会体育中心、省户外运动协会、省旅游协会以及市体育局和旅游局指导，丹霞山管理委员会、仁化县人民政府主办的南粤古驿道·2017年仁化首届迷你徒步穿越丹霞山活动，来自各地的徒步爱好者1204人参加活动，其中1140人完成穿越。

【丹霞科普教育】 2017年，丹霞山科普基地接待参加科普活动的游客40万人次，近10万师生和社会公众参与丹霞山主题科普活动。全年开展32场“中国丹霞进校园、进博物馆”科普讲座，实施5个批次丹霞山科普志愿者培训，承办国土资源科普基地办公室主办4批次共120人参加的“丹霞山科普志愿者体验营培训班”，举办各类科普展览、主题活动20余场。3月6日，丹霞山科普基地被中国科学技术协会评为“全国优秀科普基地”；5月，公园负责科普工作的陈昉入选联合国教科文组织世界地质公园评估专家，于7月到日本云仙世界地质公园执行评估任务；10月，丹霞山科学名山科普品牌活动（中国丹霞进校园、丹霞山科普志愿者训练营、丹霞山自然学校）在首届中国（黄石）地矿科普大会上获得优秀奖；12月，丹霞山国家级自然保护区被中华人民共和国教育部命名为首批“全国中小学生研学实践教育基地”。丹霞山地质公园出版《图说丹霞山科学名山》，该书获国土资源部优秀科普图书奖；12月26日公园与王屋山—黛眉山、乐业—凤山缔结友好姊妹公园。（韩秀娟）

交通运输·邮政·信息

交通管理

【概况】 2017年，韶关市公路通车里程16628千米，公路密度91千米每百平方千米，通车里程比上年增加1355千米。按技术等级分，有等级公路16590.824千米，其中高速公路538.951千米、一级公路222.282千米、二级公路827.784千米、三级公路1436.483千米、四级公路13565.324千米，等外公路37.72千米。按行政等级分，有国道1376.947千米，省道1629.833千米，县道1097.822千米，乡道7946.187千米，专用公路34.949千米（另有村道4542.806千米，不计行政等级）；公路桥梁2403座/172599.67米（含高速公路）。铁路运营里程462千米。全市内河航道维护里程386千米（其中等级航道256千米），泊位23个，泊位年通过能力530万吨，营运船舶890艘。全市有道路运输车辆（不含公交车、出租车）8224辆，其中营运客车1057辆，营运货车7167辆。全市有等级道路客运站21个，其中一级客运站1个，二级客运站7个。全市1082个行政村开通农村客运班车，开行农村客运班线131条。全市有出租汽车895辆，公交车辆839辆，公交线路93条。 （张 健 傅悦舟）

【交通基础设施建设】 2017年，韶关市交通基础设施完成投资94.02亿元，为年计划的110%。其中：公路78.43亿元（高速公路68.22亿元，普通国省道5.7亿元，农村公路4.51亿元），市政道路（仅指由交通部门负责的曲江大道）4.15亿元，水路7.12亿元（北江航道扩能升级），站场2.31亿元，机场2.01亿元。武深高速仁化段（约50千米）于12月28日建成通车，汕昆高速翁源龙连段（约7千米）建成，该市首条采用PPP模式建设的高速公路韶新高速动工。京广高铁乐昌东站建成启用，芙蓉新城综合客运枢纽工程一期基本建成，韶关机场、韶关东郊客运枢纽动工建设。

▲2017年5月8日，广东省机场管理集团韶关丹霞机场有限公司揭牌

（张 伟 摄）

【京广高铁乐昌东站】 2017年5月1日，京广高铁乐昌东站建成启用。该站位于乐昌市长来镇，距离乐昌市区3千米，北距郴州西站82.3千米，南距韶关站44千米，为线侧平式车站。该站于2015年12月30日开工建设，2017年4月25日通过验收。总投资2.5亿元，设有2个站台，4条到发线路。站房主体一层，局部为地面三层、地下一层，总建筑面积4478平方米，站台雨棚覆盖面积6980平方米。

【交通运输行政执法】 2017年，韶关市组织开展打击非法营运与整治出租车市场、客运市场、危货运输市场等专项行动，加强火车站、汽车站等客运枢纽运输秩序综合治理；加强水路巡查执法；开展固定治超、流动治超、源头治超，开展治超非现场执法。全年全市检查车辆12.5万辆次，查处违章车辆1780辆，比上年增加24.2%；查处违章案件1973宗，比上年增加28.1%。（杨 蕊）

【交通运输安全生产管理】 2017年，韶关市以“两客一危”道路运输企业、道路客运站场、码头和在建高速公路为重点监管对象，开展安全生产专项整治，推进交通运输企业安全生产标准化建设。全年全市组织开展道路危货运输、应对低温雨雪冰冻灾害天气、边坡坍塌导致交通中断、防范船舶碰撞桥梁等应急救援演练10余次，约谈发生影响较大事故或事故频发的企业负责人。全年全市发生交通运输安全生产事故10宗（其中道路运输安全生产事故8宗，交通建设工程事故2宗），死亡13人，未发生较大及以上安全生产事故。

（钟　敏）

【韶关市公交线网发展规划】 2017年，韶关市交通运输局委托中华人民共和国交通运输部规划研究院组织编制《韶关市公交线网发展规划（2016—2030）》。规划以公交现状为基础，充分考虑到公共交通发展需求，确定韶关市公共交通发展目标、发展策略，合理制定公共交通发展指标，明确公交场站、公交线网等规划内容。规划经多次论证，于4月18日通过专家评审，并于7月3日至8月3日在韶关市交通公众网、韶关市政府信息公开平台向社会公示。2018年1月2日，该规划获得省交通运输厅符合性审查意见。

【交通运输生产】 2017年，韶关市公路客运量5291万人次，客运周转量27.3亿人次千米；公路货运量1.48亿吨，货运周转量254.7亿吨千米，同比增长7.5%。水路货运量4602万吨，货运周转量105.7亿吨千米，同比增长2.1%；港口吞吐量63.9万吨。（张　健）

【2017年春运】 2017年1月13日至2月21日春运期间，韶关市运送旅客469.9万人次，其中铁路发送旅客70万人次，同比下降4.5%（其中，韶关火车东站发送旅客30.9 万人次，同比下降1.6%；武广客运韶关站发送旅客25.2万人次，同比下降2%，其他车站发送旅客13.7万人次，同比下降14.4%）；道路运输发送旅客278.05万人次，同比下降10.34%，发出班车13.8万班次，同比下降13.2%；水路发送旅客4.1万人次，同比上升21.7%。京港澳高速公路车流量出口为103.26万车次，入口为93.86万车次；乐广高速公路车流量出口为57.95万车次，入口为57.07万车次；南韶公路车流量出口为101.9万车次，入口为107.24万车次。

城市公共交通

【概况】 至2017年底，韶关市有出租汽车企业13家，出租汽车895辆，正常营运出租汽车599辆（含纯电动出租车98台），其中，市区有出租汽车443辆（含曲江区出租汽车43辆）。新丰县城首开城市公交。全市有公交企业10家（含子公司、分公司），车辆839辆。市辖三区有公交企业5家，车辆693辆，线路72条（其中：城市公交车辆601辆，线路51条；城乡公交车辆92辆，线路21条）。2017年，全市公交客运量6339.27万人次，其中市辖三区公交客运量5975.5万人次。

【新能源公交车更新及新增】 2017年，韶关市新购纯电动公交车44辆。其中：曲江区更新24辆，新丰县新增20辆。新丰县、南雄市首开纯电动公交车。（傅悦舟）

【韶关市区公交站亭建设】 2017年，韶关市交通运输局配合城市提升，在市区新建港湾式公交候车亭16座，4个公交站场（十里亭公交总站与莞韶园、百旺桥、上饶桥公交首末站）建设前期工作推进；配合韶关市创文工作，更新简易站牌80座，迁移公交候车亭13座，维修整治农村公交候车亭35座，新增站点12个。（傅悦舟　王　健）

【韶关市区调整、新增公交线路】 2017年，韶关市区调整公交线路3条；新增公交线路5条，分别为K111专线（鑫金汇至市高级技校）、42路公交线（南郊八公里至鑫金汇公交总站）、莞韶工业园专线（韶关站—甘棠工业园）、比亚迪公交专线（小岛北门—比亚迪）和34B专线（马坝—鑫金汇）。

【公交信息化建设】 2017年，韶关市在25条线路、270辆公交车辆改造安装互联互通的全国一卡通终端设备。岭南通·韶州通公交IC卡累计发行418274张，2017年使用岭南通·韶州通公交IC卡乘车3205.15万人次。智慧公交ODA移动支付项目在韶关市15路公交线试点运行，是在2011年韶关市全面开通金融IC卡闪付乘车基础上的一项重大技术更新。

【网约车管理】 2017年，韶关市试行《韶关市网络预约出租汽车经营服务管理实施细则》。逐项落实网约车平台公司、网约车辆、网约驾驶员证件核发等工作，调整韶关市出租汽车（包括巡游车与网约车）驾驶员从业资格考试“二合一”（公共科目与区域科目）题库及组卷方式。11月27日，韶关市交通运输局向社会发布《关于规范网络预约出租汽车驾驶员从业资格管理的通告》，启动网络预约出租汽车驾驶员考试、发证工作。

公路交通运输

【概况】 至2017年底，韶关市有道路运输营运客车（不含公交车和出租车）1057辆、37474客位；营运货车7167辆、80076吨位；道路客货运输业户6030户，从业人员51776人；汽车维修业户1927户；汽车综合性能检测站9个；机动车驾驶员培训业户24户；道路客运线路326条，道路客运等级站21个，其中一级站1个，二级站7个，三级站2个，四级站9个，五级站2个。

【道路客运】 2017年，韶关市有道路客运业户28户，其中班车业户24户。客运班车878辆，旅游包车179辆；高级车525辆，中级车491辆，普通级车41辆。客运从业人员11978人。客运站日均发2695班次。跨省客运线路35条，跨市线路129条，跨县线路31条，县内线路131条。

【农村客运】 至2017年底，韶关市开行农村客运线路131条。全市99个乡镇全部通客运班车；新增通客运班车行政村99个，全市1202个行政村中的1082个通客运班车；农村客运车辆442辆，客位11326个；乡镇等级客运站11座，农村客运候车亭998个。

【道路货运】 2017年，韶关市有道路货运业户4016户，从业人员14226人，其中危险品运输16户，从业人员3633人。营运载货车辆7167辆（个体2486辆）、80076吨位（个体11973吨位）。按车型分为普通载货货车3128辆、15760吨位；牵引车2051辆；挂车1988辆、64316吨位；普通载货汽车按标记吨位分为大型车辆2975辆、76488吨位，中型车辆232辆、927吨位，小型车辆1909辆、2661吨位。

【机动车维修与检测】 2017年，韶关市有一类汽车维修业户28户，二类汽车维修业户190户，三类汽车维修业户1131户，摩托车维修业户578户。全年全市完成维修量3338378辆次，其中整车修理279486辆次，总成修理228690辆次，二级维护790553辆次，专项修理1869325辆次，维修救援170324辆次。汽车综合性能检测站9个，全年检测车辆14867辆次，其中维修竣工检测8020辆次，等级评定检测2539辆次，维修质量监督检测2438辆次，其他检测1870辆次。

【道路运输培训】 2017年，韶关市有机动车驾驶员培训机构23家，其中一级机动车驾驶员培训机构9家，二级机动车培训机构9家，三级机动车驾驶员培训机构5家；道路运输驾驶员从业资格培训机构1家。2017年，机动车驾驶培训教学备案车辆1882辆，教练员2343人。全年完成机动车驾驶员培训82317人次，其中培训合格 74068人次。驾培计时平台与省监管服务平台实现对接。道路运输从业资格培训4946人次，其中初考2192人次，补考1431人次，到期换证2798人。 （傅悦舟）

【车辆超限超载治理】 2017年，韶关市全面实施治超新政，加强货运源头治理，在源头企业安装视频监控设备34个，与市区22家重点源头企业签订超限超载治理责任书，与14家货运企业签订安全生产责任书，初步建立路面执法与源头监管联动机制。在京港澳高速、南韶高速、乐广高速和大广高速4条高速公路、37个收费站全面启动治超非现场执法。联合开展高速公路入口劝返行动79次，劝返超限车辆195辆次。全年全市开展治超专项整治行动约1800余次，检查车辆27232辆次，查处超限车辆1154辆次，超载率4.23%，卸载560辆次，卸载货物18067.68吨。落实“一超四罚”，向车辆属地交通部门抄告违法超限车辆，对符合“一超四罚”条件的市区3家企业责令停业整顿。 （杨　蕊）

【韶关市粤运汽车运输有限公司】 详见244页。

【韶关市汽车运输有限公司】 2017年，韶关市汽车运输有限公司完成客运量400.26万人次，同比下降约20%；客运周转量19148.59万人千米，同比下降约15%；营运收入2316万元，同比下降约25%；交纳税金166万元；全年无更新和新增营运客车。至2017年底，所有营运车辆安装GPS行车记录仪和车载视频监控。2017年，该公司每百万千米责任事故频率0.0006宗，伤人率0.0001人，死亡率0人，经济损失率30元每百万车千米。全部考核指标均低于考核标准。 （陈松南）

【新丰县汽车运输有限公司】 至2017年底，新丰县汽车运输有限公司有营运客车102辆，其中市际班线45辆，县际班线8辆，县内班线49辆，合计座位3510个。安全行车1008.4万千米，同比下降0.3 %；完成客运量145.66万人次，同对比下降14.99%；完成客运周转量12089.78万人千米，同比下降24.13%。 （陈华栋）

公路建设与管理

【武深高速仁化段建成通车】 2017年12月28日，武深高速仁化段建成通车。该路段于2015年6月开工，主线路线56.2千米，此次通车里程49.6千米。沿线经城口镇、丹霞街道、黄坑镇、周田镇等4个镇（街），设城口主线站（城口镇）、恩村站（城口镇上寨）、仁化站（丹霞街道办）、丹霞山站（丹霞山）等4个收费站和丹霞山服务区、城口停车区各1对。城口主线站至城口互通段为双向四车道，设计速度80千米每小时；城口互通至仁化互通段为双向四车道，设计速度100千米每小时；丹霞山互通至丹霞枢纽连接南韶高速（G6011）互通为双向六车道，设计速度100千米每小时。2017年，武深高速韶关段完成投资52.4亿元。

【韶新高速公路开工建设】 韶新高速公路是广东省2017年重点开工项目，投资估算125亿元，是韶关市首条自主谋划并通过PPP模式实施建设的高速公路。该高速公路采用双向六车道高速公路标准，设计速度100千米每小时。主线全长83.3千米，起点设在京港澳高速公路五龙岭隧道以南2.1千米的新江镇上坝村，终点设在惠州市龙门县的蓝田乡。2017年，该高速公路完成立项、全线初步设计评审、水源保护区调整等工作，于10月31日在滃江大桥施工召开现场推进会。2017年，完成投资6.02亿元。

【多条高速公路建设完成前期准备】 2017年，韶关至连州高速公路（韶关段65千米）路线踏勘报告通过专家评审。信丰（省界）至南雄高速公路完成工可报告编制及评审，被纳入广东省高速公路路网。雄乐高速乐昌至仁化段完成工可报告编制。武深高速公路始兴联络线通过工可报告初审，确定路线走向。南韶高速欧山互通立交完成工可报告编制。

【农村公路建设】 2017年，韶关市出台《韶关市加快农村公路建设实施方案》，办好农村公路硬底化500千米以上的民生实事。全年全市完成农村公路水泥路面硬化里程543千米，投资19024.18万元。其中，乐昌、翁源完成较多，均逾90千米。完成未通客车行政村窄路基路面公路拓宽改造61.4千米，投资2908万元。安防工程建设项目完成14个，完成整治里程53.36千米，其中未通客车行政村公路生命安全防护工程完工项目4个，整治隐患里程16.285千米。

【旅游公路建设】 2017年，韶关市出台《韶关市旅游交通公路项目建设实施方案》，推进环南岭生态旅游公路规划。全年全市有7个旅游公路项目开工建设，完成路基路面里程51.8千米，投资8934万元。

【地方公路桥梁改造与新建】 2017年，韶关市有桥梁建设项目1591.496米/23座，完工17座，在建6座，完成投资2318.395万元。其中：危桥改造（含水毁桥梁）项目19座，完工691.4米/14座，在建192.856米/5座，累计完成投资1886.405万元；新建桥（含渡改桥）项目4座，完工554.94米/3座，在建152.3米/1座，累计完成投资413.59万元；桥梁维修加固完工52米/1座，累计完成投资18.4万元。

【农村公路养护】 2017年，韶关市出台《韶关市农村公路养护管理办法》。全年全市县道（含重要乡道）路面大修工程完成43.1千米，累计完成投资13271.75万元。全市管养县道里程1834.04千米，列养率100%，年平均优良路面率89.3%；管养的乡村公路里程10913.809千米，列养率100%，年平均良好路面率83.1%。

▲2017年12月28日建成通车的武深高速仁化段立交枢纽　（谢锦树 摄）

【农村公路水毁】 2017年，韶关市受强降雨影响，中断交通的地方公路有7条/7处，其中，坍塌方2.12万立方米/128处，水毁挡墙2.02万立方米/160处，水毁路面3090.75平方米/2.22千米，水毁涵洞68道，水毁桥梁4座/154.5米，共损失1947.94万元。

（刘清东　吴悦嘉）

【交通工程质量安全监督】 2017年，韶关市受理含国省道、县道大修、安全生命防护工程、水毁工程监督登记项目25个，建设总里程约530千米，累计投资8.6亿元。完成交工检测项目17个，出具交工检测报告17份，鉴定报告14份。全年组织开展质量安全监督专项检查8次，安全监督检查50多次，发出监督检查通知书16份。组织开展韶关市公路水运工程试验检测机构水泥和钢筋比对试验活动，对全市在建13个项目的主要原材料开展原材料监督抽查4次，完成2个工地试验室的考核备案工作。质量安全监督覆盖率100%。

【造价管理】 2017年，韶关市交通运输局抓好市管交通工程造价管理工作，完成项目审查31项，其中，决算审查3项，预算审查14项，清单核备14项，审查总金额19.65亿元，核减金额1650.21万元。做好韶关市区砂、石、水泥等原材料价格信息采集工作，开展2017年度韶关市公路工程造价监督检查工作。

（熊　霞）

国省道公路建设与管理

【国省道公路建设项目进展】 2017年，韶关市列入广东省2017—2020年普通国省道建设项目库的项目有33个，建设里程668毛料，估算总投资68.84亿元，争取到省补助资金31.5亿元，约占全省2017—2020年普通国省道建设项目投资总额225亿的14%。全市有国省道重点工程项目15个，其中续建项目4个，新开工项目9个，处于设计阶段项目2个。

续建项目进展　国道220线（原省道244线）始兴贤丰至周所段及省道343线贤丰至始兴县城段改建工程项目完成3.767千米建设规模调整，施工图设计由韶关市交通运输局批复；国道105线新丰县城段改建工程完成主体工程，年底交工验收并通车；省道347线新丰县横江至梅坑段路面改造工程完工，9月28日通过交工验收；国道358线（原省道341线）翁源县城过境公路改建工程第一期3.07千米市政道路实施主体工程完工，5月12日召开联席会议明确并完善第二期工程基建程序。

新开工项目进展　2017年，国道240线乐昌老坪石至高家村段路面改造工程，全长30.58千米，年底完成路面主体工程；国道535线乐昌市廊田至乐昌市区段路面改造工程启动建设；省道245线翁源半溪至坝子段路面改造工程实施全深式冷再生基层，年底基本完成主体工程；省道248线乐昌城区至长来中学段路面改造工程9月开工，年底完成除降桥梁外的路面主体工程；省道342线分水坳至雄州段路面改造工程年底完成路面里程18千米；省道342线塘面至双合水段路面改造工程年底主体工程基本完成；国道220线新丰黄礤至县城段路面改造工程年底完成路面里程10千米；省道251线黄岭亭至汤湖段公路改建工程于6月30日开工；省道258线乳源县鸭麻湖至大布段改建工程完成路基施工。

处于设计阶段项目　2017年，国道323线乳源上围至沙坪段改建工程在进行施工及施工监理招标。省道248线犁市至黄冈段改建工程在进行初步设计。

【国省道项目建设管理】　2017年，韶关市公路局建立与项目沿线地方政府联席会议制度，针对项目建设遇到的征地拆迁、管线迁移等难点问题，加强与沿线地方政府、相关管线管理单位的沟通协调，营造“无障碍”施工环境。建立韶关市公路局领导挂点联系重点建设项目责任制，制定《韶关市公路局加强国省道工程项目督查管理工作措施》，成立督导组，加强对建设项目的履约检查与合同管理，推动项目在确保质量、安全的前提下加快建设进度。

【旅游公路规划建设】　2017年，韶关市公路局服务韶关全域旅游发展规划，围绕“大丹霞、大南华、大南岭、大珠玑”四大重点旅游景区建设，规划和建设旅游公路。2017—2020年，韶关市计划实施13个国省道旅游公路项目，其中8个为道路主体提升工程，其余5个为完善旅游配套设施工程，在国省道升级改造的基础上，增加旅游服务元素，完善旅游标识标牌、接待中心和其他服务设施。

【公路养护管理】　2017年，韶关市公路局抓好桥梁养护管理，完成25座桥梁中修工程、15座深水基础及13座高度与跨径大的桥梁检测，以及犁市立交桥危桥改造、锦江大桥梁体纠偏工程等，总投资约800万元；推进文明示范路建设，完成国道106线、国道323线文明示范路建设任务257千米，总投资1亿元；实施公路安全生命防护工程，完成157.87公千米建设任务，总投资720.3万元。

【国省道应急抢险保通和灾毁恢复重建】　2017年，韶关市公路局强化应急保障，在粤北山区冬季特别是春运期间，做好除雪、除冰等机械设备和物资储备，完善警示标志、做好安全提醒、水毁防汛值班值守，加强上路巡查和防汛督查，开展公路灾毁保通和水毁修复工作。2017年，完成国道240线坪石至乳源县城段灾毁恢复重建工程工作量的50%，完成投资1460万元；完成一般灾毁修复47处，处治路面1828平方米，处治路基1354立方米，总投资251万元。

【公路综合服务】　2017年，韶关市公路局落实“一门式一网式”政府服务改革，推行便民服务举措，全年办理路政许可审批18宗。建立国省道公路路产登记管理系统，完成236.5千米路产资料的录入工作。

【年票追缴及人员分流安置】　自2017年1月1日起，韶关市全面取消车辆通行费年票、次票或委托高速公路代收普通公路次票，同时撤销韶关市公路局所属南雄收费站、坪石收费站2个非经营性收费站。取消路桥通行费年票后，加大欠费追缴力度，全年全市有13194台车辆补缴年票，缴费803.9万元。依法依规和法定程序，保障职工知情权、参与权，最大化保障职工合法权益，完成收费人员分流安置与债务遗留处置等各项工作。

【公路服务区建设】　2017年，韶关市公路局按照《广东省普通国省干线公路服务设施建设技术指南》，创新“公路服务区+旅游驿站”建设模式，推进国省道重点旅游线路设立服务区。3月2日

▲2017年3月2日下午，韶关市公路局与广州岭南国际企业集团有限公司签署战略合作框架协议　（张　伟　摄）

下午，韶关市公路局与广州岭南国际企业集团有限公司（以下简称岭南集团）签署战略合作框架协议，通过合作，以国省道服务区建设为切入点，打造旅游公路服务区“品牌”。韶关市副市长李欣，市发改局、市国土局、市旅游局、市商务局、市公路局等有关部门负责人出席签约仪式。启动将仁化县月岭养护中心、九峰养护中心和小坑养护中心改造成国省道公路服务区工作，公路服务区内设置标识标牌、观景台、安保设施等服务项目。将周田、南雄珠玑、乐昌九峰、曲江汤溪服务区列入韶关市“十三五”公路服务区的重点服务区建设。2017年，周田服务区完成工可、立项，九峰、汤溪服务区完成初步选址，南雄珠玑服务区制定房屋置换计划。

【公路行业安全生产管理】 2017年，韶关市公路局落实《中华人民共和国安全生产法》等法律法规和“一岗双责”等规定，层层签订安全生产责任状。开展安全生产宣传、安全知识培训、应急演练、安全检查等形式多样的“安全生产月”活动。开展路树砍伐、路面病害抢通、公路自然灾害应急救援、道路养护作业区安全设置、山体滑坡应急抢险等演练活动。强化公路行业安全生产的重要部位、重点环节的安全生产检查督导、隐患治理、应急管理工作。开展公路养护、施工、渡口运输、事故多发路段、桥梁、隧道等关系人民群众生命财产安全的重点领域隐患排查整治。2017年，韶关市实现全年责任死亡事故和工伤死亡事故为零的目标。（马德才）

水路交通运输

【概况】 截至2017年底，韶关港岸线2079米，建成泊位61个，其中正常使用泊位数23个，堆场102519平方米，堆场容积44.5万吨，年货物通过能力570万吨。2017年，韶关港年吞吐量63.9万吨，同比增长27.95%。

【港口企业】 2017年，韶关市有登记在册港口企业6家，均为民营港口企业，其中，1家为客运港口企业，5家为普通货运港口码头企业，没有经营危险品货运港口码头企业。5家货运码头企业中有3家处于停业或歇业状态，2家码头为散货码头，经营规模较小。有港口从业职工160人，其中港口管理人员35人，专业技术人员70人，安全生产管理人员25人，后勤人员30人。港口装卸设备包括吊机6台、铲车7台、输送机4台，吊机最大起重能力40吨。

【航运能力】 2017年，韶关市有航运企业13家。建造船舶23艘、52713.5载重吨。全市有营运船舶890艘、1083639.46载重吨、582客位、260697千瓦，其中货运船舶872艘、1083639.46载重吨、259729.6千瓦，船舶数量和载重吨同比分别增长2.18%、7.78%。（刘洪亮）

航　道

【概况】 主管单位为广东省韶关航道局（以下简称韶关航道局），隶属于广东省航道局的正处级参照公务员管理事业单位，公益一类，编制82人，内设3个机构，下设2个航标与测绘所（浈江航标与测绘所、武江航标与测绘所）。韶关航道局辖区航道位于北江中上游，航道里程386千米，其中Ⅲ～Ⅶ级航道256千米。北江的上游称为浈江，武江是北江的主要支流。浈江由南雄至韶关全长130千米，其中周田至韶关39千米，规划航道技术等级为Ⅲ级，其他航道技术等级为Ⅶ级。武江坪石至韶关全长129千米，其中坪石至乐昌铁路桥62千米为等外航道；乐昌铁路桥至桂头旧大桥29千米，航道技术等级为Ⅶ级；桂头旧大桥至韶关38千米，规划航道技术等级为Ⅲ级。北江韶关市区至大坑口分界石全长49千米，航道现状等级Ⅴ级，规划航道技术等级为Ⅲ级。此外，辖区航道还有龙归河、锦江、新丰江、滃江和墨江等。2017年，韶关航道局有各类航道维护船舶6艘，辖区航道内有水利枢纽16座，跨河桥梁56座，航道内设置各类航标253座。武江所完成测绘丙级资质的申报。

【航道养护管理】 2017年，韶关航道局按《内河航道维护技术规范》等规定，做好航道养护工作，突出抓好春运、洪水、枯水等特殊时期的养护。全年全市投入航道专项经费159万元，航道维护水深年保证率100%，航道维护尺度满足规定要求。按规定开展航道巡查、浅滩探测、水位站维护、水情观测、船舶密度观测、航道维护技术方案考核、节能减排等工作；完成航道测量仪器项目招标文件和项目技术方案编报、武江（犁市至七星墩）、武江乐昌峡水利枢纽库区测绘成果上报等工作；完成武江厢廊滩维护疏浚、武江所五里亭码头维修、大坑口简易码头维修、业务用房维修等工程，航道通航条件和管理基础设施得到改善。

【航标维护】 2017年，韶关航道局完成航标维护工程量74965座/天，航标维护性正常率100%；完成市区桥梁桥涵标调整工作，改造启用发光航标里程26千米，通航环境改善；完成韶关航道局航标遥测遥控实施细则、航标维护管理实施细则等规章制度及代管桥涵标和桥柱灯配套电源指导性意见编制；完成专用航标验收12宗，航标档案及时更新，对北江原75号废弃岸标进行拆除，临时关闭、撤销和停用航标4座；恢复受孟洲坝水电站蓄水影响的库区航标；抛设北江南郊三公里沉船专用航标，加强应急处置；完成乐广高速白土北江大桥桥柱灯失常整改，排查更换所有桥梁涉及使用存在问题的航标灯，航道通航安全得到保障。

【北江航道扩能升级】 2017年，韶关航道局参与广东省重点项目——北江（韶关至三水河口）航道扩能升级工程。在濛浬二线船闸工程及孟洲坝二线船闸工程办理修建跨、拦、过、临建筑物审批和通航水域水上水下施工作业审批手续时，发布航道通告；在工程施工前，对施工区域上下游航段进行航标调整，提出施工河段航道监管意见；在工程施工前、后，依法依规，密切配合，协调、报告省市、有关部门，提出合理化建议。

【北江航道扩能升级上延工程】 项目工程可行性研究工作2017年1月启动，项目先行工程计划2019年9月开工。韶关航道局成立北江航道扩能升级上延工程筹建处，协助广东省航道局落实相关工可研究工作，承担工可研究及前期专题工作和协调处理项目重点、难点问题。

【配合广东省航道支持保障系统工程】 2017年，韶关航道局开展北江孟洲坝枢纽下游新建航道管理站场工程相关工作，对工程选址开展现场调研踏勘，与属地政府、规划、土储等部门进行复核，拟定征地协议；协助广东省航道局开展水上服务区的调研工作，初步选定水上服务区建于曲江区白土至大坑口航段。

【船舶管理】 2017年，韶关市投入道标船维护经费95万元，按要求进行计划修理和三级保养，完成粤标1503、粤道工1503、粤标1508和粤道政1506等4艘船舶的年度维修保养工作；开展船舶应变部署演练，强化安全意识；详细、准确地填写航行日志、轮机日志，船舶技术档案，船舶技术资料比较齐全完整。2017年年末，船舶联合检查船舶完好率100%，优秀率100%。

【航道依法行政】 2017年，韶关航道局推进航道依法治航。完成航道业务咨询服务35余宗，航道专项验收4宗，行政审批24宗，巡查航道里程4382千米，施工现场监管73项次，移送违法案件14宗；完成“一门式一网式”行政审批办事指南、业务手册的编制和网站、窗口公开工作；完成航道行政监管实施细则和窗口规章制度修订。完成未设桥涵标桥梁和未维护桥涵标桥梁，以及“未批先建”港口码头的统计排查工作，累计排查桥梁54座，港口码头5座；督促完成桥涵标设置4座，补办桥涵标审批手续6座；完成北江（韶关至乌石）航道扩能升级桥梁通航孔防撞和航道工程，滃江大桥审批；督促武深高速公路浈江大桥和广东国粤韶关综合利用发电新建项目取水口清理施工遗留物，并设置专用航标等工作。加大联合执法协作力度，开展航道行政执法联席会议4次，联合执法7次，督促完成违法案件3宗。

【航道安全生产】 2017年，韶关市投入安全生产经费22万元，用于开展安全生产宣传教育活动、应急演练、安全隐患排查整治等。完成韶赣高速周田浈江大桥、总甫浈江大桥桥涵标隐患整改工作；与武广客运专线有限公司、广州铁路集团、韶关市交通综合执法局就武广高铁龙归河大桥、武江大桥桥涵标隐患整改问题进行会议协商，督促武广方面完成桥涵标隐患整改工作。韶关航道通航环境和生产作业环境改善，安全生产形势持续稳定。

【小船过闸孟洲坝枢纽】 2017年1月25日，有小渔船船主投诉孟洲坝枢纽船闸不开闸通航。韶关航道局党组书记杨向东、局长胡森涛和航管科、浈江航标与测绘所的工作人员赶赴现场了解情况。经沟通协调，孟洲坝枢纽船闸通过加强调度，克服困难，小渔船得以过闸。

（王　雷）

海　事

【概况】 韶关海事局成立于2000年11月，为广东海事局驻韶的分支机构，是韶关市水上交通安全监督管理主管机关。内设8个科室，下设浈武江海事处、曲江海事处2个派出机构，机构在编44人。2017年，韶关海事辖区安全形势持续稳定，全年未发生列入统计范围的水上交通安全事故或险情。

【通航管理】 2017年，韶关海事辖区进出港船舶13402艘次，同比增长111.69%。韶关海事局与交通、公路、航道等单位联合开展为期一年的防范船舶碰撞桥梁专项治理行动。服务重点工程，为北江航道扩能升级及上延工程建设、江湾大桥建设、乐昌张滩水电站工程等重点涉水工程提供交通安全监管保障。全年全市审核水上水下活动21宗，通航安全评估3宗。

【船舶管理】 2017年，韶关海事局落实“放管服”要求，取消船舶进出港签证，全面实施内河船舶进出港报告制，强化事中事后监管；加强渡口渡船、景区游船的安全监管；与水务、交通等部门联合开展采运砂船舶汛前安全大检查以及河道采砂船舶专项整治行动，强化辖区砂石船舶的安全监管。全年全市开展船舶安检455艘次，滞留船舶5艘次。完成船舶登记926件，受理办结各类船舶证书769件。

【智慧监管和巡航管理】 2017年，韶关海事局应用智慧海事监管服务平台，推进辖区电子航道图建设、CCTV视频监控补点工程建设、AIS基站建设，综合运用移动执法终端、海事执法单兵装备、手写签名屏等现代化执法装备，实施“CCTV、VHF、AIS+现场巡航”为核心的“3+1”监管模式。全年辖区巡航449航次，巡航里程5378.2海里，巡逻里程2万多千米，巡航计划完成率100%。开展“安全大巡察”“平安交通”“平安船舶”“韶关市水上交通领域非法运输专项整治”等一系列专项活动打击各类水上违法行为，辖区安全形势稳定。

【水上应急搜救】 2017年，韶关海事局组织拟定《韶关市水上搜救应急预案》并提交韶关市政府印发。做好“帕卡”“天鸽”等台风防抗工作，辖区在防台风期间实现“零事故、零伤亡、零污染”。全年发送预警信息4000余条，组织涉水单位（企业）开展应急演练6次以上，应急反应能力得到提高。

【航运公司源头管理】 2017年，韶关海事局开展航运公司安全与防污染监督现场检查14次，发现整改安全与防污染缺陷69项，约谈航运公司11次，督促航运公司落实安全生产主体责任。

【船员管理】 2017年，韶关市开展船员考试18期，培训315人次；开展船员培训监督检查22次，日常检查监督率95%；受理船员证书申请848件，核发839件。全年完成船员履职检查495人次。全面开展内河船员信息采集工作，全年完成船员信息采集368人次。

【船舶检验】 2017年，韶关海事局完成辖区10个重点水域的航区划分工作，并受广东海事局委托对广东省102个重点水域的航区划分资料进行汇编，形成400多页，近15万字的汇编材料。全年完成船舶检验751艘次，40.9万总吨，船舶检验差错率、核发船舶吨位证书差错率均为零。

【工作船码头竣工】 2017年9月1日，韶关海事局工作船码头工程完成竣工验收并交付使用，韶关海事公共安全保障提升。该工程在韶关市浈江区南郊七公里北江中路西侧、百旺大桥上游约500米左岸江边建设韶关海事局工作船固定码头一座以及码头配套设施，码头长60米，宽10米，采用高桩梁板结构。2016年1月1日，韶关海事局工作船码头工程开工，由宏峰集团（福建）有限公司负责施工。

【“平安北江”建设】 2017年10月17日，清远、佛山、肇庆、韶关等四地海事局在北江流域开展水上交通安全首次联合统一执法专项行动，开启“平安北江”建设，打造四地海事协同共管北江流域格局，北江流域水上交通安全监管水平得到提升。

【海事局基层执法机构改革】 根据《交通运输部海事局关于广东海事局基层执法机构设置和人员编制调整事项的通知》，2017年，中华人民共和国韶关曲江海事处曲江海巡执法大队、中华人民共和国韶关浈武江海事处浈武江海巡执法大队成立，11月8日举行成立揭牌仪式。

【重点时段水上交通安全监管】 2017年春运期间，韶关海事局加强辖区重点水域、重点船舶的现场监管，严查水上违法行为，出动执法人员218人次，出动执法船艇30艘次，执法车辆59台次，春运期间辖区水上交通安全稳定。

（邝剑明）

韶关火车东站

【概况】 韶关东站全称是广深铁路股份有限公司韶关东站，是京广铁路南端的一等区段站，属中国铁路广州局集团公司广州车务段管辖。车站站型为双向纵列式一站二场，分为韶关东场和韶关直通场，韶关东场中心里程为京广线K2048+248米，韶关直通场的中心里程为京广线K2051+630米。南与马坝站，北与黄岗站、赣韶线的腊石坝站相接，主要办理粤北地区、赣南地区大部分的客运业务；列车中转技术作业（机车换挂、列检、商检作业等）；部分直通、区段、摘挂货物列车的解编。2017年，韶关东站有职工552人，设运转、客运2个车间和1个综合后勤班组。韶关东站每日办理营业的旅客列车61.5对123列。全年发送旅客288.9万人，比2016年减少23.6万人；客运进款完成2.28亿元，比2016年减少0.24亿元。至2017年年底，实现安全生产无责任事故3023天。

【铁路运输安全管理】 2017年，韶关火车东站落实监管职责，督促指导所属运转、客运两个车间和综合后勤组建立较为完善的管理制度和办法。强化关键盯控，规范作业行为。通过车务段安全工作系统，实行对施工维修作业、设备非正常条件下行车、接发重点列车、关键时段、调图过渡期等的盯控，通过将审核项目流程化，规范作业行为，强化作业过程安全控制。落实联防互控，提高安全控制水平。通过提前编制每班班前风险研判，将班工作重点结合岗位的作业性质提出各岗位可能的安全预想，强化班前风险研判效果；利用“电子揭示牌”将班中的风险进行可视化提示、班中风险提示。动态安全风险研判，控制安全风险源。在每月的月度安全例会上，车站针对上月安全问题进行全面分析，并结合本月车站安全工作重点及季节性安全难点，查找车站该月中的安全风险源，由车站管理人员集体制定安全防控措施，纳入车站本月安全重点工作，更新车站的安全风险控制表，及时掌握和控制当前的安全风险源，并根据天气变化、技术作业调整、列车运行图变化等下发专项安全预警通知书，抓好落实及检查整改。

【规章体系建设】 2017年，韶关东站根据上级规章变化、技术设备更新改造、新技术新设备运用、运输组织方式变化等，及时修订完善相关规章，保证规章的准确性和完整性。严格按照《管理规范化手册》要求，建立健全规章管理制度，突出做好《站细》、《三书一卡》和文电拔萃的管理工作。及时根据上级文电要求及车间作业方式变化、作业实际情况等，对《站细》、《三书一卡》和文电拔萃等技术规章进行修订。

【应急处置】 2017年，韶关东站发挥“接发列车仿真演练系统”“调车实作演练系统”的作用，开展“信号按钮操作、信号机故障、道岔无表示（红光带）、股道红光带、调车作业车辆途停”

等故障场景的“每月一练”。将各种突发的故障编成考试题目，组织各工种人员进行“每季一考”，检验应急处置综合知识的掌握程度。根据上级下发的各种故障处置及事故通报，组织车站各班组学习时，结合车设备、环境、人员等现实场景，模拟车站发生类似问题时，车站相关人员该如何进行处置，以提高作业人员应对非正常情况的处置能力。

【创建标准化综控室】 2017年，韶关东站强化客运综控室的协调、调度和指挥功能。制定客运综控室管理制度和运作流程，落实人员安排，由客运车间主任和生产副主任到客运综控室跟班作业，检验和发现运作过程中的问题，实时解决和完善推进中的各种细节问题。明确综控员根据现时生产需要对区域作业人员的及时调配措施，明确各区域班组间的协同作业，着重抓好作业空档期和管理空档期的风险防范。通过春运、暑运、元旦、清明、五一、国庆等节假日客流高峰期运输，检验和完善综控室标准化的创建，由综控室调度指挥客运的安全生产，形成客运安全生产指挥中心。

【客运营销拓展】 2017年，韶关东站从售票营销方面着手突破，要求窗口售票员提高服务质量和售票效率，多与旅客沟通，主动为旅客介绍购买回程票，推销异地票。由客运主任带领售票人员前往市辖大型企业、厂矿和院校进行沟通宣传，与市10多个旅游公司召开团体票订票座谈会，为返乡旅客及学生、旅游团订票等大批量购买提供便利。同时，利用微信公众号发布图文消息，将车站节假日加开车次、天气不良导致的停运车次、旅客乘车注意事项等公告给旅客，让旅客能第一时间掌握好列车动态。利用车站公告栏、显示屏等对外揭示，及时公布列车运行情况，满足旅客掌握列车动态咨询。利用风采温馨服务台发放购票知识宣传册，方便旅客了解实名制购票订票、退票、改签的相关规定。（罗春辉）

武广韶关站

【概况】 武广韶关站位于韶关市武江区芙蓉新城，距离韶关中心城区16千米，毗邻韶关大道，背倚芙蓉山，东临北江水。车站站房外形设计取自古代关驿的城门形象，为石材墙体与玻璃幕墙的结合体。车站总建筑面积49808平方米，其中站房面积15820平方米。有2层候车室，每层候车区域面积为2700平方米；票厅设有18个售票窗口，自助售票机、自助取票机各4台；进站口设有4台人脸识别验票系统，旅客持身份证可实现自助式实名制验证验票；站台为2座岛式站台，共6条股道，分为2条正线和4条到发线；天桥设有升降电梯和自动扶梯各2部；从购票到候车、进站上车都设置无障碍通道，到站旅客可从位于站台中部偏北处的地道出站，并在出站广场的公交站处换乘。

▲2017年5月1日，京广铁路客运专线乐昌东站举行启用仪式（何海松 摄）

【武广韶关站运营情况】 2017年，武广韶关站办理营业列车121列/日，其中上行65列，下行56列，另有高峰时段开行的列车4列，日均输送旅客约7400人次。在春节、暑假、清明小长假、“十一”黄金周等各阶段旅客运输重点时期，韶关站通过做好车票发售、抓好进站旅客随身行李物品的安全检查、加强旅客候车乘降秩序的组织，实现旅客运输的安全、有序。韶关站全年发送旅客269.48万人，同比2016年增长5.5%。5月1日，乐昌东高铁站投入运营，通过大站带小站模式的管理，在韶关站的统筹协调、强化管理、技术支持和后勤支援下，乐昌东站加入到武广高铁线路的运输经营，日均办理营业列车6列/日，其中上行3列，下行3列，日发送旅客约800人次。

【车站安全生产】 2017年，武广韶关站结合本站站场特色，优化旅客乘降组织流程，研判安全风险源，熟知卡控措施，强化安全风险管理，营造安全生产标准化氛围。车站通过开展保安全“九个一”工程活动，带领全站干部职工做标准人、上标准岗、做标准事、干标准活，发扬日常运输生产中好的做法，形成制度、标准及建立相应的考核评比办法，提升保安全的意识和能力，并深化发展成为具有车站特色的安全管理长效机制。全年全站实现安全稳定，涌现出大量保车辆运输安全、保旅客人身安全的典型事例。

【高铁服务品牌】 2017年，武广韶关站践行铁路运输服务行业标准，在服务旅客全过程中成立“丹霞服务岗”，通过组员对旅客做到“待以亲善之礼，持以亲友之情，乐为旅客分忧”，并接受旅客监督，塑造高铁客运窗口新形象，提高服务效率和质量，旅客满意度及高铁社会形象得到提升。（唐　维）

邮　政

【概况】　监管部门为韶关市邮政管理局，于2012年9月14日批准成立，是广东省邮政管理局和韶关市人民政府双重管理的中央国家行政机关直属机构，内设3个科室，编制10人。2017年，韶关市有邮政普遍服务网点136处（其中农村网点104处），点均服务农村人口2.3万人，实现行政村100%通邮，单程邮路总长度3799千米。全市有邮政快递寄递企业23家，备案分支机构64家，服务网点363个，拥有EMS、顺丰、“三通一达”（圆通、中通、申通、韵达）、百世以及联邦快递等中、外快递品牌，各型运输配送车辆1100余辆，从业人员5000多人。2017年，韶关市邮政企业和快递企业业务总量完成5.81亿元，同比增长23.8%；业务收入（不含邮政储蓄银行直营业务收入）完成5.83亿元，同比增长15.6%。其中，快递企业完成快递业务量1.52亿件，同比增长28%；快递业务收入完成2.45亿元，同比增长21.6%。“双11”期间全市快递业务量快速增长，快递处理量再创新高。韶关市快递业务处理量（收投量）超过222万件，比上年同期增长15.76%，日均处理量超31万件，同比增长23%，快递业务高峰期出现在11月14日至17日，最高日处理量突破37万件，比上年同期增长20%。邮政普遍服务满意度提升，消费者申诉处理满意率99%。

【邮政普遍服务监管】　2017年，韶关市邮政管理局收到市邮政公司撤销提供邮政普遍服务的邮政营业场所申请1个，受理1个，批复同意1个；收到市邮政公司提交的普遍服务营业场所信息备案申请材料46个，其中：新增营业场所备案1个，迁址备案4个，营业场所信息变更备案39个，暂时业务停限办备案2个。全年开展邮政普遍服务合法合标检查、机要通信专项检查、纪特邮票专项监督检查、开展“两会”、十九大期间邮政服务和安全专项检查、无着邮件专项检查、建制村通邮、邮政专用标识车辆情况检查等，共检查邮政营业场所78个，机要室21个，投递部45个，纪特邮票销售网点13个，报刊亭14个，累计出动检查343人次，下发责令改正通知书3份，通报4份，邮政企业普遍服务水平得到改善和提高。

【寄递市场监管】　2017年，韶关市强化寄递渠道安全监管，对寄递企业及其分支机构、末端网点开展以实施寄递渠道“三项制度”和落实企业安全生产主体责任为重点的执法检查。全年开展执法检查223次，出动执法人员474人次，下达责令改正通知书14份，约谈告诫企业负责人10起，行政处罚（含邮政企业）立案15宗，结案13宗，罚款总金额8.4万元，停业整顿5宗，全市寄递行业安全得到保障。

【邮政业供给侧改革持续推进】　韶关市实施“十百千”战略工程，打通农村物流。构建县镇村三级专业物流网络，至2017年底，全市累计建立10个县级电子商务创业园、76个乡镇电商物流服务中心，1276个农村电商物流站点，农村物流与农业协调发展的难题得到缓解。“互联网+快递+电商”模式成效显现，各企业利用网点优势融入产业链各环节，推进“一市一品”。2017年，邮政企业通过寄递渠道收寄农产品超过2000吨，带动电商快包业务量44万件，全年带动增收人数超过2万人，带动农民全年增收4000万元，实现企业效益及社会效益双赢。跨境电商发展迅速，市跨境电商清关中心从2016年11月投入运行，至2017年到货超过100万件，货值5亿元，贡献税额4300万元，月均快件处理量从2万件增加到8万件。

【寄递渠道立体安全防护网】　韶关市邮政管理局以“五个一”（一个安全机构、一支安全队伍、一套标准制度、一本安全台账、一次应急演练）为抓手，打造企业自查、行业自律、政府监管的制度化、常态化的立体安全防控体系。2017年，全市各寄递企业成立23个企业安委会，下属县区分部、各加盟网点均指定专人参加所在企业的安委会并负责本网点的安全工作，形成自上而下的安全管理网络；韶关寄递企业累计配齐完善安全员队伍572人，安保人员159人，具体落实各项安全责任；牵头制定一套行业通用安全生产标准制度规范，包括12项安全生产制度和8项专门应急预案；建立一套五册的安全台账，由企业安全员按要求自查并填写，各企业每月向市快递行业协会报送安全生产月度自查表，由协会汇总后报市邮政管理局备案；在中共十九大召开前夕组织开展全行业安全消防安全应急培训演练，参演人员近百人，全年开展定期安全教育培训300人次。

【全市县级城市党政机关《人民日报》当日见】　2017年8月8日，韶关市举办“庆祝韶关市各县城党政机关《人民日报》百分百当日见报”启动仪式，自此广东省58个市县实现县级城市党政机关《人民日报》“当日见”。韶关市邮政管理局开展《人民日报》投递服务质量专项监督检查工作，引导和督促邮政企业制定相应的整改措施，优化线路和服务流程，采取增开邮路、依托交邮合作平台、委托社会运力运输等方式，全市县级城市党政机关《人民日报》实现当日见报率100%。

【全市寄递行业消防安全应急培训演练】　2017年10月17日，韶关市邮政管理局组织开展全市寄递行业消防安全应急培训演练，市邮管局有关领导、全市邮政、快递企业负责人及安全员共91人参加此次培训演练。（王　丹）

【邮政企业】　中国邮政集团公司韶关市分公司（以下简称韶关邮政）是中国邮政集团公司广东省分公司管辖的21个

地市分公司之一，邮政服务网络覆盖全市各个行政——开办函件、包裹、印刷品和汇兑等普遍服务，提供金融、寄递等综合性业务。韶关邮政对接便民公益项目，为驻韶部队退伍军人提供上门收寄服务，与扶贫办、妇联等联合推广“爱心包裹”“母亲包裹”公益活动，与韶关交警联合推出邮政代办车管便民服务，为韶关市创建文明城市、建设善美之城提供邮政方案和服务。2017年，韶关邮政实现收入同比增长10.89%，增幅全省排名第六；完成省邮政公司下达收入计划目标101.5%，进度全省排名第四；一线员工人均工资水平增幅10.85%。全市新增金融总资产完成省公司管控目标进度102.2%，余额规模同比增幅49%，新增余额市场占比34.31%，全省排名第三位，全市各金融机构中排名第一位。

邮政普遍服务　2017年7月，韶关邮政成立普遍服务部（服务质量部），配有专职管理人员5人，负责普遍服务各项工作；在各县（市、区）分公司市场营销部设置普服（质量）岗位。全市有72个邮政金融服务网点（含南雄帽子峰、乳源游溪两个金融普惠服务网点），136个邮政支局（所），其中代办点34个。全市设置邮筒158个，邮路73条，邮路总长度（不含单独机要）单程3961千米；投递网点109个，建成信报箱群1825个，智能包裹柜83台；邮政普服从业人员有868人，占比53.35%；服务人口335万，服务面积覆盖全部建制村。2017年，全市投递进口邮件5109万件，其中函件880万件，普包7万件，快包415万件，标快52万件，机要4万件，报刊3751万份。各类普邮时限基本达标普遍服务要求，其中挂信时限达标率98.86%、挂刷时限达标率99.54%、普包时限达标率99.67%。韶关市县及以上党政机关《人民日报》实现当日见报，乡镇《人民日报》为次日投，有10种行业报刊回归邮政报刊发行渠道。

韶关邮政助力地方特色农产品返城　2017年，韶关邮政发挥邮政的网络、平台和功能优势，打通粤北农产品生产基地与珠三角及全国的寄递渠道，建立邮乐购电商平台，开通生鲜水果快递专线、强化农产品资金归集、支付功能，为乐昌黄金奈李、翁源三华李、仁化贡柑等特色农产品提供一条龙服务。韶关市分公司助力“农产品返城”46万件，配送量2500吨，同比增长超过300%，省内次日递率99%以上。邮政农村电商为各地农户增收2510万元。

邮政普惠金融服务　韶关邮政利用网点遍布城乡的优势，延展“金融+”服务项目，在提供居民存取款、汇兑等基础金融服务的同时，承办国债、保险、理财等金融延伸服务，为人民群众特别是偏远农村地区提供普惠金融服务。2017年，韶关邮政为全市79万人提供新型农村社会养老保险服务，平均每月服务领取养老金的客户6.5万人，月均代发养老金2.4亿元。

韶关邮政“金融+寄递+电商”业务融合发展模式　2017年，韶关邮政新增农村电商服务站点893个，累计拓点1276个；开通邮乐小店1.4万个，代购笔数突破1.9万笔；与韶关市农业局签订农产品电子商务平台合作框架协议。在广东省农村电商协会颁发的2017中国·广东“农电奖”中，韶关市分公司获得农村电商产业园优秀奖，乐昌市分公司和南雄市分公司获得农村电商服务型企业杰出奖。（柯月华）

信息化建设

【概况】　2017年，韶关市有家庭宽带用户数72.34万户，家庭宽带接入普及率76.7%，全省排名第十一位；手机上网用户数234.45万户；光纤覆盖率146.5%，100兆以上宽带接入用户占比60%，全省排名第五位；光纤接入用户占比85.1%，全省排名第十一位；全市宽带建设综合得分41.12分，全省排名第十二位。村村通光纤建设行动完成，至2017年底，中国电信韶关分公司完成278个省定贫困村50M以上光纤入村，完成率100%。

【信息基础设施建设】　2017年3月13日，韶关市人民政府办公室向社会公开第一批韶关市公共建筑与设施免费开放支持信息基础设施建设目录，106个公共建筑与设施免费开放用于支持信息基础设施建设。同日，韶关市经济和信息化局印发《韶关市公众移动通信基站站址专项规划（2016—2020）》。12月12日，韶关市经济和信息化局召开《韶关市城市通信基础设施建设规划（2017—2030年）》编制工作新闻发布会，公布城市通信基础设施建设规划编制情况。该规划范围为韶关市区（含浈江区、武江区、曲江区三个区）行政区以及韶关丹霞机场相关地域，总面积2856平方千米，规划编制内容包括通信光缆、机房、基站、铁塔、通信管道等5个要素，广东省电信规划设计院有限公司为规划编制的中标单位，该公司于11月开始编制规划，计划于2018年4月完成编制任务。规划方案实施后，韶关市城区互联网家庭入户带宽将在2020年底超过100兆，企业入户带宽最高达到100千兆，并基本完成数字电视的双向改造。

【工业化和信息化融合发展】　2017年，东阳光集团的乳源东阳光精箔有限公司、乳源瑶族自治县阳之光亲水箔有限公司、乳源瑶族自治县东阳乐化成箔有限公司通过2017年广东省两化融合管理体系贯标试点企业评定，成为韶关市首批通过两化融合贯标的企业。广东昆仑信息科技有限公司、韶关市顺昌布厂有限公司两家企业分别获得2017年广东省制造业与互联网融合发展试点示范项目360万和230万元的省级扶持资金。南雄的康绿宝科技实业有限公司被批准为2017年广东省“互联网+”试点项目。

【超高速无线局域网应用试点工作完成】　2016年，南雄市208个行政村、2个产业园被列入原中央苏区农村超高速无线局域网（EUHT）应用试点。该试点工作是以超高速无线局域网为技术支撑，利用电信运营企业的光纤到村优势，为原中央苏区农村提供低成本、高性能无线互联网覆盖，解决当地农村无线宽带上网难问题。至2017年底，项目全部完成，县级运营维护中心完成设备安装调试。

【信息基础设施加快建设】 2017年，韶关市完成原中央苏区农村超高速无线局域网建设，项目覆盖南雄市210个试点村，共向农户派发终端设备81489个，县级运营维护中心完成设备安装调试，助推农村电商发展。全市240个行政村纳入2017年度全省电信普遍服务试点项目范围。搭建全市第一个工业互联网平台——广东省钢铁深加工制造云平台，用工业化和信息化融合的思路转变企业发展的思维和模式。

【电信普遍服务试点项目】 2017年4月，韶关市申请240个行政村纳入2017年度全省电信普遍服务试点项目范围。2017年底，试点工作得到中华人民共和国工业和信息化部的批准。广东省项目统一由中国电信股份有限公司广东分公司中标承建，预计于2018年6月完成建设。

【省定贫困村开通光纤宽带和4K电视业务】 2017年，韶关市完成省定贫困村通光纤和4K电视服务项目工作。全市有278个省定贫困村开通100兆光纤宽带和4K电视安装服务。 （彭映彦）

电子政务

【概况】 韶关市信息中心为韶关市政府直属副处级公益一类事业单位，内设办公室、网络管理科、信息采编科、技术应用科，编制15名。

【韶关市电子政务云平台建设】 2017年初，韶关市电子政务云平台启动建设。8月，市政务云平台（不含灾备机房）基本搭建完成并投入使用，共有CPU资源3200物理核，内存资源10240G，存储资源239T。信息系统按照从易到难逐步迁移到政务云平台。10月，完成原电子政务机房的整体搬迁工作，原市电子政务机房160多台网络、软硬件设备系统整体搬迁到政务云平台机房。在市政务云平台上运行的有县级“一门式一网式”政务服务信息系统、政府网站集约化平台及市政府门户网站、各单位集约化网站、浈江区基层公共服务平台等应用系统（网站）。

【韶关市“一门式一网式”政务服务系统开发建设】 2017年5月，韶关市市级“一门式一网式”政务服务信息系统上线试运行，于10月初全面上线运行，有788个事项进驻行政服中心大厅，其中478个事项（许可事项374项，公共服务事项104项）进驻综合服务窗口。全年系统受理业务12326笔，办结业务12131笔。县级“一门式一网式”政务服务信息系统在同步进行建设，是年，新丰县、乐昌市、曲江区、武江区、乳源县5个县（市、区）上线试运行，其他县（市、区）系统完成部署，逐步开始上线运行。

【韶关市政府网站集约化平台建设及市政府网站升级改版】 2017年4月，韶关市启动全市政府网站集约化建设。各县（市、区）和市直各单位依托统一的网站技术平台，结合实际开办本地本单位政府门户网站，形成全市政府门户网站群，实现全市政府网站的统一平台、统一标准、统一规范、统一安全，统一管理维护，整体提升全市政府网站的安全性。全市政府网站集约化平台建成并通过竣工验收。依照部门申请，全市纳入集约化网站的网站有73家，上线49家。韶关市根据国家和省对地市政府网站的考评指标，对市政府网站进行升级改版，优化网站页面，完善栏目功能。新版市政府网站于5月上线运行。

【网络信息安全】 2017年，韶关市关停政府网站101家，其他未关停政府部门网站170家，通过纳入集约化平台、纳入云防护、托管到政务云平台、签订安全责任承诺书、24小时轮值制度等措施，提升全市网络信息安全。

【韶关市电子政务综合应用平台及OA等业务系统运维】 2017年，韶关市信息中心根据运行情况、存在问题、有关政策调整、各地各单位使用意见建议等，对系统进行功能升级拓展及优化，组织用户操作培训，保障平台和系统正常运行。全年市级311个单位对外发文94183件，办结93923件，收文467966件，办结455661件，发文、收文的办结率分别为99.72%、97.37%，10个县（市、区）通过市县公文交平台实现发文12337件，收文184889件，未及时接收公文166件，及时接收率为99.91%；网络问政平台累计点击率 1.2亿人次。受理问政贴67060条，答复66947条，及时答复66899条，及时答复率99.93%；党风廉政信息公开平台发布信息321976条，其中党务公开信息2073条，政务公开信息40874条，村务公开信息273064条，所站公开数据5965条；重点领域信息公开专栏发布保障性住房、财政预决算和“三公”经费、环境保护等各类重点领域信息8559条。

【政府网站信息内容建设】 2017年，韶关市信息中心加强“韶关市人民政府门户网”“政府信息公开平台”发布信息、资料的内容甄别和审核，使网站内容更贴近时政和当地政府的中心工作。全年在“韶关市人民政府门户网”采编、发布各类日常信息、资料7330篇。在“政府信息公开平台”录入2017年的市政府、市政府办公室政府信息公开内容425条。 （李建联）

电子商务

【概况】 2017年，韶关市电子商务产业发展态势良好。韶关市商务局引进广东乐村淘、京东韶关特色馆等电商平

▲2017年11月6日，坪石镇成立韶关首家镇级电子商务行业协会 （坪石镇 供）

台，建设全国首家贫困村村级苏宁易购体验店，开展电商扶贫专项培训。全市有1个市级电子商务行业协会（以下简称电商协会）、7个县级电商协会（乐昌市、翁源县、南雄市、仁化县、乳源瑶族自治县、新丰县、始兴县）及1个镇级电商协会（坪石镇）。全年全市快递服务企业业务量完成1512.57万件，同比增长27.83%，快递业务收入累计完成24427.99万元，同比增长21.45%。

【在全省首创开展村点电商培训】 2017年，韶关市商务局在全省首创开展村点电商培训，直接在村点举办电商精准扶贫大讲堂。8月25日，由韶关市商务局、曲江区大塘镇政府主办，新桥村村委会和韶关市电子商务行业协会承办的“大塘镇新桥村电商精准扶贫大讲堂”开班；9月27日，由韶关市商务局、南雄市珠玑镇政府主办，角湾村村委会承办的“珠玑镇角湾村电商精准扶贫大讲堂”开班，广东省商务厅巡视员罗练锦、省商务厅相关处室及市商务局相关人员出席活动。

【广东省首个镇级电子商务行业协会成立】 2017年11月6日，韶关乐昌市坪石镇举行电子商务行业协会成立大会暨乐村淘坪石镇运营中心揭牌仪式。成立大会上，韶关市商务局为坪石镇电子商务行业协会授牌，出席活动的领导为当选的坪石镇电子商务行业协会的领导班子成员颁发牌匾，乐村淘电商平台与乐昌市水牛湾农业发展公司进行合作签约。坪石镇电子商务行业协会拥有44家会员单位，是广东省首个镇级电子商务行业协会；乐村淘坪石镇运营中心是韶关市首家镇级运营中心。

【乐村淘粤北大区运营中心开业】 2017年4月29日，鑫金汇财富中心与广东乐村淘举行签约仪式，成立乐村淘韶关粤北大区运营中心。该中心主要开发县级农村电子商务公共服务体系，推进韶关10个县（市、区）农村电子商务服务网点建设，完善农村电子商务物流服务体系，以本地特色农副产品为先导，依托乐村淘电子商务平台，打造乐村淘韶关线上特色馆，带动农村经济发展。

【京东韶关特色馆启动】 2017年6月23日，京东商城中国特产馆·韶关馆启动仪式在韶关举行。韶关市副市长陈磊、市商务局局长李宏，以及市扶贫办、市农业局、市电子商务行业协会、京东韶关特色馆等单位有关负责人出席启动仪式。京东特色馆是继苏宁特色馆、乐村淘特色馆之后全市的第三家产品特色馆，主要加强农副产品的宣传，提升本地农副产品的影响力。

【“众创杯”创业创新大赛取得新突破】 2017年9月16日，在广东岭南现代高级技工学校举行的2017年广东“众创杯”创业创新大赛总决赛结束。此次大赛历时近5个月，韶关市有6个项目（企业组3个，团队组3个）进入全省预决赛，经过“项目路演+答辩”形式决赛，韶关市的南华草菇项目获得团队组银奖，乐村淘项目获得企业组铜奖，创农会项目获得最具创意奖，韶关市电子商务行业协会获得优秀组织奖，参赛队伍质量和获奖队伍数量在历年多届的“众创杯”创业创新大赛中是最好水平。

【苏宁全国首家村级精准扶贫点启动】 2017年11月27日，苏宁易购全国首家村级直营店（精准扶贫点）在韶关南雄市珠玑镇角湾村开业运营，是苏宁公司在广东地区精准扶贫领域的一项新举措。广东省商务厅巡视员罗练锦、韶关市商务局局长李宏、广东省商务厅相关处室及南雄市政府等相关人员出席角湾村苏宁易购精准扶贫点的启动仪式。活动现场，苏宁公司与角湾村村委签订“互联网+精准扶贫”合作框架协议，并与供应商合作伙伴捐款23万元。

【韶关农产品电商平台上线】 2017年6月9日，由韶关市农业局主办的韶关农产品电子商务平台上线暨签约仪式举行。韶关农产品电子商务平台是由韶关市农业部门指导、由韶关电子商务行业协会精心打造运营的具有政府公信力和公益性的农业电商平台。该平台围绕名特优新农产品，设立名牌产品、“三品一标”等准入门槛，创新设立县（市、区）板块、合作电商、互联网农业小镇、旅游平台模块，与粤北农业信息网和韶关农业微信公众号结合连通，融合运用图、文、音视频等多种手段，搭建沟通农业企业、农民合作社、家庭农场、种养大户和消费者之间的桥梁，将拓宽农产品销售渠道，提高农产品附加值，促进农民增收。平台上线运行，是韶关市农业发展信息化、规范化、标准化和智能化的重要标志。

（伍雪龙　杨小燕）

电　信

【概况】 中国电信股份有限公司韶关分公司（以下简称韶关电信），是中国电信在韶关的本地网企业。下辖城区、曲江、乐昌、南雄、翁源、新丰、仁化、始兴、乳源9个县级分公司，全市有46个营销服务中心，服务网点遍布全市所有城乡。承担着韶关地区普遍服务、党政专网通信、应急通信、战备通信和抗洪救灾通信保障等任务，提供移动通信、宽带互联网接入、信息化应用及固定电话等综合智能信息服务。

2017年，韶关分公司深化转型升级，推动变革创新，实现收入结构持续优化、新兴业务发展量质提升、企业和谐健康发展。公司全年未发生较大及以上安全生产事故、火灾事故，获得2017年度广东省五一劳动奖状、韶关市“通信服务行业十大诚信单位”。

【信息化基础通信设施建设】 2017年，韶关电信加大信息化基础通信设施建设，提升4G网络信号覆盖，建成一张覆盖城市、乡镇、行政村的4G精品网络，精品网络考评得分全省排名第一名；持续推进全光网建设，实现行政村100%光宽覆盖；加快网络简化升级，全省率先实现零DSLAM，完成城域网MSE改造升级，实现OLT到CR的扁平化三层架构模式。视频网络架构全面完成，ITV互视质量优良率99%，保持全省第一名。基于800兆低频覆盖优势，完成NB-IOT/VOLTE参数配置和优化，为2018年商用提供网络基础。

【云网融合】 2017年，韶关电信新兴业务快速发展，政务云、教育云、医疗云三朵云均树立行业标杆，信息化建设走在全省前列。物联网实现金融、燃气、水务、安防、工业等多个行业应用；翼支付生态圈建设加快，提供差异化的便民服务新体验，使人民群众在获得便捷通信服务的同时享受更多实惠。

【电信服务提升】 2017年，韶关电信严抓触点服务，推进“两当一赔”和装维透明服务，实体渠道满意率、宽带装维满意率、投诉处理满意率同比均有提升。移动、宽带业务NPS同业第一位。完善端到端服务闭环管控，规范服务前置，强控服务投诉，百万用户越级投诉率、工信部百投率同比分别下降35%、3.23%。互联网服务能力提升，线上服务量月均90910次，自助排障月均9197人次。

【划小承包改革深化】 2017年，韶关电信的划小承包工作进入三维联动阶段。划小方面，统一竞标组织形式、数据评价和绩效评价标准，通过竞标选拔，落实主战责任；小CEO全面实行年薪制；51个片区实现“以店包片”；持续优化装维划小管理模式。专业化运营方面，聚焦政务、医疗、商客校园、社区攻防、农村、大连锁、渠道终端等组建8个运营团队，聚焦云网融合、翼支付等组建2个新兴业务运营团队。倒三角支撑方面，优化逆向考核办法，强化首问负责制和差评零容忍；推广“抢单制”，工单量同比增长50%，满意率95.1%。修订小CEO应知应会，印发小CEO行权清单操作手册，对小CEO自主运营指导加强。　（陈丽颖）

移动通信

【概况】 中国移动通信集团广东有限公司韶关分公司（以下简称韶关移动）是中国移动通信集团广东有限公司驻韶关分支机构。2017年有职能部门7个，中心6个，下辖市区、曲江、乐昌、翁源、南雄、仁化、乳源、始兴、新丰9个分公司。2017年，韶关移动以网络能力为基础，以市场规模为导向，以党建党廉为保障，以协同发展为目的，扩大规模优势，提升个人市场份额和基础网络能力，加快转型发展，推动公司从移动信息领域向数字化服务领域转型发展。2017年有61个先进集体和个人获得省、市、县级的表彰。其中9个单位获“广东省优秀QC管理小组”称号。

【网络基础建设推进】 2017年，韶关移动夯实网络根基，以“打造4G精品网、补强泛在基础网、推进网络质量管控”为抓手，服务“大连接”战略，支撑数字化转型。4G网络建设能力不断提升，全年完成超1500个4G基站建设，在全省率先完成武广高铁三期建设任务，网络覆盖率超过98%；“一张光缆网”基础持续夯实，完善传输核心网架构，完成800多千米的主干/配线建设，新建主干管道149管程千米，新建汇聚机房18个，完成1000多个无线站点的传输接入；网络优化整治加强，开展网络质量专项提升，完成1600多个小区天线调整，高铁LTE综合覆盖率超过97%。开展集客专线优化整治，客户满意度超过95%，完成1500多个小区家宽资源整治。

【客户服务水平提升】 2017年，韶关移动秉持“客户为根、服务为本”理念，关注客户满度，聚焦用户痛点，建立闭环服务管理机制，持续提升服务水平，稳固满意度领先地位，确保“两条红线”居于前列。2017年NPS和4G客户满意度考核列全省第一名。在家庭宽带建设方面，监控影响客户感知的核心指标，重点解决上网质量、投诉响应、故障维修等服务短板，通过技能提升、以赛促效、规范制度、强化考核，2017年装机及时率、新装弱光达标率均得到大幅提升。

【信息化建设助推物联发展】 2017年，韶关移动围绕“互联网+”、物联网、大数据、云计算、人工智能等重点，聚焦政务、社会治理、惠民服务、现代教育、网络集成五大方向，布局平台级服务，提供多层次的定制化应用和解决方案。持续开展高价值预覆盖攻坚和专线建设，完成全区超900个站点预覆盖、47个商业楼宇及专业市场的建设和可视化录入，物联网连接数逾9万户。与公安交警合作4G智能后视镜巡逻执法项目，树立韶关首个标杆。

【风险防控和安全防护】 2017年，韶关移动组织开展消防疏散逃生、防台风防汛应急、防恐（盗抢）、食物中毒等演练活动24次，完成防“撞库”、MAS机、Apache Struts2、互联网暴露面资产、ICP备案和大数据等14次信息安全专项检查，检查服务器2105台次、网络设备1368个、网站126个次，全年未发生重大信息安全事件。配合公安机关侦破伪基站案件1宗、缴获伪基站设备1套、作案车辆1辆，刑拘嫌疑人2人。（包振华）

联通通信

【概况】 中国联通网络通信有限公司韶关市分公司（以下简称韶关联通），是中国联合网络通信有限公司广东省分公司在韶关的分支机构。下辖市区、曲江、乐昌、翁源、南雄、仁化、乳源、始兴、新丰等11个分公司。2017年6月，韶关市政府主办“华南数谷”大数据产业园，韶关市政府与联通签订大数据产业合作框架意向书，韶关联通成为运营商唯一签约方。

【网络优势深化】 2017年，韶关联通开通入网4G站点数量230个，基础网主干光缆和本地传输光缆完成建设220千米。全年优化主干光缆6段，优化接入层光缆43段，网络安全性得到增强。推动小区级故障压降，小区故障率从年初的2.49%下降至0.57%。在高铁430攻坚专项方面，韶关武广高铁段落的掉话率维持在6%以下，最好值在3%；高铁RRU在服率99%以上，用户口碑提升。

【网络安全保障】 2017年9月中旬开始，韶关联通启动十九大网络安全保障工作。共出动482人次，保障车辆157车次，巡线8233千米，14个干线机房、3个核心机房全部实行7×24小时安排人员值守，发现3个施工隐患点并进行现场制止；核心网设备巡检68台，数据网重保4个网站，每天检查数据网设备以及重保网站运行上报信息8次，实现干线零故障，本地二级及以上零故障，无重大突发事件，客户服务零群诉的目标。

【网络提升】 2017年，韶关联通组织开展大市区精品网网络优化专项工作，根据网络随客户走的优化思路，重点提升住宅区、商业区、厂园校园的信号覆盖及质量，4G网络覆盖提升6.33%，网络质量提升2.24%；移网网络NPS定比2016提升21.5%，全省排名第三名。客户感知及服务口碑提升。移网综合NPS定比提升22.6PP、移网服务NPS提升35.5PP，宽带综合NPS提升2.4PP。申诉率控制完成目标，投诉一次性解决率提升10PP，工单处理时长下降58小时（降幅为61%）。

【“互联网+”助力本地信息化建设】 2017年6月5日，在韶关市政府主办的“华南数谷”大数据产业园揭牌与签约仪式上，韶关联通与韶关市人民政府签订大数据产业合作框架意向书。签约仪式结束后，韶关市委书记莫高义参观位于芙蓉新城的中国联通粤北云数据中心，广东联通党委书记、总经理何飚对数据中心的整体情况进行介绍，并在行业展厅演示联通云计算、大数据领域在各行业的应用。韶关联通通过“华南数谷”签约、“互联网+”签约等活动，以及数据中心布局、欠发达云等项目的落地，进一步推进韶关“互联网+”助力本地信息化建设。通过借助基层医疗平台项目，切入市级卫生专网，拓展铁路医院影像云，实现143个医院和基层医疗点的接入和云网一体化突破。韶关联通南雄分公司的旅游大数据项目，成为旅游行业的标杆项目和大数据业务的标杆项目，韶关政务、执法、医疗、交通等行业信息化建设得到推进。

（胡　琰）

无线电管理

【频率台站管理】 2017年，根据《广东省无线电管理办公室关于召开配合公安等部门打击治理“黑广播”“伪基站”等非法设台违法犯罪工作现场会的通知》等文件精神，韶关市建立以韶关市公安局为主，韶关市经济和信息化局、韶关市文化广电新闻出版局等多部门组成的专项活动联席会议制度，打击非法设置无线电台（站）行为，防范无线电安全风险。全年全市出动专项监测人员192人次，投入监测设施140多台次，监测行程5000多千米，查处6起黑广播、4起伪基站。

【无线电安全保障】 2017年，根据《关于做好航空无线电专用频率保护工作》要求，为进一步保障金砖国家领导人第九次会晤、中共十九大召开期间民航用频安全，韶关市开展对使用航空无线电专用频率和广播电视专用频率台站的专项检查工作。专项检查涵盖全市18个台站，重点覆盖频段为：4—108兆赫、108—137兆赫、167—223兆赫。

【无线电基础设施建设】 2017年，韶关市加强与湖南郴州、江西赣州无线电协调，完成该市省际区域（乐昌、南雄）无线电监测三类固定站建设和旧移动监测车改造工作，韶关市省际区域间无线电业务安全得到保障，移动监测能力优化。（秦卫平）

城乡建设 · 环保

城乡规划

【概况】 韶关市城乡规划局成立于2001年，为韶关市人民政府主管城乡规划的工作部门。内设8个科室，机关行政编制31名。派出机构有市城乡规划局浈江、武江和曲江分局3个机构，行政编制15名，其中曲江分局为2017年9月18日新设立。下辖韶关市城乡规划市政设计研究院、韶关市城建档案馆、韶关市测绘院和韶关市规划信息中心4个事业单位。2017年，韶关市城乡规划局围绕韶关市中心工作，加强编研，强化管理，优化服务，推动城市提升和乡村规划建设。7月3日，韶关市城乡规划市政设计研究院获得城乡规划编制甲级资质。

【规划编制】 2017年12月1日，《韶关市城市总体规划（2015—2035）》获得广东省政府批复通过，是全省首个获得批准至2035年的城市总规。年内，编制完成《韶关市控规实施性整合》。编制完成韶州公园、芙蓉山、林桥坑三大公园及韶州文化广场等重点区域规划方案，其中，芙蓉山公园和韶州公园规划方案通过韶关市城乡规划委员会（简称规委会）审议并移交武江区负责组织建设实施；林桥坑湿地公园通过专家评审会审查。完成《韶关市芙蓉新城滨江景观带规划设计》《白土镇历史街区保护规划》《韶关市优秀近现代建筑保护规划修编》等规委会审议程序；完成《新兴路道路建设工程规划方案》《教育路西延线道路建设工程》等48个项目的规划方案编制，完成《犁市高速出入口入城道路建设工程》等14个初步设计。组织编制《韶关市城市近期建设规划（2016—2020）》《韶关市华南先进装备产业园总体规划（2016—2035）》《韶关市华南先进装备产业园首期控制性详细规划》《曲江韶钢片区控制性详细规划及专项规划》《韶关市区海绵城市建设总体规划与城市绿化大行动计划》《韶关市西堤北路至环园路及东河路立面整治项目》《丹霞山风景名胜区控制性详细规划》和《环丹霞山周边地区（第一批）控制性规划》等。启动《韶关市云轨交通线网规划》《韶关市智能轨道电车项目》等重点项目研究工作。

【城市规划管理】 2017年，韶关市城市基础设施配套费征收3.7亿元。全年完成项目选址73宗，办理建设用地规划许可77宗，办理建设工程规划许可591宗，完成修规审查107项。办理私房报建43宗，电梯加装报建23宗，规划条件核实83宗，违法建筑认定167宗。完成广东省住房和城乡建设厅推荐历史建筑的认定、挂牌和公布工作。

【村镇建设与管理】 2017年，韶关市城乡规划局推进省定贫困村创建新农村示范村规划工作，组建乡村规划技术指导服务库，实行分片包干督导制度，出台市级农村人居环境整治规划指引，统一村庄规划标准规范，完成278条省定贫困村创建新农村示范村规划工作。在省级考核验收中，获得市级组织工作全省第一，整体成绩排名第四。完成《曲江区枫湾镇旅游名镇旅游发展总体规划》《韶关市黄沙坪智创（“互联网+创新”）小镇规划》等6个旅游名镇、13个名村、2条生态示范线路规划和3个特色小镇规划工作。

【国家历史文化名城申报】 2017年，韶关市完成《白土镇历史街区保护规划》《韶关市优秀近现代建筑保护规划修编》等的韶关市城乡规划委员会审议程序，组织起草申名工作实施方案，其中《白土镇历史街区保护规划》主要是确定保护范围，提出保护范围内建筑物、构筑物和环境要素的分类保护整治要求，对历史建筑进行编号，分别提出保护利用的内容和要求；《韶关市优秀近现代建筑保护规划修编》主要是确定韶关市优秀近现代建筑分级保护体系，分级分类制定优秀近现代建筑的规划管理要求。

【城乡规划信息化建设】 2017年，韶关市城乡规划局推进韶关市城市规划三维辅助决策系统的升级及模型数据建设，探索三维辅助报批。建设完成韶关市区“多规合一”基础数据展示和管理平台，统一国土、规划、林业、环保等规划数据标准，建立“多规合一”信息互通机制，实现部门间信息共享，基本实现“多规一张图”，并在“一门式、一网式”系统平台上试运行成功。

【规划法规制定】 2017年，韶关市出台《韶关市农村人居环境整治和新农村建设规划编制内容和深度的指导意见

（暂行）》，其中大部分内容被广东省政府纳入《广东省2277个省定贫困村创建社会主义新农村示范村规划编制指引》。完成《韶关市区单位建筑面积参考造价》修订；完成《韶关新建住宅物业社区公共服务用房配建实施细则》《韶关市建设项目修建性详细规划管理实施细则》初稿；启动《韶关市城乡规划管理导则》《韶关市城市基础设施配套费征收管理办法》《韶关市区私房建设规划管理办法》修订，启动《韶关市既有住宅增设电梯建设规划管理办法》制定。组织起草《韶关市申报国家历史文化名城工作实施方案（草案）》。

【城建档案管理】 2017年9月29日，韶关市城建档案馆接收港华燃气地下管线工程竣工档案36卷，地下管线档案归集管理工作实现零突破。实行“Webbos系统工作流程”线上管理工作新模式，实现“存量数字化、增量电子化、检索自动化”。全年签订报送建设工程档案责任书124宗，完成建设工程竣工档案预验收91宗、纸质档案3366卷、电子档案光盘225张，接收审核建设工程竣工档案101宗、纸质档案3656卷、电子档案光盘236张，移交库房纸质档案4502卷、电子档案光盘284张，核发“建设工程竣工档案验收认可证”92份，出具“建设工程竣工档案移交和接收证明书”106份，审核、接收、登记入库建设工程声像档案109个工程项目［照片档案303卷（29493张），光盘499张］，拍摄有效照片345张（2.21GB）、录像4小时33分钟（40.56GB）。

【项目测绘】 2017年，韶关市测绘院完成规划测量放线548栋，验线334栋，竣工403栋，各类管线规划放线及竣工测量和地下管线探测154千米；完成GPS控制测量114个点；规划道路测量52千米；完成权籍调查资料1240份；完成修测检查地形图1752幅14平方千米。完成环丹霞山周边地区（第一批）控制性规划地形图212平方千米；机场选址地形图测图25平方千米；完成政府土地储备项目房屋面积拆迁数据等测量工作28项，拆迁测绘总面积110万平方米。为韶关市智能轨道电车建设项目提供地形图5.38平方千米，先后两次提供各类地下综合管线共865.7千米。

【城市规划展示馆改造提升】 2017年10月23日，韶关市城市规划展示馆进行改造提升，至12月9日更新改造完成，展馆效果整体提升。展示馆分两层展示。第一层周边以“韶关大事记”“交通枢纽”“自然资源”“人文资源”等展板主要展示韶关悠久的历史、便利的交通区位及丰富的旅游资源；中央的沙盘模型，占地约500平方米，以1：1000的大比例尺展现芙蓉新城核心区、老城区和曲江城区的整体规划与建设情况。第二层周边以“发展战略”“全域规划”“重点平台”“生态保护与建设”等展板主要展示韶关发展规划和建设情况；增设查询台，供公众查询规划公开的发展动态。城市规划展示馆发挥教育功能，举办系列特色活动。1月5日，韶关市规划信息中心与武江区教育局和联合在规划展示馆设立中小学社会实践基地。7月10—16日举办首届“善美韶城，我爱我家”小小讲解员比赛。12月17日上午，由韶关市城乡规划局主办，市规划信息中心、全民悦读韶关阅读会、韶关市五月诗社承办的“诗颂善美之城——我为韶关代言”主题活动在城市规划展示馆举行。全年城市规划展示馆接待观众3200人次。（周欣凯）

▲韶关市城市规划展示馆改造后实景效果图 （李丝永 摄）

住房和城乡建设

【概况】 2017年，韶关市实施主动融入珠三角战略，从供给侧结构性改革、城市提升、加快推进农村生活垃圾和污水处理、保障民生等方面着手，房地产去库存工作成效明显，城市市容市貌整治力度加大，城市人居环境改善，农村人居环境整治成效明显。全年全市完成房地产固定资产投资133.61亿元，房地产业增加值48.34亿元，该市资质企业完成建筑业省内总产值111.9亿元。完成农村危房任务5600户，棚户区改造基本建成3202套，公积金管理缴存总额249.87亿元。9月，根据韶关市政府机构改革工作安排，撤销原韶关市住房和城乡建设局与原韶关市城市管理局，成立韶关市住房和城乡建设管理局。

【保障性住房建设】 2017年，广东省下达韶关市棚户区改造目标任务为基本建成2247套，新增租赁补贴80户，2013年底前投资建设的分配率为90%，2014年投资建设的分配率为75%。全年全市棚户区改造基本建成3202套，完成率142.5%；2013年底前开工公租房分配3424套，完成率106.6%；2014年开工公租房分配387套，完成率100%；城镇住房保障家庭租赁补贴发放90户，完成率112.5%。

2017年，韶关市出台《韶关市区公共租赁住房管理办法》，对公租房政策准入条件进行调整，增加本市城镇户籍住房困难家庭、新就业职工、专业技术人员及城镇稳定就业的外来务工人员四类，同时放宽专业技术人员及外来务工人员的户籍要求。全年对40户符合领取租赁补贴条件的低保家庭发放租赁补贴。

【公租房管理】 2017年，韶关市续签直属公房住宅合同190宗，办理社会准入28户、人才公寓新安排17户，完成133套公共租赁住房的抽签、选房及合同的签订工作。续签非住宅合同181宗，非住宅合同到期或空置的74宗公房，完成2017年度住房保障租赁补贴发放工作，对符合条件的41户家庭发放补贴额80552.35元；全年完成公房（标准）租金收入5087.67万元，完成率97.42%；公租房租金137万元，完成率99.95%。

租金收缴 2017年，韶关市直管公房上缴租金5435万元，比年度任务增加213.41万元，增加4%；与2016年上缴数相比增加124.11万元，增加2.3%。公租房上缴租金130.82万元，比年度任务增加83.61万元，增加177%；与2016年上缴数相比增加69.91万元，增加115%。

公房维修 2017年，韶关市完成公房维修工程项目约1700宗，比2016年多近400宗；全年各种维修金额合计472.8万元，比2016年多26.8万元。

公房消防安全治理 2017年，韶关市对市辖区所有公房进行消防检查，发现缺损或损坏的消防设备设施392处，整改公房走道或天面堆放可燃杂物189处，公房里面堆放柴火（10户）和公房内存放各种大量废品的住户（1户）。

【住房公积金资金管理】 2017年12月28日，韶关市住房公积金管理中心通过中华人民共和国住房和城乡建设部公积金基础数据标准和结算系统“双贯标”验收，实现核心系统升级，住房公积金信息化水平提升。

缴存额持续增长 2017年，韶关市实现全账户覆盖，全部取消委托贷款专户和各县（市、区）开设的归集户，将原80个住房公积金账户合并缩减至10个，实现统一核算，资金集中管理，提高运行管理能力。全年全市归集住房公积金31.67亿元，比上年增加16635.46万元，同比增长5.54%。

提取额快速增长 实现与各承办银行联网，直接获取商贷还款数据，简化提取资料，利用信息共享提升服务效率。接入银行结算应用系统，资金流转实时结算。公积金提取由划转到单位账户改变为直接划入个人账户，提高资金到账效率。2017年，韶关市职工提取住房公积金26.8亿元，比上年增加28829.74万元，增长12.05%，主要用于个人购房。全市累计提取住房公积金169.85亿元，增长18.74%。

贷款额再创新高 2017年，韶关市住房公积金管理中心为全市6036户家庭发放住房公积金委托贷款19亿元，比计划13亿元增加6亿元；全市累计为59459户职工发放住房公积金委托贷款104.33亿元，同比增长22.27%。贷款余额72.37亿元，个贷率由2016年底的81.04%上升至91.71%。推进异地贷款和人才优惠贷款，全年发放异地贷款3266.07万元，97户异地缴存职工家庭受惠；全年发放人才优惠贷款209笔，发放贷款金额12008.3万元。

增值收益提取保障房建设资金平稳 2017年，韶关市从住房公积金增值收益中提取保障房建设资金1.44亿元。

【房地产交易管理】 2017年，韶关市住房和城乡建设管理局（以下简称韶关市住建管理局）在不动产登记中心武江办事处设立网签备案便民服务窗口，实现浈江和武江两区按行政区划受理存量交易备案业务，提供房产交易与登记“一门式服务”。规范政策性住房的上市交易管理，对二次房改房款补缴进行审核后方可上市。将市区二手房交易转让全面纳入网签管理，确保房地产市场交易日报信息的准确性，防范“阴阳合同”、“一房多卖”、房屋出售人恶意将已转让的房屋进行抵押骗贷等违法违规行为，保障房地产市场交易秩序。全年全市完成存量房合同网签备案6019宗，存量房资金托管751宗，监管金额9264万元。

商品房交易监管 2017年，韶关市住建管理局排查市区预售楼盘风险，对排查出来的违规收存的7个预售款商品房项目下达《限期整改通知书》。加强预售资金监管，核查开发企业工程进度，规范预售款项使用，督促开发企业办理商品房预售合同备案手续，在5月开展房屋楼盘表建立业务，强化对商品房现售的管理。全年完成楼盘表建立53宗，商品房合同网签备案19170宗，商品房预售款审批1167宗，审批金额110.2亿元。

房屋租赁登记 韶关市住建管理局在办理房屋租赁登记备案时，实行“先税后证”的管理措施。凡不能提供税务部门依据法律法规规定出具的发票、完税或减免税凭证的，不予办理相关房屋租赁登记备案手续。排查重复租赁及租赁有效期内转让房屋风险，建立存量房交易网签同租赁业务关联限制的监管模式，完成既有租赁登记备案业务的系统补录工作。2017年，完成租赁登记备案290宗，纳入管理面积3.83万平方米，完成系统补录339宗，调解租赁纠纷22宗。

维修资金管理 2017年，是韶关市开展住宅专项维修资金工作的第十年，资金缴存额突破7亿元，维修资金管理

工作正常有序。全年市区维修资金归集17232户，归集额1010.73万元，同比增长3.14%；维修资金支出162宗，支出额225.02万元，同比增长36%。全年完成41个新建小区的数据采集，办理维修资金变更448宗，其中232宗过户变更、96宗未缴面积变更、出具维修资金已缴证明119宗、维修资金免收出函1宗。

房产交易信息 韶关市住建管理局拓展房产交易档案查询业务，完善档案管理部的职能及人员设置。对房产业务管理信息系统的“房产交易信息查询”板块进行调整，实现以人查房、以房查房的功能，缩短查档群众的等待时间。建立健全档案管理制度，制定《房屋交易与产权档案管理制度》《房屋交易与产权档案整理、安全管理及利用规范》《房屋交易与产权档案库房管理制度》。全年受理各类查档申请1970宗；协助司法机关及相关单位查询有关房产交易信息约500宗；与信息部共同协助查询韶关市住房保障中心及韶关市浈江区地税局大批量查询1万多宗。

【房地产市场发展】 2017年6月30日，韶关市住房和城乡建设局启动《韶关市住房发展规划（2016—2030）》的编制，强化住房土地资源配置、协调住房发展与宏观经济关系的引导力度。启动住宅专项维修资金创新管理模式，通过招投标方式，放开住宅专项维修资金专户银行公共服务特许经营权，选择优质软件供应商，搭建全新管理平台，促进维修资金公共管理服务的提升。全年全市房地产业增加值48.34亿元，累计同比增长8.5%，占地区生产总值5.14%，完成目标比例132.8%。完成房地产固定资产投资133.61亿元，同比增长32.5%，占第三产业的42.19%，占全社会固定资产投资29.74%。

【房地产市场监管】 2017年，韶关市住建管理局制定稳定新建住房价格工作方案，建立商品住房日监控制度，分析、评估和稳控商品住房价格，防止商品住房过快上涨；建立市场巡查制度，加大违法违规行为查处力度；制定和印发《购房温馨提醒》，引导购房人维护合法权益。限制车位捆绑销售违法行为，实行商品房面积预测绘制度，减少商品房面积缺斤少两的纠纷；制定《韶关市区房屋交易管理办法》《韶关市区商品房预售资金监督管理办法》，两项办法均从2018年1月1日起实施，有效期5年。围绕房地产项目建设、工程质量、销售与售后、物业管理等环节，开展涉房地产领域矛盾纠纷专项治理。协调中级人民法院，跟进恒熙华城、永泰世家历史遗留问题进入司法渠道的案件进程。全年化解涉房地产领域矛盾纠纷561例，未出现影响社会稳定的新苗头新问题。

【物业管理服务】 2017年，韶关市制定《韶关市物业管理行业诚信手册》，在全市推出对物业服务企业实行《诚信手册》考评管理的制度，以及建立企业黑名单制度，启动物业管理服务行业诚信系统的搭建；建立业主委员会登记制度，开展物业管理综合整治，开展物业小区消防、电梯安全隐患大排查，建立物业服务企业招投标制度。全年新增归集维修基金16970户，归集额1.05亿元，累计归集额7.47亿元。审核维修资金支出申请242宗，实地查勘工程维修现场29宗次，审核通过并划拨的住宅专项维修资金申请213宗，划拨金额238万元。办理维修资金变更209宗，备案出函1宗。

【商品房预售资金监管与房屋交易合同网签备案】 2017年，韶关市商品房库存面积333.1万平方米，较2016年全市商品房库存规模控制指标下降44.2%，其中商品住房库存面积220.08万平方米，较规模控制指标下降47.85%；非商品住房库存面积113.02万平方米，较规模控制目标下降35.42%。全年全市净化解商品房164.51万平方米，是2017年度去库存完成目标比例的822.55%。2017年，市辖两区新建商品房销售（网上签约）15046宗，面积174.6万平方米，金额102.87亿元；二手房网签成交6595宗，面积69.22万平方米，金额27.82亿元。全年审核发放商品房预售许可证64宗，审批预售商品房面积116.56万平方米。完成2家外地物业服务企业的备案，10家房地产开发企业的定级，核发新房地产开发企业资质10宗。市辖两区全年完成商品房预售款审批1160宗，审批金额105.56亿元；商品房合同网签备案20738宗（含2017年网签未备案的），存量房合同网签备案7216宗，办理存量房资金托管692宗，托管金额9491.07万元。

【房产测绘】 2017年，韶关市住建管理局规范房产测绘行为，完善服务机制，简化办事流程，缩短办事时限。全年完成预测绘商品楼房112幢，建筑面积108万平方米；建设工程竣工验收测绘111幢，建筑面积121万平方米；实测绘商品楼房45幢，分层分户测绘6152套，建筑面积57万平方米；各项合计测绘建筑面积286万平方米，完成事业收入500万元。

【建筑业发展】 2017年，韶关市建筑业经济增长同比增长9.7%，但建筑业增加值呈负增长状态。全年韶关市资质企业完成建筑业省内总产值111.9亿元，同比上年增长9.7%。

【建筑施工安全生产】 2017年，韶关市开展各项建筑施工安全生产检查。重点开展以高支模、深基坑、起重机械以及高层外脚手架为主的危险性较大工程整治活动，检查市区在建工程20项，检查建筑施工起重机械86台（其中塔吊28台，外用电梯37台，深基坑、高边坡4处，高层外脚手架17处），检查施工企业17家，发出动态管理扣分通知书24份、安全隐患整改通知书18份、安全巡查记录2份、停用通知书3份。督促文明施工，全年对市区在建的6个不达标进行停工整改。开展“安全生产月”活动，组织全市在建项目参加在广东省第五建筑工程有限公司承建的鸿裕花园项目举办的现场安全生产、文明施工观摩会。

2017年，韶关市区受监工程106项，总面积631.25万平方米。办理竣工工程36项，建筑面积116.44万平方米。针对存在安全隐患发出整改通知书187份，扣分通知书275份，巡查记录30份，停工整改9份，停用通知书13份，经济处罚8宗。2017年重点对危险性较大分部分项工程进行监管，监管高支模3项，深基坑5项，高边坡10项，高层外脚手架36项。办理建筑起重机械916台（塔吊、施工升降机、物料提升机），其中产权备案148台，安装告知230台，使用登记339台，拆卸告知199台。

【建筑工程质量监督】 2017年，韶关市住房和城乡建设管理部门简化城市提升项目监督注册手续，对提升项目的监督注册等程序容承容缺、靠前服务、主动服务，做到企业随到随办，解决大部分城市提升项目工期紧任务重但普遍存在前期手续欠完善的问题。实行现场监督抽测，进行重点跟踪落实，确保工程实体质量。对芙蓉新城武广客运专线韶关综合客运枢纽、国有棚户区改造等17个市政、房建工程进行质量行为专项检查，限期整改未及时组织分部工程验收、材料送检不及时，隐蔽验收报告签署不及时等突出问题。开展住宅工程分户验收，全年办理住宅工程分户验收17项，住宅工程分户验收覆盖率100%。推行两书一牌制度，即建设工程法定代表人授权书、工程质量终身责任承诺书及工程永久性标识牌。开展建材打假专项抽查，执法抽检涉及7个项目，钢筋、脚手架扣件、PVC管等各类材料检测共21项（组），抽查中发现一组PVC三通管件维卡软化温度检验不合格，其余项目检测材料均符合规范要求。开展电线电缆产品质量执法联动监督抽查，对韶关市部分在建工程使用的电线电缆检测情况进行检查，检查26个项目，涉及电线电缆厂家11个，涉及电线电缆9个规格，检测电线电缆检41 组，检测结果全部合格，未发现“奥凯问题电缆”。

2017年，全市受监工程198项，总面积803.3万平方米，造价132.1亿元；其中新报监工程项目79项，建筑面积215.2万平方米，工程造价33亿元，受监率100%。办理竣工验收工程77项，建筑面积159.8万平方米，工程造价38.8亿元，所有竣工项目均按规定设置永久性竣工标识牌。发出质量整改通知书142份。工程实体质量监督检查46项单位工程，回弹检测砼强度141个构件，合格率100 %；单位工程原材料监督抽查16项工程，其中钢筋原材监督抽查35组，合格率100 %。

【建筑市场规范化】 2017年8月24日，韶关市人民政府办公室印发《关于促进韶关市建筑业经济增长的实施意见（试行）》，加强建筑管理服务，鼓励外地施工企业在韶关注册独立法人公司，推进外地建筑企业本地化，引导企业诚信、规范经营，增加本地建筑业产值。开辟绿色通道，安排专人负责为建筑企业外出承接工程及时出具相关行为证明。推行施工许可审批“容缺受理”和“承诺受理”机制，缩短审批时限，加快重点建设项目实施。

【工程项目招投标】 2017年5月24日，韶关市人民政府办公室出台《韶关市工程建设项目招标投标管理规定》，完成韶关市房屋建筑和市政基础设施工程施工招标文件及招标公告示范文本，调整韶关市招标文件备案方式，全面实行招标人负责制，招标文件备案由合法性审查调整为告知性备案，实行招标人、招标代理机构共同承诺制，开评标监督改为远程视频监控。2017年，韶关市住建管理局完成《招标代理机构选取暂行办法》和《招标代理机构诚信评分管理办法》起草工作，加强工程招标代理机构诚信登记管理工作，对工程招标代理机构实行动态管理，全年新增工程招标代理机构29家。至2017年，全市有78家工程招标代理机构进行诚信登记。其中，本地6家，市外72家；甲级资质的72家，乙级4家，暂定级2家。全年全市招标备案项目105项，进场交易89项，交易金额30.26亿元。

【工程造价管理】 2017年，韶关市推进韶关市建设工程造价信息化管理系统建设工作，建立由省造价管理总站、市、县（区）工程造价管理站三级组成的工程造价信息服务层级管理模式，完成市（区、县）两级网站、诚信和价格系统的建设。10月20日，该系统通过验收投入运行。启动韶关市工程造价咨询企业市场行为诚信综合评价工作。严把工程造价文件质量关规范行业计价行为，全年完成合同价款登记备案项目109个，建筑面积473.89万平方米工程造价105.74亿元。其中，招标项目38个，建筑面积131.22万平方米，工程造价31.94亿元；非招标项目71个，建筑面积342.67万平方米，工程造价73.79亿元。完成在韶关市承揽单项咨询业务登记备案的外地工程造价咨询企业31家，备案项目100个，本地企业完成9个项目。

【新建民用建筑节能】 2017年，韶关市编制《韶关市“十三五”绿色建筑与建筑节能发展规划》，强化建设过程建筑节能的监督管理，调整和完善施工图审查备案制度，组织开展建筑节能专项检查，落实建筑节能强制性标准。全年，韶关市区办理建筑节能设计审查备案工程项目70个，建筑面积338万平方米；新建建筑节能项目全部通过节能设计专项审查，建筑工程节能备案率100%，设计阶段建筑节能标准执行率100%。

【绿色建筑】 2017年，韶关市住建和城乡管理部门引导和帮助建设单位做好绿色建筑申报工作，通过编制印发《绿色建筑政策及申报评价标识指南》、召开绿色建筑示范工程现场会、举办政策法规标准规范宣贯会等形式，提高建设单位对绿色建筑的认识。对市区新报建工程项目，未通过绿色建筑设计专项审查的不予办理节能备案，不予办理开工许可证。全年全市取得省级绿色建筑标识项目26个，新增绿色建筑面积190.27万平方米，超额完成广东省住房和城乡建设厅下达的60万平方米年度目标任务。

【能耗统计和既有建筑节能改造】 2017年，韶关市完成158栋国家机关办公建筑及大中小型公共建筑（建筑面积119.2万平方米）及79栋农村居住建筑（建筑面积1.29万平方米）的能耗统计、公示。完成既有建筑节能改造项目4个，共10.6万平方米。

【墙体材料革新】 韶关市实施建筑节能工程设计审查专项备案制度，施工图设计文件禁止使用黏土实心砖；加强对施工现场的检查；实施新型墙体材料确认备案制度。2017年，韶关市纳入“禁实”（禁止使用黏土实心砖）范围的市辖三区、始兴县、仁化县、南雄市、乐昌市、乳源瑶族自治县基本完成“禁实”目标任务。至2017年底，全市新型墙体材料建筑工程应用比例85%以上，其中市区99%以上。全市办理确认备案企业14个，累计生产新型墙材4.6亿块标准砖。

【装配式建筑】 2017年，韶关市发展装配式建筑，编制《韶关市装配式建筑2017—2025年发展规划报告》和《韶关市装配式建筑的现状及发展方向研究报告》，装配式部品部件生产线于12月底投入生产。全市有装配式建筑示范项目2个（兰花创新博览中心、韶关城投集团商务中心），建筑面积7.92万平方米。

【预拌混凝土生产监督】 2017年，韶关市委托广州市黄埔区市政建筑工程质量检测中心承担全市预拌混凝土生产企业原材料及产品质量监督抽检工作，对市区建设工程项目使用预拌砂浆情况进行常规性监督检查。韶关市市区下发整改通知11份，处罚6个项目，罚款 18万元。全市完成散装水泥供应量414万吨，占年计划103%；预拌混凝土使用量445万立方米，占年计划148%；预拌砂浆使用量10.55万吨，占年计划211%。

【农村危房改造】 2017年，韶关市启动并完成农村危房和精准扶贫对接的核查和确认工作，组织各县（市、区）重新核实农村危房补助对象。完成2017年省下达韶关市的农村危房任务5600户。截至12月15日，全市农村危房改造开工5600户，竣工3196户；开工率100%，国家任务竣工率100%，按要求完成省下达的2017年阶段性目标任务。

【城乡生活垃圾处理】 2017年，韶关市编制《韶关市城乡生活垃圾处理“十三五”规划》，统筹部署全市“十三五”期间城乡生活垃圾处理工作。6月9日，韶关市新一轮生活垃圾和污水处理基础设施建设工作现场会议在乳源瑶族自治县召开。农村生活垃圾处理设施建设加快，新丰县5个乡镇热能垃圾处理站项目纳入新丰县整县推进城乡垃圾污水PPP项目，于7月完成社会资本方招标，完成选址、征地、可研、环评等工作。乳源瑶族自治县4个乡镇热能垃圾处理站项目中的必背、大桥、大布站完成站房建安工程，洛阳站完成安装设备。引入垃圾收运市场化运行模式，乐昌、南雄、仁化、翁源、新丰等县（市）的市场化运行覆盖面得到大幅提升。始兴县落实全域覆盖，服务内容从垃圾收运延伸至清扫保洁。全年全市村庄保洁覆盖率100%，农村生活垃圾有效处理率91.3%，分类减量率51%。

【农村人居环境改善】 2017年，韶关市人民政府办公室制定改善农村人居环境建设社会主义新农村三年行动计划（2017—2020年），对各地开展整治工作分类指导。出台《韶关市农村人居环境综合整治专项工作实施方案》，细化重点工作任务，推进新丰县、始兴县污水处理设施建设。推动翁源县农村人居整治工作，向省部门推荐将该县作为创建省级社会主义新农村示范村规划设计建设运营一体化试点县。8月26日，翁源县江尾镇连溪村进入中华人民共和国住房和城乡建设部等部门公布的2017年改善农村人居环境示范村的“环境整治示范村”名单。印发《韶关市传统村落保护发展活化利用三年行动计划（2018—2020年）》。组织曲江区小坑镇曹角湾村等22个村落申报第五批中国传统村落。

【古驿道保护与利用】 2017年10月27日，在住房城乡建设部关于2017年中国人居环境奖获奖名单的通报中，韶关市南雄梅关古驿道保护与利用项目被授予“中国人居环境范例奖”。南雄梅关古驿道通过保护修复与活化利用梅关古驿道沿线物质和非物质文化遗产、历史性自然景观等资源，促进古驿道沿线地区经济发展和“精准扶贫”，提升古驿道沿线地区人居环境品质，打造一条集文化、生态、旅游等多种功能的古驿道线性文化遗产网络。 （章　程）

城市管理

【城市管理制度规范】 2017年，韶关市完善城市管理制度规范。印发《关于进一步加强市区建筑垃圾运输管理工作的通知》《关于进一步规范市区建筑工地文明施工及建筑渣土运输管理的通知》《关于加强市区市政线型工程文明施工管理的通知》等工作文件。推进市区建筑垃圾规范管理，完成《韶关市建筑垃圾管理条例》前期调研工作，完成《韶关市区违法建设查处规定》草拟工作。

【违法违章建筑查处】 2017年，韶关市加大对市规划区内违法违章建筑的巡查监管力度，对在管辖区内各路段违章建筑物、构筑物进行网络化监督巡查。全年发现涉嫌违建249宗，面积28.88万平方米，发出违法（章）建筑督查通知书388份。市辖三区全年查处违法建筑472宗、面积61.67万平方米。

【市容市貌整治】 2017年，韶关市加大市容整治力度。完成韶关市循环经济环保园一期工程项目规划选址论证、工程可行性研究等前期工作。制定城区城市生活垃圾减量分类工作实施意见，开展垃圾收集清运市场一体化工作经过实地考察调研，推广一体化购买服务模式。全年督查市区道路2689条次，督查市容问题6852宗，其中，步行街2663宗、浈江区2067宗、武江区2122宗，发出市容督查通知书1080份，实现主次干道、小街巷全覆盖。数字城管平台受理各类业务案件77563宗，其中采集员采集75785宗、电话投诉1778宗。办结68789宗，3912宗处理中，撤销4862宗。规范广告设置，对市区解放路、西堤路店牌店开展集中整治工作，拆除广告193块，面积3207.3平方米，完成市辖区沿线路段店牌店招和户外广告整治工作。浈江、武江城管执法分局对市区重要节点路段的户外广告进行全面清理，拆除户外广告326块，面积8946.8平方米。

【建筑渣土管理】 2017年韶关市规范渣土运输，查处处置渣土的各类违法违规行为，市区道路扬尘情况有所缓解。全年出动执法人员10478人次，出动车辆2566台次，检查渣土运输车辆2341台次，开具调查通知书99份，立案处罚28宗，处罚金额25.33万元，会同交警查扣车辆206台次，罚款1.05万元；会同交警、交通处罚多台严重超载超限运沙车辆，对司机处以罚款2000元，扣6分的行政处罚。推进准运机制，全年审核办理13家企业准入，为218台车发放准运证，累计为266台车辆安装车载卫星定位系统。规范监管验收机制，对市区建筑工地开展施工场地扬尘防治设施验收工作。

【城市管理体制改革】 2017年，韶关市完成全市城管行政执法队伍统一换装工作；完成市本级和县（市、区）城管执法部门主要领导及部分分管领导的干部轮训工作，实现市、县（市、区）具有行政执法编制的执法人员全员持证上岗。制订《市区市容市貌提升工作方案》《市区拆违控违工作方案》，明确落实属地网格化管理责任制、完善“打早打小”、居（村）民建房管理机制、健全投诉举报处理机制，强化月报和销账制度和督查、考核、问责机制等工作内容。推动市辖三区政府落实属地管理责任，出台创文工作网格化管理办法，实施“路长制”、“门前三包”责任制等市容管理长效机制，加强城市配套设施建设，开展城市美化专项行动，提升网格化管理水平。

【智慧城市建设】 2017年，韶关市完成2017年数字城管平台软件维护项目的招标工作，完成数字城管社会化采集服务项目招标工作，完成“12319”系统监控升级一期硬件运维服务项目合同签订工作。在“数字城管”建设的基础上，推进韶关市城市桥梁健康检测和安全监控预警系统建设，启动巡查数字化管理新模式，对桥梁、隧道设施实施智慧化管理。通过监测系统及时获取桥梁荷载情况和结构主要参数的变化信息，评估桥梁的运营状态，对桥梁的危险状态做出及时预警，确保桥梁的安全运营。日常巡查情况同步录入微信版“城市桥隧日常巡检日报表”，技术人员可实时查看巡检情况和相关病害照片。推进风采桥健康保护系统建设、北斗基站系统建设项目，百旺大桥、韶关大道立交桥、韶南大道南郊跨线桥、百旺隧道健康保护系统项目。

【市政公共基础设施管理与修缮】 2017年，韶关市完成韶关市旧堤改造加固及环境改造工程初步设计编制及评审工作；完成五里亭、小岛片区污水管网输送工程并通水运行；完成花拉寨生活垃圾卫生填埋场渗滤液处理系统升级改造项目，完成花拉寨生活垃圾卫生填埋场二期扩建工程的工程可行性研究报告、社会风险稳定评估报告和使用林地可行性研究报告的编制工作；完成火车东站片区（含铁路医院门前）交通整治工程；完成花拉寨生活垃圾卫生填埋场边坡整治工程预算审核定案工作，委托市土地储备中心进行项目用地的征收工作；完成风采桥大修工程；完成市区东河、南郊片区10.9千米旧堤截污管网铺设工程监管工作。

【桥梁、隧道养护管理】 2017年，韶关市加强桥隧日常巡查和考核监督，对桥梁隧道日常巡查施行服务外包，巡查外包服务商根据养护等级对桥梁隧道进行日常巡查，并将实际巡查情况在线填写入微信版“城市桥隧日常巡检日报表”。根据日常巡查结果，每月展开桥梁隧道应急维修工程。开展风采桥人行道结构专项检测，完成五里亭大桥伸缩缝的工作、韶南大道跨线桥桥台裂缝修补工程、曲江旧桥上部结构病害加固维修等工程。做好桥隧常规定期检测及荷载试验，推进46座桥梁及4座隧道的常规检测，2座桥梁的荷载试验。

【园林市政环卫设施维护与监管】 2017年，韶关市对市区市政公用设施（道路排水、环境卫生）和园林绿化设施的养护质量进行巡查，重新修订韶关市城市管理考核评分标准及考核办法，编制韶关市市政设施养护工程考核评分标准及工程质量标准。全年对市辖二区进行检查1120次，里程1.95万千米，上报数字城管案件808宗，结案804宗，结案率99%。

【生活垃圾填埋处理】 2017年，花拉寨生活垃圾卫生填埋场填埋处理生活垃圾15万吨，采用“生化处理+膜处理”技术工艺处理生活垃圾渗滤液14万吨，出水水质满足《生活垃圾填埋场污染控制标准》（GB16889—2008）规定的排放标准。完成库区铺设沙袋、杂草清除、消杀、作业道路修建等辅助工作。

【城市绿化工程】 2017年，韶关市完成森林公园内老化品种的改造1875平方米，栽植红继木2300株、鸭脚木380

株、杜鹃花球415株，铺种台湾草215平方米、蟛蜞菊平方米，平整绿化地1500平方米。为保护山体及营造绿色家园，补植补栽爬山虎7000株、炮仗花1500株。完成浈江区政府大学路韶关第一技校门口至鹅坑桥段、乐村坪出口至百旺大桥段及犁市出口至十里亭转盘段等三条道路的绿化景观提升工程，种植秋枫、美丽异木棉、紫荆、红叶李、细叶紫薇等乔木1400株，杜鹃球、大红花秋、红继木球、红绒球、苏铁、红叶石楠、蜘蛛兰等花灌木9000株。

【污水处理】 2017年，韶关市有建成运行城镇生活污水处理厂26家，建成运行工业园区污水处理厂6家。新建、改建、维修一批污水处理厂。完成市第五污水处理厂设备安装工程及截污管网工程；完成韶关大学片污水处理厂设备安装工作；完成始兴县顿岗镇污水处理厂建设验收工作，年底投入运行；完成莞韶园污水处理厂项目建设；完成浈江产业园铣鸡坑污水处理厂修复工程。

城镇污水处理 2017年，韶关市大部分城镇和工业园区污水处理厂运行正常，尾水稳定达标排放。新丰县污水处理厂、曲江白土工业园污水处理厂、翁源华彩工业园污水处理厂，以及坪石镇、大塘镇、乌迳镇、黄坑镇、马市镇、桂头镇、大桥镇污水处理厂存在运行负荷率低、进水浓度较低、处理效果不理想、配套管网不完善等问题，部分污水处理厂运行负荷率仍只达到设计能力的20%左右，进水化学需氧量浓度仅为20—50毫克/升。全年全市完成污水处理量1.22亿吨，化学需氧量削减量1.03万吨，氨氮削减量1270吨，污泥无害化处理处置量9200吨，全市平均城镇生活污水处理率（含中心镇）83%，其中，市区城镇生活污水处理率86%。

村镇污水处理 2017年，韶关市村镇污水处理设施建设整体进度较慢、建设进展参差不齐。全年全市村镇污水处理设施建设仅完成投资2.9亿元。曲江区、新丰县完成整县推进村镇污水处理设施建设招标，进入施工建设。南雄市、乳源瑶族自治县完成部分镇级污水处理设施项目招标，村级污水处理设施建设处于前期工作阶段。翁源县完成发布村镇污水PPP项目资格预审公告；武江区完成PPP项目前期工作和项目入库，处于发布资格预审公告阶段；乐昌市、始兴县、浈江区完成PPP项目前期工作，处于PPP项目入库和启动招标阶段；仁化县村镇污水PPP项目进展缓慢，处于前期工作阶段。

【城市亮化】 2017年，韶关市推进照明工程建设。完成市区南枫碧水园横巷、雍华豪庭周边道路、新华南金叶广场周边道路及芙蓉山公园、金凤坪村、光孝路、华龙山庄、一污至十里亭、六一车队等城乡接合部安装LED路灯共487盏，敷设线路11.6千米。完成东河路风采桥至帽峰桥段、大学路鹅坑桥至韩家山韶大宿舍区段以及新建路3条道路路灯改造工作，共更换73套LED路灯，更换线路2.6千米；完成矿山公园庭院灯、西河桥路灯改造工程完成路灯基础倒置。完成森林公园339套灯具更换，高铁站广场78套庭院灯7千米线路更换；完成城区小岛慢行系统及绿道、东堤南路横巷、建国路、风采路、园前南路等主要道路灯罩清洗及灯杆翻新油漆工作。实施城区亮化。完成城区东河沿江北路（风采桥至帽峰桥段）景观第一阶段楼宇、桥梁及人力资源和社会保障局显示屏的亮化建设，完成城区武江西岸（西河桥—五里亭大桥段）景观亮化项目。完成环园路景观亮化升级改造工程的全部建设内容。 （章 程）

芙蓉新区建设

【概况】 韶关芙蓉新区管理委员会（以下简称芙蓉新区管委会）为韶关市人民政府派出机构，主要职责是根据市委、市政府授权或委托依法行使芙蓉新区规划、建设和发展等职能，负责新区开发建设效能监察工作。内设4个副处级职能部门，机构编制22名。2017年有在职干部20人。芙蓉新区起步区芙蓉新城安排建设项目51个，其中续建项目25个，计划新开工项目26个，计划完成投资61.24亿元。完成投资63.26亿元，同比增长24.31%，超额完成年度计划任务。

【芙蓉新城“双十”项目征拆交地攻坚行动】 2017年10月13日，芙蓉新区管委会与武江区联合启动芙蓉新城“双十”项目征拆交地攻坚行动（用100天时间，基本完成芙蓉新城在建的10个“冲刺项目”和10个“机动项目”征拆交地攻坚任务），制定《芙蓉新城“双十”项目征拆攻坚行动非公职人员绩效激励办法》等系列配套政策措施，针对外出人口和外嫁女安置、长效性坟墓安置等征拆历史性问题，研究出台相关意见办法，推动芙蓉新城征地拆迁工作。芙蓉新城完成征拆交地面积343.93公顷，房屋拆迁面积13.32万平方米。安置新村建设分配工作推进，西联安置新村分配安置房357套，芙蓉安置新村分配91套，分配率分别为81%和92%。

【项目建设】 2017年，北江航道“五改三”孟洲坝二线船闸、城投商务中心、城投与碧桂园合作房开项目、新城四条城市支线道路、宝能房开、妇幼保健院、百旺路扩建项目绿化景观提升工程、新白线道路工程、中海投、滨江路景观提升工程、高铁站环境提升工程、保利地产中韵花园和中宸花园等12个新项目开工建设，每个月至少有一个新项目开工。新城水系、韶州文化广场、新城地下综合管廊等关键性项目推进，新城水系开展可行性研究报告编制及初步设计招标等工作，芙蓉广场项目概念性规划初步确定，新城5号路地下综合管廊开展基坑支护结构施工作业。

【韶关“华南数谷”建设】 经韶关芙蓉新区管理委员会与韶关市经信局、市规划局、莞韶园等相关单位的谋划和筹备，6月5日，韶关市政府和华为技术有限公司联合主办的韶关市华南数谷大数据产业园揭牌与招商推介暨华为中国ICT生态之行韶关站巡回展活动在碧桂园太阳城酒店举行，华南数谷大数据产业园进入项目落地与招商阶段。韶关市委书记、市人大常委会主任莫高义，市委副书记、市长殷焕明，广东省经济和信息化委员会党组副书记、巡视员邹生，以及孔云龙、朱余旺、万卓培、周伟源等韶关市领导，华为、中证、中国联通广东分公司等相关企业负责人出席活动。韶关芙蓉新区管委会计划将百旺路沿线打造成为韶关“华南数谷”核心区，广东省公安备份中心、省档案备份中心、联通粤北数据中心等项目建成或在建，另有一批企业在抢先签约准备入驻，“华南数谷”被广东省大数据管理局批准成为省级大数据产业园。

【全市干事创业正向激励和反向问责示范区创建】 2017年7月10日，韶关市委办、市政府办印发《芙蓉新区创建全市干事创业正向激励和反向问责示范区实施方案》，旨在打造一支能打硬仗、能打胜仗的干部队伍。10月18日，市政府办印发《2017年芙蓉新区创建全市干事创业正向激励和反向问责示范区考核实施细则》。考核的主要内容包括：对新区管委会的考核主要是“在统筹协调中比高低”，即完成市委、市政府确定的芙蓉新区年度投资额度考核任务及统筹协调新区工作情况；对武江区的考核主要是“在征拆交地中看本领”，即完成年度征拆交地任务情况；对市城投集团、金财集团等建设单位的考核主要是“在项目建设中论贡献”，即对项目的推进落实情况；对市规划局、市发改局、市国土局、市住建局、市环保局、市财政局、市代建局等主要服务职能部门的主要是“在服务项目中评优劣”，即对芙蓉新区项目前期、建设过程等主动配合及服务工作情况。

【廉洁示范区创建】 2017年6月22日，中共韶关芙蓉新区管理委员会党组印发《关于创建芙蓉新区廉洁示范区的工作意见》。10月12日，市纪委、新区管委会在芙蓉新区举行廉洁新区示范区创建动员会。创建芙蓉新区廉洁示范区主要工作目标是，力争到2020年，“不敢腐、不能腐、不想腐”的长效机制基本建立，芙蓉新城干部清正、政府清廉、政治清明的政治生态基本形成。通过廉洁示范区创建工作，2017年芙蓉新区开发建设完成投资63.26亿元，同比增长24.31%，完成拆迁交地343.93公顷（2016年完成200公顷），全年全委无违法违纪事件发生。 （曾善福）

环境保护

【概况】 主管工作部门为韶关市环境保护局，韶关市人民政府组成部门，正处级单位。2017年，韶关市环境保护局行政编制20名、行政执法专项编制20名。内设9个职能科室（分局），以及韶关市环境保护局浈江分局、韶关市环境保护局武江分局2个派出机构。下设韶关市环境监测中心站、韶关市环境污染控制中心、韶关市环境信息中心等3个直属事业单位。韶关市生态环境质量持续改善。空气质量方面，市区空气质量AQI优良达标率89.32%，全年空气质量指数优、良天数为326天，降水pH年平均值为5.26，酸雨频率为40.0%，降水质量整体与上年相比无显著变化。水环境质量方面，全年主要江河水系水质状况总体良好，水环境质量与上年相比无显著变化，各类断面水质的达标率均为100%。声环境质量方面，各功能区域噪声基本符合标准要求，市区道路交通噪声年均值66.4分贝，处于好等级；市区区域环境噪声年均值56.7分贝，处于一般等级。

【主要污染物减排】 2017年，韶关市落实各项减排工程措施，减少主要污染物排放总量，持续改善环境质量。南雄、乳源、翁源等地区进一步完善现有城区污水处理厂配套主管网和支管网建设，提高污水处理量和入口浓度，发挥减排效益。61家规模化畜禽养殖场完成粪便污水贮存、处理与利用等减排工程设施建设，通过广东省专家的认定，减少水污染物化学需氧量和氨氮的排放；韶关发电厂1号、2号机组和韶关坪石发电厂有限公司（B厂）4号、5号机组按期完成超低排放改造工程，有效减少大气污染物二氧化硫和氮氧化物的排放。根据广东省环保厅对韶关市2017年主要污染物总量减排核查核算情况，核定化学需氧量排放量为4.8万吨、氨氮排放量为0.543万吨、二氧化硫排放量为3.03万吨、氮氧化物排放量为3.1万吨，超额完成省下达的年度减排目标任务。

【大气污染防治】 2017年，韶关市全面完成工业和机动车排污整治任务。整治“小散乱污”企业92个，完成5家挥发性有机物重点企业整治，淘汰高污染燃料锅炉11台，全市淘汰黄标车3777台。加强饮食油烟治理，推进建成区所有排放油烟的餐饮企业和单位食堂安装高效油烟净化设施建设。坚持预测研判，对露天焚烧行为实施常态化巡查，联合多部门对大气污染态势采取提前防范和压制措施。韶关市环境空气监测取得有效数据的天数为365天，其中优、良天数326天，AQI优良达标率89.32%。

【水污染防治】 2017年，韶关市印发《2017年韶关市水污染防治工作方案》，水污染防治取得成效。强化区域综合整治，完成3家被广东省列入水污染防治重点行业清洁化改造任务的企业的整治任务，韶关学院片污水处理设施（0.7万吨每日）等4项污水处理设施的建设和改造任务按计划推进。畜禽养殖污染防治加强，畜禽养殖禁养区划定和清理整治工作推进，韶关市各县（市、区）政府均科学划定（或调整）畜禽养殖禁养区。全市划定禁养区面积3440平方千米，完成清理禁养区内畜禽养殖场

（或专业户）264个，减少养殖量8.5万头（猪当量），地方财政投入补偿资金2600万元。2017年全市47个畜禽养殖污染减排项目全部完成工程设施建设和减排台账编制。重点湖库水生态环境保护加强，投入环保专项资金1500万元，实施南水水库生态环境保护工程，完成南水水库生态安全调查与评估成果报告，网箱养殖清理拆除网箱面积66571平方米，完成库区湖滨带生态修复面积13500平方米，建设入库河口生态浮床4000平方米。横石水流域整治推进，总投资超过9亿元，完成11项重大工程。横石水断面水质改善明显，1—12月横石水断面达到Ⅲ类水质要求，提前完成广东省政府提出的目标要求。2017年，韶关市地表水考核断面水质优良（达到或优于III类）比例达到100%，县级以上集中式饮用水水源地水质达标率100%。

【土壤及重金属污染防治】 2017年，韶关印发实施《韶关市2017年土壤污染综合防治先行区建设工作计划》。6月，韶关市政府与广东省环保厅签订省市共建土壤污染综合防治先行区合作协议，达成省市共建。韶关市土壤污染综合防治先行区建设第一批6个重点项目推进。6月，韶关市在全国率先启动重点行业企业用地污染状况详查第一阶段定性调查，完成300个疑似污染地块基础性调查工作，中华人民共和国环境保护部在《全国土壤污染防治工作简报》2017年第6期中专门对韶关市土壤污染防治先行区建设和重点行业企业用地污染状况详查工作给予肯定和表扬。

【环境监管执法】 2017年，韶关市、县两级环境监察部门对重点排污单位、一般排污单位和特殊监管单位进行双随机抽查，共出动执法人员2219人次，检查企业808家次，下达责令改正违法行为决定书10份，立案10宗，罚款52.48万元，实施查封扣押案件1宗，移送行政拘留案件1宗。按照中华人民共和国环境保护部、广东省环境保护厅的部署，开展进口废物企业环境违法行为专项整治行动、中央环保督察交办案件整改后督查工作和省大气和水污染防治专项督查自查行动。在进口废物企业环境违法行为专项整治行动中，对35家进口废物企业进行立案调查。配合做好广东省大气和水污染防治专项督查工作，检查企业113家。印发《韶关市工业污染源全面达标排放计划实施方案》，对钢铁、火电、水泥、石化、造纸、印染、电镀、污水处理厂、垃圾焚烧厂等8个行业企业污染物排放情况进行排查评估和集中执法检查。对超标排放污染物企业进行立案查处，下达责令改正违法行为决定书和行政处罚决定书，并处罚款。

▲2017年6月21日，广东省环境保护厅厅长鲁修禄（右）、韶关市人民政府市长殷焕明（左）分别代表省环境保护厅与韶关市政府签署《共建土壤污染综合防治先行区协议》
（韶关市环境保护局 供）

【项目环评审批改革】 2017年，韶关市进一步深化项目审批改革工作。针对全市重点项目、民生工程及符合有关规划或工业园区准入条件项目简化审批流程，有效缩短审批时间。除上级明确规定审批权的行业和跨县级行政区域的项目以外，其他所有项目环评审批权均下放到县级环保部门，减少审批环节。10月1日起，韶关市取消竣工环保验收行政许可，强化“三同时”和事中事后环境监管。前后出台排污许可证管理核发相关系列方案制度，6月，韶关市召开排污许可证改革工作会议，为该市完成辖区内火电、造纸行业排污许可证的核发工作提供基础保障。全市办理各类新建项目环评审批146份，登记表备案管理121份，建设项目环保设施竣工“三同时”验收办理67份（含暂缓1份），办理许可证208份（其中广东省污染物排污许可证107份、建筑噪声排污许可证91份、办理辐射安全许可证份10份），广东省危险废物经营许可证初审意见2份。

【环境信访维稳】 2017年，韶关市环保局受理群众反映各类环保问题信访件1099宗，处理率100%，按时办结率100%。其中网络问政295件，来信12件，电话（包含“12345”热线）761件，来访31批共50人。污染投诉较多为噪声污染、大气污染及三产污染等问题。

（杨文怡）

2017 年韶关市区省控以上河流水质变化趋势分析结果表

表 13

河流名称	断面名称（功能类别）	水质类别	定性描述	是否达标	超标项目	上年同期水质类别	变化趋势
北江	孟洲坝电站（Ⅳ）	Ⅱ	优	是	—	Ⅱ	持平
	白沙（Ⅲ）	Ⅱ	优	是	—	Ⅱ	持平
	高桥（Ⅲ）	Ⅱ	优	是	—	Ⅱ	持平
浈江	长坝（Ⅲ）	Ⅱ	优	是	—	Ⅱ	持平
	曲江桥（Ⅲ）	Ⅱ	优	是	—	Ⅱ	持平
武江	坪石（Ⅲ）	Ⅱ	优	是	—	Ⅱ	持平
	武江桥（Ⅲ）	Ⅱ	优	是	—	Ⅱ	持平

2016、2017年韶关市区大气监测结果统计表

表 14

市县名称	监测项目	测点名称	年平均（毫克每立方米）		超标率（%）	
			2016 年	2017 年	2016 年	2017 年
韶关市区	二氧化硫	市八中	0.021	0.020	0	0
		碧湖山庄	0.013	0.015	0	0
		园林处	0.013	0.017	0	0
		韶关学院	0.012	0.016	0	0
		曲江监测站	0.020	0.020	0	0
		市区统计	0.016	0.017	0	0
	二氧化氮	市八中	0.029	0.031	0	0
		碧湖山庄	0.022	0.024	0	0
		园林处	0.026	0.028	0	0
		韶关学院	0.020	0.022	0	0
		曲江监测站	0.033	0.038	0.6	0.3
		市区统计	0.026	0.029	0	0
韶关市区	可吸入颗粒物	市八中	0.048	0.055	0.6	0.3
		碧湖山庄	0.050	0.053	0.3	0.6
		园林处	0.057	0.051	2.0	0.3
		韶关学院	0.040	0.045	0	0
		曲江监测站	0.058	0.059	0.6	1.1
		市区统计	0.051	0.052	0.6	0.3
	细颗粒物	市八中	0.035	0.039	5.0	6.1
		碧湖山庄	0.035	0.037	3.0	5.5
		园林处	0.036	0.036	4.7	5.2
		韶关学院	0.031	0.036	1.1	4.3
		曲江监测站	0.028	0.042	4.5	8.4
		市区统计	0.033	0.038	3.4	4.7

续表 14

市县名称	监测项目	测点名称	年平均（毫克每立方米）		超标率（%）	
			2016 年	2017 年	2016 年	2017 年
韶关市区	一氧化碳（日均浓度第 95 百分位数）	市八中	1.8	1.5	0	0
		碧湖山庄	1.3	1.3	0	0
		园林处	1.9	1.5	0	0
		韶关学院	1.4	1.4	0	0
		曲江监测站	2.1	1.7	0	0
		市区统计	1.6	1.4	0	0
	臭氧（日最大 8 小时浓度第 90 百分位数）	市八中	0.136	0.152	3.3	8.6
		碧湖山庄	0.152	0.142	8.0	4.8
		园林处	0.118	0.152	2.0	8.2
		韶关学院	0.135	0.162	5.0	11.4
		曲江监测站	0.133	0.154	2.2	6.6
		市区统计	0.135	0.152	3.3	6.0
	降尘（吨 / 平方公里 · 月）	市八中	2.28	1.73	0	0
		碧湖山庄	2.02	1.35	0	0
		园林处	2.16	1.52	0	0
		韶关学院	1.85	1.26	0	0
		曲江监测站	2.15	1.93	0	0
		市区统计	2.09	1.56	0	0

2016年、2017年韶关市区降水质量统计表

表 15

监测站名称	2016 年				2017 年			
	样品个数	酸雨频率（%）	降水 pH 值		样品个数	酸雨频率（%）	降水 pH 值	
			范围	平均			范围	平均
韶关市	87	36.8	4.32 ~ 7.90	5.31	90	40.0	4.19 ~ 7.63	5.26

2017年韶关市区道路交通噪声监测统计表

表 16

行政区	测点数（个）	总路长（千米）	平均路宽（米）	平均车流量（辆 / 小时）	等效声级	达标率 %	> 70 分贝路段		声级范围（分贝）
							路长（千米）	（%）	
韶关市区	55	73.5	20.4	2273	66.4	94.5	3.60	4.9	57.4 ~ 73.1

2017年韶关市区区域环境噪声功能区统计

表 17

功能区	网格大小（米）	网格数（个）	覆盖面积（平方千米）	等效声级（分贝）	超标率（%）
Ⅰ类区	500 × 500	42	10.50	54.0	16.7
Ⅱ类区	500 × 500	136	34.00	56.4	20.0
Ⅲ类区	500 × 500	69	17.25	59.0	1.4
韶关市区	500 × 500	247	61.75	56.7	14.2

教育 · 科技 · 文化

教育综述

【概况】 韶关市教育局为韶关市人民政府工作部门，机关行政编制27名，内设机构8个。2017年，韶关市教育局获国家体育总局授予“2013—2016年度全国群众体育先进单位”称号；被中华人民共和国教育部列为第二批“县管校聘”管理体制改革示范区（全省1个）；武江区、乳源瑶族自治县两个县区获得“广东省推进教育现代化先进县（区）”称号；11月，韶关市被广东省教育厅确定为广东省寄宿制学校建设工作试点市之一。（卢　升）

【教育经费】 2017年度，韶关市教育经费总收入724395万元，比上年增加37412万元，增长5.45%。其中：国家财政性教育经费622488万元，比上年增加63812万元，增长11.42%；民办学校举办者投入9766万元，比上年减少37168万元，下降79.19 %；捐赠收入1112万元，比上年增加301万元，增长37.11%；事业收入88163万元，比上年增加11700万元，增长15.30 %；其他教育经费2868万元，比上年减少1231万元，下降30.03 %。公共财政教育经费522616万元，比上年增长9.03%。国家财政性教育经费占GDP的比例为4.65%。总支出725993万元，比上年增加35504万元，增长5.14 %。

【教育基本建设】 2017年，韶关市中小学校完成投资6.06亿元，其中，建安工程4.51亿元，设备购置1.52亿元，其他0.03亿元。是年，全市新增校舍建筑面积27.54万平方米，新增固定资产价值5.32亿元。（胡定安）

【教师队伍】 2017年，韶关市有中小学（幼儿园）教师34631人。其中，小学教师13723人，研究生学历25人、本科学历5259人、大专学历7514人、高中阶段学历925人；初中教师8271人，研究生学历70人、本科学历6334人、大专学历1867人；高中教师4394人，研究生学历177人、本科学历4120人、大专学历97人；中等职业学校教师1617人，研究生学历146人、本科学历1270人、大专学历196人、高中阶段学历5人，双师型教师519人；幼儿园专任教师6626人，本科学历578人、大专学历3724人、高中阶段学历2172人、高中阶段以下学历152人。

【教师补充和交流】 2017年，韶关市招聘教师810人，其中招聘农村教师331人，研究生学历17人，本科学历660人，大专学历127人，高中阶段学历6人。继续落实《韶关市县域内义务教育学校校长教师交流轮岗工作的实施方案》，全年全市有132名校长、2020名教师参与交流轮岗。落实省“三区”支教工作，韶关市会同东莞市、茂名市、阳江市共安排76名优秀教师分别到乐昌市、南雄市、乳源瑶族自治县、新丰县等地支教，其中韶关市派出教师30名。4月，韶关市出台《韶关市人民政府关于推进全市基础教育学校学校“县管校聘”管理改革工作的意见（试行）》；9月，出台《关于推进韶关市教育局直属学校教师“局管校聘”管理改革的工作方案》，启动“县管校聘”管理改革工作。7月，韶关市被教育部列入关于国家级第二批义务教育教师队伍“县（区）管校聘”管理体制改革示范区。

【教师职称晋升和资格认定】 2017年，韶关市评审通过中小学正高级职称7人、中小学高级职称291人、中小学一级职称298人，中小学二级职称115人，中等职业技术学校评审通过高级讲师10人，讲师63人，助理讲师1人。2017年，全市认定高级中学（中等职业技术学校、中等职业技术学校实习指导）教师资格2266人。

【乡村教师待遇改善】 2017年，韶关市继续落实山区边远地区教师生活补助，人均水平达到900元及以上，享受人数12040人，没有纳入广东省山区补助的浈江区和武江区，政府自筹资金按照乡镇事业单位工作补贴政策，对农村教师发放补助，标准为300元~500元，受益人数1104人；落实“高校毕业生到农村从教上岗退费”政策，享受上岗退费444 人，其中2017年新增138人。开展优秀乡村教师表彰培训活动，评选100名“韶关市优秀乡村教师（校长）”和10名最美乡村教师。

【鼓励教师学历提升】 2017年，韶关市落实《韶关市基础教育学校教师学历提升助学办法（暂行）》，对全市在职中小学教师学历提升的教师给予奖励。

2017年，韶关市教育局为各县（市、区）取得提升学历证书的教师406人共发放助学金88.7万元。　（朱俊英）

【德育工作】　2017年，韶关市按照“坚持价值引领，立体推进，注重实效，特色创建”原则，在全市中小学校开展文明校园创建。2017年，全市确定市级文明校园67所，广东北江中学、曲江区九龄小学同时获“广东省文明校园”和“全国文明校园”称号。

【名班主任工作室建设】　2017年3月，韶关市中小学名班主任工作室第一周期建设完成。全市3个名班主任工作室考核结果为“优秀”，17位教师被评为名班主任工作室“优秀成员”，36位教师被评为名班主任工作室“优秀学员”，129位工作室学员培训期满结业。韶关市名班主任工作室建设周期为两年，第二期从2017年3月到2019年3月，12个工作室启动第二周期建设，围绕工作室特色建设、班主任培训等内容开展。

【学校法治教育】　2017年，韶关市委教育工委和韶关市中级人民法院在全市开展共建法治校园活动。组织参加第二届全国学生“学宪法讲宪法”演讲比赛广东选拔赛，广东北江实验学校朱劼和广东北江中学尹昊龙分别获得广东省初、高中组一等奖，南雄市黎灿学校刘芳婷获得小学组广东省三等奖。朱劼和尹昊龙代表广东省参加全国比赛，朱劼获得初中组全国二等奖，尹昊龙获得高中组全国三等奖。

【体育艺术教育】　2017年，韶关市教育局获国家体育总局授予“2013—2016年度全国群众体育先进单位”称号。是年，举办韶关市第十五届青少年运动会学校体育组暨韶关市第二十二届中小学生“英东杯”体育竞赛，竞赛项目包括田径、篮球、足球、排球、毽球、乒乓球、健美操、武术等八个项目，参与竞赛活动的师生覆盖全市普通中小学生、中职类学校学生、民办学校学生，全市2517名运动员参与竞赛。竞赛决出团体奖28个，单项奖167项，获奖运动员2963人次，评选出优秀运动员464名，优秀裁判员110名，有17个代表团获市运会体育道德风尚奖。学校体育组代表团总分奖从第一名到第八名分别是仁化县、曲江区、武江区、翁源县、始兴县、浈江区、南雄市、乐昌市。11月18—19日，在曲江区余靖小学举办“广佛肇清云韶”六市中学生健美操啦啦操比赛，促进六市教育交流。举办韶关市第二十二届中小学（幼儿园）“英东杯”文艺竞赛，来自全市109个学校（含民族舞蹈类、行进管乐、行进打击乐、民族器乐、陶艺、篆刻、摄影、书法、绘画）近2100人参加艺术类竞赛，评选出一等奖120个、二等奖450个、三等奖886个。

【学校卫生工作提升】　2017年，韶关市抓好学校疾病防控工作，联合卫计、疾控部门，组织开展学校校医（卫生工作人员）传染病防控知识培训，重点加强流行性腮腺炎、诺如病毒感染等防控工作；抓好学校巩固国家卫生城市工作，开展学校爱国卫生运动，清除“四害”孳生地；按照省对学校食堂的要求标准开展学校食堂灭C工作，抓好学校食堂建设并加强督导检查，落实各项安全管理制度和措施。全年全市超过100所学校（幼儿园）食堂完成灭C任务。　（张烽艺）

【教学改革】　2017年，韶关市通过各类教研活动和培训活动，以强指导、树典型、抓示范、促推广的策略，以点带面推动教学改革。完成以北江中学、市一中的分层校本课程开发和分层分类走班教学试点；推进北江中学与市十五中、市一中与市十三中的结对办学工作；指导、培育和挖掘一批在课程改革和教学改革方面取得良好成效的学校和县（市、区），召开以“深化改革 提升内涵”为主题的全市中小学教学工作会议；培育一批课程改革成果，组织和评选一批市级特色课程成果，在广东省特色课程建设优秀成果评选交流展示活动中，韶关市有2项获一等奖、5项获二等奖、11项获三等奖。

【中小学教师、学生参加各类比赛获奖】　在2016—2017学年度，韶关市教师参加各级各类竞赛和评比活动51科（项）次，获全国一等奖、二等奖、三等奖的分别有7人次、14人次、12人次，获广东省一、二、三等奖分别有85人次、150人次、237人次，韶关市一、二、三等奖分别有409人次、723人次、979人次。组织和指导学生参加各类竞赛35科（项）次，获得全国一、二、三等奖分别有33人次、90人次、141人次，获广东省一、二、三等奖分别有478人次、1018人次、1082人次，获市一、二、三等奖分别有2030人次、2353人次、2796人次。教师、学生的获奖人次均比上学年增加。其中，教师有2616人次获奖，比上学年增加482人次；学生有10021人次获奖，比上学年增加949人次。韶关市中小学教师参加2017年的“一师一优课，一课一名师”活动保持良好势头，晒课数10277节，晒课完成率113.3%；全市约40%教师参加晒课，超出广东省的要求。

【教育教学科研】　2017年，韶关通过课题结题246项、立项课题383项。申报广东省教育科学“十三五”规划2018年度中小学教师教育科研能力提升计划项目，获得立项课题12项，其中2项为重点项目，10项为一般项目。申报广东省基础教育研究实验基地学校，韶关市有6所学校获批。全市获省级基础教育教学成果一等奖1项、二等奖1项。

【教育信息化】　2017年，韶关市落实中华人民共和国教育部提出的教育信息化“三通两平台”工程。韶关市“校校通”“班班通”覆盖率为100%，“人人通”试点工作进展顺利；教育专网实施提速扩容工程、启动同步互动课堂建设；开展智慧教育应用试点；组织教师参加“一师一优课”、计算机教育软件评审，学生参加电脑制作、电脑机器人、“小小科学家”、创客制作等应用活动。

【教育装备建设】 2017年，韶关市各级教育部门借助教育创强复评的契机，按照教育装备建设标准和要求，加大建设力度，提升基础教育办学水平。全年全市中小学校装备和教育信息化工程建设全年投入资金近1.5亿元，全市新增计算机室51间、计算机6521台、校园网络38套、实现“班班通”班数1083个、多媒体专用教室23间、其他功能场室147间、纸质图书81.56万册、常规教学仪器1125万元。 （谭均汉）

【教育“争先”工作实现开门红】 2017年6月27—30日，武江区通过广东省推进教育现代化先进区暨教育强区复评督导验收。7月14日，广东省教育厅授予武江区“广东省推进教育现代化先进区”称号。9月19—22日，乳源瑶族自治县通过广东省推进教育现代化先进县暨教育强县复评督导验收。2018年1月23日，广东省教育厅授予乳源瑶族自治县“广东省推进教育现代化先进县”称号。

【义务教育阶段学生科学学习质量、德育状况监测工作完成】 2017年，根据《国务院教育督导委员会办公室关于开展2017年全国义务教育阶段学生科学学习质量、德育状况监测的通知》《广东省教育厅关于做好2017年全国义务教育阶段学生科学学习质量、德育状况监测的通知》的要求，韶关市武江区、曲江区接受国家监测、其余各县（市、区）接受省级监测。该市于5月25日完成2017年全国义务教育阶段学生科学学习质量、德育状况监测工作。乳源瑶族自治县、南雄市、武江区、浈江区、新丰县等地被国家教育部基础教育质量监测中心评为“2017年国家义务教育质量监测实施县级优秀组织单位”。

【责任督学挂牌督导创新县创建】 根据《国务院教育督导委员会办公室关于印发〈中小学校责任督学挂牌督导创新县（市、区）工作方案〉的通知》和《韶关市人民政府教育督导室关于印发〈全国中小学校责任督学挂牌督导创新县（市、区）市级复核工作方案〉的通知》的要求，2017年6月23日，韶关市对乳源瑶族自治县申报广东省中小学校责任督学挂牌督导创新县进行市级复核，形成复核报告，按照要求和程序报广东省政府教育督导室。11月2—3日，广东省对乳源瑶族自治县开展中小学校责任督学挂牌督导创新县进行省级评估验收。 （刘 炬）

【各类考试情况】 2017年，韶关市组织实施共11大类、18场考试，考生人数13万多人次，参与考试管理的工作人员1.28万人次。其中，2017年全市普通高考实考考生 23031人，普通类实考考生21263人，“3+证书”高职类实考考生 1533人。2017年全市成人高考4641人，其中报考专科升本科的有1917人，高中起点本科30人，高中起点专科的有2694人；全市自学考试6252人次，报考13314科次。上半年毕业考生有 192人，其中本科188人，专科 4人；下半年毕业考生有85人，其中本科80人，专科5人。2017年全市九年级报名参加中考人数23793人，八年级报名参加中考人数30741人。2017年全国中小学教师资格考试有3666名考生参加考试。2017年硕士研究生入学考试全市有1734名考生参加考试。2017年全国计算机等级考试上半年考生人数4239人，下半年考生人数 4183人。

基础教育

【基础教育概况】 2017年，韶关市有幼儿园553所，其中公办141所、民办412所；义务教育阶段学校322所（不含完全中学和特殊教育学校），普通高中学校25所（完全中学9所，独立高中16所），其中省一级普通高中学校22所（含国家级示范性普通高中学校12所）。小学在校生236257人，学龄人口毛入学率102.83%；初中在校生101780人，学龄毛入学率113.90%；普通高中在校生52754人，高中阶段毛入学率98.32%，比2016年提高0.64个百分点。2017年，全市普通高中合计毕业19919人，肄业1人；市属义务教育阶段初中学校合计毕业3139人。2017年秋季普通高中招生17009人，基本完成招生任务。3月起，依次进行全市农村小规模寄宿制学校调研、义务教育阶段寄宿制学校办学情况摸底调查、2017—2020年学前教育项目规划和未来五年学前教育和义务教育学位需求预测数据等调研及规划。

【学前教育】 2017年，韶关市有幼儿园553所，其中公办141所，民办412所，公办幼儿园和普惠性民办幼儿园462所，占全市幼儿园的83.6%。全市在园幼儿121856人，3—5周岁幼儿学前三年毛入园率98.27%，其中农村学前三年毛入园率92.4%。3月，出台《2017年韶关市幼儿园招生工作意见》，引导和规范幼儿园招生管理工作；6月，韶关市教育局和市文明办在市中山公园联合主办“善美韶关”全市学前教育宣传月主题展示活动；8月，下发《关于做好韶关市省、市一级幼儿园结对帮扶工作的通知》，有11所省一级幼儿园、112所市一级幼儿园接受帮扶任务，分别负责帮扶47所、303所公办乡镇中心幼儿园、村级幼儿园和普惠性民办幼儿园等；12月，组织教师参加省学前教育专业委员会主题征文活动，征集论文112篇，选送41篇参加广东省评比，有29篇论文获奖，其中一等奖3篇，二等奖10篇，三等奖16篇；12月，《韶关市第三期学前教育行动计划

（2017—2020年）》印发实施。

【义务教育】 2017年，韶关市制定印发《2017年秋季全市义务教育阶段招生工作意见》，继续坚持全市民办初中学校全部取消笔试而改为用面谈等方式进行小升初招生工作。指导“广东北江中学——韶关市第十五中学、韶关市第一中学——韶关市第十三中学”两对联盟学校落实创新人才成长实验和美育特色实验的培养实施方案，首次试行两个初中课改实验班试点工作：北中——市十五中初中创新人才成长实验班、市一中——市十三中初中美育特色实验班，2017年秋季各招收两个初中班，实行免试入学，由优质普通高中托管。开展“九年一贯制学区管理试点工作”，市田家炳中学2017年秋季初中招生直升继续面向3所学校（武江区金福园小学、红星小学、向阳小学）。做好异地务工人员随迁子女入学工作。2017年秋季，韶关市安排异地务工人员随迁子女6.51万人（含该市各县区农民进城务工人员子女2.37万人及外省市进城务工人员随迁子女4.14万人）就读，其中5100人（占全市义务教育阶段异地务工人员随迁子女总数的7.8%）自主选择民办学校就读外，其余的6万人（占全市义务教育阶段异地务工人员随迁子女总数的92.2%）安排进入公办学校免费就读（其中，小学安排学位4.74万个，初中安排学位1.26万个）。

【普通高中教育】 2017年，韶关市做好“指标到校”工作，全市省一级以上公办普通高中学校安排不低于50%的公费招生名额，按初中学校在校生数和实施素质教育的情况，直接分配到区域内各初中（含民办）学校。推进全市普通高中招生“大互通”工作，恢复广东北江中学和韶关市第一中学“免试直升实验班”招生工作。4月，修订印发《关于进城务工人员随迁子女接受义务教育后在韶参加初中升学考试工作方案》，降低准入门槛，扩大受益面。全市普通高中秋季招生人数17009人，有786名考生符合《韶关市人民政府办公室修订关于进城务工人员随迁子女接受义务教育后在韶参加初中升学考试工作方案的通知》的普通高中录取相关条件，享受与本市户籍考生同等录取的待遇。

【民族教育】 2017年，韶关市有少数民族学校4所，义务教育阶段少数民族在校生6827人，少数民族学龄人口入学率100%。继续实施少数民族考生中考加分政策（加10分）。（基础教育科）

高等教育

【概况】 2017年，韶关市有普通高等教育学校2所。招生10630人，其中专科4495人，本科6135人；在校生39268人，其中专科15271人，本科23997人；毕业生10689人，其中专科4848人，本科5841人。教职工为2443人，其中专任教师1728人（教授109人，副教授447人，讲师927人）。学校占地面积219万平方米，校舍建筑面积84.4万平方米，教学设备总值34770万元，图书总藏量为325万册。

【韶关学院】 位于韶关市浈江区大学路288号，是广东省人民政府举办的全日制普通高等学校。校园占地面积167.4公顷（全校179.2公顷）。校本部设有大塘（主校区）、韩家山、黄田坝等校区，另有独立法人二级学院——韶州师范分院、医学院校区。校本部校舍总建筑面积59.19万平方米，固定资产总值13.26亿元，教学科研仪器设备资产总值2.52亿元，图书馆纸质藏书269.4万册。有省级实验教学示范中心11个，校级实验教学示范中心24个，专业实验室40个。设有19个二级学院，2个教辅部门，2个独立法人二级学院。有韶文化研究院、动物疫病研究室等37个科研机构。开设本科专业71个，专科专业53个（含与英国北安普顿大学、澳大利亚联邦大学合作办学2个专科专业），涵盖11大学科门类，有省级特色重点学科（含扶持学科）5个，国家级特色专业1个，省级特色专业6个，省级战略新兴产业特色专业1个，省级专业综合改革试点专业21个；国家级专业综合改革试点建设项目、国家级产学合作协同育人项目各1项。

党建与思想政治工作 2017年，学院组织开展“大学习、深调研、真落实”活动，针对关涉学校党的建设和改革发展等10个方面的重大问题开展深调研；坚持和完善党委领导下的校长负责制，召开党委会议25次、校长办公会议21次。加强干部队伍和基层党组织建设，2个党支部被评为广东省“三型”党支部，学校党建“书记项目”入选2017年省高校基层党组织建设“书记项目”库，申报省高校党建研究会2017年党建研究课题7项，获省高校党建研究会本科分会2017年年会论文奖10项。是年，出版校报10期，获省高校校报好新闻13项、全国高校校报好新闻3项，校报和校园网分别被评为广东省高校“十佳校报”和“十佳网站”。

顶层设计与省市共建 2017年，学院研究确定“突出重点、兼顾一般、覆盖全校”省市共建工作总基调，编制实施省市共建总体规划、体制机制改革方案，选定重点项目37项。明确现代农业及生物资源开发利用、信息技术与智能装备制造、教育学、地方特色文化与旅游、区域生态经济与社会发展等5个重点发展的学科专业集群。抓好“创新强校工程”考核、中央财政项目检查及申报工作，4个中央财政项目获准立项，获建设经费940万元。启动“放管服”改革，拟订配套制度39项。完善债务管理机制，归还债务本金2600万元，银团债务下降至6219.9万元。

招生与就业 2017年，学院实际录取全日制学生8067人（含专插本423人），生源质量提高，文科第一志愿组投档录取分及最低排位比去年上升3261名，理科比上年上升2002名。录取成教新生（2018级）3584人，成教学生规模15395人。抓好就业指导服务，毕业生初次就业率96.94%，高出全省平均水平1.84个百分点。85名毕业生报名参加“三支一扶”，7人应征入伍，9人被招募为“大学生志愿服务西部”“服务山区”计划志愿者，5人到西藏就业，学校西部计划项目被评为全国“优秀高校项目办”。

人才培养与教育教学成果　2017年，学院健全“三全两多六贯通”的教学质量监控与保障体系，推进学分制改革，建立教学工作委员会例会，抓教学项目建设，入选中华人民共和国教育部——中兴通讯ICT产教融合创新基地项目第三批合作院校，获教育部产学合作协同育人项目3项，获国家级新工科研究与实践项目1项；加强质量工程建设，19个项目通过省级验收，新增各类省级项目140项。省级教学成果获一等奖1项、二等奖3项，位列广东省本科高校第16名。推进高本衔接协同育人，获批应用型人才培养试点项目4个。加强创新实验班建设，新增ACCA方向创新试验班。加强专业建设，计算机科学与技术专业通过IEET工程及科技教育认证。组织60个本科专业参加广东省普通本科高校专业评估试评。与华南师范大学签署联合培养教育硕士协议；与广州大学联合培养的首批37名在职研究生开班。学生参加各类竞赛获省级以上奖励1171项，其中国际级7项、国家级273项。2017届毕业生考研上线442人，录取327人，考研录取率5.9%。

创新创业教育　2017年，学院加强创新创业学院建设，首次举办创业先锋班，录取学员52人；2名教师入选全国优秀创新创业导师；2名毕业生进入全国大学生创业英雄百强榜；师生创业团队、创业项目获得各级奖励15项；创新创业基础课程获2017年省级质量工程项目和创新创业项目立项。获得广东省“科技创新创业节优秀组织奖”和“众创杯”创业大赛“优秀组织奖”。师生企业“韶关市玉蕈创业园”获科技部首批备案；参加广东省第一届粤港澳大湾区大学生创新创业项目展位，有7个项目与投资机构有对接意向，金额为660万元。学校入列广东省创业培训定点机构，被评为广东省第四批大学生创新创业教育示范学校。

学科建设与科研工作　2017年，学院的教育学、蔬菜学被确定为省级特色重点学科，计算机科学与技术、食品科学与工程被确定为省级重点培育学科；遴选确定食品科学、行政管理、机械工程、禅宗研究等4个学科为市校共建重点学科，动物遗传育种与繁殖、通信与信息系统等2个学科为市校共建重点培育学科，省级、市校共建、校级“三位一体”的重点学科体系逐渐成形。推进科研机制创新，获得各类纵向科研课题164项，其中国家级2项、省部级22项，课题立项经费为789.9万元，同比去年增长26.38%。获得各类横向科研项目114项，协议科研经费1342.8万元，到账科研经费686万元，到账经费同比去年增长5.5%。获广东省第七届哲学社会科学优秀成果奖三等奖、省农业技术推广奖一等奖、省农业技术推广奖二等奖。获得授权专利18项、软件著作权15项。新增“禅宗文化研究中心”“广东省粤北生猪养殖废弃物减量化工程技术研究中心”“广东省韶关学院食药用菌智能高效产业科技创新中心”“广东省高校粤北信息与电子技术工程开发中心”等4个省级科研平台。与中国农业科学院哈尔滨兽医研究所共建“协同创新研究院”。成立国家特色蔬菜产业技术体系华中农业大学华南（韶关）芥菜育种基地。芳香植物研究团队成果入选中国香文化展。设立“丹霞论坛”，举办各类学术报告51场。加强学报办刊创新，《韶关学院学报》进入全国综合性期刊2Q方阵，位列全省高校学报前10名。

人才队伍建设　2017年，学院研究出台《引进高层次人才待遇规定》等3项人才新政，启动100名青年博士引进计划，完成66名博士、教授引进程序，已到校22人。实施青年教师低职高聘政策，首次聘任教授1人、副教授2人。加大中青年教师培训力度，选派25名中青年教师访学进修和培训，12人考取博士，全校在职攻读博士教师达60人。聘请知名专家学者46人担任客座教授，返聘、外聘教师201人，新增广东省“扬帆计划”1人、市政府特殊津贴专家12人，遴选推荐232人次入选各类专家库。至年底有在岗教职工1948人，其中正高级职称110人、副高级280人，博士152人，硕士546人。

国际交流与合作　2017年，学院与英国北安普顿大学和澳大利亚联邦大学的2个中外合作项目录取新生110人，并合办本科“3+1”双学位项目，其中与联邦大学合作项目开始运行。校领导带队到德国等西欧三国11所高校和教育机构考察访问，与其中4所高校签署合作协议。与澳大利亚纽卡斯尔大学等10多所高校和教育机构开展本科合作项目洽谈。稳定留学生规模，有留学生（含短期交流团）156人。有106名学生出国（境）交流学习。招聘外籍教师21人。

港澳台合作与交流　组织港澳地区12个交流团541人次到校交流，“万人计划”参加总人数位列全国高校前10名。加强与港澳台地区教育机构的联系和交流，选拔推荐30名应届毕业生、年轻教师到合作院校深造，有10名港澳台地区学生在学校就读。

服务社会　2017年，学院首次开展成果转化及创新创业实践重大项目建设，选定9个重大项目和储备项目，安排600万元加强培育。推进校地交流合作，与韶关市公安局等部门签署合作协议，与核工业二九〇研究所等13家机构共建产学研合作基地。参与立法工作，起草《广东省地方志工作条例》等4个法规条例，完成立法起草、调研等50件。韶文化研究出版4部专著，承接2项省市重大课题研究任务。学校编制的《韶关市南华寺设为海峡两岸交流基地的可行性报告及发展规划》被韶关市委市政府采纳。

办学条件　至2017年，学院8.265万平方米教学实验用房、省级中小学教师发展中心二期工程、高层次人才公寓等工程动工，其中北区化工楼竣工。岭南特色中药材和花卉产学研孵化基地、食药用菌产学研孵化基地建设基本完成，新增建筑面积1.1万平方米。完成大学生孵化基地装修等11个维修项目及450个校园零星维修项目。加强校园绿化建设和养护，补种校园绿篱4000多平方米，建成校园风景名片——樱花景观。推进校园环境整治，完成望湖人行道和护栏建设，建成南区1、2号教学楼自行车棚，完成北区学生宿舍人行道、南北区宣传栏、创新创业学院周边环境、第四食堂门口广场等改造项目。新增教学科研、行政设备7779台件，资产总值6517.4万元。报废固定资产1413台件、房屋1栋。投入644万元购置纸质图书3.5万多种10.7万册，引进、续购数据库20个。协助市政府完成韶师迁建项目主体工程，抓好专项设备设施购置安装工作。

依法治校与治理体系　2017年，学院出台规章制度74项，依法依规处理合同1404份，处理上级来文2418份，制发公文452份，处理各类信访件188件，完成采购招标1650场次，1人被评为首届全省教育招投标“优秀贡献奖”（全省仅6人获奖）。完成基建工程预、结算审计46项，审计物资设备、基建工程合同231份，审计基建工程招标文件9份。制定实施《内部控制制度》。

（戚鹏宇　邹　云　徐文渊）

【广东松山职业技术学院】　位于韶关市曲江区南华寺旁，是由广东省政府举办、省教育厅管理、韶关地区唯一的高等职业技术学院。前身为原广东韶关钢铁集团（简称韶钢）职工大学，创办于1976年，办学初期校名为韶关钢铁厂“七·二一”工人大学。1982年6月与粤北三所冶金职工大学合并为韶钢职工大学，由韶钢管理；同年7月迁至现址办学。2000年6月经广东省人民政府批准改制为广东松山职业技术学院。2001年1月中华人民共和国教育部发文予以备案。2014年6月由韶钢成建制移交广东省教育厅管理。校园占地面积43.7万平方米。设有机械工程系、电气工程系等8个二级教学单位。开设41个专业，其中4个省级重点专业、1个省级示范专业、1个省级二类品牌专业、2个中央支持高职院校提升专业服务产业发展能力项目重点建设专业。建有83个校内实验实训室，其中中央财政扶持的职业教育实训基地2个，省级高等职业教育实训基地7个，省级高等职业教育专项资金支持高技能人才培养基地建设项目8个。在韶关和珠三角地区设有123个校外实践基地。设有职业技能鉴定所和全国计算机高新技术考试站等职业技能鉴定机构，可进行41个工种的技能鉴定，是韶钢职工专业理论和专业技能培训的重要基地。馆藏纸质图书56.13万册，电子图书15万册；自行设计的校园网络布有12000多个有线信息点，出口带宽3.4G，校园建筑群子系统为万兆主干网。该院获得“2016年度广东省普通高等学校征兵工作先进单位”“2012—2016年度广东省英语、计算机考试考务工作先进单位”“2016年韶关市职业技能竞赛先进单位”等称号。

党建工作　2017年，学院组织党委中心组学习扩大会议等专题学习15次，两次邀请省委宣讲团成员来校进行主题宣传，两次邀请法律专家进校宣讲。制定《干部选拔任用工作纪实办法（试行）》等制度，续聘6名中层干部、11名科级干部、2名中层干部轮岗。学院党委书记项目《探索‘网格化+’模式，打造高校基层党建一体化平台》入选广东省高校党建“书记项目”库；研究确定32项基层党组织书记项目；机械工程系第二党支部被省委教育工委命名为广东省高校学习型、服务型、创新型党支部。完成401名党员、33个党组织信息采集工作。全年新发展党员70人，转正党员52人。开展5项委外审计，聘请8名兼职党风廉政监督员。

校园发展用地和教职工入编　2017年，学院西片校区土地置换工作取得进展，韶关市委书记莫高义、市长殷焕明分别到学院调研，明确支持学院在原址连片发展。移交人员入编工作推进，1月，广东省机构编制委员会办公室（以下简称省编办）下文明确学院为公益二类学校；2月组织完成划转人员入编考试；4月广东省人力资源和社会保障厅同意通过入编考试273人办理划转手续；12月省编办下达学院机构编制方案。

人才培养模式改革与创新　学院加强与韶钢的“现代学徒制”人才培养，2017年有3个现代学徒制招生专业，其中新增电气自动化技术为现代学徒制招生专业；推进5个专业的“三二分段”试点人才培养；与珠海格力电器股份有限公司、欧华包装设备（河源）有限公司、广州粤嵌通信科技股份有限公司等企业开展的“订单式”人才培养。

专业与课程建设　2017年，学院对专业结构与布局进行动态调整，调整后招生专业数为35个，涉及装备制造业，电子信息、财经商贸等9个学科类别。推进基于成果导向的学分制改革试点，制订第一批5个试点专业的专业规范和33门课程规范，第二期培训完成工业设计、物联网应用技术、软件技术、市场营销、旅游英语5个专业的专业规范的编制，完成66门课程规范的编制，并在2017级试点专业试行。2016—2017学年学院教师在教学资源平台新建课程38门。数控技术、软件技术、物流管理3个专业，通过验收被确定为广东省高等职业教育重点专业。

创新创业教育　2017年，学院在“韶关市智汇小镇”及“创亿谷·创新创业园”分别设立学院大学生创业园、创业基地。组建8支院级创新服务团队。2017年有省级创新创业项目28项，其中新增5项广东大学生科技创新培育专项资金项目，结题11项。师生有102人次在省级及以上各类职业技能竞赛中获奖。

教科研工作　2017年，学院立项省级科研项目12项（其中1项省科技计划项目、2项省图书研究项目、4项省思政研究项目、5项省大学生科技创新培育专项资金项目）；市级科研项目14项（其中6项科技计划项目、8项社科规划项目）；院级科研项目19项；学院作为专利权人或学院教师作为第一专利权人的发明专利8项；认定省级工程技术研究中心1个（广东省绿色与智能制造工程技术研究中心）、市级工程技术研发中心3个。12项省级项目通过结题验收。

招生就业　2017年，学院录取新生3905人，新生报到3219人，比2016年增加295人，报到率82.4%，较2016年增加3.98%，在校生9289人（2016年在校生9157人）。2017年毕业生人数2961人（参加技能鉴定的毕业生2854人，2062人获得职业资格证书，持证率72.2%），整体就业率99.59%（其中有28个专业的就业率100%，占总专业数的73.68%）。做好2018届毕业生就业工作，举办3场供需见面会和12场专场招聘活动，参会招聘企业312家，提供就业岗位9200余个。

强师工程　2017年，学院引进教师15人，其中硕士研究生6人。1名教师因职业技能竞赛成绩突出，被列为广东省五一劳动奖章候选人，3人被授予"韶关市首期享受市政府特殊津贴人才"称号。全年投入教师培训费107万元，教职工有近300人次参加国内进修培训，参加各类培训项目100余项，有5名国内访问学者，有1名教师通过省职业院校品牌专业负责人能力提升到芬兰培训班遴选。学院有教职员工509人，其中具有副高以上职称94人，研究生学历或硕士学位以上184人，全国冶金职教杰出个人12人，南粤优秀教师2人，广东省技术能手4人，广东省高等学校优秀青年教师培养对象2人，广东省高等学校国内中青年教师访问学者21人，广东省高校"千百十工程"校级培养对象14人。聘请以全国人大代表、全国技术专家、能工巧匠罗东元为代表的一批优秀企业技术人才为客座教授。

大学生思想政治教育　2017年，学院出台《培育和践行社会主义核心价值观行动方案》，把中华优秀传统文化融入校园文化建设。《引进红色育人新模式，让红色文化浸润大学生思想》获得2016年广东高校校园文化建设优秀成果评选结果二等奖。暑期大学生党员社会实践项目（"走乡村，品百味，悟党性，立德行"党员暑期实践活动）获评省委教育工委优秀项目。全年开展450余次志愿服务活动，累计志愿服务工时超过33万小时，人均服务时间超过42小时；外语系红色梦之队获得2016年广东省大中专学生志愿者暑期"三下乡"社会实践活动优秀团队；学生中有2016 年度"全国优秀共青团员"1人、2016—2017年度广东省"百佳团支部书记" 1人、获2016—2017年度广东省"优秀共青团员"2人。外语系2016级旅游英语专业江海英先后获得"韶关好人（孝老爱亲）" "广东好人（孝老爱亲）"称号。学院新媒体成为韶关市65家首批入驻政务新媒体单位之一；学院官方微信关注度排名居省高职高专组前25位，应邀参加广东省高校新媒体展示节；学院校报获评2017年广东省高校高职高专组"十佳校报"。推进易班建设，10月建立易班工作站。机械工程系学工组获评为2016年度广东省高校学生工作优秀团队。有11名学生应征入伍，超额完成上级下达征兵任务（9名）。

基础设施建设　2017年，学院校内实践基地新增设备值834.96万元，校内实践教学基地总工位数3660个，校内实践基地设备总数6724台每套，校内实践基地大型设备数74台每套，新增13个校外实训基地。学院数字化校园（三期）建设投入530万元。投入376.9万元进行基础设施建设和修缮。人均用水量、能耗消费总量等各项节能指标与2016年同期相比均降低25%以上，后勤保障处被省教育厅评为"2016年度广东省教育后勤工作先进集体"。建成微型消防站。　（杨　飞）

【韶关学院韶州师范分院】　韶关学院韶州师范分院（以下简称韶师）是韶关学院的校外二级学院，其前身是广东省重点师范学校——广东韶州师范学校，始建于1903年，2000年12月升格为普通高等学校，是粤北地区唯一一所既承担大专层次小学、幼儿教师培养任务，又承担小学、幼儿园教师继续教育培训任务的普通高等师范专科院校。学校以全日制大专教育为主，面向全省招生。2017年，学校占地面积44196平方米，校舍建筑总面积54274平方米，运动场地面积11100平方米，学校设备总值7157万元，其中教学仪器设备产值2050万元，信息化设备产值170万元，学校图书馆藏书17.7万册，电子图书25万册。在2017年广东省高职院校技能大赛"钢琴演奏"和"中国舞表演"赛项中，学校音乐系的学生分别获得全国二等奖和三等奖。

师资队伍　2017年，学校有教职工140人，其中专任教师125人，正高职称2人，副高职称44人，博士1人，硕士研究生50人，有4名广东省级南粤优秀教师和优秀教育工作者，韶关市十佳校长1名。主讲教师全部取得高校教师资格。

办学规模　2017年，韶师设有6个职能部门和9个教学系，开设本科专业1个，大专专业12个。有全日制在校学生3287人，成人函授学生481人。办学形式有全日制本科、大专教育，2年制本科"相沟通班"，3年制本专科函授，小学幼儿教师继续教育以及劳动力转移等各种培训。

党建引领　2017年，学院开展"一校一品"党建特色品牌活动，开展"三育人"先进评比、优秀班主任、辅导与评比、教科研先进评比、优秀公开课评比等活动。实施"五进"工程，要求学生党员进课堂、进宿舍、进食堂、进网络、进社团。6月14日，开展"微党课"竞赛活动。

教学管理加强　2017年10—11月，学院举办党员教师讲课比赛和教学开放周公开课，以教师教学发展为目标，树立说课典型，以赛促教，示范引导，交流观摩，推行一支业务精湛、充满活力的骨干教师队伍。

文明校园创建　2017年，学校创建文明校园。拓展校园文化建设新载体，开展形式多样、内容丰富的校园文化活动；让校园的每一块墙壁都会"说话"；加强思想品德教育大讲堂的建设；建设文化长廊，张贴创文宣传画、悬挂警示语，布置教室和宿舍；抓好班级文明建设。上半年，学校团委组织以“领航青春 成就梦想” 为主题的“2017年韶师校园科技文化艺术节”系列活动。下半年，学院举办2017年田径校运会和校园体育节，开设“系级篮球赛”、新生拔河、单人羽毛球、乒乓球等比赛。学院团委组织开展“社联嘉年华月的活动”，近20个协会举办活动展示特色；开展音乐系技能大赛、中文系说课大赛、美术系基本功展演等有学系特色的基本功比赛。

学生实训强化 2017年，学校派出24名优秀的学前教育专业学生赴西藏灵芝支教，支援当地的教育事业，提高学生自身的技能。下半年，应武江区教育局、浈江区教育局及周边各县教育局的请求，学校安排近110名学生到教学一线带薪顶岗实习。

学校迁建工作推进 2017年，韶师协助配合浈江区教育局对学校校区进行实地考察和调研，与韶关学院、浈江区教育局做好校区的对接工作准备。学校相关部门拟好待搬迁资产目录，做好学校资产清查报废工作和新校区教学仪器设备招标准备工作。召开教师代表座谈会、教职工会议等，对师生进行正面引导和宣传。 （蒋春容）

【韶关学院医学院】 前身是国家级重点中专——广东省韶关卫生学校，始建于1914年，最初为英国基督教循道公会创办的循理护士学校。1952年循理护士学校、广东省第三医士学校、广东省第六卫生学校合并为“广东省韶关卫生学校”。1994年被评为首批国家级重点卫校。2002年经广东省人民政府同意并入韶关学院，为韶关学院的校外二级学院，同时保留中专部。2017年8月，韶关市政府常务工作会议决定将韶关学院医学院由市直卫生计生系统转市直教育系统。该学院是粤北地区仅有的一所设置本科医学专业的高等医学院校，是广东省医学高等教育农村订单定向人才培养单位，广东省农村卫生人才培训中心挂靠学院，是韶关市基层医疗卫生专业技术队伍的培训进修基地。办学以来，共培养7万多名各类医学专业人才，为各级各类医务工作者提供医疗专业知识学习和专业技能培训2万多人次。被授予“全国乡村医生培训先进集体”“白求恩式先进集体”“广东省文明校园”“韶关市职业教育先进集体”等称号。

办学条件与规模 2017年，学院有新华南和西郊2个校区，占地7.4万平方米，建筑面积80910平方米。拥有1所直属附属医院，2所非直属附属医院，5所医教共建临床学院，超过100所教学实习医院。建成有“香港道德会实验大楼”“霍宗杰实验大楼”“临床医学实训中心”“影像实训中心”和“模拟药房”等实验实训场所。有固定资产总值1.8亿元，其中教学设备仪器3600万元；有藏书41万余册，其中纸质图书21万册。有全日制在校学生8113人，其中本、专科生4508人、中专生3605人。

专业设置 学院2017年设置有社会科学部、基础医学部、临床医学系、医学技术系、护理系、药学系、中医系、口腔医学系等8个教学系部；开设有3个本科专业：临床医学、护理学、医学检验技术；9个专科专业：临床医学、口腔医学、中医学、中医骨伤、医学检验技术、药学、护理、助产和康复治疗技术；6个中专专业：农村医学、护理、助产、药剂、医学检验技术、医学影像技术。2017年加大专业申报力度，成功申报中药学、医学影像技术、药品经营与管理、健康管理和中医康复技术等5个专科专业。

师资力量 2017年，学院有在职教职工438人（含直属附属医院），离退休143人；有专职教师218人，教授、副教授等高级职称76人（正高职称7人、副高职称69人），有博士研究生3人、硕士研究生72人。

人才培养与学生就业 学院2017年先后与粤北人民医院、韶关市第一人民医院、深圳宝安第二人民医院（集团）总医院、深圳光明新区医疗集团中心院区和韶关市铁路医院签订“临床教学合作协议”共建临床学院，由临床学院组织开展为期二年的临床专业课程的理论教学、见习与实习，临床医学本科“3+2”教学模式改革迈出跨越性一步。2017年，学院考研创历史最好成绩，其中临床本科考研上线率72%，经过复试，临床、医技和护理本科共有28位同学被南方医科大学等重点医学院校录取为硕士研究生。在学院2017年毕业生供需见面会上，有200家用人单位来校招聘，为毕业生提供5100多个就业岗位。截至2017年9月，本、专科毕业生就业率92.17%。

教研科研 2017年，学院教师主持各级科研课题22项，其中广东省高职教育医药卫生类专业教学指导委员会教学改革科研课题8项，广东省大学生创新创业训练计划项目1项。其中附属医院院长何建明的论文“标准化操作规程（SOP）在地方医学院校外科学实践教学中的应用”获广东省高职教育医卫类专业教学指导委员会2017年优秀教学论文奖一等奖，成为韶关市首期享受市政府特殊津贴人才。口腔医学系老师文静、基础医学部老师蓝培基主持的课题分别获2017年度韶关市科学技术进步奖二等奖、三等奖；社会科学部老师汪小云主持的课题获2017年度韶关市第三届哲学社会科学优秀成果奖三等奖。学院教师以第一作者或通讯作者在国内外刊物上发表论文40篇，其中科研论文23篇，教研论文17篇。

服务社会与对外交流 2017年，学院与上市公司益丰医药集团有限公司、大参林医药集团有限公司联办“益丰班”“大参林班”，在校内建设“模拟药店”；与广州杏林护理之家股份有限公司签订合作协议，共建模拟母婴护理实训室，开办育婴员培训班；为武江监狱医院、英德中西医结合医院（浛洸医院）开展医疗卫生知识和技能培训；承接韶关市卫计局委托的全市全科医生岗位和转岗培训项目，为韶关各地160多名基层医务人员培训，争取韶关市教育局专项经费为韶关乡镇卫生院的50多名基层医生进行中医适宜技术推广应用培训；学院职业技能鉴定所平台开展营养师、保健按摩师（高、中级）培训班和创新创业培训。学院志愿者服务队全年新增志愿服务时长40万小时，学院团委获得2017年“广东省五四红旗团委”称号。

学生助学　2017年，学院本专科有3名学生获国家奖学金，共2.4万元；159名学生获国家励志奖学金，共79.5万元；694名学生获国家助学金，共208.2万元，有188名同学获得学院奖学金。2017年社会对学生的奖助学方面，发放“陈国威先生助学金”120人，每人2000元，共计24万元；发放“薪火计划助学金”80人次，每人5000元，共计40万元；发放“春晖膳食补助”203人，每人700元，共计14.21万元；20名学生获福慧奖学金，共5万元；深圳中山泌尿科医院每年提供10万元奖学金。全年学生总计获社会捐赠资金93.21万元。（胡健文）

成人高等教育

【概况】　2017年，韶关市成人高等教育招生10794人，在校生23956人，毕业生7256人，教职工总人数2549人（其中专任教师1573人）。全市学校占地面积195万平方米，校舍建筑面积62万平方米。

【韶关开放大学】　原为韶关市广播电视大学，位于韶关市西河松山山麓，武江河畔。创办于1980年，是韶关市政府直属的一所采用现代化教育手段进行多媒体远程教学的新型开放大学。1997年被省高教厅评定为广东省电大系统“先进学校”。学校实行党委领导下的校长负责制。下辖8个县（市、区）开放大学分校。校本部校园占地面积12075平方米，校舍建筑面积7864.68平方米。学校固定资产总值1087.83万元，其中教学、科研仪器设备资产总值556万元。有较为先进的多媒体教学设施和教学实验手段，包括：主干网速100兆位/秒、接入主机280余台的计算机校园网，语音和财会模拟等实验室2间，多媒体计算机房4间，多功能电教学室14间，大型多功能讲学厅1间，小型会议报告厅1间，电教、实验器材总值近400万元。2017年，学校有教职工39人，其中，高级职称2人，中级职称19人，初级职称5人。11月学校获得“奥鹏现代远程教育公共服务体系2017年度优秀奥鹏学习中心奖”。

特色教育　学校打造天网、地网、人网合一的学习环境，其教学信息通过网络平台和国家提供的卫星电视系统覆盖全国，开设适合从业人员学习需求的专业和课程，通过学习者自主学习，培养应用型高等专门人才。学校开展现代远程高等专科、本科和中等专业等学历教育；开展职工教育、社区教育、老年教育、新型职业农民教育等非学历教育；负责全市社区教育具体组织指导工作；开展职业技能、创新创业、农村实用技术等各类教育培训；组织开展学历教育、非学历教育理论研究和实践研究，负责学习资源建设和共享；指导县级开放大学的教学教务工作，提供学习服务支持。2017年组织韶关社区教育大讲堂活动、以家庭教育为主题的社区教育宣讲系列活动、韶关市妇联“家庭教育公益大讲堂”活动；配合市文明办、市妇联、市教育局联合开展的“家庭教育宣传月”活动，启动“书法绘画进社区”及开展中小企业培训等系列活动。

专业设置　2017年，学校开设有28个大专、本科专业，学制二年。包括行政管理、会计学、学前教育、工商管理（市场营销方向）、法学、电子商务、广告（设计与制作方向）、机械制造与自动化（机电方向）、计算机网络技术、室内设计、工程造价管理、建筑施工与管理、水利水电工程与管理、小学教育等14个专科专业，行政管理、会计学、学前教育、工商管理、法学、金融学、社会工作、文化产业管理、计算机科学与技术、水利水电工程、土木工程（建筑工程方向）、小学教育、机械制造与自动化（机电方向）、法学（劳动争议）等14个本科专业。

招生与就业　专科招收具有高中或中专及同等学力的人员，本科招收国民教育专科以上学历的人员。2017年，有在校生3904人，其中广东开放大学招生246人。同时举办各类培训班，培训学生上万人次。

韶关电大系统学校更名转型　2017年1月17日，韶关电大由公益二类事业单位调整为公益一类事业单位。经与人力资源和社会保障局、财政局等部门做好人员审核、工资发放等学校更名挂牌筹备工作，9月24日举行韶关开放大学揭牌仪式，草拟完成《韶关开放大学建

▲2017年9月24日，韶关开放大学举行揭牌仪式暨2017秋新生开学典礼
（欧　宇　摄）

设方案（专家论证稿）》，组织专家开展转型培训。12月25日，全市各电大更名揭牌工作全面完成，为全省开放大学转型工作完成较早的地区。学校向市教育局建言，经市教育局协调呈报，以韶关市人民政府办公室名义印发《韶关市发展社区教育促进学习型城市建设实施方案》《关于成立韶关市社区教育工作指导委员会的通知》，为学校建设成人高等教育基地和韶关社区教育总部提供政策保障。

“韶关开放大学青年读书会”成立 2017年10月26日，该校成立“韶关开放大学青年读书会”，旨在提升青年教师的文化素质，培养青年储备干部。读书会以“以书会友，以书修身”为宗旨，以“立身以立学为先，立学以读书为本”为目标，每月举办一期，举办六期，该校师生以及社会人士三百余人次参与读书会。（植 艳）

职业与成人教育

【概况】 2017年，韶关市有中等职业学校（含韶关学院韶州师范分院中职部和韶关学院医学院中职部）15所，其中公办11所，民办4所；国家级重点中等职业学校3所，省级重点中等职业学校4所。有省级实训中心5个，省级中等职业学校重点建设专业（点）6个。

【招生工作】 2017年，韶关市中职学校实际完成招生10176人，比广东省教育厅下发的任务多招1176人，占招生计划任务数的130.6%。在中职招生的过程中，各校按照《关于重申我市中等职业学校技工院校招生工作纪律的通知》的有关要求，尊重学生的意愿和选择，不以非法手段争取生源，全市中等职业学校招生工作在“阳光”下进行。

【教学整改】 根据国家和广东省“中等职业学校全面开展教学诊断与改进工作”的要求，2017年1月，韶关市成立韶关市中等职业学校教学工作诊断与改进专家委员会（非常设专家机构），有成员33人，任期从2017年1月起至2020年12月止。制定韶关市教学诊断与改进工作方案，建立韶关市市级中等职业学校教学诊改专家库，开展中等职业学校教学诊改的宣传动员和培训工作；指导试点学校对照教学诊改指标要求，制定学校的诊改工作方案，开展诊改工作。通过教学诊改，纠正一些学校违反教学常规的行为，推广教学管理工作中先进的管理理念和经验，表彰一批教学管理先进单位，促进中等职业学校教学管理水平的提高。

【职业教育培训】 2017年4月，韶关市举办“韶关市中等职业学校管理干部管理能力提升培训班”，培训人数50人；6月，组织开设韶关市中等职业学校专业建设及专业标准化管理职能应用平台培训班，培训人数68人；组织开设韶关市民办学前教育品牌建设研修班，培训人数321人；暑假期间组织三期全市中职学校班主任综合素质提升培训班，每期80人，共培训人数240人；组织学前教育专业教师课程设计能力提升研修班，培训人数70人；8月，组织举办全市中职学校中层干部综合素质提升培训班，培训人数80人。是年，依托各中等职业学校，面向全市各行业企业，组织“汽车维修工培训”“房产销售从业人员培训”“物业经理培训”“中医适宜技术培训”“农村电商人才能力提升培训”“复退军人培训”“劳动力转移培训”等各类从业人员技能培训，培训人数3500人。

【职业教育活动周】 2017年5月，“韶关市第三届职业教育活动周”启动仪式在韶关市区西河健身广场举办。全市有18所中等职业学校和2所省、市属技工院校组队参加启动仪式，仪式上举办全市中等职业学校文艺展演和学生技能展示活动。为配合第三届职业教育活动周活动，韶关市举办首届中职学校文艺展演活动。全市中职学校共30个节目参加演出。经角逐，曲江职业技术学校的《妞啊，扭》、乐昌市中等职业技术的学校《风酥雨忆》、韶关市技师学院的《十点一刻》、始兴县中等职业学校的《花儿》等四个舞蹈节目获得一等奖。

【职业技能竞赛】 2017年，韶关市中等职业学校学生技能竞赛项目由原来的12个项目增加到23个，涵盖全市中等职业学校开设的大多数专业，各项目的竞赛规程与省赛对接。全市有14所中职学校、680多名选手参加竞赛活动。竞赛项目、参赛学校、参赛选手均为历年最多。各校各自开展校内学生技能竞赛活动。韶关市邀请清远市部分中职学校的学生参与该市的技能竞赛，搭建韶清两地职业教育学习交流平台。

【莞韶职教对口帮扶】 2017年，东莞、韶关两市共同制定《2017年东莞韶关教育对口帮扶计划》，韶关市有13所中职学校与东莞市相关学校建立“一对一”对口帮扶合作关系，在教师培训、教师跟岗学习、学生交流互动、职业学校专业建设等方面进行深入交流合作。

【英东杯体育竞赛中职组】 2017年，韶关市首次将中职学校篮球赛和乒乓球赛纳入“英东杯”，设男子篮球、女子篮球、男子乒乓球、女子乒乓球等四个大项，全市有320多位中职学生参加比赛。比赛由韶关市曲江职业技术学校承办，决出男子篮球、女子篮球、男子乒乓球单打、男子乒乓球团体、女子乒乓球单打、女子乒乓球团体等6个冠军。仁化县中等职业学校包揽乒乓球4个冠军，曲江职业技术学校夺得男子篮球冠军，韶关学院医学院夺得女子篮球冠军。

【农村成人教育】 2017年，韶关市出台《韶关市发展社区教育促进学习型城市建设实施方案》，印发《韶关市人民政府办公室关于成立韶关市社区教育工作指导委员会的通知》，设立专项资金支持各地建设，促进各地农村成人和职业教育、社区教育发展。韶关市政府成立韶关市社区教育指导委员会并召开首次工作会议，对全市社区教育工作进行再动员再部署。2017年，乐昌市、始兴县被广东省确认为省级农村成人教育和职业教育示范县创建单位。曲江区、浈江区、乳源瑶族自治县等3个县（区）通过省级社区教育实验的复评。至2017年底，韶关市有南雄市、曲江区、浈江区、乳源瑶族自治县等4个省级社区教育实验区。乐昌、始兴、翁源、新丰等县（市）正开展创建工作。

韶关市中等职业技术学校一览表

表 18

序　号	学校名称	属　性	学校等级	隶属情况
1	韶关市中等职业技术学校	公办	国重	市属
2	韶关市曲江职业技术学校	公办	国重	区属
3	乐昌市中等职业技术学校	公办	国重	县属
4	仁化县中等职业学校	公办	省重	县属
5	南雄市中等职业学校	公办	省重	县属
6	始兴县中等职业学校	公办	省重	县属
7	广东省翁源县中等职业技术学校	公办	—	县属
8	乳源瑶族自治县中等职业技术学校	公办	省重	县属
9	新丰县中等职业技术学校	公办	—	县属
10	韶关市北江中等职业学校	民办	—	市属
11	韶关市振华中等职业学校	民办	—	市属
12	韶关市育威中等职业学校	民办	—	市属
13	韶关市浈江中等职业学校	民办	—	市属
14	韶关学院医学院	公办	—	市属
15	韶关学院韶州师范分院	公办	—	市属

民办教育

【概况】　至2017年底，韶关市有经批准开办的民办教育机构523个，在校生数为138007人。其中，民办幼儿园417所，在园幼儿89958人；民办小学3所，在校学生2529人；初级中学6所，在校学生7341人；民办完全中学1所，在校学生4959人；民办中等职业学校4所，在校学生6109人；非学历文化类培训机构92个，学员27111人。全市各级各类民办教育教职工总数为12627人。 全市民办幼儿园中，有5所被评定为广东省一级幼儿园，有62所被评定为韶关市一级幼儿园，有172所被评为县（区）一级幼儿园，规范化幼儿园覆盖率92%；所有民办义务教育学校均被认定为义务教育标准化学校，达标率100%；仅有的1所民办完全中学是按省一级以上标准规划建设的；4所民办中等职业学校均达到国家中等职业学校设置标准。

【民办教育扶持力度加大】　2017年，韶关市资助韶关市北江中等职业学校等38所民办学校（幼儿园），资助项目投资总额1002.9万元。韶关市级财政在2000年开始设立市级民办教育发展专项资金， 从2015年起市财政每年安排300万元作为市级民办教育发展专项资金并列入年度财政预算。各县（市、区）相继出台“以奖代补”政策，均设立民办教育发展专项资金，引导和鼓励举办者增加投入，改善办学条件。韶关市将民办学校（幼儿园）教师与公办教师一并纳入年度教师培训计划，民办学校校（园）长、专任教师享受公办学校校长、教师的培训待遇，民办学校（幼儿园）的教改教研工作与公办学校（幼儿园）一并指导和帮助。

【规范民办教学行为】　2017年，韶关市以民办学校年度检查为抓手，注重日常管理。各县（市、区）建立教育、财政、公安、民政、工商、物价、卫生等有关部门参与的联席会议制度，对民办学校（含民办非学历文化类培训机构）进行全面监管，规范办学行为。各地由联席会议单位组成联合执法检查组，对辖区内民办幼儿园进行全面清理整治，依法取缔无证幼儿园。

特殊教育

【特殊教育概况】 2017年，韶关市有特殊教育学校7所，专任教师110人，义务教育阶段残疾儿童少年在校生1605人，残疾儿童少年入学率98.47%。基本完成《韶关市贯彻落实广东省特殊教育提升计划实施意见（2014—2016年）》预定目标任务。

【“智慧课堂”助孤残儿童全面发展】 2017年8月底，韶关市福利院儿童虚拟互动干预教学课堂特殊教育项目建设完成并投入使用。该虚拟互动干预教学课堂是广东省首家专为自闭症、脑瘫儿童打造的多维立体互动教学训练系统。项目得到广东省、韶关市福彩公益金的资助，于2016年12月开始筹建，项目总投资88.6万元。该项目通过“智慧课堂”的形式，在虚拟的场景中进行沉浸式教育，帮助孤残儿童开发智力，激发潜能，促进其全面发展。

部分市直学校

【广东北江中学】 位于韶关市武江区惠民路66号。创办于1939年，前身为抗日爱国名将张发奎将军创办的志锐中学；1953年经国务院批准，由省教育厅确定为广东省首批7所重点中学之一；1978年广东省恢复重点中学，广东北江中学再次被省教育厅确定为重点中学。先后被授予“广东省国家级示范性普通高中”“广东省教学水平优秀学校”“广东省中小学校本培训示范学校”“广东省文明单位”“全国学校艺术教育先进单位”“第四届和谐校园先进学校”“全国文明单位”等称号，2017年被授予“全国文明校园”称号。学校占地面积17万平方米，建筑面积7.91万平方米，校园绿化覆盖率98%以上。2017年有60个高中教学班，学生2790人，在职教职工245人，专任教师217人（其中4位特级教师），专任教师中，中学高级教师105 人，中学一级教师87人，中学二级教师24人，见习期教师1人。

教育教学改革深化 学校构建有校本特色的课程体系，实施校本选修课计划，开课61门，尝试分层走班教学。

社团（微社团）建设加强 学校的晨星文学社被评为韶关市“优秀学生社团”，民乐团被评为韶关市“十佳学生社团”和广东省“优秀学生社团”，学生会被评为广东省优秀学生会；2017年12月，承办第三届粤港澳中学生模联大会。

学生竞赛 2017 年，该校学生参加的各类竞赛中，获全国一等奖 4 人次，全国二等奖 16 人次，省一等奖 18 人次，省二等奖 39 人次，省三等奖 39 人次。

（王国和）

【韶关市第一中学】 2017年，该校办学规模为60个班，在校学生人数2987人，在编教工236人，其中专任教师205人，高级教师88人，高级教师占专任教师人数的40%。教师中有在职广东省特级教师5人，国家级骨干教师培养对象4人，全国优秀教师 6人。有广东省劳动模范2人，韶关市首席教师1人、教学能手1人，学科带头人23人。学校实行“校级决策，处室规划、监督、检查评价，年级、科组实施”的管理模式。办学为全寄宿封闭式管理，学校举办体育节、艺术节、科技节、才艺节四大节日，学生社团活动及兴趣小组有学生文学社、广播站、书画班、舞蹈队、篮球队等文化组织，学校每周指定时间用开展活动。是年，学生在物理奥林匹克竞赛中，获国家级三等奖1人，市级一等奖3人，市级二等奖5人；在生物竞赛，获国家级三等奖1人；在数学竞赛中，获国家级三等奖1人，省级一等奖1人，省级二等奖1人，省级三等奖3人，市级一等奖3人，市级二等奖8人，市级三等奖6人；体育艺术方面，获韶关市篮球联赛第一名；书法获市一等奖，独唱获市一等奖，独奏获市二等奖。教师获得国家级奖励有：论文评比获国家级二等奖3篇，发表2篇，优秀课例二等奖4例；省级奖励：教改结题3个，获优秀竞赛辅导员2人；市级奖励：课题立项11个，优秀课例二等奖15例，三等奖12例。2017年，学校获“韶关市普通高中教学质量优秀学校”“韶关市教学教研先进单位”称号。

（李志国）

【韶关市中等职业技术学校】 是韶关市直属的一所国家级重点中等职业技术学校，广东省示范性中等职业技术学校，“国家中等职业教育改革发展示范校”建设学校，韶关市职业与成人教育师资培训中心和国家职业技能鉴定所，韶关市旅游行业岗位培训基地，韶关市建筑培训中心。学校占地面积16.86万平方米，校舍建筑面积76797平方米。学校坚持“德技树人、德技立身”的职业教育理念，管理采用部系二级管理，有机电系、信息系、经贸系、旅游系、化学分析与食品检测系和升学部6个部系，开设计算机应用、数控、汽修、电子商务、旅游服务与管理、会计、化学分析与食品检测等15个专业，其中，电子与信息技术专业于2003年2月被评定为广东省重点建设专业；计算机网络技术于2012年被评定为省重点建设专业；电子与信息技术、计算机网络技术和旅游服务与管理三个重点建设专业分别在2009年、2011年被批准为广东省中等职业学校课程改革试点专业。

2017年，学校有学生4745人，教职工443人，其中，在职在编教职员工257人，退休教职工186人。在职在编教师中专任教师221人，文化课教师72人，专业教师149人，高级教师80人，是专任教师的36.2%，双师型教师104人，占专业教师的70%。

学校强化实训中心功能，通过无纸化技能鉴定考试平台，开展全市中职学校的职业技能鉴定工作。2017年，全市职业技能鉴定总人数1036人。加强与韶关市旅游局合作培训，2017年，培训旅游从业人员1738人。建筑培训中心组织三类人员继续教育、监理从业人员岗位培训和继续教育培训、见证取样员、特种作业人员年审、换证、五大员换证、七大员岗位培训等，共培训4042人。

（赖秋云）

【韶关市田家炳中学】 创建于1992年，是由香港著名实业家田家炳先生捐资，政府兴办的市直公办重点完全中学，学校分惠民南校区（高中部）、沙洲校区（初中部）两个校区。2017年，该校有专任教师238人，特级教师2人、正高级教师1人，高级教师128人，市拔尖人才1人，市高层次人才2人，市首席教师3人，市教学能手5人，第一、第二批市名教师4人，第一批、第二批市学科带头人31人，市政协委员1人，武江区政协委员2人。教师竞赛获奖80余人次（国家级11项，省级23项）。2017年，有教学班72个（高中39个班，初中33个班），学生3362人。

创文工作开展　编撰完成“践行社会主义核心价值观”校本教材及其余学科系列的校本教材。举行2017年韶关市教育系统创建全国文明城市60天冲刺暨韶关市中小学生“拒绝流动摊点三无食品”万人签名活动启动仪式；举行“做尚德田中学子,创和谐善美韶关”文明交通进校园主题教育活动。加强家校合作推进未成年人思想道德建设，5月，开展“好家风就是一所好学校”专题讲座及“家校携手，共建文明韶关”的签名活动。引导团员学生注册为广东省志愿者，开发“校风监督”“大型活动协助”等志愿者服务项目，2017年，该校有注册志愿者2596人，人均服务时长31.11小时。按时按质完成2015—2017年所有创文材料的收集、整理、撰写工作。

德育创新　学校以课题《“共创成长路”德育课程校本化的路径研究》为引领，更新班主任德育观念。教师黄敏的《德育创新——共创成长路》获韶关市创新创优竞赛二等奖；郑碧虹、廖海燕、刘婷、王莉等4位班主任获由香港理工大和香港田家炳基金会颁发的“共创导师”的证书及资格；教师黄敏晋升为“资深共创导师”。

校园环境改善　2017年，学校申请韶关市级财政教育专项资金579.87万元，分别为惠民南校区运动场维修工程第二期款项及新实验楼监控尾款、惠民南校区学生厕所翻建、校舍装修修缮工程、设备添置升级工程、沙洲校区运动场修缮。除惠民南校区学生厕所翻建比计划实施推迟3个月外，其余项目均完成。

（刘秀琼）

科技综述

【概况】 2017年，韶关市科技局强化企业创新主体地位，引进产业科技人才，深化产学研结合，建设科技创新平台，促进科技金融发展，实施知识产权战略，加强创新链与产业链、资金链融合，建设创新型韶关。

【科技政策】 2017年，韶关市出台《韶关市培育高新技术企业扶持办法》《韶关市推动企业建立研发机构扶持办法》《韶关市重大科技专项设立方案》《韶关市扶持产业科技人才实施意见（试行）》等多个政策文件及实施细则，对高新技术企业、研发机构及创新创业人才等给予资金扶持。

【科技金融】 2017年，韶关市推动成立该市第一支科创类母基金（丹霞天使）及第一支科创类投资基金（众投邦），完成达安医疗健康基金的前期准备。利用市科技信贷风险准备金撬动银行对科技型企业实际放款3.11亿元，同比增长25%。举办首届科技创新投资高峰论坛。

【科技项目】 2017年，韶关市引进并组织实施一批高科技项目。组织实施省、市科技项目76项，引导企业研发投入超亿元，其中有2个科技项目获得省重大科技专项资金支持。引进广州亿航智能无人机项目落户韶关市。对接广州达安基因等科技型企业。

【第六届中国创新创业大赛（广东·韶关分赛区）】 中国创新创业大赛是一项以“科技创新，成就大业”为导向的

▲2017年10月16日，韶关市政府与广州亿航智能技术有限公司在市区中山公园联合举办战略合作签约仪式暨发布会，图为市委副书记、市长殷焕明（后左四）等领导嘉宾见证市政府与广州亿航智能技术有限公司代表签约　（张　伟　摄）

全国性创业比赛，旨在深入推动大众创业、万众创新。2017年大赛主题是“爱交流、爱分享、爱创新”，韶关市第三年成为大赛独立赛区。大赛自2017年4月启动，韶关市科技型中小企业有85家企业报名，全省排名第十。经过广东省专家网络评审，35家企业晋级赛区复赛。复赛采用“4+1”评审方式、“8+7”路演模式，9家企业晋级省行业决赛，获得优胜奖，有1家企业（磊信机械）晋级国家赛行业总决赛，韶关市被评为优秀组织单位。

高新技术

【概况】 2017年，韶关市高新技术产业主要依靠科技创新手段，通过实施高新技术企业培育计划，落实研发费税前加计扣除、后补助等多项优惠政策，实现传统产业高新化和高新技术产业化，提升高新技术企业规模和质量，高新技术产业呈现良好发展势头。高新技术产业成为韶关市推动产业转型升级、构建现代产业体系的主要途径。

【高新区】 2017年，韶关高新区创建国家级高新区工作推进，获得广东省政府批复并报国务院备案。南雄精细化工园启动申报省级高新区。

【高新技术企业】 2017年，韶关市高新技术企业实现量质双提升。高新技术企业净增38家、存量103家，提前两年突破100家。高新技术企业培育库入库企业达81家。东阳光、利民制药等龙头高新技术企业创新能力增强。

【科技企业孵化器（众创空间）】 2017年，韶关高新区孵化器被认定为国家级科技企业孵化器，实现韶关市国家级孵化器零的突破。新增省级科技企业孵化器2家、众创空间2家，增量位于全省前列。新增市级科技企业孵化器（众创空间）4家。

【星火创客市级科技孵化器暨广东博士俱乐部韶关博士服务总站办公室挂牌成立】 2017年1月20日，星火创客市级科技企业孵化器暨广东博士俱乐部韶关博士服务总站办公室在韶关市黄沙坪创新园举行挂牌仪式。韶关市科技局、莞韶园（高新区）管委会、市发展研究中心、华南理工大学、暨南大学、韶关学院等高校、科研院所专家教授以及市县（市、区）生产力促进中心、东阳光等有关企事业单位负责人参加仪式。市科技局授予星火创客“韶关市科技企业孵化器”牌匾，广东博士俱乐部、市发展研究中心共同授予星火创客“广东博士俱乐部韶关博士服务总站办公室”。星火创客拥有孵化面积2000平方米，入驻企业15家，创新创业人员约45人，获得省级互联网项目1项、市级科技计划项目1项、省级奖励成果1项，承担科技服务企业10多家，开展科技培训及服务近500人次，与东北大学、北京科技大学、华南理工大学、暨南大学、江西理工大学、江西财经大学、韶关学院等高校、科研院所建立紧密合作关系。仪式举行前，市生产力促进中心联合星火创客举办企业科技创新体系建设培训。

农村科技

【农业创新平台】 2017年，韶关农业创新平台涌现。新农业创新创业园国家级星创天地、韶关学院食药用菌智能高效产业科技创新中心、韶关特色农产品深加工科技创新中心、广东省信达蚕桑科技创新中心等4家农业创新平台得到国家、广东省备案。

【专业镇创建】 2017年，韶关市专业镇快速发展。翁源江尾镇省级兰花专业镇协同创新中心启动建设。创建省级专业镇4个（钢铁专业镇曲江松山街道、绿色蔬菜种植乐昌市梅花镇、水稻现代农业乐昌市廊田镇、香菇始兴县隘子镇），增量全省第一名、增速全省第二名，累计数18个。

科技服务

【科技成果】 2017年，韶关市有5个科技项目分别获得国家、广东省科技进步相关奖项，其中有1个项目（丽珠集团利民制药厂合作实施的项目“中药和天然药物的三萜及其皂苷成分研究与应用）获得国家科学技术进步奖二等奖，3个项目（翁源县仙邑兰花生物科技有限公司等9个单位共同参与完成的项目“大花蕙兰和兜兰新品种创制及产业化关键技术”、乳源南岭好山好水冬虫夏草有限公司等9个单位共同参与完成的项目“冬虫夏草繁育关键技术研究及其产业化应用”、翁源红岭矿业有限责任公司等4个单位共同参与完成的项目“极低品位复杂稀有金属矿产资源综合利用关键技术”）获得广东省科学技术奖一等奖，1个项目（广东省烟草南雄科学研究所等5个单位共同参与完成的项目“广东烟草有害生物种群演替及其可持续控制技术研究”）获得广东省科学技术奖三等奖，项目涵盖制药、兰花种植、冬虫夏草繁育、矿产资源利用等领域。

【韶关市生产力促进机构科技服务体系建设研讨会在始兴召开】 2017年7月21日，由韶关市生产力促进中心主办、韶关市华工高新技术产业研究院和武江区生产力促进中心协办的“韶关市生产力促进机构科技服务体系建设研讨会”在始兴县召开。韶关市科技局科技服务与管理科、农村科技科及各县（市、区）科技局或生产力促进中心负责人共30多人出席会议。会议由韶关市生产力促进中心主任罗泽保主持。会议围绕韶关市本级和县（市、区）生产力促进机构建设工作、构建生产力促进中心协同技术创新服务体系并建立工作联动机制、提升生产力促进体系的科技服务能力等开展讨论和交流。

产学研结合

【研发机构】　2017年，韶关市超额完成广东省下达的企业研发机构建设指标。主营业务收入5亿元以上的工业企业新增研发机构9家，完成全覆盖目标。规上工业企业新增研发机构63家，全年总数126家，增速全省排名靠前。新设立新型研发机构1家，新组建院士工作站1家、省级企业科技特派员工作站2家、省级精细化工产学研创新联盟1家。

【韶关市丹霞铁皮石斛产业技术创新联盟筹建】　2017年10月23日，韶关市科技局组织召开韶关市丹霞铁皮石斛产业技术创新联盟筹建专题会议。广州中医药大学教授魏刚、韶关学院教授白音、韶关市石斛种植、加工及经营的企业家代表参加会议。会议谋划成立石斛产业技术创新联盟，挖掘品种选育、深加工与相关产品的开发、品牌培育到丹霞铁皮石斛的生产标准化等方面潜力，通过科技创新发展铁皮石斛优势特色农业，促进韶关农民增加收入。

【科技特派员工作站揭牌】　2017年9月9日，韶关市曲江盛大冶金渣环保科技开发有限公司举行科技特派员工作站揭牌仪式，中国废钢协会原秘书长严启平、中冶建筑研究总院教授孙树杉、省钢铁行业协会秘书长冯炳文以及韶关市科技局相关负责人参加座谈会和揭牌仪式。韶关市曲江盛大冶金渣环保科技开发有限公司科技特派员工作站引进华南理工大学、安徽工业大学和韶关学院的三位教授，围绕钢渣处理利用吸引国内创新力量，整合入站特派员及派出单位、派驻单位的创新资源，形成一支相对稳定、多学科交叉的创新团队。工作站将组织联合攻关，突破冶炼行业钢渣处理、余热利用等关键共性技术。

知识产权

【概况】　2017年，韶关市新增8家知识产权贯标培育企业，新增国家知识产权优势企业2家（东阳光化成箔、东阳光优艾希杰精箔）。组织11家企业获得200万元的专利质押融资授信额度。加大知识产权保护力度，全年全市查处涉嫌侵犯知识产权案件9宗。新增全市专利申请3551件、授权1486件，万人专利拥有量2.03件，均居粤东西北地区前列。

【2017年百所千企知识产权服务对接活动】　2017年12月21日，韶关市知识产权局联合广东专利代理协会在凤凰酒店举办2017年百所千企知识产权服务对接活动。广东省知识产权局政策法规处调研员王开智、韶关市知识产权局副局长翟成洪出席并讲话，全市80多家企业近百人参加活动。会上，广州嘉权专利商标事务所有限公司、广州市华学专利代理有限公司专家分别就中国知识产权保护体系和侵权风险预警、企业专利挖掘及侵权抗辩等方面的专题进行讲解、授课。

【广东省知识产权服务地市行（粤北站）活动在韶关市举行】　2017年8月3日，“广东省知识产权服务地市行（粤北站）活动”在韶关市举行。广东省知识产权局局长马宪民，韶关市委常委、副市长万卓培出席活动并致辞。国内著名知识产权专家原中南财经政法大学校长吴汉东，国家知识产权局专利局专利审查协作广东中心领导及珠三角优秀知识产权服务机构代表，韶关市、梅州市、河源市、清远市政府相关部门、知识产权管理人员、地区企业、知识产权服务机构人员共350余人参加活动。活动期间，举行企业——知识产权服务机构合作签约仪式，广州恒成智道信息科技有限公司、广州骏思知识产权代理有限公司服务机构代表分别与韶关企业进行“企业专利信息推送”和“企业知识产权贯标”服务签约。

防震减灾

【地震应急救援综合演练】　2017年12月13日下午，韶关市地震应急救援综合演练在韶关学院举行。此次演练由韶关市地震局和韶关学院主办，韶关学院团委承办，韶关市卫生和计划生育局、韶关市消防局、韶关市红十字会、韶关学院青年志愿者行动指导中心协办，省地震局指导。韶关市防震抗震救灾工作领导小组成员单位、各县（市、区）分管防震减灾工作的县领导和地震局领导以及韶关学院师生600余人参加演练。演练内容包括消防救灾演练、地震疏散演练、医疗救护演练等环节。

【国家地震安全示范社区创建】　2017年，韶关市浈江区风采街道办事处环园路社区、韶关乐昌市乐城街道大昌社区经中国地震局审核评议，被认定为“国家地震安全示范社区”。2016年韶关市地震局在全市部署“地震安全示范社区”创建活动，全市各社区在机构建设、抗震设防、应急预案、宣传教育、避难场所、档案管理等方面开展创建工作。至2017年底，韶关市有6个国家地震安全示范社区和18个广东省地震安全示范社区。　（郭先杰）

科研机构

【核工业二九〇研究所】　核工业二九〇研究所（以下简称“二九〇所”）位于韶关市武江区科技工业园广前路，是中国核工业集团公司下属的地勘事业单位，成立于1979年1月。前身为中南二〇九队实验室，是全国保留的十一家核地勘单位之一，肩负着“铀矿报国”

的历史使命。2017年有职工281人，其中在职职工177人，离退休人员104人；在职专业技术人员148人，管理人员29人，其中，研究员级高工10人，高级职务33人，中级职务45人，享受国务院津贴4人。技能人员13人中，有技师4人，高级工8人，初级工1人。

资质情况　拥有ISO 9001质量管理体系认证证书，计量认证证书；地质勘查资质甲级（水文地质、工程地质、环境地质调查甲级；地质钻探甲级）；地质勘查资质乙级（区域调查、地球物理勘查、遥感地质调查、分析测试乙级）；测绘乙级；地质灾害评估、勘察与设计乙级；建设工程质量检测机构资质证书；安全生产许可证等相关资质证书，是国家二级档案管理单位和国家二级保密资格认证单位，具备承担相应等级武器装备科研生产项目能力。

科研能力及成果　2017年，研究所承担铀矿预查、普查、资源潜力评价、生产中科研以及铀矿远景调查等各类项目13项，其中地勘费项目11项（普查项目5项、资源潜力评价项目2项、生产中科研项目3项，数字铀矿勘查系统测试1项），中国地质调查局铀矿远景调查项目2项。投入钻机13台，完成钻探工作量27015.19米，完工钻孔56个，优质孔率100%。参与野外验收的9个项目中有6个项目以“优秀”等级通过中国核工业地质局野外验收，优秀率为66.7%。2017年，研究所科研成果显著，“微波消解全自动电位滴定法快速测定岩石矿物中铀”科技成果获广东地质科学技术奖二等奖；获中国铀业“找矿发现奖”一等奖3项，二等奖3项、三等奖4项；在国内各种学术期刊发表论文10余篇，其中国家核心（或等同核心）刊物6篇；同时获得2项实用新型专利。

“一带一路”和“中国援建柬埔寨”项目　2017年，研究所开展4项“一带一路”和“中国援建柬埔寨”项目，分别是承担核工业北京地质研究院组织实施的“沙特项目”，开展沙特铀钍资源调查评价等3个子课题项目工作；协同核工业二〇三研究所承担“柬埔寨项目”，开展“中国援助柬埔寨乡村供水项目Ⅰ期工程”等项目。

地质延伸技术服务　2017年，研究所主要在韶关三区七县、广东其他地市、广西、福建、江西、四川和云南等地开展地质勘查、钻探工程、矿山技术服务、水工环地质调查、样品分析、环境评价、环境监测、土壤修复、污染场地调查治理、测绘工程、变形监测、地灾评估、勘查、设计与治理、低应变检测、静载试验检测、钻孔取芯检测、土壤中氡浓度检测、室内空气质量检测、工程勘察和工程物探等业务，全年签订市场收入合同424份，合同金额7325万元，其中收入达50万元以上的重大合同27份，重大合同金额4145.1万元，完成地矿延伸技术服务主营收入5610万元，完成年初考核指标的140.25%，超额完成任务。利用科技人才和技术装备方面的优势，开展技术开发和技术服务，加强与地方有关部门的合作，参与地方经济建设，在遥感信息开发利用、国土资源调查、矿产开发、地质灾害评估、环境评价和监测、各类样品分析测试、工程勘察、工程物探等方面承接大量的项目，取得较好的经济效益和社会效益。

（叶　蕾）

【科学技术情报研究】　韶关市生产力促进中心（韶关市科韶开发中心、韶关市科技情报研究所、韶关市科技企业创业服务中心）是韶关市科学技术局直属正科级公益二类事业单位，实行四块牌子、一套人马办公。主要负责韶关市技术转移的组织与服务工作，推动科研院所、高等院校与相关企业及部门的技术交流与合作；承担新技术（包括管理技术、专利技术）的开发应用、示范和推广；承担创新基金以及其他政府科技项目的咨询、立项、成果鉴定、科技评估、监理、验收、转化等工作；负责市科技企业创业园（孵化器）管理和服务；开展科技情报、科技统计及信息服务。

科技统计　根据《科技部关于开展2016年度全国科技统计调查工作的通知》和全省科技计划与统计工作会议精神，2017年1—6月，韶关市生产力促进中心负责组织韶关市有关机关、企事业单位完成科研机构、高新技术企业、科普等12类报表数据统计工作，共涉及全市机关、企事业单位432家。6月30日，基本完成数据审核，提交到国家和广东省科技统计系统。

科技创新券后补助项目　2017年4月下旬，韶关市科技局启动2017年度韶关市科技创新券后补助项目申报工作，韶关市生产力促进中心作为运营单位受理、形式审查相关申报材料并组织召开专家评审会议。经审核、公示等程序，韶关市有27家企业在广东省科技业务管理阳光政务平台网上申报科技创新券后补助项目，其中有15家企业在申领创新券的同时申请兑换（1项服务券，14项专项券），兑现经费近400万元。

科技企业孵化器（众创空间）培育服务　2017年，韶关市生产力促进中心对接省科技企业孵化器协会，开展精准服务，加快孵化育成体系建设。全年协助高新区高创中心申报国家级科技企业孵化器，配合创亿谷、南雄电子商务孵化园等2家申报国家科技企业孵化器培育单位（省级孵化器）和校园猫、乐善众创空间等2家成功申报省级众创空间。5—8月，会同韶关市科技局相关领导深入鑫金汇、韶阳山谷、始兴残疾人创新创业中心等调研，将其列入孵化器（众创空间）培育对象。2017年上半年，配合组织武汉5.5产业园运营机构对韶关市韶阳空间、鑫金汇、创亿谷、星火创客、创智城等开展实地考察，与顺德军民融合产业园有限公司、达安创谷等联系，争取更多创新创业项目落户韶关。12月15日，承办韶关市孵化器和众创空间孵化育成体系建设研讨会，邀请广东拓思软件科学园有限公司副总经理陈伟俊、广东省软件共性技术重点实验室主任王萍等专家现场指导并作专题讲解。至2017年底，全市拥有国家级科技企业孵化器1家、省级科技企业孵化器4家、省级众创空间2家，市级科技企业孵化器5家（含省级2家）、市级众创空间4家（含省级2家）。

科技项目申报、验收　2017年7月，韶关市生产力促进中心申报中央引导地方科技发展专项资金，获得立项30万元。12月29日，完成韶关市科技企业创业园（孵化器）科技成果转化服务平台建设与运行（项目编号：2014CYY/Z03）项目验收。

韶关市科技企业创业园管理服务　2017年7月，韶关市生产力促进中心服务天鼎思科等企业，助其申报省级重大科技计划项目。其中该公司申报“大直径、长晶锭磷化铟单晶制备及其切磨抛洗单晶衬底商业量产”获得2017年科技发展专项资金（一事一议项目）200万元。全年协助拟入园企业办理相关注册手续5次。2017年，园区新增在孵企业3家，分别是韶关市庆瑞科技有限公司、韶关市乐地丰环境科技有限公司、韶关市瓦力机械科技有限公司。开展消防检查，全年新增15个消防栓，对安全生产重点部位和重点区域进行重点检查，及时排查隐患。

生产力服务体系建设　2017年7月21日，韶关市召开“韶关市生产力促进机构科技服务体系建设研讨会”。韶关市科技局科技服务与管理科、农村科技科及各县（市、区）科技局或生产力促进中心负责人共30多人出席会议。与会代表围绕市本级和县（市、区）生产力促进机构建设工作、构建生产力促进中心协同技术创新服务体系并建立工作联动机制、提升生产力促进体系的科技服务能力等开展讨论和交流。（刘锡禧）

【农业科学研究】　2017年，韶关市农业科技推广中心围绕全市农业农村工作目标和任务，以加快建设仁化国家现代农业示范区古洋核心园区为契机，提高科技实力和研发水平，推进韶关农业现代化进程。通过承担“中央重大农业科技推广项目”“省级农业科技园区建设项目”“省级农作物良种良法示范基地建设项目”和“省级现代种业提升工程项目”等国家、省级重大农业科技项目，投入建设资金750万元，改造完善园区基础设施和科研设施条件。全年试验鉴定水稻优良品种408个、蔬菜优良品种67个，示范推广水稻、蔬菜、果树优良品种13个，示范推广作物高产栽培、设施栽培、无土栽培、水肥一体化等农业先进技术6项，举办科技下乡、科技培训14期次，服务农民2000人次，实现农业增产增收3000万元。该中心与湛江源泰种业公司合作攻关选育的杂优组合韶优766获得第四届广东省水稻产业大会十佳优秀品种。

韶优766百亩示范基地建设　2017年10月24日，韶关市农业科技推广中心联合广东源泰农业科技有限公司在始兴沈所镇韶优766百亩示范基地召开现场观摩会，经与会专家现场测产，理论产量达到亩产580公斤。该中心承接2016年省级农作物良种良法示范基地建设项目在韶关市南雄、始兴开展优质水稻品种“韶优766”“美香粘2号”的示范推广工作。韶优766是该中心与广东源泰农业科技有限公司2015年育成的优质水稻品种，米质为省标、国标一级米。2016年9月，通过广东省农作物品种审定委员会审定。在2017年7月第四届广东省水稻产业大会上获得十佳优秀品牌第一名。（徐永亮）

【林业科学研究】　韶关市林业科学研究所成立于1962年，是广东省认定的第一批非营利性的科研机构，隶属于韶关市林业局，正科级事业单位，位于韶关市武江区沐溪大道8号。2017年，有在职职工61人（其中在职研究生2人、本科10人、大专17人，大专以上学历占47.5%；各类专业技术人员29人，其中高级职称7人、中级职称15人）。主要承担林业科研项目试验示范、珍贵良种苗木引种繁育、林业技术推广、林业技能培训等林业技术活动。

林业科研　2017年，韶关市林业科学研究所以油茶良种良法的试验、示范、推广及优良乡土阔叶树种良种选育和高效栽培技术研究与示范工作等为科研工作重点，进行珍贵树种引种繁育、植物组织培养技术研究等林业科研项目。其中，广东省林业创新专项资金项目《油茶良种选育和高效栽培技术研究与示范》通过省专家组的验收；《韶关市油茶标准化体系构建及示范建设》项目成果完成科技成果鉴定，经专家评定，项目总体达到国内同类研究领先水平，该项目获2017年度韶关市科学技术进步奖二等奖。新承担中央财政林业科技推广专项资金项目《轻基质苗木培育技术推广》、韶关市科技创新项目《天麻新品种培育和林下种植技术研究示范》。通过项目实施，增强单位技术力量储备，1人获得韶关市先进科技工作者称号，4人取得林业高级工程师资格。

省级林木种苗生产示范基地　2017年该生产示范基地出圃苗木75.64万株，其中乡土阔叶树苗35.24万株、茶苗40.4万株。培育苗木67.5万株，其中培育珍贵阔叶树种苗木27.5万株，主要有滇润楠、闽楠、桢楠、火力楠、枫香、木荷、乐昌含笑、深山含笑、山杜英、红锥、樱花、银合欢、山乌桕、风铃木等品种，其余为茶苗40万株。

林业技能培训　韶关市林业科学研究所担负林业技能培训任务，利用林业技术力量，结合韶关市林业生态建设和林业经济发展的需要，针对市林业专业技术人员开展继续教育和林业技能培训，2017年度培训专业科目学员353人次，选修科目学员276人次。

造林规划设计及监理　韶关市林业科学研究所成立具有造林规划设计、监理资质资格部门，2017年，完成韶关市三区七县（市）森林碳汇造林、生态景观林带、森林碳汇抚育、乡村绿化美化、中央造林补贴等林业重点生态工程作业设计的技术审核82个，完成韶关市武江区2016年生态景观林带完善提升项目、武江区2017年乡村绿化美化工程作业设计2个；完成乐昌市石漠化综合治理2013年B标（178.7公顷）、C标（134.8公顷）和2014年生态造林（178.7公顷）、油茶造林（134.8公顷），浈江区2014年生态景观林带项目第三年抚育，曲江林场碳汇造林（66.4公顷）和碳汇林抚育（36.73公顷）等多个项目的监理工作。（李凤玲）

【水产研究】 韶关市渔业技术推广站（韶关市水产研究所、广东省韶关区域性水产试验中心、韶关市渔业资源增殖站）成立于2016年1月，是韶关市水产管理局属下的正科级公益二类事业单位，实行四块牌子、一套人马办公。2017年有在职人员8人，其中，高级职称1人，中级职称5人。单位主要负责组织实施渔业科技成果和先进技术的试验、示范、推广；渔业职业技能鉴定、专业技术培训、渔业技术推广项目验收、评审和鉴定工作；水产技术研究以及相关品种与技术的开发与推广，水产技术任务、水产重大项目相关的区域性试验、表征、示范；水生动物救护和珍稀鱼类资源开发研究；优势品种良种选育与推广；专业实习与科普基地，基层专业技能培训；为渔业可持续发展提供相应的技术保障等。

科学研究 2017年，韶关市渔业技术推广站实施的广东省、韶关市科研项目共8项，重点开展三角鲂、光倒刺鲃良种选育试验，稻田养鱼试验、示范、推广，长臀鮠、广东鲂、黄尾鲴、珍稀龟类的繁殖试验等科研项目。其中，广东省科技厅下达项目《光倒刺鲃良种培育关键技术研究与应用》获得2016年度韶关市科技进步一等奖，该项目经过研发，获得具有生长优势的杂交品系，形成成熟的人工选择育种及杂交繁育技术，形成年产200万尾以上的良种苗种生产能力。项目实施期间，共繁育、推广养殖良种鱼苗约800万尾。

技术推广 韶关市渔业技术推广站通过专家讲课、现场传授、科技宣传、技术咨询等方式，传播现代水产养殖知识、高产养殖知识、无公害养殖、机械化养殖技术等。利用技术、设施等方面条件，接待韶关学院、广州大学等院校的学生进入基地住所实习，培育水产后备人才。2017年，该站在乐昌市梅花镇和始兴县罗坝镇建立稻田养鱼示范区21.33公顷，累计发放禾花鲤苗种17万尾，对养殖户进行技术指导，委托韶关市水产行业协会建设稻田养鱼互联网信息发布平台和稻田养鱼预订平台，做好稻田养鱼产后服务。

苗种生产 2017年，韶关市渔业技术推广站开展名优鱼类的良种选育、苗种繁育及推广养殖工作。全年生产及推广养殖三角鲂、光倒刺鲃、倒刺鲃、桂华鲮、赤眼鳟、黄尾鲴及长臀鮠等名优鱼类苗种约600万尾，为韶关市名优特色鱼类养殖提供苗种保障。

（罗钦洪）

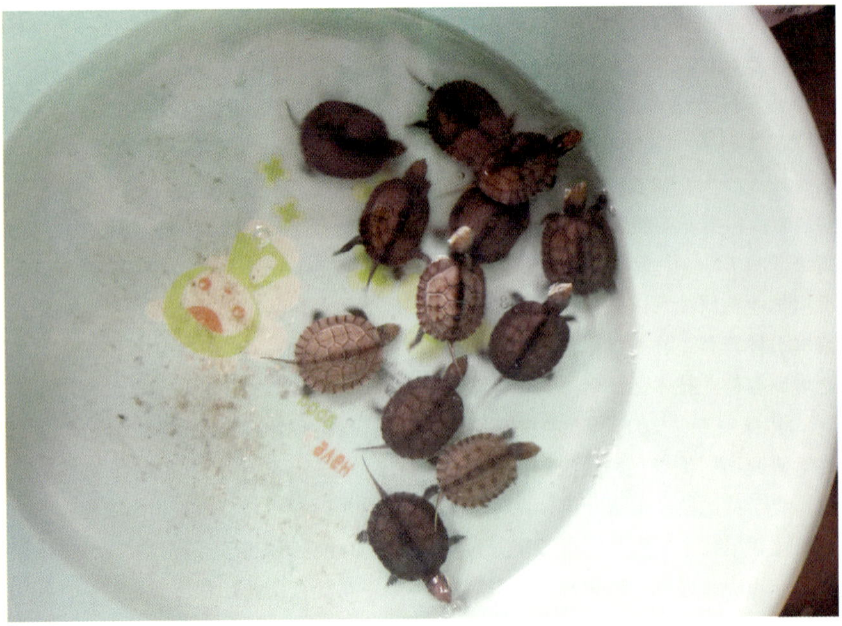

▲韶关市渔业技术推广站繁育的黄喉拟水龟龟苗 （吴土金 摄）

【畜牧研究】 韶关市畜牧研究所成立于1978年，隶属于韶关市农业局，是广东省16个区域性农业试验中心之一。主要负责畜禽品种改良、繁殖、选育的研究及有关技术的引进、试验、示范、推广、培训，承担畜牧专业区域性试验、表证、示范的研究工作，负责地方畜牧遗传资源的调查与保护。内设3个科室。2017年，有在职人员13人，其中畜牧兽医专业技术人员8人。2017年，该所技术人员在省级以上畜牧兽医刊物发表技术论文5篇，其中核心期刊2篇。

产学研合作 2017年，该所与高等院校、其他科研机构以及企事业单位开展产学研合作，加强相关工作的交流沟通，提高科研水平和技术力量。与韶关学院共同开展地方猪种质资源普查、地方种猪选育种方案的制订、肉质检测、抗体水平监测、免疫程序制定等方面的合作，以及猪生产管理、疫病防病方面的课题研究。利用华南农业大学动物基因组学与分子育种重点实验室（广东省重点实验室）技术力量，开展基因测序工作，利用现代分子育种技术和先进的动物遗传育种分析方法，为地方猪保种提供技术保障和基础，加快梅花猪提纯复壮速度。与韶关市佳和生态农业有限公司合作，共同开展新丹系种猪养殖、推广，以及疫病防控方面的课题研究，共同完成的《粤北山区新丹系种猪选育及配套技术研究与推广》获得2016年度韶关市科技进步二等奖。

地方猪保种与开发利用 开展梅花猪种质资源普查。从2017年4月开始，组织技术人员进行13次梅花猪种质资源调查和评定工作，主要调查范围是乐昌市梅花镇、坪石镇、沙坪镇、秀水镇、云岩镇、九峰镇、黄圃镇、乳源瑶族自治县的大桥镇以及清远、连州等。开展梅花猪保种。根据广东省畜禽资源编辑编写《广东畜禽资源汇编》（1976年）对梅花猪外貌特征的记载和描述，重新修定评分标准；利用韶关学院和华南农业大学的先进设备设施平台及科学分析方法，建立梅花猪基因库，开展后续的数据分析和研究，引进现代分子育种技术，加快梅花猪提纯复壮的进度。根据华南农业大学基因组学与分子育种重点实验室对该所送检梅花猪样品得出的基因结果分析，该所现存梅花猪种质较纯。梅花猪肉质品质提升，通过加大青绿饲料的投放比例、坚持放养（每天放养9小时以上）、控制上市时间等措施，猪肉品质在鲜美的基础上，增加爽、甜的味道。2017年上市的梅花猪肉质品质好、梅花猪销售供不应求。

技术推广　开展技术服务和技术下乡活动，2017年通过技术服务、现场指导、电话咨询的方式进行科技宣传、技术咨询，拜访60多家养猪户，接待农户300多人次。与韶关市养猪协会合作，4月28日在韶关市碧桂园凤凰酒店会议室举行1次较大规模的技术培训会议，技术主题为《猪伪狂犬病及流行性腹泻》。

农村信息社建设　2017年，该所建立农村信息社，完善农村信息社的配套设施，增设监控视频，给基地梅花猪放养添加一道安全保障，有利于开展技术服务以及进行相关技术研究。

（钟　澜）

【矿产应用研究】　广东省矿产应用研究所（简称矿研所）原名地质部第九实验室，始建于1964年，是全国地矿系统唯一从事放射性矿产综合利用评价和放射性检测的专业实验室、国土资源部放射性矿产资源监督检测中心、国土资源部放射性与稀有稀散矿产重点实验室、广东省矿产应用研究所微量司法鉴定所，隶属于广东省地质局，正处级事业单位。原址在乐昌黄圃，占地5.91公顷；现址分设科研区（芙蓉东路108号）和职工生活区（新华南路19号），两区分隔2千米，占地2.66公顷。2017年，有职工167人，其中在职74人，正高职称2人，高级职称13人，中级职称27人。硕士9人，本科52人，大专生2人，大专以上学历占85%。各位专业技术58人，80后的职工有36名，占48%。退休93人，高级职称占39.7%。有仪器设备415台套，能满足各类矿石可选性试验研究与实验检测的要求。

业务范围及资质　业务范围为矿产的可选性评价、矿产资源综合利用研究、选矿工艺试验、冶金工艺试验、岩矿测试、岩矿鉴定、岩土试验、放射性检测、放射性环境地质调查与研究、水工环地质调查、地质灾害危险性评估与治理、工程勘查、环境影响评价、工程物探、微量物证鉴定等多个领域，具有地质勘查资质证书（地质实验测试：甲级）、国家级计量认证证书、ISO 9000质量体系认证证书、地基基础检测专项资质、全国土壤污染调查检测实验室以及微量司法鉴定许可证。

科技创新　2017年，矿研所利用新成立的国土资源部放射性与稀有稀散矿产综合利用重点实验室，与中国地科院矿产综合利用研究所、中国地科院郑州矿产综合利用研究所、广东工业大学、广东环境保护工程职业学院等高校、科研院所合作，开展科技项目7项，项目经费共1596万元，为矿研所建所以来科研项目经费之最。

科研立项　2017年，矿研所取得广东省财政厅地勘基金项目《火山岩型铀多金属矿提取及分离技术研究》资金480万元，韶关市土壤污染防治科技专项资金项目《韶关市铅锌矿山周边重金属污染土壤修复关键技术研究与示范》资金50万元。

科研专利申请　2017年，矿研所的《一种微波消解—ICP—OES连续测定铅锌冶炼烟尘中Ga、In、Ge的检测方法》获国家发明专利证书。3项国家发明专利申请得到受理，包括《一种铅镉复合污染土壤原位钝化剂及其制备方法》《一种含高硒碲的铋渣中铋的检测方法》《水力空化耦合H_2O_2净化铅锌硫化矿选矿废水回用工艺》等。

化学检测助力地方环境保护及土壤污染治理　2017年，矿研所完成多批地质调查项目地质试验任务，包括《广东梅州蕉岭作壁坑铷多金属矿》《广东凡口铅锌矿外围勘查》《金宏铀矿周边环境基础调查》《韶关市重点行业企业用地污染状况第二阶段试点调查》等。加强市场检测业务、增强与企业合作，与多家企业达成检测协议，包括：与江西吉安龙天勇有色金属公司、宁夏复盛新材料有限公司达成粗铅、铅阳极泥、铅烟灰、铜精矿及铁粉等产品检测协议；与云南马关云铜锌业、福建三明骊腾有色金属工贸及韶关艺腾金属材料加工厂达成铟产品、锌焙沙、除尘灰等稀散、有色金属检测协议；与广东华欣环保科技、广州万山土壤修复公司等达成土壤重金属检测、污染水质检测协议等。

环境岩土检测　2017年，该所完成室内环境检测点数1615点、土壤氡浓度检测11059点，动力触探检测近900点。完成韶关学院、南雄北城区危旧房回迁改造、韶关碧桂园太阳城、曲仁矿棚户区改造等建筑工程基桩、土壤氡、室内环境检测及触探测试等，从放射性危害角度为项目现场施工安全防护提供依据。完成岩土检测2900多批次，包括广佛江珠线、东莞地铁一号线、深圳地铁十四号和十六线等项目检测工作。

国土资源部放射性与稀有稀散矿产综合利用重点实验室挂牌　2017年11月3日，依托矿研所建设的国土资源部放射性与稀有稀散矿产综合利用重点实验室（以下简称部重点实验室）在部重点实验室验收会议上经专家组考核评审后，通过验收并挂牌。自2012年进入培育期以来，部重点实验室总投入资金800多万元，其中投入环境改造资金339万元，设备购置400多万元，新引进硕士研究生6名，学士2名。重点实验室培养博士研究生1名，硕士研究生6名。承担科研项目39项，研究经费3246万元。建设废渣提铟试验室生产线一条，建设期内生产铟10吨；获得各类科技成果奖项7项，其中获省部级二等奖4项，市局级一等奖1项、二等奖2项；申请国家发明专利6项；发表论文44篇和专著10部，其中SCI 3篇，EI 3篇，核心刊物22篇；实现高纯稀散金属镓技术转让。

大型铀多金属矿选冶综合利用项目　2017年1月，矿研所参加“陕西华阳川地区铀多金属矿选冶综合利用技术评价采购项目”公开招标，成功中标。该项目科研经费1000万元，项目实施方案通过项目委托方中国地质调查局西安地质调查中心专家组评审，签订项目合同。华阳川铀铌铅矿床是一个以铀、铌、铅矿为主，共（伴）生金、银、稀土等矿产的超大型矿床，具有规模大、矿种多、品位低等特点。通过开展选冶试验，可使该矿床可供利用资源量进一步扩大。 （梁 导）

文 化

【概况】 韶关市文化广电新闻出版局（以下简称韶关市文广新局）是韶关市人民政府主管文化、广播电视、新闻出版、版权等方面的职能部门。成立于2005年3月，是由原韶关市文化局、广播电视局、新闻出版办3个行政管理部门调整归并组建而成，加挂市版权局牌子。内设9个科室，直属机构有韶关市文化市场综合执法大队。下属单位有韶关市文化馆、韶关市图书馆、韶关市博物馆、韶关市粤北采茶戏保护传承中心。2017年，韶关市文广新局加快推进基层公共文化设施建设，开展文化惠民工作，文艺精品创作成效明显，文化遗产传承保护加强，文化行业监管进一步规范，文化产业和文化交流合作深度拓展。

【“我们的节日”庆元旦群众文艺演出活动】 2017年1月1日上午，由韶关市文化广电新闻出版局主办，韶关市文化馆承办的“我们的节日”群众社团文艺精品展演在韶关市区中山公园中心舞台举行，此次文艺演出的主题是关于弘扬社会主义核心价值观、全面奔小康·共创文明城等。

【“我们的节日”——2017迎春贺岁文艺演出及游园活动】 2017年1月28日，由中共韶关市委宣传部、韶关文化广电新闻出版局主办，韶关市文化馆承办的“我们的节日”——2017迎春贺岁文艺演出及游园活动在中山公园文化广场举行，活动旨在弘扬社会主义核心价值观主旋律，传播社会主义先进文化，营造浓郁的节日氛围，丰富群众文化生活。

【第五届韶关市戏剧曲艺花会活动】 2017年9月30日至10月3日，由中共韶关市委宣传部、韶关市文化广电新闻出版局主办，韶关市文化馆承办的第五届韶关市戏剧曲艺花会活动在市区举行。花会征集到27件作品，其中10件小戏、10件小品、7件曲艺；经花会剧节目检查组赴各县（市、区）审查后确定8个戏曲小戏、10个小品、1个小歌剧、1个表演唱参加第五届韶关市戏剧曲艺花会的比赛。花会活动历时4天，共举办3场比赛、1场惠民演出、1场闭幕式暨颁奖晚会和1场专家点评会，组委会选拔20部精品戏剧曲艺作品参加花会比赛，观众约3万人次。经专家评审，采茶戏《圆梦》《摔盘记》《扶贫新曲》获得该届花会小戏类金奖；新丰县文广新局等4个单位获得优秀组织奖。花会结束后，组织“喜迎十九大、欢赏传统戏”——韶关市第五届戏剧曲艺花会优秀剧目巡演活动，分别到县市区基层和学校开展惠民演出活动，巡演活动演出11场。

▲2017年9月，大型现代粤北采茶戏《枫树湾近事》彩排现场 （胡 鹏 摄）

【2017年公共文化服务“三百工程”】 为进一步丰富基层群众文化生活，推动社会力量参与现代公共文化服务体系建设，广东省文化厅实施公共文化服务“三百工程”，向社会采购百场讲座、百场展览和百场群众精品演出，然后向粤东西北地区15个地市的县、镇、村三级以及企业、厂矿、学校等免费配送。2017年韶关市文化广电新闻出版局配合省文化厅实施2017年公共文化服务“三百工程”，举办25场活动。

【在广东省第七届群众音乐舞蹈花会决赛获得“一金三铜”】 2017年11月7日，由广东省文化厅、珠海市人民政府主办的广东省第七届群众音乐舞蹈花会在珠海大剧院歌剧厅落幕。韶关市选送的4件参赛作品全部获奖。其中，由乳源文化馆组织创作的混声合唱《瑶山飞来一群金鸪鸪》获得音乐类金奖，由始兴县文化馆创作的群舞作品《团团香》、女声独唱《清化河呦水渺渺》和新丰县文化馆的广场舞《饮茶歌》分获铜奖。“广东省群众音乐舞蹈花会”是广东省最具代表性的三大群众性文化活动品牌（包括少儿艺术花会、群众音乐舞蹈花会、戏剧曲艺花会）之一，代表着广东省群众文化活动最高水平，每三年举办一届。

【大型现代粤北采茶戏《枫树湾近事》排演】 2017年，韶关市文化广电新闻出版局组织市粤北采茶戏保护传承中心排演大型现代粤北采茶戏《枫树湾近事》。《枫树湾近事》以精准扶贫为切入点，全剧通过李秋华、钟秀玲、刘翠花等人物感情纠葛的展现，描绘农村群众脱贫致富的生活场景，歌颂党和政府精准帮扶给粤北乡村带来的新变化和美好图景。该剧展示粤北采茶戏行当表演特色，用客家方言俚语展现客家人生活的日常，配以采茶戏歌舞，更适合年轻观众的欣赏习惯。9月28日和29日两晚在韶关剧院举行首演活动。11月21日晚，该剧在广州市参加第十三届广东省艺术节演出。

【征集优秀美术作品参加第十三届广东省艺术节优秀美术作品展览】 2017年，韶关市有7位作者的作品进入广东省第十三届艺术节优秀美术作品展复评，其中，陈勇的国画《抗洪纪事》获该届艺术节银奖，许院明的水彩画《拓》获该届艺术节优秀奖，并参加第十三届广东省艺术节优秀美术作品展览。

【农村电影放映工程推进】 2017年，韶关市组织实施2017年度农村电影放映工作，加强对农村电影放映服务工作的监管，加快项目资金支付、农村影片的灌片工作，完成全市农村电影放映服务队的招标、经过招标，重新确定农村电影放映服务队9家，放映车15辆，放映机65台（套），农村电影放映从业人员78人，其中，持证放映员52人。超额完成省下达的农村公益电影放映任务。开展农村电影放映工作，全年全市放映农村公益电影14824场， 超额完成364场，完成任务数的102.52%。

【农家书屋管理】 2017年，韶关市开展第三批农家书屋图书轮换试点，各地在50家农家书屋开展图书轮换活动，补充、更新出版物3万多册。发挥农家书屋作用，开展多种形式文化活动，各地在农家书屋开展读书活动1300多场次，开展写春联、举办文艺演出600多场次。实施农家书屋改造提升工程，为80家基层综合文化服务中心示范点的农家书屋配备出版物19120册，为50家基层综合文化服务中心示范点的农家书屋拨付出版物补充、更新经费50万元。

【村级综合性文化服务中心全覆盖建设】 2017年，韶关市推进村级综合性文化服务中心全覆盖建设，全市建设覆盖率60%。规范建设标准，制定《韶关市人民政府办公室关于印发韶关市推进基层综合性文化服务中心建设实施方案的通知》《印发〈韶关市第三批基层综合性文化服务中心示范点建设实施方案〉的通知》《关于印发〈莞韶文化精准帮扶韶关市开展基层综合性文化服务中心建设试点工作实施方案〉的通知》等一系列加快推进基层综合性文化服务中心建设的指导性文件，在统一建设标准及标识标牌的基础上，整合资源，利用村祠堂、旧校舍等，维修改建成综合性文化服务中心。试点先行，探索建设规律。完成181个村级综合性文化服务中心示范建设。多途径争取建设资金。韶关市将基层综合性文化服务中心建设所需资金纳入市级财政预算，年投入100万元。多途径争取中央、省、市专项建设资金合计3000多万元，其中中央、省专项补助资金1500多万元，省财政补齐人均公共文化财政支出短板资金1000万元，东莞市文化精准帮扶资金500万元。强化部署培训。全年召开4次工作部署会议，举办5次形式多样的村级综合性文化服务中心建设及文化管理员培训班。挖掘文化资源，打造文化品牌。各村挖掘村史村情、乡土文化、家规家训等各类文化资源，开展群众喜闻乐见的村民大会、礼仪活动、文艺演出、主题教育等文化活动。

【乡镇（公社）老放映员补助发放】 2017年3月31日，韶关市全面完成乡镇（公社）老放映员放映年限补助发放任务。全市核定符合资格条件的乡镇（公社）老放映员296人。其中：达到（男60周岁、女55周岁）补助发放年龄的有149人，全部按照20元每年的最低补助标准，按时完成省局下达的工作任务。

【非物质文化遗产】 至2017年，韶关市有国家级非物质文化遗产名录5项，分别是：瑶族盘王节、瑶族刺绣、香火龙、粤北采茶戏、瑶族民歌。省级非物质文化遗产名录24项，市级非物质文化遗产60项。国家级非物质文化遗产代表性项目代表性传承人4人，省级非物质文化遗产代表性项目代表性传承人24人。市级非物质文化遗产代表性项目代表性传承人70人。

【非遗进校园】 2017年，韶关市组织粤北采茶戏、乐昌花鼓戏等非遗项目进校园表演49场。浈江区犁市小学创新非遗传承方式，将省级非遗代表性项目“舞春牛”的传承融入日常教学工作中，定期开展“舞春牛”培训课程，让传统文化融入学校教育之中。

【韶关市三人入选省第五批省级非遗项目代表性传承人】 2017年，韶关市文化广电新闻出版局组织各单位开展广东省第五批省级非遗项目代表性传承人申报工作，韶关市推荐的传承人李玉清（石塘月姐歌）、张承清（粤北采茶戏）和官国林（宰相粉制作技艺）被评为广东省第五批省级非遗项目代表性传承人。

【省级非遗传承基地申报】 为推进广东省非物质文化遗产传承基地建设，2017年广东省文化厅组织开展第三批省级非物质文化遗产传承基地的申报和评审工作。经省非物质文化遗产保护中心资质审核，省文化厅组织省非物质文化遗产专家初评、实地考察、综合评议和省非物质文化遗产专家委员会主任会议审议通过，确定入选第三批省级非物质文化遗产传承基地36个，其中韶关市有2个传承基地入选，分别为韶关市石塘月姐歌传承基地和瑶族盘王节传承基地。

【韶关市选手参加“我的梦”第四届修身齐家演讲比赛获得好成绩】 2017年11月25日，由广东省文化厅、中共广东省纪委宣传部主办，广东省公共文化促进会、广东省文化馆、广东省立中山图书馆、东莞市东城街道办事处联合承办的“我的梦”第四届广东省演讲大赛暨2017广东省修身齐家演讲大赛总决赛及颁奖典礼在东莞市东城街道进行。来自全省各市及省直单位的37位选手参加总决赛，其中由韶关市纪委、市文广新局组织选送的3名选手进入总决赛。经过竞争，韶关市选手张美娟获得银奖，新丰赛区的吴燃、赖雄飞获得铜奖。

【“放歌新时代”学习宣传贯彻中共十九大精神群众文艺演出活动】 2017年，由韶关市文化广电新闻出版局主办，韶关市文化馆承办，浈江区文化馆、武江区文化馆、曲江区文化馆协办的“放歌新时代”深入学习宣传贯彻中共十九大精神群众文艺演出活动于12月2日、3日和9日在曲江区江畔健身广场、浈江区山稔花公园和武江区教育路健身广场上演。此次活动的主题为“高举习近平新时代中国特色社会主义思想伟大旗帜，全面贯彻落实党的十九大精神”。此次活动所有参演节目均为2017年以来全市各群众文艺社团全新创排，紧扣中共十九大精神主题，通过群舞、歌伴舞、独唱、大合唱和诗歌朗诵等节目形式，宣传中共十九大精神，反映韶关人民的幸福生活。

【世界知识产权保护日宣传周活动】 2017年4月26日，韶关市开展“4·26”世界知识产权保护日宣传周活动，宣传知识产权保护的重大意义，宣传版权保护工作成果，提高群众的版权保护意识。宣传周活动期间，开展为民咨询服务活动11场次，发放宣传资料8000多份。

【红军长征粤北纪念馆奠基动工】 2017年7月26日，红军长征粤北纪念馆奠基仪式在韶关市仁化县城口镇举行。该馆建成后将成为广东省内唯一一个以长征为主题的爱国主义教育基地。1934年10月25日至11月13日，中央红军一、九军团的大部，三、五、八军团的部分部队，先后经过韶关的南雄、仁化和乐昌3个县近20个乡镇，突破三道封锁线，通过粤北地区，留下大量重要的历史遗存。2016年，城口镇入选全国20个“我心目中的长征纪念地”之一，具有较高史学价值和红色旅游开发利用价值。2017年4月，中央批复同意在韶关市仁化县城口镇设立红军长征粤北纪念馆。纪念馆位于韶关市仁化县城口镇，是红军长征突破敌人第二道封锁线所在地。纪念馆将完整呈现粤北红色历史，在时间跨度上，分别展现1927—1937年红军初创时期、中央苏区时期、长征时期、三年游击战时期四个时期的历史。

【“风度书房”建设】 “风度书房”项目是2017年韶关市委、市政府为打造“城区十分钟文化圈”及市民“家门口的图书馆”，提升韶关市城区公共文化服务能力而启动建设的，是利用信息化和RFID技术，实现无人值守、有人管理及读者自助服务的全开放、高品位的自助实体图书馆。采用图书馆与社区、企事业单位、企业多方合作、盘活社会资源的创建模式，通过集中管理，统一运营的方式，实现规范化、标准化、节约化发展，提升图书馆公共文化服务效能。2017年全市建设风度书房10间，配置图书近10万册，提供阅读位近500个。

【韶关市公共图书馆联盟建设】 2017年，韶关市开展韶关市公共图书馆联盟建设，构建市域公共图书馆服务体系。5月，召集韶关地区公共图书馆馆长召开第二届馆长论坛会议，会上签署韶关市公共图书馆联盟合作协议，讨论通过《韶关市公共图书馆联盟服务规范》等7个联盟标准化文件。联盟合作开展区域阅读推广活动：“4.23”世界读书日——说出你的故事演讲大赛。11月中旬起，在各联盟图书馆举办2017《阅影韶关——阅读推广摄影展》巡回展览。

【全国第六次公共图书馆评估定级评审】 2017年8月4—6日，广东省文化厅组织派出的全国公共图书馆第六次评估定级专家组对市图书馆及新丰、曲江、浈江、始兴、仁化、乳源等地图书馆进行全国公共图书馆第六次评估定级评审。评审工作内容包括馆舍、馆藏实地考察考评，听取自评报告，抽检工作材料，面对面咨询评估疑点问题等。广东省评估定级专家组肯定韶关市公共图书馆建设工作，开展图书馆总分馆试点工作取得的成效、服务水平的提升及服务内容的拓展，曲江区、乳源瑶族自治县、浈江区等地图书馆的建设开放及特色活动工作；指出各馆存在的问题及改进措施，对各馆未来的建设和发展提出建设性的意见和建议。

【南国书香节韶关分会场文创产品展】 2017年8月14日下午，南国书香节韶关分会场活动在鑫金汇财富中心落幕。韶关市文广新局负责的文化创意产品展区为750平方米，分成13个展位，以“新”“广”“雅”“承”的概念进行布局。此次参展企业涉及领域广，参展企业产品多元化，活动邀请中国建筑陶瓷博物馆、广东民间工艺博物馆、西汉南越王博物馆等3家省内文化创意产品参展，古琴大师刘九生在仁化方随古琴制作坊演奏古琴名曲，韶关市的国家级、省级、市级非物质文化遗产项目及传承人展示传统技艺。活动3天人流量达10万多人次，现场及意向销售25万元。

【韶关市文化市场综合执法业务暨安全生产工作培训】 2017年10月25日至27日，韶关市文化广电新闻出版局组织开展全市文化市场综合执法业务暨安全生产工作培训，各县（市、区）文化执法大队主要负责人及文化执法人员50多人参加。培训活动对各县（市、区）文化执法大队主要负责人及文化执法人员提升执法业务水平和保障安全生产方面进行重点培训，对加强文化市场综合行政执法行为规范方面、在网络版权执法工作实践、网吧经营规范化管理和文化市场安全生产等方面进行深入的学习和探讨。活动现场发放执法服装及执法记录仪，对执法服装着装及仪容仪表进行统一整训，同时对消防安全知识和软件正版化知识等方面进行培训。

【2017年基层文化管理骨干培训班】 2017年12月21—22日，韶关市文化广电新闻出版局在乳源瑶族自治县举办“2017年韶关市基层文化管理骨干培训班”。来自韶关市各县（市、区）文广新（文新）局，相关乡镇（街道）宣传委员、文化站站长、村（社区）综合性文化服务中心示范点文化管理员、市传统文化协会等155人参加此次培训。该培训班为期两天，省内外4位专家老师就开展基层群众文化活动、村（社区）综合性文化服务中心建设管理、农村经济与文化创意结合、如何提升基层公共文化服务效能方面进行授课。

【组织5家企业参加第十三届中国（深圳）国际文化产业博览交易会】 2017年5月11日，为期5天的第十三届中国（深圳）国际文化产业博览交易会在深圳会展中心开幕，围绕“文化+贸易”“文化+创意”“文化+科技”等融合发展新业态，韶关组织5家企业代表韶关组团参展，吸引众多海内外参观嘉宾和采购商的目光。

【博物馆】 2017年，韶关市有市级博物馆1个，县级博物馆8个。全年全市各级公共博物馆加强队伍、业务建设，发挥“收藏、展示、研究、保护、教育”功能，加大免费开放力度，完善馆内展览陈列和改善基础设施，提升各级博物馆展览服务水平。

市博物馆举办多个展览 2017年，韶关市博物馆举办《我的中国梦——韶关市迎春书画作品展》《生物的多样性》《战争——国家——女性》《广东状元展》《云卷云舒——三宜居书画作品展》《广东潮阳民间剪纸展》《广东省廉政文物展》等多个流动展览。

矿山博物馆国庆期间举行“寻宝之旅”活动 2017年国庆期间，韶关市矿山博物馆举行为期3天的“寻宝之旅”活动。活动吸引众多家长小朋友前来参加。活动中，小朋友们根据手中任务卡的提问，在各个展厅寻找相应的宝物，并给予找到宝物的小朋友一定的纪念品。此次活动接待近百名家长和小朋友参加。 （张　健）

报　刊

【概况】 《韶关日报》是中共韶关市委主管、主办的机关报，1984年1月1日创刊。韶关日报社为公益二类正处级事业单位，实行党委领导下的社长负责制，内设13个科级部门。2017年有干部职工206人，其中，在职员工172名（事业编63人，合同制人员64人，临聘人员45人），退休人员34名。具有中级以上职称19人，其中副高职称4人。按照构建现代传播体系思路，韶关日报社由原来唯一一张《韶关日报》发展成为拥有一报三刊+特刊（传统媒体），两网站+“两微一端”（新媒体）、户外阅报栏（传统媒体+新媒体）、航拍业务及视频制作于一体的立体式全媒体市属主流媒体单位。办有《韶关日报》《韶风》《韶关平安》《南叶》《韶关日报·数字报》，以及韶关新闻网、韶关文明网、韶关新闻网腾讯微博、韶关发布微信公众号、韶关日报微信公众号、善美韶关微信公众号和“今日韶关”APP客户端等媒体平台。与南方+进行触电合作，负责新闻客户端的更新工作。韶关发布微信公众号在南方+全省政务微信影响力排名靠前，获广东省最具影响力政务新媒体奖。在全市各主要地段及广场建有200多座灯箱式户外电子阅报栏，2017年9月，该项目获全国报协媒体融合发展项目三等奖。此外，还有视频及航拍业务，可同步直播，能自行制作H5和专题片。

【十九大宣传】 2017年中共十九大召开期间，韶关日报社做好中共十九大宣传报道。成立十九大宣传报道工作领导小组，实行总编辑总值班和“双编委”“双主任”“双骨干”值班制度，确保十九大安全刊播。十九大期间，对标新华社、《人民日报》《南方日报》，开设“喜迎十九大”“砥砺奋进的五年”“聚焦十九大”“十九大时光”“党的十九大特别报道”“学习宣传贯彻十九大精神”等专题专栏，准确转载中央及省主流媒体刊播的十九大报告内容以及评论、言论等理论文章；做好阐释和专家解读重要内容；报道韶关市十八大以来取得的各项成就及全市上下学习贯彻中共十九大精神的行动，营造良好的舆论氛围。

【主题宣传报道】 2017年，韶关日报社深化“走转改”活动，采写来自一线的鲜活报道，反映全市在全面建成小康社会进程中的新气象、新成果。在全市掀起学习宣传贯彻习近平总书记系列重要讲话精神和对广东工作重要批示精神热潮；完成省市党代会、省市“两会”、市委全会、脱贫攻坚、省定贫困村社会主义新农村示范村建设、中央环保督查等重要会议、重大活动的宣传报道任务；围绕“产业共建、城市提升、县域发展”三大主题和“改善营商环境”重点工作，采写的“特钢是这样炼成的”等反映全市各地各部门在改革发展中的新举措、新风貌、新成效。做好韶关市“两会”特刊这一韶关日报社品牌。聚焦基层服务民生，当好党委、政府联系群众的桥梁和纽带。《韶关日报》的社会版、民生关注版推出“老人走失问题不容忽视”“春运期间车辆怎样走更顺畅”“《韶关市烟花爆竹燃放安全管理条例》实施两月情况如何”等报道，其中“淮山卖不出南雄上朔村农民很发愁”受到韶关市委书记关注，并指示有关部门帮助农户解决产品销售和技术服务问题，农民的实际困难在短时间内得到解决。办好“新闻调查”“内参”“民情专报”，为政府决策提供“第一手资料”。加大“善美韶关”创文宣传报道力度，开设“创文360”“曝光台”“回音壁”“我们的节日·清明”等专栏，增大“公益广告”

刊登量，助推全市创文工作开展。

【媒体融合建设】 2017年，韶关日报社创新手段，加快媒体融合建设。围绕大数据，搭建韶关日报数字报手机版平台，通过韶关日报微信公众号和今日韶关APP可查阅数字报。完成《韶关日报》自1984年1月1日至1995年5月止的《韶关日报》12520版历史纸质报纸扫描数字化；完成韶关书籍特色库平台建设，实现韶关文献、地方志、本土作家作品等信息资源的查询。韶关日报社采取“走出去、请进来、传帮带”等方式，加大对采编人员的业务培训，使采编人员从“一稿一写”“一稿一编”向“一稿多写”“一稿多编”方向转变，以适应不同媒体的宣传需要。《未来生活韶城百姓心声》《关于幸福生活，韶关人民这样说》等新媒体作品，获得中国报业协会十九大融合新媒体传播优秀作品奖。新媒体平台运营管理加强，利用韶关新闻网、善美韶关、韶关发布、韶关日报等新媒体平台，打造一批具有一定社会知名度和影响力、吸粉能力强的活动品牌。“画说我们的价值观”千人绘画比赛、“中考新闻发布会”、“文明规则十五条暨十大善美家庭”发布仪式活动实现网络现场直播，自行完成反映抗战主题的宣传片《红色足迹》。

【第四届全省新闻战线“好记者讲好故事”巡讲活动走进韶关】 2017年12月20日上午，第四届全省新闻战线“好记者讲好故事”巡讲活动走进韶关，9位一线优秀记者与韶关市近200名新闻从业人员分享他们追求新闻理想过程中的真实故事。此次活动由广东省委宣传部、省网信办、省新闻出版广电局、省记协共同主办。韶关站巡讲活动通过韶关新闻网进行视频直播，近2万名网友通过直播了解现场情况，为新闻记者点赞。

【媒体深化改革推进】 2017年，韶关日报社按照《韶关市市属新闻媒体深化改革指导意见》要求，坚持党媒姓党，坚持先进技术为支撑、内容建设为根本、机制创新为动力、重点项目为抓手、队伍建设为基础，树立媒体发展新理念，遵循新闻传播规律和新兴媒体发展规律，创新新闻传播方式，加快媒体融合发展，掌握网络空间话语权，提高媒体的传播力、影响力和市场竞争力，结合实际，做好改革调研，完善《韶关日报社深化改革方案》，推进媒体融合改革工作。根据市文件要求，完成韶关日报社公务用车制度改革工作。

（姚彦珊）

广播·影视

【概况】 韶关市广播电视台成立于2005年3月，由原市广播电视局及所属的电台、电视台等机构合并而成，为韶关市直正处级公益二类事业单位。2017年，有内设科级部门15个，全台干部职工517人，其中，离退休123人，在职394人，有高级职称9人，中级职称91人。全年全台完成营业收入增长18%，其中，经营创收增长5.3%，全台工资福利支出增长14%，设施设备更新维护支出增长117%，改善办公环境支出下降45%，公用经费支出下降2%。单位被评为“2017年度广东省广播电视公益广告优秀传播机构”，继续保留“省文明单位”称号。

【广电改革创新发展】 2017年，韶关市广播电视台深化改革实现落地。该台围绕《关于韶关市市属新闻媒体深化改革的指导意见》的顶层设计，推动《韶关市广播电视台深化改革实施方案》落地，稳妥推进深化改革工作。用好媒体改革创新发展专项经费，新购设施设备一批，解决原网络中心员工社保欠费、节目购置欠账等历史遗留问题；为符合提前退休政策的干部职工提供更多选择，开展专业技术人员首次竞岗；开展“创新项目”评比；推动深化人才体制机制改革，探索“工作室”“首席制”等机制，组织实施“广电星”计划、育鹰工程、“引进来，送出去”业务技能培训、“广电工匠”评选等工作，公开招聘一批年轻有才华的队伍，锻造“四铁”队伍；优化办公室、人事监察科、财务科、总编室、技术科、监管科等公共部门职能，健全完善党委会、编委会、安委会等议事机制，加强合同审核、财务审批、成本管控，强化应收款项催收工作，推进单位公务用车制度改革。全年全台公车运行费用同比下降7%，办公用品费用同比下降16%。

【广电经营转型升级】 2017年，韶关市广播电视台继续以融媒体、平台化、资本化、创客化布局，推进经营转型升级，探索“广电+产业”发展，做强主业、拓展产业、办好活动，经营创收连续2年实现逆势增长。通过“广告栏目化、栏目活动化、活动规模化和品牌化”融合经营，对接政府部门、企事业单位和市场需求，主办或承办首届韶关春晚、南国书香节韶关分会场活动等系列大型活动，实现社会效益和经济效益双丰收。培育广电放心酒平台、康绿宝形象店等入驻韶关广电媒体融合与传媒产业创新园（融创园TV8）项目，与广东省电影协会、大家飞乐影视集团、省台新媒体公司、杭州梦想小镇等签订合作共建战略框架协议，拓展广电产业。

【广电传播力提升】 2017年，韶关市广播电视台以建设韶关广电媒资云平台为核心，实施媒体融合发展“1334”规划布局，初步形成广电传统媒体与新媒体协同融合、一体化发展格局。是年，韶关广播收听及市场占有率保持在韶关地区首；在韶关落地的110个电视频道中，韶关电视收视率和市场份额，保持在前四名；韶关电视高清制作、高标清同播工作紧跟省级广电同行步伐。全台新媒体矩阵粉丝量160万+，同比增长35%。其中，韶关民声网用户超过94万，日点击量超过45万，微信微博矩阵粉丝超过60万，无线韶关下载量超过4.7万，各类新媒体用户量均居全市同类产品前列。

【广电阵地拓展】 2017年，韶关市广播电视台入驻触电新闻、南方+、今日头条、企鹅号等上游新媒体大平台；与南方卫视共建陈星工作室韶关基地，实现合作共赢；联手各地城市台，推动“城市电视台云平台”建设；携手韶关市县两级广电台入驻无线广东平台，打通“省、市、县”三级媒体传播渠道。是年，该台在触电新闻、无线广东两大移动端的发稿量、阅读量和热文总量，均排在全省地级市台的前列。

【“品质广电，服务广电”建设】 2017年，韶关市广播电视台深耕主业，坚持走本土化、精品化、品牌化特色发展路径，实施“六大品牌战略”（名记、名导、名编、名主持人、品牌栏目和精品节目）工程，推进“品质广电，服务广电”建设，产品品质和服务水平提高。是年，《全市新闻联播》《民生关注》《县市区连线》《民声热线》《蒲公英》《快乐闪大灯》等自办品牌栏目收视收听率稳定增长，新开设《韶关骄傲》《话说文明》《成长的天空》等全媒体栏目得到用户追捧。

【十九大宣传保障】 2017年，韶关市广播电视台做好中共十九大精神宣传保障工作，为推动韶关加快振兴发展营造良好氛围。成立十九大宣传报道领导小组，策划开设《砥砺奋进的五年》《喜迎十九大》《十九大时光》《学习宣传贯彻党的十九大精神》专栏，重点推出《五年巨变》《行政服务创新》《深化改革 优化营商环境》《重点项目建设》《县域发展巡礼》等9个全面展示韶关成就的系列报道；编排“韶关优秀纪录片周”“广东优秀系列纪录片”《辉煌中国》《一带一路》等广播影视节目，全台推送各类报道600多条，制作刊播十九大主题公益广告2600多条次。成立安全播出委员会，实行“四级把关”“双岗制”“24小时值班”“零报告”等制度，实现韶关广电安全刊播。

▲2017年7月25日，广东广播电视台陈星工作室韶关基地挂牌，广东省委宣传部巡视员、省文明办主任顾作义（左五），广东广播电视台台长张惠建（左四），韶关市委常委、宣传部部长柳琛子（右五）等领导和嘉宾出席挂牌仪式

（李胜选 摄）

【主题宣传报道与舆论监督】 2017年，韶关市广播电视台围绕市委、市政府中心工作，开展“振兴的脚步”“砥砺奋进的五年”“主动融入珠三角”“三大主题工作”“三大重点民生”“善美韶关”等系列重大主题宣传报道，宣传各级“两会”、省第十二次党代会等重大会议，重点推出《点赞韶关》《新时代 新气象 新作为》（8集）等系列报道，完成建军90周年、香港回归20周年等重大纪念活动宣传。是年，《民声热线》《民生关注》等名牌栏目进一步加强舆论监督报道。对“新丰练溪托养中心事件”“旭日员工跳楼”等突发事件进行准确报道；及时收集、分析、研判舆情信息，全年上报网络问政专报10期，舆情47期，广电内参1期。

【广电作品与融媒体产品】 2017年，韶关市广播电视台制作的广播电视作品获省级以上奖励20多件次。其中，该台参与摄制的61集大型纪录片《血铸河山》获由国家新闻出版广电总局主办、中国广播电影电视社会组织联合会承办的“2015—2016年度中国广播影视大奖·广播电视节目奖”（国家级政府奖，中国广播影视业界最高奖）；2017中国（广州）国际纪录片节“广东日”活动中，纪录片《囚犯生死大转移》获“南派纪录片经典作品”；《三万难童》获“光影纪年”2017第七届中国纪录片学院奖入围奖。该台运用新媒体直播、航拍、H5等新技术手段，策划制作《南岭新路》《我的承诺，我的初心》《飞阅韶关》《善美韶关，醉美乡音》《划动观影 新时代 新征程》《二十四节气》等融媒体报道作品，借助“触电新闻”、南方+、城市电视台云平台等省级媒体平台，传播韶关故事。

【融创园TV8升级为融创小镇】 2017年，韶关市广播电视台争取韶关市委、市政府支持，将原二高技校区划拨给韶关市广播电视台建设融创小镇，将融创园TV8升级为融创小镇。该台以韶文化为核心，以影视创意为载体，依托韶关资源禀赋，瞄准当前“广电+影视、文化、创意设计、旅游”产业高速发展态势，借鉴“前店后厂”模式，规划重点对接珠三角文化企业，引进和扶持影

▲2017年11月7日上午，美国华人收藏协会秘书长、美国华文文艺界协会副会长招思虹（前右七）及其团队向韶关市捐赠一批弥足珍贵的文献史料，韶关市副市长许志新（前右六）出席捐赠仪式 （黄 华 摄）

视、文化创意、时尚展演、艺术创作、数字内容等相关配套企业发展，将融创小镇建设成为韶关文化产业创新示范性特色小镇。 （李胜选）

档 案

【概况】 韶关市档案局与韶关市档案馆为局馆合一体制，一套人马两块牌子，是韶关市政府直属正处级参照公务员管理事业单位，内设6个机构。韶关市档案局主要履行档案行政管理职能，韶关市档案馆是韶关市综合性国家档案馆，集中统一管理全市档案的市政府直属公益一类事业单位，是永久保管韶关市有关政治、经济、文化、科技等档案的重要基地，是全市经济建设、政治建设、社会建设、文化建设、生态建设和科学研究等各方面工作利用档案资料的中心。2017年，有在职人员21名。全市设有档案行政管理部门11个、国家综合档案馆11个、专业档案馆1个。

【市、县（市、区）两级档案馆舍建设】 2017年，韶关市政府印发《关于开展全市国家综合档案馆建设专项督查督办工作的通知》，成立馆舍建设督导工作机构。韶关市档案局（馆）联合市政府督查室对不达标县市区国家综合档案馆建设工作开展专项督查督办；协助市政府领导对武江区、南雄市、乐昌市、翁源县、乳源瑶族自治县、新丰县等县（市、区）档案馆建设进展情况进行现场督导检查。2017年底，乐昌馆、南雄馆、乳源馆完成新馆主体工程建设；武江馆确定改扩建计划，进入设计阶段；翁源馆确定拆旧换新方案；新丰馆准备筹建；韶关市档案馆落实土地，完成专家论证，进入规划设计阶段。

【档案接收征集】 2017年，韶关市档案馆接收各门类档案3088卷（含文书、基建、会计、实物档案等），接收征集资料231册。11月7日，接收美国华人收藏协会秘书长、美国华文文艺界协会副会长招思虹暨金山之路读者团队和旧金山涵芬楼外楼同仁捐赠文物文献55件以及关美麟、蔡英威家庭，关荣漳、招思虹家庭和关荣浩、洪思平家庭捐赠档案资料11件，其中原件包括清乾隆时期韶州铜版画、1904年爱迪生发明的世界上第一代圆筒唱片、1941年美制标注南海诸岛主权属于中国的地图册等。

【档案利用服务】 2017年，韶关市档案馆接待查档人员523人次，查阅各类档案资料438卷、3593件，为领导决策，招商引资，土地确权，土地征用，各类山林、土地、房屋纠纷和文件清理提供大量真实有效的凭证材料，为群众明确工龄、合法待遇、遗产公证、补办证件等提供证明，保障人民群众切身利益。

【重点档案抢救修裱】 2017年，韶关市档案局开展重点档案抢救工作，对馆藏重点档案的一次修裱全部完成；对馆藏修裱过但达不到新标准要求的档案进行再次补修；协助其他档案馆开展重点档案抢救工作。2017年，韶关市档案馆完成馆藏民国档案192卷、1804页的二次修裱，以及仁化县档案馆民国档案183页和珠海市档案馆清道光、光绪年间地契2件3页、族谱1册88页的修裱抢救工作。

【馆藏档案全文数字化】 2017年，韶关市档案馆完成702卷、27619件、115216页馆藏档案数字化扫描数据的验收工作。珍贵馆藏档案数字化扫描数据总量4654卷、99379件、481181页。全市各县（市、区）档案馆馆藏档案扫描共36660卷、2591762页。

【声像档案收集整理】 2017年，韶关市档案局做好《韶关新闻》的录制工作，全年录制《韶关新闻》184集，新增视频备份数据134.2GB；完成37卷、1801张2016年度韶关市领导重要公务活动相片归档工作；制作完成《江凌同志在韶工作影集》；做好市主要领导重要政务活动的跟踪拍摄和照片资料的整理归档工作；全年外出拍摄156批次，收集韶关市第十四届人民代表大会第一次会议和中央政治局委员、广东省委书记胡春华到韶关调研等韶关市重要政务活动照片3100多张。

【民生档案工作】 2017年，韶关市档案局推动韶关市农村土地确权档案归档整理工作，与韶关市农业局联合制发《韶关市农村土地承包经营权确保登记颁证档案整理工作指引》，为全市土地确权档案资料归档整理提供规范指引；牵头组织召开全市农村土地确权登记颁证档案工作推进会议，部署推进建档工作；成立韶关市档案局农村土地确权档案督查领导小组，对县（市、区）农村土地确权档案资料的收集、整理、归档工作情况进行现场督导和检查；联合市农业局在乳源瑶族自治县举办全市农村土地确权档案工作培训会议，安排人员作土地确权档案整理专题培训，明确农村土地确权档案资料整理工作流程和有关要求。推进全市精准扶贫档案工作，印发《韶关市精准扶贫档案工作实施方案》，明确全市精准扶贫档案工作的指导思想、工作目标、工作任务。

【机关单位档案目标管理和规范化创建】 2017年，韶关市档案局开展档案综合管理达标升级业务指导，完成10个县（市、区）纪委部门档案室及韶关航道局武江、浈江航标与测绘所等单位档案综合管理晋升省特级考评验收工作。加强市直机关档案工作日常督导，通过来访、走访、现场和电话指导等方式对市直和中省驻韶100多个单位进行档案业务指导。开展档案年度督导，对30个市直和中省驻韶单位近三年来的档案规范化管理及安全工作情况进行年度督导，对不合格单位发出督导意见督促整改。

【重大建设项目档案工作】 2017年，韶关市档案局开展全市重大建设项目档案监督指导和检查验收工作，加强对市水务、公路、供电等部门重大建设项目档案的指导和检查，完成韶关市区防洪排涝二期工程、省道248线乐昌上埔至赤溪段路面改造工程和省道253线社主至水打赖路面改造工程项目档案专项验收，协助广东省档案局完成韶关220千伏坦界输变电工程档案专项验收。

【档案安全管理】 2017年，韶关市档案局做好档案安全保管工作，建立健全确保档案实体和信息安全的相关制度。在做好库房温湿度调控的同时，定期开展库房管理及消防安全检查，翻查馆藏档案，处置霉虫病变现象。根据《广东省档案局转发国家档案局关于印发李明华同志在全国档案安全工作会议上的讲话的通知》要求，组织各县（市、区）档案局和市直机关、企事业单位开展档案安全自查自纠，专题报送档案安全自查报告。按照省档案局档案安全执法检查通知要求，做好省档案局对韶关市档案馆和仁化县档案馆档案安全专项执法检查的迎检工作。

【档案编研宣传】 2017年，韶关市档案局与市委宣传部合作出版《韶关名人传》；编辑《韶关档案》4期；编写《韶关大事记》《市主要领导公务活动实录》；做好《中国档案年鉴》、《韶关年鉴（2017）》、《地方志》档案部分的编写工作。结合“6·9”国家档案日主题，举办“印象韶关——我们共同的记忆”国际档案宣传日活动图片展。

【档案学术交流】 2017年，韶关市档案局推荐一批优秀征文参加国家档案学会和广东省档案学会的论文征集活动，其中《论智慧档案的规划与建设》被评为2017年中国档案学会档案学基础理论学术委员会学术年会和第六届档案发展职业论坛论文二等奖，《档案利用服务创新举措的思考——以韶关市档案馆馆藏破产企业档案利用为例》《创新档案服务模式，为民解忧办实事——仁化县开展民忧档案、企忧档案、民信档案活动的做法与成效》和《基于“互联网+”档案资源基本公共服务均等化的研究》被评为三等奖。完成韶关市档案学会换届工作，选举产生韶关市档案学会第八届理事会。

【档案局门户网站集约化工程】 2017年9月，韶关市档案局新版门户网站上线。优化网站功能设计和布局，科学设置互动和便民模块，网络安全水平强化。重新调整韶关市档案局网络安全管理工作领导小组，修订《韶关市档案局网络与信息安全事件应急预案》和《韶关市档案局门户网站管理工作方案》，实行工作责任制，将门户网站信息更新、维护责任落实到各个科室。韶关市档案局门户网站阅览量为8764人次，累计浏览量369854人次。

【电子文件接收】 2017年，韶关市档案馆接收5个单位的电子文件数据869份，馆藏电子文件38081件，6.34GB数据。（罗　炅）

党史·地方志

【概况】 2017年初，中共韶关市委党史研究室出台《韶关市委党史研究室2017—2020年工作规划》，把以加强党史三卷为核心深化党史研究、做好党史资料征编、推进党史宣传和学习教育、加强革命遗址的保护利用和党史场馆建设等为今后几年党史工作的重点。2017年3月，以韶关市人民政府办公室名义印发《韶关市地方志事业发展规划（2017—2020年）》，为未来几年韶关市地方志工作做出全面部署。完成《中国共产党韶关历史》（第三卷）初稿，《中国共产党仁化历史》（第三卷）送省终审，其他各县市区党史三卷初稿编写稳步推进。红军长征粤北纪念馆史料征集完成外出走访，启动展陈大纲编写工作，参与红色文化的调研、红色旅游路线的制定等，参加党史专题研讨会；完成全市各级地方综合年鉴2017年的编纂出版，将地情网站列入政府网站进行管理，完成地方志资料年报工作逐年报送、审核把关。各地全面开启自然村落历史人文普查工作终审，仁化县完成韶关市的终审验收。韶关市地方志资源开发利用项目有结项项目2个，6个项目实施中。

【红军长征粤北纪念馆史料征集和大纲编写】 2017年4月，中央批复同意在韶关市仁化县城口镇建设红军长征粤北纪念馆。按照韶关市委的分工，市委党史研究室负责为纪念馆征集史料和编写展陈大纲。该室成立史料征集组，聘请党史专家全程参与并指导工作开展；制定《“红军长征粤北纪念馆”历史资料征集和大纲编写工作计划》，确定前期主要征集、整理史料，后期主要编写展陈大纲。

初步拟定纪念馆展陈内容 初定馆陈主题为“红军长征过粤北”，分为一展厅和二展厅。其中，一展厅为“红军长征过粤北”，包含“第五次反‘围剿’失败，准备长征”“突破第一道封锁线，穿越南雄”“攻占仁化城口突破第二道封锁线”“翻越乐昌大王山西进突破第三道封锁线”“红五军团十四师奋战连县”“红军长征留守部队和游击队三年游击战”等6个部分；二展厅为“其他红军转战粤北”，包含“南昌起义军余部转战粤北”“红四军两次游击南雄”“红七军转战粤北”“红五军、红三军团转战粤北”“中央红军激战南雄水口”等5个部分。

开展历史资料征集 到2017年底，开展4次外出征集，参与2次外出调研，先后前往粤赣闽边、粤赣湘边以及广西、江西、湖南、安徽的近30余个市县，到当地有关的党史部门、纪念馆、陈列馆、博物馆、革命遗址遗迹、图书馆等50多个目的地开展征集查找工作，征集到纸质和电子书籍140余册，陈列馆（纪念馆）展陈资料和翻拍（拍摄）照片超过20 G。通过书目线索搜寻、收集各类工农红军军史党史书籍、革命文件汇编和革命人物的年谱、传记、回忆录，下载读秀、超星等网络数据库资源，第一批采购书籍150余册。

启动展陈大纲编写 2017年，由党史专家试写南昌起义余部转战粤北和红七军转战粤北2个板块，其中南昌起义余部转战粤北部分初稿完成大部分内容，收录图片140余幅。后期重新调整大纲编写工作组，添加市博物馆为编写组成员，制定“红军长征粤北纪念馆”展陈大纲编写工作计划时间表。

【党史三卷编写修改工作推进】 韶关市党史三卷编写工作于2016年启动，通过采取自有人员+聘请人员相结合的编写方法，聘请韶大、博物馆、图书馆3位专业人员进行编写，确立编写队伍，聘请党史专家全程指导。至2017年，完成党史三卷4章共43万字的初稿，进入统稿改稿阶段。全市各县（市、区）党史三卷编写工作全面推进。仁化党史三卷于2017年初送省终审，走在全省前列。南雄、武江完成初稿，多地的初稿编写进度在50%以上。

▲ 2017年9月，红军长征粤北纪念馆史料征集组到信丰县委党史办征集资料（戴利婕 摄）

【红色文化保护利用】 2017年12月20日，韶关市委书记莫高义专题调研韶关红色文化保护利用，要求加强红色文化的保护和研究，从红色文化中汲取韶关改革发展的精神动力。市委党史研究室组织开展对全市10个县（市、区）红色资源的调研，全面摸清各县（市、区）红色资源现状、保护开发利用情况和工作计划，撰写调研报告。2017年，该室配合市委办、组织部、宣传部等部门，做好红色文化的整理研究工作，先后向广东省委党史研究室上报两批红色村材料（省委组织部和省直机关工委），陪同省委组织部和省委党史研究室到韶关市各县（市、区）开展红色行政村调研；编制《韶关市红色文化整理工作方案》，配合市委宣传部开展韶关红色文化资料收集整理工作；参与省委办公厅、市委宣传部、市发改局等单位组织的红色资源开发利用、开展红色旅游等调研，参与规划和修改韶关红色文化旅游线路；参与市委宣传部在《南方》杂志、《南方日报》刊登有关红色文化的采访调研、稿件审改工作。

【党史理论研究】 2017年，韶关市委党史研究室落实广东省委党史研究室部署的工作，抓好党史专题和论文征研。2017年《广东改革开放实录》第三辑审稿会上，韶关市成果与上年持平，有3篇文章入选，其中曲江区连续三年均有文章入选；发动各县（市、区）撰写实录第四辑，上报稿件5篇。启动《广东解放实录》（韶关篇）的编写工作，撰写《韶关解放实录》。组织全市党史系统参与省室主办的纪念河源紫金“四·二六”武装暴动90周年学术研讨会、纪念叶剑英诞辰120周年学术研讨会、纪念“茂芝会议”召开90周年学术研讨会和纪念八一起义军三河坝战役90周年学术研讨会等研讨会论文投稿，韶关市党史工作者撰写的论文均有入选上述研讨会。

【党史研究和宣教】 2017年，韶关市委党史研究室面向全市党史系统工作者组织开展党史三卷培训班，邀请省委党史研究室副主任王涛、市党史专家梁观福和仁化县史志办主任徐诚林授课；分批组织全市党史系统工作者参加省党史举办的学习习近平总书记重要讲话精神专题培训班；组织全体党员干部学习《习近平论中国共产党历史》。组织开展韶关改革开放专题片的制作拍摄，起草专题片脚本，开展图片、音像素材的收集。参与梳理韶关市改革开放40周年藏品征集线索。《韶关史志》期刊创刊，2017年发行2期。协助配合申苏申老区工作，完成出版160余万字的《韶关革命历史文献资料汇编》上下册，1000余张图片的《韶关革命历史图文集》等书籍。乐昌发行《乐昌党史》（2014—2016）第43—45期——纪念红军长征胜利八十周年专辑，仁化完成《红军与仁化》近20万字的书稿，新丰发行《红星耀丰江第二辑》口述史资料。

【自然村落历史人文普查工作进入终审验收】 2017年，韶关市强化督查指导，落实工作经费，推进普查工作。2月、8月、12月，市普查办巡回检查组先后到南雄、新丰、翁源、始兴、乳源等县（市、区）检查指导普查工作，解决普查工作中出现的问题和困难。3月，出台《〈全粤村情——广东省韶关市自然村落历史人文调查〉终审验收实施细则》，聘请4名大学生负责审改文稿，召开全市审查验收培训会，全面启动韶关市的终审验收工作。10月，召开《全粤村情·韶关市仁化卷》终审验收会，市终审验收小组共10个成员单位提出近40条意见和建议。2017年韶关市自然村落历史人文普查经费以奖代补全部落实到位。至2017年底，全市9776个自然村全面完成普查表填报和调查初稿撰写工作，平台录入9567个、总纂6506个，初审7043个、复审5671个、终审2701个，送出版1608个。其中，仁化卷（共三册）、始兴县第一册、乐昌市第五册通过终审，移交出版。乐昌市17个镇（街）、乳源瑶族自治县2个镇（大桥镇、必背镇）、武江区3个镇（龙归镇、西联镇、重阳镇）、始兴县城南镇、曲江区小坑镇等自然村文稿进行韶关市终审验收。

【资源开发利用项目成效初显】 2017年，韶关市有结项阶段项目2个，始兴县石下古村落资源开发利用和曲江区“库区人家”曹角湾文化保护和旅游展项目完成，报广东省地方志办结项。6个项目在实施中，其中马坝人和石峡遗址历史文化景区建设规划、恩村古村（音像制品）、《翁源县治历史变迁》因人力不足、项目变动等延迟结项。

【名镇名村志编修工作取得新成果】 2016年12月，韶关市启动中国名镇志、名村志编修工作。《石塘村志》编纂工作于2017年2月启动，5月完成初稿，6月召开复审会议，经中国名村志文化工程领导小组评议审定，《石塘村志》入选中国名村志文化工程丛书第一批村志名单，成为韶关市第一部入选中国名村志的村志，移送方志出版社印刷出版。乐昌市坪石镇于2017年3月申报加入《中国名镇志丛书》编纂工程，初步形成《坪石镇志编纂工作方案》，成立编纂委员会。2017年6月，韶关市地方志办制定《韶关市2017—2020年名镇名村志编修规划》，指导全市镇村志编纂工作。

【资料年报工作常态化】 韶关市的资料年报工作自2013年启动以来，2017年进入常态化发展阶段。5月，下发《关于报送2016年度地方志资料的通知》，要求各单位完成地方志资料年报的补报工作。至2017年底，所有市直单位完成2016年度报送任务，完成志书下限年2001—2011年度补报。各县市区同步推进该项工作，仁化县、乐昌市等完成率较好。

【地情信息化建设】 2017年，韶关市地方志办根据《广东省人民政府办公厅关于推进基层政府网站集约化建设的通知》《关于保留广东省各级地方志工作机构地情网站的申请》等文件精神，完成网站补报工作，将韶关市地情网站纳入全国政府网站信息报送系统管理，对标进行整改。落实“全市网络信息安全专项整治工作会议”精神，做好网络信息安全隐患全面排查、整治工作，注册使用广东省网络安全应急响应平台。至2017年底，韶关市地情网的访问量59.6万人次，年底的网站抽查检测报告结果为合格。加强韶关史志微信公众号建设，对微信公众号进行备案登记，完成年度认证工作，全年推送图文消息20多篇。（朱彩云）

▲2017年10月27日上午，《全粤村情·韶关市仁化卷》韶关市终审验收会在市委六楼会议室召开（刘　溶　摄）

卫生 · 体育

卫生计生综述

【医疗卫生】　2017年，韶关市有医疗卫生机构688家（不含村卫生站），其中，医院54家，社区卫生服务中心10家，社区卫生服务站5家，卫生院103家，门诊部26家，诊所（卫生所、医务室）451家，专业公共卫生机构38家，其他卫生机构1家。固定资产30.35亿元，业务用房面积1295878平方米。医疗机构床位数17125张，比上年增加269张，增长1.6%，每千常住人口拥有病床5.75张。卫生人员总数（含村卫生站）25525人，比上年增长3.5%，其中，卫生技术人员20619人，占人员总数的80.78%，比上年增长4.66%；中级以上职称人员5734人、大专以上学历人员13882人；执业（助理）医师7387人，注册护士9296人。每千常住人口卫技人员6.92人，执业（助理）医师2.48人，注册护士3.12人。韶关市拥有村卫生站1431个，村卫生站拥有执业（助理）医师298人，注册护士30人，乡村医生和卫生员1234人。

【人口计生】　2017年，韶关市人口计生工作总水平呈稳步发展态势。全市常住人口出生43040人，出生率15.99‰，自然增长率8.36‰，政策生育率97.32%，其中，一孩出生14857人，一孩率34.52%，二孩出生25398人，二孩率59.01%，政策外多孩率2.29%。

▲2017年5月20日，韶关首届“善美之城 健康万人行”大型健康义诊现场
（韶关市卫计局 供）

医政管理

【医疗服务质量和安全管理】　2017年，韶关市成立韶关市医院感染管理质量控制中心。10—11月，派出专家127人次，对二级以上医疗机构以及部分一级医疗机构开展医疗质量巡查工作。指导各医疗机构严格按照《医疗质量管理办法》完善医疗质量组织架构和医疗质量管理相关制度、诊疗规范等，改进医疗质量，排查医疗安全隐患。推进医疗责任险，处理医疗投诉（纠纷），引导群众采取合法途径解决医患纠纷，全市有57家医院投保，三级公立医院投保率100%。

【临床合理用药管理】　2017年6月，韶关市卫生和计划生育局举办麻醉精神药品管理培训班，培训业务骨干72人。9月，举办抗菌药物临床应用和细菌耐药监测管理培训班，培训业务骨干120名，推进抗菌药物临床合理使用。

【护理技能水平提升】　2017年7月，韶关市卫生和计划生育局组织开展全市“综合病例下站点式”护理技能竞赛。推荐3名选手参加广东省“综合病例下站点式”护理技能竞赛，1人获三等奖，韶关市获优秀组织奖。

【中华健康快车韶关站活动】　2017年10月，“中华健康快车”到达韶关市。在进驻的两个月期间，为1135名贫困白内障患者实施复明手术，对500名糖尿病视网膜病变重点人群进行筛查、随访。

【大型健康义诊志愿服务活动】 2017年5月20日，韶关市卫生和计划生育局、市文明办、团市委联合主办的韶关市首届“善美之城·健康万人行”大型健康义诊志愿服务活动启动仪式在主会场粤北医院举行。同时，全市各级医疗卫生机构近千人在不同地点同步开展义诊服务活动。

基层医疗卫生

【医疗基础设施建设】 2017年，韶关市13间乡镇卫生院标准化建设开工率100%；15个中央预算内乡镇卫生院建设完工；城区“4—3—2”工程全面启动；353间村卫生站规范化建设完成；3个社区卫生服务中心完成标准化设备配备，2个社区卫生服务中心获得“国家优质服务示范社区”称号；16个乡镇卫生院获得国家卫生计生委认定为“群众满意的乡镇卫生院”；国家基本公共卫生服务项目补助经费由每人45元提高到50.06元。

【医疗体制机制建设】 2017年，韶关探索人员、业务、药品、房屋、设备、收费“六统一”的相对紧密型镇村卫生服务一体化管理体制。落实以家庭医生签约服务为抓手的分级诊疗制度，出台家庭医生签约服务包和收付费标准，收费服务包定价为每人每年60元，纳入医保基金支付范围。建立家庭医生服务团队534个，家庭医生签约覆盖率和重点人群家庭医生签约覆盖率分别达到37.76 %、64.56%。全市建成医疗卫生专网，132家基层医疗卫生机构实现互联互通。为232万人建立电子健康档案，电子建档率79.4%。

【医疗信息化建设】 2017年，韶关市建成医疗卫生专网，连接全市各基层医疗卫生机构，完成全部131家基层医疗卫生机构部署任务。

中医药事业

【中医专科联盟成立】 2017年9月，韶关市中医院与始兴县、乐昌市、南雄市、新丰县、乳源瑶族自治县、翁源县中医院成立专科联盟，发挥全市中医专家的资源优势，加强重点学科建设，重点培养学科带头人，逐年引进新技术、新项目。

【中医药文化行动推进】 2017年，韶关市制定《韶关市中医药文化推进行动计划2017—2020年实施细则》，明确13项推进工作，开启为期三年的中医药文化推进行动。

【启动中医中药中国行】 2017年11月11日，“中医中药中国行——韶关市中医药健康文化推进行动”启动仪式在西河全民健身广场举行。启动仪式现场同步开展“服务百姓健康行动”大型义诊活动和新《中医药法》科普宣传活动，加强中医药健康文化知识的普及，扩大中医药健康文化的影响。

人口与计划生育

【计划生育目标管理责任制考评】 2017年，韶关市被广东省政府评为2017年度计划生育目标管理责任制考核优秀等次，武江区、南雄市、仁化县、始兴县被省政府评为优秀等次，浈江区、曲江区、新丰县被省政府评为良好等次，乳源瑶族自治县、乐昌市、翁源县评为合格等次。

【出生缺陷综合防控】 2017年，韶关市产前唐氏干预筛查人数9476人，产前结构畸形超声筛查人数12943人，新生儿代谢病筛查人数23814人，新生儿听力筛查人数24926人；落实扩大农村妇女“两癌”免费检查项目，全市精准扶贫村有3000人次享受“两癌”免费筛查项目；强化地中海贫血防控项目，完成地中海贫血初筛18365人；继续推广免费孕前优生健康检查，全市完成免费检查17976人。韶关市参加国家、广东省孕前优生项目实验室检查质评结果均为优秀等次。

【计划生育惠民政策】 2017年，韶关市落实计划生育奖励扶助金7060.55万元，惠及78428人。其中，农村部分计划生育家庭奖金999.9万元、计划生育家庭特别扶助金904.8万元、城镇独生子女父母计划生育奖励金3140.73万元、广东省农村计划生育“节育奖”2015.12万元。

【“两非”整治】 2017年，韶关市查处“两非”案件，全市立案11宗，其中市级组织破案1宗，结案1宗。

【流动人口管理】 2017年，韶关市有流动人口806991人，开展流动人口职业病防治宣传周活动，开展现场咨询服务，发放资料15229份，为群众提供义诊、咨询9100人次。

医药卫生体制改革

【公立医院改革】 2017年，韶关市18家城市公立医院从4月开始实行药品零差率改革，同步完成医疗服务价格调整。国有企事业单位举办的公立医院4家纳入改革范围，从7月起取消药品加成及挂号费。

【分级诊疗试点】 2017年，南雄市和仁化县实施分级诊疗试点，辖区内各定点医疗机构落实首诊负责制、转诊办理责任制和管理责任制。

【医联体试点】 2017年，韶关市三级医院全部参与医联体建设。其中，南

▲2017年8月16日，韶关市卫计局在韶关日报新闻中心会议室召开韶关市城市公立医院改革情况新闻发布会（韶关市卫计局 供）

雄市作为全省15个县域医共体试点县之一，出台具体工作方案，推进县域紧密型医共体建设。

卫生计生科技宣教

【科研成果】 2017年，韶关市有4项获得广东省科研基金项目立项。组织开展韶关市卫生计生科研项目评审，列入韶关市2018年度卫生计生科研项目186项。韶关市向广东省卫计委申报3项卫生计生适宜技术，3项适宜技术均纳入第二批广东省卫生计生适宜技术基本信息库。向广东省推荐生物医学创新平台建设项目2项。

【人才培养】 2017年，韶关市开展2017年度广东省医学领军人才和杰出青年医学人才遴选，全市向广东省卫生计生委推荐3名医学领军人才、19名杰出青年医学人才。加强基层全科医生人才培养，招收培训培养全科医生233名。推进住院医师规范化培训工作。全市招收住培对象62人。组织185名住院医师参加广东省住院医师规范化培训公共课统考445门次。

【实验室生物安全管理】 2017年，韶关市对全市25家医疗机构进行二级病原微生物实验室系统备案登记。开展2017年实验室生物安全专项检查工作，重点抽查浈江区、武江区各2家医疗机构。

【健康宣传】 2017年5月22日，韶关市“健康中国行——合理膳食”主题宣传活动周在曲江区人民公园启动，市属和区属共15家医疗卫生单位为现场的300多名居民提供义诊咨询和送医送药服务。到各大医院、学校、街道、社区，针对机关公务员、企事业单位、流动人口、学生等不同人群举办健康知识系列专题讲座，参与群众3000多人次。

卫生计生人才管理

【人才队伍建设】 2017年，韶关市出台《韶关市基层医疗卫生机构人事薪酬管理工作实施方案》。认定8个助理全科医生培训基地，确定师资培训点。完成233人全科医生培训，每万常住人口全科医生数由0.92人上升到1.69人。边远山区乡镇卫生院医务人员岗位津贴补助标准提高到800元/人·月；乡村医生补助标准提高至2万元/人·年。全科医生特设岗位设置完成，240个岗位获得财政补助1440万元。

【基层医疗卫生人才补助】 2017年，韶关市落实按编制数核发欠发达地区乡镇卫生院和社区卫生服务中心事业费，全市112个乡镇卫生院（社区卫生服务中心）合计支出经费6353万元。山区和农村边远地区乡镇卫生院医务人员岗位津贴补助标准提高到人均每人每月800元，全市2450人享受此政策，支出经费2200万元。村卫生站医生补助标准提高到每行政村每年2万元，经考核全市1123名村卫生站医生享受此政策，支出经费2244万元。落实全科医生特设岗位补助，全市240个岗位合计补助1440万元。四项补助支出1.22亿元。

公共卫生

【卫生综合监督】 2017年，韶关市办理各类卫生行政许可事项1471件，接受业务咨询5615余件，提前预约上门服务390件，提前办结率100%，全市办理卫生行政处罚案件203宗、罚款金额54.35万元、没收非法所得10.4万元。3—4月，对部分县（市、区）及市辖区医疗机构依法执业情况进行专项督导。全市检查588家医疗机构，对机构违法行为给予警告11宗，行政处罚30宗，罚没金额15.25万元，对个人罚款2宗，罚没金额5.9万元。

【“双随机一公开”】 2017年，韶关市执行国家、省“双随机”（即在监管过程中随机抽取检查对象，随机选派执法检查人员）卫生监督抽检。全市参与“双随机”监督抽检工作的卫生监督员85名。全市有监督服务单位5027家，国家卫生计生委定韶关市任务数404家，全市完成340家（另64家已关闭），完成率84.16%，完结率100%。

【食品安全风险监测】 2017年，韶关市监测食品样品1378份，合格1286份，合格率93.32%；监测项次7113，合格项次7006，合格率98.5%。

【疾病预防控制】 2017年，韶关市甲乙类法定报告传染病发病率285.95/10万，比去年上升3.07%，无甲类传染病报告。免疫规划疫苗接种率保持在95%以上。全市累计报告HIV/AIDS病例1410例，死亡382例。南雄市创建为第四批国家慢性病综合防控示范区，曲江区创建为广东省慢性病综合防控示范区。全市高血压患者规范管理率69.12%，糖尿病患者规范管理率70.03%。启动结核病分级诊疗和综合防治服务模式试点工作。落实严重精神障碍患者管治工作，开展精神科医师转岗培训。全市在册严重精神障碍患者16347人，检出率5.58‰，年管理率93.34%。全市各县（市、区）麻风病发病率控制在1/10万以下。维持碘缺乏病、疟疾、血吸虫病消除状态。完成重点职业病监测与职业健康风险评估等工作，完成职业性放射性疾病监测与职业健康风险评估和医疗卫生机构医用辐射防护监测工作。

【卫生应急】 2017年，韶关市卫生和计划生育局重点加强H7N9流感、手足口病、流行性腮腺炎、登革热和新发急性传染病等预警监测和防范应对工作，处置突发公共卫生事件4起。7月，联合市总工会举办全市卫生应急技能竞赛暨全国卫生应急技能竞赛韶关市选拔赛活动，竞赛评出个人奖项一、二等奖选手共9名，颁发“韶关市职业创新技术能手”称号，并代表韶关市在广东省卫生应急技能竞赛中获得全省优秀组织奖、团体优秀奖和网络最佳人气奖，2名队员获得突发中毒事件处置项目三等奖。11月22日，组织市疾控中心、粤北二院、南雄市疾控中心联合开展2017年韶关市突发公共卫生事件应急演练，现场直播实战化演练过程。（孙　欣）

爱国卫生

【概况】 韶关市爱国卫生运动委员会（以下简称市爱卫会）是负责组织领导、统筹协调全市爱国卫生和防治疾病工作的机构。设主任1名，副主任3名。市爱卫会下设办公室（以下简称市爱卫办），是市爱卫会的常设办事机构，参公管理副处级事业单位，挂靠市卫计局；单位定编8名，内设公共卫生科、综合科，承担着委员会的具体工作，负责爱国卫生工作日常的组织协调、综合调研和督导检查。

【环境卫生整治行动】 2017年，韶关市爱卫会下发开展春季、夏季、秋冬季爱国卫生运动的通知，动员各级各单位做好群众性爱国卫生运动。1月24日，组织开展以清除卫生死角和“四害”孳生地为主的群众性爱国卫生统一行动；2月27日至3月5日，组织开展以“清洁卫生齐动手、预防疾病保健康”为主题的春季爱国卫生清洁整治专项活动，2月27日为全市统一行动日。4月，开展纪念爱国卫生运动65周年及“第29个爱国卫生月”活动，集中力量整治社会关注、群众关心的突出卫生问题。6月中旬到10月底，开展以防蚊灭蚊为重点的爱国卫生运动。全市城乡环境卫生整体水平得到提升。

【爱国卫生运动宣传】 2017年，韶关市爱卫办结合第29个爱国卫生运动月活动，制作宣传爱国卫生运动65年来所取得的成就、宣传新时期爱国卫生的方针、政策的喷画。组织市爱卫会成员单位开展统一集中宣传活动，派发健康教育宣传物品、宣传资料、免费发放除四害药品、派出医务工作者进行现场义诊咨询和免费发放药品。4月，市爱卫会授予一批单位“韶关市卫生标兵单位”和“韶关市卫生先进单位”称号。

【爱国卫生运动常态化管理】 2017年，韶关市落实“三个一”环境卫生整治制度，形成市、县、区和乡镇、居委分级推进、分级管理、部门配合、上下联动的工作机制。结合防病形势需要，制定“全国年度爱国卫生月”活动主题，通过“爱国卫生突击周”的形式，集中力量解决1~2个社会关注、群众关心的突出问题。落实开展每月一次环境卫生整治工作，全市各镇（街）每月组织1次以清除卫生死角和“四害”孳生地为主的统一行动。各单位实行“门前三包”制度和门内卫生达标责任制，每周进行1次环境卫生大扫除；市直及驻韶各单位参与“周五公共卫生活动日”活动。街道（乡镇）建立辖区重点区域、重点单位环境卫生台账，推行环境卫生网格化管理。

【病媒生物防制】 2017年，韶关市加强传染病防控工作的督导，下发《关于开展病媒生物防制及登革热防控工作检查的通知》。9月12—14日，对街道、城郊镇、车站、废品收购站、花店、居民区、建筑工地等进行检查督导。根据布雷图指数监测结果，开展清理孳生地活动。针对中、高密度布雷图指数的区域进行重点环境卫生整治活动，定期清理废弃容器中的积水，减少清水型积水容器阳性数目，以降低韶关市布雷图指数。按照《广东省登革热防控专业技术指南（2015版）》的要求，启动相应级别的应急响应，降低媒介伊蚊密度，在规定工作日内将韶关地区媒介伊蚊低密度（5＜BI≤10或5〈MOI≤10）以上地区孳生地治理情况和整治后的媒介伊蚊密度监测结果上报省爱卫办。

【美丽乡村建设】 2017年，韶关市爱卫办推进卫生镇村创建工作。举办3期卫生镇村创建工作培训班；组织各县（市、区）爱卫办业务骨干和创建镇分管领导到其他市参观学习；利用广播、电视、悬挂横幅、标语、宣传栏、窗厨、LED屏、派发宣传小册子、宣传单、一封公开信等形式宣传，引导广大群众参与卫生创建；对各地开展督查；

推进改水改厕工作。全市卫生厕所普及率97.99%，无害化卫生厕所普及率95.80%。

【巩固国家卫生城市工作推进】 2017年，韶关市启动国家卫生城市日常督导工作，先后组织市委市政府督查室、市文明办、区城管局等，对市辖区政府开展垃圾清理、“门前三包”、公厕管理专项督导检查，提升城区卫生整体水平。制定《市巩卫专责小组迎接创文测评检查工作方案》《关于强化环卫保洁路段责任落实的通知》等相关文件通知，压实各责任部门的职责，推进创文巩卫工作。韶关市国家卫生工作办公室先后组织召开巩卫专责小组现场。

（陈洁莹）

公共卫生与疾病预防

【概况】 2017年，韶关市疾病预防控制中心提高疾病预防控制和突发公共卫生事件处理能力，重大传染病得到有效控制，完成各类突发性公共卫生事件处理，推进地方病、慢性病和寄生虫病防治工作。

【重大传染病监测与突发公共卫生事件处理】 至2017年底，韶关市无甲类传染病报告。法定传染病报告发病数29874例，较2016年上升43.12%（29874/20874），报告发病率为1010.59/10万，较2016年上升41.93%（1010.59/712.06）。其中，乙类传染病报告9226例，较2016年上升7.83%（9226/8556），报告发病率为312.10/10万，较2016年上升6.93%（312.10/291.86）；丙类传染病报告20648例，较2016年上升67.62%（20648/12318），报告发病率为698.49/10万，较2016年上升66.23%（698.49/420.19）。报告死亡数55例，比2016年上升19.57%（55/46）。2017年全市上报一般及以上级别突发公共卫生事件4起，与2016年4起持平，均为一般级别的丙类传染病事件。其中流行性腮腺炎暴发疫情3起，事件涉及曲江区2间小学、仁化县1间小学，共发病317人，波及5667人；流感暴发疫情1起，发生在浈江区1所监狱，发病357人，波及5465人。3起事件均无死亡病例报告。

【免疫规划】 2017年，韶关市120间预防接种门诊正常使用沈苏公司的儿童预防接种信息管理系统，并与广东省外地联网接种。全年全市各预防接种门诊录入儿童资料63530份，其中，武江区各门诊录入儿童资料6442份，浈江区录入儿童资料7091份；2017年，全市有在册儿童510916名，武江区有在册儿童42506名，浈江区有在册儿童62477名。韶关市120家预防接种门诊的常规免疫接种工作正常运转。1—11月，全市基础免疫接种情况报告如下：卡介苗接种率99.57%（39957/40128），乙肝疫苗接种率99.52%（43354/43562），脊灰疫苗接种率99.49%（43479/43702），百白破疫苗接种率99.48%（42550/42773），含麻疹成分疫苗接种率99.46%（41608/41833），乙脑疫苗接种率99.5%（42529/42744），流脑A群疫苗接种率99.41%（44396/44658），甲肝疫苗接种率99.31%（37966/38231）；加强免疫接种情况报告如下：脊灰疫苗接种率99.42%（42760/43009），百白破疫苗接种率99.5%（39150/39391），含麻疹成分疫苗接种率99.46%（38914/39126），乙脑疫苗接种率99.41%（38249/38475），流脑A+C疫苗接种率99.39%（35718/35936）。1—11月，全市接种第一类疫苗918744剂次，第二类疫苗402991剂次，合计1321735剂次，单苗接种率95%以上。

【食品安全监测】 2017年，韶关市疾控中心制定《关于印发2017年韶关市（市级）食品安全风险因素评价专项监测工作方案》，全市各县（市、区）疾控中心开展食品安全风险因素评价专项监测工作。7月，在全市10个县（市、区）市场、超市、商店、专卖店、乡镇市集等居民主要的食品购买场所和餐饮服务场所，按照随机布点、分层抽样的方式从本地具有代表性和适应性的食品中抽取监测样品，共选取米制品、面制品、大米、植物油、水产品、肉制品（肉丸）、熟肉制品、乳和乳制品、蔬菜（豆类、根茎类、叶菜类）、桶装水、速冻米面制品、蛋糕类等10类480份食品，依据国家标准进行理化及食品添加剂等指标的检测与判定；选取熟肉制品、桶装水、鲜蛋、动物性淡水产及寿司等5类250份食品，依据国家标准进行食源性致病菌的检测与判定。总的监测结果：全市监测食品样品730份，合格683份，总体合格率93.56%；监测项次2960项次，合格项次2910，项次合格率98.31%。化学污染物和有害因素监测结果：监测各类食品样品480份，合格445份，合格率92.71%，合格率最高的是水产品（鲜活淡水鱼）、肉制品（猪、牛、鱼肉丸）、乳和乳制品及蔬菜（叶菜类、豆类、根茎类），合格率均为100%；合格率最低的是米制品，合格率为66%。食源性致病菌监测结果：监测各类食品样品250份，合格238份，合格率95.2%，合格率最高的是桶装水和鲜蛋，合格率均为100%；合格率最低的是熟肉制品，合格率为86%。

【地方病、慢性病防控】 2017年，韶关市开展10个县（市、区）的水碘监测、病情监测、碘盐监测、尿碘监测及甲状腺监测、人员培训、督导检查等相关工作。全市完成10个县（市、区）105个乡镇的生活饮用水水碘监测工作，结果录入监测系统。全市监测儿童家庭盐碘2002份，完成率100.1%；监测儿童尿碘1402份，完成率100.14%；监测1402名儿童甲状腺容积，完成率100.14%；监测孕妇家庭盐碘1010份，完成率101%；监测孕妇尿碘1010份，完成率101%。收集全市高血压、糖尿病数据，截至2017年第三季度，韶关市管理高血压、糖尿病人数分别为114833

人、35732人，任务完成率分别为79.99%、75.61%；规范管理高血压、糖尿病人数分别为76564人、24066人，规范管理率分别为66.67%、67.35%；血压、血糖达标人数分别为61856人、17755人；建立健康档案的65岁及以上老年人214566人，接受健康管理158121人。开展全民健康生活方式知识宣传和健康支持性环境建设，1—9月，全市举办健康生活方式和慢性病相关知识的现场活动与健康讲座64场、媒体宣传5次、技术培训3次。至2017年底，全市创建14个健康社区、15个健康单位、24个健康食堂、9个健康餐厅、6条健康步道、1个健康小屋、2个健康主题公园，培养健康生活方式指导员1409名。

【寄生虫病防控】 2017年，韶关市疾控中心实行“1—3—7”消除疟疾工作新模式，实现疟疾病例实验室检测确诊率、24小时内报告率、规范治疗率、3日内开展流行病学调查率、7日内开展疫点处置率均达到100%。

疟疾监测与治疗 2017年完成发热病人血检监测4658人次，检出阳性5例（境外输入），血检阳性率为0.107%。5—10月全市1个监测点（南雄市）开展按蚊种群及密度监测，诱捕按蚊99只，均为中华按蚊，未发现其它按蚊且密度较低，疟疾再传播风险较低。加强药物储备，规范病例治疗。韶关市对发现的5例输入性疟疾病例均按照卫生部制定的《抗疟药使用原则和用药方案》进行规范治疗和全程督导服药，病例经对症治疗后痊愈出院，无出现并发症及死亡。3月对3批次过期药物进行清理并向广东省疾控中心申请10人份抗疟治疗药物。加强疟疾疫情报告与病例核实。各级各类医疗机构对发现的所有疟疾病例，均在24小时内进行网络直报。市、县两级疾控中心对网络直报的所有疟疾病例进行疟原虫血片镜检核实，在3日内完成及完善流行病学个案调查。所有确诊的病例阳性血片、滤纸血和抗凝全血送省寄防所进行镜检复核和基因检测。对确诊疟疾病人，在疗程中及1个月内，进行追踪随访。开展疫点处置。对出现病例的疫点，各级疾控中心在7天内完成疫点处置工作。经实施疫点处置、媒介防制、健康教育等综合措施，无出现二代病例。落实休止期根治。韶关市对2016年发现的1例输入性间日疟进行规范的休根治疗，休根率、全程率均为100%。

血吸虫病防治 2017年，韶关市各原疫区县（市、区）在原螺区选择部分可疑地段采取多种方法查螺，调查可疑环境14.16万平方米，查螺环境68处，设置查螺框18610框，其中系统框2968框、环境框15642框，质控螺的查获率在45.81%~75.00%之间，查螺质量基本符合要求。全市主动监测调查来自疫区流动人口78人，血清抗体阳性者1人（1.28%），对血清阳性者进行粪检，没有发现血吸虫虫卵阳性者；被动监测无发现血吸虫病人。在监测点对大型家畜养殖户13户的170头牛只进行登记调查，均无购自或从疫区引进引进。全年全市无突发血吸虫病疫情报告，出现1次急性感染病例疫情预警信号，经核实为误报。根据螺情监测、传染源监测情况，主动监测和被动监测结果显示，全市未发现钉螺的孳生和当地新感染或急性感染的血吸虫病病例，韶关市血吸虫病疫情处于低风险水平，但仍存在疫情复现的潜在危险。

【公共环境健康监测】 2017年，韶关市疾控中心根据经营单位发（换）证前填写的“委托性卫生检测申请书”，全年监测旅业、公共浴室、美容美发、文化娱乐场所、商场、健身场所、候车室等各类场所309户次，合格305户次，户次合格率98.71%；监测布点977个，开展消毒效果监测6265份，监测各项指标26572项次（包括现场检测7777项次，消毒效果检测18795项次），合格26566项次，合格率99.98%。开展泳池水监测抽样68份，合格64份，合格率94.12%，检测各类项目409项次，合格404项次，合格率98.78%。开展2017年枯水期和丰水期饮用水的专项抽样监测工作。设置的监测点包括市政供水水厂4间、市政供水末梢水24个、二次供水4个，共计32个。检测项目为水质常规指标及氨氮、锑、铊等非常规指标，对市区4个水厂的出厂水增测钡、铍、硼、钼、镍、银等指标。每个月对市区6个/10个监测点开展日常监测。按照用户水龙头水质监测信息公开工作要求，每个季度将武江区、浈江区各5个监测点的水质监测信息上报给韶关市卫生和计划生育局。全年抽检水样142份，合格140份，合格率98.59%，检测各类指标5270项次，合格5268项次，合格率99.96%。 （温劲翠）

卫生监督与执法

【概况】 韶关市卫生监督所是韶关市卫生和计划生育局下属的执法机构，为参照公务员法管理的公益一类副处级事业单位，下设8个科室。主要工作职责涵盖公共场所卫生、学校卫生、生活饮用水卫生、医疗机构、采供血机构监督和传染病防控、职业卫生和放射诊疗机构监督，卫生行政许可、预防性卫生监督、重大活动公共卫生保障等涉及人民群众公众健康安全的各项卫生监督工作。2017年，实有干部职工39名。在国家、广东省卫生监督业务微课竞赛获得国家鼓励奖、省优秀组织奖和省三等奖、省鼓励奖各1个；参加省卫生监督论文评比获得优秀论文奖；一个行政执法案例被省卫生和计划生育委员会评为优秀案例奖；参加韶关市“善美之城·法治韶关”法治文艺创作大赛获得剧本创作三等奖和优秀组织奖。

【创文巩卫工作】 2017年，韶关市卫生监督所对全市“五小”行业开展卫生监督，对建成区的农贸市场、城中村、和小街小巷内的小旅业、小发廊进行全面卫生整治。全年出动卫生监督员1006人次，车辆196车次，引导办证76间。落实好学校卫生及生活饮用水卫生监督各项工作，按要求把市区2017年实施学校卫生、生活饮用水卫生监督、监测的数据统计好整理归纳为专项档案。

【卫生行政许可】 2017年，韶关市卫生监督所以优化和规范审批流程、方便行政相对人、提高审批效率等方面为重点，提高办事效率。办理各种卫生行政许可事项1505件，接受各类电话咨询5615宗，提前预约上门服务390次，提前办结率100%。

【公共场所卫生监督】 2017年，韶关市卫生监督所完成707间单位的卫生审核工作，其中，新办128间、复核137间、变更26间、延续258、注销91间，对新、改、扩建的67间公共场所单位进行建设项目设计卫生审查，完成建设项目竣工验收，对全市1208间公共场所经营单位进行巡查，监督覆盖率100%，引导213家经营单位完成卫生许可证办理工作。经常性监督检查中书写检查笔录1002份，发出限期整改意见书623份。

【公共场所量化分级管理】 2017年，韶关市对1208间公共场所单位实施卫生监督量化分级管理，其中：258间住宿场所、786间美容美发场所、77间文化娱乐场所、60间公共浴室和27间游泳场馆。评出A级单位18间、B级单位123间和C级单位1078间，其中新评级A级2间、B级7间、C级80间。

【公共场所专项监督检查】 2017年，韶关市卫生监督所对市辖区（不含曲江区）“双随机”监督抽检任务中的28家游泳场所进行重点监督检查。除停业注销的5家游泳场所外，对其余23家游泳场所泳池水进行水质抽检，合格18家，合格率78.26%。

【医疗机构卫生监督】 2017年，韶关市完成对113家医疗机构执业许可证的年度校验，对52家医疗机构的换发证、24家医疗机构的新发证、43家医疗机构的设置、24家医疗机构的注销进行现场审查，完成12家医疗机构母婴保健技术服务许可证年度换证现场审查工作。对辖区内230家医疗机构开展巡回卫生监督，监督覆盖率100%，对43间次不良执业行为的医疗机构进行记分处理。

【打击非法行医】 2017年，韶关市对辖区的医疗机构作出行政处罚34宗，其中：简易程序6宗（警告5宗，罚款1宗，罚款1000元），一般程序28宗（罚款8.5万元，没收非法所得5037元）。

【医疗机构卫生监督专项】 2017年，韶关市完成血液安全专项整治、医疗机构依法执业专项监督、医疗废物管理专项和医院感染管理专项督导、查处违法违规应用人类辅助生殖技术专项行动、2017年广东省监督抽检计划、开展医疗卫生机构传染病防治分类监督综合评价、民营医院污水处理专项检查、打击非法医疗美容专项行动、中医医疗机构传染病传染病防治和感染防控监督执法专项检查、医疗机构临床用血交叉检查专项、韶关市辖区医疗机构传染病防治卫生监督检查11个专项工作。

【二次供水及管道分质供水单位卫生监督管理】 2017年，韶关市制定2017年韶关市区二次供水及管道直饮水单位检查计划，对市区55间二次供水单位和9间管道直饮水单位进行全面监督检查，对9间管道直饮水、20间二次供水单位的水质进行现场快速检测臭和味、肉眼可见物、消毒剂余量等指标。制作并发放供水信息公示栏45个，要求二次供水单位按照公示栏的内容做好健康证、清洗消毒记录和水质检测报告的公示。

【集中式供水单位卫生监督管理】 2017年，韶关市加强对市区4间市政水厂、5间乡镇集中式供水单位的卫生管理制度及落实情况、水源防护情况、水质检验能力及水质检验情况、消毒设施运转情况、使用涉水产品情况、直接从事供、管水人员健康证及卫生知识培训情况等方面的检查；使用快速检测设备对9间水厂的出厂水水质进行6项指标的检测。卫生监督员根据检测结果针对存在问题，下达卫生监督意见书责令水厂限期改正。

【涉及饮用水安全产品卫生监督工作】 2017年，韶关市卫生监督所制定专项方案，出动执法检查人员136人次，对辖区内31间大型商场及涉水产品专卖店进行专项检查，检查涉水产品117批次，对1间涉嫌违法的经营单位进行立案查处。

【学校专项卫生监督检查】 按《2017年广东省监督抽检计划》，2017年，韶关市卫生监督所对辖区内67间中小学、高校进行学校卫生监督检查，针对存在的问题，卫生监督员下达《卫生监督意见书》，提出指导性整改意见，要求各学校认真执行《学校卫生工作条例》及《国家学校体育卫生条件试行基本标准》的要求，督促学校，落实整改，完善各项卫生设施。

【学校卫生综合监督评价】 根据《广东省学校卫生综合评价工作方案》及《韶关市学校卫生综合评价工作方案》，韶关市卫生监督所联合市教育部门开展全市学校卫生综合评价工作。2017年，完成对市区内67间学校的教学、生活环境的监督检查，对其中50间学校使用现场快速检测仪器开展学校卫生综合评价及现场监测工作。

【学校饮用水卫生专项监督检查】 2017年，韶关市卫生监督所开展学校卫生现场监督监测工作，强化对学校饮用水的监督管理，重点督促责任学校落实对自建供水设施的水源保护和供水消毒工作，确保饮用水质达标。使用现场快速检测仪器对6间学校直饮水及3间学校自建设施供水的水质进行臭和味、肉眼可见物、消毒剂余量、电导率等指标的快速检测。

【学校传染病防控专项监督检查】 2017年12月，韶关市卫生监督所对辖区内有配备医务室的学校和寄宿制学校开展传染病防控专项监督检查工作，检查学校16间次，出动卫生监督员28人次，执法车辆9辆次。

【放射卫生监督】 做好新、改、扩建放射诊疗建设项目卫生审查工作，2017年，韶关市完成放射诊疗建设项目预评价报告审核21宗，完成竣工验收项目11宗，完成国家放射卫生监督“双随机”抽查工作。按照国家“双随机”的监督内容，对14家放射诊疗机构进行现场监督检查，针对存在的问题，下达卫生监督意见书，要求立即整改，对1家存在严重违法行为的放射诊疗机构（三甲医院）进行立案查处。加强医疗机构放射诊疗放射防护宣传工作，将350套省下发和韶关市卫生监督所自制的放射诊疗卫生防护宣传画分发到各县（市、区）卫生监督所和市直管放射诊疗机构，指导各放射诊疗机构按照要求张挂。完成2017年职业性放射性疾病监测与职业健康风险评估和医用辐射防护监测专项工作。配合市职业病防治院，制定韶关市具体实施方案，协同做好该市辐射网点监测工作。完成全市放射诊疗机构基本情况、14个哨点单位和全市167间放射诊疗机构的基本信息等相关资料的汇总上报工作。

【职业卫生监督】 开展职业健康检查机构专项监督检查工作。2017年7—9月，韶关市卫生监督所对全市9间职业健康检查机构进行专项监督检查。开展疑似职业病、职业病报告监督检查工作。对医疗卫生机构（含医疗机构、职业健康检查机构、职业病诊断机构等）是否按照规定向市卫计局报告疑似职业病、职业病病例的情况进行监督检查。参加职业卫生执法监察联合行动督查工作，派出职业卫生监督员参加市安全生产委员会组织的职业卫生执法监察联合督查行动。

【卫生监督稽查】 2017年，韶关市卫生监督所制定《2017年稽查科工作计划》和专项稽查工作方案，制作全市统一的卫生监督稽查表格，明确稽查人员分工，开展卫生监督稽查工作。按照卫生监督员稽查表和卫生监督执法文书稽查表的内容，分别于上、下半年两次对韶关市卫生监督所一线科室卫生监督员的执法行为和着装风纪进行稽查。对各县（市、区）卫生督所开展稽查。查阅在行政执法中所涉及的卫生监督文书及案卷共196份，其中一般程序卫生行政处罚案卷36份，现场笔录80份、卫生监督意见书80份，稽查卫生监督员的着装风纪、执法行为，记录卫生监督员稽查表80份。

【投诉举报受理】 2017年，韶关市卫生监督所受理投诉举报案件54宗，对其中15宗有违法行为的进行立案查处，罚款人民币4.15万元，没收非法所得5.25万元。

【“两法衔接”工作】 2017年，韶关市卫生监督所对2017年办结的卫生行政执法案件录入进行自查统计工作，涉及的卫生行政执案卷，主要是医疗卫生和公共卫生违法案件。2017年办结的卫生行政执法案卷75宗，其中2宗移送公安，罚款金额共16.98万元，没收非法所得5.76万元。

【卫生监督信息报告与信息化建设】 2017年，韶关市卫生监督所制定韶关市2017年卫生监督信息工作要点，规范开展韶关市2017年度卫生监督信息报告。2017年，通过信息系统上报监督抽检65户次，案件查处68宗，建设项目卫生审查69宗，经常性监督覆盖率91.16%。

【卫生监督“双随机、一公开”】 2017年，韶关市卫生监督所完成2017年卫生监督执法“双随机”监督抽检工作，派员参加广东省的卫生计生监督“双随机、一公开”工作培训，印发《2017国家监督抽检“双随机一公开”工作信息系统指导手册》，与清远市卫生监督所联合举办“双随机”监督抽检工作粤北区域培训班。全市有卫生监督监管单位5027家（2016年），“双随机”工作中被抽取单位404家，抽检率8.04%。韶关市对其中的340家单位进行监督抽检，对64家停业或变更申请的单位予以注销、关闭，监督抽检完成率84.16%，完结率100%。此次“双随机”监督抽检过程中，对8家经营单位进行立案查处（含1家三甲医院），行政罚款金额为2.26万元。

【卫生监督移动执法推广】 2017年，韶关市举办两期卫生监督移动执法推广培训班，对各县（市）区进行现场推广。卫生监督移动执法系统是一个为卫生监督执法提供声、像、图、文字“四位一体”的数字化移动管理平台，可实现现场执法信息和系统后台的交互，通过系统获取现场照片、录音、摄像等证据并实时上传至系统后台，形成执法笔录模块化、执法档案材料规格化，将纸质执法转换成电子化执法，进而规范执法程序与执法行为。全年全市各地卫生监督所通过移动执法设备上传的监督数量2743宗，是广东省开展此项工作最好的地市之一。

【公共卫生服务】 2017年，韶关市卫生监督所派员参加韶关市2016年度基本公共卫生服务年度考核和韶关市2017年年中基本公共卫生服务考核工作，主要对象为韶关市（各县、区）及乡镇卫生院卫生协管工作的开展情况，考核内容涉及个案档的建立、巡查记录、信息报送等方面建设与工作开展相结合。 （戴甲文）

市属医疗机构

【粤北人民医院】 创建于1886年，是粤北地区规模最大、综合实力最强的三级甲等综合性医院，是国家住院医师规范化培训基地、国家全科医生临床培养基地、国家药物临床试验机构、国家卫生部脑卒中筛查与防治基地、全国综合医院中医药工作示范单位、卫生部电子病历试点医院、广东省联合培养研究生示范基地、汕头大学医学院博士后流动站科研基地。先后被评为“广东省先进集体”“广东省文明单位”“广东省群众满意的医疗卫生机构”“广东省优质护理服务示范单位”。医院占地面积9.02万平方米，业务用房面积22.9万平方米。

2017年，医院有职工3198人，其中，各类专业技术人员2590人（卫生技术人员2479人）。硕士研究生导师15人，高级职称人员360人，中级职称人员653人；博士、硕士学历382人。编制床位2500张，开放床位2993张。出院病人113449人次，较上年增长0.8%，门诊病人1215478人次，较上年增长3.4%。年住院手术量51304人次，较上年增长3%。

改善医疗服务行动推进 2017年，医院获评“全国改善医疗服务示范医院”，医院门诊部被国家卫计委评为“全国优质医疗服务示范科室”，“住院病历全公开”项目被广东省卫计委评为“改善医疗服务行动典型案例”。在广东省卫计委组织的第三方患者满意度调查中，医院在全省91家公立医院中排名第14名。

高水平医院建设 2017年，医院启动优秀青年医师培养项目，对入选的优秀青年医师配套资助经费进行培养。胡孔和、胡红波、唐良秋、许红雁、曹正国、吴强、刘干辉、陈斌、郑锦坤等9人获得“韶关市首期享受市政府特殊津贴人才”称号。遴选出心血管内科、妇科、普通外科等杰出学科和6个成长学科，每年分别安排学科建设经费100万元和60万元，建设一批区域内有较高学术水平和临床诊治能力的学科。多个专科与中山大学肿瘤医院、珠江医院等名院建立专科联盟。医院有16个省级重点专科，占全院业务科室的32%，有一批市重点专科和特色专科。医院被国家卫计委脑防委授予“脑卒中优秀筛查基地”，是市政府指定的人感染H7N9禽流感重症病例定点收治单位，是韶关市危重症孕产妇救治中心、新生儿救治中心和产前诊断及筛查技术指导中心。

诊疗服务提升 2017年，医院提高急危重症和疑难复杂疾病的诊疗服务。急诊病人全部实行“先诊疗后付费”服务。组队参加由市卫生计生局举办的“韶关市卫生应急技能竞赛暨全国卫生应急技能竞赛韶关市选拔赛”，医院揽获“突发事件紧急医疗救援”项目竞赛个人一、二等奖。新增急诊ICU和第二ICU，重症监护病床较2016年增长90%。2017年，反映疑难复杂疾病诊治能力的CD型病例占比74.84%，较2016年增长14.76%；三、四级手术占比42.5 %，均高于广东省三级综合医院平均水平。全院39个科室336个病种开展临床路径管理，临床路径覆盖率35.7%。

城市公立医院改革 2017年3月，该院联合武江区、曲江区、南雄市、乐昌市、乳源瑶族自治县等8家医疗机构共同成立粤北人民医院医联体，成为韶关市首家医联体。作为医联体的发起单位，推进优质资源下沉，开展20项专科共建项目，开展学术交流和继续教育14次，接收各基层医院进修医生111人，接收各单位产科转岗培训医生18人，儿科转岗培训医生14人，以多种方式向基层医疗卫生机构注入优质管理和技术资源。实施“药品零差率改革”，科学管理和控制医院成本。药品收入占比24.71%，较2016年下降6.96 %；耗材比为17.13%，下降4%；技术劳务性收入占比29.09%，增长12.49%。每门诊人次费用增长3.48%；每住院人次费用增长2.61%。实现医院收入结构调整和费用控制的改革目标。

医疗设备更新与管理 2017年，该院投入8650万元购买医疗设备，医院设备总值5.6亿元，设备设施整体配置水平居省内先进。医院固定资产12.7亿元，较2016年增长4.4%。医疗设备管理“云管家”上线，实时掌握全院4000多台设备动态。采用合同能源管理模式，实施节能减排项目，医院入选国家2017—2018年创建节约型公共机构示范单位。

医院科研创新和培训教育 2017年，该院有102项课题获各级立项，较2016年度增长12%。11项科研成果获韶关市2016年度科学技术进步奖，其中主任医师胡孔和、主任检验师何凤屏主持的2个项目获得一等奖，获奖数量第23次居全市各行业之首。是年，该院21个专业获批成为住院医师规范化培训专业基地。1月，规培大楼临床技能培训中心投入使用。与韶关大学医学院共建临床学院，完成2017学年各院校临床医技专业实习生393人的临床带教任务，其中接收南方医科大学国际留学生8人，实习总数增长幅度37%。举办国家级继教项目5项，省级项目29项，市级项目46项，参加人员2万多人次。

（朱伟红）

【粤北第二人民医院】 粤北第二人民医院（韶关市结核病防治所）始建于1972年7月1日，公益二类事业单位，是韶关市政府设置的一所集医、教、研为一体的非营利性以传染病防治为特色的大专科小综合园林式医疗单位，是广东省结核病防治法定单位、韶关市流浪乞讨人员定点救治医院、全省四大传染病专科医院之一、中山大学附属第三医院联盟医院、广州医疗专科（消化疾病）联盟单位、中南区域感染科专科联盟单位、广东省结核病专科联盟单位、粤北人民医院医联体成员单位。是粤北区域传染病防治中心，承担着粤北区域传染病防治工作。其中感染科（肝病专科）是韶关市医学重点专科，肺科（肺病专科）是韶关市医学特色专科。承担浈江、武江两区70万常住人口的结核病防治工作任务。单位占地18.3万平方米，建筑面积1.05万平方米，使用面积3.5万平方米，其中医疗用房面积1.4万平方米。全院绿化覆盖率88%。2017年，医院固定资产9091.63万元，较上年增加0.32%。医院争取中国投资协会健康医疗扶贫中心项目捐赠5562万元医疗设备，计划分三批实施。全年采购医疗设备76万元，包括肝病治疗仪、空气消毒机、吸痰机、电子显微镜、高速离心机、超声治疗仪等19台医疗器械。

2017年，有在职人员444人，退离

休人员169人。其中在职人员中有专业技术人员370人，正高职称5人，副高职称46人，中级职称91人，初级职称160人。医院设有7个住院科室，编制床位412张，开放床位430张。设有院部门诊、结防门诊、西河门诊及风度分院门诊4个门诊部。诊疗科目有内科、普通外科、妇科等。其中西河门诊部是广东省指定韶关市餐饮及公共场所服务从业人员健康体检的定点单位。诊疗出院病人10469人次，下降0.82%。服务门诊病人105635人次，增长0.08%。手术量786人次，增长12.30%。

医院项目建设　该院的传染病综合大楼项目建设是韶关市卫生强市首期项目之一，投资3.5924亿元，总占地面积1.84万平方米，建筑面积4.1914万平方米，将增加床位数350张，总病床数将达到762张。2017年完成“三通一平”前期工作，完成院部门诊楼原卫生间的改造和结防所安装电梯及内外科楼防漏水等工程。

医院环境建设　2017年，该院解决高空架设的高压线路横穿院区存在安全隐患的难题，完成整条线路改造下地工程；解决电信信号线路低空横穿院区的问题，完成整条线路改造下地工程；解决医院上游污水直接排放到医院观景湖造成水质污染问题，完成市政排污改造项目。

传染病医疗救治　2017年，该院做好突发急性呼吸道传染病收治工作，抓好发热门诊预检分诊、疫情报告、病房设施设备药品防护用品准备、医疗救治等工作，开展中东呼吸综合症应急处置等突发公共卫生事件联合演练。

学校结核病防控　2017年，韶关市监测14间学校发现在校学生、老师确诊肺结核患者37人，进行密切接触者（PPD+X线）筛查工作4500多人，有效防控学校内结核病疫情蔓延。

健康教育和宣传　2017年，韶关市开展“世界结核病防治日”“世界肝炎日”“世界卫生日”“世界无烟日”“世界艾滋病日”等主题卫生日义诊宣传活动，为群众免费服务1500多人次，发放宣传资料和健康教育处方4000多份。在《韶关日报》发表医疗科普文章36篇，在医院网站及微信公众平台刊登科普文章36篇。医院获得“广东省健康自媒体联盟”首批联盟成员资格。

专科建设　2017年，该院开展穴位敷贴、药灸、熏洗、灌肠、拨火等系列“简便廉验”特色治疗。新增结核杆菌复合群核酸恒温扩增检测系新项目，开展支气管镜的检查及治疗。聘请俞洪林、谢冬英、林炳亮、张晓红、谢仕斌、林潮双、谭守勇、肖艽等国家、省级专家教授定期到该院会诊查房。

荣誉　2017年，该院感染科二区主任朱先女获“全国卫计系统先进工作者”称号；感染科获“广东省五四红旗团支部”“韶关市先进基层团组织”称号；院长李德昌获“广东省结核病防治工作优秀党务工作者”称号；副院长陈红玲获“广东省结核病防治工作优秀共产党员”称号；李德昌、温志华、朱先女等获“韶关市首期享受市政府特殊津贴人才”称号；医院获得市结核病防治规划工作达标单位。（彭裕强）

【韶关市第一人民医院】 是一所集医疗、教学、科研、康复、预防保健、基层指导等于一体的三级甲等综合医院。是南方医科大学非直属附属医院，广东省高等医学院校教学医院，广东医科大学硕士研究生联合培养基地，南方医科大学、广东医科大学、赣南医学院、海南医学院、韶关学院医学院等10所高等医学院校教学基地，第二军医大学长海医院骨科博士协作培养工作点，台北医学大学附属双和医院友好合作医院，国家住院医师规范化培训基地（清远市人民医院）协同单位。医院先后被评为全国最佳百姓放心示范医院、全国糖尿病健康教育管理认证单位、国家卫计委流感监测哨点医院、广东省优质护理示范医院、广东省电子病历试点医院、广东省药械和化妆品不良反应监测哨点医院、韶关市首批医保定点单位和“遵守劳动保障法律法规A级守法诚信单位”，是韶关市保外就医罪犯病情鉴定唯一定点医院。

医院有“血液净化”“心血管疾病”“骨科”3个市立研究所。医院内设机构69个，其中临床医技科室55个，职能科室14个。医院骨科、呼吸内科、临床护理、病理科是广东省重点专科；重症医学科、妇科是广东省重点建设专科；普通外科、神经内科是韶关市重点专科；泌尿外科、神经外科、耳鼻喉科是韶关市重点特色专科。编制床位820张，开放床位1030张。

2017年，医院有职工1580人（离

▲2017年11月22日，2017年韶关市突发公共卫生事件联合演练活动启动现场（彭裕强 摄）

▲2017年3月25日，组织再生实验室在韶关市第一人民医院揭牌
（韶关市第一人民医院 供）

退休职工360人，在职在编职工649人，聘用人员571人），专技人员1131人（高级职称180人，中级职称315人，初级职称636人），行政、工勤人员89人，返聘专家14人。博士2人、硕士61人，硕士研究生导师3人，首期享受市政府特殊津贴人才4人。引进高层次人才12名（其中硕士研究生8名，副高职称以上4名）。门诊诊疗总人数561581人次，同比增长6.38%；出院总人数39211人次，同比增长9.92%；手术15504台次，增长18%。

医疗服务提升 2017年，该院成立韶关市首家医学体重管理示范基地、广东省首家组织再生实验室。临床基因扩增实验室通过省级验收。新成立驻市看守所分院、驻市公安局强制戒毒所分院和凤凰城门诊部。开展胸痛中心创建工作并通过省级现场核查。牵头组建韶关市康复医学会、韶关市康复医学会神经康复分会、韶关市护理学会糖尿病护理专业委员会和韶关市医学会血液净化分会。推进“互联网+”智慧医疗服务，门诊预约率25 %。推行专家门诊服务以及病房医保结算服务。成为跨省医保联网直接结算和广州铁路（集团）公司驻粤职工市外预选医疗保险定点医疗机构。开通城乡居民困难群众“一站式”联网即时结算工作。

医药卫生体制改革 2017年，该院推进落实城市公立医院综合改革，执行药品零差率及韶关市公立医院物价调整政策。组建“韶关市一医疗集团”，南雄市人民医院、始兴县人民医院、翁源县人民医院、新丰县人民医院等13家医疗机构加入集团。建设“平安医院”，构建“责任、布防、预防、督导、联动”五位一体的安全生产体系；推进信息系统更新落地；改革采购配送制度，启动医用耗材平台招标采购。

健康教育与宣传 2017年，该院在韶关日报、韶关电视台等媒体刊发、播出健康教育科普和医护形象宣传稿（片）49次，医院官网发布信息69条，医院微信公众号推送信息124条。开展大型志愿服务27场次，290人次参与，服务群众7000余人次。新增市级青年文明号2个，省级青年文明号（麻醉科）通过复核。成立社工部，创新医患沟通模式。该院获“全市卫生计生系统宣传工作先进单位”称号。

培训与带教 2017年，该院成为南方医科大学附属韶关医院，选派技术骨干80人前往南方医院进行短期培训；成为国家住院医师规范化培训基地（清远市人民医院）协同单位；与韶关学院医学院合作开展“3+2”临床教学，接收韶关学院医学院临床医学专业100名大四学生进行理论学习与见习；医院临床代表队参加南方医科大学临床能力竞赛（教师赛）获优秀奖。举办国家级继续医学教育项目14项，参加人员7128人；省级继续医学教育项目19项，参加人员5970人；举办市继续医这教育项目49项，参加人员12821人，举办33次学术会议，听课者10235人次。下乡到各医院举办43次巡回学术讲课，培训医务人员3305人次。举办基层继续教育项目11项，培训1274人次。派驻24人赴受援医院，接诊患者10991人次，查房95次，手术示教17次。

医院科研 2017年，该院获得韶关市科技进步奖二等奖1项，三等奖7项；获得广东省自然科学基金博士科研启动项目1项，获得广东省自然科学基金博士科研启动资金10万元；获得广东省科技计划项目1项，获得广东省科技计划科研资金20万元；韶关市科研立项16项，其中6项获韶关市科技局科研基金6万元，韶关市卫计局科研立项38项。

荣誉 2017年，该院获得广东省手术室护理技能大赛无菌操作技术比赛团体二等奖、韶关市心电学基础与临床综合知识大赛一等奖、广东省心电大赛决赛优秀奖；全红、邱卫东、张莉玲、李文虎、邓国宝获评首届“南粤好医生”；院长全红获评韶关市首届“优秀科技工作者”；全红、邱卫东、李文虎、邓国宝被评为韶关市“首期享受市政府特殊津贴人才”；护士黄义球获韶关市综合病例下站点式护理技能大赛一等奖、“韶关市护理技术操作技能标兵”、广东省护理技能竞赛三等奖；护士何诗雨获广东省手术室护理技能大赛无菌操作技术比赛个人二等奖。

（黄 慧）

【韶关市中医院】 始建于1964年，2014年6月通过三级甲等中医院的评审，是韶关市首家三级甲等中医医院，是一所集医疗、教学、科研、康复、预防保健于一体的现代化综合性中医医院、广州中医药大学的教学医院和非直属附属医院创建单位、全科医生规范化培训基地、广东省中医名院创建单位，服务范围涵盖韶关市七县三区。医院总占地面积29110平方米，业务用房总建筑面积32436.44平方米，编制病床489张，由院本部、和平分院、十里亭分院、新华门诊和中药加工场组成。医院设内科、外科、妇产科、儿科、骨伤科、康复科等18个临床科室。门诊部设有30多个专科、专病门诊，并设置“治未病中心”，2017年，新增绝经门诊。辅助科室有药学部、检验科、放射科等8个科室。医院有螺旋CT机、DR、移动式X射线机等一批现代仪器设备，配置齐备的中医诊疗设备。有在编员工322人，其中高级职称63人。

新业务与新技术　2017年，该院开展局麻下经椎间孔入路椎间孔镜下髓核摘除术，细银针疗法，鼻丘割治治疗变应性鼻炎，耳后筛区注射治疗耳鸣耳聋，耳石症的手法复位，浮针及中药贴敷治疗头痛、面神经麻痹、软组织伤痛及各种痛症，中药清膏治疗中风，开展床边气管切开术，为危重病人服务。

中医专科建设　2017年，该院加强实施“治未病”战略。各科室开展体质辨识，达到体质辨识全覆盖，将体质学说应用于中医学的预防治疗过程。男性科从外一科独立出来。康复科、骨伤科、针灸科、老年病科、肛肠科、康复二区省重点中医专科评审申报工作完成。卒中单元、骨关节病康复单元建设方案及运作流程由多科协作完善，并以此执行日常运作。

药事管理　2017年，该院开展抗菌药物、中药注射剂、水溶性/脂溶性维生素等的专项点评工作，规范临床用药行为。制剂室以代煎或膏方的形式生产，方便病人。该院加入“岭南膏方联盟”，在韶关地区推广膏方文化、扩大膏方在调治疾病方面的作用。

教学与科研　2017年，该院完成广州中医药大学、韶关学院医学院等多所院校实习生的毕业实习工作。接受基层医院进修医生6名。组织实习生岗前培训2次，病历书写规范专题讲座4次。落实继续教育实施细则及住院医师规范化培训工作，举办市级继续教育活动12次、省级8次；全院发表专业论文34篇；科普文章43篇；申报并通过市级科研立项11项；通过市级科研成果鉴定1项，获市科技进步三等奖1项。进行中医住院医师规范化培训47人次，其中外出参加规培9人次，24人次完成培训。加强培训师资力量建设，参加省级培训1期4人次。开展中医全科医师转岗培训15人次。

中医药文化建设　2017年，该院承办由市卫计局主办的“中医中药中国行—韶关市中医药健康文化推进行动启动仪式”。协助举办“弘扬大医精诚，践行核心价值”广东省中医药先进典型事迹报告会（韶关站），增强广大医务工作者“大医精诚”信念，该院医生谭祖明作为广东省中医药先进典型人物，参加报告会的巡讲。

取消药品加成，调整医疗服务价格　2017年4月1日起，该院全面取消药品加成（中药饮片除外），实行药品零差率销售。医院因取消药品加成减少的收入，通过调整医疗服务价格补偿约80%。按新标准适当提高诊查治疗费、手术费、床位费、中医及民族医诊疗类诊疗服务项目及其他体现医务人员技术劳务价值的医疗服务项目价格，下调大型设备检查费、检验费；7月8日起取消挂号费。

医联体建设　2017年9月15日，该院牵头联合全市各县（市）级中医院成立韶关市中医医疗机构特色专科联盟，开展双向转诊、技术支持、人才培训等方面的协作。分别与广东省中医院、广州中医药大学第一附属医院、广东省第二中医院签订华南中西医普外科、岭南中医糖尿病、中西医结合康复等多个专科联盟协议，上级医院通过开展义诊、学术讲座、教学查房、疑难危重病例讨论等方式，帮助医院提升医疗服务水平。

医疗帮扶和义诊　2017年，该院继续帮扶始兴县中医院、乳源县中医院二级中医院，重点帮扶此两家医院建设重点中医专科或特色中医名科（始兴——内科，乳源——康复科）；指导马市镇卫生院、风采社区卫生服务中心开展中医适宜技术。派出肛肠科专家1人，常驻南雄市乌迳中心卫生院进行肛肠专科建设，赠送价值2万余元的医疗设备。免费接受、培训基层医务人员6人次。完成韶关市卫计局安排的会议、活动保健、保障任务6次。开展卫生下乡、卫生进社区工作，全年下乡义诊、巡回医疗8次，服务3000多人。　（董彩兰）

▲2017年9月15日，韶关市中医医疗机构特色专科联盟成立大会现场

（杜洁红　摄）

【韶关市妇幼保健院】 建于1952年，是集医疗、保健、预防、科研、教学为一体，专科特色彰显的地级市妇幼专科医院，承担着全市三区七县（市）妇女儿童的保健、医疗任务，是全市妇幼保健业务指导中心。2016年3月，该院与原韶关市计划生育服务中心资源整合，组建韶关市妇幼保健计划生育服务中心（市妇幼保健院、市妇产医院、市儿童医院），为四块牌子、一套人马的医疗机构。是韶关市危重症孕产妇救治中心、韶关市危重症新生儿救治中心、广东省重症孕产妇救治联盟成员单位、中山大学妇科联盟成员单位。

医院位于韶关市惠民北路，设保健、临床及职能部门共34个科室，拥有宫腔镜、腹腔镜、四维彩超、高频乳腺钼靶CT等一批现代医疗仪器设备。生殖医学中心是粤北地区唯一通过国家卫生部准入评审允许开展“试管婴儿”技术的医院；遗传产前诊断中心是韶关市内唯一经广东省卫生厅批准筹建的产前诊断中心。其中生殖与产前诊断中心、新生儿急救中心是市级医学重点专科，乳腺病防治中心、儿童脑康复中心是市级特色专科。

2017年，有在岗职工603人，离退休145人，其中在编人员255人，合同人员348人。卫生技术专业人员占78.44%（医生139人、护士256人、医技人员78人），高级职称72人（其中正高职称12人，副高60人），硕士研究生11人。开放床位350张。

医疗综合服务水平提升 2017年，该院开放床位335张（含产科婴儿30张），门诊挂号人次40余万人次，同期增长7.27%，出院同期增长4.67%；手术同期增长16.91%；产科分娩人数3099例，同期增长8%；业务同期增长17.02%；药品收入占业务收入比为17.11%。医院共收到患者赠送的锦旗28面，表扬信31封，医护人员拒收红包38个，已知金额1.91万元，医疗服务满意率98%。

妇幼保健服务能力提升 2017年，韶关市19项妇幼群体保健指标处于全省中上水平，其中5项控制指标均低于国家和广东省控制水平。

重点专科和品牌专科建设 2017年，该院重点打造生殖医学中心、产前诊断中心、新生儿急救中心，儿童康复中心、妇、产科、儿科专科建设，特色专科、品牌专科突出，各学科发展均有新突破。夫精人工授精（AIH）通过第五次现场校验、体外受精胚胎移植及卵胞浆内单精子注射（IVF-ET/ICSI）技术通过第三次国家级现场校验。

科教兴院 2017年，该院开展院内继续教育30余项，开展新技术新项目25项。获韶关市科技局立项11项，韶关市卫计局立项8项，市科研结题5项。担任主委的学术分会有5个，举办多个省级或市级学习班。

医院改革发展 落实药品零差率政策。进一步推动分级诊疗，与全市8家妇幼保健院构建“8+1＞9”韶关妇幼医联体，与10余家县区医疗机构妇产科构建生殖与遗传专科联盟。

医疗设备和环境改善 2017年，该院引进CT、全数字化彩色多普勒超声诊断系统、微流控全自动核酸检测系统、低温射频高频手术系统、新生儿无创高频呼吸机等一批医疗设备。采用租和借的方式，扩建儿童康复中心、婚检中心、早教中心，新开设新生儿日间光疗病区，就医环境改善。

医院荣誉 2017年，该院获广东省实施妇女儿童发展规划先进单位，生殖医学中心、产科获“省级巾帼文明岗”称号，龚小倩、陈亚军获“韶关市首期享受市政府特殊津贴人才”称号。儿童康复科主任谭育华获广东省医院协会2017年康复先进科主任，叶清晓作品《我的眼里一直有您》《妇幼保健院的专注与温暖》分别获2017年全国卫生计生最美天使摄影大赛全国总决赛优秀作品、中国卫生摄影协会新媒体传播大赛全国优秀作品，陈淑娟参加全省手术室护理技能大赛获二等奖。 （李锦昌）

【韶关市职业病防治院】 韶关市职业病防治院暨韶关市第二人民医院、韶关市职业卫生监测中心，成立于1986年2月，是一所以防为主防治结合的专科医院，位于韶关市武江区建设路11号，全院总占地面积6.67公顷，建筑面积2.5万平方米，业务用房建筑面积1.8万平方米。医院业务分为职业卫生、临床医疗、社区卫生、残疾人康复四大部分，有职业卫生科、质量控制科（理化实验室）、内科、外科、儿童康复科、康复医学科及惠民、新华社区卫生服务中心等20多个业务科室。

2017年，医院有在岗职工510人，卫生技术人员占80%，中、高级专业技术人员116人。开放病床470张，住院病人数7055人次，门诊量257071人次，全院业务收入10379万元，医院新增固定资产630万元（含广东省、韶关市拨社区卫生服务中心专项设备500万元），其中有监测设备、便携式彩超、超声波清洗机、经络治疗仪、康复医疗设备等一批。

职业病诊断 2017年完成评价项目54份，工矿企业生产环境监测46家，发出检测报告131份，生物材料监测、检测7368人次；完成职业健康体检人数34966人，其中在岗职业健康体检单位150家、在岗期间健康体检26876人次；开展全市放射卫生检测单位数142个，个人剂量监测1174人次，放射工作人员培训478人次。完善职业病诊断相关资料的整理归档和个案相关记录保存；按规范和要求开展职业病网络直报和上报各级行政部门，实现职业病诊断“零投诉”。

突发公共卫生事件应急能力加强 2017年，该院派出三名医务人员组队参加韶关市卫生应急技能竞赛突发中毒事件处置单元竞赛，队员分别获得“一等奖”、“二等奖”和“韶关市职工技术创新能手”称号。3名队员代表韶关市参加广东省卫生应急技能竞赛突发中毒事件处置单元竞赛，获得“突发中毒事件处置单元竞赛三等奖”。

医疗质量管理加强 2017年，该院加强医疗文书质量管理，全年抽查324份病历，甲级病历抽查率98.6%。迎接广东省卫计委依法执业专项检查、市医疗质量巡查、慢病及死因督导检查、临床用血专项督导检查，根据督导组反

馈意见按要求进行整改；通过省性病实验室检查验收。全年出院病人数7055人次，产妇分娩量1100人次，未发生新生儿死亡、医疗事故及重大医疗纠纷。

医院感染管理　2017年，该院各类环境、物体表面以及无菌物品、消毒液的细菌监测727份，合格702份，合格率97%；院感报告12例，无院感漏报病例和未出现医院感染暴发事件。

护理管理加强　2017年，该院继续开展优质护理，提升患者满意度，该年度住院病人对护理工作满意度在90%以上。加大合理用药整治力度，实行药品零差率制度，严格规范诊疗服务行为，诊疗水平提升。

职业病工伤康复治疗　2017年，该院增加康复设备和康复项目，全年收治职业病及工伤康复病人1314人次，康复效果良好。全面推进残疾人精准康复服务行动，残疾人康复中心全面保障在训0~6岁残疾儿童免费康教，收训患儿205人/次，新收训儿51人，康复有效率89.9%，7月，有29名孩子毕业后进入普小普幼随班就读。实践现代医学与传统医学相结合的康复模式，为残疾儿童进行早期康复治疗，儿童康复科年收治患儿804人次，康复效果显著。

中医康复特色品牌　2017年，该院西堤门诊开展调整亚健康状态、针灸、推拿、拔罐、汗蒸、玉玄宫、养生保健等一系列“治未病”项目，全年康复患者26645人次。

社区卫生工作加强　2017年，惠民、新华社区卫生服务中心提升基本公共卫生服务能力，开展基本医疗工作。提高居民建档质量，加强慢性病及妇幼保健管理，高血压及糖尿病管理率60%，0~6岁儿童和孕产妇保健管理率80%以上；两中心为辖区各适龄儿童接种疫苗121083人次，辖区接种疫苗建档、建卡率100%；做好精神病人管理、卫生监督协管、死因监测及中医药健康管理等工作。中心开展65岁以上老人免费健康体检活动，受检人数2688人次；定期为社区、学校开展健康讲座和健康体检，义诊活动20余次。完善全科诊室，提供中医诊疗服务，落实家庭医生签约协议。惠民中心2017年收治住院病人1956人次，门诊量39308人次。

（韶关市职业病防治院）

【韶关市第三人民医院】　建于1966年10月，位于韶关市曲江区马坝韶钢东区，为韶关市卫计局直属医院，是一所集医疗、教学、科研、预防、保健、康复、养老为一体的国家二级甲等综合性医院，是国家级爱婴医院、广东省普通高等医学院校教学医院、广东省省直工伤保险定点医疗机构、韶关市基本医疗保险定点医疗机构、韶关市急救指挥中心定点医院、广东省无烟单位。医院占地面积7.3万平方米，建筑面积3.1万平方米。开设有18个临床科室和6个医技科室。心血管介入、骨科、泌尿外科、恶性肿瘤微创治疗、重症监护、精神科、老年保健中心是医院的品牌专业。2017年3月，医院老年保健中心被韶关市妇女联合会授予2016年度韶关市“巾帼文明岗”称号。

2017年，有职工403人（含退休职工16人），其中专业技术人员302人，包括高、中级专业技术人员126人。医院编制床位385张，实际开放756张。全年医院门（急）诊总诊疗病人19.62万人次，比上年度增长34.2%；出院病人9500人次，比上年度减少5.4%；完成各类手术6100例次，比上年度减少8.7%；各类体检1.98万人次，比上年度减少1.7%；实现业务总收入10796万元，比上年度增长4.8%。医院购置医疗设备、仪器16台（套），投入142万元。

药品“零差率”改革　2017年4月起，该院同步推进药品“零差率”改革政策，对在用的580种基本药品和249种非基本药品全部实行“零差价”销售，取消药品加成。4—12月，该项政策让利于民330万元。

教学、科研与新技术　2017年，该院完成广东药科大学、韶关学院、连州卫校等医学院校67名实习生的临床教学工作。全年该院有8项研究课题获韶关市卫生计生科研立项，一项成果《医院在企业托老服务新模式中的应用研究》获韶关市科技进步三等奖。该院新开展的技术项目有：BLB三代牙种植技术、左心室造影术、经皮微创PFNA内固定术治疗老年性股骨头粗隆间骨折、还原型谷胱甘肽治疗新生儿黄疸技术、针对胸腔外科术后病人开展继续呼吸机辅助通气技术、利用64排螺旋CT心电门控技术行冠状动脉CTA成像和头颈部CT血管造影。

公益宣传与健康教育　2017年，该院新增“讲文明树新风”“图说我们的价值观”“中国梦”“未成年人保护”“公民诚信教育”等主题公益宣传广告38块，制作户外大型宣传版图2块、小宣传标语和指示版一批、宣传专栏21期，印制发放宣传小册子（传单）四类3400份；组织志愿者、党员、团员开展世界睡眠日、关爱妇幼健康、禁毒宣传教育、出生缺陷预防宣传周、糖尿病日等各类义诊活动11批次，参加人员120人次，服务百姓1576人次。（张唯娟）

【韶关市口腔医院】　韶关市口腔医院（韶关市牙病防治指导中心）是韶关市卫计局直属口腔医疗专科医院。位于武江区惠民北路33号，工作用房占地面积430.2平方米，建筑面积1883.3平方米。有牙科综合治疗台53张，配有牙科CT、X光数字牙片成像系统、口腔种植系统、热牙胶三维根管充填仪等一大批先进口腔医疗设备。设有修复种植科、牙体牙髓科、牙周黏膜病科、正畸科、口腔外科、口腔综合科、儿童牙科（口腔预防科）、特诊室、X光室、消毒供应室等科室，其中牙体牙髓科、修复科是韶关市特色专科。在武江区、浈江区设有2个口腔门诊部。开展的业务有口腔种植、口腔修复、口腔正畸，牙体牙髓病、牙周病、口腔黏膜病、口腔颌面外科疾病的诊治以及儿童龋病预防等。承担着韶关市口腔疾病的预防、治疗、教学及科研任务，是韶关学院医学院口腔专业的教学实习基地。

2017年，有在职职工86人（含临聘人员41人），正高职称2人，副高职称4人，中级职称21人，其中医生37人

（硕士研究生6人、本科28人、大专3人），退休人员41人。全年门诊人次100256人次，比上年增加9.87%，全年未发生医疗事故和医疗差错。

韶关市儿童口腔疾病综合干预项目 2017年，医院派出专业人员到市区学校、幼儿园为儿童免费进行口腔健康教育、窝沟封闭和涂氟防龋工作。到8间幼儿园、2间小学开展口腔健康教育公开课10场，有150名教师、1200名学生、200名家长受益；到22间小学、32间幼儿园为1万多名儿童开展口腔健康普查，为1100名小学生完成窝沟封闭，共封闭六龄牙2099颗，为9900名幼儿进行牙齿涂氟，发放宣传资料3万多份。是年，被评为广东省儿童口腔疾病综合干预项目优秀实施单位。（叶隆住）

【韶关市慢性病防治院】 始建于1952年，韶关市慢性病防治院（韶关市皮肤病医院、韶关市性病防治中心）是韶关市卫计局直属医疗事业单位，负责全市皮肤病、性病、艾滋病、麻风病的防治、监测、培训、宣教及对市内各级皮肤性病防治专业机构的业务督导。医院占地面积2305平方米，业务用房建筑面积2854平方米。皮肤科配套检查、检验项目齐全，可进行皮肤病理及院外皮肤病理会诊；进行各种过敏原检测及免疫、生化、真菌、细菌培养等检测项目。对各种常见皮肤病如湿疹、荨麻疹、带状疱疹、手足癣、银屑病、白癜风、痤疮、玫瑰糠疹及疑难、危重皮肤病如系统性红斑狼疮、天疱疮、红皮病、关节病性银屑病、重症药疹、皮肌炎等积累丰富的诊疗经验。2017年，该院有固定资产2512万元 。有职工105人，卫生技术人员73人，其中具有高级职称14人，中级职称24人，初级职称35人；具有硕士研究生学历4人。2017年诊病人次83898人，住院病人数1024人次，

成熟医疗项目精益求精 2017年，该院的过敏源检测治疗、美容冷冻、性病激光治疗、光子嫩肤、冰点脱毛、药浴、火针等10多种诊疗项目科学扩展，引进除皱术、激光生发治疗仪等项目。皮肤科除可提供国内外各种最新的皮肤科专用药物外，还自行研制20余种价格低廉且使用方便的院内特色制剂。

“平安医院”创建 2017年12月9日，该院在韶关电视台宣传创建“平安医院”活动，向新闻媒体通报医疗服务信息，增加医疗服务的透明度，满足患者的知情权和选择权，增强医患之间的信任感。

全市性病、麻风病的监测管理和防治加强 2017年，该院开展性病监测工作，免费为622位患者提供咨询服务和性病艾滋病检测，发放宣传资料2000多份。开展麻风病知识宣传活动，关爱麻风病人，利用“世界防治麻风病日”纪念活动，向社会公众宣传麻风病可防、可治的科学道理及防治成效，提高公众对麻风病的认知，减少公众对麻风病的偏见和歧视。全年在各县（市、区）举办8期培训班，培训医务人员800多人次。（罗玉香）

【韶关市中心血站（韶关市公民无偿献血委员会办公室）】 前身为广东省血液中心，始建于1966年，是经韶关市编委批准的、直属市卫计局领导的公益一类事业单位（副处级），担负着全市无偿献血宣传招募、采血、质控以及辖区内所有医疗机构的临床供血与安全合理输血指导等任务。2013年与市公民无偿献血委员会办公室整合，组建市中心血站（市公民无偿献血委员会办公室）（以下简称血站）。血站本部位于市芙蓉北路四路6号，总用地面积10179平方米，建筑面积8902平方米，设8个科室，内设有志愿组织协调办公室，参与管理韶关市无偿献血者联谊会、韶关市无偿献血志愿者服务队等2个志愿社团组织，在市区设立3个固定献血屋和3处流动采血点，分别在各县（市、区）（武江、浈江外）设立采血站。2017年6月，血站获2016年度《中国献血网》“无偿献血宣传综合奖”。2017年在编人员60人，合同聘用人员49人，离退休人员48人。大专以上学历87人，占80%；医疗卫生专业技术人员占70%，其中，卫技人员76人，医生20人，护士32人，医护比1：1.6；中级以上职称人数31人。

至2017年底，血站固定总资产数3564万元，拥有全自动酶免分析系统、核酸检测系统等万元以上设备320台，设备总价值1495万元（累计折旧后资产）。2017年，全市临床用血保持100%来源于无偿献血。全市无偿献血人数49894人次，总采血量9.98吨，与上年同期相比实际采血量增长0.8%。全市公民献血率16.9每千人口，提前实现国家“十三五”规划要求“人口献血率达到15‰”的目标，保障全市临床用血需要，确保血液质量安全。

献血宣传招募新模式 2017年3月26日上午，由广东狮子会韶州服务队、韶关市中心血站联合发起的“血液银行”红色行动启动仪式在韶关碧桂园凤凰城广场举行。“血液银行”项目成立于2012年，是由广东狮子会等志愿者团体和广州血液中心联合发起的，市民参与登记成为“血液银行”的志愿者，为有需要的人士提供可靠的、及时的血液“储备库”。3月18日，韶关市韶州服务队通过广东狮子会理事会审批成立。韶关“血液银行”在此次启动仪式过程中组织5场次献血活动，开设5场（点）无偿献血活动，献血人数155人，累计献血量56900毫升，其中，300毫升有51人，400毫升有104人。

第二届全国献血宣教招募及志愿服务工作交流会 2017年7月12日，血站举办“第二届全国献血宣教招募及志愿服务工作交流会”。来自北京、黑龙江、新疆、海南等23个省、自治区、直辖市的83个城市的血液中心（血站）负责人、无偿献血志愿者代表200余人与会交流。此次会议收到与会者论文50余篇，20人作大会发言，旨在探讨如何完善无偿献血宣教招募的方法与途径，以及志愿者参与推动志愿无偿献血活动发展的有效方法等，帮助民众正确认识和参与无偿献血，确保医疗临床用血安全、足量。

韶关市第八届无偿献血志愿者18岁“成人礼”活动 2017年9月17日，在韶关市区中山公园举办韶关市第八届无偿献血志愿者18岁“成人礼”活动，韶关市政府领导和相关单位负责人、在校学生代表、市红十字会无偿献血志愿者以及来自山西太原、江苏泰州、湖南郴州、广东惠州等4个省、10多个城市的70余名志愿者等近800人参加活动。活动对韶关市22名百次及以上献血者和韶关市的第6例成功捐献造血干细胞的陈佳聪进行表彰。

血站“公众开放日”活动每月定期举办 2017年，韶关市举办“公众开放日”活动22场，接待公众2365人，为社会公众公开答疑解惑。2015年起步开展的“百名百次”献血楷模培养工作成效明显，至2017年底，全市有28人捐血百次以上。 （郭健生）

体 育

【概况】 韶关市体育局与体育总会是“一个机构，两块牌子”。市体育局编制21名，内设5个科室。有韶关市体育场馆管理中心、市体育彩票管理中心、市中心业余体校等3个下属单位。2017年，全市群众体育、竞技体育和体育产业各项工作提升。在十三届全运会上，竞技组韶关市培养和输送的运动员6人次获奖，群体组获7枚金牌；韶关代表团参加广东省第四届体育大会，总分名列粤东西北地区第一、全省第八名，获得“优秀组织奖”和“体育道德风尚奖”；在广东省青少年锦标赛中，获得金牌3枚、银牌3枚、铜牌9枚。韶关市体育局、浈江区体育局、武江区体育局、曲江区体育局、始兴县体育局、翁源县体育局、新丰县体育局、韶关市教育局等8个单位被国家体育总局评为2013—2016年度全国群众体育先进单位，林静（女）、黄诚（女）、黄应龙、曹国秀（女）、何为君、吴林山、陈京雄、丁海燕（女）等8人被评为2013—2016年度全国群众体育先进个人。

【群众体育活动】 2017年，韶关市体育部门在春节、五一、端午节、国庆节、重阳节等重要节点，开展全民健身活动。举办韶关市龙舟赛、韶关市健身气功联赛、8月8日“全民健身日”系列活动暨全民健身项目嘉年华活动、南粤幸福周活动、第二届百县（区）足球赛（韶关）市预选赛、广东省广场舞联赛（韶关赛区）、“重阳杯”门球邀请赛等30多项市级以上的体育活动赛事。各县区累计举办群众健身活动150多场次。

【社会体育组织管理】 2017年，韶关市体育局制定《韶关市体育局关于市本级体育类社会组织审核办法》，规范体育类社会团体和体育类民办非企业单位在新登记成立、年检、变更和注销各事项的审核流程。新申请成立韶关市定向运动协会，乳源完成体育总会换届工作。实施《韶关市体育局向市级体育协会购买参加省以上全民健身活动项目暂行办法》和《购买开展全民健身活动项目暂行办法》，安排38万元专项资金用于资助20多个市本级体育协会举办26场市级群体活动赛事，参加10场省级以上比赛。

【公共体育服务】 2017年，韶关市体育局组织开展国民体质监测和社会体育指导员工作，促进公共体育服务社会化发展，争取广东省体育局的支持，加大对全市体质测定和运动健身指导服务工作的投入。分别在乐昌乐城、曲江小坑、新丰丰城等10多个乡镇（街道）举办科学健身知识大讲堂；购置一批体育器材安装到市辖三区用于城区建设15分钟健身圈和城乡各村（居）委；争取省级体彩公益金补助全市41个体育系统大型公共体育场馆和12所学校体育场馆免费或低收费开放，35.08万平方米的公共体育场地设施向社会开放；实施市辖三区城市社区15分钟健身圈建设，新增健身点17个。

【社会体育指导员队伍】 2017年，韶关市安排32.7万元补助指导全市109个乡镇（街道）社会体育指导员服务站开展全民健身工作；完成市级二级社会体育指导员300名，全市9289名社会体育指导员分布各地公园、小区等晨、晚活动点为群众开展健身指导服务。

【“善美之城”韶关市第十五届青少年运动会】 2017年8月20日下午，“善美之城”韶关市第十五届青少年运动会闭幕式在仁化县体育馆举行。韶关市体育局、市教育局，仁化县人民政府领导，以及全市各县（市、区）有关负责人出席闭幕式。此次青少年运动会由韶关市体育局和韶关市教育局共同主办，设有竞技体育组10个大项目、学校体育组8个大项目的比赛，时间从5—8月，历时3个多月，有3000多名运动员参加比赛。代表团总分奖前八名为曲江区、仁化县、南雄市、始兴县、翁源县、浈江区、新丰县、乐昌市，代表团金牌总数奖前八名为仁化县、曲江区、南雄市、翁源县、始兴县、乐昌市、浈江区、武江区。竞技体育组总分奖前八名为曲江区、南雄市、仁化县、始兴县、翁源县、新丰县、浈江区、乐昌市，学校体育组总分奖前八名为仁化县、曲江区、武江区、翁源县、始兴县、浈江区、南雄市、乐昌市，突出贡献奖前八名为曲江区、浈江区、始兴县、南雄市、新丰县、翁源县、仁化县、乐昌市。竞技体育组优秀组织奖为武江区、仁化县、韶关市中心业余体校、韶关市星辰青少年体育俱乐部、韶关市精英青少年体育俱乐部、韶关市时代阳光青少年体育俱乐部。体育道德风尚奖为浈江区代表团、武江区代表团、曲江区代表团、乐昌市代表团、南雄市代表团、仁化县代表团、始兴县代表团、翁源县代表团、新丰县代表团、乳源瑶族自治县代表团、韶关市星辰青少年体育俱乐部、韶关市精英青少年体育俱乐部、韶关市时代阳光青少年体育俱乐部、北江实验学校、广东北江中学、韶关实验中学、韶关实验小学、韶关市一中实验学校、韶关市第一中学、韶关市田家炳中学、韶关凡口铅锌矿职工子弟学校。

【韶关市运动员参加第十三届全运会获得好成绩】 2017年8月27日至9月8日，第十三届全运会在天津市举行，有8000多名运动员参加竞技比赛项目，300多名运动员参加群众比赛项目。竞技组中，韶关市培养和输送的运动员雷灶钊获赛艇女子轻量级4人双桨第二名，黄燕珍获女子曲棍球第四名。群体组中，韶关籍运动员何媛获象棋公开女子组第一名，江仙英和邓新燕获龙舟比赛项目女子22人龙舟500米、200米、100米直道竞速和女子12人龙舟500米、200米、100米直道竞速6枚金牌。在全国少年举重分龄赛中，韶关市运动员赵佳丽获女子40公斤级第一名，刘海欣获女子44公斤级第二名。

▲2017年11月9日，奔向广东第一峰（韶关·乳源）铁人三项挑战赛开跑
（张　伟　摄）

【韶关代表团参加广东省第四届体育大会】 2017年10月，韶关代表团在惠州举行的广东省第四届体育大会上，获总分405 分的成绩，名列全省第八，获得“优秀组织奖”和“体育道德风尚奖”。

【韶关市组织参加广东省青少年锦标赛】 2017年，韶关市组织493名运动员参加广东省青少年锦标赛田径等18个项目比赛，获得金牌3枚、银牌3枚、铜牌9枚、团体总分550.5分。

【韶关市中小学生公开赛】 2017年10月，韶关市体育局举办2017年韶关市中小学生跆拳道、羽毛球、网球三个项目的公开赛，有600多名运动员参加比赛，促进韶关市青少年体育俱乐部和大众体育的发展。

【青少年体育俱乐部工作】 2017年，韶关市开展2017年市级青少年体育俱乐部评定工作，命名16家市级青少年体育俱乐部，申报韶关市悦动青少年体育俱乐部为省级青少年体育俱乐部。至2017年底，韶关市有4家国家级青少年体育俱乐部、7家省级青少年体育俱乐部、16家市级青少年体育俱乐部。

【业余体校学习训练】 2017年，韶关市加强业余体校学生训练工作，开展2017年市业余训练重点班评定工作，命名17个市级业余训练重点班，完善韶关市青少年体育训练网络。

【运动员培养输送】 2017年，韶关市向广东省体校、省专业队输送优秀运动员6人。审批二级运动员61人。

【户外运动】 2017年，韶关市按照打造“广东户外运动天堂”的目标，编制《韶关市加快户外运动发展总体规划》和《韶关市重点户外运动基地项目策划与概念设计》，举办南粤古驿道“天翼高清杯”定向大赛暨中国南粤古驿道文化之旅第四站、奔向广东第一峰（韶关·乳源）铁人三项挑战赛、第十届广东省遥控模型大赛、“善美之城”半程马拉松赛、广东省（韶关·乳源）环南水湖自行车公开赛、第十届徒步穿越丹霞山活动等一批省级以上户外运动赛事。全市各地组织策划和开展户外运动项目。比如，曲江芦溪韵徒步穿越活动、仁化仁爱之城夜光定向活动、围棋城市邀请赛；南雄广东省钓鱼联赛（南雄站）比赛；始兴县乡村快乐骑行活动；新丰全国学生定向锦标赛。2017年全市开展近100项的户外运动活动，参与人数超过20万人次。

【体育场地建设】 2017年，韶关市加快体育提质优化项目建设，完成韶关市游泳场维修改造等项目建设；完成西河体育中心改造升级工程，公共体育场地设施网络完善；完成市体校新校区综合楼附属等工程的建设，改善体育训练环境和条件。韶关市体育馆加固升级改造工程（市新增加建设项目外）和市区足球场修缮工程按计划建设中；县（区）体育场地建设如期推进，始兴县体育场、全民健身中心项目建设完成前期工作；南雄市雄州体育馆改造、乳源瑶族自治县全民健身中心等项目开工。

【体育彩票销售】 2017年，韶关市体育彩票销售以市区为重点，加强体彩销售网点的建设和管理，引进网点竞争机制，开展各网点间的销售竞赛，销量提升。全年全市体育彩票销售4.09亿元，同比增量4716.88万元，增长率13%，完成广东省中心下达年度总销售基本任务（3.3亿）的124.23%，全市有在售网点212个。

【体育产业机构名录库建设工作】 2017年，韶关市体育局根据国家体育总局和广东省体育局要求，组织开展2017年韶关市体育产业机构名录库建设工作，完成195个单位数据汇总上报工作。

（余丽芬）

2017年韶关市业余训练重点班一览表

表19

体育项目	重点班名称
田径	曲江区、南雄市、仁化县
举重	曲江区、南雄市、始兴县、新丰县
武术	仁化县、翁源县、韶关市精英青少年体育俱乐部
射击	新丰县
摔跤	曲江区
柔道	曲江区
网球	韶关市悦动青少年体育俱乐部
手球	韶关市悦动青少年体育俱乐部
曲棍球	韶关市悦动青少年体育俱乐部
拳击	韶关市精英青少年体育俱乐部

2017年韶关市各级青少年体育俱乐部一览表

表20

序　号	体育俱乐部名称	级　别
1	韶关市山鹰青少年体育俱乐部	国家级
2	韶关市时代青少年体育俱乐部	
3	曲江区益康青少年体育俱乐部	
4	乐昌市现代青少年体育俱乐部	
5	始兴县青少年体育俱乐部	省级
6	仁化县丹霞旭日青少年体育俱乐部	
7	韶关市星辰青少年体育俱乐部	
8	韶关市精英青少年体育俱乐部	
9	翁源县时光青少年体育俱乐部	
10	韶关市时代阳光青少年体育俱乐部	
11	韶关市悦动青少年体育俱乐部	
12	韶关市时代青少年体育俱乐部	市级
13	韶关市精英青少年体育俱乐部	
14	韶关市星辰青少年体育俱乐部	
15	韶关市时代阳光青少年体育俱乐部	
16	韶关市悦动青少年体育俱乐部	
17	韶关市锐博青少年体育俱乐部	

续表 20

序　号	体育俱乐部名称	级　别
18	韶关市飞鱼青少年体育俱乐部	市级
19	武江区吉祥青少年体育俱乐部	
20	曲江区惊涛足球俱乐部	
21	曲江区瀚武青少年体育俱乐部	
22	乐昌市精英乒乓球俱乐部	
23	乐昌市乐盛青少年体育俱乐部	市级
24	南雄市震昇青少年体育俱乐部	
25	仁化县精武道青少年体育俱乐部	
26	翁源县时光青少年体育俱乐部	
27	新丰县江源青少年足球俱乐部	

2016—2020年韶关市体育传统项目学校一览表

表 21

体育项目	学校名称	级　别
田径	广东北江中学、仁化中学、仁化县第一中学	省级
毽球	韶关市田家炳中学	
篮球	韶关市第一中学、南雄中学	
足球	韶关市第五中学	
排球	新丰县第一中学	
武术	仁化中学	
健美操	南雄中学	
田径	广东北江中学、韶关市第十四中学、韶关市第二中学、曲江区樟市中心小学、曲江区初级中学、南雄市第一小学、南雄市第一中学、始兴县墨江中学、仁化中学、仁化县第一中学	市级
篮球	韶关市第一中学、南雄中学	
乒乓球	韶关市田家炳中学、武江区东岗小学、浈江区执信小学	
羽毛球	广东韶关实验中学、浈江区和平路小学	
足球	韶关市第九中学、韶关市第五中学、浈江区沙梨园小学、浈江区赖新小学、曲江区第一中学、南雄中学、乐昌市第三中学	
毽球	韶关市田家炳中学、浈江区站南小学、韶关市第四中学、浈江区韶师附小	
健美操	南雄中学	
武术	仁化中学、仁化县实验学校	
跆拳道	仁化中学	
排球	新丰县第一中学	

2017年韶关市获得二级运动员等级称号名单

表 22

体育项目	姓 名	人 数
举重	付小萍、邓国梅、张闻斯、邓国梅、罗雨森、朱 峥、吴德宝、张维顺、付小萍	9人
田径	林浩敏、张 辉、叶梓民、刘妍钰、周津民、黄荣娇、林惠华、李 靖、叶见雄、邓志威、曾朝升、卢隆谱、王巧怡、李婷、钟智清、何思敏、伍时东、许安明、刘玙璠、张帮茂、冯 达、李 明、张 辉、李文龙、陈林峰、郭婉玲、曾顺杰、王 琳	28人
赛艇	赖程宾、刘伟杭、吴邦志	3人
皮划艇	欧世杰、刘传娣、刘 丽、邓苏杰、卢德旺、叶忠明、温景豪、邓小芳、雷梦婷	9人
武术套路	梁爱文、罗满花、刘 健、林明仪、雷世慧、夏茂盛、华明康	7人
射击	杨诗慧	1人
柔道	李 超	1人
摔跤	欧阳均威、林嘉伟	2人
游泳	林子淳	1人

2017年韶关市向省输送运动员名单

表 23

序 号	姓 名	性 别	项 目	输入单位	输出单位	输送教练
1	李 顺	男	马术	省专业队	南雄市	陈淑珍
2	邱淑莲	女	马术	省专业队	南雄市	陈淑珍
3	黄梦怡	女	赛艇	省专业队	仁化县	吴晓勇
4	梁羽恩	女	羽毛球	省体校	市时代阳光青少年俱乐部	沈样祥
5	戴诗凝	女	羽毛球	省体校	市时代阳光青少年俱乐部	沈样祥
6	邱秀萍	女	赛艇	省专业队	南雄市	吴晓勇

2017年韶关市运动员参加省以上正式比赛获奖运动员名单

表 24

序 号	姓 名	性 别	比赛名称	项 目	小 项	名 次	单 位	教 练
1	雷灶钊	女	第十三届全国运动会	赛艇		第二名	仁化	吴晓勇
2	邱秀萍	女	第十三届全国运动会	赛艇		第五名	南雄	吴晓勇
3	黄燕珍	女	第十三届全国运动会	曲棍球		第四名	曲江	张永强
4	赵秀云	女	第十三届全国运动会	举重		第七名	曲江	胡永军
5	邓丽娟	女	第十三届全国运动会	柔道		第五名	乳源	杨 珍
6	付小萍	女	2017年广东省青少年锦标赛	举重	女子甲组44公斤总成绩	第一名	曲江区	李竹青
7	刘海欣	女	2017年广东省青少年锦标赛	举重	女子丙组44公斤总成绩	第一名	新丰县	李竹青
8	沈富均	男	2017年广东省青少年锦标赛	摔跤	男子乙组古典式45—50公斤	第一名	曲江区	王 景

续表 24

序　号	姓　名	性　别	比赛名称	项　目	小　项	名　次	单　位	教　练
9	刘永龙	男	2017年广东省青少年锦标赛	举重	男子甲组56公斤总成绩	第二名	曲江区	胡永军
10	邱祖麟	男	2017年广东省青少年锦标赛	田径	男子少年乙组800米	第二名	曲江区	张永强
11	黄忠煦	男	2017年广东省青少年锦标赛	田径	男子少年乙组800米	第二名	乐昌市	张永强
12	邱祖麟						曲江区	张永强
13	沈德聪						曲江区	何　漳
14	沈海文						南雄市	林德祥
15	赵佳丽	女	2017年广东省青少年锦标赛	举重	女子丙组44公斤	第三名	新丰县	李竹青
16	李锟样	男	2017年广东省青少年锦标赛	拳击	男子少年甲组57公斤	第三名	交流运动员	
17	许青怡	女	2017年广东省青少年锦标赛	柔道	女子少年甲组—70公斤	第三名	曲江区	李小孝
18	欧阳均威	男	2017年广东省青少年锦标赛	摔跤	男子甲组古典式49—54公斤	第三名	曲江区	王　景
19	冯　达	男	2017年广东省青少年锦标赛	田径	男子少年甲组标枪	第三名	交流运动员	
20	沈海文	男	2017年广东省青少年锦标赛	田径	男子少年乙组800米	第三名	南雄市	林德祥
21	李　佳	女	2017年广东省青少年锦标赛	田径	女子少年乙组撑竿跳高	第三名	始兴县	何　漳
22	李梓祺	男	2017年广东省青少年锦标赛	跆拳道	男子少年丙组60—65公斤	第三名	精英俱乐部	陈星潭
23	邓阳洋	女	2017年广东省青少年锦标赛	武术套路	女子少年乙组南棍	第三名	翁源县	雷　要

社会生活

重点人群

【妇女·儿童】 2017年“三八”国际劳动妇女节107周年纪念活动期间，韶关市妇联为50名韶关市“三八红旗手”、15个韶关市“三八红旗集体”、49个韶关市“巾帼文明岗”、7个韶关市“巾帼创业示范基地”、14户韶关市“优秀书香之家”、160户韶关市“文明家庭”，4名广东省“三八红旗手”、2个广东省“三八红旗集体”、2个广东省“巾帼创业示范基地”、15个广东省“巾帼文明岗”进行授牌。韶关妇联向广东省妇联推荐的潘国平、李群珍家庭获评第十二届广东省“十大优秀书香之家”，向广东省妇联推荐的乐昌市北乡镇前村等4个村被命名为第三批“广东省家庭文明建设示范点”。与韶关民声网联合开展2017年韶关寻找“最美家庭”系列活动，评选出市级“最美家庭”10户，入选“广东省百户最美家庭”2户，推荐的侯寿娣家庭获得全国“最美家庭”称号。

家庭教育 2017年，韶关市妇联联合市直九部门转发《关于印发〈关于指导推进家庭教育的五年规划（2016—2020年）〉的通知》，联合市教育局下发《关于印发〈2017年韶关市依托社区家长学校、家庭教育指导服务站点开展家庭教育实施方案〉的通知》等一系列文件，打造“三个一”工作品牌，加强未成年人思想道德建设。与市教育局、市文明办、市关工委等单位联合打造家庭社会学校“三结合”未成年人思想道德教育机制，在社区构建家庭教育工作服务站点平台和在广播电视台开办全媒体家庭教育栏目《成长的天空》等，推进未成年人思想道德建设。在市辖浈江、武江、曲江三区共101个社区建立家庭教育指导服务站点，实现100%全覆盖社区的目标。在韶关市创建全国文明城市冲刺的3个月里，全市开展家庭教育讲座288场，受益孩子和家长数万人次。组织专家志愿者，深入村（社区）为家庭、孩子特别是留守儿童开展亲子活动和安全教育上百场。出台《韶关市妇联深化家庭文明建设实施方案》等相关文件，创建4个省级、10个市级家庭文明建设示范点。开展“好家风家训进社区”、寻找“最美家庭”等活动，组织上百场讲座，吸引近8万多名群众参加。

平安家庭创建 2017年5月，韶关市妇联召开平安家庭创建工作推进会，培训200多名基层妇联干部，选出市级“平安家庭”示范村（社区）30个，“平安家庭”示范户100户，推选出2个村获省级“平安家庭”先进示范村，全市平安家庭覆盖率99.81%。建立10个县级、10个镇（街）级婚姻调解委员会示范点。依托广东妇女维权与信息服务站（韶关站）建立“一委四站”，为妇女儿童提供家庭教育、法律咨询、心理咨询、婚姻调适、纠纷调解、关爱帮扶、维权服务等专业性公益服务。

农村女性创业 2017年，韶关市妇联与市商务局、市人力资源和社会保障局、市农业局等相关单位联合举办2017年广东众创杯创业创新大赛之农村电商赛（韶关赛区）、巾帼家政服务职业比赛等，为妇女创新创业就业提供平台。与

▲2017年5月19日，韶关市妇联系统平安家庭创建工作推进会 （韶关市妇联 供）

市扶贫办、市商务局等单位联合举办电子商务、种养技能、家政服务、农产品销售等各类培训和服务活动40多场次。组织省级巾帼创业示范基地5名负责人参加广东省妇联举办的女致富带头人培训班，组织2名现代女性青年林场主参加省林业厅举办的现代青年林场主培训班。

妇女普法维权宣传 2017年，韶关市妇联开辟“同心齐踏暴 有爱家就圆” 网上专题宣传栏目，开展《反家暴法》相关知识宣传。开展反家暴主题征文活动，优秀征文连续九期在《韶城一周》刊登。在市妇女维权与信息服务站网站、韶关妇联微信上，开展反家暴法知识竞赛活动，活动中通过网络发布信息近百条，参加网站、微信反家暴知识竞赛3000多人，征文近百篇。开展“不让毒品进我家”“建设法治韶关·巾帼在行动”“巾帼普法乡村行”等普法宣传教育活动和“化解矛盾纠纷创建平安家庭”主题宣传咨询活动2406场，受益群众40多万人。开展“三八”维权周妇联主席接听热线活动，建立妇联主席接访日、人大代表政协委员接访日制度和志愿者轮值制度，全年接待妇女信访、电话及网络投诉706宗。维权服务网站发布各类维权信息181条，网站点击访问量11万多人次。帮助困难妇女解决打官司难的问题，支持妇女法律援助服务30宗，为妇女儿童争取经济利益83.86万元。（李红艳）

【青年人】 韶关市有14~28周岁的户籍青年58.9万人，至2017年底，实名制在册共青团员10.3万人，有注册志愿者36.1万人，志愿服务组织2924个。

志愿服务行动 建立健全志愿服务管理体系，出台《关于进一步规范社区志愿服务工作流程和活动项目的意见》等23项制度文件，加强志愿服务组织的登记管理、奖励和指导等。打造志愿服务品牌，开展“社区志愿者工作站”“韶城V站”“交通文明引导”“善美火炬传递”等志愿活动1万多场次，开展“最美志愿”“美德少年”等评选活动，塑造志愿者典型。2017年，韶关市注册志愿者参加志愿服务活动的人数占比87.17%，人均服务活动时长31.64小时，志愿服务时长累计增长419万小时，综合指标在全省排名第三位。

（李韶华）

【老年人】 2017年，韶关市有户籍人口330多万人，其中：60周岁以上老年人口超过53万，占全市户籍总人口的15.9%。南雄市水口镇沙园老人协会副会长兼秘书长陈尚根被评为2016年“全国老有所为先进典型人物”，韶关市公共汽车有限公司、韶关市老干部（老年）大学获得第二届全国“敬老文明号”先进集体，仁化县的伍润兰、新丰县的李冬桂、曲江区的覃玉柏、始兴的谢细花和乐昌市的谢济林获得全国第二届全国“敬老爱老助老模范人物”称号。

养老服务体系 2016年，韶关市推进养老服务业发展，支持以公建民营、民办公助、政府补贴、购买服务等多种方式兴办养老服务机构，初步构建具有韶关特色的以居家养老和机构养老为基础、社区养老为依托、其他养老服务为补充的养老服务业发展新格局。至2017年底，韶关市有养老服务机构186间，其中城市公办、民办养老福利机构26间，“星光老人之家”68间，乡镇敬老院92间。建设省级城市居家养老服务示范点3个，街道（镇）一级城市居家养老服务中心10个，建成和在建农村养老“幸福计划”项目75个。全市养老机构有养老床位17318张，每千名老人拥有养老床位33.1张。

城市社区居家养老服务 2017年，在武江区、浈江区（市区范围）的10个街道（镇），各建立1个街（镇）一级城市社区居家养老服务中心，为社区内年满60岁周岁的老年人，主要是“三无”、高龄、独居、特困等老人，提供日间托管照料、文化娱乐等养老服务。在市辖三区各建设1个区级居家养老服务中心，作为省级城市居家养老服务示范点项目。至2017年底，浈江区、曲江区两个区试点建成运营。

农村养老“幸福计划”项目 2017年，韶关市投入资金880万元（其中，中央专项资金138万元，广东省专项资金662万元，市级配套资金80万元），新建农村养老“幸福计划”项目19个。至2017年底，全市有75个农村养老“幸福计划”项目。

养老机构建设 2017年，韶关市先后完成韶关市社会福利院老人综合服务大楼、乐昌市社会福利院综合大楼、南雄市社会福利院等新建、改（扩）建项目，并投入使用。民办养老机构发展，至2017年底，全市有运营的民办养老机构16间，养老床位2338张，民办养老机构的服务水平、硬件设施、入住率等稳步提升。

养老服务机构监管 2017年，由韶关市民政局、老龄办牵头，联合公安、卫计、质监等部门开展养老服务质量建设专项行动，按照省《养老院服务质量大检查指南》确定的标准，对全市112家养老机构进行排查整改。建立养老机构责任保险统保制度，全市民办养老机构实现100%投保，民办养老机构投保率居全省之首。制定《韶关市民政局关于进一步加强养老服务机构监督管理工作的通知》，组织开展全市社会福利机构安全生产专项排查整治，加强对养老服务机构的监督管理。

老年人优待 2017年，韶关市为82.75万人次高龄老人发放高龄津贴，支出资金1805万元。“敬老月”期间，韶关市民政局和市老龄办组织慰问敬老院、困难老人，每个县（市、区）拨付1.3万元慰问困难老人和敬老院。

“银龄安康行动” 2017年，韶关从韶关慈善总会争取20多万元资金为全市精准扶贫对象中60周岁以上的老年人购买一份10元/年/人的意外伤害保险，从广东省慈善总会争取10多万元给南雄市的困难老人投保。乐昌、仁化、始兴、乳源、新丰将困难老人参加“银龄安康行动”资金纳入地方财政预算，其他县（市、区）在慈善资金项目列支，为当地60周岁以上五保、低保、三无人员、重点优抚对象、80周岁以上高龄老人购买一份意外伤害综合保险。全市参

保人数为200771人，投保率42.75%。

惠老政策法规宣传　2017年，韶关市户籍60周岁以上老人享受免费乘坐市区公共汽车服务刷卡1560.8万人次，刷卡金额3144.3万元。5月1日至31日，开展以“谨防电信网络诈骗和非法集资，提高老人防骗意识”为主题宣传教育活动，举办文艺汇演、知识问答活动15场，参与宣传活动6000多人，张挂横幅1500条，张贴海报10000 张，在公共场所设立宣传栏（牌）600个，设置咨询点30个，接受群众咨询 1.5 万人次，发放宣传资料3万多份，以图文广告的形式推送到韶关区域微信朋友圈，共推送四次，累计送达30万人次。贯彻宣传新修订的《广东省老年人权益保障条例 》，分发1.5万本宣传单行本。

老年人文体活动　2017年9月19—27日，韶关市老龄委、市委老干局、市民政局、市体育局在浈江区体育馆联合举办“善美韶城.南粤幸福活动周”韶关市第六届老年人运动会，来自各县（市、区）、中省厂矿、监狱和铁路的17支代表队，近500人参赛。

（刘美玲）

【残疾人】　截至2017年12月31日，韶关市有持证残疾人65658人，其中，视力残疾 6579人，听力残疾3591人，言语残疾1223人，肢体残疾35817人，智力残疾6812人，精神残疾 7944人，多重残疾3692人。重度残疾人（一、二级）29970人。

残疾人康复工作　抓好0~7岁各类残疾儿童的康复救助，全市有康复机构15间，共免费收训各类残疾儿童497名，其中：聋儿56名，肢体残疾儿童231名，智障儿童124名，孤独症儿童86名，超额完成广东省下达任务。市残疾人康复中心结合创建文明城市工作部署举办各类新颖、创意的关爱残疾儿童助残活动，全年收训各类残疾儿童178人次， 33名残疾儿童毕业进入普通学校随班就读。开展全市白内障患者筛查，参加筛选的人员5000多人次，共筛选2200多名白内障患者，并为有手术适应症的患者进行手术治疗。开展低视力康复工作，为50名低视力残疾人进行助视器验配。开展辅具适配需求筛查，统一为有需求的残疾人安排上门作评估、取模免费服务，完成假肢矫形器制作273件（套），发放辅助器具687件（套），为盲人配发辅具266人/件。

残疾人教育、就业培训和社会保障　全市参加普通高考并被大专以上院校录取的残疾考生40人（有3人未读）；12名残疾学生被广东省培英中专录取。196名残疾学生、36名残疾大学生分别获得扶残助学和“南粤扶残助学工程”资助。以广东省残疾人粤北就业培训中心为载体，举办各类职业技能培训班共10期，培训残疾学员300名。通过职业培训、专场招聘会、发布就业信息和向用人单位推荐失业登记残疾人员等方式，全市有就业残疾人15744人，新增就业人数390人，其中猴头菇种植户张锡桶和农村淘宝邹婷婷的创业事迹，广受社会关注。组织31名残疾人参加2017年广东“众创杯”创业创新大赛之残疾人公益赛，实现零的突破，其中：黄锦文的《田园牧歌园梦场景》获得残疾人团队组自强类银奖；刘明的《母子伞》获得残疾人企业组自强类铜奖。制定下发《韶关市2017年省十件民生实事社区康园中心项目实施方案》，全市建成运作的社区康园中心有27家，2017年完成广东省下达的新建任务有8家，为社区内700名成年精神病康复者、智力和重度肢体残疾人提供日间照料等各项服务。

维权建设　依托市残疾人信访维权室（加挂残疾人法律救助站），向残疾人提供多种形式的法律维权服务。开通“12385”电话热线和信访维权系统。全年全市受理信访转办函、残疾人来信、网络问政20余件次，来访250多人次，还有大量的残疾人来电，办结率100%。2017年全市有764名下肢残疾人申请机动轮椅车燃油补贴。

文化和体育　做好残疾人事业的宣传报道，韶关日报记者薛柏华的通讯获2016年度广东省残疾人事业好新闻三等奖。开展残疾人文化进家庭“五个一活动”，组织200名残疾人观看电影，采购一批文学作品送给残疾人家庭；开展第26个国际残疾人日活动，组织300名残疾人游览乳源云门山景区。选送作品参加全省各类宣文比赛，省第七届盲人诗歌散文朗诵暨第三届盲人散文创作大赛，潘力朗诵原创诗歌《我之幸》获得三等奖，谢经营、潘力的散文同获三等奖。第六届残疾人美术作品大赛，陈熙婷、张阳娇（听障）的《南国之春》、朱梅兰（听障）的《快乐植树

▲2017年12月7日，韶关市残疾人代表到乳源云门山景区开展庆祝第26个国际残疾人日活动

（韶关市残联 供）

节》获绘画类三等奖，宁晓梅（肢残）《中国梦幸福生活》获手工类二等奖；张作添（肢残）作品《日落》获摄影类三等奖，韶关市残联获优秀组织奖。韶关首次承办海峡两岸暨香港、澳门特殊龙舟邀请赛，韶关市特奥队再次夺冠。市肢协选派的代表在全省残疾人围棋比赛中获第一名、第三名；坐式排球队在全省坐式排球赛中获季军。协助编辑全省残疾人作家优秀作品《向阳花丛书》，由北京团结出版社出版，为中共十九大献礼。（黄婷婷）

民　政

【概况】　2017年，韶关市民政局机关核定行政编制34人，内设11个科（室、局），直属事业单位10个。全年全市民政系统围绕补短板、强基础，抓重点、兜底线，转作风、强能力，完善机制、健全政策、规范管理，全市民政工作取得新成效，民政服务机构安全管理水平提升，社会救助各项政策措施完善，部门联动机制得到完善和落实，流浪乞讨人员救助机构和场所优化，社会福利机构和设施完善，涉军服务能力提升，特困人员供养服务机构公建民营供给侧结构性改革试点工作进展顺利，困难群众医疗救助“一站式”结算实现全覆盖。

【社会救助】　最低生活保障　2017年5月，印发《韶关市民政局 韶关市财政局关于印发2017年韶关市城乡低保最低月标准及农村五保供养最低年标准的通知》，部署全市低保提标工作。全市所有县（市、区）均在规定时间内完成低保保障水平提标任务，按新标准从1月足额补发。城乡低保月人均标准提高到580元、400元，比2016年分别增加95元、65元。城乡低保月人均补差标准分别提高到457元、206元。至2017年底，全市有27719户、54997人享受低保，其中，城镇4562户、7027人，农村23157户、47970人。全年支出低保资金19538.91万元，临时补贴资金135.61万元。在低保户审批工作中未出现违法违规现象。

医疗救助和临时救助　2017年7月，韶关市制定《韶关市困难群众医疗救助暂行办法》，建立重特大疾病医疗救助制度，大幅提高救助标准，救助对象扩大到低收入救助对象。12月，在县、镇定点医疗机构实现“一站式”即时结算全覆盖的基础上，在市级定点医疗机构开展“一站式”结算服务，明确市级定点医疗机构医疗救助内容、标准、程序等相关事项，实现困难群众在韶关市内定点医疗机构医疗救助“一站式”即时结算全覆盖。2017年，韶关市实施医疗救助12.49万人次，其中，直接救助1.75万人次，资助参保10.74万人次。支出医疗救助金6149.52万元，其中，直接救助支出4780.22万元，资助参保资金支出1369.3万元。住院13808人次，住院支出4662.45万元，人均救助水平3377元。全年全市实施临时救助4016人次，支出临时救助金694.92万元，人均救助水平1730元。

困难群众基本生活保障　2017年5月，韶关市成立政府负责人牵头，民政负责，发改、财政等28个单位为成员的韶关市困难群众基本生活保障工作协调领导小组，加强对韶关市困难群众基本生活保障工作的组织领导和统筹协调。各县（市、区）全部建立健全当地困难群众基本生活保障协调机制，统筹推进解决各类困难群众基本生活保障问题。11月21日，韶关市困难群众基本生活保障工作协调领导小组召开第一次联席会议。

农村特困供养　2017年，韶关市有农村特困供养人员6778人，其中分散供养5352人，集中供养1426人。全年支出供养资金6801.02万元，其中分散供养支出5549.42万元，集中供养支出1251.6万元。韶关市财政安排敬老院建设资金260万元，其中，100万元用于各县（市、区）推荐上报的10间敬老院的维修、改造或添置设备，160万元为敬老院“消防安全工程”专项资金，用于统筹资助乐昌、曲江、南雄、武江、翁源等地26间敬老院消防设施建设。推进敬老院公建民营社会化改革，第一批试点的乳源瑶族自治县乳城镇敬老院、曲江区马坝镇敬老院、翁源县江尾镇敬老院完成项目招投标，其中乳源瑶族自治县乳城敬老院完成合同签订。

【精准扶贫】　至2017年12月，韶关市符合条件贫困户16244户、34291人全部纳入低保；符合条件的贫困户5187户、5377人全部纳入特困供养；对符合条件无法依靠产业扶持和就业帮助脱贫的家庭实行政策性保障兜底，支出低保兜底保障资金1.95亿元；将贫困人口全部纳入重特大疾病救助范围，做好分类救助指引工作，韶关市精准扶贫直接医疗救助6838人次。

【防灾减灾救灾】　2017年，韶关市多地发生洪涝灾害，共有1.75万人受灾，紧急转移安置149人，过渡期救助对象55户133人。灾后，各级各部门做好救灾工作，省级财政下拨自然灾害生活救助和恢复重建资金208.5万元，市级财政下拨恢复重建资金94.5万元，保障受灾群众基本生活。下拨省资金522万元，解决7592名2016年受灾困难群众2016—2017年冬春期间基本生活困难问题。推进灾后民房重建工作，全市94户因灾“全倒户”于2018年春节前完成重建家园工作。5月，组织韶关市减灾委13个成员单位在西河全民健身广场开展防灾减灾大型科普及现场咨询和有奖问答活动，活动现场向群众发放防灾减灾宣传资料2万多份；联合武江区教育局、武江区消防大队深入武江区红星小学，组织三个年级共150名学生开展消防演练活动。完善韶关市防灾减灾基础设施，新建南雄市珠玑镇灵潭村委等5个应急避护场所，南雄市江头镇涌溪村、翁源县龙仙镇城东社区获“全国综合减灾示范社区”称号。修订印发《韶关市自然灾害救助应急预案》。

【优抚安置】　军休干部管理服务　2017年，韶关市有军休所3个、服务站1个、服务点7个。全市有军休干部84人，遗孀34人，无军籍退休退职职工93人。是年，韶关市落实军休干部的“两个待遇”，工业东路军休所筹集资金30多万元改善办公条件，惠民路军休所投入100多万元加装两部电梯，五祖路军休所筹集资金20多万元对荣誉室进行改造。组织军休干部开展扑克、象棋、麻将、游园、门球赛等活动，在“广东省军休干部庆祝建军90周年”系列活动中，惠民路军休所获门球比赛第二名，工业东路军休所军休干部易建雄获演讲朗诵比赛第三名。三个军休所都通过广东省民政厅对军休服务管理机构的星级评定验收，五祖路军休所被评定为四星级军休所，惠民路军休所和工业路军休所均被评定为三星级军休所。军供站推进正规化建设，完成各项军供保障任务。

退伍军人安置　2017年，韶关市开展退役士兵安置和权益保障工作，在全省率先完成退役士兵安置遗留问题“清零”行动。落实安置政策，全年全市接收退伍士兵821人。其中，自主就业退役士兵775名，符合政府安排工作条件的转业士官44人，复员干部2人。全年全市发放自主就业一次性经济补助金2229.96万元，实现安置工作率100%。组织引导退役士兵参加免费职业教育和技能培训，确保有意愿的退役士兵100%参加教育培训，全市有510名退役士兵参加2年中等职业技能免费培训，另有43名退役士兵报考高等职业技术院校，就业率100%。

抚恤优待　至2017年底，全市享受定恤定补优待的优抚对象16003人（户）。其中享受定恤的“三属”224人，在乡老复员军人677人，带病回乡退伍军人419人，部分参战涉核军队退役人员5856人，60周岁以上农村籍退役人员6574人，烈士子女341人，直接参与铀矿开采退役人员850人，“五老人员”（老游击队员、老通讯员、老堡垒员、老党员、老苏区干部）255人，享受国家伤残抚恤金的革命残疾人员807人。10月1日起，韶关再次大幅度提高重点优抚对象抚恤补助标准。其中残疾军人残疾抚恤金标准在原来基础上提高约10%，烈属、因公牺牲军人遗属、在乡复员军人等优抚对象抚恤补助标准均有所提高。调整后，抚恤补助标准为烈属每人每月2209元，因公牺牲军人遗属每人每月1926元，病故军人遗属每人每月1829元，红军失散人员每人每月2128元，在乡复员军人每人每月1290元，回乡务农抗战老战士每人每月1298元，带病回乡退伍军人每人每月652元，参战涉核退役人员每人每月640元，老烈士子女人员每人每月390元，60周岁以上农村籍退役人员标准每服一年义务兵役每人每月补助30元，“五老人员”每人每月468元。2017年，全市支出优抚对象保障资金8477.91万元。出台《韶关市建立和完善复退军人服务体系实施方案》，健全完善复退军人服务体系。韶关复退军人医院抽调11名医护人员组成巡回医疗队，在韶关、清远两市范围开展为期2个月的送医送药活动。巡回医疗队先后派出医护技术人员135人次，为各类重点优抚对象诊治疾病（开出处方送药）1379人次，进行体格检查1379人次，测量血压1134人次，赠送拐杖142支，赠送轮椅3辆，电子血压计 23台，送出药品物资总价值72万元。

【双拥工作】　2017年，韶关市组织开展系列拥军优属走访慰问活动，全市赠送慰问品（金）740万元。从2017年“八一”中国人民解放军建军节起，为全市享受定期抚恤补助待遇的优抚对象发放春节和“八一”慰问金，每人每年200元，春节和“八一”慰问金各发放100元。开展双拥共建活动，举办“中国梦·强军梦”韶关市庆祝中国人民解放军建军90周年军民联欢晚会；举办第15期军地两用人才培训班，驻韶关部队优秀士兵参加；举办“幸福双拥·缘定韶关”2017年军地青年联谊活动，有来自驻韶部队和韶关市各机关、企事业单位130多名优秀单身男女青年参加；举行“9·30”烈士公祭活动暨向烈士纪念碑敬献花篮仪式，有近1000人参加。

【基层政权和社区建设】　村（社区）“两委”换届选举　2017年，韶关市各级党委、政府成立换届选举领导机构，出台选举方案，落实工作经费，宣传发动，加强重点、难点村整治，处理换届选举中的来信来访，完成1205个村委会、222个居委会的换届选举。此次换届选举有232万人登记为选民，参加投

▲2017年9月30日，韶关市在市烈士陵园举行“9·30”烈士纪念日公祭活动
（韶关市民政局 供）

票的人数有227万人，参选率97.92%，基层民主参选率超过省、市预定的目标。此次换届产生的4941名村委会成员中，平均年龄46岁，其中女性有1344名，占27.2%；产生的1048名居委会成员中，平均年龄43岁，其中女性有758名，占72.3%。选出的村委会主任中，女性53名，占4.4%。全市新一届村（社区）"两委"交叉任职比例90.7%，书记、主任"一肩挑"比例91.2%。

城乡社区建设　研究制定村（居）民委员会工作事项清单和协助政府职责清单，规范村（居）民委员会出具证明工作。以韶关市委、市政府两办明电形式印发《韶关市村（居）民委员会工作职责事项指导目录》。推进城乡社区治理创新发展，以市委、市政府两办名义印发《关于加强全市城乡社区协商的实施方案》，下发《韶关市民政局关于村民议事平台建设的指导意见》。组织开展基层群众自治组织特别法人统一社会信用代码赋码工作培训，全市1205个村委会、225个居委会完成基层群众性自治组织特别法人统一社会信用代码赋码工作。推动社会治理和服务重心向基层下移，探索村民小组成立村民理事会，鼓励乡贤反哺支持家乡建设，制定下发《韶关市民政局关于以村民小组为基本单元建立村民理事会的指导意见》《关于推进全市村民小组"五有"规范化建设活动的通知》《关于进一步规范我市村规民约的指导意见》，完善村民理事会建设的相关规章制度，推动村民理事会工作的规范化、经常化、制度化。

【社会福利和慈善事业】　儿童福利　2017年，韶关市建立健全孤儿基本生活最低养育标准自然增长机制的要求，全面提高孤儿基本生活最低养育标准。提标后，集中供养孤儿基本生活最低养育标准为每人每月1450元，散居供养孤儿基本生活最低养育标准为每人每月880元。向608名孤儿（集中供养孤儿113人，散居供养孤儿495人）发放基本生活补贴719.34万元。完善困境儿童社会救助体系，建立起事实无人抚养儿童基本生活保障制度。为全市1053名事实无人抚养儿童发放基本生活费464万元。

残疾人"两项补贴"　2017年，韶关市民政局推动建立困难残疾人生活补贴和重度残疾人护理补贴制度。实施残疾人两项补贴信息化审批监管制度，督促、指导各地通过信息系统进行申请、审核、审定和公示公开，做好重度残疾人、困难残疾人的申报审核工作。按照重度残疾人护理补贴每人每年2400元、困难残疾人生活补贴每人每年1800元的标准发放补贴，全市惠及重度残疾人27490人，困难残疾 15940人。

慈善事业　2017年，韶关市开展各项公益募捐和慈善活动。全市接受"广东扶贫济困日"活动捐款3814.24万元，其中市本级接收捐款2042.72万元，各县（市、区）慈善会接受捐捐款1771.52万元。韶关慈善总会理事会开展"情暖韶关"系列慈善公益活动，为全市精准扶贫对象中23831名60岁以上老人购买意外保险，开展助医济困、助学济困、赈灾济困、扶老助残，为社会公益机构捐助等共支出善款1648.14万元。

福利彩票　2017年，韶关市设有福利彩票投注站222个福彩户外销售点3个，福利彩票视频票销售厅4个。全年发行福利彩票4.22亿元，完成全年销售任务的115%，同比增长2944.78万元，增幅为7.5%。全年筹集福彩公益金1.18亿元，较上年增长833.55万元，增幅为7.63%，其中市本级留成3905.08万元，较上年增长327.01万元，增幅9.14%，主要用于资助养老基本设施建设、殡葬服务设施建设、扶危济困、救孤助残、资助贫困大学生等社会公益项目。

【社会事务】　殡葬管理　2017年，韶关市实施《关于韶关市城乡居民殡葬基本服务免费实施细则》，全市城乡居民殡葬基本服务免费工作步入常态化，全市免除城乡居民殡葬基本服务16108宗，免除费用2301.5万元。实行火葬，遏制散埋乱葬，全年全市火化遗体17317具（本地数15981具），火化率持续稳定。制定《韶关市殡葬事业发展"十三五"规划》，开展"殡改宣传月"等宣传活动，有一篇征文在省民政厅"向死而生——广东殡葬人手记"主题征文活动获得三等奖。印发《关于加强红白理事会建设、进一步促进移风易俗的意见》，推进全市移风易俗工作。部署清明节祭扫工作，清明节期间，接待祭扫群众近48万人次，疏导车辆9.6万台次，未发生祭扫安全事故。推广节地生态葬法，举办第16次先人骨灰公益树葬活动，有57份先人骨灰回归大自然。加强对经营性公墓的监督，完成对全市2016年度经营性公墓的年检工作。

流浪乞讨人员救助管理　2017年，韶关市各级民政部门主动对流浪人员实施救助。各救助机构做好春运期间和寒冷天气集中救助服务，保障流浪乞讨人员基本生存权益。全市救助各类流浪人员7948人次（其中市救助站3399人次），滞留安置160 人，其中救助站和福利机构内照料安置33 人，将121 人（市救助站55名）流浪精神病患者、危重病人送往相关医院救治，护送返乡78人，支出救助资金813.8万元（市救助站543.2万元）。健全流浪乞讨人员救助管理机制，成立由市政府领导，市民政局牵头，市委政法委、市公安局、市财政局、市城管局、市卫计局、市交通局等22个部门共同参与的市级流浪乞讨人员救助管理工作领导小组，各部门、各地区联合推进流浪乞讨人员救助管理工作。建立市流浪乞讨人员安置中心、流浪乞讨未成年人安置保护中心，可以分别满足市区（含浈江区、武江区）50名（男38名，女12名）成年流浪乞讨人员和30名（男16名，女14名）流浪乞讨未成年人长期安置需要。各县（市、区）均建立流浪乞讨人员救助安置中心，并核定事业编制。设立韶关市流浪乞讨人员应急救助基金，市财政安排500万元作为启动资金，制定《韶关市特殊群体应急救助基金管理办法的通知》。完成新建流浪乞讨人员安置中心的选址和规划工作。在市救助站设立警务点，确保站内救助对象及工作人员安全。将粤北医院、粤北第二人民医院、韶关复退军人医院和韶关市第三人民医院作为韶关市流浪乞讨人员的定点医院，做好城市流浪乞讨人员中病人救治工作。

农村留守儿童关爱保护　2017年，韶关市制定《中共韶关市委 韶关市人民政府关于加强农村守儿童关爱保护工作的实施意见》，启用广东省农村留守儿童管理系统和全国农村留守儿童和困境儿童信息管理。实施农村留守儿童入户关爱服务“雨露计划”，完成8个县（市、区）20个镇1000户农村留守儿童入户关爱服务。

收养登记　2017年，韶关市各级民政部门办理收养登记50宗（其中港澳台收养2宗），使弃婴、孤儿得以回归家庭、回归社会。

婚姻登记管理　2017年，韶关市办理结婚登记24099对，离婚登记8696对。补领结婚证4604对，补领离婚证635宗。婚姻登记合格率100%。5月1日起，全市婚姻登记机关实施在周末和法定节假日提供婚姻登记服务，节假日与周末共办理婚姻登记756对。6月1日起，韶关市民政局将涉外国人、涉华侨（出国人员）、涉港澳台婚姻登记办理权限下放至各县（市、区）婚姻登记处，理顺婚姻登记工作管理体制。

【社会组织管理】　2017年，韶关市本级和县（市、区）两级民政部门新登记成立社会组织148家，全市依法登记注册的社会组织1856家，比上年底增加122家，同比增长7%。每万人拥有社会组织数5.8个，全市社会组织健康发展。是年，韶关市深化社会组织管理制度改革，对行业协会商会类、公益慈善类、科技类、城乡社区服务类的社会组织实行直接登记，完善业务主管单位前置审查。制定《关于改革社会组织管理制度促进社会组织健康有序发展的实施意见》，起草《韶关市中小学生校外托管机构管理办法（试行）》。完成2016年社会组织年检工作。

【社会工作】　社工人才队伍建设　至2017年底，韶关市发展社工机构14家，其中，注册登记专业社工机构10家，民政直属单位社工机构4家。全市持证社工人数2481人，完成“幸福广东”考核评价体系中每万人5名持证社工的目标任务。举办2017年全市社会工作者职业水平考试考前辅导培训班，约800人参加培训。组织全市社会工作者职业水平考试，全市有215人通过社会工作职业水平考试。

社工志愿服务　2017年，韶关市组织开展“专业社工、全民义工”试点工作，制定《韶关市开展“专业社工 全民义工”试点工作方案》，确定在老年人领域开展试点，确定韶关市恒福社会工作服务社、韶关春晖社会工作服务社、韶关市惠民社会工作服务社、韶关市海邻社会工作服务中心等4个试点单位，以专业社会工作服务领域为主线，按“1个专业社会工作服务领域+1个志愿服务组织+N名志愿者”（“1+1+N”模式），在各县（市、区）、镇（街道）、社区等层面分别推进。

“双百计划”　2017年，韶关市根据省民政厅工作部署，开展“双百镇（街）社会工作服务站”示范项目建设，在全市10个县（市、区）的22个街（镇）开展“双百计划”社工服务站试点工作。

【地名管理】　第二次全国地名普查　2017年，韶关市完成全市第二次全国地名普查第二阶段各项工作，全市10个县（市、区）全部通过省级验收。

地名保护　推进加强地名文化保护和清理整治不规范地名工作。2017年，韶关市报送地名文化遗产保护地名754条，清理不规范地名263条。在全市范围内开展“寻找地名故事，弘扬地名文化”主题活动，整理编辑出版《韶关地名故事》。

地名命名、更名审核审批　2017年，韶关市行政审批住宅小区命名14个，县（市）道路命名40条，市区道路更名11条，新增市区地名标志（路牌）8块。　（刘美玲）

人力资源和社会保障

【概况】　韶关市人力资源和社会保障局内设19个科室，下属事业单位18个。2017年，韶关市人社系统围绕“加快韶关振兴发展”工作目标，坚持“民生为本、人才优先”工作主线，稳定扩大就业，推动创业创新，提升社会保障水平，加强人才引进培养，严格规范人事管理，构建和谐劳动关系，完成各项工作目标任务。

【就业创业】　2017年，韶关市制定《韶关市人民政府办公室关于促进异地创业务工人员返乡创业就业的实施意见》《韶关市人民政府关于进一步做好当前和今后一段时期就业创业工作的实施意见》，促进城乡更加充分就业和更高质量就业。全年全市实现城镇新增就业3.5万人，城镇失业人员再就业2.85万人，就业困难人员实现就业2717人，促进创业1676人。城镇登记失业率 2.43%，控制在年度目标3.5%以内。全市支出就业专项资金3045.73万元，惠及1.51万人次；完成劳动力技能晋升培训9698人，通过财政审核发放技能晋升培训补贴资金1805.2万，惠及劳动者10802人次。组织324个项目参加广东“众创杯”创业创新大赛，获得六个奖项，创历史最好成绩。发放创业担保贷款431笔7268.50万元，带动就业1293人；申报全省区域性创业孵化基地建设项目，建设步伐加快，全市有创业孵化基地12家，入驻孵化企业579家，带动就业1.91万人，实现创业带动就业的倍增效应。

【公共就业服务】　2017年，韶关市组织开展“春风行动”“南粤春暖”“民营企业招聘周”等各类招聘活动

265场，提供岗位23.5万个，达成就业意向2.27万人。推进就业技能精准扶贫工作，完成贫困劳动力技能培训2282人（含农技、科技培训）。加强贫困劳动力就业服务，全市建档立卡贫困劳动力实现就业2.02万人，完成年度计划的188.46%。开展服务企业工作，帮助118家挂点联系企业缓解招工难问题。全市新增转移就业3.06万人，其中631名韶关籍贫困劳动力转移到东莞市企业或莞韶园就业并参加社保。

【异地务工人员管理服务】 2017年，韶关市在全省率先制定出台促进异地创业务工人员返乡创业就业的实施意见，扶持和引导在外能人回乡、项目回迁、资金回流。通过加强服务体系建设、健全动态管理机制、建立返乡人员创业就业数据库和动态管理台账等，及时掌握返乡人员的创业就业情况，为返乡就业人员及时提供岗位需求信息服务；通过搭建返乡创业服务平台，支持和推进广东省“双创”示范基地韶关智汇小镇建设，为返乡创业者提供一站式全程创业服务；通过加大培训力度，对有需要者量身定制创办企业培训、农村电商培训、职业技能培训、农村实用技术培训，为外出务工人员返乡创业保驾护航；通过加大财政支持力度，对符合条件的返乡人员创业实行减征企业所得税和免征增值税、教育费附加、地方教育费附加等税费，对符合条件的电子商务产业园区和企业分别给予5万—100万元不等的奖补。

【社会保险扩面征缴】 2017年，韶关市组织召开社会保险扩面征缴工作会议，人社、地税等部门联合开展社保扩面执法检查和督查督办，加强对中断缴费人员的分析研判，抓好重点人群的参保扩面工作，开展全民参保登记。全市参加企业职工基本养老保险50.78万人（不含离退休），城乡居民基本养老保险97.21万人，城乡基本医疗保险294.16万人（其中城镇职工基本医疗保险57.64万人），失业保险29.80万人、工伤保险38.85万人、生育保险28.42万人；全年征缴企业职工基本养老、医疗、失业、工伤、生育五项社会保险基金47.88亿元，其中：企业职工基本养老保险基金26.86亿元，职工基本医疗保险基金18.36亿元。

【社会保险制度改革】 2017年，韶关市推进机关事业单位养老保险制度改革，完成参保登记7.3万人。落实社会保险降成本工作，推进全市供给侧结构性改革，12月28日上午组织召开“降低企业社会保险费用成本支持实体经济发展”新闻发布会，通报社会保险费率费基调整有关措施，全年为企业降低社会保险成本3.03亿元。其中：企业职工基本养老保险单位缴费比例从15%下调至14%，月缴费工资下限从2906元下调至2489元，为企业减负1.03亿元；城镇职工基本医疗保险单位缴费比例由6.5%下调至6%，为企业减负1.07亿元；执行下调后的工伤保险费率政策和阶段性下调失业保险费率政策，工伤保险为企业减负1130万元，失业保险为企业减负6800万元。落实失业保险支持企业稳岗政策，373家企业申请稳岗补贴资金1369万元。争取省资金近2000万元完成“智慧人社”项目建设，初步实现人社业务的“智慧经办”“智慧服务”。

【社会保险待遇水平】 2017年，韶关市领取养老金人数55.85万人，其中：职工16.2万人，待遇支出427684万元；居民39.65万人，待遇支出50570万元。享受城镇职工基本医疗保险人数16.95万人，待遇支出161892万元。享受城乡居民基本医疗保险人数54.49万人，待遇支出120714万元。办理领取失业保险金36830人次，待遇支出5215万元。申领工伤保险7393人，待遇支出15637万元。申领生育保险9956人，待遇支出12800万元。企业退休人员月人均养老金从2032元提高至2163元，惠及15.49万人；城乡居保基础养老金最低标准从每人每月110元提高至120元，惠及33.5万人。城镇职工基本医疗保险年度最高支付限额从6.8万元提高到10万元。全市分配征地社保资金4.3亿元，12.22万人纳入被征地农民养老保障制度范围。建档立卡贫困人员100%由政府全额资助参加城乡居民医保。落实大病保险向困难人员倾斜政策，全市建档立卡贫困人员有6840人次享受基本医疗保险和大病保险报销待遇，报销金额分别为4463.22万元和894.04万元。实现全国跨省异地就医即时结算，省内异地就医联网即时结算医院466家。灵活就业社保补贴由原来个人实际缴纳社会保险费的50%调整为2/3；岗位补贴由原来每人每月200元调整为每人每月当地当期最低工资标准的50%。

【企业职工基本养老保险省级统筹】 2017年，韶关市通过广东省人大代表建议、列入市政府需省支持解决事项等途径，争取省完善企业职工基本养老保险省级统筹。6月，广东省人民政府印发《广东省完善企业职工基本养老保险省级统筹实施方案》，明确从7月1日起实施全省企业职工基本养老保险基金省级统筹，实行基金全省统收统支统管，从制度层面解决全市企业职工养老保险基金每年近20亿元的缺口问题，全市逾16万名企业离退休人员基本养老金待遇得到保障。制定出台《韶关市贯彻实施〈广东省完善企业职工基本养老保险省级统筹实施方案〉工作方案》，按省级统筹“六统一”标准推进省级信息应用系统建设等各项工作，对本地社会保险信息平台进行功能适应性调整。

【人才服务】 2017年，韶关市落实《韶关市百名享受市政府特殊津贴人才选拔管理实施意见（试行）》和《韶关市引进百名紧缺适用人才实施意见（试行）》等人才政策，突破以往人才政策难以惠及民营企业的瓶颈，选拔韶关市首期享受市政府特殊津贴人才111名，引进公共服务领域紧缺适用人才17名。推进博士后工作平台建设，全市有博士后工作平台8家，在站博士后6人。组织市卫生、教育、文化等系统的36家企事业单位赴外引才，达成就业意向31人。

组织本地107家优质企业到市内技校开展宣讲及专场招聘会84场，与87家本地企业达成技能人才培养合作协议，市内技校毕业生首次就业率98%以上，留韶就业近1500人。落实韶关市职业技能人才发展计划，组织职业技能鉴定2.68万人次，其中高级工以上6229人次。

【技工教育】 2017年，韶关市加强职业技能培训，审核发放劳动力技能晋升培训补贴1805.24万元，惠及1.08万人。全市技工院校实现招生8291人，其中市属学校2949人。落实市政府为民办实事项目，推进市属技工教育资源整合，帮助187名非编人员全部实现转岗再就业，没有发生一起上访事件，实现"四校合一"。深化产教融合、校企合作，市属技校与粤北医院合作开发髋关节置换精确瞄准仪，与韶关海星机械制造公司合作研发设计工装夹具；争取广东省资金1500万元，推进产业共建高技能实训基地项目建设；与省市企业共建22家高技能实训基地。

【人事管理】 2017年，韶关市面向社会公开招录公务员736名。20个市直机关设置38个职位进行公开遴选公务员，遴选转任24名。实施新录用公务员导师制，全年组织各类公务员培训20期，培训7692人次。组织开展全市科级以下干部网络培训工作。办理公务员转任98人，调任3人。办理公务员登记315人，参公登记42人。向市政府报请任免副处以上领导干部101人，其中任职65人、免职36人，组织做好政府任命国家工作人员宪法宣誓工作。核准32个市直事业单位的岗位设置，办理10个县（市、区）岗位设置备案56个单位。办理市土地储备中心、市城镇污水处理管理中心等17个单位1687人的人员划转工作。补充完善市直事业单位公开招聘面试评委库，增补评委310名，其中教育系统65名，卫生系统245名。完成46个市直事业单位86个岗位、99人面向社会公开招聘工作。全年组织各类人事考试35项，考生6.4万人次。

【军转干部安置服务】 2017年，韶关市完成2017年度89名军转干部接收安置和40名随军家属的安置工作。加大解困工作力度，提高解困生活补助标准，企业军转干部整体稳定。建立1964名企业军转干部工作台账和7名企业军转干部"重点人"台账。加大对企业军转干部维稳工作的排查力度，做好日常来信来访的答复和服务工作。

【工资收入分配制度改革】 2017年，韶关市完善机关绩效考核激励机制，坚持正面激励的收入分配导向，探索建立激励性绩效奖励金，赋予单位一定的自主分配权，奖金分配可向业绩突出人员倾斜。完善带薪休假制度，规范应休未休年休假工资报酬的发放。深化市直事业单位收入分配制度改革，将原来由单位自筹经费发放的1.2万元奖励性绩效工资纳入绩效工资总量。牵头制定韶关市公立医院薪酬制度改革试点工作的实施方案和实施细则，开展试点工作，探索建立符合医疗行业特点的薪酬制度。开展2016年市属企业在岗职工工资情况调查，经审核认定平均工资为6.2万元。委托第三方专业机构，完成2017年企业薪酬调查，制定发布韶关市2017年人力资源市场工资指导价位，为企业和职工提供工资参考。

【劳动关系】 2017年，韶关市有在岗职工人数53.5万人，签订劳动合同50.8万份，合同签订率95%，已建工会企业的集体合同签订率84%。加强劳动人事争议仲裁调解，处理各类劳动人事争议案件1641宗，同比下降8.3%，涉及2583人、5885.16万元，累计结案率93.28%。推进劳动保障监察"两网化"建设，完成全市监察员和用人单位信息录入工作，录入企业20521家。实施行政执法与刑事司法"两法"衔接，全年依法向公安机关移送涉嫌拒不支付劳动报酬罪案件12宗。做好农民工工资支付保障工作，加大打击恶意欠薪违法行为，排查劳资纠纷案件547宗，同比下降32.22%，其中调解处理425宗，立案处理122宗，劳动保障监察举报投诉案件结案率98.6%。监察企业2417户，为4499名劳动者追回被拖欠工资6238.26万元，劳动关系总体和谐稳定。 （黄明风）

民 族

【概况】 详见6页"韶关概况"。

【2017年全市推进民族地区加快发展督办会】 2017年8月31日，韶关市组织召开2017年全市推进民族地区加快发展督办会。韶关市民族宗教工作领导小组成员单位及市直有关单位分管领导，始兴县、乳源瑶族自治县政府分管领导、民族宗教局局长，深渡水瑶族乡主要领导共50人参加座谈会。会议内容为深化贯彻落实中央和全省民族工作会议精神，推动省扶持民族地区加快发展政策项目落地，要求市直有关单位及乳源、始兴县要加快工作进度，如期完成广东省下达的指标任务，夯实民族地区发展基础。

【少数民族特色村寨建设】 2017年5月22日至26日，韶关市组织始兴县、乳源瑶族自治县人民政府分管领导，相关县（市、区）民宗局长及部分乡镇长赴贵州省六盘水市、贵阳市考察学习民族地区脱贫攻坚和特色村寨建设工作；6月12日至16日，组织人员参加省民族宗教委在贵州民族大学举办的少数民族特色村寨建设培训班，推动少数民族特色村镇建设。

【2017年民族团结进步宣传月活动】 2017年9月，韶关市围绕"知边疆赞边疆——民族团结成就系列宣传活动"主题，开展各项活动，把宣传月活动与涉

民族因素矛盾纠纷排查调处工作结合起来，通过接访、走访、巡查等方式，促进各民族团结。

【城市民族工作协作机制建立完善】 2017年，韶关市贯彻落实中央、省关于做好外来少数民族流入地和输出地“两头”对接工作的要求，市直相关部门赴新疆、青海进行对接工作，签订协议，建立输出、流入地协作机制，加强信息共享，做好新形势下韶关市城市民族工作。

宗　教

【概况】 详见6页“韶关概况”。

【宗教界教育引导加强】 2017年，韶关市举办2017年宗教政策法规培训班，组织全市宗教工作干部和宗教团体、宗教场所负责人学习中共十九大精神和新修订《宗教事务条例》；在广东佛学院云门学院举行国家安全教育专题讲座；在曹溪、云门佛学院开展2017年高校“形势与政策”教育教学工作。

【民族宗教工作网络建立】 2017年，韶关市建立县、镇、村（社区）三级民族宗教工作网络和镇、村（社区）两级责任制。制定韶关市关于建立县、镇、村三级宗教工作网络和镇、村二级宗教工作责任制工作方案，明确基层宗教工作职责，加强基层宗教工作。

【宗教界人才队伍建设】 2017年，韶关市推荐释明向为政协第十二届广东省委员会委员人选；考察推荐神父刘俊平等4名天主教人士为广东省天主教第九次代表会议代表、委员和常委；依照新修订的《汉传佛教教职人员资格认定办法》，对33名申请备案的佛教教职人员进行审核。

【禅宗文化交流】 2017年3月26日至4月2日，南华禅寺的11名法师赴加拿大开展佛教文化交流活动；指导宗教界开展社会公益和文化交流活动，组织宗教界开展2017年广东“扶贫济困日”活动，捐赠41.3万元。

【平安宗教创建】 2017年，韶关市制定《韶关市落实宗教房产政策归还天主教红星综合厂房产实施方案》，解决天主教红星综合厂房产遗留问题；市政府有偿划拨1204平方米土地给市佛教文化交流中心用于建设停车场；联合消防部门开展宗教活动场所消防安全检查工作，部署全市宗教界加强汛期灾害防范和开展安全生产大检查，确保全市宗教系统平安和谐稳定发展。

【“海峡两岸交流基地”获批设立】 2017年10月23日，南华禅寺获得中央台办、国台办批准设立为“海峡两岸交流基地”，为挖掘和运用南华寺佛教禅宗文化资源优势开展两岸交流，推动和促进两岸关系和平发展发挥作用。

（龙　晖　邓敏玲）

城乡居民收入与消费

【城乡居民可支配收入】 城乡居民可支配收入，指调查户在调查期内获得的、可用于最终消费支出和储蓄的总和，即调查户可以用来自由支配的收入。可支配收入既包括现金收入，也包括实物收入。居民人均可支配收入是指按照统一调查方案和统一口径调查的、包括城镇居民和农村居民在内的全体居民的人均可支配收入。2017年，韶关市全体居民人均可支配收入21865.9元，比上年增长9.5%，扣除价格影响因素，实际增长7.8%，其中，按常住地分，城镇居民人均可支配收入28305.9元，比上年增长9.5%，扣除价格影响因素，实际增长7.8%；农村居民人均可支配收入14107.6元，比上年增长10.3%，扣除价格影响因素，实际增长8.6%，城乡居民收入差距继续缩小。

【城乡居民消费支出】 2017年，韶关市全体居民人均消费性支出16055.7元，同比增长8.5%，其中，城镇居民人均消费性支出19630.2元，同比增长8.2%；农村居民人均消费性支出11810.1元，同比增长9.1%。全体居民人均食品烟酒消费6091.7元，人均衣着消费771.9元，人均居住消费2947元，人均生活用品及服务消费910.3元，人均交通通信消费2012.6元，人均教育文化娱乐消费2007元，人均医疗保健消费989.8元，人均其他用品及服务消费325.4元。

【城乡居民耐用消费品拥有量】 2017年，韶关市城乡居民耐用消费品拥有量情况：平均每百户拥有家用汽车24辆、摩托车104辆、助力车（电动车）28辆、洗衣机88台、电冰箱99台、微波炉31台、彩色电视机123台、空调127台、热水器99台（其中太阳能热水器26台）、洗碗机1台、固定电话22台、移动电话272台、计算机57台（其中接入互联网的44台）、照相机14台、中高档乐器4台、健身器材4台。

（关韶光　雷明平）

2017年韶关市居民人均可支配收入增长情况表

表25

指标名称	金额（元）	名义增长（%）	实际增长（%）
全体居民	21865.9	9.5	7.8
城镇居民	28305.9	9.5	7.8
农村居民	14107.6	10.3	8.6

新农村建设

【概况】 2017年，韶关市以省级新农村示范工程为引领，以省定贫困村“后队变前队”为抓手，总结推广仁化县丹霞街道黄屋村委会瑶塘新村“农旅结合”、大桥镇长坝村“产业带动”，南雄市珠玑镇灵潭村“党建引领”，始兴县马市镇红梨村“工作队引导”、顿岗镇周所村“理事会主导”，翁源县、新丰县等示范村“EPC推动”，始兴县、乐昌市农村生活垃圾收运处置“市场化运行”等模式，推进韶关新农村建设。至2017年底，除纳入省级新农村连片示范工程建设的15个省定贫困村外，省财政对其他263个省定贫困村创建工作按每村1000万元资金标准下拨到相关县（市、区）。市本级投入资金24640万元用于推进农村人居环境整治，引导社会资金支持省定贫困村新农村建设：广东省和的慈善基金会捐赠1亿元精准扶贫专项资金，与韶关市政府合作在南雄市、仁化县9个行政村开展以文旅为核心的精准扶贫、精准脱贫与社会主义新农村建设项目；乐昌市长来镇和村村和翁源县翁城镇黄塘村分别争取到碧桂园集团投资2000万元，翁源县龙仙镇青云村争取到粤商集团投资2000万元，共6000万元投入示范村创建。在粤东西北14个市（含惠州、肇庆）第一、二批共28个省级新农村连片示范建设工程“两年基本实现目标”绩效评估中，仁化县“丹霞彩虹”示范片被省评估为优秀等次，乳源瑶族自治县“五彩瑶乡”示范片被省评估为良好等次。

【省级新农村示范片建设项目推进】 2017年，韶关市第一批乳源瑶族自治县“五彩瑶乡”、第二批仁化县“丹霞彩虹”两个省级新农村示范片区基本完成道路硬底化、村村通自来水、村庄垃圾和生活污水处理、房屋外立面改造、卫厕改造“5个100%”等目标任务，进入提升阶段。第三批南雄“千年驿道·广府原乡”示范片实现“两年基本建成”目标。第四批乐昌市“桃李人家”、始兴县“画里清化”示范片基本完成规划设计、成立村民理事会、“三清三拆”等前期准备，启动卫生公厕、化粪池、雨污分流设施等部分项目；第五批翁源县“水墨田园·花果九仙”、新丰县“云髻乡韵”项目于2017年完成规划工作，同步推进农村人居环境整治，2018年将向省申报启动建设。至2017年底，前四批共5个省级新农村示范片累计投入资金37681.72万元，完成村巷道硬底化213.107千米，铺设自来水管102.38千米、雨污分流管网74.9千米，完成外立面改造的有1706户，拆除危旧弃房8255间175683平方米，清理垃圾7330.8吨，复绿面积42629平方米，种植绿化树60566棵，建设污水处理设施35个。

【农村人居环境整治工作推进】 2017年，韶关市有20户以上自然村9747个，启动整治的自然村7151个，占9747个20户以上自然村（下同）75%；完成的自然村4372个，占44.8%；完成村庄规划的自然村4842个，占49.6%；健全村规民约、章程及村民理事会的自然村8882个，占91.1%。

【省定贫困村创建新农村示范村】 2017年，韶关市有广东省定贫困村278个，占全省近1/8，其中20户以上的自然村2737个，启动新农村示范村创建工作，到2017年底，基本完成韶关市委、市政府提出的“4个100%”目标任务，即100%完成编制整治规划，100%开展“三清三拆三整治”，100%成立村民理事会，100%垃圾清运、处理和保洁体系建设县域全覆盖。

（韶关市委农办）

市场物价

【居民消费价格温和上涨】 2017年，韶关市区居民消费价格总水平上涨1.6%，涨幅比上年（上涨1.9%）回落0.3个百分点。其中：消费品价格上涨0.5%，服务项目价格上涨3.7%，非食品烟酒价格指数上涨2.8%，食品烟酒价格下降0.6%；从类别上看，居民消费的八大类商品（服务）价格累计同比呈现“六涨二降”的格局：医疗保健价格上升10.0%，居住价格上涨3.3%，

▲省级新农村示范片——仁化瑶塘新村 （韶关市委农办 供）

▲2017年3月10日，韶关市消委会联合市工商局在韶关市新闻中心组织召开"3·15"消费维权益新闻发布会（韶关市消委会 供）

教育文化和娱乐价格上升3.0%，衣着价格上升2.9%，交通和通信价格上涨0.4%，其他用品和服务价格上升0.3%，食品烟酒价格下降0.6%，生活用品及服务价格下降0.6%。

【开展价格调控监管】 见162页。

住房保障

【保障性住房建设】 见296页。

【公租房管理】 见297页。

【住房公积金资金管理】 见297页。

消费权益保护

【消费调解】 2017年，韶关市各级消委会依法调解消费纠纷，维护消费者的合法权益。全年全市各级消委会接待来电来访2600多人次，受理消费纠纷投诉355宗，调解结案318宗，调解成功率90%，涉案金额218.4万元，为消费者挽回经济损失83万元。其中，商品类投诉156宗、占44%；服务类投诉149宗、占42%。商品消费热点表现在家用电子电器类有72宗，占20.2%，其次是交通工具类与房屋及建材类等方面；服务消费热点表现在生活、社会服务类和电信服务类两方面。

2017年，韶关市消费者投诉的热点主要有两个方面：家用电器类消费投诉居高不下，质量问题仍是投诉重点，家用电子电器类比重较大，售后服务投诉多，主要反映在商家拒绝退换货、不履行售后服务、退货不退款、设置退换货障碍、拖延敷衍等问题上；网络消费呈上升趋势，是年，接受网络购物投诉案件比往年略有增多，投诉的性质表现为商品质量和服务。网购消费的数量不断上升，网购消费形式成为广大消费者普遍的消费形式，网络商品交易平台是监管难点。

【"3·15"国际消费者权益日主题宣传纪念活动】 2017年，韶关市在"3·15"国际消费者权益日前后，组织开展系列宣传纪念活动。3月10日，韶关市消委会联合市工商局在韶关市新闻中心组织召开"3·15"消费维权益新闻发布会，向新闻媒体介绍2016年度消费维权工作开展情况及2017年度消费维权主要工作总体安排。3月13日，韶关市消委会、市工商局、武江区政府联合韶关日报社在武江区龙归镇镇政府所在地组织举办"网络诚信入乡镇 消费畅无忧"活动。3月15日，韶关市消委会联合市工商局在市百年东街爱情广场举办大型现场宣传咨询活动，韶关市人民政府副市长陈磊以及26家政府职能部门、行业协会、律师代表参加活动，活动现场为2016年度"消费维权之星""诚信共建先进单位""工商红盾电子标识首批申领成功网络经营主体企业代表""诚信单位"代表，以及2016年"正版正货承诺"单位颁匾授证，并设置展示"职能部门职责与成果""消费维权知识""诚信经营理念"3条宣传走廊。全市各级消委会同步开展纪念宣传活动。南雄市集中销毁2016年度行政执法查处的食品、手机配件、汽车轴承等一批假冒伪劣商品；仁化县现场销毁2016年度查处的劣质音像制品、非法出版物、过期变质食品药品等，销毁物品的价值2万多元；新丰县将没收的墨盒、卷烟及手机等假冒伪劣商品在垃圾填埋场进行集中销毁，商品价值14.4万元。

【消费维权知识宣传】 2017年以来，韶关市消委会与韶关电视台《民生关注》专题栏目合作，接受消费时事点评采访，为广大消费者在消费指引与消费维权上提出意见建议。做好消费维权信息报道工作，在《韶关日报》《韶城一周》上刊登消费案例、消费警示、消费指导等各类信息，为广大读者提供各类消费维权知识。加强消费维权网站建设工作，与工商部门合作改版"消费维权网"；完善韶关民声网"天天3·15"论坛专版的内容，发布消费信息与消费案例，为广大网民消费者答疑解惑。

【食品安全周宣传】 2017年6月，韶关市消委会与市工商局联合组织开展2017年韶关市工商部门食品安全宣传周活动。活动期间，6月22日在市益华百货三楼超市举办食品安全宣传周主题活动日，邀请食品经营户代表和消费者代表共45人参与，重点设立食品安全宣传咨询台及宣传“尚德守法 共治共享食品安全”等食品安全消费内容，派发食品安全资料1000份，宣传环保袋200个。

【“关爱老人、消费无忧”主题老年人宣教活动】 2017年11月24日，由韶关市消费者委员会主办，联合市工商局、市旅游局、市食品药品监督管理局、市金融消费协会、市盐业局等部门共同举办老年人宣传教育活动。活动现场通过常识知识问答环节，指引老年人树立良好的消费观，增强老年消费者科学理性消费和依法自觉维权的意识。

【商品比较试验】 2017年，韶关市消委会组织开展系列商品比较试验工作。开展儿童玩具商品比较试验。广东省消费者委员会联合韶关市消费者委员会在韶关市区流通环节的儿童玩具商品中抽样开展比较试验工作，在市区各大小超市、商品批发街以及各中小学校周边小商店等销售地点随机购买各类品牌儿童玩具样品40份，根据相关国标要求，对样品进行物理和机械性能、燃烧性能、八大重金属等指标项目，委托谱尼测试集团深圳有限公司进行专业检测，40份样品均合格达标，于“六一”前夕将比较试验结果向社会发布，在《韶关日报》发布“六一”儿童用品消费警示。开展室内装饰装修涂料商品比较试验。韶关市消委会针对韶关市区流通领域中的室内装修装饰涂料商品，主要品种为墙面漆涂料，在市区各大小商场、超市等销售地点随机购买各类品牌墙面漆样品15份，根据GB 18582-2008质量标准的要求，委托谱尼测试集团深圳有限公司对样品进行挥发性有机化合物（VOC）含量、苯、甲苯、乙苯含量总和、游离甲醛、可溶性重金属含量（铅，汞，铬）等指标项目进行专业检测，结果显示15份样品均合格达标。

【2017年度“诚信单位”评选】 2017年，韶关市消委会面向全市范围接受企业（个体户）的评选申报，通过基层消委会组织对申报单位进行初审，符合条件的申报单位通过媒体进行3个月的公示，接受广大消费者监督，公示期结束后将申报单位名单报送市各有关行政部门进行经济违法及诚信情况的审查。是年，有724家企业（个体户）接受评选考察。

▲2017年3月15日，“3·15”活动现场颁发首批申领成功的工商红盾电子标识
（韶关市工商局 供）

【网络购物消费评议】 2017年，韶关市消委会组织开展网络购物消费评议调查活动。此次评议收到消费者问卷1856份，调查方式采用线上线下同步投放收集的方式展开：线上与韶关市区主流网络媒体“韶关民声网”合作，在其网站、公众号投放线上答卷；线下与韶关市旅行信息服务中心、韶关市物业管理协会、排舞协会等组织合作，通过旅游直通车登车前答卷、问卷入小区、公益活动现场答卷等方式。通过此次调查活动，将韶关市消费者在网络购物消费方面的综合数据形成报告进行公布，对网购消费陷阱进行预警，敦促网购商家重视广大消费者反映的问题，对存在问题进行整改，建设网络无忧消费环境和诚实守信的网络经营氛围。（欧彩秀）

关心下一代工作

【概况】 2017年，韶关市关心下一代工作委员会加强韶关市未成年人思想道德建设，重点抓住教育引导、关心爱护青少年，开展内容丰富、形式多样的教育活动，促进韶关市青少年健康成长。

【“学党史、学国史、听党话、跟党走”系列主题教育活动】 2017年，韶关市各地关工委与教育部门，在全市中小学开展讲党史、讲国史、讲军史教育实践活动。韶关市关工委讲师团运用讲故事，看视频等形式深入部分中小学、北江监狱等单位宣讲“三史”。韶关市关工委艺术团深入学校、监狱等地演出，全年演出13场，演出节目36个，观众3万多人次。各中小学在重大节庆期间，开展讲党史、讲军史、忆传统、参观爱国主义教育基地、观看爱国主义影片、国旗下讲话等多种形式主题教育活动。曲江区关工委组织区关工委艺术团深入乡镇、学校、社区等地演出11场，受教育青少年23600多人次；5月，该团在参加由中国好节目组委会主办的庆祝

香港回归20周年“中国好节目”文艺演出中，参演的两个节目分获二等奖和三等奖。仁化县关工委艺术团深入各中小学开展主题教育活动，全年演出23场，受教育青少年1.6万人次。韶关市关工委联合教育部门，在中小学开展“中华魂”（辉煌与梦想）主题教育活动，并在2017年底与市教育局关工委组成联合调查组，深入各县（市、区）开展调查研究，推广调研中发现的好单位、好做法、好经验。是年，韶关市教育局关工委和浈江区教育局关工委被评为全国青少年“五好小公民”主题教育活动先进集体，两人被评为先进个人。

【征文读书研讨活动】 2017年，韶关市各县（市、区）教育局关工委和全市中等职业学校开展“工匠精神与职业院校德育工作”的征文研讨活动。韶关市在参加中国教育部关工委举办的征文研讨活动中，韶师分院邱云兰获二等奖，韶师分院梁瑞琪、南雄中职何静敏获三等奖。浈江区关工委和区教育局倡导各学校建立班级图书角。全区建立班级图书角27个，实现学校、班级、学生图书馆资源共享。翁源县关工委抓好“朝阳读书”活动，30所中小学校发动企业老板、热心人士捐资50多万元，增添课外图书5万多册，每个班都办起图书角。

【青少年普法和禁毒宣传教育】 2017年，韶关市各级关工委、教育、司法、综治办、禁毒委等部门联合行动，在广大青少年中开展普法教育和禁毒宣传教育。2017年，重点开展“学宪法、用宪法”、“珍惜生命、远离毒品”、《中华人民共和国道路交通安全法》、《中华人民共和国预防未成年人犯罪法》、《中华人民共和国未成年人保护法》等教育，青少年法律意识得到增强，犯罪率下降。南雄市由公安局派出干警进驻中小学校担任法制副校长，实现派驻学校法制副校长率100%。11月，韶关市关工委与市教育局在市一中举行全市《学宪法·用宪法》暨“中华魂（辉煌与梦想）”主题教育演讲比赛，全市3500多名学生参加初赛、预赛和决赛，决赛评出一等奖6名，二等奖13名，三等奖14名。韶关市在参加第二届全国学生“学宪法讲宪法”演讲比赛中，广东实验学校朱劼获初中组全国二等奖，广东北江中学尹昊龙获高中组全国三等奖。

【“三教”结合工作推进】 2017年，韶关市推进“三教”结合工作（学校、家庭、社会教育）的落实，构建“三位一体”共同育人网络。韶关市关工委协调市教育局等部门召开由各县（市、区）教育局分管领导参加的“三教”结合工作情况汇报会。6月底，韶关市文明办、市教育局结合文明校园创建工作，在曲江区九龄小学召开现场观摩会，推进文明校园创建和“三教”结合工作。9月底至10月初，韶关市关工委与市教育局关工委组成联合调查组，深入各县（市、区）调查推进“三教”结合工作等情况。韶关市妇联联合市文明办、市教育局、市关工委制定《韶关市推进未成年人“三结合”教育工作实施方案》，依托社区家庭教育指导服务点（家长学校）组织社区家庭参与家庭教育活动。2017年半年时间，在全市开展家庭教育讲座288场，受益家长10万多人次。韶关市妇联联合韶关市教育局、市文明办、市关工委打造全媒体家庭教育栏目——《成长的天空》，每周五晚上在韶关电视台播出，韶关市关工委讲师团副团长罗曼红为专栏做4期节目，受众上万人次。2017年，韶关市关工委在《韶城一周》开设《关心下一代》专栏，报道各地关工委重要工作动态、先进人物、先进单位的事迹以及家庭教育知识等内容。始兴县关工委成立由学校德育教师、党校教师、退休老干部等为成员的“三教”结合讲师团，深入各学校开展“三教”结合讲座。

【农村创业青年培训】 2017年，韶关市各县（市、区）举办农村创业青年培训班10期，培训农村创业青年962人，韶关市举办提高班1期，培训学员53人。韶关市关工委选送12名农村创业青年参加广东省举办的高级班培训。12月6日，广东省关工委在湛江召开全省关工委农村创业青年培训工作经验交流会，对100名农村创业青年优秀带头人和第三批59个“广东省关工委农村创业青年培训示范基地”进行表彰。其中，韶关市李仁斌、杨雪花等10名优秀带头人和韶关市仁化县风顺养殖农民专业合作社、翁源县江尾镇华润兴葡萄园等名列其中。

【关爱农村留守儿童】 2017年，韶关市各级关工委关爱农村留守儿童，为农村留守儿童营造健康、快乐、温馨的成长环境。新丰县关工委开展农村留守儿童关爱保护调研工作，在回龙中学建立留守儿童“心灵加油站”。5月31日，珠江电视台播出新丰县《心灵加油站——留守儿童与父母交流的桥梁》的新闻，宣传回龙中学关爱农村留守儿童的事迹。

【扶贫助学】 2017年，韶关市关工委落实广东省关工委“香江育才计划”，帮助35名贫困大学生完成学业；下拨20万元“扶贫助学金”用于资助贫困学生；与深圳德昌电机技术学院沟通联系，做好推荐贫困学生免费就读工作，至2017年共安排就业贫困生210人；动员社会力量筹集善款，支持贫困学生完成学业。乐昌市关工委筹集善款130万多元，资助贫困学生583人。韶关市关工委艺术团在乐昌市长来镇举行义演募捐活动，募集善款4万多元，物资一批，用于资助乐昌山区贫困学生。始兴县关工委先后组织“三工”队伍举办“始兴绿芽·灯塔计划夏令营”、“小月饼，大爱心”和各类捐资助学等活动，共资助贫困学生151人，资助金额17.78万元。（温祖娟）

县（市、区）

浈江区

【概况】 位于韶关市东北部，东与仁化县长坝镇、曲江区枫湾镇和大塘镇接壤，西与乳源瑶族自治县桂头镇、武江区重阳镇毗邻，南与曲江区马坝镇、白土镇相连，北与乐昌市长来镇、仁化县董塘镇对接。2017年，下辖新韶、乐园、十里亭、犁市、花坪5个镇，东河、车站、风采3个街道办事处及曲仁、田螺冲2个办事处。土地面积572.14平方千米。年末户籍人口35.54万人，常住人口41万人。耕地面积0.71万公顷，粮食播种面积0.47万公顷，粮食产量2.55万吨。林地面积3.65万公顷，森林覆盖率60.73%，活立木蓄积量207.6万立方米，全年降水量1397.2毫米，年平均气温20.8℃。重要矿产资源有煤、铁、钨、萤石等，土特产有淮山、粉葛、香芋、香瓜等，主要旅游景点有国家森林公园、樱花公园、中山公园、风采楼、韶州府学宫、北伐战争纪念馆、中共粤北省委旧址等。是年，全区有中小学学校55所，在校学生3.3万人，医院13所，卫生院7所，实有床位2037张，区文化馆1个，文化广场8个。8月，浈江区被国家体育总局授予“2013—2016年度全国群众体育先进单位”称号。

2017年，全区生产总值229.37亿元，比上年增长6.2%。其中：第一产业增加值7.01亿元，增长3.9%；第二产业增加值34.55亿元，增长4.6%（工业增加值26.8亿元，增长12.4%）；第三产业增加值187.8亿元，增长6.5%。人均地区生产总值56038.6元，增长5.5%。固定资产投资62.55亿元，下降19%。社会消费品零售总额236.84亿元，增长6.9%。外贸出口额4369.2万美元，增长4.6%。地方一般公共预算收入2.88亿元，下降11.8%。城镇常住居民人均可支配收入33385.4元，增长7.4%；农村常住居民人均可支配收入16270.5元，增长9.5%。

【区行政服务中心新办事大厅启用】 2017年7月4日上午，浈江区行政服务中心新办事大厅揭牌启用，韶关市政协副主席、区委书记刘清生和区长曾清兰等参加揭牌仪式。该办事大厅位于浈江区黄金村鑫金汇建材家居广场，共三层，建筑面积4154平方米，设有办事窗口85个，每一层均设立窗口区、等候区和咨询区，一楼配置24小时的电子服务器，同时开通便民服务微信公众号。全区35个部门（包括便民服务单位）集中办公，各部门涉及行政审批、企业注册登记、便民服务有关的530项审批服务事项纳入区行政服务中心统一开展窗口服务，接受社会和群众的监督，为群众和企业提供“一站式”政务服务。

【东鹏幼儿园建成使用】 2017年4月28日，浈江区人民政府九届5次常务会议审议通过《浈江区乡镇公办中心幼儿园建设方案》，通过回购、改建、新建的方式在每一个乡镇建设一所公办幼儿园，总投资4500多万元，其中投资1500多万元在新韶镇新建东鹏幼儿园，占地面积5700多平方米，建筑面积3282平方米，

▲2017年1月21日，浈江区金色江湾社区综合性文化服务中心挂牌仪式在金色江湾小区广场举行
（浈江区档案局 供）

户外活动场地3638平方米，按照省一级幼儿园标准建设，校舍楼高三层，设立图书室、美工室、科学启蒙室及音乐舞蹈室等功能教场，可容纳教学班12个，幼儿360人。8月28日，东鹏幼儿园举行开园揭牌仪式，180名新招幼儿入园。

【金色江湾社区综合性文化服务中心成立】 2017年1月21日，浈江区金色江湾社区综合性文化服务中心挂牌仪式在金色江湾小区广场举行，金色江湾文化馆、图书馆分别被授予“浈江区文化馆金色江湾分馆”及“浈江区图书馆金色江湾分馆”牌匾。该社区综合性文化服务中心由区文化馆、图书馆及金色江湾共建共管，以分馆的形式开展活动，是韶关市首个“社区综合性文化服务中心”，主要由文化馆、图书馆、文化广场构成，其中，文化馆面积约300平方米，内设展览室、书画室、古筝室、茶艺室、综合活动室；图书馆面积280平方米，内设藏书室及阅览室，藏书1.3万册。

【首届感动浈江道德模范评选活动】 2017年9月，浈江区开展“首届感动浈江道德模范”推荐评选活动。全区收到各系统、各单位、各镇（办）推荐的候选人18人。12月18日，经过评委评定、社会调查、职能部门审核等程序选出10名浈江区首届道德模范，其中，第一类“敬业奉献”7人，第二类“助人为乐”2人，第三类“孝老爱亲”1人。

【浈江区社区矫正中心建立】 2017年12月24日下午，浈江区社区矫正中心举行揭牌仪式，韶关市司法局副局长宋启龙，浈江区委常委、政法委书记刘锋等相关负责人参加揭牌仪式并观看功能演示，标志着该中心投入使用，实现与市、区、镇（办）三级联通。该矫正中心投资近80万元，使用面积400多平方米，内设报到室、矫正宣告室、远程视频帮教会见室、监控指挥室、教育培训室、心理矫治室、警务检察室、档案室、工作室9个功能室，主要职能为规范社区矫正报到、宣告、执法、监管集中教育和心理矫治，强化监管社区服刑人员。是年，接收社区矫正对象63人，解除73人，在册社区服刑人员116人。

【浈江区人民医院挂牌】 2017年12月5日，浈江区人民医院挂牌仪式在韶关市铁路医院举行，韶关市铁路医院加挂“浈江区人民医院”牌匾，单位名称拟定为韶关市铁路医院（浈江区人民医院），韶关市政府副厅级干部王伟阳、副区长何艳霞等出席挂牌仪式。挂牌后的韶关市铁路医院承担区人民医院职能，实行市、区两级政府共建共管，主要接收三级医院转诊的急性病恢复期患者，提供区域内的常见病、多发病诊疗，以及急危重病患者抢救和疑难复杂疾病向上转诊服务。

【新韶镇】 位于浈江区东北部，东邻大塘镇，南至市区大学路与车站街道相连，西接东河街道辖区，北与仁化县大桥镇相接。2017年，下辖12个行政村（97个自然村）及2个社区，土地面积94.91平方千米，年末户籍人口2.4万人，常住人口1.99万余人。耕地面积986.67公顷，主要种植水稻、蔬菜、水果等作物，其中以种植淮山、粉葛、香芋、香瓜而出名，是韶关市重要蔬菜基地之一。财政一般预算收入1031.92万元，同比增长40.43%；税收入库115.72万元，同比增长368%，其中区级税收入库52.72万元，同比增长394%；房产税51.43万元，同比增长427%；非税收入295万元，同比增长821%；固定资产投资2.07亿元，同比下降7.6%。限上商贸企业有顺和加油站和顺联加油站，其中顺联加油站是年内新发展限上商贸企业，2家限上商贸企业总营业收入1532.9万元。

党委书记：刘喆焱（任至1月）
　　　　　李建华（3月任职）
镇　　长：李建华（任至3月）
　　　　　张光宝（3月任职）
人大主席：吴贤优（女，任至3月）
　　　　　刘国成（3月任职）

【乐园镇】 位于韶关市北江河畔，浈江区南面城郊接合部，东与新韶镇接壤，南与武江区西河镇、韶关冶炼厂交接，西临北江与武江区西联镇隔江相望，北与车站街道办事处站南社区相连。2017年，下辖7个行政村（21个自然村）及6个社区。土地面积29.18平方千米，年末户籍人口5.58万人，常住人口6.76万人，农业人口8217人。耕地面积159公顷。主要经济以第三产业为主的韶南大道经济带和以坝厂为核心的城郊型农业经济带，近郊村委主要以物业出租为主，远郊村委以种植为主，特产有淮山、粉葛等农作物。财政一般预算收入420.32万元，同比增长8.2%；税收完成入库30.76万元，同比增长12.6%；固定资产投资2.2亿元，同比增长7.53%；规上工业16家，限上企业43家，总营业收入86.07亿元。

乐园镇村、社区公共服务站建成启用　2017年2月13日起，乐园镇辖内各村、社区公共服务站建成启用。乐园镇在基层公共服务站大门口装有“公共服务站”标识，社区门口顶部竖有国旗，公共服务站内设休息等候区、自助填写区、综合办理区；计划生育服务、民政残联服务、社会保障服务、社区党务服务、司法行政服务等窗口；墙上悬挂有各种规章制度和办事流程等，方便村、居民办事阅览了解。

党委书记：曾永红（任至4月）
　　　　　叶先林（4月任职）
镇　　长：叶先林（任至4月）
　　　　　黄伟强（4月任职）
人大主席：欧国梁

【十里亭镇】 位于浈江区北部，东与仁化县大桥镇交界，南隔浈江与新韶镇相邻，西隔武江与武江区重阳镇相邻，北与犁市镇五四村相接。2017年，下辖6个行政村（49个自然村）及10个社区，土地面积54.49平方千米，年末户籍人口6.05万人，常住人口6.69万人，农业人口1.46万人。耕地面积346.6公顷，粮食播种面积262.26公顷。林地面积3460公顷，森林覆盖率47.7%。

是年，财政一般预算收入580万元，同比增长7%。农村人均纯收入14191.41元，同比增长7%。固定资产投资2.2亿元，同比增长17.27%。

十里亭镇城市居家养老服务中心启动　2017年12月6日，浈江区城市居家养老服务暨十里亭镇城市居家养老服务中心启动运营。该居家养老服务中心位于五里亭前进路30号，建筑面积400平方米，设有多媒体阅览室、文娱活动室、康复保健室、休息室、餐厅等功能区域，主要以家庭为核心，面向十里亭镇城镇户籍老人，通过组建“社工+护工+义工+智慧平台”的队伍推动智慧养老，提供托管照顾、午休餐饮、康复理疗、娱乐健身等综合性有偿和无偿相结合的老年日间照料服务。

党委书记：曾大海（任至3月）
　　　　　唐孝坤（4月任职）
镇　　长：唐　波
人大主席：廖　灵（任至3月）
　　　　　方燕珍（3月任职）

【犁市镇】　位于韶关市北郊13千米，东毗仁化县，南临十里亭镇，北连乐昌市，西接乳源瑶族自治县。境内武江河贯穿南北，系京广、武广铁路，乐广、韶赣高速公路连接线，省道248线、246线穿越该镇，是韶关市区通往仁化县、乐昌市、乳源瑶族自治县的公路交汇点。2017年，下辖18个行政村（165个自然村）及3个社区。土地面积304.94平方千米，年末户籍人口4.92万人，常住人口5.25万人，农业人口3.96万人。耕地面积3086公顷，粮食播种面积2668公顷，林地面积9166公顷，森林覆盖率53.8%。财政一般预算收入5084万元，同比增长3.8%；农村人均纯收入7986元；固定资产投资2.1亿元，同比增长47.3%。

犁市镇下陂村“为村”平台上线　2017年，浈江区借助“为村”平台，构建“互联网+乡村+党建+基层治理”模式，创新基层治理方式，先期开展“为村”试点工作。10月，浈江区犁市镇下陂村“为村”平台上线运营，该平台开通党建之家、村务公开、精准扶贫、办事指南等版块，管理员和信息员都由村支部书记、村干部、驻村第一书记、公共服务平台人员等党员和政策性强、电脑技术过硬的人员担任，村民全部实名认证，村、镇两级对发布的内容都经过严格审核把关，试点成功后实现5个镇7个村试点工作全覆盖。

党委书记：罗奕文
镇　　长：曹志文
人大主席：罗爱军（任至3月）
　　　　　欧锐文（3月任职）

【花坪镇】　位于浈江区北部，东面与仁化县相连，北面与乐昌市相接，南面和西面与犁市镇接壤。总面积65.2平方千米。2017年，下辖5个行政村（38个自然村）及1个社区，年末户籍人口8064人，常住人口5080人，农业人口7581人。耕地面积324.93公顷，粮食播种面积243公顷，主要种植水稻、蔬菜、柑、橘、橙等农作物，森林覆盖率74.01%。辖区西牛潭水库是浈江区最大的水库，总面积267公顷。参加医疗保险人数6854人，覆盖面85%。年内韶关市亿佰欣农业开发有限公司、韶关市运宝运输有限公司、韶关市合贤建材有限公司等13家企业落户该镇。辖区内有初中1所，小学2所，幼儿园2所，文化站1个，校园广播站1个。财政一般预算收入292.2万元，同比增长57.34%；固定资产投资7540万元，同比增长2.61%；税收收入917.76万元；农村人均纯收入6800元。

花坪镇中心幼儿园揭牌　2017年6月23日，花坪镇中心幼儿园举行揭牌仪式，该幼儿园是韶关市首家回购民办幼儿园建成的公办幼儿园，回购资金80万元，改造资金120多万元，按照规范化乡镇中心幼儿园标准改造，设有6个教学班，可容纳幼儿180人。

党委书记：吴永亮
镇　　长：唐孝坤（任至3月）
　　　　　吴根平（3月任职）
人大主席：周永权

【东河街道办事处】　位于韶关市区东部。东起新韶镇及韶枫路，南靠韶关东站的南韶路口，西边是浈江河下游，北依新韶镇的黄金村。2017年，下辖6个社区，土地面积4.2平方千米，年末户籍人口2.83万人，常住人口2.61万人，人口自然增长率1.90‰。辖区内有高中1所，初中1所，小学2所，幼儿园7所，教学点11个，在校学生5455人；全民健身广场1个，文化站1个。是年，财政收入379.88万元，同比增长20 %，固定资产投资1.1万元，同比下降15.55%；参加医疗保险人数9138人，覆盖面99 %。

“双百”社工站成立　2017年7月6日，东河街道办事处“双百”社工站挂牌成立。东河街道办在站点入驻后调配电脑、打印机、纸笔、桌椅等办公用品。该社工站主要是帮扶该镇困境人群，重点是面临困境的老年人、妇女儿童、青少年、残疾人、城乡低保对象、农村留守人员、优抚安置对象等，运用社会工作的专业技巧，提供推进社区建设，提升居民素质等专业社会工作服务。

党工委书记：龚　翔（4月任职）
街道办主任：余　华（任至4月）
　　　　　　李芳芳（4月任职）
人大工委主任：李芳芳（任至3月）
　　　　　　　罗爱军（4月任职）

【车站街道办事处】　位于韶关市区东南部。东邻新韶镇，南连乐园镇，西临浈江与风采街道办隔江相邻，北与东河街道办对接。2017年，下辖7个社区，土地面积4.2平方千米，年末户籍人口3.17万人，常住人口3.06万人，人口自然增长率2.1‰。森林覆盖率 65 %，固定资产投资1.2亿元，同比增长6.65%。主要经济以第三产业商贸、批发、零售、物流为主，辖区内有韶关东站、韶关客运站、公交车总站，大小批发街11条，快递物流企业20余家，餐饮、旅业80多家。

车站街城市居家养老服务中心成

立　2017年12月28日，车站街道办事处城市居家养老服务中心揭牌成立。该服务中心位于浈江区车站街安全北路78号，建筑面积250平方米，场地按照适应老龄化改造的标准建设，设置休息区、健康管理区、棋牌室、健身区、图书阅览区、电子阅览区、社工办公区等多元化的服务功能室。由韶关市海邻社会工作服务中心承接运营，配置专业社工，引入专业社会工作手法和社会服务优质管理模式，实行无偿服务、低偿服务和有偿服务相结合，优先保障辖区特殊群体老人和高龄老人，然后逐步扩展面向社区60岁及以上老人。

党工委书记：张翠萍

街道办主任：付雪平

人大工委主任：周建君

【风采街道办事处】　位于浈江区中部，东临浈江与东河街道隔江相邻，南濒浈江、武江汇合处，西临武江与武江区隔江相望，北与十里亭镇的五里亭接壤。2017年，下辖11个社区居委会，土地总面积3.02平方千米，年末户籍人口6.02万人，常住人口5.2万人。辖区内有风度名城、百年东街、风度步行街等商贸圈，大鉴寺、太傅庙、风采楼等历史人文景点。财政一般预算收入536.49万元，同比增长21.9%。财税征收449.26万元，同比增长6%，其中区级收入204.96万元，同比增长9%；限上商贸企业25家，同比增长25%；固定资产投资1.28亿元，同比增长15%。

环园路社区公共服务站新址启用

2017年2月13日，风采街道办事处环园路社区公共服务站新址举行揭牌仪式，该社区公共服务站共三层，建筑面积600余平方米，内设综合办理区、休息等候区、自助填写区等，整合计划生育、民政残联、社会保障、社区党务、司法行政等服务内容，墙上悬挂办事流程及各项规章制度。年内首层和第二层启用，第三层规划使用。

党工委书记：麦章彬（任至3月）

梁吉兵（3月任职）

街道办主任：杨荣华（3月任职）

人大工委主任：邱少琼

【曲仁办事处】　位于浈江区东北部，东与仁化县董塘镇董塘村连接，南与浈江产业园连接，西与花坪镇奎塘村接壤，北与仁化县董塘镇江头村相连。2017年，下辖7个居民区，土地面积10.7平方千米。年末户籍人口2.48万人，常住人口1.67万人。主要经济依靠国拨土地资源、闲置的厂房、工业广场以及田螺冲安置点属该辖区范围的商铺等。曲仁辖区棚户区改造田螺冲安置点有83%居民搬迁入住。

党工委书记：林　航（任至3月）

钟　荔（3月任职）

办事处主任：钟　荔（任至3月）

廖　灵（3月任职）

人大工委主任：高宏伟

【田螺冲办事处】　位于韶关市东郊六公里处，东起花拉寨山脚，南至禾叶冲，西连黄金村，北接323国道。2017年，下辖4个居民区，土地面积1.3平方千米，年末户籍人口7227人，常住人口8024人。辖区内无第一、二、三产业经济发展，全年无经济税收收入，主要财政收入来源于浈江区财政行政工作经费拨款、非税收入返还及各类专项工作经费拨款，固定资产投资1.89亿元，同比增长53.35%。

党工委书记：钟沛珍

办事处主任：郭永绍（任至4月）

黄　文（4月任职）

（刘姣妹）

2017年浈江区国民经济发展情况一览表

表26

指　标	单　位	绝对值	比上年增长（%）
地区生产总值	亿元	229.37	6.2
第一产业增加值	亿元	7.01	3.9
第二产业增加值	亿元	34.55	4.6
工业增加值	亿元	26.8	12.4
第三产业增加值	亿元	187.8	6.5
人均地区生产总值	元	56038.6	5.5
规模以上工业总值	亿元	87.89	8.4
农林牧渔业总产值	亿元	11.4	3.8
固定资产投资	亿元	62.55	-19
社会消费品零售总额	亿元	236.84	6.9
外贸进口总额	万美元	1188.9	282.1
外贸出口总额	万美元	4369.2	4.6
实际利用外资	万美元	0	0
地方一般公共预算收入	亿元	2.88	-11.8
地方一般公共预算支出	亿元	13.69	25.3
城镇常住居民人均可支配收入	元	33385.4	7.4
农村常住居民人均可支配收入	元	16270.5	9.5

武江区

【概况】　武江区位于韶关市区西部。京广高速铁路、京港澳高速公路、乐广高速公路、韶关北环高速、国道323线、省道253线、省道246线穿境而过。位于武江区的武广高铁韶关站，距离中心城区16千米，使城区进入广州一小时经济圈。城乡交通网络完善，京港澳高速公路西联镇互通立交贯通四方，境内有县道313线、314线、318线、322线。2017年，辖2个街道5个镇。土地面积682平方千米。年末户籍人口27.66万人，常住人口31.63万人，人口自然增长率9.04‰。耕地面积6993公顷，粮食播种面积5110公顷，粮食产量2.81万吨，有林地面积5.28万公顷，森林覆盖率72.24%，活立木蓄积量441.72万立方米。

2017年，全区生产总值248.84亿元，比上年增长5.7%。其中，第一产业增加值6.92亿元，增长4.1%；第二产业增加值111.5亿元，增长3.2%，其中工业增加值97.1亿元，增长3.2%；第三产业增加值130.41亿元，增长8.1%。人均地区生产总值7.92万元，增长4.5%。规模以上工业总产值148.57亿元，增长3.4%。农林牧渔业总产值10.97亿元，增长3.6%。固定资产投资115.44亿元，增长3.7%。社会消费品零售总额120.21亿元，增长7.9%。外贸出口额6263.5万美元，增长47.4%；实际利用外资215万美元，增长40.5%。地方公共财政预算收入3.96亿元，增长9.8%。城镇常住居民人均可支配收入3.39万元，增长10%；农村常住居民人均可支配收入1.7万元，增长10.3%。

【项目用地保障】　2017年，武江区在芙蓉新城完成清表交地328.33公顷，签订房屋拆迁协议774户，拆除房屋面积10.02万平方米。完成芙蓉新城客运枢纽项目、沐溪八路改扩建工程等9个重点项目的清表交地工作；重点保障北江航道孟洲坝扩能升级、芙蓉大道南、城投房开（天玺湾）、保利、恒大等10多个项目的用地需求。在老城区，全年完成交付集体土地101.87公顷，征收房屋430户，拆除房屋4.66万平方米，完成11个项目征收前期工作，重点保障江湾大桥、芙蓉隧道北出口、党校一期、韶关大道交通节点、西河二水厂扩建、御龙湾、奥园等项目用地需求。

【农村基础建设夯实】　2017年，武江区新农村建设工作推进，完成7个省定贫困村示范村“4个100%”目标任务（100%编制省定贫困村农村人居环境综合整治规划、100%开展“三清三拆三整治”、100%完成垃圾清运处理和保洁体系建设覆盖到自然村、100%成立村民理事会），重点完成7个省定贫困村、1个市级连片示范创建村的规划方案以及40个自然村“三清三拆”工作，镇村生活垃圾和污水处理基础设施项目建设加快；完成村村通自来水一期工程；完成县乡公路安全隐患治理一期工程45.1千米；率先在全市完成通200人以上自然村公路路面硬化。筹划龙归、江湾、重阳基础设施建设，改善乡镇发展基础。

【生态建设增强】　2017年，武江区加强大气污染防治，做好扬尘治理工作，改善空气质量。做好森林培育和保护，建设乡村绿化美化省级示范点2个，打击非法占用林地行为，立案12宗，追究11人责任。落实河长制，实行一河一策，加强流域环境综合治理。完成全区畜禽养殖禁养区、限养区、适养区划定工作和畜禽养殖禁养区清理关闭工作，农业面源污染防治及土壤污染管控和修复增强。区地质灾害防治高标准“十有县”建设工作通过广东省检查组的验收。节能减排工作进，全区单位GDP能耗保持韶关市最低。

【特色小镇工作开展】　武江区突出创新驱动发展，培育新动能，谋划好特色小镇建设。培育4个特色小镇，即南岭国际诗歌小镇、重阳青暖温泉小镇、龙归中心小镇、江湾生态特色小镇。南岭国际诗歌小镇项目完成项目规划选址论证，现场内部道路新开通10千米，建成项目部办公楼，投入资金1000万元，项目列入第一批市级特色小镇示范点和2017年省重点前期预备项目，纳入韶关市政府组织的“韶关加速（2017）高峰会”向社会推介。重阳青暖温泉小镇以韶关重阳温泉养老生态旅游项目为依托打造特色小镇，力争打造成AAAA级旅游景区。龙归中心小镇依托莞韶城三期打造宜居特色小镇。江湾镇以绿化美化镇区为中心，利用当地自然资源，打造一个生态特色小镇。重阳青暖温泉小镇少量基础设施建设项目开工建设。

【武江区率先在韶关市创建为“广东省推进教育现代化先进区”】　2017年7月14日，广东省教育厅发布《关于授予韶关市武江区“广东省推进教育现代化先进区”称号的决定》，武江区成为韶关市首个获得该称号的区（县、市）。近年来，武江区教育综合实力明显增强，广东省教育强镇（街）复评100%通过。该区推进“强师工程”，实施素质教育，投入4000多万元用于教育信息化，各中小学均装备现代化功能场室和设备设施，普及智慧课堂、云平台应用。

【“华南总部经济10亿元项目”投资意向协议签约】　2017年2月23日，武江区人民政府与正邦集团有限公司在武江区政府大楼410会议室举行“华南总部经济10亿元项目”投资意向签约仪式。双方就该项目达成意向性协议。中共武江区委副书记、区长黄建华，江西正邦科技股份有限公司总经理林峰出席签约仪式，并代表双方在投资意向协议书上签字。“武江区人民政府与正邦集团有限公司华南总部经济10亿元项目”投资意向协议是一份捆绑式协议，主要内容包括正邦集团华南总部落户武江项目、正邦集团甘棠工业园饲料加工增资项目、重阳猪场改造升级项目，以及综合利用优势资源开发体验式农业旅游项目四个部分。

【武江区市场升级改造】 2017年4月26日上午，韶关市验收评审小组验收武江区参与2016年第一批升级改造的工业西、荣华、嘉晖三个集贸市场。经评审，嘉晖市场、荣华市场、工业西市场被评为韶关市AA级农贸市场，坝厂市场因特殊原因纳入第二批升级改造市场的验收。武江区参与2017年第二批农贸市场升级改造工程的市场，有向阳综合市场、芙蓉市场、红星市场、前进市场、阳山市场5个社办农贸市场，改造总面积23700平方米，投资金额3900万元。5个市场的升改工程均于9月上旬开工建设，至年末，升改工程基本完成，商贩入场经营。

【重阳镇互联网农业小镇运营中心项目落地】 2017年，韶关市互联网农业小镇重阳运营中心项目落地。该项目计划总投资194万元，运营中心将引进田田圈学院里的一系列科技技术人才，对重阳镇农业龙头企业、农民合作社和家庭农场等新型经营主体进行重点培育，融入互联网农业小镇建设，提高新型农业经营主体的触网率，提高农产品网上销售率，通过多种销售平台，利用P2P、P2C等分层的销售模式，推进产、供、销一体化联营；鼓励新型农业经营主体通过入驻镇级线下体验馆或自建线下体验店等方式，推进农产品线上线下融合发展，提高产品线上交易转化效率。

【田家炳沙湖绿洲小学建成投入使用】 2017年9月1日上午，田家炳沙湖绿洲小学举行开学典礼，投入使用。田家炳沙湖绿洲小学是韶关市瑞枫投资有限公司投入6000万元配套新建的一所完全小学，历时近三年，于8月建成并交付武江区教育局，规模36个班，按45人每班计算，可容纳1620名学生入读，是一所现代化、标准化的学校，解决该区原齿轮小学办学条件落后、硬件设施不足的问题。

【武江区建成4个“风度书房”】 2017年，武江区承接韶关市首批10间风度书房中的4间的选址、设计及主体建设任务，至年底完成建设。沙洲四路分馆面积160平方米、藏书9000册；工业东路分馆面积270平方米、藏书1.5万册；新华北路分馆面积240平方米、藏书1.2万册；武江南路中国人寿分馆面积1410平方米，藏书8000册。

【武江区获得国家级群众体育先进单位称号】 2017年，武江区获得国家级群众体育先进单位称号。该区在各镇均建有健身广场，包括武江体育馆、西郊全民健身广场、西河镇农民健身广场、龙归镇农民健身广场等13个健身广场。辖区内有体育馆3座，游泳池10个，标准田径场1个，非标准田径场42个，标准篮球场160多个，乒乓球、羽毛球、排球场100多个，全区体育设施面积45.56万平方米，人均面积1.46平方米。武江区开展群众体育活动，每年8月8日全国全民健身日，在西河体育中心举办棋类、乒乓球类擂台赛，千人广场舞表演晚会；开展围棋公开赛、乒乓球公开赛、羽毛球公开赛等活动及一系列群众体育赛事。

【韶关大道南、百旺路景观绿化升级改造工程基本完工】 2017年10月，百旺路扩建项目绿化景观提升工程完工。该工程沿百旺路实施，起于沐溪大道，止于百旺隧道西出口，全长4.9千米，地处芙蓉新城主要干道，绿化面积24.2万平方米。该工程绿化设计结合韶关大道绿化提升工程设计风格进行施工图设计，树种选用香樟、秋枫、小叶榄仁、阴香（市树）、银杏、美丽异木棉和杜鹃（市花）作为项目的基调树种，开花树种以紫色调的植物为主，点缀开黄花、红花的黄花风铃木、黄槐、宫粉紫荆等植物。该项目绿化喷灌中央绿化带全部采用人工启闭阀门的自动喷灌方式，分车带设置人工取水阀。

▲2017年9月1日，田家炳沙湖绿洲小学开学典礼 （武江区委宣传部 供）

【西河镇】 地处武江河西岸，面积63平方千米，南北相距30千米，南至浈江区乐园镇韶关冶炼厂、西联镇车头，北至重阳镇、浈江区犁市镇，中部为武江区城区，是典型的城乡接合部。市区主河道武江河流经西河镇，沿江有镇村码头4个。市区主要交通要道贯穿全境，百旺大道、工业大道、国道323线、新华路、惠民路、重阳公路等主干道纵横分布；市区公共汽车直达镇内各村，全镇14个村全部实现村村通水泥公路；有京港澳高速公路出口韶关、乐广高速公路乐村坪出口、糖寮互通出口。著名的唐朝丞相张九龄家族墓位于西河镇田心村内。

2017年，西河镇有户籍人口17127

人，常住人口24368人，耕地面积487公顷，粮食播种面积307公顷，粮食产量16760吨。全镇辖14个行政村，71个村民小组。全年农村人均纯收入20685元，比上年增长8.5%。西河镇分为远郊村、城中村、近郊村三大片区。城中村形成以地产、酒店、餐饮服务等三产旺镇的“西河商圈”格局。远郊村、近郊村均以种植蔬菜为主，是韶关市区菜篮子基地。一村一品特色种植有下坑枸杞、塘湾青菜、什石园良种蔬菜、山蕉超甜玉米等。辖区有九年一贯制学校1所，完全小学4所，教学点2间，韶关市成人文化技术学校1所。3月被国务院防范和处理邪教办公室授予“创建无邪教示范镇”称号，西河镇向阳村被授予“无邪教示范村”称号。

“南岭国际诗歌小镇”项目落户　2017年，“南岭国际诗歌小镇”项目落户西河镇马屋村。该项目总投资80多亿元，项目规划范围1493.33公顷，总建筑面积100万平方米，分为东方诗意文化、西方国际小镇和诗意生态田园三大板块，九大功能区，集文化旅游、养生度假、山水休闲、农业体验、田园观光、户外运动、生态人居等功能于一体，形成产业、文化、旅游、社区融合发展的创新先导区，打造继丹霞山、南华寺之后韶关又一城市新名片。

党委书记：何远韶（女）
人大主席：刘尚周
镇　　长：孙青文（任至9月）
　　　　　余　聪（10月任职）

【西联镇】　位于武江区中部，总面积68.9平方千米。辖8个行政村和2个社区。主要旅游景点有莞韶园黄沙坪创新园、沐溪水库等。2017年年末户籍人口21985人，常住人口35384人。耕地面积98公顷，粮食播种面积4公顷，粮食产量44吨，林地面积3017.2公顷。全镇有中学2所，其中公立学校1所，在校学生507人，私立学校1所，在校学生2482人，小学7所，在校学生3870人，幼儿园11所，在校学生2312人；有文化站1个。全镇参加医疗保险人数12400人。全镇农村人均纯收入18933元，增长8.5%；财政一般预算收入732.5万元，增长9.04%；固定资产总额2239.1万元。2017年该镇获得“韶关市卫生先进单位”“广东省无烟单位”称号。

征拆工作打开新局面　2017年，西联镇对接落户辖区的重点项目，做好征拆交地工作。至11月15日，共组织集中清表征拆行动65次，完成重点项目清表交地233.33公顷，签订房屋拆迁协议471户，拆除房屋面积9.1万平方米，完成坟墓迁移379座。至11月，完成芙蓉新城客运枢纽项目、沐溪八路改扩建工程、百旺西路改扩建工程、中保大厦、农信大厦、省档案异地备份中心、市消防指挥中心、妇幼保健服务中心、商会大厦等项目的清表交地工作；完成韶关大道景观提升首期工程（高速公路出入口至西联隧道）范围内的清表交地工作；完成5号路涉及的车头何屋村整体坟墓迁移协议签订工作。推进北江航道扩能升级项目孟州坝枢纽工程交地工作；保障碧桂园与市城投合作的房开项目、保利地产、恒大城、15号路、宝能养老地产、民营三甲医院、20号路、22号路、27号路等多个项目的用地需求。

党委书记：聂平南
人大主席：余　聪（任至9月）
镇　　长：杨国浩

【龙归镇】　位于武江区中西部，东邻西联镇和曲江区白土镇，南与曲江区樟市镇、罗坑镇相接，西与江湾镇和乳源瑶族自治县毗邻，北与重阳镇、一六镇相连，总面积237平方千米。辖15个行政村和1个龙归镇社区。2017年末户籍人口41918人，常住人口35433人。耕地面积4137公顷，粮食播种面积3156公顷，粮食产量17340吨。山林面积18106.4公顷，其中有林地面积16146.2公顷，生态公益林7065.1公顷，森林覆盖率70.74%。龙归镇是农业大镇，主产优质稻米、经济作物、蔬菜、优质水果，畜牧和水产，土特产有淮山、粉葛、莲藕、生姜等，特色美食有龙归冷水猪肚，有著名的“九子石”、文武阁、董村寺、三皇石等名胜古迹。主要经济来源有小水电、矿产开采与加工等。全镇有初中1所，为龙归中学；小学1所，为龙归中心小学；幼儿园8所，教学点7个，在校学生2900人；有文化站1个，广播站1个。全镇参加农村合作医疗人数29507人，参加新农保10518人。

2017年，全镇农村经济总收入13.3892亿元，比上年增长10%；农村人均收入14676.9元，比上年增长8.5%。全镇财政预算收入1652.66万元，比上年增长6.7%。

火灾隐患整治　2017年，龙归镇被韶关市列为全市第九批火灾隐患重点整治地区，该镇从6月起开展各项整治工作，重新修编消防基础设施规划，购置2台消防车和器材装备，维修消防栓一批，改造镇消防营房和成立农村微型消防站，全年检查消防场所300多家，至年底基本完成整治工作。

党委书记：曾　宏
人大主席：钟爱民
镇　　长：王洪明（任至10月）
　　　　　刘　武（11月任职）

【江湾镇】　位于武江区西部，总面积217.3平方千米。辖6个行政村和1个社区。该镇土特产有香菇、木耳、云雾茶、山蜜、灵芝；主要旅游景点有山水湾农庄、村上人家农庄、湖洋村沿河周边民宿；自然资源有水力、竹木资源；矿产资源有钨矿、硫铁矿、铜矿、铅锌矿、稀土矿、萤石矿等多种矿藏，且有多个天然温泉，水质优良，温度在60℃以上。有乳曲边人民联防办事处江湾老街旧址、围坪革命烈士纪念碑、胡屋革命烈士纪念碑等。有区级不可移动文物11处。至2017年末，户籍人口7386人，常住人口5168人。耕地面积402公顷，粮食播种面积637公顷，粮食产量4236吨。林地面积22742公顷，森林覆盖率94.5%，活立木蓄积量150万立方米。全镇有初中1所，小学1所，幼儿园1所，在校学生381人；有文化站7个，广播站1个。2017年，全镇参加医疗保险人数5320人，覆盖面86.96%。主要经济来源有农业种植、畜牧养殖、小水电、林业。

2017年，全镇农村经济总收入22365万元，比上年增长7.8%。农村人均收入15839元，增长9.8%。全镇财政一般预算收入550万元，增长11.28%。

新农村建设推进 2017年，江湾镇在湖洋村和梁屋村2个省定贫困村组织开展建成社会主义新农村示范村建设。至年底，完成“四个100%”目标任务。利用武江区财政30万扶贫资金完成曾屋、武洞村村道和湾仔村球场改造；投入11万元完成湖洋村主干道路桥的修缮及村内路灯的安装项目；投入8.3万元完成湖洋村小组文化室建设；投入5万元完善湖洋村党支部活动场所建设；梁屋村投入10万元完成梁屋村小组公厕改造工程及村内路灯建设项目；投入8.3万元完成下洞村小组道路硬底化；投入6万元完成钟屋村小组道路硬底化。

党委书记：欧伟强（任至10月）
　　　　　黄海涛（10月任职）
人大主席：黄永和
镇　　长：曾玉玲（女）

【重阳镇】 位于韶关市西北端，总面积82平方千米。辖8个行政村和1个社区。主要经济来源是农业种植。土特产有丝茅姜、西瓜、花生、蚕桑、竹木等。主要旅游景点有重阳万侯油菜花种植基地。自然资源有铅、锌、砒、钨、钼、铁、锰、铝等有色金属。2017年末，户籍人口17946人，常住人口13094人。耕地面积1286公顷，粮食播种面积809公顷，粮食产量4722吨。家畜家禽存栏头374812只。蔬菜育苗275.4公顷，蔬菜产量2298吨；种植水果109.1公顷，产量810.5吨。该镇林地面积4547.3公顷，森林覆盖率56%，是武江区生态后花园。2017年，全镇有初中1所，小学1所，幼儿园1所，教学点1个；有文化站1个，广播站1个。全镇参加医疗保险人数12749人，覆盖面98.1%。

2017年，重阳镇社会生产总值21776.86万元，比上年增长6.9%。农村人均纯收入11351.01元，增长11%。

养殖场升级改造 2017年，正邦集团投入1亿多元，将重阳养殖基地升级为新型生态循环生猪养殖场，占地面积41.33公顷，建设面积5.5万平方米。正邦集团计划总投资5亿元对原华青猪场进行升级改造，其中：升级改造猪舍面积49226平方米，升级环保处理设施66670平方米，种养结合用地133340平方米，建设投资改造后年存栏母猪9600头，提供断奶仔猪年25万头，计划用工人数约500人。

党委书记：谭木初（任至10月）
　　　　　龚映韶（10月任职）
人大主席：候福清
镇　　长：龚映韶（任至10月）
　　　　　黄　勇（11月任职）

▲2017年7月14日，重阳镇与正邦集团精准扶贫合作项目签约仪式
（武江区委宣传部 供）

【惠民街】 位于武江区中北部，总面积6.2平方千米。辖14个社区。该街主要旅游景点有沙湖公园、韶州公园。至2017年末，户籍人口70950人，常住人口92153人。有初中2所，高中2所，小学6所，幼儿园17所；有文化站1个。全镇参加医疗保险人数24843人（此数据不包括参加职工医疗保险人数），覆盖面33%。

惠民街社区居家养老服务中心举行揭牌仪式 2017年11月10日上午，韶关市首个建成启用的城市社区居家养老服务中心——武江区惠民街社区居家养老服务中心举行揭牌仪式。2016年，韶关市制定《韶关市城市社区居家养老服务建设试点工作方案》，惠民街历时5个月建成启用韶关市首城市社区居家养老服务中心。该中心位于翰林世家，配备有棋艺室、康健室、长者休息室、长者学堂等活动室；安装有无障碍卫生间、紧急呼叫铃、居家安全等适老化设施。服务对象为辖区60岁以上老年人，重点关注“三无”老人、空巢老人等特殊老人，提供学习、娱乐、健康生活、社区帮扶为一体的“一站式”老年人活动园地。

党工委书记：古寿英（女）
人大工委主任：杨　岚（女）
办事处主任：汤应辉（任至10月）
　　　　　　宋　清（10月任职）

【新华街】 位于武江区东部，总面积13.84平方千米。2017年，辖17个社区，年末户籍人口99324人，常住人口127325人。全街有初中3所，小学6所，幼儿园29所；有文化站2个。全街参加医疗保险人数34380人（此数据不包括参加职工医疗保险人数），覆盖面35.82%。新华街道办事处获得“韶关市文明单位”称号，五祖路、工业东、沙洲、红尾坑社区被评为“韶关市文明社区”，惠民西社区获“广东省最美志愿服务社区”，韶关市海邻社会工作服务中心被评为“韶关市未成年人思想道德建设先进活动基地”。

参战老兵志愿服务队启动 2017年，新华街组织成立“参战老兵志愿服务队”。该志愿服务队成立后，分成三支队伍开展文明引导工作。协助交警、志愿者做好主干道的交通指挥工作；对一些商家和摊贩的不文明经营行为进行劝导；对工作区域主干道的卫生进行保洁，清理小广告，并对卫生死角、黑点进行巡查。

党工委书记：粟　健
人大工委主任：李　毅
办事处主任：罗北京

（董素梅）

2017年武江区国民经济发展情况一览表

表27

指　标	单　位	绝对值	比上年增长（%）
地区生产总值	亿元	248.84	5.7
第一产业增加值	亿元	6.92	4.1
第二产业增加值	亿元	111.50	3.2
工业增加值	亿元	97.10	3.2
第三产业增加值	亿元	130.41	8.1
人均地区生产总值	元	79184	4.5
规模以上工业总产值	亿元	148.57	3.4
农林牧渔业总产值	亿元	10.97	3.6
固定资产投资	亿元	115.44	3.7
社会消费品零售总额	亿元	120.21	7.9
外贸进口总额	万美元	2469.9	100.9
外贸出口总额	万美元	6263.5	47.4
实际利用外资	万美元	215	40.5
地方一般公共预算收入	亿元	3.96	9.8
地方一般公共预算支出	亿元	12.01	24.7
城镇常住居民人均可支配收入	元	33929	10.0
农村常住居民人均可支配收入	元	16979	10.3

曲江区

【概况】 曲江区地处韶关市中部、北江上游，傍依五岭南麓、汇集浈武二水，东临始兴县，西至乳源瑶族自治县，南接翁源县、清远英德市，北毗浈江区、武江区、仁化县。位于北纬24°27′—24°52′，东经113°11′—113°58′之间。土地面积1620.77平方千米（曲江区第二次土地调查统计数据）。2017年，辖9个镇和1个街道办事处。年末全区常住人口31.97万人，户籍人口31.39万人。耕地面积3.26万公顷，粮食播种面积1.51万公顷，粮食产量8.81万吨。森林面积12.37万公顷，森林覆盖率74.73%，活立木蓄积量789.86万立方米。矿产资源有各类矿48种之多，其中铁矿储量在1亿吨以上、占广东省总储量的八分之一，铜矿储量全省第一名，锑矿储量全省第二名，钨矿储量全省第三位，是全国黑色金属、有色金属之乡。土特产有马坝油黏米，沙溪冬笋、香菇，樟市消雪岭柑橙柚，罗坑茶、番薯干，白土龙皇洞沙田柚，大塘火山无渣粉葛，枫湾白水蜜桃、石峰火龙果、新村皇帝柑、小笋油茶、大笋百香果、紫玉淮山等。主要旅游景点有佛教“南宗祖庭”南华禅寺，史前期古人类“马坝人”遗址和“石峡文化”遗址，小坑国家级森林公园和罗坑沙溪两个省级自然保护区，有曹溪温泉假日度假村、枫湾生态温泉度假村和小坑大森林温泉度假村等多个休闲度假基地等。曲江区供销社被评为“全国供销合作社综合改革试点”评估验收“优秀”等级；区社科联获得“全国先进社科组织”称号；区九龄小学被评为“第一届全国文明校园”称号。广东韶关罗坑大草原营地获得“全国十佳最美露营地”称号。

2017年，曲江区生产总值167.74亿元，比上年增长9.2%。其中：第一产业增加值18.43亿元，增长4.2%；第二产业增加值86.39亿元，增长9%（工业增加值81.32亿元，增长9.8%）；第三产业增加值62.91亿元，增长11.1%。人均地区生产总值48924元，增长6.6%。固定资产投资59.13亿元，增长5.3%。社会消费品零售总额67.84亿元，增长8.2%。外贸出口额15789.3万美元，增长29.1%；实际利用外资1515万美元，增长51.5%。地方一般公共预算收入8.5亿元，增长7.3%。城镇常住居民人均可支配收入27048元，增长8.8%；农村常住居民人均可支配收入15312.8元，增长10.6%。

▲中国十大非著名山峰之一——曲江罗坑船底顶　　（阳艮生　摄）

【项目建设推进】　2017年，曲江区完善曲江经济开发区道路管网、供气、供热和排水排污等配套基础设施，清理园区闲置土地和低效用地，完善开发区相对独立的财政体制，建立园区投融资平台，提高园区承载能力。启动开发区综合服务中心建设，加快推进装备园征地拆迁和清表工作，累计完成征地593.33公顷，清表333.33公顷，报批9个批次和3个单独选址用地。参与珠江西岸先进装备制造产业带建设分工合作，对接中省企业，依托“两大园区”，聚焦食品饮料、先进装备制造等主导产业，搭建招商引资平台，引进大项目、好项目，世界500强企业金光集团在曲江经济开发区投资的食品项目动工建设。强化产学研结合能力和创新驱动发展，经国家“三部两院”和广东省政府批准，设立曲江盛大科技特派员工作站。健全区领导挂钩联系重点项目制度，建立重点项目建设进度预警和协调处置机制，重点项目推进，北江航道扩能升级（韶关至乌石段）、曲江大道（曲江段）等12个项目超额完成年度投资计划。曲江区政府承诺为民办实事的9个项目中，6个项目基本完成，3个项目正在实施。

【城乡环境优化提升】　2017年，曲江区推进连接韶关主城区的“四大通道”建设，省道251线黄岭亭至汤湖段公路改建等工程开工建设。京港澳高速韶关南出口至国道106线禅关连接线新建项目、省道248线至国道240线连接线道路完成工可，京港澳韶关南出口至马坝人遗址改扩建工程等重点交通项目建设进入快车道。马鞍山田径运动场、城区中心市场改造升级等城市提升项目完工。投入3800多万元，拓宽和硬底化农村公路51.6千米，新改建县乡公路15.4千米。投入730多万元，提升改造64个村（居）委基层公共文化服务中心。投入1000多万元，基本完成25个村级卫生站规范化建设和27个教学点标准化改造工程。投入5500多万元建成覆盖63个行政村的“村村通”自来水工程，惠及10.7万群众。启动智慧城市建设，建成“数字城管”平台。开展农村光明工程，安装、修复7000多盏路灯。新增城市绿地面积113万平方米，人均公园绿地面积13.29平方米，城区绿化覆盖率51.54%。开展市容市貌环境综合整治和“两违”查处工作，推进“大清洁、乡村美”工作，建成四级城乡生活垃圾运营管理模式，全区农村保洁覆盖率100%，生活垃圾有效处理率96%。开展新一轮绿化广东大行动和“大种树、种大树”活动，全区森林覆盖率74.96%，森林蓄积量789.86万立方米，实现森林覆盖率和蓄积量“双增”目标。完成畜禽养殖分区划定工作，实施最严格水资源保护管理制度，城市集中式饮用水源地水质稳定达标。全面推行河长制，强化重点流域综合整治。总投资近3亿元，启动实施镇村生活污水处理项目。开展环境保护专项行动，城区空气质量总体良好，全区环境质量总体保持稳定。

【各项改革全面深化】　2017年，曲江区行政事业单位改革推进，整合区食品药品监管局、区工商局、区质监局职能，重新组建区市场监管局；区安监局由挂牌调整为独立设置，为区政府工作部门。整合区征地服务中心、区拆迁办职能，设立区土地和房屋征收管理办公室。新设立区代建局，负责全区政府投资项目代建管理。完成市公共资源交易曲江分中心职能交接和转变，制定政府投资项目管理办法，建立政府重大决策咨询委员会决策机制，强化政府投资项目建设工程管理。建立曲江经济开发区相对独立的财政管理体制，解决开发区建设投入依靠财政的现状。严格落实城市规划委员会会议制度，审议城市规划建设议题88宗。做好市与市辖区权责改革工作，韶关市下放的51项职能事项全部承接落实。医药卫生体制改革、司法体制改革、审计制度改革向纵深推进。加大清理行政审批事项，优化办事流程，取消行政许可事项37项。深化公共服务事项和商事制度改革，推进“多证合一、一照一码”，推广“马上办”服务模式，推行容缺审批登记，办理“多证合一、一照一码”业务2215户次，新增各类市场主体1856户。推进供给侧结构性改革，新淘汰40吨中频炉3个，化解商品房面积17.85万平方米、非商品房面积3.22万平方米。建成全区农村集体“三资”交易服务平台。全区成立村民理事会605个，占20户以上村民小组总数的67.2%。发放农村土地承包经营权证2.6万本，颁证率95.89%，农村土地承包经营权确权登记颁证工作基本完成。

【社会事业全面发展】 2017年，曲江区民生支出17.4亿元，占公共财政预算支出的79.7%。城镇登记失业率控制在2.4%以内，发放低保金、农村“五保”金、优抚金、高龄老人津贴、社会救助金等各类资金4900多万元，发放各类惠农补贴。适当提高村（居）“两委”在职、离任干部和村小组长福利待遇，村（居）“两委”保障经费从2015年的每年5万元逐步提高到2017年的每年8万元。启动机关事业单位养老保险改革工作，初步建立覆盖全区的社会保障体系。推进卫生强区建设，创建省级慢性病综合防控示范区。巩固提升“广东省教育强区”和“全国义务教育发展基本均衡区”创建成果，区教育局获中华人民共和国教育部授予“国家义务教育质量监测实施县级优秀组织单位”。提高食品药品监管水平，创建小坑镇省级餐饮服务食品安全示范街。推进巩卫创文工作，培育和践行社会主义核心价值观，九龄小学获得第一届“广东省文明校园”和第一届“全国文明校园”称号，曲江供电局获得第五届“全国文明单位”称号。开展文化惠民工程，加大文化“三送”资金投入，挖掘传承曲江传统文化。免费开放体育运动场（馆）12处共8.9万平方米。开展精准扶贫、精准脱贫工作，启动一批产业就业帮扶项目，推进贫困村基础设施建设，推动社会主义新农村创建工作，29个省定贫困村320个自然村和10个非贫困自然村实现“四个100%”。在连续9次被广东省评为“双拥模范（县）区”的基础上，继续开展“双拥”工作。加强专项整治和社会治安管控，排查化解不稳定因素，深化社会治安综合治理。办理网络问政、民声热线、“12345”热线和群众来信来访1267件次，化解一批矛盾纠纷和信访积案。加强“扫黄打非”，强化应急管理、安全生产监管和公共安全管理，曲江区社会大局保持和谐稳定。

【政府建设强化】 2017年，曲江区转变政府职能，深化行政管理体制改革，落实行政执法责任制，推行政府法律顾问制度，加快法治政府建设，完善行政监督制度。实行建议提案办理工作“一把手”责任制，办理区人大代表建议46件、区政协提案39件，办复率均为100%。推进政务信息公开，区级“一门式一网式”政务服务信息系统上线试运行，设置24小时自助服务区。普惠金融“村村通”试点县（区）建设工作开展，基本建成区征信中心、85个信用村和85个乡村金融（保险）服务站，105个助农取款点。10个镇（街道）和85个行政村基层公共服务平台建成并投入使用，城乡基本公共服务均等化水平提高。

【罗坑大草原营地获得“全国十佳最美露营地”称号】 2017年5月20日，由中国汽车房车露营联盟主办，CFCC总会秘书处、中露联（深圳）网络科技有限公司联合承办“2016—2017年度中国最美露营地”的征集评选活动中，广东韶关罗坑大草原营地获得“全国十佳参与最美露营地”称号。罗坑镇位于曲江区西南部，是国家级自然保护区，是国家一级保护动物鳄蜥种群全国最大的栖息繁衍地。拥有“全国最美十佳露营地”罗坑大草原；罗坑也是广东十大茶乡，世界一绝“杏仁香·高山古树红茶”的出产地，罗坑是户外活动爱好者的天堂，境内海拔超过1000米的山峰有30多座，最高的船底顶达1586米；罗坑盛产特色番薯干、红花莲藕、冬菇、木耳、蜂蜜、胡须鸡等优质土特产。

【曲江区九龄小学获第一届全国文明校园称号】 2017年11月17日，经中央文明办会同中华人民共和国教育部对照文明校园“六个好”的创建标准，曲江区九龄小学被评为第一届全国文明校园。韶关市曲江区九龄小学以曲江名人——唐代名相张九龄命名，创办于2011年9月，有教学班59个，学生3021人，教职工176人。该校以“九龄文化”为载体，弘扬中华优秀传统美德，进行“一训三风五模式”的探索和实践，逐步形成具有“九龄文化”特色的“文化九龄”“艺术九龄”“正品九龄”三大特色品牌。学校先后被评为“韶关市文明单位”“韶关市未成年人思想道德建设先进活动基地”“韶关市学雷锋示范点先进单位”“韶关市文明校园”“广东省文明校园”“全国文明校园”等称号。

【引进世界五百强企业——金光食品（韶关）项目】 2017年12月19日上午，金光食品（韶关）项目动工仪式在开发区隆重举行。曲江区委书记罗海俊、区长伍文、开发区党工委书记邓春鸿等相关领导以及金光集团食品部总裁周志毅等相关人员出席此次开工仪式。该项目是曲江区政府引进的世界五百强企业，规划用地10公顷，首期投资1.8亿元，主要建设方便面食品生产项目。 （杨文捷）

【马坝镇】 位于曲江区中部、韶关市区南部，东与大塘、沙溪两镇接壤，南与乌石镇为邻，西与白土镇相连，北与韶关市浈江区相毗连。曲江区人民政府驻地，是曲江区政治、经济、文化和信息中心，属省级中心镇。为丘陵、岩溶盆地地貌，有溶岩石山狮子岩、马鞍山，北江流经马坝镇，马坝河贯穿全镇。京广铁路、京港澳高速公路、乐广高速公路、韶赣高速公路、国道106线、省道248线、北江航道穿境而过。2017年辖区总面积177.5平方千米，总人口16.9万人。下辖16个村委会（229个村民小组），8个社区居委会。耕地面积1305.13公顷，山林面积9666.67公顷。矿产主要有石灰岩、煤炭、陶瓷土、石英砂、稀土、温泉等品种，其中开发的有陶瓷土、曹溪温泉和南华温泉等。盛产水稻、玉米、豆类、蔬菜、水果、水产品等，传统土特产有马坝油粘、南华草菇、莲藕、荸荠等。

2017年，完成社会固定资产投资（归马坝镇统计部分）1亿元；农村人均纯收入15312.8元，同比增长10.6%；招商引资签约新引进项目8个，协议引进资金总额1.8亿元，实际到位资金1.1亿元，同比增长15.79%。

党委书记：黄　华

镇　　长：谢国健（4月任职）
人大主席：吴基想

（张　丹）

【沙溪镇】 位于曲江区东南面，南邻翁源县，国道106线贯穿全镇，京港澳高速公路在镇内设有出入口，连接京广铁路的大宝山矿专用铁路贯穿镇境西部。镇政府在沙溪镇解放路17号，距区政府11千米。辖区地势高低悬殊，海拔千米左右的山峰有仙人嶂、大宝山、大风坳、笔架山、十二栋、笠麻顶等。2017年，全镇总面积210平方千米，辖7个村委会和1个社区居委会；下设88个村民小组和1个居民小组，总人口13562人。矿产有铁矿、铜矿、铅锌矿、钼矿等典型多成因迭生矿床，开发的有铁、铜、硫铁、铅锌、钼。铁矿地质储量4800万吨，可采量4000万吨。省属企业大宝山矿驻于镇境内。耕地面积1107.2公顷，其中水田857.46公顷。沙溪镇是韶关市级水资源保护区、市森林生态示范镇。山林面积1.6万公顷，其中毛竹林基地6500公顷。活立木蓄积量40万立方米以上，是曲江区的主要林区镇之一，森林覆盖率82%，设有沙溪省级自然保护区。马坝河发源于沙溪黄茅嶂，流经沙溪、马坝两镇，流域面积345平方千米。全镇可供开发的水能蕴藏量5240千瓦，建成水力发电站15座，总装机容量4000多千瓦。特产有华子山天然酸笋、沙溪粉、沙溪冬笋和沙溪香菇。境内有百丈崖漂流景区，漂流全长3千米，落差70多米，有10多个回旋处。

2017年，沙溪镇实现地区生产总值143693.8万元，增长7.3%（与上年同期相比，数据为预测数，下同），农民人均纯收入17023.45元，同比增长13.0%。

党委书记：江绍德（7月任职）
镇　　长：王爵凌
人大主席：陈建波

（钟凯音）

【乌石镇】 位于曲江区南部，东靠翁源县及曲江区沙溪镇，南邻清远英德市沙口镇，西与樟市镇隔北江河相望，北靠马坝镇。镇政府驻地距曲江区政府15千米。2017年，乌石镇面积118.6平方千米，山林面积7333.33公顷，耕地面积1107.27公顷，活立木蓄积量32万立方米。辖6个村委会和2个社区居委会；下设90个村民小组；全镇总人口18420人，其中常住人口12340人。水陆交通便利，京广铁路、乐广高速公路、省道253线公路和北江河由北至南贯穿乌石全境，设有乐广高速乌石互通，设有火车货运站（年货物中转量180万吨），有年货物吞吐量100万吨的水运码头3个。有石灰石、高镁石、白云石等矿产资源，其中石灰石储量8亿多吨。可开发的水利资源1万千瓦。土特产有西洋菜、红瓜子等。

2017年，全镇实现工业总产值27.78亿元，增长12.5%，工业增加值11.08亿元，增长13.6%；农业总产值2.82亿元；农村经济总收入7.7亿元；农村人均收入7300元；工商税收6371万元，其中国税收入5938万元，地税收入433万元；固定资产投资14925万元；财政收入1941万元。

党委书记：谢伟强
镇　　长：蒋　慧
人大主席：李建春

（黄　品）

【樟市镇】 地处曲江区西南端，东临北江与乌石镇隔江相望，南接清远英德市沙口镇，西连罗坑镇，北接白土镇，镇政府驻樟市街1号，距城区马坝镇约20千米。2017年，全镇总面积225.59平方千米，下辖11个村委会和2个居委会，总人口29217人，境内有1个瑶族村委（芦溪村），人口627人。山地面积3万公顷，耕地面积2479公顷。矿产资源主要有煤、铁、瓷土、铅锌矿等，盛产优质谷、柑橙柚类水果、优质蔬菜及生猪等，有品牌农产品消雪岭柑橙柚，是优质谷白马牌马坝油黏米的主要产地。有多个未开发旅游景点，包括天池、雪花顶、梅花顶、黄思脑、深达潭等。有蒸猪红和黄豆腐两大特色菜肴。

2017年，全镇农村经济总收入15.55亿元，同比增长13.5%；农民人均纯收入18096元，同比增长13%；完成固定资产投资2700万元；财政总收入3600万元。

党委书记：何宗成
镇　　长：廖韶军
人大主席：谢伟明

（刘子龙）

【罗坑镇】 位于曲江区西南部，东连樟市镇，南接清远英德市云岭镇、横石塘镇，西邻乳源瑶族自治县大布乡，北毗江湾、龙归二镇。2017年，辖5个行政村、1个社区，99个村小组。总人口11046人，其中瑶族1276人。辖区面积218平方千米，林地面积21666.66公顷，森林覆盖率86%。是国家级鳄蜥自然保护区、广东十大茶乡、广东省级茶叶专业镇、世界一绝“杏仁香高山古树山茶”的出产地；境内分布有大量的古茶树及古茶树群落，目前发现最大的茶树胸径43厘米，树龄1000多年。有全国十佳最美露营地——罗坑大草原，境内1000米以上的山峰有30多座，最高的“船底顶”山峰1586米。

2017年，全镇国民生产总值3.19亿元，与上年同比增长10%；农民人均纯收入13985元，比上年同时期增长7%。固定资产投资完成2591万元。

党委书记：钟佩军
镇　　长：罗锦球（8月任职）
人大主席：张金明

（王伊嫔）

【白土镇】 位于曲江区西南部，东与马坝镇隔河（北江）相望，南邻樟市镇，西与武江区龙归镇相接，北与武江区西联镇接壤。属沿河台地平原类，北江沿白土东侧流过，是北江上游主要交通中转站，清代有8个水运码头，为北江沿线码头最多的地方。乐广高速公路在白土镇设有出入口。镇政府驻白土镇市场街1号，距曲江区政府8千米。2017年，辖11个村委会和1个社区居委会；下设172个村（居）民小组。总面积139.05平方千米，有山林面积106平方千米，林区活立木蓄积量10.21万立方米。年末户籍人口25952人。矿产有煤矿、铁矿、稀土、钨矿、河沙、石灰石等。

2017年，全镇完成地区生产总值4.37亿元，同比增长2.5%；农民年均收入18774.25元，同比增长14%；实现财政收入1989万元，同比增长5%。

党委书记：邓春鸿（任至12月）
刘日夫（12月任职）
镇　　长：曹　权

（谭兴华）

【大塘镇】　位于曲江区东北部，东接枫湾、小坑两镇，西接浈江区新韶镇，南靠马坝、沙溪两镇，北临仁化县大桥镇。是省道315线、韶塘国家一级公路、塘马公路、塘枫公路的交会处，106国道贯穿全镇。镇政府驻大塘镇府前路20号，距曲江区政府13千米。2017年，辖15个村委会和1个社区居委会；下设189个村民小组和1个居委会。全镇总面积175平方千米，总人口36685人，其中农业人口33821人，城镇人口2864人。耕地面积2866.67公顷，山地面积12266.67公顷。矿产有铀矿、煤矿、铁矿、石灰石等，开发的有煤矿和石灰石。农副产品有优质谷、花生、蔬菜、粉葛、莲藕等。景点有宋代的仙人塔、明清时代的烽火台遗址、梅花桥及水村街等古迹，有天然的汤溪地下温泉。是第三批全国小城镇发展改革试点镇和农业科技示范镇，广东省中心城镇、山区信息化建设试点镇、蔬菜专业镇技术创新试点镇、小城镇技术集成应用试点镇、曲江区农村综合改革试点镇。

2017年，全镇社会总产值6.14亿元，同比增长6%，其中，第一产业3.3亿元，第二产业5400万元，第三产业2.3亿元。固定资产投资额1.5亿元；财政总收入1438万元；农村人均纯收入17758.89元，同比增长11%，全面实现年初制订的全镇经济社会发展预期目标。

党委书记：王伟强
镇　　长：吴伟中
人大主席：罗锦球（任至8月）
李少军（11月任职）

（龚然英）

【枫湾镇】　位于曲江区东北部，距离韶关市区24千米，马坝城区34千米，东接始兴县，西连大塘镇，南邻小坑镇，北靠仁化县周田镇。韶瑶公路贯穿全镇。2017年，辖区面积220平方千米，新城区规划占地面积1.3平方千米，总人口1.9万人，辖9个村委、1个居委会，129个自然村。耕地面积1133.33公顷，林地面积1.82万公顷，原始森林面积5333.33公顷，可供发展林业的缓山坡地3333.33公顷，是清代“皇家贡品”——白水蜜桃的原产地。农副产品主要有马坝油黏米、白水蜜桃、浪石白莲、石峰蔬菜、百香果、紫玉淮山。枫湾有“小桂林”之称，旅游资源有喀斯特地貌“小桂林”景区、白水枫日泉温泉度假村、坪山3000亩水蜜桃、茶园山瑶寨、黎壁石高山杜鹃、禅农谷岭南药膳养生园、浪石“荷花世界”等特色生态景观。

2017年，全镇地区生产总值11.88亿元，同比增长13%；农民人均收入16179元，同比增长8.5%；按照区下达任务完成固定资产投入1.1亿元，与上年相比持平。农业总产值5.41亿元，同比增长12%，工业总产值5.15亿元，同比增长13%，第三产业总产值1.32亿元，同比增长19%。

党委书记：钟毓清（任至12月）
陈焕云（12月任职）
镇　　长：邝发文
人大主席：林其文

（侯剑洪）

【小坑镇】　小坑镇因地形狭窄，又有许多小坑（小溪流）而得名。位于曲江区东部，东与始兴县隘子镇为邻，南与翁源县新江镇接壤，西与枫湾镇毗邻，北与大塘镇相连。距曲江城区34千米。2017年，总面积164平方千米，森林覆盖率91%，其中林地、湿地红线划定面积分别为14696.73公顷、310.97公顷。耕地面积312公顷。辖5个村委会和1个社区居委会，下设37个村民小组和1个居民小组。总户数1710户、户籍人口6050人，其中城镇人口998人，乡村人口5052人。镇内有最大库容量1.13亿立方米的小坑水库。小坑国家森林公园是全国首批87家森林公园之一，经律论文化旅游小镇是国家AAAA级景区。矿产有萤石矿、钨矿、稀土矿和温泉等。土特产有枇杷、杨梅、冬笋等。

2017年，全镇地区生产总值1.62亿元，同比增长8.7%；其中：第一产业增加值5770万元；增长4%；第二产业增加值3262万元，增长7%；第三产业增加值7211万元，增长13.6%。农民人均纯收入16880元，同比增长12.5%。村委集体经济总收入596.85万元，其中电站承包款收入209.46万元。全社会固定资产完成17200万元。财政总收入969.34万元，支出934.65万元。

党委书记：邓会成
镇　　长：唐玲君
人大主席：王朝其

（陈远明）

【松山街道办事处】　因承接驻区国有企业宝钢集团广东韶关钢铁有限公司剥离办社会职能而设立的，为曲江区人民政府派出机构，正科级建制。位于韶关市南郊，松山街道办事处地址为韶钢厂南大道（原西区居委会所在地），下设4个居委会，总面积约10平方千米，与大塘镇、马坝镇相连。有城镇居民13905户，总人口4.5万人，全部为城市居民人口。

机构改革　2017年12月6日，曲江区政府常务会议决定将十六冶三村、四村居委会交由松山街道办接收管理。12月11日，区编委下发《关于调整松山街道内设机构等机构编制问题的通知》，松山街道人大办由在街道党政办挂牌调整为独立设置。

党工委书记：张卫琪
办事处主任：江绍德（任至8月）
钟安源（11月任职）
人大工委主任：
曾文雄（11月任职）

（蔡燕君）

2017年曲江区国民经济发展情况一览表

表 28

指　标	单　位	绝对值	比上年增长（%）
地区生产总值	亿元	167.74	9.2
第一产业增加值	亿元	18.43	4.2
第二产业增加值	亿元	86.39	9.0
工业增加值	亿元	81.32	9.8
第三产业增加值	亿元	62.91	11.1
人均地区生产总值	元	48924	6.6
规模以上工业总产值	亿元	434.5	4.4
农林牧渔业总产值	亿元	29.6	4.3
固定资产投资	亿元	59.13	5.3
社会消费品零售总额	亿元	67.84	8.2
外贸进口总额	万美元	5639.9	4.8
外贸出口总额	万美元	15789.3	23.5
实际利用外资	万美元	1515	51.5
地方一般公共预算收入	亿元	8.5	7.3
地方一般公共预算支出	亿元	21.81	31.8
城镇常住居民人均可支配收入	元	27048	8.8
农村常住居民人均可支配收入	元	15312.8	10.6

乐昌市

【概况】　乐昌市位于韶关市北部，东与仁化县为邻，南与曲江区交界，西南与乳源瑶族自治县相连，北部、西部与湖南省宜章县毗连，东北与湖南省汝城县接壤。地理位置优越，素有“广东北大门”“楚粤孔道”之称，西京古道和宜乐古道途经乐昌境内，京广铁路、京港澳高速、京广高铁、乐广高速、国道107线、国道240线（原省道249线）、省道247线、省道248线纵贯境内。南齐初年，析曲江县地置灵溪县，梁天监七年（508）置梁化县，1994年7月撤县建市（县级）。2017年，全市辖16个镇、1个街道和2个办事处，土地面积2419.28平方千米。年末户籍人口52.97万人，常住人口41.73万人，人口自然增长率8.91‰。

乐昌有耕地面积3.47万公顷，粮食播种面积2.35万公顷，粮食产量12.95万吨。林地面积18.4万公顷，森林覆盖率75.1%（2016年数据），活立木蓄积量980万立方米。重要矿产资源有锑、钨、铅锌、铁、硫铁、萤石矿、煤和石灰石等。土特产有北乡马蹄、张溪香芋、沿溪山白毛尖茶、九峰柑橘、九峰柰李、坪石水蜜桃、秀水布朗、梅花猪、黄圃板栗、白石紫薯等。主要旅游景点有龙王潭生态旅游区、古佛洞天风景区、金鸡岭风景区、后洞生态庄园、杨东山十二度水生态旅游区、九峰花果园、“7011”工程旅游点、五山梯田、西石岩寺、白水寨生态园等。是全国青花石之乡、观赏石之乡、马蹄之乡；全国义务教育发展基本均衡市、全国体育先进市、全国健康促进县、广东水果之乡、省林业生态市、省旅游强市、省教育强市、省文明城市、省南粤锦绣工程文化先进市、省双拥模范市、省卫生城市、省药品安全示范县。2017年，廊田镇楼下村入选“2017中国最美古村落”，九峰镇获得首批“广东省森林小镇”称号。

2017年，全市有中等职业学校和技工学校2所，在校学生0.59万人；普通中学24所（高中2所、初中22所），在校学生22483人；小学（含42间教学点）70所，在校学生36176人。医院、卫生院22所，床位2586张。文化馆1座，公共图书馆1座，博物馆1座。

2017年，全市生产总值122.27亿元，比上年增长4.8 %。其中：第一产业增加值23.83亿元，比上年增长4.3%；第二产业增加值26.66亿元，比上年下降4.4 %；第三产业增加值71.77亿元，增长8.8 %。人均地区生产总值29387元，增长4 %。固定资产投资45.03亿元，增长21.2 %。社会消费品零售总额66.42亿元，增长8.4 %。外贸进出口额1776万美元，增长35.9 %；实际利用外资143万美元，增长22.2 %。地方一般公共预算收入5.91亿元，增长15.1 %。2017年城镇常住居民人均可支配收入24224元，增长9.5 %；农村常住居民人均可支配收入13526.2元，增长8 %。

【招商引资】　乐昌市创新招商方式，优化营商环境，推进产业共建，扩大“大朗效率+乐昌服务”品牌影响力。2017年，全市举办7次大型集中签约动工活动，引进沃府新材料、艾尔康电子元器件等一批优质项目。全年引进招商项目53个，合同投资总额48.16亿元，其中亿元以上项目14个，新三板上市企业、高新技术企业各4家。新增动工项目25个。

【园区建设提速增效】　2017年，乐昌市制定三年“双百”（乐昌产业园2017年至2019年三年内实现新入园项目100

个、投资总额100亿元）工作目标，初步确定机械装备制造、新型材料为园区主导产业。优化用地规模，完善基础设施配套，加快项目建设步伐，促进园区扩能增效。加大土地收储开发力度，清理盘活闲置低效项目土地。推进园区路网工程和“一横一纵”主干道景观绿化升级改造工程建设，建设自助办税服务厅和医疗站点，建成2.54万平方米标准厂房。实行“四个一”（明确一个项目，一个领导，一个责任人，一跟到底，全程跟进项目进展，推动项目落地建设投产达效）工作机制，推动沃府新材料、瑞创精工等项目动工建设，南方阳光、高尔德防雷等7个项目投产。

【工业经济回升】 2017年，乐昌市落实“一企一策”，减轻企业负担，提振企业发展信心。培育规模企业，全年新增规上工业企业3家。完成工业投资15.37亿元，技改投资4.6亿元，超额完成韶关下达的目标任务。中健行和利生源获国家高新技术企业认定，安捷轨枕和韶瑞铸钢2个工程技术研究中心获省级认定。

【农业经济平稳增长】 2017年，乐昌市推进农业供给侧结构性改革，促进农业特色化、精品化、产业化发展。实现农林牧渔业增加值25.72亿元，同比增长4.5%。列入国家农村一、二、三产业融合发展试点县。建成2个稻谷烘干中心，粮食安全政府责任制考核获韶关优秀等次。畜牧水产养殖多元化发展。新增县级示范家庭农场19家、农民合作示范社9家、农业龙头企业8家。开展农产品品牌创建工作，新认定“三品一标”农产品16个、省名牌产品2个、名特优新农产品9个。廊田镇、梅花镇分别被评为水稻现代农业、绿色蔬菜种植“广东省技术创业专业镇”，推进落叶果树邓秀新院士工作站建设。创建省级出口食品农产品质量安全示范区，国家级生态原产地产品保护示范区创建通过省级初评。

【第三产业持续发展】 2017年，乐昌市旅游业持续兴旺，全年接待游客450.62万人次，实现旅游综合收入29.8亿元，分别同比增长16%、15%。启动全域旅游规划，完成乡村旅游线路规划。以“桃花节”“黄金柰李水果节”为主题的节庆品牌享誉省内外。廊田镇楼下村上榜“2017中国最美古村落”，九峰镇“桃李人家”、长来镇五汪村、廊田镇同吉店村成为乡村旅游新亮点。坪石镇成立首家镇级电子商务行业协会，九峰镇互联网镇级运营中心运行。商品房销售面积80.46万平方米。完成社会消费品零售总额67.7亿元，同比增长10.5%。新增限上商贸企业10家。

【京广高铁乐昌东站投入运营】 2017年5月1日，京广铁路客运专线乐昌东站启用仪式在乐昌东站站前广场举行，京广铁路客运专线乐昌东站投入运营，乐昌真正融入珠三角“一小时经济圈”。乐昌东站位于乐昌市长来镇，距离乐昌市区3千米，北距郴州西站82.3千米，南距韶关站44千米，为线侧平式车站。站房主体一层，局部为地面三层、地下一层，站房面积4496平方米，站台雨棚覆盖面积6980平方米，总投资2.5亿元。车站设有2个站台，4条到发线路。乐昌东站通车后，除乐昌市外，还可服务韶关市的乳源瑶族自治县东北片、浈江区北部、仁化县西北部，清远市的连州市、连南县、连山县、阳山县的部分，湖南省的汝城县、宜章县、临武县等11个县（市、区）、400万人。仪式现场，乐昌市集中签约5个招商引资项目，总投资额13.5亿元，“高铁经济”效应初显。

【廊田镇楼下村入选“2017中国最美古村落”】 2017年5月，在第七届全国生态旅游文化产业发展高峰论坛上，廊田镇楼下村入选“2017中国最美古村落”（广东省同登此榜单的古村落有16个）。楼下古村位于廊田镇以南3千米处，建于隋朝初期（581—584年）。从宋朝开始兴盛，至清代共出进士6人，举人8人，任县令以上官职的25人，有“科第名家”之称。村庄里明清时期的古门楼、楼阁、祠堂等古楼建筑保存较好。巷道保存完好，有富斗巷、中心巷、五福巷、坑蜃街、田子巷、东边头、水楼巷、沈家坊、联芳巷等多条主巷，8座宝塔，形如乡野王宫。

【九峰镇成为全国首个非现金支付试点镇】 2017年8月9日，全国首个“非现金支付试点镇”授牌仪式在乐昌市九峰镇政府举行。九峰镇非现金支付试点镇是全国第一个镇级非现金支付试点。该镇通过“互联网+现代金融+移动支付”方式，建立起政府引导、人行推动、银行实施、工商农户共同参与的四方模式，为金融支持“三农”发展搭建支付服务平台。利用九峰镇的水果蔬菜电商产销市场旺盛、旅游资源丰富、网络设施完备、金融环境优越等优势资源，以农民支付需求为导向，面向新型农业经营主体以点带面，推广非现金支付工具。九峰镇的商户、农户、游客等消费者，除可通过现金实现交易外，还可通过POS机刷卡、手机银行、网上银行、扫码支付等方式购买农资、买卖农产品和生活用品。

【九峰镇入选广东省森林小镇】 2017年9月29日，乐昌市九峰镇被广东省林业厅认定为首批“广东省森林小镇”（首批“广东省森林小镇”包括38个镇、街道）。九峰镇位于乐昌市中部，是林区中心镇，总面积192平方千米，林地面积17800公顷，占土地总面积的94.86%，森林覆盖率85%以上，镇区拥有4000公顷的桃树、李树。九峰镇重视城镇绿化建设，城镇绿地面积6.9公顷（其中附属绿地2公顷、生产绿地3.6公顷、公园绿地1.3公顷），绿化覆盖面积7.8公顷，绿化覆盖率53.42%。村庄保留着“小桥流水”的古朴乡村风貌，素有“桃李芬芳，云上九峰”的形象。

▲长来镇五汪村墙绘　（长来镇 供）

【乐昌市岭南落叶果树研究所揭牌成立】 2017年3月5日，乐昌市岭南落叶果树研究所举行揭牌仪式。乐昌市岭南落叶果树研究所，是根据广东省农业科学院与乐昌市人民政府签订的“农业科技合作框架协议”中关于共建设研究机构的有关内容成立的，是乐昌实施主动融入珠三角战略的一项重要措施。该所以市场需求为导向，重点开展华南特色落叶果树新品种选育、栽培、加工、贮运新技术研发以及推广，解决果树产业中的关键和共性问题。仪式上，广东省果树所与乐昌市签订《共建乐昌市岭南落叶果树研究所协议书》。

【广东省遥控模型大赛在乐昌市举行】 2017年11月11—12日，第十届广东省遥控模型大赛在乐昌市举行。广东省遥控模型大赛是广东省范围内最具普及性和影响力的青少年遥控模型类赛事。该大赛有13个项目，分设中学男子组、中学女子组、小学男子组、小学女子组四个组别，吸引来自全省各地50支代表队共550人参加。

【乐城街道办事处】 位于乐昌市区河南武江河畔，于2003年7月由乐城镇、河南镇合并组成，是乐昌市人民政府所在地。东与廊田镇相邻，南与长来镇相连，西与乳源瑶族自治县交界，北与北乡镇相接，下辖原乐城、河南两镇11个居委会和16个村民委员会。全街道建城区面积12.2平方千米，辖区总面积187.78平方千米，耕地面积1457公顷，山地面积1.5万公顷。2017年年末，总人口127017人。全年实现农村经济总收入53414.18万元，同比增长7.3%；农村人均纯收入13451元，增长8%。境内有旅游景点古佛岩，有市（县）文物保护单位龟峰塔、文峰塔、西寺岩寺、伯陵堂、赵佗城遗址等。自然资源丰富，武江河贯穿而过，溪水众多，森林资源以松树、杉树为主，有国家一级保护植物红豆杉和名贵植物乐昌含笑。名优特农产品有张溪香芋、香葱、下西反季节蔬菜、塔头番茄、小洞毛茶、河南莲藕等，是乐昌市的重要“菜篮子”基地。

全开放式葡萄酒酿造庄园建设 月坵村誉马葡萄庄园位于乐城街道月坵村，规划打造为广东第一个集旅游、观光、品酒、休闲为一体的全开放式葡萄酒酿造庄园。庄园首期种植葡萄用地66.67公顷，建厂房、地窖的设施农用地0.67公顷。于2017年9月投产，至年底共投资1.4亿元，2018年产值预计达5亿元。

乐昌市委常委、办事处党工委书记：万广平

办事处主任：熊海泉

人大工委主任：李伟文

【长来镇】 位于乐昌市南部，东邻廊田镇，南与乳源瑶族自治县桂头镇交界，西北与乐城街道办事处接壤，距市区7千米，属粤北山区丘陵平原地带，地处乐昌盆地南部。辖1个居委会，12个村委会，56个自然村。土地面积94平方千米。年末户籍人口25352万人，农业人口20731人，外来人口169人。耕地面积1580公顷，粮食播种面积1800公顷，粮食产量1.12万吨。林地面积4666公顷，森林覆盖率 70%以上。2017年，全镇工农业总产值49890万元，同比增长4%；一般公共预算收入1972.6万元，增长14%；农村人均纯收入12580元，增长4.1%。全年出生人口334人，自然增长率11.21‰。自然资源主要有石灰石、铁矿石。地方特产有前溪村香芋，大棚西瓜、草莓、无公害蔬菜、安口“松子鸡”、灵口地膜西瓜、和村无公害蔬菜等。境内有新石器时代的园岭遗址，省级文物保护单位五汪谭氏宗祠。有“过会”（糍粑节）的传统习俗。

“美丽乡村”和村旅游名片 长来镇与碧桂园集团合作共建“美丽乡村”项目，落实资金230万元，拆除166间、6000多平方米的危旧泥砖房，聘请美术学院团队对五汪村结构良好的泥砖房开展墙绘，帮助农户开展美丽庭院建设，在闲置杂草坪、房前屋后边角地修建栅栏、花坛、石桌石凳、古樟树围基等。推进村主干道沿线景观美化提升，打造位于主干道旁的村口三角坪、竹林公园及观景平台等重点地块，为乡村旅游提供驻足观赏点。在村主干道两旁、主干水系沿岸栽种宫粉紫荆1600棵，在各自然村房前屋后栽种桂花树200棵。2017年，投入1500万元推进和村公共服务、教育、道路交通、文化休闲、农田水利等基础设施建设。

党委书记：朱新玉（女）

镇　　长：邹方球

人大主席：王土根

【北乡镇】 位于乐城街道办事处北面，全镇总面积93.6平方千米，山岭面积7266.6公顷，水田面积1113.3公顷。辖茅坪、东红、上丛、新村、黄坌、前村、上西坑7个汉族村民委员会和下西坑1个瑶族村民委员会，共85个自然村，年末有居民4628户，人口16211人。2017年，全镇农村经济总收入45332万元，同比增长4.1%；农村人均纯收入13933元，增长8%；全镇财政一般预算收入1017万元，固定资产投资1000万元。北乡是著名的“马蹄之乡”，马蹄是北乡镇特色农业产业和农村经济支柱产业，占农民总收入70%。2009年5月，被国家评定为原产地理标志保护产品；2011年3月，获得绿色食品认证。特色品牌产业有“北乡腊味”。

桃花节北乡农副产品展销会暨美食节 2017年3月4—12日，2017年乐昌桃花节北乡农副产品展销会暨美食节在北乡镇茅坪村举行。美食节以“看世外桃源，享乐昌美食”为主题，有50多家商家参展。活动期间，展示北乡马蹄、炮弹香芋、沿溪山白毛茶、九峰黄金奈李、黄圃板栗、梅花子姜辣椒等农副特色产品，及牛腩串、糍粑、鸡蛋糍、北乡菜包、角仔糍等特色美食。

党委书记：谭　辉
镇　　长：邓继润
人大主席：陈永英

【廊田镇】 位于乐昌市东部，距市区13千米，国道535线和省道247线贯穿境内，与仁化县、浈江区、乐昌市乐城街道、五山镇、长来镇、北乡镇等相连，是“粤北粮仓”，是粤北地区两省二县七镇的农产品流通集散地。全镇总面积147平方千米，林地面积约1万公顷，耕地面积2194公顷。辖17个建制村和1个居委会，197个村民小组、5个居民小组、157个自然村，年末总人口3.9万人。主要种植有“银粘”“美香粘”“台香粘”“宜香10号”和“超级稻五优308”水稻品种。特色农产品有廊田香米、廊田马蹄、廊田香芋、葫芦坪冬笋、笋干等。主要景点有龙王潭、龙山温泉、白水寨等，古迹有宝林寺遗址、天石岩、楼下古村等。廊田是广东省首批划定的中心镇之一，2017年，创建为广东省技术创新专业镇，楼下村入选“2017年中国最美古村落”。全镇工农业生产总值10.1亿元，同比增长6.5%；完成财政收入2833万元，同比增长19.97%；农民人均纯收入13503元，同比增长6.77%。

廊田电商服务中心揭牌 2017年1月18日，廊田电商服务中心揭牌。该中心是廊田镇廊田村委会与京东华南区、广州青农现代农业发展有限公司共建的线下实体，与乡村创客青年服务中心合为一体，面积约50平方米，位于廊田村委楼一层。廊田村电商扶贫的思路和运作模式是“实体展销店+线上扶贫馆+合作社+农户（包括贫困户）”。至年底，电商实体展销店和线上扶贫馆均建设完毕，孵化2家合作社/企业（注册乐昌灵溪生态农业发展有限责任公司、乐昌御龙园家庭农场）；争取京东华南区支持开通线上扶贫馆和给予一批优惠E卡。电商中心建成后，帮助村民开展网络众筹卖出稻米2.3万斤，通过连接销路卖出米酒2000斤、芋头马蹄约300斤等。

“粤北粮仓廊田镇”微信公众号开通 2017年5月24日，廊田镇开通官方微信公众号——“粤北粮仓廊田镇”，主要功能是转变服务方式，推介粮仓廊田。微信公众平台自定义菜单中设置廊田政务（政策宣传）、特色廊田（风物人情、廊田故事）和媒体廊田。至年底，公众号关注用户数1782个，累计发布图文消息47条，日均阅读量291篇，单篇图文阅读量最高25117。

党委书记：欧建来
镇　　长：陈金旺
人大主席：李森林

【五山镇】 位于乐昌市东北部，东部与仁化县红山镇交界，南部与廊田镇相邻，西部与九峰镇、北乡镇接壤，北部与湖南省汝城县毗邻，省道247线南北贯通，距乐昌市区33千米。2017年，辖11个村委会，128个自然村（其中沙田村的长老坑村小组和赤水村小组是少数民族聚居村，是瑶族人口居住点）。土地面积186平方千米。年末户籍人口21527人，农业人口21031人，外来人口88人。耕地面积1840.96公顷，粮食产量3407吨。林地面积1.6万公顷，森林覆盖率93%，全镇农村经济总收入3.26亿元，农村居民人均纯收入12903.28元。是以林业为主的镇，属乐昌四大林区之一，是粤北著名的“毛竹之乡”。矿产资源主要有萤石矿、钨矿、石英矿、稀土矿、钾长石矿等。土特产有香菇、生姜、紫心薯、指天椒、竹笋、竹器、竹筒酒、梯田米等。生态旅游资源主要有石下村上黎组梯田、大乐村白水寨、东洛水库、沙田村龙王潭、竹海森林公园等。“五山红军

▲2017年1月18日，廊田电商服务中心揭牌　（廊田镇 供）

长征临时指挥所”被中共韶关市委宣传部、韶关市社会科学联合会授予“韶关市社会科学普及基地”称号。

打造“红色旅游”为主体的生态文化旅游　以五山梯田、五山竹海公园、五山红军长征指挥所、红军墓、五山纸马、东洛水库、沙田龙王潭等一系列生态、休闲、红色旅游资源，打造以“红色之旅”为主体的生态文化旅游产业。五山梯田、五山竹海公园、五山红军长征指挥所、红军墓等旅游景点年接待游客6万多人次，为当地农民增收1000多万元。

党委书记：张广润

镇　　长：梁新来

人大主席：梁志雄

【九峰镇】　位于乐昌市中部，是林区中心镇，距乐昌市区31千米，省道248线贯穿境内。东北面与湖南省宜章县、汝城县交界，西与两江镇毗邻，南与北乡镇、大源两镇相连。境内群峰叠嶂，以有五指、向日、马蹄、青云、紫微、云祖、太乙、羊角、三星9座山峰而得名。全镇辖12个建制村和1个社区，171个自然村，总人口22361人，总面积192平方千米，其中，耕地面积903.1公顷，林地面积17800公顷，森林覆盖率85%以上。土特产主要有柰李、黑布朗、油桃、水蜜桃、鹰嘴桃、水晶梨、橘子、椪柑、脐橙、手工擦糍粉、糯米糍、黄糍、金银花、茶叶、红薯干、魔芋、禾花鱼、食用菌等。境内的景点有九峰花海、茶料花海、石壁潭花海、桃花长廊、桃花王、桃李人家、九峰银杏树、九峰杨东山十二度水省级自然保护区、抗日名将薛岳旧居（广东省文化厅第六批文物保护单位）等。山歌《啦打》被列入省级非物质文化遗产保护项目。九峰素有“粤北水果之乡”之称，被广东省人民政府评为水果专业镇。茶料村被国家农业部评定为“2016年中国美丽休闲乡村”。2017年8月，全国首个“非现金支付试点镇”授牌仪式在九峰镇政府举行。9月，九峰镇被广东省林业厅评定位为“广东省森林小镇”。是年，九峰镇茶料和上廊村创建韶关市卫生村。全镇生产总值3.74亿元，同比增长7.8%，其中农业总产值2.7亿元，增长8.7%；工业总产值6300万元，增长5%；第三产业总产值4100万元，增长16.6%；人均纯收入14252元，增长9.1%。

乐昌市桃花节开幕式在九峰镇举行　2017年3月3日，乐昌桃花节开幕式在九峰镇中学举行。开幕式现场举行“中国美丽休闲乡村”（茶料村）授牌仪式和乐昌市首届青年创业创富大赛启动仪式。桃花节期间，接待游客60多万人次，同比增长33%。餐饮、住宿、农家乐等第三产业顺势发展。

九峰书画院成立　2017年2月28日，乐昌市九峰镇成立书画院。成立会议选举产生第一届九峰书画院院长、副院长、秘书长及顾问等。九峰历史文化底蕴深厚，成立有20多个业余文娱团体，经常开展舞龙、广场舞表演、山歌对唱、农家书画展等文化娱乐活动。其中，农家书画展举办5届。

“互联网+”深入推广　九峰镇做好互联网农业小镇建设工作。按要求建设农产品展示区、培训室、监测站、运营办公室、物流专区及视频监控系统、生产基地等，通过韶关专家组的验收。2017年6月20日，韶关市互联网农业小镇九峰营运中心揭牌运营。至2017年底，全镇有160个淘宝店，1721个微店。农户通过淘宝店、微店、微信朋友圈等线上形式销售本地农产品，线上销售额占41.9%，从事电商农户数占全镇农户的1/3。

党委书记：马建民

镇　　长：沈家和（任至7月）

镇长人选：赵平平（7月任职）

人大主席：王献栋

【两江镇】　位于乐昌市中部，距乐昌市区45千米。东与九峰镇相邻，南与大源镇交界，西与庆云镇接壤，北与白石镇相接，因镇区大、小两江交汇而得名。省道248线横贯全境。辖7个村委会101个自然村，年末户籍人口1.34万人，农业人口6599人，外来人口118人。全镇土地面积130.91平方千米，耕地面积781公顷，粮食播种面积622公顷，粮食产量3535吨。林地面积12000公顷，森林覆盖率89.8%，活立木蓄积量82万立方米。两江镇有丰富的水力资源、林木资源、萤石矿资源。盛产油桃、鹰嘴桃、黄金柰李、柑橘等特色水果。打造以“赏花摘果”为主线的生态休闲旅游，先后挖掘出月湾古桥、狮子山古楠木森林公园、古道听泉、凰落花谷、徐氏宗祠、蔚岭关等景点。2017年，凰落村获得“广东省卫生村”称号。2017年，全镇生产总值2.23亿元，同比增长7.7%。其中，第一产业增加值1.775亿元，增长7.9%；第二产业增加值0.368亿元，增长5%；第三产业增加值0.087亿元，增长14.5%。地方一般公共预算收入0.084亿元，增长23.6%。农村常住居民人均可支配收入13841元，增长8%。

乐昌桃花节两江分会场　2017年3月12日，乐昌市桃花节两江分会场活动开幕，启动主题为“徒步花谷，龙凤呈祥”的徒步活动，起点设在两江镇中心幼儿园，终点设在有“花谷”之称的凰落村委会，400多名群众参加活动。桃花节期间，两江接待游客2.3万人次，实现收入360万元。

党委书记：孙俊华（任至8月）

　　　　　沈家和（8月任职）

镇　　长：黄元勇

人大主席：黄　彪

【大源镇】　位于乐昌市中部，东与北乡、九峰、两江三镇相连，南与乐城街道办事处毗邻，西与梅花镇交界，北与坪石、庆云两镇接壤，武江河、京广铁路、乐广高速公路贯穿境内。全镇土地面积282.2平方千米。2017年末，户籍人口10877人。辖9个村委会，279个自然村。大源镇是广东省重点林区之一，是乐昌市最大的林业镇，盛产杉木和其他用材林木。全镇林地面积2.5万公顷，森林覆盖率84%。耕地面积453公顷，粮食播种面积252.07公顷，粮食产量1208吨。地方特产有茶叶、蜂蜜、黄姜、烟熏腊肉、腊肠、走地鸡、冬菇等。旅游资源有“燕子岩”溶洞、大瑶山隧道、“乐昌峡”库区、湖洞革命老区、江南果茶蜂蜜生产基地等。是全国林业基地、茶叶之乡。2017年，全镇生产总值2.47亿元，同比增长5%。农村常住居民人均可支配收入13472元，同比增长9.1%。

大源镇新镇区建设规划 2017年12月15日，《乐昌市大源镇总体规划》与《乐昌市大源镇镇区启动区控制性详细规划》终审成果通过专家组评审，确定大源镇建设的发展方向和规模，确保新农村建设符合镇村的实际发展需求。新镇区卫生院开始建设。

党委书记：邹　亮

镇　　长：邓东梅（女）

人大主席：罗招良

【坪石镇】 位于乐昌市西北部，毗邻湖南省宜章、临武、汝城县，南距乐昌市城区33.75千米，北距湖南省郴州市70千米。历史上曾被誉为广东八大重镇之一，素有“广东北大门、岭南第一镇”之称。坪石镇于1998年被广东省建委列入小城镇规划建设管理7个试点镇之一，2001年被乐昌市委、市政府确定为重点发展的中心镇，2003年2月被省计委列入第二批小城镇健康发展综合试点镇，2004年被列为国家经济综合开发示范镇，2010年被列入广东省城镇化技术集成应用试点，2013年被乐昌市委、市政府列为副中心城市，2014年被评为全国重点镇，2015年创建为韶关市卫生镇，并入选广东省新型城镇化“2511”综合试点镇。京港澳高速公路、乐广高速公路、107国道、省道248线、省道249线在镇内交汇，京广铁路自北向南纵贯全镇，是广东北部的重要交通枢纽和重要边贸城镇，是省内外和南来北往物资的重要集散地。2017年，辖25个村委会、4个居委会。总人口92756人，总面积267.6平方千米，城区面积7.4平方千米，耕地2202公顷，林地2.8万公顷，森林覆盖率76%。主要土特产有天堂生姜、转村提子、水牛湾无花果、杨梅等。旅游景点有金鸡岭风景区和“7011”工程景区等，金鸡岭风景区是广东省四大名山之一和八大风景区之一，属省级风景名胜区。全年完成地区生产总值41.88亿元，同比增长4.86%；地方一般公共预算收入3970.83万元。

坪石镇成立韶关首家镇级电子商务行业协会 2017年11月6日，坪石镇成立韶关首家镇级电子商务行业协会。坪石镇电子商务行业协会有会员44家，当地企业、商家，特别是农业企业、果农，通过电子商务打开市场，促进产品销售。坪石的转村葡萄、天堂生姜、水牛湾无花果、肖家湾鹰嘴桃等农特产品，通过电子商务销往全国各地及国外。

坪石镇发展全域旅游 2017年，坪石镇成立全域旅游发展委员会，初步建立镇村旅游服务体系。支持乐昌峡・九泷十八滩旅游项目开发和金鸡岭风景区旅游产业合作开发，完成《金鸡岭风景名胜区规划》专家评审。辖区内省道248线、249线纳入《乐昌市乡村旅游线路建设规划》。组织皈塘村、金鸡村、莲塘村、陈家坪村、田头村创建韶关市旅游名村。在坪石镇政府公众号建立“全域旅游”专栏，发布服务热线、餐饮、住宿、景区（点）等信息。举办2017年乐昌桃花节坪石分会场“金鸡起舞 相约花海”文艺展演及乐昌市北部九镇特色产品展销会暨“金鸡寻宝”户外定向越野活动。开展旅游资源专项调查，建立坪石镇旅游资源库。

乐昌市委常委、坪石镇党委书记：
刘允曾

镇　　长：邓勇健

人大主席：王重华

【三溪镇】 位于乐昌市西北部，南西北三面与湖南省宜章县交界，东面与坪石镇接壤。2017年，辖8个村委会，86个自然村。土地面积113.3平方千米。年末户籍人口12745人，城镇人口890人，农业人口11855人。耕地面积719.33公顷，粮食播种面积368.2公顷，粮食年产量2761.5吨，森林覆盖率75.6%。三溪镇有丰富的农业资源、森林资源和水资源。地方特产主要有红薯干、豆腐乳、红柚等。有谢家塘古村落遗址、浪头古戏台遗址、龙门塘古屋遗址、座马岭双鹤亭等文物古迹；有乐昌花鼓戏、青蛙狮、渔鼓等广东省非物质文化遗产保护项目。是广东省非物质文化遗产传承基地。全镇生产总值26585.8万元，比上年增长4.5%。财政总收入989万元，地方一般公共预算收入788万元。农村常住居民人均可支配收入12083.5元，增长10%。

三溪镇中心学校入选第一批省级青少年校园足球推广学校 2017年，三溪镇中心学校入选广东省教育厅公布的第一批省青少年校园足球推广学校名单。三溪镇中心学校将足球课作为体育课的必修内容，保证每周一节足球课；足球活动纳入学校大课间及课外体育活动。组建足球兴趣小组，吸纳有兴趣的学生参与足球课余训练活动，参与学生人数284人，占总人数68.4%；学校建有校级初中、小学男、女足球代表队4支共80人。各级校园足球队活动情况纳入班主任评优、评先考核。开展以校园足球为主题的趣味赛、对抗赛、挑战赛、足球节；开展足球明星进校园、青少年足球夏令营、校园足球小球王评选、足球绘画、足球征文、足球摄影、足球演讲等活动。学生体质健康合格率98.57%。

党委书记：吴伟标

镇　　长：丁　琦

人大主席：杨宏华

【梅花镇】 位于乐昌市西北部，坪乳公路、京港澳高速、乐广高速、乐梅公路贯穿境内，是“梅寮四地”（梅花、秀水、沙坪、云岩4个镇的简称）经济、文化、交通中心。辖17个行政村、1个居民委员会，215个自然村。2017年末，户籍人口6.1万人，农业人口5.9万人，外来人口500人。总面积197.77平方千米，耕地面积1853.3公顷，粮食播种面积1534公顷，粮食产量6.6吨。林地面积14266.4公顷，森林覆盖率68%，活立木蓄积量79137.2立方米。自然资源主要有锡矿。地方特产有主要有梅花猪、子姜辣椒、黄烟、无公害绿色蔬菜、紫心薯、香花梨（沙梨）、子姜辣椒等。旅游资源有梅花红七军烈士纪念碑、万古金城、韩泷祠、仙人岩、百臻生态农业园等。2017年，该镇获得“韶关市卫生镇”“广东省教育强镇”“广东省技术创新绿色蔬菜种植专业镇”称号。全镇生产总值8亿元，同比增长7%。其中，第一产业增加值0.48亿元，增长7%；第二产业增加值0.64亿元，增长7%；人均地区生产总值13155.73元，增长3.5%。固定资产投资1388.18万元，增长3.1%。地方一般公共预算收入1831.98万元，增长8.97%。农村常住居民人均可支配收入12850元，增长8%。

善学浩森综合大楼落成　2017年1月29日，由善学慈善基金创始人赵曾学韫和冯浩森共同捐赠30万元新建的善学浩森综合大楼落成。当日，梅花镇三和希望小学举办“善学浩森综合大楼”揭幕暨善款捐赠仪式。新大楼配套实验室、电脑室、多媒体、美术室、音乐室和图书阅览室等功能室，三和希望小学办学条件得到改善。

党委书记：颜昌松
镇　　长：林俊仪
人大主席：付仙宝

【秀水镇】　位于乐昌市西北部，西部与湖南省宜章县关溪乡、栗源镇相邻，北部、东部、南部分别与梅花镇、云岩镇、沙坪镇接壤，为典型石灰岩地区。辖10个村委会、77个自然村，全镇总面积56平方千米，2017年有耕地面积629.33公顷、其中水田面积355.2公顷、旱地面积274.13公顷，总人口2.17万人。地方特产主要有良种猪肉、山地鸡、秀水鱼干、黄烟、无公害绿色蔬菜、柚子、花生豆腐、黄糍粑、油菜等。旅游资源有朱家村紫阳书院、楼下村紫气书院、大竹山森林公园等。2017年，秀水镇获得“乐昌市农村普惠金融‘村村通’工作先进单位”“乐昌市2016年度无偿献血先进单位”称号，秀水镇何家冲村获得省级“创建无邪教示范村”称号。全镇生产总值26870万元，比上年增长0.3%。地方一般公共预算收入788万元，增长23%。农村常住居民人均可支配收入11467元，增长1.7%。

党委书记：邝贤松
镇　　长：朱裕超
人大主席：李月明

【沙坪镇】　位于乐昌市西南部，东、南两面与乳源瑶族自治县交界，西面与湖南省宜章县关溪乡、白沙乡毗邻，北面连接秀水镇、云岩镇，距乐昌市区约60千米。全镇总面积146平方千米，辖区有雷家窝、沙坪、马子坪、关山、山坪、柘洞、茶园7个村委会和1个八宝山林场，86个自然村，153个村小组。2017年，总人口24216人，其中党员424人。全镇耕地面积1755.4公顷，其中望天水田73.3公顷，其余为石花地。沙坪镇属典型的石灰岩地貌，有“七分石头三分土，食水用水贵如油”之称，自然条件极为恶劣。主要土特产有土榨花生油、辣椒、花生豆腐、山地玉米鸡、土鸡蛋、番薯干等。沙坪镇有著名的八宝山森林公园、西京古道等名胜古迹。全镇财政收入1174.38万元，实现农村工业总产值718万元，农村经济总收入25167万元，同比增长6%；农村人均收入12540元，同比增长6%。

党委书记：廖远强
镇　　长：余树晗
人大主席：张锦锋

【云岩镇】　位于乐昌市西南部，东南部与乳源瑶族自治县大桥镇交界，西南部与沙坪镇相连，西接秀水镇，北部与梅花镇接壤。距乐昌市区55千米，是典型的石灰岩高寒山区，京港澳高速公路和省道坪乳公路（S249线）及县道357线经过境内。全镇辖9个行政村，总人口1.6万人，总面积66平方千米，其中耕地面积678.4公顷（水田454公顷，旱地224.4公顷）。境内有钨、锡、砷、铁、煤、石灰石等矿产资源。主要土特产有雪莲果、红衣花生、紫心红薯、黑美人西瓜、香芋冬瓜等。云岩镇有青莲山森林公园、云岩水库、西京古道、观音岩等名胜古迹。2017年，全镇财政收入956万元，实现农村经济总收入395.98万元，农民人均纯收入11446元，增长9%。

党委书记：罗其桓
镇　　长：丘永和
人大主席：黄志斌

【黄圃镇】　位于乐昌市北部，距乐昌市区97千米，东与白石镇相连，南邻庆云镇，西、北两面与湖南省宜章县白石渡镇、杨梅山镇和赤石乡三个乡镇交接，距京港澳高速坪石出口27千米。黄圃镇属盆地丘陵，土壤由红色砂页岩石风化而成，呈红色或紫红色，表土容易流失，山脊土壤浅薄。全镇总面积79.97平方千米，耕地面积800公顷、林地面积4800公顷。辖10个行政村、1个居委会。总人口1.8万人，以农业经济为主。黄圃镇是乐昌种植黄烟大镇，全镇有烤烟房400座，2017年，种植黄烟333.33公顷、收购烟叶650吨，实现税收1000万元。土特产主要有板栗、西瓜、香（蜜）瓜、金银花、水晶梨、油茶等。主要旅游资源有里村碧水洞、应山村“四古”（古村、古桥、古庙、古亭）、“三白虎”（白虎嶂、白虎砦和白虎仙）、石溪古村、紫溪甘棠镇古村、东村欧阳古祠及桃坪革命老区等。2017年，全镇生产总值2.44亿元；农村人均纯收入12535元，镇财政公共预算收入1002.79万元。

党委书记：张以社
镇　　长：欧志勇
人大主席：李　杰

【庆云镇】　位于乐昌市北部，地处蔚岭山西侧，狮子山脚下。全镇总面积90.24平方千米，辖8个村委会，105个村小组。年末户籍人口1.28万人，其中农业人口1.21万人。耕地面积1588公顷，粮食产量7146吨。林地面积6174公顷，森林覆盖率57%。地貌以石灰岩见多，平均海拔400米，狮子山高地海拔890米。省道248线贯穿全境，京广客运专线从境内穿越9.7千米。全镇以农业为主，林业为辅，锑矿为补。主要地方特产有高山有机茶、华航丝苗米、板栗、玉米、蔬果等。出产的高山云雾绿茶于1998年获广东省农博会食品奖，2009年获广东省无公害绿色食品奖，联丰茶叶专业合作社以及凑云山茶叶专业合作社生产的茶叶获得2017年有机认证。该镇有独具特色的“五古”旅游线路，即游古山（狮子山及206微波塔），访古村（永乐户昌山古村），行古道（宜乐古道和蔚岭关），拜古庙（广田村凑云仙古庙），品古韵（庆云悠久人文历史和淳朴民风）。2017年10月，该镇被广东省教育厅授予“广东省教育强镇”称号。10月18日，签约乐昌市华昇高效标准生态示范茶园及旅游综合建设项目，总投资6000万。2017年，农村经济总收入19496万元，同比增长5.1%；农村人均收入12212元，增长7.9%。

首届“五古杯”美术书法摄影大赛启动　2017年3月，庆云镇启动首届“五古杯”美术书法摄影大赛。参赛作品以庆云镇“五古”旅游为主题创作，反映该镇的自然山水、田园风光、古村古道古迹人文景观、镇容建设、新农村建设风貌、和谐社会新风尚等。大赛分书法组、美术组、摄影相机组和摄影手机组4个组，收到各类参赛作品300多件，共评出书法、美术、摄影、诗赋特邀奖21名；书法一等奖2名，二等奖4名，三等奖11名；美术一等奖1名，二等奖3名，三等奖5名；摄影一等奖1名，二等奖3名，三等奖6名。

《庆云记忆》编撰出版　由庆云镇党委、政府编撰的《庆云记忆》一书，于2017年12月出版。全书分概况、经济民生、历史村落、民俗风情、名胜古迹、民间传说、发展规划等12篇章，以庆云的历史、现实、发展及乡风民俗、人文景观等为主线，从不同角度展现庆云的传统文化和历史。

党委书记：王小勇
镇　　长：何勇斌
人大主席：赵平南

▲2017年12月7日，庆云镇举办首届“五古”杯书法绘画摄影大赛颁奖暨《庆云记忆》出版仪式
（庆云镇　供）

【白石镇】　地处乐昌市最北端，距乐昌市区69千米。东临两江镇，南连庆云镇，西接黄圃镇，北与湖南省宜章县里田乡、汝城县文明乡交界，是乐昌市6个石灰岩乡镇之一。全镇辖9个行政村，2017年末，户籍人口1.65万人。总面积79.3平方千米，耕地面积1292公顷，粮食播种面积613公顷，粮食产量4229吨，林地面积7654.3公顷，森林覆盖率82%。以种植板栗、西瓜、黄烟、辣椒等为主，其中黄烟、辣椒种植成为当地群众收入的主要经济支柱。土特产有黑布朗、辣椒、板栗、水晶梨、西瓜等。主要旅游景点有铜鼓岩和云祖峰。2017年，全镇生产总值2.3992亿元，同比增长11%；人均地区生产总值19588元，增长6.6%；地方一般公共预算收入1200万元，增长3%；农村常住居民人均可支配收入13026元，增长8%。

党委书记：丘永锋
镇　　长：丁钢文
人大主席：罗发强

【坪石办事处】　位于乐昌市西部，总面积约10平方千米，是省属企业原坪石矿务局破产关停后实行属地管理而设立，行政级别为正科级，乡镇建制。办事处机关驻地位于乐昌市坪石镇坪南路1号，内设5个办公室。附设原企业离退休人员管理分中心、便民服务中心。辖南岭、八字岭、关春、河西、新村等5个居民区，年末户籍人口10617人，常住人口5877人，外来人口66人。区内驻有乐昌市三益水泥股份有限公司、乐昌市南岭水泥厂等多家民营企业。

党工委书记：詹彬文
办事处主任：吴回礼

【梅田办事处】　是乐昌市人民政府派出机构，管辖坪石镇武水河西岸1.5平方千米的居住面积。是省属企业原梅田矿务局于2002年12月26日关闭破产后，从湖南宜章、临武返迁广东境内安置于此，经广东省、韶关市、乐昌市各级政府批准设置的正科级派出机构，管辖矿区乐昌户籍职工家属17258人（统计时间为2017年12月），河西生活区常住人口2996户9587人，是一个典型的企业职工家属聚居生活区。内设5个办公室。附设机构有：原企业离退休人员管理分中心、城镇居民医疗保险办公室、城镇居民社会养老保险办公室。下设5个居民区：坪东居民区、坪西居民区、坪北居民区、坪中居民区和坪梅居民区，其中坪梅居民区主要管辖具有本市户籍的异地居住人员。坪东、坪西、坪北、坪中管辖常住人口。2017年河西生活区有初级中学1所（坪梅中学），在校学生964人；有小学1 所（坪梅小学），在校学生1011人。辖区内有西河湾、坪石新城、恒辉花苑3个高档住宅小区。

党工委书记：李兴军

办事处主任：杨容斌

（陈懿茜）

2017年乐昌市国民经济发展情况一览表

表 29

指　标	单　位	绝对值	比上年增长（%）
地区生产总值	亿元	122.27	4.8
第一产业增加值	亿元	23.83	4.3
第二产业增加值	亿元	26.66	-4.4
工业增加值	亿元	20.3	-4
第三产业增加值	亿元	71.77	8.8
人均地区生产总值	元	29387	4
规模以上工业总产值	亿元	35.19	-14.6
农林牧渔业总产值	亿元	37.78	4.3
固定资产投资	亿元	45.03	21.2
社会消费品零售总额	亿元	66.42	8.4
外贸进口总额	万美元	136.7	111.5
外贸出口总额	万美元	1639.3	31.9
实际利用外资	万美元	143	22.2
地方一般公共预算收入	万元	5.91	15.1
地方一般公共预算支出	万元	32.22	18.8
城镇居民人均可支配收入	元	24224	9.5
农村居民人均可支配收入	元	13526.2	8

南雄市

【概况】　南雄市地处广东省东北部、大庾岭南麓。南雄设县制始于唐光宅元年（684年），取名浈昌县。北宋开宝四年（971年）改为南雄州，“南雄”之名由此始。民国始（1912年）废州置县为南雄县，1996年6月撤县设市（县级），由韶关市代管。2017年辖17个镇1个街道办事处。土地面积2326.18平方千米，年末户籍人口49.05万人，常住人口33.54万人。

南雄是古代中原与岭南交往的重要通道，历来为兵家必争之地；古有“岭南第一州”之称，是古代岭南政治、经济、文化的重要郡都，是粤赣边境的商贸重镇；是珠三角地区居民的“七百年前桑梓乡”“广府文化”的发祥地。

南雄是广东省重点革命老区县之一，是原中央苏区县，是中国工农红军长征经过地。孙中山两次北伐，均以南雄为前哨。土地革命时期，1927年12月成立中共南雄县委，1928年2月全县农民武装暴动，建立南雄县苏维埃政府。1932年7月，毛泽东与朱德在南雄水口指挥水口战役。中央红军长征后，项英、陈毅等以南雄油山为中心，坚持艰苦卓绝的三年南方游击战争。抗日战争时期，中共广东省委机关曾驻南雄雄州街道瑶坑村。解放战争时期，南雄是中共五岭地委驻地和粤赣湘边区解放总队所在地。

2017年，全市耕地面积4.34万公顷，粮食播种面积3.61万公顷，粮食产量21.877万吨。林地面积15.9万公顷，森林覆盖率65.28%，林木蓄积量938.49万立方米。主要农作物有水稻、烟草、花生、大豆。主要特产有黄烟、银杏（白果）、银杏面、板鸭、香菇、冬笋、金友米、腐竹等。特色菜有鹅王、酸笋鸭、乡村鱼、酿豆腐。特色小吃有牛干脯、饺哩糍、铜勺饼、香芋片等。主要矿产资源有钨矿、铀矿、稀土矿、莹矿、石灰石、花岗石等。主要河流有浈江、凌江。主要旅游景点有梅关古道、珠玑古巷、三影古塔、古生物恐龙化石群、恐龙地质公园、雄州公园、钟鼓岩、青嶂山、孔江国家湿地公园、莲开净寺、大雄禅寺、苍石寨、帽子峰森林公园、坪田古银杏森林公园、油山游击战争旧址以及乌迳镇新田村、水口镇篛过村、百顺镇黄屋村、南亩镇鱼鲜村、黄坑镇溪塘村、油山镇上朔村等省级古村落。有张九龄、苏东坡、陈毅等名人遗迹。南雄是全国“国际型优质烤烟生产基地”，是中国黄烟之乡、中国银杏之乡、中国恐龙之乡、中国特色竹乡、中国姓氏名都，是国家可持续发展实验区。

2017年，南雄市生产总值143.55亿元，比上年增长3.2%。其中：第一产业增加值为29.36亿元，增长5%；第二产业增加值为51.39亿元，下降6.2%（工业增加值43.68亿元，下降3.8%）；第三产业增加值为62.8亿元，增长12%。人均地区生产总值42968元，增长2.5%。固定资产投资81.93亿元，下降29.1%。社会消费品零售总额54.88亿元，增长8.2%。外贸出口额5698.7万美元，增长30.7%。实际利用外资488万美元，下降15.6%。地方公共财政预算收入6.12亿元。城镇居民人均可支配收入24954.4元，增长10.5%。农村居民人均可支配收入13623元，增长11.1%。

【城镇功能风貌完善】 2017年，南雄市实施城镇提升建设项目57个。北城大道、崇贤大道推进，雄州中学、中山街等“三旧”改造项目、市区主要道路“黑底化”工程基本完成，雄州多功能文化景观廊桥动工建设，“一江两岸”景观风貌提升工程推进，省级恐龙地质公园建成开园，市区清扫保洁及18个镇（街道）生活垃圾转运处理实现市场化运作。通过广东省文明城市复检。房地产业健康发展，创造增加值7.1亿元、增长7.4%。基础设施建设力度加大，实施三年规划项目102个，总投资83.6亿元。雄信高速公路进入专项评估报告编制阶段，省342线改造扩建和第一批9条旅游公路建设推进，完成农村公路硬底化建设80千米。电网建设完成投资2.9亿元，百顺、澜河、帽子峰三镇农网改造工程基本完成。投入5.8亿元完善农林水利设施。农村超高速无线局域网应用试点工作完成，基本实现城乡4G网络全覆盖。特色小镇、田园综合体项目推进，珠玑绿道建成启用，实施镇村“五小”惠民项目55个，68个省定贫困村社会主义新农村示范村建设完成“四个100%”。梅关古驿道保护利用项目获得中国人居环境范例奖。帽子峰镇被认定为广东省森林小镇。推进国有林场改革，获评“全国集体林权制度改革先进集体”。推行“河长制”，落实水资源保护制度，完成中小河流治理107千米。完成禽畜养殖“三区”划定。镇村污水处理设施和配套管网建设工程推进。

【普惠民生福祉增进】 2017年，南雄市民生支出25.4亿元、增长19.9%，占地方公共预算支出的80.9%，基本公共服务均等化水平提高。省教育现代化先进市创建推进，完成新城中学搬迁重建和古市镇中心小学、中心幼儿园建设，改造提升一批中小学校功能楼，启动教师“县管校聘”改革。中医院和妇计院医共体异地新建，第二人民医院动工建设，妇产医院、儿童医院揭牌成立，完成67间公建民营卫生站建设，创建韶关首个“国家慢性病综合防控示范区”，启动分级诊疗工作，推进医联体（医共体）试点。实行残疾人免费乘坐城市公共汽车。培育地方文化品牌，举办第四届姓氏文化节。新建图书馆、档案馆完成主体工程，启动新文化馆改造和村级综合性文化服务中心建设。落实全民健康战略，举办南雄市第五届运动会暨第二届职工运动会，完成南雄市群众体育活动中心建设。广东省食品安全示范县创建推进。黄坑镇人民调解委员会被评为全国模范调解委员会。精准扶贫工作实现6244名贫困人口预脱贫。

【梅关古道景区入选《全国红色旅游经典景区名录》】 《全国红色旅游经典景区名录》收录全国300处红色旅游经典景区，其中广东省有13处，梅关古道是韶关市唯一入选景区。梅关古道景区位于粤赣交界的梅岭，是首批“广东省红色旅游示范基地”、广东省爱国主义教育示范点。梅岭山巅上的梅关关楼位于梅岭分水界上，“一步跨二省”。其天险要隘，古往今来都是兵家必争之地。从北伐战争时期至1949年9月南雄解放，梅岭成为一块红色的土地。梅岭红色旅游经典景区拥有北伐军出师处、陈毅《梅岭三章》诗碑、梅关会师处、元帅岭等大量革命历史文化资源。2017年，南雄梅关古驿道被列为广东省重点打造的8处古驿道示范区之一。

【雄州公园开园】 2017年1月1日，雄州公园开园。该园位于南雄市城区南面，占地面积53.33公顷，是南雄市城市提升的重点民生工程，计划总投资3亿元。项目于2014年开工建设，定位为一个集生态观光、科普宣传、休闲锻炼等多项功能于一体的高品位城市森林公园，完成投资1.8亿元。雄州公园由牌坊、广场、园路、人防（防空地下室）、人工湖景观、音乐喷泉、景观绿化（林相改造）、后山园林景观、四大主题公园、附属公共基础设施等十大项建设工程构成，其中音乐喷泉根据美学设计通过声波及光波穿过水粒子而产生的三维动感水艺，为公园核心景观之一，水柱最高喷射80米。雄州公园将自然生态与历史文化融合，是独具南雄特色的综合性公园。

【首届“重走长征路·体验新南雄”活动举行】 2017年4月30日，首届“重走长征路·体验新南雄”活动在革命老区油山镇上朔礼堂举行启动仪式。近2000名参与者统一红军全套着装。活动全程20千米，设4个签到点，4个补给点，2个现场教学点。起点为上朔古村礼堂，途经夹河口、坪田坳、大岭下会议旧址3个革命旧地遗址，终点站设在粤赣界碑处。徒步线路中有10处风格不同的红色元素雕塑，每个雕塑镌刻着南雄革命诗人及革命家在南雄战斗过留下的诗篇，全程展现红色文化。参与者抵达终点——凯旋门，即可获得“重走长征路”证书。

【电子商务创业孵化园被评为国家级科技企业孵化器培育单位】 2017年，南雄市电子商务创业孵化园评为国家级科技企业孵化器培育单位。南雄市“互联网+农业专业孵化器”（以下简称“孵化器”）建于2015年，是南雄市政府打造的“零成本”创业、“一站式”服务的“互联网+农业”专业型孵化器。孵化器位于南雄市电子商务公共服务中心大润发西南面首层，总面积5430平方米［其中在孵企业使用场地（含公共服务场地）面积5032平方米，占总面积92.67%］，设有企业孵化区、人才培训区、产品展示区、公共服务区、仓储物流区等五大功能区，建成较为完善的孵化服务体系，包括中介服务平台、投融资服务平台、培训服务平台、线上线下市场推广平台以及综合服务平台等，可为入驻的创业企业和项目提供法律和财税咨询、投融资、知识产权、创业培训、品牌建设、市场推广、线上平台运营等孵化服务。南雄市文华电子商务孵化港有限公司是南雄市政府委托的孵化器实体运营主体，成立于2015年9月，注册资本50万元，2016年被认定为韶关市科技企业孵化器，2017年评为国家级孵化器培育单位运营主体。

【全国水稻病虫害防治新药剂应用技术现场会在南雄召开】 2017年10月17日，全国水稻病虫害防治新药剂应用技术现场会在南雄市举办。全国农业技术推广服务中心党委书记魏启文，首席专家张跃进，广东省有关领导，来自江苏、湖北、浙江省植保总站相关人员，16个水稻主产省的防治科负责人，部分市、县（区）的植保站长等120多人参加。中国水稻研究所研究员黄世文、广东省农科院研究员朱小源分别就水稻后期重要病害发生危害识别与防控、华南常发性水稻病害发生特点及其防控等技术做专题讲解。广东、浙江、江苏、安徽、湖南、湖北、江西、广西、四川、辽宁等省分别汇报2017年水稻重大病害防治新药剂应用技术试验示范工作。学员代表参观位于水口镇的全国水稻病虫害全程绿色防控示范区及水稻病虫害防治新药剂示范现场。

【南雄古枳椇选为全国最美树王】 2017年，南雄古枳椇入选为广东省最美六株古树之一。该株古枳椇生长在南雄市坪田镇迳洞村委会冯屋村古银杏群中，树高大挺拔，树干直立粗壮，基部干心有空洞，枝干生长良好，枝繁叶茂，果梗虬曲，状甚奇特。古枳椇树龄约500年，又名拐枣。拐枣在中国栽培利用的历史久远，世界各地的科学家们对拐枣有浓厚的兴趣。苏联一位学者，对拐枣作过不少研究。他认为拐枣在地球上已有500万年—1000万年的历史，是地球上最古老的果树之一。拐枣树浑身是宝，树干是优良的木材，树皮和果实均可入药，村民会取树根皮用于治疗皮肤病。

【恐龙地质公园举行揭牌开园仪式】 2017年12月28日，南雄恐龙地质公园举行揭牌开园仪式。南雄是“中国恐龙之乡”，恐龙地质公园是恐龙骨骼化石、恐龙蛋化石和恐龙足迹化石同时发现的地方，是研究中至新代界线与恐龙灭绝问题的地点。园内有丰富的恐龙蛋、恐龙骨骼、恐龙足迹、龟及古哺乳类等大化石遗迹，白垩系与古近系地层剖面与界限、丹霞地貌等地质遗迹，是在漫长的地质历史过程中形成、发展并遗留下来的不可再生的大自然奇观。2013年6月，经广东省地质遗迹保护（地质公园）评审委员和领导小组批准，南雄恐龙地质公园被评为省级地质公园。

【南雄市第五届运动会暨第二届职工运动会】 2017年5月19日至12月28日，南雄举办第五届运动会暨第二届职工运动会。运动会分乡镇组、机关事业组、企业组、社会体育组和青少年组等5个组别，有来自全市各镇（街道）、市直单位和企事业单位44支代表队近5000名运动员参加。比赛项目包括乒乓球（混合团体）、羽毛球（混合团体）、男子篮球、中国象棋、拔河在内5个大项和2个小项。经过7个多月比赛，总成绩排在前六名的有乡镇组古市镇、珠玑镇、黄坑镇、雄州街道、全安镇、主田镇；机关事业组教育系统、农口、卫计系统、经贸口、政法口、政府口；企业组供电局、烟草公司、金融协会、园区管委会、南雄电信、华电公司。

【珠玑绿道启用】 2017年10月13日，南雄市举行珠玑绿道启用仪式，倡导绿色低碳生活。珠玑绿道是珠玑镇对国道323线公路城区至珠玑镇区原有道路进行综合改造，建成的一条人文文化与自然景观相融合的沿线绿道景观。总长4.13千米，占地面积3.67公顷，采用彩色沥青和仿古砖铺面，沿途栽种近千棵桂花、银杏、香樟、红枫等观赏树木，有中国传统、廉政文化、姓氏文化、珠玑民俗等主题文化宣传点。

▲2017年10月13日，南雄珠玑绿道启用仪式现场 （南雄市史志办 供）

【雄州街道】 位于南雄市中南部，北纬24°7′，东经114°8′8″。是浈江和凌江的汇合处，自东按顺时针方向分别与湖口、江头、主田、古市、全安、珠玑等镇相连。为南雄市人民政府所在地，是南雄市政治、经济、文化中心。街道办事处设在雄州大道。辖区总面积96.93平方千米。2017年辖13个村委会、7个社区居委会，总户数3.51万户，总人口8.92万人。林地面积2780.31公顷，耕地面积2101公顷。街道有中学（中专）学校5个，完全小学4个，小学教学点5个。非物质文化遗产有传统舞蹈八一社区宾阳瑞龙瑞狮。旅游景点有三影古塔、广州会馆、瑶坑省委机关旧址、莲花净寺、古生物恐龙化石群、雄州公园。主要特产有腊鸭、黄烟。街道财政总收入1926.4万元，同比增长2.37%；财政总支出1917.9万元，同比增长10.96%；工业总产值461222.7万元，同比下降25.19%；社会消费品零售总额437537.8万元，同比增长8.28%。

党工委书记：叶凌峰（任至8月）
　　　　　　王高峰（8月任职）
办事处主任：朱祖纯（任至8月）
　　　　　　刘春伟（8月任职）
人大工委主任：刘烈斌

【乌迳镇】 位于南雄市东部，北纬25°14′48″，东经114°35′55″。东邻界址镇，南邻坪田镇、南亩镇，西邻黄坑镇、油山镇，北邻江西省大余县、信丰县。镇政府在乌迳村委会，距市区35千米。辖区总面积157.02平方千米。2017年，辖21个村、1个居委会，总户数1.47万户，总人口4.73万人。林地面积7954.37公顷，耕地面积3222公顷。有初级中学1个，完全小学6个，小学教学点4个。旅游景点有新田古村落、观音山、孔江国家湿地公园。矿产资源有稀土矿、花岗石。主要特产有黄烟、朝天椒。全镇财政总收入2208.38万元，同比增长49.82%；财政总支出2208.38万元，同比增长49.82%；工业总产值8923.6万元，同比下降9.88%；社会消费品零售总额11919.4万元，同比增长7.4%。黄烟收购1062.6吨。

南雄首个“农村淘宝”乌迳镇级服务站开业　2017年3月16日，南雄市首个“农村淘宝”乌迳镇级服务站开业。“农村淘宝”是一个集生活、创业、文化等方面于一体的一站式服务平台，提供村民生活、生产所需的各种用品。采购商品后，包裹将免费送到服务站，村民可到服务站自提，也能享受送货上门。农村淘宝合伙人村小二可以为村民进行代购、生活缴费、代销农货等多方位服务，让村民足不出户就可享受到互联网带来的便利，实现网货下乡、农产品进城的双向流通，带动村民创业、就业、致富。

党委书记：孔建国（任至8月）
　　　　　朱祖纯（8月任职）
镇　　长：黄得龙
人大主席：张卫平

▲2017年5月30日，南雄市举办首届传统服饰节文化节　（张卿雄 摄）

【珠玑镇】 位于南雄市东北部，北纬25°11′53″，东经114°21′24″。东邻邓坊镇，南邻湖口镇、雄州街道，西邻全安镇、帽子峰镇，北邻江西省大余县。镇政府在珠玑村委会，距市区9千米。辖区总面积197.53平方千米。2017年，辖22个村、1个居委会，总户数1.38万户，总人口4.59万人。林地面积11464.13公顷，耕地面积2123公顷。有初级中学1个，完全小学3个，小学教学点3个。非物质文化遗产有传统音乐珠玑村龙船歌、传统舞蹈洋湖村双龙舞双狮、舞春牛、珠玑飘色。旅游景点有珠玑古巷、梅关古道、钟鼓岩、大雄禅寺、三佳村生态农业园。矿产资源有稀土矿、石灰石。主要特产有黄烟、腐竹、梅岭板栗。全镇财政总收入2474.9万元，同比下降3.25%；财政总支出2474.9万元，同比增长9.12%；工业总产值32586.3万元，同比下降13.51%；社会消费品零售总额10213.8万元，同比增长8.5%。黄烟收购723.9吨。

南雄首条乡村旅游观光绿道开通　2017年1月18日上午，南雄市首条乡村旅游观光绿道“珠玑绿道（聪辈段）”开通。该绿道位于“珠玑古巷”和“大雄禅寺”景区旁，全长约900米，上起大雄禅寺下至聪辈村吴屋村，沿河而建，设置有休息亭和亲水平台。

首届传统服饰节开幕式在珠玑古巷举行　2017年5月30日，“端阳正当午，传统服饰行”——2017年端午节首届传统服饰节在珠玑古巷举行开幕仪式，200多位女子穿着汉唐以来的传统服饰，现场表演《绣亮珠玑》旗袍秀、《客家女》服饰秀、《汉唐盛世》舞展等，随后分为两纵队在珠玑古巷巡游，再现昔日珠玑古巷作为商业重镇及179姓南迁氏族发祥之地的风采。2016年，珠玑古巷获评“广东省文化旅游融合发展示范区”。

党委书记：陈志光
镇　　长：黄德忠
人大主席：张东林

【湖口镇】 位于南雄市东部，北纬25°10′14″，东经114°23′59″。东邻黄坑镇，南邻水口镇，西邻珠玑镇、雄州街道，北邻邓坊镇。镇政府在湖口村委会，距市区11千米。辖区总面积73.64平方千米。2017年，辖12个村、1个居委会，总户数1.09万户，总人口 3.58万人。林地面积1463.81公顷，耕地面积2427公顷。有初级中学1个，中心小学2所，村小学教学点7个。旅游景点有罗佛寨。主要特产有黄烟、铁皮石斛。全镇财政总收入1333.6万元，同比增长13.95%；财政总支出1195.6万元，同比增长7.2%；工业总产值29405.5万元，同比下降18.6%；社会消费品零售总额8019.1万元，同比增长7.45%。黄烟收购1470.3吨。

党委书记：朱运通（任至8月）
　　　　　凌生成（8月任职）
镇　　长：陈　华
人大主席：刘世娣

【油山镇】 位于南雄市东北部，北纬25° 16′ 53″，东经114° 31′ 20″。东邻乌迳镇，南邻黄坑镇，西邻邓坊镇，北邻江西省大余县、信丰县。镇政府在大塘村委会，距市区33千米。辖区总面积146.63平方千米。2017年，辖17个村、1个居委会，总户数9975户，总人口3.32万人。林地面积9018.16公顷，耕地面积3319.9公顷。有初级中学1所，完全小学2个，小学教学点5个。旅游景点有油山游击战争旧址、上朔古村落。矿产资源有稀土矿、花岗石。主要特产有黄烟、香菇、腊鸭、李干脯。全镇财政总收入326万元，同比增长124.67%；财政总支出305万元，同比增长116.77%；工业总产值8424.5万元，同比增长0.07%；社会消费品零售总额7296.2万元，同比增长7.45%。黄烟收购711.6吨。

大岭下会议旧址揭牌　2017年10月19日上午，油山镇大岭下会议旧址举行竣工暨南雄市爱国主义教育基地揭牌仪式。“大岭下会议”是中国共产党党史上、军史上一次十分重要的会议。5月，油山镇启动大岭下会议旧址的修复和布展，在保持原貌的基础上，对现有村道进行拓宽、硬化，对旧址进行加固、维修，并根据史志资料，利用修复的旧址墙壁进行红色文化布展。

党委书记：雷　毅
镇　　长：钟小娟（任至8月）
　　　　　林金山（10月任职）
人大主席：刘　军

【全安镇】 位于南雄市西北部，北纬25° 8′ 6″，东经114° 15′ 46″。东邻珠玑镇、雄州街道为邻，南邻古市镇、始兴县，西邻百顺镇，北邻澜河镇、帽子峰镇。镇政府在全安村委会，距市区7千米。辖区总面积190.44平方千米。2017年，辖13个村、1个居委会，总户数8380户，总人口2.91万人。林地面积13907.3公顷，耕地面积2015公顷。有初级中学1个，完全小学3个，小学教学点4个。旅游景点有苍石寨、杨历岩、龙华山温泉。矿产资源有稀土矿。主要特产有田七、三仁花生。全镇财政总收入1625.58万元，同比增长44.56%；财政总支出1625.58万元，同比增长44.56%；工业总产值65879.8万元，同比下降0.27%；社会消费品零售总额17934.8万元，同比增长9.42%。黄烟收购38.7吨。

党委书记：潘　彬
镇　　长：陈汉铭
人大主席：刘光煌

【黄坑镇】 位于南雄市东部，北纬25° 13′ 55″，东经114° 29′ 55″。自东按顺时针方向依次与乌迳、南亩、水口、湖口、邓坊、油山6个镇相连。镇政府在黄坑村委会，距市区21千米。辖区总面积58.26平方千米。2017年，辖10个村、1个居委会，总户数7799户，总人口2.57万人。林地面积1084.93公顷，耕地面积1898公顷。有完全中学1个，完全小学1个，小学教学点3个。旅游景点有溪塘古村落。主要特产有黄烟。全镇财政总收入341.6万元，同比增长14.59%；财政总支出341.6万元，同比增长17.79%；工业总产值13842.4万元，同比下降3.09%；社会消费品零售总额6619.7万元，同比增长7.57%。黄烟收购1610.7吨。

黄坑镇人民调解委员会被评为“全国模范人民调解委员会”　2017年6月27日，中华人民共和国司法部在全国人民调解工作会议上，对300个全国模范人民调解委员会和995名全国模范人民调解员给予表彰。其中，南雄黄坑镇人民调解委员会获评“全国模范人民调解委员会”。黄坑镇人民调解委员会通过创立民间调解“懂事会”，创立信访平台，构建镇、村、组三级调解网络，建立人民调解与律师顾问服务网络，开辟普法公共微信群，创建黄坑镇老四坑“法治文明示范村”，从2006年至2017年间，调解或协助调解各类民间纠纷500多宗，调解成功率98%，没有一宗因调解不当而上访的民事纠纷案，实现“小事不出村，大事不出镇，矛盾不上交”的目标。

党委书记：陈冬生（8月任职）
镇　　长：陈冬生（任至8月）
　　　　　胡军华（10月任职）
人大主席：林祥辉

【水口镇】 位于南雄市东南部，北纬25° 9′ 19″，东经114° 28′ 22″。东邻南亩镇，南邻江头镇、江西省全南县，西邻雄州街道，北邻黄坑镇、湖口镇。镇政府在水口村委会，距市区21千米。辖区总面积106.8平方千米。2017年辖13个村、1个居委会，总户数7629户，总人口2.49万人。林地面积6007.13公顷，耕地面积1794公顷。有初级中学1个，完全小学1个，小学教学点2个。非物质文化遗产有传统舞蹈水口村火龙、火凤、火虾。旅游景点有篛过古村落、水口战役公园。主要特产有黄烟、沙葛。2017年，全镇财政总收入1190.5万元，同比增长48.63%；财政总支出1190.5万元，同比增长54.41%；工业总产值6105万元，同比下降36.1%；社会消费品零售总额7537.6万元，同比增长7.45%。黄烟收购877.6吨。

党委书记：陈如华（8月任职）

镇　　长：陈如华（任至8月）
　　　　　叶邱婷（11月任职）
人大主席：吴英琪

【南亩镇】　位于南雄市东南部，北纬25° 10′，东经114° 33′。东邻坪田镇，南邻江西省全南县，西邻水口镇，北邻乌迳镇、黄坑镇。镇政府在南亩村委会，距市区30千米。辖区总面积111.26平方千米。2017年，辖11个村、1个居委会，总户数4757户，总人口1.75万人。林地面积5608.8公顷，耕地面积904公顷。有初级中学1个，小学教学点3个。非物质文化遗产有传统舞蹈官田村里溪茶花灯。旅游景点有鱼鲜古村落、芙蓉村古银杏群。矿产资源有稀土矿。主要特产有山茶油、荞头、茶叶、凉果。全镇财政总收入240万元，同比增长6.67%；财政总支出236万元，同比增长24.21%；工业总产值3276.2万元，同比下降12.43%；社会消费品零售总额3849.1万元，同比增长7.44%。黄烟收购172.6吨。

党委书记：池宏安
镇　　长：赖建志
人大主席：罗青山

【江头镇】　位于南雄市南部，北纬25° 4′ 35″，东经114° 26′。东邻水口镇，南邻江西省全南县，西邻主田镇，北邻雄州街道。镇政府在江头村委会，距市区13千米。辖区总面积132.13平方千米。2017年辖9个村、1个居委会，总户数3825户，总人口1.26万人。林地面积10717.53公顷，耕地面积955.6公顷。有初级中学1个。旅游景点有青嶂山。矿产资源有稀土矿、莹矿石。主要特产有毛竹、竹笋。全镇财政总收入366万元，同比增长0.83%；财政总支出359万元，同比增长0.84%；工业总产值19745.9万元，同比下降10.98%；社会消费品零售总额3083.4万元，同比增长7.45%。黄烟收购171.9吨。

党委书记：邱荣胜（任至7月）
　　　　　钟爱莲（8月任职）
镇　　长：钟爱莲（任至8月）
　　　　　袁　斌（10月任职）
人大主席：陶景晖

【主田镇】　位于南雄市南部，北纬25° 3′ 55″，东经114° 13′ 51″。东邻江头镇，南邻始兴县澄江镇、江西省全南县，西邻古市镇，北邻雄州街道。镇政府在主田村委会，距市区6千米。辖区总面积165.67平方千米。2017年，辖8个村、1个居委会，总户数4406户，总人口1.47万人。林地面积9829.8公顷，耕地面积1248公顷。有完全小学1个。矿产资源有稀土矿、钨矿。旅游景点有元升两岸花博生态园、香草世界森林公园，主要特产有黄烟。全镇财政总收入310.3万元，同比增长3.57%；财政总支出310.3万元，同比增长5.37%；工业总产值7880.6万元，同比下降0.53%；社会消费品零售总额4161.8万元，同比增长7.45%。黄烟收购831.6吨。

主田镇获评“2016年度广东省休闲农业与乡村旅游示范镇”　2017年，南雄主田镇入选广东省农业厅、省旅游局联合发文公布的“2016年度广东省休闲农业与乡村旅游示范镇、示范点”名单。主田镇自然风景优美，森林覆盖率92%，南雄市区饮用水源瀑布水库、小流坑—青嶂山省级自然保护区及南雄的部分恐龙蛋化石群在该镇境内。主田镇休闲农业与乡村旅游资源丰富。镇内有元升两岸花博生态园（花博园）、南雄香草世界森林公园（清景园）项目，正在建设中的南雄印象旅游项目。2017年，南雄投资近5000万建设主田旅游大道，全长4.8千米，宽15米，将南雄市区至主田镇的车程缩短到10分钟以内；大道旁有4.88千米，宽2.8米的休闲绿道，并投资6000多万对主田镇境内主要河流的堤岸进行修建和美化。

党委书记：叶　飞
镇　　长：罗慧琴
人大主席：林　斌

【古市镇】　位于南雄市西南部，北纬25° 57′，东经114° 13′。东邻主田镇、雄州街道，南西邻始兴县，北邻全安镇。镇政府在古市村委会，距市区10千米。辖区总面积98.63平方千米。2017年，辖8个村、1个居委会，总户数5932户，总人口2.14万人。林地面积5034.4公顷，耕地面积1696公顷。有完全小学1个，小学教学点4个。矿产资源有稀土矿、陶土。主要特产有黄烟，是南雄黄烟生产主产区。全镇财政总收入1163.4万元，同比增长12.48%；财政总支出1163.4万元，同比增长12.48%；工业总产值721424.9万元，同比下降23.03%；社会消费品零售总额5504.4万元，同比增长7.44%。黄烟收购1097.8吨。

党委书记：陈光文
镇　　长：夏新坤
人大主席：王　静

【百顺镇】　位于南雄市北部，北纬25° 1′，东经114° 1′。东邻澜河镇、全安镇，南邻始兴县，西邻仁化县，北邻仁化县、江西大余县。镇政府在百顺村委会，距市区58千米。辖区总面积191.42平方千米。2017年，辖9个村、1个居委会，总户数3652户，总人口1.32万人。林地面积17182.67公顷，耕地面积1346公顷。有初级中学1个。矿产资源有稀土矿、铀矿。非物质文化遗产有传统舞蹈白云村香火龙。旅游景点有黄屋城古村落。主要特产有毛竹、竹笋、罗汉果。全镇财政总收入871.8万元，同比增长5.39%；财政总支出871.8万元，同比增长5.39%；工业总产值16381万元，同比下降0.08%；社会消费品零售总额4564.7万元，同比增长7.45%。

党委书记：谭福志
镇　　长：高春花
人大主席：朱定福

【澜河镇】　位于南雄市北部，北纬25° 14′ 43″，东经114° 8′ 40″。东邻帽子峰镇，南邻全安镇，西邻百顺镇，北邻江西省大余县。镇政府在澜河村委会，距市区35千米。辖区总面积139.25平方千米。2017年，辖6个村、1个居委会，总户数2923户，总人口1.05

万人。林地面积12863.98公顷，耕地面积526公顷。有初级中学1个，完全小学1个。矿产资源有稀土矿、铀矿。主要特产有毛竹、竹笋。全镇财政总收入1144万元，同比增长67.84%；财政总支出1144万元，同比增长67.84%；工业总产值9828.6万元，同比下降0.08%；社会消费品零售总额2900.5万元，同比增长7.45%。

党委书记：丘铭山

镇　　长：郭　君

人大主席：杨简彬

【帽子峰镇】 位于南雄市北部，北纬25° 13′，东经114° 13′。东邻珠玑镇，南接全安镇，西邻澜河镇，北邻江西省大余县。镇政府在富竹村委会，距市区24千米。辖区总面积97.21平方千米。2017年，辖5个村、1个居委会，总户数2812户，总人口0.97万人。林地面积8125.57公顷，耕地面积810公顷。有初级中学1个，小学教学点3个。旅游景点有帽子峰森林公园、银杏群。主要特产有毛竹、竹笋。全镇财政总收入739万元，同比增长46.34%；财政总支出739万元，同比增长48.39%；工业总产值3276.3万元，同比增长0.08%；社会消费品零售总额2823.1万元，同比增长7.44%。黄烟收购174.2吨。

帽子峰镇被评为“广东省森林小镇” 2017年，帽子峰镇被广东省林业厅认定为首批“广东省森林小镇”。帽子峰镇动植物资源丰富，自然风景独特。全年气候温和，雨量充沛，林场树木、花草繁多，很多地方保留原始森林风貌。深秋季节，林场银杏金黄、层林尽染，誉为“小九寨沟”，是一个集度假、休闲、科研考察为一体的综合休闲度假胜地。2012年5月，帽子峰森林公园被广东省林业厅、广东省旅游局评为省森林生态旅游示范基地，2016年获得“中国森林氧吧”称号。

秋染南雄·银杏旅游文化节暨第三届山地自行车越野挑战赛在帽子峰举办 2017年11月5日上午，2017秋染南雄·银杏旅游文化节暨帽子峰第三届山地越野挑战赛在帽子峰国家森林公园举行。此次山地自行车越野赛有来自全国各地的320多名选手参加比赛。赛事分为体验组、女子组、男子大众组、精英组四个组别。

党委书记：朱世平

镇　　长：徐精华

人大主席：罗祥忠

【坪田镇】 位于南雄市东南部，北纬25° 11′ 53″，东经114° 37′ 11″。东邻界址镇、江西省信丰县，南邻江西省全南县，西邻南亩镇，北邻乌迳镇。镇政府在老龙村委会，距市区43千米。辖区总面积138.26平方千米。2017年，辖14个村委会、1个居委会，总户数7127户，总人口2.72万人。林地面积9645.66公顷，耕地面积1777公顷。有初级中学1所，完全小学2个，小学教学点9个。旅游景点有坳背、冯屋、军营寨古银杏群落。矿产资源有稀土矿、莹矿石、铀矿。主要特产有白果、黄烟、山茶油、香菇、荞头。全镇财政总收入1506万元，同比增长81.69%；财政总支出1451万元，同比增长95.13%；工业总产值3276.2万元，同比增长0.08%；社会消费品零售总额2823.1万元，同比增长7.44%，黄烟收购542.4吨。

党委书记：刘　均

镇　　长：廖海泉

人大主席：陈　俊

【界址镇】 位于南雄市东部，北纬25° 14′ 59″，东经114° 43′ 15″。东、北邻江西省信丰县，南邻坪田镇，西邻乌迳镇。镇政府在大坊村委会，距市区47千米。辖区总面积56.39平方千米。2017年，辖8个村、1个居委会，总户数4184户，总人口1.57万人。林地面积3714.95公顷，耕地面积1068公顷。有初级中学1个，完全小学2个，小学教学点4个。非物质文化遗产有传统舞蹈龙马舞。矿产资源有稀土矿。主要特产有荞头、朝天椒、鱼干。2017年，全镇财政总收入789万元，同比增长9.23%；财政总支出789万元，同比增长9.23%；工业总产值1872.1万元，同比增长0.07%；社会消费品零售总额3488.3万元，同比增长7.44%。

党委书记：蔡庆娟

镇　　长：李见宏

人大主席：李绍林

【邓坊镇】 位于南雄市东北部，北纬25° 16′ 12″，东经114° 26′ 35″。东邻油山镇，南邻黄坑镇、湖口镇，西邻珠玑镇，北邻江西省大余县。镇政府在邓坊村委会，距市区26千米。辖区总面积118.04平方千米。2017年辖9个村、1个居委会，总户数5147户，总人口1.68万人。林地面积7572.82公顷，耕地面积1240公顷。有初级中学1个，小学教学点4个。旅游景点有泉水谷漂流度假村，主要特产有黄烟、香菇、甜玉米、三华李。2017年，全镇财政总收入1042.6万元，同比增长444.32%；财政总支出1042.6万元，同比增长448.74%；工业总产值6552.4万元，同比增长0.07%；社会消费品零售总额4895.7万元，同比增长7.45%，黄烟收购581.1吨。

首届帐篷节在邓坊泉水谷漂流度假村举行 2017年5月28日，2017泉水谷首届帐篷节在邓坊泉水谷漂流度假村举行，来自各地上千名“驴友”在指定的露营地点扎起几百顶帐篷。帐篷节在文艺表演中开幕，随后进行摇滚音乐篝火狂欢。泉水谷漂流度假村位于邓坊镇里源村，自2015年5月建成开业以来，每年夏季接待来自省内外的游客10余万人，是一个回归自然、消夏避暑的去处。

党委书记：郭才标

镇　　长：蓝北华

人大主席：孙宏澜

（周晓飞）

2017年南雄市国民经济发展情况一览表

表 30

指　标	单　位	绝对值	比上年增长（%）
地区生产总值	亿元	143.55	3.2
第一产业增加值	亿元	29.36	5.0
第二产业增加值	亿元	51.39	–6.2
工业增加值	亿元	43.68	–3.8
第三产业增加值	亿元	62.8	12
人均地区生产总值	元	42968	2.5
规模以上工业总产值	亿元	122.15	–6.3
农林牧渔业总产值	亿元	47.43	4.9
固定资产投资	亿元	81.93	–29.1
社会消费品零售总额	亿元	54.88	8.2
外贸进口总额	万美元	872.9	19.3
外贸出口总额	万美元	5698.7	30.7
实际利用外资	万美元	488	–15.6
地方一般公共预算收入	亿元	6.12	6.6
地方一般公共预算支出	亿元	31.4	18.5
城镇常住居民人均可支配收入	元	24954.4	10.5
农村常住居民人均可支配收入	元	13623	11.1

仁化县

【概况】 仁化县位于韶关市北部，地处南岭山脉南麓，地势总体北部及东南部高，中部低，以中低山、丘陵为主，北部及东南部主要为中低山及丘陵，中部以丘陵为主。域内最高点北部万时山海拔1559.3米，最低点南部长坝一带海拔61.5米。处中亚热带南沿，季风气候，2017年，年平均气温20.2℃，年降雨总量1656毫米，无霜期299天。辖1个街道10个镇。行政区域面积2223.22平方千米。年末户籍人口24.4万人，常住人口21.06万人，人口自然增长率8.63‰。

2017年，仁化县有耕地面积2.13万公顷，粮食播种面积1.63万公顷，粮食产量10. 38万吨；林地面积17.36万公顷，森林覆盖率78.9%，活立木蓄积量0.12亿立方米，竹林面积2.06万公顷。北江支流锦江斜贯县域，水力资源蕴藏量16万千瓦。矿产资源主要有铅、锌、钨、铁、铜、铀、硅、磷、水晶、花岗岩、稀土等50余种。域内的凡口铅锌矿是全国最大的铅锌生产基地。域内旅游资源有世界自然遗产、世界地质公园、国家级重点风景名胜区、国家AAAAA级风景区、国家级自然保护区、世界地理学“丹霞地貌”命名地丹霞山，仁化县丹霞源国家水利风景区，“中国历史文化名村”“中国传统村落”“最具红色景观村落”“广东省最美古村落”“广东旅游名村”石塘村，“中国传统村落”“广东省古村落”古夏村，“广东省古村落”“广东省最美古村落”“广东旅游名村”夏富村，“广东省古村落”恩村，“中国乡村旅游模范村”黄屋村，南越王赵佗所筑之城口古秦城，建于唐代至清朝时期的古塔、庙宇、会馆，“全国重点文物保护单位”“广东省爱国主义教育基地”“广东省中共党史教育基地”“仁化县廉政教育基地”石塘双峰寨，高坪省级森林自然保护区，万时山南国高山草原，丹霞山灵溪河森林旅游度假公园，丹霞山博士生态园，丹霞山中华性文化博物馆，温泉等。民间文化有列入省级非物质文化遗产名录的“石塘月姐歌”“仁化土法造纸技艺”“石塘堆花米酒酿造技艺”，列入韶关市级非物质文化遗产名录的“梅花龙”“闹春牛”“丹霞红豆饰品制作”“走马灯”“装故事”“仁化八音”及县级非物质文化遗产民俗“扶溪南台庙会”，传统技艺“土法榨油技艺”“竹篾编织技艺”“长江白糖饼制作”，传统舞蹈《板凳舞》《万时山传说》等。土特产有国家地理标志产品“长坝沙田柚”“仁化白毛茶”，仁化石塘堆花米酒、香菇、灵芝、笋干、白菜干、木耳、贡柑、马蹄、板鸭、丹霞山茶油、“农民头”牌辣椒酱、丹霞铁皮石斛、仁化土纸等。仁化是中国“有色金属”之乡、“古塔之乡”。

2017年，全县地区生产总值112.4亿元，比上年增长3.8%。完成固定资产投资67.5亿元，增长5.8%；完成社会消费品零售总额32.87亿元，增长7.8%；城镇和农村居民人均可支配收入分别为25641元和15479元，分别增长9.7%和11.2%。全面小康实现程度为74.6%，比2016年提高3.5个百分点。

【全域旅游发展】 2017年，仁化县全域旅游发展规划通过专家评审，制定大丹霞旅游经济圈发展建设工作实施方案。举办“丹霞杯”围棋城市邀请赛、南粤古驿道定向大赛（仁化站）、“绚美大丹霞、活力新仁化”2017广东仁化文化旅游节等活动。县游客集散中心建成使用，灵溪森林旅游度假区建成开园。城口红色特色小镇建设启动，完成城口铜鼓岭烈士纪念园修缮工程，红军长征粤北纪念馆和丹霞丰源温泉一期项目开工建设。推行“厕所革命”，新建和改造提升旅游厕所29座。启动长江至万时山、灵溪河至新凉亭旅游公路建设2条。全年全县接待游客951.28万人次，旅游总收入54.82亿元，分别比上年增长11.6%和11.7%；新增“限上”零售企业4家，全县批发零售业销售额完成44.4亿元，比上年增长2.6%。

【产业共建扎实推进】 2017年，仁化县建立健全招商引资项目综合评选机制，组建中山、东莞、珠海、广州、佛山（仁化）商会和8个镇级商会。引进亿航丹霞旅游无人机、江西宜春邦华新材料等优质项目一批。全年引进招商项目20个，合同利用资金超100亿元。实际吸收外资485万美元，货物进出口总额1000万美元，超额完成市下达的目标任务。创新实施“一线双联”制度，实行“一企一策、上门服务、跟踪落实”，服务企业效率提高。丹霞冶炼厂扩产增效、凡口铅锌矿尾矿综合提升项目实施。阳光电源股份有限公司15万千瓦光伏发电综合利用示范项目建成投产，二期项目开始实施。新增金泽新能源、升隆电源等“规上”企业4家。化解钢铁产能50余万吨，占韶关市总量21.74%。县产业集聚地建设加快，合泰铝制品、森辉节能、基亿通用电气、能易储能等4个项目开工建设，富鑫有色、中弘金属、凯鸿纳米等3个增资扩产或技改项目启动，滨江路3.4千米、新庄大道北延段1.62千米通车，公共绿化一期、工业二路等工程推进，产业集聚地服务中心建成。全年全县完成“规上”工业增加值33.84亿元，增长0.2%。

【现代农业提质增效】 2017年，仁化县完成国家现代农业示范区核心区现代农业生产技术升级改造二期项目，润华农业、众力农业、新农人等设施农业项目建成并投入生产。建成黄坑贡柑、长坝沙田柚、红山茶叶等3个万亩农业生态观光园。粮食种植面积1.63万公顷，总产量10.37万吨。黄坑镇互联网农业小镇试点项目建设加快。仁化白毛茶等5个产品被评为广东省第二届名特优新农产品区域公用品牌，丹霞谢柚等7个农产品被评为省第二届名特优新农产品经营专用品牌。红山镇鱼皇村被列入全国一村一品示范村，是韶关市唯一上榜村。红山镇富农茶叶专业合作社被认定为国家级农民合作社示范社，鸿伟木业（仁化）有限公司被认定为省重点农业龙头企业。全县有“三品一标”认证农产品46个，农业观光采摘园147家，休闲农庄136家。新增农民专业合作社25家、家庭农场33家。投入1600多万元实施中小河流治理重点县综合整治及水系连通试点项目4个，分别完成河道清淤、岸坡整治10余千米。投入6000多万元实施广东省山区五市中小河流治理项目，完成河流治理36千米。投入3963万元实施村村通自来水工程5宗。实现耕地保有量21419.36公顷，基本农田面积16773.33公顷，超额完成韶关市下达的目标任务。全年全县农林牧渔业总产值35亿元，同比上年增长4 %。

【城镇品质提升】 2017年，仁化县丹霞新城、盛世铭庭等房地产开发工程推进。碧桂园商贸城落地开工。北门片区市政道路一期工程、丹霞新城龙井路基本完成，丹霞新城农贸市场投入使用。韶赣高速丹霞出口至国道106道路改造提升实施。全县各镇（街）均实现环卫服务市场化，石窝生活垃圾填埋场试运营，实现保洁体系建设全覆盖。武深高速仁化段建成通车。全县土地利用规划中期调整获省批复。完成项目用地报批55.23公顷。第二次全国地名普查工作通过省检查验收。

【农村环境改善】 2017年，仁化县在韶关市率先完成33个省定贫困村农村人居环境整治规划，编制周田镇、大桥镇南门控制性详细规划和仁化县基本生态控制线、“五小”（小公园、小广场、小运动场、小停车场、小菜市场）专项规划等。开展省定贫困村和国、省道路沿线村庄“三清三拆三整治”，清理村巷道732条、10万平方米，拆除废弃房屋面积20万平方米。完成农村公路硬底化工程84千米。建成农村候车亭12个。投入8720.8万元完成156个农村电网改造工程项目。投入1.52亿元完成“丹霞彩虹”省级新农村示范片道路、污水处理等基础设施建设一批。

【“精准扶贫”开展】 2017年，仁化县实施河富村现代化优质果蔬种植、新农人公司无土栽培示范基地、黑山羊养

▲2017年12月10日，广东仁化文化旅游节开幕 （龙　明　摄）

殖等产业帮扶项目一批。发放产业扶贫小额信贷资金203万元，实施产业种养项目53个。扶贫资金投入光伏电站等资产性收益项目推进。举办“精准扶贫”专场招聘会15场，现场达成就业意向2752人。为建档立卡学生发放生活补助费398.2万元；投入贫困人口医疗救助331.19万元，完成建档立卡贫困人口城镇居民保险参保缴费100%。投入672万元改善农村基础设施一批。投入127万元实施村基层组织建设项目36个。

【农村综合改革深化】 2017年，仁化县建立自然村村民理事会689个，省定贫困村20户以上自然村村民理事会实现全覆盖。农村土地承包经营权确权登记颁证33143本，颁证率96.02%。建成农村土地承包经营权信息应用平台。建成农村普惠金融“村村通”信用村、取款点各109个，评定信用户32911户，累计授信贷款1.47亿元。供销社体制改革、农信社改制工作启动。

【教育现代化进程加快】 2017年，仁化县投入1621万元实施周田镇灵溪小学综合楼和运动场建设等山区薄弱学校改造项目11个，消除中小学D级危房。投入1420万元实施全面创建“平安食堂”工程，改扩建中小学幼儿园学生饭堂52所，消除C级饭堂。投入1500多万元新装备云教室和录播室26间、交互式智能教学设备203套、师生移动学习终端600套。实施农村教学点“班班通”工程，全县41个教学点多媒体课室实现全覆盖。县第一小学开工建设，县特殊学校迁建工程启动。省级教育强县、教育强镇复评指标全部达标。中小学教师“县管校聘”管理改革推进。

【卫生创强】 2017年，仁化县争取县人民医院新门诊综合楼、县妇幼保健计划生育服务中心搬迁、村卫生站标准化建设等项目资金9396万元，基层卫生服务能力提升工程推进，新建卫生院业务综合楼7个，完成乡镇卫生院改造和33间村卫生站公建民营规范化建设任务。实施基层医疗机构“中医馆”建设项目11个、基本公共卫生服务项目46个。公立医院改革推进，全面取消药品加成。家庭医生式服务铺开，签约人数57445人。二孩政策落实，计生服务水平提高。

【财税金融稳健运行】 2017年，仁化县完成一般公共预算收入5.38亿元，一般公共预算支出20.75亿元。八项支出完成15.55亿元，占财政总支出74.94%。用于保障和改善民生事业资金17.64亿元，占一般公共预算支出比重85.01%。金融机构各项存款余额93.24亿元，比上年增长2.87%；各项贷款余额40.06亿元，比上年增长9.04%；城乡居民储蓄存款余额64.37亿元，比上年增长2.21%。落实“营改增”和减税降费政策，降低企业成本2.8亿元。新增债券转贷资金2亿元，置换存量债务13092万元。

【生态环境优化】 2017年，仁化县完成造林面积733.3公顷、碳汇林抚育1166.67公顷，建成乡村绿化美化示范点13个，全县森林覆盖率78.9%。推行“河长制”，开展锦江河流域水质综合治理工作。制订畜禽养殖“三区”划定方案，整治完成畜禽养殖场（户）60家。全县水、声、空气环境质量均保持较好水平。中央环保督察、“绿盾2017”自然保护区监督检查等专项行动整改工作落实。土壤污染综合防治工作开展，完成坪岗工业园、银海、丹霞冶炼厂及凡口铅锌矿等县重点行业在产企业相关地块土壤污染状况详查工作。全县单位GDP能耗为0.714吨标准煤每万元，同比上年下降2.9%。

【社会事业全面进步】 2017年，仁化县落实“八件惠民实事”。全民文化广场、县城第一农贸市场改造提升基本完成，第二农贸市场改造提升推进；实现环境卫生保洁覆盖所有墟镇，生活垃圾清运延伸到部分自然村。860户贫困户危房改造任务开工建设。十六冶棚户区（晟泰花园）等保障性安居工程进展顺利，440套安置户完成抽签分配。10个县城“五小”惠民工程实施。完成数字档案馆第一期建设。城乡居民养老保险和医疗保险参保人数分别为76608人和181004人。村（社区）“两委”实现“五个好”换届目标。举办韶关市第十五届青少年运动会、仁化县第五届运动会。高中阶段教育毛入学率97.99%，九年义务教育巩固率93.06%，高考总上线率99.42%。13个基层综合性文化服务中心建设铺开。“扫黄打非”成效显著。侦破多起开设赌场赌博案和伪造假币案，“飓风2017”专项打击行动综合排名全市第二，董塘镇、长江镇专职消防队实体运作，社会治安、安全生产稳定。城乡居民养老保险、医疗保险有效扩面，城乡低保、五保和医疗救助标准提高。县综合应急指挥信息平台基本建成。“创文”工作推进，开展文明劝导、“礼让斑马线”等“仁爱之城”创建系列活动，网格化管理常态化开展。

【政府建设加强】 2017年，仁化县开展“两学一做”学习教育常态化、制度化和“比学赶超、以评促建、实干担当”作风建设年活动。落实领导干部学法制度，加强政府规范性文件管理和行政执法监督，做好行政复议及行政应诉工作，推进政府依法行政。深化简政放权、“放管服”改革，推进“一门式一网式”政府服务。落实党风廉政建设责任制，强化重点领域、关键环节行政监察和审计监督，原县委书记、县长离任审计问题整改工作开展。落实“一岗双责”，政府系统党风廉政建设开展。制定实施县政府“三重一大”决策、县政府党组会议议事规则等制度。接受县人大法律监督和县政协民主监督，办理人大代表议案、建议107件，政协提案、意见47件，办结率100%。

【红军长征粤北纪念馆奠基】 2017年7月26日，红军长征粤北纪念馆奠基仪式在韶关市仁化县城口镇举行。中共广东省委常委、宣传部部长慎海雄，广东省军区副政委梁跃嘉，广东省老区建设促进会会长、中国扶贫基金会副会长陈开枝，中共广东省委宣传部、省委党史研究室、省委党校、省文化厅等有关部门，韶关市和仁化县有关负责人以及部队官兵、党员群众100余人参加奠基仪式。4月，中共中央批复同意广东在仁化县城口镇设立红军长征粤北纪念馆。该馆是广东省唯一一个以纪念红军长征为主题的爱国主义教育基地，是广东庆祝中国人民解放军建军90周年的一项重要活动。该馆计划分两年建设，建成后将重点展示红军长征过境粤北战斗历程，集中呈现红军各个时期在粤北开展的革命活动，成为全省党性教育基地、红色经典景点、全国爱国主义教育示范基地。

【仁化县提出“一三九”发展战略】 2017年5月3日，在中共仁化县委十三届三次全会上，仁化县提出实施“一三九”发展战略，即：围绕建设“生态、活力、幸福”新仁化目标，主攻“生态经济、幸福民生、美丽乡村”三大重点领域，开展“全域旅游、产业共建、城镇提升、教育现代化、卫生创强、精准扶贫、农村人居环境综合整治、农村综合改革、国家现代农业示范区建设”九大任务三年攻坚行动。

【武深高速仁化段通车】 2017年12月30日，武深高速仁化段建成通车。武深高速仁化段即为仁（化）新（丰）高速仁化段，起于仁化县城口镇大麻溪湘粤省界，止于始兴县沈所镇花山村，为双向四至六车道，全长56.2千米，途经仁化县城口镇、丹霞街道、黄坑镇、周田镇，设恩村、康溪、丹霞山出口3个，是仁化县单项投资最大交通基础设施项目，仁化县南北交通主干线。至此，仁化县形成“一铁（韶赣铁路）、两高（韶赣高速、仁新高速）、三省（省道246线、342线、345线）、两国（国道323线、106线）”交通网络。

【2017“丹霞杯”围棋城市邀请赛在仁化县举行】 2017年9月12—16日，“善美韶关 棋逢丹霞”2017“丹霞杯”围棋城市邀请赛在仁化县举行。该赛事由仁化县人民政府、武江区人民政府、韶关市体育局、韶关市旅游局、韶关市丹霞山管理委员会主办，赛场设在世界自然遗产地丹霞山，有来自新加坡、吉隆坡、曼谷、中国台北、香港、澳门、北京、深圳、西安、韶关等10支城市队伍同场竞技。正赛执行最新《中国围棋竞赛规则》，采用团体赛形式，即每方4名队员，实行单循环制台制共9轮180台次，每方各60包干。中国围棋棋圣聂卫平，中华人民共和国围棋事业奠基人、开国元勋陈毅元帅之子陈丹淮将军，中国围棋国家队总教练俞斌，世界围棋团体冠军谢赫，世界网络冠军董彦，世界盲棋第一人、江苏卫视“最强大脑”选手鲍云，“春兰杯”世界围棋赛季军彭荃等应邀出席。整个赛事在香道、茶艺表演等具有“琴、棋、书、画”品位地方民俗风情和丹霞山独特、美丽、自然生态景观氛围中进行。

▲2017年9月10日，中共广东省委书记胡春华（前左一）到仁化县丹霞街道黄屋村瑶塘新村实地调研人居环境综合整治及新农村建设工作　　（仁化史志办 供）

【丹霞街道】 位于仁化县中南部，四周与黄坑、闻韶、扶溪、仁化林场、董塘、大桥、周田及浈江区接壤，是中共仁化县委、县人民政府驻地，全县政治、经济、文化、金融、信息和科技中心。街道办事处驻水南社区，丹霞大道仁桥东路1号，是县城所在地。国道106线、323线，省道246线、342线，武深（仁新）高速公路（仁化段）纵贯全境，浈江支流锦江自北向南穿过。辖区面积288.13平方千米。辖13个村委会，4个社区居委会，2个农场。2017年年末，总户数21615户，户籍人口63050人，农业人口26487人，外来人口3491人。有初级中学1所，小学9所（其中，中心小学1所，完全小学1所，教学点7个），幼儿园14所（其中，公办幼儿园1所），在校学生1908人。有文化站1个，农家书屋13个。参加城乡居民基本医保参保35796人，覆盖面100%。耕地面积2731.93公顷，粮食播种面积3936.6公顷，粮食产量25080吨。林地面积21265.64公顷，森林覆盖率58.8%。主要经济来源有种植业、养殖业、旅游业和第三产业等。主产优质稻、花生、贡柑、沙田柚、蔬菜、竹类、优质鱼，土特产有铁皮石斛、“农民头”牌辣椒酱、丹霞沙田柚、甜竹笋、何首乌、七彩番薯、大果红花油茶等，其中以铁皮石斛、丹霞沙田柚闻名。域内旅游资源丰富，是“广东省休闲农业与乡村旅游示范镇”。主要有丹霞山，丹霞源国家水利风景区，“水上丹霞”以及瑶前晒谷岭古人类遗址、丹霞山摩崖石刻、文峰塔、夏富村、黄屋村，省级森林公园城南公园等。矿产资源有铁矿石等。工业以有色金属冶炼、小型机械加工、竹木加工、电力行业为主，企业有鸿伟木业、智能木业、奥达板厂、丹霞印象连锁客栈等规模以上工业、重点服务业、限额以上贸易业、资质建筑业与房地产业等80余家。

2017年，全街道生产总值39.21亿元，比上年增长3%；财政收入2857.52万元，比上年减少26.3%；农业产值70622万元，比上年增长4.2%；农村居民人均收入16847元；工业增加值58804万元。

党工委书记：连辉标

人大工委主任：张增清

办事处主任：王剑斌

【董塘镇】 位于仁化县城西南部，东邻丹霞街道办，北接红山镇，西毗石塘镇和乐昌市，南连浈江区，属中心镇。镇政府驻董塘社区，距县城12千米。省道246线贯穿墟镇，一小时内可到武广高铁韶关站，省道345线可达乐昌，董塘河流与锦江河相接。2017年，辖区面积243.34平方千米。辖17个村委会和3个社区居委会，总户数13222户，年末户籍人口43984人，农业人口29763人，外来人口10947人。全镇有初级中学1所、小学10所（其中，中心小学1所，完全小学2所，教学点7个）、幼儿园9所（其中，公办1所），在校学生4621人；有文化站1个。全镇参加城乡医疗保险人数31537人，覆盖面100%。耕地面积3402.09公顷，粮食播种面积2416.67公顷，粮食产量15129吨。林地面积1.8万公顷，森林覆盖率73.9%。主要经济来源有优质水稻、花生、淮山和竹类种植等。主产优质水稻、花生、淮山、竹类、甘蔗等；土特产有黑皮蔗、淮山、火龙果、白鸽、莲藕等，其中以莲藕闻名。域内矿产资源丰富，工业以铅锌、铁矿、石灰石为主，有规模以上企业中金岭南凡口铅锌矿、丹霞冶炼厂、华粤煤矸石发电厂等3家。旅游景点主要有巴寨、云龙寺塔、五仙岩、飞花瀑布、大石山等。

2017年，全镇生产总值35.33亿元，比上年增长2.8%。镇财政收入2324.7万元。全年农业产值49745万元，比上年增长4.6%。农民人均收入12116元。工业产值213814万元。

省道246线董塘段改造提升工程开工 2017年1月17日，省道246线董塘段改造提升工程开工。该道路规划红线为24米，双向四车道，采用沥青混凝土路面结构，行车道宽度16米，每侧人行道宽度4米，配备相应绿化带，长度约400米。

“千企千镇工程”合作意向签约仪式 2017年1月18日，董塘镇与广州市水电建设工程有限公司在董塘镇2楼会议室举行“千企千镇工程”推进美丽特色小（城）镇建设项目合作意向签约仪式。该项目总投资5亿元，项目用地18.8公顷。

山背村建成仁化县首个村级生活污水处理系统 2017年，董塘镇安岗村山背村小组建成仁化县第一个村级生活污水处理系统。该系统采用水解酸化+稳定塘处理工艺，实现运行费用低，便于实施、维护和管理效果，人居环境综合整治效果明显。

党委书记：万志明

人大主席：刘剑勇（12月任职）

镇　　长：刘志坚

【石塘镇】 位于仁化县西部，东连董塘镇，南接浈江区花坪镇，西与乐昌市廊田镇为邻，北与红山镇交界。镇政府驻石塘村，距县城19千米。省道345线贯穿全境，石塘河与董塘河相接。辖区面积77.92平方千米。辖6个村委会和1个社区居委会。2017年，总户数3817户，年末户籍人口13546人，农业人口9086人，外来人口12人。全镇有初级中学1所、小学5所（其中，中心小学1所，教学点4个）、幼儿园1所（公办），在校学生1005人；有文化站1个，广播站1个。全镇参加医疗保险人数10475人，覆盖面100%。耕地面积1634.18公顷，粮食播种面积1612.07公顷，粮食产量10372吨。林地面积5298公顷，森林覆盖率63%。主要经济来源有水稻、花生、蔬菜、马蹄和贡柑等。主产水稻、花生、甜竹笋和西瓜，土特产有仁化石塘堆花米酒、马蹄、灵芝、贡柑等，其中以仁化石塘堆花米酒闻名。域内资源丰富，旅游景点主要有石塘双峰寨、石塘古村、李仲生故居等。

2017年，全镇地区生产总值2.19亿元，比上年增长4.6%。镇财政收入1269.8万元，比上年减少20.67%。全镇农业生产总值2.37亿元，比上年增长4.6%。农民人均收入13945元，同比上年增长11%。工业产值1110万元。石塘镇获得由广东省体育局颁发的南粤古驿道“天翼高清杯”定向大赛优秀组织奖，石塘村入选“中国最美古村落”。

2017年南粤古驿道定向大赛（韶关•仁化站）在石塘村举办 2017年9月10日，2017年南粤古驿道“天翼高清杯”定向大赛暨中国南粤古驿道文化之旅（韶关•仁化站）在石塘镇石塘村举办。该次大赛由国家体育总局航空无线电模型运动管理中心、广东省体育局、广东省住房和城乡建设厅联合主办，广东省委农办、广东省水利厅、广东省文化厅、广东省旅游局、广东省人民政府地方志办公室等12个单位为指导单位，广东省社会体育中心、广东省户外运动协会、韶关市体育局、韶关市仁化县人民政府、韶关市仁化县石塘镇人民政府承办。该次赛在首次南粤古驿道定向大赛基础上，以红色仁化为基调，增加赛前“仁爱之城”夜光定向暖场等活动。第十三届全运会冠军代表10人、仁化籍本土运动员代表3人出席比赛活动，省内外2000多人参与。

党委书记：江艳芬

人大主席：李培林

镇　　长：叶文华

【红山镇】 位于仁化县西北部，东连城口镇，南接董塘、石塘镇，西与乐昌市五山镇为邻，北与湖南省汝城县大坪镇交界，属山区镇。镇政府驻红山墟，距县城52千米。县道335线贯穿全境，域内有高坪水库、高坪省级自然保护区等，交通便利。辖区面积169.64平方千米。辖8个村委会和1个居委会（社区），总户数3001户，年末户籍人口10987人，农业人口10684人，外来人口27人。耕地面积1187.95公顷，粮食产量3754吨。林地面积1.6万公顷，森林覆盖率85%。主要经济来源有竹木、茶叶和水电等。全镇有初级中学1所、小学5所（其中，中心小学1所，教学点4个）、幼儿园1所（公办），在校学生580人；有文化站1个，广播站1个。主产水稻、茶叶、竹木和萝卜，土特产有灵芝、茶叶、萝卜等，其中以茶叶闻名。域内资源丰富，有红山湖、高坪自然保护区和矿产等。工业以小水电为主，有企业仁化县高坪水库管理所、广东丹霞天雄有限公司、仁化县红山镇富农茶叶专业合作社（国家农民合作社示范社）等48家。旅游景点主要有黄岭嶂、高坪省级自然保护区、锡坪嶂、红山湖等。2017年，全镇完成地区生产总值4.7亿元，其中第一产业增加值8985万元，第二产业增加值24896万元，第三产业增加值13119万元；人均生产总值13515万元。完成固定资产投资5500万元。是年，红山镇鱼皇村获农业部颁发“全国一村一品示范村”称号。

党委书记：刘志宏
人大主席：李培云
镇　　长：何海生

【城口镇】 位于仁化县北部，东连长江镇和扶溪镇，南接丹霞街道，西与红山镇为邻，北与湖南省汝城县三江口镇交界，属山区镇。镇政府驻城口镇城群村委会辖区（墟镇内），距县城38千米。武深高速（仁化段）、国道106线公路贯穿全境，城口东河河流与城口西河相接。辖区面积266.89平方千米。辖7个村委会和1个社区居民委员会，总户数2689户，年末户籍人口10683人，农业人口9583人，外来人口110人。耕地面积1422.21公顷，粮食播种面积1097公顷，粮食产量7019吨。林地面积24546公顷，森林覆盖率87.9%。主要经济来源有农业生产、水力发电、畜牧养殖、矿产资源等。全镇有初级中学1所、小学4所（其中，中心小学1所，教学点3个）、幼儿园2所（其中公办1所），在校学生785人；有文化站1个，广播站1个。全镇参加医疗保险人数7972人，覆盖面100%。主产优质水稻、柑橘、辣椒和茶叶，土特产有冬笋、香菇、木耳等，其中以“古秦城板鸭”闻名。域内资源有水利、林木和矿产，工业以小型水电站为主，有企业水电管理所、仁化县城口镇城兴加油站等24家。旅游景点主要有谭甫仁故居、红军纪念广场、恩村古村落、上寨美丽乡村等。2017年，全镇生产总产值35885万元，比上年增长4.5%；镇财政收入802.43万元；农业产值11817万元，比上年增长4.0%；工业产值5981万元，比上年增长1.2%。农民人均收入16223元。

仁化红色特色小镇启动暨丹霞丰源温泉奠基仪式 2017年11月5日，仁化红色特色小镇启动暨丹霞丰源温泉奠基仪式在城口镇举行。该特色小镇建设以“九址一馆一礼堂”等重要革命遗址为基础，以“红色+温泉+古村”三大引擎为动力，规划空间15平方千米，建设项目包括丹霞丰源温泉度假村、红军长征粤北纪念馆、红军街、谭甫仁将军旧居、红军纪念广场、恩村古村美丽乡村建设等。其中，计划投资3.5亿元的丹霞丰源温泉项目是虎门镇扶贫对口仁化县重点引进的旅游度假项目，一期项目开工建设，红军长征粤北纪念馆、恩村古村美丽乡村建设等项目正在加快实施。

党委书记：李汉辉
人大主席：钟叶山
镇　　长：谭卫财

【长江镇】 位于仁化县东北部，东连江西省内良乡、河洞乡，南接扶溪镇，西与城口镇为邻，北与江西省崇义县聂都乡、乐洞乡交界，属省级中心镇。镇政府驻沙坪村委会，距县城49千米。锦江河贯穿全境，公路经省道246线与县城接连，经县道336线至城口镇与国道106线相连。辖区面积300.64平方千米。下辖16个村委会和1个社区居委会，总户数7789户，年末户籍人口27455人，农业人口22454人，外来人口623人。耕地面积3099.86公顷，粮食播种面积2991公顷，粮食产量9039.8吨。林地面积24424公顷，森林覆盖率81%。主要经济来源有：竹木生产加工、小水电站、香菇种植、生猪养殖等。全镇有初级中学1所、小学9所（其中，中心小学1所，完全小学3所，教学点5个）、幼儿园4所（其中公办1所），在校学生2087人；有文化站1个，广播站1个。全镇参加医疗保险人数23080人，覆盖面98%。主产水稻、花生，土特产有玉扣纸、冬笋、白糖饼、香菇等，其中以玉扣纸、浒松腊鸭、白糖饼闻名。域内资源丰富，山林面积、木材蓄积量均居全县首位，活立木蓄积量130.88万立方米，毛竹8275.9公顷，是全县最大毛竹基地。全镇有小水电站72座，总装机容量27194万千瓦。矿藏资源丰富，有铀、钨、铜、硅石、钾长石、辉绿石、花岗石等，其中铀分布面最广，储量最多，为中国最大铀矿之一。旅游资丰富，镇内有全省第三高峰——万时山（海拔1559米），有风景秀丽、蔚为壮观的万亩竹林，有保留完好的古塔、会馆等自然景观和人文景观。工业以矿产、水电站、竹制品加工为主，有中核锦原铀业有限公司、中成竹业有限公司、长江电管所等企业3家。旅游景点主要有万时山、长江中山公园、广州会馆等。2017年，全镇生产总值84108万元，比上年增长4.6%。镇财政收入8285万元，比上年增长51.9%。全年农业产值21748万元，比上年增长4.4%。农民人均收入15324元。工业产值14935万元。

党委书记：邹汉明
人大主席：熊世伟
镇　　长：李杏兰（女）

【扶溪镇】 位于仁化县东北部，东连百顺镇，南接闻韶镇，西与丹霞街道、县城为邻，北与长江镇交界，属山区镇。镇政府驻紫岭村委会，距县城37千米。省道246线、342线公路贯穿镇域，锦江河流与扶溪河相接，交通便利。辖区面积187.9平方千米。辖9个村委会和1个社区居委会，总户数3725户，年末户籍人口13713人，农业人口8828人，外来人口55人。耕地面积1927.33公顷，粮食播种面积1170.2公顷，粮食产量7549.8吨。林地面积14920公顷，森林覆盖率79%。主要经济来源有水电站、种植业、养殖业等。全镇有初级中学1所、小学4所（其中，中心小学1所，教学点3个）、幼儿园1所（公办），在校学生620人；有文化站1个，广播站1个。全镇参加医疗保险人数10642人，覆盖面77%。主产优质稻谷、竹木、柑橘等，土特产有优质稻米、板鸭、沙糖桔、冬笋等，其中以优质稻米、沙糖桔、板鸭闻名。域内水资源丰富，工业以水电站为主，有水电站28座。矿产资源有铀、铁、钨和硅石、花岗石等。旅游资源有古村、古亭、古桥、古道、梯田、竹海、瀑布等，旅游景点主要有中国传统村落古夏古村、厚塘南台庙、水口白塔、蛇离梯田、斜周温泉等。2017年，“扶溪大米”被省农业厅评定为“广东省第二届名特优新农产品区域公用品牌”。2017年，全镇生产总值33502万元，比上年增长4.1%。镇财政收入1410万元，与上年持平。全年农业产值21712.29万元，比上年增长4.3%。农民人均收入15426元。工业产值3498万元。

鸭稻共作技术推广启动仪式举行　2017年6月5日，扶溪镇举行鸭稻共作技术推广启动仪式，打响扶溪绿色稻米和鸭子品牌。该项目应用华南农业大学鸭稻共作农业关键技术，通过“公司+合作社+基地+农户”模式，结合精准扶贫，协同扶贫单位向贫困户免费提供技术、鸭苗，带动全镇有意愿贫困户参加鸭稻共作生产。

党委书记：彭国强

人大主席：肖武荣

镇　　长：邓文光

【闻韶镇】　位于仁化县东部，东连南雄市百顺镇，南接黄坑镇，西与丹霞街道办事处为邻，北与扶溪镇交界，属山区镇。镇政府驻闻韶墟，距县城32千米。省道324线贯穿镇域，4条河流与北江相接。辖区面积85.78平方千米。辖5个村委会和1个居委会（社区），总户数1138户，年末户籍人口6269人，农业人口5885人，外来人口106人。耕地面积702.37公顷，粮食播种面积365公顷，粮食产量3320吨，林地面积7266.6公顷，森林覆盖率82.9%，主要经济来源有农业种植、小水电、竹木加工。全镇有九年一贯制学校1所、幼儿园1所（公办），在校学生546人；有文化站1个。全镇参加医疗保险人数4512人，覆盖面100%。主产贡柑、水稻、毛竹、花生、三华李。土特产有冬笋、贡柑、优质米、番薯等。域内矿产资源有金、银、铜、磁铁、稀土、翡绿岩、黄腊石、温泉。工业以小水电为主，有水电站12座，有企业竹制品厂、竹炭厂、木制品厂等6家。旅游资源有华林寺塔、风车巷、笔架山、古盐关，以及山寨、古村、石拱桥、庙宇、温泉等。2017年全镇生产总值12368万元，与上年持平，镇财政收入602万元，比上年增长2.9%，全年农业产值10856万元，与上年持平，农民人均收入12035元。工业产值2796万元。

闻韶商会成立　2017年8月8日，闻韶商会在闻韶镇成立，会议选举产生闻韶商会会长1名，常务副会长1名，副会长2人。

党委书记：刘普新

人大主席：黎名全

镇　　长：冯　鹄

【黄坑镇】　位于仁化县东南部，东连南雄、始兴县，南接周田镇，西与世界自然遗产、世界地质公园丹霞山为邻，北与闻韶镇交界，属山区镇。镇政府驻黄坑墟镇，距县城15千米。武深高速（仁化段）、国道106线于西南部穿境而过。辖区面积164.94平方千米。辖7个村委会和1个社区居委会，总户数3587户，年末户籍人口15082人，农业人口13934人，外来人口605人。耕地面积1713.35公顷，粮食播种面积801.73公顷，粮食产量5140.8吨。林地面积13388.32公顷，森林覆盖率76%。主要经济来源有贡柑、水稻、花生、砂糖橘等。全镇有初级中学1所、小学2所（其中，中心小学1所，教学点1个）、幼儿园2所（其中公办1所），在校学生1008人；有文化站1个，广播站1个。全镇参加医疗保险人数11800人，覆盖面78.2%。主产贡柑、水稻、竹木和花生，土特产有贡柑、花生、冬笋等，其中以贡柑闻名。域内森林资源主要有竹木，矿产资源以硅石、稀土矿等为主，工业以小型水电站、加工业为主，有企业上坑水电站、中寨水电站、辉祥果业打蜡厂等68家。旅游景点主要有黄坑南庄生态名园、东庄门楼、黄坑镇冯屋文明公祠等。2017年，全镇生产总值31860万元，比上年增长7.5%。镇财政收入885万元，比上年4.4%。全年农业产值22730亿元，比上年增长5.6%。农民人均收入18328元。

产业帮扶项目签约仪式　2017年8月17日，黄坑镇政府与广东华先投资有限公司、韶关绿丰泰畜牧有限公司在该镇举行精准扶贫产业帮扶项目合作签约仪式，引进太阳能光伏发电项目和黑山羊养殖项目。

非法造纸厂清理整治　2017年12月24日，黄坑镇在古竹村开展非法造纸厂清理整治行动。该镇成立专项工作组，出动挖掘机对古竹非法造纸厂进行彻底清理整治，捣毁非法造纸厂浸（泡）料池、搅拌池、传送管道等生产设施设备，遏制非法生产。

党委书记：谭家琪

人大主席：许俊华

镇　　长：邓永林

【周田镇】　位于仁化县南部，东连始兴县，南接曲江区，西与丹霞山及大桥镇为邻，北与黄坑镇交界，属省级中心镇。镇政府驻月岭村附近，距县城17千米。国道323线、106线穿境而过，武深高速（仁化段）、赣韶铁路、韶赣高速公路途经该镇，设有“丹霞山”火车站和“丹霞”高速公路出入口。浈江河流与北江相接。辖区面积296.12平方千米。下辖15个村委会和1个社区居委会，总户数8349户（常住户数5890户），年末户籍人口28660人（常住户籍人口25766人），外来人口1443人。耕地面积2132.24公顷，粮食播种面积1543.9公顷，粮食产量10129吨。林地面积22331.4公顷，森林覆盖率72%。主要经济来源有企业税收、河砂开采协调费、有色金属循环产业经济、种植业、养殖业、外出务工等。全镇有初级中学1所、小学1所（其中，中心小学1所，教学点4个）、幼儿园3所（其中公办1所），在校学生3190人（其中，初中639人、小学1704人、幼儿园847人）；有文化站1个，广播站1个。参加医疗保险人数21876人，覆盖面100%。主产优质谷、柑橘、西瓜、油茶和蒿竹，土特产有灵溪冬菇、平甫奈李、上坪贡柑、鸡龙萝卜、龙坑粉葛、麻洋红瓜子等，其中以灵溪冬菇和平甫奈李闻名。域内资源丰富，有丰富的铅锌矿、水力发电资源和河砂资源等。工业以有色金属加工为主，有广东志成冠军电气器材科技有限公司、博世铝业有限公司、王氏水务有限公司、盈保电业有限公司、富然农科有限公司等企业24家。旅游景点主要有灵溪河森林渡假公园、周田风度（张屋）古村、灵溪客家大围古村、韶石山景区等。2017年，全镇生产总值94121万元，比上年增长9.4%。农业产值45353.66万元，比上年增长4.1%。农民人均纯收入15032元，同比上年增长6.3%。工业产值37988万元，同比上年增长15.5%。

2017年2月，周田镇获广东省公安总队颁发的“2016年度全省政府专职消防队伍建设先进单位”称号；3月，省政府办公厅发文公布全省第八批火灾隐患重点地区整治工作检查验收结果，周田镇验收合格并予以摘牌。

举办精准扶贫“进村入户”专场招聘会　2017年9月8日，周田镇政府联合县扶贫办、县人社局在该镇举办2017年周田镇精准扶贫进村入户专场招聘会，把就业岗位送到群众家门口，帮助贫困户通过就业扶贫实现“精准”帮扶。招聘会设置现场咨询台，为入场群众解答就业政策等相关问题，派发政策宣传品1000多份，吸引优质企业33家，提供月薪待遇2500—4000元涉冶炼、制造、农产品加工、旅游服务、家政等就业岗位889个，现场咨询群众930多人，现场达成就业意向83人。

“丹霞灵溪”景区升级改造部分项目对外开放　2017年12月3日，“丹霞灵溪”景区升级改造部分项目对外开放。该项目是在原灵溪河森林度假公园基础上进行升级改造和开发的“环丹”综合性旅游项目，集自然景观、人文景观、生态养生、餐饮娱乐、休闲运动、农业观光于一体。景区总体定位以休闲度假为核心，塑造“以山水洗尘心”深入游客内心的休闲旅游度假基地，打造为大丹霞经济圈建设和仁化县全域旅游发展新亮点。主要面向家庭亲子市场、老年市场、度假市场。项目拟分3期建设，一期投资为4.5亿元，截至2017年底，累计完成投资2.5亿元，建成并对外开放项目有1520米索道、3500米漂流项目、灵溪别院客房、马术中心、书斋、红叶谷餐厅、茶室、垂钓区、美食广场、烧烤区、空中无边泳池、射箭场、大型生态停车场、游客转乘接待服务中心、景区主入口等。

党委书记：冯奋德

人大主席：侯政春

镇　　长：曾凡军

【大桥镇】　位于仁化县南部，东连周田镇，南接曲江区，西与浈江区为邻，北与周田镇交界，属大桥镇。镇政府驻大桥镇鸿桥路65号，距仁化县城24千米。武深高速（仁化段）、赣韶铁路、韶赣高速公路，国道106线、323线贯穿全境，锦江河与浈江河在镇辖区内交汇。辖区面积132.8平方千米。辖6个村委会和1个居委会，总户数2883户，年末户籍人口11180人，农业人口8500人，外来人口116人。耕地面积1325.88公顷，粮食播种面积872.2公顷，粮食产量5653吨。林地面积14266.7公顷，森林覆盖率75%。主要经济来源为种植业、农业休闲观光等。全镇有初级中学1所、小学3所（其中，中心小学1所，教学点2个）、幼儿园1所（其中公办1所），在校学生744人；有文化站1个，广播站1个。全镇参加医疗保险人数8452人，覆盖面96.7%。主产水稻、沙田柚、桑葚、西瓜和贡柑，土特产有沙田柚、桑葚、西瓜、贡柑等，其中长坝沙田柚是国家地理标志产品。域内水资源、土地资源和矿产资源丰富，工业以加工业为主，企业有宇鑫机电设备有限公司、园成木材加工厂、仁化县中鑫橡塑有限公司、钢瓶检测厂等4家。旅游景点主要有五马归槽、韶石山、金喆园、青云寺等。2017年，全镇生产总值3.64亿元，比上年增长5.5%。镇财政收入1057.68万元，比上年增长2.4%。全年农业产值23473万元，比上年增长3%。农民人均收入14288元。工业产值8081万元。

选举产生大桥镇新一届村（社区）党支部委员会和第七届村民委员会、第六届社区居民委员会　2017年5月13日，大桥镇完成6个行政村、1个社区“两委”换届选举工作，选举产生村（社区）支部委员21名，村（居）委会委员27名，实现支部书记、主任“一肩挑”比例100%、“两委”交叉任职比例100%预期目标。

“丹霞谢柚杯”棋王1VS50车轮大赛暨农产品“新零售，新征程”活动举办　2017年11月18日，“丹霞谢柚杯”棋王1vs50车轮大赛暨农产品“新零售，新征程”活动在大桥镇长坝金喆园举办。该次活动由中共韶关市委宣传部、韶关市农业局、韶关市商务局、韶关市体育局、韶关市总工会、仁化县人民政府、仁化县大桥镇人民政府指导，韶关金喆园生态农业有限公司主办，韶关市电子商务商会、韶关市n次方集美堂承办。活动邀请“全国棋王第一人”中国象棋国际大师许银川在现场与50名挑战者切磋棋艺，由主办方在现场举行农产品创意体验、“桃金娘”果酒品鉴、书画艺术展示、赏柚游园等助兴环节，展示“互联网+”线上线下新零售、新征程元素。

党委书记：黄银泰

人大主席：钱世全

镇　　长：郭兰招（女）

（徐诚林　谢嘉文）

2017年仁化县国民经济发展情况一览表

表 31

指　标	单　位	绝对值	比上年增长（%）
地区生产总值	万元	1124469	3.8
第一产业增加值	万元	212305	4.2
第二产业增加值	万元	418852	1.0
工业增加值	万元	386374	0.8
第三产业增加值	万元	493312	5.8
人均地区生产总值	元	53597	3.0
规模以上工业增加值	万元	317090	-1.6
农林牧渔业总产值	万元	336092	4.3
固定资产投资	万元	674556	5.8
社会消费品零售总额	万元	328726	7.8
外贸进口总额	万美元	1370	30637
外贸出口总额	万美元	611	-18
实际利用外资（1—12月数）	万美元	485	491.5
地方公共财政预算收入	万元	53883	-13.2
地方公共财政预算支出	万元	207508	-8.35
城镇常住居民人均可支配收入	元	25641	9.7
农村常住居民人均可支配收入	元	15479	11.2

始兴县

【概况】　始兴县位于韶关市东部。2017年，辖9个镇1个乡，113个村委会，14个居委会。土地面积2131.9平方千米。年末户籍人口26.2万人；常住人口21.61万人。耕地面积2.17万公顷，粮食播种面积1.46万公顷，粮食产量9万吨。林地面积17.26万公顷，森林覆盖率77.3%，活立木蓄积量1436万立方米。重要矿产资源有钨、锡、铋、铜、铅、锌、黄金等8种有色金属，石英、萤石、绿柱石、钾长石、瓷土、石灰石等6种非金属。主要土特产有香菇、木耳、灵芝、冬笋、蜂蜜、西瓜、马蹄、莲藕、柑橘、枇杷、杨梅、三华李、茶油、茶叶、澄江娘酒、旺满堂清化粉、古塘腊肉、古塘板鸭、腊肠、鱼干、花生饼、老朋友辣酱、生姜、火龙果等。是恐龙之乡、枇杷之乡、杨梅之乡、围楼文化之乡、温泉之乡等。主要旅游景点有车八岭世界生物圈国家级自然保护区、全国重点文物保护单位岭南第一围——满堂客家大围、粤北民俗第一村——东湖坪客家民俗文化村、中共广东省委旧址——红围、沈所铜钟寨国家AAA级旅游景区、深渡水瑶乡景区、刘张家山温泉度假村、深渡水樱花谷和南岭红沙漠景区等。

2017年，始兴县有中小学校62所，其中独立普通高中1所，完全中学1所，中等职业学校1所，初中学校10所（含九年一贯制学校2所），完全小学16所，小学教学点33所。全县在校学生28437人（其中普通高中3797人，中职1452人，义务教育阶段23188人）。幼儿园48所（其中公办幼儿园15所），在园幼儿9791人。医院、卫生院15所，床位986张。群众艺术馆、文化馆1座，公共图书馆1座，博物馆1座。

2017年，全县完成地区生产总值86.1亿元，增长3.2%；固定资产投资70.4亿元，增长5.5%；规模上工业增加值19.8亿元，下降3.4%。签约引进招商项目9宗，其中亿元以上项目4宗，签约总金额169亿元。新培育各级农业龙头企业8家、家庭农场97家、农民专业合作社31家，新增省名牌产品6个、“三品”认证农产品17个。始兴县被授予“中国（始兴）石斛之乡”，被评为“全国森林旅游示范县”，隘子镇被评为“广东省技术创新专业镇（香菇）”。

【第三产业发展迅速】　2017年，始兴县完成社会消费品零售总额20.6亿元，增长8.7%。发展农村电子商务，推动优质农产品上行，上行交易额突破5500万元。全年接待游客352.6万人，旅游综合收入实现23亿元，分别增长15.8%、20.6%。

【人民生活质量提高】　2017年，始兴县城镇、农村居民可支配收入分别为2.4万元、1.4万元，分别增长9.6%、10.5%，城镇新增就业1600人。推进精准扶贫工作，抓好产业帮扶、金融扶贫、兜底保障等帮扶工作，落实帮扶资金1.1亿元，发放产业“以奖代补”资金310万元，基本建成480套农村危旧房改造，3000名贫困人口实现脱贫，被评为“广东省林下经济扶贫示范县”，马市镇红梨村被评为“广东省扶贫示范点”。

【“三区”建设推进】 2017年，始兴县推进“三区”（园区、城区、景区）建设。投入2.41亿元，完成园区基础设施建设项目23个，华洲木业二期、润聪消防等项目动工，众鑫骏、江茂源扩建等项目投产。投资8566万元，实施市政建设项目33个，完成县城5条主干道“白改黑”、2个农贸市场和人行道升级改造等工程，建设完善城区道路标识、果皮箱和LED路灯等配套设施，改造墨江市场、城东市场累计面积2万平方米，对城区不达标的六间公厕进行维修翻新，建成临时停车场3个。县人民医院迁建、城西小学等重大民生项目启动，碧桂园、亿豪商贸城等项目加快建设，园区、城区提质步伐加快。发展全域旅游，举办“杨梅节”“围楼文化节”“九龄诗歌周”等大型旅游活动，10个乡镇共举办19场民俗旅游节庆活动。

【重点项目落实】 2017年，始兴县有重点建设项目44个，开工32个，开工率72.73%，建成投产2个，完成主体工程建设16个，完成投资53.33亿元，完成年度计划投资的102.65%。建滔积层板产品转型升级竣工投产；完成农村电网改造升级任务；江茂源粮油加工与欣源谷物饲料加工扩建、罗坝茶叶和油茶基地建设、澄江有机农业示范园、高标准基本农田建设完成建设；省道244线贤丰至周所、省道343线贤丰至县城段改建工程、亿豪商贸城建设完成主体工程；武深高速始兴段完成路基、桥墩、涵洞建设；农村公路建设完成100千米；完成2017年中小河流治理45千米。

【民生事业发展】 2017年，始兴县加强生态环境保护，完成碳汇造林172.67公顷、森林公园1个、湿地公园1个，乡村绿化美化示范点12个，森林覆盖率77.34%，刘张家山林场率先在全省实行碳普惠交易，深渡水瑶族乡被评为“广东省森林小镇”。全面推行“河长制”，落实最严格水资源管理制度。开展“非法开采、违法用地、乱砍滥伐”等专项整治行动，查处“打非治违”案件129宗。完成畜禽养殖“三区”划定和禁养区养殖场清理。推进“教育创现”工作，太平、城南、隘子通过广东省“教育强镇”复评验收。推进“卫生创强”工作，基本建成规范化村级卫生站33间。

【始兴县获得“广东省县级文明城市”称号】 2017年11月，始兴县获得“广东省县级文明城市”称号。始兴县把创建省级文明城市作为城乡提升的总抓手，实施城区提升三年行动计划，推进规划、基础设施、城市形象等六大提升行动。推进城市绿地系统建设，完成迎宾大道、墨江南岸、九龄公园等重要地段绿化升级改造。加大对丹凤山森林公园（扩建）、河畔公园、九龄公园的建设。超额完成房地产去库存任务。实行城市“包联包创”网格化管理，开展城区“六乱”、“两违”、环境卫生等专项整治行动，累计出动执法人员5428余人次，整治占道经营12786起。解决城区内占道经营、乱搭乱建、乱堆乱放现象，合理搭建水果、月饼临时摆卖点56间，共884.29平方米。投入400多万元完善路面40多处，增设改造红绿灯5个，规划停车场5个。查处乱停乱放等交通违法行为1426起，取缔非法营运47起，查扣乱停放车辆300多辆次。设立文明交通劝导点20多处，开展劝导1325次，劝导行人违规行为2375起。

【文化惠民活动开展】 2017年，始兴县以创文“包联包创”片区为依托，开展道德讲堂58次，开展科教、文体、法律、卫生“四进”社区96次，受教育人数2万人次。彰显地方特色，将始兴传统文化、自然生态植入城市建设，认养修缮围楼10座，被联合国地名专家组认定为“千年古县”。加大城区文化保护，做好广州会馆、水云楼、东门街等历史建筑物、街区的修缮和保护。开展“始兴好人”、“最美始兴人”、文明家庭、文明交通、文明旅游、文明餐桌等活动。

【2017年杨梅节】 2017年6月2日，始兴县“2017年杨梅节暨旅游推介系列活动”在始兴开幕。开幕式以“始兴红了”为主题，开展突出杨梅文化和地方民俗风情的杨梅节主题晚会。梅节系列活动为期一周。6月2—4日，举办“品味始兴”特产展销会；6月6日，在东莞塘厦举行大型旅游推介会，始兴、塘厦两地领导现场签约始兴县司前温泉小镇、罗坝丝绸文化小镇、车八岭、红沙漠主题公

▲2017年6月8日，在始兴县召开的创文现场推进会上，各单位负责人参观全县创文工作图表展示 （赖金艳　温汉良　摄）

园等旅游开发项目；6月1—5日，始兴县各电子商务企业对接杨梅种植企业，从网上订单、采摘包装、冷链快递等方面推动杨梅种植企业上线销售，节庆期间上线销售杨梅5000多箱，2万多斤。

▲2017年11月2日，第19届中国生物圈保护区网络成员大会在始兴开幕，图为中国人与生物圈国家委员会主席许智宏向新加入中国生物圈保护区网络的成员单位颁发证书　　（赖全艳　温汉良　摄）

【2017广东风度九龄诗歌周】　2017年12月21日至23日，中国首个以张九龄及其立世“风度”作为命名的诗歌活动——“2017广东风度九龄诗歌周”在九龄故里始兴举行。诗歌周由中国作协诗歌委员会、广东省作家协会、中共韶关市委宣传部共同主办，中共始兴县委、始兴县人民政府、广东文学院承办。来自省内外的40多位享誉全国的诗歌名家，韶关、始兴当地的文艺作者等参加活动。其间举办“开幕式暨大型诗歌朗诵晚会”“风度九龄诗歌高峰论坛”“诗歌名家进校园”“采风交流”等多项活动。

【第19届中国生物圈保护区网络成员大会在始兴召开】　2017年11月2—4日，为期三天的第19届中国生物圈保护区网络成员大会在始兴召开。国家有关部委领导、全国各地国家级自然保护区负责人、各大科研院校专家学者、中外知名生态保护组织代表等到始兴参加会议活动。大会分别颁发2017年中国生物圈保护区网络绿色卫士奖，始兴县车八岭世界生物圈保护区梁龙章获奖；向新加入中国生物圈保护区网络的成员单位颁发证书；颁发2017年中国生物圈保护区网络青年科学奖；启动中国生物圈保护区汗马培训基地和首届“中国生态摄影大赛”；与梵净山等5个世界生物圈保护区签署“中国生物圈保护区专属邮件系统”；以联合国教科文组织中国车八岭世界生物圈保护区、联合国教科文组织中国茂兰世界生物圈保护区为案例进行分析；考察车八岭保护区内的自然博物馆、生态教育径、有机茶基地、珍稀植物苗圃等。

【太平镇】　位于始兴县中北部，是始兴县城所在地。东与顿岗镇相连，南与城南镇隔江相望，北接马市镇，西与仁化县接壤。地处墨江河下游，浈江河纵贯其中。韶赣高速、韶赣铁路、国道323线、省道244线贯穿全境。全镇总面积283.3平方千米，2017年，辖18个村委会、6个居委会，总人口6.7万人。气候温和，森林覆盖率72.3%，盛产枇杷、杨梅。2017年种植水果2666.67公顷，建成江口、上台等3个石斛、桔梗、金银花中草药种植基地，打造五十里毛竹长廊。旅游资源有“广东省古村落”东湖坪民俗文化村、罗围汉代古城堡、位于始兴中学内的大成殿、墨江艺苑古迹、天子地石书房、丹凤山公园等人文景观，北山毛竹长廊等自然景观及杨梅山庄等10多家生态农庄。全镇地区生产总值为39.5亿元，同比增长9.3%，其中农业生产总值为4.6亿元，同比增长4.7%，工业生产总值为23.6亿元，同比增长7.8%，第三产业生产总值为11.3亿元，同比增长14%。

党委书记：胡长江

人大主席：郭胜全

镇　　长：张国华

【马市镇】　位于始兴县东北部，距县城12千米，东临澄江镇，西、南连接太平镇，北靠南雄市古市镇。国道323线、省道244线贯穿境内，浈江河贯穿中部。2017年，全镇总面积280平方千米，耕地3066.67公顷。辖18个村委会和1个居委会，总人口41560人，是全国重点镇、省级中心镇、广东金叶第一镇、广东省宜居示范镇、广东省教育强镇、韶关市卫生镇。全镇森林覆盖率57%，属宜烟、宜林的丘陵地带。是始兴县“一园多片区”工业发展格局之一，有深广兴混凝土、博泰纸业、强强农产品深加工、江茂源粮油等规模以上工业企业落户园区。是始兴县的主要黄烟种植区、主要粮产区之一。主要特色农产品为黄烟、黄田萝卜、候陂芋头、红傅氏沙田柚、猪洞迳茶、俄井茶、高水莲藕、美香粘水稻。旅游资源有典型丹霞地貌的“四寨九岩”风景区、全天然原始森林的佛祖圣地圣公殿、恐龙遗址、明清古戏台、元代始兴县城故址陆源村井下古建筑、红梨村大安坪祠堂以及“南岭红沙漠”。全镇完成地方生产总值5.52亿元，增长9.52%；财政总收入2788万元，增长6.3%；农民人均纯收入14667元，增长10%。引进忠信集团落地马市工业园区，江茂源（二期）、爱达纸业等项目在园区落地。

党委书记：钟俊锋
人大主席：王优亮
镇　　长：钟茂柱

【顿岗镇】　位于始兴县东南方，距离县城8千米，始兴3个中心镇之一，省道244线和县道343线、346线、344线贯穿其中。2017年，全镇总面积95平方千米，有耕地1271.2公顷，山林5128.2公顷。辖11个行政村委会和1个社区居委会，175个村民小组，总户数6995户，总人口26423人。主要种植优质水稻及花生、马蹄、黄烟、蚕桑、柑果等经济作物，有"粤北粮仓"之称。顿岗镇生产总值完成48470万元，同比增长5.6%，其中农业生产总值22399万元，同比增长4.2%；工业生产总值13233万元，同比增长6%；第三产业生产总值12838万元，同比增长8.4%。固定资产投资完成8350万元，同比增长0.8%；农村人均纯收入13433元，同比增长10.2%。

生态旅游建设　2017年，顿岗镇修整宝溪李花赏花基地观光路道21千米和打造广源荷花观赏基地，完成县级宝溪森林公园建设和周所选陂古村落的保护维修，推进竹林同庆围等全镇37座围楼保护、认养利用，发展开心、广源、金宝源等23家绿色农庄，打造省道244线生态农庄旅游经济长廊。组织开展第二届李花节及顿岗·2017互联网+乡村旅游文化节活动。创建1个省级乡村旅游示范点，1个市级星级民宿和示范家庭农场。

党委书记：刘春明
人大主席：陈乙明
镇　　长：郑万龙（2月任职）

【城南镇】　位于始兴县中部。除南部外，中部和东、西、北部地势平整。县道344线贯穿全镇，东西两翼与省道244线、国道323线相连向外延伸。2017年，全镇总面积52.86平方千米，有耕地1157.6公顷，林地2484公顷。辖10个村委会和1个社区居委会，总户数6560户，总人口21724人，其中农业户4826户，居住人口主要为汉族、瑶族两个民族，以汉族居多，瑶族主要分布于胆源村。有初级中学1所，在校学生302人；小学1所，在校学生473人；幼儿园2所，在园儿童278人。森林资源有樟、枫、楠、酸枣、毛竹、木等；经济林有油茶、油桐、柑橘、茶叶、杨梅、青梅、沙梨、李子等；矿产资源主要有铁、石墨、煤炭、耐火材料等。全镇生产总值3.8亿元，比上年同期增长7.2%，其中农业生产总值完成3.7万元，同比增长6.7%。人均纯收入1.4万元，同比增长10%。

党委书记：夏　昶
人大主席：罗丽华
镇　　长：李大兴

【沈所镇】　位于始兴县西南部，距离县城3.5千米，东与城南镇相邻，南与深渡水瑶族乡接壤，西与仁化县周田镇相连，北与太平镇相邻。2017年辖11个行政村和1个居委会，有5223户、1.88万人。区域面积168平方千米，始花公路、沈江公路贯通境内，并与韶赣高速、国道323线、县道344线衔接。镇内地势南高北低，属丘陵地区。耕地面积1160公顷，森林面积1.29万公顷，有"粤北粮仓"之称。主要农产品有稻谷、花生、香菇、香瓜、柑橘等，旅游特色农产品有生姜、茶叶、大米等，手工产品有外营草席（市级非物质文化遗产）、扁担、竹笠等。旅游资源有广东省委、粤北省委机关办公旧址（红围）、地下联络交通站（日新小学）、外营惨案遗址等；有国家AAA级旅游景区铜钟寨、花山平湖及阿公岩景区；有"广东省古村落"（石下村）、古墟镇（二庙四围九街）、文峰塔、邓氏宗祠（沈北村）、大小围楼等明清代建筑，且保存比较完好；有列入全国少数民族特色村寨保护与发展名录的瑶族村；有南山省级自然保护区、始花公路绿道。该镇先后获得"国家特色景观旅游名镇""国家级生态乡镇""全国人口和计划生育依法行政示范乡镇""广东省教育强镇""广东省宜居示范城镇"等称号。2017年，全镇实现生产总值3.03亿元，增长5%；农村经济总收入1.149亿元，增长8.3%；农村人均纯收入1.34万元，增长9.4%。

党委书记：苏　斌
人大主席：陈卫军
镇　　长：李大兴

【澄江镇】　地处始兴县以东32千米，东与江西省全南县交界，南与罗坝镇接壤，西与顿岗镇相连，北与南雄市毗邻。2017年，辖1个社区居委会，7个村委会，116个村民小组，总人口17644人。辖区总面积219平方千米，其中农业耕地面积886.67公顷，山林面积1.767万公顷，森林覆盖率83%，盛产杉木和苗竹，是始兴县林业重点乡镇之一。有稀土矿、钨矿、铅矿、锌矿和瓷土矿等矿产资源，有澄江娘酒、野生灵芝、香菇、冬笋、柑橘、油茶等名优产品。有人间仙境南石岩、暖田温泉和方洞天主教堂等旅游景点。该镇先后获得"广东省教育强镇""档案工作目标管理市一级单位"（善亨村）、"全国农村五保供养工作先进单位"（澄江敬老院）、"广东省卫生村"（方洞下洞村）、"湘粤赣闽第三护林联防区先进集体""韶关市卫生镇"等称号，澄江镇有机农业（蔬菜）标准示范园被定为"广东省农业科学院蔬菜研究所科技转化基地"，该企业被评定为省级农业龙头企业，通过"供港澳蔬菜生产基地备案"，取得"国家菜果茶标准化创建项目"立项。全镇农村经济总收入2.56亿元，同比增长10.4%；农村人均收入14184元，同比增长10.1%，完成社会固定资产投资1.71亿元。

党委书记：刘过源
人大主席：李大胜
镇　　长：陈春银

【罗坝镇】　位于始兴县东南部，距县城18千米，属革命老区，东与澄江镇毗邻，南与司前镇接壤，西与深渡水瑶族乡交界，北与顿岗镇交接。2017年，该镇总面积316平方千米，耕地面积846.7公顷，辖12个村委会和1个居委会，总人口2.2万人，其中有畲族600多人和瑶族500多人。罗坝镇是广东省“民情日记”活动发源地、全国环境优美乡镇、广东省蚕桑专业创新示范镇。林业用地面积1.87万公顷，活立木蓄积量110多万立方米，森林覆盖率78.9%。罗坝水资源丰富，发源于县境东南部山区的罗坝河从东南向西北贯穿全镇中部，形成“以林蓄水，以水发电，以电养林”的生态林业带动小水电产业循环格局。罗坝蕴藏大量的铅、锌、钨、钼和温泉资源，主要分布在角田、上岗、上营、田心等村。主要景点有刘张家山国家森林公园、下迳万亩阔叶林场、都亨石笋和古围楼以及燎原长围、和平白围和石头城等。全镇农村经济总收入23800万元，同比增长5.00%；农民年人均纯收入1.48万元，同比增长11.17%；固定资产投资实现13087万元，完成任务数的124.64%。

党委书记：何祺琦

人大主席：李文斌

镇　　长：郑树生

【深渡水瑶族乡】　位于始兴县中部，乡政府距始兴县城20千米，是广东省七个少数民族乡之一，是韶关市唯一的少数民族乡，是始兴革命老区。东与刘张家山林场相接，南与司前镇、隘子镇毗邻，西与曲江县交界，北与顿岗镇、沈所镇接壤，全乡总面积190.4平方千米。下辖4个村委会。2017年，全乡农村总户数1381户，农业总人口6029人，其中，瑶族人口1549人，畲族447人，少数民族占总人口的35.8%，主要分布在长梅、深渡水、坪田村委会。有养蜂、灵芝、香菇、木耳等林下经济特色产业。旅游景点有樱花谷景区、樟树林和米椎王生态森林公园等。全乡农村经济总收入8685.36万元，比2016年增长8%；农民人均纯收入13415.6元，完成农村固定资产投资530万元。

获第二批“中国少数民族特色村寨”称号　2017年3月10日，由国家民委发布的《关于命名第二批中国少数民族特色村寨的通知》显示，始兴县深渡水瑶族乡长梅村委会长梅一组获第二批“中国少数民族特色村寨”称号。一直以来，长梅一组民族风情浓厚，汉、瑶、畲等民族形成“大杂居，小聚居”的和谐生活局面，嫁娶、丧葬、节日、祭奠等民俗异彩纷呈，极具中国少数民族特色。

党委书记：王志军

人大主席：朱伟军

乡　　长：邵耀发

【司前镇】　位于始兴县城南部，距县城45千米，东与江西省全南县相邻，南与翁源县交界，西与隘子镇接壤，北与深渡水瑶族乡相连。2017年，全镇总面积242平方千米，林地面积2.08万公顷，耕地面积1354.67公顷。辖9个村委会，1个居委会，总人口16608人，其中农业人口15998人，有汉族、瑶族、畲族3个民族。特色农业有仿原生态灵芝、九节茶、石斛、仙草等特色中草药，柑橘、杨梅、三华李等特色水果，以及冬瓜、反季节蔬菜、养蜂等特色产业。全镇实现生产总值2.11亿元，增长4%；农村经济总收入2.28亿元，增长8.2%；农村人均纯收入1.42万元，增长10%；完成固定资产投资9647万元。

党委书记：钟万年

人大主席：陈智祥

镇　　长：郑树生（任至1月）

　　　　　张朝炎（2月任职）

【隘子镇】　位于始兴县南部，距韶关市区67千米，距县城65千米，东靠司前镇，南与翁源县毗邻，西与曲江区接壤，北与深渡水瑶族乡交界。2017年，该镇辖13个村委会和1个社区居委会，4687户，总人口2.12万人。总面积323平方千米，林地面积3万公顷，耕地面积733.33公顷。全镇有初中1所，小学1所，幼儿园3所；文化站1个，广播站1个。主要经济来源有：种植农作物、发展林下经济、养殖业等。土特产有田菇、灵芝、笋干、木耳、清化米粉等。是“九龄故里·百里画廊”精品旅游示范线路的组成乡镇，主要景点有岭南第一大围——满堂客家大围（全国重点文物保护单位）、抗日名将——张发奎将军故居（省级重点文物保护单位）、唐朝宰相故里——张九龄故居、世界最大陨石坑——龙斗斜陨石坑自然奇观、通利古桥、井下和风度温泉等。全镇农村经济总收入2.06亿元，其中农业收入9227万元，林业收入7184万元，工业收入2994万元，第三产业收入1216万元，农民人均年收入13822元。

党委书记：聂金鑫

人大主席：张朝焱（任至2月）

　　　　　黄　颖（6月任职）

镇　　长：唐代勇

（李莉优）

2017年始兴县国民经济发展情况一览表

表 32

指　标	单　位	绝对值	同比增长（%）
地区生产总值	亿元	86.1	3.2
第一产业增加值	亿元	19.7	4.7
第二产业增加值	亿元	31.8	–3.0
工业增加值	亿元	28.0	–2.7
第三产业增加值	亿元	34.6	8.9
人均地区生产总值	元	40027	2.3
规模以上工业增加值	亿元	19.8	–3.4
农林牧渔业总产值	亿元	31.7	4.7

续表 32

指　标	单　位	绝对值	同比增长（%）
固定资产投资	亿元	70.4	5.5
社会消费品零售总额	亿元	20.6	8.7
外贸进口总额	万美元	4611.6	1.0
外贸出口总额	万美元	15446.9	-1.5
实际利用外资	万美元	239.0	-53.3
地方财政一般公共预算收入	万元	40023.0	5.0
地方财政一般公共预算支出	万元	200959.0	26.0
城镇常住居民人均可支配收入	元	24080.2	9.6
农村常住居民人均可支配收入	元	14522.9	10.5

翁源县

【概况】 位于广东省北部。2017年，辖7个镇1个林场。土地面积2175平方千米。年末户籍人口41.65万人，常住人口34.89万人。人口自然增长率12.47‰。常用耕地面积3.14万公顷，其中水田1.94万公顷。全年实现农业总产值38.6亿元，增长5.2%。全年粮食播种面积2.04万公顷，与上年增加3.6 %。重要矿产资源有煤、铁、锰、硫铁矿、黑铁矿、金、银、铜等。土特产有三华李、六里柑、九仙桃、黑皮蔗、马古塘莲等，是全国最大的兰花生产基地，中国三华李之乡、中国九仙桃之乡、中国兰花之乡。主要旅游景点有东华禅寺、八卦围、湖心坝客家围楼、涂志伟美术馆、冷泉滩等。

2017年，翁源县实现地区生产总值104.9亿元，同比增长6.1%，其中，第一产业增加值24.9亿元，增长5.1%；第二产业增加值30.3亿元，增长1%；第三产业增加值49.7亿元，增长10%。按常住人口计算，人均生产总值30162元。固定资产投资72.77亿元（其中房地产投资10.37亿元），增长4.8%。社会消费品零售总额36.98亿元，增长7.6%。实际利用外资1016万美元，同比增加140万美元，增长16%；完成外贸进出口总额11200万美元，其中，出口总额9705万美元；进口总额1495万美元。地方公共财政预算收入4.24亿元，增长6.5%。城镇居民人均可支配收入23716元，比上年增长10.8%；农村居民人均可支配收入13022元，比上年增长10.3%。

▲大修改造后的省道S245线翁源坝仔段　（翁源县史志办　供）

【翁源县南塘村被列入2017中国美丽休闲乡村推介名单】 2017年6月份，翁源县开展中国美丽休闲乡村推介申报工作，推介申报翁源县江尾镇南塘村为中国美丽休闲乡村。9月19日，中华人民共和国农业部办公厅向社会公布2017年中国美丽休闲乡村推介结果，翁源县南塘村进入150个生态优美、产业功能多元、村容景致独特、精神风貌良好的美丽休闲乡村名单。

【韶关市（韶新）高速公路建设现场推进会在翁源县召开】 2017年10月31日，韶关市翁源至新丰（韶新）高速公路建设现场推进会在翁源县官渡镇韶新高速公路滃江大桥工地召开，韶关市副市长李欣、翁源、新丰两县有关领导以及市、县交通、高指办、发改、国土等部门负责人参加现场推进会。该项目主线全长83千米（其中惠州段7千米），投资估算125亿元，是韶关市首条自主谋划并通过PPP模式实施建设的高速公路，采用双向六车道高速公路标准，设计速度100千米每小时。路线起点设在京港澳高速公路五龙岭隧道以南2.1千米的新江镇上坝村，途经翁源县翁城、官渡、周陂镇，新丰县回龙、梅坑镇，终点设在惠州市龙门县的蓝田乡，顺接武深高速公路惠深方向。设有五龙岭枢纽、东三枢纽、潘山下枢纽及莲塘枢纽共4处枢纽立交；设新江、翁城东、官渡、周陂、沙田、梅坑、蓝田北互通共7处地方服务互通。

【翁源县创建为“国家卫生县城”】 2017年11月8日上午，翁源县召开“创国卫”工作总结会议，举行“国家卫生县城”授牌仪式。韶关市爱卫办主任彭爱莲宣读《全国爱卫会关于命名2014—2016周期国家卫生县城（乡镇）的决定》，为翁源县创建为“国家卫生县城”授牌。该县自2012年创建为“广东省卫生县城”后，启动创建国家卫生县城工作。从市容环境入手，实施常态和突击整治相结合的卫生死角清理方式，推行“门前三包”、上门收集垃圾、单位周末义务大扫除等制度。创新运用城乡保洁和垃圾收运处理市场化，通过专业公司精细化运营管理，确保环卫作业全覆盖。推动“三旧改造”工程，进行城区道路改建和修整、公共设施建设和升级改造、绿化美化亮化等建设。创卫行动历时6年多，该县累计投入5亿多元，县城道路硬底化率93.5%，公共路灯亮灯率99%，下水道管网覆盖率86.2%，绿化覆盖率38.7%，城市空间和人居环境优化，县城形象和品位提升。

【华彩新材料产业园9家企业集中奠基动工】 2017年11月30日，翁源县在彩新材料产业园举行2017年翁源产业项目集中奠基动工仪式。翁源县领导以及翁源、东莞两地的相关部门负责人、动工企业代表等参加活动。韶关日立化成能源科技有限公司等9家动工企业合同投资总额超过12亿元，均为工业项目，主要涉及化工新材料、环保设备、蓄电池等领域。

【幽兰谷风景区被评为国家AAA级旅游景区】 2017年12月6日上午，幽兰谷风景区举行国家AAA级旅游景区揭牌仪式，韶关市旅游局副局长朱伙新、副县长肖俊青、县旅游局局长邬国锋以及景区负责人朱火旺共同为幽兰谷风景区国家AAA级旅游景区揭牌。幽兰谷风景区位于翁源县翁城镇凹头山森林公园内，是一个融生态农业、生态旅游、休闲度假为一体的多元化旅游度假景区。核心景区幽兰山庄面积26.67公顷，是国内首家君子文化山庄。11月16日，经韶关市旅游景区质量等级评定委员会批准，幽兰谷风景区晋升为国家AAA级旅游景区，成为翁源县第一个A级旅游景区。

【2017广东（翁源）“平步青云 最忆翁源”户外三人团体挑战赛】 2017年12月9日上午，2017广东（翁源）“平步青云 最忆翁源”户外三人团体挑战赛在翁源县青云山麓举行。该赛事有来自珠三角及安徽、四川、新疆等省和韶关本地共501名选手参加。比赛路线从蓝李进青云山路口出发，终点为青云山省级自然保护区，全程16千米，沿途设置3个夺冠打卡点，每组参赛队伍需在徒步过程中寻找到3个打卡点，并完成打卡任务。最终第99组选手彭剑辉、唐景燕、巴特孟开三人全程用时65分钟获得第一名，打破2016年68分钟的记录。

【龙仙镇】 位于翁源县东部，为县城所在地，属全省规划建设的中心镇之一，是全县的政治、经济、文化中心。省道341线、244线穿境而过。2017年，总面积427.3平方千米，其中耕地面积5340公顷，林地面积208万公顷。辖34个村委会，6个社区居委会，总人口127675人，其中城镇居民54894人，农业人口72781人。有中学2所，小学26所；镇级卫生院2所。工业以水电、建筑、家私、纺织为主。农业以水稻、蔬菜、蚕桑、淮山、糖蔗、水果、渔业和畜牧业为主，主要特产有岭南佳果三华李、李洞蜜桃、马古塘莲等。镇内有东华山旅游风景区，位于镇东北3千米，总面积6平方千米，内由东华山、狮子山、卧虎山、如珠岩、千年古刹东华寺等组成，是集闭关修炼、佛学调研、学术交流、生态环保、旅游观光、休闲疗养等一体的大型佛门圣地；新建的龙湖旅游风景区，历史文化遗产——晚唐著名诗人邵谒筑室攻书处书堂石，涂志伟美术馆，青云山省级自然保护区，新兴休闲观光果园，冷泉滩等。

2017年实现工农业生产总产值28.43亿元，比上年同期增长6.07%；其中，工业总产值20.69亿元，农业总产值77453万元。实现财政收入27922万元，比增111.7%；固定资产投资完成3122万元；农村人均纯收入13022.6元，同比增长11.2%。

党委书记：甘志初
人大主席：徐神辉
镇　　长：朱启养

【翁城镇】 曾为翁源县政治、经济、文化的中心，故称翁城。地处翁源县西部，韶关市南部，距韶关市区60千米，京港澳高速公路、国道106线、省道翁英路在境内贯穿而过，京港澳高速在镇内设有出入口。2017年，总面积146平方千米，其中山林面积9300公顷，耕地面积1400公顷，人均耕地面积0.04公顷，植被7500公顷，森林覆盖率67%。辖18个村（居）委会，其中有1个瑶族村委会，1个居委会，共163个村民小组。总人口37527人，新型农业经营主体专业合作社41家，家庭农场5间。墟镇外来流动人口1万多人。农业以传统种植业为主，蔬菜和果蔗种植大镇，蔬菜和果蔗种植面积933.33公顷。

2017年，全镇工业生产总值16.9亿元；农民年均纯收入11437元，比上年增长10.1%；本级财政收入15877万元，比上年增长75.4%；固定资产投资4200万元，超额完成上级下达的3000万元任务。

党委书记：陈德道
人大主席：李宗强
镇　　长：涂清华

【新江镇】 位于翁源县西部，北纬24°25′—24°36′，东经113°44′—113°52′。2017年，总面积336.57平方千米，其中耕地面积3535.4公顷，林地面积2.83万公顷，森林覆盖率74%。辖

19个村委会，1个居委会，共252个村小组。全镇总户数10837户，总人口48155人，其中农业人口45916人。矿产主要有硫、铁、铅、锌、硅、高岭土等20多种，工业行业有竹木加工、藤艺、纺织、建筑材料、塑料制品等。全镇有一定规模的蔬菜、蚕桑、糖蔗、果蔗、水果、香菇、木耳、蘑菇、畜牧、水产等商品生产基地。产品主要有香菇、木耳、笋干、砧板、竹椅、卫生筷及沙田柚、蜜桃、枇杷、龙眼、反季节蔬菜等。有中学1所、九年一贯制学校1所、中心小学1所、校区14所、幼儿园4所，有文化站1个、文体广场8个、文体活动场所23个；有中心卫生院1所、分院1所、乡村卫生站27所，敬老院1个。有供电所1座，小水电站16座。有邮政网点1个，投递点1个；有电信网点1家，服务网点5个，宽带接入用户2415户。

2017年，全镇完成地区生产总值22.85亿元，比上一年增长30%。其中，农业总产值4.81亿元，工业总产值6.23亿元；公共财政预算收入1.07亿元；固定资产投资0.7亿元；城乡常住居民人均可支配收入13050元，比上年增长8.79%。

党委书记：练培新

人大主席：何卓新

镇　　长：阮庆香

【江尾镇】　位于翁源县北部，是中国九仙桃之乡、中国兰花之乡、广东省兰花专业镇、广东省教育强镇及城镇化建设中心镇。2017年，总面积334平方千米，其中，耕地面积4840.73公顷，林地面积2.19万公顷。辖24个村委会、3个居委会，272个村民小组，总人口48089人、11628户，其中农业人口40173人。工业以钨矿、小水电、建筑、户外家私、纺织等为主。农业以水稻、蔬菜、兰花、九仙桃、铁皮石斛、金线莲、葡萄、柑橘、南药、蚕桑、果蔗、糖蔗、水果、淮山等为主。江尾镇走有特色的现代生态农业发展之路，全镇铁皮石斛种植53.33公顷，种植面积866.67公顷的十里兰花长廊及533.33公顷的九仙桃基地，是广东省独具特色的生态农业景观带。人文景观众多，有颇具客家文化建筑特色的南塘客家群楼、蒽岭八卦围具有五百多年历史；在建筑文化、建筑艺术及国学方面颇具研究价值的长江罗盘围亦有150多年历史；长5000多米，开凿于明永乐二十二年（1424年），蜿蜒于峭壁、悬崖之上的铁石径古道；保存完好的清咸丰年间南塘“仁川社学”旧址。

2017年，全镇生产总产值11.1亿元，同比增长9%；全镇实现国税收入120万元，地税收入280万元。

党委书记：钟敏梅

人大主席：罗德谦

镇　　长：朱志辉

【坝仔镇】　位于翁源县东北部，毗邻始兴县、河源市和江西省，距翁源县城20千米，省道244线、245线贯穿镇境。2017年，总面积384平方千米，辖22个村委会、2个居民委员会及林场、综合场，共331个村民小组，741矿区位于中洞村，全镇总人口53995人。有林地面积3.13万多公顷，耕地面积0.42万公顷。全镇农副产品有水稻、蔬菜、果蔗、三华李、小盆栽兰花、茶叶等，林副产品有香菇、木耳、冬笋等。其中，茶叶是该镇的特色农业产业，以蓝河村胜龙名茶生产基地和上洞七仙子茶叶生产基地为代表。镇境内有4条小溪支流贯穿全镇，其中建有中型水库一座（岩庄水库），蓄水1200万立方米，水库灌渠横跨8个村委会，有效灌溉面积0.1万公顷；小一、二型水库7座。11月，该镇辉星村获得国家文明委授予的“国家文明村”称号。

党委书记：温敏麟

人大主席：张永平

镇　　长：陈思佑

【周陂镇】　位于翁源县南部，距县城21千米，南与新丰县交界。境内有周陂河，三礤公路、江官公路贯穿全镇。2017年，辖18个村委会和2个居民委员会，总面积230平方千米，总人口48928人，耕地面积4900公顷，林地面积1.37万公顷。是传统的农业镇，种植有蔬菜、糖蔗、蚕桑、水果、花卉等经济作物。

党委书记：何新平

人大主席：黄镜光

镇　　长：李文华

【官渡镇】　位于翁源县西南部，北接江尾镇、翁城镇，东与龙仙镇、周陂镇交界，南与清远英德市青塘镇为邻。北江支流——翁江自西向东横穿境内，国道106线与省道341线在境内交汇。2017年，总面积240平方千米，下辖19个村民委员会和2个居民委员会，全镇户籍总人口52766人，其中，农业人口49657人，非农业人口3109人。该镇重点发展糖蔗、蚕桑、蔬菜、红葱头、渔业、葡萄、火龙果等几大特色优势产业。名人主要有明朝抗倭名将吴广（与陈嶙同一时期，官渡坪田村人），原全美油画家协会主席、杰出的旅美华人油画大师涂志伟，中国摄影家协会会员、国籍摄影家协会常务理事涂文安。

2017年，官渡镇实现地区生产总值5.93亿元，同比增长9.9%；公共财政预算收入完成13449万元，同比增长50.38%；农民人均收入11222元，同比增长9.8%。

党委书记：赖永兴

人大主席：曾朝志

镇　　长：叶米昌

【铁龙林场】　地处翁源县西部，东邻新江镇，南与清远英德市交界，西北与韶关市曲江区接壤，距县城82千米，离韶关市区45千米。2017年，全场总面积96.5平方千米，辖3个农业工区和1个社区居委会，共33个村民小组，总户数1677户，总人口5859人，其中农业人口4738人。山林面积9334公顷，耕地面积360公顷。林场内有粤北危险废物处理处置中心、中源水泥厂。

党委书记：池建人

场　　长：林武新

（翁源史志办）

2017年翁源县国民经济发展情况一览表

表 33

指　标	单　位	绝对值	比上年增长（%）
地区生产总值	亿元	104.9	6.1
第一产业增加值	亿元	24.9	5.1
第二产业增加值	亿元	30.3	1.0
工业增加值	亿元	—	—
第三产业增加值	亿元	49.7	10.0
人均地区生产总值	元	30162	—
规模以上工业总产值	亿元	—	—
农林牧渔业总产值	亿元	—	—
固定资产投资	亿元	72.77	4.8
社会消费品零售总额	亿元	36.98	7.6
外贸进口总额	万美元	1495	—
外贸出口总额	万美元	9705	—
实际利用外资	万美元	1016	16
地方一般公共预算收入	万元	4.24	6.5
地方一般公共预算支出	万元	—	—
城镇居民人均可支配收入	元	23716	10.8
农村居民人均可支配收入	元	13022	10.3

新丰县

【概况】　新丰县位于韶关市南端。南齐永明元年（483年）置县，取“物产丰富”之意而得名新丰县。2017年辖马头镇、黄磜镇、梅坑镇、沙田镇、遥田镇、回龙镇和丰城街道。土地面积2015.2平方千米，年末户籍人口26.76万人，常住人口21.74万人。

2017年，新丰县有耕地面积1.62万公顷，粮食播种面积1.23万公顷，粮食产量5.84万吨。林地面积16.56万公顷，森林覆盖率80.8%，活立木蓄积量0.11亿立方米。水力资源蕴藏量可供开发14.9万千瓦。重要矿产资源有稀土矿、瓷土矿、铁矿、水泥用灰岩。土特产主要有冬菇、木耳、灵芝、高山茶、笋干、番薯干、蜂蜜、汤料、花生油、山茶油、云髻山米、阿里山味梅菜、美少女西瓜、樱花蜂蜜、樱花红酒、佛手瓜系列产品、雪山铁皮石斛系列产品、云髻山酒及高浓度醇香的回龙松山米酒等。主要旅游景点有云髻山旅游区、云天海森林温泉度假村、新丰江源温泉旅游度假山庄、樱花峪、佛手瓜村等。

2017年，新丰县有中等职业学校1所，在校学生0.12万人；普通中学10所，在校学生1.1万人；完全小学15所，教学点24个，在校学生1.67万人。医院、卫生院17所，床位1042张。群众艺术馆、文化馆1座，公共图书馆1座，博物馆1座。

2017年全县生产总值89.01亿元，比上年增长7.8%。其中：第一产业增加值13.12亿元，增长4.5%；第二产业增加值40.1亿元，增长6.8%（工业增加值36.72亿元，增长6.6%）；第三产业增加值35.79亿元，增长10.2%。人均地区生产总值41113元，增长6.8%。固定资产投资42.73亿元，增长13.1%。社会消费品零售总额26.48亿元，增长9%。外贸出口额2356.5万美元，增长22.9%；实际利用外资545万美元，增长3.4%。地方一般公共预算收入3.3亿元，增长8.7%。城镇常住居民人均可支配收入23663元，增长10.6%；农村常住居民人均可支配收入12730元，增长10.2%。

【特色工业壮大】　2017年，韶能生物质发电厂、华润风电一期并网发电建成投产，兆盈装饰、亿美化工等项目即将建成投产；总投资20亿元的韶能绿洲生态植物纤维、广兴牧业增资扩产项目动工建设；稀土分离厂加紧建设，稀土采矿证正在申办；广汽集团（南方）汽车测试场项目约定落户新丰。新丰县以铁矿、水泥等资源型产业为支撑的工业格局开始“突围”，呈现出“新能源、新材料、装备制造”等多点支撑的新局面。全年完成工业增加值36.72亿元，增长6.6%。

【休闲旅游产业蓬勃发展】　2017年，新丰县以全域旅游发展理念引领休闲旅游业跨产业融合发展。完成《新丰县旅游发展总体规划》修编提升。云髻山旅游开发、雪山国际旅游度假区、岭南红叶世界等重点项目加快建设。乡村旅游快速发展，有秀田、横坑、大陂、禾溪、茶峒、天中等一批“美丽乡村”。承办新丰县有史以来规格最高、规模最大、影响最广的全国性体育盛事——第16届全国学生定向越野锦标赛；组织枫叶文化交流、百香果开园等旅游推介活动；放大电影《榫卯》、腾讯综艺《年味有FUN》新丰元素，借助线上线下媒体开展“新丰十大旅游手信”评选，打响“越野新丰、休闲天堂”旅游品牌。

【现代农业发展】　2017年，新丰县抓好“规模、市场、品牌”三篇文章，优质稻、蔬菜、水果、生猪、茶叶、油茶、中药材和花卉等8大特色农业基地规模发展壮大，新增农民专业合作社40家、家庭农场5家，培育市级以上农业龙头企业7家，华瑞生态农业、广鸿联民等“公司+基地+农户”生产经营模式得到越来越多农民参与，农村土地承包经营权确权登记颁证工作加快推进；“全国休闲农业与乡村旅游示范县”创建工作深入开展。全年实现农业增加值13.12亿元，增长4.5%。

【产业共建推进】 2017年，新丰县明晰园区发展定位，推动园区转型整合，加大工业园四大片区道路、水电、通信、排污等基础设施建设，提升园区承载力、吸引力。珠江东岸（新丰）创新产业示范园以广州、东莞东城共建为依托，健全完善东城新丰产业共建帮扶机制，完成园区首期项目主体工程建设，“食品园中园”引入东莞味盟、香港艺成落户，园区新近勘探出优质温泉。紫城工业园以广兴牧业、杰力电工、永强五金等制造业、云髻山旅游为依托，融合碧桂园、滨江国际等商住服务业，规划建设“云髻特色小镇”。马头园区推动转型升级，与韶能集团携手共建，规划建设循环经济产业园区，打造新丰县首个百亿产业集群。回龙园区申报省级产业转移开发区待国务院批复。建设生态休闲旅游发展平台，发展以“两山一源”（云髻山旅游总体开发项目、雪山国际休闲度假区和新丰江生态旅游区）为核心的休闲旅游项目。建设线上、线下农产品流通平台，阿里巴巴淘宝县级服务中心、32家农村服务站开业运营。

【城乡规划体系完善】 2017年，新丰县县城总规、控规修编工作推进，启动“多规合一”系统建设。完成马头镇、回龙镇控规，全县环境卫生、县城消防专项规划编制。

【城市提升成效初显】 2017年，新丰县制定城市提升三年行动计划，推进县城扩容提质。启动县城教育、医疗等资源布局调整，优化县城老城、新城功能布局。一江两岸美化亮化、丰城大道改造提升、老一中改造等项目动工，新龙公路改造提升完工。推动市政道路升级改造，打通城市“断头路”。开通城市公交，规范整治三轮车，一大批“五小”工程建成使用。推进城市综合治理，推行城市管理“路长制”、商铺“门前五包”等系列长效机制，县城管理由“治标”向“治本”迈进。

【社会主义新农村建设】 2017年，新丰县完成19条省定贫困村规划编制，开展全县141个行政村规划编制，选取一批省级示范片、先行试点村、重点示范村、县级示范片，梅坑、大岭、大陂、天中等示范村建设“两年任务、半年完成”，大陂、东瓜坑的建设、治理获得广东省、韶关市的肯定。启动全县141个行政村“三清三拆三整治一美化”工作，全县19条省定贫困村169个自然村100%成立村民理事会，100%建立卫生保洁和垃圾收运体系，创建社会主义新农村示范村工作取得初步成效。

▲2017年1月29日，赣广高铁项目协调会在新丰县召开 （新丰县史志办 供）

【基础设施建设加快】 2017年，新丰县加快交通、水利、能源等基础建设，“融珠发展”支撑保障能力增强。争取从化至新丰轨道快线、赣广高铁项目纳入广东省、国家线网规划；武深高速加快建设，韶新高速动工建设；国道105线县城段迁建项目建成通车，西部出口遥田半陂至大埔公路改造动工，完成一批县乡道改建。完成山区中小河流治理57.2千米，16宗村村通自来水工程动工，鲁古河水库供水工程及县城第三水厂建设即将动工。县城生活垃圾填埋场二期动工，农村电网改造升级加快。

【营商环境优化】 2017年，新丰县组建县招商（企业）服务中心，再造、优化项目审批流程，行政审批效率提升。开展营商成本调研，降低企业成本，建立县领导、县直部门挂点联系企业制度，强化“一企一策”精准服务，一批优质企业增资扩产、一批优质项目先后落户。

【精准扶贫工作推进】 2017年，新丰县实施脱贫攻坚“八项工程”和“六种帮扶模式”，累计投入广东省、韶关市拨付资金4807万元，用于贫困户发展生产和就业奖补，实施扶贫项目23096个。打造精准脱贫三大产业发展示范区，培育发展一批股份企业和合作组织，完成年度脱贫任务。

【社会事业全面进步】 2017年，新丰县教育事业加快发展。“教育创先”、县职中创建省重点职中工作推进；启动县城第五小学升级改造，完成第四幼儿园主体改造，新增6间民办幼儿园，新丰一中体育馆加紧建设，完成一批中小学教学设施升级改造；设立奖教奖学基金，高考、中考成绩稳中有升。县城医疗机构布局调整，规范化建设村卫生站36间。完成文化中心及档案馆、方志馆选址，建成一批基层文体基础设施。利用东莞东城帮扶资源，制定东城新丰

“十大”帮扶行动计划。完成2017年人口变动情况抽样调查。

【社会治理创新发展】 2017年，平安新丰创建推进，强化治安综合防控体系建设，提高见警率、管事率，刑事治安警情同比下降8.75%，群众安全感提升。深入开展“七五”普法，推进“一村（社区）一法律顾问”工作，健全县、镇、村三级矛盾排查研判和纠纷预防化解机制，群众法治意识提升。强化食品药品、安全生产监管；完善气象灾害应急预案体系。加强基层治理，健全村务公开、民主管理制度，完成村（社区）“两委”换届工作。开展“最美家庭”、第二届“十大新丰好人”评选活动。

【生态优势新提升】 2017年，新丰县推进新一轮绿化大行动，完成造林面积2300公顷，启动2个镇级森林公园建设，完成10个乡村绿化美化工程示范点建设，鲁古河国家湿地公园加快建设，森林覆盖率80.8%，位居全省县级第四。强化林业生态红线管理，开展林区秩序整治行动。落实中央环保督查整改，企业环保意识增强；治理环境污染，推进丰江河综合整治；科学划分全县畜禽养殖禁养区，全面清理禁养区内养殖场；整县推进村镇污水处理设施建设。落实最严格水资源管理制度，加强土地卫片执法和矿产资源管理，山水田林湖等自然生态资源得到最严格保护。

【全国学生定向锦标赛在新丰举行】 2017年7月19日，由中国大学生体育协会、中国中学生体育协会、中国测绘地理信息学会联合主办，新丰县人民政府承办的2017年全国学生定向锦标赛暨“中国四维杯”全国测绘地理信息职工定向越野赛在新丰县举行。此次锦标赛吸引包括来自北京大学、清华大学、中国地质大学（北京）等全国20多个省市159所学校202个代表队共2800余名运动员、教练员、裁判员、测绘员等参与，参赛学校以及参赛人数创全国学生定向锦标赛历史之最。此次比赛设接力、短距离、中距离、长距离、团队、积分与百米定向7个参赛项目10个组别，从7月18日开始至25日结束，历时7天。

【丰城大道改造和一江两岸美化亮化工程建设】 2017年9月28日，新丰县举行丰城街道坳头村至龙江村人居环境连片整治（第一期）开工仪式，启动丰城大道改造和一江两岸美化亮化工程建设。该工程总投资3.69亿元，建设项目包括江边慢行系统、绿道、道路桥梁、堤岸整治和绿化等工程，将打通沿江道路建设过程中存在多年的“断头路”，畅通城区微循环路网。

【新丰县举行循环经济产业园启动暨韶能绿洲生态植物纤维项目动工仪式】 2017年10月26日，新丰县举行循环经济产业园启动暨韶能绿洲生态植物纤维项目动工仪式。循环经济产业园规划面积186.67公顷，开发面积93.33公顷，吸引18家企业进驻。韶能绿洲生态植物纤维项目首期占地面积12.93公顷，总投资20亿元，将建设8幢现代化标准生产厂房，配套建设办公大楼、后勤生活娱乐设施等。该项目具有自动化程度高、高效低耗和环保的特点，全面建成达产后，将实现年产12万吨生态植物纤维餐具系列产品，销售收入将达24亿元，上缴税收将超1亿元，提供上千个就业岗位。

【广兴牧业设备增资扩产项目在新丰动工】 2017年11月30日，广州广兴牧业设备（新丰）有限公司增资扩产项目签约暨动工仪式在紫城工业园举行。广州广兴牧业设备集团有限公司是全球中小企业联盟畜牧机械研发和生产基地，是国家高新技术企业，产品覆盖蛋鸡、育雏育成、种鸡、肉鸡、养猪等系列成套自动化饲养设备一百多个品种。此次增资扩产，公司拟投资3亿元扩大厂房建设，兴建广兴大厦综合服务楼，建成后产值将达3亿元，年缴税3千万元以上。

【丰城街道】 位于新丰县中部，总面积329.6平方千米。2017年，该街道辖25个村委会和7个社区居委会，总户数36371户。户籍人口87930人，常住人口104056人。耕地面积1092.47公顷，森林面积1.8万公顷，森林覆盖率80%，粮食播种面积203.53公顷，粮食产量12989吨。土特产有冬菇、蜂蜜、番薯、芋头、火龙果等。主要旅游景点有云髻山省级自然保护区、鲁古河湿地公园、雁塔、万亩果场等。矿产资源丰富，有铁矿、钨矿、钼矿、锡矿，离子型稀土等。规上产值36.26亿元，工业增加值9.81亿元，除重点项目外的固定资产投资完成额任务8000万，完成1亿元。农村人均纯收入12702元。

党工委书记：潘小定（任至5月）
廖　剑（5月任职）
人大工委主任：陈子筹
办事处主任：谭志雄（任至9月）
丘国鹏（9月任职）

【马头镇】 位于新丰县境东北部。2017年，该镇辖30个行政村，3个居民社区，374个村民小组，总户数13001户，总人口46351人，其中，常住户数9748户，常住人口28063人；农业人口44185人，外来人口2166人。马头镇域内资源丰富，有可开发的水力资源4.89万千瓦；矿产资源除铁矿、煤、稀土矿、瓷土外，还有石灰石、铜、锡、钨等10多个品种；林业生态资源丰富，林业用地3.87万公顷，有生态林1.27万公顷；气候昼夜温差大，适宜种植蔬菜，建成多个绿色蔬菜基地；主要土特产有花生、甘蔗、李子、柑橘、香菇、灵芝、木耳、草菇、莲藕等。

党委书记：陈赞写
人大主席：周建长
镇　　长：谭展如

【梅坑镇】 位于新丰县西南部，墟镇距县城10千米。2017年，该镇辖20个行政村、2个居民社区，户籍总人口28864人，常住人口19003人。粮食总播种面积1206.33公顷，粮食总产量6146吨。辖区总面积310平方千米，其中耕地面积2066.66公顷，林地面积2.64万公顷，森林覆盖率82.87%。全镇工业总产值7.3亿元，其中规模以上工业产值6.5亿元。

梅坑镇创办农村党校　2017年10月，梅坑镇在全县首创镇级农村党校，党校主要以业余夜校的授课形式，将全镇农村党员、支部书记、入党积极分子纳入培训范围。至12月，梅坑镇农村党校举办5期培训班，培训人次220人。培训内容包括学习党章党规、十九大重要精神、先进党员事迹案例，举办以“我的入党志愿”为主题的演讲比赛，到红色革命基地、反腐倡廉警示教育基地开展现场教学等活动。

党委书记：陈雄章
人大主席：谭青天
镇　　长：王春家（任至5月）
　　　　　郑国荣（5月任职）

【黄礤镇】　位于新丰县北部，距离县城23千米。2017年，该镇辖区总面积247.3平方千米，辖13个行政村和1个社区。年末总人口19195人，农业人口18484人。农村人均纯收入12139元。耕地面积1001.6公顷，粮食播种面积738.87公顷，粮食产量4564吨。林地面积2.2万公顷，森林覆盖率79.03%。全镇有初中1所，小学4所，幼儿园1所，教学点4个，在校学生483人；有文化站1个，广播站1个。土特产有高山茶、佛手瓜、高山花卉、番薯、薯丝、油茶、美少女西瓜等。主要旅游景点有西莲寺、樱花峪、大丰休闲农场等。

黄礤镇打造乡村休闲生态旅游产业区　黄礤镇围以打造现代高山生态农业园区、高山农业生态特色小镇为平台，推进“田园综合体”建设和特色农林产业及农业观光旅游融合发展。2017年，落户该镇的岭南红叶世界项目推进，引进“油桃”“鹰嘴桃”等农业产业扶贫项目促进农民增收致富，佛手瓜、樱花、高山茶基地农业观光旅游景区建成，并打造高山特色民宿群，休闲农业和乡村旅游规模逐渐形成。

党委书记：朱　君
人大主席：陈志新
镇　　长：陈小玲（2月任职）

【沙田镇】　位于新丰县西部，距县城42千米，全镇总面积242.5平方千米。2017年，该镇辖17个村委会和1个社区居委会，有176个村民小组，总人口24547人，其中，农业人口22441人。耕地面积1538公顷，粮食播种面积1908公顷，粮食产量11075吨。林地面积20324公顷，森林覆盖率84.17%。

党委书记：陈雪东
人大主席：罗志华
镇　　长：谢罗生

【遥田镇】　位于新丰县西南部，距县城60千米，全镇总面积214平方千米。2017年辖19个村委会和1个居民委员会，有252个村民小组，38080人。耕地面积1466.67公顷，粮食播种面积2066.67公顷，山林1.53万公顷。盛产巴戟、灵芝、五指毛桃等珍稀药材和冬菇、草菇、木耳、灵芝、甜笋、茶叶等土特产。

遥田镇大学生村官当选村主任　5月12日，新丰县村（社区）进行“两委”换届选举，遥田镇2名85后大学生村官当选为新一届村委会主任。遥田镇共有12名大学生村官，3名大学生村官分别到半陂村、社区、竹岭村任职支部书记、副书记。

党委书记：黄剑武
人大主席：陈文林
镇　　长：谭文增

【回龙镇】　位于新丰县西北部。2017年，该镇辖1个社区，17个行政村，124个村民小组。土地面积193平方千米。年末户籍人口22682人，农业人口19050人，常住人口17488人。耕地面积1418.53公顷，粮食播种面积1378公顷，粮食产量8327吨。林地面积13494.87公顷，森林覆盖率73.16%，活立木蓄积量744865立方米。6月，回龙镇楼下村卢元录支书获得“全国巾帼建功标兵”称号。

党委书记：徐建平
人大主席：许海洋
镇　　长：徐建平（任至3月）
　　　　　周文学（3月任职）

（黄文武）

2017年新丰县国民经济发展情况一览表

表 34

指　标	单　位	绝对值	比上年增长（%）
地区生产总值	亿元	89.01	7.8
第一产业增加值	亿元	13.12	4.5
第二产业增加值	亿元	40.10	6.8
工业增加值	亿元	36.72	6.6
第三产业增加值	亿元	35.79	10.2
人均地区生产总值	元	41113	6.8
规模以上工业增加值	亿元	24.37	7.5
农林牧渔业总产值	亿元	20.45	4.5
固定资产投资	亿元	42.73	13.1
社会消费品零售总额	亿元	26.48	9.0
外贸进口总额	万美元	711.8	4.5
外贸出口总额	万美元	2356.5	22.9
实际利用外资	万美元	545	3.4

续表 34

指　标	单　位	绝对值	比上年增长（%）
地方财政一般公共预算收入	亿元	3.30	8.7
地方财政一般公共预算支出	亿元	18.35	8.7
城镇居民人均可支配收入	元	23663	10.6
农村居民人均可支配收入	元	12730	10.2

乳源瑶族自治县

【概况】 乳源瑶族自治县位于广东省北部，韶关市西北面。东邻浈江区、武江区、曲江区，南连清远英德市，西接清远阳山县，北与乐昌市、湖南省宜章县交界，是韶关市辖唯一的瑶族自治县。2017年，辖9个镇，13个居民委员会，102个村民委员会，1158个小组（其中居民小组65个）。行政区划面积2299平方千米。年末户籍人口22.66万人，常住人口18.74万人，其中瑶族人口2.2万人，占全县总人口的10%，畲、满、回等少数民族人口占全县总人口的1%。全县人口自然增长10.89‰。

乳源瑶族自治县地处粤北山区和广东第一高峰山脉南缘，五岭山脉中段，骑田岭南麓，资源丰富。2017年，该县总耕地面积9646公顷，粮食播种面积1.06万公顷，粮食产量8.13万吨。林地面积15.4万公顷，森林覆盖72.37%。境内重要矿产资源有28种，水资源蕴藏有56.25万千瓦，水电装机总容量54.23万千瓦。主要土特产有还原笋、香竽、瑶山熏肉、瑶山苦爽酒、大布腐竹、金竹峰单丛茶、山坑螺、食用菌、南水水库野生淡水鱼、番薯干、巴西果汁等。

乳源瑶族自治县是中国的铝箔生产基地之一、中华人民共和国农业部绿色食品生产示范基地、中国农村水电之乡、中国观赏石之乡、中国瑶绣之都、被誉为世界过山瑶之乡。主要旅游景点有南岭国家森林公园、广东乳源大峡谷、云门寺佛教文化生态保护区、云门峡漂流景区、天井山国家森林公园、天景山仙人桥景区、必背过山瑶之乡生态旅游景区、南方红豆杉森林公园、通天箩地下森林公园、西京古道等。

2017年，全县地方生产总值84.59亿元，增长9.2%；地方财政一般预算收入5.63亿元，增长10.2%（按可比口径）；全社会固定资产投资75.41亿元，增长12.6%；城镇常住居民人均可支配收入23897元，增长11%；农村常住居民人均可支配收入13001元，增长10.8%。8月，乳源产业转移工业园再次获得“优秀广东省产业园”称号。

【工业经济新增实体】 2017年，乳源收储园区土地16.13公顷，盘活闲置用地、厂房12.5万平方米，工业污水处理厂主体工程建成。引进1000万元以上项目63个、投资总额32.3亿元，实际利用外资486万美元。胜蓝电子科技等5个项目动工建设，高立高空项目建成投产。东阳光公司腐蚀箔生产线扩建推进，锂电池正极材料项目投产，建成韶关市首个县域产值超百亿元的特色产业集群。新增规上工业企业3家、高新技术企业8家。发放中小微企业风险基金贷款2860万元。完成技改投资10.5亿元。全县工业增加值34.6亿元、增长8.5%。

【农业经济产业发展】 2017年，乳源瑶族自治县推进“一片两带”建设，种植水果3133公顷、蔬菜3467公顷、油茶2000公顷，建立有稻田养鱼示范基地5个，农特产品O2O体验馆建成，共建惠农信息社91个。新增农业企业13家、农民专业合作社31家、家庭农场79家。“华瑶”牌红茶获“中茶杯”茗茶评比特等奖，“盘王鱼”牌三角鲂获评广东省“十大名牌”系列农产品。举办第三届粤北（乳源）农特产品博览会。国家

▲2017年9月2日，乳源瑶族自治县大桥镇中冲富民合作社稻渔综合种养示范区（李新华　摄）

农产品质量安全县创建推进。全县农业增加值8.25亿元，增长3.8%。

【旅游区域产业发展】 2017年，乳源瑶族自治县编制“大南岭”全域旅游发展总体规划。银山南岭温泉、云门阳光湖、古母水旅游度假区建设推进，云门山玻璃桥、索道缆车项目建成运营。中农批游客集散中心和农旅风情街投入使用。举办首届采茶节、第二届“瓜果漂流”节等特色旅游活动。推出《南岭云水间》主题宣传片和《谁语争锋》乳源专场节目。全年全县接待游客460万人次、增长11%，旅游收入39亿元、增长13%。

【开发型经济实体】 2017年新增市场主体1404户，新增限上商贸服务企业11家、年营业额超5亿元大型批发企业1家，其中步步高商贸公司销售额突破200亿元，增长58%。社会消费品零售总额24.2亿元，增长7.5%。全县第三产业增加值35.8亿元，增长13%。

【城市功能发展】 2017年，乳源瑶族自治县建成锦绣花园、滨江印象等一批商住小区，建材厂片、示范农场片等旧城改造项目推进，鹰峰路建筑外立面瑶族风貌改造动工实施。民族风情园“四馆”建设推进，建成民族团结广场、城北公园和新档案馆主体工程。完成滨江西路改造和主要街道柏油路面铺设。侯公渡新市场建设推进，完成中心市场改造和洲街、富华城简易市场建设。城市供水、供电、排污管网改造推进。全国县级文明城市创建工作推进，实行街长制和网格化管理，拆除违章设施300多个，通过广东省级文明县城验收考评。

【乡村人居环境治理】 2017年，乳源瑶族自治县农村人居环境整治项目获农业发展银行授信贷款额度12亿元。“五彩瑶乡”省级新农村示范片建设投入1.72亿元，实施环境整治项目161个。55个村庄完成“三清三拆”，拆除危旧房16.35万平方米。农村土地承包经营权确权登记办证率100.25%。推行“河长制”管理，治理中小河流13.8千米。完成引杨灌区改造。划定永久基本农田1.55万公顷。建成高标准基本农田2107公顷。建成乡村绿化美化省级示范点4个。政研瑶族新村被命名为“中国少数民族特色村寨”，必背镇桂坑村获评“全国文明村”。

【生态保护建设】 2017年，乳源瑶族自治县配合推进粤北特别生态保护区规划建设。新增碳汇造林304公顷、封山育林277公顷、森林抚育2333公顷，建成森林公园1个。落实中央环保督察反馈意见整改任务，完成畜禽养殖“三区”划定，拆除南水水库养殖网箱5.4万平方米。镇村污水处理设施建设推进。

【重点建设项目推进】 2017年，韶关机场、南水水库供水工程动工建设，完成国道323线乳源上围至沙坪段改建项目征拆工作，省道258线鸭麻湖至大布段改扩建推进，油公坑至老游溪、侯公渡至江湾等一批公路动工建设，完成农村公路硬底化41千米。改造农村水电增效扩容项目4宗。是年，全县47个重点项目完成投资35亿元，其中省市重点项目完成年度投资计划的102%。

【脱贫攻坚工程】 2017年，乳源瑶族自治县投入帮扶资金6020万元，实施帮扶项目2523个，2376户贫困户获得资产收益分红。完成贫困户住房改造750户。举办专场招聘会15场，开展创业技能培训537人次。贫困家庭学生助学政策落实，贫困人口城乡基本医疗保险和大病商业补充医疗保险实现全覆盖。全县有劳动能力贫困人口人均收入达7590元，2927人实现稳定脱贫。

【社会民生保障】 2017年，乳源瑶族自治县发放创业小额担保贷款54笔854万元。城镇新增就业1395人，城镇失业人员再就业1115人，城镇登记失业率控制在2.39%。城乡居民基本养老保险和医疗保险参保人数分别为7.2万人和16.3万人。农村、城镇居民最低生活保障标准分别提高到每月400元和580元。医疗救助、临时救助、优待抚恤等政策落实。区域性敬老院实行公建民营管理。

【社会民生事业】 2017年，乳源瑶族自治县完成八一小学、金禧小学和高级中学饭堂改扩建。乳城、大桥两镇通过广东省教育强镇复评，创建广东省推进教育现代化先进县和教育强县复评通过省督导评估。人民医院新住院大楼投入使用。建成3个镇卫生院公卫楼和公建民营村卫生站24间。双朝节、苦爽酒酿造技艺入选省级非遗项目名录，民族博物馆成为省级非遗传承基地。建成村级综合文化服务中心22个。开展文化惠民活动20场。举办瑶族“十月朝”系列活动12项。《铜铃悠歌》获省“五个一工程奖”，《瑶山飞来一群金鸪鸪》获省群众音乐舞蹈花会金奖。创建省民族团结进步示范单位6个，云门寺被评为全国创建和谐寺观教堂先进集体。广东省女子龙舟队（其中有2名乳源女队员）摘得第十三届全国运动会龙舟竞赛6枚金牌，乳源女子龙舟队夺得省第四届体育大会100米直道竞速冠军。建成农村健身广场10个。

【乡镇智能燃气项目战略合作协议签订】 2017年3月31日，中国燃气控股有限公司华南区域管理中心在乳源瑶族自治县签约乳源乡镇智能燃气项目战略合作协议。乡镇智能燃气项目是全面推动广东省“美丽乡村”建设重点项目。结合乳源实际，按照“整体规划、打包推进、分步实施”的原则，因地制宜加强乡镇燃气利用专项规划编制，制定多样化的智能燃气工程建设方案，从专业技术、建设投资、经营管理等方面保障项目实施，保证工程质量，选取示范乡镇进行试点。为推进项目实施，双方建立工作协调机制。乳源瑶族自治县政府分管领导、县相关部门负责人参加签约仪式。

【观澜书院修缮工程通过专家组初验】 2017年6月，乳源瑶族自治县大桥镇观澜书院修缮竣工，整体修缮工程历时3年多。该书院属广东省级文物保护单位，位于西京古道途经之地——大桥镇墟旁新书房村。2014年，乳源瑶族自治县就观澜书院修缮工程按照《中华人民共和国文物保护法》的规定，在做到不改变文物原状、较好保持和恢复观澜书院原有风貌、消除文物安全隐患状况对该书院进行修缮。2017年6月16日，经广东省古建筑专家李继光、尚杰，市文物专家陈松南现场勘察，查阅资料等，提出要完善工程竣工报告和加强文物本体修缮后的保护及合理利用意见，最后通过观澜书院修缮工程的初验，同意上报广东省文物局验收。

【乳源大瑶山西京古道218国际户外运动文化旅游项目动工】 2017年8月18日，乳源大瑶山西京古道218国际户外运动文化旅游项目一期工程奠基动工。乳源大瑶山西京古道218国际户外运动文化旅游项目是乳源引进和扶持的旅游重点项目之一。该项目以过山瑶文化为主线，结合西京古道的保护利用，将东坪镇、大桥镇、洛阳镇、游溪镇、必背镇片区及周边旅游景区景点串联一体，打造出一条集民族特色、古道文化、户外运动、休闲旅游为一体的国际户外运动文化旅游线路。该项工程总规划实施为三期，总投资10.19亿元。

【乳城镇】 位于乳源瑶族自治县东南部，东临武江区龙归镇，南接武江区江湾镇，西连东坪镇，北与游溪、一六镇交界。镇政府驻地侯公渡，国道323线、省道249线和250线、县道358线贯穿境内，京港澳高速公路在境内设有1个出入口，是乳源3个中心镇之一。2017年，全镇总面积209平方千米（其中总耕地面积1639.7公顷，林地面积1.423万公顷，森林覆盖率83.5%），辖13个村委会，5个居委会，有216个村民小组。年末户籍总数21025户，户籍总人口67651人，其中农业人口38947人。有中学4间，中等职业技术学校1间，小学4间，特殊学校1间；镇级卫生院1间，村级卫生站20个。镇内历史文化遗产有泽桥山古墓群、文昌塔、西京古道遗址——大富桥、刘氏宗祠、宋田古戏台、宋田文塔、天德寨、乳源革命烈士纪念碑、上街古巷。景点有千年古刹云门寺、桂花潭、金狮公园、文昌公园、乳源温泉、乳源公园、双峰山、云门峡风景区、国公岩、丽宫国际旅游度假区等。主要特产有竹笋、巴西果（果汁）、香蕉李、葡萄、蜜柚、茶叶、冬菇、木耳、山羊、腊味、茶油等。全镇国民经济生产总值31.7亿元，城镇居民人均纯收入23897元。

党委书记：林桥远（任至12月）
　　　　　吴志俭（12月任职）
人大主席：陈荣生
镇　　长：肖福城

【桂头镇】 位于乳源瑶族自治县境东北部，距县城25千米，南距韶关市区29千米。东与武江区重阳镇、浈江区犁市镇接壤，南邻游溪镇、武江区重阳镇，西邻游溪镇、必背镇，北与乐昌市长来镇毗邻，是广东省政府确定的268个中心镇之一。京广铁路、武广高铁、乐广高速公路在杨溪口、阳陂设有出入口，是省道248线、250线交汇点，县道325线、326线纵横贯穿全境。武江河经镇域由北向东南从中部流过。2017年，全镇总面积125平方千米，有耕地面积1806.7公顷，森林面积7753公顷，森林覆盖率72%。辖14个村民委员会，1个居民委员会，93个自然村。总户籍数10946户，总人口37899人，其中农业人口33036人。有中学1间，专任教师86人，在校生1046人；小学12所，专任教师139人，在校学生2524人；幼儿园7所。有中心卫生院1家，执业医师16人、助理医师7人、卫技人员37人，床位29张，建有乡村卫生站12个。镇内历史保护文物有位于桂头镇区域（江背）背夫山由李根源立的南宋陈军名将“陈司空征北将军侯公安都墓”。主要特色农产品有杨溪砂糖橘、杨溪马蹄、杨溪杨梅、小江三华李、皇帝柑、阳陂甘蔗、均村甘蔗。全镇国民经济生产总值8.8亿元，城镇居民人均纯收入10337元。

党委书记：吴衍雄
人大主席：黄永久
镇　　长：邓桂雄

【大桥镇】 位于乳源瑶族自治西北部，镇政府驻地距县城33千米，境内石角塘为省道249线与258线交汇点，县道有325线、327线、357线、358线贯穿，京港澳高速公路在境内设有1个出入口。属乳源3个中心镇之一。东邻必背镇，西邻乐昌市沙坪镇，南邻东坪镇，北邻乐昌市云岩镇。2017年，总面积384平方千米，耕地面积2667公顷，森林面积1.87万公顷，森林覆盖率72%。

▲2017年11月18日上午，第十一届乳源瑶族“十月朝”文化旅游节在云门山旅游度假区开幕
（童铜韶　杨　纯　摄）

辖21个村委会，1个居委会，265个村民小组，户籍总数8322户，总户籍人口41451人。有中学1间，小学19间，镇级卫生院1间，村级卫生站26个。境内景点有红豆杉公园、通天箩、南岭国家森林公园等，历史文化遗产有西京古道、观澜书院等。主要特产有石头猪、酸姜、大桥河鱼、禾花鱼等。2017年，全镇国民经济生产总值5.4亿元，城镇居民人均纯收入7614元。

党委书记：饶峻洪
人大主席：林文辉
镇　　长：黄祖胜

【大布镇】　地处乳源瑶族自治县南部，镇政府驻地距县城67千米，属乳源典型石灰岩高寒山区镇、革命老区镇和生态发展镇。东与武江区江湾镇、曲江区罗坑镇交界，南与清远英德市波罗镇相邻，西北与洛阳镇相连。省道258线贯穿镇境。2017年，全镇总面积220平方千米，其中耕地面积989公顷，林地面积1.94万公顷，森林覆盖率75%。辖7个村民委员会，1个居委员会，84个自然村（108个村民小组）。全镇家庭总户数2823户，总人口数13639人，其中农业人口数13161人。有中学、小学各1间，镇级卫生院1间，村级卫生站7个。境内景点有国家AAAA级景区广东乳源大峡谷。历史遗存典型建筑有钨英村委牛婆洞四角楼。主要土特产有番薯干、腐竹、荷兰豆、竹笋等。全镇国民经济生产总值2.94亿元，比2016年增长7%；财政收入2032万元，比2016年增长15%；城镇居民人均纯收入8255元，比2016年增长8%。

党委书记：赵才保
人大主席：侯永娣
镇　　长：杨川毅

【游溪镇】　位于乳源瑶族自治县东北部，属乳源3个瑶族人口聚居镇之一。乐广高速、省道250线（乳桂线）贯穿镇境，距乐广高速公路出口3千米，距京港澳高速公路出口18千米。2017年，总面积133.6平方千米，耕地面积465.9公顷，林地面积8628公顷，森林覆盖率71%。全镇户籍总数3209户，户籍人口12778人，其中，瑶族7284人，占总人口的57%，农业人口12266人，占总人口的96%。辖11个村委会（汉族3个，瑶族8个），74个村民小组，1个社区居委会。主要有水稻、槟榔芋、黑美人西瓜、甘蔗、花生、木材、山棕、冬菇、竹笋等农经作物。镇内有八一瑶族新村、新会村，中心洞政研瑶族新村、冷水岐木笼博爱瑶族新村、营康新村等瑶族风情特色村寨。全镇国民经济生产总值1.33亿元，城镇居民人均收入8214元。是年3月，游溪镇中心洞村民委员会政研新村被中华人民共和国国家民族事务委员会命名为“中国少数民族特色村寨”，是全国第二批被命名的717个村寨之一。

党委书记：李国洪（任至11月）
　　　　　谭群英（11月任职）
人大主席：黄贱胜
镇　　长：赵天聪

【东坪镇】　位于乳源瑶族自治县西北部，距县城14千米，是乳源3个瑶族人口聚居镇之一。国道323线、省道258线和249线、县道358线贯穿镇境，京港澳高速公路在境内东田村设出入口1处。2017年，全镇总面积359平方千米，耕地面积262.6公顷，森林覆盖率92.9%。下辖1个居委、10个村委会，80个村民小组，3678户，总人口13115人，其中瑶族人口7158人，占全镇总人口的54.57%。有小学2间、幼儿园1间；镇级卫生院1间，村级卫生站7个；镇级综合文化站1个，村级农家书屋11间。境内有库容12．5亿立方米的南水湖，是韶关市城市用水一级备用水源。景点有南水湖、南水温泉度假村、历史悠久的西京古道、朱德祖居地，具有典型瑶族风情的瑶家村和农家乐等。特产有优质水库鱼、生姜、茶叶、柑橘、葡萄、蜂蜜等。全镇国民经济生产总值7201万元，城镇居民人均纯收入8250元。

党委书记：华　跃
人大主席：郑玮如
镇　　长：赵春英

【一六镇】　位于乳源瑶族自治县东北部，东邻武江区，南邻乳城镇，西邻东坪镇，北邻游溪镇，是乳源瑶族自治县3个平原镇之一。镇政府驻地一六村委，省道250线穿境而过，距京港澳高速公路出口12千米，距离乐广高速乳源出口7千米。2017年，全镇总面积84平方千米（其中总耕地面积1029.4公顷，林地面积6354.19公顷，森林覆盖率76.4%），辖7个村委会，1个居委会，有94个自然村，103个村民小组。年末户籍总数5364户，户籍总人口17441人，其中农业人口16623人。有中学1间，完全小学1间，村级小学3间；镇级卫生院1间，村级卫生站6个。历史文化遗产有西岸石拱桥和一六招田石拱桥、东粉村平安阁、一六大村围楼、团结莲塘村平安阁、东七下门秦氏祠堂、乐群乐夫村欧氏祠堂、团结上社王氏祠堂、罗屋下南村何氏祠堂、乐群乐夫村农民协会旧址、鲶鱼寨遗址等。景点有乌石岭客家新村、东粉温泉、千亩竹园、乐群乐夫村农民协会旧址、牧草园农场、现代蔬菜生产基地以及东粉湿地公园（在建）等。主要特产有槟榔芋、大棚西瓜、香蕉李等。主要特色饮食有芋头鸭、麻辣花生豆腐煲、辣椒拌凉菜、辣椒花鱼、窄粉以及米酒等。2017年，全镇国民经济生产总值1.27亿元，城镇居民人均纯收入9407元。

党委书记：丘振强（11月任职）
人大主席：杨细金
镇　　长：潘　鸿

【洛阳镇】　位于乳源瑶族自治县西南部，镇政府驻地洛阳村委，距乳源县城36千米。东与东坪镇、大布镇和武江区江湾镇交界；南与清远英德市波罗镇、清远市阳山县江英镇相邻；西与清远市阳山县秤架瑶族乡接壤。国道323线、省道258线和县道324穿境而过，有4条镇村主干道公路。2017年，全镇总面积558平方千米（其中耕地面积969.5公顷，林地面积3.13万公顷，森林覆盖率

95%）。辖12个村民委员会，1个居民委员会，122个自然村，91个村小组（其中1个少数民族村小组）。年末户籍总户数2777户，户籍总人口数10218人，其中农业人口9004人。有小学2间，分教点2个，镇级卫生院2间，村级卫生站9个。历史文化遗产有东平山正觉寺遗址、洛阳桥、蔡襄祠、洛阳古街、陈金城故居。景点有天景山仙人桥、南岭国家森林公园、天井山国家森林公园、天井山生态长廊、白竹绿家缘瑶乡生态农场。主要特产有洛阳茶、九节茶、蜂蜜、笋干、柠檬、木耳、黑山羊、海狸鼠、中华鲟、三文鱼、古母水鸡等。全镇国民经济生产总值2.64亿元，城镇居民人均纯收入7623元。

党委书记：吴志俭

人大主席：盘良银

镇　　长：张　杰

【必背镇】　地处乳源瑶族自治县北部，距乳源县城54千米，距乐广高速杨溪出口15千米，县道325线贯穿全境，是乳源3个瑶族人口聚居镇之一。东靠桂头镇，西临大桥镇，南邻东坪镇和游溪镇，北邻乐昌市长来镇。全镇总面积147平方千米，耕地面积250公顷［其中，水（旱）田186公顷，水浇地54.1公顷］，林地面积1.25万公顷（其中生态公益林5000公顷），森林覆盖率86%。辖7个村委会和1个社区居委会，自然村52个，村民小组58个。全镇总户数2539户，总人口8938人。其中，农业户口2286户，人口7760人；瑶族2099户，人口6175人。有小学1间，幼儿园1间；镇级卫生院1间，村级卫生站7个。景点有镇区瑶寨景区、必背口村特色村寨、大村古瑶寨、桂坑尾村等，瑶族历史文化传承遗产有拜盘王、瑶歌、瑶舞、瑶绣、瑶服、瑶医药等，不可移动文物有盘安山墓、莫氏祠堂，主要特产有瑶家腊肉、瑶爽酒、白毛尖茶叶、公坑辣椒等。2017年，全镇国民经济生产总值8937万元，农民人均纯收入8613元。2017年9月26日，必背镇桂坑村被中央精神文明建设指导委员会办公室评选为第五届全国文明村镇（1493个），为广东55个被选全国文明村镇其中之一。

党委书记：李世华

人大主席：庹　校

镇　　长：赵伟明

（赵天养）

2017年乳源瑶族自治县国民经济发展情况一览表

表35

指　标	单　位	绝对值	比上年增长（%）
地区生产总值	亿元	84.59	9.2
第一产业增加值	亿元	8.36	4.3
第二产业增加值	亿元	40.72	8.3
工业增加值	亿元	35.78	8.1
第三产业增加值	亿元	35.51	11.4
人均地区生产总值	元	44679	8.2
规模以上工业总产值	亿元	121.33	16.7
农林牧渔业总产值	亿元	13.37	3.1
固定资产投资	亿元	75.41	12.6
社会消费品零售总额	亿元	22.47	10.3
外贸进口总额	万美元	2189	1.7
外贸出口总额	万美元	7922	-25.7
实际利用外资	万美元	486	-39.4
地方一般公共预算收入	亿元	5.63	10.2
地方一般公共预算支出	亿元	26.87	20.5
城镇常住居民人均可支配收入	元	23897	11
农村常住居民人均可支配收入	元	13001	10.8

人　物

韶关市十四届人大二次会议依法补选市人大常委会主任、市长

莫高义　男，汉族，1964年12月出生，湖北石首人，1989年4月加入中国共产党，1990年8月参加工作，研究生学历，历史学博士。1983年9月，在华中师范大学历史系学习。1987年9月，参加中山大学历史系国际关系史专业硕士研究生学习。1990年8月，任广东省社会主义学院教研室教师（其间：1992年2月至1992年8月在广东省普宁县参加社教）。1992年9月，任广东省社会主义学院教研室副科级秘书。1993年11月，任中共广东省委外宣办副主任科员。1996年1月，任中共广东省委外宣办主任科员（1998年3月至1999年1月期间为省委宣传部驻清新县扶贫工作组副组长）。1999年1月，任中共广东省委宣传部办公室副主任（其间：2000年9月至2001年8月在美国麻省州立大学波士顿分校学习）。2001年10月，任中共广东省委外宣办（省新闻办）副主任（正处级）（1998年9月至2005年6月期间在中山大学历史系专门史中美关系史专业学习，获历史学博士学位）。2008年7月，任中共广东省委外宣办（省新闻办）常务副主任（副厅级）。2010年9月，任中共广东省委宣传部副部长兼省委外宣办（省新闻办）主任。2013年5月，任中共广东省委宣传部副部长，南方报业传媒集团党委书记、管委会主任，南方报业传媒集团有限公司董事长、党委书记。2015年12月，任中共广东省委宣传部副部长，南方报业传媒集团党委书记、管委会主任，南方日报社社长，南方报业传媒集团有限公司董事长、党委书记。2016年3月，任中共广东省委宣传部副部长，南方报业传媒集团党委书记、管委会主任，南方日报社社长，南方报业传媒集团有限公司董事长、党委书记，省新闻工作者协会主席。2017年3月，任中共韶关市委书记，市人大常委会党组书记。2017年5月，任中共韶关市委书记，市人大常委会主任、党组书记。

殷焕明　男，汉族，1965年3月出生，广东东莞人，1985年4月加入中国共产党，1987年7月参加工作，省社科院研究生学历，哲学学士。1983年9月，在华南师范大学政治教育系政治教育专业学习。1987年7月，为东莞石龙中学教师、团委副书记。1989年3月，任东莞市政府办公室文教科办事员、科员、主办科员。1993年3月，任东莞市政府办公室文教科副科长。1993年12月，任东莞市常平镇副镇长（1995年7月至1998年11月期间在省社科院在职研究生经济学专业学习）。2002年5月，任东莞市常平镇党委副书记。2002年8月，任东莞市寮步镇党委书记。2002年10月，任东莞市寮步镇党委书记、镇人大主席（2008年1月为正处级）。2008年9月，任东莞市政府秘书长、党组成员。2010年4月，任东莞市政府党组成员、副厅级干部，省援疆工作前方指挥部副总指挥、临时党委委员，兵团农三师党委常委、副师长，东莞援疆工作队队长。2014年1月，任东莞市政府党组成员，松山湖高新区管委会主任（副厅级）、党工委书记。2014年12月，任东莞市政府党组成员，松山湖高新区管委会主任（副厅级）、党工委书记，东莞生态产业园区管委会主任、党工委书记。2016年12月，任中共东莞市委常委，市政府党组成员，松山湖高新区、东莞生态产业园区管委会主任、党工委书记。2017年5月，任中共韶关市委副书记，市长、市政府党组书记。

韶关市十四届人大常委会主任、副主任、秘书长

江　凌　男，1964年9月出生，籍贯广东紫金，出生地广东梅州，1984年7月参加工作，1986年6月加入中国共产党，研究生学历，管理学硕士学位。1984年7月惠阳师范专科学校中文系中文专业毕业后，历任东莞县石龙镇政府干部、东莞县委办公室办事员、东莞市委办公室办事员、东莞市委调查研究室副主任、东莞市委政策研究室调研科科长、东莞市委办公室秘书科科长、东莞市委副秘书长。1992年9月后任东莞市寮步镇党委副书记、镇长，党委书记、镇人大主席。2000年12月任东莞市委秘

书长。2001年6月任东莞市对外贸易经济合作局局长（2000年6月—2002年6月期间参加中山大学高等继续教育学院汉语言文学专业自考本科学习；2001年3月—2001年7月在省委党校中青一班学习；2002年8月—2003年8月参加省第四批高层次管理人才进修班赴美国旧金山州立大学学习）。2004年4月任东莞市委常委、宣传部长。2007年1月任东莞市委常委、副市长（2005年9月至2007年6月期间在华南理工大学工商管理学院企业管理专业在职研究生班学习，获管理学硕士学位）。2011年9月任清远市委副书记、代市长。2012年1月任清远市委副书记、市长。2015年1月任珠海市委副书记、代市长。2015年2月任珠海市委副书记、市长。2016年1月任韶关市委书记，市人大常委会主任候选人。2016年2月任中共韶关市委书记，市人大常委会主任候选人、党组书记。2017年1月，任中共韶关市委书记，市人大常委会主任、党组书记。第十二届全国人大代表，省第十二届人大代表，第十一届省委委员。

杨小明　男，汉族，1958年5月出生，籍贯河北涉县，出生地广东韶关，1974年8月参加工作，1976年6月加入中国共产党，省委党校研究生学历，经济师职称。1974年8月，为乳源瑶族自治县云门知青农场知青。1976年12月，为乳源瑶族自治县商业局车队学徒。1978年3月，为广西某部队战士、班长。1980年10月，为乳源瑶族自治县商业信托公司政工员、副经理。1984年2月，任乳源瑶族自治县团委副书记、书记（1984年9月至1986年7月期间参加市委党校党政干部专修科大专班脱产学习）。1987年6月，任乳源瑶族自治县商业局局长。1988年11月，任乳源瑶族自治县财委主任。1990年3月，任乳源瑶族自治县副县长、县政府党组副书记。1993年2月，任韶关市外事侨务办副主任、党组成员。1995年8月，任中共乐昌市委常委、副市长。1996年3月，任中共乐昌市委副书记、市长（1994年9月至1997年7月期间参加省委党校经济管理专业在职研究生班学习）。1997年12月，任中共乐昌市委书记、市长。1998年3月，任中共乐昌市委书记（2001年3月至2001年7月期间参加省委党校中青班学习）。2002年3月，任韶关市政府秘书长、党组成员，市政府办党组书记。2004年6月，任韶关市政府秘书长、党组成员，市政府办主任、党组书记（其间：2005年10月至12月参加广东省中青年领导干部公共管理知识研修班学习）。2007年1月，任韶关市人大常委会副主任、党组成员，市政府秘书长，市政府办主任、党组书记。2007年2月，任韶关市人大常委会副主任、党组成员，市总工会主席、党组书记。2016年9月，任韶关市人大常委会副主任、党组成员。2016年12月，任韶关市人大常委会副主任、党组副书记。2017年1月，当选韶关市人大常委会副主任、党组副书记。

张　平　男，汉族，1958年11月出生，广东南雄人，1974年12月参加工作，1978年2月加入中国共产党，省委党校研究生学历，政工师职称。1974年12月，为南雄县湖口公社革委会通讯员。1978年2月，在某团指挥连服役。1981年1月，为南雄县湖口公社、界址供销社干部。1981年9月，为南雄县孔江派出所、县公安局刑警队干警。1984年9月，为广东省政法管理干部学院公安专业学员。1986年7月，为南雄县公安局刑警大队侦察员。1986年12月，任南雄县珠玑镇（区）党委副书记。1989年12月，任南雄县乌迳镇党委副书记。1990年1月，任南雄县乌迳镇党委副书记、镇长。1990年12月，任南雄县乌迳镇党委书记。1993年3月，任南雄县（市）检察院检察长。1998年1月，任中共南雄市委副书记、南雄市检察院检察长。1998年3月，任中共南雄市委副书记。1998年12月，任中共新丰县委副书记。1999年1月，任中共新丰县委副书记、县长（1996年9月至1999年7月期间在省委党校经济学专业在职研究生班学习）。2002年12月，任中共新丰县委书记。2003年3月，任中共新丰县委书记、县人大常委会主任。2007年1月，任中共仁化县委书记。2007年4月，任中共仁化县委书记、县人大常委会主任。2011年2月，任韶关市人大常委会副主任、党组成员，市依法治市办主任，中共仁化县委书记、县人大常委会主任。2011年4月，任韶关市人大常委会副主任、党组成员，市依法治市办主任。2016年9月，任韶关市人大常委会副主任、党组成员。2017年1月，当选韶关市人大常委会副主任、党组成员。

邓小杰　男，汉族，1963年12月出生，籍贯广东惠阳，出生地广东乳源，1981年1月参加工作，1988年6月加入中国共产党，省社科院研究生学历。1981年1月，任乳源瑶族自治县政府办办事员、科员（1985年9月至1987年7月期间在韶关师专中文专业脱产学习）。1990年12月，任乳源瑶族自治县政府办副主任。1991年12月，任乳源瑶族自治县大布镇党委副书记。1992年1月，任乳源瑶族自治县大布镇党委副书记、镇长。1994年4月，任乳源瑶族自治县大布镇党委书记。1994年11月，任乳源瑶族自治县大布镇党委书记、镇人大主席。1996年8月，任乳源瑶族自治县桂头镇党委书记（1995年9月至1997年12月期间参加中央党校经济管理专业本科班学习）。1998年1月，任中共乳源瑶族自治县委常委兼桂头镇党委书记。1998年2月，任中共乳源瑶族自治县委副书记。1999年12月，任中共始兴县委副书记。2001年8月，任中共始兴县委副书记、副县长、代县长。2002年1月，任中共始兴县委副书记、县长（1999年9月至2002年12月期间参加省社科院经济学专业在职研究生班学习）。2004年6月，任中共翁源县委书记。2006年12月，任中共翁源县委书记、县人大常委会主任（2007年12月当选为省十一届人大代表）。2009年12月，任韶关市卫生局局长、市委卫生工委书记，翁源县人大常委会主任。2010年2月，任韶关市卫生局局长、市委卫生工委书记。2013年

11月，任韶关市卫生局局长、市委教育工委书记。2013年12月，任韶关市教育局局长、市委教育工委书记。2016年1月，任韶关市人大常委会副主任、党组成员，韶关市教育局局长、市委教育工委书记。2016年4月，任韶关市人大常委会副主任、党组成员。2016年9月，任韶关市人大常委会副主任、党组成员，韶关市总工会党组书记。2017年1月，任韶关市人大常委会副主任、党组成员，韶关市总工会主席、党组书记。省十一届人大代表。

林　岚　女，汉族，1963年9月出生，广东南雄人，1980年3月参加工作，1985年6月加入中国共产党，省委党校研究生学历。1980年3月，为南雄县主田城门小学民办教师。1981年5月，为南雄县中坪电站工人。1982年10月，任南雄县妇联干事（其间：1984年9月至1986年7月参加县电大党政管理干部大专班学习）。1987年10月，任南雄县妇联副股级干事、正股级干事。1989年10月，任南雄县妇联副主任。1992年4月，任共青团南雄县（市）委书记。1998年3月，任中共南雄市委常委、宣传部长（1995年9月至1998年7月期间进入省委党校经济学专业在职研究生学习）。2000年1月，任中共翁源县委副书记（2000年3月至2000年7月期间进入省委党校中青班学习）。2001年6月，任中共翁源县委副书记、组织部长。2003年1月，任中共翁源县委副书记、副县长、代县长。2003年3月，任中共翁源县委副书记、县长。2004年6月，任韶关市外事侨务局局长、党组书记（2006年7月至2006年9月期间进入省第二期市厅级领导干部出国培训班学习）。2016年1月，任韶关市人大常委会副主任、党组成员，市外事侨务局局长、党组书记。2016年4月，任韶关市人大常委会副主任、党组成员。2017年1月，当选韶关市人大常委会副主任、党组成员。

梁韶灵　男，汉族，1960年5月出生，广东梅州人，1976年8月参加工作，1983年3月加入中国共产党，大专学历，工程师职称。1976年8月，为韶关市二建公司干事（其间：1976年10月至1977年10月参加韶关市基本路线教育工作队）。1979年3月，在广州建筑工程学校学习。1981年7月，为韶关市二建公司干事、技术员。1984年9月，在华南工学院管理工程系工业管理工程大专班脱产学习。1986年7月，为韶关市二建公司办公室主任，工区主任、工程师，副经理（其间：1991年5月至1993年5月挂职任北江区建委副主任，1991年6月至1992年5月参加建设部干部学院建筑专业管理岗位培训班学习）。1994年3月，为韶关市建设开发总公司副经理。1996年3月，为韶关市建设开发总公司经理、党委书记。1999年5月，任韶关市城建局局长、党委书记（其间：1999年7月至2001年7月参加中国政法大学硕士研究生课程进修班学习结业）。2001年8月，任韶关市城乡规划局局长、党组书记（其间：2001年8月至2002年1月参加省委党校青年干部培训班学习）。2009年12月，任韶关市住房和城乡建设局局长、党组书记。2016年12月，任韶关市人大常委会党组成员。2017年1月，任韶关市人大常委会副主任、党组成员。

陈　曦　男，汉族，1962年3月出生，湖北云梦人，1985年8月参加工作，1999年11月加入民建，大学学历，工学学士，工程师职称。1981年9月，在成都地质学院放射性地质专业学习。1985年8月，为广东省矿产应用研究所见习生、助理工程师、工程师工会副主席、非金属研究室主任兼非金属中试场经理。1996年1月，为韶关市武江区宝岭矿探勘技术负责人。1997年5月，任韶关市武江区科技局副局长、科协副主席。1999年1月，任韶关市武江区西联镇镇长助理。1999年3月，任韶关市武江区西联镇副镇长。2000年11月，任韶关市武江区计划与统计局局长。2001年3月，任韶关市武江区政协副主席、区计划与统计局局长（其间：2002年1月当选为民建韶关市委会副主委，2001年5月至2001年8月参加广东省社会主义学院中青班学习）。2002年3月，任韶关市武江区副区长、民建韶关市委会副主委（2004年6月兼任韶关市政协科教文卫体委副主任，省第九届、第十届政协委员，市第九届、第十届政协常委）。2011年11月，任韶关市人大常委会副秘书长，韶关市武江区人大常委会副主任、民建韶关市委会副主委。2012年8月，任韶关市人大常委会副秘书长，民建韶关市委会副主委。2016年7月，任韶关市人大常委会副秘书长，民建韶关市委会主委。2017年1月，任韶关市人大常委会副主任，民建韶关市委会主委。省第九届、第十届政协委员。

高振忠　男，汉族，1964年11月出生，山东博兴人，1985年7月参加工作，1985年1月加入中国共产党，中央党校研究生学历。1982年9月，在韶关师专中文系中文专业学习。1985年7月，在仁化县闻韶区公所工作。1987年7月，在中共仁化县委办工作。1988年5月，在中共韶关市委组织部工作。1990年9月，任中共韶关市委组织部副科长级组织员。1994年10月，任新华通讯社香港分社副科级干部、正科级干部。2000年1月，任中央人民政府驻香港特别行政区联络办公室新界工作部人事处副处长（副处级）。2000年11月，任中共乳源瑶族自治县委常委、组织部长（2001年9月至2003年12月期间进入中央党校经济管理专业本科学习）。2004年9月，任中共乳源瑶族自治县委副书记、组织部长。2004年10月，任中共乳源瑶族自治县委副书记。2007年4月，任中共韶关市委副秘书长（正处级）、市信访局局长。2012年6月，任中共韶关市委副秘书长（正处级）。2013年1月，任韶关市人大常委会党组成员、办公室主任。2013年3月，任韶关市人大常委会秘书长、党组成员、办公室主任（2012年9月至2015年7月期间进入中央党校经济学经济管理专业在职研究生班学习）。2017年1月，任韶关市人大常委会秘书长、党组成员、办公室主任。

韶关市第十四届人民代表大会第一次会议当选韶关市人民政府市长、副市长、法院院长、检察院检察长

骆蔚峰 男，1964年9月出生，籍贯广东龙川，出生地广东广州，1984年9月参加工作，1987年4月加入中国共产党，省委党校研究生学历，中山大学高级管理人员工商管理硕士学位。1984年9月广州市机电中专学校机械制造专业毕业后，先后任广州市汽车农机公司团委干事1、副书记（其间：1985年8月至1990年6月在中国人民大学工业经济管理专业函授五年制本科学习）。1988年7月任广州市机电局团委代理副书记、副书记、书记。1993年7月任共青团广州市委副书记、党组成员（1994年9月至1997年7月期间在省委党校研究生班经济管理专业学习）。2000年12月任共青团广州市委书记、党组书记。2003年2月任广州市番禺区委副书记（市正局级，2003年05兼任区委政法委书记）。2004年6月任广州市番禺区委副书记（市正局级）、政法委书记，副区长、代区长。2004年8月任广州市番禺区委副书记、区长。2009年2月任广州市白云区委书记、区人大常委会主任（其间：2008年10月至2010年12月中山大学管理学院高级管理人员工商管理专业学习，获高级管理人员工商管理硕士学位）。2012年9月任广州市萝岗区委书记，广州开发区党工委书记、管委会主任，中新广州知识城管委会主任。2014年5月任广州市副市长人选、市政府党组成员。2014年6任广州市副市长、市政府党组成员。2015年5月任韶关市委副书记，副市长、代市长。2015年6月任韶关市委副书记，代市长、市政府党组书记。2016年1月任韶关市委副书记，市长、市政府党组书记。省第十二届人大代表。

朱余旺 男，1965年11月出生，安徽太湖人，1986年7月参加工作，1986年4月加入中国共产党，研究生学历，管理学博士学位。1986年7月华东交通大学电力牵引与传动控制专业毕业后，任铁道部北京铁路分局助理工程师。1989年12月任铁道部北京铁路机械学校助教。1990年3月任广东省人事厅综合计划处副主任科员。1999年6月任广东省人事厅（省机构编制委员会办公室）主任科员（1997年9月至1999年7月期间在中山大学管理学院企业管理专业研究生课程班进修学习）。2002年2月任广东省人事厅（编办）事业机构编制处副处长。2004年9月任广东省人事厅（编办）事业机构编制处调研员。2004年11月任翁源县委副书记（正处级）。2005年2月任翁源县委副书记、政法委书记（正处级）（2001年9月至2005年11月期间进入北京交通大学经管学院管理科学与工程专业学习，获管理学博士学位）。2006年10月任翁源县委副书记、副县长、代县长。2006年12月任翁源县委副书记、县长（2008年3—7月期间进入广东省委党校中青一班学习）。2009年12月任翁源县委书记、县长。2010年2月任翁源县委书记。2010年3月任翁源县委书记、县人大常委会主任。2014年10月任韶关市副市长、市政府党组成员，翁源县委书记、县人大常委会主任。2014年11月任韶关市副市长、市政府党组成员，翁源县人大常委会主任。2015年1月任韶关市副市长、市政府党组成员。2016年12月任韶关市委常委，副市长、市政府党组成员。

李安平 男，汉族，1966年7月出生，湖南宜章人，1989年9月参加工作，1992年3月加入中国共产党，研究生学历，经济学硕士，高级会计师职称。1985年9月，在中南财经大学农经系农业经济专业学习。1989年7—9月，待分配。1989年9月，为韶关农经中专学校教师。1992年2月，为韶关农经中专教研科副科长。1994年9月，为广东广建财务部副部长。1995年5月，为广东广建财务部部长。1996年5月，为广东广建集团股份有限公司总会计师（其间：1996年9月至1999年7月参加广东省委党校经济学在职研究生班学习）。2000年11月，为广东广建集团股份有限公司总经理。2002年3月，为韶关市商贸资产经营有限公司董事长。2002年10月，为韶关市商贸资产经营有限公司董事长、党委书记。2004年7月，任中共翁源县委副书记、副县长、代县长。2005年1月，任中共翁源县委副书记、县长。2006年9月，任中共乐昌市委副书记、副市长、代市长，翁源县县长。2006年10—12月任中共乐昌市委副书记、副市长、代市长。2006年12月，任中共乐昌市委副书记、市长。2009年5月，任中共乐昌市委书记（2006年9月至2009年6月期间在暨南大学产业经济学院攻读经济学硕士研究生）。2009年6月，任中共乐昌市委书记，乐昌市人大常委会主任。2011年12月，任韶关市公安局局长、党委书记，市社工委副主任，中共乐昌市委书记，乐昌市人大常委会主任、党组书记。2012年1月，任韶关市副市长、市政府党组成员，市公安局局长、党委书记，市社工委副主任，乐昌市委书记，乐昌市人大常委会主任。2012年2月，任韶关市副市长、市政府党组成员，市公安局局长、党委书记、督察长，市社工委副主任。2012年6月，任韶关市副市长、市政府党组成员，市公安局局长、党委书记、督察长，市委政法委副书记，市社工委副主任。2016年9月任韶关市副市长、市政府党组成员，市公安局局长、党委书记、督察长，市委政法委第一副书记（兼）。

许志新 男，汉族，1962年9月出生，广东翁源人，1981年7月参加工作，1983年8月加入中国共产党，省委党校大学学历，政工师职称。1981年7月，在翁源县庙墩乡政府工作。1983年11月，任翁源县庙墩乡团委副书记（1986

年9月至1988年8月期间进入广东省青年干部学院青年学专业大专班学习）。1988年7月，任共青团翁源县委青农部干事、宣传部副部长、部长。1992年7月，任共青团翁源县委副书记。1993年5月，任共青团翁源县委书记。1995年3月，任中共翁源县委常委（1995年6月至1998年6月期间任西藏自治区林芝县副县长）。1998年12月任中共南雄市委常委。1999年12月，任中共南雄市委常委、组织部长（2000年9月至2002年12月期间参加广东省委党校经济管理专业本科班学习）。2003年3月，任中共南雄市委副书记、纪委书记、政法委书记。2006年11月，任中共南雄市委副书记（正处级）。2007年3月，任中共南雄市委副书记、副市长、代市长。2007年4月，任中共南雄市委副书记、市长。2010年9月，任中共南雄市委书记。2011年1月任中共南雄市委书记，南雄市人大常委会主任。2013年6月，任韶关市副市长、市政府党组成员，中共南雄市委书记，南雄市人大常委会主任。2013年8月，任韶关市副市长、市政府党组成员。2013年12月，任韶关市副市长、市政府党组成员、东莞韶关对口帮扶指挥部副总指挥（兼）。2014年8月，任韶关市副市长、市政府党组成员，广东韶关工业园区［东莞（韶关）产业转移工业园、韶关高新技术开发区］管委会主任、党委书记，东莞韶关对口帮扶指挥部副总指挥（兼）。2015年7月，任韶关市副市长、市政府党组成员，广东韶关工业园区［东莞（韶关）产业转移工业园、韶关高新技术开发区］管委会主任，东莞韶关对口帮扶指挥部副总指挥（兼）。2015年8月，任韶关市副市长、市政府党组成员，东莞韶关对口帮扶指挥部副总指挥（兼）。省第十二届人大代表。

陈　磊　男，汉族，1974年1月出生，湖北天门人，1994年7月参加工作，2014年9月加入致公党，研究生学历，经济学硕士。1990年9月，在中南财经大学工业经济系工业经济管理专业学习。1994年7月，为中国电子物资中南公司职员。1995年4月，在广东省高明市发电厂工作。1996年9月，参加中山大学岭南学院经济系政治经济学研究生学习。1999年7月，任省对外经济贸易发展研究所干部。2000年7月，任省对外经济贸易发展研究所项目与策划总监（副科级）。2001年8月，任省对外经济贸易发展研究所资讯推广部主任（正科级）（2001年8月被评为经济师）。2002年5月，任省对外经济贸易发展研究所咨询业务部部长（正科级）。2004年3月，任省WTO事务咨询服务中心副主任（副处级）。2008年11月，任广州市对外贸易经济合作局副局长（市副局级）（2009年6—8月期间在广州市国资委担任市信访督查专员）。2015年1月，任广州市工业和信息化委员会副主任（市副局级）。2015年2月，广州市工业和信息化委员会副主任（市副局级）、挂任连州市副市长。2016年6月，任广州市致公党副主委，广州市工业和信息化委员会副主任（市副局级）、挂任连州市副市长。2016年11月，任韶关市副市长。

高冬瑞　女，汉族，1967年12月出生，河南邓州人，1992年7月参加工作，1997年12月加入中国共产党，大学学历，农学学士，助理农艺师职称。1988年9月，在华南农业大学植物遗传育种专业学习。1992年7月，为韶关市食品总公司生产办干部。1994年3月，任韶关市财委科员。1998年9月，任韶关市财委副科长级干部。1999年8月，任韶关市贸易委工业科副科长。2001年10月，任韶关市经贸局综合信息科科长。2003年1月，任曲江县副县长。2004年9，任韶关市曲江区副区长。2007年4月，任韶关市经济贸易局副局长、党组副书记。2009年2月，任韶关市国资委主任、党委书记。2012年2月，任韶关市食品药品监督管理局局长、党组书记。2013年6月，任韶关市环境保护局局长、党组书记。2015年8月，任中共韶关市曲江区委副书记、代区长。2016年1月，任中共韶关市曲江区委副书记、区长。2016年6月，任中共韶关市曲江区委书记、区长。2016年8月，任中共韶关市曲江区委书记。2016年12月，任韶关市政府党组成员，中共韶关市曲江区委书记。2017年1月，任韶关市副市长、市政府党组成员，中共韶关市曲江区委书记。

李　欣　男，汉族，1978年8月出生，广东化州人，1999年7月参加工作，2002年9月加入中国共产党，研究生学历，管理学博士。1996年9月，在广东公安高等专科学校出入境管理专业学习。1999年7月，任广东省公安厅第二处干部。2000年7月，任广东省公安厅第二处指导科科员（2000年9月至2002年12月期间进入省委党校政法专业函授本科学习；2001年7月至2002年3月、2002年11月至2003年5月借调广东省委组织部干部一处工作）。2003年5月，任广东省委组织部干部一处科员。2004年4月，任广东省委组织部干部一处（公选办）副主任科员。2005年7月，任广东省委组织部干部二处副主任科员（其间：2004年9月至2006年7月参加西南财经大学金融学专业本科学习）。2006年11月，任广东省委组织部干部二处主任科员（2006年9月至2008年6月期间进入中山大学工商管理专业在职硕士学习）。2008年10月，任广东省委组织部干部二处主任科员，挂任清新县副县长、兼任太和镇党委书记。2010年2月，任广东省委组织部干部二处副处长，挂任清新县副县长、兼任太和镇党委书记。2010年12月，任广东省委组织部干部二处副处长，挂任清新县委副书记、清新县副县长。2011年8月，任中共阳山县委副书记、代县长。2011年11月，任中共阳山县委副书记、县长（2009年9月至2013年12月期间进入华南农业大学经济管理学院农业经济管理专业博士研究生学习）。2016年1月，任中共阳山县委书记、县长。2016年3月，任中共阳山县委书记、县人大常委会主任。2016年10月，任韶关市政府党组成员。2016年11月，任韶关市副市长、市政府党组成员。省第十二届人大代表。

叶向荣 男，汉族，1972年6月出生，广东陆河人，1995年7月参加工作，1994年4月加入中国共产党，大学学历，法学学士。1991年9月，在中国政法大学法学专业大学本科学习。1995年7月，任深圳市法院刑一庭书记员（未定级）。1996年7月，任深圳市法院刑一庭书记员（科员）。1999年11月，任深圳市法院刑一庭助理审判员（副科）。2003年1月，任深圳市法院执行局执行一处助理审判员（副科）。2003年9月，任深圳市法院执行局执行一处助理审判员（正科）。2005年9月，任深圳市法院执行局执行一处审判员（正科）。2008年7月，任深圳市法院立案庭副庭长、审判员（副处）。2009年4月，任广东省法院立案二庭助理审判员（副处）。2009年5月，任广东省法院立案二庭审判员（副处）。2009年7月，任广东省法院立案二庭副庭长、审判员（副处）。2010年6月，任广东省法院立案一庭副庭长、审判员（副处）。2012年9月，广东省法院办公室主任、审判员（正处）。2016年1月，任韶关市中级人民法院院长、党组书记。

曾伊山 男，汉族，1961年10月出生，广东蕉岭人，1978年2月参加工作，1986年7月加入中国共产党，省社科院研究生学历。1978年2月，为连平县氮肥厂工人、班组长、团委副书记。1984年10月，任连平县人民检察院书记员（以工代干，1985年7月吸收为国家干部）。1986年12月，任广东省检察院研究室科员。1988年2月，任广东省检察院书记员（1988年9月至1990年6月期间进入中山大学法学专业干部专修科大专班学习）。1992年6月，任广东省检察院研究室副科级干部，助理检察员。1994年6月，任广东省检察院特约检察员办公室副主任（正科级）、助理检察员。1997年5月，任广东省检察院研究室副主任，检察员（其间：1998年9月至2001年7月参加省社科院法学专业在职研究生学习）。2002年10月，任广东省检察院法律政策研究室主任，检察员（2002年9月至2005年7月期间进入湖北工业大学法律专业成人高等教育本科学习）。2010年4月，任广东省纪委派驻省检察院纪检组副组长、监察室主任，检察员。2013年4月，任广东省检察院政治部副主任。2014年11月，任韶关市人民检察院副检察长、代理检察长、党组书记。2015年2月，任韶关市人民检察院检察长、党组书记。

政协第十二届韶关市委员会主席、副主席、秘书长

王青西 男，汉族，1962年4月出生，广东南雄人，1981年7月参加工作，1985年10月加入中国共产党，省委党校研究生学历，农艺师职称。1978年9月，在广东佛山兽医专科学校农学专业学习。1981年7月，为南雄县湖口农科所、县农业局技术员。1984年6月，任南雄县农委办事员、生产组组长。1989年10月，任南雄县农委副主任。1993年5月，任南雄县农委主任、党委书记。1996年9月，任南雄市副市长兼农办主任。1997年12月，任中共始兴县委常委、副县长。1999年9月，任中共始兴县委副书记、副县长、代县长（1999年9月至2002年7月期间进入省委党校经济学专业在职研究生班学习）。2000年1月，任中共始兴县委副书记、县长。2001年8月，任韶关市对外贸易经济合作局局长、党组书记。2007年3月，任韶关市政府秘书长、市政府党组成员，市政府办公室主任、党组书记。2012年1月，任韶关市人大常委会副主任、党组成员，韶关市政府秘书长、党组成员，市政府办公室主任、党组书记。2012年2月，任韶关市人大常委会副主任、党组成员，市政府办主任。2012年3月，任韶关市人大常委会副主任、党组成员。2013年5月，任韶关市副市长、市政府党组成员。2013年8月，任韶关市副市长、市政府党组成员，韶关芙蓉新区管委会主任（兼）。2014年6月，任韶关市副市长、市政府党组成员，韶关芙蓉新区管委会主任、党组书记（兼）。2015年7月，任韶关市副市长、市政府党组成员，韶关芙蓉新区管委会主任（兼）。2015年8月，任韶关市副市长、市政府党组成员。2016年7月，任中共韶关市委常委，副市长、市政府党组成员。2016年8月，任中共韶关市委常委，市红十字会会长（兼）。2016年12月，任韶关市政协党组书记，市红十字会会长（兼）。2017年1月，任韶关市政协主席、党组书记，市红十字会会长（兼）。2017年5月，任韶关市政协主席、党组书记。

刘清生 男，汉族，1964年5月出生，湖北黄陂人，1984年7月参加工作，1990年5月加入中国共产党，研究生学历，工学硕士，副教授职称。1980年9月，在华中农学院农机系农业机械化专业学习。1984年7月，为华中农业大学农工系助教、讲师、系教工团支部书记、工会副主席、实验室主任（其间：1987年9月至1990年7月参加广西农学院农机系农业机械化专业在职研究生学习，并获华中农业大学工学硕士学位）。1994年8月，为仲恺农业技术学院食品系讲师。1995年12月，为仲恺农业技术学院食品系副主任、教工党支部书记（1996年12月被评为副教授）。1997年12月，为仲恺农业技术学院人事处副处长、副教授。2000年7月，为仲恺农业技术学院后勤服务总公司总经理（正处级）、后勤党支部书记、副教授。2005年8月，任始兴县副县长（正处级）。2006年12月，任中共始兴县委常委、常务副县长（2007年5月至2009年10月期间进入北京师范大学哲学与社会学学院管理哲学专业博士课程班学习并获毕业证书）。2010年3月，任中共南雄市委副书记（正处级）。2010年10

月，任中共南雄市委副书记、副市长、代市长。2011年1月，任中共南雄市委副书记、市长。2013年8月，任中共南雄市委书记、市长。2014年1月，任中共南雄市委书记，南雄市人大常委会主任。2014年9月，任中共韶关市浈江区委书记，南雄市人大常委会主任，浈江工业园区开发建设指挥部总指挥。2014年10月，任中共韶关市浈江区委书记，浈江工业园区开发建设指挥部总指挥。2015年1月，任中共韶关市浈江区委书记、区人大常委会主任，浈江工业园区开发建设指挥部总指挥。2016年11月，任中共韶关市浈江区委书记，浈江工业园区开发建设指挥部总指挥。2016年12月，任韶关市政协党组副书记，中共韶关市浈江区委书记，浈江工业园区开发建设指挥部总指挥。2017年1月，任韶关市政协副主席、党组副书记，中共韶关市浈江区委书记，浈江工业园区开发建设指挥部总指挥。

2017年9月，任韶关市副市长、市政府党组成员，市公安局局长、党委书记、督察长，市委政法委第一副书记（兼）。

兰　茵　女，畲族，1959年12月出生，籍贯广东廉江，出生地北京，1975年8月参加工作，2005年12月加入九三学社，省委党校研究生学历，工商管理硕士，主治医师职称。1975年8月，为始兴县林科所知青。1979年10月，在韶关地区卫生学校医疗大专班临床医学专业学习。1982年9月，为始兴县人民医院儿科副主任、主任，医务办主任。1996年6月，任始兴县卫生局副局长（1996年10—12月期间进入省社会主义学院中青班学习）。1997年3月，任始兴县人民医院院长。1998年3月，任始兴县副县长（1998年9月至2001年7月参加省委党校经济学专业在职研究生班学习，2004年3月至2007年9月参加澳门科技大学MBA硕士研究生班学习）。2004年5月，任韶关市副市长。2006年7月，任韶关市副市长，九三学社韶关市委会副主委。2006年10月，任韶关市副市长，九三学社韶关市委会主委。2007年6月，任韶关市副市长，九三学社韶关市委会主委，市红十字会会长（兼）（2009年7月至2009年8月期间在广东省第5期领导干部公共管理高级培训班学习）。2015年1月，任韶关市副市长，九三学社韶关市委会主委，市红十字会会长（兼），市政协委员。2015年2月，任韶关市政协副主席，九三学社韶关市委会主委，市红十字会会长（兼）。2016年8月，任韶关市政协副主席，九三学社韶关市委会主委，市红十字会名誉副会长（兼）。

刘大济　男，汉族，1962年5月出生，广东仁化人，1981年9月参加工作，1989年12月加入民进，研究生学历，公共管理硕士。1979年9月，在广东乐昌师范学校普师班学习。1981年9月，为仁化县长江中学教师。1984年9月，在广东教育学院外语系英语专业脱产学习。1988年6月，为仁化县仁化中学教师（1989年12加入中国民主促进会）。1990年9月，任仁化县教育局督导室干部。1995年8月，任仁化县教育局教研室干部、副主任。1998年3月，任仁化县政协副主席，仁化县教育局教研室副主任。2000年4月，任仁化县政协副主席，仁化县电大、教师进修学校副校长（其间：2002年1月任民进韶关市委会副主委）。2004年7月，任韶关市政协办公室副主任，民进韶关市委会副主委。2007年3月，任韶关市政协副秘书长（正处级），民进韶关市委会副主委。2009年2月，任韶关市政协副秘书长（正处级），民进韶关市委会主委。2009年3月，任韶关市政协副主席，民进韶关市委会主委（其间：2010年3月至2011年1月参加新加坡南洋理工大学公共管理学专业学习，获研究生学历和公共管理硕士学位）。

张文铭　男，汉族，1966年10月出生，广东南雄人，1988年9月参加工作，1992年6月加入民革，大学学历，经济学学士，经济师职称。1984年9月，在中山大学工业企业管理专业学习。1988年9月，任韶关市政府经济社会发展研究中心干部、科员、助理经济师、经济师，韶关市政府办公室科员（其间：1997年起任民革韶关市委北江一支部主委）。1998年2月，任韶关市政府研究室研究三科副科长（2000年起任民革韶关市委会委员）。2001年10月，任韶关市政府办公室调研二科科长（其间：2004年4月当选韶关市政协委员，2004年6月兼任市政协文史和学习委员会副主任）。2005年2月，任韶关市政府办公室调研一科科长，韶关市政协文史和学习委员会副主任（其间：2005年5月兼任民革韶关市委会副主委）。2007年4月，任韶关市政府办公室副主任、民革韶关市委会副主委，韶关市政协文史和学习委员会副主任。2011年8月，任韶关市政府办公室副主任、民革韶关市委会主委。2012年1月，任韶关市政协副主席、民革韶关市委主委，韶关市政府办副主任。2012年6月，任韶关市政协副主席、民革韶关市委会主委，韶关市发展研究中心（广东省社会科学院韶关分院）主任（院长）。

周伟源　男，汉族，1962年9月出生，籍贯广东顺德，出生地广东韶关，1983年11月参加工作，1993年3月加入中国共产党，省社科院研究生学历，工学学士，工程师职称。1979年9月，在华南工学院机械工程系汽车专业学习。1983年7月，待分配工作。1983年11月，任韶关市交通局安全技术科科员。1987年7月，任韶关市交通局运管科、公路运管科科员。1989年8月，任韶关市交通局运管科副科长。1991年9月，韶关市交通委员会维修技术科副科长。1994年7月，任韶关市交通委员会维修技术科科长（1996年9月至1999年7月期间进入省社科院政治经济学专业在职研究生学习）。1999年7月，任韶关市交通委员会车辆管理科科长。2000年1月，任韶关市交通委员会副主任、系统党委委员。2001年8月，任韶关市交通局局长、党组书记（2002年2月至2002年7

月期间进入省委党校中青班学习，2004年9月至2004年12月参加省第5期高级公务员公共行政管理知识专题研究班学习）。2007年3月，任韶关市城市管理局局长、市城管工委书记。2009年12月，任韶关市城市综合管理局局长、市城管工委书记。2016年11月，任韶关市城市综合管理局局长、党组书记、市城管工委书记。2016年12月，任韶关市政协党组成员，市城市综合管理局局长、党组书记、市城管工委书记。2017年1月，任韶关市政协副主席、党组成员，市城市综合管理局局长、党组书记、市城管工委书记。2017年8月，任韶关市政协副主席、党组成员。

吴春腾 男，汉族，1964年11月出生，广东仁化人，1983年7月参加工作，1985年11月加入中国共产党，省社科院研究生学历，助理政工师、经济师职称。1983年7月，任曲江县白沙公社团委干事。1983年11月，任曲江县白沙区公所办公室副主任。1984年10月，任曲江县黄坑区公所、乡政府办公室副主任。1987年1月，任曲江县黄坑乡党委组织委员。1988年6月，曲江县黄坑乡党委副书记、组织委员（1988年10月至1991年10月期间参加省委党校经济管理专业大专班学习）。1988年12月，任曲江县黄坑乡党委副书记。1991年3月，任曲江县黄坑乡党委副书记、党校校长。1992年10月，任曲江县大桥镇党委书记。1998年5月，任曲江县犁市镇党委书记（1997年9月至2000年7月期间参加省社科院政治经济学专业在职研究生学习）。2001年2月，任曲江县副县长、曲江县犁市镇党委书记。2001年4月，任曲江县副县长。2004年7月，任韶关市曲江区副区长。2004年12月，任中共韶关市曲江区委常委、副区长。2007年3月，任中共韶关市曲江区委副书记、副区长、代区长。2007年4月，任中共韶关市曲江区委副书记、区长。2012年7月，任中共乳源瑶族自治县委书记，韶关市曲江区区长。2012年8月，任中共乳源瑶族自治县委书记，县人大常委会党组书记。2013年1月，任中共乳源瑶族自治县委书记，县人大常委会主任、党组书记。2016年10月，任中共乳源瑶族自治县委书记。2016年12月，任韶关市政协党组成员，中共乳源瑶族自治县委书记。2017年1月，任韶关市政协副主席、党组成员，中共乳源瑶族自治县委书记。2017年8月，任韶关市政协画主席、党组成员。

王德雄 男，汉族，1967年3月出生，广东南雄人，1990年7月参加工作，1988年12月加入中国共产党，省社科院研究生学历，教育学学士，助理政工师职称。1986年9月，在中国青年政治学院青年工作系青年思想教育专业学习。1990年7月，任中共韶关市委办公室政工科科员。1991年4月，任中共韶关市委办公室信息科科员。1993年4月，任中共韶关市委办公室政工科科员。1994年11月，任中共韶关市委办公室政工科副科长（1995年9月至1998年7月期间进入广东省社会科学院经济学在职研究生班学习）。1997年10月，任中共韶关市委办公室人事科副科长。1998年10月，任中共韶关市委办公室人事科科长（2001年5月至2006年7月期间兼任市委主要领导秘书）。2004年7月，任中共韶关市委办公室副主任、人事科科长。2005年8月，任中共韶关市委办公室副主任。2007年3月，中共韶关市武江区委副书记、区委党校校长。2009年12月，任中共韶关市武江区委副书记、副区长、代区长。2010年1月，任中共韶关市武江区委副书记、区长。2012年7月，任中共韶关市武江区委书记、区长。2012年8月，任中共韶关市武江区委书记、区人大常委会主任。2014年8月，任中共韶关市武江区委书记、区人大常委会主任，武江工业园区开发建设指挥部总指挥。2016年10月，任中共韶关市武江区委书记，武江工业园区开发建设指挥部总指挥。2016年12月，任韶关市政协党组成员，中共韶关市武江区委书记，武江工业园区开发建设指挥部总指挥。2017年1月，任韶关市政协副主席、党组成员，中共韶关市武江区委书记，武江工业园区开发建设指挥部总指挥。2017年8月，任韶关市政协副主席、党组成员。

陶学权 男，汉族，1961年11月出生，广东连山人，1983年7月参加工作，1984年8月加入中国共产党，大学学历，文学学士，助理研究员职称。1979年9月，在广东民族学院中文系汉语言文学专业学习。1983年7月，任连县西岸公社、县委办干部。1985年11月，任中共韶关市委办公室一秘科科员。1988年7月，任中共韶关市委办公室一秘科副科长。1990年12月，任中共韶关市委办公室一秘科科长。1993年2月，任中共韶关市委办公室纪检组组长。1993年6月，任中共韶关市委办公室纪检组组长兼政工科科长。1995年8月，任中共韶关市委办公室副主任、纪检组长。2001年1月，任中共韶关市武江区委副书记（2003年3—5月期间进入广东省委党校县处级班学习）。2003年2月，任中共韶关市武江区委副书记、纪委书记、政法委书记。2004年8月，任中共韶关市武江区委副书记。2006年12月，任中共韶关市武江区委副书记（正处级）。2007年3月，任中共韶关市委副秘书长、办公室主任。2011年2月，任中共韶关市委副秘书长。2012年1月，任韶关市政协党组成员、秘书长、办公室主任。

2017年省级以上“五一劳动奖章”获得者

谢永科 男，1980年2月生，广东韶关人，中共党员，顺翔公司实验室品控员。作为一名长期工作在生产一线的老员工，从不计较个人得失，始终扎扎实实做好工作。在思想上，他立场坚定，努力提高自己。在工作中，他严格要求自己，做到干一行、爱一行、钻一行。他有着敏锐的洞察力和丰富的工作经验，能及时发现砼制作过程中的品质问题，使异常能得到及时的管制。他经常到工地现场观察混凝土的现场施工，发现异常，及时解决。他全过程监控搅拌楼的投料情况，做好每车出厂砼工作性的监控。除做好本职工作外，作为一名党员，他积极发挥党员的先锋模范带头作用，春节期间放弃假期，坚持每天到公司值班，以自己的实际行动彰显一名优秀品控员的先进性。他从2010年到2015年连续六年被评为“优秀员工”；2016年获“广东省五一劳动奖章”；2017年获“全国五一劳动奖章”。

李国权　男，1971年10月生，广西贺县人，中共党员。扎根韶关27年，从最初的一名维修工逐步成长为炼铁厂厂长，先后主持宝钢集团广东韶关钢铁有限公司第二轧钢厂、板材厂、制造管理部以及炼铁厂的全面工作。他精心组织以“高炉为中心”的炼铁生产，铁烧焦三大工序产量全面完成年度目标；积极推进项目化降本增效工作，三工序一年就降本3.6亿元；成立攻关团队先后开展18项技术攻关，优化设备管理组织架构，实现安全事故为零目标。他参加工作后，有6项发明成果获国家实用新型专利，主持的技改项目多次获广东省冶金科技成果奖和韶钢技改成果奖项。3次被评为韶钢年度最佳员工，先后获得“韶钢十佳文明青年”“韶钢优秀共产党员”等称号；2017年获“广东省五一劳动奖章”。

张　云　女，1972年2月生，湖南郴州宜章人，中共党员。2014年1月从事安全、设备管理工作以来，锐意进取，勇于创新，按照中国石化销售有限公司广东韶关石油分公司安全生产工作的要求，全面落实安全、设备、环保工作各项措施，为广东韶关石油分公司各项经营管理工作的顺利开展做出突出贡献。她积极推行安全工作表单化，倡导把安全培训送到基层。她还通过微信群发安全管理小技巧，牵头组织并在2016年推行“三化六步安全工作法”。此外，她还组织开展多次形式多样的宣传教育活动，为该公司安全文化建设添砖加瓦。该公司2015年被省公司评为“设备管理先进单位”，2016年勇夺“HSE及设备管理年度先进红旗”并被评为“安全环保先进单位”。她在2015年、2016年被省公司评为“先进管理工作者”；2017年获“广东省五一劳动奖章”。

罗晨东　男，1970年10月生，广东梅州人，中共党员，青岛啤酒（韶关）有限公司包装设备维修主管。2013年12月8日，他带领团队成立创新工作室，于2016年12月被韶关市总工会命名“韶关市劳模（职工）罗晨东创新工作室”。他带领创新工作室团队改造易拉罐330毫升罐装线，成功自主改造可灌500毫升工艺罐装机及卷封机，填补青啤韶关公司罐装工艺只有330毫升单一品种的空白，为青啤韶关公司节约资金100万元以上。他带领创新工作室自主研发叶氏称重仪并安装在罐装线输送带上及瓶装线叶氏缺瓶装置的自主研发，两项发明创造有效杜绝发生质量事故；对罐装线输空罐带改造，加高空罐带支撑脚250毫米增加翻罐输送带斜度及长度提高线效率95%；利用废旧材料对罐装、瓶装生产线现场进行无水化改造，改造后车间现场地面无水、干燥、整洁。2017年获“广东省五一劳动奖章”。

杨春梅　女，1971年5月生，辽宁铁岭人，中国建设银行韶关市分行客户经理。自1993年入行，她从储蓄柜台开启了建行之旅。她在省、市分行的各类技能比赛中，斩获多个荣誉称号。先后获评为建行广东省分行2015年度最美员工、2016年度跨越3000亿优秀客户经理、2016年度营销先锋，韶关市分行2016年度优秀员工。1999年，她从事事后稽核工作，以丰富的经验和严谨的态度规避无数风险。2000年，个贷系统全面上线，她通过忘我地学习，快速成长为“系统通”。她带领团队驻点营销，迎战节假日楼盘销售旺季，开启房贷签约“夜间模式”。而当父亲被查出癌症时，她用肩膀撑起一个家，白天签约，晚上在父亲的病床前处理业务。23载的一线工作让她练就了一身过硬本领，她是建行人的榜样与骄傲。2017年获“广东省五一劳动奖章”。

尹德荣　男，广东韶关人，1964年12月生，中共党员，韶关市第一中学地理教师，韶关市地理学会会长。1987年，他大学毕业后便扎根粤北山区，为韶关的地理教育事业做出突出贡献。他是广东省特级教师，南粤优秀教师，广东省优秀地理教师，韶关市名教师，广东省全国卷地理高考备考研究专家。他是省内外知名的地理教学研究专家，应各地教育主管部门的邀请，到广州、深圳、佛山等地级市主讲新课标高考备考50多场次。先后前往山西、河北等省对高中地理老师进行新课标的培训。他在实践的基础上，撰写的教研论文在国家级、省级各类期刊上发表文章20多篇，主持省级、市级课题各一个，主编出版志鸿优化设计系列《高考备考策略》等10多本专著，使广大学生受益，也为韶关教育争取荣誉。2017年获“广东省五一劳动奖章”。

雷　洪　男，贵州瓮安人，1967年9月生，中共党员，韶关市公安局交警支队高速公路一大队大队长，兼任高速公路三大队大队长。为遏制京珠北事故黑点的事故多发势头，他从2008年开始，十年如一日，兢兢业业，扎实工作，刻苦钻研高速公路交通管理、事故预防工作，创新出一套“山区危险高速公路长下坡交通管控经验做法”和“长大隧道群交通管控模式”，攻克京珠北高速低温冰雪交通管理难题。在他的管理下，京珠北高速交通事故实现大幅下降，从刚开通时一年死亡121人，逐年下降到2016年仅死亡6人，2014年京珠北高速事故多发地段被省厅从全省拥堵高速路段中除名，“死亡高速”创建成平安大道，为全省经济发展、服务民生做出突出贡献。他大力推行集成指挥可视系统管控措施，依托省际检查站每年查获多起杀人、运输毒品等重大刑事案件，发挥一警多能作用。他先后荣立个人二等功1次、个人三等功4次，先后获全国春运先进个人、全省优秀党务工作者、韶关好警察等称号；2017年获“广东省五一劳动奖章”。

“广东省三八红旗手”

温惠萍　韶关市第二技师学院电气自动化系高级技师，任韶关市第二技师学院电气自动化工程系副主任，高级实习指导教师，电工、PLC高级考评员。自1997年加入教师队伍以来，主要从事《可编程序控制器原理与程序设计》、PLC与变频器、触摸屏等的教学工作，承担电工技师、高级技师的培训工作，培养一大批电工技师和高级技师，在新技术的应用推广方面取得突出的成绩，被评为“韶关市优秀教师”“广东省技工院校优秀教师”“粤北建功立业女能手”等。在教学之余，参加省市各级电工技能大赛，先后被授予韶关市技工院校“技能之星”“韶关市技术能手”“广东省技术能手”等称号。在教研方面敢于创新，其中参与研发设计制作的《可编程序控制人机界面实训考核装置——模拟冷冻冷藏变频自动控制》获第十届全国技工院校教学教研技术开发优秀成果一等奖，该项目填补国内空白，获取国家实用新型专利。两度被评为“韶关市技工院校教研先进个人”“广东省技工院校教研先进个人”。2017年被评为“广东省三八红旗手。”

徐俊喜　女，1981年9月生，中共党员，大学本科，广东省韶关发电厂设备部综合策划管理专责，2003年同年7月入韶关发电厂工作。先后在检修热控工程部、设备部工作，现任设备部综合策划管理专责。她担任热控专业技术人员期间，先后参与并完成多次机组检修项目的策划、质量验收、调试跟踪工作，所负责的《气力除灰控制流程优化》、《300MW机组一次调频控制逻辑研究》、《减少GGH吹灰枪误动作率》等项目先后获得粤电集团、广东省的科技进步奖项。2012年12月起担任综合分部策划管理专责后，她及时跟踪、监督设备状态，制定、上报机组三年滚动检修计划，利用机组调峰机会科学策划机组临停、临修，使设备运行期间的设备缺陷、隐患得以及时消除。部门日常工作方面，则按时组织完成设备对标数据、可靠性指标数据、设备评级的统计、分析、上报。按时做好部门级受控文件的登记、编号、发放工作，按期对设备异动文件进行归档移交。她还负责部门日常及机组大小修会议纪要、工作信息的编写和发布，从未出现差错。在集团及厂的各类评比中，也先后获得“岗位技术能手”“三八红旗手”“优秀青工”“优秀团干”“优秀通讯员”“优秀QC推进者”等称号，2017年被评为“广东省三八红旗手”。

赖　申　女，1974年10月生，中共党员，本科文化，广东省北江中学语文教师。从教19年，担任过学校人事秘书、年级组长、班主任等工作，具有扎实系统的专业知识和技能，自2006年9月以来长期担任理科实验班教学工作，多年任教高三，成绩优异。多次承担市级公开课和市送教下乡任务，获得好评。2010年5月参加广东省高考命题工作，2010年8月应省教研室和广东教育出版社邀请为粤教版改版后的新教材配套光盘必修1第2单元录制单元教学课，在全省发行。有多篇论文和教学设计分获国家级、市级一等奖和二等奖等，参加省、市教学比赛多次均获一等奖。有三项市级课题已结题，正在进行一项市级课题研究，2014年10月参与已立项的省级课题《指导学生写作诗歌》的研究。结合新课程教学，注重指导学生开展研究性学习，让学生自主选题，合作探究，撰写成果论文，每次评奖语文学科均设两个一等奖，指导的学生作品均能获其一；参加省市科技创新大赛，并有多个成果获省、市奖项（成为韶关市或广东北江中学首个奖项）。是韶关市第二批学科带头人，先后获韶关市教学能手、市教育系统优秀共产党员、校首批骨干教师、校优秀班主任、校最佳教师和优秀教师等称号，2017年被评为“广东省三八红旗手”。

张彦玲　女，1966年10月出生，山东莒县人，中共党员，本科学历，广东省韶关市公安局审计科副科长。从警30余年来，张彦玲一直在财务岗位上工作，从未叫过苦、说过累、述过怨。她业精技强，主动研究，吃透政策精神，及时调整和加大对全市公安机关经费管理的指导力度，坚决贯彻落实“过紧日子、厉行节约”的精神，严格控制“三公”经费开支，做好部门预决算报表和公安装备财务统计年报表工作。她主动作为，创新管理，探索新常态新形势下的公安机关财务管理模式，灵活运用中期财政规划滚动预算等方式开展编制工作，确保年度预算既能保障公安中心工作正常开展，又能在绩效目标考核中取得优异成绩。她临危受命，不畏困难，及时改变膳食结构，优化菜品菜式，保证执勤民警战时伙食营养健康，圆满完成一级勤务期间20000多人次的膳食保障工作，力保公安民警以决战决胜的状态全身心投入十九大安保维稳工作。她舍小为大，一心一意扑在工作岗位上，尤其是作为一名女同志，牺牲大量的休息时间。在十九大安保维稳期间，89岁的老父亲生病住院急需照顾，但仍坚守在民警饭堂的战时保障岗位，直到任务结束。因工作表现突出，她先后被评为“市直机关优秀共产党员”“市巾帼建功先进个人”“市三八红旗手”，荣立个人三等功、嘉奖等称号，2017年被评为“广东省三八红旗手”。

科技人才

刘东来　男，1968年12月生，江西于都人，中共党员，制药高级工程师，丽珠集团利民制药厂副厂长。1991年毕业于复旦大学微生物学专业，2003—2005年进修沈阳药科大学药学专业研究生。历任医学市场部经理助理、商务部副经理、研究发展部经理、医药研究所所长、副总工程师、质量受权人、副厂长等职务，主管研发、技术及质量工作。作为丽珠集团利民制药厂研发、技术及质量负责人，近年来主持完成多项新药研发与技术攻关项目，解决关键性的技术问题。获得国家发明专利10项，2017年度获得国家科技进步奖二等奖，曾获得过中国中西医结合学会科学技术奖、广东省科学技术奖、广东省专利奖、韶关市科技进步奖等多项科技成果奖。

张学艺　男，1965年5月生，广东化州人，中共党员，工程师，翁源红岭矿业有限责任公司（下称红岭公司）纪委委员、副总工程师、选矿车间主任。1987年毕业于长沙有色金属专科学校选矿专业。历任阳春市锡山钨锡矿尾矿回收厂副厂长、第一化工厂厂长兼党支部书记，阳春市金同工贸有限责任公司投资策划部副主任，韶关市第四届安全生产专家组专家等职务，负责红岭公司选矿车间行政工作。作为《极低品位复杂稀有金属矿产资源综合利用关键技术》项目的工业化应用实施主要人员，参与相关关键技术的工业化应用，参与完成有用矿物的重选同步预富集技术的研发。《极低品位复杂稀有金属矿产资源综合利用关键技术》项目获广东省科学技术一等奖。参与完成《一种从钨锡伴生硫化矿混合精矿中回收钼的选矿方法》发明专利的研发。2001年被评为中国有色金属工业广州公司“先进工作者”；2005年被中共广晟有色金属集团公司授予“优秀共产党员”；2001年、2005年被评为阳春市“优秀共产党员”；2016年被评为广晟有色金属股份有限公司“优秀共产党员”。

易金武　男，1963年3月生，湖南常宁人，中共党员，工商管理硕士，高级政工师，现任翁源红岭矿业有限责任公司党委书记、董事长、总经理。历任广东韶关瑶岭矿业有限公司党委书记、总经理；中共广东瑶岭矿业有限公司第十一届委员会委员；中共韶关市委第十一届党员代表。作为《极低品位复杂稀有金属矿产资源综合利用关键技术》项目工业化应用主要负责人，做出投资决策，组织领导完成有用矿物的重选同步预富集技术和钨硫分组—分类磨矿—异步浮选分离技术的研发。《极低品位复杂稀有金属矿产资源综合利用关键技术》项目获广东省科学技术一等奖。参与完成《一种从钨锡伴生硫化矿混合精矿中回收钼的选矿方法》发明专利的研发。获广晟有色金属股份有限公司2010年度、2011年度公司生产经营先进个人，2009年度维护稳定工作先进个人，广东广晟有色金属集团有限公司2007年度生产经营工作先进个人。

罗仁贵　男，1963年10月生，江西上犹人，中共党员，工程师，翁源红岭矿业有限责任公司（以下简称红岭公司）副总工程师、现任选矿车间党支部书记。1983年毕业于江西冶金学院（现江西理工大学）矿业系选矿专业。历任韶关瑶岭钨矿选矿副厂长，广东大顶矿业股份有限公司计量室主任，红岭公司选矿车间主任，韶关市第四届安全生产专家组专家等职务。作为《极低品位复杂稀有金属矿产资源综合利用关键技术》项目的工业化应用实施主要人员，参与相关关键技术的工业化应用，参与完成钨硫分组—分类磨矿—异步浮选分离技术的研发。《极低品位复杂稀有金属矿产资源综合利用关键技术》项目获广东省科学技术一等奖。近年来参与完成《HP型圆锥破碎机应用》项目，荣获省科协二等奖。参与完成《一种从钨锡伴生硫化矿混合精矿中回收钼的选矿方法》发明专利的研发。

龚乃锐　男，1964年5月生，广东高州人，中共党员，工程师，翁源红岭矿业有限责任公司（以下简称红岭公司）党委委员、副总经理、工会主席。1986年毕业于中南工业大学选矿专业。历任广东广东阳春石菉铜矿技术员，云南中金资源有限公司副总经理，韶关市第四届安全生产专家组专家等职务，分管红岭公司工会、人事、保卫、后勤工作。作为《极低品位复杂稀有金属矿产资源综合利用关键技术》项目的工业化应用实施主要人员，参与相关关键技术的工业化应用，参与完成钨硫分组—分类磨矿—异步浮选分离技术的研发。《极低品位复杂稀有金属矿产资源综合利用关键技术》项目获广东省科学技术一等奖。2012—2015年参与完成“十二五”国家科技支撑计划课题项目《极低品位钼铋银多金属矿综合回收关键技术研究》。参与完成《一种从钨锡伴生硫化矿混合精矿中回收钼的选矿方法》发明专利的研发。

崔泽奇　男，1965年8月生，湖南宁乡人，中共党员，工程师，翁源红岭矿业有限责任公司（以下简称红岭公司）党委副书记、纪委书记、副总经理。1988年毕业于中南工业大学选矿专业。历任棉土窝钨矿供销科科长，韶关棉土窝矿业有限公司副总工程师，韶关市第四届安全生产专家组专家等职务，分管红岭公司纪检监察、材料物资供应采购管理工作，产品、物资销售工作。作为《极低品位复杂稀有金属矿产资源综合利用关键技术》项目的工业化应用实施技术骨干，负责相关关键技术的工业化应用，参与完成有用矿物的重选同步预富集技术和钨硫分组—分类磨矿—异步浮选分离技术的研发。《极低品位复杂稀有金属矿产资源综合利用关键技术》项目荣获广东省科学技术一等奖。2012—2015年参与完成“十二五”国家科技支撑计划课题项目《极低品位钼铋银多金属矿综合回收关键技术研究》。2012—2014年参与完成广东省教育部产学研结合项目《广东省钨矿及共伴生资源综合回收技术及产业化》。参与完成《一种从钨锡伴生硫化矿混合精矿中回收钼的选矿方法》发明专利的研发。撰写的论文《加强多金属回收及提高产品质量的研究与生产实践》获1997年度韶关市有色金属学会二等奖。

陈永明 男，1972年4月生，广东南雄人，中共党员，高级农艺师，广东省烟草南雄科学研究所（广东烟草粤北烟叶生产技术中心）副所长（副主任）。1994年7月毕业于仲恺农业技术学院植保专业，2005年3月—2007年6月，在职攻读华南农业大学农业推广硕士专业学位，获得农业推广硕士学位。历任广东省烟草南雄科学研究所技术研究室副主任、植保研究室主任、副所长等职务，一直从事烟草植保、栽培技术研究与推广工作。爱岗敬业，热爱烟草科研事业，勤奋工作，刻苦钻研，对制约广东省烟叶生产关键性的技术问题进行攻关研究，近年来先后承担国家烟草专卖局、广东省科技厅、广东省烟草专卖局（公司）科研项目10余项，先后获得广东省科学技术奖三等1项，广东省农业技术推广三等奖1项，广东省烟草专卖局（公司）科技进步一等奖3项、二等奖2项，韶关市科技进步一等奖1项、二等奖2项，在《中国烟草科学》、《烟草科技》、《广东农业科技》发表学术论文5篇，2008年被评为南雄市第六期专业技术拔尖人才。

邓海滨 男，1977年6月生，广东南雄人，中共党员，高级农艺师，广东省烟草南雄科学研究所植保研究室主任。2000年毕业于广州仲恺农业技术学院植物保护专业，2003年毕业于中科院华南植物研究所，获得植物学硕士学位，2014年获得华南农业大学农学博士学位。作为广东烟草植保领域学科带头人，近年来主持完成多项烟草病虫害防治相关科研项目，获广东省科学技术进步奖三等奖1项，韶关市科学技术进步一等奖1项，广东省烟草专卖局科技进步烟草科技应用研究成果一等奖1项，二等奖3项。2015年被广东省韶关市烟草专卖局评为“先进工作者（烟叶类）”，2016年入选“南雄市第八期专业技术拔尖人才”，同年获得广东省烟草商业系统“十二五”科技创新工作先进个人称号，2017年获得广东省韶关市“韶关市政府津贴人才”称号。

首届“韶关工匠”

薛自力 韶钢工程公司设备检修车间高级技师。自1987年参加工作以来，一直奋斗在韶钢基层设备检修一线，并在韶关、广东省乃至全国级的各类技能竞赛中脱颖而出：2006年获广东省职工职业技能大赛钳工选拔赛决赛第一名，先后被授予市、省、国家级“技术能手”称号；2009年成为“享受政府特殊津贴人员”；2015年获得“全国劳动模范”称号。近年来，薛自力主导或参与的10余项技改革新项目创造直接经济效益50.8万元；主持的施工检修项目为韶钢创直接经济效益763.56万元，获国家实用新型专利3项；主持创新工作室创新课题50多项，申报专利12项，其中发明专利3项，累计创造效益600多万元。

陈锦洪 乐昌市迎宾大酒店高级技师。1989年在韶关美食园跟师学艺，1993年担任韶州酒楼行政总厨，并考取二级厨师证，随后在多家酒楼担任行政总厨和出任出品总监，是国家高级技师（一级），韶关烹饪职业学校实战讲师。曾获得韶关市技术能手标兵、韶关首位中国烹饪大师、韶关市杰出行政总厨、广东十大南粤厨王、中国粤菜名厨、南粤厨王功勋人物、广东省烹饪名师、国际食神、国际烹饪专家评委、西点考评员、中国名厨星光大道七星奖。参加过市级、省级、全国以及国际级烹饪技能大赛，获得5金5银3铜的成绩。

罗劲松 广东电网韶关供电局变电管理所工程师。主要负责全所变电运行、检修、继保、电试等工作的管理及相关专业技术科研管理。工作以来，他凭着坚韧不拔的毅力和锲而不舍的精神潜心钻研，是一位电网继电保护的技术专家。在设备运维及多项工程施工中发挥突出的作用，成功破解500行伏线路保护原因不明的跳闸故障等多个现场技术难题。在精研技术的同时，他还善于总结和创新，提出的继电保护装置状态检修的可行性分析研究成果，填补国内电力系统继电保护状态检修的空白。2012年，面对时间短、风险大的500千伏曲江站的220千伏双母双分段改造工程，半年前罗劲松就带领他的团队提前谋划分析，制定两部以上吊车同时吊装、220千伏母线轮停施工的方案，降低电网风险与停电施工时间。2009年，他为凡口矿 6千伏高压配电柜改造精心编排的停电方案，不仅解除矿方对井下作业供电安全的顾虑，还大大缩短施工工期。2014年成立罗劲松工作室，研发21项职创项目，均获广东电网公司科技进步多项荣誉，其中有7项获得国家专利。

石生旺 韶关发电厂设备部高级技师。1994年参加工作，在韶关发电厂先后从事电气运行、电气检修工作，曾先后担任电工、电气值班员、技术员、技术专责。他从平凡岗位做起，迅速成长为厂内的主要技术中坚骨干。多次被评为韶关发电厂先进生产（工作）者、先进生产（工作）者标兵和粤电集团安全先进个人。他勤于思考，钻研业务，注重技术创新。在2006年度广东省职工职业技能大赛省粤电集团公司火电继电保护工技能竞赛中获得个人第一名，其带领的团队获得团体第一名；他负责和参与的技术革新和改造项目曾先后获得广东省电力科技进步二等奖（1个）、三等奖（3个），曾获第一届南粤技术能手、全国知识型职工先进个人、粤电集团十年十佳员工、韶关市劳动模范等称号，2014年享受国务院政府特殊津贴。在他的带领下，继保班组队伍有4人成为继电保护技师，所带1名徒弟成为班组技术专责人员，韶关发电厂继电保护技术和设备水平处于系统内领先水平。

林兴韶 中金岭南韶关冶炼厂动力车间高级技师，是十佳青年、岗位能手、先进生产者。1989年9月，他从技工学校毕业被安排到十六冶安装公司工作，1997年6月因技术全面受到韶关冶炼厂的青睐，调入韶关冶炼厂工作至今。他在自己的岗位上默默奉献，积极进取，凭借突出的钳工技能，专业的大型精密设备汽轮机检修技能，从一开始的普通检修工变成检修高精密设备的行家里手。曾经连续3次获得厂职工技术大赛多能钳工第一名，代表公司参加2003年度广东省职工职业技能大赛和韶关首届职工职业技能大赛钳工决赛，是员工们学习的好榜样。在不断成长为检修队伍中行家里手的同时，他主动在岗位上进行“传帮带”，为工厂培养一批检修能人，将追求卓越、精益求精的匠心“精神”不断传承下去。

钟国建 广东省大宝山矿业有限公司选矿部高级工程师。他是工艺操盘手与选厂技改专家。他一直扎根生产现场，提出并成功主持实施100多项技术改造，为中铜改造扩建及达产达标和选矿提质达效工作等矿山建设做出过突出贡献。这些改造项目中有1项获得中国有色金属工业科学技术二等奖和国家有色金属总公司三等奖，3项获得矿里科技进步一等奖，3项（国内首先使用）获得矿里科技进步二等奖，2项获得矿里科技进步三等奖，1项韶关市群众创新一等奖，3项矿QC成果一等奖，2项省冶金系统QC成果一等奖。2015年至2016年，他提出并主持实施的“大宝山铜硫矿立磨—浮选柱精选探索性试验”“增加浮选柱精扫作业的技术改造”和硫化钠硫酸锌添加系统等多项关键技术革新，将铜回收率从68%提高到80%，创造直接经济效益每年2000多万元。

许卫军 韶关市磊信机械制造有限公司高级工程师。1994年，他从湖南来到韶关，在机械制造行业当学徒。1999年，他借款8万元承包亏损的机械厂，带着8名工人重新起步。他一心扑在工作上，设计、制造工艺、设备维修都由他一人承担。懂行又勤奋的他在很短时间内，使机械厂的利润翻一倍。2年后，他在东联区租一块地建立厂房，成立磊信机械制造有限公司。2008年一次偶然机会，他在深圳看了1个停车项目，对其先进性和智能化十分感兴趣，能有效缓解城市停车难问题。虽然100多万高额的研究费用让他为难，但他克服种种困难，自己动手，终于在2010年自主研发出垂直循环式智能立体车库整机，并拥有制造、生产和安装维修资质。他的立体车库获得国家1项发明专利及9项实用新型专利，还有1项发明专利及2项实用新型专利在受理中。

张福华 韶关卷烟厂卷接包车间烟机设备修理工。他是一位85后异军突起的技能尖兵，先后取得烟草行业特有工种修理工、修理工高级维修资格，是广东中烟同时拥有卷接、包装修理高级职业资格的最年轻的修理工。2016年3月，他加入韶关卷烟厂集训队，参加广东中烟国赛集训，备战2016年中国技能大赛第五届烟机设备修理职业技能竞赛。在集训中，由于参加竞赛经验不足，他的模拟成绩不理想。为冲刺全国赛，每天训练完他都拉着教练补短板。其他选手在休息的时候，他还在设备上训练，衣服湿透就脱下来拧拧。就这样，每天多问一点，多练一次，他在艰苦训练中不断进步。经过半年的封闭式集训，张福华以三轮模拟竞赛总分排名第一的成绩脱颖而出，代表广东中烟参加国赛，获得ZJ17卷接组的第四名，获“全国烟草行业技术能手”称号，创造广东中烟该机型异地参加行业国赛的最好成绩。

温惠萍 见 433 页。

陈桂春 韶关市顺昌布厂有限公司生产技术总监。年过半百的陈桂春坚定地认为：工匠至少应能在一个领域里静下来，愿意到一线去，因为只有在一线，才能真正体会到细微之处的精妙，才能发现实际操作中最基本的真实。于是，他在实践中不断吸纳新的知识、新的讯息、新的理念，不断成长进步，补充自己，成为一个合格的新时代工匠。

2017 年韶关市道德典型人物

雷　洪 （2017年8月敬业奉献“中国好人”、2017年第二季度敬业奉献“广东好人”） 见432页。

马国权 （2017年9月孝老爱亲“中国好人”） 男，1972年2月生，中共党员，大专文化，广东韶钢现代产业发展有限公司物业管理工厂物业部业务经理。他十八年如一日地悉心照料中风卧病在床的母亲，每天坚持给母亲洗澡，2~4个小时就给母亲翻一次身，直到深夜两点给母亲翻完最后一次身后才去睡觉，他用行动恪守“君子入则孝”“事父母能竭其力”的格言，用自己的言行谱写一曲新时代孝老爱亲的赞歌。马国权没有因为家庭而影响工作，他出色地完成韶钢厂区的垃圾转运及洒水降尘任务，解决韶钢社区垃圾机械化作业的问题，获得国家专利。他先后获得“韶钢最佳实践者提名奖”“韶钢党员登高之星”“韶钢最佳员工”“第五届曲江区道德模范”“第六届韶关市道德模范提名奖”“广东好人”“韶关好人”等称号。

陈运娇 （2017年11月孝老爱亲“中国好人”、2017年第二季度孝老爱亲“广东好人”） 女，1937年12月生，韶关市始兴县太平镇白石坪村彭屋组村民。陈运娇照顾双目失明未出嫁的小姑长达59年。59年间，无论是新娘子的陈运娇，还是生育六个小孩、面临婆婆家一大家子十几口人在一起吃饭，家庭困难的陈运娇，以及兄弟分家后的陈运娇和丈夫去世时的陈运娇，她无论生活在哪个阶段，这位嫂子都没有丢下双目失明、身患残疾的小姑，始终让小姑跟随着她，如慈母一样照顾着、抚养着双目失明、生活不能自理的小姑彭细群。陈运娇用自己勤劳、善良、节俭、包容、同情和坚毅，为小姑彭细群筑起一个最温馨最温暖最安全的家。59年的风风雨雨，59年的无怨无悔，59年的不离不弃，59年的生死相依，这对姑嫂早已离不开彼此，共同演绎着“爱亲”这个“亘古不变”的话题。

江海英 （2017年第三季度孝老爱亲“广东好人”） 女，1997年9月生，广东松山职业技术学院学生。江海英承受着与她年纪极不相符的残酷现实：13岁时父亲去世，17岁时母亲瘫痪，并随之精神异常，哥哥退缩与依赖……她没有被残酷的生活所击败，用稚嫩的肩膀承担着家庭的重任。这个坚强的女生从17岁高二开始，就带着妈妈，过上一边上学一边照顾母亲的求学生活。她把妈妈带到学校附近租房安顿下来，课余一有时间就去照顾妈妈的生活起居，从侍候妈妈起床到上厕所、喂妈妈吃饭、以及晚上按摩等等。一个17岁的女孩子就这样成了母亲的天空。苦难让江海英更懂事，3年来她从没有放弃过母亲，也没有放弃过学习。她励志上进，高中毕业考入广东松山职业技术学院外语系，乐观感恩的生活态度感动着无数同龄人。

李慧文 （2017年第四季度敬业奉献“广东好人”） 男，1959年12月生，中共党员，大学本科，韶关市中心血站医生。他带头进行无偿献血和无偿献血志愿工作，26年共无偿献血330余次，实际献血量12万多毫升，名列全国前茅。16年中从事献血志愿服务累计1万多小时，撰写学术论文和著作，先后发表和出版相关论文60多篇，著作、译著和编著20多卷本，培养和带动一大批无偿献血者和志愿者。在他的努力下，韶关市于2000年在全国率先成立无偿献血者联谊会，带动一大批机采血小板志愿捐献者进行定期无偿献血。他牵头申报举办全国献血宣教招募和志愿服务工作交流会和全国无偿献血志愿者恳谈会，以及省级医学继续教育项目——广东省献血宣教招募和志愿服务工作交流会、临床安全合理用血和无偿献血宣传招募培训班，填补韶关市中心血站建站48年未举办过省级及以上继续教育项目的空白。

黄福添 （2017年第四季度见义勇为“广东好人”） 男，1979年10月生，大专，个体司机。2017年10月1日早晨7点多钟，广乐高速大仙岭隧道发生一起严重汽车交通事故，副驾驶座的年轻女子被卡在车内，伤势严重导致血流不止，伤者母亲满脸是血，跪在地上哀求过路车辆停车救人。而路过的司机只是观望或帮忙打电话求助，竟没有一人上前救助。当时驾驶小客车的黄福添经过现场时，看见如此严重的交通事故，立马停车救人。他与当事司机合力救出被卡在副驾驶座的女伤者，抱至自己的车上后将伤者及其家人送到了乐昌市人民医院救治。黄福添抱着女伤者冲进医院找医护人员进行抢救。由于事发突然，伤者亲属身上忘记带钱，十分着急，黄福添随即将自己身上仅有的1400元全部垫付给伤者入院治疗。经过抢救，女重伤者脱离生命危险。

丘新福 （2017年第四季度孝老爱亲“广东好人”）男，1968年6月生，韶关市乳源瑶族自治县乳城镇新兴村委丘屋村村民。2008年，丘新福的妻子因为一场意外火灾烧伤导致一级残疾，变成1米左右的半截人。丘新福开始照顾重度伤残的妻子和抚养年幼女儿的生活。在两个女儿还小的情况下，9年来，他一边到家附近企业打工，一边在家务农，顽强地撑起这个家。9年来，他每天要细心照料残疾在床的妻子的生活起居，每年要负担起两个女儿读书的学费和全家的生活费，两个女儿一个在读大学，一个在读中专。丘新福无怨无悔，把家打理得井井有条，在最困难的时候给家人最温馨的爱，给周围邻里乡亲树立一面“亲情最美”的旗帜。

文献专载 · 法规

政府工作报告

——2018年1月17日在韶关市第十四届
人民代表大会第四次会议上
韶关市市长 殷焕明

各位代表：

现在，我代表市人民政府向大会作工作报告，请予审议，并请各位政协委员和其他列席人员提出意见。

2017年工作回顾

过去一年，在省委、省政府和市委的正确领导下，在市人大、市政协的监督支持下，全市上下以习近平新时代中国特色社会主义思想为指导，深入贯彻党的十八大、十九大精神，认真贯彻习近平总书记对广东工作的重要指示批示精神，落实新发展理念，坚持以供给侧结构性改革为主线，大力实施主动融入珠三角战略，突出“三大主题”工作和“三大重点”民生，加强谋划，攻坚克难，狠抓落实，经济社会持续健康发展。2017年，全市地区生产总值1338亿元（预计数，下同）、增长6%，固定资产投资736亿元、增长5%，地方一般公共预算收入88.7亿元、增长6.2%。

——发展质量取得新提升。规上工业综合经济效益指数261%，利润总额增长56%。生产性服务业增加值占GDP比重达43%。来源于韶关的财政总收入、税收收入分别增长17.2%和10.2%，分别高出上年17.5个和7个百分点。非税收入占比39%，比上年降低1.5个百分点。

——城市提升取得新成绩。实施城市提升项目63个，完成投资56亿元。芙蓉新城实施项目33个，完成投资62亿元、增长24%。莲花大道一期通车，芙蓉隧道贯通，江湾大桥动工建设，“三江六岸”实现亮化提升，城市绿化、美化、净化和畅通水平不断提高。

——深化改革取得新亮点。供给侧结构性改革扎实推进，淘汰落后钢铁产能112万吨，居全省前列。商事制度“马上办”模式走在全省前列。完成市级行政服务大厅升级改造，建成“一门式一网式”政务服务平台，进驻服务事项979项、占比达95.5%，实现“一站受理、一窗通办”。在全省率先启动应收账款融资服务。

——新农村建设取得新成果。2424个自然村完成阶段性农村人居环境综合整治。278个省定贫困村创建新农村示范村工作实现“四个100%”。1.06万户3.36万人实现脱贫，获得全省脱贫攻坚综合评价地级市第一名，我市“六种帮扶模式”经验被国务院扶贫办推广。翁源县南塘村被评为中国美丽休闲村。

——生态文明建设取得新成效。全市森林覆盖率75.05%、有林地面积1911万亩、活立木蓄积量9054万立方米，继续稳居全省首位。在全省开创林业碳普惠制碳汇上市交易先河。饮用水源水质达标率100%，空气质量继续保持优良。荣获“中国十大品质休闲城市”称号。

——社会民生取得新进步。全市民生投入238.8亿元、增长19.1%，占财政总支出76.8%。城乡居民人均可支配收入达2.18万元，增长9%。企业职工基本养老保险实现省级统筹，城乡居民基础养老金最低标准和低保人均标准进一步提高。完成棚户区改造3202套。全面启动农村危房改造5600户，竣工3171户。

一年来，市政府主要抓了以下九方面工作：

一、强力推进产业攻坚，转型升级行稳致远

大力推动钢铁、有色冶金等传统优势产业转型升级。在大力淘汰落后钢铁产能的同时，新增特钢产量20万吨，特钢产值增长29.3%；钢铁和有色金属两大传统产业工业增加值占比由14.5%调整到16.7%。设立企业技改项目风险补偿基金，宝武（韶关）特钢、大宝山铜硫选厂等一批工业技改项目建成投产，全年完成技改投资60亿元。大力培育发展先进装备制造、旅游文化、大数据、商贸物流、医药健康等新兴支柱产业。装备制造业增加值增速高于全市规上工业增加值2.7个百分点，我市机械基础零部件集群纳入国家第三批创新型产业集群试点。中车株洲智轨生产基地、亿航智能无人机等一批重大项目签约。“华南数谷”大数据产业园成功授牌，引进华为参与智慧城市建设。大力发展民营经济，全市私营企业数量增长12.8%。现代服务业增加值增长8.5%，服务业占GDP比重达49.7%。全面提升企业科技创新能力，高技术制造业增加值20.5亿元、增长15.2%。新增高新技术企业36家，主营业务收入5亿元以上工业企业研发机构实现全覆盖，规上工业企业设立研发机构比例提高到20%。

二、狠抓园区提质增效，工业经济固本培元

推动韶关高新区创建国家高新区，支持南雄创建省级高新区，着力推进莞韶园和华南装备园开发建设。出台产业园区加快发展及招商引资政策，改革产业园区（集聚地）工作绩效考核制度，赋予华南装备园管委会市级管理权限。全市产业园区新开工项目174个、建成投产项目59个，完成固定资产投资125亿元，园区工业投资占全市比重达62.2%，实现税收增长11.6%。加强产业服务配套建设，新增省市级工程技术研发中心63家，新增省级孵化器、省级众创空间各2家，增量位居全省前列。实现国家级科技企业孵化器和国家产品质量监督检验中心零的突破。加强招商引资工作，全市引进产业项目115个，总投资326.6亿元，其中亿元以上项目51个。

三、深化重点领域改革，发展环境不断优化

始终把深化改革作为破解发展瓶颈的关键，突出抓好供给侧结构性改革，拆除6家企业落后炼钢设备，实现8户国有特困企业脱困。净化解商品房65.8万平方米，库存面积下降37.7%。深化"放管服"改革，取消、下放市级行政许可事项105项，清理规范中介服务事项30项。行政审批标准化建设加快，投资项目审批效率不断提高。完成市县镇村四级服务平台建设。实施工商登记"多证合一、一照一码"，新登记市场主体2.44万户。完善市领导班子成员挂点联系企业制度，出台降低制造业企业成本32条，取消或停征41项行政事业性收费，积极推进直供电试点，统筹降低企业社保缴费比例，全年减轻企业负担43亿元。成功争取乳源县少数民族地区企业所得税优惠政策延期至2025年。

四、持续推进城市提升，城市面貌不断改善

加强规划引领，我市城市总体规划成为全省首个批复至2035年的城市总体规划，建成市区"多规合一"基础数据展示和管理平台。完成韶关学院韶州师范分院迁建主体工程。实施市区道路"白改黑"工程35.5公里，完成解放路断面改造和韶关大道改造一期工程，整治6个主要交通节点，新建2座人行天桥，建成小岛9.9公里慢行系统。加固市区河堤9.3公里，建成东河片区截污管网10.9公里。改造提升21个农贸市场，完成41个"五小"民生工程，城市功能不断完善。开展芙蓉新区建设"百日攻坚行动"，新白线、市妇幼保健计生服务中心等项目破土动工，完成百旺路、滨江路和综合客运枢纽主体工程建设。新区征地拆迁取得突破性进展，拆迁房屋17万平方米，交地5000亩。入选全国老旧小区改造试点城市。投入5.4亿元创建全国文明城市，顺利通过创文国检测评，"善美之城"品牌深入人心。

五、谋划推进全域旅游，旅游经济持续旺盛

大力实施国家全域旅游示范市创建三年行动计划，启动全域旅游发展规划编制和全域旅游资源普查工作，南雄被列入第二批广东省全域旅游示范区。突出抓好大丹霞、大南华、大南岭、大珠玑四大重点景区建设，全市旅游项目完成投资13.6亿元，建成旅游集散中心5个、旅游公路50公里和旅游厕所207座，荣获"全国厕所革命先进市"称号。推动旅游融合发展，大力发展乡村旅游，开展南粤古驿道定向大赛韶关站等系列户外活动，抓好红军长征粤北纪念馆和南雄原苏区县红色旅游开发建设。提升旅游服务水平，实施红黑榜制度，启动智慧旅游公共服务信息平台建设。新增2家国家AAA级旅游景区。全市接待游客4237万人次、增长18%，旅游收入389.9亿元、增长20%，带动营利性服务业增加值增长14%。

六、大力推进县域发展，城乡区域更加协调

始终把加快县域发展作为我市实现振兴发展的关键。积极推进国家新型城镇化综合试点工作。大力改善县域基础条件，武深高速仁化段建成通车，汕昆高速韶关段进展顺利，韶新高速动工建设。新增和改造电网线路1318公里。实现村村通光纤，建成南雄原中央苏区农村超高速无线局域网。完成中小河流治理605公里。超额完成省下达的水田垦造任务，高标准基本农田建设走在全省前列。加快推动县域经济发展，支持打造特色优势产业，实现县域生产总值748亿元、增长5.9%，其中农业增加值145亿元、增长4.5%。省级现代农业"五位一体"示范基地实现县域全覆盖。农村土地承包经营权确权登记颁证完成96.4%，排名全省前列。开展13个市级示范特色小镇建设，江尾兰花小镇被列入省特色小镇创建工作示范点。新农村建设扎实推进，实施6995个自然村人居环境综合整治工作。

七、大力加强生态建设，环境质量持续改善

落实主体功能区规划，开展生态红线划定工作，启动粤北生态特别保护区规划。广东绿色生态第一市建设扎实推进，完成造林40万亩、森林碳汇造林6.2万亩，完善提升生态景观林带38公里，新增森林公园11个、湿地公园1个。完成国有林场改革。始兴深渡水瑶族乡、乐昌九峰镇、南雄帽子峰镇入选首批"广东省森林小镇"。在全省率先建成森林航空消防基地。推进大气污染防治，加强施工扬尘、工业和机动车排污治理，整治"小散乱污"企业51家、关闭25家，市区空气质量优良率89.8%。加强水污染防治，全面落实河长制，完成48个畜禽养殖污染减排项目，水环境质量保持良好。推进土壤污染综合防治先行区建设。建成能耗大数据监控平台，完成年度减排目标任务，通过国家节能减排财政政策综合示范城市三年总体考核。

八、矢志不渝改善民生，社会事业全面发展

市政府承诺为民办理的10件计20项实事，大部分已完成和基本完成。全市有劳动能力贫困户人均可支配收入达9272元，贫困户100%纳入大病救助范围。稳步推进教育现代化先进市建设和教育综合改革，扎实推进省市共建韶关学院，武江区被授予“广东省推进教育现代化先进区”。深入推进卫生强市和医药卫生体制综合改革，全市23家公立医院全面取消药品加成，市县镇三级医院全面参与医联体建设，完成13家乡镇卫生院标准化和353间卫生站规范化建设。全面实施机关事业单位养老保险制度改革。实现跨省异地就医直接结算，基本医疗保险参保率达98.1%。成立市流浪乞讨人员安置中心并设置应急救助基金。深入实施“双百人才工程”，引进94名紧缺适用人才，选拔出首期享受市政府特殊津贴人才111名。城镇登记失业率低于3.5%。建成745个行政村（社区）基层综合性文化服务中心，完成广富新街、斌庐等历史文化街区遗址修缮工作，举办南国书香节、市第五届戏曲曲艺花会等群众文化活动，大型现代采茶戏《枫树湾近事》在第十三届广东省艺术节展演。我市运动员在十三届全国运动会中荣获7枚金牌，在省第四届体育大会上总分位列粤东西北第一。获全省粮食安全责任制考核优秀等级。“平安韶关”创建成效显著，实现“四个不发生”目标，十九大安保工作获省表彰，群众饮食用药安全得到保障，安全生产形势总体稳定。外事侨务、民族宗教、国防教育、人民防空、应急管理、防灾减灾、打击走私、档案管理、妇女儿童、残疾人、地方志、红十字会等事业取得新发展。

九、不断厚植勤廉之风，政府建设有效加强

扎实推进“两学一做”学习教育常态化制度化。坚决落实市委重大决策部署，坚持向市人大及其常委会报告工作、向市政协通报工作情况，注重发挥民主党派、工商联、无党派人士和人民团体的作用。办理人大议案1件、代表建议81件、政协建议案5件、政协提案214件，办复率100%。积极推进法治政府建设，制定政府起草地方性法规草案和政府规章程序规定，选聘新一届市政府兼职法律顾问。积极推进行政机关负责人出庭应诉。开展芙蓉新区正向激励和反向问责试点。加强监察工作，稳步推进审计制度改革和审计全覆盖。依法依规做好统计工作。积极防范化解政府债务风险。全面实施“七五”普法工作，广大市民的法治意识不断提升。认真落实中央八项规定精神，加强廉洁政府建设，严肃查处了一批损害群众利益的突出问题。

各位代表！这些成绩的取得，最根本的是有习近平新时代中国特色社会主义思想的指导，有省委、省政府的坚强领导，有市委的正确领导，也离不开市人大、市政协的监督支持，离不开历届党委政府打下的坚实基础和全市干部群众的艰苦奋斗，离不开社会各界的关心支持。在此，我谨代表市人民政府，向全市人民、各位人大代表、政协委员，向各民主党派、各人民团体，向驻韶中省单位、人民解放军、武警部队官兵，致以崇高敬意！向历届老领导老同志、所有关心支持韶关经济社会发展的各界人士，表示衷心感谢！

在看到成绩的同时，我们必须正视我市发展不平衡不充分的问题，主要是：经济总量不大，产业结构不优，实体经济薄弱，工业发展短板突出；“两个单一”的历史困局没有有效破解，新的发展动力没有形成；县域经济薄弱，土地、资金、人才和环境容量等制约因素仍然存在；城乡规划建设管理滞后，芙蓉新城建设亟待提速，街区核心历史文化价值和特色需要进一步挖掘、保护和展现；距离全面建成小康社会指标体系差距比较明显，2017年地区生产总值没有实现预期目标，落后预期目标2个百分点；基本公共服务均等化水平较低，在就业、就学、就医、养老等方面与群众对美好生活的向往仍有较大差距，等等。对此，我们将勇于直面问题，进一步增强责任感、使命感和紧迫感，切实解决好制约我市发展的突出问题。

2018年工作安排

2018年是贯彻落实党的十九大精神的开局之年，是改革开放40周年，是决胜全面建成小康社会、实施“十三五”规划承上启下的关键一年。今年政府工作的指导思想是：全面贯彻党的十九大和中央经济工作会议精神，以习近平新时代中国特色社会主义思想为指导，按照省委、省政府和市委的统一部署，坚持稳中求进工作总基调，牢固树立新发展理念，紧扣社会主要矛盾变化，贯彻构建现代化经济体系和高质量发展的要求，坚持以供给侧结构性改革为主线，坚决打赢防范化解重大风险、精准脱贫、污染防治“三大攻坚战”，坚持主动融入珠三角战略，突出重大基础设施、产业园区、中心城区、全域旅游、乡村建设、生态建设六大发展重点和重大社会民生工作，统筹稳增长、促改革、调结构、惠民生、防风险各项工作，着力补短板、强弱项、解难题、重落实，全力加快振兴发展。

今年全市经济社会发展的主要预期目标是：地区生产总值增长7.5%，人均生产总值增长6.5%，工业增加值增长8.5%，固定资产投资增长12%，社会消费品零售总额增长8%，一般公共预算收入增长6%，城乡居民人均可支配收入增长与经济发展同步，主要污染物总量减排、居民消费价格指数和计划生育等约束性指标完成省下达目标任务，城镇登记失业率控制在3.5%以内。

围绕以上目标，我们将重点做好以下九个方面工作：

一、突出发展实体经济，推动经济量质齐升

坚持把发展实体经济作为经济建设的首要任务，突出工业提质增效，强化科技创新，大力培育发展新产业新业态新动能，推动实体经济做大做强。

强力推进产业集群发展。强化企业挂点帮扶，选取50

家存量优势企业进行重点培育，助推企业规模和效益双提升。制定工业增长点清单，确保新增规上企业30户。实施企业倍增计划，首批选取100家优质制造企业，通过政策扶持、政府服务，引导企业加强技改、增资扩产，推进产能倍增。依托优势产业和龙头企业，重点推进先进装备制造、生物制药、大数据等产业集群发展。大力发展特钢产业，组建特殊钢及汽车零部件产业发展联盟，打造高端优特钢生产基地。充分发挥特钢等材料优势，力争引进亿元以上装备制造项目15个，推动液压件、汽车零部件、发配电设备、矿山工程机械等转型升级，发展成套装备及整机设备，抱团做大做强装备产业集群。助推乳源东阳光公司建设成我市县域经济首个百亿级特色产业集群。精心培育一批代表科技前沿的产业项目。开展招商引资年活动，整合招商引资力量，实施精准招商，全市新签约产业项目100个以上、总投资300亿元以上，其中落地项目70个以上、总投资200亿元以上。

全力打造产业发展平台。深入实施园区三年提升计划，完成基础设施投资12亿元，实现园区工业投资增长20%，规上工业增加值增长12%，占全市工业增加值比重提升至40%以上。推进莞韶园开发建设，实施甘棠片区提升计划，开工建设莞韶城三期，推动莞韶园与周边镇村融合发展。加快华南装备园开发，尽快打通到市区的主通道，建设6条主干道和综合服务大楼，统筹推进韶钢与周边村庄的区域规划建设。深化与广州、深圳、东莞的产业合作，推进珠江东岸产业合作区建设。以对接广汽集团为契机，力争打造汽车零部件生产基地。加大引进深圳科技产业力度。依托莞韶产业共建，全力推动县域园区加快发展，完善园区生活配套和公共服务平台。发挥市区教育组团的优势，加快谋划市区新的高科技产业平台，打造新的增长极。加强园区要素保障，着力化解“项目等地”的困局，补齐园区环境、设施、功能等短板。

大力推进民营经济发展。扩大民间资本投资范围，积极引导民营企业参与PPP模式开发建设运营。贯彻落实好国家新修订的中小企业促进法，落实好我市发展民营经济49条、降低制造业企业成本32条。完善中小企业服务体系，进一步做强市县两级“1+10”示范性公共服务平台。拓宽企业融资渠道，完善“助保贷”政策，引导金融机构扩大信贷投放，推广应收账款融资业务，着力解决银行转账限制和贷款到期“先还旧再借新”的问题。推进创业投资基金建设。充分发挥商会、协会的作用，做好“安商”“稳商”工作，畅顺政府与企业沟通渠道。抓好“个转企、小升规、规改股、股上市”工作，新增“四上企业”150家，民营经济增长4%。

深入实施创新驱动战略。加快创建国家级高新区，支持县域园区创建省级高新区，力争新增高新技术企业50家以上。引导各类主体建设科技企业孵化器，加快莞韶双创中心、创智城、众投邦加速器的建设运营。推动企业建立研发机构，巩固主营业务收入5亿元以上工业企业建立研发机构全覆盖成果，1亿元以上工业企业建立研发机构达到30%，规模以上工业企业建立研发机构达到25%，全年新增企业研发机构40家以上。深化政产学研合作，重点加快高品质金属材料研究院、华实现代农业创新研究院等新型研发机构建设。争取中科院韶关实验室申报国家级检测平台，创建国家级产业计量平台。

二、大力发展现代服务业，打造新的经济增长点

增强服务业对经济发展的支撑作用，重点推动全域旅游、商贸物流、现代金融等行业提档加速。

大力发展全域旅游。突出“四大景区”龙头带动效应。引进战略投资者共同开发建设丹霞山，“打通南门，联通北门”，加快环丹南部片区开发，丰富旅游产品种类，提升核心产品竞争力，全面改进服务质量。围绕“一寺两院”建设，加强周边环境整治，展示禅宗文化特色，推动大南华整体提升。结合粤北生态特别保护区和环南岭生态旅游公路规划建设，加强西京古道保护利用，统筹大南岭景区建设。做好梅关古驿道提升工程，充分展示姓氏迁徙文化内涵，加快大珠玑景区建设。高质量建设红军长征粤北纪念馆，加快城口红色小镇建设，做好红色文化遗产的保护和利用，打造红色文化教育基地。围绕四大景区和周边重要景点之间的互联互通，谋划建设一批全国一流、广东领先的旅游公路，开工建设旅游公路100公里。加快“九龄故里・百里画廊”示范线路等13个旅游重点项目建设，完善旅游服务中心、标示导向、停车场、旅游厕所等配套设施。加强旅游资源整合和业态布局，促进旅游与文化、农业、体育等产业融合发展，打造10条乡村旅游精品线路，新增省级休闲农业和乡村旅游示范镇2个、示范点4个。整合提升全市旅游节庆活动，统筹策划“活力之旅、善美韶关”系列活动，开展10场旅游招商推介活动，打造韶关特色旅游文化品牌。实现接待游客、旅游收入分别增长10%以上和12%以上。

大力发展商贸物流。加快重大物流平台建设，推动粤北国际物流园建设取得实质性进展。规划建设韶钢至乌石的铁路货运通道，推进白土港口建设，积极发挥“铁海联运”作用。鼓励电子商务企业集聚发展，推动市电子商务产业园建设。积极发展农村电子商务，完善县镇村电商服务体系。开展“快递下乡”工程，提高乡镇快递网点覆盖率。充分利用乳源县税收优惠政策，规划建设总部经济园区。促进批发业加快发展，实现批发零售业增加值增长6.5%。培育新增限上商贸企业20家以上。提升韶南大道汽车商贸产业带。培育外贸新增长点，拓展韶关跨境电商清关中心业务，推进进出境快件监管场所项目建设。

大力发展现代金融。加大金融、科技、产业融合力度。支持金融机构为科技创新创业企业提供专业化的高效信贷服务，实现金融业增加值增长8%以上。整合组建市级基础设施和产业基金，带动社会资本进入基础设施和产业投资领域。支持引导我市现有产业基金加快投放。大力开展金融招商，积极引进各类金融机构进驻。全面完成农信社改制、组建农商行工作。强化政银企合作，出台政策性担保机构担保费补贴政策，探索开展“政银担”业务。加快天使母基金项目落地，推动知名创投企业进驻。

三、坚持以项目为抓手，实现投资有效突破

开展项目建设攻坚年活动，聚焦项目落地建设和投产达效，全年计划安排重点建设项目144个，完成投资381亿元。

狠抓产业项目建设。千方百计扩大我市产业项目有效投资，加快76个产业重点项目建设、完成投资133.4亿元。推动韶钢技改、韶铸搬迁改造等工业技改项目建设，加快去年集中动工建设的72个产业项目尽快投产达效。着力抓好中色南方稀土、白云电气、忠信集团等项目开工建设。推进云门山旅游度假区、黄金（商创）小镇、华南农产品交易中心二期等服务业项目建设。

加快交通基础设施建设。加快构建“八高四铁二航”的交通综合体系，确保武深、汕昆高速公路建成通车；加快韶关丹霞机场、韶新高速、北江航道扩能升级工程建设。加快推进韶柳铁路、赣韶铁路复线、韶连高速、雄信高速、云轨项目、新丰至从化快速交通和G323线公路改造等项目前期工作。开展公路安防整治234公里。开工建设机场进场道路和韶关南高速出口至马坝人遗址改扩建工程。

推进水利能源等项目建设。大力推动华电南雄“上大压小”热电联产工程、上庙水库等13宗重点项目建设。推进小型农田水利重点县和仁化水系连通试点县建设，完成30宗病险山塘加固工程和204.8公里山区中小河流治理项目。推进500千伏丹霞变电站工程前期工作，实施好1148宗新一轮农村电网改造升级工程。加快推进市区第三污水处理厂、镇村污水处理设施及管网项目建设，实现乡镇生活污水处理设施全覆盖。

加强民生项目建设。建立稳定财政投入机制，支持教育、医疗卫生、文化体育、保障性住房等社会事业。突出21个民生类重点项目建设，完成投资58.4亿元。继续推进市区教育资源整合，完成市二中、曲仁中学合并迁建及浈江区风采实验学校等项目建设。加快市妇幼保健计生服务中心、市第一人民医院迁建、粤北二院综合大楼及南雄、乐昌、翁源第二人民医院等医疗卫生类重点项目建设。推动韶州文化广场“一中心三馆一剧院”开工建设。推进南水供水工程、公安消防新指挥中心等民生工程建设。

四、全面深化改革，争创发展环境新优势

坚决破除一切不合时宜的体制机制，打造服务意识更强、行政效率更高和营商成本更低的营商环境，增强发展环境吸引力竞争力，激发全社会创造力和发展活力。

大力推进基础性关键性领域改革。继续深化供给侧结构性改革，重点在“破、立、降”上下功夫，实现全市国有“僵尸企业”出清。出台深化国资国企改革方案，推动国企按竞争性和准公共性分类管理，引导和鼓励非国有资本以多种方式参与国企改革，加大国资国企整合重组力度。深化市与区的管理体制改革，赋予区更大的自主权，推动区和市区范围的镇（街）成为更重要的发展主体。改革完善园区管理体制，科学赋予管委会开发建设所需的管理权限。积极稳妥推进财税、金融、社保、教育、医疗等重点领域和关键环节的改革。

深化放管服改革。升级完善市级“一门式一网式”政务服务平台，加快推广至县（市、区）和镇村。继续精简行政审批事项，再造审批流程，积极应用信息化手段，推进行政许可标准化和协办联办，确保不涉及新增建设用地投资项目审批控制在28天内。深化中介服务市场化改革，加快中介超市建设。深化商事制度改革，全面推广电子营业执照和全程电子化登记管理，大力推行“马上办”“跑一次”“零见面”服务模式。继续推进“减证便民”行动。推进“双随机、一公开”监管全覆盖，探索实施跨部门“双随机”联合检查。

降低企业经营成本。聚焦企业社保费用、涉企收费、物流、融资、用地、用能和制度性交易成本，研究推出新的降成本措施，为企业减负30亿元以上。继续推进大用户直购电和售电侧改革。实施涉企收费目录清单管理。建立完善高成长小微企业名录库，落实中小微企业贷款贴息制度。充分利用多层次资本市场，支持企业通过发行债券、资产证券化等方式直接融资，降低企业融资成本。加强公共就业服务，推动校企订单式服务和联合培养，解决企业劳动力紧缺问题。采取以租代售等多种灵活供地方式，降低企业用地成本。

大力推进人才强市。加大资金投入，确保人才资源开发专项资金1亿元以上。继续实施“双百人才工程”，发挥首期享受市政府特殊津贴人才的示范带动作用，加大引才力度。实施人才安居工程，投资2亿元建设人才公寓，规划建设国际高端人才社区。开辟人才绿色通道，扶持产业科技人才及创新创业人才团队1000人，采取有力措施引导在韶就读大学生留韶工作，鼓励大学生在韶创业就业。扩大技能人才有效供给，落实职业技能晋升补贴政策，发挥驻外机构、商会协会的桥梁作用，促进招才引智。

五、全力加快扩容提质，提升城市功能和品质

坚持人民满意的工作导向，继续加大城市提升工作力度。以片区为单元狠抓城市连片提升，提升中心城区竞争力、资源集聚力和辐射带动力。

优化城市空间布局。深化城市规划，优化中心城区布局，实现中心城区控规“一张图”。今年重点围绕五大片区，打造城市提升的示范和标杆。高标准建设芙蓉新区，完成投资70亿元，打造“产城融合的现代化新城区”。小

岛片区按照“风情小岛、韶关记忆”主题，打造“特色文旅商业区”。以韶州公园为“绿心”，将韶州公园片区打造为“宜居宜业的现代城市生态生活区”。依托现有大型商住项目集聚效应，将芙蓉山北部片区打造为“新型商贸集聚区”。支持曲江新城建设，推动曲江片区建设“工贸旅集约发展区”。同时，提升城郊周边镇和城边村的规划建设水平，打造优美、特色、活力城郊。

构建畅顺城市交通体系。树立路畅城靓理念，重点实施10个交通节点和10条重要干线周边景观环境整治，加快市区高速出口的整体风貌改造。在环城高速的基础上，贯通浈、武两区的内环，建设生态路穿越莲花山隧道连接莲花大道的中环，加快构建城市道路三环。加快推进曲江大道、江湾大桥、芙蓉大道、新白线等交通干线建设，建设城区智能轨道交通。通过“建、改、拓、延”相结合，加强交通骨干网络和支次路网衔接，改造7个交通堵点，打通6条断头路。

构建优美城市生态景观。充分发挥资源禀赋优势，打造现代山水名城。加快城区与景区联动发展，规划建设舜帝森林公园，谋划丹霞山西南门连接市区、南华寺至丹霞山南门的旅游通道，实现融山于城、融景于城。推进“三江口”建设，打造城市客厅。加强城市绿道建设。启动“小山小湖”规划建设，续建小公园、小绿地30个和亲水平台3个，打造“推窗见绿、开门见园”的生态休闲公园体系。大力推进滨江景观带、芙蓉中央公园、盆景山公园、林桥公园建设，活化新城水系，绿化破损山体，促进城市与生态保护融合发展。

强化城市经营理念。合理布局城市商业用地，促进土地保值增值。加强土地储备，开展划片整体收储试点工作，整治一批国有低产低效土地，集中盘活政府性资金资产资源。树立城市更新理念，用好国家老旧小区改造试点城市政策，开展5个老旧小区改造试点，鼓励企业腾笼换鸟、优二进三，将老旧厂房改造为文化创意、电子商务或企业办公用房。推动都市型产业优先在芙蓉新城、三江六岸优质地段布局和发展，统筹做好高铁站前片区、“华南数谷”核心区等重点片区规划建设及招商工作，提升城市发展内生动力。制定促进楼宇经济发展政策，引导各类商务楼宇形成产业特色，支持企业来韶建设总部大楼。

提升城市治理水平。加大文明城市创建力度，擦亮“善美之城”品牌。加强对裸露地管理，深入推进拆违整治工作。狠抓市容市貌整治，突出整治城市“六乱”，重点在城市立面、公共空间、渣土扬尘、临街门店、建筑材料堆场、废品回收场地等方面发力，加强农贸市场周边环境整治。建设智慧城市调度指挥中心。加强市区停车场规划建设，综合整治交通秩序。推行社区“网格化”服务管理，严格落实“路长制”“楼长制”“门前三包”责任制，提高精细化管理水平。

六、着力实施乡村振兴战略，统筹城乡一体化发展

实施乡村振兴战略是新时代“三农”工作总抓手，按照产业兴旺、生态宜居、乡风文明、治理有效、生活富裕的总要求，坚持农业农村优先发展，加快实现农业强、农村美、农民富。

构建现代农业产业体系。深化农业供给侧结构性改革，推进农业由增产向提质转变。制定实施现代农业产业发展规划，着力构建农村一二三产业融合发展体系。推行农村土地三权分置，推进农村集体产权制度改革，全面完成农村土地确权颁证。推动资本、人才下乡和企业入村，引导社会资本进入农业领域，促进农业生产方式由“单家独户”向“园区集群”转变。重点打造仁化国家现代农业示范园区、粤台农业合作试验区翁源核心区，建设一批万亩农业产业基地。积极培育新型农业经营主体，新增市级示范家庭农场50家以上、省市级农民合作示范社20家以上、市级农业龙头企业15家以上。加大生态原产地产品保护示范区和出口食品农产品质量安全示范区建设投入，力争建成国家级、省级示范区4个。大力培育田园综合体，每个县创建一个集“山水田园湖林路+特色农业+N”的现代农业博览园。加快推进13个特色小镇建设。发展农产品深加工和农村电商，多渠道增加农民收入。加强品牌保护和产品溯源工作，培育省级农业名牌产品10个以上、“三品”认证产品20个以上。办好第28届中国兰花博览会，举办全市首届生态农业博览会。

加快社会主义新农村建设。以集中连片推进的方式全面开展新农村建设，建设美丽宜居乡村。重点抓好环丹霞山片区、市区城郊农村片区、南雄古驿道新农村连片示范工程，推进278个省定贫困村建设新农村。着力把全市重要交通干线沿线和主要景区、中心镇周边的1089个自然村打造成为新农村样板村。加强农村人居环境综合整治，深入推进城乡清洁工程，完善农村生活污水处理和消防设施，实现农村生活垃圾收运处理体系全覆盖。改善乡村基础条件，加强“四好农村路”建设，完成300公里自然村公路路面硬化，新增和改造10千伏及以上供电线路1152公里。加强乡村文明建设，推动社会治理和服务重心向基层下移，推动自然村成立村民理事会，鼓励乡贤反哺支持家乡建设，构建自治、法治、德治相结合的乡村治理体系。

坚决打好精准脱贫攻坚战。坚持把提高脱贫质量放在首位，注重扶贫同扶志、扶智相结合，激发贫困人口内生动力。着力构建党政、行业、社会“三位一体”大扶贫工作机制，压实县镇村主体责任，巩固预脱贫的2.73万户6.45万人，确保再脱贫0.76万户2.54万人。突出产业扶贫，加快6个100万亩山地特色产业基地建设，发展“企业+基地+合作社+贫困户”等多种帮扶模式，推动光伏、旅游、电商等项目落实到村到户。落实危房改造、就业、教育、医疗、低保兜底等政策。

七、坚持绿色发展，开启生态文明建设新航程

良好的生态环境是韶关最大的发展优势之一。践行绿水青山就是金山银山的理念，牢牢把握生态发展定位，努力在高水平保护中实现高质量发展，争当全省绿色发展排头兵。

坚决打好污染防治攻坚战。实行最严格的生态环境保护制度，着力解决突出环境问题。严格落实河长制，开展北江、浈江、武江、新丰江等跨区域河流水环境联防联治，加强农业面源污染防治，抓好规模化畜禽养殖场治理，确保饮用水水源水质安全。加强工业废气、露天焚烧、施工扬尘、机动车尾气的治理，确保城市空气质量优良率达90%以上。抓好全国土壤污染综合防治先行区建设，全面排查工业固体废物堆存场所，推进大宝山、凡口等周边土壤治理修复，实行建设用地土壤环境质量强制调查评估。完善污染预警机制，加大对违法排污、挖山、采砂采矿的查处整治力度。

加大生态环境保护和建设力度。深入落实主体功能区规划，完成全市生态保护红线划定工作，严格执行林地定额制度。规划建设粤北生态特别保护区，着力构建广东北部山区生态功能区新格局。主动谋划建设国家公园。积极创建国家森林城市，丰富植物品种，加强林相改造，由过去较为单一的绿化向美化彩化转变。扎实推进广东绿色生态第一市建设，开展森林抚育60万亩、碳汇造林5万亩，新建提升生态景观带93公里，新增森林公园2个、湿地公园1个。

推进绿色低碳发展。探索设立市绿色发展基金。加快推进循环经济环保园一期项目建设。加强绿色技术创新体系建设，加快节能新技术、新材料、新设备的推广应用，促进钢铁、冶金、电力、建材等传统产业节能改造。强化重点用能单位节能管理，建立行业领域节能“领跑者”标准制度，整体提升全社会能源利用效率。倡导简约适度、绿色低碳的生活方式，推进节约型机关、绿色家庭、绿色校园、绿色社区建设，增强全民环保意识。

八、着力保障改善民生，提升群众获得感

满足人民群众对美好生活的需求，努力为群众提供更好的教育、更稳定的工作、更满意的收入、更可靠的社会保障、更高水平的医疗服务、更舒适的居住条件、更丰富的精神文化生活。

推进教育优先发展。深化教育领域综合改革，争创省推进教育现代化先进市，实现省推进教育现代化先进县（市、区）全覆盖。积极稳妥推进中小学教师“县管校聘”管理改革。深化省市共建韶关学院，推进大学科技园建设，支持高校内涵发展。重视学前教育安全管理和优化布局，加强未成年人思想道德建设，创建70所文明校园。加快推进韶关智慧教育项目建设，培育发展智慧教育产业。深化产教融合、校企合作，争创省现代职业教育综合改革示范市。

推进健康韶关建设。深化医药卫生体制改革，加强省卫生强市建设，做好人口计生工作，推进医联体、医疗集团建设，扩大县域医疗服务共同体试点。提高基层医疗卫生服务水平，用5年时间引进和培养1500名以上基层医疗卫生实用型人才。推行分级诊疗制度，继续扩大家庭医生签约服务覆盖面。推进“医养结合”的健康养老服务，试点特困人员供养服务机构公建民营社会化改革，确保每千名老人拥有35张养老机构床位。

推进文体事业发展。进一步加大资金投入，加强小岛片区文物古迹修缮保护和活化利用，实现基层综合性文化服务中心全覆盖；系统挖掘梳理红色文化、工矿文化、丹霞文化、禅宗文化、珠玑文化、客家文化、瑶族文化等历史文化资源，推出一批研究和活化利用成果，擦亮文化品牌；加大政府购买服务力度，推出一批群众喜爱的文化产品，举办好南国书香节、纪念改革开放40周年系列活动等文化活动。擦亮广东户外运动天堂品牌，加强公共体育场地设施建设，做好市体育中心项目前期工作，打造城市社区15分钟健身圈。

提高社会保障水平。实施积极的就业政策，大力推动“双创”，支持创业就业孵化基地建设，促进异地创业和务工人员返乡创业就业，力争城镇新增就业3.2万人，城镇失业人员再就业2.8万人，促进创业1600人。加强社会保险扩面征缴，兜牢社保民生底线，全面实施全民参保计划，提高医保待遇水平，开展二次医疗救助。加快建立多主体供应、多渠道保障、租购并举的住房制度。

推动社会治理创新。推进“数字政府”建设，应用大数据提升社会治理智能化水平。构建社会信用体系和市场监管体系。发挥社会组织积极作用。依法及时就地解决群众合理诉求。筑牢数字化立体化治安防控体系，开展打黑除恶专项行动，加强“扫黄打非”工作，严厉打击黄赌毒和盗抢骗等违法犯罪，全面推进全民禁毒工程，建设“平安韶关”。加强安全生产管理，推进消防安全“网格化”建设，加强地质灾害防治，加快实施南水水库泄洪渠弃渣整治工程，防范重特大事故发生。强化食品药品安全，打造一批示范性“放心餐馆”“放心药店”。落实粮食安全政府责任制。

今年市政府重点办好十件民生实事：1. 推进医疗基础设施建设；2. 加强城乡生活垃圾处理；3. 继续推进南水供水工程建设；4. 加强保障性住房建设；5. 推进“厕所革命”；6. 开展“明厨亮灶”工程；7. 推进市区风度书房建设；8. 提供公安便民服务；9. 实施市区城乡结合部路灯安装升级工程；10. 建设气象科普场所。

九、坚持实干导向，打造为民务实清廉的法治政府

打铁必须自身硬。坚持以实干创业、结果说话为工作导向，大兴实干之风，恪守发展之责，提升政府依法履职能力和水平，建设人民满意的政府。

依法行政，规范履职行为。自觉接受党委领导，围绕党委重大决策和部署抓好落实。自觉接受人大及其常委会和人民政协、新闻舆论、人民群众的监督，认真办理人大代表议案、建议和政协委员提案，加强12345政府服务热线建设，开展“我向市长说句话”网民建言征集活动，积极听取社会各界的意见建议。健全政府法律顾问工作机制，实施重大行政决策目录管理。健全部门权责清单动态管理机制，规范权力运行。坚持严格规范公正文明执法。加强行政复议和行政应诉，完善行政争议协调化解机制。

实干兴政，提高执行能力。施政之要，贵在落实，重在实干。坚决纠正调门高、只表态、不行动、不作为、乱作为、慢作为的不良作风，以更强担当精神履职尽责。实施市政府系统争先进位抓落实评价制度，努力形成“比学赶超、争先进位”的良好工作局面。建立科学高效的督查督办制度，强化工作追责问责。健全鼓励创新、容错免责机制，锻造一支想干事、敢干事、干成事的干部队伍。

从严治政，加强廉政建设。深入学习贯彻落实党的十九大精神，牢记“五个必须”，强化“四个意识”和“四个自信”，开展“不忘初心，牢记使命”主题教育。认真落实党风廉政“两个责任”，坚持不懈贯彻执行中央八项规定精神。严格执行监督制度，将“三重一大”事项纳入风险和可控性评估管理，推进廉政风险防控工作全覆盖。继续整治“四风”突出问题，坚决杜绝“门好进、脸好看、话好听但事难办”的现象。充分发挥审计监督和保障作用，加强审计整改工作，坚决纠正年年审、年年一个样的问题。深化标本兼治，加大预防和惩治腐败工作力度。

各位代表！新时代要有新气象，新时代要有新作为。让我们更加紧密地团结在以习近平同志为核心的党中央周围，高举习近平新时代中国特色社会主义思想伟大旗帜，在市委的正确领导下，同怀愚公志、共尽精卫责，不忘初心、牢记使命、逐梦前行，实干苦干巧干，为加快韶关实现振兴发展、创造更加幸福美好未来而努力奋斗！

2017年中共韶关市委规范性文件目录

表 36

序　号	文件名称	文　号
1	中共韶关市委关于印发《中国共产党韶关市委员会工作制度》的通知	韶发〔2017〕1号
2	中共韶关市委关于深入推进全面从严治党的实施意见	韶发〔2017〕2号
3	中共韶关市委转发《中共韶关市人大常委会党组关于〈韶关市人大常委会2017—2021年立法规划〉的请示》的通知	韶发〔2017〕7号
4	中共韶关市委关于全面开展巡察工作的实施意见	韶发〔2017〕8号
5	中共韶关市委关于印发《韶关市委巡察工作五年规划（2017—2021年）》的通知	韶发〔2017〕9号
6	中共韶关市委、韶关市人民政府关于加强农村留守儿童关爱保护工作的实施意见	韶发〔2017〕13号
7	中共韶关市委关于认真做好宣传贯彻党的十九大精神的通知	韶发〔2017〕14号
8	中共韶关市委关于坚持以习近平新时代中国特色社会主义思想为指引加快韶关改革发展的决定	韶发〔2017〕15号
9	中共韶关市委、韶关市人民政府关于推进安全生产领域改革发展的实施意见	韶发〔2017〕16号
10	中共韶关市委办公室、韶关市人民政府办公室印发《贯彻落实〈中共广东省委、广东省人民政府关于实施质量强省战略的决定〉实施方案》的通知	韶办发〔2017〕2号
11	中共韶关市委办公室印发《关于严格执行重大问题请示报告制度的实施意见》的通知	韶办发〔2017〕4号
12	中共韶关市委办公室印发《关于2017年推进“两学一做”学习教育常态化制度化的实施方案》的通知	韶办发〔2017〕6号
13	中共韶关市委办公室印发《关于贯彻落实〈法治广东建设第二个五年规划（2016—2020年）〉的实施意见》的通知	韶办发〔2017〕9号

续表 36

序　号	文件名称	文　号
14	中共韶关市委办公室、韶关市人民政府办公室印发《关于推行法律顾问制度和公职律师公司制度的实施意见》的通知	韶办发〔2017〕10 号
15	中共韶关市委办公室、韶关市人民政府办公室关于印发《韶关市计划生育目标管理责任制考核实施意见》的通知	韶办发〔2017〕11 号
16	中共韶关市委办公室、韶关市人民政府办公室印发《关于深入推进城市执法体制改革改进城市管理工作的实施方案》的通知	韶办发〔2017〕12 号
17	中共韶关市委办公室、韶关市人民政府办公室关于印发《韶关市脱贫攻坚责任制实施意见》的通知	韶办发〔2017〕14 号
18	中共韶关市委办公室、韶关市人民政府办公室关于印发《韶关市科协系统深化改革实施方案》的通知	韶办发〔2017〕16 号
19	中共韶关市委办公室印发《关于学习宣传贯彻习近平总书记重要批示精神的实施方案》的通知	韶委办〔2017〕11 号
20	中共韶关市委办公室关于建立市委党内法规工作联席会议制度的通知	韶委办〔2017〕12 号
21	中共韶关市委办公室、韶关市人民政府办公室印发《韶关市全面推行河长制工作方案》的通知	韶委办〔2017〕27 号
22	中共韶关市委办公室、韶关市人民政府办公室关于印发《韶关市建立和完善复退军人服务体系实施方案》的通知	韶委办〔2017〕33 号
23	中共韶关市委办公室、韶关市人民政府办公室关于印发《韶关市 278 个省定贫困村创建社会主义新农村示范村实施方案》的通知	韶委办〔2017〕35 号
24	中共韶关市委办公室关于印发《学习宣传贯彻党的十九大精神工作方案》的通知	韶委办〔2017〕37 号
25	中共韶关市委办公室、韶关市人民政府办公室关于印发《韶关市全民禁毒工程实施方案（2017—2019 年）》的通知	韶委办〔2017〕38 号

2017 年韶关市人大常委会制定的重要文献、法规目录

表 37

序　号	文件名称	文　号
1	韶关市人民代表大会常务委员会关于批准《韶关市城市总体规划（2015—2030年）》的决议	韶常〔2017〕1号
2	韶关市人民代表大会常务委员会关于批准开展第七个五年法治宣传教育的决议	韶常〔2017〕2号
3	关于印发《韶关市人大常委会2017年立法工作计划》的通知	韶常〔2017〕12号
4	韶关市人民代表大会常务委员会关于批准韶关市政府购买服务模式建设项目计划（第二批、第三批）的决议	韶常〔2017〕16号
5	印发《关于召开韶关市第十四届人民代表大会第二次会议的决定》的通知	韶常〔2017〕17号
6	韶关市人民代表大会常务委员会关于批准韶关市2016年市级财政决算的决议	韶常〔2017〕20号
7	韶关市人民代表大会常务委员会关于批准2017年预算调整方案报告的决议	韶常〔2017〕21号
8	关于印发2016年市级财政决算审议意见的通知	韶常〔2017〕23号
9	关于印发2016年市级预算执行和其他财政收支的审计工作报告审议意见的通知	韶常〔2017〕24号

续表 37

序 号	文件名称	文 号
10	关于印发2017年预算调整方案报告审议意见的通知	韶常〔2017〕25号
11	关于印发《我市突出主导产业，推进精准扶贫，加快脱贫致富步伐工作情况报告的审议意见》的通知	韶常〔2017〕26号
12	关于印发《我市基层医疗卫生服务能力建设情况报告的审议意见》的通知	韶常〔2017〕27号
13	印发《检查〈韶关市烟花爆竹燃放安全管理条例〉实施情况报告的审议意见》的通知	韶常〔2017〕28号
14	关于《韶关市城市市容和环境卫生管理条例（草案）》的初审意见	韶常〔2017〕29号
15	韶关市人民代表大会常务委员会关于批准《加大农村人居环境综合整治力度建设美丽乡村议案实施方案》的决议	韶常〔2017〕34号
16	关于转发原曲仁矿棚户区改造项目二期工程田螺冲安置区建设情况视察报告的通知	韶常〔2017〕36号
17	关于印发《韶关市2017年上半年国民经济和社会发展计划执行情况报告的审议意见》的通知	韶常〔2017〕37号
18	关于印发《2017年上半年财政预算执行情况报告的审议意见》的通知	韶常〔2017〕38号
19	关于印发《加大农村人居环境综合整治力度建设美丽乡村议案的实施方案的审议意见》的通知	韶常〔2017〕39号
20	关于印发《韶关市十四届人大常委会第七次会议关于主城区扬尘防治问题的审议意见》的通知	韶常〔2017〕40号
21	关于印发《市中级人民法院执行工作情况报告的审议意见》的通知	韶常〔2017〕41号
22	关于印发《检查〈中华人民共和国禁毒法〉和〈广东省禁毒条例〉实施情况报告的审议意见》的通知	韶常〔2017〕42号
23	关于转发旭日公司二期用地历史遗留问题调研报告的通知	韶常〔2017〕43号
24	关于印发《产业共建进展情况报告的审议意见》的通知	韶常〔2017〕45号
25	关于印发《南水水库引水工程建设进展情况的审议意见》的通知	韶常〔2017〕46号
26	关于印发《常委会对市人民政府食品安全工作情况报告的审议意见》的通知	韶常〔2017〕47号
27	关于印发《市人力资源和社会保障局主要工作开展情况评议意见》的通知	韶常〔2017〕48号
28	印发《关于召开韶关市第十四届人民代表大会第四次会议的决定》的通知	韶常〔2017〕53号

2017年韶市人民政府文件目录

表 38

序 号	文 号	标 题
1	韶府〔2017〕1号	关于提请审议韶关市2016年国民经济和社会发展计划执行情况及2017年计划草案的报告
2	韶府〔2017〕2号	关于公布2017年市政府为民办实事项目的通告
3	韶府〔2017〕3号	关于市政府领导班子成员和有关负责同志分工的通知
4	韶府〔2017〕4号	关于市政府正副秘书长分工的通知

续表 38

序 号	文 号	标 题
5	韶府〔2017〕5号	关于停止实施机关事业单位工作人员养老保险个人缴费制度的通知
6	韶府〔2017〕6号	关于下达韶关市2017年国民经济和社会发展计划主要指标等相关目标任务的通知
7	韶府〔2017〕7号	关于我市2016年度法治政府建设情况的报告
8	韶府〔2017〕8号	关于深化全市国有林场改革的指导意见
9	韶府〔2017〕9号	关于印发韶关市盐业体制改革实施方案的通知）
10	韶府〔2017〕10号	关于我市2016年度实行最严格水资源管理制度考核工作的自查报告
11	韶府〔2017〕11号	关于印发2017年市政府工作要点责任分工和2017年市政府为民办实事项目责任分工的通知
12	韶府〔2017〕12号	关于重新梳理制约韶关旅游业发展关键问题的报告
13	韶府〔2017〕13号	关于印发2017年制定规章计划的通知
14	韶府〔2017〕14号	关于公布2017年度韶关市消防安全重点单位名录的通告
15	韶府〔2017〕15号	关于孟洲坝发电厂延期下闸蓄水的通告
16	韶府〔2017〕16号	关于在浈江区、武江区主城区全面实施家禽“集中屠宰、冷链配送、生鲜上市”的通告
17	韶府〔2017〕17号	关于公布第六批韶关市文物保护单位保护范围和建设控制地带的通知
18	韶府〔2017〕18号	关于2016年度耕地保护目标责任履行情况的自查报告
19	韶府〔2017〕19号	关于在主城区暂设活禽零售市场的通告
20	韶府〔2017〕20号	关于印发政府购买服务模式建设项目计划（第二批、第三批）的通知
21	韶府〔2017〕21号	关于颁发2016年度韶关市科学技术进步奖的通报
22	韶府〔2017〕22号	关于提请审议2017年预算调整方案的报告
23	韶府〔2017〕23号	关于提请审议2016年市级决算草案的报告
24	韶府〔2017〕24号	关于韶关市土壤污染防治工作方案备案的报告
26	韶府〔2017〕26号	关于颁发韶关市第三届哲学社会科学优秀成果奖的通报
27	韶府〔2017〕27号	关于第二批清理规范30项市政府部门行政审批中介服务事项的决定
28	韶府〔2017〕28号	关于印发韶关市振兴发展2017年重点工作任务的通知
29	韶府〔2017〕29号	关于开展2017年取缔“地条钢”工作情况的报告
30	韶府〔2017〕30号	关于市政府领导班子成员和有关负责同志分工的通知
31	韶府〔2017〕31号	关于对2016年度市直机关事业单位厉行节约工作先进单位的通报
32	韶府〔2017〕32号	关于落实水污染防治行动计划三个工作实施方案的报告
33	韶府〔2017〕33号	关于市政府正副秘书长和有关负责同志分工的通知
34	韶府〔2017〕34号	关于印发韶关市深化医药卫生体制综合改革实施方案的通知

续表 38

序 号	文 号	标 题
35	韶府〔2017〕35号	关于印发韶关市市级行政许可调整事项目录（2017年版）的通知
36	韶府〔2017〕36号	关于印发韶关市市级行政许可事项目录（2017年版）的通知
37	韶府〔2017〕37号	关于试鸣防空警报的通告
38	韶府〔2017〕38号	关于请求支持加快韶关至连州高速公路建设的报告
39	韶府〔2017〕39号	韶关市人民政府关于市政府领导班子成员和有关负责同志分工的通知
40	韶府〔2017〕40号	关于征集2018年市政府工作意见和建议的通告
41	韶府〔2017〕41号	关于2016年度全市计划生育目标管理责任制考评情况的通报
42	韶府〔2017〕42号	关于印发韶关市降低制造业企业成本支持实体经济发展若干政策措施的通知
43	韶府〔2017〕43号	关于明确韶关华南先进装备产业园管理委员会启用系列“3号章”的通知
44	韶府〔2017〕44号	关于提请审议授予霍震寰等10人为韶关市荣誉市民称号的议案
45	韶府〔2017〕45号	关于土地督察整改落实情况的报告
46	韶府〔2017〕46号	关于印发韶关市“十三五”控制温室气体排放工作实施方案的通知
47	韶府〔2017〕47号	关于提请审议2017年第二次预算调整方案的报告
48	韶府〔2017〕48号	关于公布韶关市与韶关学院共建重点学科的通知
49	韶府〔2017〕49号	关于广东省2017年前三季度贯彻落实国家重大政策措施跟踪审计发现问题整改情况的报
50	韶府〔2017〕50号	关于广东南岭和丹霞山国家级自然保护区范围及功能区调整的情况报告
51	韶府〔2017〕51号	关于公布市人民政府部门权责清单（2017年版）的决定
52	韶府〔2017〕52号	关于授予邱妙文等111名同志“韶关市首期享受市政府特殊津贴人才”称号的决定
53	韶府〔2017〕53号	关于进一步做好当前和今后一段时期就业创业工作的实施意见

2017年韶关市人民政府办室文件目录

表 39

序 号	文 号	标 题
1	韶府办〔2017〕1号	关于印发韶关市珠江流域北江源头新建改扩建城镇污水处理厂减排机制管理办法的通知
2	韶府办〔2017〕2号	关于印发韶关市政府投资项目建设成本控制办法的通知
3	韶府办〔2017〕3号	关于加强浈江区、武江区国有土地上房屋征收与补偿管理工作的意见
4	韶府办〔2017〕4号	关于进一步规范浈江区、武江区土地储备征收包干费用管理的通知
5	韶府办〔2017〕5号	关于下达韶关市2017年重点建设项目计划的通知
6	韶府办〔2017〕6号	关于公开公共建筑与设施免费开放支持信息基础设施建设目录（第一批）的通知
7	韶府办〔2017〕7号	关于印发韶关市地方志事业发展规划（2017—2020年）的通知

续表39

序号	文号	标题
8	韶府办〔2017〕8号	关于印发韶关市小额建设工程交易管理办法的通知
9	韶府办〔2017〕9号	关于印发韶关市危险化学品安全综合治理实施方案的通知
10	韶府办〔2017〕10号	关于印发韶关市加快推进“互联网+政务服务”工作实施方案的通知
11	韶府办〔2017〕11号	关于实施浈江区、武江区土地储备征收财政激励政策的通知
12	韶府办〔2017〕12号	关于调整政府系统市级议事协调机构领导成员的通知
13	韶府办〔2017〕13号	关于推进全市基础教育学校公办教师“县管校聘”管理改革工作的意见（试行）
14	韶府办〔2017〕14号	关于印发韶关市涉及行政审批中介服务事业单位改革工作方案的通知
15	韶府办〔2017〕15号	关于印发韶关市人民政府2017年度重大行政决策事项和听证事项目录的通知
16	韶府办〔2017〕16号	修订印发关于进城务工人员随迁子女接受义务教育后在韶参加初中升学考试工作方案的通知
17	韶府办〔2017〕17号	关于修订印发韶关市生产安全事故总体应急预案的通知
18	韶府办〔2017〕18号	关于印发韶关市旅游交通公路项目建设实施方案的通知
19	韶府办〔2017〕19号	关于加强城市提升项目建设管理工作的通知
20	韶府办〔2017〕20号	关于印发2017年韶关市资源枯竭城市转型发展行动计划的通知
21	韶府办〔2017〕21号	关于印发韶关市土壤污染防治工作方案的通知
22	韶府办〔2017〕22号	关于印发韶关市区单位建筑面积参考造价（2017）的通知
23	韶府办〔2017〕23号	关于印发韶关市2017年依法行政工作要点的通知
24	韶府办〔2017〕24号	关于进一步加强旅游市场综合监管的通知
25	韶府办〔2017〕25号	关于印发韶关市推进供给侧结构性改革2017年度工作方案的通知
26	韶府办〔2017〕26号	关于印发韶关市保留的市政府部门行政审批中介服务事项清单的通知
27	韶府办〔2017〕27号	关于印发韶关市安全生产监督管理局主要职责内设机构和人员编制规定的通知
28	韶府办〔2017〕28号	关于印发韶关市实施创新驱动发展战略2017年工作要点的通知
29	韶府办〔2017〕29号	关于印发韶关市法制局主要职责内设机构和人员编制规定的通知
30	韶府办〔2017〕30号	关于印发韶关市关于创新管理优化服务培育壮大经济发展新动能加快新旧动能接续转换的实施意见的通知
31	韶府办〔2017〕31号	印发关于进一步加强全市产业园区招商引资工作意见的通知
32	韶府办〔2017〕32号	关于促进韶关市建筑业经济增长的实施意见（试行）
33	韶府办〔2017〕33号	关于印发韶关市加快促进创业投资持续健康发展实施方案的通知
34	韶府办〔2017〕34号	关于印发建立华南先进装备产业园开发建设工作机制实施方案的通知
35	韶府办〔2017〕35号	关于印发韶关市人民政府金融工作局主要职责内设机构和人员编制规定的通知

续表 39

序 号	文 号	标 题
36	韶府办〔2017〕36号	关于印发我市推进普惠金融发展实施方案（2017—2020年）的通知
37	韶府办〔2017〕37号	关于印发韶关市推动非户籍人口在城市落户实施办法（试行）的通知
38	韶府办〔2017〕38号	关于印发韶关市区域卫生规划（2016—2020年）的通知
39	韶府办〔2017〕39号	关于进一步加快县（市、区）共建产业园区发展的意见
40	韶府办〔2017〕40号	关于印发韶关市产业园区工作绩效考核办法（试行）的通知
41	韶府办〔2017〕41号	关于聘任市政府兼职法律顾问的通知
42	韶府办〔2017〕42号	关于印发制造业小微企业贷款贴息管理办法的通知
43	韶府办〔2017〕43号	关于印发市级公共服务事项目录（2017年版）的通知
44	韶府办〔2017〕44号	关于印发2017年韶关市食品安全重点工作安排的通知
45	韶府办〔2017〕45号	关于促进异地创业务工人员返乡创业就业的实施意见
46	韶府办〔2017〕46号	关于印发韶关市重大行政决策目录管理办法的通知
47	韶府办〔2017〕47号	关于印发韶关市住房和城乡建设管理局订职责内设机构和人员编制规定的通知
48	韶府办〔2017〕48号	关于印发韶关市政府部门职能调整事项目录（2017年版）的通知
49	韶府办〔2017〕49号	关于印发韶关市推进基层综合性文化服务中心建设实施方案的通知
50	韶府办〔2017〕50号	关于印发韶关市自然灾害救助应急预案的通知
51	韶府办〔2017〕51号	关于印发韶关市食品安全事故应急预案的通知

统计资料

韶关市2017年国民经济和社会发展统计公报

韶关市统计局　韶关调查队

2018年3月21日

2017年，全市人民在市委、市政府的正确领导下，深入贯彻落实党的十八大和十八届三中、四中、五中、六中、七中全会精神，认真学习贯彻党的十九大精神，深入贯彻习近平总书记系列重要讲话和对广东工作的重要批示精神，认真贯彻落实新发展理念，积极落实中央、省委省政府的决策部署，紧紧围绕与全国同步实现全面小康社会，大力实施主动融入珠三角总战略，主动适应经济发展新常态，坚持以推进供给侧结构性改革为主线，加强谋划，狠抓落实，攻坚克难，经济发展保持平稳，社会发展取得新成就。

一、综合

国民经济保持平稳发展。初步核算并经省统计局核定，2017年全市生产总值1338亿元，比上一年增长5.9%。其中：第一产业增加值171.7亿元，增长4.5%；第二产业增加值491.4亿元，增长1.2%；第三产业增加值674.8亿元，增长9.6%。三次产业结构由2016年的13.8：36.6：49.6调整为12.8：36.7：50.5。按常住人口计算，人均生产总值4.5万元，增长5%，按平均汇率折算为6678美元。分区域看：韶关市区生产总值645.9亿元、增长6.7%，占全市生产总值46.5%，人均生产总值6.2万元（9182美元）；县域生产总值742.8亿元、增长5.1%，占全市53.5%，人均生产总值3.86万元（5716美元）。现代产业中，先进制造业增加值90亿元、增长6.9%，现代服务业增加值274.8亿元、增长10.1%，生产性服务业增加值282.6亿元、增长9.5%。第三产业中，批发和零售业增加值增长7.3%，住宿和餐饮业增加值增长4.4%，金融业增加值增长4%，房地产业增加值增长6.8%。民营经济增加值682.6亿元，增长4.2%，占全市生产总值的51%。

劳动生产率稳步提高。全年地区生产总值与全部就业人员的比率为90102元/人，增长5.7%。

居民消费价格基本稳定。韶关市区居民消费价格比上一年上涨1.6%。其中，消费品价格上涨0.5%，服务项目价格上涨3.7%。消费价格中，食品烟酒价格下降0.8%、衣着价格上涨2.9%、居住价格上涨3.3%、生活用品及服务价格下降0.6%、交通和通信价格上涨0.4%、教育文化和娱乐价格上涨3%、医疗保健价格上涨10%、其他用品和服务价格上涨0.3%。受钢铁、有色、水泥等基础产品价格大幅度上涨拉动，全市工业品出厂价格上涨10.2%。

就业持续增加。年末从业人员144.67万人，增加0.19万人。其中：第一产业59.04万人，增加0.35万人；第二产业31.86万人，减少0.28万人；第三产业53.77万人，增加0.12万人。年末工商登记注册的私营企业和个体户从业人员40.8万人，增长10.6%。全年城镇新增就业人数3.5万人，城镇失业人员再就业2.85万人，其中就业困难人员再就业2717人。城镇登记失业率2.43%，比上年下降0.02个百分点。

全年地方一般公共预算收入88.7亿元，增长6.2%。其中税收收入54.1亿元，增长10.2%。地方一般公共预算支出310.9亿元，增长16%。民生支出占财政支出的比重76.8%，比上年提高2个百分点。

经济社会发展存在的主要问题：经济发展速度偏慢，长期积累的经济结构不合理，创新驱动乏力，内生动力不强，固定资产投资项目前期工作耗时长，投资拉动作用减弱，工业发展后劲不强等问题仍然突出，全面建成小康社会还存在较多短板指标。

二、农业

农业发展稳定。全年农林牧渔业总产值274.9亿元，增长4.5%。其中：农业增长4.2%，林业增长7.5%，畜牧业增长4.4%，渔业增长4.7%。

2017年主要农产品产量

表40

农产品名称	计量单位	产量	比上年 ±%
粮食	万吨	91.1	2
其中：稻谷	万吨	77.8	1.7
蔬菜	万吨	245.1	5.1
甘蔗	万吨	59	0.6
花生	万吨	14.5	1.7
烟叶	万吨	3.2	-0.5
水果	万吨	58.6	8.9
茶叶	吨	4803	5.7
蚕茧	吨	8655	1.8
肉类	万吨	14.9	0.8
其中：猪肉	万吨	11.9	0.8
水产品	万吨	8.7	3

全年粮食作物播种面积239.9万亩，增长1.8%；甘蔗种植面积8.4万亩，下降0.6%；油料种植面积72.1万亩，增长0.3%；烟叶种植面积19.5万亩，下降0.7%；蔬菜种植面积153.9万亩，增长3.9%。

农村用电量6.8亿千瓦时，增长30.9%；化肥施用量（折纯）12.3万吨，增长0.1%。

三、工业和建筑业

全部工业增加值431亿元，增长2%。年末规模以上工业企业615个、比上年底减少15个，规模以上工业企业增加值322.5亿元、增长2%。在规模以上工业中，国有及国有控股工业增加值165.2亿元，增长4.5%。股份制工业255.3亿元，增长0.7%；民营工业110.6亿元，下降6.6%；外商及港澳台工业52亿元，增长8.7%。轻工业增加值119.3亿元，增长0.8%；重工业增加值203.2亿元，增长0.3%。年末产业转移园规模以上工业企业303个，规模以上工业增加值110.5亿元，增长3.1%。

七大支柱工业增加值200.6亿元、增长0.6%，占规模以上工业增加值的62.2%。其中：制药工业增长5.2%，钢铁工业下降4.2%，机械工业增长2.5%，玩具工业下降4.6%，电力工业增长0.4%，烟草工业增长2.2%，有色金属工业增长2.0%。

高技术制造业增加值18.2亿元，增长16.4%。

先进制造业增加值90亿元，增长6.9%。其中装备制造业增加值37.9亿元，增长2.7%。

优势传统工业增加值9.5亿元，下降0.5%。其中：家具制造业下降58.3%，建筑材料业增长0.3%，金属制品业下降11.9%，纺织服装业增长3.4%。

全年淘汰落后钢铁产能112万吨。

2017年规模以上工业主要产品产量

表41

产品名称	计量单位	产　量	比上年 ±%	全国增速（%）	广东增速（%）
成品钢材	万吨	705	19.2	0.1	5.9
十种有色金属	万吨	27	3.5	2.9	5.1
发电量	亿千瓦小时	166	5.5	5.9	10.5
其中：火电	亿千瓦小时	134	5.5	5.1	—
水电	亿千瓦小时	30	2.2	0.5	—
水泥	万吨	671	4.5	-3.1	7.7
滚动轴承	万套	971	-7.2	—	—
布	万米	8212	26	-4.3	7.7
糖	吨	7516	-48.7	1.9	-2.7
卷烟	亿支	206	-1.2	-1.6	-2.2
其中：一、二类烟	亿支	16	7.4	—	—
人造板	万立方米	147	8.6	—	1.7
机制纸及纸板	万吨	5	21.7	3.1	—

全年规模以上工业企业资产贡献率14.5%，资产保值增值率108%，资产负债率62.2%，成本费用利润率9.2%。主营业务收入1268.3亿元、增长20.5%。利税总额185.5亿元、增长27.1%。利润总额104.2亿元、增长53%，其中亏损企业亏损额7.4亿元、下降3.6%。

全年建筑业增加值61.6亿元，下降4.2%，年末资质等级建筑企业96个。完成建筑业总产值190亿元、增长33.4%，其中省内完成产值162.3亿元、增长13.9%，实现利润6.3亿元、下降1.2%，利税总额12.1亿元、下降30.3%，房屋施工面积1117.8万平方米、增长4.4%，房屋竣工面积397.8万平方米、下降16.6%。

四、固定资产投资

全年完成固定资产投资692.8亿元，下降1.3%。分投资主体看：国有及国有控股经济投资316.2亿元，增长6.7%；外商及港澳台经济投资54.9亿元，增长13.9%；民营经济投资321.8亿元，下降10%。分产业看：第一产业完成投资27.2亿元，下降21.6%；第二产业中的工业完成投资192.4亿元，下降23.1%；第三产业完成投资473.3亿元、增长13.5%，其中房地产开发完成投资189.7亿元、增长29.2%。

市重点项目完成投资273.6亿元，完成年度计划的89%。武深高速公路仁化段、广东国粤韶关综合利用发电项目、比亚迪手机金属外观件项目等10个项目建成，韶关机场、韶新高速公路、南水水库供水工程等17个项目开工建设。启动市区智能轨道电车项目、广东省废钢回收综合利用基地项目前期工作。开展浈江区黄金（商创）小镇、黄沙坪互联网+小镇、翁源县兰花小镇等首批13个市级特色小镇示范建设工作，翁源县兰花小镇成功列入广东省首批特色小镇创建工作示范点。

芙蓉新区起步区完成投资53.5亿元、增长25.9%。太阳城、恒大、保利、宝能城等项目有序推进，芙蓉隧道顺利通车。

全年商品房销售面积449.1万平方米、增长21.8%，其中商品住宅销售面积426.7万平方米。商品房销售额235.4亿元、增长41.6%，其中商品住宅销售额215.2亿元、增长57.7%；商品房待售面积144.2万平方米、下降13.7%。

五、贸易和外经

全社会消费品零售额687.4亿元，增长7.7%。年末限额以上批发零售企业487个，比上年增加70个；限额以上住宿和餐饮企业179个，比上年增加2个。全年批发零售和住宿餐饮业销售额1192.3亿元，增长12.6%。其中：批发零售业销售额1115.3亿元，增长13.2%；住宿和餐饮业营业额76.9亿元，增长5.7%。

限额以上批发和零售业零售额中：饮料类比上年增长34.8%，中西药品类增长28.3%，家具类增长28.2%，石油及制品类增长15.8%，粮油、食品类增长10.7%，日用品类增长17.9%，汽车类增长4.5%。

规模以上服务业企业共169家，营业收入70.5亿元，其中其他营利性服务企业共75家、营业收入13.4亿元。

全年进出口总额166.2亿元，增长5.6 %。其中：进口89.9亿元，增长32%；出口76.3亿元，下降14.5%。按贸易方式分：一般贸易出口32.8亿元，下降21.7%；加工贸易出口42.7亿元，增长10.6%。按经营主体分：国有企业出口下降10.1%，“三资企业”出口增长11.4%，私营企业出口下降51.2%。按出口商品分：玩具出口增长9.3%，机电产品出口增长1.7%，服装出口下降47.7%，高新技术产品出口增长11.4%。按出口市场分：对香港出口增长9.3%，对欧盟出口下降36%，对美国出口下降3.4%，对日本出口下降30.2%。实际利用外资0.53亿美元，增长4.4%。全年新批外商直接投资项目60个，增长328.6%。

六、交通、邮电和旅游

全年交通运输、仓储和邮政业增加值91亿元，增长5.6%。公路货运周转量254.8亿吨·公里，同比增长7.6%，客运周转量27.3亿人/公里，同比增长2.5%。水路货运周转量105.7亿吨/公里，同比增长2.1%。年末公路通车里程16629公里，公路密度90.4公里/百平方公里。按路面类型分，高级、次高级路面公路12132公里。按技术等级分，等级公路16591公里，其中高速公路539公里、一级公路222公里、二级公路828公里。年末实有公共汽车营运车辆 839辆，其中浈江和武江584辆。公共汽车客运总量6339万人次。内河航道维护通航里程386公里，其中等级航道256公里，泊位23个。港口货物吞吐量54万吨。

年末民用汽车拥有量31.16万辆、比上年增长25.2%，其中私人汽车28.38万辆、增长22.2%。民用轿车拥有量18.11万辆、增长24.7%，其中私人轿车17.33万辆、增长22.1%。

全年完成邮电通信业务总量（按2015年不变价计，下同）51.89 亿元，增长57.2%。其中：邮政业务（含快递）总量5.73亿元，增长22.2%；通信业务总量46.16亿元，增长62.9 %。固定电话42.3 万户，移动电话用户275.2万户。全市家庭宽带用户数72.3万户，手机上网用户数234.5万户，移动基站总数0.89万个，WLAN无线局域网2040个，AP热点1.6万个。

全年接待旅游者人数4239.5万人次，增长18.1%，其中入境过夜旅游者4.09万人次，下降7.6%。旅游总收入390.1亿元，增长20%。新增国家AAA景区2个。

七、金融和保险业

年末金融机构本外币各项存款余额1755亿元、增长5.1%，其中住户本外币存款余额1086.8亿元、增长7.7%。年末金融机构本外币各项贷款余额876.8亿元、增长13.5%。住户贷款余额430.2亿元，增长25.7%。其中：住户中长期消费贷款310.9亿元，增长27.9%；住户短期消费贷款38.2亿元，增长1.5倍。

全市证券金融机构交易额3159.4亿元，增长0.4%；新增开户6万户，下降26.8%。

全年保费总收入47.1亿元，增长12.5%。其中：人寿险保费收入35.6亿元，增长13.2%；财产险保费收入13.6亿元，增长10.8%。财产险赔付支出6.6亿元，增长6.6%。

八、教育和科学技术

全年各级各类教育（含技工学校，不含成人高等教育和非学历培训）在校学生48万人，增长1.6%。拥有全日制高等学校2所，技工学校4所，普通中学151所，中等职业学校16所，小学196所。

各类学校教育发展情况

表 42

	学校数（所）	在校学生数（人）	比上年增长（%）
全日制高等学校	2	38798	-0.6
技工学校	4	24877	-10
其中：市属	1	10804	-19.9
中等职业学校	16	25339	1.8
普通中学	151	154534	0.7
其中：高中	25	56167	-6.1
初中	126	98367	1.1
小学	196	236257	4.0

新增国家高新技术企业38家、省级工程技术研发中心16家。年末拥有省级工程技术研究开发中心40家，省市工程技术研发中心累计达到126家，其中省级重点研发中心2家。国家级高新技术企业103家，省级民营科技企业81家，省级火炬计划特色产业基地3个。全年取得科技成果77项，其中5项获省科技进步奖、1项获国家科技进步奖。全年专利申请3551项，专利授权1486项；发明专利申请836项，发明专利授权141项。截至2017年底，全市有效发明专利量599件，每万人口发明专利拥有量2.02件。

九、文化卫生和体育

年末共有文化馆11个，博物馆9个，剧场、影剧院23个，公共图书馆10个。公共图书馆图书总藏量194.9万册。微波线路总长80.6公里，广播电视微波站3座，广播调频发射台13座，广播节目综合人口覆盖率99.99%。电视发射台8座，有线电视用户62万户，电视节目综合人口覆盖率99.98%。

年末共有医疗卫生机构688个，其中医院、卫生院157个。医疗卫生床位数1.71万张；疾病预防控制中心9个；妇幼保健院（站、所）9个。各类卫生技术人员2.03万人。其中：执业（助理）医师5079人，注册护士7494人。乡镇卫生院103个，床位2992张，卫生技术人员3768人，乡村医疗点1431个。食品安全风险监测总体合格率93.3%。农村居民卫生厕所普及率98%。农村改水累积受益率99.2%。

全市体育场馆共4524个。全年销售体育彩票4.09亿元、增长13%。韶关代表团参加广东省第四届体育大会，以405的总分名列全省第八。举办徒步穿越丹霞山活动、南粤古驿道定向赛、铁人三项挑战赛、环南水湖自行车赛、“善美韶城”半程马拉松赛等一批省级以上的品牌项目。其中“善美韶城”半程马拉松赛被中国田径协会评为铜牌赛事。

十、人民生活、社会保障与安全生产

全市居民人均可支配收入21866元，增长9.5%。其中：城镇居民人均可支配收入28306元，增长9.5%；农村居民人均可支配收入14108元，增长10.3%。城乡居民收入比为2：1。居民家庭食品消费支出占消费总支出的比重（恩格尔系数）为37%，比上年下降1.5个百分点。

全年落实帮扶资金7.38亿元，贫困户人均纯收入9880元。

参加城镇职工基本养老保险（含离、退休人员）75.3万人、增长8.8%。参加城乡居民基本养老保险97.2万人。参加基本医疗保险（含城乡居民基本医疗保险）294.2万人，增长3.5%。其中参加城镇职工基本医疗保险57.6万人。参加工伤保险38.9万人，增长0.9%。参加失业保险29.8万人，增长1.8%。参加生育保险28.4万人，增长11%。年末享受城镇职工基本养老待遇的离、退休人员17.4万人。养老、失业、工伤、生育、医疗（不含城乡居民基本医疗）保险基金全年征缴49.1亿元，增长5.4%。

年末敬老院91所、社会福利院11所；敬老院床位数3637张、社会福利院床位数2790张；敬老院在院人数1426人、社会福利院在院人数1219人。城乡居民享受最低生活保障5.5万人，其中城镇居民0.7万人。全年发放保障资金1.95亿元，其中城镇5338万元；发放救灾资金69.8万元，救济物资折款738万元，累计救灾1.75万人次。全年销售社会福利彩票4.2亿元，筹集社会福利基金1.17亿元。

基本建成各类保障性住房2559套，补助低收入户农民家庭改造住房5600户。

工矿商贸生产安全事故28 起，死亡 28人，受伤1人，直接经济损失1870万元；道路交通事故死亡186人，其中生产经营性道路交通事故250起、死亡122人；消防火灾事故981起，受伤3人，直接经济损失1387万元，生产经营性消防火灾死亡1人。

十一、人口、资源与环境

年末常住人口297.92万人，比上年增加2.31万人，增长7.8‰。城镇常住人口比重为55.5%，比上年提高0.7个百分点。户籍人口335.29万人，其中城镇人口151.35万人，户籍人口城镇化率45.14%。全年出生人口4.3万人，人口出生率16‰；死亡人口2.05万人，死亡率7.6‰；人口自然增长率

8.4‰。

已探明的矿产资源储量中：煤1.31亿吨，铁矿石2642万吨，锰矿石74万吨，铜矿石8142万吨，铅矿石9154万吨，锌矿石1.31亿吨，钨矿石1.87亿吨，钼矿石1.15亿吨，锑矿石234万吨，铋矿石1.28亿吨。

全年水资源总量175.3亿立方米、下降30.4%。全年降雨量1397毫米，比上年减少37.7%。年平均气温20.8℃，年日照时数1739小时。年末大中型水库蓄水量9.8亿立方米。

全年规模以上工业综合能源消耗量（等价值）737.8万吨标准煤，同比增长10.7%。全年全社会用电量119.5亿千瓦小时，增长6.9%。其中：工业用电80亿千瓦小时，增长6.3%。

注：

1.公报中的2017年数据为初步统计数。部分数据因四舍五入的原因，存在着与分项合计不等的情况。

2.地区生产总值、各产业增加值绝对数按当年价格计算，增长速度按可比价计算。

3.从2011年起，规模以上工业统计口径由年主营业务收入500万元以上调整为2000万元及以上；固定资产投资项目统计起点由计划总投资50万元提高到500万元，增速为可比口径。2013年起按照新的调查口径对外发布城乡居民人均可支配收入和分城镇、农村常住居民人均可支配收入数据。从2015年起，“地方公共财政预算收入”更名为“地方一般公共预算收入”；各项存款余额中，“单位存款”更名为“非金融企业存款”，“储蓄存款”更名为“住户存款”。

4.现代服务业主要包括金融业、现代物流业、信息服务业、科技服务业、外包服务业、商务会展业、文化创意产业和总部经济八个产业。先进制造业包括装备制造业、钢铁冶炼及加工业、石油及化学制造业。高技术制造业包括核燃料加工业、信息化学品制造业、医药制造业、航空航天器制造业、电子通信设备制造业、计算机制造业、医疗仪器设备制造业。生产性服务业主要包括为生产活动提供的研发设计与其他技术服务、货物运输仓储和邮政快递服务、信息服务、金融服务、节能与环保服务、生产性租赁服务、商务服务、人力资源管理与培训服务、批发经纪代理服务、生产性支持服务等十个类别。

2017年韶关市各县（市、区）国民经济和社会发展主要指标

表 43

		全市	一、县域	始兴	仁化	翁源	乳源	新丰	乐昌	南雄	二、市区	武江	浈江	曲江
地区生产总值	总量（亿元）	1338.00	742.84	86.12	112.45	104.86	84.59	89.01	122.27	143.55	645.94	248.84	229.37	167.74
	增长（%）	5.9	5.1	3.2	3.8	6.1	9.2	7.8	4.8	3.2	6.7	5.7	6.2	9.2
规模以上工业增加值	总量（亿元）	322.53	160.13	19.76	31.71	13.56	29.55	24.37	10.90	30.26	161.50	74.33	22.06	65.11
	增长（%）	2.0	0.4	−3.4	−1.6	−0.3	9.2	7.5	−7.1	−4.5	5.8	1.9	14.3	8.2
商品房销售面积	总量（万平方米）	449.09	243.61	33.85	21.10	35.58	17.56	26.43	72.33	36.77	205.48	125.59	53.74	26.16
	增长（%）	21.8	38.3	21.9	16.7	70.5	−5.4	121.4	47.1	23.6	6.7	25.4	−34.1	140.1
规模以上工业综合能源消费量（等价值）	总量（万吨标煤）	737.77	217.47	9.89	39.66	25.56	47.22	55.50	24.64	15.00	520.30	9.27	34.49	476.54
	增长（%）	10.7	6.3	−4.2	−9.6	8.4	7.3	24.2	3.2	5.0	12.6	5.5	11.9	12.8
社会消费品零售总额	总量（亿元）	687.39	262.50	20.62	32.87	36.98	24.24	26.48	66.42	54.88	424.89	120.21	236.84	67.84
	增长（%）	7.7	8.2	8.7	7.8	7.6	7.9	9.0	8.4	8.2	7.4	7.9	6.9	8.2

续表 43

		全市	一、县域	始兴	仁化	翁源	乳源	新丰	乐昌	南雄	二、市区	武江	浈江	曲江
固定资产投资完成额	总量（亿元）	692.82	455.70	70.37	67.46	72.77	75.41	42.73	45.03	81.93	237.12	115.44	62.55	59.13
	增长（%）	−1.3	−0.4	5.5	5.8	4.8	12.6	13.1	21.2	−29.1	−3.1	3.7	−19.0	5.3
实际利用外资	总量（万美元）	5283	3402	239	485	1016	486	545	143	488	1881	215	0	1515
	增长（%）	4.3	−2.6	−53.3	491.5	16.0	−39.3	3.4	22.2	−15.6	19.8	40.5	−100.0	51.5
金融机构各项贷款余额（本外币）	总量（亿元）	876.8	361.4	40.9	38.0	53.9	44.3	44.1	83.5	56.9	502.2	437.7（两区合计）		64.5
	增长（%）	13.5	8.0	6.8	3.4	11.9	8.6	7.0	15.7	−1.0	16.3	17.2		10.3
金融机构存贷比（本外币）	%	50.0	44.1	41.0	40.4	38.2	46.8	52.1	51.8	39.2	53.8	55.8		43.5
	提高（个百分点）	3.7	−0.2	−2.0	−0.2	1.0	0.0	−1.5	2.8	−3.1	6.5	7.9		−0.5
地方一般公共预算收入	总量（亿元）	88.70	34.58	4.00	5.38	4.24	5.63	3.30	5.91	6.12	54.12	3.96	2.88	8.50
	增长（%）	6.2	5.0	5.0	−13.2	8.9	10.2	8.7	15.1	6.6	7.0	9.8	−11.8	7.3
税收收入	总量（亿元）	54.09	23.35	2.71	3.50	2.89	4.26	2.19	4.00	3.81	30.74	2.54	1.96	5.25
	增长（%）	10.2	8.9	5.2	1.8	8.8	16.3	8.1	15.7	4.8	11.3	14.6	−10.1	16.8
地方一般公共预算支出	总量（亿元）	310.91	176.87	20.10	20.75	27.18	26.87	18.35	32.22	31.40	134.04	12.01	13.69	21.81
	增长（%）	16.0	15.3	25.9	−8.3	23.2	20.5	8.7	18.8	18.5	17.0	24.7	25.3	31.8
国税国内税收收入	总量（亿元）	121.53	40.42	4.69	6.56	4.96	10.28	3.45	6.12	4.38	81.11	10.87	7.33	8.71
	增长（%）	25.0	31.4	23.2	22.1	39.7	54.5	40.2	9.9	30.5	22.1	67.9	19.4	34.2
地税税收收入	总量（亿元）	50.24	22.04	2.34	3.14	2.49	4.59	2.02	3.71	3.75	28.20	14.53	7.88	4.15
	增长（%）	−7.7	−5.6	−3.6	−8.7	−13.4	3.9	−8.4	−2.8	−9.9	−9.2	−2.2	−21.8	−10.3

2017 年韶关市环境状况公报

根据《中华人民共和国环境保护法》第五十四条的规定，现发布2017年度韶关市环境状况公报。

一、环境状况

（一）大气环境

1、空气质量

（1）韶关市区

按照国家和省的部署，韶关市市区自2014年1月1日起按新的《环境空气质量标准》（GB 3095—2012）开展空气质量监测工作，监测项目增加细颗粒物（$PM_{2.5}$）、一氧化碳（CO）、臭氧（O_3）等3项。

2017年，市区空气质量保持良好，二氧化硫、二氧化氮、可吸入颗粒物年平均浓度、一氧化碳日均浓度第95百分位数、臭氧日最大8小时浓度第90百分位数均达到国家环境空气质量二级标准，细颗粒物年平均浓度超过国家环境空气质量二级标准。

市区2017年环境空气综合质量指数为4.13，环境空气质量指数（AQI）介于23～178之间。空气质量达标（0<AQI≤100）天数为326天，达标率为89.3%；超标（101<AQI≤150）天数为39天，占10.7%，其中轻度污染36天，中度污染3天。首要污染物为臭氧（O_3-8h），其次为细颗粒物（$PM_{2.5}$）。

二氧化硫（SO_2）年平均浓度值为17μg/m³，比上年（16μg/m³）上升6.2%，达到国家环境空气质量一级标准（20μg/m³）。

二氧化氮（NO_2）年平均浓度值为29μg/m³，比上年（26μg/m³）上升11.5%，达到国家环境空气质量一级标准（40μg/m³）。

可吸入颗粒物（PM_{10}）年平均浓度值为52μg/m³，比上年（51μg/m³）上升2.0%，达到国家环境空气质量二级标准（70μg/m³）。

细颗粒物（$PM_{2.5}$）年平均浓度值为38μg/m³，比上年（33μg/m³）上升15.2%，未达到国家环境空气质量二级标准（35μg/m³）。

一氧化碳（CO）日均值第95百分位数平均值为1.4mg/m³，比上年（1.6mg/m³）下降12.5%，达到国家环境空气质量二级标准（4mg/m³，参照24小时平均标准）。

臭氧（O_3）日最大8小时均值第90百分位数平均值为152μg/m³，比上年（135μg/m³）上升12.6%，达到国家环境空气质量二级标准（160μg/m³，参照日最大8小时平均标准）。

降尘年平均浓度值为1.56吨/平方公里•月，低于广东省参考评价值（8.00吨/平方公里•月）。

（2）各县（市）城区

按空气质量标准实施年限，韶关市各县（市）2016年起执行新的《环境空气质量标准》（GB 3095—2012）。

二氧化硫（SO_2）年平均浓度值范围在9～18μg/m³之间，均达到国家环境空气质量一级标准（20μg/m³）。

二氧化氮（NO_2）年平均浓度值范围在13～22μg/m³之间，均达到国家环境空气质量一级标准（40μg/m³）。

可吸入颗粒物（PM_{10}）年平均浓度值范围在34～52μg/m³之间；其中，翁源县、乳源县城区达到国家环境空气质量一级标准（40μg/m³），其余各县（市）城区达到二级标准（70μg/m³）。

细颗粒物（$PM_{2.5}$）年平均浓度值范围在24～34μg/m³之间，均达到国家环境空气质量二级标准（35μg/m³）。

一氧化碳（CO）日均值第95百分位数平均浓度值范围在1.1～1.9mg/m³之间，均达到国家环境空气质量二级标准（4mg/m³，参照24小时平均标准）。

臭氧（O_3）日最大8小时均值第90百分位数平均浓度值范围在126～146μg/m³之间，均达到国家环境空气质量二级标准（160μg/m³，参照日最大8小时平均标准）。

各县（市）城区降尘年平均浓度值在1.92～5.10吨/平方公里•月之间，均低于广东省参考评价值（8吨/平方公里•月）。

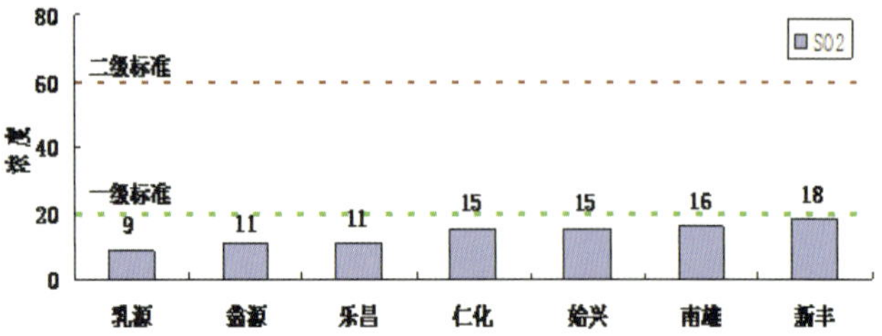

各县（市）城区SO_2年平均浓度值比对图（单位：μg/m³）

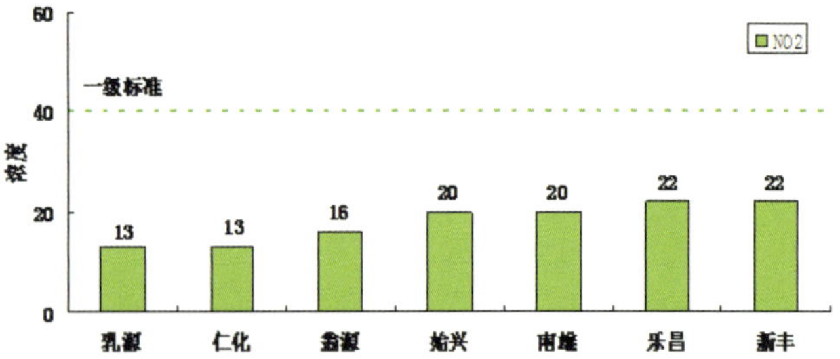

各县（市）城区NO_2年平均浓度值比对图（单位：μg/m³）

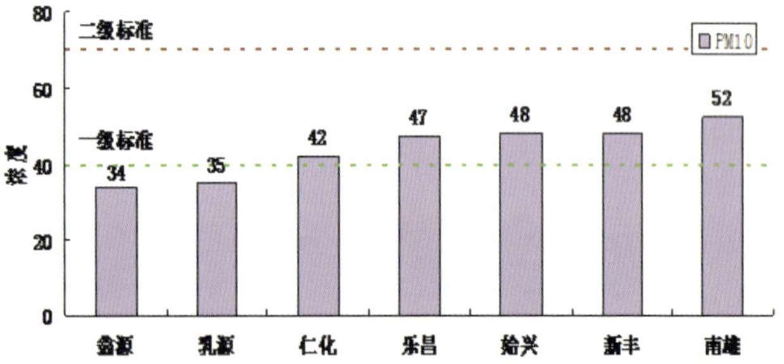

各县（市）城区PM_{10}年平均浓度值比对图（单位：μg/m³）

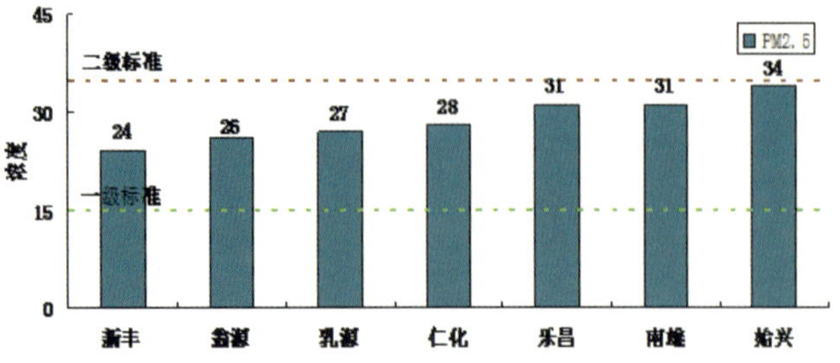

各县（市）城区$PM_{2.5}$年平均浓度值比对图（单位：μg/m³）

（二）降水

韶关市区降水pH值范围为4.19～7.63，降水pH值年均值为5.26，比上年（5.31）下降0.05个pH单位；酸雨频率为40.0%，比上年（36.8%）上升3.2个百分点，降水质量整体比去年有所下降。

各县（市、区）降水pH值范围为4.25～8.69，降水pH值年均值平均为5.72。

（三）地表水环境

1. 饮用水源地水质

集中式饮用水源地水质保持稳定达标。监测结果表明，韶关武江十里亭、曲江苍村水库、始兴花山水库、仁化赤石迳水库、翁源园洞水、乳源南水水库、新丰白水礤水库、乐昌武江铁路桥上游、南雄瀑布水库等9个饮用水水源地水质达标率均为100%，部分水源地优于水质控制目标。

韶关市区武江十里亭、曲江苍村水库等2个饮用水源地按国家环保部要求完成水质全分析，109项分析监测项目全部达标。

2. 江河水质

2017年主要江河水系水质状况总体良好，水环境质量与上年相比无显著变化。监测结果表明，全市9条主要江河（北江、武江、浈江、南水河、墨江、锦江、马坝河、滃江、新丰江）17个监测断面（14个Ⅱ类、3个Ⅲ类）的水质均达到所属功能类别水质标准，水质达标率为100%。韶关市地表水无劣V类水体；城市建成区内无黑臭水体。

1个跨市河流交接断面（高桥断面）水质达标率为100%。

（四）城区噪声环境

1. 市区

区域环境噪声等效声级年平均值为56.7分贝，达到国家声环境质量2类限值（60分贝）。

道路交通噪声等效声级年平均值为66.4分贝，达到国家道路交通噪声一级标准（68分贝）。

2. 各县（市）城区

区域环境噪声等效声级年平均值范围在50.5～54.9分贝之间；各县（市）城区均达到国家声环境质量1类限值（55分贝）。

各县（市）城区道路交通噪声等效声级年平均值范围在62.7～68.9分贝之间，各县（市）均达到一级标准（68分贝）。

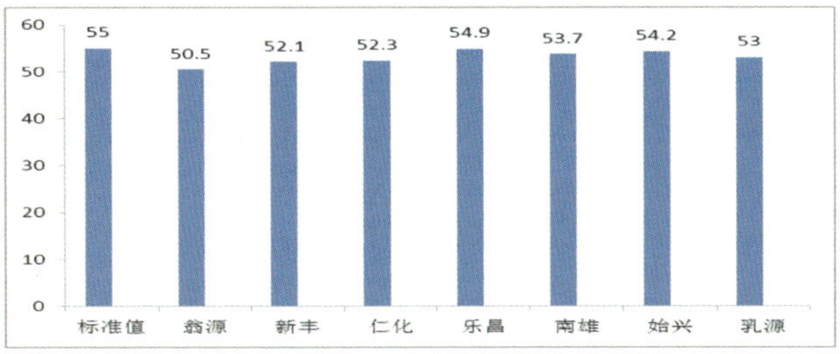

各县（市）城区区域环境噪声等效声级年平均值（单位：分贝）

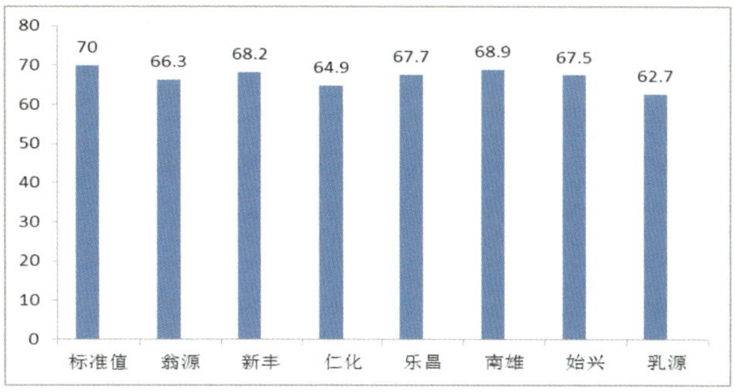

各县（市）城区道路交通噪声等效声级年平均值（单位：分贝）

（五）自然生态保护与绿色创建情况

据统计，韶关市已建成各级自然保护区36个，其中国家级4个、省级12个、市级3个、县级17个，总面积达26.35万公顷，自然保护区面积和各种野生动植物数量居广东省首位。

韶关市目前共有7个乡镇被命名为“国家级生态乡镇”，2个乡镇、2个行政村、6个自然村和4个生态园被命名为“省级生态示范镇（村、园）”，22个行政村和55个自然村被命名为“市级生态示范村”。

截至2017年底，韶关市共创建8所省级“绿色学校”，创建省级“绿色社区”4个，创建省级“环境教育基地”3个。

二、措施与行动

（一）打好大气污染防治攻坚战，空气质量保持良好

全面完成工业和机动车排污整治任务。制定“小散乱污”专项整治方案，明确整治措施和整治时限，结合城市提升工作，开展专项取缔行动，全年整治“小散乱污”企业92家。加强高排放行业环境监管，重点打击小散乱污企业，监控重点排污企业，按期完成火力发电厂超低排放改造工程。强化挥发性有机物（VOCs）治理，开展治理方案一企一策专家评审或治理工程施工，完成5家重点企业整治。发布高污染燃料禁燃区公告，淘汰高污染燃料锅炉11台。大力打击机动车环境违法行为，自2017年9月起，对达不到国四以上排放标准的汽油车禁止转入韶关市，全年淘汰黄标车3777台。全面加强饮食油烟治理，推进建成区所有排放油烟的餐饮企业和单位食堂安装高效油烟净化设施建设。对露天焚烧行为实施常态化巡查，全域禁止露天焚烧行为。建立空气质量预报预警系统及大气应急响应制度，坚持空气质量预测研判，联合多部门对大气污染态势采取提前防范和压制措施。

（二）扎实推进水污染防治工作，持续提高水环境质量

强化区域综合整治。印发《2017年韶关市水污染防治工作方案》，完成3家被省列入水污染防治重点行业清洁化改造任务的企业的整治任务。韶关学院片污水处理设施（0.7万吨/日）等4项污水处理设施的建设和改造任务按计划推进。加强畜禽养殖污染防治，深入推进畜禽养殖禁养

区划定和清理整治工作。全市划定禁养区面积3440平方公里，完成清理禁养区内畜禽养殖场（或专业户）共264个，减少养殖量约8.5万头（猪当量），地方财政投入补偿资金约2600万元。2017年全市计划完成的47个畜禽养殖污染减排项目已全部完成工程设施建设，并编制减排台账。加强重点湖库水生态环境保护，投入环保专项资金1500万元，实施南水水库生态环境保护工程，完成南水水库生态安全调查与评估成果报告，网箱养殖清理拆除网箱面积66571㎡，完成库区湖滨带生态修复面积约13500㎡，建设入库河口生态浮床约4000㎡。大力推进横石水流域整治，总投资超过9亿元，共完成11项重大工程。2017年横石水断面水质改善明显，1-12月横石水断面达到Ⅲ类水质要求，提前完成省政府提出的目标要求。

（三）有序推进土壤及重金属污染防治，改善土壤生态环境

土壤污染防治先行区建设稳步推进，取得良好阶段性成果。成立以土壤治理和修复、环境和农产品监测、项目评估评价等为主的专家库，依靠专业技术力量支持韶关市土壤污染综合防治先行区建设。印发实施《韶关市2017年土壤污染综合防治先行区建设工作计划》，确定年度重点建设内容和重点建设项目，第一批6个重点项目顺利推进。2017年6月，市政府与省环保厅签订省市共建土壤污染综合防治先行区合作协议，形成省市共同推进韶关市先行区建设和土壤污染防治工作的良好氛围。启动全市土壤污染状况详查和背景值调查。韶关市在全国率先启动重点行业企业用地污染状况详查第一阶段定性调查，完成300个疑似污染地块基础性调查工作。环保部在2017年第6期《全国土壤污染防治工作简报》专门对韶关市土壤污染防治先行区建设和重点行业企业用地污染状况详查工作给予高度肯定和表扬。大宝山矿区及周边地区环境综合整治效果明显。通过区域整治，横石流域水质明显改善，横石水监控断面重点重金属达标。

（四）强化污染减排和总量控制，促进环境质量不断改善

2017年，韶关市落实各项减排工程措施，进一步减少主要污染物排放总量，持续改善环境质量。南雄、乳源、翁源等地区进一步完善现有城区污水处理厂配套主管网和支管网建设，提高污水处理量和入口浓度，发挥减排效益。61家规模化畜禽养殖场完成粪便污水贮存、处理与利用等减排工程设施建设，通过省专家的认定，减少水污染物化学需氧量和氨氮的排放。韶关发电厂1#、2#机组和韶关坪石发电厂（B厂）4#、5#机组按期完成超低排放改造工程，有效减少大气污染物二氧化硫和氮氧化物的排放。根据省环保厅对韶关市2017年主要污染物总量减排核查核算情况，核定化学需氧量排放量为4.8万吨、氨氮排放量为0.543万吨、二氧化硫排放量为3.03万吨、氮氧化物排放量为3.1万吨，超额完成省下达的年度减排目标任务。

（五）持续加大环境监管执法力度，推动监管执法全覆盖

一是开展双随机执法。市、县两级环境监察部门对重点排污单位、一般排污单位和特殊监管单位进行双随机抽查，累计出动执法人员2700多人次，检查企业近1000家次，对18家违法企业下达行政处罚决定书，处罚金额111万元，实施查封扣押案件3宗，移送行政拘留案件1宗。

二是开展专项执法行动。按照环保部、广东省环保厅的部署，开展进口废物企业环境违法行为专项整治行动、中央环保督察交办案件整改后督查工作和省大气和水污染防治专项督查自查行动。开展进口废物企业环境违法行为专项整治行动中，共对35家进口废物企业进行立案调查。配合做好广东省大气和水污染防治专项督查工作，累计检查企业113家。

三是推进工业污染源全面达标排放。印发《韶关市工业污染源全面达标排放计划实施方案》，对钢铁、火电、水泥、石化、造纸、印染、电镀、污水处理厂、垃圾焚烧厂等8个行业企业污染物排放情况进行排查评估和集中执法检查。对超标排放污染物企业进行立案查处，下达责令改正违法行为决定书和行政处罚决定书，并处罚款。

四是开展中央环保督察反馈意见督导整改工作。根据《广东省贯彻落实中央第四环境保护督察组督察反馈意见整改方案》，结合韶关市整改工作任务，市政府常务会议印发县级以上饮用水源保护区违法项目、镇级垃圾填埋场、自然保护区、畜禽养殖禁养区清理等4个专项整改方案，进一步部署整改工作。饮用水源保护区专项整改。韶关市在中央督察期间排查出的429个违法建设项和建筑目，已完成关停清理273个，完成率63.6%。镇级垃圾填埋场专项整改。韶关市纳入全省整改清单的56个乡镇简易填埋场（以下简称“填埋场”）中，9个填埋场完成整改，其余47个填埋场均已编制项目建议书，明确整改方案和项目投资，下一步将按程序实施。自然保护区专项整改。韶关市南岭国家级自然保护区已完成第一期整改，正在部署第二期整改。目前已投入资金1500多万元，复绿初见成效；乐昌杨东山十二度水保护区已回填平整土石方2万多立方米和复绿施工106亩。畜禽养殖污染防治工作及禁养区清理。韶关市各县（市、区）政府均已按照农业部、环保部《畜禽养殖禁养区划定指南》（环办水体〔2016〕99号）的要求，科学划定（或调整）畜禽养殖禁养区。

（六）多举并措做好环境信访工作，促进和谐社会建设

开展“春节”、“两会”、“G20峰会”、“十九大”敏感期环境信访维稳工作，制定印发各个敏感期环境信访维稳工作方案，落实领导带班、干部轮流值班制度，落实应急处置备勤制度，落实维稳信息每日“零报告”制度。开展涉环保问题矛盾纠纷化解有关工作，对韶关市涉环保问题矛盾纠纷进行全面的排查，建立基础台账。定期召开研判会，对涉环保问题社会矛盾纠纷形势进行排查研

判。对环境违法行为严格查处，及时通报当地政府，落实稳控措施。开展网络舆情监控和网络问政工作，通过网络系统对网络舆情进行实时监控，发现问题及时报告，舆情监控能力稳步提高。

2017年，韶关市环保局受理群众反映各类环保问题信访件1099宗，处理率100%，办结率100%。其中网络问政295件，来信（包括省转办件、市转办件、群众来信）12件，来电（包含12345热线）761件，来访31批共50人。市、县（区）两级投诉案件类型以噪声污染、大气污染以及第三产业污染投诉为主。

（七）深化行政审批制度改革，优化经济社会发展环境

2017年，韶关市进一步深化项目审批改革工作。针对全市重点项目、民生工程及符合有关规划或工业园区准入条件项目简化审批流程，有效缩短审批时间。同时，除上级明确规定审批权的行业和跨县级行政区域的项目以外，其他所有项目环评审批权均下放到县级环保部门，减少审批环节。出台排污许可证管理核发系列方案制度，6月，韶关市召开排污许可证改革工作会议，为完成辖区内火电、造纸行业排污许可证的核发工作提供保障。10月1日起，韶关市取消竣工环保验收行政许可，强化“三同时”和事中事后环境监管。

2017年，全市办理各类新建项目环评审批146份，登记表备案管理121份，建设项目环保设施竣工“三同时”验收办理67份（含暂缓1份），办理许可证208份（其中广东省污染物排污许可证107份、建筑噪声排污许可证91份、辐射安全许可证份10份），广东省危险废物经营许可证初审意见2份。

（八）扎实做好环境应急管理，提高风险防范能力

韶关市环境应急管理工作以认真排查环境安全隐患专项行动为抓手，以环境风险源企业应急预案检查为重点，全面展开各项工作，全市环境应急管理工作取得明显成效。一是落实国家和省的各项专项检查，强化源头防控，消除风险隐患。二是开展各项应急培训和演练，加强应急队伍建设。参加“广东省环境应急演练大比武”并取得全省第五名的好成绩。三是加强与周边地市的应急联系对接、落实环境应急合作机制，不断完善环境风险会商研判机制。“十九大”期间，韶关市联合乐昌市政府专门赴湖南省郴州市磋商交接断面水质安全保障问题，落实两市之间环境应急联动机制，共同采取措施确保交界水质安全。四是强化应急值守工作，确保突发环境事件第一时间得到处置，最大程度保障韶关市环境安全。2017年，韶关市未发生较大以上的突发环境事件。

附　录

2017年韶关市政府为民办理10件实事

2017年市政府为民办理实事共10件计20项，其中：12项全面完成，3项基本完成，5项正实施推进中。具体情况如下：

一、全面完成的实事（共12项）

（一）市第二中学与曲仁中学合建新校主体工程。牵头单位为市教育局，该项目办理建筑工程施工许可证并施工建设，完成2017年内开工建设任务。

（二）市第二技师学院、粤北技工学校和市机电技工学校并入市技师学院。牵头单位为市人社局，该项目已于2017年11月底完成。

（三）落实基层卫生人才队伍补助。牵头单位为市卫计局，已下拨基层医疗卫生人才补助资金（事业费、边远补助、村医补助、全科医生特设岗位补助），完成乡镇卫生院（社区卫生服务中心）全科医生特设岗位设置。

（四）13个乡镇卫生院标准化建设、300间村卫生站公建民营规范化建设。牵头单位为市卫计局，完成乳城镇卫生院、新韶镇卫生院、五山镇卫生院、十里亭镇卫生院、大桥镇卫生院、廊田镇卫生院、全安镇卫生院、乐园镇卫生院、犁市镇卫生院、龙归镇卫生院、石塘镇卫生院、北乡镇卫生院和大源镇卫生院13个乡镇卫生院标准化建设，以及353间村卫生站公建民营规范化建设。

（五）市区10个农贸市场升级改造。牵头单位为市商务局，完成风采市场、中山市场、启明市场、武江市场、芙蓉市场、惠民北市场、东升市场、犁市市场、红星市场、向阳芙蓉市场、向阳综合市场11个农贸市场升级改造。

（六）市区2000个公共停车位建设。牵头单位为市提升办，完成市区3134个公共停车位建设，其中：浈江区2198个，武江区936个。

（七）市区9.4公里旧堤加固工程。牵头单位为市水务局、市代建局，该工程按设计要求建设完成。

（八）市区10.9公里旧堤截污管网铺设。牵头单位为市水务局、市住管局、市代建局，该工程按设计要求建设完成。

（九）市区17个“五小”工程建设。牵头单位为浈江区、武江区政府，完成市区“五小”工程建设41个，其中，浈江区完成5个社区公园建设；武江区完成7个社区公园、25个街头绿地、4个小广场建设，两区共完成建设面积43859平方米，超额完成工程建设任务。

（十）5600户农村危房改造。牵头单位为市住管局，全市农村危房改造开工5600户，开工率100%，其中3196户竣工，按要求完成省下达的2017年阶段性目标任务。

（十一）农村公路硬底化500公里以上。牵头单位为市交通运输局，完成农村公路路面硬化543公里，投资1.9亿元。

（十二）深入开展农村生活垃圾收运处理，全市村庄保洁覆盖面90%、农村生活垃圾分类减量比例50%、农村生活垃圾90%以上得到有效处理。牵头单位为市住管局，全市村庄保洁覆盖率100%，农村生活垃圾有效处理率94.2%，分类减量率51.2%，全面完成任务。

二、基本完成的实事（共3项）

（一）韶关学院韶州师范分院搬迁新建工作，2017年在韶关学院本部办学。牵头单位为市教育局，该项目规划占地面积为90487平方米，总建筑面积为83509平方米，已投资4.99亿元，完成主体工程建设，教学楼等主要建筑物交付韶关学院进行设备安装。

存在问题：学校尚未搬迁，市政府于12月21日召开工作会议，协调韶关学院、韶州师范、金财公司，对项目实施相关建设问题提出整改要求，力争2018年2月底完善相关手续，人员安排方案正在抓紧制定。

（二）市第四中学、市第七中学、市第十中学、韶师附小低年级部（原红玫小学）合并搬迁至韶关学院韶州师范分院现址办学。牵头单位为市教育局，该项目完成发改立项、初步设计和招投标工作。

存在问题：该项目要求2017年内开工建设，确保2018年9月份投入使用，目前正全力筹措资金，加快开工建设进度。

（三）鑫金汇、北江广场、韶乐广场3个亲水平台建设。牵头单位为市水务局、市住管局、市代建局。韶乐广场、北江广场亲水平台主体工程市水务局前期完工，2017年9月市代建局接手后完成放线、支模及浇筑混凝土工作及安装栏杆等工作。

存在问题：鑫金汇亲水平台完成主体工程量约90%，由于仍有部分征拆工作尚未完成，辖区政府还未完全交付建设用地，影响项目施工。此外，项目的部分建设资金尚未落实。

三、正实施推进中的实事（共5项）

（一）西河二水厂扩建主体工程。牵头单位为市住管局。截止目前，该项目完成项目前期工作，管线部分主体工程及水厂已开工，水厂、水务公司与县、区政府签订征租地协议，目前完成征租地、地面清表和施工交地工作。

存在问题：一是由于财政部发文对地方政府购买服务融资项目进行整改，导致融资迟迟未能落实，经多方协调后，目前完成贷款审批手续。二是由于林转非手续、土地调规时间较长，至11月30日，才完成林地使用许可审批办理。

（二）38公里输水管线建设。牵头单位为市发改局、市水务局。该项目正全力推进，预计春节前可完成主体工程。

（三）水土保持及环境保护主体工程。牵头单位为市发改局、市水务局、市环保局，该项目正加紧推进。

存在问题：38公里输水管线建设与水土保持及环境保护主体工程同期施工。以上两个项目征（租）地涉及乳源县、武江区，需协调事项涉及多个部门和企业，且涉及农村农民问题。同时，尚需督促粤电集团履行建设主体责任，尽快确定融资方案，确保建设资金尽快到位。

（四）林桥坑公园主体工程建设，建设面积约120亩。牵头单位为市住管局、市代建局，该项目监理和勘察、设计、施工EPC总承包分别于2017年12月4日和12月5日开标，两个标都招标失败，12月8日两个标进行第二次公开招标挂网。

存在问题：一是由于国家和省相关政策的变化，项目融资受影响。二是项目土地调规、用地审批、规划审批未完成。三是项目用地红线范围内的土地征收及地面清表未完成。四是公园周边进出道路未规划。

（五）加快农村生活垃圾处理设施建设，建成曲江区台泥集团水泥窑协同处理生活垃圾项目、新丰县5个乡镇热能垃圾处理站项目和乳源县4个乡镇热能垃圾处理站项目。牵头单位为市住建管理局。

存在问题：曲江区台泥集团水泥窑协同处理生活垃圾项目：由于该项目矿山（石灰石岩，水泥生产主要原料）用地生态林调整及后续《使用林地审核同意书》至今未获省林业部门审批同意，项目建设停滞不前，主体工程至今未动工建设。目前，曲江区政府正抓紧完善生态林调整报批材料，计划近期再次上报省林业厅审批。

新丰县5个乡镇热能垃圾处理站项目：回龙镇、遥田镇、沙田镇、黄礤镇、马头镇完成选址、征地、可研、环评等工作，目前处于平整场地阶段。该项目纳入新丰县整县推进城乡垃圾污水PPP项目，于2017年7月完成社会资本方招标，由于PPP前期工作事项环节多、流程长，直到11月才启动征地拆迁工作。

乳源县4个乡镇热能垃圾处理站项目：必背、大桥、大布站均完成站房建安工程；洛阳站安装设备，部分主体工程完成。一是乳源县的处理站选址均在山区，场地通水通电耗费大量时间。二是洛阳站地基情况较为特殊，重新调整设计方案，导致基础部分工程延时。

2017年韶关市总河长名单

表44

河长职务	姓　名	职　务
第一总河长	莫高义	市委书记
总河长	殷焕明	市委副书记、市长
副总河长	陈　波	市委副书记
副总河长	许志新	副市长
副总河长	高冬瑞	副市长

2017年韶关市五大河流（流域）市级河长名单

表45

河流（流域）	姓　名	职　务
北江（含浈江）	莫高义	市委书记
新丰江	殷焕明	市委副书记、市长
武　江	陈　波	市委副书记
南水河	许志新	副市长
滃　江	高冬瑞	副市长

2017年北江（含浈江）流域县、镇级河长名单

表46

流经县（市、区）	县级河长	职务	镇（乡、街道）	镇级河长	职务
南雄市	王碧安 林小龙	市委书记 市长	雄州街道	王高峰	党工委书记
				刘春伟	主　任
			界址镇	蔡庆娟	镇党委书记
				李见宏	镇　长
			坪田镇	刘　均	镇党委书记
				廖海泉	镇　长
			邓坊镇	郭才标	镇党委书记
				蓝北华	镇　长
			油山镇	雷　毅	镇党委书记
				林金山	镇　长
			南亩镇	池宏安	镇党委书记
				赖建志	镇　长
			珠玑镇	陈志光	镇党委书记
				黄德忠	镇　长
			主田镇	叶　飞	镇党委书记
				罗慧琴	镇　长
			百顺镇	谭福志	镇党委书记
				高春花	镇长
			澜河镇	丘铭山	镇党委书记
				郭　君	镇　长
			帽子峰镇	朱世平	镇党委书记
				徐精华	镇　长
			乌迳镇	朱祖纯	镇党委书记
				黄得龙	镇　长
			黄坑镇	陈冬生	镇党委书记
				胡军华	镇　长
			湖口镇	凌生成	镇党委书记
				陈　华	镇　长
			水口镇	陈如华	镇党委书记
				叶邱婷	镇　长
			江头镇	钟爱莲	镇党委书记
				袁　斌	镇　长
			全安镇	潘　彬	镇党委书记
				陈汉铭	镇　长
			古市镇	陈光文	镇党委书记
				夏新坤	镇　长

续表 46

流经县（市、区）	县级河长	职　务	镇（乡、街道）	镇级河长	职　务
始兴县	黄建华 叶洪番	县委书记 县长	太平镇	胡长江	镇党委书记
				张国华	镇　长
			马市镇	钟俊锋	镇党委书记
				钟茂柱	镇　长
			沈所镇	苏　斌	镇党委书记
				李大兴	镇　长
			城南镇	夏　昶	镇党委书记
				何建雄	镇　长
			顿岗镇	刘春明	镇党委书记
				郑万龙	镇　长
			澄江镇	刘过源	镇党委书记
				陈春银	镇　长
			深渡水瑶族乡	王志军	乡党委书记
				邵耀发	乡　长
			罗坝镇	何祺琦	镇党委书记
				郑树生	镇　长
			司前镇	钟万年	镇党委书记
				张朝焱	镇　长
			隘子镇	聂金鑫	镇党委书记
				唐代勇	镇　长
仁化县	林国华 周小明	县委书记 代县长	丹霞街道	连辉标	党工委书记
				王剑斌	主　任
			董塘镇	万志明	镇党委书记
				刘志坚	镇　长
			石塘镇	江艳芬	镇党委书记
				叶文华	镇　长
			长江镇	邹汉明	镇党委书记
				李杏兰	镇　长
			扶溪镇	彭国强	镇党委书记
				邓文光	镇　长
			闻韶镇	刘普新	镇党委书记
				冯　鹄	镇　长
			城口镇	李汉辉	镇党委书记
				谭卫财	镇　长
			红山镇	刘志宏	镇党委书记
				何海生	镇　长
			周田镇	冯奋德	镇党委书记
				曾凡军	镇　长
			黄坑镇	谭家琪	镇党委书记
				邓永林	镇　长
			大桥镇	黄银泰	镇党委书记
				郭兰招	镇　长

续表 46

流经县（市、区）	县级河长	职　务	镇（乡、街道）	镇级河长	职　务
浈江区	刘祥锋 曾清兰	区委书记 区长	田螺冲办事处	钟沛珍	党工委书记
				黄　文	主　任
			犁市镇	罗奕文	镇党委书记
				曹志文	镇　长
			风采街道	梁吉兵	党工委书记
				杨荣华	主　任
			东河街道	龚　翔	党工委书记
				李芳芳	主　任
			车站街道	张翠萍	党工委书记
				付雪平	主　任
			十里亭镇	唐孝坤	镇党委书记
				唐　波	镇　长
			新韶镇	李建华	镇党委书记
				张光宝	镇　长
			乐园镇	叶先林	镇党委书记
				黄伟强	镇　长
武江区	颜　亮 （待调整）	区委书记 区长	江湾镇	欧伟强	镇党委书记
				曾玉玲	镇　长
			西河镇	何远韶	镇党委书记
				（待调整）	镇　长
			西联镇	聂平南	镇党委书记
				杨国浩	镇　长
			惠民街道	古寿英	党工委书记
				汤应辉	主　任
			新华街道	粟　健	党工委书记
				罗北京	主　任
曲江区	罗海俊 伍　文	区委书记 区长	松山街道	张卫琪	党工委书记
				（待调整）	主　任
			马坝镇	黄　华	镇党委书记
				谢国健	镇　长
			沙溪镇	江绍德	镇党委书记
				王爵凌	镇　长
			乌石镇	谢伟强	镇党委书记
				蒋　慧	镇　长
			白土镇	邓春鸿	镇党委书记
				曹　权	镇　长
			樟市镇	何宗成	镇党委书记
				廖韶军	镇　长

续表 46

流经县（市、区）	县级河长	职 务	镇（乡、街道）	镇级河长	职 务
曲江区	罗海俊 伍 文	区委书记 区长	罗坑镇	钟佩军	镇党委书记
				罗锦球	镇 长
			大塘镇	王伟强	镇党委书记
				吴伟中	镇 长
			枫湾镇	钟毓清	镇党委书记
				邝发文	镇 长
			小坑镇	邓会成	镇党委书记
				唐玲君	镇 长
乳源瑶族自治县	钟沛东 邓志聪	县委书记 县长	大布镇	赵财保	镇党委书记
				杨川毅	镇 长
			洛阳镇	吴志俭	镇党委书记
				张 杰	镇 长
翁源县	黄令遥 陈来安	县委书记 县长	铁龙林场	池建人	场党委书记
				林武新	场 长
			官渡镇	赖永兴	镇党委书记
				叶米昌	镇 长
新丰县	陈 波 马志明	县委书记 县长	回龙镇	徐建平	镇党委书记
				周文学	镇 长
			遥田镇	黄剑武	镇党委书记
				谭文增	镇 长
			沙田镇	陈雪东	镇党委书记
				谢罗生	镇 长
			黄礤镇	朱 君	镇党委书记
				陈小玲	镇 长
			梅坑镇	陈雄章	镇党委书记
				郑国荣	镇 长

2017 年武江流域县、镇级河长名单

表 47

流经县（市、区）	县级河长	职 务	镇（乡、街道）	镇级河长	职 务
乐昌市	陈宏宇 沈河民	市委书记 市长	秀水镇	邝贤松	镇党委书记
				朱裕超	镇 长
			两江镇	沈家和	镇党委书记
				黄元勇	镇 长
			廊田镇	欧建来	镇党委书记
				陈金旺	镇 长
			九峰镇	马建明	镇党委书记
				赵平平	镇 长
			五山镇	张广润	镇党委书记
				梁新来	镇 长

续表 47

流经县（市、区）	县级河长	职　务	镇（乡、街道）	镇级河长	职　务
乐昌市	陈宏宇 沈河民	市委书记 市长	云岩镇	罗其桓	镇党委书记
				丘永和	镇　长
			庆云镇	王小勇	镇党委书记
				何勇斌	镇　长
			白石镇	丘永锋	镇党委书记
				丁钢文	镇　长
			沙坪镇	廖远强	镇党委书记
				余树晗	镇　长
			黄圃镇	张以社	镇党委书记
				欧志勇	镇　长
			三溪镇	吴伟标	镇党委书记
				丁　琦	镇　长
			坪石镇	刘允曾	镇党委书记
				邓勇健	镇　长
			梅花镇	颜昌松	镇党委书记
				林俊仪	镇　长
			大源镇	邹　亮	镇党委书记
				邓东梅	镇　长
			乐城街道	万广平	党工委书记
				熊海泉	主　任
			北乡镇	谭　辉	镇党委书记
				邓继润	镇　长
			长来镇	朱新玉	镇党委书记
				邹方球	镇　长
			坪石办事处	詹彬文 吴回礼	党工委书记主任
			梅田办事处	李兴军	党工委书记
				杨容斌	主　任
乳源瑶族自治县	钟沛东 邓志聪	县委书记 县长	一六镇	（待调整）	镇党委书记
				潘　鸿	镇　长
			游溪镇	李国洪	镇党委书记
				赵天聪	镇　长
			必背镇	李世华	镇党委书记
				赵伟明	镇　长
			大桥镇	饶峻洪	镇党委书记
				黄祖胜	镇　长
			桂头镇	吴衍雄	镇党委书记
				邓桂雄	镇　长

续表 47

流经县（市、区）	县级河长	职　务	镇（乡、街道）	镇级河长	职　务
浈江区	刘祥锋 曾清兰	区委书记 区长	犁市镇	罗奕文	镇党委书记
				曹志文	镇　长
			花坪镇	吴永亮	镇党委书记
				吴根平	镇　长
			十里亭镇	唐孝坤	镇党委书记
				唐　波	镇　长
			风采街道	梁吉兵	党工委书记
				杨荣华	主　任
			曲仁办事处	钟　荔	党工委书记
				廖　灵	主　任
武江区	颜　亮 （待调整）	区委书记 区长	西河镇	何远韶	镇党委书记
				（待调整）	镇　长
			重阳镇	谭木初	镇党委书记
				龚映韶	镇　长
			惠民街道	古寿英	党工委书记
				汤应辉	主　任
			新华街道	粟　健	党工委书记
				罗北京	主　任

2017 年南水河流域县、镇级河长名单

表 48

流经县（市、区）	县级河长	职　务	镇（乡、街道）	镇级河长	职　务
乳源瑶族自治县	钟沛东 邓志聪	县委书记 县长	大桥镇	饶峻洪	镇党委书记
				黄祖胜	镇　长
			洛阳镇	吴志俭	镇党委书记
				张　杰	镇　长
			东坪镇	华　跃	镇党委书记
				赵春英	镇　长
			乳城镇	林桥远	镇党委书记
				肖福城	镇　长
武江区	颜　亮 （待调整）	区委书记 区长	龙归镇	曾　宏	镇党委书记
				王洪明	镇　长
			江湾镇	欧伟强	镇党委书记
				曾玉玲	镇　长
曲江区	罗海俊 伍文	区委书记 区长	白土镇	邓春鸿	镇党委书记
				曹　权	镇　长

2017 年新丰江流域县、镇级河长名单

表 49

流经县（市、区）	县级河长	职　务	镇（乡、街道）	镇级河长	职　务
新丰县	陈　波 马志明	县委书记 县长	丰城街道	廖　剑	党工委书记
				丘国鹏	主　任
			马头镇	陈赞写	镇党委书记
				谭展如	镇　长
			黄礤镇	朱　君	镇党委书记
				陈小玲	镇　长
			梅坑镇	陈雄章	镇党委书记
				郑国荣	镇　长

2017 年滃江流域县、镇级河长名单

表 50

流经县（市、区）	县级河长	职　务	镇（乡、街道）	镇级河长	职　务
翁源县	黄令遥 陈来安	县委书记 县长	翁城镇	陈德道	镇党委书记
				涂清华	镇　长
			官渡镇	赖永兴	镇党委书记
				叶米昌	镇　长
			新江镇	练培新	镇党委书记
				阮庆香	镇　长
			周陂镇	何新平	镇党委书记
				李文华	镇　长
			坝仔镇	温敏麟	镇党委书记
				陈思佑	镇　长
			江尾镇	钟敏梅	镇党委书记
				朱志辉	镇　长
			龙仙镇	甘志初	镇党委书记
				朱启养	镇　长

韶关市广东省历史文化街区、名镇、名村名单

表 51

序　号	镇（街区、村）名	获批时间
1	南雄珠玑镇	2009 年第二批名镇
2	石塘镇石塘村	2009 年第二批名镇
3	南雄市乌迳镇新田村	2009 年第二批名镇
4	曲江区曹角湾村	2010 年第三批名镇
5	翁源湖心坝村	2010 年第三批名镇
6	乐昌市户昌山古村	2010 年第三批名镇

韶关市中国历史文化名村名单

表 52

序　号	名　称	获批名称批次
1	仁化县石塘镇石塘村	2010 年第五批中国历史文化名村

韶关市国家级重点文物保护单位一览表

表 53

序　号	文保单位名称	时　间	类　别	详细地址	公布机关	公布时间及批次
1	南华寺	明代、清代	古建筑	韶关市曲江区南华寺	国务院	2001 年 6 月 25 日第五批
2	石峡遗址（含马坝人遗址）	新石器时代	古遗址	曲江区马坝镇东风居委狮岩路 3 号	国务院	2001 年 6 月 25 日第五批
3	三影塔	北宋大中祥符三年	古建筑	南雄市雄州街道民主社区三影塔广场北侧	国务院	1988 年 1 月 13 日第三批
4	南粤雄关与古道	唐至清	古建筑	南雄市珠玑镇梅岭村委会梅岭村北的梅岭上	国务院	2013 年 3 月第七批
5	云龙寺塔	唐乾宁至光化年间	古建筑	仁化县董塘镇安岗村委会安岗村小组	国务院	1988 年 1 月 13 日公布为第三批国家级文物保护单位
6	双峰寨	清光绪十五年（1889 年）	近现代重要史迹、代表性建筑	仁化县石塘镇石塘村委会石塘村	国务院	2006 年 5 月 25 日公布为第六批国家级文物保护单位
7	丹霞山摩崖石刻	北宋至中华民国	石刻	丹霞山风景名胜区	国务院	2013 年 3 月 5 日公布为第七批国家级文物保护单位
8	满堂围	清道光十三年（1833 年）	古建筑	始兴县隘子镇满堂村	国务院	1996 年 11 月第四批
9	长围村围屋	清代	古建筑	始兴县罗坝镇燎原村村民委员会长围自然村	国务院	2011 年第七批

韶关市省级重点文物保护单位一览表

表 54

序　号	文保单位名称	时　间	类　别	详细地址	公布机关	公布时间及批次
1	犁市当铺（朱德旧居）	清代	近现代重要史迹及代表性建筑	浈江区犁市镇犁市居委	省政府	2012年10月20日第七批
2	中共广东省委、粤北省委机关旧址（含韶关市五里亭中共粤北省委旧址、南雄市瑶坑村中共广东省委旧址、始兴县沈所红围中共广东省委旧址）	民国	近现代重要史迹及代表性建筑	浈江区十里亭镇良村牛头冲村、南雄市雄州街道荆岗村委会瑶坑村、始兴县沈所镇沈北村	省政府	2010年5月10日第六批

续表 54

序　号	文保单位名称	时　间	类　别	详细地址	公布机关	公布时间及批次
3	走马岗遗址	新石器时代	古遗址	浈江区十里亭镇良村村委	省政府	1962年
4	抗日战争第七战区指挥部旧址	民国	近现代重要史迹及代表性建筑	浈江区十里亭镇金凤坪村委	省政府	2015年12月10日第八批
5	张九龄家族墓地	唐代	古墓葬	西河镇田心村委罗源洞山麓翠珠岭	省政府	1978年7月18日省政府重新公布（第一批）
6	余靖墓	北宋	古墓葬	西联镇甘棠村委会成家山	省政府	2002年7月17日省政府公布（第四批）
7	仙人塔	宋	古建筑	曲江区大塘镇新桥村委	省政府	1979年12月19日第二批
8	韶州府学宫大成殿	明	古建筑	韶关市风采路64号	省政府	2008年11月18日第五批
9	拱桥岭遗址	新石器时代晚期	古遗址	曲江区樟市镇拱桥岭村	省政府	2012年10月20日第七批
10	云门寺南汉碑（原名：云门寺南汉石碑）	五代南汉	石窟寺及石刻	韶关市乳源瑶族自治县乳城镇云门村委会云门寺内	省政府	1989年6月26日第三批
11	镇溪祠古戏台（原名：镇溪祠内古戏台）	明嘉靖至清代	古建筑	韶关市乳源瑶族自治县乳城镇共和村委会宋田新屋村镇溪祠	省政府	2008年11月18日第五批
12	观澜书院	清乾隆五十八年（1739年）	古建筑	韶关市乳源瑶族自治县大桥镇大桥村委会新书房村	省政府	2012年10月20日第七批
13	西京古道（含梯云岭亭、猴子岭心韩亭、红云仰止亭及其古路段）	清代	古建筑	韶关市乳源瑶族自治县大桥镇石角塘、大桥、红云村委会	省政府	2012年10月20日第七批
14	珠玑石塔	元至正十年	古建筑	南雄市珠玑镇珠玑村委会珠玑古巷	省政府	1979年12月第二批
15	钟鼓岩摩崖石刻（摩崖石刻17处）	唐代至清代	石窟寺及石刻	南雄市珠玑镇梅岭村委会钟鼓岩岩洞内	省政府	1989年12月第三批
16	雄州广州会馆	明代至清代	古建筑	南雄市雄州街道胜利社区青云东路	省政府	2002年第四批
17	南雄府城正南门	明至清	古建筑	南雄市雄州街道幸福社区中山街	省政府	2002年第四批
18	里东戏台	清代	古建筑	南雄市珠玑镇里东村委会里东街	省政府	2008年12月第五批
19	回龙寺塔	宋代	古建筑	南雄市湖口镇新湖村委会下罗田村	省政府	2012年10月第七批

续表 54

序　号	文保单位名称	时　间	类　别	详细地址	公布机关	公布时间及批次
20	溪头塔	宋代	古建筑	南雄市百顺镇溪头村委会溪头老村	省政府	2012年10月第七批
21	南雄府学宫大成殿	明代	古建筑	南雄市雄州街道民主社区爱民路市政府大院内	省政府	2012年10月第七批
22	小竹塔	宋代	古建筑	南雄市江头镇小竹村委会小竹村	省政府	2015年12月第八批
23	新龙塔	宋代	古建筑	南雄市坪田镇龙口村委会龙口村	省政府	2015年12月第八批
24	坪林村惜字塔	明代	古建筑	南雄市油山镇平林村委会平林村	省政府	2015年12月第八批
25	水西桥	明代	古建筑	南雄市雄州街道郊区村委会水西村	省政府	2015年12月第八批
26	鲶鱼转遗址	新石器晚期	遗址、窑址	仁化县周田镇周田村	省政府	1960年10月30日第一批省级文物保护单位，1978年7月18日重新公布
27	澌溪寺塔	北宋	古建筑	仁化县董塘镇安岗村委会澌溪庙村小组	省政府	1979年12月19日第二批公布广东省文物保护单位
28	华林寺塔	北宋元丰五年（1082年）	古建筑	仁化县闻韶镇下徐村委会下徐村	省政府	1989年6月29日第三批公布广东省文物保护单位
29	水南文峰塔	明万历四十年（1612年）	古建筑	仁化县丹霞街道办城南村委会矮岭头村	省政府	2008年11月18日第五批公布广东省文物保护单位
30	双水塔	明万历年间	古建筑	仁化县扶溪镇水口村委会水口村小组	省政府	2008年11月19日第五批公布广东省文物保护单位
31	大洞雁塔（原名雁塔）	清代	古建筑	丰城街道大洞村老围山上	省政府	2002年7月17日省政府第四批公布
32	罗围城堡建筑遗址	汉代	古遗址	始兴县太平镇罗围自然村西侧的犁头咀	省政府	1989年6月第三批
33	崇益堂	民国二十年（1931年）	近现代重要史迹及代表性建筑	始兴县太平镇瑶村村委会上邓村	省政府	2012年10月20日第七批
34	贵庐	民国二十六年（1937年）	近现代重要史迹及代表性建筑	始兴县隘子镇风度村委会张屋	省政府	2012年10月20日第七批
35	红梨渡槽	1981年	近现代重要史迹及代表性建筑	始兴县马市镇红梨村村民委员会塘梨坑村	省政府	2012年10月20日第七批

续表 54

序号	文保单位名称	时间	类别	详细地址	公布机关	公布时间及批次
36	栋护晴岚围楼和李氏宗祠（三普登记分别是栋护晴岚围楼、石下村民居）	明清时期	古建筑	始兴县沈所镇石下村民委员会石下自然村	省政府	2015年12月10日第八批
37	东湖坪古建筑群（含曾氏宗祠、永成保障围楼、九栋十八厅民居围楼及元盛书院）	清代	古建筑	始兴县太平镇东湖坪村委会	省政府	2015年12月10日第八批
38	沈所塔	清代	古建筑	始兴县沈所镇沈北村村民委员会岭脚下自然村	省政府	2015年12月10日第八批
39	汇川别墅	民国十年（1921年）	近现代重要史迹及代表性建筑	始兴县太平镇城郊村民委员会高营饶屋自然村	省政府	2015年12月10日第八批
40	光明陈氏宗祠	中华民国	近现代重要史迹及代表性建筑	翁源县周陂镇光明村雁鹰石	省政府	2012年10月20日第七批
41	湖心坝民居群（含长安围、外翰第、大夫第、三门楼）	明清时期	古建筑	翁源县江尾镇南塘村湖心坝自然村	省政府	2010年5月10日第六批
42	应山村应山石桥	清乾隆三十一年（1766年）	古建筑	黄圃镇应山村委会应山村	省政府	2002年7月第三批
43	薛岳故居（含薛氏家祠、伯陵堂、薛岳家居、薛岳故居、薛岳家族墓、薛岳家族墓寮6个文物点）	民国	近现代重要史迹及代表性建筑	九峰镇坪石村委会大路下村	省政府	2011年1月第六批
44	五汪村谭氏宗祠	清代	古建筑	长来镇和村村委会五汪村	省政府	2012年10月第七批
45	朱家村紫阳书院	民国二十九年（1940年）	近现代重要史迹及代表性建筑	秀水镇秀水村委会朱家村北向200米处	省政府	2012年10月第七批

国家级非物质文化遗产名录

表 55

项目名称	主要传承地	级别	类别	传承时长
瑶族盘王节	乳源	国家级	民俗	1000 多年
瑶族刺绣	乳源	国家级	传统美术	1000 多年
粤北采茶戏	各县	国家级	传统戏剧	200 年左右
龙舞（香火龙）	南雄	国家级	传统舞蹈	300 多年
瑶族民歌	乳源	国家级	传统音乐	500 多年

省级非物质文化遗产名录

表 56

项目名称	主要传承地	级　别	类　别	传承时长
南华诞庙会	曲江	省级	民俗	1000 多年
九峰山歌	乐昌	省级	传统音乐	1000 多年
狮舞（青蛙狮）	乐昌	省级	传统舞蹈	500 多年
张田饼印	新丰	省级	传统美术	300 多年
石塘月姐歌	仁化	省级	传统音乐	数百年
仁化土法造纸技艺	仁化	省级	传统技艺	上千年
舞春牛	各县区	省级	传统舞蹈	上千年
龙船歌	南雄	省级	传统音乐	800 多年
乐昌花鼓戏	乐昌	省级	传统戏剧	350 多年
石塘堆花米酒	仁化	省级	传统技艺	400 多年
乳源瑶族服饰	乳源	省级	民俗	1000 多年
乐昌渔鼓	乐昌	省级	传统曲艺	300 多年
珠玑巷人南迁	南雄	省级	民间文学	上千年
宰相粉	始兴	省级	传统技艺	1300 多年
茶花灯	南雄	省级	传统舞蹈	400 多年
翁城猫头狮	翁城	省级	传统舞蹈	300 多年
翁源客家山歌	翁源	省级	传统音乐	300 多年
双朝节	乳源	省级	民俗	1000 多年
苦爽酒酿造技艺	乳源	省级	传统技艺	200 多年

市级非物质文化遗产名录

表 57

项目名称	主要传承地	级　别	类　别	传承时长
新丰龙皇宫出行	新丰	市级	民俗	160 多年
新丰纸马舞	新丰	市级	传统舞蹈	170 多年
仁化八音	仁化	市级	传统音乐	上百年
调王舞	翁源	市级	传统舞蹈	300 多年
浈江犁市划龙舟习俗	浈江犁市	市级	民俗	1000 多年
外营草席	始兴	市级	传统技艺	650 多年

续表 57

项目名称	主要传承地	级　别	类　别	传承时长
龟蚌舞	始兴	市级	传统舞蹈	1700 多年
十点梅花	曲江	市级	传统音乐	170 多年
新丰担丁酒	新丰	市级	民俗	200 多年
新丰缸瓦	新丰	市级	传统技艺	110 多年
鹤蚌舞	翁源	市级	传统舞蹈	120 多年
翁源烟火戏	翁源	市级	杂技与竞技	150 多年
南雄姓氏节	南雄	市级	民俗	1200 年
双龙舞双狮	南雄	市级	传统舞蹈	140 多年
闹春牛	仁化	市级	民俗	140 多年
梅花龙	新田	市级	传统舞蹈	200 多年
乳源瑶族传统医药	乳源	市级	传统医药类	1000 多年
浈江传统医药丹参膏	浈江	市级	传统医药	上百年
走马灯	仁化	市级	传统技艺	300 多年
装故事	仁化	市级	民俗	600 多年
丹霞红豆	仁化	市级	传统技艺	173 年
火龙、火狮、火观、火虾	南雄	市级	传统舞蹈	120 多年
扛阿公	曲江	市级	民俗	240 多年
乐昌沿溪山茶	乐昌	市级	传统技艺	1229 年
契娭生日	南岭地区	市级	民俗	五六百年
圣祖祭	乳源	市级	民俗	4000 多年
司前舞火龙	始兴	市级	民俗	480 多年
扎稻草龙制作技艺	南雄	市级	传统技艺	300 多年
五山纸马	乐昌	市级	传统舞蹈	100 多年
南雄酿豆腐制作技艺	南雄	市级	传统技艺	1000 多年
隆盛酱油酿造技艺	韶州	市级	传统技艺	300 多年
猫公狮	浈江尤为盛行	市级	民俗	100 多年
陈璘故事	翁源	市级	民间文学	400 多年
新丰舞春牛	新丰	市级	传统舞蹈	150 多年
锂鱼舞	新丰、英德	市级	传统舞蹈	160 多年
西京古道石阶除道	乳源	市级	民俗	1000 多年

国家级非物质文化遗产项目代表性传承人名单

表 58

序　号	项目类别	项目名称	保护单位	姓　名	性　别	出生年月	批　次
1	民俗	瑶族盘王节	乳源县文广新局	盘良安	男	1936 年 3 月	第二批
2	传统戏剧	粤北采茶戏	韶关市文化馆	吴燕城	女	1949 年 9 月	第三批
3	传统美术	瑶族刺绣	乳源县文化馆	邓菊花	女	1952 年 11 月	第五批
4	传统音乐	瑶族民歌	乳源县文化馆	赵新容	女	1947 年 12 月	第五批

省级非物质文化遗产项目代表性传承人名单

表 59

序　号	项目类别	项目名称	保护单位	姓　名	性　别	出生年月	批　次
1	传统音乐	九峰山歌	乐昌市文化馆	罗家茂	男	1940 年 5 月	第一批
2	传统舞蹈	舞春牛	浈江区文化馆	汤永伟	男	1968 年 7 月	第一批
3	传统戏剧	粤北采茶戏	韶关市文化馆	罗发斌	男	1937 年 8 月	第一批
4	民间美术	张田饼印	新丰县文化馆	张许光	男	1969 年 6 月	第一批
5	民俗	南华诞庙会	曲江区文化馆	释传正	男	1944 年 9 月	第一批
6	传统音乐	乳源瑶歌	乳源县文化馆	赵拉婢	女	1935 年 8 月	第二批
7	传统音乐	石塘月姐歌	仁化县文化馆	谭彩霞	女	1923 年 12 月	第二批
8	传统舞蹈	龙舞（香火龙）	南雄市文化馆	傅敬贵	男	1949 年 4 月	第二批
9	传统技艺	仁化土法造纸技艺	仁化县文化馆	夏绍贵	男	1933 年 4 月	第二批
10	传统舞蹈	龙舞（香火龙）	南雄市文化馆	曾宪林	男	1962 年 5 月	第三批
11	传统舞蹈	狮舞（青蛙狮）	乐昌市文化馆	邓国良	男	1956 年 6 月	第三批
12	传统音乐	乳源瑶歌（瑶族民歌）	乳源县文化馆	赵才付	男	1962 年 8 月	第三批
13	传统舞蹈	舞春牛	浈江区文化馆	张周孝	男	1945 年 11 月	第三批
14	传统音乐	龙船歌	南雄市文化馆	周才明	男	1937 年 9 月	第三批
15	传统戏剧	乐昌花鼓戏	乐昌市文化馆	邓天财	男	1937 年 9 月	第三批
16	传统技艺	石塘对花米酒酿造技艺	仁化县文化馆	李玉粟	男	1967 年 1 月	第三批
17	传统音乐	石塘月姐歌	仁化县文化馆	李玉清	女	1959 年 11 月	第五批
18	传统戏剧	采茶戏（粤北采茶戏）	韶关市文化馆	张承清	男	1955 年 1 月	第五批
19	传统技艺	宰相粉制作技艺	始兴县文化馆	官国林	男	1967 年 10 月	第五批
20	民俗	乳源瑶族服饰	乳源县文化馆	邓桂兰	女	1941 年 12 月	第五批

市级非物质文化遗产保护项目代表性传承人名单

表60

序　号	项目类别	项目名称	保护单位	姓　名	性　别	批　次
1	传统医药	乳源瑶族传统医药	乳源县文化馆	赵连娣	女	第一批
2	民俗	新丰担丁酒	新丰县文化馆	赖道龙	男	第一批
3				赖金社	男	第一批
4	传统技艺	新丰缸瓦	新丰县文化馆	周笠水	男	第一批
5	传统音乐	十点梅花	曲江区文化馆	欧兆祯	男	第一批
6	传统舞蹈	三溪青蛙狮	乐昌市文化馆	邝治彬	男	第一批
7	民俗	南雄姓氏节	南雄市文化馆	李森林	男	第一批
8	传统舞蹈	双龙舞双狮	南雄市文化馆	吴增延	男	第一批
9	传统舞蹈	龟蚌舞	始兴县文化馆	张卫涛	男	第一批
10	民间杂技	翁源烟火戏	翁源县文化馆	何秀初	男	第一批
11	传统舞蹈	鹤蚌舞	翁源县文化馆	雷成初	男	第一批
12	传统舞蹈	梅花龙	仁化县文化馆	李为昌	男	第一批
13	传统舞蹈	闹春牛	仁化县文化馆	赖绍开	男	第一批
14	传统技艺	长江土纸	仁化县文化馆	杨九胜	男	第二批
15	民俗	乳源瑶族服饰	乳源县文化馆	赵妹奶	女	第二批
16				邓永英	女	第二批
17				赵浅妹	女	第四批
18	民俗	新丰龙皇宫出行	新丰县文化馆	谭光腾	男	第二批
19	传统舞蹈	新丰纸马舞	新丰县文化馆	郑小明	男	第二批
20	传统音乐	仁化八音	仁化县文化馆	蒙才志	男	第二批
21	传统音乐	龙船歌	南雄市文化馆	邓诗良	男	第二批
22	传统戏剧	乐昌花鼓戏	乐昌市文化馆	罗玉发	男	第二批
23	传统舞蹈	调王舞	翁源县文化馆	晁献才	男	第二批
24	民俗	浈江犁市划龙舟习俗	浈江区文化馆	莫冬林	男	第二批
25	传统技艺	石塘堆花米酒	仁化县文化馆	李朝训（已故）	男	第二批
26	传统技艺	外营草席	始兴县文化馆	陈汉周	男	第二批
27				张燕群	女	第二批
28	民俗	新丰担丁酒	新丰县文化馆	赖社金	男	第一批

续表 60

序　号	项目类别	项目名称	保护单位	姓　名	性　别	批　次
29				戴年凤	女	第二批
30	曲艺	乐昌渔鼓	乐昌市文化馆	邓显根	男	第四批
31	民间文学	珠玑巷人南迁传说	南雄市文化馆	黄家庆	男	第四批
32	传统舞蹈	龙舞（香火龙）	南雄市文化馆	傅为京	男	第五批
33	传统舞蹈	茶花灯	南雄市文化馆	卢贤祥	男	第五批
34	传统舞蹈	翁城猫头狮	翁源县文化馆	曾永柱	男	第五批
35	民间文学	陈璘故事	翁源县文化馆	陈耀全	男	第五批
36	传统美术	瑶族刺绣	乳源瑶族自治县文化馆	邓玉玲	女	第五批
37	传统技艺	隆盛酱园酿造技艺	韶关市隆盛酱园调味有限公司	张兵	男	第五批
38	传统技艺	仁化土法造纸技艺	仁化县文化馆	刘世祥	男	第五批
39	传统技艺	丹霞红豆饰品制作	仁化县文化馆	王均慧	女	第五批
40	传统技艺	南雄酿豆腐制作技艺	南雄市文化馆	肖兴仪	男	第五批
41	传统技艺	扎稻草龙制作技艺	南雄市文化馆	曾庆洪	男	第五批
42	民俗	双朝节	乳源瑶族自治县文化馆	邓良银	男	第五批
43	民俗	瑶族盘王节	乳源瑶族自治县文化馆	邓敬万	男	第五批
44	民俗	圣祖祭	乳源瑶族自治县文化馆	许卢梭	男	第五批
45	民俗	猫公狮	浈江区文化馆	张周彩	男	第五批
46	民俗	装故事	仁化县文化馆	李世龙	男	第五批

韶关市2017年度批建森林公园一览表

表 61

森林公园名称	所在县（市、区）	主管部门	级　别	批建时间	面积（公顷）	批准单位	建设单位	总体规划期（20××—20××）
韶关市浈江区十里亭良村故乡里民宿镇级森林公园	浈江区	浈江区林业局	镇级	2017 年 11 月 10 日	10.49	浈江区林业局	浈江区故乡里园林食府	无
翁源坝仔毛屋山森林公园	翁源县	翁源县林业局	镇级	2015 年 7 月 10 日	341.3	翁源县林业局	翁源县坝仔镇人民政府	无

续表 61

森林公园名称	所在县（市、区）	主管部门	级　别	批建时间	面积（公顷）	批准单位	建设单位	总体规划期(20XX—20XX）
仁化县董塘森林公园	仁化县	仁化县林业局	镇级	2017 年 1 月 19 日	45	仁化县林业局	仁化县董塘镇人民政府	无
乐昌市大源镇菖蒲堂森林公园	乐昌市	乐昌市林业局	镇级	2017 年 11 月 27 日	436	乐昌市林业局	乐昌市大源镇人民政府	无
乐昌市三溪镇三溪森林公园					20.8		乐昌市三溪镇人民政府	无
宝溪森林公园	始兴县	始兴县林业局	镇级	2017 年 11 月 12 日	41.8	始兴县林业局	顿岗镇人民政府	无
南亩镇邓坑镇级森林公园	南雄市	南雄市林业局	镇级	2017 年 11 月 28 日	32.54	南雄市林业局	南雄市南亩镇人民政府	无
油山镇坪田坳镇级森林公园					38.7		南雄市油山镇人民政府	无
乳源县瑶族自治县盘王殿县级森林公园	乳源县	韶关市林业局	县级	2017 年 10 月 20 日	111.84	韶关市林业局	乳源县林业局	无
新丰县回龙镇森林公园	新丰县	新丰县林业局	镇级	2017 年 10 月 15 日	39.3	新丰县林业局	新丰县回龙镇人民政府	无
广东新丰云溪谷森林公园	新丰县	新丰县林业局	镇级		33.44	新丰县林业局	新丰县黄磜镇人民政府	无

说明：未编制总体规划的在总体规划批复文号栏目填“无”

韶关市（林业系统）已建自然保护区一览表

表 62

序　号	已建自然保护区名称	地　点	面积（公顷）	主要保护对象	始建时间（年）	始建批准机关	保护区现级别	现级别批准时间（年）
1	广东南岭国家级自然保护区	乳源县	40494.4	中亚热带常绿阔叶林	1994	省林业厅	正处级	2002 年升国家级
2	广东车八岭国家级自然保护区	始兴县	7545	中亚热带常绿阔叶林	1982	始兴县政府	正处级	2002 年升国家级
3	广东曲江罗坑国家级自然保护区	曲江区	18813.6	中亚热带常绿阔叶林、珍稀动植物	1998	曲江县政府	副处级	1998 年升省级

续表 62

序　号	已建自然保护区名称	地　点	面积（公顷）	主要保护对象	始建时间（年）	始建批准机关	保护区现级别	现级别批准时间（年）
4	广东粤北华南虎省级自然保护区	韶关市	16360.8	华南虎及其栖息环境	1990	韶关市政府	副处级	1990 年批复 2008 年调整 仁化：11065.1 公顷；乐昌：5295.7 公顷
5	广东新丰云髻山省级自然保护区	新丰县	2727	中亚热带常绿阔叶林、珍稀动植物	1990	新丰县政府	副处级	1990 年升省级
6	广东乐昌杨东山十二度水省级自然保护区	乐昌市	11651	中亚热带常绿阔叶林、珍稀动植物	1998	乐昌市政府	副处级	1998 年升省级
7	广东乳源大峡谷省级自然保护区	乳源县	3673	中亚热带常绿阔叶林	2001	乳源县政府	副处级	2001 年升省级
8	广东仁化红山高坪省级自然保护区	仁化县	3585.5	中亚热带常绿阔叶林、珍稀动植物	2001	仁化县政府	副处级	2001 年升省级
9	广东乐昌大瑶山省级自然保护区	乐昌市	7914	中亚热带常绿阔叶林	2000	乐昌市政府	副处级	2003 年升省级
10	广东始兴南山省级自然保护区	始兴县	7113	中亚热带常绿阔叶林	2001	始兴县政府	副处级	2005 年升省级
11	广东曲江沙溪省级自然保护区	曲江区	9333.3	中亚热带常绿阔叶林	1996	曲江县政府	副处级	2007 升省级
12	广东南雄小流坑—青嶂山省级自然保护区	南雄市	7874	中亚热带常绿阔叶林	2001	南雄市政府	副处级	2004 年已升市级，2007 升省级
13	广东翁源青云山省级自然保护区	翁源县	7359	中亚热带常绿阔叶林	2002	翁源县政府	副处级	2009 年升省级
14	广东翁源半溪市级自然保护区	翁源县	3630	中亚热带常绿阔叶林	2000	翁源县政府	正科级	2003 年
15	广东乳源泉水市级自然保护区	乳源县	22098.5	中亚热带常绿阔叶林	2002	乳源县政府	未定级	2004 年已升市级
16	广东新丰鲁古河市级自然保护区	新丰县	10653	中亚热带常绿阔叶林	2000	新丰县政府	未定级	2004 年已升市级
18	广东乳源大潭河县级自然保护区	乳源县	3853	中亚热带常绿阔叶林	2002	乳源县政府	正股级	2002 年
7	广东乳源青溪洞县级自然保护区	乳源县	3200	珍稀动物苏门羚	1976	乳源县政府	正股级	1976 年省革委会批复
19	广东乳源红豆杉县级自然保护区	乳源县	10190	红豆杉	2004	乳源县政府	正股级	2004 年
20	广东南雄孔江水源林县级自然保护区	南雄市	3850	中亚热带常绿阔叶林	2009	南雄市政府	正股级	2009 年

续表 62

序　号	已建自然保护区名称	地　点	面积（公顷）	主要保护对象	始建时间（年）	始建批准机关	保护区现级别	现级别批准时间（年）
21	广东始兴将军栋县级自然保护区	始兴县	6225	中亚热带常绿阔叶林	2009	始兴县政府	正股级	2009 年
22	广东仁化斯鸡山县级自然保护区	仁化县	2448.3	中亚热带常绿阔叶林	2009	仁化县政府	正股级	2009 年
23	广东南雄丹霞梧桐县级保护区	南雄市	2340	丹霞梧桐	2016	南雄市政府	正股级	2016 年
24	广东南雄观音岽县级保护区	南雄市	2850.6	中亚热带常绿阔叶林	2016	南雄市政府	正股级	2016 年
	合　计		215782					

韶关市A级景区一览表

表 63

编　码	单位名称	地址	A 级	评定时间（年）
1	韶关市丹霞山风景名胜区	广东省韶关市丹霞山	AAAAA	2012 年
2	曲江区曹溪温泉度假村	韶关市曲江区马坝镇转溪桥头	AAAA	2006 年
3	广东大峡谷景区	乳源县大布镇	AAAA	2009 年
4	乳源县云门寺佛教文化生态保护区	乳源县云门寺	AAAA	2010 年
5	乐昌市古佛洞天景区	乐昌市河南月圻	AAAA	2010 年
6	乳源县丽宫国际旅游度假区	乳源县乳城镇侯公渡过青岗	AAAA	2011 年
7	乳源南岭国家森林公园	广东省乳源县五指山	AAAA	2012 年
8	南雄市珠玑巷．梅关古道景区	南雄市珠玑镇	AAAA	2012 年
9	新丰县云天海温泉原始森林度假村有限公司		AAAA	2014 年
10	韶关市银山高尔夫度假区	韶关市浈江区新韶镇大学路 8 公里	AAAA	2014 年
11	经律论文化旅游小镇景区	韶关市曲江区小坑镇	AAAA	2016 年
12	乐昌市三龙谷（龙王潭）景区	乐昌市廊田五山交界处	AAA	2010 年
13	乳源县天井山森林公园	乳源县洛阳镇	AAA	2009 年
14	始兴县铜钟寨	始兴县沈所镇	AAA	2014 年
15	曲江区马坝人遗址景区	曲江区马坝狮岩路 3 号	AAA	2014 年
16	乳源天景山仙人桥风景区	乳源县大布镇	AAA	2013 年
17	乳源县必背瑶寨	乳源县必背瑶寨	AAA	2013 年
18	新丰江源温泉旅游度假山庄		AAA	2013 年
19	乐昌市金鸡岭风景区	乐昌市坪石镇登峰路 55 号	AAA	2011 年

续表 63

编　码	单位名称	地址	A 级	评定时间（年）
20	南雄帽子峰森林公园	南雄帽子峰林场	AAA	2014 年
21	始兴县满堂客家大围景区	始兴县隘子镇满堂村	AAA	2015 年
22	仁化县石塘古村景区	仁化县石塘镇石塘村	AAA	2016 年
23	韶关市枫日泉生态温泉度假村景区	曲江区枫湾镇	AAA	2017 年
24	韶关市幽兰谷风景区	翁源县瓮城镇	AAA	2017 年

说明：2017 年，韶关市有 A 级景区 24 家，其中：AAAAA 有 1 家，AAAA 有 10 家，AAA 有 13 家

索　引

主题索引

一、本索引采用主题分析方法，款目按首字汉语拼音字母（同音字按声调）顺序排列。

二、文中的类目题、分目题用黑体字标明，其余用宋体字排印。

三、索引款目后的数字表示内容所在的页码，数字后的英文字母（a、b、c）表示栏别（即版面的1、2、3栏）。

四、本索引对“2017年韶关大事记”“文献专载·法规”“统计资料”“附录”等类目不作内容主题分析。

A

B

C

E

H

J

K

L

M

N

P

Q

R

S

T

W

Y

Z

表格索引